Deutschland-TrendBuch

Karl-Rudolf Korte
Werner Weidenfeld (Hrsg.)

Deutschland-TrendBuch

Fakten und Orientierungen

Leske + Budrich, Opladen 2001

Gedruckt auf säurefreiem und alterungsbeständigem Papier.

Die Deutsche Bibliothek – CIP-Einheitsaufnahme
Ein Titeldatensatz für diese Publikation ist bei Der Deutschen Bibliothek erhältlich.

ISBN 3-8100-3212-3

Redaktion: Johanna Schmidt
Produktion: Heinz Synal
Umschlaggestaltung: disegno, Wuppertal
Satzherstellung: Medienhaus Froitzheim AG, Bonn, Berlin
Druck: Bercker, Kevelaer
Printed in Germany

Inhaltsverzeichnis

Karl-Rudolf Korte/Werner Weidenfeld

Die Deutschland-Trends: Einführung

Fakten, Orientierungen und Trend-Optionen

In welche Richtung entwickelt sich die Bundesrepublik Deutschland? Wohin treibt das wiedervereinigte Deutschland? Welche Deutschland-Trends sind ermittelbar? Die Antworten dieses Buches fallen je nach Themenbereich vielschichtig aus. Einige Entwicklungsrichtungen sind politisch-steuernd gestaltbar – etwa in der Renten- und Sozialpolitik –, andere durch Eigendynamik gekennzeichnet – zum Beispiel im Kultursektor. Viele der Trends sind erst im Ansatz erkennbar. Doch durch die Spurensuche der Autoren kommen die Konturen der Trendentwicklungen deutlicher zum Vorschein. Damit kann das Buch schlaglichtartig einen Beitrag zur Zukunftsdebatte leisten.

Der gewählte Ansatz des Trend-Konzeptes trägt der Neuorientierung der Bundesrepublik Deutschland Rechnung, die mit dem deutschen Einigungsprozess im europäischen Kontext einherging. Gesellschaftliche, wohlfahrtsstaatliche, politische und kulturelle Aspekte werden perspektivisch in einen vernetzten Zusammenhang gestellt. Der Anspruch des Deutschland-Trendbuchs geht über eine Bestandsaufnahme und Vermittlung von Faktenwissen hinaus. So lässt sich die veränderte Standortbeschreibung im neuen Jahrtausend neben der Wissensvermittlung durch die Herausarbeitung von Trends prägnant charakterisieren. Die Faktenanalyse zum Standort der Deutschen ergänzt die Trendbeschreibung zur zukünftigen Orientierung. Neben der umfangreichen faktengestützten und grafisch aufbereiteten Bestandsaufnahme zu zentralen Lebens- und Arbeitsbereichen der Deutschen bieten die ermittelten Deutschland-Trends eine verlässliche Orientierungshilfe in einer immer unübersichtlicher werdenden Debattenlandschaft.

Doch was verstehen wir unter Deutschland-Trends?

Zunächst sind es keine vordergründigen, modischen Marketing-Empfehlungen. Auch als Prognosen, zu denen sich die Futurologen der 60er-Jahre hinreißen ließen, wollen wir unsere Deutschland-Trends nicht verstehen. Vielmehr sollten auf der Basis von 50-jährigen historischen Entwicklungsbilanzen mögliche Entwicklungsperspektiven und Alternativen aufgezeigt werden als langfristig-strukturverändernde Prozesse. Referenzpunkt für die Entwicklungsbilanzen ist in den meisten Beiträgen die Bonner Republik, ergänzt durch die Erfahrungen und Umbrüche des vereinten Deutschland. Die Historie und die Strukturdaten der DDR werden insoweit analytisch mit berücksichtigt, als wechselseitige Identitätsbespiegelungen problematisiert und langfristige strukturell weiter wirkende Konsequenzen des ehemaligen SED-Systems mit bedacht werden.

Trends können auch dadurch markiert werden, dass eine Diskussion von gesellschaftspolitischen Debatten erfolgt. Die Autoren haben dabei zu entscheiden, welcher dieser Diskussionsbeiträge zukunftsträchtiger ist und welcher eher in Sackgassen führt. Die Diskussion über mögliche Zukunftsszenarien, die sich vor dem kritischen Sachverstand des Autorenteams abzeichnet, fußt in allen Beiträgen auf umfangreichen Analysen.

Deutschland-Trends konnten die Autoren aber auch durch das Aufzeigen von politischen Handlungskorridoren markieren. Die rationalen Trend-Kalküle sollten hierbei auf ihre Wahrscheinlichkeit überprüft werden. Bei dieser trendorientierten Positionsbeschreibung standen die Autoren vor schwierigen Abwägungsprozessen. Denn nicht die Vorhersage sollte den Trend inhaltlich markieren, sondern die stimmige Entwicklungslogik. Wir haben die Autoren auch aufgefordert, im Sinne von Trend-Optionen, mögliche Lösungsansätze zu skizzieren. Da jeder Trend auch einen Gegen-Trend enthält, sollten denkbare Entwicklungspfade mit ihren jeweiligen Alternativen mit berücksichtigt werden. Während die Trends mittels der empirischen Daten objektivierbare Prozesse beschreiben, charakterisieren die Optionen eher eine normative Dimension. Denn alle Zukunftsvorstellungen sind Vorstellungen sozialer Wirklichkeit, die im Abwägungsprozess rationaler Kalküle letztlich auch persönliche Beurteilungen über Wünschbarkeit enthalten. Doch generell können die Trend-Optionen nur entwickelt werden, weil sie auf einem breiten und empirisch gestützten Sockel von gewachsenem Herkunftsbewusstsein beruhen, der festlegt oder zumindest eingrenzt, was in Zukunft möglich ist. Dies steht in modernen Gesellschaften mit dramatisch beschleunigten Veränderungsprozessen jedoch immer unter dem Vorbehalt von »Zukunftsgewissheitsschwund« (Hermann Lübbe). Gerade die herausgearbeiteten Trend-Optionen zeigen allerdings, dass diesen subjektiven Vorbehalten durchaus objektive Entwicklungsrichtungen entgegenzustellen sind.

Auswahl, Netzwerke und Methoden

Autorenkonferenzen haben mit dazu beigetragen, die Trendergebnisse des interdisziplinären Forschungsprojektes wechselseitig zu prüfen und sie zu vernetzen. Zunächst folgt die Gliederung des Buches zwar traditionellen Lesegewohnheiten. Fünf große Themenfelder sind ausdifferenziert aufgefächert: Geschichte, Gesellschaft, Wirtschaft und soziale Ordnung, Kultur und Politik. Doch verweisen die Beiträge innerhalb dieser Hauptkapitel inhaltlich in mehrfacher Hinsicht netzwerkartig auf Aufsätze in den anderen Kapiteln. So hat beispielsweise die Auflösung traditioneller Sozialmilieus nicht nur Konsequenzen für das Wahlverhalten und die Parteiendemokratie, sondern viel umfassender auch für die gesellschaftliche Ressource Sozialkapital. Damit ist eine Verhaltensdisposition von Bürgern gemeint, die durch freiwilliges soziales Mittun Kosten in Wirtschaft und Politik einspart. Wenn die primären Quellen der Identität, des sozialen Rückhalts, der Eingebundenheit in die Gemeinschaft nachlassen, wird auch diese Verhaltensdisposition des Sozialkapitals neu bewertet werden müssen. Dies hat im Blick auf Trend-Linien ökonomische, soziale, kulturelle, politische Auswirkungen, die zu skizzieren sind.

Die Auswahl der Themen erfolgte paradigmatisch und auch im Wirtschaftsteil nicht branchenspezifisch. Keine statisch-sektorale Analysen etwa zu den Medien oder im Bereich der Kirchen oder der Bildung, sondern dynamisch angelegte, zukunftsgerichtete umfassende Problemanalysen bestimmen die inhaltliche Vernetzung der Aufsätze. Die Auswirkungen von Veränderungen sollten in den 18 Beiträgen mit weitem Blickwinkel gerade über den einzelnen Sektor hinaus eingeordnet werden.

Methodisch nutzten die Autoren unterschiedliche Vorgehensweisen. So griffen einige Autoren zur Methodik der Szenario-Analyse. Dabei werden verschiedene Zukünfte teilweise aus entgegengesetzten Trends gebündelt. Ein Szenario beschreibt, was passieren könnte. Das Ziel der Szenario-Analyse ist nicht die Vorhersage, sondern die Verringerung der strategischen Unsicherheit durch das gedankliche Durchspielen der verschiedenen möglichen zukünftigen Situationen. Andere Autoren wiederum ermitteln neben empirischen Befunden auch qualitative Indikatoren – besonders im Kapitel Geschichte (I.) –, um Trends zu entwickeln.

Begleitende Umfrage

Als innovatives Element und als empirische Grundlage für viele Trend-Beobachtungen diente eine speziell für dieses Buch konzipierte repräsentative Meinungsumfrage. Die unter Federführung und im Auftrag des Bundesverbandes deutscher Banken gemeinsam mit den Autoren erarbeitete Umfrage »Deutschland im Wandel« wurde vom 6. bis 24. November 2000 vom Institut für praxisorientierte Sozialforschung (ipos Mannheim) unter 1 502 wahlberechtigten Bundesbürgern telefonisch erhoben. Die Autoren haben je nach Themenschwerpunkt intensiv die Einzeldaten dieser Umfrage mit in ihre Analysen und Interpretationen einbezogen. Teilweise war es auch möglich, anhand früherer Umfragen des Bankenverbandes oder unter Verwendung anderer Quellen Zeitreihendaten auszuwerten und so Entwicklungen im Meinungsbild der Bürger über einen längeren Zeitraum hinweg zu beobachten. Die zentralen Ergebnisse der Umfrage »Deutschland im Wandel« sowie einiger Zeitreihen werden im Abschlusskapitel (VI.) zusammenfassend ausgewertet und anschaulich dokumentiert.

Globale Trends und Deutschland-Trends

Fünf Megatrends zeichnen sich in der industriell hoch entwickelten OECD-Welt ab: die globale Vernetzung, der Übergang zur Wissensgesellschaft mit neuen Arbeitsformen, ein Überangebot an Informationen, die Alterung der OECD-Bevölkerung sowie die so genannte Glokalisierung, ein Nebeneinander von Globalisierung und Lokalisierung. Diese fünf Makro-Trends sollen in ihren Auswirkungen auf die konkrete Konstellation der Bundesrepublik Deutschland bezogen werden. Was bedeutet beispielsweise die Alterung der Gesellschaft präzise für Deutschland? Welche kulturellen, politischen und ökonomischen Auswirkungen in Deutschland hat das Nebeneinander von Globalisierung als die weltweite Integration der Märkte auf der einen Seite und der Rückbesinnung der Menschen auf lokale oder regionale Zusammenhänge auf der anderen Seite? Welche innen- und außenpolitischen Konsequenzen hat der Trend zur globalen Vernetzung für Deutschland? Wie wirkt sich dabei die Sehsucht nach Sicherheit aus, bei der innere und äußere Sicherheit nach dem Terroranschlag in den USA miteinander verschmolzen sind? Die von Wissenschaftlern weltweit ermittelten allgemeinen globalen Trends können nur deutschlandspezifisch bewertet werden, wenn sie auf die konkreten Rahmendaten der Bundesrepublik Deutschland bezogen werden. Je näher sich der Blick auf die Mikroebene richtet, desto präziser fallen die Deutschland-Trends im europäischen Kontext aus.

Ein Schlüsseltrend soll näher charakterisiert werden, weil er sich durch eine Vielzahl von Beiträgen in diesem Buch zieht. Gemeint ist der Befund einer sich weiter entwickelnden Misstrauensgesellschaft. Die Globalisierung mit all ihren Facetten, vom Aktienhandel bis hin zu Terrorismusfurcht, schürt zusätzlich Ängste. Soziologen ermitteln, dass unsere Gesellschaft kälter geworden ist. Anonymität und Vereinsamung haben sich ausgebreitet. Es mangelt an Orientierung. Drei Entwicklungsindikatoren lassen sich dafür anfügen:

1. Neue Beliebigkeit

In der Vergangenheit entschieden die großen stabilen Gruppen der Stammwähler die Wahlen. Heute sind es die Dramatisierungen des Augenblicks, obwohl auch immer noch in erheblichem Ausmaß traditionelle Milieuverankerungen messbar sind. Weniger das Programm, sondern die Inszenierungsqualität markiert das Erfolgsprofil. Die Umfragen wenige Tage vor den Wahlen werden erheblich ungenauer, weil sich viele Wähler erst in letzter Stunde entscheiden. Vor zehn Jahren bezeichneten sich weit über 60 Prozent der Wahlberechtigten als Stammwähler – heute nur noch etwas mehr als 30 Prozent. 70 Prozent der Wähler sehen keinen Unterschied darin, ob SPD oder CDU die Bundesregierung führt. 45 Prozent sehen keinerlei programmatische Differenzen zwischen SPD und CDU. Nur 25 Prozent glauben, dass die Politik langfristig angelegt sei. Entsprechend schnell schwanken auch die Stimmungspegel.

Das politische Interesse ist stark zurückgegangen. Nur zwölf Prozent formulieren ein ausgeprägtes Interesse an Politik. Da vorwiegend politisch Interessierte sich auch durch eine langfristige Parteiidentifikation auszeichnen, verliert der politische Kompass und Filter – die Parteibindung – seine Funktion. Die Parteibindung diente über viele Jahrzehnte nicht nur als markentreues Zeichen bei Wahlen. Wesentlicher als der Wahlakt war die Kompass- und Filterfunktion der Parteiidentifikation. Sie schirmte Individuen gegenüber möglichen Einflüssen der Medien oder anderer Personen ab und ermöglichte ihnen, sich in der unübersichtlichen Welt der Politik besser zu orientieren. Die hohe Volatilität des Wahlvorgangs korrespondiert mit Pragmatismus, Nützlichkeitsdenken und traditionsvergessener Innovationsbereitschaft.

2. *Krise der Repräsentation*

Wenn man Werte als Konzepte des Wünschbaren begreift und vor diesem Hintergrund nach den großen Lebenszielen fragt, dann sind die Antworten erstaunlich stabil und konstant. Ganz oben steht: ein glückliches Familienleben; es folgt: finanzielle Sicherheit und Entfaltung der individuellen Fähigkeiten. Zur Erlangung dieser Ziele werden als wichtigste Werthaltung angesehen: Ehrlichkeit, Gerechtigkeit und Sicherheit. Wenn es dennoch zu politischer Verdrossenheit in beachtlichem Maße kommt, dann erklärt dies die Sozialwissenschaft einerseits mit gewachsener Anspruchshaltung, andererseits mit einer tief greifenden Individualisierung. Aber diese Erklärung ist nicht ausreichend.

Wir haben starke, stabile Mentalitätstraditionen in unserem Land, autoritätsorientierte Traditionslinien wie modernisierende, an Eigenverantwortung orientierte ebenso wie an kollektiver Absicherung interessierte. Bei näherem Hinsehen fällt auf, dass nicht diese stabilen Mentalitätsstrukturen in unserer Gesellschaft zerfallen, sondern dass die jeweiligen Entstellungsgruppen keine öffentlichen Sprecher mehr haben, keine wirkliche Repräsentanz. Die Prägekraft oder Vorherrschaft bestimmter Repräsentanten aus Parteien, Verbänden oder der Intellektuellen ist zerfallen. Alle politischen Lager versuchen, ihre Anhänger aus allen Richtungen an sich zu binden, und schaffen damit eine diffuse Konturlosigkeit statt klarer Orientierung.

3. *Abnehmendes Vertrauen*

Jede moderne Gesellschaft lebt vom Vorschuss an Vertrauen. Denn das Zusammenleben ist in vielen Funktionen arbeitsteilig spezialisiert. Wir fahren mit dem Auto im Vertrauen auf die geltenden Regeln im Straßenverkehr. Wir begeben uns in medizinische Behandlung im Vertrauen auf die Befähigung des Arztes. Dieses Vertrauen ist der Kitt unserer Gesellschaft. Wir brauchen auch Vertrauen in Institutionen, die für alle diese Qualifikationen bürgen. Nun zeigen aber die Umfragen der vergangenen Jahre, dass wir immer weniger bereit sind, anderen zu vertrauen. Wir wollen weder den Parteien noch den Kirchen, weder den Unternehmern noch unseren Nachbarn trauen. Heute sagen 54 Prozent, dass sie nichts und niemandem vertrauen können, weder den Institutionen noch den Mitmenschen.

Alle drei Befunde umschreiben den Trend in Richtung einer Misstrauensgesellschaft, was politisch-gesellschaftliche und auch ökonomisch-soziale Auswirkungen haben wird.

Die nachfolgenden Analysen lassen darüber hinaus drei mögliche Entwicklungspfade zur Konfliktregulierung und Konsensbildung in zentralen Politikfeldern erkennen:

a) politisch-steuernde Eingriffe; wobei nicht von hierarchischen Steuerungszentren auszugehen ist, sondern eher ein Nebeneinander von Akteuren mit Eigeninteressen und erheblicher Vetomacht erkennbar ist;
b) netzwerkartige politische Selbstorganisation in zivilgesellschaftlichen Kleinstrukturen; hierbei steht die Anleitung zur Selbstorganisation im Zentrum;

c) Suchbewegungen nach neuen Regulierungsmodellen – besonders im wohlfahrtsstaatlichen Bereich – wie sie in anderen europäischen Staaten bereits vorgelebt werden.

Nutzen und Anwendung

Für den politischen Wettbewerb in Deutschland charakterisieren die Trend-Optionen zwei zentrale Konfliktlinien, die zukünftig weiter wirkungsmächtig bleiben. Sie sind generationsspezifisch und regional – im Sinne eines Ost-West-Vergleichs – unterschiedlich ausgeprägt. Gemeint ist die sozioökonomische Dimension mit der klassischen Frage der Verteilungspolitik, der zukünftigen Wirtschafts- und Sozialpolitik sowie der sozialen Absicherung. Ebenso bleibt als zweite Konfliktlinie die kulturelle Dimension perspektivisch wichtig. Hierbei steht das gewachsene kommunikative, partizipative, aber auch konsumorientierte Politikverständnis – Politik als Ware – im Zentrum, das wiederum den traditionellen, auf politische Repräsentation und Interessenvertretung ausgerichteten Politikstil relativieren wird.

Die Leser sollen ihre eigenen Schlussfolgerungen aus der Bedeutung dieser zentralen Konfliktlinien ziehen. Die nachfolgenden Analysen bieten hierbei vielfältige Hilfestellungen an. Das betrifft sowohl die Texte als auch die Abbildungen, Grafiken und Tabellen. Die Angebote der Autoren sollen zum freien Umgang mit den Ergebnissen anstiften. Eine grafisch aufbereitete Kurzfassung sowohl der Thesen als auch der Trends der einzelnen Teilkapitel folgt gesondert im Anschluss an diese Einführung: »Ergebnisse und Trends auf einen Blick«. Möglicherweise kann sich daraus eine politische Debatte über eine künftige Reformwerkstatt ergeben.

Dank

Die Idee zum Deutschland-Trendbuch wurde zwischen den beiden Herausgebern (Köln/München), der Forschungsgruppe Deutschland vom Centrum für angewandte Politikforschung (C. A. P. München) und Rüdiger Thomas von der Bundeszentrale für politische Bildung (Bonn) gemeinsam entwickelt. Rüdiger Thomas hat das Forschungsvorhaben nicht nur organisatorisch in ein Buchprojekt einmünden lassen. Wir danken ihm für seine kreativen Ideen, kenntnisreichen Sachurteile und die konzeptionellen Hilfestellungen in jeder Phase des Projektes. Das Deutschland-Trendbuch knüpft hiermit an die langjährige und bewährte Zusammenarbeit an, die wir im Umfeld der vielen Ausgaben des »Handbuchs zur deutschen Einheit« sammeln konnten.

Der Bundesverband deutscher Banken (Berlin) hat sich als weiterer Projektpartner um den vorliegenden Band besonders verdient gemacht. Die im Auftrag des Bankenverbandes eigens für das Deutschland-Trendbuch erhobene repräsentative Meinungsumfrage »Deutschland im Wandel« hat es den Autoren erst ermöglicht, auf aktuelles, für ihre Themen zugespitztes Datenmaterial zurückzugreifen. Bei der Konzeption der Umfrage brachten Wilhelm Bürklin und Christian Jung ihre langjährige Erfahrung auf dem Feld der Demoskopie entscheidend mit ein.

Die Koordination und Vernetzung der Beiträge zu einem runden Gesamtbild wurden durch die Möglichkeit, Autorenkonferenzen abzuhalten, wesentlich erleichtert. Herzlicher Dank gilt auch hier dem Bundesverband deutscher Banken und insbesondere seinem Hauptgeschäftsführer, Manfred Weber, für die erwiesene Gastfreundschaft in den Räumlichkeiten des Bankenverbandes in Berlin. Die Autorenkonferenzen verliefen in einer Atmosphäre des kreativen Gedankenaustausches, der konstruktiven Anregungen und der teamorientierten Zusammenarbeit. Dies war nur möglich, weil die Autoren zu einem erheblichen Mehraufwand an Arbeit und Kooperation bereit waren. Wir danken ihnen dafür. Mit ihrer wissenschaftlichen Expertise verleihen die Autoren dem Deutschland-Trendbuch sein spezifisches Profil. Sie alle standen vor der Herausforderung, ein komplexes, vielschichtiges und sich dynamisch veränderndes Thema auf begrenztem Raum behandeln zu müssen.

Darüber hinaus ist die zügige Veröffentlichung des Forschungsprojektes erst durch das große Engagement des Redaktionsteams möglich geworden. Johanna Schmidt M. A. (München) ist für die Gesamtredaktion, das Lektorat sowie die Koordination der einzelnen Arbeitsschritte verantwortlich. Als Redaktionsassistentin hat Margarethe Brunner (München) wertvolle Arbeit geleistet. Das umfangreiche Sachregister und die Auswahlbibliographie sind von Johanna Schmidt und Margarethe Brunner in Zusammenarbeit mit der Forschungsgruppe Deutschland erstellt worden, die im Team ihren Beitrag zum Gelingen des Deutschland-Trendbuchs geleistet haben. Gernot Dallinger und Heinz Synal haben in der Bundeszentrale für politische Bildung wesentlich dazu beigetragen, dass dieser Band in der vorliegenden Form erscheinen konnte. Ihnen allen sind wir zu Dank verpflichtet.

Ergebnisse und Trends auf einen Blick

I. Geschichte

WERNER WEIDENFELD *Geschichte und Identität*

These: Es gibt zwei unversöhnlich zueinander stehende historische Kontinuitätskerne der Selbstbeschreibung in Ost und West: die ostdeutsche Verklärung der Erfahrungswelt DDR und das westdeutsche Desinteresse gegenüber der Ausbildung einer historischen Fundamentierung einer gesamtdeutschen Identität.

Trends: Die deutsche Identität bleibt auch in absehbarer Zukunft gespalten. Erstens aufgrund der divergierenden Erfahrungswelten in Ost und West. Zweitens drohen soziale Einstellungsdifferenzen eine weitere Spaltung deutscher Identität zu verursachen: Während eine national-europäisch ausgeformte Identität zunehmend als Privileg der Bildungselite erscheint, mehren sich gleichzeitig die Anzeichen einer Korrelation national-regionaler Identitätsmuster in der historischen Selbstbeschreibung der weniger Gebildeten. »Hinzu treten ausgeprägte Differenzen zwischen den generationenspezifischen Befindlichkeiten innerhalb der divergierenden Erfahrungswelten.« Die Ausbildung einer homogenen, gesamtdeutsch orientierten Identität wird davon abhängen, ob es gelingt, die Diktaturerfahrungen der Ostdeutschen in eine gesamtdeutsche Geschichtskultur zu integrieren.

MICHAEL WEIGL/LARS C. COLSCHEN *Politik und Geschichte*

These: Das Aufeinanderprallen divergierender Selbstverständnisse im Historischen führte zu einem historischen Legitimationsdefizit, auf das die Politik der Berliner Republik bis jetzt keine Antwort gefunden hat. Bundespolitische Traditionsstränge dominieren vor spezifisch ostdeutschen Referenzen.

Trends: Die EU-Osterweiterung und die Bemühungen um ein gesamteuropäisches Selbstverständnis tragen dazu bei, dass Bezüge auf den Nationalsozialismus von der deutschen Politik nicht gänzlich ausgeblendet werden können, wenn sie auch an Gewicht verlieren. Zugleich wird die historische Standortbestimmung des vereinten Deutschland um die Geschichte der DDR und eine Europäisierung auf allen politischen Ebenen bereichert. Im Innern sieht sich die Politik gezwungen, ihre Positionen durch eine ambivalente Strategie der historischen Legitimation untermauern zu müssen. West- wie ostdeutsche Prägungen werden unter dem Vorzeichen der

»Inneren Einheit« in einem Argumentationsgang zu Wort kommen. Dies trägt ebenso wie die historische Emanzipation der ostdeutschen Länder zu einer Relativierung der gegenwärtigen politisch-historischen Schieflage Deutschlands bei. Die Dominanz des westdeutschen Erbes wird zunehmend einer gleichberechtigteren politischen Bezugnahme weichen.

II. Gesellschaft

Rainer Geißler *Sozialstruktur und gesellschaftlicher Wandel*

These: Die meisten sozialstrukturellen Entwicklungen, die in der Bundesrepublik derzeit messbar sind, lassen sich als Elemente eines Modernisierungsprozesses beschreiben. Die Ost-West-Wohlstandsschere ist eine zentrale Herausforderung an das vereinigte Deutschland. Der sozioökonomische Wandel verändert die Gesellschaftsstruktur in Ost und West, wobei sich die sowieso hohe soziale Dynamik durch den Zusammenbruch der DDR in Ostdeutschland »noch zusätzlich in dramatischer Weise beschleunigt« hat.

Trends: Wohlstandswachstum, Tertiärisierung und Höherqualifizierung mit entsprechenden Umschichtungen, Alterung und zunehmende ethnische Vielfalt sowie Verringerung geschlechtstypischer Ungleichheiten lassen sich als die wesentlichen Elemente eines gesamtdeutschen Modernisierungsprozesses interpretieren. Die endgültige Herstellung gleichwertiger Lebensbedingungen in Ost und West ist jedoch ein langwieriger Prozess und nach wie vor eine zentrale Herausforderung an die politischen Eliten. Nach der Wiedervereinigung haben sich die wachstumshemmenden Nivellierungstendenzen der DDR in neue soziale Differenzierungstendenzen verkehrt; es entstehen neue Ungleichheiten auf einem höheren Niveau. Trotz vieler Krisenerscheinungen sind die Reaktionen der Ostdeutschen auf die Umwälzungen ihrer Lebensbedingungen zunehmend positiv. Wegen der vielgestaltigen Modernisierungsdefizite der DDR-Sozialstruktur ist ein wesentlicher Zug der Umwälzungen in Ostdeutschland eine »nachholende Modernisierung«.

Michael Vester *Milieus und soziale Gerechtigkeit*

These: Die traditionellen gesellschaftlichen Milieus haben sich nicht aufgelöst, sondern lediglich in neue und modernere Zweige aufgefächert. Es lässt

Trends: Der regulierende Überbau von Institutionen gelangt zunehmend an seine Grenzen. Die Modernisierung der Produktivkräfte und der Lebensstile verlangt nach Änderungen. Dennoch sind die Grundregeln des solidarischen Sozialmodells der Bundesrepublik nachhaltig im Alltagsbewusstsein der Misich ein »Familienzerwürfnis« zwischen den politischen Eliten und ihren Stammklientelen ausmachen: Die Eliten können ihre »Stammpotenziale nicht mehr dauerhaft für sich mobilisieren, weil sie sich von ihren Alltagsvorstellungen sozialer Gerechtigkeit entfremdet haben«. Die Diagnose lautet daher nicht Erosion der Milieus, sondern Krise der politischen Repräsentation. Notwendig ist eine Modernisierung des Wirtschafts- und Sozialsystems, das gegenseitige Solidarität und individuelle Eigenverantwortung nicht gegeneinander ausspielt, sondern miteinander kombiniert.

lieus verankert. Künftige Veränderungen müssen sich daran orientieren. Neue Herausforderungen betreffen die Arrangements zwischen den Generationen, den Geschlechtern, den ethnischen Gruppen, den Regionen und den sozialen Klassen, die zunehmend unter Spannung stehen. Gewünscht wird mehr Gleichberechtigung, Entbürokratisierung und Mitwirkung von unten, d.h. ein »partizipatorischer Wohlfahrtsstaat«. Als Grundlage dafür lässt sich eine starker Trend zu mehr Bürgerbeteiligung, Selbsthilfe, Alltagssolidarität und ehrenamtlichem Engagement in der Bevölkerung beobachten. Darauf müssen sich die Politikeliten einstellen, die sich von einem obrigkeitsstaatlichen Denken auf ein dialogisches Verhandeln und Entscheiden umorientieren müssen. Die große Mehrheit will weder bürokratische noch wirtschaftsliberale »Modernisierungen von oben«.

Heiner Meulemann *Identität, Werte und Kollektivorientierung*

These: Die nationale Identität moderner Industriegesellschaften setzt sich aus dem gemeinsamen Profil der Werte Gleichheit, Leistung, Mitbestimmung, Selbstbestimmung und Akzeptanz zusammen. In der alten Bundesrepublik lassen sich Trends auf diesen fünf Werten mit der Formel: von Akzeptanz zu Selbstbestimmung zusammenfassen. Vor der Wiedervereinigung war im Westen die Selbstorientierung maßgeblich, im Osten dagegen eine Kollektivorientierung.

Trends: Nach der Vereinigung schwindet die für die DDR typische Form der Kollektivorientierung; aber in der alten Bundesrepublik haben sich mit dem Wandel der beruflichen Leistungsethik und dem Anstieg des Werts der politischen Teilhabe Modelle für eine Vermittlung zwischen Selbst- und Kollektivorientierung entwickelt. Eine Analyse der Leistungsmotivation, der Kirchgangshäufigkeit und des Vertrauens in die Mitmenschen sowie der Motivinterpretationen der Engagierten zeigt, dass nach der Wiedervereinigung der Trend zur Vermittlung zwischen Selbst- und Kollektivorientierung weiterhin besteht. Doch als ein neues Motiv für gesellschaftliches Engagement tritt Spaß und Selbstverwirklichung vor Pflicht und Kollektivorientierung in den Vordergrund; es etabliert sich eine »andere Spaßgesellschaft«.

JÜRGEN TUREK *Technologiegesellschaft*

These: Innovationen in Wirtschaft und Technologie inspirieren zu Höhenflügen bei den Vorstellungen über neue Gestaltungsmöglichkeiten; die Globalisierung verändert das sozioökonomische Umfeld mit unveränderter Geschwindigkeit. Demgegenüber sind gesellschaftliche Anpassungsprozesse erst in Ansätzen zu erkennen. Die Diskrepanz zwischen der effektiven Beherrschung globaler Sachverhalte durch Wirtschaft und wissenschaftliche Kreise und der Beeinflussung dieser Realität seitens der politischen Akteure wächst.

Trends: Dabei sind im Hinblick auf eine nachhaltige gesellschaftliche Entwicklung in Deutschland drei Konsequenzen des sozioökonomischen und technologischen Wandels relevant: wachsende Gegensätze und Ungleichheiten bei den sozialen Verhältnissen; zunehmendes Tempo des sozioökonomischen Wandels; neuartige Sensibilitäten einer vernetzten Welt. Dies impliziert eine zunehmende Interdependenz und Störanfälligkeit gesellschaftlicher Subsysteme, zeigt Grenzen politischer Steuerung auf, schafft neue Konstellationen politischer Macht, bewirkt staatliche Steuerungsverluste und bedeutet eine geringere administrative Kontrolle technologisch brisanter Innovationen und gesellschaftlicher Reaktionen auf die Globalisierung. Der Terror-Anschlag auf die USA am 11. September 2001 hat hierbei das transnationale Konfliktpotenzial wachsender gesellschaftlicher Asymmetrien auf der Ebene unterschiedlicher religiöser und lebensweltlicher Anschauungen auf schreckliche Weise demonstriert. Dies bedeutet, auch die Bürger in Deutschland und das politische Entscheidungssystem auf die vernetzte, beschleunigte und störanfälligere Welt einzustellen.

III. Wirtschaft und soziale Ordnung

BERT RÜRUP/WERNER SESSELMEIER *Wirtschafts- und Arbeitswelt*

These: Unsere Gesellschaft ist eine Erwerbsgesellschaft, daher spielt das gesellschaftliche Subsystem Wirtschafts- und Arbeitswelt für die Sicherung der materiellen und sozialen Integration der Bürger eine herausragende Rolle. Umbrüche, wie die Informatisierung der Arbeit, die Globalisierung der Wirtschaft, der dienstleistungsorientierte

Trends: Die Umbrüche beschreiben den Wandel weg von einer eher »homogenen« Industriegesellschaft hin zu einer deutlich »heterogeneren« Dienstleistungsgesellschaft. Die stärkere Dezentralisierung und Individualisierung dürften auch zu einer Gewichtsverlagerung bei der Organisation der Daseins- und Zukunftsvorsorge zugunsten individueller Lösungen und eines höheren Maßes an Eigenverantwortung führen. Dabei sollte man nicht aus dem Auge verlieren, dass punktuelle Lösungen wenig effektiv sind, da die einzelnen Politikbereiche stark interdependent sind und deshalb Anpassungen in einem Bereich komplementäre Änderungen in anderen Bereichen nach sich ziehen müssen.

Strukturwandel und der Wandel in der Organisation von Arbeit sowie die demographische Entwicklung, sind von hoher Relevanz für die Funktions- und Zukunftsfähigkeit der sozialen Marktwirtschaft.

Wolfgang Merkel *Sozialpolitik*

These: Der deutsche Sozialstaat steht unter Reformdruck, die Politik reagiert bisher zögernd auf die Herausforderungen aus Wirtschaft und Gesellschaft. Sozialpolitische Reformen sind jedoch in Deutschland nur schrittweise möglich. Die sozialstaatlichen Sicherungssysteme Deutschlands haben eingebaute Stabilisatoren, die unter demokratischen Bedingungen zwar Expansionen erlauben, aber kaum einschneidende Umstrukturierungen und Restriktionen zulassen.

Trends: Es ist mit einem »mittleren Weg« in der deutschen Sozialpolitik zu rechnen. Die engen Handlungsräume des verflochtenen politischen Institutionensystems der Bundesrepublik Deutschland mit seinen zahlreichen und mächtigen Vetospielern, dem großen Wählerpotenzial älterer Menschen und einer ausgeprägten sozialstaatlichen Anspruchskultur erlauben keine raschen Politikwenden. Dies gilt insbesondere in der Sozialpolitik. Allerdings wird der mittlere Weg der Status-quo-Sicherung stets von den fiskalischen Herausforderungen demographischer Verschiebungen erschüttert werden. Die internationale Wirtschaftskonkurrenz wird zudem das Sozialversicherungsprinzip zunehmend als wirtschaftlichen Standortnachteil markieren und verstärkt Reformen anmahnen. Die sozialstaatlichen Reformen anderer Länder – wie insbesondere Dänemark und die Niederlande – zeigen Wege auf, wie der Umbau vom konsumptiven Sozialversicherungsstaat zum aktivierenden Sozialinvestitionsstaat vollzogen werden kann. Aus Gründen wirtschaftlicher Effizienz, aber auch der sozialen Gerechtigkeit erscheint ein schrittweises Abrücken von der statusorientierten und transfergestützten Einkommenssicherung zugunsten zukunftsorientierter sozialinvestiver Aufgaben unverzichtbar.

Manfred Weber *Finanzmarkt und Finanzkultur*

These: 50 Jahre erfolgreiche Wirtschaftsentwicklung und ein sich interna-

Trend: Vier Entwicklungen bestimmen die Dynamik der Veränderungen in der deutschen Finanzkultur:

tional wandelndes Umfeld haben die Finanzkultur in Deutschland nachhaltig verändert: den Umgang mit Geld und Vermögen, den Stellenwert der Geld- und Finanzsphäre sowie die Aufgabe der Banken in Wirtschaft und Gesellschaft. Der Wandel lässt sich als Prozess begreifen, der sich im Wechselspiel von realwirtschaftlicher Entwicklung und der Veränderung individueller Einstellungen vollzieht.

- der ordnungspolitische Paradigmenwechsel, der auf privat- und marktwirtschaftliche Lösungen setzt und die produktive Kraft des Wettbewerbs stärker zur Geltung bringt;
- der Prozess der Globalisierung und die Schaffung der Europäischen Wirtschafts- und Währungsunion, die zu einem integrierten europäischen Finanzmarkt führt;
- der Fortschritt der Informations- und Kommunikationstechnologie, der besonders die Kreditwirtschaft mit ihren leicht digitalisierbaren Produkten einem permanenten Wandel unterwirft;
- der Mentalitätswandel aufseiten der Bankkunden, die mit wachsendem Wohlstand auch ein neues Selbstverständnis entwickeln. Nicht zuletzt die in der Breite der Bevölkerung gestiegene Kapitalausstattung sowie Veränderungen im Lebensstil der Menschen werden das Geldanlageverhalten der Zukunft nachhaltig prägen.

Joseph Huber *Umweltschutz*

These: Deutschland befindet sich im Übergang von der Stufe der einfachen Vollindustrialisierung zur Stufe der Wissens- oder Technologiegesellschaft. Damit wandeln sich sowohl die ökologischen Fragestellungen als auch die Aufgaben des Umweltschutzes. Während gröbere Probleme der Luft- und Wasserverschmutzung inzwischen weitgehend abgearbeitet wurden, sind z. B. Probleme des Klimaschutzes und der Verbreitung von Gift- und Gefahrstoffen in den Vordergrund getreten.

Trends: Die gesamte Bevölkerung entwickelt ein Umweltbewusstsein, das jedoch nur zum geringen Teil wie ursprünglich neoromantisch, idealistisch ausgeprägt ist. Vielmehr überwiegt ein utilitaristisches Einstellungsmuster, dem ein anthropozentrisches Eigennutzdenken zugrunde liegt. Im staatlichen Umwelthandeln ist das ursprüngliche Regulierungsmuster der bürokratischen Kontrolle ergänzt worden durch das Regulierungsmuster der Koordination und Kontextsteuerung. Die ökologische Frage ist auf der politischen Agenda etabliert und in diesem Sinne von einem Kampfthema zu einem Konsensthema geworden. Gleichwohl bestehen gemäßigte Konflikte über die richtigen Wege im Umweltschutz auch in Zukunft weiter. In der Industrie haben sich Methoden der ökologischen Unternehmensführung und des betrieblichen Umweltmanagements verbreitet. In der akademischen und öffentlichen Diskussion wird dem umweltbewussten Verbraucherverhalten viel Beachtung geschenkt, während bedeutende Durchbrüche auf dem Gebiet der technologischen Umweltinnovationen erzielt werden.

IV. Kultur

Jörn Rüsen/Friedrich Jaeger *Erinnerungskultur*

These: Die prägende Erfahrung des Nationalsozialismus stellt für die deutsche Erinnerungskultur eine besondere Herausforderung dar, ein zukunftsweisendes Konzept der Erinnerung zu entwerfen. Eine tragfähige Selbstverortung und Orientierung in Gegenwart und Zukunft hängt davon ab, inwieweit es gelingt, eine Auffassung deutscher Geschichte zu erlangen, in die diese Erfahrung kritisch eingearbeitet werden könnte. Die gegenwärtigen Debatten um Erinnerungskultur und kulturelles Gedächtnis lassen sich als Teil einer kulturgeschichtlichen Wendung verstehen, welche die deutsche Geschichtswissenschaft seit einigen Jahren vollzieht.

Trends: Eine Historisierung des Nationalsozialismus zeichnet sich ab, entweder durch eine falsche Normalisierung oder eine Integration der NS-Diktatur in die allgemeinere deutsche und europäische Geschichte. Am aussichtsreichsten für eine europäische Dimension deutscher Geschichtskultur erscheint eine Vermittlung zwischen den historischen Erfahrungen, an denen sich europäische Zugehörigkeit aufweisen und plausibel machen lässt, und den negativen historischen Erfahrungen, die eine mentale Schubkraft der europäischen Einigung selber darstellen. Die Globalisierung macht darüber hinaus den Abschied vom einem verbreiteten Ethnozentrismus durch eine Transformation der »Meistererzählungen« nötig. Die historische Selbstverständigung des Westens muss um die wechselseitige Anerkennung kultureller Differenz erweitert werden.

Wolfgang Leidhold *Wissensgesellschaft*

These: Wissen steht in der Wissensgesellschaft nicht wie traditionell Begriffen wie Glauben und Meinen gegenüber, sondern markiert die Vorstellung einer Neuen Ökonomie, in der dem Wissen und der Information eine dominierende Bedeutung als Produktionsfaktor zukommt.

Trend: Deutschland befindet sich auf dem Weg zur Wissensgesellschaft, wenngleich die Bundesrepublik Deutschland – in Technologie, Wirtschaft, Politik und Bildung – weder eine Vorreiterrolle noch eine führende Position innehat. In der weiteren Entwicklung sind zwei Szenarien denkbar: Das eine Szenario nimmt an, dass die Wissensgesellschaft auf der Grundlage der neuen Informations- und Kommunikationstechnologien den Schlüssel zur Lösung unserer Probleme bietet, das andere geht davon aus, dass der Wandel wesentliche Lebensbedingungen der westlichen Welt infrage stellt.

RÜDIGER THOMAS *Kultur und Gesellschaft*

These: In einer säkularisierten Welt erhält Kultur als Sinnform, Habitusform und Vergesellschaftungsform, die kollektive Identitäten konstituiert, eine wachsende Bedeutung. Die kulturelle Entwicklung im geteilten Deutschland reflektiert die Auseinandersetzung mit konkurrierenden politischen Leitvorstellungen, den gesellschaftlichen Wertewandel, die Ausbildung neuer Kulturmilieus und das Spannungsfeld zwischen nationalen Traditionen und internationaler Orientierung. Im vereinten Deutschland ist es bisher nur partiell gelungen, unterschiedliche kulturelle Erfahrungen in ein gemeinsames Kulturbewusstsein zu integrieren.

Trends: Die Zukunft der Kultur in Deutschland wird durch eine Verschränkung und Interdependenz von innergesellschaftlichen Entwicklungsmerkmalen und globalen Einflussfaktoren bestimmt:

- Kultur wird zunehmend zu einer wesentlichen Komponente der Individualisierung, die zwischen Selbststilisierung und einer selbstreflexiven Gestaltung des eigenen Lebens changiert.
- Der Medienmix (Crossover) wird zum vorherrschenden Kulturmuster der Mediengesellschaft.
- Kunst, Kultur und Wissenschaft entwickeln neue Vermittlungsformen: zwischen technologischer Rationalität, kreativer Improvisation, konkreter Anschauung und sinnhafter Wertorientierung. Sie bilden eine Brücke für gesellschaftliche Selbstverständigung.
- Kultur wird zunehmend zur ökonomischen Ressource mit ambivalenten Folgen: dem Risiko der Dekulturation und der Chance diverser Kulturen für alle.
- Kultur wird zum Fokus konzentrischer Identitätsbildung zwischen Regionalismus, Nationalkultur und Globalisierung in einer digitalen Welt.

V. Politik

KARL-RUDOLF KORTE *Regieren*

These: Durch die Zwänge der Globalisierung rücken die Steuerungsaspekte des Regierens wieder in den Vordergrund. Kanzlerdominanz, Parteienherrschaft, Koalitionsbindungen, Verhandlungszwänge und medienadressierte po-

Trends: Ein verändertes Politikverständnis führt zu problemorientiertem, kurzem, temporärem Engagement mit Allianzen auf Zeit als adäquate Antwort auf die Volatilität der Wähler und knappe Mehrheiten, da es keinen einheitlich-kalkulierbaren Wählermarkt mehr gibt. Konnte man Regieren früher tendenziell mit hierarchisch koordinierter Steuerung umschreiben, so gleicht es heute eher einem zu moderierenden Interdependenzmanagement. Staat-

litische Kommunikation kennzeichnen das Regieren in Deutschland. Überverflechtung und Überkomplexität, Autonomieverluste und Vetosysteme gegen die Exekutivmacht deuten schon begrifflich an, dass sich das Regieren unter modernen Bedingungen gewandelt hat. Regieren ist im Zeitverlauf immer verflochtener, anspruchsvoller, kommunikationsabhängiger, zeitaufwendiger, unkalkulierbarer und komplizierter geworden.

liche Politik wird heute in Verhandlungen zwischen formal und funktional interdependenten Akteuren und Institutionen formuliert und implementiert. Folgende acht Instrumente – als Trends des modernen Regierens – nutzen die Regierungschefs, um Handlungskorridore zu eröffnen: Gespielte Kohärenz, Machtzentralisierung, Stilles Regieren, Netzwerk-Pflege, Chefsachen-Mythos, Telepolitik, Charme der Ressource Außenpolitik, Ideen-Management. Der Bedarf an Entscheidern wächst, die angesichts des Zerfalls von Orientierungsmilieus Sicherheit und Vertrauen vermitteln.

THOMAS MEYER *Inszenierte Politik und politische Rationalität*

These: Die Inszenierung der Politik für die Medienbühne wird zu einer Schlüsselstruktur, die den gesamten politischen Bereich mit einer neuen Prägung versieht, die den autonomen und rationalen Handlungsspielraum der Akteure einschränkt.

Trends: Mit der Entwicklung zur Mediendemokratie einher geht die Marginalisierung der politischen Parteien, eine Relativierung des Parlamentarismus und eine Verschiebung der Machtkonstellationen. Die intermediären Organisationen der Parteiendemokratie werden unter dem Druck der Inszenierungspolitik zunehmend marginalisiert. Die mediale Inszenierung etabliert eine neue Machtkonstellation, die im Dreieck zwischen Meinungsumfragen, strategischen Politikeliten und Massenmedien besteht. In der Bundesrepublik lässt sich ein deutlicher Trend in Richtung auf die Konstellation der US-amerikanischen Mediendemokratie beobachten.

MANUELA GLAAB/ANDREAS KIEßLING *Legitimation und Partizipation*

These: Aus der Analyse der Trends politischer Beteiligung lässt sich keine umfassende Delegitimierung des politischen Systems der Bundesrepublik

Trends: Politisches Engagement vollzieht sich in immer weiter ausdifferenzierten Partizipationsformen. Daraus ergibt sich ein Trend zur elitendominierten politischen Partizipation. Dem verbreiteten politischen Desinteresse begegnet die Politik mit Strategien mediatisierter Darstellungspolitik. Poli-

Deutschland ableiten. Im Kern handelt es sich bei den ermittelten Krisensymptomen um Schwächen der überkommenen Parteiendemokratie.

tische Entscheidungen werden immer häufiger in ad hoc eingerichteten, informellen Gremien getroffen. Diese Entwicklung ist unter legitimatorischen Gesichtspunkten ambivalent zu bewerten: Einerseits kann das politische System auf diese Weise zivilgesellschaftliches Sozialkapital für möglichst adäquate, effiziente Problemlösungen aktivieren. Andererseits wird ein Großteil der Bundesbürger durch die neuen politischen Beteiligungsformen nicht erreicht. Eine Revitalisierung der Parteiendemokratie erscheint jedoch möglich: Durch die Vermittlung von Demokratiekompetenz lässt sich die Beteiligungsbereitschaft nachhaltig fördern. Vorhandene Partizipationspotenziale der Bürgergesellschaft sind durch Netzwerkstrukturen konsequent und kreativ einzubinden. Der Zugang zur Politik ist durch die Reform der Binnenorganisation der Parteien zu erleichtern.

Peter M. Wagner *Deutschland in Europa*

These: Unklare Zuständigkeiten und ein verstärkt wahrgenommenes Demokratiedefizit schwächen das Vertrauen der Bevölkerung in die tatsächliche Umsetzung der als Grundidee weiterhin stark verankerten europäischen Einigung. Verstärkt wird dies durch die schleppende Umsetzung und Inangriffnahme von Themen, die der Bevölkerung wichtig erscheinen, z. B. die gemeinsame Sicherheitspolitik. Offensichtlich ist allerdings auch der große Pragmatismus der Deutschen: Realitäten wie der Euro werden letztlich – zumindest solange erfolgreich – akzeptiert.

Trends: Zu unterscheiden sind zwei Dimensionen der Diskussion: Die Deutschen wünschen sich Reformen, Vereinheitlichung und Transparenz. Auf politischer Ebene wird die Frage nach der Finalität Europas nur abstrakt diskutiert: Die Alternativen bewegen sich zwischen der Schaffung eines föderalen europäischen Bundesstaates, angelehnt an das Beispiel der Bundesrepublik Deutschland und einer je nach Politikfeld differenzierten Integration um ein Kerneuropa herum. Politische Taten und Reformen werden weiter verschoben, dabei nimmt der Druck aus Brüssel zu, die Harmonisierung der Lebensverhältnisse voranzutreiben. Der Rückhalt in der Bevölkerung nimmt ab: Die Zustimmung der Deutschen zur europäischen Integration hat sich von einem starken Wunsch und einer identitätsbestimmenden Idee zu einer mehr leidenschaftslosen Akzeptanz gewandelt. Die Kompromissfähigkeit der Deutschen wird dabei von der weiter wachsenden Heterogenität in einer immer größeren Gemeinschaft auch künftig immer stärker gefordert sein. Der anhaltende Grundkonsens zur europäischen Idee bietet allerdings die Basis auch für weitere Integrationsschritte.

Hanns W. Maull *Außenpolitische Kultur*

These: Von einer »Normalisierung« der deutschen Außenpolitik kann keine Rede sein, die Außenpolitik der Berliner Republik steht vielmehr in allen wesentlichen Aspekten im Zeichen der Kontinuität mit der Außenpolitik der alten Bonner Republik. Durch die Analyse der deutschen außenpolitischen Kultur können die ausgeprägten Kontinuitäten sowie die begrenzten Veränderungen seit 1990 im Wesentlichen erklärt werden. Auch die Vereinigung hat diese Kontinuität zwar zeitweilig durch einen Konsistenzverlust der außenpolitischen Kultur abgeschwächt, aber nicht entscheidend verändert.

Trends: Die Beharrungskräfte der politischen Kultur halten die Umorientierung der deutschen Außenpolitik in engen Grenzen, ihr Anpassungsvermögen und ihre Lernoffenheit jedoch ermöglichen durchaus Innovationen in Teilbereichen, die die deutsche Außenpolitik auf die drastisch veränderten internationalen Rahmenbedingungen einstellen. In den Partner-Präferenzen deutscher Außenpolitik zeichnen sich subtile Veränderungen ab, die insbesondere die deutsch-amerikanischen Beziehungen betreffen. Die Verwirklichung der gemeinsamen europäischen Außen- und Sicherheitspolitik weckt teils illusionäre Hoffnungen, die sich für andere Bereiche der Außenpolitik als kontraproduktiv erweisen können. Die Außenpolitik der Berliner Republik lässt sich am besten als kreative Variation alter Themen, aber eben keineswegs als neue Komposition verstehen. Ihre Achillesferse liegt weniger in der Substanz als in der Austrocknung ihrer materiellen und politischen Grundlagen: Die »Friedensdividende« erscheint aufgezehrt, und Deutschland muss sich darum bemühen, die relative Vernachlässigung der Außenpolitik in den letzten Jahren zu korrigieren. Dazu muss die Politik Unterstützung in der Gesellschaft einwerben.

I. Geschichte

Werner Weidenfeld

Geschichte und Identität

1. Konjunkturen des Historischen als Seismograph der Identität

Woher kommen wir? Was sind wir? Wohin gehen wir? – Diese Fragen nach dem »Wir« sind kein philosophisch-abstraktes Konstrukt, geboren im elitären Elfenbeinturm der Wissenschaft. Sie sind vielmehr Ausdruck der existenziellen Suche des Menschen nach Orientierung. Das Zeitalter der Moderne ist infolge der Aufklärung durch die Erosion geschlossener Weltbilder mit Transzendenzbezug gekennzeichnet. Seitdem treibt der Mensch in ständiger Suche nach geeigneten Ankerplätzen seiner Selbstbeschreibung durch die Pluralität konkurrierender Norm- und Wertvorstellungen. Sein Ziel ist die Beschreibung der eigenen Identität, er wünscht, sich selbst zu erkennen, erkannt und anerkannt zu werden.[1] Im Dialog von außen und innen, von Fremdsicht und Selbstsicht konstituiert sich Identität in Interaktion mit der Umwelt. Sie formt sich als Amalgam aus Gedächtnisstoff, Gegenwartserfahrung und Zukunftsprojektion.[2]

Die Intensität der Bemühungen, personale wie kollektive Identität zu beschreiben, ist ein Indiz für den Grad gesellschaftlich-kultureller Stabilität. Eine Gesellschaft, deren kulturelles Selbstverständnis sich durch eine Kultur der Selbstverständlichkeit auszeichnet, wird Fragen nach dem zukünftigen Handeln im Einklang mit den in die Gegenwart tradierten Werten zu beantworten wissen. Fragen nach dem »Wir« erübrigen sich weitestgehend. Eine Gesellschaft aber, die von einer tiefen Unsicherheit über das Verständnis ihres Selbst geprägt ist, wird anstreben, in der Suche nach einem normativen Gesamtzusammenhang von Selbstbeschreibung und Sozialwelt zur Selbstverständlichkeit von Identität und Umwelt zurückzufinden.

Seismograph für das Orientierungsvermögen einer Gesellschaft ist die Konjunktur des historischen Interesses. Geringe Schwankungen signalisieren gesellschaftliches Selbstbewusstsein und Vertrauen, Identität im Wandel zu bewahren. Starke Konjunkturen verweisen dagegen auf eine Unsicherheit über das, wovon diese Gesellschaft auszugehen hat, was sie ist und was sie werden soll: »Ein übertriebenes Interesse an der Vergangenheit ist zuallererst ein Krisenphänomen, insofern die im Blick auf die Zukunft verlorene Gewissheit aus der Vergangenheit herbeigeschafft werden soll.«[3]

In Orientierungskrisen richten Gesellschaften ihren Blick verstärkt auf das, was war; auf das, von dem sie glauben, dass es sie als Gesellschaften ausmacht. Angesichts der Unsicherheit, wie die Zukunft gestaltet werden soll, erhoffen sie, aus der Geschichte »Rückversicherungen, Einsicht in Weichenstellungen und Phantasie zur Neufassung ungriffig gewordener Begriffe«[4] schöpfen zu können. Das Geschichtsbewusstsein, verstanden als Fähigkeit, »die drei Zeitdimensionen Vergangenheit – Gegenwart – Zukunft reflexiv und subjektiv sinnvoll ordnen zu können innerhalb der Spannungsfelder Individuum und Gesellschaft, Sein und Wollen sowie individuellen Wertesystemen einerseits und gesellschaftlichen Normen andererseits«[5], wird in Identitätskrisen einer Revision unterzogen.

Gerade die Deutschen, erst spät zu einer politisch geeinten Nation erwachsen, haben sich in der Beschreibung der historischen Fundamente ihrer Identität seit jeher schwer getan.[6] Mit dem Untergang des Hitler-Regimes und dem Ende der Teilung Deutschlands traten Identitätsmängel und Identitätsstörungen offen zutage. Bot der Ost-West-Konflikt noch die Möglichkeit, Identität in Abgrenzung und im Anderssein zu bilden, sind die Deutschen seit dem Ende des Blockantagonismus gezwungen, sich ohne solche begleitenden Stabilisatoren auf sich selbst zu besinnen. Mit der Wiedervereinigung erfuhr folgerichtig die Frage nach der Identität in Deutschland »eine außerordentliche Konjunktur«.[7]

2. Neue Akzente zur deutschen Identität

2.1 Medialisierung, Popularisierung und Repolitisierung von Geschichte

Wie an einer Perlenkette reihten sich im Deutschland der 90er-Jahre des vergangenen Jahrhunderts hitzige Debatten um historische Themen aneinander: Goldhagen-Kontroverse, Debatte um die Wehrmachtsausstellung, Debatte um das Berliner Holocaust-Mahnmal, Walser-Bubis-Kontroverse.[8] Gemeinsame Kennzeichen all dieser Kontroversen um die deutsche Geschichte waren ihre Popularisierung einerseits und Medialisierung andererseits. Ort der Debatten waren keine Hörsäle oder Fachpublikationen, die intellektuelle Elite trat nur als am Rande beteiligt auf. Die gesellschaftliche Öffentlichkeit bemächtigte sich ihrer Geschichte und stellte Fragen, deren Antworten sie selbst zu geben versuchte. Die Medien folgten gemäß dem Prinzip von Angebot und Nachfrage »einer politischen oder gesellschaftlichen Rethematisierung der Zeitgeschichte«.[9] Serien wie »Hitler – Eine Bilanz« dienten nicht mehr allein dem Prestige und öffentlich-rechtlichem Auftrag, sondern fesselten in der Prime-Time Millionen Deutsche vor den Bildschirmen.

2.1.1 Goldhagen-Kontroverse

Als der US-Amerikaner Daniel Jonah Goldhagen 1996 mit seiner These, die Deutschen seien »Hitlers willige Vollstrecker« gewesen, an die Öffentlichkeit trat, erntete er in seinem Heimatland eine kritisch-wohlwollende Beachtung. Anders in Deutschland: Die Historikerzunft lehnte Goldhagens Versuch, durch die Präsentation einer nur revidierten Kollektivschuld-These dem Holocaust ein neues Gesicht zu verleihen, mehrheitlich ab. Es handle sich um »einfach ein schlechtes Buch« (Eberhard Jäckel)[10].

Die provokante These Goldhagens reichte angesichts der von den deutschen Historikern bemängelten Armut des Buches an neuen historisch-empirischen Fakten nicht aus, einen »noch schärferen Historikerstreit«[11] auszulösen. In der Öffentlichkeit jedoch geriet der Harvard-Absolvent zu einem von Medien und Bevölkerung umschwärmten Shooting-Star. Die Nation debattierte erregt über das Wesen der Deutschen, Goldhagens Vortrags- und Diskussionsreihe durch die Republik wurde zu einem Medienspektakel. Das Fernsehen übertrug live aus den überfüllten Sälen und erzielte beachtliche Einschaltquoten. Das steigende Bedürfnis der Deutschen an der Ergründung des dunkelsten Kapitels ihrer Geschichte war offensichtlich.

2.1.2 Debatte um die Wehrmachtsausstellung

Die Popularisierung und Medialisierung von Geschichte, wie sie in der Goldhagen-Debatte manifest wurden, erhielten bezüglich der 1995 erstmals präsentierten Ausstellung »Vernichtungskrieg. Verbrechen der Wehrmacht 1941 bis 1944« des Hamburger Institutes für Sozialforschung ihre Bestätigung. Auch in diesem Fall wussten die Historiker von keinen Überraschungen zu berichten. Die Kernaussage der Ausstellung, die Wehrmacht sei im Zweiten Weltkrieg aktiv an Kriegsverbrechen beteiligt gewesen und habe sich an der Menschlichkeit vergangen, gehörte bereits seit längerem zum Inventar des akademischen Wissensbestandes. Dennoch reichte auch in diesem Fall allein die öffentlichkeitswirksame Präsentation der Fakten in Form photographischer Zeugnisse aus, um zu provozieren. Lob und Kritik an Teilen der Ausstellung sorgten dank des Medienechos für eine Polarisierung von Unterstützern und Gegnern, Demonstrationen und Gegendemonstrationen für und gegen die Ausstellung offenbarten die mangelnde Selbstverständlichkeit der Deutschen im Umgang mit ihrer Geschichte.[12]

Dass sich im Fall der Wehrmachtsausstellung selbst Landtage bemüßigt sahen, die »undifferenzierte Geschichtsdarstellung« im Sinne »halber Wahrheiten« (Peter Gauweiler) zu diskutieren, zeigt einen weiteren Trend im Umgang mit der Geschichte seit dem Fall des Eisernen Vorhangs auf. Die »Lufthoheit« über die Diskussion um die deutsche Geschichte und damit um die Beschreibung deutscher Identität droht der Politik an die Bürger zu entgleiten. Sie versucht, diesen Verlust durch eine intensivierte Geschichtspolitik abzuwenden. Geschichte soll repolitisiert werden.

2.1.3 Debatte um das Berliner Holocaust-Mahnmal

Anders als in den Kontroversen um die Goldhagen-These oder die Wehrmachtsausstellung konzentrierte sich die Debatte um das Holocaust-Mahnmal in Berlin nicht auf die Durchdringung der Historie selbst, sondern auf die geeignete Form, um sich der Geschichte zu erinnern. Diejenigen, die in steinernen Denkmälern zeitlose »Stolpersteine« des Erinnerns sahen (Reinhart Kosseleck), standen denen gegenüber, die die Bewältigung des Holocaust mit ästhetischen Mitteln als »einfach nicht zu bewältigen« betrachteten (György Konrád). Die Frage, wie sich die Deutschen den Nationalsozialismus künftig zu vergegenwärtigen gedenken, zielte unmittelbar auf die Standortbestimmung der Deutschen nach dem Ableben der Zeitzeugen-Generation: »In Deutschland hat ein Holocaust-Denkmal anders auszusehen als irgendwo sonst. Hier hat es nicht nur dem Entsetzen über die Katastrophe und der Trauer Gestalt zu geben. [...] Deutsche Erinnerung an den Holocaust ohne Rücksicht auf Scham wirkt aufdringlich, selbstgerecht, penetrant« (Jürgen Kocka).[13]

Die Bedeutung der Debatte für die Identitätsbeschreibung der Deutschen veranlasste die Politik, in die zunächst öffentlich vornehmlich von Intellektuellen getragene Diskussion einzugreifen und sie zu konturieren. Im Namen des Bundes als einer der Auslober des Denkmals – neben dem Land Berlin und einem privaten Förderkreis – formulierten die Bundesregierungen um Kohl wie Schröder ihre Vorstellungen, erarbeiteten selbst Pläne. Die Debatte um das Holocaust-Mahnmal werde – so Michael Naumann im Oktober 1998 – nun endlich dort geführt, »wo sie von Anfang an hingehört hätte: im Bundestag«.[14]

2.1.4 Walser-Bubis-Kontroverse

Der Schriftsteller Martin Walser erhob gegen diese Entpopularisierung der historischen Identitätsbeschreibung der Deutschen seine Stimme: »In der Diskussion um das Holocaustdenkmal in Berlin kann die Nachwelt einmal nachlesen, was Leute anrichteten, die sich für das Gewissen von anderen verantwortlich fühlten: die Betonierung des Zentrums der Hauptstadt mit einem fußballfeldgroßen Albtraum.«[15] Die »Monumentalisierung der Schande« gehe einher mit der Medialisierung von Geschichte, diese wiederum biete der Politisierung der Historie im Sinne von Instrumentalisierung eine Präsentationsfläche: »Wenn mir aber jeden Tag in den Medien diese Vergangenheit vorgehalten wird, merke ich, dass sich in mir etwas gegen diese Dauerpräsentation unserer Schande wehrt. [...] und bin fast froh, wenn ich glaube, entdecken zu können, dass öfter nicht mehr das Gedenken, das Nichtvergessendürfen das Motiv ist, sondern die Instrumentalisierung unserer Schande zu gegenwärtigen Zwecken.«

Mit seiner Kritik am Umgang mit der nationalsozialistischen Geschichte hatte Walser den Tabukern der deutschen Identität attackiert. Sein Plädoyer für einen Schlussstrich unter das öffentliche Gedenken an die deutschen Verbrechen beinhaltete zugleich die These, der Nationalsozialismus werde durch eine »Routine des Beschuldigens« und eine massenmediale Inszenierung zu einer Pro-Forma-Identität degradiert. Letztendlich verliere er dadurch seine handlungsleitende identitätsstiftende Wirkung für die Deutschen. Eine Aussage, die zwangsläufig Kritik herausforderte und am deutlichsten vom damaligen Vorsitzenden des Zentralrates der Juden, Ignatz Bubis, artikuliert wurde: »Hier spricht Walser eindeutig für eine Kultur des Wegschauens und des Wegdenkens, die im Nationalsozialismus mehr als üblich war und die wir uns heute nicht wieder angewöhnen dürfen.«[16]

2.2 Versuche einer Neuakzentuierung historisch begründeter Identität

Walsers Forderung, den Blick auf die deutsche Vergangenheit in eine neue Richtung zu lenken, provoziert durch die Radikalität seiner Formulierungen. Im Versuch, die deutsche Identität zur Jahrhundertwende neu zu bestimmen, ist sie dagegen keineswegs originär. Aus dem Fall des Eisernen Vorhangs, der deutschen Wiedervereinigung und dem Voranschreiten der europäischen Integration erwuchs für Deutschland die Notwendigkeit, seinen Standort in der internationalen Staatengemeinschaft und sein Selbstverständnis im Inneren neu zu definieren.

2.2.1 Außenpolitische Standortbestimmung

In der Zeit des Kalten Krieges hatte der Blockantagonismus die Prägung für außenpolitische Standortbestimmungen der Bundesrepublik geliefert.[17] Mit dem Ende des System- und Ideologiegegensatzes entfiel dieser Orientierungsrahmen. Die Welt konfrontierte Deutschland plötzlich mit neuen Forderungen und Ansprüchen: »Die Kultur der Selbstbeschränkung hat über 50 Jahre hinweg bestens funktioniert. [...] Dennoch muss diese Strategie geändert werden, weil sich die Welt und auch Deutschland geändert haben.«[18]

Die traditionellen Beschreibungen der deutschen Rolle in Europa und in der Welt wussten angesichts veränderter internationaler Rahmenbedingungen nicht mehr zu greifen. Das Ende des Ost-West-Konfliktes und das Fortschreiten der europäischen Integration als zweiter grundlegender Konstellationswandel ließen die Verankerung Deutschlands im Kreis der politischen Führungsmächte Europas eruptiv aufscheinen. Während die westeuropäischen Staaten im vereinigten Deutschland den Motor für einen Fortschritt der europäischen Integration erblicken, erkennen viele osteuropäische Staaten in der Bundesrepublik einen starken Wirtschaftspartner und Fürsprecher für ihre rasche Aufnahme in den Kreis der Wertegemeinschaft Europa. Alle verbindet das gemeinsame Ziel zu verhindern, dass sich die Deutschen nur noch um sich selbst kümmern.

Es ist dies die Lehre, die das Ausland aus der europäischen Geschichte und im Besonderen der Isolationspolitik des Dritten Reiches gezogen hat. Deutschland hat immer im Brennpunkt machtpolitischer Interessen gestanden. Es ist zu groß, um für die anderen uninteressant zu sein. Es ist zu klein, um von den Interessen der anderen unberührt bleiben zu können. Zu keinem Zeitpunkt existierte eine von innen und außen unbefragt selbstverständliche Standortbestimmung der Deutschen in der internationalen Staatenwelt. Gelassene Normalität, konsolidierte Stabilität – auf solche Dispositionen konnte die Mitte Europas praktisch zu keiner Epoche ihrer Geschichte zurückgreifen.[19]

Das vereinte Deutschland nahm die Forderungen seiner internationalen Partner nach 1990 auf und begann infolge der Kritik, die es angesichts seiner nur mittelbaren Unterstützung der Operation »Desert Storm« im Golf-Krieg durch das Ausland erfuhr[20], ein neues außenpolitisches Selbstbewusstsein zu etablieren. Ein Ergebnis, das wegen seines Abrückens von historisch interpretierten Maßstäben deutscher Politik nicht ohne schmerzhafte Anpassungsprozesse zu erzielen war. Sowohl die Diskussion um die Verfassungsmäßigkeit von Auslandseinsätzen der Bundeswehr wie der vorgebrachte Wunsch eines ständigen Sitzes Deutschlands im UN-Sicherheitsrat spaltete die politische Landschaft der Bundesrepublik anfangs in unversöhnliche Lager.

Die Problemlage ist nicht nur durch die realpolitischen Gegebenheiten, sondern auch durch einen Wandel des kulturell-historischen Verständnisses entschärft worden. Das von den Bundesregierungen Kohl/Kinkel und Schröder/Fischer gleichermaßen in einem von Kontinuität gekennzeichneten Akt identifikatorischer Neubestimmung propagierte neue außenpolitische Selbstbewusstsein Deutschlands deutet auf eine entsprechende Modifizierung des Norm- und Wertekanons des deutschen Selbstverständnisses hin.

Das traditionelle Gravitationszentrum bundesdeutscher Außenpolitik, die Europäische Union, blieb von der Etablierung eines neuen deutschen Selbstbewusstseins unangetastet. Vielmehr versucht die politische Rhetorik, die Kontinuitätslinien deutscher Außenpolitik zu betonen.[21] Besonderes Gewicht legt die Europapolitik des vereinten Deutschland auf die EU-Osterweiterung. Diese liegt im Interesse der Bundesrepublik, bildet sie doch so lange die Grenze zwischen West und Ost, wie ihre Ostgrenzen auch die Außengrenzen der Europäischen Union darstellen. Die Erweiterung der EU nach Osten bietet der deutschen Außenpolitik die Chance, aus der schwierigen und historisch belasteten Mittellage herauszukommen.[22]

Doch nicht nur die deutsche Europapolitik, auch die deutsch-amerikanischen Beziehungen befinden sich aufgrund der veränderten weltpolitischen Rahmenbedingungen seit dem Ende des Blockantagonismus in einem Prozess der Neubestimmung.[23] Die ideologischen Notwendigkeiten und die aus dem Zweiten Weltkrieg folgenden völkerrechtlichen Prämissen der transatlantischen Partnerschaft sind mit dem Ende des Ost-West-Konfliktes abhanden gekommen. Eine Abgrenzungslegitimation von dem gemeinsamen potenziellen Gegner Sowjetunion ist gleichwohl nicht mehr aufrechtzuerhalten. Die deutsch-amerikanischen Beziehungen basieren somit nicht mehr auf einer historisch und realpolitisch begründeten Selbstverständlichkeit, sondern müssen erstmals ausschließlich aus sich selbst heraus definiert werden.

Den »Ritterschlag«, den die einzige verbliebene handlungsfähige Supermacht USA dem vereinten Deutschland mittlerweile erteilt hat, indem sie es zum Führungspartner erklärte, bestärkte die deutsche Außenpolitik in ihrer Etablierung eines neuen deutschen Selbstbewusstseins. Die Vereinigten Staaten bleiben neben der Europäischen Union wichtigster deutscher Fixpunkt im internationalen Staatengeflecht, doch ist die Bundesrepublik inzwischen von ihrer in Zeiten der Zweistaatlichkeit oftmals konstatierten und kritisierten »Demutshaltung« gegenüber den USA abgerückt. Verhandlungen werden auf gleicher Augenhöhe geführt, widersprüchliche Positionen deutlicher angesprochen. Ein Umstand, der in den Medien manchmal den Eindruck gespannter bilateraler Beziehungen erweckt.

Die Neupositionierung Deutschlands in der internationalen Staatengemeinschaft und ihre Legitimierung dauert auch über zehn Jahre nach den weltpolitischen Umwälzungen weiter an. Neu erworbene Rechte und Pflichten sind in der bundesdeutschen Öffentlichkeit noch nicht zur Selbstverständlichkeit geworden. Der Modifizierungsprozess deutscher Identität im Definieren der historischen und kulturellen Gemeinsamkeiten und Gegensätze zu den »Anderen«, den »Fremden«, ist weiter im Fluss.

Zu stark erwiesen sich die Nachwirkungen bundesrepublikanischer und DDR-spezifischer Sozialisationsmuster und die aus ihnen erwachsenen divergierenden Verständnisse vom normativen Wesen deutscher Außenpolitik. Bundespräsident Roman Herzog brachte in seiner Rede zum 40. Jahrestag der Gründung der Deutschen Gesellschaft für Auswärtige Politik die Problematik der neuen Herausforderungen für das international vollständig souveräne Deutschland auf den Punkt: »Wir sollten uns nicht wichtiger nehmen als wir sind, aber wir sollten uns auch nicht kleiner machen als wir sind. [...] Wir befinden uns am Beginn einer neuen Phase deutscher Außenpolitik, die ich Globalisierung deutscher Außenpolitik genannt habe. Wir in Deutschland sind erst noch dabei, dazu eine außenpolitische Kultur zu entwickeln. In dieser Phase gibt es noch viel mehr Fragen als Antworten.«[24]

2.2.2 Ringen um eine historische Neuorientierung

Das Leitmotiv der Standortbestimmung deutscher Außenpolitik seit der Wiedervereinigung, die Etablierung eines neuen deutschen Selbstbewusstseins, ist auch in innenpolitischen Selbstbeschreibungen greifbar. Bereits in seiner Regierungserklärung vom 10. November 1998 spricht Bundeskanzler Gerhard Schröder vom »Selbstbewusstsein einer erwachsenen Nation, die sich niemandem über- oder unterlegen fühlen muss, die sich der Geschichte und ihrer Verantwortung stellt, aber dabei nach vorne blickt [...]«.[25]

Legitimation für diese von kritischen Stimmen begleitete Präferenzverschiebung erhielt die Regierung Schröder durch Bundespräsident Roman Herzog. In seiner unter dem Eindruck der Walser-Bubis-Kontroverse verfassten Rede »Die Zukunft der Erinnerung« mahnte er, die deutsche Identität nicht um den Nationalsozialismus zu erleichtern. Herzog plädierte für eine Identität ohne historische Selektion, denn ohne gründliches Wissen um seine Geschichte könne auf die Dauer kein Volk bestehen: »Wenn ein Volk aber versucht, in und mit seiner Geschichte zu leben, dann ist es gut beraten, in und mit seiner ganzen Geschichte zu leben, und nicht nur mit ihren guten und erfreulichen Teilen.«[26]

»Nicht nur« bedeutet zugleich »auch«. Die deutsche Geschichte wird von ihrer Reduzierung auf das Dritte Reich befreit, gute wie böse Traditionen sollen nach der Vorstellung Herzogs gemeinsam den historischen Kern deutscher Identität bilden. Schröder wie Herzog argumentieren für eine Lockerung der primären Fixierung des deutschen politischen Selbstverständnisses auf die NS-Schreckensherrschaft, ohne dabei die Verantwortung für die Hypotheken zu leugnen. Die Regierung Schröder setzt auf eine bewusste »Unbefangenheit, mit der das Rituelle zukünftig gemieden wird«.[27] Ihre Politik versinnbildlicht das deutsche Ringen um sein Selbstverständnis zu Beginn des 21. Jahrhunderts, in dessen Kern die Neubestimmung des Verhältnisses zwischen Geschichte und Politik steht.

Obwohl seit der Wiedervereinigung eine Hochkonjunktur der historischen Reflexion festzustellen ist und sich Indikatoren einer Neuakzentuierung deutscher Standortbeschreibung im Konkreten finden lassen, scheint die Bundesrepublik ihre neue Identität noch nicht gefunden zu haben. Hinter der im Herbst 2000 vom Vorsitzenden der CDU/CSU-Bundestagsfraktion, Friedrich Merz, eingeleiteten Debatte um eine »deutsche Leitkultur« steht die elementare und noch immer unbeantwortete Frage, was denn eigentlich das Deutsche an den Deutschen sei. Das vereinte Deutschland befindet sich weiterhin auf der Suche nach seinen geistigen und moralischen Wurzeln. Historische Traditionen werden neu interpretiert und gewichtet, neue Interpretationen verworfen, um bei Gelegenheit wieder auferstehen zu dürfen. Noch steht der Sieger im Wettstreit der Interpretations- und Identitätskonstrukte nicht fest, doch beschleicht manchen Beobachter das Gefühl, dass die »Deformation der Geschichte«[28] schon weit fortgeschritten ist. Eine Aufbereitung empirischer Daten verschafft Klarheit darüber, welche norm- und wertgeladenen historischen Prägungen den Kontinuitätskern des identitätsstiftenden Geschichtsbewusstseins der Deutschen darstellen und welche dagegen in Wandlung und Umdeutung begriffen sind.

3. Historische Fundamentierung deutscher Identität – eine empirische Bestandsaufnahme

Das Problem der aktiven und auch der passiven Beschreibung einer einheitlichen deutschen Identität der Gegenwart basiert auf einem Generationenkonflikt einerseits und einer Erfahrungsdivergenz andererseits. 56 Jahre nach Kriegsende und zwölf Jahre nach dem Fall der Mauer liegt kein für alle Deutschen gleichermaßen gültiger historischer Erfahrungshorizont mehr vor. Vereinfacht zusammengefasst leben im wiedervereinigten Deutschland vier Generationen, deren durch historische Erfahrungen geprägte Wertereservoirs divergieren:

1. Die Kriegs- und Nachkriegsgeneration Westdeutschlands, die noch unmittelbare Erfahrungen mit dem Dritten Reich verbindet.
2. Die Kriegs- und Nachkriegsgeneration Ostdeutschlands, die beinahe ihr ganzes Leben unter totalitären und autoritären Regimen gelebt hat und sowohl durch den Nationalsozialismus wie auch die SED-Herrschaft geprägt wurde.
3. Die Generation in Westdeutschland, die erst in Zeiten des Wirtschaftswunders oder später sozialisiert wurde und somit keinerlei persönliche Erinnerungen an den Nationalsozialismus verbindet.
4. Die Generation in Ostdeutschland, die zwar den Nationalsozialismus nicht mehr selbst erlebt hat, dafür aber unter der SED-Diktatur aufgewachsen ist.

3.1 Getrennte Erfahrungswelten Bundesrepublik und DDR

Mit der Wiedervereinigung trafen zwei Identitäten aufeinander, deren Geschichtsbewusstsein unterschiedlich orientiert war. 45 Jahre getrennte Geschichte, abweichende Lebenswelten und unterschiedliche Norm- und Wertmodelle hatten in den Identitäten in Ost und West tiefe Spuren hinterlassen.

3.1.1 Bundesrepublik Deutschland

Die Bundesbürger rekrutierten ihre positiven Identitäten im Sinne einer Identifikation mit ihrem Land vornehmlich aus der deutschen Geschichte seit 1945. Die »Erfolgsstory« Bundesrepublik lieferte die Quelle für den Stolz und die Zufriedenheit mit den gegenwärtigen Lebensumständen.[29] Mit der als »Wirtschaftswunder« empfundenen ökonomischen Gesundung der Bundesrepublik in den 50er-Jahren etablierte sich ein Wirtschaftspatriotismus, der eines der Kernelemente bundesrepublikanischer Identität darstellte. Stolz auf den Wohlstand und die eigene Leistung formte neben dem Bewusstsein und dem Stolz auf das freiheitliche System der Bundesrepublik die tragende Säule der Zustimmung zum politischen System.[30]

Die ökonomische Erfolgsgeschichte der Bundesrepublik gründete nach Ansicht der Bundesbürger in den wichtigsten typisch deutschen Eigenschaften Fleiß, Gründlichkeit, Ordnungsliebe und Pflichtbewusstsein[31] – Werte, die in Verbindung mit der wirtschaftlichen Aufbauleistung vornehmlich als positiv gedeutet wurden und negative Selbstbeschreibungen wie »selbstherrlich«, »überheblich« oder »autoritätsgläubig« in den Hintergrund drängten. Entsprechend groß gestaltete sich die Zustimmung, vor dem Hintergrund der ganzen deutschen Geschichte den Nationalsozialismus nicht überbewerten zu wollen. Eine deutliche Mehrheit der Bundesbürger plädierte dafür, unter dieses Kapitel deutscher Geschichte einen Schlussstrich zu ziehen, da »bei den anderen genauso schlimme Dinge vorgekommen sind«.[32]

Dem Wunsch, die zwölf Jahre des NS-Regimes abzuschütteln und der eigenen Geschichte zu entfliehen, stand die Dominanz gegenüber, die der Nationalsozialismus in der Beschäftigung mit historischen Themen einnahm. Das Dritte Reich war die Epoche, mit der sich alle Generationen vorrangig auseinander setzten. Bundesrepublikanische Identität definierte sich niemals allein in Bezug auf die ökonomischen Erfolge, sondern immer auch in Abgrenzung zum Dritten Reich sowie zur DDR. Die »doppelte deutsche Erfahrung«[33], die Auseinandersetzung mit beiden deutschen Diktaturen, entsprach einem der zentralen Bausteine des Selbstverständnisses der Bundesrepublik. »Die doppelte Absetzung vom nationalsozialistischen Erbe einerseits, vom kleinen, hässlichen Bruder östlich der Elbe andererseits«[34], war identitätsbildend. Der Nationalsozialismus diente »als Negativfolie und als Herleitungsinstanz des jeweiligen Gegenwartsverständnisses«.[35] Aus den deutschen Verbrechen resultierte für die Mehrheit der Bundesbürger eine besondere politische Verantwortung in der Gegenwart. Die Westbindung der Bundesrepublik fand vor diesem Hintergrund ebenso die Zustimmung der Bevölkerung wie ein Voranschreiten der europäischen Integration.

3.1.2 Deutsche Demokratische Republik

Weniger an der Geschichte als an der Gegenwart definierte sich die Identität der DDR-Bevölkerung. Ausschlaggebend hierfür waren sowohl die geschichtspolitischen Grundmaximen des SED-Staates als auch die erschwerten Lebensbedingungen der Bevölkerung, die eine Konzentration auf die Bewältigung des Alltags hervorriefen. Im Sinne der marxistischen Lehre negierte das offiziöse Geschichtsverständnis der SED die über Epochen wirkenden Prägungen historischer Ereignisse und Prozesse. Die DDR wurde als Überwindung vergangener Geschichte gedeutet. Für die Bevölkerung stand nicht die historische Legitimierung des eigenen Staates, sondern die Aufrechterhaltung gesamtdeutscher Gesinnung im Vordergrund.

Bezugspunkt der Identität der Bürger war nicht die Vergangenheit des eigenen Staates DDR, sondern das Referenzmodell Bundesrepublik. Über Jahrzehnte hinweg blieb die Identifizierung der DDR-Bürger mit dem System vergleichsweise gering, in den bundesrepublikanischen Regierungen wurde die Interessenvertretung zur Erlangung größerer Freiräume und besserer Lebensbedingungen gesehen.[36] Die starke Westorientierung hielt den Wunsch nach einer Wiedervereinigung des einen Volkes der Deutschen in Ost und West aufrecht.[37]

Obwohl zuverlässige empirische Daten zur Identität der DDR-Bürger weitestgehend fehlen[38], ist als ein wesentliches Merkmal ostdeutscher Selbstbeschreibung die – im Vergleich zur Bundesrepublik – geringe Bedeutung des Nationalsozialismus als historische Prägung hervorzuheben. Ganz im Gegensatz zur Bundesrepublik Deutschland, die sich ihrer nationalsozialistischen Vergangenheit im Sinne der vom Bundesverfassungsgericht vertretenen These des Fortbestandes des Deutschen Reiches[39] offensiv stellte[40], verweigerte sich die DDR einer identitätsstiftenden Auseinandersetzung mit dem Dritten Reich und seiner Verbrechen. Unter dem Banner des antifaschistischen Konsens, der zum Gründungsmythos der DDR geworden ist, distanzierte sie sich von jeder weiteren Verantwortung.

Die Verbrechen an der Menschlichkeit, die im Zweiten Weltkrieg von Deutschen begangen wurden, reduzierten sich im Selbstverständnis der Führungsspitze der DDR auf die Manifestation eines entarteten Imperialismus, von dem sich allein die Deutsche Demokratische Republik als Hüterin des Antifaschismus distanziert habe. Die Gräueltaten Hitler-Deutschlands wurden als Mittel der ideologischen Auseinandersetzung mit Westdeutschland instrumentalisiert, die DDR sah sich einzig als »Erbe und Vollender aller *progressiven* Traditionen der deutschen Geschichte«.[41] Die Politik der DDR versuchte sowohl die antifaschistische Grundmaxime zu untermauern als auch die nationalsozialistische Vergangenheit aus ihrem Themenkatalog auszugrenzen.

Die Geschichtspolitik der Staatsspitze hatte zur Folge, dass in der Bevölkerung eine Auseinandersetzung um die moralischen Folgen der nationalsozialistischen Geschichte für die gegenwärtige Politik weit gehend unterblieb: »Den Bürgern der ehemaligen DDR wurde vom System ein offizielles Bewältigungsmuster der nationalsozialistischen Vergangenheit angeboten, das der individuellen Disposition jedes einzelnen zugute kam«.[42] Die Denkfigur des »besseren«, weil »antifaschistischen« Deutschland – das angeblich Schutz vor der Wiederkehr des Faschismus bot, das Freiheit von Ausbeutung versprach sowie Gleichheit und Sicherheit zu garantieren vorgab – war bis zum Ende der DDR weit verbreitet, »gleichviel, ob man sich affirmativ oder kritisch zum zweiten deutschen Staat verhielt«.[43] In seiner manipulativen Verzerrung der Geschichte und in seiner Funktion als »Substitut von Sinn, Moral und Identität einer gewendeten Generation erwies sich die Kraft der Negation dieses Antifaschismus«[44] jedoch gleichzeitig als gering für nachfolgende Generationen.

Die staatlich angeordnete Geschichtsinterpretation verfehlte in Kreisen der Opposition, die ihre Sozialisation erst nach dem Zweiten Weltkrieg erfuhr, ihre Wirkung. Im Frühjahr 1990, als das völkerrechtliche Ende der Deutschen Demokratischen Republik bereits abzusehen war, sah es die erste und zugleich letzte demokratisch legitimierte Volkskammer der DDR zu Beginn ihrer zweiten Sitzung am 12. April 1990 als ihre moralische Pflicht an, eine Erklärung zu verabschieden, in der die Juden in aller Welt und Israel um Verzeihung für »Demütigung, Vertreibung und Ermordung« gebeten wurden.[45] Auch diplomatische Beziehungen mit Israel wurden noch aufgenommen.

3.2 Getrennte Erfahrungswelten im vereinten Deutschland

3.2.1 Die Erinnerung an den Nationalsozialismus

Die symbolkräftige Geschichtspolitik der letzten DDR-Regierung legt die Vermutung nahe, dass sich der Umgang mit der Erfahrung des Nationalsozialismus nach der Wiedervereinigung in einem so noch unmittelbar nach dem Mauerfall nicht zu erwartenden Gleichklang der Geschichtsbilder west- und ostdeutscher Akteure vollzogen hat. Darauf deuten auch spätere Aussagen ostdeutscher Politiker hin, die sich in den ihnen zugrunde liegenden Geschichtsbildern nicht von entsprechenden Reden westdeutscher Akteure unterscheiden. Auschwitz dürfe sich, so der in Breslau geborene Bundestagspräsident Wolfgang Thierse, niemals wiederholen, eine Debatte um »das gemeinsame Erinnern an das Geschehene« sei notwendig und nützlich. Das »Entsetzliche« müsse so vermittelt werden, dass es auch »mit dem Herzen erfahren und begriffen« werden könne. Niemals dürfe Gedenken verordnet werden, »autoritär« und »formelhaft« sein. Das habe der »staatlich angeordnete Antifaschismus« in der früheren DDR nachdrücklich vor Augen geführt.[46]

Empirische Erhebungen belegen die Übereinstimmung der Ost- und Westdeutschen bezüglich ihrer Bewertung des Nationalsozialismus bereits unmittelbar nach der Wiedervereinigung. 40 Prozent der Ostdeutschen und 41 Prozent der Westdeutschen gaben an, der Nationalsozialismus habe sowohl gute als auch schlechte Seiten gehabt.[47] Die Harmonie zwischen Ost und West besteht jedoch nur auf dieser sehr generellen Einschätzungsebene. Differenziert sich das Bild, klaffen auch heute noch – über zehn Jahre nach dem Fall der Mauer – tiefe Gräben zwischen den Beurteilungen des Nationalsozialismus der in der Bundesrepublik bzw. DDR Sozialisierten. Kennzeichnend für diese Einstellungsdivergenz ist

- die weitaus geringere Wirkungskraft der nationalsozialistischen Verbrechen als Negativfolie deutscher Identität in Ostdeutschland,
- die größere Übersättigung der westdeutschen Bevölkerung an der Auseinandersetzung mit einer deutschen Schuld sowie
- ein Generationenkonflikt, der sich bei westdeutschen Jugendlichen in der Ausbildung eines neuen deutschen Selbstbewusstseins, bei ostdeutschen Jugendlichen dagegen in einer großen Anziehungskraft für radikalisiertes nationalistisches Gedankengut ausdrückt.

Auf die Frage, welcher Abschnitt der deutschen Geschichte die größte Bedeutung für das gegenwärtige Deutschland besitzt, nennen im November 2000 42 Prozent der Westdeutschen den Nationalsozialismus sowie den Zweiten Weltkrieg.[48] In Ostdeutschland schließen sich dieser Einschätzung lediglich 27 Prozent an. Entsprechend geteilt sind die Meinungen darüber, an welche Ereignisse der deutschen Geschichte der letzten 100 Jahre die Erinnerung wach gehalten werden sollte. Während 42 Prozent der Westdeutschen die Erinnerung an die nationalsozialistischen Verbrechen wünschen, nur 40 Prozent dagegen auch die Erinnerung an den Zweiten Weltkrieg in allen seinen Facetten wach halten möchten, sind die Präferenzen in Ostdeutschland diametral entgegen gelagert. 48 Prozent der ostdeutschen Bevölkerung schätzen den Zweiten Weltkrieg als erinnerungswürdig ein, nur 30 Prozent der Ostdeutschen wünschen sich eine explizite Gedächtniskultur der deutschen Unmenschlichkeit. Die Befindlichkeiten im Osten der Republik illustrieren die andauernde Prägekraft der pazifistischen und antifaschistischen Selbstdarstellung der DDR, die sich vor einer Auseinandersetzung mit der deutschen Schuld geflüchtet hat.

Auf die Gegenfrage, ob die Deutschen einen Schlussstrich unter die Beschäftigung mit dem Nationalsozialismus ziehen sollten, wandeln sich die Einschätzungen. Weniger Ostdeutsche (36 Prozent) als Westdeutsche (44 Prozent) plädieren für einen solchen Schritt, 59 Prozent der ostdeutschen Bevölkerung (gegenüber 51 Prozent in Westdeutschland) sprechen sich gegen einen derartigen historischen Schnitt aus. Die Feststellung, in der Bundesrepublik gelte es als nationaler Konsens, »dass keine Anstrengung zu groß ist, um die Verbrechen, Schrecken und Leiden dieses Völkermordes dem öffentlichen Vergessen zu entziehen«[49], ist für die politische Elite sicherlich zutreffend, im Blick der Bevölkerungseinstellung jedoch zu relativieren.

Dabei ist das Umfrageergebnis bereits Beleg für einen radikalen Einstellungswandel in Ost und West innerhalb nur eines Jahres, der vornehmlich auf die Präsenz rechtsradikaler Gewalttaten im Jahr 2000 und die Diskussion um ein Verbot der NPD zurückzuführen ist. Im Oktober 1999 sprach sich noch die Mehrheit der Bundesbürger für einen Abschluss der Beschäftigung mit dem Nationalsozialismus aus (West: 59 Prozent, Ost: 53 Prozent).[50] Die im November 2000 ermittelten Werte liegen allerdings noch immer über denen des Jahres 1991, als sich lediglich 34 Prozent der Westdeutschen einen Schlussstrich unter die nationalsozialistische Vergangenheit wünschten.[51] Die in den 90er-Jahren intensivierte mediale Beschäftigung mit dem Dritten Reich hat vor allem in Westdeutschland bei großen Teilen der Bevölkerung einen Übersättigungsgrad erreicht, der dem Bedürfnis nach einer historischen Neuorientierung und -akzentuierung Gewicht verleiht.

Für die in der ehemaligen DDR sozialisierten Ostdeutschen ist dagegen ein unbefangenerer Umgang mit den nationalsozialistischen Verbrechen greifbar. Die Debatte um aus der Historie erwachsene Schuld und Verantwortung Deutschlands besitzt bei ihnen, die sie die Diskussion um nationale Schuld und Scham auf Anweisung der Staatsspitze jahrzehntelang nicht geführt haben, auch im vereinigten Deutschland ein weitaus geringeres Emotionalisierungsvermögen als bei den westdeutschen Bürgern. Wer aus der Geschichte keine Last für die eigene Identitätsbestimmung ableitet, kann unbefangener eine weitere Beschäftigung mit eben dieser Geschichte einfordern.

Der von Ostdeutschen stärker artikulierte Wunsch, keinen Schlussstrich unter die Beschäftigung mit dem Nationalsozialismus zu ziehen, verweist darüber hinaus auf die unmittelbare gegenwärtige Erfahrung mit den Epigonen des Nationalsozialismus, den in Ostdeutschland als Bestandteil der Alltagskultur auftretenden und als physische wie psychische Bedrohung empfundenen Rechtsradikalen. Andererseits drückt sich hier die mangelnde Konfrontation mit dem Nationalsozialismus in der DDR aus, der bei vielen Ostdeutschen das Gefühl eines nachholenden Informationsbedarfs erzeugt hat, auch wenn die Epoche selbst nicht als derart bedeutend für die deutsche Geschichte eingeschätzt wird wie im Westen der Republik. Gewünscht wird eine weiter andauernde Auseinandersetzung mit dem Nationalsozialismus ohne das Stigma der deutschen Schuld.

Ein Schlussstrich unter die Beschäftigung mit dem Dritten Reich wird vornehmlich von den Befragten gewünscht, die jünger als 24 Jahre (49 Prozent) oder älter als 60 Jahre (51 Prozent) sind. Die ältere Generation, die den Nationalsozialismus als Opfer, Mitläufer oder Täter noch selbst erlebt hat, verbindet mit ihrem Plädoyer die Sehnsucht nach einer Versöhnung der personalen Identität. Ihr Versuch, den Nationalsozialismus und seine Belastungen sowie die einschneidenden Erlebnisse des Krieges aus der eigenen Biographie zu verdrängen, führt zu einer geringen Bedeutungszuweisung sowohl bezüglich des Dritten Reiches wie des Zweiten Weltkrieges für die deutsche Geschichte.[52] Durch die entsprechende Überbetonung der Nachkriegszeit ist es auch ihnen möglich, eine positive Bilanz der personalen Biographie im Verbund mit der nationalen Idee zu ziehen.

Das Einstellungsbild der Jugendlichen und jungen Erwachsenen zeugt dagegen von dem in der Generation der unter 24-Jährigen steigenden Bedürfnis, die »Gnade der späten Geburt« auch in der Identität zu verankern. Wie die hohe Bewertung von Nationalsozialismus und Zweiter Weltkrieg für die deutsche Geschichte belegt[53], akzeptieren sie mehrheitlich die historische Schuld Deutschlands, lehnen jedoch sich hieraus ableitende Belastungen und Rücksichtnahmen für die Gegenwart ab. Sie repräsentieren das neue deutsche Selbstbewusstsein, das sich gleichfalls in dem stärker als in anderen Generationen geäußerten Wunsch nach mehr Verantwortung für das vereinigte Deutschland bei der Lösung internationaler Konflikte zeigt.[54]

Dieses Bild der jungen Generation bezüglich ihrer Einschätzung des Nationalsozialismus und des Zweiten Weltkrieges sowie der daraus folgenden Outputs für das aktuelle Politikverständnis ist allerdings keinesfalls gesamtdeutsch homogen. Ostdeutsche Jugendliche, von den vor der Wiedervereinigung geführten bundesrepublikanischen Debatten um eine explizit historische Schuld Deutschlands ausgeschlossen, neigen deutlich mehr als ihre westdeutschen Altersgenossen zu einer Verharmlosung des Nationalsozialismus sowie zu rechtsradikalen Politikansätzen der Gegenwart.

Vor der Bundestagswahl 1998 hatten neun Prozent (1995: fünf Prozent) aller deutschen Jugendlichen im Alter von 14 bis 25 Jahren erklärt, dass sie sich vorstellen könnten, eine rechtsextreme Partei zu wählen.[55] Während die Jugendlichen in Westdeutschland nur zu sieben Prozent (1995: drei Prozent) zu national-radikalen politischen Ideologien neigten, waren es im Osten Deutschlands 17 Prozent (1995: 11 Prozent). 23 Prozent der ostdeutschen Jugendlichen (Gesamtdeutschland: 15 Prozent) erklärten, dass die Ideen des Nationalsozialismus gar nicht so schlecht gewesen seien. Das sowohl die Gesellschaften der früheren Bundesrepublik wie der DDR kennzeichnende Tabu, sich öffentlich zu nationalsozialistischem Gedankengut zu bekennen, ist vor allem in der jüngeren Generation Ostdeutschlands nicht mehr als solches zu erkennen.

Das Radikalisierungspotenzial bei ostdeutschen Jugendlichen kann mit Perspektivlosigkeit aufgrund von Arbeitslosigkeit und Armut sowie mit mangelndem Demokratieverständnis als Folge autoritärer Sozialisationsmuster in der DDR nicht hinreichend erklärt werden. Als mindestens ebenso bedeutend ist das aus der Geschichtspolitik des SED-Staates resultierende mangelnde Schuldbewusstsein angesichts der deutschen Geschichte zu bewerten. Die fehlende ethisch-moralische

Auseinandersetzung mit den deutschen Verbrechen des Nationalsozialismus potenzierte in Verbindung mit sozialer Orientierungslosigkeit die Versuchung, einfachen Antworten auf die komplexen Fragen von Selbstverständnis und Selbstbewusstsein Glauben zu schenken: »Eine Jugendgesellschaft, die sehr auf Bier, Würstchen und Gewalt fixiert war, hegte gleich auch Sympathien für die Symbole des Nationalsozialismus«.[56]

Beinhaltete bereits das antifaschistische Selbstverständnis der DDR eine geschichtsfeindliche Komponente, die eine Ausgrenzung des Nationalsozialismus aus der DDR-Identität förderte,[57] führte dessen Überwindung spätestens seit dem Herbst 1989 zu einem von weit gehender Geschichtslosigkeit gekennzeichneten Orientierungsmangel. In diesen Generationen, die einen großen Teil ihres Lebensweges in der DDR gingen, folgte aus dem drohenden Verlust der eigenen lebensgeschichtlichen Identität die Verklärung der Geschichte des SED-Staates. Bei der jüngsten Generation jedoch, in deren Erfahrungswelt die DDR nur noch eine geringe Rolle spielt, erlangte der Nationalsozialismus als Kompensationsmodell für verlorene Geschichtlichkeit an Attraktivität.

3.2.2 Der Umgang mit den geteilten Geschichten

Mit der deutschen Wiedervereinigung verloren sowohl die Bürger der Bundesrepublik mit dem »hässlichen Bruder« DDR als auch die der DDR mit der »Vergleichsgesellschaft« Bundesrepublik bedeutende Orientierungsfolien ihrer Identität. Beide mussten neue Wege der Selbstbeschreibung beschreiten, um integrale Bestandteile ihrer kollektiven Identitäten im neu zu formenden Selbstverständnis des vereinten Deutschland zusammenzufügen. Die Divergenz der Erfahrungswelten in Ost und West seit dem Ende des Zweiten Weltkrieges stand und steht diesem Unternehmen hemmend gegenüber: »Nun ist die Nation zwar in einem Staat vereint, aber in zwei Gesellschaften, zwei Erfahrungsgemeinschaften tief und asymmetrisch gespalten.«[58]
Die Ausbildung einer historisch untermauerten Identität des vereinten Deutschland ist geprägt durch:

- zwei unversöhnlich zueinander stehende historische Kontinuitätskerne der Selbstbeschreibung in Ost und West – hier: die Referenzgesellschaft Bundesrepublik, dort: die nationalsozialistischen Verbrechen;
- die ostdeutsche Verklärung der Erfahrungswelt DDR als Mittel gegen ein drohendes Orientierungsdefizit im Historischen;
- das westdeutsche Desinteresse gegenüber der Ausbildung einer historischen Fundamentierung einer gesamtdeutschen Identität.

Das Dilemma, in dem sich die Bundesrepublik nach dem Untergang des Dritten Reiches angesichts der deutschen Schuld befand, fasste der damalige Bundespräsident Theodor Heuss 1952 in die bange Frage, wo die »ein Volk miternährende Kraft der Geschichte« gefunden werden könne.[59] Eine Antwort fand die bundesrepublikanische Gesellschaft in der Aufbauleistung der 50er-Jahre, die ihre Verklärung in der Begrifflichkeit des »Wirtschaftswunders« erfuhr. Die Wirkungskraft, die diese Quelle des nationalen Stolzes der Nachkriegszeit erzielte, hält bis heute an. 17 Prozent der Westdeutschen messen den Aufbaujahren nach dem verlorenen Krieg die größte historische Bedeutung für das heutige Deutschland bei. Nur der Nationalsozialismus (19 Prozent) und der Zweite Weltkrieg (23 Prozent) erzielten höhere Werte.

Ganz anders die Einschätzung in Ostdeutschland. Hier bewerten lediglich sechs Prozent der Bevölkerung die Nachkriegszeit als derart bedeutend, sie liegt damit im Ranking der historischen Ereignisse weit abgeschlagen auf Platz vier. Obwohl die ökonomischen Erfolge und die staatliche Konsolidierung bis in die 70er-Jahre hinein ein DDR-spezifisches Wir-Bewusstsein ausgeprägt haben[60], blieb dessen emotionale Verankerung in der Identität stets labil. Mit der wirtschaftlichen Stagnation der DDR und dem parallelen Bedeutungszuwachs des Referenzmodells Bundesrepublik infolge der neuen Ostpolitik der sozial-liberalen Regierung verlor der DDR-eigene Aufbaustolz zusehends an identifikatorischer Wirkungskraft.

Der Wunsch der DDR-Bevölkerung, am bundesrepublikanischen Wirtschaftswunder teilhaben und somit nachträglich dieses Orientierungsmuster der bundesdeutschen Identität adaptieren zu dürfen, wurde in den ersten Jahren nach der Wiedervereinigung enttäuscht. Die hohen Erwartungen von den »blühenden Landschaften« im Osten blieben unerfüllt. Inzwischen hat sich dieses Bild sowohl in der realpolitischen Gegebenheit wie in den Einstellungen erheblich relativiert[61], doch wird Ostdeutschland weiterhin gegenüber dem Westen als ökonomisch benachteiligt gesehen. Die von Ostdeutschen stärker geäußerte Unzufriedenheit mit der Sozialen Marktwirtschaft spiegelt die empfundene Ungerechtigkeit wider. Sie ist jedoch zugleich ein Indikator für die Art und Weise, wie ehemalige Bürger der DDR im Rückblick ihren untergegangenen Staat bewerten.

Die von einer Mehrheit der Ostdeutschen vertretene Ansicht, die soziale Sicherheit sowie das Verhältnis zu den Mitmenschen seien in der DDR besser gewesen als im vereinten Deutschland[62], weitet sich in der generellen Einschätzung zu einem Versuch, den SED-Staat historisch zu rehabilitieren. Der Aussage, in der DDR sei alles gar nicht so schlimm gewesen wie immer behauptet, stimmen 60 Prozent der Ostdeutschen – gegenüber lediglich 20 Prozent der Westdeutschen – »voll zu« bzw. »eher zu«. Die Geschichte der DDR wird zunehmend verklärt, eine DDR-Nostalgie breitet sich aus.

Angesichts der Verwerfung des DDR-spezifischen historischen Orientierungsmodells vom antifaschistischen Gründungsmythos und der divergierenden identitätsstiftenden Erfahrungswelten zwischen Ost und West drohte dem ostdeutschen Selbstverständnis mit der Wiedervereinigung eine Phase der Geschichtslosigkeit. Eine Neuinterpretation der eigenen Erfahrungswelt DDR im Sinne von Verklärung hilft, dieses Orientierungsdefizit im Historischen zu mildern. Mit Erfolg: Wie im Westen geben auch im Osten 12 Prozent der Bevölkerung an, Stolz bezüglich der deutschen Geschichte zu empfinden.[63] Dass das Orientierungsdefizit im Historischen dennoch für viele Ostdeutsche zur Realität geworden ist, belegt der mit 23 Prozent (West: 14 Prozent) hohe Anteil derjenigen, die sich auf die Frage nach dem historischen Ereignis mit der größten Bedeutung für das heutige Deutschland nicht festlegen möchten.

Die Verklärung der Geschichte erlaubt den in der DDR Sozialisierten, ihre personale Identität positiv zu definieren. Irritationen, Brüche und Belastungen der eigenen Biographie werden ausgeklammert. Durch die Negation der persönlichen Verstrickungen mit dem SED-Staat bzw. die positive Umdeutung seines Wesens wird es möglich, einer Auseinandersetzung um personale Schuld abermals – wie bezüglich des Nationalsozialismus – aus dem Weg zu gehen. Um die Anstrengungen in dieser Richtung zu zementieren, plädieren inzwischen 55 Prozent der Ostdeutschen für einen Schlussstrich unter die Beschäftigung mit der DDR-Vergangenheit. Unmittelbar nach der Wiedervereinigung traten nur 23 Prozent der Ostdeutschen für diesen radikalen Schritt ein.[64]

Unterstützung in ihrem Anliegen erhalten sie von den Westdeutschen, die gleichfalls zu 59 Prozent die Beschäftigung mit der DDR-Geschichte endgültig abschließen wollen (1990/91: 40 Prozent). Auch sie verspüren keinen Drang, neben der Debatte um die nationalsozialistischen Verbrechen nochmals eine Diskussion um deutsche Schuld und Scham zu führen. Die nationale Identität soll nicht mit einer weiteren Negativfolie belastet werden. Die Westdeutschen drücken damit gleichzeitig aus, dass sie an einer Integration der ostdeutschen Geschichte in ein gesamtdeutsches Geschichtsverständnis nicht interessiert sind. Westdeutsche sehen keinen dringenden Anlass, sich mit der Geschichte der Ostdeutschen auseinander zu setzen und somit einen mühsamen Prozess der historischen Neubestimmung der eigenen Identität zu beschreiten. Die Geschichte der DDR gilt vielen ehemaligen Bundesbürgern als Geschichte eines anderen, fremden Staates, der nun im vereinten Deutschland nur noch regionales, aber nicht nationales Interesse zukommt. In ihrem Bewusstsein hat sich die alte Bundesrepublik mit der Wiedervereinigung lediglich erweitert, es entstand nicht etwas gemeinsames Neues.

Anfangs schien es so, als ob dieses Verständnis der Wiedervereinigung auch von den ehemaligen Bürgern der DDR getragen würde.[65] Selbst 1995 beschrieb der ehemalige Verteidigungs- und Abrüstungsminister der letzten DDR-Regierung de Maizière, Rainer Eppelmann, den Gang der Identitätsfindung im vereinten Deutschland noch wie selbstverständlich als einseitigen Akkumulationsprozess der bundesdeutschen Selbstbeschreibung durch die Ostdeutschen: »Während der neue Mieter noch den Weg zur Küche sucht, sich zurechtfinden muss, um beispielsweise eine Kanne Kaffee aufzusetzen – er schaut in den Schränken nach, sucht die Filtertüten und Kaffeepulver – hat sich der Westdeutsche bereits den ersten Kaffee eingegossen und genießt das wunderbare Aroma. Wir müssen uns neu orientieren, und dazu ist vor allem die Solidarität derjenigen notwendig, die aufgrund ihrer zufälligen Geburt im Westen einen wesentlichen Zeitvorsprung haben.«[66]

Inzwischen wird deutlich, dass sich Ostdeutsche weniger in der bundesrepublikanischen Küche namens Identität auf die Suche nach Filtertüten und Kaffeepulver machen, sondern lieber dort das Aroma genießen, wo sie sich aufgrund ihrer Erfahrungswelt schnell zurechtfinden. Selbstbeschreibung im Osten Deutschlands setzt andere historische Schwerpunkte, die das wesentliche Orientierungsmuster aus DDR-Zeiten, das Referenzmodell Bundesrepublik, in einem neuen Sinn stiftenden Gesamtzusammenhang fortführen. Ostdeutsche wünschen sich weitaus mehr als Westdeutsche eine fortdauernde Erinnerung sowohl an den Bau der Mauer 1961, ihren Fall 1989 als auch die Wiedervereinigung 1990.[67]

Im Gravitationszentrum ostdeutscher Selbstwahrnehmung steht die deutsche Einheit, welche 29 Prozent der Ostdeutschen – im Gegensatz zu lediglich 13 Prozent der Westdeutschen – als bedeutendstes Ereignis der deutschen Geschichte für das heutige Deutschland ansehen. Stolz über die eigene aktive Leistung der friedlichen

Revolution in der DDR bündelt sich anhand des Selbstbeschreibungskerns »Deutsche Einheit« in einem positiv wertgeladenen Selbstverständnis der Ostdeutschen. Westdeutsche dagegen können aufgrund ihrer passiven Rolle als Zuschauer des Umbruchs vom Herbst 1989 keinen entsprechenden Stolz empfinden. Das Emotionalisierungspotenzial der deutschen Einheit ist im Westen Deutschlands wesentlich geringer als im Osten. Dem Kontinuitätskern westdeutscher Definition des Wir, den nationalsozialistischen Verbrechen, gelingt es dagegen gleichfalls nicht, eine entsprechende Wirkungskraft auf die ostdeutsche Selbstbeschreibung auszuüben. Die historischen Zentren west- wie ostdeutscher Identität stehen sich weiterhin unvermittelt gegenüber.

Der Bruch im historischen Selbstverständnis zwischen Ost und West wird die Ausbildung einer gesamtdeutschen Identität behindern und verzögern. Zwar hat sich der Anteil derjenigen, die sich in erster Linie als »Ostdeutsche« und nicht als »Deutsche« verstehen, seit 1993 erheblich verringert,[68] solange aber kein gesamtdeutsches Übereinkommen über die historischen und moralischen Wurzeln der Nation ausgeprägt wird, ist die Identität des vereinten Deutschland labil und verletzlich. Das Bewusstsein über diese Instabilität der deutschen Selbstbeschreibung ist in Ost und West gleichermaßen ausgeprägt, wobei Ostdeutsche die Konflikte zwischen den beiden deutschen Teilen noch weitaus stärker empfinden als Westdeutsche.[69] Auch dies ist ein Ausdruck der im Osten der Republik anhaltenden Wirkungskraft der Referenzgesellschaft »Bundesrepublik« als ehemaliges Orientierungsmuster spezifischer DDR-Identität.

3.2.3 Generationenspezifische Dimensionen des Historischen – eine Zusammenfassung

Durch die Bestandsaufnahme deutscher Identität vor und nach der Wiedervereinigung ist es möglich, historische Befindlichkeiten und Einstellungen zu identifizieren, die in den vier deutschen Erfahrungswelten der Gegenwart mehrheitlich prägend wirken:

1. Das Identitätskonstrukt der Kriegs- und Nachkriegsgeneration Westdeutschlands, die noch unmittelbare Erfahrungen mit dem Dritten Reich gemacht hat, stützt sich im Wesentlichen auf positive Beschreibungsmuster aus der Nachkriegszeit. Die Verbrechen der Nationalsozialisten werden nicht geleugnet und als weiterhin erinnerungsbedürftig betrachtet. Eine fortdauernde Debatte um eine deutsche Schuld wird dagegen im Sinne der Versöhnung der personalen Identität abgelehnt. Der Wiedervereinigung wird von dieser Generation nur eine – im Vergleich zur Gesamtbevölkerung – geringe Bedeutung für die deutsche Geschichte der Gegenwart zuerkannt.
2. Die Kriegs- und Nachkriegsgeneration Ostdeutschlands, die beinahe ihr ganzes Leben unter totalitären und autoritären Regimen gelebt hat, sowohl durch den Nationalsozialismus als auch durch die SED-Herrschaft geprägt wurde, ist in zwei Lager gespalten. Während die einen weiterhin in dem Konstrukt einer vom antifaschistischen Gründungsmythos der DDR dominierten Identität verharren, leiden die anderen an einem Orientierungsdefizit aufgrund von Geschichtslosigkeit. Für beide ist die deutsche Einheit mit dem Stigma des Verlustes

ihres Identitätskernes belegt. Eine Selbstbeschreibung in Bezugnahme auf den Nationalsozialismus ist beiden fremd.

3. Die Generation in Westdeutschland, die erst in Zeiten des Wirtschaftswunders oder später sozialisiert wurde, ist gegenüber der moralischen Debatte um eine aus der Historie erwachsenen spezifisch deutschen Schuld am offensten eingestellt. Gerade weil sie keinerlei persönliche Erinnerungen an den Nationalsozialismus verbindet, dieses Kapitel deutscher Geschichte damit distanzierter betrachtet, akzeptiert sie eine besondere Verantwortung, die Deutschland aufgrund der nationalsozialistischen Verbrechen zukommt. Der Nationalsozialismus steht im Kern der Selbstbeschreibung und führt zu einer weit gehenden Relativierung der DDR-Vergangenheit. Die Schuld, die sich Deutschland im Dritten Reich aufgeladen hat, überdeckt auch das im SED-Staat begangene Unrecht. Ein Schlussstrich unter die Beschäftigung mit der DDR-Vergangenheit wird befürwortet, ein solcher unter die NS-Geschichte nicht. Zwei Trends differenzieren dieses Bild allerdings erheblich:
   - Je älter die Generation, desto größere Bedeutung erlangt die Nachkriegszeit für die Selbstbeschreibung. In der jungen Generation ist der identitätsstiftende Mythos des »Wirtschaftswunders« dagegen schon erheblich verblasst.
   - Die Forderung, die kollektive Identität der Deutschen zukünftig nicht mehr um den Nationalsozialismus zu zentrieren, wird am deutlichsten von den Generationen der unter 29-Jährigen erhoben.
4. Die Identität der Generation in Ostdeutschland, die zwar den Nationalsozialismus nicht mehr selbst erlebt hat, dafür aber unter der SED-Diktatur aufgewachsen ist, ist auch heute noch ganz vom Modell der »Referenzgesellschaft Bundesrepublik« geprägt. Geschichtlicher Kern der Selbstbeschreibung ist die Deutsche Einheit, um die sich historische Ereignisse der deutschen Teilung gruppieren. Die Geschichte der DDR wird im Sinne einer »Bereinigung« der eigenen personalen Identität von Brüchen zunehmend verklärt. Der Gefahr, sich einer Debatte um die eigene Verstrickung im SED-Staat stellen zu müssen, wird durch das Plädoyer für einen Schlussstrich unter die DDR-Vergangenheit begegnet. In Nachwirkung des antifaschistischen Orientierungsmodells der DDR gelten die nationalsozialistischen Verbrechen nicht als konstitutives Element der eigenen Identität. Ein Schlussstrich unter die Beschäftigung mit dem Nationalsozialismus wird aufgrund dieser Unbefangenheit abgelehnt. In den jüngeren Generationen führt diese weit verbreitete emotionale Abwesenheit von Berührungsängsten zu einer wachsenden Sympathie für die Idee des Nationalsozialismus.

4. Die zukünftigen historischen Dimensionen gesamtdeutscher Identität

Die Ausdifferenzierung der Erfahrungswelten verdeutlicht die aktuell im vereinten Deutschland präsente Heterogenität der historischen Selbstbeschreibungsmuster, die für die Ausbildung einer stabilen gesamtdeutschen Identität versöhnt werden müssten. Die Sozialisation in der DDR erzielte im Bereich des Geschichtsbewusstseins Erfolge, die auch über zehn Jahre nach der Wiedervereinigung noch eine nachhaltig prägende Kraft entfalten.

Die historische Disposition der Identität ist der einzige Ort, in dem eine Spaltung des vereinten Deutschland in Ost und West registriert werden kann. Bei fast allen Wertorientierungen ist dagegen eine signifikant große Übereinstimmung zwischen Ost und West zu verzeichnen. Spuren von Abgrenzung wie in der unterschiedlichen Bewertung von Gleichheit und Freiheit oder im Institutionenvertrauen (mitunter auch als Systemzufriedenheit gemessen) sind als Ausdruck von Enttäuschungen zu interpretieren. Sie verweisen auf eine im Osten Deutschlands als unzureichend wahrgenommene Problemlösungskompetenz der politischen Institutionen bei der Bewältigung der ökonomischen und sozialen Folgen des Systemwechsels in der ehemaligen DDR und sind »insofern auch ein Indiz für überhöhte Erwartungen, die den Beginn des deutschen Einigungsprozesses begleitet haben«.[70] Hier liegt der Grund, warum diese Formen der Abgrenzungsidentität bei Ostdeutschen nicht unmittelbar nach der Wende, sondern erst mit zeitlicher Verzögerung greifbar sind.

4.1 Nationalsozialismus vs. deutsche Einheit

Im andauernden Prozess der Ausbildung einer gesamtdeutschen Identität spielen die divergierenden historischen Erfahrungswelten eine unterschiedlich bedeutende Rolle. Die Einstellungsmuster der älteren Generationen in Ost und West werden keine wesentliche Änderung mehr erfahren[71], ihr Einfluss auf den weiteren Gang der gesamtdeutschen Identitätsfindung ist zu vernachlässigen.

Die Einstellungsmuster der Jugendlichen und jungen Erwachsenen in Ost- und Westdeutschland zeugen beide von einem unbefangeneren Umgang mit der Geschichte in Verbindung mit der Ausprägung eines neuen deutschen Selbstbewusstseins. Der Grad der Auseinandersetzung mit Fragen um Schuld und Verantwortung ist jedoch höchst unterschiedlich ausgeprägt, was eine politische Brisanz für die Zukunft in sich birgt. Das Phänomen gewaltbereiter jugendlicher Rechtsextremisten droht vor allem in bestimmten Regionen Ostdeutschlands »aus dem Bereich sozialer Isolation heraus zu geraten und ein Bestandteil von normaler Jugendkultur zu werden«.[72]

Die mittleren Generationen, aus denen sich die derzeitigen politischen und gesellschaftlichen Eliten rekrutieren und denen daher für die Identitätsbeschreibung der nächsten Jahre eine besondere Bedeutung zukommt, definieren ihre historischen und moralischen Wurzeln in Ost und West höchst unterschiedlich. Die historischen Gravitationskerne der Selbstbeschreibung Ost- und Westdeutscher begegnen sich in scheinbar unversöhnlicher Antithese.

Offensichtlich ist, dass die Deutschen bezüglich einer »historischen Endlagerung von DDR und Bundesrepublik«[73], einer Zurückdrängung der Diktaturerfahrungen aus dem unmittelbaren Kreis identitätsstiftender historischer Erfahrungen, tief gespalten sind. 45 Prozent der deutschen Bevölkerung wünschen einen historischen Schlussstrich sowohl unter die Beschäftigung mit dem Nationalsozialismus als auch mit der DDR-Vergangenheit.[74] Dass ein solcher »Neubeginn« der deutschen Gedächtniskultur in der nahen Zukunft dennoch nicht aktuell wird, liegt neben realpolitischen Rücksichtnahmen außenpolitischer wie innenpolitischer Art an dem von Ost- wie Westdeutschen mehrheitlich vorgetragenen Wunsch, keinen Schlussstrich unter die Beschäftigung mit der NS-Zeit zu ziehen. Wenn auch die Motivation dieses Wunsches in Ost und West verschiedenartig gelagert ist, wird damit doch die Dominanz des Nationalsozialismus in der künftigen deutschen Selbstbeschreibung zementiert. Ob sich das Dritte Reich auch als Gravitationskern der Identität der Ostdeutschen durchzusetzen weiß, wird davon abhängen, ob der dort geäußerte Wunsch nach weiteren Informationen zu diesem Kapitel deutscher Geschichte in eine Vergegenwärtigung deutscher Schuld mündet.

Der Alternative der westdeutschen Adaption der deutschen Einheit als Zentrum des gegenwärtigen Identitätskonstruktes im Osten der Republik ist nur eine äußerst geringe Durchsetzungschance einzuräumen. Die reservierte Haltung, die dem Ereignis der Wiedervereinigung im Westen entgegengebracht wird, ist zu ausgeprägt, als dass ein solcher Schritt in absehbarer Zeit denkbar ist. Die Euphorie des Wiedersehens, die 1989/90 angesichts niedergerissener Schlagbäume Ost und West einte, ist mit den Jahren einer Ernüchterung des Kennenlernens gewichen.

Der 3. Oktober 1990 sah das Ende eines Staates, der die Geschichte an seiner Seite wähnte, doch von der Geschichte überholt wurde. Der Staat DDR wurde von den Landkarten gelöscht, die historischen Dispositionen des jahrzehntelangen SED-Regimes aber leben in den ostdeutschen Biographien weiter. Ihres historischen Koordinatensystems beraubt, bieten ihnen die Identitätsmuster ihrer neuen Heimat Bundesrepublik nur unzureichende Anknüpfungspunkte einer erfolgreichen Selbstverortung. Nicht nur waren die historischen Prägungen und Wertzuschreibungen gegensätzlicher als ursprünglich angenommen, auch sahen die Westdeutschen, deren Staat fortexistiert, sogar größer und noch »souveräner«, keinen Anlass, ihr bewährtes historisches Koordinatensystem im Sinne einer Versöhnung ost- und westdeutscher Geschichte unter dem Banner der deutschen Einheit zu modifizieren.

Die Politik bietet ihnen für eine solche Revision der historischen Beschreibung des Selbst kaum Anreize. Die politische Beschwörung der »inneren Einheit« impliziert für viele in wirtschaftlicher Stabilität sozialisierte Westdeutsche angesichts ökonomischer Problemlagen und offen ausgetragener Ost-West-Differenzen mehr eine materielle Drohung als ein Aktionsmuster des Nehmens und Gebens historischer Erfahrungen. Die Aufgabe der historischen Führungsleistung, wie sie die politischen Eliten selbst für sich deklarieren, blieb in den 90er-Jahren mehr Anspruch als Realität. Es sind dies Versäumnisse, die auch künftig nicht wettzumachen sind.

Selbst der entstandene Eindruck, dass der Fall der Mauer 1989 bei den Deutschen eine stärkere Emotionalisierung zeige als die Wiedervereinigung 1990, hat sich sowohl in den neuen wie auch alten Bundesländern als falsch erwiesen. Die Ursache dieser Fehleinschätzung scheint in der medialen Präferenzzuordnung bezüglich der Verwertung dieser beiden Ereignisse zu liegen. Bilder von einfachen Bürgern, die sich friedlich der Mauer bemächtigen, das Symbol der Trennung, Gewalt, Unfreiheit und Willkürherrschaft durch Zivilcourage, Lebenslust und grenzenlose Freude demontieren, sind von den Medien besser zu verwerten als die Intonierung der deutschen Nationalhymne durch Politiker.

Selbst die oft diskutierte Verlegung des nationalen Feiertages vom 3. Oktober, dem Tag der Deutschen Einheit 1990, auf den 9. November, den Tag des Mauerfalls 1989, würde keine größere Emotionalisierung der Wiedervereinigung im historischen Selbstverständnis der Westdeutschen bewirken. Im Gegenteil: Während sich immerhin 14 Prozent der westdeutschen Bevölkerung dafür aussprechen, die Wiedervereinigung 1990 weiterhin in Erinnerung zu behalten, sind es bezüglich des Mauerfalls nur 11 Prozent. Dieser Befund spricht auch gegen die Möglichkeit, Nationalsozialismus und Deutsche Einheit könnten in Zukunft gemeinsam den Kern der gesamtdeutschen Identität bilden.

4.2 Schuldgefühl vs. Selbstbewusstsein

Bereits jetzt zeichnet sich ein künftig unbefangenerer Umgang mit der Geschichte des Nationalsozialismus ab. Sowohl im Osten Deutschlands wie auch bei den jüngeren Generationen in Westdeutschland ist die Ansicht dominierend, dass aus den deutschen Verbrechen während des Nationalsozialismus keine politischen Verpflichtungen für das gegenwärtige Deutschland resultieren. Gleichgültig, ob – wie im Westen – eine spezifisch deutsche Schuld akzeptiert wird, oder – wie im Osten – gar nicht erst reflektiert wird: Das Ergebnis, die von Selbstbewusstsein gekennzeichnete Forderung nach einer unbelasteten Politik des vereinten Deutschland, ist das gleiche.

Die aus eigenständigen politischen Erwägungen sowie Ansprüchen der internationalen Partner resultierenden Bemühungen der Bundesregierungen seit dem Fall der Mauer, die Bundesrepublik außenpolitisch neu zu positionieren, sind ein Versuch, die unterschiedlichen Dispositionen gegenwärtiger deutscher Selbstbeschreibungen – selbstbewusstes Auftreten, aus der Geschichte resultierende spezifisch deutsche Verantwortungsgesinnung und pazifistische Grundorientierung – miteinander in Einklang zu bringen. Mit dem Verweis der beiden Außenminister Kinkel und Fischer, dass das neuartige Engagement der Bundesrepublik in der Staatengemeinschaft der deutschen Geschichte nicht widerspreche, sondern im Gegenteil aus dem Bewusstsein für die Verbrechen der Nationalsozialisten erwachse[75], wird auch den mittleren Generationen Westdeutschlands, die am Gedanken einer deutschen Schuld festhalten, die Möglichkeit zum emotionalen Arrangement mit der politischen Forderung geboten. Die Betonung der Politik, Einsätze der Bundeswehr dienten ausschließlich der Friedenserzwingung bzw. Friedenserhaltung, zielt dagegen mit der rituellen Wiederholung des Wortes »Frieden« nicht nur auf eine Beruhigung im Ausland bestehender Ängste vor einem starken Deutschland. Sie soll gleichfalls das von der pazifistischen Tradition der DDR geprägte Selbstverständnis vieler Ostdeutscher ansprechen und diese für eine Unterstützung der politischen Weichenstellungen gewinnen.

Mit ihrer Argumentation widerspricht die Politik auch dem in der These der »historischen Endlagerung« implizierten Vorwurf, die Geschichte als bisher zentraler Bezugspunkt deutscher Außenpolitik solle in ihrer Bedeutung drastisch reduziert werden oder gar unbeachtet bleiben. Die deutsche Geschichte – so Kinkel und Fischer – werde künftig nicht ignoriert, sondern die Folgen, die aus dieser Geschichte erwuchsen, würden neu definiert. Die außenpolitischen Traditionen der Bundesrepublik – starke internationale und multilaterale Einbindung und vielfältige bilaterale Sonderbeziehungen – sowie der »Stil eines vorbehaltlosen Internationalismus« würden nicht aufgegeben. Allein die aus der Historie erwachsene »Kultur der Zurückhaltung« Deutschlands müsse angesichts der veränderten realpolitischen Gegebenheiten neu überdacht werden.

Eine besondere Dynamik erfährt der Prozess der außenpolitischen Neuverortung Deutschlands durch das allmähliche Ausscheiden der Kriegs- und Nachkriegsgeneration aus den außenpolitischen Führungsetagen. Mit dem Regierungswechsel vom November 1998 hat erstmals in Deutschland eine Generation die politische Führung übernommen, die nicht mehr durch die nationalsozialistische Diktatur und die Not der unmittelbaren Nachkriegsjahre geprägt wurde, sondern ihre Geschichtsbilder aus der Zeit des Wirtschaftswunders und dem jugendlichen Aufbegehren gegen die Versteinerung der Adenauer-Zeit rekrutiert. »Das Erlebnis des gesellschaftlichen Umbruchs in der BRD, die Auseinandersetzung mit den Verbrechen der Väter, war ein konstituierendes Element des Politik- und Geschichtsverständnisses der Generation Schröder.«[76]

Für die Außenpolitik des vereinten Deutschlands hatte der Wechsel von Kohl/Genscher bzw. Kinkel hin zu Schröder/Fischer Wert- und Präferenzverschiebungen von bedeutendem Ausmaß zur Folge: »Für sie [die jetzt regierenden Frauen und Männer – W.W.] ist Friede und Wohlstand in Europa zur baren Selbstverständlichkeit geworden. Die neue Generation sieht vieles nüchterner, denkt vieles ökonomischer, was vor allem wohl die Einigung Europas, die transatlantische Partnerschaft, kurz: die Westbindung Deutschlands in ein neues Licht rücken wird.«[77]

Die Öffnung Deutschlands zum Osten wird von der Bevölkerung erst für die Zukunft erwartet. In zehn Jahren, so die Einschätzung, spielten die osteuropäischen Staaten eine erheblich größere Rolle für Deutschland als dies heute der Fall sei. 29 Prozent sehen ihr Gewicht für die deutsche Politik dann sogar bedeutender an als das der westeuropäischen Staaten. Einigkeit besteht auch darüber, dass mit fortschreitender europäischer Integration das spezifisch Deutsche allmählich verloren gehen wird. Allerdings wird dieser Prozess von der Bevölkerung in Ost und West mit großer Skepsis verfolgt. Ein seiner Souveränitätsrechte beraubtes Deutschland, eingebettet in einen europäischen Staat, stößt auf mehrheitliche Ablehnung.

4.3 National-regional vs. national-europäisch

Die Identität der Deutschen kreist auch in Zeiten zunehmender Grenzenlosigkeit um das traditionelle Selbstbeschreibungsmuster des Nationalen. Die Zentrierung deutscher Identität auf das eigene Staatsgebilde und das entsprechend geringe Interesse an der Ausformung einer europäischen Identität findet seine Entsprechung im Geschichtsbewusstsein. Der rasanten Geschwindigkeit, mit der unter den Schlagwörtern »Globalisierung« und »Internationalisierung« technische Hürden eingerissen und neue Freiheiten der Kommunikation und Begegnung gewonnen werden, setzen die Deutschen das beharrende Moment altgedienter Orientierungsschemata entgegen.

Bewährte historische Rückbeziehungen der Identität in der Kategorie des Nationalen dienen dazu, sich vermeintlicher Orientierungslosigkeit im Strom des konturdefizitären Fortschritts zu erwehren. Zwar stößt Geschichte in der Bevölkerung – in Abhängigkeit von der Schulbildung – auf ein ungetrübtes Interesse, doch konzentriert sich die Aufmerksamkeit in hohem Grade auf die deutsche Historie. Nur ein Viertel der Deutschen zeigt Interesse am Gang der Geschichte anderer Völker.

Auch bei den jüngeren Generationen steht Deutschland im Mittelpunkt des Geschichtsinteresses, doch ist hier bei Befragten mit Hochschulabschluss die Bereitschaft, die Historie anderer Völker zu entdecken, weitaus höher ausgebildet. Fortschritte im europäischen Integrationsprozess, Globalisierung im Sinne von Weltoffenheit und die dynamische Ausbreitung neuer grenzenloser Medien schaffen besonders in der Bildungselite der jüngeren Generationen die Grundlage für eine zukünftige Erosion der national-zentrierten Selbstbeschreibung. Gerade das Internet bietet mit seiner dualen Beschaffenheit als Informationspool einerseits und interaktive Kommunikationsplattform andererseits die Möglichkeit der kosten- und ressourcenrestriktiven Begegnung mit dem Fremden. Das tägliche Erleben des anderen kann sich künftig, gepaart mit der für die jungen Generationen kennzeichnenden Unbefangenheit bezüglich der deutschen Geschichte, in einer Identität ausdrücken, die sich vom Paradigma des national-zentrierten Weltbildes löst und damit Platz für eine europäische Definition des Selbst bietet.

Bei Befragten der jüngeren Generationen ohne Hochschulreife ist dagegen ein anderer Trend festzustellen. Ihr stark im Nationalstaatsgedanken zentriertes Selbstverständnis geht einher mit Ansätzen der Ausprägung eines regionalen Bewusstseins. Die für die Ausbildung einer stabilen regionalen Identität notwendige Bereitschaft, historische Prägungen dieser kleinen territorialen Einheiten im Geschichtsbewusstsein zu verankern, ist bisher nur bei Befragten mit der Schulbildung Mittlere Reife oder Hauptschule festzumachen. Für die Bildungselite dagegen steht die Beschäftigung mit regionaler Geschichte bisher noch mehrheitlich dem weltoffenen Selbstverständnis entgegen.

Die »Wiederentdeckung der Region« wird von der Politik selbst mittels der Propagierung eines »Europa der Regionen« gefördert. Das Bemühen, nationale, europäische und regionale Muster der Selbstbeschreibung miteinander in der Identität zu versöhnen, wird jedoch bisher erst von einer Minderheit der Deutschen aufgebracht. Für die nahe Zukunft ist vielmehr von den Identitätspaaren national-europäisch einerseits und national-regional andererseits auszugehen. Die soziale Einstellungsdifferenz – national-europäische Identität als »Privileg« der Bildungselite, national-regionale Selbstbeschreibung als »Besitzstand« der weniger Gebildeten – droht eine weitere Spaltung der deutschen Identität zu verursachen.

4.4 Regionale ostdeutsche Identität vs. gesamtdeutsche Identität?

Auch wenn die Verbindung national-regional nicht im Sinne eines »Europas der Regionen« ist, stellt sie doch zumindest ein Bollwerk gegen eine Radikalisierung des national-zentrierten Selbstverständnisses hin zu nationalistischen Selbstbeschreibungen dar. Der Traum von einem starken, geeinten und zentralistischen Deutschland verträgt sich nicht mit der hervorgehobenen Betonung der Region. Die Gefahr der Ausformung einer ausschließlich regionalen Selbstbeschreibung als Abgrenzungsidentität zu Vorstellungen von Nation und Europa ist dagegen nicht real existent. Das explizit ostdeutsche Selbstverständnis, das in den nicht mehr ganz so neuen Bundesländern von beinahe einem Drittel der Bevölkerung artikuliert wird, stellt einen Ausnahmefall dar, für den das Etikett »regionale Identität« nur bedingt zutrifft.

Die explizit ostdeutsche Selbstbeschreibung erkennt ihre historischen Wurzeln nicht in einer als Identitätsregion definierten kleinräumigen territorialen Einheit, sondern in einem Staatengebilde. Nicht die Region Ostdeutschland, sondern der Staat DDR stellt das historische Fundament dieses Selbstverständnisses dar. In der noch in der Erfahrungswelt der Bevölkerung präsenten Vergangenheit aber wurde die Identität weniger mit Blick auf das Eigene als in Referenz zur Bundesrepublik formuliert. Die Konstitution der Region in Form der Herausbildung eines regionalen Bewusstseins der Akteure[78] erfolgte erst angesichts der Enttäuschungen über den Gang der »inneren Einheit«, vor allem bezüglich der Lebensbedingungen. Das Konstrukt der regionalen Schicksalsgemeinschaft stützt sich folglich kaum auf eine kulturelle oder historisch gewachsene Einheit, sondern sucht und findet das Zusammengehörigkeitsgefühl in den Werten der DDR, deren jetziges Fehlen für die aktuellen Missstände verantwortlich gemacht wird. Ein solches beinahe ausschließlich an ökonomischen Parametern orientiertes regionales Selbstverständnis erfüllt weder eine historische Orientierungsfunktion, noch bietet es identitätsstiftende Kontinuität. Eine Veränderung der ökonomischen Parameter schlägt sich unmittelbar in einer gesteigerten oder abgeschwächten emotionalen Bindung der Bevölkerung nieder. Auch das regionale Selbstverständnis der Ostdeutschen kann daher in seiner jetzigen Form nicht für sich allein als Identität existieren.

Die Ergebnisse der empirischen Datenerhebung lassen derzeit keine Deutung zu, dass sich das explizit ostdeutsche Empfinden tatsächlich zu einer im Historischen gefestigten regionalen Identität Ostdeutschlands wandeln könnte. Das im Osten der Republik dominierende Identitätsmuster bietet in seiner fortdauernden Ausrichtung auf die »Referenzgesellschaft Bundesrepublik« kein selbsttragendes historisches Fundament für eine eigene ostdeutsche Identität. Die bei fast allen Wertorientierungen zu registrierenden Übereinstimmungen zwischen Ost und West und der mehrheitliche Wunsch der Ostdeutschen, die Beschäftigung mit der DDR-Vergangenheit einzustellen, sprechen zudem gegen eine solche Zukunftsprognose. Vielmehr wird die Angleichung der Lebensverhältnisse in den alten und neuen Bundesländern langfristig zu einer Abschwächung des explizit ostdeutschen Empfindens führen, wie dies bereits in den letzten Jahren zu beobachten war. Die parallel zur fortschreitenden europäischen Integration intensivierte öffentliche Beschäftigung mit Regionen als politische Handlungseinheiten wird allerdings auch weiterhin den Fokus der öffentlichen Aufmerksamkeit auf die Ausprägung einer vermeintlich ostdeutschen Identität richten. Die öffentliche Wahrnehmung – eine Dramatisierung der deutschen Spaltung – wird sich aber nicht mit den realen Befindlichkeiten im Osten der Republik decken.

4.5 Nationales Interesse vs. regionales Sonderbewusstsein

Die Identität der Deutschen bleibt auch in Zukunft vielschichtig. Grund hierfür ist der zwischen Ost und West verlaufende Graben im Geschichtsbewusstsein, der auf absehbare Zeit nicht zugeschüttet werden kann. Hinzu treten ausgeprägte Differenzen zwischen den generationenspezifischen Befindlichkeiten innerhalb der divergierenden Erfahrungswelten.

Die Sozialisation in verschiedenartigen historischen Koordinatensystemen bildete in Ost- und Westdeutschland unterschiedliche Sprachen des Geschichtlichen heraus. Die scheinbare Kongruenz identischer Wörter und Geschichten löst sich auf der Metaebene der Sinn- und Wertzuschreibungen in miteinander unvereinbare und konkurrierende Interpretationsgebote auf. Die Folge sind Missverständnisse und Verständigungsschwierigkeiten, wie sie die gegenwärtige Kommunikation im Historischen zwischen Ost- und Westdeutschen kennzeichnen. In den Geschichtsdiskursen des vereinten Deutschland kann nicht mehr von einer Selbstverständlichkeit der normativen Wertgeladenheit historischer Ereignisse und Epochen wie dem Nationalsozialismus ausgegangen werden. Allein diese Erkenntnis trägt dazu bei, Konfrontationen abzubauen und den Willen nach gegenseitigem Verständnis zu fördern.

Debatten wie die im Winter 2000/2001 angestoßene Kontroverse um Grundlagen und Folgen der »68er-Generation« bedingen das Bewusstsein, dass sie nicht in der Sprache aller Deutschen geführt werden. Die durch Brüche in der Biographie von Außenminister Joschka Fischer angeregte Diskussion um das Erbe einer Generation, die sich gegen politische und kulturell-historische Erstarrung zur Wehr setzte, stellte den erstmaligen Versuch einer kontroversen Vergegenwärtigung bundesrepublikanischer Geschichte dar. Mit ihrer Nachkriegsfixierung ist sie gleichsam eingebettet in den Prozess einer Abkehr vom Nationalsozialismus als einzigem historischen Referenzpunkt bundesdeutscher Identität. Die Feststellung, hierbei handle es sich um einen Modifizierungsakt deutscher Selbstbeschreibung, ist dagegen nur unter Vorbehalt zu treffen.

Die Kontroverse vermochte es nicht, die in der DDR Sozialisierten anzusprechen, die mit dem Jahr 1968 kein Aufbegehren gegen einen imperialistischen und kapitalistischen Staat, sondern eingedenk des »Prager Frühlings« gegen ein die menschliche Würde und Freiheit missachtendes System assoziieren. Unter dem Postulat der »inneren Einheit« der Identität kommen den west- oder ostdeutsch zentrierten Kontroversen wie der um die »68er«-Generation damit nur eine regionale Bedeutung zu.[79] Der Ausbildung eines Ost-West-Einverständnisses über die geschichtlichen Wurzeln deutscher Gesellschaft dienen solche Debatten hingegen nicht.

Gänzlich aufzulösen ist diese Inkongruenz der historischen Koordinatensysteme nur im Generationenverlauf. Die gegenwärtige Schieflage der deutschen Identität im Geschichtlichen – Betonung der NS-Vergangenheit unter weit gehender Ausblendung der SED-Vergangenheit – wird erst dann zurechtgerückt, wenn in Ostdeutschland eine Generation die Stimme erhebt, die durch die Sozialisation in der Bundesrepublik keine Berührungsängste mehr mit der Geschichte des Staates zeigt, in der ihre Eltern und Großeltern lebten.

Eine zur »68er-Generation« in der Bundesrepublik analoge Entwicklung zu erwägen, die sich offensiv dem Nationalsozialismus und den aus ihm resultierenden Belastungen stellte, ist jedoch nur bedingt plausibel. Die Bundesrepublik, in der diese Generation des Aufbegehrens sozialisiert wurde, verstand sich als Rechtsnachfolger des Dritten Reiches. Dass der Gang deutscher Geschichte bis 1945 Bestandteil der bundesrepublikanischen Historie war, wurde niemals bestritten. Kommende Generationen in Ostdeutschland erfahren sich hingegen als Bürger der Bundesrepublik. Die DDR und mit ihr die spezifischen Werte und Normen des »real existierenden Sozialismus« verschwanden 1990 von der Landkarte. Sollte nicht auch der Westen die Geschichte der DDR als die seine annehmen? Sollte die sozialistische deutsche Vergangenheit stattdessen im regionalen Interesse verharren, wird die Bereitschaft, sich ihr zu stellen und zu vergegenwärtigen, auch in kommenden Generationen nur eine geringe emotionale Kraft entfalten.

Die politische und historische Bildung der Zukunft steht im Interesse einer homogenen, gesamtdeutsch orientierten Identität vor der Herausforderung, die Gravitationskerne der gegenwärtigen Selbstbeschreibungen in Ost und West miteinander verschmelzen zu müssen. Der Westen muss lernen, die totalitäre Geschichte der DDR zu begreifen und die deutsche Einheit als Gewinn der bundesdeutschen Identität zu erleben. Der Osten muss erfahren, was es heißt, nationale Schuld zu verspüren. Auch künftig wird sich Deutschland fragen müssen, woher es kommt, was es ist und wohin es geht.

Anmerkungen

1 Vgl. Ina-Maria Greverus, Die Anderen und Ich. Vom sich Erkennen, Erkannt- und Anerkanntwerden, Darmstadt 1995, S. 1.

2 Vgl. Rüdiger Thomas/Werner Weidenfeld, Identität, in: Werner Weidenfeld/Karl-Rudolf Korte (Hrsg.), Handbuch zur deutschen Einheit 1949–1989–1999, Bonn und Frankfurt/M. 1999, S. 430–442, hier S. 430.

3 Lutz Niethammer, Deutschland danach. Postfaschistische Gesellschaft und nationales Gedächtnis, hrsg. von Ulrich Herbert und Dirk van Laak, Bonn 1999, S. 415.

4 Ebd.

5 Felix Phillip Lutz, Das Geschichtsbewußtsein der Deutschen. Grundlagen der politischen Kultur in Ost und West, Köln u. a. 2000, S. 65.

6 Vgl. detaillierter die Aufsätze in Werner Weidenfeld (Hrsg.), Die Identität der Deutschen, Bonn 1983.

7 Uwe Uffelmann, Identitätsbildung und Geschichtsdidaktik, in: Aus Politik und Zeitgeschichte (APuZ), B 41/1994, S. 12–20, hier S. 12.

8 Hinzu traten historisch aufgeladene politische Debatten wie z. B. bezüglich der »Berliner Republik«; vgl. hierzu den Beitrag »Politik und Geschichte« von Michael Weigl und Lars Colschen in diesem Band, v. a. Kapitel 1.3.2.

9 Jürgen Wilke, Geschichte als Instrument der Medien, in: Die politische Meinung, 364/2000, S. 27–30, hier S. 27.

10 Vgl. zusammenfassend Julius H. Schoeps, Volk von Mördern? Die Dokumentation zur Goldhagen-Kontroverse um die Rolle der Deutschen im Holocaust, Hamburg 1996.

11 So prognostiziert von Volker Ullrich, Hitlers willige Mordgesellen, in: Die Zeit vom 12. April 1996.

12 Letztlich sah sich der Veranstalter gezwungen, die Ausstellung von einer unabhängigen Historiker-Kommission begutachten zu lassen und entsprechend umzuarbeiten.

13 Aussage dokumentiert in Umfrage zum Holocaust-Mahnmal und dem Vorschlag, den Potsdamer Platz umzubenennen, in: Die Zeit vom 12. März 1998.
14 Diepgens Parade. Interview mit Michael Naumann, in: Süddeutsche Zeitung vom 27. Oktober 1998.
15 Martin Walser, Erfahrungen beim Verfassen einer Sonntagsrede. Rede zur Verleihung des Friedenspreises des deutschen Buchhandels am 11. Oktober 1998 in der Frankfurter Paulskirche, dokumentiert in: Börsenblatt für den Deutschen Buchhandel, 82/1998.
16 Rede von Ignatz Bubis zum 60. Jahrestag der Pogromnacht am 9. November 1998 in Berlin, in Auszügen dokumentiert in: Ignatz Bubis antwortet Martin Walser: Unterschwellig antisemitisch, Süddeutsche Zeitung vom 10. November 1998.
17 Vgl. Werner Link, Ost-West-Konflikt, Stuttgart 1980.
18 Aussage des ehemaligen US-amerikanischen Undersecretary of State, anschließenden Präsidenten des Center for Strategic and International Studies in Washington und jetzigen US-Handelsbeauftragten, Robert B. Zoellick, Abschied von der Selbstbeschränkung. Deutsche Außenpolitik aus Sicht der USA, in: Internationale Politik, 12/1998, S. 21–26, hier S. 21 f.
19 Vgl. Werner Weidenfeld, Das vereinte Deutschland im integrierten Europa. Rolle und Räson, in: Peter März (Koord.), 40 Jahre Zweistaatlichkeit in Deutschland. Eine Bilanz, hrsg. von der Bayerischen Landeszentrale für politische Bildungsarbeit, München 1999, S. 427–440; Alexander Demandt, Deutschlands Grenzen in der Geschichte, München 1990.
20 Vgl. u. a. Stephan Bierling, Sicherheitspolitik, in: Weidenfeld/Korte, Handbuch zur deutschen Einheit (Anm. 2), S. 666–680, hier S. 672.
21 Vgl. z. B. die Reden der Fraktionsvorsitzenden im Deutschen Bundestag von CDU/CSU und SPD vor der Deutschen Gesellschaft für Auswärtige Politik: Wolfgang Schäuble, Die Bewährungszeit der Normalität, in: Frankfurter Allgemeine Zeitung vom 2. Juli 1997; Rudolf Scharping, Selbstbewußt und zurückhaltend zugleich, in: Frankfurter Allgemeine Zeitung vom 16. Oktober 1997. Detailliert stellt dies Hanns W. Maull in seinem Beitrag »Außenpolitische Kultur« in diesem Band dar, v. a. Kapitel 2.2.
22 Vgl. Hans-Peter Schwarz, Das deutsche Dilemma, in: Karl Kaiser/Hanns W. Maull (Hrsg.), Deutschlands neue Außenpolitik, Bd. 1: Grundlagen, München 1994, S. 86–91.
23 Vgl. Werner Weidenfeld, Kulturbruch mit Amerika?, Gütersloh 1996.
24 »Die Globalisierung der deutschen Außenpolitik ist unvermeidlich«. Rede von Bundespräsident Roman Herzog zum 40. Jahrestag der Gründung der Deutschen Gesellschaft für Auswärtige Politik am 13. März 1995 in Bonn, dokumentiert in: Bulletin des Presse- und Informationsamtes der Bundesregierung, Nr. 20 vom 15. März 1995, S. 161–165, hier S. 164.
25 »Weil wir Deutschlands Kraft vertrauen«, Regierungserklärung von Bundeskanzler Schröder, in: Frankfurter Allgemeine Zeitung vom 11. November 1998.
26 »Die Zukunft der Erinnerung«. Rede von Bundespräsident Roman Herzog zum Tag des Gedenkens an die Opfer des Nationalsozialismus, Gedenkstunde des Deutschen Bundestages am 27. Januar 1999, dokumentiert in: Bulletin des Presse- und Informationsamtes der Bundesregierung, Nr. 5 vom 29. Januar 1999, S. 50–53, hier S. 51.
27 Karl-Rudolf Korte, Unbefangen und gelassen. Über die außenpolitische Normalität der Berliner Republik, in: Internationale Politik, 12/1998, S. 3–12, hier S. 7.
28 Klaus Harpprecht, D-Formation der Geschichte, in: Süddeutsche Zeitung vom 23. September 2000.
29 Vgl. Werner Weidenfeld/Felix Philipp Lutz, Die gespaltene Nation. Das Geschichtsbewußtsein der Deutschen nach der Einheit, in: APuZ, B 31–32/1992, S. 3–22, hier S. 6.
30 Vgl. Felix Philipp Lutz, Geschichtsbewußtsein der Deutschen (Anm. 5), S. 146.
31 Vgl. Willi Herbert/Rudolf Wildenmann, Deutsche Identität. Die subjektive Verfassung der Deutschen vor der Vereinigung, in: Rudolf Wildenmann (Hrsg.), Nation und Demokratie. Politisch-strukturelle Gestaltungsprobleme im neuen Deutschland, Baden-Baden 1991, S. 71–98, hier S. 81.
32 Mit Gestrigen in die Zukunft? Spiegel-Umfrage über Hitler, die NS-Zeit und die Folgen, in: Der Spiegel, 15/1989, S. 150–160, hier S. 154. Die Zustimmung betrug 4,3 auf einer sechsstufigen Skala.

33 So u. a. Ludger Kühnhardt, Wertgrundlagen der deutschen Außenpolitik, in: Kaiser/Maull, Deutschlands neue Außenpolitik (Anm. 22), S. 99–127.

34 Jürgen Kocka, Vereinigungskrise. Zur Geschichte der Gegenwart, Göttingen 1995, S. 589.

35 Weidenfeld/Lutz, Die gespaltene Nation (Anm. 29), S. 7.

36 Vgl. Anne Köhler, Nationalbewußtsein und Identitätsgefühl der Bürger der DDR unter besonderer Berücksichtigung der deutschen Frage, in: Deutscher Bundestag (Hrsg.), Materialien der Enquete-Kommission »Aufarbeitung von Geschichte und Folgen der SED-Diktatur in Deutschland«, Bd. V/2: Deutschlandpolitik, innerdeutsche Beziehungen und internationale Rahmenbedingungen, Baden-Baden und Frankfurt/M. 1995, S. 1636–1675.

37 Vgl. hierzu detaillierter Manuela Glaab, Deutschlandpolitik in der öffentlichen Meinung. Einstellungen und Regierungspolitik in der Bundesrepublik Deutschland 1949 bis 1990, Opladen 1999.

38 Einstellungen und Befindlichkeiten liegen nur indirekt in Form der Ergebnisse eines von 1968 bis 1989 bei Infratest durchgeführten Forschungsprogramms der Bundesregierung vor. Aussagen zu generationenspezifischen Einstellungen sind nicht möglich.

39 So u. a. im Urteil vom 26. März 1957 zur Fortgeltung des Reichskonkordates vom 20. Juli 1933: »Das Deutsche Reich, welches nach dem Zusammenbruch nicht zu existieren aufgehört hat, bestand auch nach 1945 weiter« (BVerfG 6, 309).

40 Trotz einer nur halbherzig durchgeführten und immer wieder zur Kritik Anlass gebenden Entnazifizierung bekannte sich die Bundesrepublik zu ihrer historischen Schuld, was sich konkret in Wiedergutmachungszahlungen in Höhe von 10 Mrd. DM (bis 1987) ausdrückte; vgl. Christoph Buchheim, Kriegsschäden, Demontagen und Reparationen. Deutschland nach dem Zweiten Weltkrieg, in: Deutscher Bundestag (Hrsg.), Materialien der Enquete-Kommission »Aufarbeitung von Geschichte und Folgen der SED-Diktatur in Deutschland«, Bd. II/2: Machtstrukturen und Entscheidungsmechanismen im SED-Staat und die Frage der Verantwortung, Baden-Baden und Frankfurt/M. 1995, S. 1030–1069, hier S. 1069.

41 Walter Schmidt, Nationalgeschichte der DDR und das territoriale Erbe, in: Zeitschrift für Geschichtswissenschaft, 5/1981, S. 399–400, hier S. 400 (Hervorhebung durch den Verfasser dieses Beitrages).

42 Felix Philipp Lutz, Geschichtsbewußtsein, in: Weidenfeld/Korte, Handbuch zur deutschen Einheit (Anm. 2), S. 392–402, hier S. 396.

43 Edgar Wolfrum, Geschichtspolitik in der Bundesrepublik Deutschland. Der Weg zur bundesrepublikanischen Erinnerung 1948–1990, Darmstadt 1999, S. 355 f.

44 Niethammer, Deutschland danach (Anm. 3), S. 210.

45 Abdruck der Gemeinsamen Erklärung der Volkskammer in: Deutschland Archiv, 5/1990, S. 794 f.

46 Rede von Bundestagspräsident Wolfgang Thierse anlässlich der Feierstunde des Bundestages am 27. Januar 1999 zum nationalen Gedenktag für die Opfer des Nationalsozialismus, dokumentiert in: Das Parlament, 6/1999, S. 3.

47 Spiegel Spezial, 1/1991, S. 40.

48 Alle im Beitrag angegebenen aktuellen Umfrageergebnisse basieren – soweit nicht anders belegt – auf der im November 2000 vom Bundesverband deutscher Banken durchgeführten Repräsentativumfrage »Deutschland im Wandel«, auszugsweise dokumentiert in Kapitel VI in diesem Band.

49 Harald Weinrich, Privates und öffentliches Vergessen, in: Herbert-Quandt-Stiftung (Hrsg.), Die Zukunft des Gewesenen. Erinnern und Vergessen an der Schwelle des neuen Millenniums, Bad Homburg 2000, S. 23–28, hier S. 27.

50 Vgl. Demos/kopie, 7/2000, S. 13.

51 Vgl. Lutz, Geschichtsbewußtsein der Deutschen (Anm. 5), S. 106.

52 Die Bewertungen der Befragten über 60 Jahre im Einzelnen: Nationalsozialismus 13 Prozent (Gesamtbevölkerung 18 Prozent), Zweiter Weltkrieg 12,7 Prozent (22 Prozent), Nachkriegszeit 19 Prozent (15 Prozent).

53 Die Bewertungen der Befragten unter 24 Jahre im Einzelnen: Nationalsozialismus 23 Prozent (Gesamtbevölkerung 18 Prozent), Zweiter Weltkrieg 30 Prozent (22 Prozent).

54 69 Prozent der unter 24-Jährigen sind damit einverstanden, dass Deutschland mehr Verantwortung übernimmt, wenn es um die Lösung von Konflikten in der Welt geht (Gesamtbevölkerung: 58 Prozent). Auch in der Antwort auf die Frage, ob der derzeitige Einfluss Deutschlands in der Welt gerade richtig, zu groß oder zu klein sei, spiegelt sich das gefestigte Selbstverständnis der jungen Generationen wider: 29 Prozent der unter 29-Jährigen stellen fest, dass der deutsche Einfluss eher zu klein sei (Gesamtbevölkerung 22 Prozent).

55 Forsa Umfrage, Erhebungszeitraum 18. bis 24. Mai 1998.

56 Abraham Ashkenasi, Neonazismus in Deutschland. Deutschland – unverkennbar und wieder vereinigt, in: Helgard Kramer (Hrsg.), Die Gegenwart der NS-Vergangenheit, Berlin und Wien 2000, S. 336–346, hier S. 341.

57 Vgl. Herfried Münkler, Antifaschismus und antifaschistischer Widerstand als politischer Gründungsmythos der DDR, in: APuZ, B 45/1998, S. 16–29.

58 Niethammer, Deutschland danach (Anm. 3), S. 201.

59 Christoph Stölzl (Hrsg.), Deutsches Historisches Museum. Ideen – Kontroversen – Perspektiven, Berlin 1988, S. 26; vgl. auch Edgar Wolfrum, Geschichtspolitik in der Bundesrepublik Deutschland 1949–1989. Phasen und Kontroversen, in: ders./Petra Bock, Geschichtsbilder, Erinnerung und Vergangenheitspolitik im internationalen Vergleich, Göttingen 1999, S. 55–81, hier S. 6.

60 Vgl. Karl-Rudolf Korte, Die Folgen der Einheit. Zur politisch-kulturellen Lage der Nation, in: APuZ, B 27/1990, S. 29–38, hier S. 33.

61 Auf die Frage, ob sich die eigene Wirtschaftslage gegenüber den Lebensverhältnissen in der DDR verbessert habe, antworteten im September 2000 53 Prozent der Ostdeutschen mit »ja«. Im Vergleich zu Westdeutschland wird die ökonomische Situation im Osten der Republik jedoch weiterhin als schlechter beurteilt, das Gefühl der Ungleichbehandlung und Ungerechtigkeit ist weiter präsent. Die Zahl derer, die eine Angleichung der Lebensverhältnisse in Ost und West erst in einem Zeitraum von zehn Jahren erwarten, ist seit September 1996 sogar nochmals leicht gestiegen (1996: 34 Prozent, 2000: 39 Prozent; vgl. Forschungsgruppe Wahlen, Politbarometer September 2000, S. 31).

62 Ebd.

63 Im Vergleich zu Erhebungen von 1993 (15 Prozent) und 1995 (11 Prozent) hat sich das Ergebnis auf einem Mittelwert eingependelt; vgl. Thomas Blank, Wer sind die Deutschen? Nationalismus, Patriotismus, Identität – Ergebnisse einer empirischen Längsschnittstudie, in: APuZ, B 13/1997, S. 38–46, hier S. 43.

64 Spiegel Spezial, 1/1991, S. 33.

65 Werner Weidenfeld/Karl-Rudolf Korte, Die pragmatischen Deutschen. Zum Staats- und Nationalbewußtsein in Deutschland, in: APuZ, B 32/1991, S. 3–12, hier S. 6.

66 Rainer Eppelmann, Zur inneren Einheit Deutschlands im fünften Jahr nach der Vereinigung, in: APuZ, B 40–41/1995, S. 8–12, S. 9.

67 Die Bewertungen der Befragten auf die Frage, welche Ereignisse der deutschen Geschichte der letzten 100 Jahre in der Erinnerung wach gehalten werden sollten, im Einzelnen vgl. »Deutschland im Wandel« (Anm. 48), Tabelle 1.5.

68 1993 definierten sich 51 Prozent der Bevölkerung im Osten der Republik als »Ostdeutsche«, nur 48 Prozent dagegen als »Deutsche«. 1999 waren es nur noch 30 Prozent, die sich als »Ostdeutsche« fühlten, gegenüber 68 Prozent, die ihre Selbstbeschreibung als »Deutsche« angaben. In Westdeutschland liegt der Anteil derjenigen, die sich in erster Linie als »Deutsche« verstehen, kontinuierlich bei 80 bzw. 81 Prozent (vgl. Demos/kopie, 7/2000, S. 19).

69 Auf die Frage, wie stark die Konflikte zwischen West- und Ostdeutschen ausgeprägt seien, antworteten 56 Prozent der Ostdeutschen mit »sehr stark«. In Westdeutschland schlossen sich lediglich 44 Prozent dieser Einschätzung an.

70 Thomas/Weidenfeld, Identität (Anm. 2), S. 440.

71 Vgl. hierzu die theoretischen Überlegungen bei Dan P. McAdams, The stories we live by. Personal myths and the making of the Self, New York 1993.

72 Armin Pfahl-Traughber/Uwe Berndt, Extremismus und Innere Sicherheit, in: Weidenfeld/Korte, Handbuch zur deutschen Einheit (Anm. 2), S. 361.

73 Arthur Heinrich, Heißt die Story: keine Story? Außenpolitische Tastversuche der kommenden BRD, in: Blätter für deutsche und internationale Politik, 5/1997, S. 554–566, hier S. 555 f.

74 Demos/kopie, 7/2000, S. 14.

75 Vgl. u. a. Rede des Bundesministers des Auswärtigen, Dr. Klaus Kinkel, vor der 47. Generalversammlung der Vereinten Nationen am 23. September 1992 in New York, in: Auswärtiges Amt, Deutschland in den Vereinten Nationen, 1993, S. 231–244; Rede des Bundesministers des Auswärtigen, Joschka Fischer, vor der 52. Generalversammlung der Vereinten Nationen am 22. September 1999 in New York, in: Bulletin des Presse- und Informationsamtes der Bundesregierung, Nr. 57 vom 24. September 1999, S. 591–595.

76 Kurt Kister, Schröder und die Geschichte, in: Süddeutsche Zeitung vom 23. September 1990.

77 Werner Weidenfeld, Zeitenwechsel. Von Kohl zu Schröder. Die Lage, Stuttgart 1999, S. 54.

78 Vgl. hierzu u. a. Andrea Komlosy/Jean-Paul Lehners, Region und regionale Identität. Einleitung, in: Beiträge zur historischen Sozialkunde, 2/1997, S. 51; Silvia Krömmelbein, Die Region in der Arbeitsmarktpolitik. Wege zur Konstruktion eines regionalpolitischen Gestaltungsraumes, in: Alfons Schmid/dies. (Hrsg.), Region und Arbeitsmarktpolitik, S. 123–133, hier S. 124.

79 Vgl. hierzu den Beitrag von Michael Weigl und Lars C. Colschen in diesem Band, v. a. Kapitel 2.1.

Michael Weigl/Lars C. Colschen

Politik und Geschichte

Nicht alles Vergangene ist Geschichte, vielmehr ist alles Vergangene – in Anlehnung an Gordon A. Craig – in gewisser Weise ein großer Kleiderschrank, in dem auch die Politik herumwühlt, um die zu jeder Gelegenheit passende Geschichte zu finden.[1]

Dieser Beitrag stellt zunächst die Frage nach dem Verhältnis von Geschichte und Politik in Deutschland nach 1945. Die Analyse muss dabei die Teilung Deutschlands in Bundesrepublik und DDR berücksichtigen und kommt zu einem zweigeteilten, aber nicht gänzlich voneinander trennbaren Befund. Obwohl in der DDR Geschichte als Instrument des politischen Kampfes verstanden wurde, hatte der SED-Staat doch zu keinem Zeitpunkt eine politisch effektiv instrumentalisierbare eigene Geschichte aufzuweisen. Die DDR blieb eigentümlich »geschichtslos«. Anders die Bundesrepublik, deren Politik sich zwar nur mühsam der deutschen Historie annahm, jedoch während der 60er-Jahre eine Phase der »zivilen Nachgründung« (Edgar Wolfrum) durchlebte.

Mit der Wiedervereinigung prallten diese divergierenden Selbstverständnisse im Historischen aufeinander und führten zu einem historischen Legitimationsdefizit des vereinten Deutschland. Die frühere Bundesregierung unter Helmut Kohl reagierte hierauf im Wesentlichen in zweierlei Weise: Die Stilisierung der Wiedervereinigung zum gesamtdeutschen Gründungsmythos einerseits und der Umzug der wichtigsten Verfassungsorgane nach Berlin andererseits. In beide Maßnahmen setzte die Politik die Hoffnung, sie würden integrativ die Herausbildung eines gesamtdeutschen historischen Selbstverständnisses fördern. Allerdings wurden diese Erwartungen durch kontroverse öffentliche Debatten getrübt, die sich um die Fragen möglicher historischer Belastungen der »Berliner Republik« und um die Rolle von Union und Sozialdemokratie im Prozess der Wiedervereinigung rankten.

In Verlängerung der Entwicklungsstränge in die Zukunft skizziert der Beitrag schließlich mittel- und langfristige Entwicklungsperspektiven der historischen Verortung Deutschlands im außen- und innenpolitischen Spannungsfeld zwischen Europa und Region. Die EU-Osterweiterung wird dazu beitragen, dass Bezüge auf den Nationalsozialismus von der deutschen Politik nicht gänzlich ausgeblendet werden können, wenn sie auch an Gewicht verlieren. Zugleich wird Deutschland durch den Beitritt osteuropäischer Staaten wie Polen und der Tschechischen Republik zwangsläufig in die Lage geraten, sich der Geschichte der DDR im Warschauer Pakt anzunehmen und sich mit ihr auseinander zu setzen. Parallel zu diesem Prozess wird die Standortbestimmung des vereinten Deutschland im Historischen zukünftig einer Europäisierung auf allen politischen Ebenen unterworfen sein. Die historische Referenz auf Europa wird die Palette der politischen Selbstbeschreibungen des vereinten Deutschland sowohl im Regionalen wie im Nationalen um eine Farbe bereichern.

Auf Grund der anhaltenden Spaltung der historisch begründeten Identitäten West- und Ostdeutscher wird sich die Politik im Innern künftig gezwungen sehen, ihre Positionen durch eine ambivalente Strategie der historischen Legitimation untermauern zu müssen. West- wie ostdeutsche Prägungen werden unter dem Vorzeichen der »Inneren Einheit« in einem Argumentationsgang zu Wort kommen. Dies trägt ebenso wie die historische Emanzipation der ostdeutschen Länder zu einer Relativierung der gegenwärtigen politisch-historischen Schieflage Deutschlands bei. Die Dominanz des westdeutschen Erbes im gegenwärtigen Deutschland wird zunehmend einer gleichberechtigteren politischen Bezugnahme weichen.

1. Im Widerstand gegen die »Geschichtslosigkeit«: Politik und Geschichte im geteilten Deutschland

Deutsche in Ost und West standen nach dem Zweiten Weltkrieg vor dem Dilemma einer diskreditierten Historie. Angesichts der mächtigen Schatten, die der Nationalsozialismus auf die deutsche Geschichte warf, mussten sowohl die Bundesrepublik als auch die DDR neue Wege der historischen Verortung gehen. Die pervertierte Übersteigerung des Nationenbegriffs im Dritten Reich und die politische Spaltung des Landes infolge des von Deutschen ausgelösten Weltkrieges widersprachen der Vorstellung der selbstbewussten und geeinten Nation, die über Jahrzehnte hinweg als historische Legitimationsgrundlage des deutschen Reiches gegolten hatte. Das Jahr 1945 stand damit auch im Zeichen der Neubestimmung des Verhältnisses zwischen Politik und Geschichte.

Wenn überhaupt von einer »Stunde Null« die Rede sein konnte, so manifestierte sie sich im Urteil der Zeitzeugen vor allem im Umgang der Besatzungsmächte mit der deutschen Geschichte. Ziel der alliierten Besatzungspolitik sei es gewesen, so der Publizist Fritz René Allemann, »die geschichtlichen Wurzeln der deutschen Existenz auszureißen und den Boden des Reiches so umzupflügen, dass er bereit wurde, die Saat einer neuen Nation, einer Nation ohne Geschichte, aufzunehmen und in sich auszutragen, bis daraus eine völlig neue Staatlichkeit erwachsen konnte«.[2]

Für die deutschen Politiker wie Konrad Adenauer und Otto Grotewohl stellte sich die Lage 1945 dagegen anders dar. Ideen für die Ausgestaltung des »neuen Deutschlands« waren ohne die politischen Überzeugungen, wie sie bereits in der Weimarer Republik zum Ausdruck gekommen waren, nicht denkbar. Gleichzeitig bedeuteten ihre Überlegungen in ihrer Modifizierung und Radikalisierung – unbedingte Demokratie hier, unbedingter Sozialismus dort – ein Resultat der deutschen Katastrophe und ihrer Folgen. Beide nach 1945 miteinander konkurrierenden politischen Modelle verbanden die politische Ideenwelt Weimars mit den Erfahrungen des Nationalsozialismus. Diese Kontinuitätslinien verlangten auch von den Alliierten Rücksichtnahmen. Neue Staatlichkeit erwuchs in Ost und West nicht aus einer »Nation ohne Geschichte«, sondern die Geschichte der Nation bestimmte die Ausprägung neuer Staatlichkeit.

Mit dem Ende des Dritten Reiches und dem Beginn der deutsch-deutschen Geschichte 1949 wurde die Auseinandersetzung der beiden politisch-historischen Deutungsmodelle auf einen ideologischen und geographischen Gegensatz hin zugespitzt.

1.1 Geschichte als Instrument des politischen Kampfes der SED

Der real existierende Sozialismus hatte stets mit seinem im Geschichtsverständnis selbst angelegten inneren Widerspruch zu kämpfen. Definierte sich die DDR einerseits im Bruch zur deutschen Geschichte, gelang es aufgrund dieser Betonung des Gegensatzes von Vergangenheit und Gegenwart/Zukunft doch nicht, der Geschichte zu entkommen. Die DDR verstand sich als Überwindung der deutschen Geschichte, als Schritt hin zur Errichtung des »Himmelreichs auf Erden«[3] im Sinne einer absolut gerechten und sozialen Gesellschaft. Geschichte wurde »teleologisch auf einen utopisch ›paradiesischen Idealzustand der Gesellschaft‹, Kommunismus genannt, hingedacht.«[4]

Aus der politischen Instrumentalisierung der Historie, wie sie anhand von geschichtswissenschaftlichen Beschlüssen mit der 7. Tagung des Zentralkomitees der SED am 20. Oktober 1951 planmäßig einsetzte, machte die Partei keinen Hehl: »Die fortschrittliche deutsche Geschichtswissenschaft ist eine scharfe ideologische Waffe [. . .] bei der Erziehung der Werktätigen [. . .] im Kampf gegen die verderbliche Ideologie der imperialistischen und materialistischen Kräfte in Westdeutschland.« Entsprechend deutlich wurde das Ziel jeder sozialistischen Geschichtsschreibung definiert: »Die Entlarvung der antinationalen, volksfeindlichen Politik der herrschenden Klassen, besonders der deutschen Imperialisten, in der Geschichte Deutschlands (ist) von großer Wichtigkeit.«[5] Die Lektüre von Marx und Engels, Lenin und Stalin galt als »unentbehrliches Rüstzeug« zur Erklärung der Vergangenheit[6], die »von Lenin und Stalin schöpferisch weiterentwickelte Theorie des Marxismus« müsse – so der Historiker Leo Stern – »zu einem festen Fundament unserer fortschrittlichen Geschichtswissenschaft« gemacht werden.[7]

Geschichte avancierte im SED-Staat zum Instrument der Politik, des politischen Kampfes. Die Führung der DDR war von Anfang an darauf bedacht, ihrem Staatswesen eine von der Bundesrepublik abgegrenzte historische Rechtfertigung zu verleihen, die die Zweistaatlichkeit zementieren sollte. Als alles entscheidendes Konstrukt diente der Gründungsmythos des Antifaschismus, der aus Sicht der SED-Führung nicht nur die DDR legitimierte, sondern zugleich die Bundesrepublik diskreditierte. Daneben gab er dem Staat die Mittel in die Hand, unter dem Vorzeichen der »Entnazifizierung« die bürgerliche Mittelschicht weit gehend zu deklassieren.[8] Außenpolitisch distanzierte sich die DDR von jeder Verantwortung für die Verbrechen der Nationalsozialisten, Wiedergutmachung für NS-Unrecht wurde nicht geleistet.

Die Negation der nationalsozialistischen Vergangenheit in Form der viel beschworenen »antifaschistischen Tradition« wurde zum historiographischen Diktum, das die DDR vom diktatorischen Teil der deutschen Historie abkoppeln sollte. Während sich der SED-Staat in Tradition zum kommunistischen Widerstand gegen das Dritte Reich sah, bemühte er zur Konturierung seines positiven Profils gleichzeitig die Bundesrepublik als negativen Gegenspieler.[9] Die Geschichte des Dritten Reichs galt für das politische Geschichtsverständnis der DDR als Ausdruck des verderblichen Wesens von Imperialismus und Kapitalismus, das der »Antiglobkestaat«[10] DDR – im Gegensatz zur Bundesrepublik – überwunden habe.

Die SED-Spitze zeichnete damit ein Geschichtsbild jenseits aller Realität: »Von den 10 000 Antifaschisten, die es in Nazideutschland gegeben haben mag, lebten allein acht Millionen in der DDR.«[11] Von den Menschen in der DDR wurde das politische Angebot, den Faschismus sowohl aus der eigenen Vergangenheit wie der eigenen Gegenwart auszublenden, jedoch durchaus angenommen: »Das politisch gute Gewissen hing nicht am eigenen Tun in der Vergangenheit, sondern an der Kollektivamnestie durch den antifaschistischen Gründungsmythos.«[12]

Zur Kompensation dieses geschichtsabweisenden Wesenszuges des antifaschistischen Konsens stellte die politische Elite der DDR die »Additionsmythen« Bauernunruhen und Reformation[13] ins Zentrum ihrer historischen Legitimation. Diese Geschichtsbilder, in deren Tradition sich die DDR verstand, orientierten sich am marxistisch-leninistischen Geschichtsverständnis einerseits, am jeweils vorherrschenden Nationverständnis andererseits. In der Zeit, da sich die DDR unter Walter Ulbricht noch als Verfechter der nationalen Einheit präsentierte, ihr Wirken im Sinne einer »nationalen Mission« postulierte, wurde Martin Luther als »Verräter der Bauern« gebrandmarkt. Die Bilder der Reformation und der Bauernbewegungen als Erhebung des einfachen und unterdrückten Volkes gegen die Fürsten fanden ihre Zentrierung in der Person des »Zwickauer Propheten« Thomas Münzer, der – im Gegensatz zu Luther – als Vorkämpfer der nationalen Einheit Deutschlands gepriesen wurde.

Besonders augenfällig zeigte sich ein Auffassungswandel im Nationverständnis anhand des Gesetzes über die Staatsbürgerschaft der DDR von 1967, mit dem das SED-Regime die einheitliche deutsche Staatsbürgerschaft aufkündigte und stattdessen die These einer eigenständigen sozialistischen Nation etablierte. Während in der 1968 folgenden neuen Verfassung noch von einem »sozialistischen Staat deutscher Nation« die Rede ist, wird die Begrifflichkeit »deutsche Nation« unter dem Ulbricht-Nachfolger Erich Honecker 1974 aus dem Verfassungstext gestrichen. Der staatlich verordnete Paradigmenwechsel im Geschichtsverständnis der DDR – von einem Ringen um die Einheit der deutschen Nation hin zur »Zwei-Nationen-Theorie« – war vollzogen. Entsprechend mussten auch die Geschichtsbilder in das neue politische Nationverständnis eingepasst werden. Aus dem »Tellerlecker der Fürsten«, Martin Luther, wurde ein Vertreter der frühbürgerlichen Revolution. Die noch in den 50er-Jahren als gescheitert interpretierte Reformation wurde nun als »welthistorisches Ereignis« gerühmt.

Eine ähnlich geartete Neuinterpretation der Historie ist gleichfalls für den Umgang der politischen Elite der DDR mit der Geschichte Preußens zu verzeichnen, die wie Luther als ungeliebtes historisches Erbe verstanden wurde. Seit den ersten Tagen des antifaschistischen Staates stand Preußen gleichbedeutend für Militarismus und Reaktion, deren Überwindung die DDR geleistet zu haben glaubte. Mit der symbolhaften Sprengung des Potsdamer Stadtschlosses und der Garnisonkirche versuchte sie sich nicht nur der Symbole des Feudalismus zu entledigen, ihr war vor allem an der Vernichtung des »Geistes von Potsdam« gelegen.[14]

Erst Ende der 70er-Jahre begann dieses antipreußische Geschichtsbild der DDR zu bröckeln. Die Rückbesinnung auf preußische Traditionen kulminierte 1980 in der Wiederaufstellung des 1950 demontierten und nach Potsdam ausgelagerten Reiterstandbildes Friedrich II. auf dem Berliner Prachtboulevard Unter den Linden. Nur ein Jahr später bekam Friedrich »der Große« – wie er von Erich Honecker selbst tituliert wurde – in unmittelbarer Nachbarschaft vor dem Außenministerium mit dem Reformer Freiherr vom Stein preußische Gesellschaft.[15] Aus dem Reaktionär Stein der Nachkriegsjahrzehnte war zu seinem 150. Todestag am 29. Juni 1981 ein bedeutender Staatsmann, Reformer und Patriot geworden, »dessen Werk und Wirkung in unserer sozialistischen DDR seine wahre Heimstatt und Krönung gefunden hat«.[16]

Während die Preußen-Renaissance der DDR in der Öffentlichkeit als Ehrung der bedeutenden Bildhauer Rauch (Friedrich II.) und Schievelbein (von Stein) legitimiert wurde, beabsichtigte die SED-Führung in erster Linie eine Modifikation ihres Geschichtsbildes. Alle Versuche, den Gedanken einer sozialistischen Nation DDR in der Bevölkerung zu verfestigen, hatten bis zu diesem Zeitpunkt nicht die erhoffte Wirkung gezeigt. Mit dem Rückgriff auf das ehemals geschmähte preußische Erbe startete das SED-Regime einen Anlauf, das Volk mittels der historischen Kraft der Emotionalisierung für den eigenen Staat zu gewinnen.

Schon bald war auch das Scheitern dieser Bemühungen abzusehen. Der Versuch, die preußische Geschichte für die DDR zu vereinnahmen, blieb nicht zuletzt deshalb erfolglos, weil er dem Identitätskern der DDR-Bevölkerung – der Bezugnahme auf die Bundesrepublik – nichts entgegenzusetzen hatte. Im Gegenteil: Auch der Westen Deutschlands nahm sich 1981 in Form einer großen Ausstellung der preußischen Historie an. War es ein ursprüngliches Ziel der DDR-Spitze, die Würdigung deutscher Geschichte nicht kampflos dem »Klassenfeind« zu überlassen, schritten letztendlich in der Wahrnehmung der DDR-Bevölkerung Ost und West im zeitlichen Gleichklang die Reihen preußischer Historie ab.

Die aus politischen Überlegungen geborenen mehrfachen Wendungen der historischen Legitimationsmuster der DDR ließen in der Bevölkerungsmehrheit keine historisch-emotionalisierten Bindungen an den sozialistischen Staat gedeihen. Eine Kompensation dieses Defizits durch die DDR-spezifische Geschichte war gleichfalls nicht möglich. Alle herausragenden Ereignisse der DDR-Historie offenbarten den Gegensatz zwischen der herrschenden Meinung der Staats- und Parteiführung sowie dem Willen des Volkes, statt eine Bindung im Sinne der »sozialistischen Volksgemeinschaft« zu etablieren und zu festigen.

Der Volksaufstand vom 17. Juni 1953, von der SED als »faschistischer Putschversuch des Westens« gebrandmarkt, legte vor der Weltöffentlichkeit nicht nur die Unzufriedenheit der Bevölkerung mit der ökonomischen Situation im Land, sondern zum politischen Programm der »Forcierung des Aufbaus des Sozialismus« an sich offen. Der am 13. August 1961 begonnene Bau der Berliner Mauer wurde zwar als »antifaschistischer Schutzwall« und den »Frieden in Europa sichernde Maßnahme« gepriesen, der es dem Westen endgültig unmöglich mache, »seinen Herrschaftsbereich nach Osten auszudehnen«.[17] Tatsächlich aber bedurfte es aus Sicht der politischen Führung der »Sicherung der Staatsgrenze«, um dem rapide angestiegenen Strom von Flüchtlingen ein Ende zu setzen und damit die ökonomische Lage der DDR zu stabilisieren. Selbst das Jahr 1968, in der Bundesrepublik Sinnbild für das »Abschneiden der alten Zöpfe«, verankerte sich im Bewusstsein der DDR-Bevölkerung mehr als Ausdruck der Restauration als des Aufbruchs.[18] Mit der Ost-Berliner Unterstützung der Niederschlagung des Prager Frühlings wurden die Hoffnungen all jener enttäuscht, die sich auch in der DDR einen »Sozialismus mit menschlichem Antlitz« gewünscht hatten. Darüber hinaus diskreditierten die militärischen Drohgebärden Ost-Berlins gegen die Regierung Dubček die radikal-pazifistische Propaganda des SED-Staates und trugen so besonders in Teilen der Intelligenz nicht unwesentlich zur emotionalen Abgrenzung zum Staat DDR bei.

Die DDR blieb in der ganzen Zeit ihres Bestehens ein Staat ohne eine für die Staatsführung effektiv zu instrumentalisierende Geschichte. Die proklamierte sozialistische Nation kam nie über das Stadium eines politischen Konstruktes hinaus. Loyalitäten zum SED-Staat wuchsen nicht in einem historischen Prozess, sondern resultierten vornehmlich aus einem zweckgerichteten »Arrangement« der Bürger mit der Politik. Die DDR war damit als eigentümlich »geschichtslos« zu charakterisieren, auch wenn die Sozialisation im SED-Staat im Geschichtsverständnis seiner Bürger durchaus Spuren hinterließ.[19]

Obwohl die Staatsspitze dieses Dilemma erkannte und aufzulösen bemühte, scheiterte sie letztendlich auch an ihrem Glauben an die historische Unumkehrbarkeit des Sozialismus. Noch in der Feier zum 40-jährigen Bestehen der DDR am 6. Oktober 1989 gab Erich Hochecker die Parole aus: »Den Sozialismus in seinem Lauf hält weder Ochs noch Esel auf.«[20] Der SED-Staat verweigerte sich praktisch bis zuletzt der Vorstellung, auch der sozialistische Staat könne von seiner eigenen Geschichte eingeholt werden.

Letztlich gelang es den SED-Funktionären nie, in Ostdeutschland eine sozialistische Nation zu etablieren, weil »nationale Identitäten nicht einfach kurzfristig durch politische Manipulationen geschaffen oder verändert werden«.[21] Erst nach Erich Honeckers Sturz im Herbst 1989, so schreibt Friedrich Schorlemmer, »gab es kurzfristig eine gelingende Identität der DDR-Deutschen, die sich auf sich selbst besannen und einen eigenständigen, grundlegenden demokratischen Umgestaltungsprozess begannen.«[22] Wie viele andere Bürger auch habe sich Schorlemmer aber »nie als DDR-Deutscher gefühlt. Ich war immer ein Deutscher aus der DDR«.[23]

1.2 Zerrissenheit der Gefühle: Die Bundesrepublik und ihre mühsame Auseinandersetzung mit der Geschichte

Für die westdeutsche Politik folgte auf das Dritte Reich eine Phase der Unsicherheit, die von Orientierungslosigkeit gekennzeichnet war. Ein ideologisch ausgeprägtes Fundament zur Erklärung der Historie, wie im Sozialismus vorhanden, fehlte. Die Geschichte, die es zu beschreiben und zu erklären galt, stellte plötzlich ein »dunkles Rätsel«[24] dar: »Der Ertrag der deutschen Geschichte erweist sich als ein schreckliches Nichts; wo aber das Nichts das letzte Wort ist, da ist das ganze Dasein, das dahin führte, verfehlt.«[25]

Die westdeutsche Politik nahm sich nach 1945 nur mühsam der deutschen Geschichte an, galt es doch, die Beziehungen zwischen Politik und Geschichte neu zu bestimmen. Mit der Gründung der Bundesrepublik stand die Politik vor einem Legitimationsdilemma. Der neue Staat musste, wollte er nicht ein ähnliches Stabilitätsdefizit wie die Weimarer Republik riskieren, zusätzlich zu institutionellen Vorkehrungen seine Bürger emotional für die demokratischen Normen und Werte gewinnen. Die historische Legitimation durch Berufung auf eine positiv gedeutete deutsche Nationalhistorie war angesichts von Nationalsozialismus, Besatzung und Teilung nicht denkbar. In der frühen Bundesrepublik waren die Traditionsbestände nicht unerschütterlich vorgegeben, sondern mussten »fast allesamt ›neu‹ erstritten werden«.[26]

1.2.1 Geschichtsverständnisse in Konkurrenz

Der »Geschichtslosigkeit« der Nachkriegsjahre begegnete die westdeutsche Politik mit der Entwicklung einer Abgrenzungslegitimation sowohl zur sozialistischen DDR als auch zum Dritten Reich, ohne die Verantwortung für die nationalsozialistischen Verbrechen – im Gegensatz zu Ostberlin – zu leugnen.[27] Der gleichfalls unternommene Versuch, das historische Gründungsgeschehen der Bundesrepublik geschichtspolitisch begreifbar zu machen und mythisch zu überhöhen, scheiterte hingegen weit gehend.[28] Allein die infolge der Auseinandersetzungen um die Währungsunion von der Sowjetunion angeordnete Berlinblockade vom 20. Juni 1948 bis Mai 1949 erhielt einen festen Platz im Kanon bundesrepublikanischer Geschichte. Die Deutung dieses Ereignisses zielte allerdings nicht auf eine Grundmanifestation der auseinander gerissenen Nation. Vielmehr stand die Berlinblockade – symbolisiert durch die US-amerikanischen Rosinenbomber – als Symbol für den Kalten Krieg und den Willen der Vereinigten Staaten, Westdeutschland nicht kampflos dem Sozialismus anheim fallen zu lassen, kurz: die Spaltung Deutschlands.

Obwohl in allen politischen Lagern der Bundesrepublik ein Konsens darüber bestand, sich mit den Fehlentwicklungen der deutschen Geschichte auseinander setzen zu müssen, fielen die Konsequenzen, die aus der Historie gezogen wurden, höchst unterschiedlich aus. In der Diskussion um die von Konrad Adenauer im ersten Nachkriegsjahrzehnt forcierte Westintegration der Bundesrepublik trafen zwei Geschichtsinterpretationen aufeinander, die aus der deutschen Geschichte ganz unterschiedliche Politikkonzepte ableiteten.

Die Befürworter der Politik Adenauers erkannten in der Autarkiepolitik Hitler-Deutschlands eine wesentliche Bedingung der nationalsozialistischen Kriegspolitik. In Verhinderung einer neuerlichen deutschen Isolationspolitik erblickte Adenauer die Garantie für eine freiheitliche und friedliche Bundesrepublik allein in dem Prinzip der engen Anbindung der Bundesrepublik an den Westen. Um eine stabile internationale Einbettung der Bundesrepublik sowie die Aussöhnung mit den ehemaligen Kriegsgegnern zu verwirklichen, war Adenauer auch gewillt, die Wiedererlangung der deutschen Einheit als politisches Nahziel zu opfern.

Die Gegner der Westintegration und der damit verbundenen einstweiligen Hinnahme der deutschen Teilung bewerteten dagegen gerade die territoriale Zersplitterung der deutschen Nation infolge des Versailler Vertrages als ursächlich für die Akzeptanz Hitlers in der deutschen Bevölkerung, durch die seine Kriegspolitik erst ermöglicht worden sei. Entsprechend erklärten die Sozialdemokraten die Wiederherstellung der nationalen Einheit zur »dringlichsten Aufgabe des deutschen Volkes«.[29] Eingedenk der aggressiven Agitation der nationalistischen Parteien in der Weimarer Republik erachteten sie die neuerlichen Spaltung Deutschlands als möglichen Brandherd künftiger deutscher Revisionspolitik.

1.2.2 Die Etablierung zweier Nachkriegsgeschichten

Beide Konzepte speisten sich aus einem tiefen Misstrauen gegenüber der freiwilligen Selbstbeschränkung und Friedfertigkeit Deutschlands, woraus die Frage resultierte, wie ein friedliches Deutschland für die Zukunft gesichert werden konnte. Erst die Geschehnisse des 17. Juni 1953 in Ost-Berlin vermochten es, dem wahrgenommenen Mangel an historischen Wurzeln und Traditionen sowie dem tief verwurzelten Vertrauensverlust in alles Deutsche einen positiven Akzent entgegenzusetzen. »Noch während die Erhebung andauerte, wurde sie von Medien und Politik als Kristallisationspunkt eines eruptiv zum Ausdruck gekommenen historischen Vermächtnisses betrachtet.«[30]

Der 17. Juni, fortan als vor allem in den 70er-Jahren umstrittener nationaler Gedenktag begangen[31], galt der Politik ebenso als Beweis für die fortwährende Einheit der Nation wie für ihre antitotalitäre Gesinnung. Von beiden miteinander konkurrierenden Geschichtsverständnissen in der bundesrepublikanischen Politik konnten diese Interpretationen des 17. Juni gleichermaßen integriert werden, ohne die eigenen historischen Deutungsmuster aufzugeben.

Zugleich aber bedeutete der 17. Juni auch die erste Beschädigung des infolge der Berlinblockade stilisierten Bildes des unbedingten Einsatzes der Vereinigten Staaten für Freiheit und Menschenrechte. Trotz aller gegensätzlichen Rhetorik zeigte sich der »Westen« angesichts der Niederschlagung des Volksaufstandes nicht bereit, im sowjetischen Einflussbereich einzugreifen, politisch nicht und schon gar nicht militärisch.[32] Diese Erfahrung, die im Ungarn-Aufstand von 1956 ihre Bestätigung fand, kulminierte anlässlich des Mauerbaus 1961 in einer Desillusionierung der deutschen Bevölkerung. Das 1948/49 gezeichnete Bild der heroischen USA wurde zurechtgerückt, ein absehbares Ende der deutschen Teilung nun endgültig nicht mehr erwartet.[33] Zwar wurde die mit Stacheldraht und Selbstschussanlagen gesicherte deutsch-deutsche Grenze als Mahnmal der Unfreiheit, Verletzung der Menschenwürde und tiefe Wunde in der nationalen Geschichte hochgehalten. Die Politik konnte jedoch nicht verhindern, dass die bundesrepublikanische Bevölkerung fortan ein zunehmendes Desinteresse am Gang der Ereignisse in der DDR entwikkelte und sich schrittweise auch in ihrem Bewusstsein zwei getrennte deutsche Nachkriegsgeschichten zu etablieren begannen.

1.2.3 Die Zurückeroberung der Geschichte

Der Bau der Mauer forcierte den Mentalitätswandel in der bundesrepublikanischen Bevölkerung, wie er bereits Ende der 50er-Jahre eingesetzt hatte. Zudem geriet die infolge des 17. Juni gereifte These vom Nationalsozialismus als »Betriebsunfall« deutscher Geschichte immer mehr in die Kritik. Dass die Auseinandersetzung mit der Vergangenheit zu einem »wichtigen Bestandteil der deutschen politischen Nachkriegskultur«[34] zu werden begann, lag nicht zuletzt an der »Alleinschuldthese« des Historikers Fritz Fischer aus dem Jahr 1961, wonach der Ausbruch des Ersten Weltkrieges einer deutschen Hegemonialpolitik anzulasten sei. Damit beschädigte

Fischer erstens die Legende vom historischen Ausnahmefall Nationalsozialismus. Zweitens bedeutete die »Alleinschuldthese« eine Diskreditierung der preußischen Historie, die fortan weniger mit den Reformen Steins als mit »Militarismus« assoziiert wurde. Die Bundesrepublik verlor damit eine ihrer letzten noch verbliebenen positiv gedeuteten historisch-politischen Wurzeln, nachdem sie sich bereits frühzeitig mit dem Slogan »Bonn ist nicht Weimar«[35] deutlich von den Jahren 1918 bis 1933 distanziert hatte.

Die auf Fischers These folgende langjährige öffentliche Kontroverse markierte einen Scheidepunkt des politisch implementierten Geschichtsverständnisses der Bundesrepublik. Die historische Neuverortung Westdeutschlands – gefördert durch die Auschwitz-Prozesse der Jahre 1961 bis 1966 – mündete in einem spezifisch bundesrepublikanischen Skeptizismus bezüglich der eigenen Geschichte und den Wesenszügen der eigenen Nation. Kulminationspunkt dieser Entwicklung waren die Ereignisse des Jahres 1968, dessen Protestgeneration sich nicht über die deutsche Geschichte, sondern in (linker) Opposition zu ihr definierte. Statt auf das Identifikationsangebot der deutschen Historie zurückzugreifen, wandten sich viele junge Deutsche in jener Zeit einem politisch motivierten Internationalismus zu. Beispielhaft trat diese »eigentümliche Geschichtslosigkeit«[36] der Bundesrepublik der 60er-Jahre bei Hans Magnus Enzensberger ins Rampenlicht. Mit Blick auf das Selbstverständnis seiner Generation konstatierte der Schriftsteller, den Deutschen sei ihre nationale Identität 1945 so gründlich abhanden gekommen, »dass man sich fragen muss, ob von einer deutschen Nation überhaupt noch die Rede sein kann«.[37]

Obwohl dieser Skeptizismus gegenüber dem eigenen Staat in den Ereignissen von 1968 seinen Höhepunkt fand, wurde gerade dieses Datum schon bald in einer positiven Mythenbildung aufgelöst: Im Jahre 1968 sei es zur »zivilen Nachgründung der bundesdeutschen Demokratie« gekommen. Die Demokratie habe in den Unruhen dieser Zeit ihre Feuertaufe bestanden, ein Schub der langfristigen Verwestlichung sei die Folge gewesen.[38] Die zugleich als Generationenkonflikt zu deutende 68er-Bewegung[39] drängte mit ihren Fragen an die Historie die Deutschen der Gegenwart zur offensiven Auseinandersetzung mit ihrer Geschichte. Erst jetzt erhielt die Bundesrepublik ihre Geschichte »zurück«.

Ihren Widerhall fanden diese Versuche einer Neuformulierung historischer Legitimität deutscher Politik in dem von der sozial-liberalen Regierung Brandt/Scheel propagierten Geschichtsverständnis. Als Kanzler »nicht eines besiegten, sondern eines befreiten Deutschland«[40] erklärte Brandt die deutsche Schuld zur Staatsräson. Die neue Ostpolitik fußte auf der Auffassung, die Teilung Deutschlands sei von der deutschen Politik vor 1945 selbst verschuldet worden. Dieses durch Willy Brandt personifizierte historische Verständnis besaß eine hohe Prägekraft für die Bundesrepublik, die mit der geschichtspolitischen Revision in ihre »zweite formative Periode« (Richard Löwenthal) eintrat. Dennoch mündete die historische Neuverortung der Bundesrepublik ab Mitte der 70er-Jahre in einem weit verbreiteten öffentlichen Desinteresse an Geschichte. Erst in der Ära Kohl wurde wieder »eine noch vor einem Jahrzehnt unvorstellbare Bereitschaft, sich historischen Erinnerungen hinzugeben«, konstatiert.[41]

Kohl selbst bemühte sich, nach über einem Jahrzehnt sozial-liberaler Regierungen, das historische Selbstverständnis der Bundesrepublik abermals neu zu verorten. Dabei griff er auch auf Elemente des Geschichtsinterpretation der 50er-Jahre – z. B. auf das Verständnis des Nationalsozialismus als Ausnahmefall deutscher Geschichte – zurück: »Aber der totalitäre Staat, die Diktatur, ist nicht das Ziel der deutschen Geschichte gewesen und nicht ihr letztes Wort geblieben.«[42] Mit seiner Auffassung, die Einheit der Nation sei in ihrer Geschichte, ihrer Sprache und in ihren Werten »unverlierbar«[43], grenzte sich Kohl scharf von den Vertretern einer historisch zementierten und politisch hinzunehmenden Zweistaatlichkeit ab. Während diese gleichsam der Meinung Ausdruck verliehen, dass seit 1949 von zwei deutschen Geschichten die Rede sein müsse, gab es für Kohl keine »bundesrepublikanische« oder »DDR-spezifische« Geschichte, sondern nur »eine deutsche Historie«.

1.3 Das historische Legitimationsdilemma des vereinten Deutschland

Die zentrale Rolle des alle Deutschen in West und Ost umfassenden Nationengedankens in den politischen Standortbestimmungen der Bundesrepublik ließ die Wiedervereinigung 1990 in einem Lichte der »Vollendung« ihrer Historie erscheinen. Bundeskanzler Helmut Kohl erkannte schon sehr bald nach dem Mauerfall nicht nur die historische Chance der Stunde, sondern auch die emotionale Historisierung der Vorgänge: »Mein Ziel bleibt, wenn die geschichtliche Stunde es zulässt, die Einheit unserer Nation.«[44]

1.3.1 Wem gehört die deutsche Einheit?

Tatsächlich schien die Wiedervereinigung das historische Selbstverständnis der Bundesrepublik auf ein stabiles und von einem breiten politischen Konsens getragenes Fundament zu stellen. Mit der von der großen Mehrheit der Ostdeutschen getragenen friedlichen Revolution vom Herbst 1989 hatte fast die gesamte westdeutsche Öffentlichkeit sympathisiert.

Interpretationsmuster, wie sie bereits anlässlich des 17. Juni 1953 Verwendung gefunden hatten, wurden ihrer scheinbar widerlegten Kritik entstaubt und erneut präsentiert. Deutschland rühmte sich der ersten erfolgreichen Revolution seiner Geschichte, die einen erneuten Beweis für die antitotalitäre Gesinnung der Deutschen zu erbringen schien. Das vereinte Deutschland, getragen von dem auch durch über 50 Jahre Zweistaatlichkeit scheinbar nicht demontierten Bewusstseins der einheitlichen Nation, wurde zu einem verlässlichen Mitglied der internationalen Staatengemeinschaft, ein Partner für West und – mit Ende der Blockkonfrontation – auch Ost.

Außenpolitisch vollzog sich die historische Etablierung dieses neuen deutschen Selbstbewusstseins in Kontinuität von Schwarz-Gelb zu Rot-Grün.[45] Dennoch verband sich mit dem Regierungswechsel von 1998 der Versuch eines politischen Stilwechsels, der sich in einer Absage an die rituelle Wiederholung der historischen Legitimation deutscher Außenpolitik in der Ära Kohl ausdrückte. Ein Experiment, das den früheren Bundeskanzler Helmut Kohl zu einer harschen Kritik an seinem Nachfolger veranlasste: »Man kann [. . .] keine Außenpolitik machen ohne den historischen Bezug.«[46] Angesichts der Einsicht, dass es im Ausland »immer noch diese besondere Sensibilität Deutschland gegenüber (gibt), und zwar ausgeprägter, als ich das vorher für möglich gehalten hätte« (Gerhard Schröder)[47], gab die Regierung Schröder/Fischer ihr Experiment weit gehend auf. Stattdessen folgt sie nun dem von der Vorgängerregierung angelegten schmalen Grat zwischen Realpolitik und historischer Rechtfertigung.[48]

Noch schwieriger gestaltet sich aufgrund der divergierenden Geschichtserfahrungen in Ost und West die historische Standortdefinition im Inneren. Die eigentümliche »Geschichtslosigkeit« des SED-Staates prallte auf ein bundesrepublikanisches Geschichtsverständnis, dem die Stilisierung der eigenen Historie zwar fremd war, in dem die historischen Wurzeln von Kaiserreich, Weimarer Republik und Nationalsozialismus jedoch tief reichten.

Als Sprachrohr spezifisch ostdeutscher Interessen und Erfahrungswelten etablierte sich die »sicherlich nicht mehr als kommunistische, aber auch nicht notwendigerweise als demokratische Partei«[49] anzusehende PDS. Ihr Einzug in den Bundestag zwang die etablierten bundesrepublikanischen Parteien, ihre historisch gewachsenen Positionen zu den Normen und Werten der deutschen Parteienlandschaft zu überdenken. Der aus den Erfahrungen der Weimarer Republik gewonnene westdeutsche Konsens, keine Parteien an den äußersten Flügeln des gewohnten politischen Spektrums zu dulden, löste in den ersten Jahren nach der Wiedervereinigung eine vor allem von der Union angetriebene Diskussion um die Verfassungsfeindlichkeit der PDS aus.

Die offensive Politik der Union mit dem Ziel der Isolation der PDS schlug fehl. Die Union musste erkennen, dass mit dem Ende des Blockantagonismus und der Integration ostdeutscher Erfahrungswelten in die deutsche Politik nicht nur das sozialistisch-kommunistische Feindbild im Äußeren, sondern auch im Inneren untergegangen war. Die breite Unterstützung der PDS in Ostdeutschland, die bei Ostdeutschen stärker als im Westen verbreitete Skepsis gegenüber der Funktionsfähigkeit des demokratischen politischen Systems und der sozialen Marktwirtschaft[50] und eine verstärkt um sich greifende DDR-Nostalgie schienen das 1990 durch die Politik restaurierte Geschichtsbild der durch die Historie bewiesenen antitotalitären Gesinnung der Deutschen zu beschädigen. Ein Eindruck, der durch die Etablierung einer neonazistischen und gewaltbereiten Szene, die besonders in den ostdeutschen Bundesländern in den (medialen) Vordergrund rückte, weitere Nahrung erhielt.

Im Verlauf dieses »Ostalgie«-Trends drohte die DDR-Geschichte »für einen nicht unerheblichen Teil der neuen Bundesbürger von der Negativfolie zur Positivfolie zum neuen System zu mutieren.«[51] Von der Union wurde diese Entwicklung ebenso mit Irritation und Verstörung aufgenommen wie die zwischen West und Ost in Frontstellung geführte Diskussion um die Ursachen einer nicht zügig glücken wollenden »inneren Einheit«. Durch das politisch aufgeladene historische Interpretationskonstrukt der ersten erfolgreichen Revolution in der deutschen Geschichte hatte die Regierung Kohl versucht, der friedlichen Erhebung der DDR-Bürger einen festen Platz im gesamtdeutschen Geschichtsverständnis zu sichern. Das Plädoyer für die Notwendigkeit der Herstellung einer inneren Einheit Deutschlands gründete entsprechend in dem historischen Paradigma der auch durch die Spaltung nicht bezwingbaren Einheit der deutschen Nation. Die mit Verbissenheit geführte Diskussion, die in gegenseitigen und von Stereotypen geprägten Vorwürfen zwischen Ost und West gipfelte, verdeutlichte allerdings, dass die unterschiedliche Sozialisation in der Bundesrepublik bzw. der DDR doch tiefer gehende Spuren hinterlassen hatte, als dies in einem ersten Oberflächenbefund erahnt worden war.[52] Die Politiker und Bürger der alten Bundesrepublik mussten erkennen, dass sie nicht die Deutungshoheit über die gesamte deutsche Geschichte besaßen. Das über die gesamte Zeit der territorialen Spaltung in der Bevölkerung virulente Bekenntnis zur einheitlichen deutschen Nation[53] erwies sich zwar nicht als Lippenbekenntnis, doch ebenso wenig als tief verankerte Überzeugung, die auch realpolitischen Widrigkeiten standhielt.

Die zunehmende Diskreditierung des von der Union infolge der Wiedervereinigung konstruierten Geschichtsverständnisses versuchte diese durch eine intensivierte Betonung der eigenen Rolle bzw. der Rolle Helmut Kohls als »Baumeister« der Einheit aufzufangen: »Von Anfang an war Kohl darauf aus, Politik als persönliche, im Nachhinein stilisierte Geschichte zu betreiben und mit dieser Geschichte wiederum Politik.«[54] Durch die Betonung eines Gegensatzes zum Geschichtsverständnis der Oppositionsparteien führte diese parteipolitische Instrumentalisierung der Historie zu einer weiteren Abwertung der Legitimationskraft der Wiedervereinigung für das vereinte Deutschland. Zugleich bestärkte sie – wenn auch unbeabsichtigt – das diffuse ostdeutsche Gefühl, vom Westen »einverleibt« worden zu sein.

Nach dem Regierungswechsel 1998 sah die Sozialdemokratie in Person von Bundeskanzler Gerhard Schröder den Zeitpunkt gekommen, ein neues Geschichtsbild des vereinten Deutschland zu entfalten und zu etablieren. Anlässlich des zehnten Jahrestages der Vereinigung im Herbst 2000 versuchte sie, das Werk der Einheit auch für sich in Anspruch zu nehmen. Unter Bezugnahme auf das durch die Spendenaffäre öffentlich beschädigte Ansehen Kohls und dessen Aussage, Spitzenpolitiker der SPD hätten 1990 die Einheit nicht gewollt, warf Schröder dem Altbundeskanzler »Geschichtsfälschung« vor. Auf dem Landesparteitag der baden-württembergischen Sozialdemokraten Ende September würdigte Schröder die Verdienste der früheren SPD-Regierungschefs Willy Brandt und Helmut Schmidt um die politische Entspannung zwischen Ost und West. Außerdem habe 1989 niemand die Entwicklung in der DDR vorhersehen können: »Es sei problematisch, den Eindruck zu erwecken, dass die Einheit nur das Verdienst einer Partei oder eines Mannes sei.«[55]

Wie Kohl, der um eine Reputation der eigenen Person bedacht war, ging es auch Schröder in seiner Attacke nicht um gesichertes historisches Wissen, sondern um die Festigung eines neues Geschichtsverständnisses des vereinten Deutschland, dessen Gründungsakt parteipolitisch neutralisiert werden sollte. Zwar betonte Schröder in seiner Regierungserklärung vom 29. September 2000 die Verpflichtung zum Dank denjenigen gegenüber, »die damals in Ost- und Westdeutschland politische Verantwortung getragen haben«. Von eigenständigen politischen Leistungen der Regierung Kohls und de Maizières ist jedoch keinerlei Rede. Vielmehr seien sie lediglich »ihren Verpflichtungen sehr gut gerecht geworden«.[56] An seiner Absicht, die problematisierte Rolle der SPD im Einigungsprozess[57] vergessen zu machen, ließ Schröder auch deshalb keine Zweifel, weil er die Diskussion um die deutsche Historie selbst parteipolitisch instrumentalisierte: Der von der CDU betriebene Versuch, die Geschichte zu verfälschen, sei allein deshalb initiiert worden, »um aus dem Sumpf des Spendenskandals herauszukommen.« Die CDU aber habe durch diesen Skandal »ein für alle mal jedes Recht verwirkt«, moralischer Richter über andere zu sein.[58]

Als Reaktion auf diese Fortsetzung der parteipolitischen Auseinandersetzung um die Frage, »wem die deutsche Einheit gehört«, meldeten sich auch die Ostdeutschen – nicht nur durch die PDS – verstärkt zu Wort. Ihre lautstarken Bekräftigungen, die deutsche Einheit sei den mutigen Bürgern der friedlichen Revolution in der ehemaligen DDR geschuldet, waren auch eine Reaktion auf die Geschichtspolitik von Union und SPD. Diese hatten den ostdeutschen Protest gegen den SED-Staat des Jahres 1989 in ihren Geschichtsinterpretationen entweder vernachlässigt oder – so die weit verbreitete ostdeutsche Sicht – nur als Staffage politischer Ränkespiele benutzt.

1.3.2 Die »Berliner Republik«: Der Versuch einer historischen Verortung Gesamtdeutschlands

Ist somit der politische Streit um das Verdienst der deutschen Einheit als Ausdruck eines noch nicht gefestigten historischen Selbstverständnisses des vereinten Deutschland anzusehen, so gilt dieses Urteil gleichfalls für die emotionalisierte Debatte um Berlin als gesamtdeutsche Hauptstadt. Neben der Betonung der deutschen Einheit stellte diese Weichenstellung, die in der Etikettierung Berliner Republik gleichsam einen politisch-historischen Richtungswechsel offenbarte, den zweiten wesentlichen Versuch der gesamtdeutschen Politik nach 1990 dar, die Geschichte der DDR und der Bundesrepublik miteinander zu versöhnen.

50 Jahre lebten die (West-)Deutschen in einem Staat, der von Bonn aus regiert wurde und den manche als die »Rheinische Republik« bezeichneten, womit ausgesagt sein sollte, dass sich mit den Metaphern »Adenauer« und »Bonn am Rhein« eine politische Westorientierung verband. In dieser Zeit führte Berlin als isolierte Frontstadt ein Inseldasein. Nach der Vereinigung beider deutscher Staaten hat nunmehr die frühere Hauptstadt des Deutschen Reiches (wieder) das Kommando übernommen. Seit 1999 wird das vereinte Deutschland mit dem Umzug der wichtigsten Verfassungsorgane – Bundestag, Bundesrat, Bundespräsident und Bundesregierung – von Berlin aus regiert. Damit trat die Bundesrepublik Deutschland in eine neue Phase ihrer Geschichte ein.

Die mit dem Etikett der Berliner Republik verknüpften national-geografischen Anspielungen entsprechen dabei keineswegs den tatsächlichen politischen Stimmungs- und Bewusstseinslagen ihrer Einwohner. Eine nationale Aufbruchstimmung war zu keiner Phase vor, während und nach dem Umzug spürbar.

Das Logo »Berliner Republik« wurde Anfang der 90er-Jahre durch den Publizisten Johannes Gross in den Ring der öffentlichen Debatte geworfen. War der Kunstbegriff zunächst noch in Anführungszeichen gesetzt und positiv konnotiert, machte er doch Karriere und löste eine kontrovers geführte Debatte aus. Grund hierfür waren die unterschiedlichsten Assoziationen deutscher Geschichte, die durch die Fixierung der Begrifflichkeit auf Berlin ausgelöst wurden.

Zudem konzentrierte sich im geteilten Berlin symbolisch der politische Kampf um die Interpretationshoheit deutscher Geschichte: Ostberlin wurde aus bundesdeutscher Sicht zum Antipoden des freiheitlich-demokratischen Westteils der Stadt; Westberlin galt der SED-Propaganda dagegen im Gegensatz zum »neuen« Ostberlin als Beweis einer volksfeindlich-kapitalistischen Gesellschaft unter dem Banner des fortlebenden Faschismus.

Einst im Zentrum von nationalsozialistischem Terror und Kaltem Krieg, mangelt es der jüngeren Geschichte Berlins scheinbar an positiv gedeuteten historischen Identifikationsangeboten, die imstande wären, Ost wie West gleichermaßen für die Stadt zu gewinnen und damit die Menschen in ganz Deutschland an eine Politik für ganz Deutschland zu binden. Berlin steht vielmehr symbolhaft für die Zerrissenheit der deutschen Nation in Vergangenheit und Gegenwart. Dennoch soll gerade die Berliner Republik zum Symbol der deutschen Einheit werden.

Mit der Begrifflichkeit der »Berliner Republik« sind Vorstellungen verbunden, wie sie unterschiedlicher nicht sein könnten. So meldeten sich Bedenkenträger und Befürworter nach der Einführung des Kunstbegriffes gleichermaßen umgehend zu Wort. Das Ende der Bonner Republik ließ Befürchtungen aufkeimen, Deutschland könnte an Traditionen von Zentralismus, Diktatur und Hegemonialpolitik anknüpfen. Die Umzugsgegner von Parlament und Regierung nach Berlin erinnerten an Berlin als ein politisches Symbol nicht nur der preußischen Arroganz der Macht, des Zentralismus und des Scheiterns deutscher demokratischer Gehversuche, sondern auch der Rolle, die es als Zentrum Hitler-Deutschlands gespielt hatte.

Entsprechend wurden ein neuer deutscher Größenwahn, das Abstreifen seiner NS-Vergangenheit im Sinne eines historischen Schlussstriches, ein Ende der Westbindung oder eine stärkere Ausrichtung deutscher Politik auf Berlin zum Schaden des Föderalismus heraufbeschworen. Bonn galt als unverzichtbares Symbol für Deutschlands Anbindung an (West-)Europa.

Die Befürworter der Berliner Republik setzten hingegen Berlin in positive Konnotationen, indem sie es mit einem neuen, demokratischen Deutschland verbanden und eine Traditionslinie zur Weltoffenheit Berlins in den »goldenen« 20er-Jahren des vergangenen Jahrhunderts konstruierten. Hinzu gesellen sich – auch im Ausland positiv wahrgenommene – Bilder von der erfolgreichen Überwindung der Berlinblockade der Jahre 1948/49 sowie dem Fall der Mauer im November 1989.[59]

Von Berlin als Schnittstelle deutsch-deutscher Empfindlichkeiten würden die nationalen und internationalen Herausforderungen besser bewältigt werden als von Bonn aus. Zudem seien die Politiker direkter mit den gesellschaftlichen Politikfeldern konfrontiert als in der beschaulichen rheinischen Provinz. Gleichzeitig sei Berlin nicht nur politische Hauptstadt, sondern auch eine kulturell pulsierende Metropole.

Ist das vereinte Deutschland mit seiner Hauptstadt Berlin tatsächlich eine »andere« Republik geworden? Welche Auswirkungen hat dieser Ortswechsel der Hauptstadt auf das politische System, die politische Kultur und den Umgang der deutschen Politik mit der eigenen Geschichte? Ist es der Aufbruch in eine neue Gesellschaft, oder behalten die Skeptiker und Bedenkenträger Recht? Wohin bewegt sich diese »neue« Republik? Eine Bestandsaufnahme der bislang geführten politischen und publizistischen Debatten und Beobachtungen zu den ersten beiden Jahren Berliner Regierungstätigkeit können diese Fragen nicht erschöpfend beantworten. Sie sind aber über die Lust an der Spekulation hinaus in der Lage, erste Hinweise aufzuspüren und Entwicklungstendenzen zu skizzieren.

Die in den Monaten nach dem 3. Oktober 1990 auf ihren Höhepunkt zutreibende Debatte der im Vereinigungsvertrag offen gebliebenen Frage, ob das zur Hauptstadt erklärte Berlin auch Regierungssitz werden sollte, wurde mit einer Vielfalt außen-

und innenpolitischer Argumente angereichert. Das knappe Votum vom 20. Juni 1991 für Berlin als Regierungssitz – 338 Bundestagsabgeordnete stimmten für Berlin, 320 für Bonn – spiegelte die quer durch alle politischen Lager vehement geführte Diskussion wider.

Auch nach der Entscheidung bot das Thema weiterhin hinreichend Diskussionsstoff, was in einer Berliner Republik anders werden sollte als in Bonn. Die Politik bemühte sich dagegen vornehmlich um Kontinuität, wie bereits das Ergebnis der Gemeinsamen Verfassungskommission, die das Grundgesetz den neuen Verhältnissen anpassen sollte, frühzeitig verdeutlichte. Obwohl sich das Grundgesetz ausdrücklich als Provisorium verstand, hielt es die politische Mehrheit für eine gute und bewährte Verfassung, die möglichst unverändert bleiben sollte. Grundlegende Veränderungen des politischen Systems der Bundesrepublik Deutschland fanden mithin nicht statt, wenngleich Befürworter einer neuen Verfassung argumentiert hatten, dass dadurch eine klarere Legitimation für ein neues Deutschland geschaffen würde. So fragte der damalige Bundesverfassungsrichter Ernst Gottfried Mahrenholz 1990: »Wie kann die Verfassung ihre Integrationsaufgabe wahrnehmen, wenn 16 Millionen Menschen hinzukommen, die ganz andere Erfahrungen, ganz andere materielle Probleme haben als diejenigen, die das Grundgesetz und die [...] Verfassungsgerichtsbarkeit [...] als die ihre betrachten?«[60]

Nach Jahrzehnten deutscher Systemkonkurrenz bekräftigte der Untergang der DDR die historische Legitimität der Bundesrepublik. Fritz Stern sprach in diesem Kontext von »eine(r) Art zweiter Anerkennung der Bundesrepublik.«[61] Die verfassungspolitische Tatenlosigkeit des vereinten Deutschland fixierte diese Kontinuitätslinie zur Bundesrepublik in Negation zur DDR-Historie. Die von verschiedenen Seiten aufgestellte Forderung, die Bürger in Ost und West zumindest über eine – wenn auch nur rudimentär vom früheren Grundgesetz abweichende – Verfassung für Gesamtdeutschland abstimmen zu lassen, fand keine politische Mehrheit. Die Gefahr, ein solcher Schritt könne den Anschein eines Bruchs mit der bundesrepublikanischen Geschichte erwecken, erschien der Politik größer als die Chance, das vereinte Deutschland auch historisch neu zu begründen.

Der Regierungswechsel von 1998 änderte nichts an dieser auf Kontinuität bedachten Ausrichtung deutscher Politik. Explizit stellte Bundeskanzler Schröder klar, dass Deutschland auch als Berliner Republik der »neuen Mitte« nicht zurück in alte Gewohnheiten verfallen, sondern ein verlässlicher Partner bleiben werde.[62] Tatsächlich sind außenpolitisch gegenüber der alten Bundesrepublik lediglich Akzentverschiebungen unter einem Außenminister Joschka Fischer feststellbar. Befürchtungen eines neuen deutschen Großmachtstreben bestätigten sich nicht.[63] Der gestiegene Machtanspruch einer gesamtdeutschen Regierung an der Spree tritt eher in einer vermehrten Betonung zentralistischer Momente im Inneren – besonders deutlich ablesbar in der Kulturpolitik – denn in einem demonstrativen Anspruch einer Großmachtrolle nach außen hervor.

Der erfolgreiche Abschluss der Zwangsarbeiter-Entschädigungsverhandlungen im Frühjahr 2001 machte zudem deutlich, dass zum Selbstverständnis der Berliner Republik gleichfalls die Zäsur von 1945 mit allen ihren Folgen gehört. Mit seinem Bekenntnis zu einem selbstbewussten Deutschland, das ein »normales« Verhältnis zu seiner Geschichte haben wolle[64], bewahrte Schröder allerdings gleichzeitig das diesbezüglich ambivalente Bild der Berliner Republik. Dem Grundsatz der weit gehenden Bewahrung des Status quo – »nicht alles anders, aber vieles besser machen« – stellte er implizit eine »Wir-sind-wieder-wer-Haltung« gegenüber.

Die Diskussion um die Frage, welche Art historischer »Normalität« das neue Selbstverständnis des vereinten Deutschland prägen soll, ist jedoch kein originäres Produkt der Debatte um die Berliner Republik. Stimmen, die eine deutsche Normalität im Sinne von David Schoenbaum und Elizabeth Pond als den gleichen Toleranzspielraum für Fehler, wie er anderen Staaten – gerade auch mit Blick auf die Historie – zuerkannt werde, auch für Deutschland einforderten, erhoben sich bereits vor dem Wendejahr 1989.[65] So artikulierte beispielsweise bereits 1988 der Historiker Michael Stürmer den Wunsch nach einem »normalen« Umgang mit der deutschen Geschichte und einem neuen Bewusstsein: »Um wieder eine normale Nation zu werden, sollten wir uns der selbstkritischen Erinnerung an Auschwitz erwehren.«[66]

Mit dem Zusammentreffen west- und ostdeutscher Empfindlichkeiten im Zuge der Wiedervereinigung wurde diese Umorientierung im deutschen Geschichtsverständnis befördert, aber auch zugleich vielschichtiger und damit schwieriger. Die Lockerung der strikten westdeutschen Negativfixierung auf die nationalsozialistische Vergangenheit war ein Anliegen, das von den im Geist des Antifaschismus sozialisierten Ostdeutschen nur bedingt nachvollzogen werden konnte.[67] Ebenso wenig war das Ergebnis, eine affirmativere Wahrnehmung der »Erfolgsstory« Bundesrepublik[68], im Sinne einer Betonung historischer Traditionslinien Gesamtdeutschlands.

Die Debatte um den Begriff der »Normalität« veranschaulicht, dass die Deutung der Vergangenheit auch in der Berliner Republik ein Politikum geblieben ist. Verändert hat sich die Schärfe der Auseinandersetzung, verändert haben sich die Folgen. In der alten Bundesrepublik mussten Politiker – wie noch 1988 der damalige Bundestagspräsident Philipp Jenninger, der zum Jahrestag der November-Pogrome eine zumindest missverständliche Rede gehalten hatte – vom Amt zurücktreten, wenn sie ein als falsch empfundenes Wort gesagt hatten. Knapp zehn Jahre später stärkten auch Politiker Martin Walser den Rücken, als dieser für sein Plädoyer für eine Rückkehr zur Normalität und seine Klage über die »Moralkeule Auschwitz« Kritik von verschiedenen Seiten – wie dem damaligen Vorsitzenden des Zentralrates der Juden, Ignatz Bubis – erfuhr.[69]

Auch die CDU-Vorsitzende Angela Merkel stimmte in die Forderungen ein, das historisch-politische Selbstverständnis des vereinten Deutschland auf eine neue Grundlage zu stellen: »Wir sollten ein natürliches Gefühl für unsere ganze Geschichte entwickeln und dann sagen: Wir sind auch froh, Deutsche zu sein.«[70] Merkel, die Ende 1989 dem Demokratischen Aufbruch beitrat und später als stellvertretende Regierungssprecherin der letzten DDR-Regierung de Maizière agierte, reduziert jedoch – anders als westdeutsche Politiker – durch die Formulierung »unsere ganze Geschichte« ihr Anliegen nicht allein auf den Nationalsozialismus. Ebenso plädiert sie für einen gesamtdeutschen Umgang mit 40 Jahren SED-Staat und dem Ereignis der »Wiederkehr der Geschichte«, als die Menschen der DDR »zum ersten Mal seit dem Arbeiteraufstand vom Juni 1953 ihr Schicksal wieder in die eigenen Hände nahmen und sich in einer friedlichen Revolution von einem diktatorischen Regime befreiten.«[71] Merkels Argumentation orientiert sich an den politischen

Realitäten seit 1990 und den sich daraus ergebenden Herausforderungen, die sich im Stichwort »innere Einheit« bündeln lassen.

In der Bonner Republik gab es keinen Osten. Mit dem Umzug der zentralen politischen Einrichtungen nach Berlin hat mehr als eine geographische Verschiebung der Hauptstadt stattgefunden: Die Bundesrepublik ist um eine östliche Komponente bereichert worden. Insofern impliziert der Terminus der Berliner Republik auch die Thematik der Herstellung der »inneren Einheit«. Hierbei stehen die »andersartigen sozialisatorischen Muster der ostdeutschen Bevölkerung, ihre Werte und kulturellen Praxen, ihre Erfahrungen, Erinnerungen und Sinnkonstruktionen« im Vordergrund.[72] Eine Kernfrage lautet: Was bedeutet die Integration der Ostdeutschen für die politische Kultur im vereinten Deutschland?

Für viele derjenigen DDR-Bürger, die im Herbst 1989 bei Demonstrationen und anderen öffentlichen Aktionen den Unmut über die Weigerung der SED-Führung, jegliche Perestroika-Impulse aufzunehmen, äußerten und so einen Reformdruck aufzubauen versuchten, war das Mehrheitsvotum der Ostdeutschen für die »geräuscharme« Übernahme des politischen und wirtschaftlichen Systems der Bundesrepublik eine Enttäuschung. Einige wollten eine bessere DDR und kein vereintes Deutschland. Diese Sicht ähnelte Positionen, wie sie auch westdeutsche linke Intellektuelle bezogen. Sie sahen in den stärker werdenden nationalen Parolen der Demonstrationen (»Wir sind ein Volk«) und dem folgenden Beitritt der DDR zur Bundesrepublik teilweise »eine Entgleisung ihrer Revolution«.[73]

Nach dem 3. Oktober 1990 wurde deutlich, dass die ideologischen Prägungen aus der Zeit des Kalten Krieges nicht gleichfalls mit dem Fall der Mauer untergegangen waren. Die gegenseitige Wahrnehmung von Ost und West rekrutierte sich aus den Vorurteilen, wie sie in den Jahren des Systemkonfliktes propagiert worden waren. Gerade für die Sicht der Westdeutschen auf ihre ostdeutschen Mitbürger ist jedoch ein signifikanter Unterschied auszumachen: Während zur Zeit der Bonner Republik stets zwischen der sozialistischen Ost-Berliner Regierung und der unterdrückten DDR-Bevölkerung unterschieden wurde, tendierte die westdeutsche Mehrheit nun dazu, die Antipathie gegen den Sozialismus auf die Ostdeutschen zu übertragen.

Das Klischee vom naiven, autoritätsgläubigen und demokratieunfähigen »Ossi mit der Banane« war nur die erste von vielen Metaphern einer nun erst beginnenden kulturellen Stigmatisierung. Trotz des antipodischen Begriffs des »Besser-Wessis« wurde die öffentliche mediale Kommunikation über diesen Zustand weit gehend aus der Westperspektive geführt. Die Ostdeutschen wurden kulturell als »provinziell, spießig-piefig und völlig rückständig gezeichnet, insgesamt entsprächen ihre Wertehaltungen jenen der Bundesrepublik der 50er-Jahre.«[74] Für die unmittelbare Zukunft war keine signifikante Besserung in Sicht, denn »40 Jahre antrainierte Unselbstständigkeit lassen sich nicht einfach abschütteln. Der Wandel von Befehlsempfängern zu eigenverantwortlich und selbstbewusst handelnden Arbeitnehmern braucht Zeit.«[75]

Ende der 90er-Jahre nahmen 60 Prozent der Ostdeutschen für sich ein spezifisch ostdeutsches Wir-Bewusstsein und die Gewissheit, nicht westdeutsch zu sein, in Anspruch. Nur 20 Prozent fühlten sich primär als Bundesbürger. Aber genau dieses Fünftel besaß die größte (mediale) Unterstützung, um ihre Wirklichkeitsinterpretation als die aller Ostdeutschen auszugeben.[76] Dies hat dazu geführt, dass die kommunikative Situation in der Berliner Republik durch eine generelle Tabuisierung und Stigmatisierung jeglicher positiver Bezüge zum Leben in der DDR geprägt wird.[77]

Für die Politik war es angesichts dieser Dominanz der westlichen Position in der Diskussion um die innere Einheit ein Leichtes, die historischen Wurzeln der alten Bundesrepublik zu betonen, Anknüpfungen an den SED-Staat dagegen weitestgehend zu meiden. Dass sich seit der Wiedervereinigung dennoch eine Veränderung der Balance der politischen Kultur der Bundesrepublik konstatieren lässt, liegt weniger an einer Einsicht der Politik in gesamtdeutsche historische Traditionsstränge. Vielmehr ist die Akzentverschiebung im Wertekanon der politischen Kultur Deutschlands hin zu einer stärkeren Betonung egalitaristischer und etatistischer Traditionsbestände als Ausdruck der politischen Notwendigkeit zu verstehen, durch das Aufgreifen ostdeutscher Empfindlichkeiten ostdeutsche Wähler gewinnen zu können.

Obwohl sich der Begriff der inneren Einheit auf das Zusammenleben von Ost- und Westdeutschen im vereinten Deutschland bezieht, weckt er unweigerlich Assoziationen zu der Frage, wie die Berliner Republik – im Sinne eines erweiterten Verständnisses von innerer Einheit – mit ihren ausländischen Mitbürgern umgeht. Daher gehört zum Thema »Berliner Republik« auch die Debatte um eine deutsche Leitkultur, wie sie durch den CDU/CSU-Fraktionsvorsitzenden im Deutschen Bundestag, Friedrich Merz, ausgelöst wurde.

Der eigentliche Schöpfer des Begriffes »Leitkultur« ist der Sozialwissenschaftler, Historiker und Philosoph Bassam Tibi, der von einer »europäischen Leitkultur« spricht und diesen Begriff gegen einen wertebeliebigen Multikulturalismus abgrenzt. Gesamtgesellschaftlicher Zusammenhalt bedarf – so das Credo – eines konsensualen Wertefundaments. Da Zu- und Einwanderer aber keine ethnische deutsche Identität haben können, bleibt ihnen nur die Möglichkeit, eine zivilisatorische, an Werten als leitkulturellem Leitfaden orientierte (konstruierte) Identität zu erwerben.

Wie sehr diese vehemente, nicht immer rational geführte und (partei-)politisch instrumentalisierte Debatte über den bloßen Themenkomplex Ausländer- und Integrationspolitik hinausgreift und wiederum mit der politisch-historischen Verortung Deutschlands verzahnt ist, verdeutlichte der Vorsitzende der CSU-Fraktion im bayerischen Landtag, Alois Glück: Denjenigen, die sich an dem Begriff der »Leitkultur« rieben, ginge es »nicht um eine besondere Fürsorge für die Ausländer, die nicht ausgegrenzt werden dürfen. Ihre Aufregung wurzelt in einem gebrochenen Verhältnis zu allem, was als deutsche Identität verstanden werden könnte«.[78] Stattdessen bedeute die Anerkennung einer Leitkultur das Bemühen um Integration, wozu auch das Erlernen der deutschen Sprache und das sich Vertrautmachen mit der Geschichte und der Kultur des Landes zähle. Umgekehrt seien aber auch Deutsche gefordert, für kulturelle Bräuche und Vorlieben anderer Verständnis aufzubringen: »Integration ist ein gemeinsames Aufeinanderzugehen in Toleranz.«[79]

Die »Leitkultur«-Debatte trägt den veränderten politischen Rahmenumständen Rechnung, wonach sich die Union nach 16 Jahren Regierungszeit Kohl wieder in der Opposition befindet und sich neu definieren muss. Gleichzeitig spiegelt sie aber auch wie die Diskussion um die Traditionsstränge der Berliner Republik im

Gesamten die Zerrissenheit der gegenwärtigen Positionen in der historisch-politischen Verortung des vereinten Deutschland wider. Berlin hat sich als selbstverständliches, aber nicht von allen geliebtes Zentrum deutscher Politik etabliert. Der Politik ist es wie mit ihrem Versuch der Überhöhung der Wiedervereinigung auch mit dem Umzug der wichtigsten Verfassungsorgane nach Berlin bisher nicht gelungen, die historische Verortung Deutschlands auf ein stabiles gesamtdeutsches Fundament zu stellen.

2. Die Zukunft von Politik und Geschichte in einem Deutschland zwischen Europa und Region

Der Prozess der Ausformung einer historischen Selbstbeschreibung Gesamtdeutschlands ist weiter im Fluss. Eine Phase der Stagnation ist nicht in Sicht. Deutschland lebt, wie die Modifizierungsversuche des Geschichtsverständnisses deutscher Politik ebenso wie die zahlreichen historischen Debatten der 90er-Jahre belegen, »im Schatten seiner Vergangenheit, auch nach dem Umbruch des Jahres 1989«.[80] Die Frage nach der historischen Verortung der Politik im vereinten Deutschland wird so lange im Inneren gestellt werden, wie es nicht gelingt, eine gesamtdeutsche Selbstbeschreibung im Historischen zu schaffen, die als solche von den Bürgern akzeptiert ist.[81]

Die Dynamik der Entwicklung eröffnet der Politik Handlungskorridore, richtungsweisend und gestaltend einzugreifen. Allerdings ist ihr Spielraum insofern beschränkt, dass sie die Vorgaben durch Traditionsstränge nicht negieren kann, sondern an sie anknüpfen muss. Durch die Verlängerung dieser historischen Entwicklungslinien in die Zukunft wird es möglich, die Aktionskorridore deutscher Politik für künftige Eingriffe in den Prozess der historischen Selbstverortung zu identifizieren. Nachdem im vorangegangenen Kapitel bereits die Traditionsstränge dargestellt wurden, werden im folgenden Trends der historischen Selbstverständigung deutscher Politik herausgearbeitet. Dafür werden die gegenwärtigen und zukünftigen politischen Handlungsspielräume umrissen.

Rückwirkungen und Anknüpfungspunkte für die Formulierung historischer Selbstbeschreibungen ergeben sich in der Politik immer dort, wo Umbrüche zu verzeichnen sind, wo traditionelle Rollenbeschreibungen keine Gültigkeit mehr besitzen und zur Modifizierung anstehen. Als solche brüchigen Nahtstellen, welche in der nahen Zukunft einen besonderen Einfluss auf die historische Standortbestimmung des vereinten Deutschland ausüben werden, sind drei politische Aktionskorridore zu identifizieren:

- »Osterweiterung der Europäischen Union«,
- »Europa der Regionen« und
- »Innere Einheit«.

Aus diesen Aktionskorridoren können fünf Trends in der historischen Verortung Deutschlands abgeleitet werden:

1. Abschwächung statt Ausblendung der Bezüge auf den Nationalsozialismus,
2. Bedeutungsgewinn der DDR-Geschichte,

3. Europäisierung der historischen Standortbestimmung Deutschlands,
4. Ambivalente Strategie der doppelten historischen Referenz,
5. Emanzipation der ostdeutschen Geschichte im regionalen Bezugsrahmen.

2.1 Aktionskorridor »Osterweiterung der Europäischen Union«

Die Osterweiterung der Europäischen Union wird auf das historische Selbstverständnis Deutschlands erhebliche Auswirkungen haben. Im Gegensatz zu den anderen führenden europäischen Mächten Frankreich und Großbritannien blickt die Bundesrepublik auf eine über 50-jährige Geschichte zurück, in der seine bayerische Ostgrenze zur Tschechoslowakei eine Barriere zwischen der westlichen und östlichen Welt darstellte. Eine Auseinandersetzung mit der schwierigen deutsch-tschechischen Vergangenheit gerade während der ersten Hälfte des 20. Jahrhunderts blieb angesichts dieser Frontstellung aus. Obwohl auch die DDR an die Tschechoslowakei wie an Polen angrenzte, war ihr Verhältnis zu den sozialistischen »Bruderstaaten« nicht durch eine tief greifende Aufarbeitung der historischen Problematik gekennzeichnet. Mit dem Umbruch der Jahre 1989/90 sah sich das wieder vereinigte Deutschland somit mit zwei signifikanten Eingriffen in seine historische Selbstbeschreibung konfrontiert: dem Verlust sowohl der westeuropäischen Randlage als auch den Blockaden deutsch-tschechischer bzw. deutsch-polnischer Verständigung. Mit der EU-Osterweiterung wird der Druck auf Deutschland, sein historisches Selbstverständnis nach Ost wie West gleichermaßen zu definieren, nochmals erheblich anwachsen.

Trend 1: Abschwächung statt Ausblendung der Bezüge auf den Nationalsozialismus

Die historische Verortung Deutschlands nach außen ist künftig zwei entgegengesetzten Motivationssträngen unterworfen: dem deutschen Wunsch nach einer weit gehenden Ausblendung von Referenzen auf den Nationalsozialismus einerseits und dem Anliegen des Auslandes, die deutsche Vergangenheit nicht vergessen zu machen andererseits. In den Abschluss der Zwangsarbeiter-Entschädigungsverhandlungen wurde von deutscher Seite die Hoffnung gesetzt, die nationalsozialistische Vergangenheit als außenpolitische Verhandlungsmasse ad acta gelegt zu haben. Durch die Impulse der EU-Osterweiterung wird eine Erfüllung dieses deutschen Anliegens jedoch wieder in weite Ferne rücken.

Mit Polen und der Tschechischen Republik erhält Deutschland im Rahmen der EU neue Partner, die den Prozess der gegenseitigen Aussöhnung zwischen Deutschland und seinen ehemaligen Kriegsgegnern, wie er nach 1945 einsetzte, nur bedingt nachvollzogen haben. Eine nachholende Bearbeitung der Problemfragen ist bereits im Gange; sie wird künftig noch intensiviert werden. Die westlichen Staaten werden sie dabei bei ihrem Anliegen insoweit unterstützen, inwiefern es ihre Bemühungen um ein stärkeres Engagement Deutschlands in internationalen Zusammenhängen nicht beeinträchtigt. An einer gänzlichen Ausklammerung der nationalsozialistischen Vergangenheit aus außenpolitischen Diskussionszusammenhängen ist auch ihnen nicht gelegen, da der Nationalsozialismus wie kein anderes Ereignis der Zeitgeschichte eine eindeutige Interpretation erfahren hat, die zudem globale Gültigkeit besitzt. Es gibt kein Argument, mit dem die deutsche Politik die nationalsozialistischen Verbrechen von den bi- und multilateralen Verhandlungstischen fegen könnte. Es ist dies das Erbe des Dritten Reiches, das zumindest in dieser Hinsicht wenn nicht »Tausend Jahre«, so doch auf absehbare Zeit weiterleben wird.

Deutschland wird daran gelegen sein, die durch den deutsch-polnischen bzw. deutsch-tschechischen Dialog aktualisierte Debatte um seine nationalsozialistische Vergangenheit mit seiner eigenen historischen Verortung in Einklang zu bringen. Damit ist zwar keine Ausblendung, aber doch eine Abschwächung des nationalsozialistischen Bezuges für die deutsche Selbstdarstellung im Historischen verbunden. Das vereinte Deutschland versteht sich nicht mehr allein in bundesrepublikanischer Tradition als Nachfolger des NS-Staates, sondern auch als Staat, der symbolhaft das friedliche Ende des Ost-West-Konfliktes verkörpert. Bezüge auf den Nationalsozialismus als Legitimationsgrundlage deutscher Außenpolitik werden zugunsten der Ereignisse der Jahre 1989/90 in den Hintergrund treten, womit der Versuch verbunden ist, eine neue positiv gedeutete historische Tradition Gesamtdeutschlands zu etablieren.

Ein Indiz dafür, wie diese doppelte historische Legitimation nach außen im Konkreten ausgeprägt sein wird, bietet der Argumentationsgang im Fall der deutschen Unterstützung der EU-Osterweiterung. Einerseits sieht Deutschland in der Unterstützung der osteuropäischen Staaten eine Fortschreibung der unter Adenauer eingeleiteten »Aussöhnungspolitik« mit den einstmaligen Feinden des Zweiten Weltkrieges. Andererseits wird der Beitrag, den Polen, Tschechen und Ungarn für die deutsche Einheit geleistet haben, deutlich hervorgehoben. Ihnen den Weg zum Beitritt zur Europäischen Union zu ebnen ist im Verständnis Schröders – in Kontinuität zur Ära Kohl – die Verpflichtung, die Deutschland aus der Historie der Jahre 1989/90 erwachsen ist: »Wir Deutschen wissen um den großen Beitrag, den besonders die Polen, die Ungarn und Tschechen mit ihrem Widerstand gegen die kommunistische Diktatur nicht nur für sich selbst, sondern auch für die deutsche Einheit geleistet haben. Ich meine, es ist vor diesem Hintergrund an der Zeit, dass wir gemeinsam eine Friedensordnung für Europa gestalten. Alle Partnerstaaten sind heute in der Überzeugung einig, dass die Europäische Union eben nicht auf Westeuropa beschränkt bleiben darf.«[82]

Entsprechend dieser Ambivalenz der Verortung im Historischen wird sich Deutschland künftig nicht mehr mit der Rolle desjenigen begnügen, dem aus seiner Geschichte nur Pflichten erwachsen, sondern der auch Rechte für sich in Anspruch nimmt. Auch mit dieser Strategie ist der Versuch deutscher Politik verbunden, sowohl die Empfindlichkeiten des Auslandes wie das eigene gestiegene Selbstbewusstsein in einem Argumentationsgang zu versöhnen. Als Indiz für diese Entwicklung steht der deutsche Anspruch auf einen ständigen Sitz im UN-Sicherheitsrat, der von der Bundesregierung durchaus als deutsches Recht infolge der Erlangung der vollen Souveränität und im Bewusstsein der eigenen Machtstellung auf internationaler Bühne proklamiert wird. Gegenüber der internationalen Staatengemeinschaft untermauert die deutsche Politik ihren Anspruch hingegen in der Tradition deutscher Pflicht. Deutschland – so die implizite und 1992 neuartige These des damaligen Außenministers Klaus Kinkel – habe durch seine Erfahrungen mit seiner nationalsozialistischen Vergangenheit nicht das Recht verwirkt, als Wächter für den Frieden zu agieren, sondern sei zu dieser Aufgabe aufgrund seiner Historie geradezu verpflichtet.

Zwar reicht das Selbstbewusstsein des vereinten Deutschland schon aus, im eigenen Verständnis historisch begründete Rechte einzufordern. Ihre offensive argumentative Vertretung auf internationalem Parkett wird dagegen noch zurückgestellt. Durch die Aktualität, welche die Debatte um die nationalsozialistische deutsche Vergangenheit im Zuge der Öffnung der Grenzen gen Osten wieder erlangen wird, wird es der deutschen Politik auch in Zukunft nicht möglich sein, von dieser Strategie der ambivalenten historischen Legitimation ihres Standpunktes nach außen wie nach innen abzurücken.

Trend 2: Bedeutungsgewinn der DDR-Geschichte

Spielte die Geschichte der DDR im Warschauer Pakt bisher in außenpolitischen Debatten keine Rolle, wird sie durch die Tschechische Republik und Polen unweigerlich an Deutschland herangetragen werden. In diesem Sinne wird die Festigung eines neuen außenpolitischen Selbstbewusstseins Deutschlands infolge der EU-Osterweiterung noch in einer zweiten Hinsicht problematisiert.

Durch die Klärung der historischen Grundlagen in den nachbarschaftlichen Beziehungen, wie sie zwischen Staaten ohne Grenzwall unumgänglich ist, wird Deutschland das diktatorische Erbe der DDR annehmen und im Ausland vertreten müssen. Es wird mit unbequemen Fragen wie der Politik der DDR bezüglich des Prager Frühlings oder gegenüber der »Solidarnosc«-Bewegung konfrontiert werden und diese Vergangenheit als Teil der gesamtdeutschen Historie akzeptieren müssen.

Die rigide Haltung, welche die DDR gegenüber der Reformbewegung in Polen einnahm und die sich in der Schließung der Grenze 1980 und einer antipolnischen Propaganda äußerte, wird von Polen bisher nicht thematisiert. Allerdings ist diese belastende Nachbarschaft immer dann präsent, wenn Polen seinen Beitrag für die Umwälzungen in Osteuropa hervorhebt: »Eine neue Qualität in den polnisch-deutschen Beziehungen schufen in den 70er- und 80er-Jahren polnische unabhängige und oppositionelle Kreise. Dank der Solidarnosc-Bewegung wurden bahnbrechende Veränderungen in Ostmitteleuropa möglich. Vor Deutschland öffnete sich der Weg zur Vereinigung«.[83] Ähnlich vorsichtige Anspielungen auf die ehemaligen problembehafteten Beziehungen zur DDR finden sich auch von Politikern der Tschechischen Republik. Noch lässt die von beiden Staaten eingeforderte deutsche Unterstützung ihres EU-Engagements keine Eröffnung neuer historisch definierter Problemfelder in den bilateralen Zusammenhängen zu. Die aktuelle politische Herausforderung verhindert eine tief greifende Aufarbeitung historischer Dissonanzen auf der Ebene der Spitzenpolitik. Erst mit dem vollzogenen Beitritt wird diese Hemmschwelle fallen. Diskussionen um historische Belastungen, wie sie derzeit erst von Regional- oder Kommunalpolitikern beiderseits der deutsch-polnischen und deutsch-tschechischen Grenze geführt werden, werden dann auch die nationale Politik erfassen: »Geschichte geworden ist auch das schwierige Verhältnis zwischen Polen und der DDR. Offizielle Freundschaftsbekundungen und ideologische Zwangsverwandtschaft unter der Knute der Sowjetunion haben zur Versöhnung nichts beigetragen. Eher ist das Gegenteil der Fall.«[84]

Durch die an Deutschland von seinen östlichen Nachbarn herangetragenen Fragen nach seiner diktatorischen Vergangenheit im SED-Staat werden Impulse für die historische Standortbestimmung Gesamtdeutschlands ausgehen. Gleichzeitig wird dadurch verhindert, dass Deutschland in dem parallelen Prozess der Ausbildung eines historischen Selbstverständnisses Europas der Versuchung erliegt, die unmittelbaren Bezüge auf die deutsch-deutsche Historie und die entsprechenden Dispositionen in Ost wie West auszuklammern. Aktuelle Beschreibungen einer sich entwickelnden europäischen Identität verzichten noch weitgehend auf die Spezifika der deutsch-deutschen Historie.[85] In Zukunft wird dies nicht mehr möglich sein.

Neben dem Versuch, die Bezüge zum Nationalsozialismus abzuschwächen, stellt der Bedeutungsgewinn der SED-Vergangenheit in internationalen Diskussionszusammenhängen damit die zweite signifikante Änderung historischer Legitimation deutscher Außenpolitik für die nahe Zukunft dar. Aufgrund beider Befunde wird Deutschland auch in Zukunft eine Sonderstellung in der internationalen Staatengemeinschaft einnehmen. Die Notwendigkeit, internationales Handeln weiterhin historisch rechtfertigen zu müssen, hat zur Folge, dass die Singularisierung Deutschlands, gegen die sich Helmut Kohl und Hans-Dietrich Genscher im außenpolitischen Vereinigungsprozess gestemmt haben, lediglich aus völkerrechtlicher Sicht erloschen ist. Beide Veränderungen werden darüber hinaus auf die historische Standortbestimmung der deutschen Politik auch nach innen ausstrahlen.

2.2 Aktionskorridor »Europa der Regionen«

Europa hat sein Selbstimage noch nicht gefunden. »Europa der Vielfalt« oder »Europa der Regionen« sind zwei der prominenteren Eigenzuschreibungen. Der Prozess der historischen Legitimation eines vereinten Europas steht erst an seinem Beginn. So wie der Anteil Deutschlands an der Entwicklung der historischen Verortung Europas bisher nicht feststeht, so sind auch die konkreten Auswirkungen dieses fließenden Prozesses auf die deutsche Standortbestimmung im Historischen noch nicht vorhersehbar. Allerdings ist der Rahmen vorgezeichnet, in dem sich die Diskussion über die geschichtliche Positionierung des vereinten Deutschland in einem erweiterten Europa vollziehen wird.

Trend 3: Europäisierung der historischen Standortbestimmung Deutschlands

Die Bemühungen um eine historische Legitimation Europas wird Anstrengungen der deutschen Politik für eine Erweiterung des deutschen Identitätshorizontes um eine europäische Dimension zur Folge haben. Bereits jetzt gehört es zum Standardrepertoire der deutschen Selbstdarstellung, seine geografische Position »in der Mitte Europas« herauszustreichen und damit die besondere Machtstellung und auch Verantwortung Deutschlands für Europa verbal zu transportieren. Die Formulierung Gerhard Schröders, Deutschland habe in den zehn Jahren seit der staatlichen Einheit »seinen politischen Rang in der Mitte Europas wieder einnehmen und festigen können«, stellt eine unmittelbare Verbindung zur zentraleuropäischen Lage Deutschlands vor dem Kalten Krieg her. Mögliche Assoziationen auf die Großmachtansprüche Deutschlands vor 1945 erstickt Schröder im Keim, indem er zugleich das sich »weiter einigende Europa« beschwört.[86] Trotzdem stellt diese historische Referenz des Bundeskanzlers eher eine Verlegenheitslösung dar, da sie – aus dem Zusammenhang gerissen – Fehlinterpretationen in Kauf nimmt.

Der Grund dafür, dass Schröder keine anderen, unmissverständlichen historischen Selbstbeschreibungsmuster eines Deutschlands in Europa aufgreift, liegt vornehmlich im Fehlen derartiger stringenter Geschichtsinterpretationen, die auf Grund ihrer Überzeugungskraft politisch verwertbar wären. Eine explizit europäische Geschichtsschreibung, die gleichzeitig der nationalen Politik historische Argumentationsmuster bereitstellen könnte, befindet sich bisher am Anfang. Dieser Befund korrespondiert mit dem vergleichsweise geringen Interesse auf der »Nachfrageseite«. So interessieren sich zwar 82 Prozent der Deutschen für Geschichte, davon aber nur jeder Dritte für historische Ereignisse und Prozesse außerhalb Deutschlands.[87]

Die forcierte Debatte um eine historische Legitimation Europas wird zu einer intensivierten wissenschaftlichen Beschäftigung mit einer europäischen Geschichte führen, was letztendlich wiederum auf die Politik zurückwirken wird. Argumentationsgänge der Europapolitik werden historisiert und treten damit neben die gängigen Bezüge der Nationalgeschichten. Deutschland, dessen Umgang mit der eigenen nationalen Historie im Gegensatz zu dem anderer Mitgliedstaaten der Europäischen Union von Skeptizismen geprägt ist, wird die Möglichkeit, neue positive Selbstbeschreibungsmuster für die eigene politische Standortbestimmung zu adaptieren, in besonderem Maße wahrnehmen. Es wird damit eine Vorreiterrolle in der Etablierung einer historischen Verortung Europas einnehmen.

Gültigkeit besitzt dieser Befund nicht nur für die nationale, sondern aufgrund des ausgeprägten föderalistischen Systems auch für die regionale Politik in Deutschland. Das Leitbild eines »Europa der Regionen« zwingt die Länder, sich über ihre eigene Position in einem vereinten Europa Klarheit zu verschaffen. Bisher formulieren die deutschen Länder ihre Ansprüche auf politische Mitsprache in Europa unter beinahe gänzlicher Ausklammerung historischer Argumentationsmuster. In Zukunft wird auch ihre historische Selbstbeschreibung einer stärkeren Europäisierung unterworfen sein.

Wie für die nationale Politik mangelt es zwar bisher bezüglich der historischen Einbettung der Regionen in Europa gleichfalls an zeithistorischer Forschung. Allerdings ist die Überwindung dieses Defizits bereits im Gange, wobei gerade grenzüberschreitende Regionen immer stärker das Interesse der Historiographie finden. Ihre Ergebnisse rücken bereits in das Bewusstsein politischer Akteure, was auf ihre künftig verstärkte Instrumentalisierung zum Zwecke politischer Legitimationszuweisung hindeutet. Zudem ist das besondere Interesse, das den Grenzregionen entgegengebracht wird, ein Indiz dafür, dass die Historisierung deutscher Politik in europäischer Dimension auch vor kleinen territorialen Einheiten wie Bezirken, Landkreisen oder Gemeinden nicht Halt machen wird: »An Grenzen war das regionale Bewusstsein im Zweifel immer stärker ausgeprägt – im positiven wie im negativen Sinne. [. . .] Region und Grenze zusammen also lehren das richtige Verständnis: Zugehörigkeit, aber nicht Abschottung. [. . .] So ist in der Grenzregion die Offenheit zum und für den Nachbarn meistens stärker als die Abgrenzung. Grenze als Identifikation und Austausch und eben nicht als Abschottung, Absperrung.«[88]

Das Programm eines »Europas der Regionen« wird darüber hinaus in Deutschland zu einer Auseinandersetzung um die historische Bedeutung der Länder führen, die durchaus auch innenpolitische Machtverschiebungen zur Folge haben kann. Mit ihrem Versuch einer – im Vergleich zu den Vorgängerregierungen – zentralistischer ausgerichteten Politik der Berliner Republik wappnet sich die Regierung Schröder für diese Auseinandersetzung. Durch die Neuregelung des Länderfinanzausgleichs vom Sommer 2001 hat sie sich eine nicht unbedeutende Atempause verschafft. Die unter dem politischen Schlagwort der Subsidiarität zu führende Diskussion um den Machtspielraum der regionalen politischen Handlungseinheiten in Europa und die damit verknüpfte historische Verortung der Regionen auf dem Kontinent ist jedoch zum bisherigen Zeitpunkt nur angedacht. Ist sie erst einmal voll ausgebrochen, ist nicht davon auszugehen, dass sich die selbstbewussten und starken deutschen Länder kampflos Berlin und Brüssel ergeben werden.

Neben Berlin werden somit auch die Länder Anteil an dem Beitrag haben, den Deutschland in die Diskussion um eine europäische Leitkultur, ohne die es keine europäische Identität geben kann[89], einfließen lassen wird. Die Historisierung deutscher Politik in europäischer Dimension und die Leitkultur-Debatte, die sich um die Frage der verbindlich anzuerkennenden europäischen Normen und Werte rankt, werden sich dabei gegenseitig antreiben und befruchten. Die Definitionsversuche einer europäischen Leitkultur sind in ihrer Mehrzahl darauf ausgerichtet, das aus der Aufklärung hervorgegangene europäische Erbe im besten Sinn aufrechtzuerhalten. Sie sind aber auch, insbesondere wenn es um die Folgen für konkrete Politikfelder wie beispielsweise die Asyl- und Einwanderungspolitik geht, auf ihre expliziten oder impliziten Ausgrenzungsstrategien zu hinterfragen. Diese über eine Auseinandersetzung zwischen Alteuropäern und Neueuropäern hinausgehende Debatte, die einer gesinnungsethisch moralisierenden Verleugnung kultureller Unterschiede entgegenwirkt, steht erst am Anfang.

Die deutschen Erfahrungen der Auseinandersetzung mit ihrer faschistischen und totalitären Vergangenheit können nicht zum Kern einer europäischen Leitkultur werden, aber sie werden in sie einfließen. Die Ergebnisse der Debatte um eine »europäische Leitkultur« werden auf die Formulierung einer »deutschen Leitkultur« – wenn auch unter Vermeidung dieses Begriffes – zurückwirken. Gleichzeitig werden sich die Auseinandersetzungen um das historische Selbstverständnis Deutschlands auf die Debatte im europäischen Kontext auswirken. Wie weit dabei die Geschichte der DDR eine Rolle spielen wird, hängt nicht zuletzt vom Bemühen der deutschen Politik ab, die Historie des SED-Staates als selbstverständlichen Teil der Geschichte Gesamtdeutschlands zu begreifen.

2.3 Aktionskorridor »innere Einheit«

Wenn auch die konkrete Bestimmung der Zielgröße innere Einheit und die Festlegung ihrer einzelnen Elemente im Nebel verbleiben, so belegt doch eine aktuelle Zwischenbilanz, dass das angestrebte Ziel einer gesamtdeutsch gültigen Identität im Historischen noch nicht einmal in Sicht ist. Der durch die nationalsozialistischen Verbrechen bestimmten historischen Verortung der Bundesrepublik steht in ihrer identitätsstiftenden Prägekraft auch im vereinten Deutschland eine fortwirkende antifaschistische Geschichtsinterpretation der in der DDR Sozialisierten gegenüber.[90]

Auch die deutschen Geschichten nach 1945 sind bisher kaum in West wie Ost gleichermaßen präsent. Ein in einer gesamtdeutschen historischen Verortung verankertes Einvernehmen über die Bewertung der sozialistischen Vergangenheit Deutschlands ist nicht gegeben, in der westdeutschen Öffentlichkeit mangelt es am diesbezüglichen Interesse. Umfrageergebnisse der Jahre 1971 bis 1989 belegen, dass »die Westdeutschen nicht nur begrenzte Kenntnisse über die Verhältnisse der DDR besaßen, sie brachten dem anderen Teil Deutschlands auch kein spezifisches Interesse entgegen.«[91] Dieser Befund ist nach wie vor aktuell. Der Umzug von Parlament und Regierung nach Berlin hat die in ihn gesetzte Hoffnung, »die Masse der Westdeutschen« werde erst dann »überhaupt merken, was sich 1990 ereignet hat«[92], bisher nicht erfüllt. Die Geschichte der DDR ist bis dato nicht in das historische Bewusstsein der Westdeutschen eingedrungen und damit nicht zur politischen Verwertbarkeit im Sinne gesamtdeutscher Akzeptanzgewinnung politischer Positionen geeignet.

Gleiches gilt für die Einordnung der bundesrepublikanischen Historie in die Selbstverortung der Ostdeutschen. Die jetzt – nachdem die Aktensperrfristen langsam fallen – begonnene und in den nächsten Jahren verstärkt zu erwartende geschichtswissenschaftliche Aufarbeitung der Jahre der 68er-Generation und des dort stattgefundenen tief greifenden Bedeutungswandels traditioneller Wertordnungen ist nur im westdeutschen Geschichtsverständnis verwurzelt. Mit dieser ersten großen Debatte um spezifisch bundesrepublikanische Geschichte, die ausgiebig Gelegenheit zur Instrumentalisierung durch die Politik bietet, können sich die ehemaligen Bürger der DDR, in der es trotz der Zäsur des »Prager Frühlings« und dessen gewaltsamer Niederschlagung keine 68er-Generation gab, nicht wieder finden: »Dem Alter nach bin ich selbst ein 68er. Aber für uns war der Prager Frühling das entscheidende Datum im Jahr 1968« (Wolfgang Thierse).[93]

Da auch die positiv konnotierten historischen Ereignisse der friedlichen Revolution in der DDR und der Herstellung der deutschen Einheit bis zum jetzigen Zeitpunkt gleichfalls nur ansatzweise als historische Gründungsmythen des vereinten Deutschland entfaltet werden konnten, bleiben der Politik für eine gesamtdeutsch erfolgreiche Selbstverortung Deutschlands im Historischen allein die ersten zehn Jahre nach dem Umbruch 1989/90. Doch auch sie, gekennzeichnet von Ost-West-Auseinandersetzungen und ökonomischen Enttäuschungen, bieten keine Anknüpfungspunkte, die eine Verklärung ähnlich dem bundesrepublikanischen »Wirtschaftswunder« historische Vergemeinschaftung suggerieren würden. Die Berliner Republik ist von Kontinuität geprägt. Deutschland ist die Bundesrepublik geblieben. Unter der Fragestellung der inneren Einheit ist dieser Befund durchaus als problematisch zu bewerten. Signifikante Integrationsangebote an die ostdeutschen Länder blieben aus.

Trend 4: Ambivalente Strategie der doppelten historischen Referenz

Die Politik steht angesichts dieses Befundes vor einem Dilemma. Das vereinte Deutschland kennt bisher keine Geschichte, die geeignet wäre, politische Positionen in Ost und West gleichermaßen zu untermauern. Das aktuell gültige historische

Legitimationsdefizit der Politik des vereinten Deutschland ist damit offensichtlich. Es konzentriert sich in dem 1998 artikulierten und noch immer uneingeschränkt Gültigkeit besitzenden Appell des stellvertretenden Vorsitzenden der Stiftung »Gegen Vergessen – Für Demokratie«, Hans Misselwitz: »So können wir nicht weitermachen. Wir müssen einen neuen Weg zu einem gemeinsamen Geschichtsverständnis gehen.«[94]

Für die Politik bedeutet diese Zielvorgabe der inneren Einheit im Historischen, die Versöhnung der west- und ostdeutschen Geschichte anstreben zu müssen. Sie wird die DDR-Historie nicht ignorieren können, auch wenn es der von einem neuen Selbstbewusstsein gekennzeichneten deutschen Politik eigentlich kein Anliegen ist, das politisch-historische Selbstverständnis Gesamtdeutschlands in einer Abgrenzungsidentität zur Vergangenheit beider deutscher Diktaturen zu definieren. Der politische Wille, die DDR-Geschichte zu bewältigen, ist in den 90er-Jahren immer mehr verblasst. Ein entsprechender außenpolitischer Druck – beispielsweise durch die osteuropäischen Staaten – ist noch nicht vorhanden. Die Aufarbeitung der DDR-Historie wäre – wie die Bewusstseinswerdung des Nationalsozialismus in der Bundesrepublik deutlich gemacht hat – unweigerlich mit schmerzvollen Fragen zu den Biografien und Einstellungen der Ostdeutschen jenseits der klischeehaften und stereotypen Diskussion nach 1990 verbunden. Ein solcher Prozess, der Wählerstimmen kosten und die innere Einheit Deutschlands wiederum auf längere Sicht infrage stellen könnte, liegt nicht im Interesse der politischen Akteure.

Trotz allem werden sie nicht umhin können, der DDR-Vergangenheit das Wort zu geben, möchten sie die spezifisch ostdeutschen Befindlichkeiten ansprechen. Die Diskussion der inneren Einheit wird daher in Ermangelung gesamtdeutscher Identitätsmuster im Historischen zu einer Ambivalenz in der historischen Verortung Deutschlands durch die Politik führen. Letztere wird versuchen, sowohl das ostdeutsche wie das westdeutsche Geschichtsverständnis in einem Argumentationsgang zu Wort kommen zu lassen. Dies ist ein Kompromiss, der für die Politik aus dreierlei Hinsicht notwendig erscheint: Erstens kann sie auf die Wirkungskraft historischer Bezüge in politischen Argumentationsgängen nicht verzichten; zweitens vermeidet sie eine Phase der historischen Orientierungslosigkeit in Deutschland; drittens trägt die Wiederholung von Elementen ost- und westdeutscher historischer Selbstverortung in gesamtdeutscher Rezeption zu einer allmählichen Ausbildung eines national gültigen Geschichtsbewusstseins bei. Bis in der politischen Auseinandersetzung um die Geschichte in Ost und West eine gesamtdeutsche »Normalität« festgestellt werden kann, werden die politischen Akteure daher bezüglich der historischen Legitimation ihrer Positionen gezwungen sein, mehr in Ost-West-Schemata denn gesamtdeutsch zu argumentieren.

Der sich wandelnde Umgang mit der PDS ist ein Indiz dafür, dass diese ambivalente historische Verortung Deutschlands näher in das Blickfeld der Politik rückt. Nachdem der Versuch des bürgerlich-konservativen Lagers, die Geschichte der DDR zum Zwecke der Isolation des politischen Kontrahenten PDS zu instrumentalisieren, gescheitert ist, galt es für die Union, ihre »bisherige politische Argumentation (...) gegenüber der PDS kritisch zu hinterfragen«.[95] Künftiges Ziel war die Konzentration auf die sachthematische Auseinandersetzung. Selbst in emotionalisierten Wahlkämpfen wie vor den Wahlen zum Berliner Abgeordnetenhaus im

Herbst 2001 deutete die Sprache von Politikern der beiden Volksparteien in Nuancen auf die veränderte Stoßrichtung im Umgang mit der PDS hin.

Für den Fall einer Regierungsbeteiligung der PDS nach den geplanten Neuwahlen in Berlin drohte der hessische Ministerpräsident Roland Koch Berlin Konsequenzen für den Länderfinanzausgleich an. In seiner Begründung für diesen Vorstoß zielte Koch indes nicht auf die Vergangenheit der PDS als Nachfolgepartei der SED, sondern auf deren vermeintliche ökonomische Inkompetenz ab. Die wirtschaftlichen Chancen Berlins würden, so Koch, »dramatisch geschmälert«, sollte die PDS künftig im Senat mitregieren.[96] Rückendeckung für seine Argumentation erhielt der CDU-Politiker von führenden Vertretern der Wirtschaft. Der ehemalige Präsident des Bundesverbandes der Deutschen Industrie (BDI), Hans-Olaf Henkel, bezeichnete das Szenario einer von Gregor Gysi als Oberbürgermeister geführten Bundeshauptstadt Berlin als »Katastrophe«, der Präsident des Deutschen Industrie- und Handelstages (DIHT) Ludwig Georg Braun konkretisierte, dass eine mögliche PDS-Regierungsbeteiligung eine Belastung für die Wirtschaft sei, denn die SED-Nachfolgepartei bleibe trotz gegenteiliger Beteuerungen sozialistischen Denkmustern verhaftet.[97]

Ähnlich wie Koch äußerte sich auch der Spitzenkandidat der Berliner CDU, Frank Steffel. Einerseits kritisierte Letzterer die PDS, »jene Partei, die für Stasi, Mauer und Stacheldraht verantwortlich ist«, vehement: »Die PDS will nicht in der Gesellschaft der Bundesrepublik ankommen; nein! Sie will vielmehr, dass wir alle in ihrer sozialistischen Gesellschaft ankommen.«[98] Andererseits steht im Mittelpunkt der Attacken Steffels nicht – wie noch in der »Rote Socken«-Kampagne der 90er-Jahre – die Rolle der PDS/SED im Rahmen der DDR-Vergangenheit, sondern die Gefahr, die Berlin aus seiner Sicht durch eine Regierungsverantwortung der PDS erwachsen würde. Die Strategie ist vornehmlich nicht auf die historische Verurteilung der PDS, sondern auf die Offenlegung der vermeintlichen Zukunftsgefahren durch den »Sozialismus« ausgerichtet: »Die Berlinerinnen und Berliner haben in den letzten zehn Jahren eine gigantische Aufbauleistung erbracht. Sie haben mit größter Einsatzbereitschaft diese Stadt zu einer großartigen Metropole aufgebaut. Die Berlinerinnen und Berliner können stolz sein auf ihre Erfolge. Und wir lassen uns die Stadt nicht erst schlecht reden und dann kaputt machen.«[99]

Mit der Betonung der Kontinuität von SED zu PDS zollen die CDU-Vertreter dem vornehmlich in Westdeutschland ausgeprägten Geschichtsverständnis Referenz, das in der SED pauschal die diktatorische Willkürherrschaft in der DDR verkörpert sah. Mit den Angriffen auf die Zukunftsfähigkeit der PDS kommt die Union hingegen den historischen Dispositionen vieler Ostdeutscher entgegen, deren Sicht auf die PDS/SED auf Grund eigener Erfahrungen weitaus vielschichtiger sind und die deshalb eine Pauschalverurteilung der Partei ablehnen. Auf beide Legitimationselemente glaubte auch die SPD im Berliner Wahlkampf nicht verzichten zu können. Auf die Frage, wie ein Wandel innerhalb der PDS festzustellen sei, antwortete der amtierende Oberbürgermeister von Berlin, Klaus Wowereit, nicht allein mit Verweis auf die historische Standortbestimmung der Partei Gregor Gysis. Ebenso müsse die PDS »in der Bundesrepublik ankommen«, was den Abschied von »fundamentalen Positionen« bedeute: »Man kann keinen Wunschhaushalt ohne Rücksicht auf die Finanzlage planen.«[100]

Im Umgang mit der PDS sind sich Union und SPD einig in der Vermengung von historischer Anklage einerseits und ihrer Kritik an der Unvereinbarkeit von sozialistischen Positionen mit den Grundsätzen der Bundesrepublik andererseits. »In der Bundesrepublik ankommen« bedeutet für beide in erster Linie die Abkehr der PDS von sozialistischen Politikentwürfen der Gegenwart. Diese beginnende Abkehr von der Vergangenheit als Ausgrenzungsrechtfertigung ist ein erster Schritt hin zur Integration der PDS in das historische Legitimationsgefüge des Parteienspektrums im vereinten Deutschland.

Noch ist dieser Prozess erst angestoßen, da die Auseinandersetzung mit der PDS weniger anhand der tagespolitischen Stellungnahmen der Partei, denn ihrer Programmatik im Generellen erfolgt. Die Intensivierung der im Zuge um die Bemühungen um eine innere Einheit entfachten Ambivalenz in der historisch-politischen Verortung Deutschlands wird jedoch zur Überwindung auch dieser Sonderrolle der PDS beitragen. Elemente des ostdeutschen Geschichtsbewusstseins werden künftig in die politische Sprache auch von westdeutschen Politikern integriert werden. Gleichzeitig werden ostdeutsche Politiker verstärkt auf Referenzen auf die westdeutsche Historie zurückgreifen. Ein Beispiel hierfür bietet die CDU-Vorsitzende Angela Merkel, die in ihrer Kritik am Annäherungskurs der SPD an die PDS explizit westdeutsche Traditionsstränge bemüht: Frühere SPD-Spitzenpolitiker wie Ernst Reuter, Willy Brandt und Kurt Schumacher würden – so Merkel – nicht verstehen, »was die Sozialdemokraten von heute treiben«.[101]

Für die künftige Entwicklung der politischen Verortung Deutschlands im Historischen werden die Bemühungen um eine innere Einheit somit zur Folge haben, dass die Selbstbeschreibung künftig von einem größeren Gleichgewicht »westlicher« und »östlicher« Elemente charakterisiert sein wird. Die Auflösung der gegenwärtigen Schieflage deutscher Politik, geprägt von einer Dominanz der bundesrepublikanischen Traditionsstränge, wird allerdings nicht nur durch die Ambivalenz in der historischen Standortbestimmung Deutschlands durch die Politik erfolgen. Sie wird gleichfalls ein Produkt der künftigen Emanzipation der ostdeutschen Geschichte im regionalen Bezugsrahmen sein, wie sie ebenfalls eine Folgeerscheinung der Bemühungen um die innere Einheit Deutschlands darstellt.

Trend 5: Emanzipation der ostdeutschen Geschichte im regionalen Bezugsrahmen

Bisher sind die ostdeutschen Länder gezwungen, sich der Bundesrepublik mitsamt ihren historischen Traditionssträngen einzugliedern. Trotz aller Reibungsverluste sind sie auf diesem Weg schon weit vorangeschritten. Eine fortgesetzte Annäherung der ökonomischen Lebensverhältnisse in Ost und West würde zusätzliche Impulse verleihen.

Die Zweiteilung des Parteiensystems in der Bundesrepublik Deutschland wird auch in absehbarer Zeit Bestand haben. Das Drei-Parteien-System im Osten – CDU, SPD und PDS – wird somit eine gemeinsame Besonderheit aller ostdeutschen Länder gegenüber dem Vier-Parteien-System im Westen – CDU, SPD, Bündnis 90/Die Grünen und FDP – bleiben. Als Folge der voranschreitenden politischen Integration angesichts des Schwindens gemeinsamer ostdeutscher Gefühlslagen und befördert durch die Diskussion um ein »Europa der Regionen« wird jedoch die bisher zumeist zur Schau gestellte politische Solidarität des Ostens abnehmen und dafür die Stellung der einzelnen ostdeutschen Länder gestärkt werden. Die Länder im Osten der Republik fühlen sich nicht mehr nur allein der Solidargemeinschaft Ostdeutschland zugehörig, sondern werden stärker auf dem Weg der Betonung des eigenen Landes gehen, wie ihn der Ministerpräsident von Sachsen, Kurt Biedenkopf, vorgibt: »Die große Mehrheit ist stolz auf ihr Land, unseren Freistaat Sachsen, wie wir es schon 1990 genannt haben: Ein starkes Stück Deutschland in Europa.«[102]

Die ostdeutschen Länder werden in diesem Prozess ihrer politischen Emanzipation langfristig – wie dies in den westdeutschen Ländern bereits der Fall ist – eigene historische Legitimationsmuster und Identitäten entwickeln. Rückgriffe auf ihre Geschichte vor der von der SED verordneten Auflösung 1952 werden dabei ebenso stattfinden wie Auseinandersetzungen mit der Historie von Regionen innerhalb der DDR. Es ist diese Entwicklung, die jenseits der klischeehaften Polarisierung von Ost und West die Chance einer tatsächlichen Annäherung an die Geschichte der DDR als Teil der gesamtdeutschen bieten wird. Spezifisch ostdeutsch zu bezeichnende Empfindlichkeiten werden sich in der Zukunft selbst immer mehr zu üblichen regionalen Besonderheiten herauskristallisieren. Die Ostdeutschen werden sich daran erinnern, dass sie nie das »kollektive Subjekt« gewesen sind, wie es sich die SED-Führung gerne herbeierzogen hätte.[103]

Diese Entwicklung hin zur künftigen Emanzipierung der ostdeutschen Geschichte im regionalen Bezugsrahmen hat bereits begonnen. Zum 40. Jahrestag des Mauerbaus gaben die Ministerpräsidenten von Thüringen und Hessen, Bernhard Vogel und Roland Koch, eine eigene gemeinsame Erklärung zu Protokoll, die den Anschein erweckte, als habe das Land Thüringen auch in DDR-Zeiten weiterbestanden: »Am 13. August 1961 begann das SED-Regime mit dem Bau der Berliner Mauer und unüberwindbarer Grenzanlagen quer durch Deutschland. Auf einer Länge von 270 Kilometern trennte diese unnatürliche Grenze die Länder Hessen und Thüringen«[104]; anlässlich der Eröffnung des Dokumentationszentrums für die Opfer deutscher Diktaturen in Schwerin im Juni 2001 stellte der Ministerpräsident von Mecklenburg-Vorpommern, Harald Ringstorff, die Geschichte Mecklenburg-Vorpommerns ausdrücklich in Kontinuität zu den »Brüchen und Epochen deutscher Geschichte im vergangenen Jahrhundert«[105]; und Manfred Stolpe, Ministerpräsident von Brandenburg, stellt eine Kontinuitätslinie von der Geschichte Brandenburg-Preußens, der er sich verpflichtet fühlt, zur neueren Geschichte seines Landes her: »Die Geschichte Preußens liegt wie das Land Preußen in der Mitte Europas. Für die Zukunft des Kontinents hält sie viele Anregungen bereit.«[106]

Diese Beispiele verdeutlichen, dass sich auch die Berliner Republik im Nationalen wie Regionalen nicht von der deutschen Geschichte ablösen wird: »Mehr als anderswo ist und bleibt in Deutschland die Interpretation von Vergangenheit immer auch höchst relevant für die Legitimierung oder Delegitimierung politischer Positionen in der Gegenwart.«[107] Die Emanzipation der ostdeutschen Länder auch im Historischen wird ihren Beitrag zu einer Ausbildung einer gesamtdeutschen historischen Selbstbeschreibung leisten, wenn die Geschichte der DDR nicht zu gesamtdeutsch weit gehend unbeachteten Ländergeschichten verkümmert. Die Verlagerung des Zentrums der deutschen Politik von Bonn nach Berlin kommt diesem Anspruch entgegen.

Im Wechsel von der Provinz nach Berlin liegt in erster Linie die Chance zur Realitätsnähe. Auch zwölf Jahre nach dem Mauerfall ist dieses Land ein gespaltenes Land. Die Berliner Verhältnisse spiegeln die gesamtgesellschaftliche Situation der Bundesrepublik. Eine von Berlin aus operierende Bundesregierung wird das nicht auf Dauer ignorieren können und tut gut daran, sich dieser sozialen und kulturellen und historischen Brüche anzunehmen. Willy Brandts Wort »Jetzt wächst zusammen, was zusammengehört« steht in diesem Sinne für das Bild eines dynamischen Prozesses, der aber Zeit benötigt, und im erweiterten Sinne von »innerer Einheit« die Auflösung beider Konfliktlinien – zwischen Deutschen und Ausländern sowie zwischen Ost- und Westdeutschen – beinhaltet. Dabei wird es nirgendwo deutlicher als in der Hauptstadt Berlin, dass eine so verstandene inneren Einheit keine homogene Bevölkerung zur Grundlage haben kann und auch nicht haben muss.

Es sind diese schwierigen Probleme und Aufgaben des Zusammenwachsens, die der jetzt von Berlin aus regierten Republik von der Geschichte zugewiesen wurden. Sie wirken prägend für den Unterschied zwischen Bonn und Berlin. Nichts spricht dagegen, den Begriff der Berliner Republik zu verwenden, wenn damit die seit 1990 vereinte Bundesrepublik gemeint ist. Der Anspruch, dass es sich bei der Berliner Republik – in Analogie zu den unterschiedlichen Republiken Frankreichs – um eine wesentlich andere Republik als die von Bonn handele, suggeriert dagegen einen nicht stattgefundenen Wandel und wäre ein Etikettenschwindel. Da die historischen Assoziationen, welche mit der Begrifflichkeit der Berliner Republik missverständlich verbunden sind, jedoch weiterhin präsent sind, bleibt die Frage, ob eine andere Betitelung des vereinten Deutschland nicht eine größere Integrationskraft auf die Bürger ausübte.

Die Interpretation der Geschichte steht auch weiterhin zur parteipolitischen Disposition. Die Politik kann sich dabei der Unterstützung der Bürger sicher sein. In der deutschen Bevölkerung ist der Glaube an eine Politik, die aus der Geschichte ihre Lehren zieht und Fehler der Vergangenheit vermeidet, ungebrochen. 74 Prozent der Befragen bejahen eine entsprechende Fragestellung.[108] Ähnlich hoch ist die Zustimmung, wenn ein normativer Zusammenhang zwischen einem historischen Bewusstsein und einer verantwortungsvollen Politik konstruiert wird.[109] Die Frage, ob die Deutschen aus ihrer Geschichte gelernt hätten, trifft dagegen nur bei 19 Prozent der Befragten auf vorbehaltlose Zustimmung.

Dennoch ist festzuhalten, dass die Mehrheit der Bevölkerung der deutschen Politik ein gutes Zeugnis ausstellt, wenn deren historische Disposition zu bewerten ist. Auch die Tatsache, dass die heute aktiven Politiker kaum noch über persönliche Erfahrungen aus der Kriegs- und unmittelbaren Nachkriegszeit verfügen, wird lediglich von 31 Prozent als Nachteil angesehen. 48 Prozent messen diesem Generationenwechsel keine Bedeutung für die deutsche Politik bei, 16 Prozent sehen in ihm sogar einen politischen Vorteil.

Diese Umfrageergebnisse sind – ungeachtet der Probleme einer gesamtdeutschen Geschichtsinterpretation – Ausdruck einer Erwartungshaltung der Bevölkerung, von der Politik Orientierungshilfen im Umgang mit historischen Ereignissen und Prozessen zu erhalten. Die Politik ist sich in den Augen der deutschen Bevölkerung ihrer Verantwortung, die sie gegenüber der Historie besitzt, durchaus bewusst.

Anmerkungen

1 Vgl. »Zu groß für Europa? Der amerikanische Historiker Gordon A. Craig über ein wieder vereinigtes Deutschland«, in: Der Spiegel, 46/1989. Das Zitat lautet ursprünglich: »Die Geschichte ist in gewisser Weise wie ein großer Kleiderschrank, in dem man herumwühlt, um das zu jeder Gelegenheit Passende zu finden«.
2 Fritz René Allemann, Bonn ist nicht Weimar, Köln und Berlin 1956, S. 19.
3 Wendelin Szalai, Wie funktionierte Identitätsbildung in der DDR?, in: Uwe Uffelmann (Hrsg.), Identitätsbildung und Geschichtsbewußtsein nach der Vereinigung Deutschlands, Weinheim 1993, S. 58–108, hier S. 71.
4 Dagmar Klose, Prägungen und Wandlungen ostdeutscher Identitäten, in: Aus Politik und Zeitgeschichte (APuZ), B 10/1994, S. 3–11, hier S. 4f.
5 Beschluss des Zentralkomitees der SED von 1955 zur »Verbesserung der Forschung und Lehre in der Geschichtswissenschaft der Deutschen Demokratischen Republik«; Auszüge des Beschlusses sind dokumentiert in: Zeitschrift für Geschichte (ZfG), 4/1955, S. 507–527.
6 Gerhard Schilfert, Zum Erscheinen des 1. Bandes des Sammelwerkes: Marx, Engels, Lenin, Stalin. Zur deutschen Geschichte, in: ZfG, 3/1953, S. 367–376, hier S. 367. Erst in den 80er-Jahren gelang es der DDR-Geschichtswissenschaft immer mehr, die vom Staat angelegten Fesseln wenn nicht abzustreifen, so doch zu lockern; vgl. Martin Sabrow, Parteiliches Wissenschaftsideal und historische Forschungspraxis. Überlegungen zum Akademie-Institut für Geschichte (1956–1989), in: ders./Peter Th. Walther (Hrsg.), Historische Forschung und sozialistische Diktatur. Beiträge zur Geschichtswissenschaft der DDR, Leipzig 1995, S. 195–225. Die fortschreitende Distanzierung der Historiker von der politischen Instrumentalisierung ihrer Disziplin als »Legitimationswissenschaft« (Jürgen Kocka, Die Geschichtswissenschaft in der Vereinigungskrise, in: Berliner Debatte Initial, 2/1991, S. 132–136, hier S. 132) ist Ausdruck der lautlosen Erosion staatlicher Macht in der DDR, wie sie der Implosion vom Herbst 1989 vorausging.
7 Leo Stern, Gegenwartsaufgaben der deutschen Geschichtsforschung, Berlin 1952, S. 50.
8 Vgl. Rüdiger Thomas, Ursachen und Folgen der Gesellschaftspolitik im SED-Staat, in: Deutscher Bundestag (Hrsg.), Enquete-Kommission »Aufarbeitung von Geschichte und Folgen der SED-Diktatur in Deutschland«, Bd. III/3: Ideologie, Integration und Disziplinierung, Frankfurt/M. 1995, S. 1844–1900, v.a. S. 1846f.
9 Stephan Hermlin, Antwort, in: Klaus Wagenbach (Hrsg.), Vaterland, Muttersprache, Berlin 1994, S. 185–188, hier S. 186.
10 Hans Globke, seit 1932 Verwaltungsjurist im Reichsinnenministerium, wurde unter Adenauer Staatssekretär.
11 Jurek Becker, Mein Vater, die Deutschen und ich, in: Die Zeit vom 20. Mai 1994.
12 Herfried Münkler, Antifaschismus und antifaschistischer Widerstand als politischer Gründungsmythos der DDR, in: APuZ, B 45/1998, S. 16–29, hier S. 24.
13 Vgl. Raina Zimmering, Mythen in der Politik der DDR, Leverkusen 2000.
14 Vgl. Von Preußen nie losgekommen, in: Berliner Morgenpost vom 27. Dezember 2000.
15 Das Standbild von Steins stand auf dem Dönhoff-Platz und wurde 1981 nur verlegt.
16 DDR-Propaganda zum 150. Todestag von Steins, zitiert nach: Gerd H. Zuchold, Die Statuen Friedrich des Großen und des Freiherrn von Stein Unter den Linden. Vom Beginn der Rehabilitierung der Preußischen Geschichte in der DDR, in: Preußische Nachrichten vom Dezember 2000.
17 Geschichte der Sozialistischen Einheitspartei, S. 418. Noch im Juni 2001 rechtfertigte der PDS-Vizevorsitzende Peter Porsch den Mauerbau als Instrument zur Friedenssicherung in Europa; vgl. u. a. Die Mauer in den Köpfen, Süddeutsche Zeitung vom 18. Juni 2001.
18 Vgl. dazu z. B. Stefan Wolle, Die versäumte Revolte: Die DDR und das Jahr 1968, in: APuZ, B 22–23/2001, S. 37–46.
19 Vgl. hierzu den Beitrag »Geschichte und Identität« von Werner Weidenfeld in diesem Band, v. a. Kapitel 3.1.
20 Vgl. Krieg den Krippen, in: Frankfurter Allgemeine Zeitung vom 22. Dezember 1998.

21 Wolfgang J. Mommsen, Wandlungen der nationalen Identität, in: Werner Weidenfeld (Hrsg.), Die Identität der Deutschen, Bonn 1983, S. 170–182, hier S. 184; vgl. hierzu auch den Beitrag »Geschichte und Identität« von Werner Weidenfeld in diesem Band.

22 Friedrich Schorlemmer, Bis alle Mauern fallen. Texte aus einem verschwundenen Land, Berlin 1991, S. 21.

23 Ebd., S. 11.

24 Zeitgenössische Aussage des Göttinger Historikers Siegfried A. Kaehler, zitiert nach: Winfried Schulze, Deutsche Geschichtswissenschaft nach 1945, München 1989, S. 16.

25 Ernst Niekisch, Deutsche Daseinsverfehlung, Berlin 1946 (2. Aufl.), S. 86.

26 Edgar Wolfrum, Geschichtspolitik in der Bundesrepublik Deutschland. Der Weg zur bundesrepublikanischen Erinnerung 1948–1990, Darmstadt 1999, S. 49.

27 Das 1957 gesprochene Urteil des Bundesverfassungsgerichtes zum Fortbestand des Deutschen Reiches zementierte endgültig die Unausweichlichkeit, die Geschichte aufarbeiten zu müssen und sich ihrer nicht entledigen zu können.

28 Vgl. Edgar Wolfrum, Geschichtspolitik in der Bundesrepublik Deutschland 1949–1989, in: APuZ, B 45/1998, S. 3–15. So bezeichnet es Wolfrum als »Ausdruck großer Verlegenheit« (S. 7), dass der 7. September – der Tag, an dem sich Bundestag und Bundesrat 1949 konstituiert hatten – als »Nationaler Gedenktag des deutschen Volkes« ausgerufen wurde.

29 Dortmunder Aktionsprogramm der Sozialdemokratischen Partei Deutschlands von 1954, dokumentiert in: Wilhelm Mommsen (Hrsg.), Deutsche Parteiprogramme, München 1960, S. 625–665, hier S. 628.

30 Wolfrum, Geschichtspolitik (Anm. 26), S. 76.

31 Vgl. z. B. Alexander Gallus, Der 17. Juni im Deutschen Bundestag von 1954 bis 1990, in: APuZ, B 25/1993, S. 12–21, v.a. S. 15–17.

32 Vgl. Dietrich Staritz, Geschichte der DDR, Frankfurt/M. 1996, S. 127.

33 Vgl. Manuela Glaab, Deutschlandpolitik in der öffentlichen Meinung. Einstellungen und Regierungspolitik in der Bundesrepublik Deutschland 1949 bis 1990, Opladen 1999.

34 Peter Steinbach, Die Vergegenwärtigung von Vergangenem. Zum Spannungsverhältnis zwischen individueller Erinnerung und öffentlichem Gedenken, in: APuZ, B 3–4/1997, S. 3–13, hier S. 7.

35 So Allemann, Bonn ist nicht Weimar (Anm. 2).

36 Mommsen, Wandlungen (Anm. 21), S. 179.

37 Hans Magnus Enzensberger, Über die Schwierigkeit, ein Inländer zu sein, in: ders., Der fliegende Robert. Gedichte, Szenen, Essays, Frankfurt/M. 1989, S. 37.

38 Edgar Wolfrum, »1968« in der gegenwärtigen deutschen Geschichtspolitik, Göttingen 2001, S. 28.

39 »Der Vorwurf an die Eltern, ihre Primärerfahrungen verschwiegen zu haben, tauchte in den Verlautbarungen der gegen das Establishment Rebellierenden immer wieder auf« (Aleida Assmann/Ute Frevert, Geschichtsvergessenheit – Geschichtsversessenheit. Vom Umgang mit den deutschen Vergangenheiten nach 1945, Stuttgart 1999, S. 226).

40 Willy Brandt, Erinnerungen, Berlin und Frankfurt/M. 1994, S. 186.

41 Wolfgang Hardtwig, Geschichtskultur Wissenschaft, München 1990, S. 302.

42 Bericht der Bundesregierung zur Lage der Nation im geteilten Deutschland vom 23. Juni 1983, in: Bulletin des Presse- und Informationsamtes der Bundesregierung, Nr. 68 vom 24. Juni 1983, S. 629–635, hier S. 630.

43 Diese Auffassung Kohls war maßgeblich beeinflusst durch seinen Berater, den Historiker Michael Stürmer; vgl. Karen Schönwälder, Deutsche Geschichte nach Art des Bundeskanzlers und der Industrie. Preußen-Renaissance, »deutsche Frage« und geopolitische Ambitionen, in: Blätter für deutsche und internationale Politik, 8/1983, S. 1055–1069, hier S. 1060; Manuel Fröhlich, Sprache als Instrument politischer Führung. Helmut Kohls Berichte zur Lage der Nation im geteilten Deutschland, München 1997, v.a. S. 77–97.

44 Rede des Bundeskanzlers Helmut Kohls vor der Frauenkirche in Dresden am 19. Dezember 1989, dokumentiert in: Bulletin des Presse- und Informationsamtes der Bundesregierung, Nr. 150 vom 22. Dezember 1989, S. 1261 f., hier S. 1262.

45 Vgl. hierzu den Beitrag von Hanns W. Maull »Außenpolitische Kultur« in diesem Band (hier v. a. Kapitel 2).

46 «Reiner Volksbetrug.« Der frühere Bundeskanzler Helmut Kohl (CDU) über Rot-Grün, die deutsche Einheit und den fehlenden Nachwuchs der Parteien, in: Focus, 43/1999, S. 66–70, hier S. 70. Kohl wirft an gleicher Stelle der rot-grünen Bundesregierung vor, dauernd in der Versuchung zu sein, »sich von der Geschichte abzunabeln.«

47 «Politik ist härter geworden.« Bundeskanzler Gerhard Schröder über die Krise der CDU, die Gleichsetzung von Partei und Staat, den Haider-Effekt und europäische Innenpolitik, in: Der Spiegel, 8/2000, S. 34–36, hier S. 36.

48 Die Regierungsbeteiligung der rechtspopulistischen Freiheitlichen Partei Österreichs (FPÖ) im Nachbarstaat bedeutete daher für die Regierung Schröder/Fischer die Chance, die Ernsthaftigkeit ihrer historischen Prämissen unter Beweis zu stellen. Das rigorose Eintreten der Bundesrepublik für Maßnahmen der Europäischen Union gegen die Alpenrepublik resultierte weniger aus einer Sorge um die Wertegemeinschaft Europa als um das eigene Ansehen. Der »Fall Haider« wurde aus der Sicht Schröders zum Testfall der historischen Zuverlässigkeit Berlins: »Ich will nicht, dass Haider ein deutsches Problem wird. Denn diejenigen, die uns international beobachten, haben nicht so sehr Angst vor Haider in Österreich als vielmehr davor, dass sich Deutschland von einem wie ihm nicht klar abgrenzt« (ebd., S. 35 f.).

49 Armin Pfahl-Traughber/Uwe Berndt, Extremismus und Innere Sicherheit, in: Werner Weidenfeld/Karl-Rudolf Korte (Hrsg.), Handbuch zur deutschen Einheit 1949–1989–1999, Bonn und Frankfurt/M. 1999, S. 353–368, hier S. 362.

50 Vgl. z. B. DEMO/SKOPIE, 7/2000, S. 22–25.

51 Petra Bock, Vergangenheitspolitik in der Revolution von 1989, in: dies./Edgar Wolfrum (Hrsg.), Geschichtsbilder, Erinnerung und Vergangenheitspolitik im internationalen Vergleich, Göttingen 1999, S. 82–100, hier S. 88.

52 Vgl. den Beitrag von Werner Weidenfeld in diesem Band, v.a. Kapitel 3.

53 Vgl. Glaab, Deutschlandpolitik (Anm. 33).

54 Deutschlands Spiel, in: Süddeutsche Zeitung vom 5. Oktober 2000.

55 Kohl wirft SPD Versagen bei der deutschen Einheit vor, in: Süddeutsche Zeitung vom 2./3. Oktober 2000.

56 Regierungserklärung von Bundeskanzler Gerhard Schröder zum »Stand des Vereinigungsprozesses 10 Jahre nach Herstellung der staatlichen Einheit« vor dem Deutschen Bundestag am 29. September 2000 in Berlin, dokumentiert in: Bulletin der Bundesregierung, Nr. 64–1/2000.

57 Vgl. dazu Petra Schuh/Bianca M. von der Weiden, Die deutsche Sozialdemokratie 1989/90, München 1997.

58 Kohl wirft SPD Versagen bei der deutschen Einheit vor, in: Süddeutsche Zeitung vom 2./3. Oktober 2000.

59 Zu dieser Einschätzung siehe: William E. Paterson, Between the Bonn and the Berlin Republics, IGS Discussion Papers 5/99, Birmingham 1999.

60 Zitiert nach: Götz Aly, Verfassungsdebatte im Nadelöhr, in: die tageszeitung vom 16. Juli 1990.

61 Fritz Stern, Die zweite Chance? Deutschland am Anfang und am Ende des Jahrhunderts, in: ders., Verspielte Größe. Essays zur deutschen Geschichte des 20. Jahrhunderts, München 1996, S. 22.

62 Regierungserklärung von Bundeskanzler Gerhard Schröder vom 29. September 2000 (Anm. 56).

63 Vgl. den Beitrag von Hanns W. Maull in diesem Band, v.a. Kapitel 2.

64 Vgl. Karl-Rudolf Korte, Unbefangen und gelassen. Über die außenpolitische Normalität der Berliner Republik, in: Internationale Politik, 12/1998, S. 3–12.

65 Vgl. David Schoenbaum/Elizabeth Pond, The German Question and other German Questions, London 1996, S. 230.

66 Michael Stürmer, Geschichte in geschichtslosem Land, in: Frankfurter Allgemeine Zeitung vom 25. April 1986 (nachgedruckt in: Historikerstreit. Die Dokumentation der Kontro-

verse um die Einzigartigkeit der nationalsozialistischen Judenvernichtung, München 1987, S. 36–38).

67 Vgl. hierzu Kapitel 3 des Beitrags von Werner Weidenfeld in diesem Band.

68 Vgl. dazu Arnulf Baring, Es lebe die Republik, es lebe Deutschland! Stationen demokratischer Erneuerung 1949–1999, Stuttgart 1999, sowie Frank Brunssen, Das neue Selbstverständnis der Berliner Republik, in: APuZ, B 1–2/2001, S. 6–14, hier S. 6.

69 Vgl. dazu Kapitel 2.1 des Beitrags von Werner Weidenfeld in diesem Band.

70 »Ich habe gern den Kopf oben«, Interview von Roger de Weck mit Angela Merkel, in: Die Zeit vom 4. Mai 2000.

71 Brunssen, Das neue Selbstverständnis (Anm. 68), S. 10.

72 Thomas Ahbe/Monika Gibas, Der Osten in der Berliner Republik, in: APuZ, B 1–2/2001, S. 15–22, hier S. 15.

73 Heinrich August Winkler, Ende aller Sonderwege, in: Der Spiegel, 24/2001, S. 168–180, hier S. 178.

74 Ahbe/Gibas, Der Osten (Anm. 72), S. 19.

75 Werner Weidenfeld/Karl-Rudolf Korte, Die pragmatischen Deutschen. Zum Staats- und Nationalbewußtsein in Deutschland, in: APuZ, B 32/1991, S. 3–12, hier S. 8.

76 Vgl. Thomas Koch, Wohin treibt der Osten? Parteienwettbewerb und Deutungsmacht im vermeintlichen Niemandsland, in: Deutschland Archiv, 3/1999, S. 440–451.

77 Vgl. Werner Früh u. a., Ostdeutschland im Fernsehen, München 1999.

78 Alois Glück zitiert nach Joachim Rohloff, Bunter Abend mit Rudi. Wie die Deutschen mit der Leitkultur-Debatte ihre Vergangenheit bewältigen, in: konkret, 1/2001, S. 12–14.

79 Alois Glück, Ohne Leitkultur geht es nicht, in: Bayernkurier, 43/2000, S. 1.

80 Steinbach, Vergegenwärtigung von Vergangenem (Anm. 34), S. 3.

81 Weiterführend hierzu Kapitel 4 des Beitrags von Werner Weidenfeld in diesem Band.

82 »Außenpolitische Verantwortung Deutschlands in der Welt.« Rede von Bundeskanzler Gerhard Schröder zur offiziellen Eröffnung des Sitzes der Deutschen Gesellschaft für Auswärtige Politik am 2. September 1999 in Berlin, dokumentiert in: Internationale Politik, 10/1999, S. 67–72, hier S. 67 f.; zur Akzeptanz der Europäischen Integration vgl. den Beitrag »Deutschland in Europa« von Peter M. Wagner in diesem Band, v.a. Kapitel 3.

83 Beschluss des Sejms der Republik Polen vom 22. Juni 2001 anlässlich des 10. Jahrestages der Unterzeichnung des Vertrages zwischen der Republik Polen und der Bundesrepublik Deutschland über gute Nachbarschaft und freundschaftliche Zusammenarbeit, dokumentiert auf: http://www.botschaft-polen.de/sej220601.html.

84 Polen und Deutsche – Nachbarn in Europa. Impulsreferat der Thüringer Ministerin für Bundesangelegenheiten, Christine Lieberknecht, am 8. Juni 1999 in Weimar, dokumentiert auf: http://www.jakobkaiser.de/Referat%20Lieberknecht.htm.

85 Vgl. beispielhaft Stefan Immerfall/Andreas Sobisch, Europäische Integration und europäische Identität. Die Europäische Union im Bewußtsein ihrer Bürger, in: APuZ, B 10/1997, S. 25–37.

86 Regierungserklärung von Bundeskanzler Gerhard Schröder am 29. September 2000 (Anm. 56).

87 Vgl. Bundesverband deutscher Banken, Umfrage »Deutschland im Wandel«, November 2000, dokumentiert in Kapitel VI in diesem Band, Tabelle 1.1.

88 »Europäische Integration an den Nahtstellen der Geschichte. Die Bedeutung der grenzüberschreitenden Regionen.« Rede von Dr. Wolfgang Schäuble, MdB am 28. Juni 2000 vor der Arbeitsgemeinschaft Europäischer Grenzregionen in Basel, dokumentiert auf: http://www.cducsu.bundestag.de/texte/schae80l.htm.

89 Vgl. Bassam Tibi, Leitkultur als Wertekonsens. Bilanz einer missglückten deutschen Debatte, in: APuZ, B 1–2/2001, S. 23–26, hier S. 24.

90 Vgl. hierzu Kapitel 3.2 des Beitrags von Werner Weidenfeld in diesem Band.

91 Manuela Glaab, Einstellungen zur deutschen Einheit, in: Weidenfeld/Korte, Handbuch zur deutschen Einheit (Anm. 49), S. 306–316, hier S. 311; vgl. hierzu auch dies., Deutschlandpolitik (Anm. 33).

92 Arnulf Baring, Die Berliner Republik. Erwartungen und Herausforderungen, in: APuZ, B 32–33/1999, S. 9–15, S. 9.
93 Zitiert nach: »Auch der Westen hat eine Vergangenheit«. Interview mit Wolfgang Thierse über 1968, in: Zitty vom 8. Februar 2001.
94 Zitiert nach: Auseinandersetzung mit zwei Geschichten, in: Das Parlament, 49/1998, S. 17.
95 Zitat aus einem Diskussionspapier zur PDS einer vom CDU-Landesvorstand Berlin beauftragten Arbeitsgruppe, zitiert nach: CDU: Tabus im Umgang mit der PDS sind längst gefallen, in: Der Tagesspiegel vom 2. Dezember 2000.
96 Vgl. Koch droht Berlin: Wenn die PDS mitregiert, gibts kein Geld mehr, in: Spiegel-Online vom 13. Juni 2001, http://www.spiegel.de/politik/deutschland/0,1518, 139230,00.html.
97 Vgl. Panikfaktor PDS: Anhaltende Kritik stärkt Kandidat Gysi, in: Spiegel-Online vom 14. Juni 2001, http://www.spiegel.de/politik/deutschland/0,1518, 139434, 00.html.
98 Rede von Frank Steffel auf dem 23. Landesparteitag der CDU Berlin am 1. Juli 2001, dokumentiert in: http://www.cduberlin.de/Parteitage/LPT%2023/Rede%20 Steffel.htm.
99 Ebd.
100 »Ich denke, dass ich eine verständliche Sprache spreche«. Was der Regierende Bürgermeister von der PDS hält, vom CDU-Spitzenkandidaten Frank Steffel – und dem Wahlkämpfer Helmut Kohl, in: Der Tagesspiegel vom 26. Juni 2001.
101 Streit um die PDS, in: Der Tagesspiegel vom 13. August 2001.
102 Regierungserklärung des Ministerpräsidenten des Freistaates Sachsen, Kurt Biedenkopf, am 24. Juni 1999 vor dem sächsischen Landtag, dokumentiert auf: http://www.sachsen.de/de/bf/reden_und_interviews/reden99/inhalt_re_mp0699.htm.
103 Dennoch gibt es als typisch ostdeutsch zu bezeichnende Abweichungen im Verhältnis zur westdeutschen Durchschnittsverteilung politischer Werte und Einstellungen; siehe dazu Ahbe/Gibas, Der Osten (Anm. 72), S. 20–22.
104 Pressemitteilung der Ministerpräsidenten von Thüringen und Hessen, Bernhard Vogel und Roland Koch, zum 40. Jahrestag des Mauerbaus am 13. August 2001, dokumentiert auf: http://www.thueringen.de/de/.
105 Ansprache des Ministerpräsidenten von Mecklenburg-Vorpommern, Harald Ringstorff, anlässlich der Eröffnung des Dokumentationszentrums für die Opfer deutscher Diktaturen, Standort Schwerin, Demmlerplatz, 6. Juni 2001, dokumentiert auf: http://www.mv-regierung.de/stk/index.htm.
106 Rede des Ministerpräsidenten von Brandenburg, Manfred Stolpe, zur Geschichte Preußens vor dem Lions-Club Minden am 25. März 2001, dokumentiert auf: http://www.brandenburg.de/land/stk/reden/2001/03241.htm.
107 Michael Mertes, Die Gegenwart der Vergangenheit. Zur außenpolitischen Relevanz nationaler Geschichtsbilder, in: Internationale Politik, 9/2000, S. 1–9, hier S. 5.
108 Alle folgenden Umfragedaten basieren auf der Repräsentativumfrage »Deutschland im Wandel« (Anm. 87).
109 Rund 66 Prozent der Deutschen stimmen der Aussage »verantwortungsvolle Politik ist nur möglich, wenn man sich seiner Geschichte bewusst ist«, »voll zu«. Weitere 23 Prozent stimmen »eher zu«.

II. Gesellschaft

Rainer Geißler

Sozialstruktur und gesellschaftlicher Wandel

Die deutsche Sozialstruktur ist – wie alle modernen Sozialstrukturen – ein hoch dynamisches Gefüge, das von vielfältigen, zum Teil miteinander verflochtenen Veränderungstendenzen durchzogen ist. In Ostdeutschland wurde die hohe soziale Dynamik durch den Zusammenbruch der DDR noch zusätzlich in dramatischer Weise beschleunigt. Die Lebensbedingungen der Ostdeutschen wurden im letzten Jahrzehnt im Zuge der deutschen Vereinigung grundlegend umgewälzt.

Der Beitrag skizziert wichtige langfristige Trends in vier ausgewählten Bereichen der Sozialstruktur: bei den materiellen Lebensbedingungen (Kapitel 1), in der Erwerbsstruktur im Zusammenhang mit Umschichtungen (Kapitel 2), in der Bevölkerungsstruktur (Kapitel 3) und bei der Geschlechterungleichheit (Kapitel 4). Das Verständnis von Sozialstruktur orientiert sich dabei weit gehend an einer Forschungstradition, die den Kernbereich der Sozialstrukturanalyse in der Analyse *sozialer Ungleichheit* sieht – in der ungleichen Verteilung von Ressourcen und Lebensbedingungen sowie deren Folgen für den Habitus und die Lebenschancen der Menschen.[1] Die Ungleichheitsperspektive beeinflusst die Auswahl und Darstellung der Trends in den Teilbereichen der Sozialstruktur und wird insbesondere auch im übergreifenden makroperspektivischen Kapitel 5 zu grundlegenden Veränderungen der Klassen- und Schichtstruktur deutlich. In Kapitel 6 werden kurz die subjektiven Reaktionen der Bevölkerung auf den Strukturwandel skizziert.

Den unterschiedlichen Entwicklungen in den beiden Sozialstrukturen des geteilten Deutschland, den Umwälzungen in Ostdeutschland und den dabei entstehenden Problemen im Zuge der deutschen Vereinigung wird besondere Beachtung geschenkt.

1. Die Entwicklung der Wohlstandsgesellschaft: Wohlstandswachstum – Wohlstandsungleichheit – Armut

1.1 Wohlstandswachstum

Ein historisch einmaliger Wohlstandsschub gehört zu den herausragenden und folgenreichsten Trends des sozialen Wandels nach dem Zweiten Weltkrieg. Allerdings vollzog sich diese Entwicklung in den beiden Teilen Deutschlands sehr unterschiedlich. Mit der Dynamik der sozialen Marktwirtschaft konnte die zentrale Planwirtschaft des Ostens nicht Schritt halten, der Lebensstandard stieg in der Bundesrepublik erheblich schneller als in der DDR. Die Ost-West-Wohlstandsschere öffnete sich immer weiter und hatte weit reichende sozialpsychologische und politische Folgen. Sie war ein zentraler Ursachenkomplex für den Zusammenbruch der DDR, und der Abbau der ungleichen Lebensbedingungen zwischen alten und neuen Bundesländern war und ist eine zentrale Herausforderung an das vereinigte Deutschland.

1.1.1 »Wohlstandsexplosion« in der Bundesrepublik

In Westdeutschland setzte, nachdem die schlimmsten Kriegsfolgen überwunden waren, eine dramatische Aufwärtsentwicklung ein. Das »Wirtschaftswunder« ließ die Wirtschaftsleistung, die Einkommen und in ihrem Gefolge den Lebensstandard steil in die Höhe schnellen. Das Volkseinkommen – wie die Wirtschaftswissenschaftler die Gesamtheit aller produzierten Güter und Dienste nennen – »explodierte« zwischen 1950 und 1989 von gut 8 600 DM auf fast 36 000 DM pro Kopf der Bevölkerung (gerechnet in Preisen von 1989).[2] Weltweit gehört Westdeutschland seit langem zu den reichsten Ländern der Erde.

Die Steigerung des Volkseinkommens spiegelt sich in einem entsprechenden, nahezu kontinuierlichen Wachstum der Reallöhne und der Haushaltseinkommen bis zum Beginn der 90er-Jahre wider. Das reale verfügbare Pro-Kopf-Einkommen der Westdeutschen erreichte im Jahr 1991 seinen bisherigen Gipfel und lag mit 25 121 DM um das 2,3fache über dem Niveau von 1960. Zwischen 1991 und 1994 sank es dann um acht Prozent und stieg bis 1998 nur geringfügig wieder an – eine Entwicklung, in der insbesondere die Lasten der deutschen Vereinigung zum Ausdruck kommen.[3]

Erheblich rasanter schnellten die Vermögen in die Höhe. So stieg das Nettogeldvermögen – die Summe aller Ersparnisse, Bausparguthaben, Versicherungsguthaben, Wertpapiere und Aktien – zwischen 1960 und 1994 um das 15fache an; es war und ist allerdings sehr ungleich auf verschiedene Bevölkerungsgruppen verteilt.[4]

Im internationalen Vergleich ist die Entstehung von Wohlstand und Massenkonsum nichts Außergewöhnliches, sondern im Rahmen der westlichen Welt eine normale Entwicklung. Die deutsche Besonderheit besteht eher in der spezifischen Ausgangslage der Deutschen. Für die Kriegsgeneration war der schnelle und steile Aufstieg aus den Verwüstungen und dem Elend der Nachkriegszeit besonders dramatisch und nahm Züge eines »Wunders« an.

1.1.2 Wachsendes Wohlstandsdefizit in der DDR[5]

Die Entwicklung in der DDR konnte mit dem westdeutschen Tempo nicht Schritt halten. Obwohl auch dort die Verdienste kontinuierlich zunahmen, hat sich die West-Ost-Wohlstandsschere immer weiter geöffnet. 1960 lag das reale, um die Kaufkraft bereinigte, durchschnittliche Haushaltsnettoeinkommen in der DDR um 30 Prozent hinter dem westdeutschen zurück, 1970 um mehr als 40 Prozent und in den 80er-Jahren bereits um mehr als 50 Prozent. 1988, ein Jahr vor der Wende, verdienten ostdeutsche Arbeitnehmer nur 31 Prozent der westdeutschen Bruttoverdienste – das entspricht in etwa dem Produktionsniveau der DDR-Wirtschaft, das in den 80er-

Jahren auf ca. ein Drittel des westdeutschen geschätzt wird.[6] Wegen der vielen Doppelverdiener war der Abstand zum Westen bei den Haushaltseinkommen nicht ganz so drastisch: 1988 erzielten die DDR-Privathaushalte ein Nettoeinkommen (Kaufkraft) von 47 Prozent des Westniveaus.

Der Rückstand im Lebensstandard lässt sich auch beim Wohnen und bei der Ausstattung mit Konsumgütern quantifizieren. Ostdeutsche wohnten enger (1989: 27 Quadratmeter pro Person – West 37 Quadratmeter), einfacher (1989: 49 Prozent der Wohnungen waren mit Bad, Innen-WC und Zentralheizung ausgestattet – West 79 Prozent) und in älteren Häusern (1989: mehr als die Hälfte in Vorkriegsbauten – West ca. ein Viertel). Bei der Ausstattung mit Pkws (1988: 52 Prozent aller Haushalte – West 68 Prozent) und Haushaltsgeräten hinkte die DDR um mindestens 15 Jahre, bei den Telefonen (1988: 16 Prozent aller Haushalte – West 93 Prozent) sogar um drei Jahrzehnte hinter der Bundesrepublik her. Dürre Zahlen dieser Art machen das Wohlstandsdefizit nur sehr unzureichend deutlich. Weitere Stichworte dazu sind die schmerzlich empfundenen, gravierenden Mängel im Angebot von Waren und Dienstleistungen sowie qualitative Unterschiede, wie »Trabbi« statt Golf.

Die Ursachen für das Wohlstands- und Produktivitätsdefizit liegen in erster Linie in der Leistungs-, Innovations- und Wachstumsschwäche der zentralen Planwirtschaft. Es darf jedoch nicht übersehen werden, dass auch die Ausgangslage in Ost und West nach dem Krieg sehr ungleich war: Die Ostdeutschen waren durch Reparationen pro Kopf um fast das 60fache höher belastet als die Westdeutschen.[7] Dazu kamen zusätzliche Hemmnisse durch die erzwungene Einbindung in den osteuropäischen Wirtschafts- und Handelsraum sowie die Verluste an leistungsfähigen Arbeitskräften durch die ständige Westwanderung, die erst 1961 durch den Bau der Berliner Mauer und die Absperrung der Grenze mit Gewalt unterbunden wurde.

Die sich öffnende Wohlstandsschere wurde der DDR-Bevölkerung wegen des Westreiseverbots lange Zeit nicht in ihrem ganzen Ausmaß bewusst. Neben den Defiziten an Freiheit, politischer Teilnahme und Arbeitsqualität war sie jedoch eine – wenn nicht sogar die – zentrale Ursache für die wachsende Unzufriedenheit in den 80er-Jahren, für die Massenflucht im Jahre 1989 und schließlich für den Zusammenbruch der DDR, der möglich wurde, nachdem der außenpolitische Druck zur Erhaltung des Systems gewichen war.

1.1.3 Nach der Vereinigung: Annäherung – aber keine Angleichung

Die Angleichung der Lebensverhältnisse in den neuen und alten Ländern stellt seit der Wende die größte Herausforderung an die deutsche Gesellschaft und ihre Machteliten dar und bildet gleichzeitig einen zentralen Konfliktherd im Verhältnis von Ost- und Westdeutschen. Der verständliche Wunsch der Ostdeutschen nach einer möglichst raschen Anhebung ihres Lebensstandards auf das westdeutsche Niveau kollidiert mit der ökonomischen Notwendigkeit, dass Wohlstandsverbesserungen an Produktivitätsfortschritte gebunden sind und dass sich der enorme Produktivitätsrückstand nicht kurzfristig aufholen lässt. 2000 lag das Bruttoinlandsprodukt je Einwohner in Ostdeutschland erst bei 69 Prozent des West-Niveaus.[8]

Durch Hilfen aus den alten Ländern im Zuge von Solidaritätsvereinbarungen wurde dafür gesorgt, dass sich die Wohlstandsschere schneller und weiter geschlos-

Abb. 1: Annäherung der Arbeitnehmerverdienste (DM netto pro Monat)

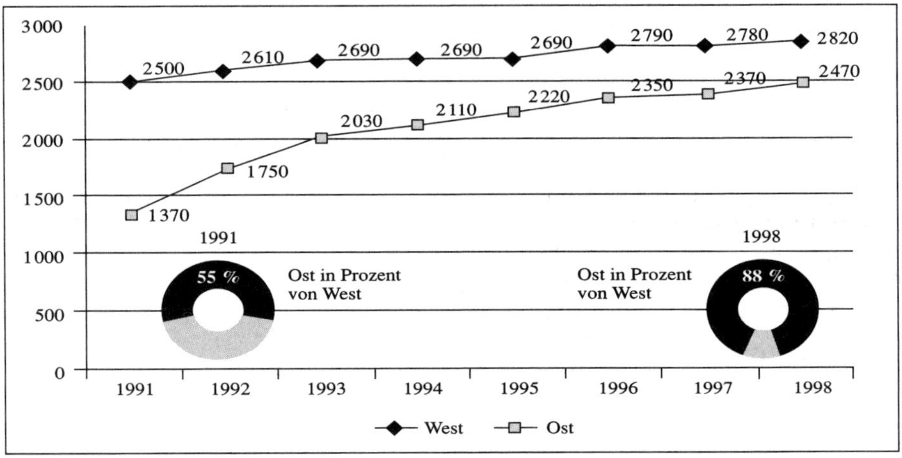

Quelle: Statistisches Bundesamt.

sen hat als die Produktivitätsschere, wenn auch nicht alle Blütenträume, die in der Anfangseuphorie nach dem Zusammenbruch in der DDR reiften, in Erfüllung gegangen sind. 1998 verdienten die ostdeutschen Arbeitnehmer im Durchschnitt 2 470 DM netto pro Monat im Vergleich zu 2 820 DM ihrer westdeutschen Kolleginnen und Kollegen *(vgl. Abb. 1)*. Die einst weit klaffende Verdienstlücke – 1991 machte sie noch 45 Prozent aus – ist auf nominal 12 Prozent zusammengedrückt worden, real dürfte der Abstand – u. a. wegen der etwas niedrigeren Mieten – bei knapp 10 Prozent liegen. Nimmt man nicht die individuellen Löhne und Gehälter, sondern die Haushaltsnettoeinkommen als Maßstab, dann ist die West-Ost-Lücke noch etwas größer. 1998 kamen die wenigen ostdeutschen Beamtenhaushalte auf 85 Prozent der entsprechenden westdeutschen Gruppe, Arbeiterhaushalte auf 83 Prozent, Angestelltenhaushalte auf 82 Prozent; Selbstständigenhaushalte aber nur auf 68 Prozent.[9]

Die historisch einmalige, »nachholende« Einkommensexplosion in den neuen Ländern – sie stellt das Tempo der Lebensstandardsteigerungen in den goldenen Jahren des westdeutschen Wirtschaftswunders bei weitem in den Schatten – schlägt sich auch in der deutlichen Verbesserung der Wohnverhältnisse und in einem Ausstattungsschub der Haushalte nieder. Die Wohnfläche pro Person stieg von 28 (1989) auf 33 Quadratmeter 1997 (West 1997: 39 Quadratmeter), etwa zwei Drittel der ostdeutschen Wohnungen wurden renoviert und modernisiert. 1997 waren 73 Prozent der Ostdeutschen mit ihren Wohnungen sehr zufrieden oder zufrieden. Ostdeutsche Haushalte sind Anfang 1999 genauso oder ähnlich gut mit Pkws, Waschautomaten, Gefrierschränken, Farbfernsehern, Telefonen, Mobiltelefonen (West 17 Prozent, Ost 16 Prozent), Videokameras (jeweils 17 Prozent) und Videorecordern (West 63 Prozent, Ost 61 Prozent) versorgt wie westdeutsche.[10] Zahlen dieser Art erfassen nur unzureichend oder auch gar nicht die Entstehung einer Konsumwelt nach dem Muster westlicher Wohlstandsgesellschaften, wie etwa den Qualitätssprung im Dienstleistungsangebot, die Teilsanierung der Umwelt, die Verbesserung der Verkehrsnetze und der Gesundheitsversorgung oder den Reiseboom.

Die Ost-West-Lücke im Einkommen, in den Wohnbedingungen und in anderen Aspekten des Lebensstandards wurde erheblich reduziert, jedoch nicht gänzlich geschlossen. Sie hat für die Ostdeutschen eine besondere psychologische Bedeutung und wird überdimensioniert wahrgenommen.[11] Besonders augenfällig wird der fortbestehende West-Ost-Abstand in den Vermögensverhältnissen. Obwohl sich das durchschnittliche Nettogeldvermögen in den ostdeutschen Haushalten zwischen 1990 und 1994 verdoppelt hat, macht es Ende 1993 mit durchschnittlich 21 700 DM pro Haushalt erst ein Drittel des Geldvermögens westdeutscher Haushalte aus. Auch die Lücke im Wohneigentum hat sich nur leicht vermindert: Ende 2000 wohnen nur 34 Prozent (1998 26 Prozent) der Ostdeutschen in Eigenheimen oder Eigentumswohnungen, von den Westdeutschen sind es 44 Prozent. Der Immobilienbesitz eines ostdeutschen Haushalts wird im Durchschnitt auf netto (abzüglich Restschulden) 190 000 DM geschätzt, in Westdeutschland beträgt der geschätzte Nettowert mit 362 000 DM fast das Doppelte.[12]

Weitere Defizite bestehen beim Ausbau der Verkehrswege, bei der Sanierung verfallener und verfallender Stadtviertel und Dörfer, beim Zustand öffentlicher Gebäude und Einrichtungen wie Schulen, Krankenhäuser, Altersheime. Defizite dieser Art wurden zwar im vergangenen Jahrzehnt gemildert, aber es wird noch lange Zeit in Anspruch nehmen, um sie endgültig zu beseitigen.[13]

Das Tempo der Annäherung wäre ohne Leistungstransfers von West nach Ost in weltweit einmaliger Größenordnung nicht möglich gewesen. Die Nettotransfers (abzüglich zurückfließender Steuer- und Verwaltungseinnahmen) beliefen sich 1991 bis 1998 auf 1 215 Milliarden DM[14], d. h. pro Einwohner der alten Länder (einschließlich Ausländer) auf knapp 2 300 DM jährlich. Trotz dieser Anstrengungen ist das vereinte Deutschland von einer Angleichung der Lebensbedingungen in Ost und West noch ein erhebliches Stück entfernt, und es ist absehbar, dass die soziale Einheit im Sinne der Herstellung gleichwertiger Lebensverhältnisse ein langwieriger Prozess sein wird. Die Folgen von fast einem halben Jahrhundert ungleicher Entwicklung sind nicht innerhalb weniger Jahre zu beseitigen. Die Deutschen stehen dabei vor der Aufgabe, beim Abbau der West-Ost-Kluft ein mittleres »goldenes Tempo« zu finden, das weder die Geduld der Ostdeutschen noch die Solidaritätsbereitschaft der Westdeutschen überfordert.

1.2 Wohlstandsungleichheit

1.2.1 Konstante Ungleichheit in der Bundesrepublik

Vom enormen Anstieg des Wohlstands haben verschiedene Gruppen der Gesellschaft in unterschiedlichem Maße profitiert. Die Steigerung des Lebensstandards hat die sozialen Ungleichheiten nicht beseitigt. Die große Kluft zwischen Arm und Reich wird dem sozial sensiblen Beobachter immer wieder in drastischer Form vor Augen geführt: In großstädtischen Ladenpassagen finden Pelzmäntel für 15 000 DM oder brillantbesetzte Uhren für 32 000 DM ihre Käufer, während vor den Schaufenstern derselben exklusiven Boutiquen Menschen neben leeren Weinflaschen und Plastiktüten schlafen, in denen sie ihr ganzes Hab und Gut mit sich führen.

Nach der letzten Einkommens- und Verbrauchsstichprobe (EVS) lag das durchschnittliche Haushaltsnettoeinkommen im Jahr 1998 in den alten Ländern bei monatlich 5 254 DM. Hinter diesem Durchschnittswert verbergen sich große Unterschiede. 1 Prozent der Haushalte darben mit weniger als 1 000 DM und weitere 11 Prozent mit weniger als 2 000 DM dahin. Knapp die Hälfte (46 Prozent) bewegt sich im Bereich zwischen 2 000 und 5 000 DM. Eine Minderheit von 8,5 Prozent gehört zu denjenigen, die mit mehr als 10 000 DM pro Monat einen großzügigen, zum Teil auch luxuriösen Lebensstil pflegen können.[15]

Die Entwicklung der Einkommensungleichheit gehört zu den gesellschaftspolitisch bedeutsamen und immer wieder diskutierten Fragen. Ist die Verteilung der Einkommen gleicher oder ungleicher geworden? Ist der Abstand zwischen Arm und Reich größer oder kleiner geworden? Ein Aspekt dieses vielschichtigen Problems lässt sich mit der so genannten Fünftel-Methode quantifizieren. 1997 verfügte das obere Fünftel über 35 Prozent des gesamten Nettoeinkommens (bedarfsgewichtetes Nettohaushaltseinkommen pro Person), das untere Fünftel nur über 10 Prozent; der Einkommensanteil des oberen Fünftels lag damit um das 3,6fache über dem des unteren. Zwischen 1962 und 1997 blieb das gesamte Muster der Verteilung auf die fünf Fünftel erstaunlich stabil *(Tab. 2)*. Leichte Tendenzen zu einer Umverteilung von »oben nach unten« zeigen sich in den 60er- und 70er-Jahren. Danach nahm die Einkommensungleichheit wieder leicht zu; 1997 liegt sie geringfügig über dem Niveau von 1978.

Tab. 2: Verteilung des Nettoeinkommens[1] auf Bevölkerungsfünftel 1962 bis 1997

	Anteil am Gesamteinkommen in Prozent					Verhältnis 5./1. Fünftel[2]	Gini-Koeff.[3]
	1. Fünftel	2. Fünftel	3. Fünftel	4. Fünftel	5. Fünftel		
West							
1962	9.4	13.4	16.7	21.4	39.1	4.2	0.292
1973	10.5	14.3	17.6	22.1	35.5	3.4	0.248
1978	10.5	14.3	17.7	22.2	35.3	3.4	0.247
1988	9.9	14.4	17.9	22.4	35.4	3.6	0.253
1991	9.8	14.3	17.9	22.8	35.5	3.6	0.254
1997	9.8	14.4	18.0	22.6	35.4	3.6	0.256
Ost							
1991	11.5	16.2	19.0	22.5	30.8	2.7	0.192
1997	11.0	15.7	19.0	22.7	31.6	2.9	0.207

1 bedarfsgewichtetes Nettohaushaltseinkommen pro Person.
2 Verhältnis der Prozentanteile des 5. zum 1. Fünftel.
3 Der Gini-Koeffizient misst die Ungleichverteilung und nimmt Werte zwischen 0 (völlige Gleichverteilung) und 1 (völlige Ungleichverteilung) an.

Quelle: Richard Hauser, Einkommen und Vermögen, in: Bernhard Schäfers/Wolfgang Zapf (Hrsg.), Handwörterbuch zur Gesellschaft Deutschlands, Opladen 1998, S. 164, sowie ders., Einkommen und Vermögen, in: ebd., Opladen 2001 (2., erw. u. aktual. Aufl.), S. 167 (Datenbasis: 1962 bis 1988 Einkommens- und Verbrauchsstichprobe, 1991 bis 1997 Sozio-ökonomisches Panel).

Wer wenig verdient, kann nur wenig oder auch gar nichts auf die hohe Kante legen. So ist es nicht verwunderlich, dass die Vermögensunterschiede noch erheblich krasser ausgeprägt sind als die Einkommensunterschiede. 1993 hatte das reichste Zehntel der Haushalte fast die Hälfte des Gesamtvermögens – Geldanlagen, Immobilien und Betriebsvermögen – aller Deutschen angehäuft, während die untere Hälfte der Bevölkerung nur über etwa ein Zehntel des Vermögensbestandes verfügte.[16]

Die hohen Vermögensbestände haben in den letzten Jahren eine Welle von Erbschaften in bisher unbekanntem Ausmaße ausgelöst. In einer repräsentativen Studie über 40- bis 85-Jährige wurde festgestellt: 28 Prozent der Westdeutschen haben bis 1996 mehr als 25 000 DM geerbt, weitere 9 Prozent erwarten eine Erbschaft in dieser Höhe. 14 Prozent konnten ein Erbe im Wert von mindestens 100 000 DM antreten, und weitere 7 Prozent sehen einem solchen Erbe entgegen. Immerhin gibt bereits jeder Hundertste Westdeutsche an, ein Millionenerbe zu sein, und weitere 0,5 Prozent sehen eine Millionenerbschaft auf sich zukommen. Vermögen werden schichtspezifisch vererbt; es profitieren nicht nur, aber im besonderen Maße diejenigen, die auch bessere Chancen haben, aus eigener Kraft Vermögen zu bilden. So gehören nur 12 Prozent der Hauptschulabsolventen zu den tatsächlichen oder zukünftigen Erben von mindestens 100 000 DM, aber 32 Prozent der Akademiker. Die Weitergabe der Vermögen von Generation zu Generation wird also die Vermögenskonzentration verstärken.[17]

1.2.2 Nivellierungen in der DDR – neue Ungleichheiten in den neuen Ländern

In der DDR waren die Vermögensunterschiede im Zuge der sozialistischen Nivellierungspolitik stark eingeebnet worden. Zu den wichtigen Maßnahmen gehörten Enteignungen (der Großgrundbesitzer, Großbauern und Bergwerksbetreiber, der Großunternehmer in Industrie und Handel, der Banken und Versicherungen, der Flüchtlinge), Verstaatlichung und Kollektivierung, Restriktionen für den kleinen Rest der Selbstständigen sowie die Entwertung des Immobilienbesitzes.

Die Einkommensunterschiede – zwischen Arbeitern, Angestellten und Genossenschaftsbauern, zwischen Genossenschaftsmitgliedern und Selbstständigen, aber auch innerhalb dieser Gruppen – wurden nach dem egalitären Prinzip der »Annäherung aller Klassen und Schichten« verkleinert. Arbeiter und Bauern erhielten dadurch vergleichsweise günstige Positionen im Ungleichheitsgefüge der DDR; die Opfer dieser »Annäherungspolitik« waren wichtige Leistungsträger wie Selbstständige und Hochqualifizierte sowie die Angestellten. Wohlstandsdefizit, soziale Nivellierung und die relativ günstige Soziallage von Arbeitern und Bauern rechtfertigen es, die DDR als eine nach unten – nicht zur Mitte hin – nivellierte Arbeiter- und Bauerngesellschaft zu charakterisieren.[18] In der DDR-Sozialstrukturforschung wurde die egalitäre Gesellschaftspolitik in den 80er-Jahren zunehmend als Hemmnis für Leistung und Wachstum kritisiert.[19]

Nach dem Zusammenbruch der DDR wird der Wohlstandsschub von einer Zunahme sozialer Ungleichheit in den neuen Ländern begleitet. Leistungshemmende soziale Nivellierung hat sich umgekehrt in zunehmende soziale Differenzierung. Die Hintergründe dieser Trendumkehr sind die Reprivatisierung der Wirtschaft und des Immobilienmarktes, der Neuaufbau des Mittelstandes von Selbstständigen und Freiberuflern sowie die Spreizung der Lohn- und Gehaltsstrukturen. In ihrem Gefolge vergrößern sich die Einkommens- und Vermögensunterschiede und die damit verknüpften Unterschiede in den Lebensbedingungen und Lebenschancen. Im Zusammenhang mit dem Wohlstandsschub bedeutet dies Differenzierung und Polarisierung nach oben: Die sozialen Abstände zwischen oben und unten werden auf einem insgesamt höheren Niveau größer.

1997 lagen die Bruttoverdienste von Angestellten und Produktionsarbeitern in verschiedenen Leistungsgruppen in den neuen Ländern fast so weit auseinander wie in Westdeutschland.[20] Auf gesamtgesellschaftlicher Ebene wird die Zunahme sozialer Ungleichheit nur allmählich sichtbar, weil die Entwicklung in verschiedenen Wirtschaftssektoren unterschiedlich verläuft und von relativierenden Prozessen begleitet wird – von gegenläufigen Nivellierungen und vorübergehenden Verwerfungen in der Umbruchphase.

Zu den vorübergehenden Verwerfungen gehört das von Branche zu Branche unterschiedliche Tempo der Annäherung an das Westniveau. So wurden 2000 im zum Teil krisengeschüttelten verarbeitenden Gewerbe erst 70 Prozent der westdeutschen Effektivlöhne gezahlt, im Baugewerbe 73 Prozent, im Handel 77 Prozent, im Öffentlichen Dienst bereits 87 Prozent; die stark nachgefragten Dachdecker oder Gebäudereiniger verdienten bereits dasselbe wie ihre Westkollegen.[21] Zu den materiellen Gewinnern der Einheit gehören neben der großen Mehrheit der Rentner die Freiberufler (Ärzte, Rechtsanwälte, Steuerberater u. ä.) und die größeren Unternehmer (ab zehn Mitarbeiter). Deren Einkommen liegen erheblich höher über dem Durchschnitt als in den alten Ländern. Im Allgemeinen sind jedoch die Einkommensunterschiede zwischen den Berufsgruppen noch nicht so stark ausgeprägt wie in Westdeutschland. Auffallend ist, dass sich auch die neuen kleineren Selbstständigen (bis neun Mitarbeiter) in der schwierigen Startphase mit unterdurchschnittlichen Einkommen begnügen müssen.[22]

Aus gesamtgesellschaftlicher Sicht hat die Einkommensungleichheit in den ersten Jahren der Vereinigung zugenommen, aber sie liegt noch deutlich unter dem westdeutschen Niveau *(vgl. Tab. 2)*. 1997 stand dem oberen Fünftel das 2,9fache des unteren Fünftels zur Verfügung (West: das 3,6fache).

Die neuen Vermögen der Ostdeutschen hinken zwar vom Umfang her noch weit hinter den westdeutschen Vermögensbeständen her, sind aber ähnlich ungleich, zum Teil sogar noch ungleicher verteilt als in Westdeutschland. Der Konzentrationsgrad beim Bruttogeldvermögen liegt in den neuen Ländern etwas niedriger, beim Immobilienvermögen aber deutlich höher als in den alten Ländern.[23]

Die Konturen der sozialen Ungleichheit treten auch deshalb schärfer hervor, weil die nivellierenden Rahmenbedingungen des sozialistischen Alltags verschwunden sind. Unterschiede in der Verfügung über Geld ermöglichen stärker als vorher eine verschiedenartige Lebensgestaltung, unterschiedliche Konsum- und Freizeitchancen. Die nach unten nivellierte »Gesellschaft der kleinen Leute« verwandelt sich nach und nach in eine Mittelschichtengesellschaft mit stärkeren sozialen Abstufungen auf gehobenem Wohlstandsniveau.

Die Privatisierung und Reprivatisierung (Rückübertragung an Alteigentümer) des ostdeutschen Produktivvermögens hatte eine radikale Veränderung der Besitzverhältnisse zur Folge. Beim Verkauf von ca. 14 000 ehemaligen volkseigenen

Unternehmen durch die Treuhandanstalt hatten betriebswirtschaftliche Gesichtspunkte absolute Priorität. Da es den Ostdeutschen weit gehend an Kapital und marktwirtschaftlich-unternehmerischem Know-how mangelte, kommen die neuen Eigentümer überwiegend aus Westdeutschland, ein Teil auch aus dem Ausland. Wenn ostdeutsche Privatpersonen als Käufer auftraten, dann im Wesentlichen beim so genannten »management-buy-out«, d. h. wenn Unternehmen von leitenden Mitarbeitern oder Teilen der Belegschaft übernommen wurden. Am Gesamtwert der von der Treuhandanstalt abgeschlossenen ca. 35 000 Kaufverträge sind sie mit nur etwa 3 Prozent beteiligt. Rund 84 Prozent der Gesamtkaufsumme brachten westdeutsche Eigentümer und 8 Prozent ausländische Unternehmer auf; 5 Prozent entfielen auf ostdeutsche Gebietskörperschaften, vor allem auf die Länder. Experten vermuten, dass die Privatisierungsaktion »eher zu einer Konzentration des Produktivvermögens als zu einer breiteren Streuung geführt« hat.[24] Sicher ist, dass sich das ostdeutsche Produktivvermögen überwiegend in westdeutscher Hand befindet.

1.3 Armut in der Wohlstandsgesellschaft

Obwohl Deutschland im Kampf gegen die Armut erfolgreicher ist als die meisten anderen Wohlstandsgesellschaften in Europa[25] und Nordamerika, konnte und kann nicht verhindert werden, dass etwa ein Zehntel der Bevölkerung mit weniger als der Hälfte des Durchschnittseinkommens (bedarfgewichtetes Haushaltsnettoeinkommen pro Kopf) auskommen muss und damit – nach der Armutsdefinition der europäischen Armutsforschung – zur Armutsbevölkerung gehört. Die Zahl der Menschen, die laufende Hilfe zum Lebensunterhalt vom Sozialamt beziehen, ist zwar in den letzten Jahrzehnten kontinuierlich angestiegen, aber der Bevölkerungsanteil, der in »strenger Armut« oder »Armut« (höchstens 40 Prozent bzw. 50 Prozent des Durchschnittseinkommens) leben muss, ist seit Mitte der 80er-Jahre eher rückläufig *(Tab. 3)*. Der Anteil der Sozialhilfeempfänger und die Armutsquoten liegen in den neuen Ländern niedriger als in den alten, sie haben sich jedoch – die Armutsquoten insbesondere in der ersten Hälfte der 90er-Jahre – dem westdeutschen Niveau angenähert.

Die Armen werden zwar nicht immer ärmer, wie 1999 drei Viertel der Deutschen glaubten; durch die »Dynamisierung« der Sozialhilfeleistungen – diese werden in etwa prozentual an die Einkommensentwicklung angepasst – nehmen auch die Armen in bescheidenem Ausmaß am Anstieg des Lebensstandards teil. Aber es liegt in der Logik dieser Dynamik, dass die Armutskluft immer größer wird – der Einkommensabstand zwischen Armen und dem Bevölkerungsdurchschnitt nimmt mit steigendem Wohlstand stetig zu.

Die Armutsrisiken haben sich zum Teil auf andere Gruppen verlagert. Die Altersarmut der 60er-Jahre, die häufig Frauenarmut war, ist durch die Dynamisierung der Renten verschwunden. Die heutigen Risikofaktoren sind Alleinerziehen, Arbeitslosigkeit, Kinderreichtum, nichtdeutsche ethnische Herkunft, niedrige Qualifikation und junges Alter. Von den Alleinerziehenden – es sind vorwiegend Frauen – müssen 1997 30 Prozent in Armut (50-Prozent-Grenze) leben, gefolgt von den Arbeitslosen (24 Prozent), Familien mit mindestens drei Kindern (22 Prozent), Aus-

Tab. 3: Armutsentwicklung

	Sozialhilfeempfänger (HLU)[1]				„strenge Armut" 40 %-Grenze[2]		„Armut" 50 %-Grenze[3]	
	in Mio		in % der Bev.		in % der Bev.		in % der Bev.	
	West	Ost	West	Ost	West	Ost[4]	West	Ost[4]
1963	0.56		1.1					
1973	0.68		1.1					
1984	1.22		2.0		5.2		12.6	
1990	1.77		2.8		3.9	0.8	10.5	3.5
1994	2.02	0.24	3.1	1.5	4.1	3.0	9.4	7.5
1997	2.52	0.38	3.8	2.5	3.7	2.0	9.1	6.2
1999	2.38	0.41	3.6	2.7				

1 laufende Hilfe zum Lebensunterhalt.
2 höchstens 40 % des durchschnittlichen Haushaltsnettoeinkommens pro Kopf, bedarfsgewichtet.
3 höchstens 50 % des durchschnittlichen Haushaltsnettoeinkommens pro Kopf, bedarfsgewichtet.
4 gemessen am Durchschnittseinkommen in Ostdeutschland.

Quellen: Statistisches Bundesamt (Sozialhilfeempfänger); Roland Habich/Peter Krause, Armut, in: Statistisches Bundesamt (Hrsg.), Datenreport 1997, Bonn 1997, S. 418 (40 %- und 50 %-Grenze 1984 bis 1990); Krause/Habich, Einkommensverteilung und Armut, in: Statistisches Bundesamt (Hrsg.), Datenreport 1999, Bonn 2000, S. 589 f. (40 %- und 50 %-Grenze 1994 bis 1997).

ländern (20 Prozent), Un- und Angelernten (16 Prozent) und Kindern/Jugendlichen bis 15 Jahre (14 Prozent). Eine gute Qualifikation, aber auch das Alter schützen dagegen vor Armut. Lediglich ein Prozent der Hochschulabsolventen, drei Prozent der in Partnerschaft lebenden Älteren (über 65 Jahre) sowie fünf Prozent der älteren Alleinlebenden sind von Armut betroffen.[26] Das Armutsrisiko von Un- und Angelernten ist um das 16fache höher als das der Hochschulabsolventen. Dieses Beispiel macht deutlich, dass die weit verbreitete Vorstellung von einer »Demokratisierung der Risiken«[27] der gesellschaftlichen Realität nicht entspricht. Armutsrisiken variieren nach wie vor deutlich schichtspezifisch.

Armut ist heute in der Regel Armut auf Zeit und nur noch manchmal Armut auf Dauer. In den sechs Jahren von 1990 bis 1996 rutschten zwar 23 Prozent der Bevölkerung zumindest kurzfristig unter die 50-Prozent-Grenze, aber nur für gut ein Viertel der Betroffenen (6 Prozent der Gesamtbevölkerung) dauerte diese Situation länger als drei Jahre und nur gut ein Zehntel (2,5 Prozent der Gesamtbevölkerung) war gezwungen, über die gesamte Periode von sechs Jahren ein Leben in Armut zu fristen.[28] Die bisherige Antwort der Wohlstandsgesellschaft auf das Problem der Armut ist nicht ihre Beseitigung, sondern ihre Befristung.

1.4 Zusammenfassung

Die Entwicklung der materiellen Lebensbedingungen vollzog sich in West- und Ostdeutschland sehr unterschiedlich. Diese Unterschiede hatten erhebliche politische Auswirkungen, die bis heute andauern. Die Bundesrepublik erlebte – so wie andere westliche Industriegesellschaften auch – in den Nachkriegsjahrzehnten einen Wohlstandsschub von historisch einmaligen Dimensionen. In der DDR stieg der Lebensstandard erheblich langsamer an; die Wohlstandskluft zwischen West und Ost wurde immer größer und für die DDR-Bevölkerung immer schmerzlicher. Sie gehört zu den wichtigen Ursachen für den Zusammenbruch der DDR, und die Herstellung gleichwertiger Lebensbedingungen in Ost- und Westdeutschland war und ist eine zentrale Herausforderung an das vereinte Deutschland.

Die Vereinigung beeinflusst die weitere Entwicklung in beiden Teilen Deutschlands: In den alten Ländern ist – weit gehend bedingt durch hohe West-Ost-Transfers – das Wohlstandswachstum auf hohem Niveau zum Stillstand gekommen, mit zeitweise rückläufigen Tendenzen. Die neuen Länder holen den Wohlstandsschub nach. Der Abstand zu Westdeutschland wurde erheblich verringert, aber noch längst nicht beseitigt. Und es ist absehbar, dass die endgültige Herstellung gleichwertiger Lebensverhältnisse noch lange – eventuell noch Jahrzehnte – dauern wird.

Das Wohlstandswachstum hat die ungleiche Verteilung des Wohlstands in der Bundesrepublik kaum beeinflusst und die Armut nicht beseitigt. Die Vermögensunterschiede sind erheblich krasser ausgeprägt als die Einkommensunterschiede, deren relatives Ausmaß über Jahrzehnte hinweg weit gehend stabil geblieben ist. Absolut ist die Kluft zwischen Arm und Reich gewachsen.

In der DDR hatte eine egalitäre Politik die ungleichen Lebensbedingungen »nach unten nivelliert«. Das nachholende Wohlstandswachstum nach der Vereinigung geht mit dem Aufbau »neuer Ungleichheiten« auf einem insgesamt höheren Niveau einher.

Armut ist in der Wohlstandsgesellschaft in der Regel für die Betroffenen befristet (Armut auf Zeit) und insbesondere unter Alleinerziehenden, Arbeitslosen, Kinderreichen, ethnischen Minderheiten, Niedrigqualifizierten und jungen Menschen verbreitet.

2. Die Entwicklung zur Dienstleistungsgesellschaft: Umschichtungen in der gesellschaftlichen Mitte

2.1 Sozioökonomischer Strukturwandel: Von der Industriegesellschaft zur industriellen Dienstleistungsgesellschaft

Die berühmte Drei-Sektoren-Theorie des sozioökonomischen Wandels von Jean Fourastié beschreibt und erklärt grundlegende langfristige Veränderungen in Wirtschaft und Gesellschaft. Sie besagt, dass sich der Schwerpunkt der wirtschaftlichen Tätigkeit in allen Gesellschaften zunächst vom primären (insbesondere Landwirtschaft) auf den sekundären Sektor (Industrie einschließlich Handwerk) und anschließend vom sekundären auf den tertiären Sektor (Dienstleistungen) verlagert. Die Schwerpunktverlagerung hin zum tertiären Sektor ist mit wichtigen Veränderungen in der Sozialstruktur, im Schichtgefüge und in den Lebens- und Arbeitsbedingungen verknüpft.

Tab. 4 macht deutlich, dass sich die Bundesrepublik in den 70er-Jahren von einer Industriegesellschaft in eine industrielle Dienstleistungsgesellschaft verwandelt hat.

Tab. 4: Erwerbstätige nach Produktionssektoren 1950 bis 2000
(in Prozent)

	West			Ost		
	Prim.	Sek.	Tert.	Prim.	Sek.	Tert.
1950	25	43	33	31	42	27
1960	13	48	39	17	49	34
1970	9	48	43	13	51	36
1980	5	45	49	11	52	38
1989	3,7	41	55	11	50	40
1992	3,4	40	56	5	38	57
1993	3,3	39	58	4,2	38	58
2000	2,5	34	64	3,6	31	65

Quelle: Statistisches Bundesamt.

Seit den 70er-Jahren dominiert der tertiäre Sektor in der Beschäftigung und in der Wertschöpfung. Allerdings ist dabei zu beachten, dass ein großer Teil der Dienstleistungen »produktionsbezogen« ist – sie dienen der Planung und Durchführung der Güterproduktion. Daher ist die Bezeichnung »industrielle Dienstleistungsgesellschaft« angemessen.[29]

Die Ursachen des Strukturwandels sind vielschichtig. Zu den primären ökonomischen Ursachen gehören: der Produktivitätsvorsprung der Industrie und die dadurch bedingte Verlagerung der Arbeitskräfte in den tertiären Sektor; die steigende Nachfrage nach Dienstleistungen durch Technisierung; Alterung der Bevölkerung; Wachstum von Wohlstand und Freizeit. Dazu kommt die wachsende Komplexität sozialer und ökonomischer Systeme, die den Bedarf an Regelung und Steuerung, an Kompetenzen und Ausbildung erhöht.

In der DDR blieb der Tertiärisierungsschub der 70er- und 80er-Jahre weitgehend aus. Ein erheblich niedrigeres Produktivitätsniveau und die Vernachlässigung des Dienstleistungssektors durch die sozialistische Wirtschaftsplanung hatten einen Tertiärisierungsrückstand von etwa 25 Jahren zur Folge: Die Verteilung der Erwerbstätigen im Jahr 1989 – 50 Prozent arbeiteten im sekundären, 40 Prozent im tertiären und 11 Prozent im primären Sektor – entsprach der westdeutschen Situation Mitte der 60er-Jahre.[30] Arbeiter- und Bauernschichten waren stark überproportioniert, der Dienstleistungssektor dagegen unterentwickelt, obwohl wiederum die Staats- und Wirtschaftsbürokratien personell erheblich überbesetzt waren. Die deformierte sozialistische Dienstleistungsstruktur mutet paradox an: Es gab zu wenige Dienstleister, aber wo es sie gab, gab es ihrer zu viele.

Mit der deutschen Vereinigung hat sich die West-Ost-Tertiärisierungslücke ruckartig geschlossen. Die Verteilung der ostdeutschen Erwerbstätigen auf die drei Sektoren hatte sich 1992 bereits nahezu und 1993 dann endgültig an das westdeutsche Muster angeglichen. Hintergrund dieses dramatischen Strukturumbruchs – eine Entwicklung, die in Westdeutschland 25 Jahre dauerte, wurde in Ostdeutschland innerhalb von etwa drei Jahren nachgeholt – war der Zusammenbruch der ostdeutschen Industrie, der radikale Wandel der Landwirtschaft und eine damit verbundene Arbeitsmarktkrise von historisch einmaligen Dimensionen. Eine Industriegesellschaft verwandelte sich in den Krisen des ökonomischen Umbruchs sozusagen über Nacht in eine industrielle Dienstleistungsgesellschaft.

2.2 *Bildungsexpansion*[31]

Seit den 50er-Jahren steigt das Qualifikationsniveau der westdeutschen Bevölkerung kontinuierlich an. Auf der Ebene des Bildungssystems ist diese Entwicklung als Bildungsexpansion (Ausbau der sekundären und tertiären Sektoren) bekannt; aus der Perspektive der Sozialstrukturanalyse stellt sie sich als Höherqualifizierung der Bevölkerung bzw. als »Umschichtung nach oben« dar. So hat sich z. B. der Akademikeranteil unter den Erwerbstätigen von drei Prozent in der 50er-Jahren auf neun Prozent im Jahr 2000 verdreifacht, während die Ungelernten, die in den 60er-Jahren noch ca. zwei Drittel der Erwerbsbevölkerung ausmachten, auf 25 Prozent im Jahr 2000 zusammengeschrumpft sind; ein gutes Fünftel davon stellen die Ausländer.

Der strukturelle Motor von Bildungsexpansion und Höherqualifizierung liegt zum einen in der Entfaltung der »wissenschaftlich-technischen Zivilisation« (Helmut Schelsky) und der »nachindustriellen Wissensgesellschaft« (Daniel Bell): Wissenschaftlicher und technischer Fortschritt, die zunehmende Durchdringung von Arbeitswelt und Alltag mit Technik, der zunehmende Einsatz von Sozialtechnologien zur Planung und Steuerung des sozioökonomischen Wandels erhöhen kontinuierlich den Bedarf an Wissen, insbesondere an theoretischem Wissen und besserer Bildung.[32] Der Qualifikationsbedarf steigt des Weiteren durch die wachsende Komplexität der Sozialstruktur – durch ihre zunehmende Differenzierung und Spezialisierung und die immer enger werdenden internationalen Verflechtungen (Internationalisierung, Globalisierung).

In der DDR wurde die Bildungsentwicklung erheblich stärker politisch und administrativ gesteuert als in der Bundesrepublik. Einer früher forcierten Expansionsphase – in den 60er-Jahren schlugen in der DDR mehr Jugendliche die Bildungswege zum Abitur und an die Universitäten ein als in Westdeutschland – folgte in den 70er-Jahren eine Drosselung des Zugangs zur höheren Bildung. Daher lagen 1989 die ostdeutschen Abiturienten- und Studentenquoten mit jeweils 14 Prozent erheblich unter den westdeutschen von 25 Prozent (Abiturienten) bzw. 20 Prozent (Universitätsstudenten). Mit dem Untergang der DDR verschwand auch die politische Blockade der Bildungsexpansion, ein Run auf die neu eingerichteten Gymnasien und – mit entsprechender Zeitverzögerung – auf die Hochschulen setzte ein. Inzwischen ist die einst gebremste Bildungsexpansion so gut wie nachgeholt: Der Besuch der verschiedenen Schulformen ähnelt inzwischen dem westdeutschen Muster. Die Studienanfängerquoten steigen und werden in Kürze das westdeutsche Niveau erreicht haben.

Erwähnenswert ist beim Ost-West-Vergleich, dass in der DDR weniger Menschen ohne berufliche Grundausbildung blieben als in der Bundesrepublik. Dieser Unterschied ist auch heute noch vorhanden: Im Jahr 2000 gab es unter den ostdeutschen Erwerbstätigen 14 Prozent Ungelernte im Vergleich zu 25 Prozent unter den westdeutschen.

2.3 Umschichtungen in Westdeutschland

Mit der Tertiärisierung geht ein Strukturwandel des gesellschaftlichen Schichtgefüges einher. Die groben Linien dieser Umschichtungen lassen sich rasch skizzieren. Seit der Industrialisierung im ausgehenden 19. Jahrhundert war die Arbeiterschaft fast ein Jahrhundert lang die quantitativ dominierende Schicht. Seit den 50er-Jahren, wo sie noch etwa die Hälfte der erwerbstätigen Bevölkerung stellte, geht ihr Anteil zunächst langsam, in den 80er- und 90er-Jahren dann immer schneller zurück. Mitte der 80er-Jahre werden die Arbeiter von den Angestellten als zahlenmäßig größte Gruppe abgelöst. 2000 machen Angestellte zusammen mit den Beamten 55 Prozent der westdeutschen Erwerbstätigen aus, nur noch ein Drittel (33 Prozent) sind als Arbeiterinnen oder Arbeiter tätig; elf Prozent arbeiten als Selbstständige und ein Prozent als mithelfende Familienangehörige.

Die schrumpfende *Arbeiterschaft* ist im Zuge des Wohlstandsschubs sozial aufgestiegen. Der Wandel ihrer Soziallage wird häufig mit dem Stichwort »Entproletarisierung« treffend charakterisiert: Die Arbeiter nahmen am steigenden Lebensstandard, an der immer besseren sozialen Absicherung der sozialen Risiken und an der wachsenden Freizeit teil und konnten die »proletarischen Elemente« ihrer Lebenslage – materielle Not, höchst ungesicherte Berufs- und Existenzbedingungen – in der Regel abstreifen. Dennoch haben sich arbeitertypische Lebensbedingungen und Lebensstile nicht völlig verflüchtigt.[33]

Die moderne Arbeiterschaft ist keine homogene, sondern eine in sich differenzierte Schicht. Eine besondere Problemgruppe stellen die *Un- und Angelernten* dar. Sie unterliegen der Gefahr sozialer Ausgrenzung, weil sie im Zuge der Höherqualifizierung der Erwerbstätigen zu einer immer kleiner werdenden Minderheit geschrumpft sind, bei der sich Benachteiligungen unterschiedlicher Art häufen. Große Teile von ihnen verrichten schwerste, gefährliche und schmutzige Arbeiten, erzielen unterdurchschnittliche Einkommen und genießen nur ein niedriges soziales Ansehen. Sie sind besonders hohen Gesundheitsrisiken ausgesetzt, und die Gefahr, arbeitslos zu werden, liegt in den 90er-Jahren etwa um das Dreifache, ihr Armutsrisiko etwa um das Doppelte über dem Durchschnitt.[34]

Angestellte mit einfachen Tätigkeiten – wie Kellnerin, Busfahrer, Tankwart, Verkäufer, Schreibkraft am PC u. ä. – werden häufig zur *ausführenden Dienstleistungsschicht* zusammengefasst. Im Gegensatz zu den manuellen Arbeitern verrichten sie zwar nicht-manuelle Tätigkeiten, im Hinblick auf ihre Soziallage – Einkommen, Qualifikationsniveau, Sozialprestige – oder ihre arbeitsrechtliche Stellung unterscheiden sie sich jedoch kaum von der Arbeiterschaft. Obwohl sie von ihrem Status her neben und nicht über der Arbeiterschaft rangieren, ordnet sich die große Mehrheit der Mittelschicht zu.

Im Zuge der Tertiärisierung und dem damit einhergehenden Anstieg der Qualifikationsanforderungen in der Arbeitswelt haben sich insbesondere die *mittleren und höheren Dienstleistungsschichten* ausgedehnt. Die Zahl der mittleren, gehobenen und höheren Angestellten und Beamten – z. B. im Bildungssystem, im Gesundheitswesen, bei den sozialen Diensten, in den staatlichen Bürokratien, im Medien- und Kommunikationssektor, in den Verwaltungs-, Marketing- und Entwicklungsabteilungen der Wirtschaftsunternehmen – hat erheblich zugenommen. Im Vergleich zur

Arbeiterschaft verrichten sie in der Regel anspruchsvollere Tätigkeiten, verfügen über höhere Qualifikationen, ein höheres Sozialprestige und können sich aufgrund besserer Verdienste einen höheren Lebensstandard leisten.

Auch die *Beamtenschaft* ist – insbesondere in den 70er-Jahren – von ca. 800 000 im Jahr 1950 auf zwei Millionen in den 90er-Jahren stark angewachsen. Hintergrund dieses Wachstums ist die Funktionserweiterung des Staates: Mit der Wende des liberalen Rechtsstaats zum sozialen Wohlfahrtsstaat, der immer stärker planend und steuernd in die gesellschaftlichen Entwicklungen eingreift, hat sich die Palette der staatlichen Aufgaben ständig erweitert. Die Beamten haben zwar deutliche Verluste an Exklusivität hinnehmen müssen; dennoch weist ihre Soziallage im Vergleich zu anderen Berufsgruppen wichtige Besonderheiten auf: Deutlich überdurchschnittliche Qualifikationen ermöglichen ihnen deutlich überdurchschnittliche Einkommen. Günstige Sozialversicherungen sowie eine absolute Arbeitsplatzgarantie sichern sie besser als andere Gruppen gegen bestimmte Risiken der modernen Gesellschaft ab. Nach den Befunden der Wohlfahrtsforschung ermöglicht ihnen diese privilegierte Soziallage besser als anderen Berufsgruppen ein Leben in Zufriedenheit und ohne »große Sorgen« um die Zukunft.[35] Studien zu den schichtspezifischen Lebenschancen lassen zwei weitere vorteilhafte Besonderheiten der Beamten hervortreten: Sie sind in der Lage, die Chancen auf politische Teilnahme besonders gut zu nutzen sowie ihren Kindern besonders gute Bildungschancen zu ermöglichen.[36]

2.4 Umschichtungen in Ostdeutschland

Unter dem Einfluss sozialistischer Politik und Ideologie hatte sich in der DDR eine Schichtstruktur mit quantitativen und qualitativen Besonderheiten herausgebildet. Im oberen Bereich war die so genannte »soziale Schicht der Intelligenz« angesiedelt, zu der alle Personen mit Hochschul- oder Fachschulabschluss gezählt wurden. Die Intelligenz war SED-loyal, und ihre Leistungsbereitschaft und Effizienz war durch eine egalitäre »Nivellierung nach unten« beeinträchtigt.[37] Zusammen mit den mittleren und unteren Funktionären in den Parteien und Massenorganisationen, in Staat und staatlich gelenkter Wirtschaft, in Medien, Kultur und Wissenschaft bildete sie die *sozialistische Dienstklasse*.

In der gesellschaftlichen Mitte befinden sich die *Arbeiter, Angestellten* und *Genossenschaftsbauern*. Unterschiede im Einkommen und Lebensstandard zwischen ihnen waren weitgehend eingeebnet, zum Teil sogar – im Vergleich zum Westen – in ihr Gegenteil verkehrt worden. Die materielle und ideologische »Hofierung der Arbeiterklasse«[38] hatte u. a. zur Folge, dass Angestellte in der Industrie 1988 nur 70 Prozent der Nettoeinkommen von Industriefacharbeitern erzielten. Die Unterschicht der DDR bildeten – ähnlich wie in der Bundesrepublik – die *Un- und Angelernten*, wo sich Benachteiligungen vielfältiger Art bündelten.[39]

Nach dem Untergang der DDR nähert sich das ostdeutsche Schichtgefüge nach und nach dem westdeutschen Muster an. Die sozialistische Dienstklasse hat sich umgehend nach der Umwälzung des Herrschaftssystems aufgelöst. Die wachsenden Dienstleistungsschichten setzen sich – im Hinblick auf Einkommen, aber auch auf Arbeitssituation – stärker als vorher von der schrumpfenden Arbeiterschaft ab. Nur wenige wurden bisher in den privilegierten Status der Beamten erhoben. (Das Berufsbeamtentum war in der DDR abgeschafft worden.) Mit dem Ende der »Hofierung« büßen die Arbeiter bei steigendem Lebensstandard ihre relativ begünstigte Position im Schichtgefüge ein. Un- und Angelernte bilden diejenige Schicht, die am stärksten von den Krisenerscheinungen des Umbruchs betroffen ist. Sie werden besonders häufig aus dem Arbeitsmarkt hinausgedrängt; Lähmungserscheinungen und Handlungsschwäche, Sorgen, Ängste, Orientierungslosigkeit und Unzufriedenheit sind unter ihnen besonders weit verbreitet.

2.5 Wandel der »alten Mittelstände«

Karl Marx hatte den Mittelständen den baldigen Untergang prophezeit: Sie würden im Konkurrenzkampf der Mono- und Oligopole zerrieben. Diese düstere Prognose hat sich in der Bundesrepublik nur teilweise erfüllt *(vgl. Abb. 5)*. Der Anteil der Selbstständigen (einschließlich mithelfende Familienangehörige) an den Erwerbstätigen wurde zwar von 32 Prozent im Jahr 1950 auf 11 Prozent im Jahr 1989 erheblich dezimiert; seitdem hält er sich jedoch in etwa auf diesem Niveau (2000: 11,3 Prozent). Die Selbstständigen stellen eine ausgesprochen leistungsorientierte, flexibel agierende, experimentier- und risikofreudige Gruppe dar mit wichtigen sozioökonomischen Funktionen; schichtungssoziologisch sind sie – im Hinblick auf

Abb. 5: Selbstständige (einschl. mithelfende Familienangehörige) 1939 bis 2000

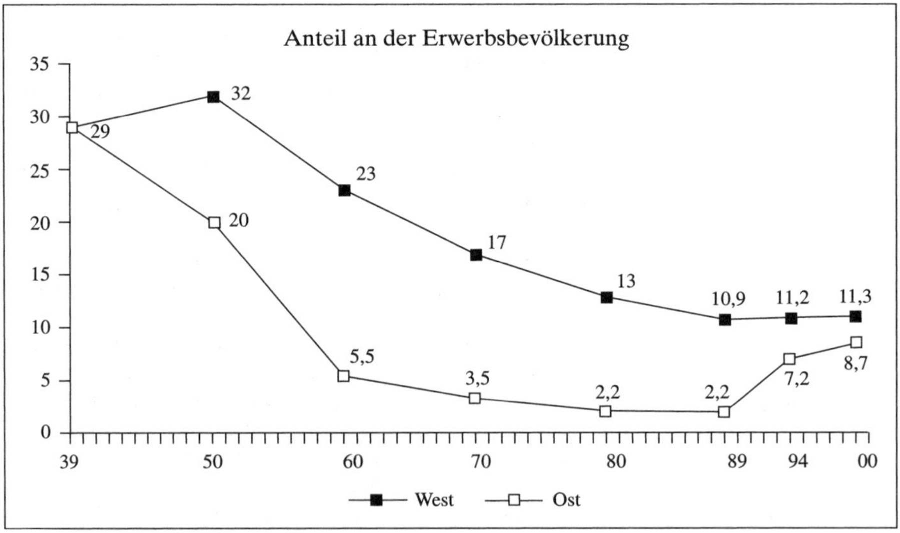

Quellen: Rainer Geißler, Die Sozialstruktur Deutschlands. Zur gesellschaftlichen Entwicklung mit einer Zwischenbilanz zur Vereinigung, Opladen 1996, S. 111 (1939 bis 1994); Auskunft des Statistischen Bundesamtes (1995 bis 2000).

Qualifikation, Einkommen und Vermögen sowie Sozialmentalität – sehr heterogen zusammengesetzt.

Die sozialistische Machtelite hat bei der Erfüllung der Marxschen Prophezeiung kräftig nachgeholfen und die Selbstständigen in der DDR durch ihre Sozialisierungs- und Kollektivierungspolitik fast vernichtet. Der kleine Rest von ca. 180 000 Selbstständigen (gut zwei Prozent der Erwerbstätigen), die in den 80er-Jahren, insbesondere im Handwerk, noch überlebt hatten, war zu einem sozioökonomischen Kümmerdasein verurteilt, da seiner wirtschaftlichen Aktivität durch Planvorgaben und hohe Steuern enge leistungshemmende Fesseln angelegt waren.

Der Neuaufbau eines handwerklich-tertiären Mittelstands in den neuen Ländern bereitet erhebliche Schwierigkeiten. Die ca. 554 000 Selbstständigen in den neuen Ländern (2000) machen erst ca. drei Viertel des westdeutschen Umfangs dieser Gruppe aus und weisen auch qualitativ zahlreiche Besonderheiten auf: eine buntere Zusammensetzung nach Herkunft und Soziallage; mehr Klein- und Kleinstbetriebe; mehr »Notgründungen« aus der tatsächlichen oder drohenden Arbeitslosigkeit heraus; eine extreme Polarisierung der Einkommen, wobei viele lediglich unterdurchschnittliche Verdienste erzielen.[40]

2.6 Bauernschaft

1950 arbeitete in der Bundesrepublik noch ein Viertel der Erwerbstätigen im primären Sektor; im Zuge der Tertiärisierung schrumpften die Bauern jedoch schnell zu einer immer kleiner werdenden Minderheit zusammen. Von den 1,6 Millionen landwirtschaftlichen Betrieben im Jahr 1949 sind 2000 nur noch 393 000 übrig geblieben – davon lediglich eine Minderheit (1999: 183 000) als Haupterwerbsbetriebe, die Mehrheit sind Kleinstbetriebe zum Nebenerwerb. Nur noch 288 000 Menschen (weniger als ein Prozent aller Erwerbstätigen) arbeiten als Vollbeschäftigte, in der Regel als Betriebsinhaber, auf Bauernhöfen. Der sozioökonomische Wandel zur industriellen Dienstleistungsgesellschaft hat eine über Jahrhunderte strukturprägende Schicht nicht nur zu einer winzigen Minderheit zusammengedrückt, sondern große Teile auch in eine prekäre Randlage abgedrängt. 1999/2000 arbeiteten sechs Prozent der Haupterwerbsbetriebe mit Verlusten, und bei weiteren zwölf Prozent blieben die Gewinne unter der 20 000-DM-Grenze, ihr Durchschnitt lag bei 11 046 DM pro Jahr; fast die Hälfte aller Haupterwerbsbetriebe musste Eigenkapitalverluste hinnehmen.[41]

In der DDR war die Agrarstruktur grundlegend umgewälzt worden. Enteignungen und Kollektivierung ließen aus Gütern und Höfen große Landwirtschaftliche Produktionsgenossenschaften (LPG) entstehen – »Agrarfabriken«, die jeweils entweder auf Pflanzenbau oder auf Tierzucht spezialisiert waren. Eine durchschnittliche Pflanzenbau-Genossenschaft bewirtschaftete mit 360 Personen ca. 4 500 Hektar Land. Die »Genossenschaftsbauern«, d. h. landwirtschaftliche Arbeitnehmer in arbeitsteiligen Großbetrieben, waren gut in die sozialistische »Arbeiter- und Bauerngesellschaft« integriert. Wegen der staatlich hoch subventionierten Erzeugerpreise erzielten sie überdurchschnittliche Einkommen, und in ihren Arbeitsbedingungen ähnelten sie stark den Arbeitnehmern in anderen Bereichen.

Nach der Vereinigung vollzog sich der Strukturumbruch auf dem Lande mit besonderer Dramatik und Radikalität. Dem Zusammenschrumpfen der enormen personellen Überkapazitäten im primären Sektor auf westdeutsches Niveau sind ca. 80 Prozent der Arbeitsplätze zum Opfer gefallen – ein historisch einmaliger Einbruch. Im Agrarsektor zeichnet sich ein ostdeutscher Sonderweg ab, weil spezifische Strukturen, die die sozialistische Agrarrevolution hervorgebracht hatte, inveränderter Form überleben. Im Jahr 2000 bewirtschafteten ca. 3 200 LPG-Nachfolgegesellschaften in stark veränderter und verkleinerter Form noch 54 Prozent der landwirtschaftlichen Nutzfläche. Die wenigen Bauern, die den Schritt in die Selbstständigkeit gewagt haben, nehmen sich im Vergleich zu den westdeutschen Familienbetrieben häufig wie moderne postsozialistische Großagrarier aus: Ihre Höfe sind mit durchschnittlich ca. 130 Hektar um das Dreifache größer und ermöglichen ihnen deutlich höhere Gewinne. Experten vermuten, dass sich in den ostdeutschen Großbetrieben die zukunftsträchtigeren Produktionsstrukturen herausbilden.

2.7 Zusammenfassung

Die Entwicklung zur industriellen Dienstleistungsgesellschaft (Tertiärisierung) und die damit eng verbundene Höherqualifizierung der Bevölkerung (Bildungsexpansion) gehören zu den säkularen Grundtrends der sozialstrukturellen Entwicklung, die kontinuierlich voranschreiten und Umschichtungen auslösen. Während in der Bundesrepublik der Dienstleistungssektor bereits in den 70er-Jahren zum dominierenden Bereich der Wertschöpfung und Beschäftigung wurde, hinkte die DDR bei ihrem Untergang um etwa 25 Jahre hinter der westdeutschen Entwicklung her. Diese Tertiärisierungslücke wurde dann in den ökonomischen Krisen des Umbruchs gleichsam über Nacht geschlossen (nachholende Tertiärisierung). Auch die in der DDR politisch gebremste Bildungsexpansion ist in Ostdeutschland inzwischen so gut wie nachgeholt.

Die Tertiärisierung wird in Westdeutschland von folgenden Umschichtungsprozessen begleitet: Die qualifizierten, mittleren und höheren Dienstleistungsschichten dehnen sich aus. Die Arbeiterschaft wird »entproletarisiert« und kleiner. Die zahlenmäßig besonders stark abnehmende Minderheit der Un- und Angelernten ist von sozialer Ausgrenzung bedroht, ebenso große Teile der Bauernschaft, die zu einer winzigen und noch weiter schrumpfenden Minderheit zusammengeschmolzen sind. Die handwerklich-tertiären Mittelstände sind dagegen seit langem vom Umfang her stabil und erfüllen wichtige sozioökonomische Funktionen.

In den neuen Ländern verwandelt sich eine nach unten nivellierte »Arbeiter- und Bauerngesellschaft« nach und nach in eine industrielle Dienstleistungs- und Mittelschichtengesellschaft mit starken sozialen Abstufungen. Die im Sozialismus fast vernichteten Mittelstände befinden sich in einer schwierigen Phase des Neuaufbaus. Im Agrarsektor zeichnet sich ein ostdeutscher Sonderweg ab: Der dramatische Strukturumbruch auf dem Lande hat arbeitsteilige Großbetriebe als modernisierte Relikte der sozialistischen Agrarrevolution hervorgebracht sowie postsozialistische Großagrarier auf Einzelhöfen, die zum Teil miteinander kooperieren.

3. Bevölkerungsentwicklung: Niedrige Geburtenraten – Alterung – Einwanderungen und ethnische Vielfalt

Deutschland ist in den letzten Jahrzehnten – wie die anderen Gesellschaften Europas und Nordamerikas auch – säkularen demographischen Tendenzen unterworfen, die alle industriellen Dienstleistungsgesellschaften in ähnlicher Form erfassen[42]:

- Die Geburtenraten sind gesunken und bewegen sich seit langem auf einem niedrigen Niveau.
- Die einheimische Bevölkerung nimmt ab und wird immer älter.
- Diese Entwicklungen verursachen einen ökonomischen und demographisch bedingten Zuwanderungsbedarf, der Einwanderungen von ethnischen Minderheiten mit entsprechenden Integrationsproblemen zur Folge hat.

3.1 Bevölkerungswachstum: Zunahme im Westen – Rückgang im Osten

Im Jahr 2000 lebten auf dem Gebiet der Bundesrepublik Deutschland 82 Millionen Menschen, das sind gut 17 Millionen oder 27 Prozent mehr als 1946. Diese Bevölkerungszunahme vollzog sich nach 1948 ausschließlich in Westdeutschland; dort erfolgten zwei Wachstumsschübe, denen unterschiedliche Ursachen zugrunde lagen. Der erste Schub (Kriegsende bis in die 60er-Jahre) wurde durch drei Zuwanderungswellen – Flüchtlinge bzw. Vertriebene aus den ehemaligen deutschen Ostgebieten (ca. acht Millionen), Übersiedler aus der DDR (gut drei Millionen), angeworbene Arbeitsmigranten aus Südeuropa (ca. dreieinhalb Millionen) – ausgelöst, aber auch durch die hohen Geburtenziffern während des so genannten Babybooms. Der zweite Schub erfolgte im letzten Jahrzehnt und ist ausschließlich auf weitere Zuwanderungen (knapp drei Millionen) zurückzuführen.

Während die Bundesrepublik zu den wichtigsten Einwanderungsländern der westlichen Welt gehörte, stellte die DDR einen »Sonderfall« mit umgekehrten Vorzeichen dar: Sie war das einzige Land der Erde, dessen Bevölkerungsentwicklung seit den 50er-Jahren durchgängig durch schrumpfende Zahlen gekennzeichnet war. Ihre Einwohnerzahl ging von 19,1 Millionen im Jahr 1948 auf 16,4 Millionen im Jahr 1989 zurück und nach der deutschen Vereinigung weiter auf 15,2 Millionen im Jahr 2000.

3.2 Geburtenrückgang – steigende Lebenserwartungen – Alterung

In der früheren Bundesrepublik folgte dem so genannten »Babyboom« in den späten 50er- und frühen 60er-Jahren eine rasante Talfahrt der Geburtenziffern *(Abb. 6)*. 1965 brachten 100 Frauen noch durchschnittlich 250 Kinder zur Welt, 1975 nur noch 145, und 1985 ist mit 128 Kindern ein Tiefpunkt erreicht. In den 90er-Jahren liegt die Zahl bei etwa 140 Kindern (1999: 141). Um den Bestand einer Bevölkerung über Geburten zu erhalten, müssten 100 Frauen im Durchschnitt 208 Kinder zur Welt bringen. In Westdeutschland schrumpft also derzeit jede Kindergeneration um ca. ein Drittel im Vergleich zur Elterngeneration.

Abb. 6: Geburten je 100 Frauen 1950 bis 1999

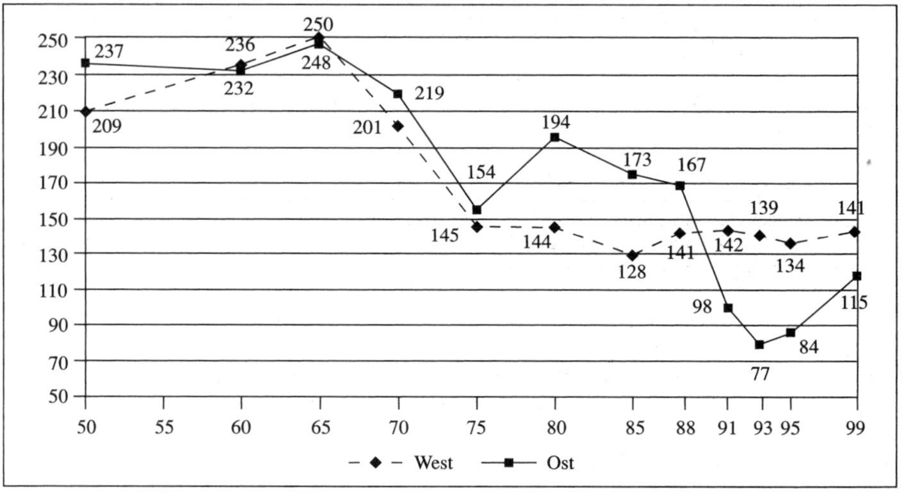

Quelle: Statistische Jahrbücher (1950 bis 1995), Statistisches Bundesamt (1999).

In der DDR lagen die Geburtenziffern höher als in der früheren Bundesrepublik. Der Zusammenbruch des sozialistischen Systems löste jedoch schockartige Lähmungserscheinungen im Familienleben der Ostdeutschen aus; so halbierten sich gleichsam über Nacht die Geburtenziffern – und auch die Eheschließungen und Scheidungen gingen in einem ähnlich dramatischen Ausmaß zurück. Seit 1995 steigen die Geburtenzahlen in den neuen Ländern wieder langsam an, liegen allerdings noch erheblich unter dem westdeutschen Niveau – 1999 bei 115 Kindern pro 100 Frauen. Die ostdeutsche Kindergeneration wird derzeit also nur gut halb so stark wie die Elterngeneration.

Der Geburtenrückgang ist ein offensichtlich unumkehrbarer säkularer Prozess, dem ein vielschichtiges Bedingungsgefüge zugrunde liegt. Eine wesentliche Rolle spielt dabei die Minderung der ökonomischen Bedeutung der Kinder für die Eltern, ausgelöst durch das Verschwinden der Familienbetriebe und den Ausbau der sozialen Sicherungssysteme, die Höherqualifizierung und »Emanzipation« der Frauen sowie die Ausbreitung von anspruchsvollen und individualistischen Lebensstilen.[43]

Neben dem Geburtenrückgang ist der Anstieg der Lebenserwartungen der zweite wichtige säkulare Trend. Seit 1950 ist die Lebenserwartung der Frauen bis 1997/99 um ca. 12 Jahre auf 80,7 (West) bzw. 80,0 (Ost) Jahre gestiegen, die der Männer um ca. 10 Jahre auf ein durchschnittliches Alter von 74,8 (West) bzw. 73,0 (Ost) Jahren.

Geburtenrückgang und steigende Lebenserwartungen haben eine demographische Alterung der Bevölkerung zur Folge, mit erheblichen Auswirkungen und Problemen für die sozialen Sicherungssysteme. Demographische Alterung bedeutet: Die Anteile der jüngeren Menschen an der Gesamtbevölkerung gehen zurück, während gleichzeitig die Anteile der älteren Menschen zunehmen. 1950 entfielen auf

Tab. 7: Demographische Alterung 1871 bis 2030

	1871	1950	1960	1970	1980	1990	1996	2010	2020	2030
unter 20 Jahre	43	31	29	31	26	22	22	17	15	15
20 bis unter 60 Jahre	47	55	55	50	54	58	57	55	54	48
über 60 Jahre	8	14	16	19	19	20	22	28	31	37

Quellen: Statistische Jahrbücher (1871 bis 1996); Deutsches Institut für Wirtschaftsforschung, Zur langfristigen Bevölkerungsentwicklung in Deutschland. Modellrechnungen bis 2050, in: DIW-Wochenbericht, 42/1999, S. 745–757. (2010 bis 2030).

einen Menschen im »Ruhestandsalter« (über 60 Jahre) vier Personen im erwerbsfähigen Alter von 20 bis 60 Jahren, in den 90er-Jahren waren es nur noch weniger als drei. Prognostische Modellrechnungen[44] zeigen, dass innerhalb der nächsten zwei Jahrzehnte das Verhältnis von eins zu zwei unterschritten werden dürfte *(Tab. 7)*.

Der immer größere Anteil älterer Menschen treibt nicht nur die Kosten für Gesundheit und Pflege weiter in die Höhe, sondern es ist auch absehbar, dass der traditionelle so genannte Generationenvertrag der Alterssicherung – die erwerbstätige Generation finanziert über ihre Beiträge zur Rentenversicherung im wesentlichen die Renten der Ruhestandsgeneration (Umlageverfahren) – über kurz oder lang nicht mehr bezahlbar ist. Die Belastungen für die Erwerbsgeneration werden die Grenze des Erträglichen überschreiten, oder die Höhe der Renten wird unter die Grenze des Erträglichen absinken. Daher muss neben die Alterssicherung über den Generationenvertrag eine zweite zusätzliche Säule entstehen, die auf privater Vorsorge nach dem Kapitaldeckungsverfahren (Eigentum, Pensionsfonds, Lebensversicherungen u. ä.) beruht.

3.3 Einwanderungen und ethnische Vielfalt

3.3.1 Phasen der Einwanderung von ethnischen Minderheiten

Westdeutschland ist seit den 60er-Jahren aus ökonomischen, demographischen und humanitären Gründen de facto zu einem Einwanderungsland modernen Typs für ethnische Minderheiten geworden *(vgl. Abb. 8)*.

Die westdeutsche Einwanderungsgeschichte (ethnische Minderheiten ohne Spätaussiedler) nach dem Zweiten Weltkrieg lässt sich in drei Phasen mit zwei Zuwanderungsschüben unterteilen.

Die Jahre 1955 bis 1973 markieren die *Anwerbephase* mit dem ersten Zuwanderungsschub. Um den Arbeitskräftebedarf für ihre aufblühende Wirtschaft zu decken, warb die Bundesrepublik Gastarbeiter aus den Mittelmeerländern an und schloss entsprechende Abkommen mit Italien (1955), Spanien und Griechenland (1960), der Türkei (1961), Marokko (1963), Portugal (1964), Tunesien (1965) und Jugoslawien (1968) ab. Die Zahl der in Deutschland lebenden Ausländer stieg von knapp 700 000 im Jahr 1961 (1,2 Prozent der Bevölkerung) auf vier Millionen (6,4 Prozent der Bevölkerung) im Jahr 1973 an.

Abb. 8: Ethnische Vielfalt West – ethnische Homogenität Ost

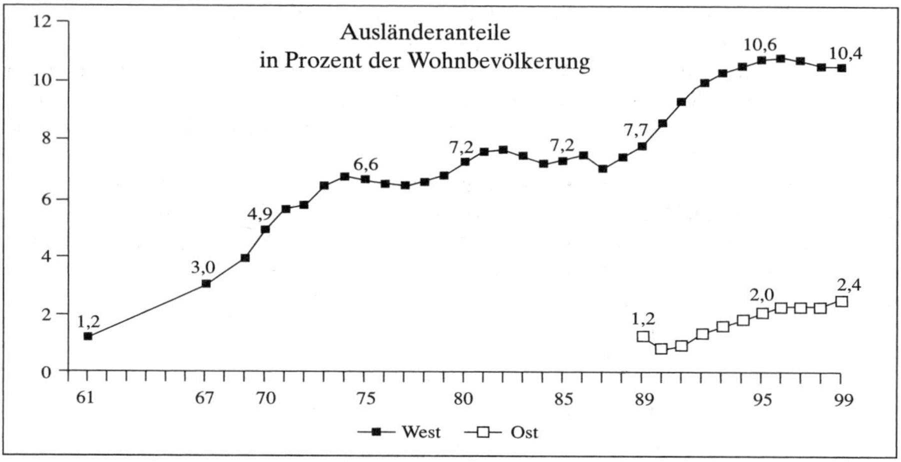

Quellen: Harald W. Lederer, Migration und Integration in Zahlen, Bamberg 1997, S. 18 (West 1961 bis 1989); Rainer Geißler, Die Sozialstruktur Deutschlands. Zur gesellschaftlichen Entwicklung mit einer Zwischenbilanz zur Vereinigung, Opladen 1996, S. 226 (Ost 1989); Statistisches Bundesamt (West und Ost 1990 bis 1999).

Ölkrise, Wirtschaftsrezession und drohende Arbeitslosigkeit veranlassten die Bundesregierung 1973, einen Anwerbestopp zu verhängen. Er leitete eine *Konsolidierungsphase* (1973–1980) mit ersten Integrationsversuchen ein. Familiennachzug und hohe Geburtenraten ließen die ausländische Wohnbevölkerung bis 1980 weiterhin langsam auf knapp 4,5 Millionen (7,2 Prozent der Bevölkerung) anwachsen. In Deutschland wiederholte sich ein Phänomen, das die Schweiz bereits zwei Jahrzehnte vorher erfahren hatte und das der schweizerische Schriftsteller Max Frisch auf die einprägsame Formel gebracht hatte: »Man hat Arbeitskräfte gerufen, und es kommen Menschen.« Es wurde deutlich, dass das rein ökonomisch gedachte »Rotationsprinzip« – die »Gastarbeiter« kehren nach einigen Jahren Arbeit im »Gastland« in ihre Heimat zurück und werden bei Bedarf durch neue ersetzt – die menschlichen Aspekte der Arbeitsmigration außer Acht gelassen hatte: Die angeworbenen Migranten verwandeln sich immer häufiger von kurzfristigen Gastarbeitern in länger verweilende Arbeitnehmer oder auch bleibewillige Einwanderer. Deutschland stand damit vor einer Herausforderung, deren Relevanz und Brisanz bis heute weiter zugenommen hat: Der bleibewillige Teil der Arbeitsmigranten muss in die deutsche Gesellschaft eingegliedert werden.

1980 wird ein neues, bis heute andauerndes Migrationsphänomen offensichtlich: die Anziehungskraft Deutschlands für Asylsuchende aus den Krisengebieten der europäischen und außereuropäischen Welt. Der steigende Zuwanderungsdruck durch Flüchtlinge führte zu einer Wende in der Ausländerpolitik und läutete eine lange *Abwehrphase* (1981–1998) ein: Im Zentrum politischer Bemühungen und der öffentlichen Diskussion stand nicht mehr die immer dringlicher werdende Integration der Arbeitsmigranten, sondern die Begrenzung der Zuwanderung. Diese nahm mit der Krise und dem Zusammenbruch der sozialistischen Systeme eine neue Qualität an. Zwischen 1988 und 1996 erfolgte ein erneuter Zuwanderungsschub: Die ausländische Wohnbevölkerung wuchs von 4,5 auf 7,3 Millionen an und verharrt seitdem auf diesem Niveau. Anfang 2000 lebten 7,3 Millionen Ausländer in der Bundesrepublik (8,9 Prozent der Bevölkerung), dazu kommen noch schätzungsweise eine Million Angehörige ethnischer Minderheiten, die die deutsche Staatsangehörigkeit erworben haben.

Das starke Wachstum des multi-ethnischen Segments der Sozialstruktur war bisher weit gehend auf Westdeutschland begrenzt. In der DDR wohnten 1989 nur ca. 190 000 Ausländer/innen (1,2 Prozent der Bevölkerung), die als Leiharbeiter in der Regel in engen Wohngettos von der Bevölkerung abgeschottet waren und unter stark reglementierten, ausgeprägt randständigen Bedingungen leben mussten. Und auch nach der Vereinigung ist Ostdeutschland eine weit gehend mono-ethnische Gesellschaft geblieben: Anfang 2000 lebten nur 360 000 Ausländer in den neuen Ländern (2,4 Prozent der Bevölkerung) im Vergleich zu sieben Millionen in den alten Ländern (10,4 Prozent der Bevölkerung). Umbruchsprobleme – Arbeitslosigkeit, militante Fremdenfeindlichkeit bei Teilen der Bevölkerung – standen bisher einer stärkeren Zuwanderung von ethnischen Minderheiten im Wege. Die besonders niedrigen ostdeutschen Geburtenraten lassen jedoch vermuten, dass Ostdeutschland den Wandel zu einer modernen multi-ethnischen Gesellschaft in nicht allzu ferner Zukunft nachholen wird.

3.3.2 Integrationsprobleme

Das wachsende multi-ethnische Segment ist in sich sehr facettenreich – sowohl im Hinblick auf die ethnische Herkunft der verschiedenen Gruppen als auch im Hinblick auf ihren rechtlichen und sozialen Status. Arbeitsmigranten wurden und werden im Arbeitsmarkt überwiegend für einfache Tätigkeiten benötigt, so dass die deutsche Sozialstruktur durch ethnische Minderheiten teilweise »unterschichtet« wurde – eine Tendenz, die sich in den 80er-Jahren abgeschwächt hat[45] – und – das macht die derzeitige Diskussion um den Mangel an Computerspezialisten und Facharbeitskräften deutlich – weiter abschwächen wird.

Integrationshemmend wirken sich Befürchtungen bei Teilen der deutschen Bevölkerung aus, die – wie z. B. die Ängste vor der Konkurrenz um Arbeitsplätze, vor finanziellen Belastungen oder vor »Ausländerkriminalität« – einer genaueren wissenschaftlichen Analyse nicht Stand halten. Wirtschaftswissenschaftler können belegen, dass Zuwanderer kaum mit Einheimischen um Arbeitsplätze konkurrieren, sondern Tätigkeiten verrichten, »für die nicht ausreichend einheimische Arbeitskräfte zur Verfügung stehen«. Für den Steuerzahler sind die Zuwanderer – trotz der Aufwendungen für Eingliederungshilfen und überdurchschnittlich vielen Arbeitslosen unter ihnen – unter dem Strich ein Gewinn. Da sie deutlich mehr an Steuern und Beiträgen an die Kranken- und Rentenversicherungen einzahlen, als sie an Leistungen von der öffentlichen Hand und von den Versicherungen erhalten, wird »die deutsche Bevölkerung pro Jahr und Kopf um ca. 400 DM entlastet, was beitragsmäßig in etwa dem Solidarzuschlag der Einkommensteuer entspricht«.[46] Und eine Feinanalyse der Kriminalstatistiken ergibt, dass Arbeitsmigranten – im Gegensatz zu weit verbreiteten Vorurteilen – nicht häufiger polizeiauffällig werden als Deutsche und sich deutlich besser an die Gesetze halten als Deutsche mit einem ähnlichen Sozialprofil. Allerdings haben sich in den 90er-Jahren bei Teilen der zweiten und dritten Migrantengeneration Problemgruppen mit überdurchschnittlicher krimineller Belastung herausgebildet – offensichtlich eine Folge vielfältiger Ausgrenzungen in der Abwehrphase, die im letzten Jahrzehnt gehäuft gewalttätige fremdenfeindliche Züge annahmen.[47]

3.4 Perspektiven

Langfristig zeichnen sich vier klare Trends in der Bevölkerungsentwicklung ab:

1. *Niedrige Geburtenrate:* Die westdeutschen Geburtenraten werden weiterhin auf einem niedrigen Niveau verharren; die noch niedrigeren ostdeutschen Ziffern werden sich vermutlich langfristig dem westdeutschen Niveau annähern.
2. *Alterung:* Niedrige Geburtenraten und steigende Lebenserwartungen lassen die Alterung der Bevölkerung weiter voranschreiten. Eine Folge sind starke Belastungen für das soziale Sicherungssystem: Die demographischen Voraussetzungen für den »Generationenvertrag« als alleinige Grundlage der Alterssicherung schwinden dahin, und auch das Gesundheitssystem wird immer stärkeren Belastungen ausgesetzt.
3. *Zuwanderung und Wachstum der ethnischen Minderheiten:* Wegen der niedrigen Geburtenziffern würde die Wohnbevölkerung ohne Zuwanderungen von heute 82 Millionen auf 59 Millionen im Jahr 2050 zurückgehen.[48] Einen Bevölkerungsschwund in diesem Ausmaß würden weder die Wirtschaft noch das System der sozialen Sicherung unbeschadet überstehen. Der ökonomisch und demographisch bedingte Zuwanderungsbedarf liegt im nächsten Jahrzehnt nach den meisten Schätzungen bei ca. 200 000 Personen pro Jahr[49], für die späteren Jahrzehnte liegen die Schätzungen noch erheblich höher. Das multi-ethnische Segment der Sozialstruktur wird sich demnach in den nächsten zwei bis drei Jahrzehnten verdoppeln. Deutschland steht derzeit vor der dringlichen Aufgabe, die notwendige Zuwanderung sinnvoll zu steuern und seine wachsenden ethnischen Minderheiten angemessen einzugliedern.
4. *Bevölkerungsrückgang*: Der seit dem Beginn der Industrialisierung andauernde Trend eines stetigen Bevölkerungswachstums ist beendet. Trotz Zuwanderungen wird die Wohnbevölkerung wieder abnehmen.

4. Soziale Annäherung zwischen den Geschlechtern

In der Industriegesellschaft hat sich eine besondere Form der geschlechtstypischen Arbeitsteilung in der Arbeitswelt, im öffentlichen Leben und in der Privatsphäre herausgebildet, die Frauen strukturell benachteiligt. Wie in allen entwickelten Gesellschaften sind auch in den beiden deutschen Sozialstrukturen soziale Differenzierungen und Ungleichheiten dieser Art in den letzten Jahrzehnten abgeschwächt worden – eine Tendenz, die Norbert Elias zu den allgemeinen »emanzipatorischen

Trends« der modernen Gesellschaft zählt. Mit der Verringerung der geschlechtstypischen Unterschiede hat sich gleichzeitig die soziale Sensibilität gegen die weiterhin existierenden erheblichen sozialen Ungleichheiten zwischen Frauen und Männern erhöht.

Strukturelle Benachteiligungen der Frauen wurden in den beiden deutschen Gesellschaften in vier zentralen gesellschaftlichen Bereichen gemildert: im Bildungssystem, in der Arbeitswelt, in der Politik und in der Familie.

4.1 Annäherungen in Westdeutschland

4.1.1 Bildung und Ausbildung

Am schnellsten ließen sich geschlechtstypische Ungleichheiten im Bildungssystem abbauen. Mädchen erzielten schon immer die besseren Schulnoten und blieben seltener sitzen. Aber erst durch die Diskussion um die Ungleichheit der Bildungschancen in den 60er-Jahren wurden sie dazu ermutigt, die besseren Schulleistungen auch in angemessenere Bildungsabschlüsse umzusetzen. Inzwischen hat sich der erhebliche weibliche Bildungsrückstand im allgemeinen Schulsystem der 60er-Jahre im Zuge der Bildungsexpansion in einen leichten Bildungsvorsprung verwandelt. Unter den Schulabgängern ohne und mit Hauptschulabschluss stellten Mädchen 1999/2000 nur Minderheiten von 36 bzw. 42 Prozent, dafür waren sie unter den Realschulabsolventen (52 Prozent) und Abiturienten (56 Prozent) leicht überrepräsentiert.[50]

Die Barrieren, auf die junge Frauen auf dem Weg in die Hochschulen stießen, waren höher und schwerer aus dem Weg zu räumen. Noch 1965 waren in beiden deutschen Gesellschaften fast drei Viertel der Studierenden Männer. Der Frauenanteil stieg in der Bundesrepublik nur zögerlich an und stagnierte unter den Studierenden an den westdeutschen Universitäten in den 80er-Jahren bei 40 Prozent, 1995 lag er bei 44 Prozent. Unter den Studienanfängern konnten jedoch die jungen westdeutschen Frauen Mitte der 90er-Jahre erstmals die Männer überholen, seit 1995 liegt ihr Anteil bei 52 Prozent (Gesamtdeutschland).[51]

Traditionelle Unterschiede zwischen den Geschlechtern zeigen sich weiterhin bei den Entscheidungen für bestimmte Schul- und Studienrichtungen und in der Berufsausbildung. An den Hochschulen sind Frauen insbesondere bei den Ingenieurwissenschaften unterrepräsentiert, aber auch bei Mathematik, Physik und Chemie sowie bei Jura und Wirtschaftswissenschaften. Und die weiblichen Auszubildenden sind in wenigen Berufen zusammengedrängt – hauptsächlich in kaufmännischen Berufen sowie in solchen mit »weiblichen Tätigkeitsprofilen« wie pflegen, helfen, assistieren (Friseurin, Arzthelferin, Rechtsanwaltgehilfin). Zudem ziehen sie häufig trotz ihrer besseren Schulnoten beim Wettbewerb um knappe Ausbildungsplätze den Kürzeren.

4.1.2 Arbeitswelt

Die Erwerbstätigkeit gehört inzwischen zum Lebensentwurf der modernen Frau. In der Bundesrepublik stieg die Erwerbsquote der Frauen von 46 Prozent im Jahr 1970 auf 62 Prozent (alte Länder) im Jahr 2000. Dennoch waren und sind die Männerprivilegien in der Arbeitswelt in beiden deutschen Gesellschaften erheblich widerstandsfähiger als im Bildungssystem. Es existieren weiterhin geschlechtsspezifische Arbeitsmärkte, die für Frauen tendenziell schlechtere Arbeitsbedingungen und ein niedrigeres Sozialprestige mit sich bringen. Der Einkommensabstand (bei Vollerwerbstätigkeit) zu den Männern hat sich zwar verringert, dennoch verdienen Frauen im Jahr 2000 aus strukturellen Gründen (Branchen mit Niedriglöhnen, niedrigere Lohngruppen, weniger Berufsjahre, kürzere Betriebszugehörigkeiten, weniger Überstunden und übertarifliche Zulagen) 24 bis 30 Prozent weniger *(vgl. Tab. 9)*.

Tab. 9: Verdienste von Männern und Frauen (Vollbeschäftigte) 1950 bis 2000

	durchschnittlicher Bruttoarbeitslohn von Arbeitern und Arbeiterinnen der Industrie			durchschnittl. Bruttomonatslohn von Angestellten in Industrie und Handel		
	Männer DM	Frauen DM	Prozent[1]	Männer DM	Frauen DM	Prozent[1]
1950	1,42	0,86	61			
1960	2,90	1,87	64	723	404	56
1970	6,52	4,47	69	1531	917	60
1980	14,16	10,25	72	3421	2202	64
1990	21,17	15,49	73	5037	3265	65
2000 West	29,59	22,43	76	6743	4748	70
2000 Ost	20.53	16,00	78	5218	3924	75

1950 bis 1990 früheres Bundesgebiet.

1 Frauenverdienste in Prozent der Männerverdienste.

Quelle: zusammengestellt nach Statistisches Bundesamt (Hrsg.), Fachserie 16. Reihe 2.1 und 2.2 (1950 bis 1990) und Auskünften des Statistischen Bundesamtes (2000).

Frauen rücken inzwischen auch zunehmend in die höheren Ebenen der Berufswelt vor, dennoch vollzieht sich beim Aufstieg in die leitenden Positionen eine deutliche Auslese nach Geschlecht. Es gilt weiterhin die Regel von der hierarchisch zunehmenden Männerdominanz: Je höher die Ebene der beruflichen Hierarchie, um so kleiner der Anteil der Frauen und um so ausgeprägter die Dominanz der Männer. In den Chefetagen der Berufswelt – in Wirtschaft, Verwaltung und Wissenschaft, in Medien und Justiz – sind die Männer immer noch weit gehend unter sich. *Abb. 10* verdeutlicht das »Frauensterben auf dem Weg nach oben« im Bereich von Universitäten und Wissenschaft.

4.1.3 Politik

Nach und nach fassen die Frauen auch im politischen Bereich Fuß; dennoch sind die Folgen der jahrhundertelangen Aussperrung der Frauen von der Politik auch heute noch deutlich spürbar. Ihr politisches Interesse, Informationsniveau und Engagement ist niedriger als das der Männer, und in den Parteien sind sie mehr oder weniger starke, durchaus wachsende Minderheiten geblieben. Ende 1998 stellen sie bei

Abb. 10: Frauen und Männer in Hochschulen und Wissenschaft 1998 (in Prozent)

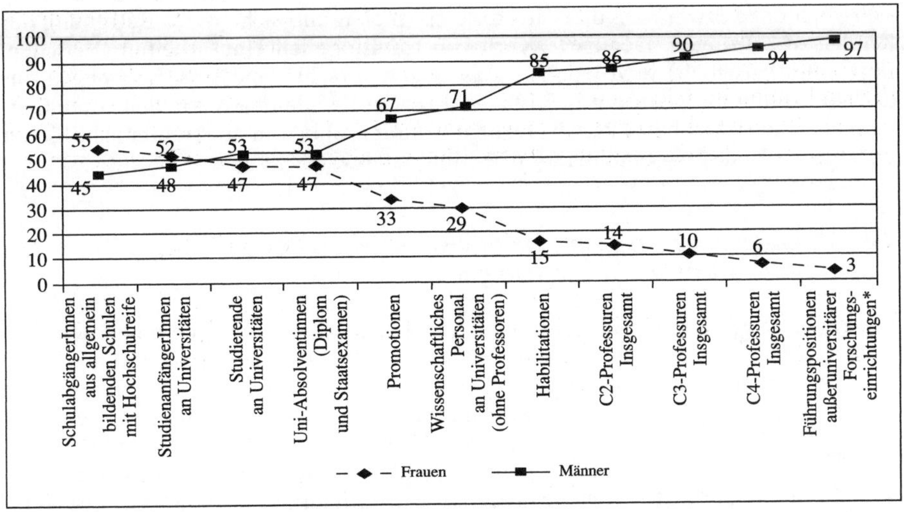

* Daten von 1997.

Quellen: Bundesministerium für Bildung und Forschung (Hrsg.), Grund- und Strukturdaten 1999/2000, Magdeburg 2000; BLK-Bericht Frauen in Führungspositionen, Heft 68.

der CSU 17 Prozent der Mitglieder, bei CDU und FDP je 25 Prozent, bei der SPD 29 Prozent, bei Bündnis 90/Die Grünen 36 Prozent und bei der PDS 46 Prozent.[52] Bemerkenswert ist die kontinuierlich zunehmende Zahl der Parlamentarierinnen in den beiden letzten Jahrzehnten. Ihr Anteil unter den Bundestagsabgeordneten stieg von 9 Prozent im Jahr 1980 über 21 Prozent im Jahr 1990 auf 31 Prozent im 1998 gewählten Bundestag. Auch in verschiedenen politischen Spitzenpositionen sind Frauen nach und nach zu finden. 1972 bis 1976 amtierte Annemarie Renger als erste Bundestagspräsidentin – ein Amt, das 1988 bis 1998 von Rita Süssmuth ausgeübt wurde. 1993 wurde Heide Simonis in Schleswig-Holstein zur ersten und bisher einzigen Ministerpräsidentin eines Landes gewählt und 1994 Jutta Limbach zur ersten Präsidentin des Bundesverfassungsgerichts. Im Jahr 2000 gelang es schließlich Angela Merkel als erster Frau, den Vorsitz in einer der beiden großen Parteien zu erobern. Die erste Bundeskanzlerin und die erste Bundespräsidentin lassen allerdings noch auf sich warten.

4.1.4 Familie

Die Schwierigkeiten bei der Gleichstellung der Frauen in Beruf und Politik hängen insbesondere mit ihrer Rolle in der Familie zusammen. Wenn die Frau mit zusätzlichen Verpflichtungen in Beruf oder Politik belastet wird, muss man sie in der Familie entlasten, um sie nicht zu überlasten. Die eingefahrene traditionelle Rollentrennung zwischen Männern und Frauen in den Familien erweist sich jedoch als sehr zählebig. Obwohl Frauen immer häufiger einem Beruf nachgehen, nehmen ihnen die Männer nur zögerlich Teile der häuslichen Aufgaben ab. Am ehesten lassen sie sich noch dazu erwärmen, die Vaterrolle zu spielen und sich an der Betreuung der Kinder zu beteiligen. Der harte Kern von traditionellen Hausarbeiten (Waschen, Putzen und Kochen) wird jedoch – das zeigen verschiedene Untersuchungen aus den 90er-Jahren – weiterhin in 75 bis 90 Prozent der Familien von den Frauen erledigt. Daher ist es nicht verwunderlich, wenn erheblich mehr Frauen als Männer über starke Belastung durch Hausarbeit und knappe Freizeit klagen.

4.2 Gleichstellungsvorsprung der Frauen in der DDR und Einbußen nach der Vereinigung

In der DDR gehörte die Gleichstellung der Frauen von Anbeginn an zu den offiziellen Zielen sozialistischer Gesellschaftspolitik. Sie war ideologisch, politisch und ökonomisch motiviert und vollzog sich als paternalistisch-autoritäre »Emanzipation von oben« – von Männern gesteuert und dem politischen Diskurs entzogen. Der Sozialismus hat den ostdeutschen Frauen in allen vier Bereichen – Bildungssystem, Arbeitswelt, Politik und Familie – einen deutlichen strukturellen Gleichstellungsvorsprung eingebracht.[53] Junge Frauen studierten häufiger als in Westdeutschland und wählten auch häufiger »männertypische« Studiengänge. 1989 stellten sie 49 Prozent der Studierenden an den Universitäten der DDR (West 1989: 41 Prozent), bei Mathematik/Naturwissenschaften betrug der Frauenanteil 46 Prozent (West: 32 Prozent), bei den Ingenieurwissenschaften 25 Prozent (West: 12 Prozent).

Die Berufstätigkeit der Frau gehörte in der DDR zu den Selbstverständlichkeiten, und auch der Aufstieg in höhere Positionen gelang den ostdeutschen Frauen etwas häufiger als den westdeutschen. So lag z. B. der Frauenanteil 1989 unter den Richtern bei 50 Prozent (West: 18 Prozent) und unter den Schuldirektoren 1982 bei 32 Prozent (West 1988: 20 Prozent).

Unter dem Druck, ja Zwang zur gesellschaftlichen und politischen Aktivität in der DDR-Gesellschaft stellten sie 1988 36 Prozent der SED-Mitglieder. In den letzten Bezirkstagen der DDR waren 41 Prozent der Abgeordneten Frauen (Landtage 1989: 18 Prozent) und in der letzten Volkskammer waren sie mit 32 Prozent vertreten (Bundestag 1989: 15 Prozent). Das Zentrum der Macht war allerdings trotz aller Gleichstellungsbeteuerungen bis zum Schluss für Frauen nahezu hermetisch abgeriegelt. In den engsten Führungszirkel – in das Politbüro der SED – wurde nie eine Frau als stimmberechtigtes Mitglied aufgenommen.

Auch die geschlechtstypische Arbeitsteilung in der Familie, die ein wesentliches Bollwerk gegen die Gleichstellung der Frauen in Arbeitswelt und Politik ist und wo sich der Abbau der traditionellen Rollentrennung am zögerlichsten vollzieht, war in der DDR etwas stärker aufgelockert als in der Bundesrepublik. Der Gleichstellungsvorsprung brachte jedoch für viele ostdeutsche Frauen hohe Belastungen und auch Überlastungen mit sich, weil die drei Rollen der sozialistischen Frau (Erwerbstätige plus gesellschaftspolitisch Aktive plus Hausfrau und Mutter) in der DDR-Realität nicht so miteinander in Einklang zu bringen waren, wie es das sozialistische Ideal vorsah.

Nach der deutschen Vereinigung haben die ostdeutschen Frauen einen Teil ihres Gleichstellungsvorsprungs eingebüßt. Frauen sind auf dem krisengeschüttelten Arbeitsmarkt der neuen Länder stärker in Bedrängnis geraten als Männer. Wegen ihrer erheblich schlechteren Wiedereinstellungschancen lagen ihre Arbeitslosenquote, die Dauer der Arbeitslosigkeit und der Anteil unter den Langzeitarbeitslosen meist zwischen 40 und 100 Prozent höher als bei Männern, obwohl ihre Berufsneigung nach der Wende nicht etwa ab-, sondern zugenommen hat. Während sich die Arbeitslosenquoten der Geschlechter in den letzten Jahren stark angenähert haben – im September 2000 waren 20 Prozent der Frauen und 18 Prozent der Männer als arbeitslos registriert –, waren von den arbeitslosen Frauen zu diesem Zeitpunkt bereits 20 Prozent länger als zwei Jahre ohne Anstellung, unter den arbeitslosen Männern betrug dieser Anteil 10,5 Prozent. Da Frauen aus gehobenen und mittleren Berufspositionen häufiger verdrängt werden als aus niederen, nimmt die Männerdominanz in den höheren Ebenen der Berufshierarchie wieder zu.

Verschiedene Mobilitätsuntersuchungen zeigen übereinstimmend, dass die Turbulenzen auf dem Arbeitsmarkt den Männern erheblich bessere Aufstiegschancen bieten. Diese klettern – je nach Studie – zwei- bis dreimal häufiger als Frauen auf der sozialen Leiter nach oben. Den Frauen werden dagegen die größeren Abstiegsrisiken beschert, sie finden sich nach einem beruflichen Wechsel doppelt so häufig wie Männer in einer niedrigeren Position wieder.[54] Der Abbau der Kinderbetreuungseinrichtungen und der staatlichen Hilfen für erwerbstätige Frauen haben die Doppelbelastung weiter erhöht. Die Probleme am Arbeitsmarkt wirken auch auf die häusliche Arbeitsteilung zurück und verschärfen insbesondere bei den Arbeitslosen deren Geschlechtstypik.

Im Bildungssystem konnten die ostdeutschen Frauen dagegen ihren Gleichstellungsvorsprung weit gehend behaupten. Unter den Studierenden an Hochschulen (einschließlich Fachhochschulen) machten sie 1997 49 Prozent aus (West: 42 Prozent). Sie studieren auch häufiger »männertypische« Fachrichtungen. In den Fachbereichen Jura und Wirtschaftswissenschaften betrug der Frauenanteil 1997 49 Prozent (West: 34 Prozent), bei Mathematik und Naturwissenschaften 39 Prozent (West: 35 Prozent) und bei den Ingenieurwissenschaften 22 Prozent (West: 17 Prozent).[55] Auch im politischen Bereich sind die Unterschiede zwischen Frauen und Männern in den neuen Ländern nicht so stark ausgeprägt wie im Westen. Während westdeutsche Männer 1998 im Vergleich zu den westdeutschen Frauen doppelt so häufig Parteimitglieder und dreimal so häufig Gewerkschaftsmitglieder sind, übertreffen die ostdeutschen Männer die ostdeutschen Frauen bei den Parteien nur um ein Drittel und bei den Gewerkschaften um gut die Hälfte. Im derzeitigen Bundestag beträgt der Frauenanteil unter den ostdeutschen Abgeordneten 39 Prozent gegenüber 31 Prozent unter den westdeutschen.

4.3 Zusammenfassung

Die Abschwächung der geschlechtstypischen Arbeitsteilung und die Verringerung der damit verbundenen sozialen Ungleichheiten zwischen Frauen und Männern gehört ebenfalls zu den säkularen, in diesem Fall »emanzipatorischen« Grundtendenzen des gesellschaftlichen Wandels. In Westdeutschland sind die Chancenunterschiede zwischen den Geschlechtern in wichtigen gesellschaftlichen Bereichen nach und nach kleiner geworden – am schnellsten und deutlichsten im Bildungssystem, zögerlicher in Arbeitswelt und Politik, am zögerlichsten in der Familie.

Die Entwicklung in der DDR wich wieder von derjenigen in Westdeutschland ab, diesmal allerdings in auffälliger Weise anders als in den bisher dargestellten Bereichen der Sozialstruktur: Die DDR hinkte dem langfristigen Trend nicht hinterher, sondern war ihm voraus. Die gezielte sozialistische Gleichstellungspolitik hatte den ostdeutschen Frauen in allen vier Bereichen – Bildung, Arbeitswelt, Politik und Familie – einen deutlichen strukturellen Gleichstellungsvorsprung eingebracht. Einen Teil dieses Vorsprungs haben sie in den ökonomischen Krisen der Vereinigung eingebüßt: In der Arbeitswelt – und von dort ausstrahlend – zum Teil auch in der Familie treten geschlechtstypische Ungleichheiten wieder stärker hervor. An den Hochschulen und in der Politik konnten sie dagegen ihre Positionen und auch ihren Vorsprung behaupten, obwohl in Westdeutschland der Prozess der »nachholenden Gleichstellung« weiter voranschreitet.

5. Schicht- und Klassenstruktur im Wandel: Pluralisierung und Dynamisierung – aber keine Auflösung

5.1 Die Perspektive der Schicht- und Klassenanalyse

Nach der Darstellung der Entwicklungstrends in Teilbereichen der Sozialstruktur sollen in diesem Kapitel einige Tendenzen aus einer übergreifenden Gesamtperspektive – aus dem Blickwinkel der Schicht- bzw. Klassenanalyse[56] – skizziert werden. Schicht- und Klassenanalysen – sofern sie an die anspruchsvollen und komplexen Ansätze von Karl Marx, Max Weber, Theodor Geiger oder Pierre Bourdieu anknüpfen – untergliedern die Gesamtbevölkerung auf zwei miteinander verknüpften Dimensionen in »Schichten« bzw. »Klassen«: nach ihren »äußeren« Lebenslagen und Lebensbedingungen und nach ihren »inneren« (»psychischen«) Dispositionen (Mentalitäten, Habitus) und damit verbundenen Handlungsweisen. Es wird davon ausgegangen, dass Menschen in ähnlichen Lebensbedingungen ähnliche Lebenserfahrungen machen, und dass die »äußere Lebenslage« daher einen gewissen Einfluss auf die Persönlichkeitsentwicklung und auf das Verhalten der Menschen ausübt (Sozialisationsannahme). Man nimmt an, dass sich schichttypische Mentalitäten und Lebensstile, ein schichttypischer Habitus herausbilden. Dabei wird nicht deterministisch unterstellt, dass das Sein das Bewusstsein bestimme bzw. dass die »äußeren« Lebensbedingungen die »inneren« Merkmale und Verhaltensweisen festlegen. Aber es wird empirisch überprüft, in welchen Bereichen und wie stark innere und äußere Strukturen zusammenhängen. Eine weitere wichtige Grundannahme ist, dass das Zusammenwirken von schichttypischen Lebensbedingungen und schichttypischen Mentalitäten und Verhaltensweisen schichttypische Lebenschancen zur Folge hat; Schichten unterscheiden sich in der Regel auch durch typische Privilegien und Benachteiligungen.

5.2 Subjektive Schichteinstufung

Ein einfaches Drei-Schichten-Modell, das lediglich die subjektive Schichteinstufung als Kriterium heranzieht, macht erhebliche, stabile Ost-West-Unterschiede deutlich; sie haben sich im Jahrzehnt nach der Vereinigung kaum verändert. Während sich Westdeutschland schon seit langem als »Mittelschichtengesellschaft« versteht, ist Ostdeutschland bisher in seinem Selbstverständnis eine »Arbeitergesellschaft« geblieben *(Abb. 11)*.

Abb. 11: Subjektive Schichteinstufung 1999 (in Prozent)

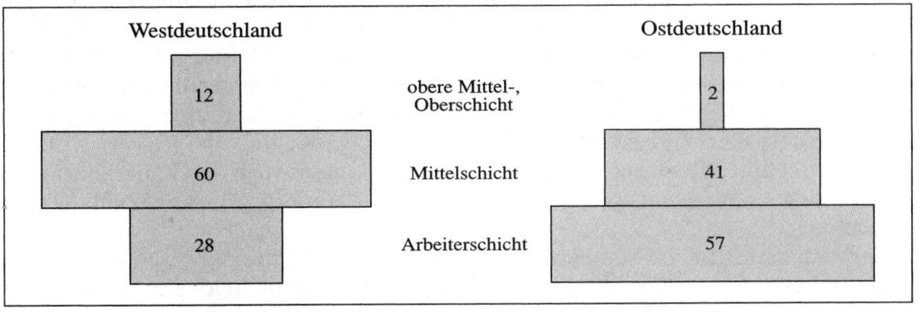

Datenbasis: Wohlfahrtssurvey 1999.

Vermutlich wirkt in den neuen Ländern noch die sozialistische Arbeiterideologie nach, eventuell spielt bei der niedrigeren Selbsteinstufung der Ostdeutschen auch das verkleinerte, aber weiterhin bestehende Lebensstandarddefizit gegenüber dem Westen eine Rolle, das größer wahrgenommen wird, als es tatsächlich ist.

5.3 Klassen und Schichten im Schmelztiegel

In der deutschen Sozialstrukturforschung wird seit den 80er-Jahren eine kontroverse Diskussion zu der Frage geführt, ob sich Klassen und Schichten im Zuge der Modernisierung der Gesellschaft auflösen oder bereits aufgelöst haben. Die Auflösungstheoretiker[57] heben insbesondere die folgenden sozialstrukturellen Entwicklungstendenzen hervor:

- Steigender Wohlstand und Massenkonsum lassen – begünstigt durch staatliche Umverteilung – auch die unteren Schichten zunehmend an den Privilegien der mittleren und oberen Schichten teilhaben (an komfortablen Wohnungen, Autos, Farbfernsehern, Urlaubsreisen u. ä.). Frühere Statussymbole haben ihre unterscheidende Kraft verloren, weil sie heute vielen zugänglich sind.
- Auch die neuen Risiken der »Risikogesellschaft« – wie sie Ulrich Beck nennt – kennen keine Schichtgrenzen, sie sind »demokratisiert«. Von Massenarbeitslosigkeit, Umweltgefährdungen oder atomarer Bedrohung sind alle Gruppen der Gesellschaft bedroht.
- Schichttypische Milieus mit entsprechenden schichttypischen Mentalitäten, Einstellungen und Verhaltensweisen haben sich nach und nach aufgelöst. Dieser

Entwicklung liegen zwei zentrale Ursachen zugrunde: Zum einen werden die Lebensbedingungen und Soziallagen immer differenzierter und vielfältiger (Differenzierung und Diversifizierung der Sozialstruktur); zum anderen hat der ökonomische, soziale und kulturelle Wandel einen starken Individualisierungsschub ausgelöst, der die Menschen aus ihren bisherigen Bindungen löst und ihre Verhaltensspielräume erheblich erweitert. Steigender Wohlstand lockert die materiellen Bindungen, der moderne Sozialstaat traditionelle Solidaritäten, zunehmende Freizeit die zeitlichen Bindungen, zunehmende Mobilität die sozialen und räumlichen Bindungen und das höhere Bildungsniveau schließlich die psycho-sozialen Bindungen, da es mehr Nachdenklichkeit und Selbstfindung ermöglicht und fordert.

- Die Schichten verschwinden immer mehr aus dem Bewusstsein der Menschen. Sie werden im Alltag immer weniger wahrgenommen und bestimmen immer weniger die alltäglichen Handlungen und Beziehungen. Menschen identifizieren sich nicht mehr mit bestimmten Schichten.
- Die zunehmende soziale Mobilität wirbelt die Lebenswege und Lebenslagen der Individuen durcheinander und verhindert die Herausbildung schichttypischer Milieus.

Der Anstieg des Lebensstandards, die zunehmende Vielfalt der Lebensbedingungen, die Bildungsexpansion, der Individualisierungsschub und die zunehmende Mobilität gehören zweifellos zu den wichtigen Entwicklungstendenzen der modernen Sozialstruktur. Die entstrukturierenden Auswirkungen dieses Wandels auf das Schicht- und Klassensystem werden jedoch von den Auflösungstheoretikern stark überzeichnet. Die Schichtstruktur der modernen Gesellschaft ist nicht verschwunden, sondern sie ist dynamischer, mobiler und pluraler geworden. Kennzeichen einer modernen Gesellschaft ist nicht die Auflösung der sozialen Schichtung, sondern ein dynamisches, pluralisiertes Schichtgefüge, das wegen seiner Vielfalt auch unübersichtlicher und auf den ersten Blick schwerer erkennbar geworden ist. Gegen die Auflösungsthese lassen sich die folgenden, empirisch belegten Argumente ins Feld führen[58]:

- Wichtige Lebenschancen (wie Bildungs- und Aufstiegschancen, Chancen auf politische Teilnahme, Chancen auf angenehme und qualifizierte Arbeit) und wichtige Lebensrisiken (wie Arbeitslosigkeit, Armut, Krankheit, Kriminalisierung) sind auch heute noch schichtspezifisch verteilt. Einige Beispiele dazu wurden in den vorangehenden Kapiteln erwähnt.
- Auch viele Wertorientierungen, Lebensstile und Verhaltensweisen – einige davon mit abgrenzendem (distinktivem) Charakter – variieren weiterhin von Schicht zu Schicht. Dazu gehören u. a. die Erziehungsziele, die Mediennutzung oder die Partnerwahl. So sind z. B. nur zwei Prozent der Frauen mit Hauptschulabschluss mit einem Akademiker verheiratet, und von den Männern mit Hauptschulabschluss haben nur ein Prozent eine Ehepartnerin mit Hochschulausbildung. Auch die zu »sozialen Milieus« zusammengefassten Lebensauffassungen und Lebensweisen sind im oberen Bereich des Schichtgefüges anders ausgeprägt als in der Mitte und dort wiederum anders als in den unteren Ebenen.[59] Und für die soziale Selbsteinstufung spielt die Schichtungshierarchie ebenfalls weiterhin eine wichtige Rolle.

- Die oft erwähnten Individualisierungs- und Pluralisierungsprozesse erfassen nicht gleichmäßig alle gesellschaftlichen Gruppen, sondern vollziehen sich in höheren Schichten anders und intensiver; denn mit hohem Wohlstand ist eine starke Freisetzung aus materiellen Zwängen und mit höherem Bildungsniveau ein höheres Maß an Selbstreflexion und eine weitergehende Lösung aus traditionellen Bindungen verknüpft.
- Schließlich gehören »vertikale« Konflikte zwischen Arm und Reich sowie zwischen Arbeitnehmern und Arbeitgebern auch heute noch zu den dominanten Konfliktlinien in der Wahrnehmung der Bevölkerung *(Abb. 12)*. Gegensätze zwischen Jung und Alt oder zwischen den Geschlechtern werden demgegenüber nur als zweit- oder drittrangig eingestuft.

Abb. 12: Konfliktwahrnehmung 2000[1]

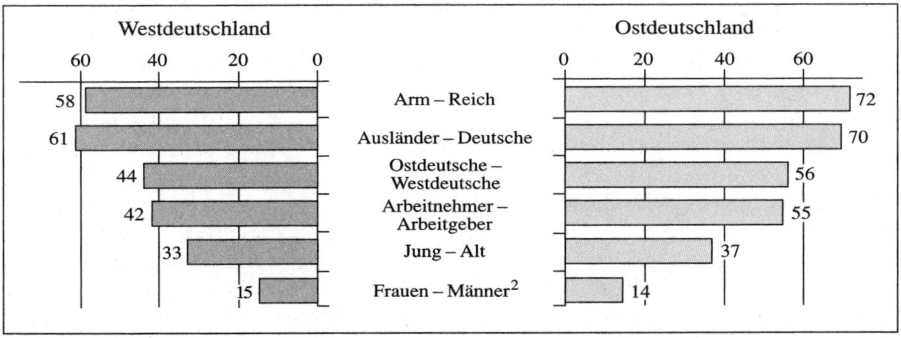

1 Anteil der Befragten, die Konflikte zwischen den jeweiligen Gruppen als »sehr stark« oder »stark« einschätzen.
2 1999.
Datenbasis: Repräsentativumfrage IPOS (Frauen-Männer: Wohlfahrtssurvey 1999).

Die Kontroverse um die Auflösung der Klassen und Schichten ist im Wesentlichen auf die deutsche Sozialstrukturforschung beschränkt. In Frankreich und Großbritannien, in den USA und in Kanada gibt es kaum Sozialwissenschaftler, die das Fortbestehen von Klassen und Schichten in der modernen Sozialstruktur anzweifeln.

5.4 Zusammenfassung

Ost-West-Unterschiede in der subjektiven Schichteinstufung zeigen, dass Ostdeutschland nach seinem Selbstverständnis weiterhin eine »Arbeitergesellschaft« geblieben ist, während sich Westdeutschland als »Mittelschichtengesellschaft« versteht.

In der deutschen Sozialstrukturforschung wird seit den 80er-Jahren heftig darüber gestritten, ob bestimmte Entwicklungen – insbesondere Wohlstandsanstieg, Bildungsexpansion, Individualisierungsschub, zunehmende Mobilität, zunehmende Vielfalt der Lebensbedingungen – die Klassen und Schichten allmählich auflösen oder bereits aufgelöst haben. Gegen die Auflösungsthese spricht, dass es weiterhin nachweisbare schichttypische Unterschiede in den Chancen und Risiken, in vielen Wertorientierungen, Lebensstilen und Verhaltensweisen und auch bei den Individualisierungs- und Pluralisierungsprozessen gibt. Schichten sind pluraler, dynamischer und unübersichtlicher geworden, aber sie haben sich nicht aufgelöst.

6. Subjektives Wohlbefinden

Die Wohlfahrtsforschung misst seit über zwei Jahrzehnten die Reaktionen der Bevölkerung auf die Lebensbedingungen mit Fragen zum subjektiven Wohlbefinden. Die allgemeine Lebenszufriedenheit und die Zufriedenheit mit dem Lebensstandard haben sich – wie *Tab. 13* zeigt – in Westdeutschland seit 1978 kaum verändert. In Ostdeutschland bestand 1990 im Vergleich zu den alten Bundesländern ein erhebliches Defizit an subjektivem Wohlbefinden – offensichtlich eine subjektive Widerspiegelung der Defizite in den objektiven Lebensbedingungen, insbesondere im Lebensstandard. Diese Ost-West-Zufriedenheitslücke wurde im letzten Jahrzehnt deutlich verkleinert, besteht aber weiterhin fort.

Tab. 13: Subjektives Wohlbefinden

Zufriedenheit[1]		1978	1988	1990	1993	1998	1999
mit dem Leben	West	7.8	7.9		7.9	7.7	7.8
im Allgemeinen	Ost			6.6	6.9	7.3	7.1
mit dem	West	7.4	7.4		7.4	7.4	7.6
Lebensstandard	Ost			6.0	6.1	6.7	7.0

1 Zufriedenheitsskala von 0 (ganz und gar unzufrieden) bis 10 (ganz und gar zufrieden).
Datenbasis: Wohlfahrtssurvey 1978, 1988, 1990-Ost, 1993, 1998, 1999.

Die Frage danach, ob sich die Lebensbedingungen nach 1990 verbessert oder verschlechtert haben, ermöglicht einen etwas genaueren Einblick in die »Gratifikationsbilanz« nach der deutschen Vereinigung. Während die ersten drei Jahre etwa einem Drittel der Westdeutschen Probleme verursachten – insgesamt wurden 1993 häufiger Verschlechterungen als Verbesserungen registriert –, ist die Situation in den alten Bundesländern nach einem Jahrzehnt Vereinigung wieder ausgeglichen; positive Einschätzungen kommen geringfügig häufiger als negative vor. In Ostdeutschland fällt die »Gratifikationsbilanz« trotz aller Schocks und Krisenerscheinungen zunehmend positiv aus. Eine deutliche Mehrheit schätzt ihre Lebensbedingungen im Jahr 2000 besser ein als 1990, und der Anteil der »Vereinigungsgeschädigten« ist von etwa einem Viertel im Jahr 1993 auf knapp ein Zehntel zurückgegangen. Der Strukturwandel in den neuen Ländern hat also der Mehrheit der Ostdeutschen ein Leben ermöglicht, das ihren Wünschen und Bedürfnissen besser entspricht als das Leben in der DDR (nachholende Gratifikation). Die ostdeutsche Sozialstruktur hat ihre Leistungsfähigkeit für das subjektive Wohlbefinden der Menschen nach und nach deutlich gesteigert.

Tab. 14: Gratifikationsbilanz zur Vereinigung (in Prozent)

	Ost		West		Geschlecht*		Bildungsniveau*		
	1993	2000	1993	2000	Frauen	Männer	Hauptschule	mittl. Reife	Hochschulreife
Die Lebensbedingungen haben sich seit 1990									
verbessert	48	68	10	20	25	34	20	32	39
kein Unterschied	29	22	59	61	56	50	57	52	50
verschlechtert	23	9	31	16	16	13	23	14	6
Gratifikationsbilanz (verbessert abzügl. verschlechtert)	+25	+59	–21	+4	+9	+21	–3	+18	+33

* Gesamtdeutschland 2000.

Quellen: Statistisches Bundesamt (Hrsg.), Datenreport 1999, Bonn 2000, S. 428 (1993); Bundesverband deutscher Banken, Umfrage »Deutschland im Wandel«, November 2000, dokumentiert in Kapitel VI in diesem Band, Tabelle 2.2 (2000).

Tab. 14 macht jedoch auch die Struktur sozialer Ungleichheit deutlich: Männer konnten von dem Strukturwandel häufiger profitieren als Frauen. Noch deutlicher als die Unterschiede nach Geschlecht fallen die schichtspezifischen Unterschiede aus: Unter den gut Qualifizierten gibt es besonders viele Gewinner des Strukturwandels und nur wenige Verlierer, während unter den niedrig Qualifizierten die Verlierer leicht überwiegen.

7. Haupttrends

In den für diesen Beitrag ausgewählten Bereichen der deutschen Sozialstruktur lassen sich folgende Trends bilanzieren:

1. *Materielle Lebensbedingungen:* Der über Jahrzehnte andauernde, nahezu kontinuierliche Wohlstandsanstieg in Westdeutschland stagniert im letzten Jahrzehnt auf hohem Niveau. Der Strukturwandel in den neuen Ländern hat – unterstützt durch massive West-Ost-Leistungstransfers – die gravierenden ostdeutschen Defizite im Lebensstandard erheblich verkleinert (nachholendes Wohlstandswachstum). Die endgültige Herstellung gleichwertiger Lebensbedingungen in Ost und West ist jedoch ein langwieriger Prozess und nach wie vor eine zentrale Herausforderung an die politischen Eliten. Mit dem Wohlstandswachstum geht in Westdeutschland eine stabile Ungleichheit der Wohlstandsverteilung einher. Wachstumshemmende Nivellierungstendenzen in der DDR haben sich nach der Vereinigung in neue soziale Differenzierungstendenzen verkehrt; es entstehen neue Ungleichheiten auf einem insgesamt höheren Niveau. Armut wurde in der Wohlstandsgesellschaft nicht beseitigt, sondern – in der Regel – befristet.
2. *Erwerbsstruktur und Umschichtungen:* Tertiärisierung und Höherqualifizierung sind zwei eng verzahnte, immer weiter fortschreitende Prozesse. Der sozio-

ökonomische Strukturwandel verursacht die Ausdehnung der qualifizierten mittleren und höheren Dienstleistungsschichten; die Arbeiterschaft wird kleiner; die Bauern sind zu einer weiter schrumpfenden, sehr kleinen Minderheit zusammengeschmolzen und befinden sich zum Teil in prekärer Soziallage. Auch die zahlenmäßig abnehmende Minderheit der Un- und Angelernten ist von sozialer Ausgrenzung bedroht. Dagegen lassen sich die sozial sehr heterogenen handwerklich-tertiären Mittelstände in Umfang und Erfüllung ihrer sozioökonomischen Funktionen seit langem als stabil beschreiben. In Ostdeutschland wurde die Tertiärisierungslücke im Zuge ökonomischer Krisen in kurzer Zeit geschlossen (nachholende Tertiärisierung); die fast vernichteten Mittelstände befinden sich im Neuaufbau. Eine nach unten nivellierte »Arbeiter- und Bauerngesellschaft« verwandelt sich in eine industrielle Dienstleistungs- und Mittelschichtengesellschaft mit stärkeren sozialen Abstufungen. Im Agrarsektor zeichnet sich ein ostdeutscher Sonderweg ab – arbeitsteilige Großbetriebe als modernisierte Relikte der sozialistischen Agrarrevolution sowie postsozialistische Großagrarier auf Einzelhöfen, die zum Teil miteinander kooperieren.

3. *Bevölkerungsentwicklung:* Niedrige Geburtenraten und steigende Lebenserwartungen lassen die Bevölkerung demographisch altern; sie machen den Umbau der sozialen Sicherungssysteme (insbesondere Alterssicherung, aber auch Gesundheitssicherung) erforderlich und erzeugen einen langfristigen Bedarf an Arbeitsmigranten, die angemessen in die deutsche Gesellschaft eingegliedert werden müssen. Das multi-ethnische Segment wird weiter wachsen – mit einer Zeitverzögerung auch in den neuen Ländern, die wegen der Umbruchsprobleme erheblich hinter der westdeutschen Entwicklung herhinken. Trotz Zuwanderungen wird die Bevölkerung abnehmen.
4. *Geschlechterungleichheit:* Der säkulare, emanzipatorische Trend zur Verringerung sozialer Ungleichheiten zwischen den Geschlechtern war in der DDR im Bildungssystem, in der Arbeitswelt, in der Politik und auch in der Familie durch eine gezielte Gleichstellungspolitik weiter vorangetrieben worden als in der Bundesrepublik. Die Unterschiede zwischen Ost und West sind im Zuge der Vereinigung kleiner geworden, weil die ostdeutschen Frauen Teile ihres Gleichstellungsvorsprungs in der Arbeitsmarktkrise eingebüßt haben, während die Annäherung der Geschlechter in Westdeutschland im letzten Jahrzehnt weiter vorangeschritten ist.
5. *Schicht- und Klassenstruktur:* Wohlstandswachstum, zunehmende Vielfalt der Lebensbedingungen, Individualisierungstendenzen und zunehmende Mobilität haben die Zusammenhänge von Soziallage, Habitus und Lebensstilen gelockert; aber sie lösen die Schichten und Klassen nicht auf, sondern haben ein dynamischeres, pluraleres Schicht- und Klassengefüge mit typischen Unterschieden in den Lebenschancen zur Folge, dessen Konturen unübersichtlicher und weniger augenfällig sind.
6. *Subjektives Wohlbefinden:* Trotz vieler Krisenerscheinungen sind die Reaktionen der Ostdeutschen auf die Umwälzung ihrer Lebensbedingungen zunehmend positiv. Die Ost-West-Zufriedenheitslücke hat sich erheblich verringert (nachholende Gratifikation), aber noch nicht geschlossen.

Aus modernisierungstheoretischer Perspektive lassen sich die meisten Haupttrends als Elemente eines Modernisierungsprozesses interpretieren: Dazu gehören insbesondere Wohlstandswachstum, Tertiärisierung und Höherqualifizierung mit entsprechenden Umschichtungen, Alterung und zunehmende ethnische Vielfalt, Verringerung geschlechtstypischer Ungleichheiten. Sieht man einmal vom Gleichstellungsvorsprung der ostdeutschen Frauen ab, so war das Charakteristikum der DDR-Sozialstruktur ein vielgestaltiges *Modernisierungsdefizit*, und der wesentliche Zug der Umwälzungen in Ostdeutschland ist *»nachholende Modernisierung«*. Als »De-Modernisierung«, die gegen den historischen Trend verläuft und wahrscheinlich vorübergehender Natur ist, stellt sich dagegen die partielle Rückkehr zu schärferen geschlechtstypischen Ungleichheiten in den neuen Ländern dar.[60]

Anmerkungen

Dirk Bender (Grafiken), Christa Still (Manuskript, Tabellen) und Sonja Weber-Menges (Datenrecherche) haben mich bei der Erstellung dieses Artikels tatkräftig unterstützt. Vielen Dank! Ein Dankeschön geht auch an Roland Habich und Wolfgang Zapf vom Wissenschaftszentrum Berlin, die bisher unveröffentlichte Daten aus dem Wohlfahrtssurvey 1999 zur Verfügung gestellt haben.

1 Vgl. Rainer Geißler, Die Sozialstruktur Deutschlands. Zur gesellschaftlichen Entwicklung mit einer Zwischenbilanz zur Vereinigung, Opladen 1996 (2., neu bearb. u. erw. Aufl.); ähnlich Stefan Hradil, Sozialstrukturanalyse in einer fortgeschrittenen Gesellschaft, Opladen 1987. Ein weiteres Konzept von Sozialstruktur verwendet Bernhard Schäfers, Sozialstruktur und sozialer Wandel in Deutschland, Stuttgart 1998 (7., neu bearb. Aufl.).

2 Wilma Merkel/Stefanie Wahl, Das geplünderte Deutschland. Die wirtschaftliche Entwicklung im östlichen Teil Deutschlands von 1949 bis 1989, Bonn 1991, S. 54 f.

3 Richard Hauser, Einkommen und Vermögen, in: Bernhard Schäfers/Wolfgang Zapf (Hrsg.), Handwörterbuch zur Gesellschaft Deutschlands, Opladen 2001 (2., erw. u. aktual. Aufl.), S. 157–170, hier S. 162.

4 Jürgen Faik/Heinrich Schlomann, Die Entwicklung der Vermögensverteilung in Deutschland, in: Ernst-Ulrich Huster (Hrsg.), Reichtum in Deutschland, Frankfurt und New York 1997, S. 89–126, hier S. 103.

5 Geißler, Sozialstruktur (Anm. 1), S. 48 ff.

6 Merkel/Wahl, Geplündertes Deutschland (Anm. 2), S. 78.

7 Rainer Karlsch, Allein bezahlt? Die Reparationsleistungen der SBZ/DDR 1945–53, Berlin 1993, S. 236.

8 Informationsdienst des Instituts der deutschen Wirtschaft, 39/2000, S. 1.

9 Auskunft des Statistischen Bundesamtes.

10 Einzelheiten zur Entwicklung der Wohnverhältnisse und Haushaltsausstattung in West- und Ostdeutschland bei Geißler, Sozialstruktur (Anm. 1), S. 50 f; Zahlen für 1998 nach Auskünften des Statistischen Bundesamtes.

11 Vgl. Wolfgang Zapf/Roland Habich, Wohlfahrtsentwicklung in der Bundesrepublik 1949 bis 1999, in: Max Kaase/Günther Schmid (Hrsg.), Eine lernende Demokratie. 50 Jahre Bundesrepublik Deutschland, Berlin 1999, S. 285–314, sowie Wolfgang Zapf/Roland Habich (Hrsg.), Wohlfahrtsentwicklung im vereinten Deutschland, Berlin 1996.

12 Heinrich Schlomann/Jürgen Faik, Die Verteilung des Haus- und Grundvermögens in den neuen Bundesländern seit 1990, in: Wolfgang Glatzer/Gerhard Kleinhenz (Hrsg.), Wohlstand für alle?, Opladen 1997, S. 241–290, hier S. 260.

13 Vgl. Heinz-Herbert Noll/Roland Habich (Hrsg.), Vom Zusammenwachsen einer Gesellschaft. Analysen zur Angleichung der Lebensverhältnisse in Deutschland, Frankfurt/M. und New York 2000; Rainer Geißler, Nachholende Modernisierung mit Widersprüchen. Eine Ver-

einigungsbilanz aus modernisierungstheoretischer Sicht, in: Noll/Habich (Hrsg.), Zusammenwachsen einer Gesellschaft, S. 37–60.
14 Informationsdienst des Instituts der deutschen Wirtschaft, 22/2001, S. 3.
15 Rainer Geißler, Sozialer Wandel in Deutschland, München 2000 (Informationen zur politischen Bildung, Heft 269), S. 12.
16 Hauser, Einkommen und Vermögen (Anm. 3), S. 164.
17 Marc Szydlik, Erben in der Bundesrepublik Deutschland, in: Kölner Zeitschrift für Soziologie und Sozialpsychologie, 51/1999, S. 80–104.
18 Einzelheiten bei Geißler, Sozialstruktur (Anm. 1), S. 62 ff.
19 Vgl. z. B. Manfred Lötsch, Sozialstruktur und Wirtschaftswachstum, in: Wirtschaftswissenschaft, 29/1981, S. 56–69.
20 Statistisches Bundesamt (Hrsg.), Fachserie 2.1, Reihe 16, Stuttgart 1998.
21 Auskünfte des Statistischen Bundesamtes.
22 Geißler, Sozialstruktur (Anm. 1), S. 59.
23 Hauser, Einkommen und Vermögen (Anm. 3), S. 165.
24 Richard Hauser u. a., Ungleichheit und Sozialpolitik, Opladen 1996, S. 181; vgl. auch Jan Priewe, Die Folgen der schnellen Privatisierung der Treuhandanstalt, in: Aus Politik und Zeitgeschichte (APuZ), B 43–44/1994, S. 21–30.
25 Vgl. Eurostat, Living Conditions in Europe, Luxemburg 1998, S. 142.
26 Peter Krause/Roland Habich, Einkommen und Lebensqualität im vereinigten Deutschland, in: Vierteljahreshefte für Wirtschaftsforschung, 69/2000, S. 317–340, hier S. 326 f.
27 Ulrich Beck, Risikogesellschaft, Frankfurt/M. 1986, S. 154; Monika Ludwig u. a., Armut verstehen, in: APuZ, B 31–32/1995, S. 24–34, hier S. 33.
28 Roland Habich/Peter Krause, Armut, in: Statistisches Bundesamt (Hrsg.), Datenreport 1997, Bonn 1997, S. 515–525, hier S. 521; vgl. auch Peter Krause/Roland Habich, Einkommensverteilung und Armut, in: Statistisches Bundesamt (Hrsg.), Datenreport 1999, Bonn 2000, S. 581–591.
29 Ergänzend hierzu Kapitel 2 des Beitrags »Wirtschafts- und Arbeitswelt« von Bert Rürup und Werner Sesselmeier in diesem Band.
30 Geißler, Sozialstruktur (Anm. 1), S. 136 f.
31 Im Wesentlichen nach Geißler, Sozialstruktur (Anm. 1), Kapitel 12; neuere Daten nach Auskünften des Statistischen Bundesamtes.
32 Ausführlicher hierzu vgl. Kapitel 4.4 des Beitrags »Wissensgesellschaft« von Wolfgang Leidhold in diesem Band.
33 Vgl. z. B. Ulfert Herlyn u. a., Neue Lebensstile in der Arbeiterschaft?, Opladen 1994.
34 Einzelheiten zu den schichtspezifischen Lebenschancen bei Rainer Geißler (Hrsg.), Soziale Schichtung und Lebenschancen in Deutschland, Stuttgart 1994 (2., völlig neu bearb. u. aktual. Aufl.).
35 Belege bei Geißler, Sozialstruktur (Anm. 1), S. 80.
36 Rainer Geißler, Kein Abschied von Klasse und Schicht, in: Kölner Zeitschrift für Soziologie und Sozialpsychologie, 48/1996, S. 319–338, hier S. 325 ff.
37 Lötsch, Sozialstruktur und Wirtschaftswachstum (Anm. 19), S. 65.
38 Manfred Lötsch, Die Hofierung der Arbeiterklasse war nicht wirkungslos, in: Frankfurter Rundschau vom 14. Januar 1990.
39 Einzelheiten zur Soziallage und Mentalität von Schichten in der DDR und zu den Umschichtungen in den neuen Ländern bei Geißler, Sozialstruktur (Anm. 1), Kapitel 7 und 8.
40 Vgl. Michael Thomas (Hrsg.), Selbstständige – Gründer – Unternehmer, Berlin 1997; Thomas Hinz, Existenzgründungen in Ostdeutschland, in: Martin Diewald/Karl-Ulrich Mayer (Hrsg.), Zwischenbilanz der Wiedervereinigung, Opladen 1996, S. 111–134; Klaus Semlinger, Mittelständische Kleinbetriebe in Ostdeutschland, in: APuZ, B 51/1997, S. 30–38.
41 Angaben für 1999/2000 nach Bundesministerium für Verbraucherschutz, Ernährung und Landwirtschaft, Agrarbericht der Bundesregierung 2001, Berlin 2001.
42 Die Skizze der quantitativen Trends beruht im Wesentlichen auf folgender Literatur: Geißler, Sozialstruktur (Anm. 1), Kapitel 15; Enquete-Kommission »Demographischer Wandel« des

Deutschen Bundestages, Zweiter Zwischenbericht, Bonn 1998; Rainer Münz u. a., Zuwanderung nach Deutschland, Frankfurt/M. und New York 1997; neueste Zahlen nach Auskünften des Statistischen Bundesamtes.

43 Vgl. Francois Höpflinger, Bevölkerungssoziologie, Weinheim und München 1997, Kapitel 3.4.

44 Vgl. Deutsches Institut für Wirtschaftsforschung, Zur langfristigen Bevölkerungsentwicklung in Deutschland. Modellrechnungen bis 2050, in: DIW-Wochenbericht, 42/1999, S. 745–757.

45 Vgl. Wolfgang Seifert, Ausländische Bevölkerung, in: Schäfers/Zapf, Handwörterbuch (Anm. 3), S. 53–63, hier S. 58.

46 Ullrich Heilemann/Hans Dietrich von Loeffelholz, Ökonomische und fiskalische Implikationen der Zuwanderung nach Deutschland, Essen 1998 (RWI-Papiere, Nr. 52), Zitate S. 11 und S. 14.

47 Rainer Geißler, »Ausländerkriminalität« – Vorurteile, Missverständnisse, Fakten, in: Migration und Soziale Arbeit, 1/2000, S. 20–27; ders., Sind Ausländer krimineller als Deutsche? Anmerkungen zu einem vielschichtigen Problem, in: Gegenwartskunde, 2/2001, S. 27–41; Freudenberg Stiftung (Hrsg.), Junge Türken als Täter und Opfer von Gewalt – Tagungsdokumentation, Weinheim 2000.

48 Statistisches Bundesamt, Bevölkerungsentwicklung Deutschlands bis zum Jahr 2050, Wiesbaden 2000, S. 18.

49 Vgl. z. B. Enquete-Kommission »Demographischer Wandel« (Anm. 42), S. 59; Bernd Hof, Szenarien zur Entwicklung des Arbeitskräftepotentials in Deutschland, in: APuZ, B 8/2001, S. 20–30, hier S. 29.

50 Auskunft des Statistischen Bundesamtes für Gesamtdeutschland.

51 Seit 1996 weist die offizielle Bildungsstatistik geschlechtstypische Unterschiede – offensichtlich aus politischen Motiven – nicht mehr getrennt nach alten und neuen Ländern aus.

52 Prozentwerte nach Auskunft der jeweiligen Parteien.

53 Vgl. Rainer Geißler, Soziale Ungleichheit zwischen Frauen und Männern im geteilten und vereinten Deutschland, in: APuZ, B 14–15/1991, S. 13–24; siehe auch Gisela Helwig/Hildegard Maria Nickel (Hrsg.), Frauen in Deutschland 1945–1992, Berlin 1993.

54 Eine Literaturübersicht bei Geißler, Sozialstruktur (Anm. 1), S. 302; vgl. auch Frank Adler, Früher sozialistischer Leiter oder politischer Funktionär, heute . . .? Zur vertikalen Mobilität der DDR-Dienstklasse im Transformationsprozess, in: Stefan Hradil/Eckart Pankoke (Hrsg.), Aufstieg für alle? Opladen 1997, S. 383–423, hier S. 404 f.

55 Klaus Schnitzer u. a., Das soziale Bild der Studentenschaft in der Bundesrepublik Deutschland, Bonn 1998, S. 292.

56 Ich verwende die Begriffe Klasse und Schicht hier synonym, da mögliche Unterschiede zwischen den beiden Konzepten in diesem Argumentationszusammenhang ohne Bedeutung sind.

57 Wichtige Studien sind: Beck, Risikogesellschaft (Anm. 27); Peter Berger, Entstrukturierte Klassengesellschaft?, Opladen 1986; Hradil, Sozialstrukturanalyse (Anm. 1); Gerhard Schulze, Erlebnisgesellschaft, Frankfurt/M. und New York 1993.

58 Einzelheiten und Belege dazu bei Geißler, Kein Abschied (Anm. 36) sowie Rainer Geißler, Das mehrfache Ende der Klassengesellschaft. Diagnosen sozialstrukturellen Wandels, in: Jürgen Friedrichs u. a. (Hrsg.), Die Diagnosefähigkeit der Soziologie, Opladen 1998, S. 207–236.

59 Vgl. dazu den Beitrag »Milieus und Politik« von Michael Vester in diesem Band, sowie Michael Vester u. a., Soziale Milieus im gesellschaftlichen Strukturwandel, Köln 1993.

60 Vgl. Geißler, Nachholende Modernisierung (Anm. 13), S. 37–60; zum Modernisierungsbegriff vgl. Wolfgang Zapf, Modernisierung und Transformation, in: Schäfers/Zapf (Hrsg.), Handwörterbuch (Anm. 3), S. 492–502.

Michael Vester

Milieus und soziale Gerechtigkeit

1. Konfliktlinien und Lager im historischen Wandel

Die Beziehungen zwischen den führenden Milieus und der übrigen Gesellschaft haben sich nachhaltig verändert. Die Bindungen an die großen Institutionen und deren Leit- und Weltbilder lockern sich. Hierzu gibt es widerstreitende Erklärungen. Nach der These der Individualisierung sind die alten Klassenmilieus in zahllose Einzelmenschen zerfallen, die ihre Lebensstile und Milieus nun selber schaffen und wählen. Manche sprechen von der »politischen Verdrossenheit« wie von einer geheimnisvollen Krankheit, die Gemeinsinn und soziales Engagement auflöst. Andere halten dem entgegen, dass ja gerade der Wertewandel fort vom materiellen »Habenwollen« hin zu einem erweiterten sozialen und politischen Interesse geführt habe. Die wachsende Unzufriedenheit sei eher eine Folge gestiegener Ansprüche der Bürgerinnen und Bürger an die Politik. Wieder andere erklären die große Unzufriedenheit aus einer Tendenz neuer sozialer Schieflagen und Ausschließungen, als Folge der globalen Deregulierung sozialer Sicherungssysteme.

Die These dieses Aufsatzes liegt eher quer zu diesen Annahmen. Ihr zufolge vollzieht sich die Entwicklung nicht als einheitliche oder lineare Tendenz, sondern als Zusammenspiel widerstreitender Kräfte. Das Feld der Kräfte ist keineswegs strukturlos, sondern nach gesellschaftlichen Milieus gegliedert. Auch haben sich die großen Mentalitätstraditionen, in denen diese Milieus stehen, nicht spurlos aufgelöst. Sie haben sich allerdings – und das ist durchaus folgenreich – in neue und modernere Zweige aufgefächert.

Die Folge ist gemäß dem Stand der Forschung jedoch nicht, dass diese jüngeren Generationen der Milieus sich in egoistische Einzelmenschen fragmentiert hätten. Sie sind vielmehr horizontal gut vernetzt und im näheren Umkreis auch sozial engagiert. Der Bindungsverlust hat andere Ursachen. Vor allem die vertikalen Bindungen an den Stil und den Inhalt der höheren institutionellen Politik haben sich gelockert. Dabei orientieren sich die Milieus durchaus noch an klassischen Gerechtigkeitsmodellen. Aber diese haben nicht die von Theoretikern oder Politikern oft unterstellte intellektuelle oder ideologische Form. Es handelt sich vielmehr um praktische, erfahrungsbezogene Alltagsversionen der alten liberalen, konservativen, solidarischen und protektionistischen Gerechtigkeitsmodelle.

Dass die Eliten ihre Stammpotenziale nicht mehr dauerhaft für sich mobilisieren können, liegt vor allem daran, dass sie sich von diesen Alltagsvorstellungen entfremdet haben. Das Vertrauen ist instabil: Es wird nur auf Widerruf gewährt. Die Diagnose lautet daher nicht *Krise der Milieus*, sondern *Krise der Repräsentation*.

Wenn es gleichsam um »Familienzerwürfnisse« zwischen den politischen Eliten und ihren Stammklientelen geht, dann sind alle Erklärungen zweifelhaft, die die »Schuld« kulturpessimistisch nur bei einer Seite suchen: in der Fragmentierung, Individualisierung oder Bindungslosigkeit des modernen Menschen oder in der Unverantwortlichkeit, bzw. Selbstbedienungsmentalität der Politiker. Es geht nicht um moralische Eigenschaften, sondern um *politische Beziehungen*.

Spätestens seit der Abwahl Helmut Schmidts als Bundeskanzler im Jahre 1982 ist deutlich geworden, dass die tieferen Strukturspannungen des Wirtschafts- und Sozialsystems nach einer Veränderung des alten Sozialmodells der Bundesrepublik rufen. Die so genannte »Verdrossenheit« mit den Politikern beruht vor allem auf der Enttäuschung der Reformerwartungen. Die politische Verdrossenheit, die um 1980 bei etwa 10 Prozent gelegen hatte, stieg nach 1989 auf einen Pegel von etwa 60 Prozent, auf dem sie sich – wie die repräsentative Umfrage für dieses Buch, »Deutschland im Wandel«, erneut bestätigt – verfestigt hat.

Die Krise der Repräsentation, deren empirische Ursachen in diesem Aufsatz im Einzelnen entwickelt werden, erinnert an eine ähnliche und ebenfalls weltweite Entwicklung zu Beginn des vergangenen Jahrhunderts. Auch damals veränderte ein großer Schub der Modernisierung die Produktivkräfte und Lebensstile und mündete schließlich 1929 in die lange Wirtschaftskrise. Auch damals stellte diese Dynamik die vorherrschenden institutionellen Regulierungen des nationalen und transnationalen Zusammenhalts infrage. Die bis dahin führenden politischen und weltanschaulichen Eliten und ihre Konzepte verloren an Akzeptanz in den sozialen Milieus.

Durch neue Wählermehrheiten oder durch gewaltsame Machtergreifungen kamen in fast allen hoch entwickelten Ländern andere Eliten mit anderen Konzepten der Regulierung des Sozialsystems an die Macht. Erst nach langen inneren Konflikten und schließlich dem Zweiten Weltkrieg hat sich dann das neue, breit akzeptierte Modell des Wohlfahrtsstaates – in seinen konservativen, liberalen und sozialdemokratischen Varianten – durchgesetzt.

Dieses Regulierungsmodell wird nun selber wieder infrage gestellt. Seine Institutionen, Autoritätsstrukturen und Leitbilder stehen in Wirtschaft und Gesellschaft auf dem Prüfstand. Alte und neue Elitemilieus konkurrieren mit ihren Sozialmodellen um die Führungsrolle. Welche von ihnen sind hegemoniefähig und werden bei breiteren sozialen Milieus Akzeptanz finden? Welche kommen zu spät und welche werden dafür »vom Leben bestraft«?

Der vorliegende Aufsatz beschreibt diesen Wandel zunächst an den Entwicklungsphasen des sozialstrukturellen Modells der alten Bundesrepublik und dann an den neuen Dynamiken im Feld der sozialen Milieus und politischen Lager. Als Hilfsmittel, die Beziehungen im Feld der Milieus darzustellen, nutzen wir ein relativ neues theoretisches Konzept, das Paradigma des mehrdimensionalen sozialen Raums von Pierre Bourdieu, das die Grundlage einer differenzierten repräsentativen Untersuchung der westdeutschen Milieus und der Analyse der ostdeutschen Milieuveränderungen bildet.[1] Auf diese Weise lassen sich die Widersprüche und Dynamiken der sozialen Kräftekonstellationen und – am Ende dieses Aufsatzes – auch die Szenarien der künftigen Entwicklung des deutschen Sozialmodells räumlich darstellen.

Die sozialen Stände und Klassen in Deutschland, deren historische Nachfahren die heutigen sozialen Milieus sind, haben erst nach den schweren Konfrontationen und Konflikten des 19. und 20. Jahrhunderts gelernt, demokratisch zusammenzuleben. Erst in schmerzvollen Lernprozessen haben sie zu der gemeinsamen politischen Kultur und den institutionellen Arrangements gefunden, die die Grundlage des sozialstrukturellen Modells der Bundesrepublik bildeten.

In der deutschen Geschichte haben mehrfach wirtschaftliche Modernisierungsschübe, verbunden mit großen Gebietsveränderungen, schwierige gesellschaftliche Wandlungen eingeleitet und die politischen und sozialen Akteure vor kaum lösbare Aufgaben der inneren Integration und der außenpolitischen Orientierung gestellt. Noch heute können wir von der diagnostischen Schärfe lernen, mit der Max Weber diese Konstellation im Jahre 1895 charakterisiert hat. Am Beispiel der ökonomischen, ethnischen und politischen Integrationsprobleme der damaligen ostdeutschen Provinzen definierte er das Problem als eines der »politischen Reife« – wir können auch sagen: der »politischen Kultur« – der gesellschaftlichen Klassen und vor allem ihrer politischen Führungsgruppen. Weder dem Junkertum noch dem Großbürgertum oder gar Kleinbürgertum und ebenfalls nicht der zur Staatsmacht drängenden Arbeiterelite traute Weber diese Reife zu. Er folgerte:

»Wir müssen begreifen, dass die Einigung Deutschlands ein Jugendstreich war, den die Nation auf ihre alten Tage beging und seiner Kostspieligkeit halber besser unterlassen hätte, wenn sie der Abschluss und nicht der Ausgangspunkt einer deutschen Weltmachtpolitik sein sollte.

Das *Drohende* unserer Situation aber ist: dass die bürgerlichen Klassen als Träger der *Macht*interessen der Nation zu verwelken scheinen und noch keine Anzeichen dafür vorhanden sind, dass die Arbeiterschaft reif zu werden beginnt, an ihre Stelle zu treten.

Nicht – wie diejenigen glauben, welche hypnotisiert in die Tiefen der Gesellschaft starren – bei den *Massen* liegt die Gefahr. Nicht eine Frage nach der *ökonomischen* Lage der *Beherrschten*, sondern die vielmehr nach der *politischen* Qualifikation der *herrschenden und aufsteigenden* Klassen ist auch der letzte Inhalt des *sozial*politischen Problems. Nicht Weltbeglückung ist der Zweck unserer sozialpolitischen Arbeit, sondern die *soziale* Einigung der Nation, welche die moderne ökonomische Entwicklung sprengte, für die schweren Kämpfe der Zukunft.«[2]

Ausdrücklich wendet sich Webers Diagnose gegen die massenpsychologische Zeitmode, die gebannt auf den Zerfall der Alltagsgesittung und die Gefahr eines zivilisationszerstörenden »Aufstands der Massen« von links oder von rechts blickte. Ob und wie solche »soziale Desintegration« sich zu einer Bedrohung des politischen und wirtschaftlichen Gesamtsystems auswachsen kann, hängt vermutlich auch heute, gut ein Jahrhundert später, eher von der *Integrationskraft der gesellschaftlichen Eliten und Gegeneliten* ab. Denn in ihrer Hand liegt, bei der heutigen Verfassung unserer Gesellschaftsordnung, weit gehend die politische und wirtschaftliche »Systemintegration« (David Lockwood)[3], also die Herstellung wirtschaftlicher Leistungsfähigkeit und Verteilungsgerechtigkeit und der Kultur innen- und außenpolitischer Konfliktführung.

Webers Sorge um die »soziale Einigung der Nation« galt also der politischen Erfahrung und Kultur der politischen Klasse eines Deutschen Reiches, das 1871 als ökonomischer Riese und politischer Zwerg in die Weltgeschichte zurückgekehrt war. Deutschland war, wie Italien, eine »Spätkommernation« der Industrialisierung und nationalen Einigung, und seiner politischen Klasse stand, ebenfalls wie in Italien, eine Generation später ihr Zusammenbruch und der Aufstieg einer faschistischen Machtelite bevor.

Die Analysen Webers sind deswegen wieder so aktuell, weil seit 1989 nicht wenige der von ihm untersuchten sozialen und politischen Konfliktpotenziale in Deutschland und Europa, die mit der Entstehung der Sowjetunion und ihres Kordons von Blockstaaten gleichsam arretiert waren, erneut aufgebrochen sind. Allerdings haben sich wesentliche sozialstrukturelle und politische Rahmenbedingungen verändert.

Die politische Integration war im Kaiserreich nicht allein durch die »Unreife« der Eliten, sondern auch durch eine ungewöhnliche Kumulation innerer und äußerer Konflikt- und Spannungslinien gefährdet. Die durch drei große Kriege herbeigeführte Bismarcksche Reichsgründung von 1871 hatte die alten sozialen Gegensätze wieder belebt. Dabei handelte es sich vor allem um die historischen Konfliktlinien zwischen protestantischen und katholischen, modernen und traditionellen, städtischen und ländlichen, bäuerlichen und großagrarischen Regionen und Lebenswelten – und ebenso um den Gegensatz zwischen der preußischen Metropole und der Provinz. Neue Konfliktlinien kamen hinzu. Die kapitalistische Industrialisierung modernisierte und verstärkte die Klassenpolaritäten, große Wanderungen aktivierten die mit den Annexionen französischer, slawischer und dänischer Gebiete bereits erhöhte Vielfalt ethnisch-kultureller Gruppen.

In der Verdichtung dieser Konfliktlinien festigten sich, wie M. Rainer Lepsius[4] hervorhebt, die vier großen *»sozialmoralischen Milieus«*. Mit ihnen meint Lepsius nicht die horizontalen Milieus der Lebenswelt, die die Soziologie vor Augen hat, sondern die vertikalen *politischen* Bündnisse zwischen verschiedenen Milieus, die im Allgemeinen als gesellschaftlich-politische *Lager* bezeichnet werden. Lepsius unterscheidet das konservative Milieu, das bürgerlich-protestantische Milieu, das katholische Sozialmilieu und das protestantisch-sozialdemokratische Milieu. Jedes dieser »sozialmoralischen Milieus« hat sich in einem bestimmten großen historischen Konflikt gebildet. Und jedes strukturiert sich als eine Art Tandem zwischen bestimmten lebensweltlichen Milieus und ihren politisch-ideologischen Führungsgruppen.

Die Integrationskraft bzw. kulturelle Hegemonie dieser politischen Eliten war jedoch, so Lepsius, nicht krisenfest. Sie reichte nicht aus, in der Weimarer Republik einen dauerhaften Konsensus demokratischer politischer Kultur zu stabilisieren und die jüngeren Generationen zu binden, die vom raschen Wandel der Lebensstile und sozialen Deklassierungen verunsichert waren. Die von Weber vorausgeahnte Konstellation von Massendemagogie und der Sehnsucht eines Teils des Großbürgertums »nach dem Erscheinen eines Cäsar, der sie schirme«[5], war eine wichtige Voraussetzung der nationalsozialistischen Machtergreifung von 1933.

Die Wählerstimmen von 37 Prozent für Hitlers Partei entsprachen genau dem Prozentsatz, den die konservativen und deutschnationalen Parteien im Laufe der 20er-Jahre durch ihren Bedeutungsverlust als Leitmilieus verloren hatten. Dieser hohe Prozentsatz weist darauf hin, wie weit damals die autoritären Mentalitäten verbreitet waren, auch bei den kleinbürgerlich-autoritären Teilen der Angestellten und Arbeiter, die durch die Deklassierungsprozesse in der Wirtschaftskrise orientierungslos geworden waren.

2. Das Sozialmodell der Bundesrepublik und seine Krise

Im Versuch, aus der Unverantwortlichkeit der Vergangenheit zu lernen, entstand nach 1945 in der Bundesrepublik ein neues Modell gesellschaftlicher Konfliktregulierung und Integration. Die Regulierung der sozialen Gegensätze beruhte auf einer relativ umfassenden verbandlichen, korporativen und parteipolitischen Repräsentation und Aushandlung der Konflikte zwischen den sozialen Gruppen. Ihr Erfolg wurde möglich durch den langen Aufschwung des Nachkriegskapitalismus und durch die Entlastung der Nachfolgestaaten des Deutschen Reiches von den früheren großen regionalen, wirtschaftsstrukturellen und konfessionellen Konflikten.

Insgesamt war die Entwicklung des westdeutschen sozialstrukturellen Modells seit 1945 ein komplexer Prozess, in dem Veränderungen auf allen vier »Achsen« des sozialen Raums zusammenwirkten:

1. Die *vertikale Dynamik* veränderte das Herrschaftsgefälle. Gewerkschaften und andere Interessenverbände erkämpften den relativen Abbau alter vertikaler Unterschiede der Macht, des Wohlstands und der sozialen Sicherheit (Stichwort: Teilhabe-Gesellschaft).
2. Die *horizontale Dynamik* veränderte die Produktivkräfte und die Alltagskultur. Auf allen gesellschaftlichen Stufen differenzierten und erweiterten sich die Arbeitsteilung, die intellektuelle Kompetenz und auch die Lebensstile (Stichworte: Wissensgesellschaft und Wertewandel).
3. Die *zeitliche Dynamik* entwickelte ihre Widersprüche und Konflikte im ständigen Kampf zwischen alten und modernisierten Lebensmustern, Generationen, Eliten und Politiken (Stichwort: Reformstau).
4. Die *institutionelle Dynamik* führte von der institutionellen Erneuerung der Aufschwungsjahre zur bürokratischen Erstarrung der korporativen und politischen Institutionen, die sich gegenwärtig durch verschiedene innovative Entwicklungen teilweise auch wieder aufzulösen beginnt (Stichwort: Modernisierung).

2.1 Vertikale Integration: Leistung gegen Teilhabe

In der Geschichte der Bundesrepublik haben verschiedene gesellschaftspolitische Integrationsmodelle, die stufenförmig aufeinander aufbauten, einander abgewechselt. Sie repräsentieren den spezifischen »Pfad« des westdeutschen regulierten Kapitalismus und der westdeutschen regulierten Klassengesellschaft.

Die konservativen Regierungen Konrad Adenauers entwickelten nicht nur die Kompromissfähigkeit zwischen den bürgerlichen Parteien, sondern auch mit der Arbeiterbewegung. Neben der Mittelstandspolitik entstand eine konservative Arbeitnehmerpolitik. In den 50er- und 60er-Jahren konnten sich die Arbeitnehmer die Teilhabe am »Wirtschaftswunder« durch Arbeitszeitverkürzungen sowie höhere Lohn-, Konsum-, Sozial- und Bildungsstandards erkämpfen.

Diese regulierende Komponente der »sozialen Marktwirtschaft« diente der Flankierung tief greifender horizontaler Strukturverschiebungen. Während die traditionellen Agrar- und Industrieberufe der körperlichen Arbeit radikal schrumpften, wuchs die Mitte der Facharbeiter und qualifizierten Angestellten. Die Klassengesellschaft *»enttraditionalisierte«* sich.

1. Von 1950 bis zum Ende der 90er-Jahre schrumpfte der konservativ-ständische *alte Mittelstand* der kleinen Landwirte, Kaufleute und Handwerker von etwa 25 Prozent auf weniger als 5 Prozent der Bevölkerung.
2. Zugleich wuchs der *neue Mittelstand* der Angestellten von 20 Prozent auf fast 60 Prozent zu einer großen Arbeitnehmergruppe, die den alten ständischen Dünkel nach und nach aufgab und sich an die industrielle Arbeiterschaft annäherte.
3. Für die *Arbeiter* schwanden die alten Merkmale der so genannten »Proletarität«, d.h. die unsichere Beschäftigung, die soziale Rechtlosigkeit und die eher geringe Fachqualifikation.[6] Durch erkämpfte Rechte, hohes Fachkönnen und relative soziale Sicherheit erlangten sie ihrerseits Standards der sozialen »Mitte«.

Nicht nur die ständisch-kleinbürgerlichen Strukturen, sondern auch die schroffen Klassenspaltungen aus der Zeit der Industrialisierung bauten sich ab. Das Modell der regulierten Klassengesellschaft lag jenseits der alten Alternative zwischen ständischer Harmonie und schroffen Klassengegensätzen. Einerseits waren die Klassengegensätze jetzt eindeutiger, weil die ständischen Zwischenschichten dahinschwanden. Andererseits waren sie durch das Aushandlungsmodell des »institutionalisierten Klassenkonfliktes«[7], das die Chance zum Kompromiss bot, entschärft. Das Modell war relativ unabhängig von direkter staatlicher Intervention. Das »korporatistische Dreieck« (Reinhard Kreckel)[8] von Staat, Unternehmern und Gewerkschaften sicherte zwar nicht eine gleiche, aber doch eine bedeutsame Teilhabe der Arbeitnehmer an der Gesellschaft. Die »Entproletarisierung« war jedoch nicht rückwärts auf eine kleinbürgerliche oder mittelständische Einordnung gerichtet, sondern auf ein modernes, meritokratisches (Michael Young)[9] Bewusstsein, d.h. das Prinzip *»Leistung gegen Teilhabe«*: Für die Bereitschaft zu hoher Arbeitsleistung wurde eine umfassende Teilhabe an den sozialen Chancen verlangt.

Die Voraussagen einer Verbürgerlichung oder blinden Konsumhörigkeit der Arbeiter erfüllten sich also nicht. Vielmehr verloren die erodierenden bürgerlichen und kleinbürgerlichen Gruppen viel von ihrer Bedeutung als Leitmilieus. Dadurch verlor auch die CDU/CSU in den 60er-Jahren zum ersten Mal ihre kulturelle und politische Hegemonie an die SPD.

Der westdeutsche Pfad unterscheidet sich in wichtigen Zügen von dem Pfad der *DDR-Gesellschaft*, insbesondere von deren Modernisierungshemmnissen, die in der Übernahme des altindustriellen Stahlmodells von der Sowjetunion und in der staatsbürokratischen Blockierung der Produktivkräfte begründet lagen. Andererseits gibt es hier trotz allem etwas Gemeinsames: Die DDR war, wie Wolfgang Engler es nennt, eine *»arbeiterliche Gesellschaft«*.[10] In beiden Gesellschaften war, wenn auch unter verschiedenen politischen Regulierungsformen, die Arbeiterklasse in die Mitte aufgerückt, deren sichere soziale Standards zuvor dem alten Mittelstand (den kleinen Eigentümern) und dem neuen Mittelstand (den »besseren« Angestellten) vorbehalten gewesen waren.

Die Regierung Willy Brandts, die 1969 von modernisierten Arbeitnehmer-, Bildungs- und Jugendmilieus an die Macht gebracht wurde, konnte das westdeutsche Sozialmodell wesentlich erweitern und auch durch die Versöhnung mit dem Osten außenpolitisch absichern. Nach seinem großen Wahlsieg von 1972 sprach Willy Brandt vom Modell der *»Arbeitnehmergesellschaft«*[11], mit dem Partner der mobilisierten Bildungsschichten. Dieses Modell symbolisierte einerseits die Verminderung sozialer Ausgrenzung, Rechtlosigkeit und Not und andererseits die Vermehrung der Teilhabe (fast) aller am Zuwachs der Einkommen, an Mitbestimmungsrechten, am Bildungssystem und an der Sicherung bei Krankheit, Arbeitslosigkeit und Alter. Die Mobilisierung der Bildungsschichten symbolisierte eine tolerantere, kulturell vielfältigere Politik, die in der Außenpolitik Verständigung suchte und die nach innen mehr Teilhabe der Frauen, der Ausländer und sozialer Minderheiten sowie mehr Mitwirkung aller Bürger versprach – also das, was heute »Bürgergesellschaft« oder »Zivilgesellschaft« genannt wird.

Brandts Nachfolger, Helmut Schmidt, erwarb hohes Ansehen dafür, dass er vor allem den ersten Teil dieses Programms unter dem Namen »Modell Deutschland« bis 1982 einigermaßen durch die seit 1973 die Vollbeschäftigung und den Staatshaushalt einschränkende Wirtschaftskrise steuerte. Die modernen Bildungsschichten dagegen konnte die SPD jetzt nur noch teilweise binden. Aus den Protesten gegen Atomkraft, Raketenrüstung und manche Arroganz der Mächtigen entstand der Rückenwind für die neue Partei der Grünen.

Schmidts Nachfolger, Helmut Kohl, gewann seine Mehrheit 1982 zwar durch den Seitenwechsel der FDP. Dennoch musste er die großen Wählerpotenziale der Union für sich gewinnen, die er dauerhaft nur halten konnte, solange er, trotz mancher Abstriche, die Substanz des »rheinischen Kapitalismus« nicht antastete. Hierzu gehörten nicht zuletzt die bereits unter Adenauer vor allem von der Metall- und Bergarbeiterschaft erstreikten und ausgehandelten Rechte der Mitbestimmung, der Betriebsräte, der Arbeitszeit und der Lohnfortzahlung für Kranke. Jahrzehntelang hatte diese konservative Spielart der »Arbeitnehmergesellschaft« die Abwanderung der konservativeren Arbeitnehmer von der Union zur SPD gebremst. 1998 aber verlor die Union so viele dieser Wähler, dass sie keine Mehrheitskoalition mehr bilden konnte. Der von Kohl ins Abseits gestellte CDU-Modernisierer Heiner Geißler hatte Recht, wenn er diese herbe Niederlage damit erklärte, dass die Union den rheinischen Kapitalismus immer mehr durch neoliberale Experimente infrage gestellt hatte – nicht zuletzt durch den Angriff auf die Lohnfortzahlung im Krankheitsfall im Herbst 1996.

Der rot-grüne Wahlsieg von 1998 gab einer anderen Variante des westdeutschen Sozialmodells ihre Chance. Doch wie diese aussehen sollte, war umstritten. Die Stärke des Modells – die Repräsentation durch starke Interessenverbände – war auch zu seiner Schwäche geworden. Intern ermöglichte die institutionelle Bürokratie häufig zu wenig Beweglichkeit, Partizipation und Elitenwechsel. Extern verlor sie an Repräsentativität, insbesondere für Frauen, Ausländer, gering Qualifizierte,

Jugendliche und Rentner. Das Sozialmodell hatte darin seine Grenzen, aber es war doch modernisierungs- und konfliktfähiger als das staatsbürokratische Modell, das nach 1945 mit Hilfe der Sowjetunion in Ostdeutschland installiert worden war. Nachdem jenes aber 1989 zusammengebrochen war, blieb das westdeutsche Modell nur noch mit seinen eigenen Mängeln konfrontiert.

2.2 Horizontale Differenzierung: Postindustrielle Wissensgesellschaft

Das Integrationsmodell war allerdings bereits seit etwa 1970 durch neue wirtschaftliche Strukturverschiebungen herausgefordert. Zunächst wurden diese mit der so genannten Tertiärisierung identifiziert. Die Daten[12] scheinen eindeutig: Von 1950 bis 1997 sank die Beschäftigung in der Landwirtschaft von etwa 25 Prozent auf 3 Prozent, in der Industrie von etwa 43 Prozent unter 38 Prozent. Die Freigestellten wurden, jedenfalls bis 1973, meist nicht arbeitslos, sondern wechselten in andere, wachsende Branchen. Die Beschäftigung stieg in den öffentlichen und privaten Dienstleistungen von etwa 18 Prozent auf 40 Prozent, in Handel und Verkehr von etwa 14 Prozent auf 23 Prozent.

Vor diesem Hintergrund proklamierte Daniel Bell 1973 die *»postindustrielle Wissens- und Dienstleistungsgesellschaft«* als einen Epochenbruch, der die Wirtschafts-, Herrschafts- und Mentalitätsstrukturen unaufhaltsam und grundlegend ändere.[13] Er begründete dies mit drei Tendenzannahmen:

1. *Tertiärisierung*, d.h. Verdrängung der zuvor dominanten Industrie durch den Dienstleistungssektor;
2. *Wissensgesellschaft*, d.h. Ablösung der Macht des Kapitals durch die legitime Autorität des Wissens;
3. *Postmaterialistischer Wertewandel*[14], d.h. als Folge der Sättigung der materiellen Bedürfnisse durch den Wohlfahrtsstaat, die Verdrängung der materialistischen Werte der (ohnehin verschwindenden) Arbeiterklasse durch die postmateriellen Werte der modernen Dienstleistenden.

Über Ulrich Beck und Anthony Giddens[15] ist diese Deutung inzwischen zum Mainstream, zu einer neuen Integrationsideologie geworden. Sie legitimiert eine moderne Elite (des Wissens), die im Bündnis mit anderen Eliten (innovatorischen Unternehmern, Medienleuten und Politikern) und produktiven Leistungsträgern (den modernen Dienstleistenden) steht, vereint durch gemeinsame (postmaterialistische) Werte und Ideale.

Die Beschreibung bleibt allerdings an der Oberfläche der Erscheinungen. Die Industrie ist nach wie vor bedeutsam, wenn auch *neben* den Dienstleistungen. Ein großer Teil der Dienstleistungen ist zudem funktional der Industrie zugeordnet (wie Bert Rürup und Werner Sesselmeier in diesem Band belegen). Die Wissenschaftler sind nach wie vor den wirtschaftlichen Interessen des Kapitals untergeordnet.[16] Und die Dienstleistenden sind, wie auch die Industriebeschäftigten, überwiegend Arbeitnehmer. Tertiärisierung, Wissensgesellschaft und Wertewandel beschreiben daher keinen Epochenbruch, der die Herrschaftsverhältnisse ändert oder die Industrie unwichtig macht, sondern eine horizontale Differenzierung, die die Produktivkräfte vielfältiger und intelligenter macht.

Entstanden ist damit nicht ein neue herrschaftsfreie Welt, sondern eine *neue Konfliktkonstellation*. Der Widerspruch zwischen den modernisierten Produktivkräften und den gesellschaftlichen Kommandoverhältnissen wird zur Zeit in den sozialen Kämpfen zwischen Kapital, Staat und Arbeit neu ausgetragen. Dabei konkurrieren zwei Alternativen der Modernisierung miteinander. Die heute herrschende Politik versteht unter Innovation oft die Stärkung der Autorität der Spitzen, d. h. der »unternehmerischen« Eliten in der Wirtschaft wie in den öffentlichen Bürokratien bis hin zu den Universitäten. Die Gegenseite betont, dass die gestiegene Differenzierung und Fachkompetenz nach flacheren Hierarchien und mehr Entscheidungskompetenz an den Arbeitsplätzen verlangt. Die Autoritäten wiederum werten diese Ansprüche von unten als Behinderung der Leistungsfähigkeit in der globalen Konkurrenz der Märkte und fordern daher den Abbau sozialer Rechte.

2.3 Institutionelle Regulierung: Nationale Entwicklungspfade und Globalisierung

Die Grenze der Regulierungskraft der sozialen Marktwirtschaft wie des keynesianischen Wohlfahrtsstaates zeigten sich zunehmend seit der Ölkrise von 1973 und der seitdem international anhaltenden *langen Stagnation*, d. h. Wachstumsschwächung mit erhöhtem »Arbeitslosensockel«, die primär durch das relative Zurückbleiben der Massennachfrage verursacht ist.[17] Von 1980 bis 1997 stiegen die Nettolöhne nur um 20 Prozent, die Nettogewinne aber um 119 Prozent. Die Geldmittel der Besserverdienenden flossen immer weniger in die Nachfrage und immer mehr in die Spekulation mit Anlagekapital. Mit der Nachfrage sank auch die Beschäftigung. Die registrierte Arbeitslosigkeit stieg stufenweise von einer Million auf mehr als vier Millionen oder ca. zehn Prozent in den 90er-Jahren, die Armut ebenfalls auf etwa zehn Prozent.

Der globale Konkurrenzdruck wuchs durch schrittweise zunehmende Deregulierung der Weltwährungs- und Finanzordnung und die Entwicklung neoliberaler Wirtschaftspolitik in den USA Reagans und im Großbritannien Thatchers. Die wachsende Exportkraft der Niedriglohn- und Schwellenländer stellte die internationale Hierarchie der Exportnationen infrage.

Die Kontroversen um neue, der neoliberalen Deregulierung der Sozialordnung nähere Sozialmodelle begannen. Bis zur Ostasienkrise galt Japan und, bis zum Ende des dortigen Booms, galten die USA als nachahmenswerter Pfad. Die Pfade des sozialdemokratischen Wohlfahrtsstaates in Skandinavien und des konservativen Wohlfahrtsstaates der kontinentalen Europäischen Gemeinschaft[18] galten als überholt, bis Schweden, Frankreich und andere Länder in neue Wachstumsphasen durchstarteten.

Inzwischen wird die Bindung an diese Pfadmodelle wieder mehr als Vorteil eines eigenen, europäischen Wegs gesehen. Es geht nun eher um relative, in konservative oder sozialdemokratische Aushandlungsmuster eingebundene Deregulierungsmodelle. Diese aber beinhalten durchaus einen erheblichen Druck auf die unbeweglich gewordenen korporativen Institutionen, auf die Regulierung des Arbeitsmarktes durch das Tarif- und Rechtssystem und auf die gewerkschaftlichen und anderen Verbandsstrukturen.

Der Druck kommt aber nicht nur von den konkurrierenden Modernisierungsfraktionen der Eliten, sondern auch aus den veränderten *Milieus* der Gesellschaft, deren Unwille in einer anhalten Kette von Verweigerungen zum Ausdruck kommt: bei Wahlen, bei der Benachteiligung von Frauen, beim Sparen an Bildungs- und Sozialeinrichtungen und endlich auch bei der Diskriminierung von Ausländerinnen und Ausländern und, seit der BSE-Krise, verstärkt im Konsum von Risikonahrung. Der Unmut bleibt aber oft unterhalb der Schwelle des aktiven Engagements in Parteien und Institutionen, und er hat zunehmend Schwerpunkte außerhalb der materiellen Verteilungspolitik. Sind damit nun die »alte soziale Frage« und der Konflikt zwischen Arbeitnehmern und Unternehmern durch die Auflösung alter Solidaritäten und durch den »postmaterialistischen Wertewandel« überholt?

2.4 Umformung der Klassenmilieus: Individualisierung und Generationenwechsel

Die These der Auflösung sozialer Identitäten und Kohäsion beruft sich heute vor allem auf Ulrich Beck. Dieser leitet aus dem Übergang zur Dienstleistungs- und Wissensgesellschaft die so genannte *Individualisierung* ab.[19] Er stützt sich dabei auf drei Tendenzannahmen:

1. die *Heterogenisierung* der sozialen Lagen durch entstandardisierte Lebenslaufsmuster und durch neue Ungleichheiten nach Geschlecht, Alter und Ethnie;
2. den *Bindungsverlust*, d. h. die Ablösung der neuen Generation von den traditionellen Herkunftsmilieus infolge der Mobilität in neue Wohnorte, Berufe und Ausbildungen, wo die Bindungen lockerer und frei wählbar sind;
3. das *neue Politikmodell*, d. h. – als Folge der Erosion alter Bindungen – auch der Zerfall der Großgruppenzusammenhänge, vornehmlich des sozialen Katholizismus und der Sozialdemokratie, der Hauptträger des Modells der »Arbeitnehmergesellschaft«. Deren Politik der materiellen Umverteilung wird durch ein neues Politikmodell »jenseits von rechts und links«, in dem es um postmaterielle Werte und um Lebensstile geht, ersetzt.[20]

Unsere Gegenthese versteht die Individualisierung nicht als völlige Neuschaffung, sondern als »Rekonversion« oder *Umstellung* (Pierre Bourdieu)[21], als einen *relativen* Umbau der Mentalitäten und Milieus. Die äußeren Lebensbedingungen haben sich durchaus ein Stück weit in die angegebene Richtung verändert. Aber dies ergab sich nicht automatisch aus einer materiellen Sättigung. Vielmehr hat jedes Milieu die neuen Bedingungen nach seiner eigenen Façon im Rahmen seiner Mentalitätstraditionen verarbeitet.

So gibt es auch (wie Heiner Meulemann in diesem Band detaillierter ausführt) keine allgemeine Spaßgesellschaft oder Erlebnisgesellschaft, sondern eine *andere* Spaßgesellschaft. Je nach Milieu sind es andere Aktivitäten, die vorrangig »Spaß machen« sollen: Das kann der Konsum oder Selbstdarstellung sein, aber auch die Bildung, die gute fachliche Arbeit oder das gesellschaftliche Engagement. Dies hängt auch damit zusammen, dass der Milieuwandel nicht dem allgemeinen evolutionären Automatismus eines Sättigungsgesetzes folgt. Der Wandel der Werte wird vielmehr im Rahmen der Alltagskultur aktiv erzeugt, wenn die Jugendlichen sich mit den Werten der Elternmilieus auseinander setzen. Diese Generationenkonflikte stellen nicht die Wertpräferenzen an sich, sondern den Umgang mit ihnen infrage.[22] So sollen z. B. Konsum, Selbstdarstellung, Facharbeit, Bildung weniger durch Pflicht, Zwang oder äußere Belohnung als durch innere Lust motiviert sein. Diese »lustvolle Besetzung« von Tätigkeiten ist oft nichts anderes als das, was Sigmund Freud als »Sublimation« und damit als die Grundlage von Kultur bezeichnet hat: etwa »mit Liebe« zu lernen, zu arbeiten, sich engagieren oder eben auch speisen oder wohnen.

Die Typologien in den Abbildungen und im dritten Abschnitt dieses Aufsatzes, die unsere Forschungsergebnisse[24] zusammenfassen, verdeutlichen, dass die jüngeren Milieus in der Tat Varianten der älteren sind. Auch durch eine spezielle statistische Neuanalyse der repräsentativen Erhebungsdaten der Shell-Jugendstudie 2000 fanden wir dies bestätigt: Jedes Jugendmilieu lässt sich bestimmten Milieus der Gesamtgesellschaft zuordnen. Die Annahme, es gäbe »die Jugend«, die von bisherigen Milieutraditionen unabhängig sei, lässt sich also nicht belegen. Vielmehr darf angenommen werden, dass dic Zusammenhänge und Traditionslinien der Milieus sich nicht aufgelöst, sondern »nur« in ihrer Form geöffnet und modernisiert und, in der Art familialer Abstammungslinien, nach Generationen aufgefächert haben.

Die mit aufwändigen qualitativen und quantitativen Methoden erhobenen Mentalitätstypen ließen sich insgesamt fünf solcher Traditionslinien – zwei oberen, zwei mittleren und einer unteren – zuordnen. Die Milieus sind damit einerseits immer noch als Nachfahren der früheren Stände, Klassen und Schichten (und ihrer Untergruppen) erkennbar. Andererseits haben, quer zu diesen Traditionslinien, die Milieus der gleichen Generation auch gemeinsame Erfahrungen und Mentalitätszüge. In der heutigen jüngeren Generation sind dies vor allem die Werte der Selbstbestimmung, der Selbstverwirklichung und – da es sich um solidarische Vergemeinschaftungen von (Alters-)Gleichen, um »peer groups«, handelt – auch der sozialen Mitverantwortung.

Der sozialhistorische Milieu- und Mentalitätsbegriff, den wir der klassischen Soziologie[25] und neueren klassenkulturellen Ansätzen[26] entnehmen, unterscheidet sich von beiden Milieukonzepten, die in den heutigen Diskursen noch oft einander gegenübergestellt werden. Er leitet die Milieus weder aus bestimmten ›materiellen‹ Lagen oder Berufsstellungen ab, wie der vulgärmaterialistische Determinismus, noch teilt er die dem entgegengesetzte Auffassung Ulrich Becks, dass dank der Optionssteigerung durch Wohlstand und Wohlfahrtsstaat die Individuen ihren Lebensstil und ihre Milieus bedingungslos frei wählen können. Nach dem sozialhistorischen Konzept sind die *Milieus* weder materialistisch noch voluntaristisch zu erklären, sondern nur aus sich selbst: als sich selbst reproduzierende und auch selbst verändernde Beziehungszusammenhänge, die sich als Teile größerer Milieukonstellationen verhalten und sich historisch immer wieder auf neue ökonomisch-politische Bedingungen umstellen müssen – und dies mehr oder minder erfolgreich auch tun.

Abb. 1: Traditionslinien sozialer Milieus und ihre Veränderung in Westdeutschland (1982 bis 2000) und in Ostdeutschland (1991 bis 2000)[23]

Die vertikalen Milieustufen und ihre horizontale Differenzierung nach Traditionslinien	Differenzierung der Traditionslinien nach Untergruppen (-) bzw. Generationen (a, b, c) in Westdeutschland (1982 bis 2000)	Differenzierung der Traditionslinien nach Untergruppen (-) bzw. Generationen (a, b, c) in Ostdeutschland (1991 bis 2000)
1. **Obere Milieus** (zwischen 22 % und 26 %)		
1.1 Traditionslinie von **Macht und Besitz:** Milieus der wirtschaftlichen und hoheitlichen Funktionseliten (ca. 10 %)	Konservativ-technokratisches Milieu (ca. 9 % – ca. 10 %)	– Rationalistisch-technokratisches Milieu (ca. 6 % – ca. 0 %) – DDR-verwurzeltes Milieu (ca. 0 % – 7 %)
1.2 Traditionslinie der **Akademischen Intelligenz:** Milieus der humanistischen u. dienstleistenden Funktionseliten (ca. 6 %)	Liberal-intellektuelles Milieu (ca. 9 % – ca. 10 %), mit zwei Teilgruppen: – Progressive Bildungselite (ca. 5 %) – Moderne Dienstleistungselite (ca. 4 %)	Bürgerlich-humanistisches Milieu (ca. 10 % – ca. 8 %)
1.3 Kulturelle **Avantgarde** (ca. 10 %)	– Alternatives Milieu (ca. 5 % – 0 %) – Postmodernes Milieu (0 % % – ca. 6 %)	Linksintellektuell-alternatives Milieu (ca. 7 % – ca. 7 %)
2. »Respektable« Volks- und Arbeitnehmermilieus (zwischen 64 % und 69 %)		
2.1 Traditionslinie der **Facharbeit und der praktischen Intelligenz** (zwischen 27 % und 30 %)	a) Traditionelles Arbeitermilieu (ca. 10 % – ca. 4 %) b) Leistungsorientiertes Arbeitnehmermilieu (ca. 20 % – ca. 18 %) c) Modernes Arbeitnehmermilieu (0 % – ca. 8 %)	a) Traditonsverwurzeltes Arbeiter- und Bauernmilieu (ca. 27 % – ca. 13 %) ba) Aufstiegsorientiertes Pioniermilieu (0 % – ca. 7 %) bb) Modernes Arbeitnehmermilieu (0 % – ca. 9 %)
2.2 **Ständisch-kleinbürgerliche** Traditionslinie (zwischen 32 % und 22 %)	a) Kleinbürgerliches Arbeitnehmermilieu (ca. 28 % – ca. 14 %) b) Modernes bürgerliches Milieu (0 % – ca. 8 %)	a) Kleinbürgerliches Milieu (ca. 23 % – ca. 14 %) ba) Status- und karriereorientiertes Milieu (ca. 9 % – ca. 5 %) bb) Modernes bürgerliches Milieu (0 % – ca. 8 %)
2.3 Avantgarde der **Jugendkultur** (ca. 10 %)	Hedonistisches Milieu (ca. 10 % – ca. 12 %)	– Subkulturelles Milieu (ca. 5 % – 0 %) – Hedonistisches Milieu (0 % – ca. 9 %)
3. Traditionslinie(n) der **unterprivilegierten Volks- und Arbeitnehmermilieus** (zwischen 8 % und 13 %)	Traditionsloses Arbeitnehmermilieu, mit drei Teilgruppen: – Statusorientierte (ca. 3 %) – Resignierte (ca. 6 %) – Unangepasste (ca. 2 %)	– Traditionsloses Arbeitnehmermilieu (ca. 8 % – ca. 12 %) – Hedonistisches Arbeitermilieu (ca. 5 % – ca. 0 %)

Zur Beachtung: Die Prozentzahlen in der linken Spalte geben die *Bandbreite* der Milieugrößen an. Die Prozentzahlen in der zweiten und dritten Spalte geben an, wie sich die Milieugrößen bis zum Jahre 2000 *verändert* haben.

3. Die Landkarten der deutschen sozialen Milieus

Die Mentalitätsbeschreibungen erlauben eine Verortung im sozialen Raum Bourdieus. Daraus ergeben sich, ohne vorgefasste Raumstruktur und auf gleichsam induktive Weise, Landkarten der sozialen Milieus *(Abb. 2 und 3)*. Wird das Verfahren, die Milieus zuzuordnen, auf andere hochentwickelte Länder angewandt, so zeigen sich auch dort die gleichen fünf Traditionslinien in annähernd gleicher Größe.[27] Diese allgemeine Grundstruktur ist sichtbar an den kräftigen Trennlinien in den Abbildungen. Die inneren Differenzierungen der großen Gruppen, gekennzeichnet durch feine Trennlinien, sind dagegen verschieden, je nach dem geschichtlichen Schicksal der einzelnen Gesellschaften. Da wir für Westdeutschland eine Zeitreihe von Milieudaten seit 1982 besitzen, lässt sich an diesem Beispiel die langfristige Veränderung dieser inneren Differenzierung nach Untergruppen und Generationen erkennen. Dies liefert wichtige Hinweise auf den Wandel der Mentalitäten und des Beziehungsgefüges zwischen den Milieus insgesamt.

Auf der *vertikalen Achse* grenzen sich – in grober Größenordnung – 20 Prozent führende Milieus, 70 Prozent Volksmilieus und 10 Prozent Unterprivilegierte durch Kulturschranken (die auch Ausdruck gesellschaftlicher Kompetenzteilungen sind) deutlich voneinander ab. Diese Größenordnungen haben eine erstaunliche Stabilität bewiesen. Von 1982 bis 2000 haben sie sich nur durch geringe vertikale Wanderungen (in die linken oberen Milieus) verändert. Die Milieus sind für vertikale Grenzüberschreitungen äußerst sensibel. Die lebhaftesten sozialstrukturellen Bewegungen haben sich nicht vertikal, sondern als horizontale Wanderungen zum linken Pol des Raums, d.h. zu vermehrtem intellektuellem Kapital, abgespielt.

Die vertikale Teilung der Gesellschaft drückt sich in zwei waagerechten Trennlinien aus. Die *Grenze der Distinktion* trennt die einflussreichen oberen von den mittleren Milieus. Sie verweist auf das *Masse-Elite-Schema*, das die Welt nach den Gegensatzpaaren rational/emotional, kultiviert/ungebildet, fein/grob, ideell/materiell, spirituell/trivial, asketisch/hedonistisch, individuell/kollektiv usw. einteilt. Die *Grenze der Respektabilität* trennt die mittleren von den unterprivilegierten Milieus. Respektabilität wird definiert durch Statussicherheit: Es kommt darauf an, eine beständige, gesicherte und anerkannte soziale Stellung einzunehmen, die entweder durch Leistung oder durch Loyalität »verdient« ist. Dem entspricht eine besondere Leistungs- oder Pflichtethik. Den unteren Milieus wird es als Charaktermangel vorgehalten, dass sie eher unstetigen und unsicheren Beschäftigungen nachgehen, weniger Zuverlässigkeit und Bildungsstreben zeigen und eher auf günstige Gelegenheiten als auf eigenes, planmäßiges Schaffen setzen.

Auf der *horizontalen Achse* zeigt sich erst bei näherem Hinsehen eine Verschiebung. Die großen Traditionslinien der oberen und mittleren Milieus lassen sich paarweise auf dieser Achse anordnen: rechts von der Mitte die konservativeren, mehr an *Autoritätshierarchien* orientierten Traditionslinien, links von der Mitte die moderneren, mehr an *Eigenverantwortung und Selbstbestimmung* interessierten Traditionslinien. An den äußeren Rändern dieses Spektrums finden wir extreme Ausprägungen, und zwar rechts einen entschiedenen Autoritarismus, links einen Avantgardismus, der jede Konvention zurückzuweisen scheint. Die großen Traditionslinien bleiben per Saldo seit 1982 annähernd gleich groß. Die modernisierenden Bewegungen der »Individualisierung« spielen sich hauptsächlich als Generationenverschiebung *innerhalb* der jeweiligen Traditionslinie ab.

Beispielsweise sind in der Traditionslinie der Facharbeit die älteren Milieus zugunsten der jüngeren um acht Prozent geschrumpft. Dies ist vor allem eine Bewegung auf der horizontalen Achse des sozialen Raums, nämlich Teil des historischen Prozesses der zunehmenden Teilung und Spezialisierung der Arbeit und der zunehmenden intellektuellen Reflexivität und kulturellen Differenzierung. Auf der *Achse der Zeit*, in der Auffächerung der Milieus durch Generationenwechsel und Elitenwechsel, wird dieses Wachstum emanzipatorischer Potenziale – und das langfristige Abschmelzen autoritärer Mentalitäten – deutlich.

Die nachfolgenden Kurzdarstellungen der deutschen Milieus und ihrer Geschichte seit 1945 lassen erkennen, wie diese Dimensionen zusammenwirken und auch die Verschiedenheit der west- und ostdeutschen Milieus erklären.

3.1 Die westdeutschen Milieus: Von der Teilhabe zur Enttäuschung

Die *oberen Milieus* in Westdeutschland teilen sich nach dem klassischen Gegensatz von Bildung und Besitz bzw. Geist und Macht in zwei Traditionslinien. In beiden haben sich nach 1945 die Gewichte zu jüngeren und moderneren Milieufraktionen verschoben. Die alten Eliten des Obrigkeitsstaats, des Militärs und des autoritären Unternehmertums wurden nach und nach durch technokratische Elitemilieus und schließlich neue Bildungsmilieus zurückgedrängt.

Oben rechts findet sich die Traditionslinie von *Besitz und hoheitlicher Macht*. Sie kultiviert einen exklusiven Stil, ein klares Elite-, Erfolgs- und Machtbewusstsein, aber auch patriarchalische Verantwortung und verbindliche Formen gegenüber den anderen Milieus. Das Milieu enthält kaum Aufsteiger von unten, hat sich aber durch die flexibleren technokratischen Stile der jüngeren Führungseliten modernisiert. Es wird daher jetzt nicht mehr als »Konservativ-gehobenes«, sondern als »Konservativ-technokratisches« Milieu bezeichnet.

Nach links grenzt sich davon die Traditionslinie der *Akademischen Intelligenz* ab, die ihre Schwerpunkte in den humanistischen und Dienst leistenden Funktionseliten hat. Erstere, die »progressive Bildungselite«, pflegt alte humanistische Familientraditionen der hochkulturellen Bildung, ein karitatives Ethos und die Überzeugung, eine idealistischen Aufklärungsmission gegenüber den anderen Milieus erfüllen zu müssen. Die Angehörigen der zweiten Teilgruppe, der »modernen Dienstleistungselite«, sind im Zuge des Ausbaus des Wohlfahrtsstaates meist aus den Milieus der Fachintelligenz aufgestiegen. Dem entspricht ein technokratisch-rationales Leistungsethos und die Ablehnung übertriebener Selbstdarstellung. Gemeinsam ist beiden Teilgruppen das Prinzip, dass sozialer Aufstieg durch Leistung (statt durch ererbte Positionen) möglich sein soll.

Die *kulturellen Avantgarden* außen links bilden keine eigene Traditionslinie, sondern entstehen als Ableger ihrer Nachbarmilieus immer wieder neu. Sie artikulieren sich entweder moralisch, in idealistischen Lebens- und Politikentwürfen (wie im ab 1968 entstandenen und heute geschwundenen »Alternativen Milieu«), oder ästhetisch, in den schönen Künsten und Lebensstilen (wie im heutigen »Postmoder-

Abb. 2: Die sozialen Milieus in Westdeutschland 2000

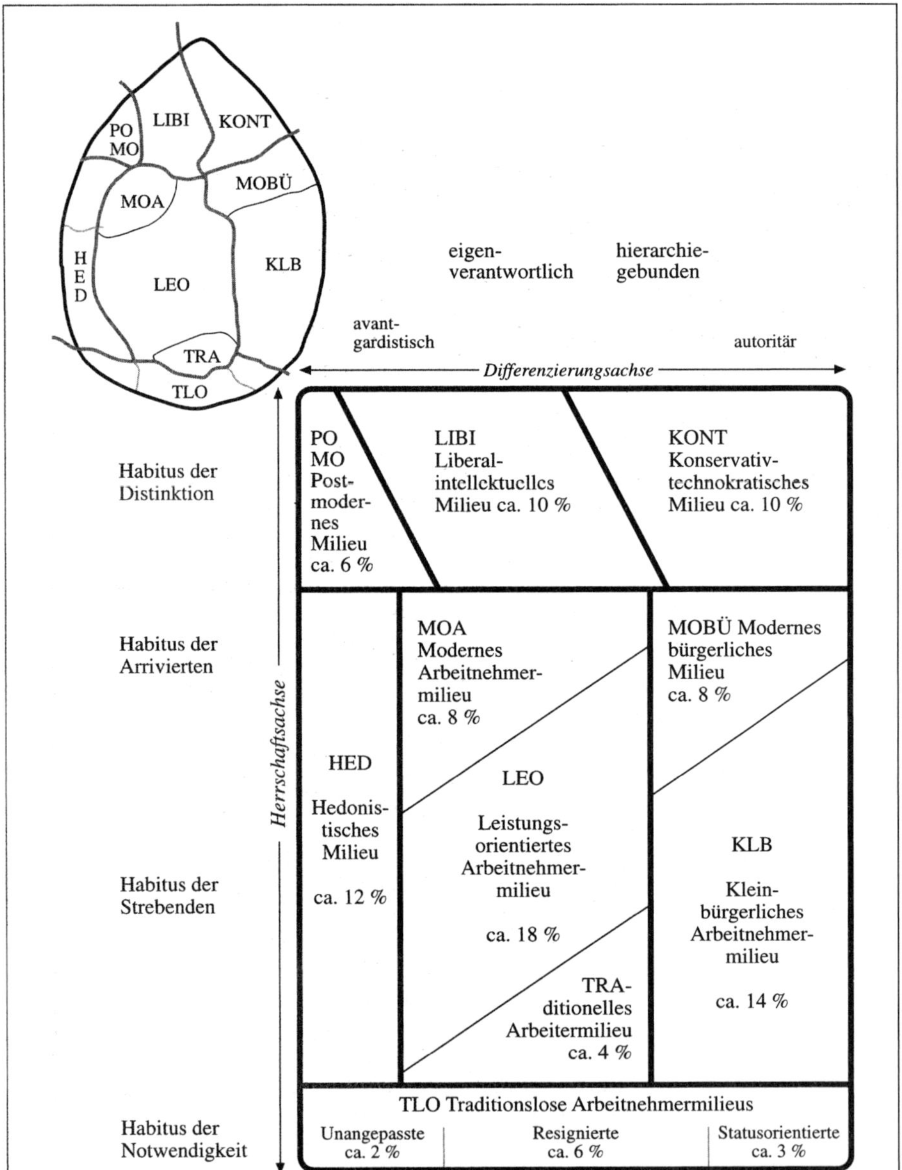

agis.uni-hannover.de 2000.

Abb. 3: Die sozialen Milieus in Ostdeutschland 2000

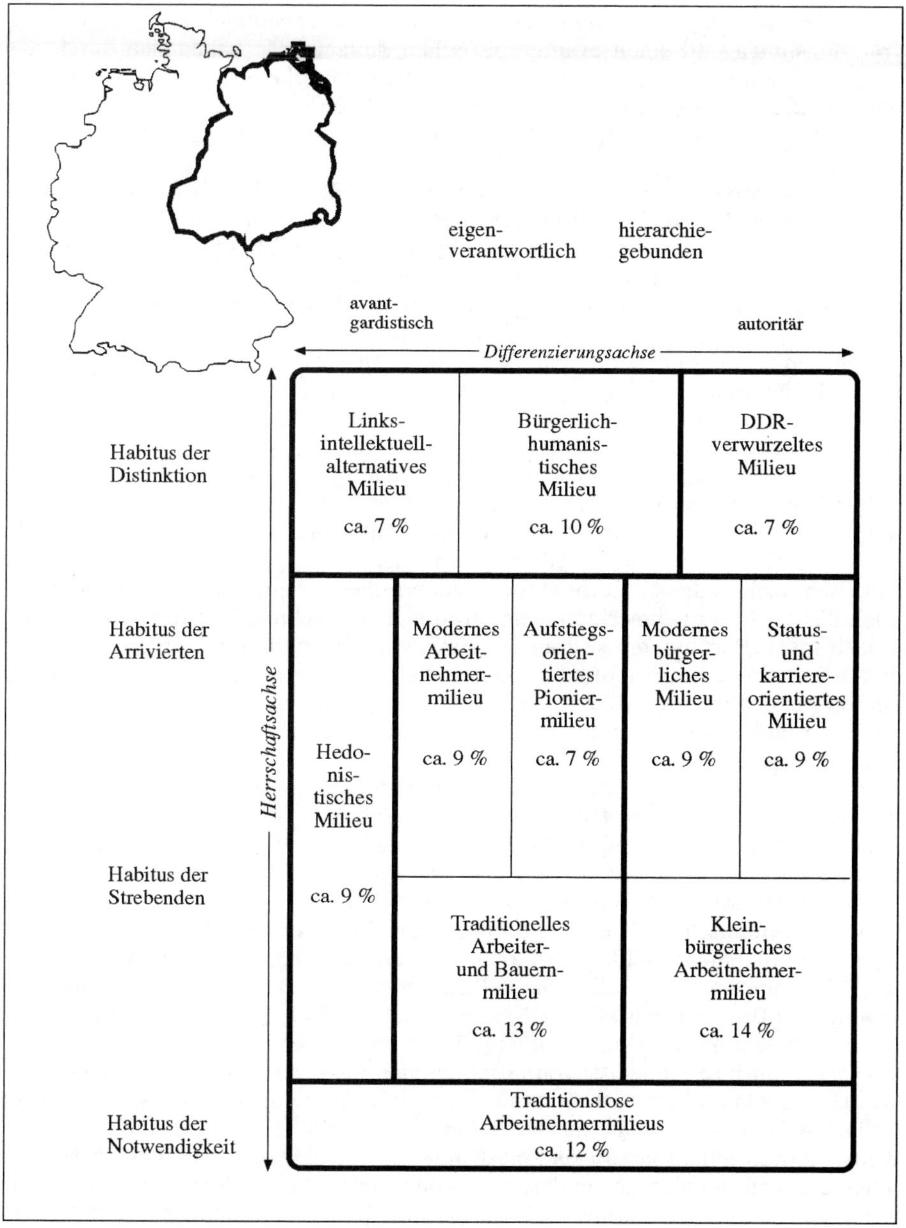

agis.uni-hannover.de 2000.

nen Milieu«, dessen Blütenträume seit der Krise der »new economy« auch wieder welk geworden sind).

Die *»respektablen« Volksmilieus der Mitte* teilen sich ebenfalls in zwei historische Traditionslinien und einen avantgardistischen Ableger. Sie haben sich durch die horizontale Milieu-Drift zum linken, kulturellen Pol erheblich modernisiert. Der ständische Autoritätsglaube ist durch ein arbeitnehmerisches Interessenbewusstsein und später durch Einstellungen der Selbst- und Mitbestimmung zurückgedrängt worden.

Die erste dieser Traditionslinien umfasst die Milieus der *Facharbeit* und der *praktischen Intelligenz*. Diese sind skeptisch gegenüber allen Autoritäten und großen Ideologien und betonen Eigenverantwortung und Gleichberechtigung. Erreicht werden soll dies durch gute Ausbildung und Leistung, aber auch durch gegenseitige Hilfe. Solidarität folgt dem Grundsatz der Gegenseitigkeit. Es gilt »Leistung gegen Leistung«, außer wenn jemand unverschuldet in Not gerät. Das besondere Arbeits- und Verantwortungsethos erlaubte den Milieus, sich besonders erfolgreich auf moderne Technologien, Arbeitsweisen und Lebensstile umzustellen. Daher ist das »Traditionelle Arbeitermilieu« der Großeltern, das noch an körperliche Arbeit, materiellen Mangel und Bescheidenheit gewöhnt war, fast ganz verschwunden. Die mittlere Generation, das große »Leistungsorientierte Arbeitnehmermilieu«, bestehend aus den modernen Facharbeitern und Fachangestellten, sieht sich als Leistungsträger der Volkswirtschaft und verlangt dafür auch mehr Teilhabe an Wohlstand und Bildung und mehr Mitsprache in der Politik. Die jüngste Generation, das rasch wachsende »Moderne Arbeitnehmermilieu«, repräsentiert die neue, hoch qualifizierte Arbeitnehmerintelligenz in modernen technischen, sozialen und administrativen Berufen, die sich an der Basis vor Ort solidarisch engagiert und für unkonventionelle Formen offen ist. Durch die Erfahrungen der Wirtschaftskrise ist allerdings bei allen drei Milieus der Traditionslinie das Vertrauen in das Sozialmodell der Bundesrepublik, nach dem Leistung auch gerecht belohnt wird, nachhaltig erschüttert worden.

In der rechten Mitte finden sich die Milieus der *kleinbürgerlich-ständischen Traditionslinie*. Väter, Chefs, Honoratioren und Politiker gelten noch als Vorbilder, aber sie haben auch eindeutige Fürsorgepflichten gegenüber ihren Untergebenen. In diesem Patron-Klient-Verhältnis gilt der Grundsatz »Treue gegen Treue«. Die Sorge um Statusverluste aufgrund der wirtschaftlichen Modernisierung hat daher zu großer Enttäuschung über die Politik geführt. Vor allem das ältere »Kleinbürgerliche Arbeitnehmermilieu« gehört aufgrund veralteter Fähigkeiten und bescheidener Einkommen zu den Verlierern des Strukturwandels. Die mittlere Generation im »Modernen Bürgerlichen Milieu« ist zwar durch mittlere Qualifikationen und Einkommen besser gesichert und durch modernere Lebensstile etwas toleranter. Aber auch sie sieht ihre Standards von ausländischen Zuwanderern und der modernen Jugend bedroht und sympathisiert mit einer autoritären oder populistischen Politik.

Die *Milieus der Jugendkultur* am linken Rand der Mitte bilden keine eigenständige Traditionslinie, sondern sind die Kinder der beiden vorgenannten Traditionslinien der Volksmilieus, gegen deren Leistungs- bzw. Pflichtethik sie jugendtypisch rebellieren. Ihre Orientierung an Konsum und Spontaneität entspricht auf den ersten Blick dem Bild der »Erlebnisgesellschaft«[28] und dem »Zuerst komme ich«. Jedoch besteht die Mehrheit aus »Freizeithedonisten«, die sich am Abend und am Wochenende mehr Freiräume wünschen. Zudem befinden sie sich meist in der Übergangsphase zwischen 20 und 30 Jahren, mit zunehmend ungesicherten Berufs- und Zukunftsperspektiven. Aufgrund dieser Lage sind viele von der Politik enttäuscht und fordern, wie alle Milieus der Mitte, zu mehr als 80 Prozent die Erhaltung der sozialen Sicherungen der Arbeitnehmergesellschaft.

Die *»unterprivilegierten« Volksmilieus* erfahren die soziale Welt über den Gegensatz von Macht und Ohnmacht. In unberechenbaren Lebensverhältnissen nutzt das Ethos planmäßiger Lebensführung wenig. Wichtiger sind die Fähigkeiten der flexiblen Nutzung gebotener Gelegenheiten, des raschen Dazulernens und der Anlehnung an Stärkere. Diese Milieus, für die immer ungelernte und unstetige Beschäftigungen typisch waren, hatten in der alten Bundesrepublik wie auch in der DDR erstmals dauerhafte, wenn auch körperlich belastende, Beschäftigungen als Arbeiter am Fließband und im Bergbau und als Angestellte in bestimmten Dienstleistungen finden können. Dies ermöglichte eine Anlehnung an die Lebensstrategien der »respektablen« Arbeitnehmermilieus über ihnen. Heute aber werden viele dieser Arbeitsplätze in andere Länder verlagert. Als gering Qualifizierte, die auch an den Bildungsöffnungen kaum teilhatten[29], finden die Angehörigen des Milieus schwer neue Jobs. Viele sind dauerarbeitslos bzw. stärker in prekären Wirtschaftszweigen aktiv.

3.2 Die ostdeutsche Sonderentwicklung: Ein zweifacher historischer Bruch

Die ostdeutsche Gesellschaft hat sich durch zwei von außen gekommene Weichenstellungen anders entwickelt als die westdeutsche.[30] Zwar zeigt sie eine ähnliche vertikale und horizontale Gliederung nach Traditionslinien, die auf einen gemeinsamen historischen Ursprung verweist. Jedoch sind die großen Traditionslinien in sich deutlich anders *unterteilt* als in den anderen Ländern. Dies ist die Folge von zwei einschneidenden Veränderungen, die nicht aus der inneren Entwicklung, sondern von außen gekommen sind.

Der erste Eingriff in die ostdeutsche Sozialstruktur war die Errichtung eines neuen Herrschaftssystems nach 1945. Mit Hilfe der Sowjetunion wurden die früher führenden Milieus der Politik und der Wirtschaft vertrieben, verfolgt und deklassiert. An ihre Stelle trat zunächst eine Pluralität neuer Elitemilieus, die sich aus der Intelligenz der Facharbeiter und Bauern, den technokratischen Fachleuten und den anpassungsfähigen kleinbürgerlich-bürokratischen Karrieremilieus rekrutierten. Wie auch in der Sowjetunion, setzte sich die letzte Gruppe durch, die gleichzeitig die Gruppe mit den engsten und autoritärsten Horizonten war und deren Basis treffend als »status- und karriereorientiertes Milieu« beschrieben wird.

Die Abdrängung der facharbeiterischen und technokratischen Eliten verhinderte eine Modernisierung. Statt einer leistungsgerechten Allokation der Produktivkräfte dominierten die politische Macht und das Laufbahnprinzip.[31] Die DDR wurde eine bürokratisch überformte traditionelle Arbeitsgesellschaft. Die zentralisierte Bürokratie behinderte durch ihre Übergröße und ihre Reglementierungen die Produktivität und Leistungsmotivation. Die Bindung an die Sowjetunion trug dazu bei, die frühere hoch qualifizierte und diversifizierte Wirtschaftstradition der ostdeutschen Regionen zu kappen und stattdessen die Vorherrschaft des sowjetischen Stahlmodells und der traditionellen industriellen Massenproduktion durchzusetzen. So konnten sich modernere Industrie- und Angestelltenberufe und damit auch modernisierte Arbeitnehmermilieus kaum entwickeln.

Die Modernisierungsunfähigkeit der DDR beruhte zudem auf dem Fehlen eines demokratischen Konflikt- und Aushandlungsmodells. An dessen Stelle entstand ein System informeller Arrangements, das die politische Entmündigung mit bestimmten sozialen Sicherungen der milieuspezifischen Lebensweisen – nicht zuletzt der Arbeiter – kompensierte. So konnte Wolfgang Engler die ostdeutsche Gesellschaft als eine »arbeiterliche Gesellschaft« bezeichnen.[32]

Diese Umformung oder Verformung der Sozialstruktur führte zu einer langen Stagnation der Entwicklung (vgl. Beitrag von Rainer Geißler in diesem Band). Der nach 1970 eintretende ökonomische Bankrott konnte nur noch mittels dirigistischer Manipulationen und der Überwachung aller Bürger durch den Staatsicherheitsdienst in Schranken gehalten werden. Damit zerbrachen schließlich die Arrangements zwischen den sozialen Gruppen, so dass 1989 auch der Staatsbankrott folgte.

Die Daten von 1991 *(Abb. 1)* zeigen noch das sehr traditionelle Gefüge der Milieus der DDR. Das »Traditionsverwurzelte Arbeiter- und Bauernmilieu« umfasste noch 27 Prozent, während sein westdeutsches Pendant, das »Traditionelle Arbeitermilieu«, schon auf fünf Prozent geschrumpft war. Es gab durchaus modernisierte Milieus, aber nicht in der arbeitnehmerischen Mitte, sondern in den Avantgarden der Jugendkultur und der Intelligenz am linken und oberen Rand des sozialen Raums. Deren Modernisierung geht zurück auf den *Generationenbruch der 70er-Jahre*, in dem die Jüngeren das Arrangement mit dem System aufgekündigt und entweder die »Nischengesellschaft«[33] oder den Protest gewählt hatten. Aus ihnen entstanden die Protestbewegungen, die 1989 den Sturz des morschen Regimes herbeiführten.

Die Landkarte von 2000 *(Abb. 3)* zeigt die Folgen der neuen Dynamik, die die deutsche Vereinigung von 1990 ausgelöst hat. Damals standen die in der DDR von innovativer Wirkung abgedrängten Milieus als innere Kräfte einer wirtschaftlichen Modernisierung bereit, insbesondere moderne Teile der Traditionslinie der Facharbeit und der technokratischen Eliten. Die zweite schockartige Umstrukturierung, die nach 1989 von Westen kam, schob gerade diese Potenziale beiseite. In den oberen Milieus erlebten die alten technischen und kulturellen Eliten, obwohl sie kritisch zum DDR-Regime gestanden hatten, eine enttäuschende Deklassierung, die eine Rückbesinnung auf die ostdeutsche Identität motivierte.[34] Andere Eliten, vor allem die mittleren Funktionseliten des Gesundheitswesens, der Verwaltung, des Schulwesens, der Polizei und des Militärs, wurden weit gehend ungeschoren in den öffentlichen Dienst des vereinigten Staates übernommen. Am besten passte sich das »status- und karriereorientierte Milieu«, das die tragende Säule des DDR-Staats gewesen war, an die neuen Karrieremuster an, die so genannten »Wendehälse«. Hinzu kamen neu aus Westdeutschland zugewanderte Eliten.

Die größten Veränderungen sind in der Mitte zu sehen. Während die großen Milieus der Mitte in Westdeutschland eine eher evolutionäre Differenzierung nach Generationen erlebten *(Abb. 2)*, spaltete sich die ostdeutsche Mitte rasch in Gewinner und Verlierer und in stark kontrastierende Milieus auf. Die unmoderne ostdeutsche Industrie verlor ihre Absatzmärkte und schrumpfte radikal. Moderne Industrien und Dienstleistungen entstanden langsamer als erwartet. Viele ältere Arbeitnehmer wurden ausgegliedert und in die Rente geschickt, und es entstand eine regional oft 20 Prozent übersteigende Massenarbeitslosigkeit. Die Verlierer zogen sich auf ihre meist noch intakten sozialen Netze und ihre ostdeutsche Identität zurück. Die Gewinner, meist jüngere Arbeitnehmer, nutzten zwei Wege sozialer Umstellungen. Entsprechend gabelten sich die Traditionslinien der Arbeitnehmer in jeweils zwei Linien. Die durch die DDR-Vergangenheit geprägten Milieuzweige suchten eher den vertikalen Aufstieg (status- und karriereorientiertes Milieu und aufstiegsorientiertes Pioniermilieu). Neben sie sind inzwischen modernere Milieuzweige getreten, die auf den horizontalen Wechsel in qualifiziertere Berufe setzten. Sie sind den westdeutschen moderneren Arbeitnehmermilieus ähnlich (modernes bürgerliches Milieu und modernes Arbeitnehmermilieu).

Die unterprivilegierten Milieus verloren viele Sicherheiten. Sie reagierten nur teilweise mit fatalistischer Gelassenheit. Hier, aber auch bei den von der deutschen Vereinigung enttäuschten mittleren Milieus, entstanden viele Ressentiments, die sich nicht zuletzt in der Gewaltbereitschaft perspektivloser Jugendlicher ausdrückten.

Die neuen Aufsteigermilieus sind eher klein und können, ihrer wirtschaftsliberalen Profilierung wegen, von den Mehrheitsmilieus in Ostdeutschland nicht als Leitmilieus anerkannt werden. Die modernisierenden Sektoren werden zudem, aufgrund der regionalen Strukturnachteile, eher schmal bleiben. Die ostdeutsche Sonderentwicklung wird deswegen und auch wegen des anderen Solidaritäts- und Staatsverständnisses und der Abgrenzung gegen die westdeutsche Mehrheitsgesellschaft langfristig bestehen bleiben.

4. Wandel der sozialen Frage: Von der materiellen zur qualitativen Teilhabe

An der Typologie der Milieus ist zu erkennen, dass Modernisierung und soziale Statusverluste als ernste Probleme erfahren werden. Dem entspricht der hohe Pegel des Unmuts über die Politik, der seit Beginn der 90er-Jahre bei etwa 60 Prozent liegt. Wie ist dies zu erklären?

Die These der so genannten »Verdrossenheit« legt nahe, dass es sich um eine Art Reaktion verwöhnter Kinder handele, die immer mehr aus dem Topf des Wohlfahrtsstaates haben wollen, ohne einzusehen, dass sie heute dafür auch mehr leisten müssen. Es sei daher richtig, den Brotkorb etwas höher zu hängen, d. h., »verwöhnende« Einkommen und Sozialleistungen abzubauen, um den Anreiz zu mehr Arbeit zu schaffen. Eine genauere Analyse der Milieus zeigt dagegen, dass nur sehr kleine Teile einzelner Milieus so »materiell« und »egoistisch« denken. Dies sind vor allem Teile der Unterprivilegierten, die verständlicherweise ihre belastende und prekäre Arbeit als ein notwendiges Übel erleben und wenig intrinsische Arbeitsmotivation entwickeln können.

Plausibler ist die These, dass der große Unmut überhaupt nicht aus rein materiellen Verteilungsproblemen erklärt werden kann, sondern nur aus den Schieflagen sozialer Gerechtigkeit. Die Indikatoren rein materieller Not liegen im Durchschnitt weit niedriger, um zehn Prozent bei den Arbeitslosen und ebenfalls um zehn Prozent bei der Einkommensarmut. Soziale Gerechtigkeit wird dagegen an dem gemessen, was ein Milieu als Beeinträchtigung seiner gewohnten »Lebensweise als ganzer« (Edward P. Thompson) hinnehmbar findet. Die Notwendigkeit materieller Einschränkungen kann in den Milieus durchaus verstanden werden, aber sie müssen »verhältnismäßig« und »zumutbar« sein.

Jedes Milieu hat, im Rahmen seiner Lebensweise, bestimmte »Strategien« oder sozialmoralische Maximen, nach denen Destabilisierungen der angestrebten Lebensweise wahrgenommen und bewältigt werden können. In den oberen Milieus ist dies der Erwerb eines distinktiven Status durch Exzellenz oder Askese, in den mittleren Milieus der Erwerb eines geachteten Status durch Leistung oder Pflichterfüllung und in den unterprivilegierten Milieus die Vermeidung von Ausgrenzung durch flexible Anlehnungsstrategien. Die sozialen Arrangements der Gesellschaft bleiben nur so lange stabil, wie dieser Zusammenhang von Geben und Nehmen, von sozialem Verhalten und Anerkennung nicht in Schieflagen gerät.

Arbeitslosigkeit und Armut sind also nur die Spitze des Eisbergs. Soziale Standards betreffen nicht allein ökonomische Quantitäten, sondern eine *Qualität*, die *der Lebensweise als Ganzer*. Diese ist nach Milieus verschieden und verändert sich auch mit deren historischer Entwicklung. Daher war soziale Unruhe historisch auch nie rein ökonomisch bedingt, etwa durch materiellen Mangel oder »Verelendung« als solche, sondern durch die erzwungene Veränderung der alltäglichen Lebensweise.[35] Der Unmut, der sich politisch äußert, beginnt in der Alltagserfahrung. Eine Mehrheit sieht heute das Gerechtigkeitsprinzip »Leistung gegen Teilhabe«, welches die Anerkennung der milieuspezifischen »Strategien« in der Arbeitnehmergesellschaft auf einen Nenner brachte, gefährdet. Viele empören sich, dass Risiken unkalkulierbar werden, dass Menschen nach Geschlecht, Alter oder ethnischer Gruppe benachteiligt sind oder Menschen, die zuverlässig gelernt und gearbeitet haben, keinen sicheren und dauerhaften Arbeitsplatz bekommen können und auf die Gnade anderer angewiesen sind, während andere sich unverhältnismäßige Vorteile verschaffen können. Von den neuen sozialen Benachteiligungen sind wachsende Gruppen der gut ausgebildeten sozialen Mitte betroffen.

4.1 Vier Schieflagen der sozialen Gerechtigkeit

Diese neue Konstellation lässt sich in vier Erscheinungsformen zusammenfassen, die seit dem Beginn der wirtschaftlichen Umstrukturierungskrise nacheinander an Aktualität gewonnen haben und heute gleichzeitig und kumuliert nebeneinander bestehen.

Seit den 70er-Jahren wird die Diskriminierung bestimmter Personengruppen zum Thema: die Benachteiligung auf dem Arbeitsmarkt und im Sozialsystem.[36] Sie trifft insbesondere Frauen, Alte, Jugendliche und Zugewanderte, aber auch Kinder aus den neuen Bildungsschichten oder aus den unterprivilegierten Milieus. Inzwischen ist die Diskriminierung immer weniger durch Bildungsrückstände legitimierbar. Bildung und Qualifikation sind heute für alle erheblich höher. Dennoch bleiben, auch bei gleicher Leistung, die Frauen gegenüber den Männern, die Ausländer gegenüber den Deutschen und die Jüngeren gegenüber den Älteren benachteiligt. Besonders ihr Vertrauen in die Leistungsgerechtigkeit nimmt ab.

Das zweite Phänomen, die *Diskontinuität der Lebensläufe*, wird zunehmend seit den 80er-Jahren beobachtet.[37] Die Normalbiografie der Aufschwungsjahre verschwindet zwar nicht, aber neben ihr entstehen zunehmend diskontinuierliche und entstandardisierte Muster der Lebenswege (vgl. Beitrag von Bert Rürup und Werner Sesselmeier in diesem Band). Für bestimmte Bevölkerungssegmente wechseln Phasen der Ausbildung, des vollen oder prekären Erwerbs und der Erwerbslosigkeit oder der Kinderversorgung häufiger einander ab; nicht nur unten, sondern auch in der »respektablen« Mitte der Gesellschaft wird immer höhere »Flexibilität« und Belastbarkeit verlangt. Die Krise erreichte nach 1980 verstärkt die Trägerbranchen des früheren Wirtschaftswunders und den zuvor gesicherten Kern der Arbeitnehmer. Dies führte nicht nur zur Arbeitslosigkeit, sondern zu einem neuen Typus von Umstellungen: der Abwertungskarriere. Die statistischen Durchschnittswerte täuschen. So lag bereits 1977 bis 1988 die Arbeitslosigkeit zwar »nur« bei zwei Millionen. Aber in der gleichen Zeit machten 13 Millionen Menschen, annähernd jede zweite Erwerbsperson, die Erfahrung einer vorübergehenden Arbeitslosigkeit. Die meisten finden wieder Beschäftigung, jedoch häufig mit geringerem Einkommen und erhöhten Belastungen an Pendlerwegen, Mehrarbeit und Abwesenheiten von der Familie.[38]

Die dritte Form neuer Ungleichheit, die *Prekarität* oder dauerhafte Schieflage von Berufspositionen und Soziallagen, weitete sich in den 90er-Jahren auf mehr als 25 Prozent der Bevölkerung aus. Zum einen entstand ein *prekärer Arbeitsmarkt* mit »Arbeitnehmern zweiter Klasse«, in Bereichen der legalen Teilzeit-, Leih- und Niedriglohnarbeit und der Scheinselbständigkeit, und mit »Arbeitnehmern dritter Klasse« außerhalb der Legalität. Zu diesen Deregulierungen trug vor allem die Öffnung der Grenzen für die Konkurrenz aus Niedriglohnländern bei. Zum anderen entstand das Phänomen des *»prekären Wohlstands*, des *Wohlstands auf Widerruf«*, wie ihn die Caritas untersucht hat.[39] Für die Betroffenen sind die einzelnen Standards der sozialen Lage (Einkommen, Wohnweise, Familien- und Gesundheitssituation usw.) so wenig stabil, dass ein alltäglicher Schicksalsschlag – Arbeitslosigkeit, Krankheit, Unfall, Scheidung usw. – mindestens vorübergehend unter die Armutsgrenze führt. Als »Risikogruppen« gelten insbesondere Gruppen mit schwachen sozialen Netzen in ihren Milieus: Rentner, Alleinerziehende, Kinderreiche, Scheinselbstständige und Behinderte sowie von Unfall, Krankheit oder Arbeitslosigkeit Betroffene.

Die vierte Form neuer Ungleichheit, die Deklassierung durch *dauerhafte Armut oder Arbeitslosigkeit*, betrifft etwa zehn Prozent, die von *Armut* bzw. dauerhafter *Exklusion* aus dem Arbeitsmarkt betroffen sind, und auch sozialmoralische Ausgrenzung in bestimmten Minderheiten und Wohnvierteln.[40]

Alle vier Schieflagen der sozialen Gerechtigkeit beeinträchtigen nicht nur die Lebenslagen der Einzelnen. Sie destabilisieren auch die relativen Positionen zwischen den sozialen Gruppen. Entsprechend wachsen die Animositäten zwischen ihnen. Die verunsicherten sozialen Gruppen werfen den Gewinnermilieus, den Politikern usw. eine unverhältnismäßige Bereicherung vor. Die Gewinner wiederum legitimieren sich, indem sie die anderen als leistungsunwillig etikettieren. Die von Staat und Gesellschaft angebotene System- und Sozialintegration nimmt ab, so dass die Milieus im Alltag immer mehr auf ihre eigenen »Bewältigungsstrategien« zurückgeworfen sind.

4.2 Die Verschiedenheit der Bewältigungsstrategien im Alltag

Wenn wir von der vertikalen Verteilung der materiellen Lebenschancen ausgehen, ergibt sich das scheinbar eindeutige Bild einer zunehmenden »Spreizung« materieller Standards. So waren z. B. 1984 bis 1989 durchschnittlich »nur« 2,7 Prozent einkommensarm, aber zusätzlich weitere 15 Prozent ein- oder zweimal unter die Grenze des halben Durchschnittseinkommens gefallen.[41] Für die frühen 90er-Jahre verzeichnet die Studie der Caritas[42] bereits folgende Stufung sozialer Lagen:

- Etwa 40 Prozent lebten in *sicheren* Verhältnissen.
- Etwa 20 bis 25 Prozent waren durch eine Lebensweise der *Knappheit* verunsichert.
- Weitere 25 bis 30 Prozent waren Menschen im *Wohlstand auf Widerruf.*
- Etwa 10 Prozent lebten bereits in dauerhafter *Armut.*[43]

Bei einer Mehrheit von 60 Prozent, den unteren drei Gruppen dieser Skala sozialer Lagen, finden wir die beschriebene Stufung von Diskriminierung, Diskontinuität, Prekarität und Exklusion. Diese Prozentzahl entspricht zugleich dem Pegel der gesellschaftspolitischen Unzufriedenheit.

Das Vierstufenschema kann allerdings zu Fehleinschätzungen führen, wenn vermutet wird, die Verlierer der Modernisierung befänden sich alle auf dem *Weg nach unten,* und dies bedeute die Wiederkehr der historischen Tendenzen der Proletarisierung und sozialen Ausschließung, wie dies schon die orthodox-marxistische Verelendungsthese behauptet hatte.

Diese These trifft nicht einmal für die industrielle Revolution des 19. Jahrhunderts zu, auf die sich die vulgärmaterialistischen Schemata berufen. Selbst in der englischen industriellen Revolution kam die Rebellion nicht von den Ärmsten der Armen, sondern aus den *»respektablen« handarbeitenden Volksklassen*, deren ganze gewohnte Lebensweise durch das Fabriksystem und die soziale und politische Entmündigung gefährdet war.[44]

In keiner Gesellschaft handeln die Individuen einfach als »Träger« objektiver Entwicklungen materieller Standards. Durch ihren Habitus und ihre sozialen Beziehungen sind sie Mitglieder sozialer Milieus, die jeweils eigene Lebensziele, Lebensweisen, Weltsichten und Bewältigungsstrategien haben. Bei sozialer Gerechtigkeit geht es um die kulturellen Normen einer zumutbaren Lebensführung und um die Fragen der Verhältnismäßigkeit. Unverhältnismäßig ist, wenn zwar der ökonomische Lebensstandard »nur« relativ absinkt, aber der Preis dafür unabsehbar steigt, im Kontext ungewohnter Zumutungen an Belastung und Stress, Unsicherheit und Zukunftssorgen, Fremdbestimmung und autoritärer Bevormundung. Selbst die Lebensweise der Jugendlichen ist immer mehr eingespannt in die Logiken lückenloser Terminkalender. Auch wenn diese Lebensweise ein soziales Absinken verhindert, wird sie viel eher als Hamsterrad denn als Hängematte erfahren.

So gut wie alle Milieus suchen ihre äußeren Lebenslagen mit aktiven individuellen wie auch sozial vernetzten Strategien zu bewältigen. Diese Strategien sind je

Abb. 4: Bewältigung der Umstellungskrise in den verschiedenen Milieutraditionen

Traditionslinien sozialer Milieus	**Ethos**	**Handlungs-orientierung**	**Lebensführung**	**Beziehungs-muster**	**Teilung in Gewinner (G) und Verlierer (V)**
Unterprivilegierte Traditionslinie (ca. 10 %)	realistisch sein/ Notwendigkeitsethos	Gelegenheitsorientierung (Flexibilität)	spontane Situationsbewältigung	soziales Kapital: Selbsthilfe im engeren Milieu und Anlehnung an Mächtigere	G u. V.: teilweise Populismus G: aktive Strategien der Flexibilität und Anlehnung V: Resigantion bzw. Anomie (bei geringem sozialen Kapital)
Ständisch-kleinbürgerliche Traditionslinie (ca. 25 %)	loyal sein/ Pflichtethos	Sicherheit: Konformität mit den Normen	Einordnung in Hierarchien	Patron-Klient-Muster gegenseitiger Pflichten (Fürsorge gegen Loyalität); Delegation von Verantwortung nach oben	G u. V: teilweise Populismus G: Bildungs- und Statusaufstieg V: Resignation (bei veraltetem Bildungs- und Sozialkapital)
Facharbeiterische Traditionslinie (ca. 30 %)	selbstständig sein/Ethos der Eigenverantwortung	Facharbeit: Bildungs- und Leistungsstreben	methodische und eigenverantwortliche Lebensführung	persönliche Verantwortung und gegenseitige Solidarität	G: relativer Bildungsaufstieg V: Abwertungskarrieren G u. V: Skeptische Abwendung von der großen Politik
Jugendkulturelle Traditionslinie (ca. 10 %)	frei sein/ Ablösung von den Älteren	Rebellion gegen Pflicht- und Leistungsnormen	Selbstverwirklichung in der Jugendkultur	automone Gemeinschaftsbildung	G u. V: Abwendung von der großen Politik
Besitzbürgerliche Traditionslinie (ca. 10 %)	oben sein/ Distinktion	Contenance und soziale Distinktion	Pflicht und Geltung	ökonomisch-soziale Hegemonie	G u. V: Elitenkonkurrenz und kombinierte Ideologie: Spreizung der sozialen Hierarchie + Caritas
Bildungsbürgerliche Traditionslinie (ca. 10 %)	exzellent sein/ Individualität	Askese und kulturelle Distinktion	Dienst und Selbstverwirklichung	Dienst am Gemeinwohl und kulturelle Hegemonie	Elitenkonkurrenz und ideologische Teilung in neoliberale Puritaner und karitative Idealisten
Traditionslinie der Avantgardekultur (ca. 5 %)	vorn sein/ Trendsetzung	überzeugt von der eigenen Mission/ Instrumentalisierung anderer	Stil der »neuen Macher« / Ästhetisch stilisierte Selbstdarstellung	aufstiegsbedingte Einschränkung der Verantwortung für andere	verstärkte Aufstiegskonkurrenz / »no pity for the poor«

nach Habitus und kultureller Tradition verschieden, so dass verschiedene Milieus die gleiche objektive Situation auch verschieden verarbeiten. Die soziale Frage gleicht daher heute nicht der einfachen Figur einer sich langsam spreizenden Schere, der alle auf die gleiche Weise unterworfen sind. Sie gleicht eher einem Mosaik verschiedener Milieus, in denen sich die nach beiden Seiten aufgehenden Scheren sozialer Ungleichheit vielfach und vieldimensional wiederholen und abwandeln. Dies zeigt auch die Synopse der verschiedenen *»Bewältigungsmuster« (Abb. 4)*. In Milieus, die gute soziale Netze oder erfolgreiche Strategien des Umgangs mit knappen oder unsicheren Ressourcen mobilisieren können, destabilisieren sich soziale Lagen seltener. Die Bewältigungsformen werden aber durch die neuen Lagen auch auf die Probe gestellt, und es zeigt sich, dass nicht alle Teile der Milieus sie erfolgreich anwenden können. Vielmehr teilen sich heute die Milieus in sich selbst in relative Gewinner und relative Verlierer.

Insgesamt sind drei in sich weiter differenzierte Grundmuster zu beobachten:

1. Die *Milieus der Unterprivilegierten* sind zwar wegen der Auslagerung arbeitsintensiver Branchen in Schwellenländer besonders von Dauerarbeitslosigkeit betroffen. Aber nur ein Teil findet keine Bewältigungsmöglichkeiten. Viele mobilisieren auf virtuose Art ihre Netze informeller Gelegenheitsarbeit und ihre Strategien der Anlehnung an Mächtigere.
2. Gerade dieser Weg ist den *»respektablen« Volks- und Arbeitnehmermilieus* in der Mitte verwehrt, deren Ehre in ihrem Arbeitsethos, ihrer Unabhängigkeit von Mächtigeren und ihrer Beständigkeit und Zuverlässigkeit liegt. Diese Milieus teilen sich zwischen jenen, die aufgrund besonderen Könnens oder Strebens dauerhaft oder immer wieder in etwas bessere Positionen gelangen können, und jenen, die Diskontinuität, Abhängigkeit und (auch vorübergehende) Arbeitslosigkeit als die Gefahr erleben, in die gering geachteten unterprivilegierten Milieus abzusinken.
3. Die *oberen Milieus* sind zwar weniger von äußerer Not betroffen, aber der soziale Wandel bringt (nicht nur in Ostdeutschland) häufig relative Verluste an Status und Einfluss mit sich, auf die die Milieus sehr empfindlich und mit vermehrten Konkurrenzkämpfen um soziale Vorteile, symbolische Geltung und politische Hegemonie reagieren.

5. Die Krise der Repräsentation: Zufriedenheit mit dem institutionellen Modell – Unzufriedenheit mit der Performanz der Eliten

»Politiker können versprechen, was sie wollen, ich glaube ihnen nicht mehr.« Dieser Feststellung, Ausdruck der so genannten politischen Verdrossenheit, stimmen seit Beginn der 90er-Jahre mehr als 60 Prozent der Bevölkerung zu. Ihre Motive sollen hier vor dem Hintergrund der für dieses Buch im November 2000 durchgeführten repräsentativen Befragung und einer Vergleichsuntersuchung vom Sommer 1991 ausgeleuchtet werden.[45]

Die »politische Verdrossenheit« wird oft mit einer eindimensionalen Psychologie erklärt. Manche führen sie auf eine traditionelle »materialistische« Mentalität des

»Habenwollens« zurück. Die Stammwähler der konservativen und sozialdemokratischen Volksparteien seien vom Wohlfahrtsstaat verwöhnt und könnten nicht verstehen, dass sie heute mehr Eigenverantwortung und Leistungsbereitschaft zeigen müssten. Andere verweisen auf die »Individualisierung«, die den sozialen Zusammenhalt und den Gemeinsinn aufgelöst habe.

Zwar hat die Verdrossenheit auch nach unseren Ergebnissen mit der Einschränkung des Einkommenswachstums und der staatlichen Sozialausgaben zu tun. Aber trotzdem lassen sich die sozialmoralischen Motive der Milieus nicht auf die materiellen oder egoistischen Aspekte reduzieren. Die These von der Hängematten-Mentalität trifft nicht zu. Die Befunde zu den Milieus (Kapitel 3) und zu ihrem Umstellungsverhalten (Kapitel 4) haben die Kontinuität der sozialmoralischen Grundmuster und der meist aktiven Umstellungsstrategien vor Augen geführt. Die Milieus können sich sehr wohl umstellen auf das von der Revolution der Produktivkräfte geforderte Mehr an eigenverantwortlichem Handeln, an Bereitschaft zu beruflichem Umlernen und an horizontaler Vernetzung. Allerdings ist dies nicht unbegrenzt möglich, sondern nur in einem bestimmten Korridor von Verhaltensstrategien, die den Milieus moralisch zumutbar und nach ihren Kompetenzen zu leisten sind.

Entscheidend ist, ob diese Bereitschaft auch gerecht und leistungsgerecht motiviert und belohnt und in ihren sozialen Risiken abgesichert wird. Das alte Sozialmodell der Bundesrepublik, das diese Motivation und Absicherung weit gehend geleistet hatte, ist nach Ansicht der meisten Bürgerinnen und Bürger zwar nicht grundsätzlich überholt, so wie es radikale neoliberale Deregulierer behaupten. Aber es gilt doch als überholungsbedürftig.

Als die politische Verdrossenheit, die um 1980 noch wenig über 10 Prozent gelegen hatte, nach der deutschen Vereinigung auf etwa 60 Prozent stieg, mochte dies noch als vorübergehende Enttäuschung durchgehen. Wenn wir die Befragungswerte von 2000 und 1991 vergleichen, zeigt sich jedoch, dass sich die Skepsis verfestigt hat. Sie ist zu einer entschiedeneren und stabilen Grundhaltung geworden, die vermutlich auch nicht rasch verschwinden wird. Zugleich zeigt sich, dass das Misstrauen die bisherige Demokratie- und Sozialverfassung nicht grundsätzlich infrage stellt, sondern nur die zögerliche Haltung der politischen Klasse bei der Weiterentwicklung des Modells. Die politischen und sozialen Institutionen finden in ihrem Kern eine sehr hohe Akzeptanz, die bis zu 90 Prozent reicht. Aber die Tugenden der Verantwortung, Beweglichkeit, Vernetzung, die den Bürgern abverlangt werden, werden in der Politik vermisst. Die Politik wird von Krise zu Krise von der Unzufriedenheit der Wählerinnen und Wähler vor sich hergetrieben.

5.1 Akzeptanz des institutionellen Modells: Zufrieden, aber nicht unbedingt stolz

Eine bemerkenswert große Mehrheit von 68 Prozent zeigt sich *»eher zufrieden« mit der »Demokratie in Deutschland«*. Jedoch gilt diese hohe grundsätzliche Zustimmung zur demokratischen Ordnung nur bedingt.

Zum einen liegen vier soziale Gruppen bis zu elf Punkte, zwei weitere sogar 20 und 36 Punkte unter dem Durchschnittswert. Diese *sozialen Risikogruppen*, die uns auch bei vielen anderen Fragen als die Unzufriedeneren begegnen, gehören offensichtlich zu denen, die sich als Benachteiligte oder gar Verlierer der Modernisierungen sehen. Unterdurchschnittlich *»eher zufrieden«* mit der Demokratie in Deutschland sind

1. von den Frauen 63 Prozent (5 Prozent weniger als der Durchschnitt),
2. von den Befragten, die ihre Arbeitsplätze gefährdet sehen, 62 Prozent (6 Prozent weniger),
3. von den Facharbeitern 58 Prozent (10 Prozent weniger),
4. von den einfachen, d. h. an- und ungelernten Arbeitern 57 Prozent (11 Prozent weniger),
5. von den Ostdeutschen 48 Prozent (20 Prozent weniger) und
6. von den Arbeitslosen 36 Prozent (32 Prozent weniger).

Zum anderen bedeutet die Zufriedenheit von 68 Prozent keine kritiklose Zustimmung. Denn *»besonders stolz«* auf die *»Errungenschaft« der »demokratischen Ordnung«* sind 28 Prozent weniger, d. h. nur 40 Prozent der Befragten. Die übrigen 60 Prozent sind also auf die demokratische Ordnung eher weniger stolz. Auch hier liegt die Akzeptanz bei den genannten sechs Gruppen sichtlich niedriger; es kommt sogar, bei den unsicheren Berufsaussichten verständlich, eine siebente Gruppe hinzu[46]: Von den Jüngeren bis 24 Jahren sind 77 Prozent (17 Prozent mehr als der Durchschnitt) nicht besonders stolz auf die demokratische Ordnung. Die Gründe dieser Skepsis liegen dabei nicht unbedingt in der Sozialordnung als solcher. Diese findet vielmehr eine hohe Akzeptanz: 57 Prozent sind *»besonders stolz«* auf die *»Errungenschaft«* des *»sozialen Friedens«*. Hier liegen die sozialen Gruppen über dem Durchschnitt, die am sozialen Ausgleich besonders interessiert sind. Zu ihnen gehören nicht nur die einfachen Arbeiter (69 Prozent), die Facharbeiter (60 Prozent) und die Frauen (59 Prozent), sondern auch die Selbstständigen (59 Prozent).

Diese breite Akzeptanz zielt nicht zuletzt auf das grundlegende Aushandlungsmodell zwischen Kapital, Arbeit und Staat. So meint eine überwältigende Mehrheit von 83 Prozent, *»dass wir heute noch Gewerkschaften [. . .] brauchen«*. Selbst von den Selbstständigen stimmen dem noch 70 Prozent zu sowie von den Sympathisanten der CDU/CSU 76 Prozent, der FDP 76 Prozent, der Grünen 81 Prozent, der SPD 89 Prozent und der PDS 91 Prozent.

Dies entspricht einem vergleichbaren Ergebnis der repräsentativen Befragung von 1991. Hier fand das *Modell der Arbeitnehmergesellschaft bzw. der sozialen Marktwirtschaft* mit seinen Ansprüchen auf Vollbeschäftigung und sozialen Ausgleich zwischen Kapital und Arbeit eine sehr hohe allgemeine Zustimmung von 78 Prozent bis 95 Prozent in allen Milieus, außer im konservativ-technokratischen Milieu, das aber immerhin auch mit 60 Prozent zustimmte.[47]

Die Befragungsergebnisse sprechen dafür, dass der in der Geschichte der Bundesrepublik erkämpfte institutionelle Grundkonsens inzwischen fest im Alltagsbewusstsein der Bevölkerung verankert ist. Aber der Konsens ist mehrdeutig. Er umfasst eine konservative, eher harmonistische, und eine sozialdemokratische, eher kontraktuelle Auslegung. Das Muster der Konsensdemokratie umschließt als dritte Variante heute außerdem eine hohe Sensibilität für den Schutz sozialer Minderheiten. Dem entspricht die hohe Zustimmung zu den entsprechenden Fragen:

1. 61 Prozent befürworten, dass *eine gute Opposition »die Regierung möglichst wirksam unterstützt«* und nicht *»möglichst hart kritisiert«*.
2. 92 Prozent finden es »wichtig« (darin 49 Prozent »sehr wichtig«), *»dass sich politische Entscheidungen auf eine breite Zustimmung in der Bevölkerung stützen«*.
3. 88 Prozent finden es »wichtig« (darin 33 Prozent »sehr wichtig«), *»dass politische Entscheidungen die Bedürfnisse von Minderheiten berücksichtigen«*.

5.2 Der Eisberg der Unzufriedenheit: Zweifel an der sozialen Gerechtigkeit

Die beschriebenen Grundhaltungen zeigen, nach welchen Maßstäben die Bevölkerung die gesellschaftspolitische Situation und die Regierungspolitik beurteilt. Hier hat sich eine erhebliche Distanz und Skepsis verfestigt. Es war schon bemerkenswert, dass die von Helmut Kohl geführte konservativ-liberale Koalition die erste Regierung der Bundesrepublik war, die nicht durch den Seitenwechsel einer Partei, sondern – aufgrund sozialer Enttäuschung – von den Wählern direkt abgewählt wurde. Ebenso bemerkenswert ist es aber, dass es der seit 1998 amtierenden rot-grünen Regierung bisher nicht gelungen ist, diese Enttäuschung in eine Mobilisierung für ein reformiertes Sozialmodell umzuwandeln.

1. Nur 20 Prozent meinen, *dass es unter der rot-grünen Bundesregierung mehr soziale Gerechtigkeit als unter Helmut Kohl* gibt. 11 Prozent meinen das Gegenteil und 61 Prozent sehen keinen Unterschied.
2. 54 Prozent meinen, *dass es in unserer Gesellschaft eher sozial ungerecht zugeht.* Und auch hier liegen wieder die oben erwähnten sechs Gruppen über dem Durchschnitt: die Frauen mit 58 Prozent, die Facharbeiter mit 59 Prozent, die mit gefährdeten Arbeitsplätzen mit 63 Prozent, die Arbeitslosen mit 65 Prozent, die Ostdeutschen mit 68 Prozent und die an- und ungelernten Arbeiter mit 71 Prozent.

Die Gründe hierfür sind in der Sozialpolitik, in der Arbeitslosigkeit und im Problem der Leistungsgerechtigkeit zu finden. In der Sozialpolitik scheint auf den ersten Blick keine große Unzufriedenheit zu bestehen. Den *Umfang der bisher bestehenden Sozialleistungen* finden die meisten gerade richtig (48 Prozent), viele zu klein (28 Prozent) und nur wenige zu groß (17 Prozent). Das Bild ändert sich jedoch, wenn wir einzelne Felder der Sozialpolitik unterscheiden.

1. Unzufrieden mit der *sozialen Absicherung bei Krankheit* sind 29 Prozent, zufrieden 69 Prozent.
2. Unzufrieden mit der *sozialen Absicherung im Alter* sind 50 Prozent. 45 Prozent finden die Renten zu niedrig, 41 Prozent gerade richtig.
3. Am größten ist die Unzufriedenheit bemerkenswerterweise bei den *Bildungsausgaben*. 65 Prozent finden sie zu niedrig, 24 Prozent gerade richtig.

Diese *hohe Unzufriedenheit mit den Bildungsinvestitionen* verweist auf eine latente Spannung, deren Brisanz noch nicht hinreichend erkannt ist. Überdurchschnittlich hohe Unzufriedenheit mit den Bildungsausgaben äußern die unter 25-Jährigen (74 Prozent), die unter 35-Jährigen mit Hochschulreife (78 Prozent), die leitenden Angestellten und Beamten (75 Prozent) und die politisch Interessierten (76 Prozent) sowie die Anhänger der liberalen und sozial-progessiven Parteien (FDP 73 Prozent, PDS 78 Prozent, Grüne 87 Prozent).

Das Problem der *Sicherheit der Arbeitsplätze und der Einkommen* zeigt ebenfalls eine Stufung der Betroffenheit, von der Arbeitslosigkeit selber bis zu unsicheren Arbeitsplätzen und Lebensstandards:

1. Das Vertrauen in die *»Wirtschaftskraft«* in Deutschland ist uneinheitlich. »Besonders stolz« darauf sind nur noch 48 Prozent von allen, 36 Prozent der Frauen und 43 Prozent der Ostdeutschen.
2. Die *Arbeitslosigkeit* gilt immer noch als »das wichtigste Problem in Deutschland« (33 Prozent), gefolgt von den *Rechtsradikalen* (15 Prozent).
3. Mit der *sozialen Absicherung bei Arbeitslosigkeit* sind von den Erwerbspersonen 58 Prozent zufrieden und 28 Prozent unzufrieden.
4. Ihren *Arbeitsplatz für gefährdet* halten 18 Prozent, besonders die Befragten von 30 bis 49 Jahren (19 Prozent bis 20 Prozent), die Frauen (20 Prozent), die Facharbeiter (24 Prozent) und die Ostdeutschen (29 Prozent).

In dieser Stufung zeigt sich die Figur des Eisbergs noch deutlicher. Zur Eisbergspitze der manifest Arbeitslosen (um 10 Prozent) kommen weitere 18 Prozent, die um ihren Arbeitsplatz fürchten. Die daraus addierten 28 Prozent entsprechen dem Anteil, der auch der Absicherung bei Arbeitslosigkeit nicht traut. Auf etwa 56 Prozent der Bevölkerung wächst der Eisberg, wenn wir die Zweifel an der *Leistungsgerechtigkeit* betrachten: 56 Prozent lehnen die Feststellung ab: *»Wenn jemand genügend leistet, braucht er sich keine Sorgen um seinen Arbeitsplatz zu machen.«*

Dieser *Eisbergsockel* hat sich, wenn wir ihn mit 1991 vergleichen, *vergrößert und verfestigt.* Im November 2000 lehnten 15 Prozent mehr die Feststellung ab, dass Leistung den Arbeitsplatz sichere, als 1991, und zwar die Männer mit 50 Prozent (10 Prozent mehr) und die Frauen mit 62 Prozent (19 Prozent mehr). Der Anteil derer, die die Annahme, dass Leistungsgerechtigkeit gewährleistet sei, *entschieden ablehnen*, hat sich sogar auf 22 Prozent verdoppelt. Gleichzeitig hat sich der Anteil derer, die sie »eher« ablehnen, um 4 Prozent (auf 34 Prozent) erhöht.

Die parallele Feststellung *»Die meisten, die heutzutage im Leben nichts erreichen, sind selber schuld«* wird von einer ähnlichen Mehrheit (54 Prozent) abgelehnt. Diese Ablehnung ist 3 Prozent höher als 1991 und bei den Frauen auch etwas entschiedener geworden (17 Prozent statt 14 Prozent).

Zum allmählich sich verfestigenden Eisbergsockel gehört auch das Misstrauen in Zukunftsperspektiven. 42 Prozent meinten: *»Ich fürchte, dass ich meinen heutigen Lebensstandard in den nächsten Jahren nicht aufrechterhalten kann.«* Dies waren 2 Prozent mehr als 1991, bei den Frauen sogar 5 Prozent mehr. Der Anteil derer, die dem mit Entschiedenheit zustimmten, erhöhte sich um 7 Prozent auf 19 Prozent.

5.3 Kritik an der Performanz der Politiker: Für mehr Demokratie von unten

Von einer verdrossenen Stimmung zu einer kritischen Grundhaltung scheint sich auch das Misstrauen in die Politiker zu verfestigen. Zwar hat sich der Prozentsatz derer nicht erhöht[48], die schon 1991 meinten: *»Politiker können versprechen, was sie wollen, ich glaube ihnen nicht mehr.«* Er liegt jetzt bei 63 Prozent. Aber die Zustimmung ist entschiedener geworden: Es »stimmen *voll* zu« jetzt insgesamt 31 Prozent (8 Prozent mehr), von den Männern 30 Prozent (6 Prozent mehr) und von den Frauen 31 Prozent (10 Prozent mehr).

Die Kritik richtet sich zum einen gegen undurchsichtige und undemokratische Entscheidungsprozesse. 70 Prozent finden es nicht richtig, dass *»immer häufiger politische Entscheidungen außerhalb der dafür vorgesehenen Gremien ausgehandelt«* werden. 89 Prozent bestehen darauf, dass *»politische Entscheidungen durch demokratische Verfahren zu Stande kommen«*. In diesem Sinne finden es auch 59 Prozent richtig, *»an Politiker höhere moralische Maßstäbe anzulegen als an andere Menschen«*.

Zum anderen fordern 77 Prozent, *»dass politische Entscheidungen rasch getroffen werden«*. Dies ist für 42 Prozent »wichtig« und für weitere 35 Prozent sogar »sehr wichtig«. Hier kommen sicherlich verschiedene Motive zusammen. Überdurchschnittlich stimmen einerseits leitende Beamte und Angestellte (81 Prozent) sowie Selbstständige (82 Prozent) zu, die oft mehr an sozialer Deregulierung interessiert sind, andererseits aber auch sozial Benachteiligte wie die Arbeitslosen (82 Prozent) und die Ostdeutschen (83 Prozent), die gegen das »Aussitzen« von Problemen sind.

Es sind also ganz verschiedene Dinge, die als »Reformstau« bezeichnet werden können. Während von oben häufig eher weniger Regulierung verlangt wird, wird von unten eine bessere Regulierung angemahnt.

Hierzu bringt die Befragung einige Antworten, die über die Alternative eines »Mehr« oder »Weniger« an Regulierung hinausweisen: Es gibt eine erstaunliche und seit 1991 auch verstärkte Mehrheit für eine wesentlich erhöhte Partizipation, d. h. die direkte betriebliche, politische und ehrenamtliche Mitwirkung der Bürgerinnen und Bürger. Mit anderen Worten: Die Lösung der Krise der Repräsentation sehen viele darin, dass sie weniger an die Repräsentanten delegieren und mehr kraft eigener Kompetenz selbst regeln wollen. Diese Tendenz war schon 1991 hoch und ist bis 2000 weiter gestiegen.

1. 72 Prozent (2 Prozent mehr als 1991) befürworten die Forderung *»Das Mitspracherecht der Arbeitnehmer an ihrem Arbeitsplatz muss sehr viel größer werden.«* Die Befürwortung ist bei den Männern auf 64 Prozent (6 Prozent mehr) gestiegen, bei den Frauen auf 79 Prozent (9 Prozent mehr). Gleichzeitig hat sich der Anteil der »vollen Zustimmung« auf 44 Prozent verdoppelt. Überdurchschnittlich sind insgesamt die Befürwortungen bei Frauen (79 Prozent), Facharbeitern (79 Prozent), mittleren Angestellte und Beamten (77 Prozent), Arbeitslosen (85 Prozent) und Ostdeutschen (78 Prozent).
2. 1991 wurde zum Vergleich auch nach der *Befürwortung einer Mitsprache der Gewerkschaften im Betrieb* gefragt. Sie lag etwa 20 Punkte tiefer und nur zu 13 Prozent bei einer »vollen Zustimmung«. Dies ist kein schlechtes Ergebnis. Aber ganz offensichtlich wollen die Befragten ihre Kontrolle öfter lieber selbst ausüben als sie zu delegieren.
3. 80 Prozent (11 Prozent mehr als 1991) befürworten, ohne Unterschied zwischen Männern und Frauen, die direkte Bürgerpolitik: *»Wenn man heute als Bürger politisch etwas erreichen will, muss man die Dinge selbst in die Hand nehmen.«* Der Feststellung »stimmen *voll* zu« von allen 49 Prozent (30 Prozent mehr als 1991), von den Männern 45 Prozent (25 Prozent mehr) und von den Frauen 53 Prozent (35 Prozent mehr).
4. Ähnlich tendierten die Antworten zu der Frage *»Sollten in dieser Gesellschaft an wichtigen politischen Entscheidungen die Bürger direkt beteiligt werden, oder*

sollten dafür die gewählten Politiker verantwortlich sein?« 66 Prozent befürworteten die Bürgerbeteiligung, überdurchschnittlich vor allem Befragte unter 40. (Die Delegation an Berufspolitiker bevorzugten dagegen nur 30 Prozent.) Über dem Durchschnitt der Befürwortung lagen vor allem Befragte mit Hochschulreife (10 Prozent höher), leitende Angestellte und Beamte (6 Prozent höher) und Selbständige (nur 2 Prozent höher). Das Denken in politischen Kompetenzhierarchien ist offensichtlich vor allem dort höher, wo besonders auf Bildungsaufstieg gesetzt wird, und weniger bei Unternehmern oder einfachen Arbeitnehmern.

5. Bezeichnend ist auch, dass trotz der so genannten Verdrossenheit das politische Desinteresse abgenommen hat. Statt 66 Prozent, wie 1991, meinten nur noch 52 Prozent: *»Für mich gibt es wichtigere Dinge zu tun, als sich um Politik zu kümmern.«* Der Anteil derer, die Politik eher für wichtig halten, ist auf 47 Prozent gestiegen (13 Prozent mehr als 1991), und zwar bei den Männern auf 49 Prozent (12 Prozent mehr) und bei den Frauen auf 44 Prozent (13 Prozent mehr).
6. 28 Prozent geben an, eine *unentgeltliche soziale oder karitative Tätigkeit* auszuüben, und zwar Männer und Frauen praktisch gleich. Eine *andere ehrenamtliche Tätigkeit, z. B. in einem Verein oder einer Partei,* geben 29 Prozent an, und zwar 38 Prozent der Männer und 21 Prozent der Frauen. Die Bereitschaft, *»ein politisches Amt z. B. in Ihrer Gemeinde oder Stadt zu übernehmen«*, bekunden 29 Prozent, und zwar 35 Prozent der Männer und 23 Prozent der Frauen.

Dass die Angaben zum Ehrenamt auf 28 Prozent bis 29 Prozent (einen, für sich genommenen, noch nicht niedrigen Anteil) zurückfallen, beruht sicherlich zum Teil darauf, dass nicht alle Befragten ihre Ansprüche auf mehr aktive Beteiligung selber einlösen können oder wollen. Andererseits gehört die Form des Ehren»amtes« zur Kultur der institutionellen Honoratiorenpolitik gebildeter Milieus. Die Beteiligungskultur der anderen Milieus bevorzugt eher informelle Formen. Darauf verweist auch, dass die Befragten mit Mittlerer Reife um 4 Prozent, die einfachen Arbeiter mit Volksschulabschluss um 10 Prozent weniger Ehrenamtstätigkeit angeben.

Insgesamt bestätigen die repräsentativen Daten *das hohe Gewicht der Unzufriedenheit mit qualitativ-partizipatorischen Standards im Vergleich zur Unzufriedenheit mit quantitativ-materiellen Standards der Lebensweise.* Die Zweifel an der Verteilungs- und Leistungsgerechtigkeit sind dabei auffällig hoch bei den Frauen, bei den einfachen Arbeitern und Facharbeitern, bei den Befragten ohne (oder ohne sicheren) Arbeitsplatz und bei den Ostdeutschen, teilweise auch bei der jüngeren Generation.

Es ist nun von Interesse, genauer zu sehen, wie diese sozialstatistisch festgemachte Unzufriedenheit sich in politische Optionen umsetzt und wie sie in der Gesamtlandkarte der Milieus verortet werden kann.

5.4 Gesellschaftspolitische Lager und Sozialmodelle

Im Dezember 2000 berichtete »Die Zeit« über eine Studie, die vor allem die autoritäre und ausländerfeindliche Verarbeitung der sozialen Unsicherheiten betont. Dies signalisierte schon der Titel: »Starke Hand gesucht. Eine Studie der Friedrich-Ebert-Stiftung belegt: Autoritäre Einstellungen und Angst vor den Fremden steckt auch in den Köpfen der bürgerlichen Mitte«. Die Studie, so hieß es, »untermauert die Annahme, dass in der Bundesrepublik nach wie vor eine stark autoritäre Mentalität zu Hause ist – im Osten wie im Westen, in Unter-, Mittel- und Oberschichten.«[49]

Auch unsere Befragung verwies auf ein nicht geringes autoritäres Potenzial. Jedoch ließ sich dieses genauer in bestimmten sozialen Milieus und gesellschaftspolitischen Lagern lokalisieren. Demnach sind die bedrohlichen autoritären Potenziale nicht überall, wie suggeriert wird, sondern in ganz bestimmten Milieus am rechten und unteren Rand der sozialen Landkarte zu finden: im so genannten *Enttäuscht-Autoritären Lager* mit doch immerhin 27 Prozent der Bevölkerung *(vgl. Abb. 5)*. Dieses Potenzial flottiert auch nicht frei, beliebig von rechten Demagogen mobilisierbar, sondern es ist mehrheitlich noch von den großen Volksparteien gebunden. Aber diese Bindung ist, wie zu zeigen sein wird, nicht mehr sicher, vor allem solange die Politik die Modernisierungsverlierer vernachlässigt.

In der rot-grünen Koalition, die seit 1998 regiert, scheint sich in verdichteter Form ein Prozess zu wiederholen, der auch die Entwicklung bis zu den 90er-Jahren gekennzeichnet hat. Auf eine Phase der Mobilisierung neuer Kräfte ist schon 1999 eine Phase der politischen Verdrossenheit und Skepsis gegenüber der Fähigkeit der Politik, die anstehende Probleme neu zu regulieren, gefolgt.

Nach den »goldenen Jahren«, in denen sich die sozialen Chancen geöffnet hatten, hatte in den 80er-Jahren die Erfahrung vergeblicher Mühen begonnen. Vor allem die großen Milieus der Arbeitnehmer hatten sich auf unsichere und diskontinuierliche Lebensmuster umstellen müssen. Die Individualisierung, die Vielfalt und Erlebnis versprach, wurde für viele zum Synonym von Eigennutz und Risiko. Die angesammelte Unzufriedenheit kam zuerst zum Vorschein, als sich, nach der Euphorie der deutschen Vereinigung von 1990, Ernüchterung und Enttäuschung verbreiteten. Um diese Zeit stieg der Verdrossenheitspegel auf sein dauerhaftes Plateau von etwa 60 Prozent. Die scheibchenweise fortgesetzte Politik des Sozialabbaus führte schließlich zu größerer Unruhe in den Betrieben und zu gewerkschaftlichen Protestbewegungen.

So kam es nicht unerwartet, dass 1998 die Regierung Kohl, wie zuvor die meisten anderen konservativen Regierungen Europas auch, abgewählt wurde. Doch die neue rot-grüne Regierung konnte die mobilisierten Wählerinnen und Wähler nicht halten, sondern musste bis zum Sommer 2000 bei den meisten Landtags- und Kommunalwahlen erhebliche Einbußen – vor allem durch Wahlenthaltung der Stammklientel – hinnehmen. Der dann einsetzende Exportaufschwung und eine zunehmende Kompetenz bei der Korrektur der Ressortpolitiken gab den rot-grünen Parteien wieder einen relativen Vorsprung vor der durch Finanzskandale angeschlagenen Union. Aber das Vertrauen blieb, wie der Aufschwung, instabil: Es wurde durch die verschiedensten Skandale und Regulierungsversagen, wie etwa am Anfang der BSE-Krise, immer wieder erschüttert und musste immer wieder durch Demonstrationen von Entscheidungskraft ad hoc wieder aufgerichtet werden.

Eine nähere Erklärung für die Art dieser Unzufriedenheit findet sich in der veränderten Dynamik der *gesellschaftspolitischen Lager*, denen bestimmte weltanschauliche Grundauffassungen und sozialpolitische Ordnungsmodelle entsprechen *(Abb. 5 und 6)*.

Abb. 5: Gesellschaftspolitische Lager und soziale Ordnungsmodelle in der Bundesrepublik

ELITEMODELLE (ca. 25 %)	
1. Radikaldemokratisches Lager: *progressiv-liberales Elitemodell*	ca. 11 %
2. Traditionell-Konservatives Lager: *konservatives Fürsorgemodell*	ca. 14 %
SOLIDARITÄTSMODELLE (ca. 49 %)	
3. Gemäßigt-Konservatives Lager: *konservatives Solidaritätsmodell*	ca. 18 %
4. Sozialintegratives Lager: *progressiv-solidarisches Modell*	ca. 13 %
5. Skeptisch-Distanziertes Lager: *Modell der Gegenseitigkeit*	ca. 18 %
PROTEKTIONISTISCHE MODELLE (ca. 27 %)	
6. Enttäuscht-Autoritäres Lager: *populistisches Anspruchsmodell*	ca. 27 %

Repräsentativbefragung *Gesellschaftlich-politische Milieus in Westdeutschland 1991:* n = 2 684; deutschsprachige Wohnbevölkerung ab 14 Jahren in Privathaushalten; Cluster- und Faktorenanalyse (vgl. Michael Vester u. a., Soziale Milieus im gesellschaftlichen Strukturwandel, Frankfurt/M. 2001, Kapitel 12).

Diese *politischen* Abgrenzungen der ideologischen Lager richten sich, heute wie früher, nur bedingt nach den in unseren Milieulandkarten sichtbaren Trennlinien der *Alltagskultur*, an denen sich die Milieus scheiden.[50] Die Zweiteilung zwischen Lebenswelt und politischer Welt drückt sich gerade darin aus, dass sich die Milieus auf der Basis der *gleichen Alltagsethik* nach *verschiedenen* weltanschaulichen, religiösen oder politischen *Lagern*, die meist eine lange historische Tradition haben[51], *aufteilen*. Hinzu kommt, dass vor allem die großen Parteien heute Volksparteien sind. Sie müssen, um mehr Anhänger zu gewinnen, jeweils aus mehreren Lagern schöpfen, wenn auch mit gewissen Schwerpunkten. So kann z. B. die CDU/CSU die Arbeitnehmer aus den konservativeren Milieus und Lagern mobilisieren, aber, über den modernen CDU-Flügel, auch einen Teil der moderneren Arbeitnehmer. Spiegelbildlich kann die SPD vor allem Arbeitnehmer aus moderneren Milieus und Lagern mobilisieren, aber, über den rechten SPD-Flügel, auch einen Teil der konservativen Arbeitnehmer.

Hier liegen auch die Soll-Bruchstellen der Parteienlandschaft. Die neue Dynamik der Lager lässt sich anhand der repräsentativen Untersuchung von 1991 und nachfolgender Untersuchungen näher darstellen.[52] Unser Raumbild *(Abb. 6)* gibt die Orte an, die die Lager im Raum der Milieus einnehmen. Die Verortungen drücken den Spagat oder die Spannung aus, die die politischen Parteien bewältigen müssen, wenn sie ihre Klientel aus den verschiedenen Milieus und Lagern mobilisieren und repräsentieren wollen.

Drei der Lager (TKO, RAD und SOZ) vertreten einigermaßen umfassende Konzepte der Gesellschaftspolitik, verbunden mit dem Anspruch auf Führungsrollen. Nur drei der Lager (TKO, GKO und RAD, senkrecht schraffiert) sind derzeit zufrieden, die drei anderen (SOZ, SKED und EA, waagerecht schraffiert) sind auf verschiedene Weise über die derzeit dominante Politik verdrossen. Die nachlassende Integrationskraft der oberen Milieus – die Krise der politischen Repräsentation – drückt sich in vier Tendenzen aus.

1. Die konservativen Kernlager erreichen mit gut 30 Prozent zwar noch weit gehend die konservativen Arbeitnehmermilieus, erodieren aber deutlich infolge modernerer Bildung und Lebensstile.

Abb. 6: Die gesellschaftspolitischen Lager im sozialen Raum

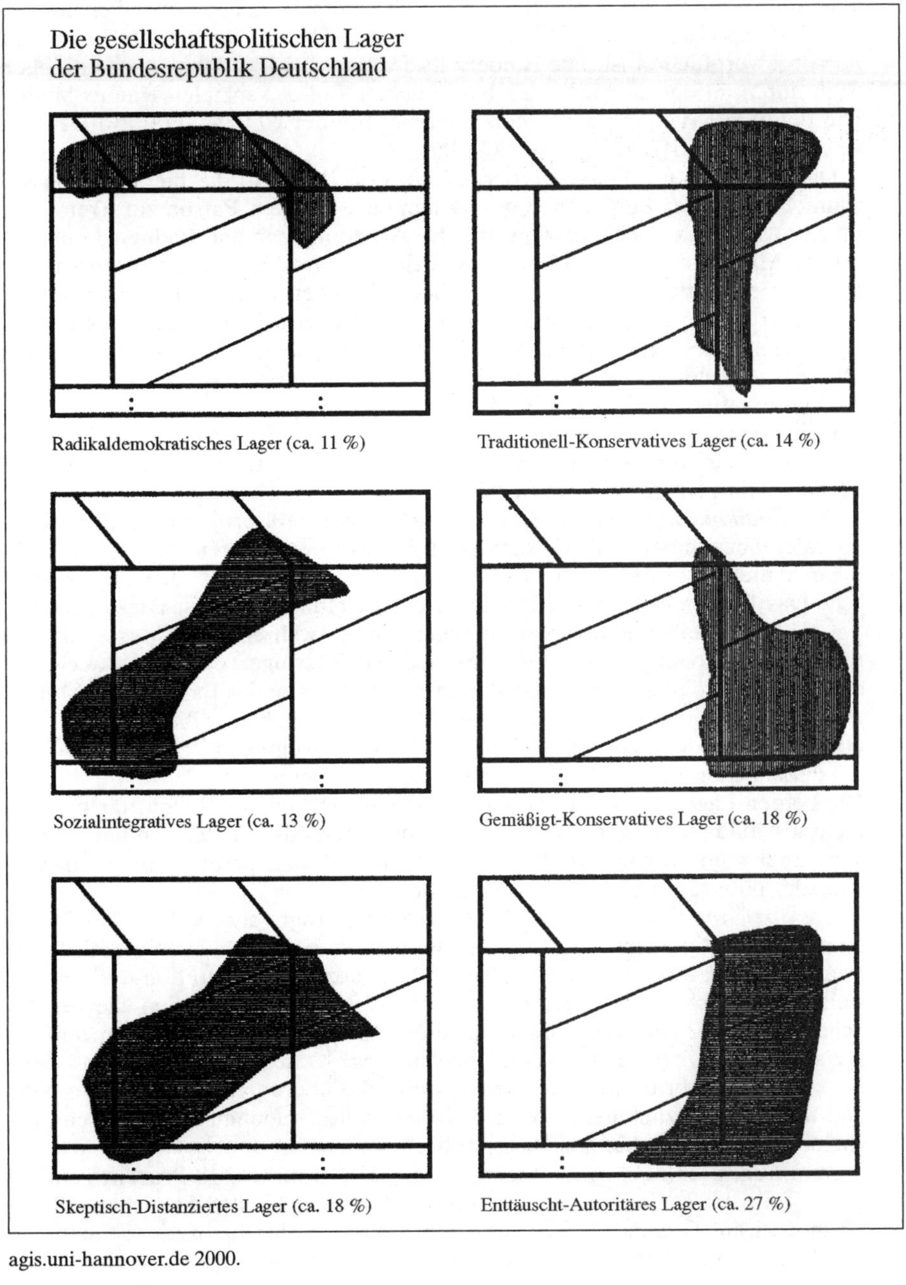

agis.uni-hannover.de 2000.

Das *Traditionell-Konservative Lager (TKO)*, mit ca. 14 Prozent, vertritt die klassische, konservativ-hierarchische Gesellschaftsordnung aus der Perspektive des »Patrons«, der gegenüber seinen »Klienten« Vorrechte hat, aber auch zur Fürsorge verpflichtet ist. Die Bindekraft des Lagers wirkt daher noch erheblich nach unten, in den rechten, kleinbürgerlichen Teil des sozialen Raums hinein. Die politische Sympathie gilt ganz überwiegend der CDU/CSU und FDP, teilweise aber auch dem rechten SPD-Flügel.

Das Lager der *Gemäßigt-Konservativen (GKO)* vertritt das hierarchische Sozialmodell aus der Perspektive des »Klienten«, der dem Patron zur Treue verpflichtet ist, aber auch Fürsorge für die Arbeitnehmer und kleinen Leute erwartet. Mit etwa 18 Prozent bindet es noch einen großen Teil des konservativen Randes der mittleren und unteren Milieus, die überdurchschnittlich zur CDU/CSU und durchschnittlich zum rechten SPD-Flügel neigen. Allerdings hat ein gutes Drittel des Lagers modernere Bildung und Lebensstile und erwartet eine Öffnung zu toleranteren und weniger autoritären Formen. Hier lockern sich die konservativen politischen Bindungen.

2. Das ökologisch und zivilgesellschaftlich orientierte *Radikaldemokratische Lager* hat infolge elitärer und teilweise neoliberaler Orientierungen nur Bindekraft für gut 10 Prozent in den oberen Milieus.

   Das *Radikaldemokratische Lager (RAD)* vertritt ein progressiv-elitäres bzw. liberales Sozialmodell. Das Progressive liegt in den Werten der »Zivilgesellschaft«: mehr Rechte für die Bürger, die Frauen, die Ausländer, die Umwelt usw. Das Elitäre liegt in der Ideologie des Leistungsaufstiegs. Diese rechtfertigt, dass man selbst höhere Positionen einnimmt, während die »Masse« die geringeren Positionen, die sie einnimmt, aufgrund geringerer Leistung auch verdient. Aufgrund dieses wirtschaftsliberalen Zuges kann das Lager keine Milieus unterhalb der oberen und der gehoben kleinbürgerlichen Milieus binden. Die überwiegenden Sympathien des Lagers für SPD, Grüne und FDP beziehen sich auf die Aufstiegsperspektiven, die diese Parteien bieten.

3. Die beiden Lager der auf Gleichberechtigung gegründeten Solidarität sind mit mehr als 30 Prozent gut in den großen moderneren Arbeitnehmermilieus verankert, aber vom Abbau sozialer Sicherungen und vom gesellschaftspolitischen Kurs der politischen Eliten tief enttäuscht.

   Das *Sozialintegrative Lager (SOZ)* vertritt ein progressiv-solidarisches Sozialmodell, d. h. die Werte der Zivilgesellschaft und zusätzlich universalistische Werte partizipatorischer Demokratie und der sozialen Integration und Gleichstellung sämtlicher benachteiligter Gruppen. Zentrale Werte sind die persönliche *Autonomie* und die *Solidarität* aufgrund gegenseitiger Leistung und für sozial Benachteiligte. Das Lager bindet mit ca. 13 Prozent überwiegend Teile der gesellschaftskritischen modernen Mitte, die überdurchschnittlich der SPD und den Grünen zuneigen. Von der großen Politik zunehmend enttäuscht, engagieren sie sich vor allem in Basispolitik.

   Zum Lager der *Skeptisch-Distanzierten (SKED)* mit ca. 18 Prozent gehören große Teile der Milieus der moderneren Arbeitnehmermitte. Sie sehen das Sozialmodell auf Gegenseitigkeit, das hohe Leistung durch soziale Teilhabe an Wohlstand und Sicherheit belohnt, durch die Wirtschaftskrise und die Politik der wirtschaftlich und politisch Mächtigen gefährdet. Auch ihre überdurchschnittliche Neigung zur SPD ist nachhaltig enttäuscht. Ihre Desillusionierung verarbeiten sie mehrheitlich mit skeptischer, aber nicht undemokratischer Distanz gegenüber der Parteipolitik.

4. Für mehr als ein Viertel der Westdeutschen besteht die Bindekraft der großen Parteien nur noch äußerlich. Sie sehen ihre Ansprüche gegenüber dem Staat enttäuscht und fühlen sich von den Modernisierern im Stich gelassen. Sie verarbeiten dies mit autoritären Ressentiments und rechtspopulistischen Sympathien.

   Die Lager der *Enttäuscht-Autoritären (EA)*, 1991 bereits circa 27 Prozent, sammeln sich aus Milieus mit geringen und unmodernen Ausbildungen und schwachen sozialen Netzen. Es sind meist Ältere, aber auch Jugendliche ohne Perspektiven. Sie sehen sich als Modernisierungsverlierer, die von der übrigen Gesellschaft zunehmend aufgegeben werden. Sie verarbeiten dies mit Ressentiments gegen Ausländer, alles Moderne und die Politiker, die ihre Schutzpflicht verletzen. Obwohl sie mehrheitlich noch die großen Volksparteien wählen, sympathisieren sie mit einem autoritären Populismus.

Die erwähnte Neigung zu einer »starken Hand« muss im Lichte dieser Lager-Konfiguration als Pauschalformel verstanden werden, hinter der sich verschiedene Grundauffassungen verbergen. In unserer Repräsentativbefragung vom November 2000 stimmten 54 Prozent *voll* und 28 Prozent *eher* der Feststellung zu: *»Demokratie ist auf Dauer nur möglich, wenn wir eine starke politische Führung haben.«* Dies ist mit einem Befragungsergebnis von 1991 vergleichbar. Damals stimmten 59 Prozent teils voll (trifft ganz genau zu: 21 Prozent) und teils bedingt (trifft eher zu: 38 Prozent) der allerdings noch pointierteren Feststellung zu: »Heutzutage brauchen wir in der Politik harte Männer.« Für die damalige Frage ließen sich die dahinter stehenden politischen Motive aufschlüsseln. Einen autoritären Hintergrund fanden wir bei einem guten Drittel derer, die der Feststellung zustimmten. Im Einzelnen kamen 37,3 Prozent der positiven Amtworten vom Lager-Typus der *Enttäuscht-Autoritären*, weitere 37,3 Prozent von den beiden konservativen Typen, die restlichen 25,4 Prozent von den drei sozialreformerisch orientierten Lagertypen *(im linken Teil der Abb. 6)*.

Es wünschten also, vereinfacht ausgedrückt, 37 Prozent eine starke *autoritäre* Führung, weitere 37 Prozent eine starke *konservative Führung* und 25 Prozent eine starke *sozialreformerische* Führung. Dabei überwog bei den letztgenannten beiden Gruppen erwartungsgemäß die gemäßigte Zustimmung (»trifft eher zu«) zu der Feststellung.

Insgesamt bleibt also das Ergebnis eines Lager-Spagats. Dieses beruht auf der Seite der popularen Milieus in einer verfestigten Skepsis gegenüber der Fähigkeit der Eliten, den gesellschaftspolitischen Umbau als eine Kombination von marktgerechter Flexibilität und sozial gerechter Risikosicherung zielsicher anzupacken. Die Eliten sind unter der Kanzlerschaft Gerhard Schröders zwar responsiver geworden, d. h. sie reagieren stärker auf Unzufriedenheit. Aber ihnen fehlen Perspektiven, die die verschiedenen Ansprüche und Sozialmodelle der sechs Lager integrieren könnten. Dieses ist, wie in den abschließenden Szenarien skizziert werden soll, aber durchaus eine der Möglichkeiten.

6. Szenarien der Zukunft: Zwischen bürokratischem und partizipatorischem Wohlfahrtsstaat

Das Grundmuster der Krise der Repräsentation erinnert an den Beginn des 20. Jahrhunderts, als ebenfalls ein großer Modernisierungsschub die Produktivkräfte und Lebensstile veränderte und die vorherrschenden Eliten und ihre Regulierungskonzepte infrage stellte. Damals gab es, im Gegensatz zu heute, nur ansatzweise eine nationale und internationale Kultur sowie institutionelle Ordnung zur Regulierung dieses Übergangs, so dass die Rivalitäten alter und neuer Eliten und die Kämpfe der sozialen Klassen oft die Dimension von Bürgerkriegen erreichten.

Der »regulierende Überbau« von Institutionen, der nach diesen Erfahrungen ab 1945 aufgebaut wurde, hat heute zwar zunehmend Grenzen in dem, was er regulieren kann. Aber er hat einen stabilen Kernbestand von Grundregeln, der als Rahmen für die jetzt nötigen neuen Arrangements zwischen den Institutionen und den Milieus der Gesellschaft herangezogen werden kann. Die Grundregeln des Sozialmodells der Bundesrepublik sind nachhaltig im Alltagsbewusstsein der Milieus verankert, in der konservativen Variante der *sozialen Marktwirtschaft*, in der sozialdemokratischen Variante der *Arbeitnehmergesellschaft* und nun auch in der Variante eines *partizipatorischen Wohlfahrtsstaates*.

Damit sind zwei Grundsätze der künftigen Entwicklung festgelegt: Zum einen ist inzwischen deutlich, dass rein marktliberale Deregulierungspolitiken ebenso wie autoritär-protektionistische Konzepte von der überwältigenden Mehrheit nicht honoriert werden, und sie hat dies die Union, die SPD, die FDP und die Grünen bei verschiedenen Wahlen wissen lassen. Zum anderen sind obrigkeitsstaatliche und autoritäre Formen der Interessendurchsetzung infolge des Vordringens einer partizipatorischen Mentalität immer mehr verpönt.

Die möglichen Szenarien der künftigen Entwicklung müssen davon ausgehen, dass die Reibungen zwischen den sozialen Akteuren auf die verschiedenen Geschwindigkeiten der Konfliktaustragung in den hauptsächlichen drei Handlungsfeldern zurückgehen. Auf der Ebene der *Milieus* sind die Felddynamiken eher spontane Prozesse und vergleichsweise weniger aufzuhalten als in den institutionell organisierten Prozessen auf der *intermediären Ebene* oder auf den *Spitzenebenen* der Gesellschaft und Politik.

6.1 Umstellung der Alltagsmilieus: Für soziale Integration und Partizipation

Die Milieus des Alltagslebens handeln vergleichsweise responsiv, wenn auch im Rahmen der Grundmuster der Milieutradition, die aber von den Jüngeren immer wieder umkonstruiert werden. Sie sind direkt den Aufforderungen der Umstellung in Beruf, Bildungssystem und Alltag ausgesetzt, wo die Sanktion des Misserfolgs relativ unmittelbar und schnell eintritt. Dieser Verhaltenswandel wird aber oft nicht richtig erkannt, da er sich wenig diskursiv und eher praktisch ausdrückt: im Kauf-, Freizeit- und Wahlverhalten und insbesondere im sozialen Abgrenzungsverhalten.

Mit der Notwendigkeit, sich umzustellen, wachsen die Sorgen darüber, ob die milieugemäße Lebensweise fortgesetzt werden kann und ob die eigene Lage, im

Vergleich zu der anderer Gruppen, zumutbar und gerecht ist. Die Milieus bilden selbst untereinander ein Konfliktfeld, in dem die Kräfte des Wandels denen der Beharrung gegenüberstehen.

Die Arrangements zwischen den Generationen, den ethnischen Gruppen, den Regionen und den sozialen Klassen stehen unter Spannung. Unsere Umfrage lässt erkennen, dass die Sensibilität für diese Konfliktlinien, für die von der Politik Regulierungen erwartet werden, relativ hoch ist:

1. Für 21 Prozent ist der Konflikt zwischen *Ausländern und Deutschen* »sehr stark«, für weitere 42 Prozent »stark«.
2. Für 20 Prozent ist der Konflikt zwischen *Arm und Reich* »sehr stark«, für weitere 41 Prozent »stark«.
3. Für 9 Prozent ist der Konflikt zwischen *Ostdeutschen und Westdeutschen* »sehr stark«, für weitere 38 Prozent »stark«.
4. Für 9 Prozent ist der Konflikt zwischen *Arbeitgebern und Arbeitnehmern* »sehr stark«, für weitere 36 Prozent »stark«.
5. Für 7 Prozent ist der Konflikt zwischen *Jungen und Alten* »sehr stark«, für weitere 38 Prozent »stark«.

Die Spannungslinien werden demnach von den meisten zwar nicht dramatisch, aber doch deutlich wahrgenommen. Dabei ist zu beachten, dass nach der Intensität der Konfliktlinien gefragt wurde und nicht danach, ob diese moralisch akzeptiert werden. Für diese moralischen Motive ist aufschlussreich, dass die überdurchschnittliche Wahrnehmung dieser Konfliktlinien wieder bei den Risikogruppen liegt. Es sind die relativen Modernisierungsverlierer: die jüngeren und die älteren Frauen (unter 35 und ab 60 Jahren), Ostdeutsche, Arbeitslose, Arbeitnehmer ohne sichere Arbeit, einfache Arbeiter mit geringem Bildungskapital und Arbeitnehmer mit mittlerer Qualifikation (Facharbeiter, mittlere Angestellte und Beamte).

Diese besonders unzufriedenen Gruppen sind derzeit politisch weniger integrierbar oder mobilisierbar. Vor allem sie wenden sich von den Volksparteien ab. Sichtbar wird dies bei Wahlen, an den nachhaltigen zentrifugalen Optionen nicht nur für FDP und Grüne, sondern auch für die PDS, für die Rechtsextremen und für die Wahlverweigerung aus Protest oder Resignation. Der Protest geht nicht einfach »nach rechts« oder »in die Apathie«, sondern in *verschiedene* und widerstreitende Richtungen. Diese entsprechen den (unter 5.4.) beschriebenen liberalen und konservativen, solidarischen und protektionistischen Sozialmodellen.

Dabei sondern sich die »besonders Unzufriedenen« aber nicht von den »gemäßigt Unzufriedenen« ab; sie sind vielmehr die pointierteste Form einer breit verwurzelten Skepsis. Sie durchzieht die untere, die mittlere und auch die obere Stufe der sozialen Milieus:

1. Die *unterprivilegierten und gering qualifizierten Milieus* sind *direkte Modernisierungsverlierer.* Viele ihrer Angehörigen neigen zum Enttäuscht-Autoritären Lager, das mit etwa 27 Prozent ein großes Gewicht hat, und zu entsprechenden ausländerfeindlichen und protektionistischen Lösungen. »Am Abbau der Arbeitslosigkeit wollen wir bei der nächsten Wahl gemessen werden«, hatte Gerhard Schröder bei seinem Wahlsieg von 1998 verkündet. Da prekäre Arbeitsverhältnisse und Arbeitslosigkeit trotzdem anhaltend hoch geblieben sind, werden die Volksparteien bei autoritären Potenzialen weiterhin an Nichtwähler

und Rechtsextreme[53] verlieren, bei demokratischen Potenzialen auch an linke Parteien bzw. Nichtwähler.

2. Die *moderneren Arbeitnehmermilieus mit mittleren Qualifikationen* sind eher *relative Modernisierungsverlierer.* Sie glauben immer weniger daran, dass ihre Leistungs- und Umstellungsbereitschaft ihnen ihre bisherigen Berufspositionen und Lebensstandards sichern kann. Insbesondere die Facharbeiter, die Fachangestellten und die Frauen, die stärker zu demokratischen und solidarischen Sozialmodellen neigen, misstrauen der institutionellen Politik. Auch die Jugend-Unzufriedenheit kommt mit großer Mehrheit von jüngeren Frauen, die gut ausgebildet sind.
3. Die *modernen höher qualifizierten Milieus* sind meist *keine Verlierer, aber doch erheblich mehr belastet.* Viele beklagen die ungerechte Verteilung der Lasten der Sparpolitik, die sie als Angehörige der Sozial-, Bildungs- und Gesundheitsdienstleistungen direkt spüren. Nach dem Zerfall der Blütenträume der »new economy« ist außerdem bei vielen jungen Beschäftigten der neuen Informations- und Kommunikationsdienstleistungen der Sinn für die tarifvertraglichen und sozialstaatlichen Absicherungen der eigenen Risikobereitschaft gewachsen.

Den autoritären und protektionistischen Tendenzen steht damit ein Mehrheitspotenzial gegenüber, das für eine Reformulierung des solidarischen Sozialmodells zu gewinnen wäre, welches Schutz für die Schwachen, Risikosicherung für die Leistungsträger und Partizipation für die Aktiven – und damit auch die verschiedenen Konzepte des Wohlfahrtsstaates – miteinander verbindet.

6.2 Remobilisierung der mittleren Politikebene: Von der Blockierung zur Öffnung der Verbandseliten

Die konkurrierenden Konzepte des Wohlfahrtstaates müssen über partizipatorische Akteursbeziehungen und nicht nur symbolisch, über trendgerechte Medienbotschaften, vermittelt werden. Die Einlösung der Versprechen ist nur über die Rückgewinnung der mittleren Politikebene möglich, auf der die Alltagspraxis der Milieus mit den institutionellen Feldern verknüpft wird. Zugleich entwickelt und erneuert sich hier der für jede Politik nötige Unterbau von »Alltagseliten«, d. h. von Aktivbürgerinnen und Aktivbürgern und von Vertrauenspersonen, die Informationen vermitteln, Meinungen artikulieren, Konflikte regulieren und zum sozialen Zusammenhalt beitragen.

Dieser Bereich ist selbst von der Krise der Modernisierung der Produktivkräfte und der Lebensstile erfasst. Aufgrund »institutioneller Starrheiten« und »kultureller Trägheitstendenzen« setzt sich der aus den Milieus kommende Druck zu Problemlösungen nur zögerlich um. Das schwere Schwungrad der eingefahrenen Routine hat ein Trägheitsmoment, das sich nur durch nachhaltige Gegenkräfte beeinflussen lässt. Die Gewerkschaften und die Kirchen, die karitativen und medizinisch-sozialen Einrichtungen, die Verbände und Vereine, die Medien und die politischen Parteien tun sich schwer mit ihren bürokratischen Schemata, mit dem Generationenwechsel und mit der Öffnung für neue Klientelen. Daher ist ihnen überall Konkurrenz von unten entstanden: durch das Wegbleiben der moderneren, jüngeren und weiblichen Mitglieder als Mitwirkende und als Beitragszahler, durch neue und oft informelle Formen von Freizeit und Beteiligung und schließlich auch durch organisierte Aktivbürger und Aktivbürgerinnen, die sich immer professionalisierter um Bürgerinitiativen und Protest oder konkurrierende Selbsthilfe- und Nichtregierungsorganisationen kümmern.

Hier gibt es viele Beispiele. Die *Tarifkontrahenten von Kapital und Arbeit*, die beide eine enorme Vielfalt von Branchen und Mitgliedern zufrieden stellen müssen, stehen vor dem Problem, die bürokratischen Einheitsschemata des Tarifvertragssystems durch dezentrale Muster zu modernisieren, die auch neuen und jüngeren Unternehmen wie Arbeitnehmern mehr Spielräume und Partizipationsmöglichkeiten geben. In den *Betrieben* konkurrieren verschiedene Eliten mit je verschiedenen Konzepten der Organisationsentwicklung und der Unternehmensstrategien. Die Gegenmacht der *Gewerkschaften* steht vor der Aufgabe, dem Mitglieder- und Beitragsschwund nicht nur durch Verbandsfusionen, sondern auch durch die Mobilisierung modernerer Milieus, durch Ehrenamt und Partizipation entgegenzuwirken. Eingefahrene *Hilfsorganisationen* wie z. B. das Rote Kreuz versuchen, von den neuen kleinen und beweglichen Konkurrenten im karitativen Feld zu lernen. Die großen bürokratisierten *Wohlfahrtsverbände* verlieren – zunächst kleinere – Klientelen an beweglichere und motivierte Kleinbetriebe, etwa in der Altenversorgung. Ähnliches gilt für einen Teil der *Bildungseinrichtungen*. In den *sozialen Dienstleistungen* expandieren, stärker als in der »new economy«, Arbeitsmärkte für die dynamischste – und unzufriedenste – soziale Gruppe: die gut ausgebildeten jüngeren Frauen.[54] Ebenso wächst im *Freizeit- und Jugendbereich* die Tendenz zu mehr Selbsthilfe und – sehr ungleichmäßig – zu mehr Ehrenamt. Verbände und Initiativen, Schulklassen und Elterngruppen kümmern sich um die Integration von sozial Benachteiligten und von Zuwanderern, um attraktivere Freizeitaktivitäten, um Umweltprobleme und um Infrastrukturen. Über das Internet und dezentrale Mediennetze entstehen schließlich neue Modelle der *Kommunikation und der öffentlichen Meinung*.

Diese seit den 80er-Jahren anhaltenden Umstrukturierungsprozesse sind noch nicht abgeschlossen. Aber immer öfter treten neben die Beispiele für Blockierungen auch Beispiele für mobilisierende Strategien. In diesen Prozessen erwerben jüngere und modernere Alltagseliten ein Kapital an Professionalität und Ansehen, das die Vertrauenslücke zwischen Institutionen und Alltagsmilieus ein Stück weit wieder füllen kann. Hier drängen – mit und ohne Internet – auch die neuen Bildungsmilieus aus der praktischen Intelligenz nach vorn, durch die die alten Institutionen sich herausgefordert fühlen. Teils wehren die alten Eliten die neuen ab, teils beginnen sie sich zu modernisieren und an Attraktivität zurückzugewinnen. Auch diese neuen bürgernahen »horizontalen« Meinungsbildner, die mehr Zeit- und Bildungsreserven haben als die Menschen im Durchschnitt, werden sich als Elite verselbstständigen. Aber mit ihnen wird sich doch das Feld der demokratisch engagierten Aktivbürger und Aktivbürgerinnen ein Stück weit vergrößern.

Zugleich werden sie auch die Auseinandersetzung mit den etablierteren und höheren Eliten führen, die heute das Ehrenamt und die Selbsthilfe von unten begrüßen, aber dabei vornehmlich an Kostenersparnis für die zu entlastenden Einrichtungen denken. Der Streit darum, ob hier nur Billigmodelle für unternehmerische und öffentliche Aufgaben entstehen oder ob eine neue Politik der Flankierung, Förderung und Teilhabe entsteht, ist noch nicht beendet.

6.3 Die Spitzenebene der Politik: Zwischen Machern und Moderatoren

Die oberen Politik- und Institutionenebenen ändern ihre eingefahrenen Handlungsmuster am langsamsten – oder versuchen, dies mit einem gelegentlichen Voluntarismus zu überspringen. Die jetzige rot-grüne Regierung hat nach einer Periode naiver Überschätzung der Macher und der Medien begonnen, das Aushandlungssystem mit den intermediären Akteuren wieder zu entdecken (wie Karl-Rudolf Korte in diesem Band näher beleuchtet). Der Architekt dieser Wende zur Professionalität, Kanzleramtschef Frank-Walter Steinmeier, kommentierte: »Als lebten wir noch zu Zeiten des klassischen Obrigkeitsstaates, wird die Beschreibung von Politik immer noch dominiert vom Interesse an Staatswillensbildung und hierarchischer Willensdurchsetzung [. . .]. Dabei wird übersehen, dass in einem modernen demokratischen Gemeinwesen traditionelle staatliche Politikinstrumente längst ergänzt sind durch dialogisch angelegte Entscheidungsprozesse.« Wie im Falle des Bündnisses für Arbeit werde immer wieder gefordert, Regierung und Kanzler »sollten die Rolle des Moderators verlassen und stärker als Macher in Erscheinung treten [. . .]. Der Gegensatz von Macher und Moderator, so griffig er klingt, ist in Wahrheit konstruiert.«[55]

Gleichwohl ist nicht zu übersehen, dass das Feld der Spitzenmilieus sich noch in diese zwei Fraktionen mit verschiedenen Innovationskonzepten teilt. Die »Macher-Fraktion« verspricht sich die Innovation von der Erneuerung der *Spitzeneliten*, die die Blockierungen in den Institutionen nach dem Chef-Prinzip von oben her beschleunigt auflösen sollen. Die »Moderatoren-Fraktion« setzt eher auf eine breitere Beteiligung und Erneuerung *intermediärer Verbandseliten*. Unabhängig davon entwickelt sich ein Feld jüngerer und modernerer *Alltagseliten*, die ihre Angelegenheiten direkt und selbst in die Hand nehmen wollen. Diesen drei Kräften entsprechen drei konkurrierende Szenarien der künftigen Entwicklung.

6.3.1 Das Szenario der »Macher«: Aufstieg neuer Spitzeneliten

»Macher-Konzepte« sind als Projekte energischer Neuaufsteiger in den Unternehmen wie in der Landespolitik oft noch einflussreich. Sie forcieren nicht selten Reformen nach wirtschaftsliberalen Blaupausen, die durch stärkere materielle Anreize Leistungssteigerungen bewirken wollen. Der Billiglohnsektor soll durch Outsourcing, Leiharbeit, Scheinselbstständigkeit, billige Teilzeitarbeit usw. boomen. Im Bildungssystem soll eine verschärfte Auslese »die Trägen« ausgliedern und den Aufstieg einer schmalen Elite in Spitzenpositionen und zu Spitzenleistungen beschleunigen. Diese Konzepte gelten aus zwei Gründen als überholt.

Zum einen ist das Wesentliche der Revolution der Produktivkräfte ihre *Breite*. Die Wissensgesellschaft braucht keine auslesende, sondern eine differenzierende Bildungspolitik, die mehr jungen Leuten die Hochschul- und Fachhochschulreife ermöglicht. Ungenutzte Begabungsreserven liegen bei vier Gruppen vor: in den Milieus der praktischen Intelligenz, in den stadtfernen Regionen, bei den jungen Frauen und bei den jungen Zuwanderern. Spitzenländer, die nach Jahren der Umstellung jetzt besonders erfolgreich durchstarten, haben Abiturquoten von 79 Prozent und mehr, die Bundesrepublik liegt mit 34 Prozent (Frauen 37 Prozent) auf dem 23. Platz von 26 Vergleichsländern der OECD.[56]

Zum anderen werden nicht nur Führungskräfte, sondern wirklich innovative Kräfte gebraucht. Diese müssen, wie die Innovationstheorie Joseph Schumpeters betont, sich nicht nur nach dem Kommandoprinzip *durchsetzen*, sondern auch *Akzeptanz* finden und vielfältige Kräfte horizontal *koordinieren*. Gerade die neuen Produktivkräfte und Technologien setzen horizontale Vernetzungen und flachere Hierarchien voraus.

Die Projekte der beschleunigten Elitenrotation können sich zwar nicht linear durchsetzen, weil sie auf den Widerstand vielfältiger Akteure im intermediären Feld stoßen. Aber mittelfristig kann durchaus ein Teil von ihnen verwirklicht werden.

Dies wird jedoch die soziale Kluft zwischen Gewinnern und Verlierern der Modernisierungen verschärfen. Längerfristig können somit die Interventionen der »Macher« eine unbeabsichtigte innovative Funktion erfüllen, indem sie das »träge« Akteursfeld zu Protest und Gegenhandeln motivieren. Damit werden sie früher oder später andere Elitefraktionen und auch mehr partizipatorische Aktivität von unten auf den Plan rufen.

6.3.2 Das Szenario der »Moderatoren«: Revitalisierung der intermediären Eliten

Zum einen geben sie den konservativen Eliten eine Chance. Denn diese könnten aus der »sozialen Kälte« der »Macher« einen Vorteil ziehen, da sie einen »Sinn für unten« haben und sich den popularen Milieus mit weniger Arroganz zuzuwenden vermögen. Das konservative Fürsorgemodell könnte sich, wenn es nicht zu patriarchalisch daherkäme, bürgernah modernisieren und regenerieren. Dies wird jedoch noch Jahre auf sich warten lassen, da die Erblasten der CDU/CSU der Entfaltung einer entsprechenden modernen konservativen Generation noch kaum Raum lassen.

Die große latente Politikverdrossenheit gibt aber doch schon jetzt den verbandlichen und gewerkschaftlichen Kräften im intermediären Kräftefeld, unter denen die innovativen Fraktionen an Boden gewinnen, Rückenwind. Die rot-grüne Koalition will, auch mit Blick auf entscheidende Wahlen, Konflikte in der Gewerkschafts-, Jugend- und Bildungspolitik vermeiden und betont, dass die Risiken der Modernisierung auch sozial abgefedert sein müssen.

Allerdings überdeckt die Medienkampagne der SPD, »Sicherheit im Wandel«, den Graben des Misstrauens eher, als dass sie ihn zuschüttet. Die Führungsspitzen der SPD suchen bei den Medien und bei verschiedenen »Leitmilieus« einen archimedischen Hebel, mit dem sie das verlorene Vertrauen der Milieus zurückgewinnen können. Dieses technisch-instrumentelle Verständnis atmet noch soziale Kälte und greift zu kurz. Mit seinem Vermögen, rasch auf Unzufriedenheiten, sobald sie offenbar werden, zu reagieren, unterscheidet sich das »System Schröder« zwar von der Politik des Aussitzens im »System Kohl«. Aber dies führt auch immer wieder zu Schnellschüssen und symbolischen Gesten, die den sozialen Unterbau, der im Kohlschen Patronatssystem so wichtig war, zu wenig berücksichtigen.

Im Schneckenrennen zwischen konservativer und sozialdemokratischer Erneuerung kann es lachende Dritte geben. Dies kann zum einen durchaus die rechtspopulistische Seite sein. Dieser fehlen zwar längerfristig Integrationsfiguren von der Statur eines Haider oder Berlusconi. Aber die bloße Präsenz eines rechten Wählerpotenzials von mehr als 20 Prozent verführt doch die Volksparteien immer wieder zu einzelnen rechtspopulistischen Gesten, die das gesamte politische Klima beeinflussen. Zum anderen werden wahrscheinlich doch zwei andere Entwicklungen gewinnen: die neuen moderatorischen Konzepte und die Revitalisierung der demokratischen Partizipation.

Die responsiveren Teile der Verbandseliten werden also insgesamt durch drei Tendenzen an Kraft gewinnen: durch den Druck und die Mitgliederverweigerung von unten; durch den Druck von Modernisierungsprojekten aus der politischen Spitzenebene; schließlich durch den Druck konkurrierender Gegeneliten auf der eigenen Ebene.

6.3.3 Das Szenario der Partizipation: Teilhabe und Selbstregulierung

Die Reaktivierung der Kräfte der Partizipation von unten ist ein spürbarer, aber doch langsamer Prozess (wie Manuela Glaab und Andreas Kießling in diesem Band differenziert entwickeln). Es wäre daher falsch, jetzt ein idealistisch-heroisches Dauerengagement der popularen Milieus zu erwarten. Das heißt nicht, dass sie wegen eines materialistischen Privatismus an Politik nicht interessiert wären. Aber sie stehen in einem *Partizipationsdilemma.* Ihre mittlere Generation ist einerseits besonders politisch interessiert. Andererseits steht sie mitten im Arbeitsleben, die begrenzte Freizeit ist durch die Familien- und Kinderbindung ausgefüllt. Hauptberufliche politische Teilhabe ist eher ein Privileg der Berufspolitiker sowie der jungen Aktivisten und der Älteren nach der Familienphase.

Das gewünschte Mehr an Partizipation kann nur begrenzt durch zeitliche Entlastungen, etwa Kindertagesstätten und Ganztagsschulen, ermöglicht werden. Es muss also eine andere Gestalt annehmen als die Berufspolitik und insbesondere zeitlich mit den alltäglichen Verrichtungen unmittelbar verknüpft sein. Dies gilt z. B. für die direkte Mitbestimmung am Arbeitsplatz, die 72 Prozent wünschen. Sie ist Teil des Arbeitsprozesses. Für ökologische, karitative, friedenspolitische und multikulturelle Ziele haben Greenpeace, Medieninitiativen oder aktive Einzelne moderne Mobilisierungsformen entwickelt, die nur begrenzt belasten: ein Tankstellenboykott, eine Schweigeminute, eine Kleidergabe, eine Unterschrift, ein Button, ein Kinderfest mit Spenden oder ein Wort gegen Mobbing oder wenn Minderheiten diskriminiert werden. Alles dies sind Elemente einer entstehenden partizipativen Betriebs- und Alltagskultur.

Die Umsetzung in eine »Berufspolitik auf Zeit«, d. h. in Wahl- und Ehrenämter, Protest- und Selbsthilfeinitiativen, Vereins- oder Betriebsgründungen, wäre aber für manche eine nächste Stufe. Hier hindert nicht allein Zeitmangel, sondern eine Kulturschranke. Politikmachen erfordert nicht nur Fachkönnen (das gibt es immer mehr) und Zeit, sondern auch Leidensfähigkeit. Bürokratismus, leere Routinen, persönliche Rivalitäten, Blockierungen auf höherer Verbandsebene und Mangel an persönlicher Zuwendung machen die Verbandskulturen strapaziös. Viele, besonders Frauen, die sich engagieren wollen, bleiben nach einigen Monaten wieder weg.

Eine weitere Aktivierung der Partizipation ist also nur durch längerfristige Lernprozesse möglich, wenn Institutionen und politische Kultur ihr mehr entgegenkommen. Das »Ehrenamt«, das die durch die Sparpolitik gerissenen Lücken ausfüllen soll, lebt nicht nur von Idealismus. Auch wenn es billiger ist, braucht es Hilfe zur Selbsthilfe. Dazu gehören Infrastrukturen und institutionelle Kerne, etwa bei einer Schule, einem Jugendzentrum oder selbst der Freiwilligen Feuerwehr (die ihre Modernisierungsblockaden überwunden hat und nun eine attraktive Jugendarbeit für die popularen Milieus gestaltet). Dazu gehören Kosten- und Ausbildungshilfen für die Ehrenamtlichen sowie Anerkennung und Akzeptanz in der Gemeinde.

Wenn sich Milieus und Politik nicht weiter voneinander entfremden sollen, bedarf es also einer bewussten Politik des sozialen Zusammenhalts und der Aktivierung von Partizipation. Dazu gehört auch die Wiederaufwertung der pädagogischen Intelligenzmilieus. Allerdings sind beide, die politischen und die pädagogischen Milieus, mit ihren Denkschemata noch tief in den Frontstellungen der 70er-Jahre befangen. Die jetzigen »Leitmilieus« sind nur ein Übergang bis zu der Zeit, in der die politische Kultur wirklich von der heutigen jungen Generation gestaltet werden wird.

Die Szenarien lassen sich insgesamt mit einem gesellschaftlichen Häutungsprozess vergleichen. Der gegenwärtige Umbau der Gesellschaft ist nicht erzwungen durch den so genannten Neoliberalismus, sondern durch die Modernisierung der Produktivkräfte und der Mentalitäten, die durch die alten bürokratischen und autoritär-hierarchischen Organisationsformen nicht mehr zusammengehalten und aktiviert werden können. Der Neoliberalismus ist nur eines von mehreren konkurrierenden Lösungskonzepten.

So wie nach 1970 der *konservative Wohlfahrtsstaat* durch den *sozialdemokratischen Wohlfahrtsstaat* auf neue soziale Gruppen ausgedehnt worden ist, steht heute eine neue Weiterentwicklung an. Bisher relativ ausgeschlossene soziale Gruppen wollen stärker in die Wissensgesellschaft und das soziale Netz einbezogen werden. Mehr Chancengleichheit für die Frauen, die praktischen Milieus, die nichturbanen Regionen und die ausländischen Zuwanderer ist nicht nur ein moralisches Erfordernis, sondern für das Mithalten mit den Produktivitätsstandards der anderen hochentwickelten Länder notwendig.

Diese Erweiterung kann heute nicht mehr die Form einer Einbeziehung passiver Versorgungsklientelen haben. Mehrheitsfähig ist eher ein Sozialmodell auf Gegenseitigkeit, in dem diejenigen, die mehr leisten, auch Gegenleistungen und mehr Mitsprache beanspruchen. In verschiedenen anderen hoch entwickelten Ländern, in Skandinavien wie in den Niederlanden, sind solche Modelle eines *partizipatorischen Wohlfahrtsstaats* entwickelt worden, die Verantwortungsbereitschaft und Marktflexibilität mit hoher sozialer Solidarität im Risikofall ausgleichen. Oft wird dieses Modell sowohl von einer modernisierten konservativen Politik als auch von einer modernisierten sozialdemokratischen Politik in verschiedenen Varianten mitgetragen.

Diese Entwicklung wird nicht zuletzt durch den Druck der internationalen Konkurrenz vorangetrieben werden. Dabei wird immer weniger die Konkurrenz mit den Schwellenländern und ihren niedrigeren Qualifikations- und Sozialstandards, die bei den Niedriglohnmodellen in England und den USA Pate gestanden hat, leitend sein. Dem Stand der Produktivkräfte in den hoch entwickelten Ländern entspricht nicht das Modell der industriellen Revolution, das (gering qualifizierte) Leistung durch materiellen Mangel und Druck erzwingt, sondern ein Sozialmodell, das qualifizierte Leistung durch qualifizierte Teilhabe motiviert.

Einen wichtigen Rahmen für dieses Modell kann der weitere Aufbau der Wirtschafts- und Sozialverfassung der Europäischen Union werden, der – als großer Binnenmarkt mit eigenen Nachfrage- und Sozialgarantien – die negativen Folgen schwerer Einbrüche des Exports in andere Teile des Weltmarktes abpuffert.

Nach der These Max Webers, von der wir ausgegangen sind, hängt Entscheidendes von der Regulierungskompetenz der politischen Eliten ab. Aus dieser Verantwortung können sie auch durch das erwartbare Mehr an subpolitischer Selbstregulierung der Gesellschaft nicht entlassen werden. Gleichwohl hängt die Vernunft der künftigen Entwicklung nicht einzig davon ab, dass sie sich in großen Geistern und innovativen Spitzeneliten verkörpert. Wie weit eine Gesellschaft schwierige Übergangskrisen ohne Katastrophen meistert, hängt von ihrer ganzen demokratischen Kultur und der Regulierungskompetenz ab, die sich in den alltäglichen Lernprozessen der Milieus und der Individuen entwickeln.

Anmerkungen

1 Pierre Bourdieu, Die feinen Unterschiede, Frankfurt/M. 1982; Michael Vester u. a., Soziale Milieus im gesellschaftlichen Strukturwandel, Frankfurt/M. 2001 (2. Aufl.) [1993]; vgl. ders. u. a., Soziale Milieus in Ostdeutschland, Köln 1995.

2 Max Weber, Der Nationalstaat und die Volkswirtschaftspolitik. Akademische Antrittsrede [Freiburg, Mai 1895], in: ders., Gesammelte Politische Schriften, Tübingen 1988, S. 23 (Hervorhebung bei Weber).

3 David Lockwood, Soziale Integration und Systemintegration, in: Wolfgang Zapf (Hrsg.), Theorien des sozialen Wandels, Königstein 1979, S. 124–137.

4 M. Rainer Lepsius, Parteiensystem und Sozialstruktur: Zum Problem der Demokratisierung der deutschen Gesellschaft, in: Gerhard A. Ritter (Hrsg.), Deutsche Parteien vor 1918, Köln 1973, S. 56–80.

5 Weber, Nationalstaat (Anm. 2), S. 21.

6 Theodor Geiger, Die Klassengesellschaft im Schmelztiegel, Köln und Hagen 1949; Josef Mooser, Arbeiterleben in Deutschland 1900–1970, Frankfurt/M. 1984.

7 Geiger, Klassengesellschaft (Anm. 6); Ralf Dahrendorf, Soziale Klassen und Klassenkonflikt in der industriellen Gesellschaft, Stuttgart 1957.

8 Reinhard Kreckel, Politische Soziologie sozialer Ungleichheit, Frankfurt/M. 1992.

9 Michael Young, The Rise of the Meritocracy 1870–1933, Harmondsworth 1958 [deutsch: Es lebe die Ungleichheit, Düsseldorf 1961].

10 Wolfgang Engler, Die Ostdeutschen. Kunde von einem verlorenen Land, Berlin 1999, S. 173.

11 M. Rainer Lepsius, Wahlverhalten, Parteien und politische Spannungen, in: Politische Vierteljahresschrift, Jg. 14/1973, S. 295–313, hier S. 308.

12 Zusammenfassend: Wolfgang Rudzio, Das politische System der Bundesrepublik, Opladen 2000 (5. Aufl.), S. 430.

13 Daniel Bell, Die nachindustrielle Gesellschaft, Frankfurt/M. 1985.

14 Ronald Inglehart, The Silent Revolution. Changing Values and Political Styles among Western Publics, Princeton 1977.
15 Ulrich Beck, Jenseits von Klasse und Stand? Soziale Ungleichheit, gesellschaftliche Individualisierungsprozesse und die Entstehung neuer sozialer Formationen und Identitäten, in: Reinhard Kreckel (Hrsg.), Soziale Ungleichheiten (Soziale Welt, Sonderband 2), Göttingen 1983; Ulrich Beck, Risikogesellschaft. Auf dem Weg in eine andere Moderne, Frankfurt/M. 1986; Anthony Giddens, Der dritte Weg – die Erneuerung der sozialen Demokratie, Frankfurt/M. 1999.
16 Martin Baethge u. a., Das Führungskräfte-Dilemma. Manager und industrielle Experten zwischen Unternehmen und Lebenswelt, Frankfurt/M. 1995.
17 Karl Georg Zinn, Wie Reichtum Armut schafft, Köln 1998, S. 55 u. S. 75.
18 Gösta Esping-Andersen, The Three Worlds of Welfare Capitalism, Cambridge 1990.
19 Vgl. Beck, Jenseits, sowie ders., Risikogesellschaft (Anm. 15).
20 Ebd.; Giddens, Der dritte Weg (Anm. 15).
21 Bourdieu, Unterschiede (Anm. 1), S. 227 ff. u. S. 711 f.
22 John Clarke/Stuart Hall u. a., Jugendkultur als Widerstand. Milieus, Rituale, Provokationen, Frankfurt/M. 1979; vgl. Heiko Geiling, Das andere Hannover. Jugendkultur zwischen Rebellion und Integration in der Großstadt, Hannover 1996.
23 Die Zuordnung der westdeutschen Milieus ist, auch mittels repräsentativer Befragungen, näher untersucht (Vester, Soziale Milieus (Anm. 1)). Die Prozentsätze stützen sich auf Daten des Sinus-Instituts, vgl. SPD, Planungsdaten für die Mehrheitsfähigkeit der SPD. Ein Forschungsprojekt des Vorstandes der SPD, Bonn 1984; Ulrich Becker u. a., Zwischen Angst und Aufbruch. Das Lebensgefühl der Deutschen in Ost und West nach der Wiedervereinigung, Düsseldorf 1992; Berthold Bodo Flaig u. a., Alltagsästhetik und politische Kultur, Bonn 1993; Spiegel-Verlag/manager magazin (Hrsg.), Spiegel-Dokumentation Soll und Haben 4, Hamburg 1996, 1998, 1999; Der Stern (Hrsg.), MarktProfile, Hamburg 2000. Die Zuordnungen der ostdeutschen Milieus ist unsere Hypothese auf Basis neuerer Sinus-Untersuchungen (Spiegel-Verlag, Soll und Haben, 1999; stern, MarktProfile, 2000).
24 Vester, Soziale Milieus (Anm. 1).
25 Insbesondere: Émile Durkheim, Über soziale Arbeitsteilung, Frankfurt/M. 1988 [1893/1902]; Max Weber, Wirtschaft und Gesellschaft. Grundriß der verstehenden Soziologie, Köln und Berlin 1964.
26 Raymond Williams, Gesellschaftstheorie als Begriffsgeschichte. Studien zur historischen Semantik von »Kultur«, München 1972 [1963]; Clarke/Hall, Jugendkultur (Anm. 22); Bourdieu, Unterschiede (Anm. 1); Edward Palmer Thompson, Die Entstehung der englischen Arbeiterklasse, 2 Bde., Frankfurt/M. 1987 [1963].
27 Vgl. Vester, Soziale Milieus (Anm. 1), S. 34–36 u. S. 48–54.
28 Vgl. Gerhard Schulze, Die Erlebnisgesellschaft. Kultursoziologie der Gegenwart, Frankfurt/M. und New York 1990.
29 Rainer Geißler (Hrsg.), Soziale Schichtung und Lebenschancen in Deutschland, Stuttgart 1994.
30 Unsere Typologie stützt sich auf die Daten der Sinus-Milieuforschung für Ostdeutschland (Becker, Zwischen Angst; Flaig, Alltagsästhetik; Spiegel, Soll und Haben [Anm. 23]), auf die zitierte Literatur und eine eigene mit ostdeutschen Partnern durchgeführte Untersuchung in zwei ostdeutschen Regionen (Vester, Soziale Milieus in Ostdeutschland [Anm. 1]).
31 Pierre Bourdieu, Politisches Kapital als Differenzierungsprinzip im Staatssozialismus, in: ders., Die Intellektuellen und die Macht, hrsg. v. Irene Dölling, Hamburg 1991, S. 33–39; Rainer Geißler, Die Sozialstruktur Deutschlands, Opladen 1996 (2. Aufl.); Lutz Niethammer, Das Volk der DDR und die Revolution, in: Charles Schüddekopf (Hrsg.), »Wir sind das Volk«, Hamburg 1990, S. 251–279.
32 Engler, Die Ostdeutschen (Anm. 10).
33 Günter Gaus, Wo Deutschland liegt. Eine Ortsbestimmung, München 1986.
34 Hans Misselwitz, Nicht länger mit dem Gesicht nach Westen. Das neue Selbstbewußtsein der Ostdeutschen, Bonn 1996.

35 Thompson, Enstehung der englischen Arbeiterklasse (Anm. 26).

36 Heiner Geißler, Die neue soziale Frage, Freiburg i.Br. 1976; Stefan Hradil, Sozialstrukturanalyse in einer fortgeschrittenen Gesellschaft. Von Klassen und Schichten zu Lagen und Milieus, Opladen 1987.

37 Peter A. Berger/Stefan Hradil (Hrsg.), Lebenslagen, Lebensläufe, Lebensstile, Göttingen 1990; Peter A. Berger, Individualisierung, Opladen 1996.

38 Nach Umfragen sind heute die meisten Arbeitnehmer bereit, bei Entlassungen schlechtere Arbeitsbedingungen anzunehmen: längere Arbeitswege (74 Prozent dafür), schlechtere berufliche Positionen (61 Prozent) oder geringeres Verdienst (52 Prozent). Nur 1,2 Prozent haben es abgelehnt, im Sinne der Zumutbarkeitsregel ein Verdienst in Höhe der bisherigen Arbeitslosengelder bzw. -hilfen anzunehmen. (Nach einer Befragung von 1471 Betroffenen durch das Sozialwissenschaftliche Forschungszentrum Berlin-Brandenburg und das Meinungsforschungsinstitut Info, in: Frankfurter Rundschau vom 9. Dezember 1997.)

39 Werner Hübinger, Prekärer Wohlstand. Neue Befunde zu Armut und sozialer Ungleichheit, Freiburg i.Br. 1996.

40 Vgl. Heiko Geiling/Thomas Schwarzer, Abgrenzung und Zusammenhalt. Zur Analyse sozialer Milieus in Stadtteilen Hannovers, Hannover 1999; Reimund Anhut/Wilhelm Heitmeyer (Hrsg.), Bedrohte Stadtgesellschaft, Weinheim 2000.

41 Berger, Individualisierung (Anm. 37).

42 Hübinger, Prekärer Wohlstand (Anm. 39).

43 Mit einem Monatseinkommen unter 924,– DM.

44 Thompson, Entstehung der englischen Arbeiterklasse (Anm. 26), Kapitel 6–10 u. 13–16; Michael Vester, Die Entstehung des Proletariats als Lernprozeß, Frankfurt/M. 1970.

45 Die Ergebnisse der Befragung »Deutschland im Wandel« sind im Kapitel VI dieses Bandes abgedruckt. Die Befragung »Gesellschaftlich-politische Milieus in Westdeutschland« wurde in dem Buch »Soziale Milieus im gesellschaftlichen Strukturwandel« (Anm. 1) von Michael Vester u. a. ausgewertet. Befragt wurde im Juni und Juli 1991 von Marplan (Offenbach) eine repräsentative Stichprobe der deutschsprachigen Wohnbevölkerung in Westdeutschland und Westberlin (n = 2 699). – Die Ergebnisse sind in den Größenordnungen für Westdeutschland annähernd vergleichbar. Wenn die Ergebnisse für Ostdeutschland abweichen, wird darauf besonders hingewiesen.

46 Weniger stolz auf die demokratische Ordnung sind vor allem die Befragten mit gefährdeten Arbeitsplätzen (37 Prozent), die Frauen (36 Prozent), die an- und ungelernten Arbeiter (34 Prozent), die Facharbeiter (33 Prozent), die Arbeitslosen (30 Prozent), die Jüngeren bis 24 Jahre (27 Prozent) und die Ostdeutschen (22 Prozent).

47 Vester, Soziale Milieus (Anm. 1).

48 Die Zustimmung ist ganz leicht, von 65 auf 63 Prozent, gesunken; allerdings fehlte in der Befragung 1991 die Antwortmöglichkeit »weiß nicht«, von der 2000 1,6 Prozent Gebrauch machten.

49 Gunter Hofmann, Starke Hand gesucht, in: Die Zeit vom 20. Dezember 2000. – Nach der zitierten polis-Umfrage meinten 64 Prozent, Deutschland brauche eine starke Hand. 61 Prozent meinten: »Nur einer der durchgreift und eine starke Partei im Rücken hat, kann es schaffen, die gegenwärtigen Probleme in der Griff zu kriegen.« Auch wurden bei 17 Prozent Sympathien für den Nationalsozialismus und ein Einparteien-System ermittelt.

50 In vielen Analysen wird dies nicht erkannt, weil, wie auch bei Beck und Giddens, im Grunde »Milieus« und »Lager« verwechselt werden. Während Milieus die sozialen Beziehungen und Formen meinen, mit denen die Lebensführung des Alltags (Arbeit, Zusammenleben, Freizeit, Geselligkeit usw.) geregelt wird, beziehen die Lager sich auf ein anderes, nach den Logiken der institutionellen Organisation, des intellektuellen Diskurses und des politischen Kampfes geregeltes Feld. Auf diesem Feld bewegen sich die Volksmilieus eher als Laien, die Angehörigen der oberen Milieus aber durchaus hauptberuflich, »professionell«.

51 Lepsius, Parteiensystem (Anm. 4).

52 Vester, Soziale Milieus (Anm. 1); Wolfgang Vögele/Michael Vester (Hrsg.), Kirche und Milieus der Gesellschaft, Bd. I, Loccum 1999.

53 Schon bei der Bundestagswahl von 1998 hat sich in vielen städtischen Problemvierteln die Wahlenthaltung erhöht und kamen die Rechtsextremen bundesweit auf 4 Prozent, bei den Arbeitslosen auf 7 Prozent und bei den Männern unter 24 Jahren auf 11 Prozent. Diese Trends haben sich bei den nachfolgenden Kommunal- und Länderwahlen fortgesetzt. Dies kann weiter Tendenzen verstärken, dass die großen Parteien den Rechtsextremen durch eine Mischung von restriktiver Ausländerpolitik und Isolierung der Rechtskräfte das Wasser abzugraben versuchen.

54 Helga Krüger, Geschlechterverhältnis in einer Gesellschaft ohne Arbeit, in: Jürgen Mansel u. a. (Hrsg.), Zukunftsperspektiven Jugendlicher. Wirtschaftliche und soziale Entwicklung als Bedrohung und Herausforderung, Weinheim und München 2001, S. 57–74.

55 Frank-Walter Steinmeier, Abschied von den Machern. Wie das Bündnis für Arbeit die Erneuerung schafft – durch Konsens, in: Die Zeit vom 1. März 2001.

56 Die OECD-Länder führten 1998 im Mittel 57 Prozent eines Bevölkerungsjahrgangs (Frauen 65 Prozent) zur Hochschulreife. Die Bundesrepublik hat zwar die Quote, die 1970 bei 11,2 Prozent lag, auf 34 Prozent (bei den Frauen auf 37 Prozent) gesteigert. Aber sie liegt damit nur an 23. Stelle von 26 Vergleichsländern. Die Länder, die in den letzten Jahren eine besonders hohe Wachstumsbilanz hatten, lagen besonders hoch, darunter Frankreich mit 54 Prozent (Frauen 62 Prozent), Schweden mit 79 Prozent (Frauen 82 Prozent), die Niederlande mit 87 Prozent (Frauen 89 Prozent) und Finnland mit 89 Prozent (Frauen 95 Prozent). Vgl. OECD Bericht 2000, S. 81 u. S. 162.

Heiner Meulemann

Identität, Werte und Kollektivorientierung

1. Werte und nationale Identität

Die nationale Identität moderner Industriegesellschaften wird als das Profil der Werte Gleichheit, Leistung, Mitbestimmung, Selbstbestimmung und Akzeptanz verstanden. In der alten Bundesrepublik lassen sich Trends auf diesen fünf Werten mit der Formel von Akzeptanz zu Selbstbestimmung zusammenfassen. Die Unterschiede zwischen den beiden Teilstaaten lassen sich so zusammenfassen, dass Selbstorientierung in West- und Kollektivorientierung in Ostdeutschland das Leitthema ist. Nach der Vereinigung schwindet die für die DDR typische Form der Kollektivorientierung; aber in der alten Bundesrepublik haben sich mit dem Wandel der beruflichen Leistungsethik und dem Anstieg des Werts der politischen Teilhabe Modelle für eine Vermittlung zwischen Selbst- und Kollektivorientierung entwickelt. Ob sie auch im vereinten Deutschland gelten, wird zunächst an Korrelationen der Leistungsmotivation, der Kirchgangshäufigkeit und des Vertrauens in die Mitmenschen mit der Kollektivorientierung im Bevölkerungsquerschnitt, dann an den Motivinterpretationen der Engagierten überprüft. An Korrelationen in der Gesamtbevölkerung gemessen, ist der traditionelle Einfluss des Kirchgangs auf die Kollektivorientierung immer noch stärker als der moderne, selbstorientierte Einfluss der Leistungsmotivation. Aber in den Motivinterpretationen der Engagierten rangiert das selbstorientierte Motiv des Spaßes deutlich vor der Pflicht.

1.1 Identität als Zugehörigkeit und als Wertprofil

Werte sind »Vorstellungen des Wünschbaren«[1]; sie geben der Person Orientierung für das Handeln und erlauben es ihr, sich in die Gesellschaft einzuordnen. Sie dienen der Integration *in die* Gesellschaft. Zugleich trägt der Konsens der Mitglieder einer Gesellschaft über Werte zur Integration *der* Gesellschaft bei; das Profil der Unterstützung von Werten bestimmt die Identität der Gesellschaft. Da moderne Industriegesellschaften nationalstaatlich verfasst sind, bestimmen Werte die nationale Identität. Der Konsens über Werte erlaubt die soziale Integration; aber es ist ein bestimmter Konsens, an dem sich die Identität einer Nationalgesellschaft offenbart.

Im Alltag des Zusammenlebens sieht eine Person ihrem Gegenüber seine Werte nicht sofort an – dazu muss sie mit ihm länger Umgang pflegen. Selbst- und Fremdwahrnehmung unter Personen werden von Vorurteilen geprägt, die immer wieder durch Erfahrung revidiert werden. Jemand macht zunächst einen trägen Eindruck, aber erweist sich als fleißig – wenn der andere genau hinsieht. Erst recht sieht man einem Kollektiv nicht an, welche Werte in ihm vorherrschen. Dazu muss man auf ein

Instrument der kollektiven Selbst- und Fremdwahrnehmung zurückgreifen – die Umfrageforschung. Sind die Deutschen wirklich arbeitsamer als die Franzosen? Sie sind es nicht, wenn man neuere Umfragen vergleicht.[2]

Die Kategorisierung nach der Zugehörigkeit muss also mit Eigenschaften des Kollektivs ausgefüllt werden, dem man sich zurechnet. Sonst bleibt sie zirkulär: »Ein Deutscher ist ein Deutscher ist ein Deutscher.« Aber die Frage »Was ist deutsch?« führt aus dem Zirkel heraus. Zugehörigkeiten sind zunächst nur Worte. Mit ihnen lässt sich die Frage, wer man sei, leicht und schnell beantworten: Identität ist die Zugehörigkeit zu Kollektiven, für die es zwar einen Namen, über die es aber noch keine Aussagen gibt – oder viele ungesicherte und beliebige, was auf dasselbe hinausläuft. Im Alltag bestimmen Ich und Du meine und deine Identität zunächst mit bloßen Zugehörigkeiten: Geschlecht, Beruf, Herkunft, Nation. Aber schon im Alltag bleiben diese Kategorisierungen nicht leer – sie werden unbemerkt und unausgesprochen mit Erwartungen gefüllt: »typisch Mann«, »typisch Lehrer«, »typisch Aufsteiger«, »typisch deutsch«. Die kategoriale geht also in eine materiale Selbst- und Fremdkategorisierung über, die Etikettierung in eine Aussage, die Identität des Namens in eine Identität des Profils von Eigenschaften.

Die Eigenschaften des Kollektivs können nun aus Aussagen der Mitglieder über Charakterzüge des Kollektivs gewonnen werden. Aggregiert man die Aussagen, erhält man Aufschluss über nationale Stereotype[3]: z. B. behaupten 1990 67 Prozent der West- und 72 Prozent der Ostdeutschen, »Fleiß« sei eine »typisch deutsche Eigenschaft«. Die Eigenschaften eines Kollektivs können aber auch aus den Aussagen der Mitglieder über ihre eigenen Einstellungen gewonnen werden. Aggregiert man diese Aussagen, erhält man Aufschluss über die im Kollektiv vorherrschenden Werte: z. B. behaupten 1990 80 Prozent der West- und 88 Prozent der Ostdeutschen, »fleißig und ehrgeizig sein« sei für sie »persönlich sehr wichtig«. Obwohl sich die zitierten Ergebnisse auf die gleiche Eigenschaft beziehen, den gleichen Unterschied zeigen und aus der gleichen Untersuchung[4] stammen, handelt es sich um eine andere Betrachtungsweise. Im ersten Fall wird das Kollektiv direkt wie eine Person mit Charakterzügen betrachtet, im zweiten Fall wird aus mittleren Einstellungen erschlossen, wie weit bestimmte Werte, in diesem Fall Leistung, in einem Kollektiv gültig sind. Charakterzüge haben nur Personen, aber metaphorisch lassen sie sich auf Kollektive anwenden. Werte gelten in einem Kollektiv so, dass sie von den Personen erworben werden müssen. Wie Charakterzüge Personen, so beschreiben Werte Gesellschaften – und werden in ihren Verfassungen explizit niedergelegt. Das Eigenschaftsprofil von Gesellschaften soll im Folgenden nicht durch aggregierte Charakterzüge, sondern durch die durchschnittliche Unterstützung von Werten in einer Gesellschaft dargestellt werden. Welche Werte bestimmen die nationale Identität moderner Gesellschaften?

1.2 Gleichheit und Leistung, Mitbestimmung, Akzeptanz und Selbstbestimmung

Die Werte einer Gesellschaft sind durch ihre Struktur, in der modernen Gesellschaft also durch die funktionale Differenzierung, bestimmt. Der funktionalen Differenzierung korrespondiert zunächst das Wertpaar Gleichheit und Leistung. Sie fordert auf der einen Seite, dass Gleichheit als wünschenswertes Ziel anerkannt wird und sich tatsächlich immer stärker durchsetzt. *Gleichheit* bedeutet die Abwesenheit sozial gewährter, individuell nicht verantworteter Einschränkungen der Handlungsmöglichkeiten in der Lebensplanung und auf dem Markt.[5] Gleichheit bezieht sich also auf Chancen und nicht auf Ergebnisse. Sie ist eine Forderung, die auf die Tendenz der funktionalen Differenzierung reagiert, auch Lebenschancen zu differenzieren und ungleiche Chancen zu vererben. Weil die funktionale Differenzierung immer weiter getrieben werden kann, kann Gleichheit nur näherungsweise realisiert werden. Aber die Menschen müssen dennoch von der Gleichheit der Chancen überzeugt sein, um in einer funktional differenzierten Gesellschaft mitzuarbeiten. Nur wenn man unterstellen kann, dass von den äußeren Bedingungen her alle gleich sind, kann man von jedem erwarten, dass er seine besonderen Aufgaben erfüllt – ohne moralische Sanktionen und ohne den Anreiz religiöser Hoffnungen. Gleichheit der Chancen setzt also Gerechtigkeit voraus; sie gilt nur, wenn die Mittel, die jeder für den Erwerb spezialisierter Positionen mitbekommen hat, gerecht verteilt sind und die Leistungen, die er mit anderen austauscht, gerecht bewertet werden. Gleichheit der Chancen rechtfertigt dann tatsächliche Ungleichheiten, die Ergebnis ungleicher Leistung sind. Die funktionale Differenzierung erfordert auf der anderen Seite, dass die Menschen ihre spezialisierte Arbeit nicht als Einschränkung, sondern als Chance zur Selbstverwirklichung durch Leistung sehen. *Leistung* ist die Chance der individuellen Selbstverwirklichung durch Spezialisierung. Sie wird mit der funktionalen Differenzierung möglich und ist für ihren Fortbestand notwendig.

Gleichheit und Leistung rechtfertigen die Differenzierung zwischen Individuen. Die funktionale Differenzierung ermöglicht aber nicht nur die Individualität von Personen, sie führt auch zur Bildung relativ autonomer Teilbereiche. Von spezialisierten, vom Alltag abgehobenen Instanzen werden Entscheidungen getroffen, die für das Leben jedes einzelnen folgenreich sind; welche Entscheidungen getroffen werden, hängt aber nicht von individuellen Wünschen oder Interessen, sondern von den Regeln ab, die sich in den ausdifferenzierten Teilbereichen entwickelt haben. Die Eigengesetzlichkeit ausdifferenzierter Teilbereiche kann auf Dauer nur bestehen, wenn die Einzelnen, die von den Entscheidungen zunächst ausgeschlossen sind, ein Recht und eine Chance auf Mitbestimmung haben. Sie müssen die Macht, die sie an funktionsspezifische Entscheidungsträger delegiert haben, kontrollieren können. *Mitbestimmung* – die moderne Version von Solidarität und Brüderlichkeit – ist daher ein dritter Wert moderner Industriegesellschaften. Er rechtfertigt die funktionale Differenzierung und hat für alle Lebensbereiche Bedeutung, in denen Macht delegiert worden ist und kontrolliert werden soll, in erster Linie also in der Politik, aber auch in der Wirtschaft und der Erziehung.

Die Differenzierungen zwischen Individuen und zwischen Lebensbereichen, die für moderne Gesellschaften typisch sind, können schließlich nicht nur durch bestimmte Werte gerechtfertigt, sondern von den Menschen als selbstverständlich hingenommen werden. Man kann etwas wünschenswert finden, weil es so ist, wie es ist. Die Anerkennung vorgefundener Institutionen aufgrund ihres Bestehens ist ein Mechanismus der sozialen Integration. Sie soll Akzeptanz genannt werden. *Akzeptanz* ist kein Wert, sondern eine Haltung zu Institutionen. Sie kann nicht – wie Gleichheit, Leistung und Mitbestimmung – als Reaktion auf die funktionale Differenzierung moderner Gesellschaften verstanden werden, aber sie kann – wie diese Werte – die funktionale Differenzierung rechtfertigen. Akzeptanz ist ein Residual-Wert in einem systematischen und in einem historischen Sinn. Sie kann soziale Integration ermöglichen, wenn auf die Gesellschaftsform genauer zugeschnittene Werte versagen; und sie wird in modernen Gesellschaften zu einer traditionalistischen, vermutlich schwindenden, aber keineswegs ganz entbehrlichen Werthaltung. Sie kann zur sozialen Integration jeder Gesellschaft beitragen, indem selbstverständlich hingenommene Institutionen rechtfertigen können, was auf andere Weise nicht mehr erklärbar ist. Akzeptanz wird vor allem durch die Religion verbürgt, die Erklärungen für die natürlichen und sozialen Grenzen des menschlichen Lebens bereitstellt. Weil Akzeptanz nicht auf bestimmte gesellschaftliche Entwicklungsbedingungen, sondern auf die Voraussetzungen des menschlichen Lebens überhaupt antwortet, ist sie Grundlage für alle spezifischen Werteinstellungen.

Je weiter die funktionale Differenzierung nun voranschreitet, desto transparenter werden Normen des Handelns, desto mehr beziehen sie ihre Rechtfertigung aus Werten, desto weniger muss also das Handeln durch die selbstverständliche Hinnahme von Institutionen gerechtfertigt werden. Die funktionale Differenzierung verlangt von den Menschen eine Haltung der Plan- und Machbarkeit, die der Akzeptanz genau entgegengesetzt ist. In der Tat geht Akzeptanz zurück – wie in Westdeutschland seit 1950 an der Selbstverständlichkeit moralischer Regeln und religiöser Überzeugungen und der Häufigkeit kirchlicher Praktiken ablesbar ist.[6] Aber wer Institutionen nicht mehr selbstverständlich folgt, muss auf eigene Faust seinem Leben Orientierung geben. Der Verlust von Akzeptanz steigert die Anforderungen der alltäglichen Lebensführung an das Individuum; je weiter Akzeptanz zurückweicht, desto mehr Entscheidungen sind gefordert. Immer weniger ist vorentschieden, immer mehr muss die Person selbst entscheiden. Was liegt näher, als diese faktische Situation in einem Wert widerzuspiegeln? *Selbstbestimmung* heißt, dass die Person tun soll, was sie tun muss: sich selbst entscheiden. Selbstbestimmung ist daher die Erbin der Akzeptanz. Sie ist die Haltung, nicht mit den Gegebenheiten der sozialen oder natürlichen Welt Vorentscheidungen zu übernehmen, sondern nach eigenem Ermessen Entscheidungen zu treffen. Der Anstieg der Selbstbestimmung ist das Spiegelbild zum Rückgang von Akzeptanz. In modernen Gesellschaften wird Selbstbestimmung unvermeidlich zum Gegenthema der Akzeptanz. Ebenso unvermeidlich aber stößt die Selbstbestimmung auf Grenzen und behält die Akzeptanz ihr Recht: Denn in der modernen wie in jeder Gesellschaft gibt es Tod und Krankheit, Ungerechtigkeit und Unglück, die weder dem Fehlverhalten von Menschen noch der Fehlorganisation der Gesellschaft zugeschrieben werden können.

Das Wertpaar Gleichheit und Leistung, der Wert Mitbestimmung und die Polarität der Werthaltungen Akzeptanz und Selbstbestimmung sind die Dimensionen, mit denen im Folgenden das Wertprofil der beiden bis 1990 getrennten und der seitdem vereinten deutschen Gesellschaften betrachtet werden soll. Wie die Bilanz (Kapitel 2) zeigen wird, hat der Wertwandel in Westdeutschland die Selbstorientierung verstärkt, während das ostdeutsche Wertprofil durch eine starke Kollektivorientierung charakterisiert war. Im vereinten Deutschland kann die Vermittlung zwischen Selbst- und Kollektivorientierung als ein Problem der nationalen Identität gesehen werden (Kapitel 3). Deshalb wird zuerst durch korrelationsstatistische Analysen von Bevölkerungsquerschnitten (Kapitel 4) und dann durch die Analyse der Motive, die Engagierte ihrem Engagement geben (Kapitel 5) geprüft, wieweit die Selbstorientierung tatsächlich die Kollektivorientierung positiv beeinflusst.

2. Deutsche Identität: Selbst- und Kollektivorientierung in den Landesteilen

2.1 Trends in der alten Bundesrepublik

In der alten Bundesrepublik haben sich vor allem die Werte Leistung, Mitbestimmung und Akzeptanz gewandelt – wie in *Abb. 1* dargestellt.[7] Alle Wandlungen finden etwa zwischen 1965 und 1975 statt; allen Wandlungen gehen Perioden relativer Konstanz voran und folgen ihnen nach. Diese Gleichzeitigkeit erlaubt es, die Wandlungen als einen Wandel zu betrachten, der auf *einen* Nenner gebracht werden kann.

Abb. 1: Westdeutsche Entwicklungen der Mitbestimmung, Akzeptanz: Synopse der wichtigsten Trends 1949–1990

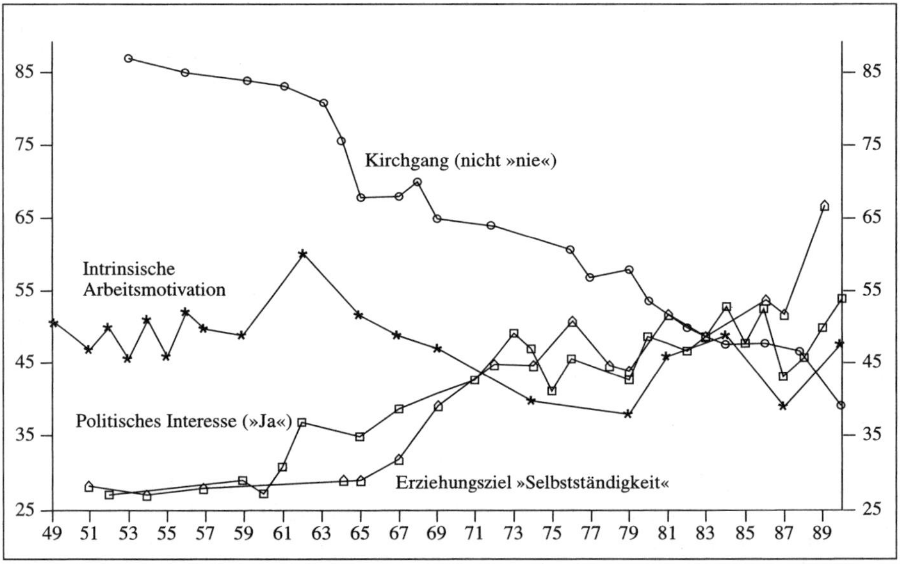

Quelle: Heiner Meulemann, Werte und Wertewandel. Zur Identität einer geteilten und wieder vereinten Nation, Weinheim 1996, S. 130–134.

Die grundlegende Werthaltung der Akzeptanz ist durch den Prozentsatz der Bevölkerung dargestellt, die nicht »nie«, also wenigstens gelegentlich in die Kirche geht. Er fällt nach 1963 dramatisch und danach deutlich schwächer ab. Die Bevölkerung verlässt stillschweigend die Kirchen, obwohl ihnen die Verfassung der Bundesrepublik Privilegien einräumt. Mit dieser freiwilligen Säkularisierung geht Akzeptanz zurück. Lebenssinn wird immer weniger von Institutionen selbstverständlich übernommen und muss mehr und mehr auf eigene Faust gesucht werden. Wo kann das Individuum Werte finden, wenn sie ihm nicht mehr mitgegeben werden?

Als Erstes bietet es sich an, in der Berufsarbeit Ruhe vor dem Problem zu finden. Aber wie das Schwinden der intrinsischen[8] Arbeitsmotivation – der zweite Trend in der *Abb. 1* – zeigt, geht die Bewertung von Arbeit als Leistung zurück. Wenn aber Akzeptanz zurückgeht und Leistung nicht als ein Weg, Lebenssinn zu finden, gewählt wird, so bleiben noch zwei andere Wege offen: die Identifikation mit der Familie und die Teilhabe an der Politik. Auf der einen Seite verweist die wachsende Bedeutung des Erziehungsziels Selbstständigkeit – der dritte Trend in der *Abb. 1* – auf die wachsende Bedeutung der Familie als einer Quelle von Lebenssinn. Der Anstieg deutet auf ein gesteigertes Interesse an der Regelung familiärer Beziehungen, das als Reaktion auf die nachlassende Selbstverständlichkeit von Institutionen, auf schwindende Akzeptanz verstanden werden kann. Auf der anderen Seite verweist das Anwachsen des politischen Interesses – der vierte Trend in der *Abb. 1* – auf die wachsende Bedeutung der Politik als einer Quelle von Lebenssinn. Während die politische Realität früher selbstverständlich hingenommen wurde, gelten politisches Interesse und Engagement heute als eine Chance persönlicher Selbstverwirklichung. Und weil diese neue Sichtweise sich auf die Ideale der Aktivität und Teilhabe beruft, kann sie wiederum als Reaktion auf schwindende Akzeptanz verstanden werden. Die Identifikation mit der Familie und die Teilhabe an der Politik steigen gleichzeitig im Wert; sie reflektieren einen Rückgang von Akzeptanz und zielen auf eine stärkere Teilhabe an Entscheidungen in ausdifferenzierten Lebensbereichen – beide Tendenzen lassen sich als Anstieg des Werts der Mitbestimmung zusammenfassen.

Der Wertwandel hinter den Wertwandlungen kann dann in zwei Sätzen zusammengefasst werden. Erstens: Der Rückgang von Akzeptanz bedeutet, dass Lebenssinn nicht mehr von Institutionen übernommen werden kann, sondern in einer alltäglich tragfähigen Form geschaffen werden muss. Zweitens: Da Lebenssinn in beruflicher Leistung nicht mehr gefunden wird, wird er in Mitbestimmung gesucht. Pointiert gesagt: Was die Religion nicht mehr bietet, wird nicht im Beruf, sondern in der Freizeit gesucht.

2.2 Trends in der DDR

Die alte Bundesrepublik war ein Staat, der für die Gesellschaft Randbedingungen festlegte und sie allenfalls indirekt steuerte. Die Bevölkerung konnte so ihren Erfahrungen und Neigungen folgen; Wertwandlungen konnten sich spontan aus der Gesellschaft heraus entwickeln. In der DDR hingegen waren die Wertorientierungen der Bevölkerung – unter dem Etikett der »Bewusstseinsbildung«[9] – Zielpunkt staatlicher Politik. Ein »Wertwandel« in der DDR muss also von vornherein anders gewertet werden als in der alten Bundesrepublik; er ist kein Produkt einer »öffentlichen Meinung«, sondern Resultat staatlicher Indoktrination und der Gegenwehr der Bevölkerung. Die Menschen bauten vor dem Staat eine Fassade der Konformität auf und suchten im privaten Raum von Familie und Freizeit auszuleben, was sich dem offiziell Gewünschten nicht fügte.[10] Der »Wertwandel« in der DDR, die trotz allem beobachtbare Veränderung von Meinungen und Verhaltensweisen, sollte daher in erster Linie Reflex staatlicher »Wertpolitik« sein.

Abb. 2: Kirchliche Praktiken in der DDR 1950–1989 am Beispiel der evangelischen Kirche

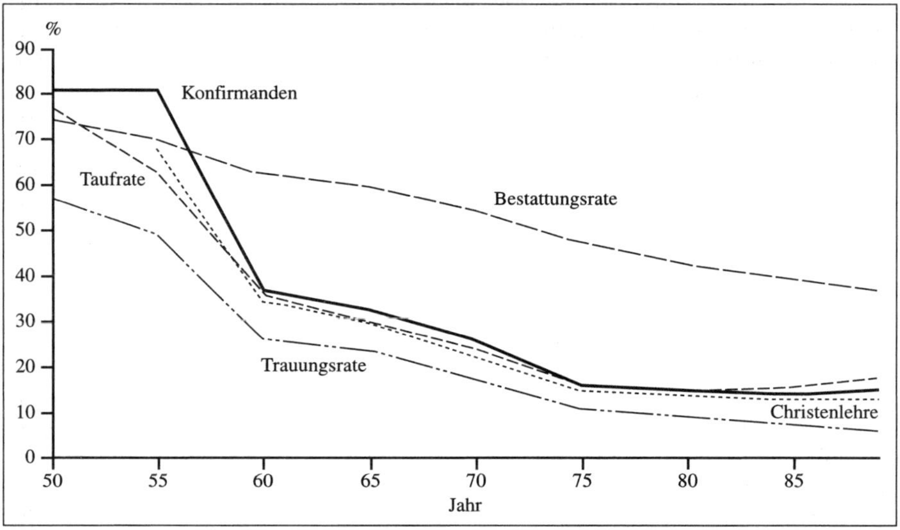

Taufrate: Evangeliche Taufen in v. H. der Geburten; Bestattungsrate: Evangelische Bestattungen in v. H. Sterbefällen; Trauungsrate: Evangelische Trauungen in v. H. der Eheschließungen. Christenlehre; Teilnehmer an der Christenlehre in v. H. der 6–12jährigen; Konfirmationen: Konfirmanden in v. H. der 15-Jährigen.

Quelle: Heiner Meulemann, Werte und Wertewandel. Zur Identität einer geteilten und wieder vereinten Nation, Weinheim 1996, S. 230.

Die Wertpolitik der DDR zeitigt nun bereits in den 50er-Jahren einen Erfolg: Wie *Abb. 2* darstellt, führt der Sieg der SED über die Evangelische Kirche im Kampf um Jugendweihe oder Konfirmation dazu, dass kirchliche Praktiken zwischen 1955 und 1960 dramatisch, um bis zu 40 Prozentpunkte zurückgehen; nach 1960 aber verlieren sie nur noch geringfügig. Einem staatlich durchgesetzten »Wertwandel«, mit dem die SED die Akzeptanz von Kirche, Christentum und Religion zurückgedrängt und ihre in der Verfassung der DDR garantierte »führende Rolle« in der Gesellschaft auch faktisch etabliert hat, folgt ein schwacher, vielleicht auch von spontanen gesellschaftlichen Entwicklungen getragener Rückgang von Akzeptanz. Nach der erzwungenen Säkularisierung der DDR aber gibt es keine Indizien für einen Wertwandel mehr – nicht nur, weil die DDR repräsentative Meinungsumfragen nicht kannte. Auch dort, wo die spärlichen Umfragen in Schulen und Betrieben wenigstens Anhaltspunkte geben, lassen sich genau die Wandlungen nicht rekonstruieren, die in der alten Bundesrepublik deutlich beobachtbar sind: Statt für einen Rückgang des Werts Leistung sprechen alle Indizien für seine Konstanz; statt einer Zunahme des Werts der Mitbestimmung in der Politik findet sich eine konstant hohe Zustimmung zu ihm, die allerdings als direkter Reflex der »Wertpolitik« für die »Pflicht« der »gesellschaftlichen Mitarbeit« gewertet werden muss; lediglich zum Wert der Mitbestimmung in der Familie – also hinter den verschlossenen Türen des privaten Lebens, das sich der »Wertpolitik« mit einem gewissen Erfolg entziehen kann – finden sich Indizien für einen Anstieg auch in der DDR.

Wenn die DDR sich mit der staatlich erzwungenen Säkularisierung jenseits gesellschaftlich autonomer Wertwandlungen etabliert hat, ist das Scheitern des »real existierenden Sozialismus« wenigstens durch einen Wertwandel zu erklären? Ein Rückgang des Werts Leistung könnte die Wirtschaft, ein Anstieg des Werts politischer Mitbestimmung die Politik an den Rand des Zusammenbruchs geführt haben. Aber die vorliegenden Zeitreihen zeigen, dass noch kurz vor der Wende der Wert der Leistung anstieg und der Wert der politischen Teilhabe konstant blieb. Auch vor der Wende lässt sich also kein Wandel von Werten beobachten. Beobachten lässt sich allerdings eine Steigerung von Ansprüchen (am Anstieg des Lebensziels »Genuss«) und ein Loyalitätsverfall (am Rückgang der Identifikation mit dem Marxismus-Leninismus, der DDR, der SED und der Sowjetunion), der erst nach 1988 auftritt und deshalb wohl weniger die Wende ausgelöst als auf das absehbare Ende der DDR reagiert hat. Auch das Ende der DDR spiegelt also keinen Wertwandel – wohl aber einen spezifischen Einstellungswandel. Die DDR hat sich mit dem Sieg ihrer Wertpolitik etabliert und ist an steigenden Ansprüchen und verfallender Loyalität zerbrochen, die auf die Veränderungen in der Sowjetunion reagierten; aber sie hat keinen Wertwandel durchgemacht, der dem Wertwandel der alten Bundesrepublik vergleichbar wäre.

Wenn man sich an die besondere Rolle erinnert, die Werte in der DDR gespielt haben, ist das kein überraschendes Ergebnis. In der DDR wurde zwar – wie die »Bewusstseinspolitik« belegt – von Werten ein vielleicht noch größerer Beitrag zur sozialen Integration erwartet als in der alten Bundesrepublik. Aber Werte konnten sich nicht spontan in der Gesellschaft wandeln, sondern unterlagen der Politik des Staates: Sie sollten Richtschnur für selbstständiges Handeln sein und dennoch im Sinne der Führung und ihrer Ideologie verstanden werden und sich »höher« entwickeln. Die innere Unmöglichkeit der Wertpolitik konnte so lange verborgen bleiben, als die Macht der politischen Führung von außen garantiert war; sie wurde offensichtlich, als die äußere Garantie fiel. Die Wertpolitik der SED konnte sich unter dem militärischen Schutz und der ideologischen Führung der Besatzungsmacht durchsetzen; sie verlor ihre Einflusschancen, als die Sowjetunion begann, sich ideologisch zu reformieren und den Druck auf ihre Satellitenstaaten zu lockern. Die innere Statik der DDR ist kein Zufall, sondern das Pendant zum Satellitenstatus einer Erziehungsdiktatur.[11]

2.3 Unterschiede zwischen West- und Ostdeutschland im Vereinigungsprozess

Unmittelbar nach der Vereinigung ist das Profil der Unterschiede nur für einen Wert klar und deutlich: *Leistung* wird von den Westdeutschen weniger als von den Ostdeutschen unterstützt – einerlei ob sie als soziales Verteilungsprinzip, persönliches Motiv oder berufliche Aktivität verstanden wird. Bei der *Gleichheit* hingegen betonen beide Landesteile unterschiedliche Aspekte: Während in Westdeutschland die Chancengleichheit mehr Anhänger hat, unterstützen die Ostdeutschen die Ergebnisgleichheit stärker. Zur *Mitbestimmung* erzwingen die Ergebnisse eine Aufgliederung sowohl innerhalb der Politik wie der Familie. Was die Politik betrifft, so sind Interesse, Informationssuche und Diskussionsbereitschaft sowie die Identifikation mit der Demokratie in beiden Landesteilen gleich stark; die Bereitschaft zur Mitarbeit in der Politik, das Vertrauen in die Demokratie und Wertansprüche an die Politik sind im Westen stärker als im Osten. Die Vorstufen zur politischen Teilhabe im privaten Leben werden in beiden Landesteilen gleich stark betont; aber die Mitarbeit in der Politik findet im Westen mehr Unterstützung. Was die Familie betrifft, so ist das Erziehungsziel der Selbstständigkeit im Westen und der Egalitarismus der Geschlechter im Osten stärker. Zur *Akzeptanz* sind die Ergebnisse deutlich zwischen Religiosität und Moralität gespalten: Im Westen ist Religiosität stärker und Moralität schwächer als im Osten.

Nur an einer Stelle also stimmen die beiden Landesteile unmittelbar nach der Vereinigung überein: bei den Vorstufen zur politischen Teilhabe. Offenbar hat hier in der DDR stellvertretendes Lernen im Fernsehen dazu geführt, dass heute das Niveau der im Privaten verbleibenden Formen im Osten so hoch ist wie im Westen, während weiter reichendes politisches Engagement, das die Verfassung der DDR zur »Pflicht« erhob, eben dadurch erstickt wurde.[12]

In den ersten fünf Jahren nach der Wiedervereinigung gleichen sich die Unterschiede zwischen den Landesteilen überwiegend nicht an. Sie bleiben oft konstant und nehmen noch häufiger zu. Der Vorsprung des Westens in der Unterstützung der Chancengleichheit und der Vorsprung des Ostens in der Unterstützung der Ergebnisgleichheit nehmen leicht zu. Der ostdeutsche Vorsprung auf dem Wert Leistung bleibt bestehen oder wächst sogar noch an. Der westdeutsche Vorsprung auf den über das Private hinausgehenden Formen der politischen Teilhabe, beim Egalitarismus der Erziehung und bei der Religiosität bleibt oder wächst ebenfalls. Nur der ostdeutsche Vorsprung an Moralität schmilzt schon nach fünf Jahren fast vollständig zusammen. Die negativen Effekte der »Bewusstseinspolitik« der DDR, die Verdrängung der Religiosität, haben Bestand; aber ihre positiven Effekte, die Auferlegung einer konventionellen Moral, brechen zusammen. Die Veränderungen ergeben sich zudem überwiegend daraus, dass der Osten sich bewegt und der Westen konstant bleibt. Die Vereinigung berührt nicht das Wertmuster des Westens, aber sie erschüttert das Wertmuster des Ostens; sie lässt im Westen Kontinuität zu, aber bringt einen Bruch im Osten.[13]

2.4 Leitthemen der beiden deutschen Staaten: Selbstbestimmung und Leistung

Die alte Bundesrepublik hatte mit dem Abschluss des Wertwandels zwischen 1965 und 1975 ihr Leitthema gefunden: *Selbstbestimmung*. Es äußert sich in vielen Facetten unmittelbar: im Bedeutungsanstieg der politischen Teilhabe[14], in den auf die Person gerichteten Erziehungszielen, im Egalitarismus der Partnerbeziehung, im Gefolgschaftsverlust der Kirchen und der christlichen Lehre, in der wachsenden Relativierung eingegangener Bindungen. Es kann mittelbar im Rückgang des Werts Leistung entdeckt werden, der aus einem Bedeutungswandel von der unbedingten Leistungsverpflichtung zur Vermittlung zwischen Leistung und Selbstverwirklichung resultiert.[15]

Auch die alte DDR hatte ihr Leitthema: *Leistung*. Aber Leistung wurde nicht als Selbstverwirklichung verstanden, sondern als »mehr Arbeit« zur Verwirklichung des Plansolls, als Unterordnung persönlicher Interessen unter Forderungen der Politik. Das erklärt die hohe Arbeitsethik in der DDR, die mehr auf den Vollzug als den Erfolg zielte. Das erklärt die hohe Moralität einer fast vollständig säkularisierten Gesellschaft, die an der Bevorzugung von Konformität vor Autonomie als Erziehungsziel, an der Wertschätzung von Ehe und Elternschaft und am Respekt vor Geboten ablesbar ist; denn die Unterordnung persönlicher Interessen unter soziale Bindungen, die im Konfliktfall von jeder Moral gefordert wird, kann mit der Verabsolutierung einer Gemeinschaft so gut wie mit jenseitigen Erwartungen begründet werden. Leistung war im Verständnis der DDR eine säkulare Form der Akzeptanz – das Gegenteil von Selbstbestimmung.

Die Identitäten der beiden Teilstaaten lagen also weit auseinander. Das Leitthema der alten Bundesrepublik zielte auf die Person, das Leitthema der DDR auf das Kollektiv. Der Gegensatz lässt sich mit einer der fünf Orientierungsalternativen beschreiben, mit denen Talcott Parsons[16] moderne Gesellschaften traditionalistischen gegenüberstellt: Selbst- und Kollektivorientierung. Die Wertentwicklung in der alten Bundesrepublik hat also die Selbstorientierung in den Vordergrund gebracht; aber die DDR setzt nach ihrer Aufnahme in die Bundesrepublik die Kollektivorientierung dagegen. Unter der Perspektive der nationalen Identität gesehen, stellt die Vereinigung dem vereinten Land die Aufgabe, zwischen Selbst- und Kollektivorientierung zu vermitteln. Wie dies geschehen könnte, wird im folgenden Kapitel diskutiert.

3. Deutsche Identität: Selbst- und Kollektivorientierung im vereinten Land

3.1 Kritik der Selbstorientierung – Kollektivorientierung als Korrektiv?

Selbst- und Kollektivorientierung könnten im vereinten Land zunächst so miteinander vermittelt werden, dass die Kollektivorientierung der DDR als Korrektiv der Selbstorientierung der alten Bundesrepublik wirkt. Egoismus und Kälte der »Ellenbogengesellschaft« könnten durch das Sozialklima von Solidarität und Wärme der »Nischengesellschaft« ausgeglichen werden.

Die negative Diagnose der alten Bundesrepublik ist durch keine Zeitreihe belegt, die sich über mehr als eine Dekade spannt. Sie beruht vielmehr auf einer Wertung des Zustands der 80er-Jahre. Die Kritiker glauben, dass die Selbstorientierung »zu weit« getrieben worden sei. Sie sei an eine Grenze gestoßen, die auch in einem demokratisch-pluralistischen Staat einen »bewusst-planmäßigen Wertwandel«, also eine Art Wertpolitik zugunsten der Kollektivorientierung erfordere.[17] Aber wo ist die Grenze? Wenn man Selbst- und Kollektivorientierung als Gegensatz auffasst, lässt sich die Grenze nicht analytisch, sondern nur wertend bestimmen. Wenn man hingegen die Kollektivorientierung als eine Ausdrucksmöglichkeit der Selbstorientierung versteht, stellt sich das Problem anders: Es geht nicht darum, von einer persönlichen Warte aus mehr oder minder willkürlich einen Trennstrich zu ziehen. Vielmehr muss man nach sozialen Mechanismen suchen, die es dem Einzelnen erlauben, die Selbstorientierung in Formen auszudrücken, die auch als Kollektivorientierung angesehen werden kann. Die Übersetzung von Selbst- in Kollektivorientierung ist heute überwiegend eine persönliche Anstrengung, eine Frage der individuellen Motivation – genau das verbirgt sich hinter der Diagnose der übermäßigen Selbstorientierung: Es gibt wenig Anreize von der Selbst- zur Kollektivorientierung, und deshalb bleiben die Menschen bei ihrem eng verstandenen persönlichen Nutzen. Auswege aus dieser Situation aber führen über soziale Brücken, d. h. über Institutionen, die Anreize bieten. Sie müssen gebaut werden; es müssen institutionelle Angebote erfunden werden, die die Selbstorientierung für kollektive Ziele mobilisieren.

Ein Rückblick auf den Ausgangszustand des Wertwandels, hohe Akzeptanz, verdeutlicht die Anreizkraft von Institutionen. Dass Religiosität positiv mit sozialem Engagement als Einstellung und Verhalten korreliert und dass diese Korrelation für die kirchliche Praxis stärker ist als für den religiösen Glauben, ist ein oft bestätigtes Ergebnis der international vergleichenden Umfrageforschung.[18] Die christliche Religion verspricht nicht nur jenseitiges Heil für diesseitige gute Taten, die ja im engen Kreis des persönlichen Lebens verbleiben können und nicht in jedem Fall auch anderen zugute kommen müssen; sie fordert auch, »den Nächsten wie sich selbst zu lieben«. Der Jenseitsglaube und das Gebot der Nächstenliebe sind Vorstellungen, die die Kollektivorientierung motivieren. Sie begründen die Kollektivorientierung mit dem Appell an die Selbstorientierung des Individuums; und die kirchliche Praxis trägt zusätzlich zur Stärkung der Kollektivorientierung bei, indem sie die Glaubensvorstellungen bekräftigt.

Der christliche Glauben und die kirchliche Praxis sind also zwei institutionelle Anreize von der Selbst- zur Kollektivorientierung. Nachdem der christliche Glauben und die kirchliche Praxis Boden verloren haben, wird man allein mit dem Hinweis auf die Folgen schwindender Kollektivorientierung dem christlichen Glauben und der kirchlichen Praxis kaum wieder Boden zurückgewinnen können. Was Folge der Institutionen der Religion war, kann für den Einzelnen nicht zum Zweck werden, um dessentwillen er religiös werden will; auch Agnostiker und Kirchenferne können Verständnis für die Nöte anderer aufbringen, aber sie werden deshalb nicht gläubig werden und in die Kirche gehen. Es müssen andere Wege zur Kollektivorientierung gefunden werden, die berücksichtigen, dass die meisten Menschen den Kreis des Selbst nur im Diesseits und nur für »mein Selbst«[19] ziehen.

Vor diesem Hintergrund betrachtet, ist die Hoffnung, dass die Kollektivorientierung der DDR die Selbstorientierung der alten Bundesrepublik heilen könne, aus zwei Gründen Illusion. Auf der einen Seite hat die DDR die Kollektivorientierung mit untauglichen Mitteln gefördert. Die staatliche Propaganda hat versucht, die Selbstorientierung zu unterdrücken, um die Kollektivorientierung zu erzwingen. Aber im Ergebnis hat sie Solidarität weit mehr gegen den Staat als unter den Bürgern produziert. Die typische Form der Solidarität in der DDR entsprang aus der stummen Opposition enger Gemeinschaften gegen den Staat, nicht aus einem Vertrauen, das über enge Gemeinschaften hinausreichte. Sie war eine Solidarität im

Nahbereich, die mit einem Egoismus im weiteren Umfeld nicht nur vereinbar, sondern geradezu verschwistert war – und in einer schwer kalkulierbaren Umwelt wohl sein musste. Wie es der tschechische Volksmund ausdrückt: »Wer nicht stiehlt, schädigt seine Familie.«[20] Die Kollektivorientierung der DDR beruhte nicht auf dem Vertrauen gleicher Bürger zueinander, sondern auf der Gleichheit von Untergebenen, wenn nicht von Untertanen. Sie folgte nicht Anreizen, die gesellschaftliche Institutionen zwischen Familie und Staat zur Überwindung der Selbstorientierung boten, sondern ergab sich aus der staatlichen Propaganda gegen die Selbstorientierung.

Auf der anderen Seite hat die DDR den herkömmlichen Garanten der Kollektivorientierung bekämpft. Die Religion als Anreiz der Kollektivorientierung sollte durch eine säkulare Heils- und Morallehre ersetzt werden. An Stelle des Jenseitsglaubens und der christlichen Morallehre wurde die diesseitige Utopie einer politisch herzustellenden idealen Gesellschaft zum höchsten moralischen Maßstab erhoben, vor dem die Person ihr Recht verlor. Die DDR hat eine Gleichheitsideologie propagiert, vor der persönliche Interessen anrüchig waren: Sie hat die Identität individueller und kollektiver Interessen postuliert und mit diesem Postulat die Äußerung persönlicher Interessen, also die Selbstorientierung überhaupt, unterdrückt.

Weil die Kollektivorientierung zur Diskreditierung der Selbstorientierung eingesetzt wurde, hat sie – wie häufig diagnostiziert[21] – Doppel-Leben und Schizophrenien produziert. Die Selbstorientierung kehrte – wie soziologische Analytiker mit Primärerfahrung[22] zeigen – unter der Tarnkappe der vermeintlich höheren Orientierung wieder, der sie geopfert werden sollte. Moral und Handeln fielen in offizielle Unwirklichkeit und inoffizielle Wirklichkeit auseinander, in eine den Autoritäten zugekehrte Fassade moralischer Rigidität und moralische Indifferenz im privaten Lebensalltag. In der Tat verurteilen die Ostdeutschen noch 1990 ein breites Spektrum moralisch kritischer Handlungen strenger als die Westdeutschen, aber das entsprechende Verhalten im privaten Leben – Selbstmord, Vergewaltigung, Scheidung, Autounfälle durch Alkohol – ist in der DDR 1980 und 1990 relativ häufiger als in der alten Bundesrepublik.[23] Die DDR ist auch auf moralischem Gebiet gescheitert.

In der vereinten Bundesrepublik kann man also der Gefahr einer übermäßigen Selbstorientierung, wenn sie denn aus der alten Bundesrepublik ererbt sein sollte, nicht mit Anleihen bei der Kollektivorientierung der DDR entgegentreten. Die DDR lehrt vielmehr, wie Kollektivorientierung nicht gewährleistet werden kann: durch staatliche »Wertpolitik«. Sie lehrt, welche institutionellen Anreize nicht von der Selbst- zur Kollektivorientierung führen: Die Unterdrückung der Religion zerstört Anreize zur Kollektivorientierung; Zwang und moralischer Druck fördern nicht die Kollektivorientierung, wohl aber die Neigung, Selbstorientierung als Kollektivorientierung zu tarnen. Die Kollektivorientierung der DDR darf nicht konserviert, sondern muss – wie andere kollektive Vergangenheiten – bewältigt werden.

Wenn das gelungen ist, dann ist das Problem der alten auch das der neuen Bundesrepublik: Anreize für die Selbstorientierung oberhalb der Familie, aber unterhalb des Staates zu entwickeln, die zur Kollektivorientierung führen – von der Schnupper-Mitgliedschaft in politischen Parteien bis zur Taufe von Kunstmuseen auf den Namen der Stifter. Das ist keine Frage der Entwicklung von Mentalitäten, sondern der Konstruktion von Institutionen. Aber an der Entwicklung der Mentalitäten, die hier Gegenstand sind, lässt sich ablesen, wieweit Institutionen zwischen Familie und Staat erfolgreich Anreize zu kollektiv orientiertem Handeln und damit auch zu einer Stärkung der Kollektivorientierung geliefert haben. Gibt es Anzeichen, dass die aus der DDR ererbte Form der Kollektivorientierung in Ostdeutschland neuen Formen weicht?

3.2 Auflösung der Kollektivorientierung der DDR in Ostdeutschland

Das Überleben der Kollektivorientierung der DDR unmittelbar nach der Vereinigung war positiv an drei Werteinstellungen erkennbar: Die Ostdeutschen betonen die Ergebnisgleichheit und die unbedingten Leistungsethik stärker und sind moralisch rigider als die Westdeutschen. Zwei dieser drei Werteinstellungen verlieren seit der Mitte der 90er-Jahre in Ostdeutschland an Bedeutung. Zwar bleibt die ostdeutsche Bevorzugung der Ergebnisgleichheit nach der nahezu jährlich erhobenen Allensbacher Entscheidungsfrage zwischen Freiheit und Gleichheit[24] zwischen 1990 und 2000 konstant bei rund 20 Prozentpunkten. Aber die ostdeutsche Vorliebe für die unbedingte Leistungsorientierung, erfasst durch die Allensbacher Frage, ob man das Leben als Aufgabe betrachtet, schmilzt von 15 Prozentpunkten zwischen 1990 und 1993 auf 9 Prozentpunkte 1996 und 3–4 Prozentpunkte 1998 und 2000 zusammen.[25] Und der Überschuss der Ostdeutschen an moralischer Rigidität, erfasst durch die Verurteilung von Vergehen im Europäischen Werte-Survey, bricht zwischen 1990 und 1994 zusammen, was bis 2000 so bleibt.[26] Die Ergebnisgleichheit, die eine Forderung an den Staat impliziert, bleibt in Ostdeutschland hoch im Kurs; die durch die DDR als Kern der Kollektivorientierung propagierte unbedingte Leistungsethik und die konventionalistische Moral brechen zusammen. Nach fünf Jahren zeichnet sich das Ende der ostdeutschen Kollektivorientierung und eine Annäherung Ostdeutschlands an Westdeutschland ab.

Das Überleben der Kollektivorientierung der DDR unmittelbar nach der Vereinigung war negativ daran erkennbar, dass die Ostdeutschen politische Teilhabe, die über die Rezeption des politischen Geschehens hinausgeht, weniger betonen als die Westdeutschen. Solche Teilhabe erfordert die persönliche Profilierung von Meinungen und Interessen, die dem Wunsch faktischer Gleichheit der Fähigkeiten, Verpflichtungen und Interessen, also dem Kern der Kollektivorientierung der DDR, diametral entgegenlaufen. Wenn politische Teilhabe nicht länger »gesellschaftliche Pflicht« ist, können jedoch auch die Formen politischer Teilhabe Anhängerschaft gewinnen, die über Interesse und Diskussionsbereitschaft hinausgehen. Aber der »Postmaterialismus« nach Ronald Inglehart (1977), der dafür beste Indikator, nimmt in Ostdeutschland zwischen 1991 und 1998 – wie der ALLBUS belegt – nicht zu.[27]

Am negativen Indikator der Wertschätzung weiter reichender Formen der politischen Teilhabe wird also bis heute nicht erkennbar, dass die Kollektivorientierung der DDR zurückgeht. Während die unbedingte Leistungsverpflichtung und die moralische Rigidität weggebrochen sind, bleibt die Ergebnisgleichheit hoch im Kurs und die politische Partizipation gewinnt nicht an Bedeutung. Die Elemente der aus der DDR überkommenen Kollektivorientierung bröckeln in Ostdeutschland, aber eine neue alternative Form, die sich in Westdeutschland in den frühen 70er-Jahren durchgesetzt hat und als Anstieg des Werts der Mitbestimmung beschrieben wurde, ist noch nicht in Sicht. Wenig spricht also dafür, dass eine aus der Selbstorientierung gespeiste Kollektivorientierung in Ostdeutschland Auftrieb gewinnt. Gibt es in der alten Bundesrepublik Anzeichen dafür, dass die selbstverständlich gewordene Selbstorientierung Formen der Kollektivorientierung hervorbringt?

3.3 Chancen der Kollektivorientierung in Westdeutschland

In der alten Bundesrepublik sind der religiöse Glaube und die kirchliche Praxis in den 60er-Jahren stark zurückgegangen und gehen seitdem weiter leicht zurück. Der traditionelle Anreiz der Kollektivorientierung ist geschwächt worden und wird es weiterhin. Gleichzeitig ist auch die unbedingte Leistungsethik zurückgegangen, die als Ausdruck von Akzeptanz, als selbstverständliche Hinnahme institutioneller Anforderungen im Bereich der Arbeit gewertet werden kann. Die selbstverständliche Motivation der Kollektivorientierung als Pflicht ist ebenfalls geschwächt worden. Soweit hellt sich also das Bild nicht auf.

Aber der Rückgang der unbedingten Leistungsethik kann auch anders, nämlich als eine gelungene Vermittlung zwischen Selbst- und Kollektivorientierung gewertet werden. Er beruht – wie Kohortenanalysen[28] zeigen – auf einem Wandel des Bedeutungsverständnisses von Leistung: Mit jeder jüngeren Kohorte wird Leistung weniger als Selbstentäußerung und mehr als Selbstverwirklichungschance gesehen. Ein flexibles, auf das Verhältnis der Aufgabe zur Person gerichtetes Leistungsverständnis gewinnt auf Kosten des traditionellen Verständnisses an Boden, das die Person der Aufgabe unterordnete. Mit den jüngeren Kohorten setzt sich im Bereich der beruflichen Leistung eine Vermittlung zwischen Selbst- und Kollektivorientierung durch, die auch im Bereich freiwilliger Leistungen Modell sein kann. Die Kollektivorientierung hat keine Chance mehr, wenn sie mit moralischem Druck als Forderung an die Menschen herangetragen wird – aber durchaus dann, wenn sie an die Selbstorientierung anknüpft. Wie die berufliche, von der Lebensnot diktierte und bezahlte Arbeit nicht allein als Selbstentäußerung, sondern mehr und mehr auch mit dem Ziel der Selbstverwirklichung erbracht wird, so könnte auch die außerberufliche, freiwillige und unbezahlte Arbeit nicht allein als Opfer, sondern mehr und mehr auch als Spaß gesehen werden.

Ein zweites Modell der Vermittlung zwischen Selbst- und Kollektivorientierung liefern die über Interesse und Diskussion hinausgehenden Formen der politischen Teilhabe. Politische Mitbestimmung ist auch ein Medium der Selbstentfaltung. Die Beteiligung an der Suche kollektiver Ziele und an der Findung kollektiver Entscheidungen kann den persönlichen Horizont erweitern und die persönliche Selbstachtung steigern. Der Anstieg des Werts der politischen Teilhabe in allen Gruppen der westdeutschen Bevölkerung in den 60er-Jahren lässt sich aus dieser Motivlage besser verstehen als aus veränderten Interesselagen, die sich in der Bevölkerung insgesamt ausgleichen sollten. Der Anstieg des Werts der politischen Teilhabe ergibt sich also aus einem spezifischen Verständnis: Politische Teilhabe bedeutet auch, in selbstorientierter Weise zu kollektiven Zielen beizutragen.

Der in den 60er-Jahren angestoßene Anstieg des Werts der politischen Teilhabe ist vermutlich sogar Ursache einer jüngeren Entwicklung, die auf den ersten Blick Anlass bietet, die Chancen der Kollektivorientierung skeptisch zu beurteilen. Das Vertrauen der Bevölkerung in politische Institutionen – von Regierung und Parteien über die Exekutive bis zur Justiz – ist zwischen 1980 und 1998 zurückgegangen.[29] Bei genauerem Hinsehen aber trübt der Rückgang des Vertrauens in politische Institutionen die Erwartung nicht, dass die Politik eine Brücke von der Selbst- zur Kollektivorientierung bilden kann. Auf der einen Seite führt der Anstieg des politischen Interesses dazu, dass die Bevölkerung auch Misserfolge und Verfehlungen der Politiker registriert; auf der anderen Seite führt der Anstieg der Ansprüche an die Politik dazu, dass die Bevölkerung Misserfolge und Verfehlungen zunehmend kritisch bewertet.[30]

Betrachtet man statt des Vertrauens in politische Institutionen das Vertrauen in den Mitmenschen, so kann man die Chancen der Kollektivorientierung sogar positiv beurteilen. Der »Mitmensch« ist eine Figur jenseits des privaten Kreises der Familie, aber unterhalb der Institutionen der Öffentlichkeit; auf ihn vertrauen zu können, ist ein Motiv, auch in den Institutionen mitzuarbeiten. Das Vertrauen in die Mitmenschen ist nun seit den 50er-Jahren angestiegen und wächst auch nach 1990 weiter an. Der Prozentsatz der Westdeutschen, die glauben, »dass man den meisten Menschen trauen kann«, betrug 1959 19 Prozent; er stieg 1980 auf 32 Prozent und 1990 weiter auf 38 Prozent, 1997 auf 42 Prozent und 2000 auf 46 Prozent.[31]

In der alten Bundesrepublik bieten also der Wandel der beruflichen Leistungsethik und der Anstieg des Werts politischer Teilhabe Modelle für die Vermittlung zwischen Selbst- und Kollektivorientierung. Zugleich sollte der Anstieg des Vertrauens in den Mitmenschen die Chancen der Kollektivorientierung steigern – vielleicht in einem Ausmaß, das den Chancenverlust durch den Rückgang von Glauben und Kirchgang kompensieren kann. Gibt es im vereinten Deutschland Anzeichen für einen Anstieg der Kollektivorientierung? Diese Frage kann für den kurzen Zeitraum nicht mehr an globalen Tendenzen, sie soll an einer spezifischen Handlung, der ehrenamtlichen Mitarbeit, untersucht werden.

3.4 Kollektivorientierung am Beispiel des Ehrenamts

Ehrenamtliche, d. h. freiwillige und unbezahlte Mitarbeit in Vereinen und in Gruppen ohne feste Organisation wurden im Sozioökonomischen Panel[32], das seit 1984 läuft, als ein Gegenstand unter vielen erfragt, sowie in fünf deutschen Bevölkerungsbefragungen, die sich spezifisch auf das Ehrenamt richten: die EUROVOL-Befragungen 1994, die neben Deutschland neun weitere europäische Länder umfassten, der SOWI-Bus III von 1996, der Werte-Survey 1997, die Befragung des Bundesministeriums für Familien, Senioren, Frauen und Gesundheit 1999[33] und die Befragung »Deutschland im Wandel« 2000.[34] Ergibt sich auch aus diesen Erhebungen ein Anstieg? Und lassen sie Unterschiede zwischen den Landesteilen erkennen?

In der *alten Bundesrepublik* schwankt die ehrenamtliche Mitarbeit in Vereinen und Gruppen je nach der Erhebungsform zwischen 14 und 38 Prozent.[35] Nach dem Sozioökonomischen Panel, in dem »Ehrenamtliche Tätigkeit in Vereinen, Verbänden oder sozialen Diensten« und »Beteiligung in Bürgerinitiativen, in Parteien, in der Kommunalpolitik« als »Tätigkeiten in Ihrer freien Zeit« erfragt wurden, ist ehrenamtliche Tätigkeit überhaupt – einerlei wie häufig – zwischen 1984 und 1995 um 5 Prozentpunkte auf rund 30 Prozent angestiegen, aber dieser Anstieg ergibt sich allein aus dem Anstieg »seltener« Aktivität;[36] zwischen 1990 und 1994 stagniert der Prozentsatz bei 29 Prozent.[37]

In der *vereinten Bundesrepublik* ist die ehrenamtliche Mitarbeit im Westen etwas häufiger als im Osten; auch die selbsteingeschätzte Frequenz und der Zeitaufwand sind im Westen geringfügig höher.[38] Eine Synopse der Ergebnisse von insgesamt acht Erhebungen[39] ergibt in sieben Fällen mehr ehrenamtliche Tätigkeiten in Westdeutschland. Zwischen 1990 und 1994 bleibt die ehrenamtliche Tätigkeit mit 29 Prozent in der westdeutschen Bevölkerung konstant, während sie in Ostdeutschland von 27 auf 17 Prozent zurückgeht, so dass der Vorsprung der Westdeutschen von 2 auf 12 Prozentpunkte anwächst.[40] In der Zeitreihe der Studie »Deutschland im Wandel«, die in *Tab. 3* wiedergegeben ist, schrumpft zwischen 1993 und 2000 der Vorsprung der Westdeutschen in ehrenamtlichen Tätigkeiten von 14 auf 1 und der Vorsprung in karitativen Tätigkeiten von 15 auf 9 Prozentpunkte. Während also in den ersten Jahren nach der Vereinigung das ehrenamtliche Engagement in Ostdeutschland abgenommen hat, ist es seit 1993 in beiden Landesteilen gewachsen.

Tab. 3: Karitative und ehrenamtliche Tätigkeiten in West- und Ostdeutschland 1993–2000 (in Prozent)

	karitativ			ehrenamtlich		
	West	Ost	insg.	West	Ost	insg.
1993	25,7	10,3	22,6	26,0	12,1	23,2
1994/97	29,0	15,9	26,3	24,5	17,1	23,5
2000	30,3	20,9	28,4	29,0	27,6	28,8

Frageformulierung: 1993, 1994 und 2000: Üben Sie unentgeltlich eine soziale oder karitative Tätigkeit aus? – Üben Sie eine andere ehrenamtliche Tätigkeit, z. B. in einem Verein oder einer Partei, aus? 1997: Sind Sie irgendwo ehrenamtlich tätig?

Quelle: Institut für praxisorientierte Sozialforschung, Mannheim, 1993–1997. Bundesverband deutscher Banken, »Deutschland im Wandel«, Umfrage vom November 2000.

Die Unterschiede zwischen den Landesteilen können nicht allein als Ausdruck unterschiedlicher Einstellungen gewertet werden. In Ostdeutschland ist die Infrastruktur für die ehrenamtliche Mitarbeit schwächer und offenbar erst in jüngster Zeit stark genug geworden, um den Ostdeutschen ähnliche Chancen des Engagements zu geben wie den Westdeutschen. Daher ist die Mitgliedschaft als Voraussetzung der Mitarbeit in Vereinen im Westen nicht nur höher, sondern auch zunehmend höher. In keinem Verein Mitglied waren 1993 in Westdeutschland 44 Prozent der Bevölkerung und in Ostdeutschland 53 Prozent, 1998 jedoch 42 gegenüber 62 Prozent.[41] Die ehrenamtliche Tätigkeit in Ostdeutschland ist offenbar gegen die Ungunst der Gelegenheitsstrukturen angestiegen. Die Differenz zwischen den Landesteilen wird an den Zahlen der *Tab. 3* überschätzt; sie sollte kleiner ausfallen, wenn man die schwächere Infrastruktur in Ostdeutschland herausrechnen könnte: Die Unterschiede der Einstellungen sollten geringer sein.

In der einzigen Studie, die das ehrenamtliche Engagement zwischen den beiden Landesteilen nicht nur »brutto«, sondern auch »netto« bei Kontrolle von Werteinstellungen und Sozialstruktur betrachtet, kehrt sich die Beziehung zwischen Landesteil und ehrenamtlichem Engagement sogar um: Dann arbeiten die Ostdeutschen häufiger in einem Ehrenamt als die Westdeutschen.[42] Für die Umkehrung des Zusammenhangs ist vor allem die Tatsache ursächlich, dass der Kirchgang als einer der wichtigsten Determinanten ehrenamtlicher Tätigkeit in Westdeutschland weitaus häufiger ist als in Ostdeutschland. Der Kirchgang aber indiziert Einstellungen so gut wie Gelegenheitsstrukturen: Wären die Ostdeutschen so stark religiös gebunden und hätten sie das gleiche Angebot wie die Westdeutschen, dann wären sie sogar stärker engagiert. Das geringe Engagement in Ostdeutschland reflektiert also zu einem guten Teil die geringeren Chancen für das Engagement.

Betrachtet man also ehrenamtliche Mitarbeit als Indikator der Kollektivorientierung nach der Vereinigung, so liegen beide Landesteile vermutlich gleichauf. Der westdeutsche Vorsprung an ehrenamtlicher Arbeit resultiert zu einem großen Teil aus der besseren westdeutschen Infrastruktur – dem etablierten Vereinswesen, das Gelegenheiten für das Ehrenamt bietet, und der sozialen Präsenz der Kirchen, die sowohl Gelegenheiten bieten als Einstellungen zugunsten des Ehrenamts fördern.

Der Überblick über die Chancen der Vermittlung zwischen Selbst- und Kollektivorientierung erlaubt also insgesamt einen verhaltenen Optimismus. Zwar sprechen die Wertentwicklungen in Ostdeutschland seit der Vereinigung nicht für das Aufkommen einer vom Erbe der DDR unabhängigen Kollektivorientierung. Aber die langfristigen Trends der alten Bundesrepublik bieten zwei Modelle für die Vermittlung: in der beruflichen Leistung und in der politischen Mitarbeit. Zudem ist eine Voraussetzung der Kollektivorientierung, das Vertrauen in die Mitmenschen, in der alten Bundesrepublik angestiegen, während eine andere Voraussetzung, die Religiosität, in beiden früheren Teilstaaten zurückgegangen ist. Schließlich könnte, gemessen am Ehrenamt, die Kollektivorientierung in beiden Landesteilen gleich stark sein. Wie stark hängt nun auch heute noch die Kollektivorientierung von der Religiosität und vom Vertrauen in die Mitmenschen ab? Und wie stark wird sie mit der Selbstorientierung verknüpft? Diese Frage soll im nächsten Kapitel mit der Analyse einer Bevölkerungsumfrage, dem »World Value Survey« (WVS) 1997, beantwortet werden.[43]

4. Selbst- und Kollektivorientierung als korrelierende Motivlagen

Die Kollektivorientierung richtet sich auf Handlungen zugunsten anderer. Sie werden im WVS in drei zunehmend anspruchsvolleren Formen erfasst – der Mitgliedschaft in karitativen Vereinen, der Mitarbeit in Vereinen und Organisationen gleich welcher Zielsetzung und des aktiven »kostspieligen« Einsatzes für den Umweltschutz.

4.1 Leistungsmotivation als Weg von der Selbst- zur Kollektivorientierung

Weil Handlungen zugunsten anderer Leistungen sind, setzt die Kollektivorientierung Leistungsmotivation voraus. *Leistungsmotivation* ist die Neigung der Person, sich eine von ihr unabhängig, also »objektiv« vorgegebene Aufgabe zu setzen und erreichen zu wollen. Sie ist also die typische Motivlage, vom Selbst zu einem Ergebnis zu kommen, das unmittelbar oder mittelbar auch für andere bedeutsam sein kann. Sie lässt sich in jedem Lebensbereich mit einer typischen Aufgabenstellung realisieren, die die Person erfüllen will oder muss, und mit der sie sich identifizieren kann. Sie lässt sich zunächst im Beruf realisieren, wo die gesellschaftliche Arbeitsteilung Aufgaben vorgibt, die erfüllt werden müssen. Sie lässt sich ebenso im Privathaushalt realisieren, dessen Aufgaben – vom Kochen und Putzen bis zu Kauf und Reparatur, Kontoführung und Steuererklärung – ebenso unumgänglich vorgegeben sind, aber nach Abmachungen der Haushaltsmitglieder verteilt werden können. Sie lässt sich schließlich in der Freizeit realisieren, wo die Person sich selbst Aufgaben – von der Messlatte im Hochsprung, dem Grundriss des selbst zu bauenden Hauses bis zur Partitur beim Musizieren – stellen kann.

Auch wenn die Chancen, die Aufgabe persönlich zu gestalten, variieren, bleibt selbst im ungünstigsten Falle die Befriedigung durch die Identifikation mit der zu erfüllenden und erfüllten Aufgabe als Anreiz: Man tut etwas, weil es »Spaß macht«, und ist zufrieden, wenn es fertig ist und »Spaß gemacht hat«, weil man sich durch die Identifikation mit der zu erfüllenden und schließlich erfüllten Aufgabe selbst erfüllt – an keinem Arbeitsplatz ist die Aufgabe so wenig anziehend, dass die Identifikation mit ihr ganz und gar ausgeschlossen wäre. Die Leistungsmotivation zielt nicht nur auf die Erledigung der Aufgabe, sondern die Identifikation mit ihr. Sie richtet sich auf Belohnungen, die man sich nur selber bereiten und eben deshalb nicht selber schenken kann. Jedermann kann sehen, ob ich die gestellte Aufgabe erfüllt habe. Aber nur ich selber weiß, ob sie mir Spaß gemacht hat oder nicht; darüber kann ich mich nicht selber täuschen. Eine Leistung ist Mühe und Spaß zugleich, und die Leistungsmotivation zielt auf beides. Die Leistungsmotivation ist also ein Weg von der Selbst- zur Kollektivorientierung.

Die Leistungsmotivation ist im WVS durch die Summe von vier Stufen der Zustimmung zu folgenden Aussagen erfasst: Ich arbeite fast immer so lange weiter, bis ich mit dem Ergebnis zufrieden bin; ich fühle mich von mir selber enttäuscht, wenn ich meine persönlichen Ziele nicht erreicht habe; ich habe meine Arbeit so gerne, dass ich oft spät abends aufbleibe, um fertig zu werden. Alle drei Aussagen indizieren nicht die Unterwerfung unter von außen auferlegte Anforderungen, sondern den Wunsch, sich mit ihnen zu identifizieren und sich mit der erfüllten Aufgabe selber zu verwirklichen.

4.2 Der Einfluss der Leistungsmotivation auf die Kollektivorientierung in Konkurrenz zur Kirchgangshäufigkeit und zum Vertrauen in Mitmenschen

Die Leistungsmotivation ist ein moderner, selbst orientierter Einfluss auf die Kollektivorientierung. Er soll mit dem traditionellen Einfluss der religiösen Praxis, erfasst durch die Häufigkeit des Kirchgangs, und mit dem Einfluss des Vertrauens in die Mitmenschen verglichen werden. Die Korrelationen dieser drei Variablen mit den drei Stufen der Kollektivorientierung in West- und Ostdeutschland ist in *Tab. 4* dargestellt. Korrelationen schwanken zwischen +1 für einen vollständigen positiven und –1 für einen vollständigen negativen Zusammenhang. In einer Stichprobe muss geprüft werden, ob der Zusammenhang zufällig ist; je niedriger die Wahrscheinlichkeit p dafür ist, desto »signifikanter«, also aussagekräftiger für einen Schluss auf die Grundgesamtheit der ganzen Bevölkerung, ist der Zusammenhang.

Tab. 4: Korrelationen von Leistungsmotiven, Vertrauen, politischer Teilhabe und Akzeptanz mit Indikatoren der Kollektivorientierung in West- und Ostdeutschland 1997

	Mitglied karitativ		Mitarbeit alle Organisationen		pro Umwelt hohe Kosten	
	West	Ost	West	Ost	West	Ost
Leistungsmotivation	.13**	.12**	.12**	.16**	.07	.08
Vertrauen in Mitmenschen	.12**		.16**	.10*	.12**	.11**
Kirchgangshäufigkeit	.17**	.14**	.29**	.22**		

** $p < .001$; * $p < .01$; ohne Stern: $p < .05$; keine Korrelation aufgeführt $p > .05$.

Quelle: World Value Survey 1997.

In *Westdeutschland* hat die Leistungsmotivation einen mäßig starken Einfluss auf die Mitgliedschaft in karitativen Organisationen und die Mitarbeit; auf die Aktivität zugunsten der Umwelt übt sie einen schwachen Einfluss aus.[44] Das Vertrauen in die Mitmenschen hat einen mäßig starken positiven Einfluss auf alle drei Formen der Kollektivorientierung. Die Häufigkeit des Kirchgangs hat ein mäßig starken Einfluss auf die Mitgliedschaft, einen starken auf die Mitarbeit in Organisationen, aber keinen Einfluss auf den Einsatz für den Umweltschutz. In *Ostdeutschland* findet sich fast das gleiche Muster wie in Westdeutschland – bis auf einen Unterschied: Das Vertrauen in die Mitmenschen ist für die Kollektivorientierung weniger bedeutsam.

Alles in allem hat also das moderne selbstorientierte Motiv der Leistung etwa so viel Einfluss auf die Kollektivorientierung wie die traditionale Religiosität und wie das Vertrauen in die Mitmenschen. Aber die drei Einflussgrößen hängen untereinander und mit weiteren Einstellungen und Verhaltensweisen zusammen, die ihrerseits die Kollektivorientierung bestimmt haben können: wie etwa die politische Teilhabebereitschaft, der religiöse Glaube, die Bildung, die Ortsgröße oder die Häufigkeit des Fernsehkonsums. Alle diese weiteren Einflüsse werden ausgeschaltet, wenn man Regressionskoeffizienten berechnet: Sie geben den reinen Einfluss jeder Variable unabhängig von allen anderen, gerade aufgezählten Variablen an. Die Regressionskoeffizienten sind in *Tab. 5* dargestellt. Als Zielvariable wird nur noch die Mitarbeit in Organisationen betrachtet, die die Kollektivorientierung – anders als die Mitgliedschaft in karitativen Organisationen und die Aktivität zugunsten der Umwelt – unabhängig vom Interesse für bestimmte Problembereiche erfasst.

Tab. 5: Regression der Mitarbeit in Organisationen auf Leistungsmotivation, Vertrauen und Kirchgang bei Kontrolle der politischen Teilhabe und sozialdemographischer und kultureller Einflüsse in West- und Ostdeutschland 1997

	West	Ost
Leistungsmotivation	.07	.09*
Vertrauen in Mitmenschen	.12**	.07
Kirchgangshäufigkeit	.24***	.20***

*** p < 001; ** p < 01; * p < .05.
Quelle: World Value Survey 1997.

Bei der Kontrolle weiterer Werteinstellungen und der Sozialdemographie zeigt sich nun, dass in beiden Landesteilen der traditionelle Einfluss des Kirchgangs am stärksten ist und der moderne selbstorientierte Einfluss der Leistungsmotivation und das Vertrauen in die Mitmenschen deutlich Einfluss verlieren. Bei genauerer Betrachtung ist also auch heute noch in beiden Landesteilen die Kollektivorientierung viel stärker religiös motiviert als durch die Chance der Selbstverwirklichung. Die Kollektivorientierung ist weit mehr Pflicht als Spaß – obwohl sie *auch* Spaß sein kann. Das gilt für die Zusammenhänge im gesamten Bevölkerungsquerschnitt. Gilt dies auch, wenn man nur die Untergruppe der Engagierten und die Motivinterpretationen betrachtet, die sie ihrem Engagement geben?

5. Selbstorientierung als Motiv der praktizierten Kollektivorientierung

Die Aussagekraft der Interpretationen, die Engagierte von ihrem Engagement geben, ist von vornherein geringer als die von Korrelationen in Bevölkerungsquerschnitten. Die Antworten auf Motivnachfragen bei Engagierten lassen sich nicht wie die Korrelationen in der gesamten Bevölkerung kausal interpretieren. Wie für jedes sozial standardisierte Handeln gibt es nämlich für das soziale Engagement eine »Grammatik der Motive«, sozial eingespielte Sprachformen zur Selbstdeutung dessen, was man tut. Auf sie greift man zu, wenn man von Interviewern nach Motiven gefragt wird. Aber sie geben keinen Aufschluss über Bedingungen von Handlungsentscheidungen, über Gelegenheiten und Beschränkungen. Die »Grammatik der Motive« ist ein Deutungsmuster, aber keine Erklärung; sie gibt den »Sinn« eines Handelns mehr oder minder »adäquat« wieder und lässt offen, ob er »kausal adäquat« wirksam war. Warum studiert man ein bestimmtes Fach? Weil man daran »interessiert« oder dafür »begabt« ist – auch dann, wenn die Eltern einen drängen, ihren Abstieg zu kompensieren, oder wenn man die Praxis der Eltern übernehmen will. Genau so reagiert man auf die Frage nach den Motiven für eine ehrenamtliche Tätigkeit mit eingespielten Sprachformen. Weil sie sich auf kollektiv orientierte Handlungen beziehen, sollten sie auch kollektivorientierte Motive zuerst anbieten.

Aber auch sie können unterschiedlich ausfallen und sich wandeln. Wie stark sind hier auch selbstorientierte Motive zugelassen?

5.1 Spaß vor Pflicht, Selbsterfüllung vor Interessenbefriedigung

In der EUROVOL-Studie 1994 in Deutschland geben die Engagierten »Spaß« mit rund 65 Prozent als häufigstes Motiv an; konkurrierende kollektivorientierte Motive werden im Bericht allerdings nicht erwähnt.[45] Eckhard Priller[46] stellte 1996 fest, dass die Engagierten, die rund 15 Prozent der erwachsenen Bevölkerung umfassen, in Ost und West zu 95 Prozent »macht Spaß« als wichtigsten Grund für das Engagement angeben. In der Häufigkeit folgen fünf weitere selbstbezogene Motive (Menschen treffen, Freunde gewinnen; Fähigkeiten, Kenntnisse einbringen; anderen helfen, gibt dem Leben einen Sinn; erweiterte Lebenserfahrung; aktiv bleiben), bevor zwei kollektivorientierte Motive – »etwas bewegen wollen« mit rund 75 Prozent und »moralische Notwendigkeit« mit rund 65 Prozent – auftauchen. Nach zwei weiteren selbstorientierten Motiven (Fertigkeiten erwerben; gesellschaftliche Anerkennung) bilden zwei weitere kollektivorientierte Motive (religiöse Überzeugung; politische Überzeugung) mit rund 30 Prozent das Schlusslicht. Unter den selbstorientierten Motiven werden diejenigen, die auf Selbstentfaltung zielen (Spaß; Menschen treffen; Erfahrung erweitern) häufiger genannt als die, die auf die Befriedigung von Interessen zielen (Fertigkeiten erwerben; gesellschaftliche Anerkennung). Spaß geht vor Pflicht; und der Spaß ist eher Selbstzweck als Zweck, eher Selbsterfüllung der Person als Befriedigung von Interessen. Nicht das Kollektiv, sondern das Selbst ist der Antrieb für soziales Engagement; aber das Selbst will nicht so sehr Vorteile für sich als schlicht und einfach »sich selbst«.

Dieses Ergebnis kann allerdings auch durch die Erhebungsform der Untersuchung produziert worden sein, in der die Befragten aus einer Liste von acht selbst- und vier kollektivorientierten Motiven beliebig viele als für sich gültig nennen konnten: Weil selbstorientierte Motive häufiger angeboten wurden, wurden sie wohl auch häufiger gewählt; und die bloße Wahl erfasst die Intensität eines Motivs nicht. Aber zwei weitere Untersuchungen, die etwa gleich viel selbst- und kollektivorientierte Motive vorgeben und nicht eine beliebige Auswahl aus ihnen, sondern die Bewertung eines jeden Motivs verlangen, führen mit geringen Modifikationen zum gleichen Ergebnis.

In der Untersuchung 1997 von Thomas Gensicke und Helmut Klages[47] mussten die Engagierten, die 38 Prozent der gesamtdeutschen Bevölkerung umfassen, elf selbst- und neun kollektivorientierte Motive auf sieben Stufen der Intensität bewerten. Auch hier geben die Engagierten zwar dem »Spaß« das größte Gewicht, aber dann folgen mit »anderen helfen«, »Gemeinwohl« und »mehr für den Zusammenhalt der Menschen tun« drei kollektivorientierte Motive; in der weiteren Rangfolge lösen sich kollektivorientierte Motive und solche selbstorientierte Motive ab, die auf die Entfaltung der Person zielen; die zwei selbstorientierten Motive, die Interessenlagen der Person berühren (meine eigenen Probleme besser lösen; soziales Ansehen erwerben) rangieren jedoch ganz unten. In der »fairen« Erhebungsform beherrschen zwar nicht mehr alle selbstorientierten Motive das Spitzenfeld, sondern nur das Spaßmotiv; und kollektivorientierte Motive ziehen mit den übrigen selbstorientierten gleich oder gar an ihnen vorbei. Aber der Vorrang der Selbst- vor der Kollektivorientierung als Motiv kollektivorientierten Handelns und innerhalb der selbstorientierten Motive der Vorrang der Selbstentfaltung vor der Befriedigung von Interessen bleiben bestehen.

In der Untersuchung des BMFSFJ 1999[48] mussten die ehrenamtlich Aktiven, die 34 Prozent der Bevölkerung umfassten, acht selbst- und zwei kollektivorientierte Motive auf fünf Stufen der Intensität bewerten; die gleiche Aufforderung erhielten auch die an ehrenamtlicher Tätigkeit Interessierten, die 27 Prozent der Bevölkerung umfassten. Die ehrenamtlich Aktiven bewerten »macht Spaß« und »mit sympathischen Menschen zusammenkommen« am höchsten; dann folgen die kollektivorientierten Motive »etwas für das Gemeinwohl tun« und »anderen Menschen helfen« und schließlich die verbleibenden selbstorientierten Motive, unter denen vier Motive der Interessenbefriedigung (Anerkennung; Vertretung berechtigter eigener Interessen; eigene Probleme; beruflicher Nutzen) das Schlussfeld bilden, während im Mittelfeld ein Interessen- (eigene Kenntnisse und Erfahrungen erweitern) vor einem Selbstentfaltungsmotiv (eigene Verantwortung und Entscheidungsmöglichkeit) liegt. Unter den selbstorientierten Motiven rangiert wiederum die Selbstentfaltung vor der Interessenbefriedigung.

In der Untersuchung des BMFSFJ mussten die ehrenamtlich Tätigen auf der gleichen Skala weiterhin bewerten, wie weit sich die Motive realisieren ließen. Die Einschätzung der Realisierung steht der von Wichtigkeit nur wenig nach, so dass sich die beiden Rangfolgen weit gehend decken. Aber die Diskrepanzen sind bei den drei Selbstentfaltungs-Motiven (Spaß; sympathische Menschen; eigene Verantwortung) deutlich geringer als bei den beiden kollektivorientierten Motiven; die Selbstentfaltung kann man selbst beurteilen – aber über seinen Beitrag zum Gemeinwohl ist man sich nicht so recht sicher. Auch unter den Motiven der Interessenbefriedigung sind die Diskrepanzen größer als unter den Selbstentfaltungsmotiven – so wenig wie über den Beitrag zum Gemeinwohl ist man sich über den Beitrag zum eigenen Interesse sicher. Im sozialen Engagement lassen sich also selbstorientierte Motive leichter erfüllen als kollektivorientierte, insbesondere wird Selbstentfaltung leichter gefunden als Befriedigung eigener Interessen. Vielleicht liegt hier auch ein Motiv für die häufige Wahl des Motivs der Selbstentfaltung: Spaß kommt leichter auf, als dass kollektive Ziele oder individuelle Interessen verwirklicht würden.

5.2 *Trends*

Trotz der Unterschiede des Frageformats führen alle Motivnachfragen an Engagierte und am Engagement Interessierte zum gleichen Ergebnis: Spaß rangiert vor Pflicht, Selbst- vor Kollektivorientierung; und die Entfaltung des Selbst rangiert vor der Befriedigung von Interessen. Gerade bei der Motivnachfrage hätte man aber eine »stimmige« Antwort erwartet: Kollektivorientiertes Handeln sollte durch Kollektivorientierung motiviert sein. Dass entgegen der in der Erhebungsform angelegten Tendenz die selbstorientierten Motive zuerst genannt werden, gibt den Ergebnissen der Motivnachfragen im Vergleich zu den korrelationsstatistischen Untersuchungen wieder etwas mehr Gewicht. Wenn die hier aufgedeckte »Grammatik der Motive« banal erscheint, dann nur, weil sie selbstverständlich geworden ist[49] – was auch daraus deutlich wird, dass auch die an ehrenamtlicher Tätigkeit lediglich Interessierten die Motive in die gleiche Rangfolge bringen. Zusammen mit den ehrenamtlich Tätigen gebrauchen also insgesamt mehr als sechs Zehntel der Bevölkerung dieselbe »Grammatik«. In der gesamten Bevölkerung aber könnte auch eine ganz andere »Grammatik der Motive« gültig sein: Weil Menschen zuerst ihre eigenen Interessen verfolgen, muss soziales Engagement entweder als Pflicht gefordert oder mit Belohnungen hervorgelockt werden. Vermutlich war diese Selbstdeutung, die Selbst- und Kollektivorientierung einander entgegensetzt, noch vor einigen Jahrzehnten üblich. Spaß wurde der Freizeit, die Pflicht der Arbeit zugerechnet; und das soziale Engagement war eher Arbeit und Pflicht als Spaß und Freizeit. Heute aber wird das soziale Engagement eher als Spaß und Freizeit gesehen, ohne – so muss man annehmen – seinen Wert als Arbeit für andere zu verlieren. Spaß überbrückt die Kluft zwischen Selbst und Kollektiv – auf welche Weise, lässt sich verdeutlichen, wenn man den Stellenwert des Motivs Spaß zwischen Freizeit, Arbeit und sozialem Engagement vergleicht.

Die *Freizeit* ist der Lebensbereich, in dem die Anforderungen der beruflichen und häuslichen Arbeit nicht gelten. Weder Pflicht noch Not diktieren, was zu tun ist; man kann tun und lassen, was man will. Deshalb ist Spaß, die Suche nach Selbsterfüllung, hier das elementare Motiv; es bedarf keiner weiteren Motive, denn Pflicht verdirbt den Spaß und Not lässt keinen Spaß zu. Spaß wird selbstverständlich gesucht, aber keineswegs immer gefunden. Spaß ist das auf die Freizeit gemünzte Erfolgsmotiv, deshalb sind Leere und Langeweile ein persönliches Scheitern, das man ungern zugibt. *Arbeit* ist der erfolgskontrollierte Einsatz von Zeit und Energie für Zwecke, denen man nicht ausweichen kann. Sie ist von Not oder Pflicht diktiert – aber man kann Spaß suchen, während man dem Diktat nachkommt. Spaß ist hier nicht das elementare, sondern das Not oder Pflicht ergänzende und überhöhende Motiv. Das *soziale Engagement* schließlich ist freiwillige Arbeit für andere. Wie die Arbeit verlangt es den erfolgskontrollierten Einsatz von Zeit und Energie – allerdings nicht für unausweichliche, sondern selbst gewählte Zwecke. Weil Zeit und Energie mit Erfolg eingesetzt werden müssen, erfordert das soziale Engagement wie die Arbeit Mühe und muss als Pflicht gefordert werden. Um Spaß zu haben, tue ich, was mir gefällt – und nicht, was anderen nützt. Weil aber die Ziele selbst gewählt wurden, kann die Arbeit des sozialen Engagements in den Bereich der Selbsterfüllung gerückt werden. Spaß kommt nicht mehr als Not oder Pflicht überhöhendes Motiv hinzu, sondern wird zum eigentlichen Motiv. Deshalb können die sozial Engagierten sagen: Ich tue, was anderen nützt, weil es mir Spaß macht. Weil es sich um eine frei gewählte Arbeit handelt, rückt das elementare Motiv der Arbeit in den Hintergrund und das elementare Motiv der Freizeit kann das Feld beherrschen. Selbstentfaltung wird zum Motor der Kollektivorientierung.[50]

Wie fest diese »Grammatik der Motive« eingespielt ist, sollte sich beim Vergleich mit der beruflichen und häuslichen Arbeit zeigen, bei der selbstorientierte Motive ja selbstverständlich sind, bei der aber das Motiv »Spaß« nicht elementar, aber durchaus ergänzend mobilisiert wird. Man kann vermuten, dass die Chance, im Beruf

»Spaß« zu haben, auch das Motiv steigert, im sozialen Engagement »Spaß« zu suchen. So wie ehrenamtliche und berufliche Tätigkeit leicht positiv miteinander korrelieren[51], so könnte auch der »Spaß« an beiden Tätigkeiten positiv korrelieren. Wie Wissen auf viele Köpfe verteilt werden kann, ohne verbraucht zu werden, so kann man »Spaß« in vielen Aktivitäten finden. Wenn auch keine unerschöpfliche, so ist »Spaß« doch eine leicht regenerierbare Ressource.

»Spaß« liegt also nicht nur im Genuss, in der Befriedigung von Bedürfnissen, sondern wird auch in sozial engagiertem Handeln gesucht – und vielleicht auch gefunden, ohne dass der Erfolg des Handelns infrage gestellt wird: Die Motivbefragungen geben ja nur Auskunft über das Ziel, nicht aber den Erfolg des Handelns. Wenn man zu der Annahme bereit ist, dass Arbeiten für andere nicht deshalb schlechter erledigt werden, weil sie einem selber Spaß machen sollen – und was spricht gegen diese Annahme? –, kann man einige Schlussfolgerungen wagen.

Spaß und Hedonismus sind nicht deckungsgleich; der Hedonismus konzentriert sich auf den Konsum, der Spaß führt vom Konsum zur Arbeit – Arbeit für sich wie für andere. Oft wird behauptet, die deutsche Gesellschaft verkomme zu einer »Spaßgesellschaft«, womit eine »hedonistische« Gesellschaft gemeint ist. Aber die vorgetragenen Ergebnisse zeigen, dass die deutsche »Spaßgesellschaft« einen weiteren Horizont hat als eine »hedonistische« Gesellschaft. Sie ist keine bloße »Freizeitgesellschaft«, sondern – vorwiegend im Osten – eine Arbeitsgesellschaft und – vorwiegend im Westen – eine Leistungsgesellschaft geblieben. Sie kann eine »engagierte Gesellschaft« werden, wenn die Ressource Spaß – worauf die empirischen Belege hinweisen sollten – nicht gänzlich vom Beruf in die Freizeit auswandert, sondern im Beruf verbleibt und sich auf das soziale Engagement überträgt, wenn also eine ganz andere »Spaßgesellschaft« aufkommt als die bisher in der Öffentlichkeit diskutierte. Sie ist in der Lage, das Eigeninteresse auch für kollektive Interessen einzuspannen. Denn sie sieht das Eigeninteresse nicht als die Befriedung eigener Bedürfnisse, sondern als Entfaltung des Selbst an und für sich. Anders als die Befriedigung von Bedürfnissen muss die Selbstentfaltung nicht anderen nehmen, was sie sich selber gibt. Sie kann sich in der Arbeit für andere ausdrücken. »Spaß« ist das Zauberwort, das auch die Arbeit für andere in das Licht der Selbstentfaltung rückt.

6. Fazit und Ausblick

In der gesamten Bevölkerung, die Engagierte wie Nichtengagierte umfasst, ist die Kollektivorientierung stärker durch die Religiosität als durch die Leistungsmotivation bestimmt. Aber die Engagierten sehen ihr Engagement mehr als Spaß denn als Pflicht. Die traditionellen Garanten bewegen die Gesamtbevölkerung nach wie vor stärker in die Richtung der Kollektivorientierung als das moderne selbstorientierte Motiv des Spaßes an der eigenen Leistung. Aber wer sich einmal überwiegend aufgrund religiöser Motive zu kollektivorientiertem Handeln entschlossen hat, sieht sein Engagement vor allem selbst- und nicht mehr kollektivorientiert. Die Vermittlung zwischen Selbst- und Kollektivorientierung gelingt in der gesamten Bevölkerung weniger als unter den Engagierten.

Dieses Fazit ist zunächst nicht verwunderlich. Die Leistungsmotivation, die einen auch in der Arbeit Selbsterfüllung und Spaß finden lässt, wird bei der beruflichen Arbeit ja durch weitere Motive unterstützt, durch die Honorierung und durch das Prestige, das beruflicher Erfolg einbringt. Bei Leistungen zu Gunsten anderer aber steht die Leistungsmotivation allein. Es winken weder Bezahlung noch Prestige, und die Anerkennung durch andere ist ungewiss. Deshalb wohl muss nach wie vor eine nicht selbstorientierte innere Verpflichtung nachhelfen, die vor allem durch die religiöse Bindung geschaffen wird.

Dieses Fazit legt aber weiterhin auch eine Prognose nahe. Dass sich das Engagement nach der Wiedervereinigung verbreitet, dafür konnten hier Indizien zitiert werden. Je größer nun der Anteil der Engagierten in der Bevölkerung ist, desto stärker muss natürlich das Selbstverwirklichungsmotiv in der gesamten Bevölkerung verbreitet sein; desto mehr Sichtbarkeit aber könnte es auch in der gesamten Bevölkerung gewinnen; desto stärker könnte der Einfluss des Motivs, durch Leistung Spaß zu haben, auf das Engagement wirken. Die Engagierten könnten als Multiplikatoren des Leistungs- und Spaßmotivs in der Bevölkerung wirken. Das wäre nicht mehr nur eine natürliche Folge, sondern ein zusätzlicher Effekt einer Verbreitung des Engagements.

Anmerkungen

1 Clyde Kluckhohn, Values and Value Orientation in the Theory of Action, in: Talcott Parsons/ Edward A. Shils (Hrsg.), Toward a General Theory of Action, Cambridge 1951, S. 395.
2 Heiner Meulemann, Arbeit und Selbstverwirklichung in Balance. Warum ist den Franzosen die Arbeit, den Deutschen die Freizeit wichtiger? in: Renate Köcher/Joachim Schild (Hrsg.), Wertwandel in Deutschland und Frankreich, Opladen 1998, S. 133–151.
3 Peter R. Hofstätter, Gruppendynamik. Kritik der Massenpsychologie, Hamburg 1957, S. 103–109.
4 Willi Herbert/Rudolf Wildenmann, Deutsche Identität. Die subjektive Verfassung der Deutschen vor der Vereinigung, in: Rudolf Wildenmann (Hrsg.), Nation und Demokratie, Baden-Baden 1991, S. 71–98, hier S. 81 u. S. 87.
5 So führt es bereits Emile Durkheim, De la division du travail, Paris 1960, S. 367–382 u. S. 391–406 aus.
6 Heiner Meulemann, Werte und Wertewandel. Zur Identität einer geteilten und wieder vereinten Nation, Weinheim 1996, S. 125–130.
7 Ebd., S. 130–134.
8 Eine »intrinsische Motivation« bezeichnet eine Motivation, die durch die von einer Aufgabe ausgehenden Anreize bedingt ist.
9 Ernst Richert, Das zweite Deutschland. Ein Staat, der nicht sein darf, Frankfurt/M. 1966, S. 114–135.
10 Meulemann, Werte und Wertewandel (Anm. 6), S. 177–188.
11 Ebd., S. 239–253.
12 Ebd., S. 366–370.
13 Ebd., S. 371–379 u. S. 395–413.
14 Zur politischen Beteiligung und ihren verschiedenen Formen vgl. den Beitrag »Legitimation und Partizipation« von Manuela Glaab und Andreas Kießling in diesem Band, v. a. Kapitel 2.
15 Meulemann, Werte und Wertewandel (Anm. 6), S. 90–93.
16 Parsons/Shils, Toward a General Theory (Anm. 1).
17 Wilhelm Bürklin u. a., Dimensionen des Wertwandels, in: Politische Vierteljahresschrift, 35/ 1994, S. 579–606; Elma Brähler/Hans-Jürgen Wirth, Entsolidarisierung: Die Westdeutschen

am Vorabend der Wende und danach, Opladen 1995; Karl-Heinz Hillmann, Wertwandel, Darmstadt 1986, S. 40–50 u. S. 191–194.

18 Zusammenfassung europäischer Vergleichsstudien bis 1990 in Heiner Meulemann, Säkularisierung und Werte. Eine systematische Übersicht über Ergebnisse aus Bevölkerungsbefragungen in westeuropäischen Ländern, in: Bernhard Schäfers (Hrsg.), Lebensverhältnisse und soziale Konflikte im neuen Europa, Frankfurt/M. 1993, S. 627–635; neuere Untersuchungen bei Thomas Gensicke/Helmut Klages, Bürgerschaftliches Engagement 1997, in: Heiner Meulemann (Hrsg.), Werte und nationale Identität im vereinten Deutschland, Opladen 1998, S. 177–198, hier S. 184; Helmut K. Anheier, Dritter Sektor. Ehrenamt und Zivilgesellschaft in Deutschland, in: Ernst Kistler u.a. (Hrsg.), Perspektiven gesellschaftlichen Zusammenhalts. Empirische Befunde, Praxiserfahrungen, Meßkonzepte, Berlin 1999, S. 145–170, hier S. 162; Paul Dekker, Freiwillige Arbeit in der niederländischen Zivilgesellschaft, in: ebd., S. 171–190, hier S. 181.

19 Jean Stoetzel, Les Valeurs du temps presents, Paris 1983, S. 292.

20 Ilja Srubar, War der reale Sozialismus modern?, in: Kölner Zeitschrift für Soziologie und Sozialpsychologie, 43/1991, S. 415–432, hier S. 428.

21 Zitate dafür siehe: Heiner Meulemann, Die Implosion einer staatlich verordneten Moral, in: Kölner Zeitschrift für Soziologie und Sozialpsychologie, 50/1998, S. 411–441, hier S. 430.

22 Detlev Pollack, Das Ende einer Organisationsgesellschaft, in: Zeitschrift für Soziologie, 19/1990, S. 292–307; Srubar, War der reale Sozialismus modern? (Anm. 20).

23 Meulemann, Implosion einer staatlich verordneten Moral (Anm. 21).

24 Meulemann, Werte und Wertewandel (Anm. 6), S. 86 u. S. 427; Elisabeth Noelle-Neumann/Renate Köcher, Jahrbuch für Demoskopie 1993–1997, München 1997, S. 648; Sonderauswertungen des Instituts für Demoskopie (IfD) von 1997, 1998 und 2000, für die ich Herrn Werner Süßlin herzlich danke – ebenso wie für alle folgenden Sonderauswertungen des IfD.

25 Heiner Meulemann, Der Wert Leistung in Deutschland 1956–1996, in: Wolfgang Glatzer/Ilona Ostner (Hrsg.), Deutschland im Wandel, Opladen 1999, S. 118; Sonderauswertungen des IfD von 1998 und 2000.

26 Heiner Meulemann, Die Implosion einer staatlich verordneten Moral (Anm. 21); Sonderauswertungen des IfD von 2000.

27 Man könnte die in der »friedlichen Revolution« von 1989 zum Ausdruck gekommene »plebiszitäre Orientierung«, die – dem »Postmaterialismus« vergleichbar – durch die Stärke des Wunsches nach Bürgerbeteiligung an der Politik erhoben wurde und die zwischen 1990 und 1996 in Ostdeutschland rund 20 Prozentpunkte höher liegt als in Westdeutschland, als Indiz dafür ansehen, dass auch die Ostdeutschen weiter gehende Formen der politischen Teilhabe hoch schätzen. Aber der ostdeutsche Vorsprung verschwindet im Jahre 1995, als der Wunsch nach Angleichung der Lebensverhältnisse zwischen den beiden Landesteilen nachlässt; vgl. Markus Klein, Was bleibt von der friedlichen Revolution? Plebiszitäre Orientierungen im vereinten Deutschland, in: Meulemann, Werte und nationale Identität, (Anm. 18), S. 155–176. Was immer die »plebiszitäre Orientierung« der Ostdeutschen 1990 war, 1995 ist sie kein abstrakter Wert mehr, sondern zu einem konkreten politischen Ziel geworden, die Ungleichheit zwischen den Landesteilen abzubauen.

28 Meulemann, Werte und Wertewandel (Anm. 6), S. 91–93. »Kohortenanalyse« bezeichnet eine Untersuchung von Teilen einer Bevölkerung, bei denen Entwicklungen und Veränderungen von Gruppen, die dieselben zeitlichen Merkmale (z. B. gleiches Geburtsdatum) tragen, untersucht und verglichen werden.

29 Siehe als jüngste Belege: Bernd Meier, Sozialkapital in Deutschland. Eine empirische Skizze, Köln 1996, S. 31; Ulrich Rosar, Policy-Orientierung und Systemlegitimität, in: Meulemann, Werte und nationale Identität (Anm. 18), S. 129–154, hier S. 138; Oscar W. Gabriel, Sozialkapital und Institutionenvertrauen in Österreich und Deutschland, in: Fritz Plasser u. a. (Hrsg.), Wahlen und politische Einstellungen in Deutschland und Österreich, Frankfurt/M. 1999, S. 147–189, hier S. 165.

30 Heiner Meulemann, Werte und Wertewandel (Anm. 6), S. 107–120.

31 Daten aus: für das Jahr 1959: Gabriel A. Almond/Sidney Verba, The Civic Culture. Political Attitudes and Democracy in Five Nations, Boston 1965, S. 213; für 1980–1997: World Value

Survey, eigene Auswertung; für 2000: Bundesverband deutscher Banken, Umfrage »Deutschland im Wandel«, November 2000, dokumentiert in Kapitel VI in diesem Band. – Die Formulierung nach Almond/Verba, deren Entwicklung hier dargestellt ist, enthält als Alternative die Vorgabe »oder kann man da nicht vorsichtig genug sein«. Aber auch in der Formulierung ohne explizite Alternative steigt das Vertrauen in Westdeutschland von 13 Prozent im Jahre 1953 auf rund 40 Prozent im Jahre 1978, um von da an bis 1994 ohne erkennbaren Trend zu schwanken (Institut für Demoskopie, Deutschland im Frühjahr 1995, Allensbach 1995, S. 72). Die Zunahme des Vertrauens in die Mitmenschen in Deutschland seit 1953 und auch seit 1990 kontrastiert mit dem Rückgang des Vertrauens in die Mitmenschen in den USA; vgl. Robert D. Putnam, Tuning In, Tuning Out: The Strange Disapearance of Social Capital in America, in: Political Science & Politics, 28/1995, S. 664–683, hier S. 675. – Im Jahre 2000 wurde als Alternative nur noch »oder würden Sie das nicht sagen« vorgegeben; der Anstieg des Vertrauens zwischen 1997 und 2000 kann deshalb z. T. auf die abgeschwächte Alternative zurückgeführt werden.

32 Siehe dazu Rolf G. Heinze/Thomas Olk, Vom Ehrenamt zum bürgerschaftlichen Engagement, in: Kistler, Perspektiven gesellschaftlichen Zusammenhalts (Anm. 18), S. 77–100.

33 Irene Paulwitz, Wem gebührt die Ehre? Ehrenamtliche Tätigkeit im Vergleich zu anderen europäischen Ländern – die Eurovol-Studie, in: Kistler, Perspektiven gesellschaftlichen Zusammenhalts (Anm. 18), S. 211–238; Eckhard Priller, Variationen zum Thema »Ehrenamt«, in: ebd.; Gensicke/Klages, Bürgerschaftliches Engagement (Anm. 18); Bernard von Rosenbladt/Sibylle Picot, Freiwilligenarbeit, ehrenamtliche Tätigkeit und bürgerschaftliches Engagement. Repräsentative Erhebung 1999, durchgeführt von Infratest Burke Sozialforschung, hrsg. vom BMFSFJ. Überblick über die Ergebnisse, München 1999.

34 Umfrage »Deutschland im Wandel« (Anm. 31).

35 Bernard von Rosenbladt, Zur Messung ehrenamtlichen Engagements – Konfusion oder Konsensbildung?, in: Kistler, Perspektiven gesellschaftlichen Zusammenhalts (Anm. 18), S. 399–410, hier S. 400.

36 Heinze/Olk, Vom Ehrenamt zum bürgerschaftlichen Engagement (Anm. 32), S. 90.

37 Wolfgang Zapf/Roland Habich (Hrsg.), Wohlfahrtsentwicklung im vereinten Deutschland. Sozialstruktur, sozialer Wandel und Lebensqualität, Berlin 1998, S. 299.

38 Gensicke/Klages, Bürgerschaftliches Engagement (Anm. 18), S. 178–181.

39 von Rosenbladt, Zur Messung ehrenamtlichen Engagements (Anm. 35), S. 402; von Rosenbladt/Picot, Freiwilligenarbeit, ehrenamtliche Tätigkeit (Anm. 33), S. 21; Zapf/Habich, Wohlfahrtsentwicklung im vereinten Deutschland (Anm. 37), S. 299; Inter/esse, 3/1998; Priller, Variationen zum Thema »Ehrenamt« (Anm. 33), S. 136; Heinze/Olk, Vom Ehrenamt zum bürgerschaftlichen Engagement (Anm. 32), S. 90–93.

40 Zapf/Habich, Wohlfahrtsentwicklung im vereinten Deutschland (Anm. 37), S. 299.

41 Anke Schöb, Gesellschaftliche Beteiligung und Freizeit, in: Statistisches Bundesamt (Hrsg.), Datenreport 2000, Bonn 2000, S. 530–540, hier S. 535.

42 Gensicke/Klages, Bürgerschaftliches Engagement (Anm. 18), S. 184.

43 Im Folgenden werden die wichtigsten Ergebnisse einer breiteren Analyse berichtet, aus: Heiner Meulemann, Die andere Spaßgesellschaft – Selbstorientierung als Motiv der Kollektivorientierung, Manuskript, Köln 2001.

44 Zum Umweltbewusstsein der deutschen Bevölkerung und Einsatz für den Umweltschutz siehe ergänzend den Beitrag »Umweltschutz« von Joseph Huber in diesem Band, v. a. Kapitel 2 und 6.

45 Paulwitz, Wem gebührt die Ehre? (Anm. 33), S. 206.

46 Priller, Variationen zum Thema »Ehrenamt« (Anm. 33), S. 138.

47 Gensicke/Klages, Bürgerschaftliches Engagement (Anm. 18), S. 184.

48 von Rosenbladt/Picot, Freiwilligenarbeit, ehrenamtliche Tätigkeit (Anm. 33), S. 35–41; Bernard von Rosenbladt, Freiwilliges Engagement in Deutschland. Gesamtbericht, Stuttgart 2000 (Schriftenreihe des BMSFJ, Band 194.1), S. 112 ff.

49 Dafür ist auch schon die Tatsache ein Hinweis, dass zwei der Listen mehr selbst- als kollektivorientierte Motive vorgeben; vgl. von Rosenbladt/Picot, Freiwilligenarbeit, ehrenamtliche Tätigkeit (Anm. 33); Priller, Variationen zum Thema »Ehrenamt« (Anm. 33).

50 Der Unterschied zwischen Freizeit, Arbeit und sozialem Engagement wird auch daran sichtbar, dass Stolz und Zufriedenheit auf sie nicht in gleicher Weise als Sichtweise der Person angewendet werden können. Man kann kaum fragen: Haben sie viel oder wenig Spaß an Ihrer Freizeit? Denn Spaß ist das selbstverständliche Erfolgskriterium. Allerdings kann man fragen: Wie zufrieden sind Sie mit Ihrer Freizeit? Anders gesagt: Wieweit hat sich die Suche nach Spaß verwirklichen lassen? Anders bei der Arbeit: Weil sie Not und Pflicht ist, dabei zudem Spaß sein kann, lassen sich hier beide Fragen, nach dem Spaß und der Zufriedenheit, stellen. Schließlich kann das soziale Engagement zwar Spaß sein, aber es gibt kein Erfolgskriterium. Erfolg ist immer selbstbezogen: Deshalb klingt die Frage nach dem Erfolg des sozialen Engagements widersprüchlich.

51 von Rosenbladt/Picot, Freiwilligenarbeit, ehrenamtliche Tätigkeit (Anm. 33), S. 23.

JÜRGEN TUREK

Technologiegesellschaft

1. Globalisierung, technologische Innovationen und sozialer Wandel: Prägestempel für das 21. Jahrhundert

Reife Industriegesellschaften wie die Bundesrepublik Deutschland werden heutzutage mit den Folgen der Globalisierung, völlig neuen technologischen Möglichkeiten, gravierenden demographischen Verschiebungen und, nach den brutalen Terrorangriffen auf die USA am 11. September 2001, mit neuartigen Herausforderungen für die innere und äußere Sicherheit gleichzeitig konfrontiert. Damit entsteht ein immer stärker werdender Zwang, neue Fähigkeiten der nationalen Selbstorganisation mit ebenso neuartigen Fähigkeiten globaler Kooperation langfristig und nachhaltig zu kombinieren. Diese Ergänzung der politischen Steuerungsfähigkeit des Nationalstaates ist für die transnational vernetzte Gesellschaftswelt bisher aber nur in Ansätzen – etwa auf europäischer Ebene – erkennbar. Und hierbei dominiert die Ökonomie.

Die politischen Entscheidungsträger nehmen diese Herausforderungen an die Politik aufgrund der Mechanik des an Legislaturperioden orientierten Handelns oder korporativen Denkens in Deutschland vielfach nur unzureichend wahr. Die Diskrepanz zwischen der effektiven Beherrschung globaler Sachverhalte durch Wirtschaft sowie wissenschaftliche Kreise und der Beeinflussung dieser Realität seitens der politischen Akteure wächst. Die Frage, wie eine global vernetzte Wirtschaft und Gesellschaft sinnvoll organisiert, effizient verwaltet, vernünftig regiert und demokratisch legitimiert werden soll, hat noch keine klare Antwort gefunden. Vielmehr verharrt die Analyse bei erkennbaren Strömungen und ihren signifikanten Phänomenen. Und hier ist der klare Blick durch eine Vielzahl konkurrierender Erklärungsmodelle zunächst verstellt.[1] Es liegt eine verwirrende Anzahl gesellschaftlicher Theorieentwürfe und Erklärungsansätze vor, die sich im Zeitverlauf jeweils auf spezifische Eigenarten des sozialen Miteinanders kaprizieren. Doch verschiedene Ansätze und Vorstellungen sowie die für dieses Buch im Auftrag des Bundesverbandes Deutscher Banken durchgeführte Umfrage »Deutschland im Wandel« laden zu einem »analytischen Spaziergang« durch Daten und Theorien ein, der in seiner Konklusion eine transparentere Vorstellung über die Zukunft der Bundesrepublik Deutschland erlaubt.

In diesem Beitrag wird die gesellschaftliche Zukunft in Deutschland unter Einbeziehung globaler Entwicklungslinien reflektiert. Dies ist wichtig, da die globale Ebene in zunehmender Weise den Rahmen setzt, in dem regionale oder länderspezifische »outlooks« entwickelt werden können. Das bedeutet, angesichts der vielen

Unsicherheiten zukünftiger Entwicklungen ein orientierendes Bild einer möglichen, wenn nicht gar wahrscheinlichen gesellschaftlichen Zukunft für Deutschland zu zeichnen. Moderne Globalität, eine anschwellende Zahl revolutionärer technologischer Innovationen und markante Aspekte des sozialen Wandels provozieren sehr unterschiedliche Vorstellungen darüber, welche Konsequenzen damit für gesellschaftliche Verantwortung und politisches Handeln in Deutschland in den kommenden 15 bis 20 Jahren verbundenen sind. Als unbestritten gilt: Die Phänomene und Synergien von moderner Globalität, technologischem und sozialem Wandel werden auf alle soziale Teilsysteme in Deutschland – auf Wirtschaft, Politik, Militär, Recht, Erziehung, Wissenschaft, Kunst, Religion und Medizin – in jeweils unterschiedlicher, insgesamt aber umwälzender Weise ausstrahlen.

Dieser Beitrag wendet sich diesem komplexen Thema im Rahmen einer Trendanalyse zu. Es verbindet in Kapitel 1 eine gesellschaftliche Bestandsaufnahme mit den Auswirkungen und Möglichkeiten moderner Globalität und technologischer Innovationen und identifiziert vier Trends, die so robust sind, dass nachhaltige Veränderungen zu erwarten sind:

1. die Transformation von der Industriegesellschaft hin zu der transnationalen Hochtechnologiegesellschaft;
2. die Konsequenzen informationstechnologischer Innovationen;
3. die Herausforderungen des gentechnologischen und biomedizinischen Fortschritts;
4. die Verschränkung des weltweiten und nationalen demographischen Wandels.

Der Prozess des gesellschaftlichen Wandels ist heute bereits in vollem Gange, und die Frage ist angebracht, welche gesellschaftlichen Entwicklungspfade das 21. Jahrhundert Deutschland beschert. Die entscheidenden Ausgangsfragen sind:

- Was sind die zentralen Konsequenzen des Wandels, und wie können daraus resultierende Chancen optimiert, wie Risiken minimiert werden?
- Ist das Konzept der modernen Gesellschaft tragfähig und flexibel genug, um den absehbaren Herausforderungen begegnen zu können?
- Welche zentralen Problem- und Konfliktlagen werden die Zukunftsgesellschaft prägen, und was muss heute getan werden, um eine lebenswerte Zukunft für morgen zu erreichen?

Der erste Befund ist ambivalent: Während Innovationen in Wirtschaft und Technologie zu atemberaubenden Höhenflügen bei den Vorstellungen über neue Gestaltungsmöglichkeiten inspirieren, sind gesellschaftliche Anpassungsprozesse – wenn überhaupt – erst in Ansätzen zu erkennen. Hierbei sind insbesondere drei Konsequenzen des sozioökonomischen und technologischen Wandels für das Zielbild einer nachhaltigen gesellschaftlichen Entwicklung in Deutschland relevant, die in Kapitel 2 thematisiert werden:

1. wachsende Gegensätze und Ungleichheiten bei den sozialen Verhältnissen;
2. zunehmendes Tempo des sozioökonomischen Wandels;
3. neuartige Sensibilitäten einer vernetzten Welt.

Der Anpassungsdruck, der aus diesen Konsequenzen resultiert und dem auch die deutsche Gesellschaft unterliegt, ist nicht zu übersehen. Zur Wahrung der gesellschaftlichen Stabilität sind deshalb – zum Beispiel – umfangreiche Reformen im Arbeits- und Rentensystem, in der Einwanderungspolitik sowie neue Konzepte der Frauen- und Familienförderung notwendig, die in Kapitel 3 exemplarisch und knapp für gesellschaftspolitische Innovationen entwickelt werden. Kapitel 4 untersucht schließlich die Konsequenzen, die für die Bürger, die politischen Akteure sowie das politische System in Deutschland zu erwarten sind.

1.1 Moderne Globalität und gesellschaftlicher Wandel

Das 20. Jahrhundert hat sich mit grundlegenden Verschiebungen im Koordinatensystem von Industriegesellschaft und Nation verabschiedet. Die Rahmenbedingungen der Gesellschaft wurden in diesem System durch zwei Konzeptionen definiert: Nationalstaat und Nationalökonomie im Gewand einer geregelten sozialen Marktwirtschaft. Diese Verbindung gewährleistete wachsendes Einkommen durch effiziente marktwirtschaftliche Wertschöpfung. Beide bildeten Bezugspunkte kollektiver Identität und den Ordnungsrahmen für die Schlichtung sozialer und politischer Konflikte. Das Wirtschaftsmodell basierte auf einer Marktordnung, die den effizienten Einsatz von Gütern und Produktionsfaktoren belohnte, Wettbewerb begünstigte und Eigentumsrechte sicherte. Dies war die Basis für wirtschaftliches Wachstum und die Fähigkeit zum Strukturwandel, die schließlich auch die deutsche Wiedervereinigung ermöglichte. Im Rahmen der politischen Verfassung waren die politischen Grundrechte klar definiert. Die Gewaltenteilung und ein parlamentarisches Regierungssystem garantierten eine größtmögliche Machtkontrolle. Gestützt auf einen breiten politischen Konsens der Parteien und Interessengruppen, brachte die deutsche Gesellschaft diejenigen Ausgleichsmechanismen hervor, durch die die konfessionellen und sozialen Konflikte in dieser Phase deutscher Geschichte moderiert werden konnten.

1.1.1 Ordnende Kraft von Nationalstaat und sozialer Marktwirtschaft verblasst

Im Zeitalter moderner Globalität wird die ordnende Kraft dieser Konzeption schwächer. Betroffen davon ist nicht nur die Bundesrepublik Deutschland. Vielmehr kann diese Tendenz in allen modernen Gesellschaften beobachtet werden.[2] Es lässt sich empirisch verfolgen, wie in den letzten 50 Jahren in Deutschland die großen, kollektiv orientierten Zukunftsideen an Orientierungskraft verloren haben. Erst war es die nationale Idee, dann die sozialistische Vision. Heute tobt ein Kampf zwischen den Intellektuellen[3] – auch die Politik tastet sich an dieses Thema heran, wie das bald in Vergessenheit geratene Blair-Schröder-Papier zeigt – um das menschliche Antlitz eines neoliberal geprägten Kapitalismus. Die Debatte in Deutschland wird von der Frage geprägt, inwiefern der globale Kapitalismus sich anschickt, nationale und andere Herkunftsbindungen aufzulösen und »die Zukunft von allen Fesseln des Herkömmlichen zu entbinden, die soziale Welt somit als ›reine‹ Zukunftswelt erstehen zu lassen«[4]. In dieser Vision erscheint die Zukunft zwar »restlos machbar«, aber es gibt keine politischen Instanzen und Kollektivitäten mehr, die das Machbare steuern und zum Guten wenden könnten. »Die progressive Vision schlägt dann um in das schicksalhafte Ausgeliefertsein an eine hoch komplexe Sozialmaschinerie, die nichts anderes betreibt als ihren eigenen Fortschritt.«[5]

Die intellektuelle Debatte wird durch die sich rasch ändernden Realitäten zunehmend verifiziert. Denn Reichweite und Geschwindigkeit des Wandels verändern die Organisationsstrukturen des marktwirtschaftlich organisierten und national verfassten Systems und fordern seine Anpassungsfähigkeit im Paradigmenwechsel von der Industrie- zur transnationalen Hochtechnologiegesellschaft heraus. An der Schwelle zum 21. Jahrhundert entsteht der Zukunftsentwurf einer transnational vernetzten Gesellschaftswelt, deren zentrale wirtschaftliche Ressourcen nicht mehr Eisen und Stahl, nicht primär Elektrizität und Chemie und auch nicht notwendigerweise die industrielle Großorganisation ausmachen, sondern Wissen[6] und Kommunikation, transnationale Netze und dezentrale Produktion. Zugleich öffnet sich die Schere zwischen globaler Wirklichkeit und den in den bestehenden Institutionen abgelagerten gesellschaftlichen Regelungserfahrungen. Der Paradigmenwechsel stellt nahezu alles infrage, nicht nur die Formen der wirtschaftlichen Wertschöpfung, sondern auch das gesamte gesellschaftliche Beziehungsgeflecht, die Besitzverhältnisse, die Herrschaftsstrukturen oder religiöse und familiäre Bindungen.

1.1.2 Moderne Globalität und technologische Innovationen provozieren lokale und regionale Abwehrreflexe

Risiken und Unsicherheiten wachsen[7] und ein Pulsschlag der Kompensation prägt die Zeit, ein auf individuellen Dispositionen oder fein strukturierten Gruppeninteressen beruhendes Anpassungsverhalten, dass bei einer Vielzahl von konkurrierenden egoistischen Optionen offensichtlich das Ziel einer kollektiv getragenen und sinnvollen gesellschaftlichen Steuerung aus den Augen verloren hat. Offenkundig wird, dass moderne Globalität und technologische Innovationen bei vielen Menschen einen Widerstreit der Empfindungen provozieren: Dem zuversichtlichen Vertrauen der einen auf neue Chancen individueller und gesellschaftlicher Entwicklung steht die Furcht anderer vor dem Verlust materieller Besitzstände, sozialer Geborgenheit oder individueller Kalkulierbarkeit gegenüber.[8] So führt das Entstehen einer transnational vernetzten Gesellschaft, die durch Englisch und übergreifende Kommunikationsnetze gestützt wird, im Gegenzug auch zu einer Betonung regionaler und lokaler Eigenheiten, in dem Versuch, die eigene Identität zu bewahren. Menschen, soziale Gruppen oder Teilbereiche der Gesellschaft entziehen sich damit den Verunsicherungen der transnationalen Welt. Der digitale Fortschritt kann diese Dramatisierungen durch neuartige Abwehrreflexe anreichern.[9] So ist es denkbar, dass der digital angetriebene »Turbo-Kapitalismus« der Globalisierung Kulturkämpfe gegen diese neue Formation des Wirtschaftslebens mobilisiert. Die Ausschreitungen in Seattle, Göteborg und Genua weisen in diese Richtung, und man könnte das Bild der einstürzenden Twin Towers in New York als schrecklichsten Beweis für diese These anführen.

Die Internationalisierung von Politik und Wirtschaft vermehrt die Berührungspunkte unterschiedlicher Religionen, Weltanschauungen und Lebensweisen – auch in Deutschland. Daraus entstehen Konfliktthemen. Häufig sind Abgrenzung, Xenophobie und Fundamentalismus die Antwort auf politische Veränderungen.[10] In diesem Kontext halten nach der Umfrage des Bundesverbandes deutscher Banken im

Jahr 2000 zwei Drittel der deutschen Bevölkerung die Gefahr religiöser Konflikte in Deutschland für »sehr groß« oder »groß«.[11] In der deutschen Gesellschaft können Verflechtung und Einwanderung insbesondere in kleinbürgerlichen Milieus vermehrt zu Fremdenhass und Ausländerfeindlichkeit führen. Globalisierung erscheint vielen als Nullsummenspiel, in dem die Gewinne anderer zwangsläufig gewachsene eigene Besitzstände angreifen. Die Perspektive gravierender Diskontinuitäten in der eigenen Biografie erzeugt Unsicherheit und Zukunftsangst. Auf der Suche nach der eigenen Identität, im Bemühen um eigenen Schutz und bei der Verteidigung des eigenen Terrains kann das Fremde deshalb zunehmend als bedrohlich empfunden werden. Migration von Menschen in Not beansprucht staatliche Mittel und kann Konflikte bis hin zum Ausbruch tätlicher Gewalt entfachen. Die ausländerfeindlichen Übergriffe in Deutschland zum Ende der 90er-Jahre stehen hier als Beispiele. Insgesamt gilt, dass steigende Massenarbeitslosigkeit und um sich greifende soziale Ausgrenzung von immer mehr Gruppierungen in der deutschen Gesellschaft extremistische wie fundamentalistische Anfälligkeiten anwachsen lassen.[12] Im Jahr 2000 beurteilten nach der Umfrage des Bundesverbands deutscher Banken in diesem Zusammenhang fast 63 Prozent der Bevölkerung in Deutschland die Konflikte zwischen Ausländern und Deutschen als »sehr stark« bzw. »stark« und ebenfalls rund 63 Prozent gaben hierbei an, sie glaubten, dass auf Deutschland in den nächsten 10 bis 20 Jahren aufgrund von Kriegen oder Bürgerkriegen größere Flüchtlingswellen zukommen werden.[13]

Abb. 1: Zahl bewaffneter Konflikte 1989–1997

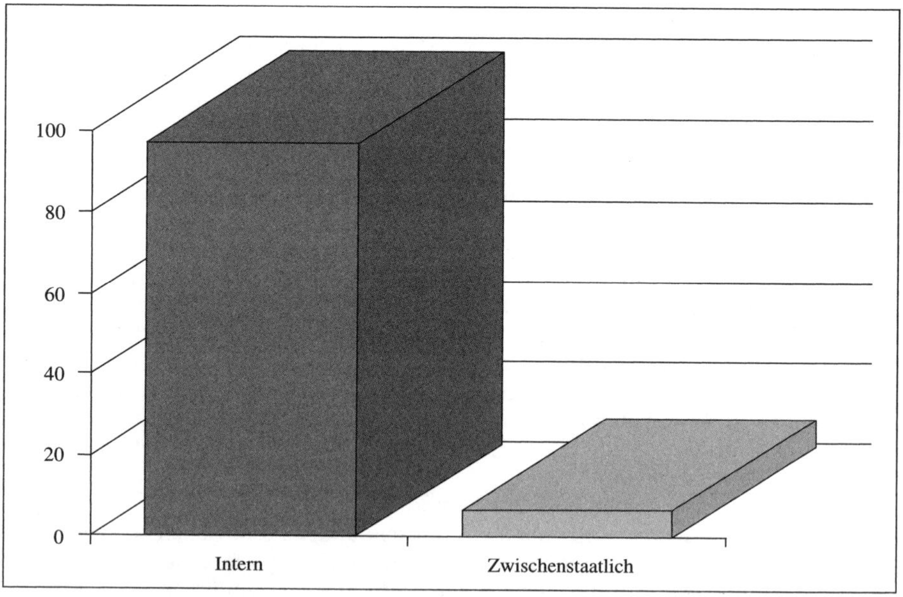

Quelle: Sipri.

1.1.3 Komplexität führt zum Bedeutungsverlust traditioneller Sinnanbieter

Bereits das Ausmaß und die Geschwindigkeit des wirtschaftlichen, technologischen und gesellschaftlichen Wandels überfordern viele Menschen. So fühlen sich ca. 50 Prozent der deutschen Bevölkerung von der enormen Geschwindigkeit des Lebens bedroht. Diese Überforderung wird durch kollektive Sinnverluste in modernen Gesellschaften weiter verstärkt. Kollektive Sinndefizite sind das Ergebnis einer undurchschaubar gewordenen Welt, in der keiner Institution mehr ein Monopol an Sinnstiftung zugebilligt wird. Traditionelle Großinstitutionen, Parteien, Kirchen, Verbände und damit politische Programme, Ideologien oder Religionen haben an bindender Kraft verloren: Wie keine andere Weltregion geht Europa durch eine Phase der Entkirchlichung. Die Säkularisierung hat zu einer Vorstellung vom Funktionieren der Gesellschaft geführt, die auf religiöse Sinngebung im traditionellen Sinn verzichtet. Religiöse und Sinn stiftende Bedürfnisse wandern aus den traditionellen Institutionen aus, und alternative religiöse wie nicht religiöse Gruppierungen erheben Anspruch auf Anerkennung im öffentlichen Raum.

1.1.4 »Selbstverständliche« Gleichzeitigkeit von Gegensätzen

Sowohl Individualisierung als auch neue gemeinschaftliche Sinnanbieter kompensieren Defizite, die über lange Zeit gewachsen sind. Die moderne Gesellschaft produziert so eine dialektische – wie selbstverständlich hingenommene – Gleichzeitigkeit von Gegensätzen. Die Individualisierung hat gewachsene Selbstverständlichkeiten und Traditionen innerhalb weniger Generationen aufgelöst. Entlastende Rituale sind zerbrochen, zentrale Institutionen geschwächt. Wo früher stabile gesellschaftliche Einrichtungen sozialen Zusammenhalt definierten, dominieren heute individuelle Lebensentwürfe. Der Zuwachs an individueller Freiheit ist jedoch verbunden mit größerer Eigenverantwortlichkeit. Der Einzelne muss seinen sozialen Zusammenhalt permanent selbst organisieren und pflegen. Durch die explosionsartige Vermehrung von Handlungsoptionen ergibt sich darüber hinaus für jeden Einzelnen ein Optimierungsproblem, und die vielfachen Möglichkeiten der individuellen Wahl durchkreuzen sich.

Deshalb spricht vieles dafür, dass Individualisierungstendenzen in Deutschland an Grenzen stoßen. Das Plädoyer der Kommunitarier in den USA weist ebenso auf die Sinn- und Verantwortungsschwäche pluraler Gesellschaften hin[14] wie die Konjunktur neuer Sinnanbieter in Europa, von Sekten bis hin zu alternativen sozialen Bewegungen.[15] Die Soziologie hat erkannt, dass Individualisierungstendenzen zwar anhalten, dass sie aber in horizontale Netzwerke spezifischer Milieus einmünden. Sie reduzieren die permanenten Zwänge zur individuellen Integration und physischer Selbstbehauptung durch die Vermittlung von Identität und das Angebot kollektiven Schutzes.

1.1.5 Erosion nationalstaatlicher Regelungskompetenz

Eine weitere Schlüsselerfahrung für moderne Gesellschaften wie Deutschland ist die zunehmende territoriale Entgrenzung von Politik, Wirtschaft, Gesellschaft und Kultur. Sie werden konfrontiert mit der wachsenden Zahl internationaler Netzwerke. Internationale Organisationen und transnational agierende, nicht staatliche Akteure bestimmen immer stärker das politische Geschehen dort mit, wo der Problemdruck herkömmliches staatliches Handeln überfordert. Sie greifen damit in die inneren Angelegenheiten von Staaten ein. Globalisierung führt dazu, dass traditionelle Aufgaben des Nationalstaats ohne neue Formen der Kooperation und Kommunikation nicht mehr effektiv erfüllt werden können. Gegenseitige Abhängigkeiten und wirtschaftliche Verflechtung verändern den autonomen Handlungsspielraum des Nationalstaates. Die territorial gebundene Demokratie verliert an Substanz, während die Wirkungsmacht transnationaler Politik wächst – zumeist ohne demokratische Legitimation.

Sowohl global agierende Unternehmen wie nicht staatliche Organisationen entlasten den Sozialstaat durch Mäzenatentum und Engagement für die Gemeinschaft. Obwohl sie auch durch die Beschränkung auf partielle Interessen »nerven« können: Sie werden zu Kompetenzzentren im Prozess des Wandels. Durch die Übernahme sozialer Verantwortung über gesellschaftlich ausgerichtete Public Relations oder eine geschickte Instrumentalisierung von Stiftungen definieren sie gleichermaßen politische Positionen und bestimmen die Themen der internationalen Politik zunehmend mit.

Transnationale Unternehmen werden zu gewichtigen Akteuren der internationalen Politik. Ihre Ressourcen sind oft beträchtlich. Die Umsätze von General Motors übertrafen 1995 mit rund 125 Milliarden US-Dollar das Bruttosozialprodukt einer mittleren Volkswirtschaft wie Norwegen. Operierten 1968 7 276 Unternehmen global, so waren es 1990 35 000, Anfang 2000 bereits 45 000. Mit ihren 280 000 Auslandstöchtern erwirtschaften sie etwa ein Drittel des Weltprodukts. Zunehmend steuern sie die internationalen Investitions- und Finanzströme. Ihre Auslandsinvestitionen haben in der Vergangenheit stark zugenommen und damit die Bedeutung solcher Unternehmen für die Volkswirtschaften erhöht. Ein wachsender Teil des Welthandels ist im Grunde nicht mehr den nationalen Außenhandelszahlen zuzurechnen, denn es handelt sich um innerbetriebliche Investitionen, Warenlieferungen und Dienstleistungen transnationaler Unternehmen. Das Volumen dieser globalen Finanztransaktionen wird auf knapp 200 Milliarden US-Dollar pro Tag geschätzt. Auch die Anzahl von Nicht-Regierungsorganisationen (NGOs) ist von 1 899 im Jahr 1968 auf 4 646 im Jahr 1990 gestiegen – mit Ablauf des vergangenen Jahrzehnts hat sie sich noch einmal auf ca. 10 000 verdoppelt. Ihr Einfluss wächst: Die weltumspannenden und internationalen Aktivitäten der Pugwash-Konferenzen, der Umweltschutzorganisation Greenpeace oder der Menschenrechtsorganisation amnesty international stehen hierfür als Beispiel.

1.1.6 Innovative Kraft des technologischen Fortschritts

Hinzu kommen bahnbrechende Entwicklungen in der Informationstechnologie und der Bio- und Gentechnologie, die bemerkenswerte Innovationen in der Biomedizin, der Pharmazie und der Landwirtschaft ermöglichen. Die Entschlüsselung des Erbguts der Schotenkresse im Dezember 2000 zeigt hierbei große Chancen für einen modernen ökologischen Landbau auf, denen man sich dogmatisch nicht verschließen können wird. Der technologische Fortschritt verspricht eine neue Dimension der Gestaltung der Lebensverhältnisse auf dem Globus. Die Verbindung von Fortschritten in der Informationstechnologie und den Biowissenschaften wandelt die Substanz gesellschaftlichen Zusammenlebens: Menschen definieren die eigene Spezies und fordern damit zugleich archaische Mythen der Schöpfung, Paradigmen von Religion und Philosophie heraus. Die Revolution der Biotechnologie entspricht der Revolution der Physik zum Anfang des 20. Jahrhunderts. Doch während Relativitätstheorie und Quantenmechanik höchstens durch metaphorische Übertragung das menschliche Selbstbild beeinträchtigten, verändert die neue Biologie den Menschen selbst. Es wird evident, dass wissenschaftliche Erkenntnisse die modernen Gesellschaften zwingen, ihr Verständnis von Natur- und Menschenwelt, von den Organisationsformen Politik und Biologie zu überdenken.[16] Besonders deutlich wird dies an den Entscheidungen der estländischen und isländischen Parlamente, die genetischen Daten ihrer Bevölkerung auf Datenbanken zu sammeln, wissenschaftlich auszuwerten und damit dem eigenen Gesundheitswesen eine neue Grundlage zu bescheren.

Die neuen Technologien eröffnen aber nicht nur neue gesellschaftliche Möglichkeiten, sondern sie schließen gleichzeitig althergebrachte aus. Die Digitalisierung eliminiert die gewohnte Stabilität von Arbeitsleben und Karriere, von sozialem Status und gesellschaftlichem Umfeld. Etablierte Formen solidarischen Handelns und angestammte Sozialstrukturen verlieren ihre Wirkung. Die Vernetzung löst die herkömmlichen Strukturen des gesellschaftlichen Miteinanders auf, liefert gleichzeitig aber Bausteine für eine neue Struktur.[17] Diese Perspektive wird von der deutschen Gesellschaft geteilt. In der Umfrage »Deutschland im Wandel« gaben rund 82 Prozent der Befragten an, dass etwa das Internet die Gesellschaft grundlegend verändern wird.

In diesem Kontext sind globale Effekte insgesamt relevant, die – indirekt oder direkt – auch Deutschland betreffen. In der Summe bedeutet dies: Deutschland erlebt, wie die ganze Welt, eine durch informationstechnologische Innovationen angetriebene extrem ausgeprägte soziale Evolution. Im Einzelnen lassen sich dabei vier Entwicklungslinien identifizieren, die nachfolgend konkretisiert werden sollen:

1. Demokratisierung der Information;
2. Stärkung des Rückgrats der regional fixierten Wirtschaft;
3. Entwicklungschancen für Bildung und Arbeitsmärkte;
4. Ergänzung der bekannten Wirtschaftsformen durch Elemente einer neuen Ökonomie.

1.2 Die informationstechnologische Evolution

Digitalisierung ermöglicht die Optimierung unterschiedlicher informationstechnischer Systeme. Sie bezeichnet die Verbindung von Telekommunikation mit Computer- und Satellitentechnik und der Unterhaltungselektronik. Zusammen mit dem Aufbau flächendeckender Datenbahnen und der Entwicklung neuer Speichermedien ermöglicht die Digitalisierung in Zukunft eine zeit- und grenzüberschreitende, weltumspannende Kommunikation. Bis zum Jahr 2020, so eine Prognose, kann jeder Mensch an jedem Ort der Erde auf alle öffentlich zugänglichen Informationen zugreifen und mit allen anderen Menschen in Kontakt treten, sofern diese es wollen und zulassen. Es entsteht so ein globaler Markt, ein sechster virtueller Kontinent, der die Stofflichkeit der realen Welt durch eine Dimension erweitert. In einer nächsten qualitativen Entwicklungsphase sollen Quanten- und Dina-Computer Kapazitäts- und Übertragungsdefizite digitaler Methoden durch den Einsatz nanotechnologischer Instrumente überwinden.

Digitalisierung eröffnet in allen datenintensiven Bereichen von Arbeit, Bildung und Infrastruktur völlig neue Konzepte und Problemlösungen. Wohnhäuser werden durch Digitalisierung zu einem interaktiven System, das die Bedürfnisse seiner Bewohner durch Sensoren ermittelt und die Wohnumgebung entsprechend anpasst; Automobile, Flugzeuge und der Schienenverkehr werden durch digitale Steuerung zunehmend »intelligenter«. Über Autopilot lenken sie sich über weite Entfernungen, suchen den günstigsten Weg heraus, bieten eigene Kommunikationsmöglichkeiten an und reduzieren Kollisions- und Unfallrisiken. Auch in der Medizin spielt die verkleinerte Technik eine immer größere Rolle. So können sich Nanoroboter durch verstopfte Adern fräsen, implantierte Biochips die Gesundheit überwachen und Minicomputer tauben oder blinden Menschen Teile ihrer fehlenden Fähigkeiten ersetzen.[18]

Das Grundgerüst einer vernetzten und digitalisierten Welt ist das Internet mit seinen kommerziellen Subsystemen und der wachsenden Zahl der Intra-Netze in Unternehmen und Institutionen. Hinzu kommt die sprunghafte Entwicklung weltweiter Telekommunikation mit Satelliten und Mobilfunk. Seit 1959 sind 3 000 Kommunikationssatelliten in ihre Umlaufbahnen gebracht worden. Mit der multimedialen Welt haben sich die Voraussetzungen für eine grenz- und zeitüberschreitende Kommunikation vollständig entwickelt. Digitalisierung hat damit erhebliche Auswirkungen auf die Produktion von Gütern und Dienstleistungen, auf die Verständigung zwischen Menschen, auf die Ausübung politischer Macht und – schließlich – auf wesentliche Organisationsaspekte des alltäglichen Lebens.

1993 nutzten erst zehn Millionen Menschen das Netz. Gegenwärtig verdoppelt sich der elektronische Verkehr alle hundert Tage. Bis zum Ende des Jahres 2001 wird weltweit mit über 400 Millionen Internet-Nutzern gerechnet. Extrapoliert man diese Entwicklung linear, könnten im Jahr 2010 weltweit ca. vier Milliarden Menschen den Cyberspace nutzen.[19] Während die Innovationen von Radio, Telefon und Fernsehen Jahrzehnte beanspruchte, setzte sich das Internet in nur wenigen Jahren durch.

1.2.1 Demokratisierung der Information

Die Digitalisierung der Information erlaubt es Hunderten von Millionen Menschen auf der ganzen Welt in einem bislang noch nie erlebten Maß miteinander zu kommunizieren und Wissen, Nachrichten, Bilder, Musik und – vor allem – Meinungen auszutauschen. Diese neue, durch das Internet, den Computer und das Mobiltelefon begründete Informationsplattform verändert auch das Maß, die Form und die Intensität politischer Kommunikation. Verbesserte Artikulationsmöglichkeiten bedeuten im Ergebnis veränderte oder neuartige Aktionsmöglichkeiten von solchen politischen Akteuren, die bisher eine untergeordnete Rolle gespielt haben und sich aufgrund der Filter der Massenmedien nicht massenmedial artikulieren konnten, nun aber die immer preisgünstigeren und benutzerfreundlicheren Kommunikationstechnologien nutzen können, um sich politisch zu organisieren. In besonderer Weise sind hier die NGOs betroffen. Der über das Internet organisierte Protest gegen die WTO-Sitzung in Seattle hat gezeigt, wie dieses Medium in effizienter Weise zur politischen Aktion genutzt werden kann: Inhalte des Widerstands konnten schnell formuliert und verteilt, Orte des Protests festgelegt, Aktionsformen gemeinsam abgesprochen und spezielle Adressaten des Widerspruchs ausgewählt werden. Auch wenn man die Proteste nicht teilen mag, bedeuten die Informationstechnologien nicht nur eine neue Konstellation von Macht, sondern auch die Demokratisierung der Information.[20]

1.2.2 Stärkung des Rückgrats regionaler Wirtschaft

Die nationalen Volkswirtschaften verändern stetig ihr Gesicht. Information und Wissen entwickeln sich zu einem gewichtigen Produktionsfaktor. Um wettbewerbsfähig bleiben zu können, sind ständige Innovationen in Wissenschaft, Forschung, Bildung, Produktion, Dienstleistungen oder Management wichtige Elemente. Besonders kleinen und mittleren Unternehmen kommt im Prozess der nationalen und lokalen Wertschöpfung eine besondere Rolle zu, da diese Unternehmen in Deutschland den Großteil des Bruttoinlandprodukts erwirtschaften und einen wesentlichen Beitrag zur Schaffung neuer Arbeitsplätze leisten. Neben einer guten Produkt- oder Dienstleistungsidee ist dabei der Zugang zu Fremdkapital entscheidend. Globalisierung und der allgemeine Zugang zu neuen Technologien haben das Innovations- und Investitionsverhalten der Unternehmen verändert. Unabhängig von staatlichen Bürgschaften oder zurückhaltenden Investitionsbanken wird es in Zukunft für sie leichter sein, Kapital für neue Unternehmungen zu akquirieren.

Als Wurzel für die Prosperität und Wettbewerbsfähigkeit ist dies eine veränderte Grundlage für wettbewerbs-, industrie- und forschungspolitische Instrumente. Früher wurden die nationalen und internationalen Kredit- und Versicherungsmärkte von großen Banken, Versicherungen und Investmenthäusern kontrolliert. Oft zogen es diese Institutionen vor, Kredite nur an Unternehmen mit solidem Finanzgebaren und nachweislich hoher Bonität zu vergeben. Insofern ging es im Bankbereich oft wenig demokratisch und objektiv zu. Die Banken legten den Begriff »kreditwürdig« sehr eng aus, und für junge Unternehmen hing die Frage, ob sie Zugang zu Krediten erhielten, oftmals von Beziehungen und guten Kontakten ab. Kreditvergaben waren durch mangelnde Information oft geographisch auf den nationalen Raum eng beschränkt. Globalisierung und Informationstechnologien haben weltweit auf Kosten der Monopolstellungen der Banken zu einer Pluralisierung der Finanzwelt geführt. Kapital konnte durch die Entstehung eines Commercial-Paper-Markets und neuartiger Finanzierungsinstrumente leichter generiert werden, und im Verlauf der letzten 20 Jahre kam es zu einer Vervielfachung von Kapital bildenden Quellen, deren Ausschöpfung verkrustete oder willkürliche Verfahren von Kreditvergaben durchbrach.[21] Auch hier bieten Internet und Fernsehen einen immer leichteren Zugang zu Investment- und Risikokapital an. Kapitalmärkte werden transparenter, durch elektronischen Wettbewerb attraktiver und durch das Internet global.[22]

1.2.3 Entwicklungschancen für Bildung und Arbeitsmärkte

Die Erzeugung virtueller Welten revolutioniert die Bildungssysteme von den Grundschulen bis hin zu den Universitäten. Gegen 2015 können Menschen mit Computern sprechen. Lernstoffe und Forschungsergebnisse können ohne nennenswerte Zeitverluste global und vernetzt kommuniziert werden. Wechselseitige Übernahme von »best practices« wird leichter möglich. Durch die Senkung von Kosten und die Subventionierung des Zugangs können sozial schwache Menschen gefördert werden. Für Behinderte, deren Bewegungsradius physisch eingeschränkt ist, öffnen die interaktiven Elemente des Internets einen unbeschwerteren Zugang zur Bildungs- und Arbeitswelt.

Bürgerarbeit findet Angebot und Nachfrage im Netz; die Zivilgesellschaft stützt sich auf physische wie virtuelle Nachbarschaften. Die in der Arbeitsgesellschaft der Zukunft erforderliche Flexibilität lässt sich durch die Nutzung digitaler Netze erzielen; die wirtschaftlichen, ökologischen und sozialen Kosten dieser Mobilität schrumpfen. Die zunehmende Wissens- und Projektarbeit, deren Rohstoff Information ist, lässt sich durch die dezentrale Einrichtung vernetzter Arbeitsplätze erledigen. Die Digitalisierung von Arbeitsabläufen wird die Produktivität um bis zu 20 Prozent steigern und damit die Wettbewerbsfähigkeit der Unternehmen verbessern. Damit eröffnet die Digitalisierung der Information Organisationspotenziale, die den Bedürfnissen einer flexiblen Arbeitswelt entsprechen, individuellen Wünschen auf Selbstverwirklichung aber nicht entgegenstehen müssen.

Digitalisierung strukturiert die Zukunftsgesellschaft neu – je nach Intensität der Teilhabe und Gestaltungsrolle gesellschaftlicher Gruppen. Sie kann andererseits jedoch auch dazu beitragen, Scheidelinien der Globalisierung innerhalb der Gesellschaft zu mildern: Den transnational agierenden Funktionseliten in Wirtschaft, Verwaltung und Gesellschaft werden andere Teile der Gesellschaft gegenüberstehen, die an diesem Prozess zunächst nur geringen Anteil haben, deren Lebens- und Arbeitswelt vor allem regional und lokal geprägt ist. Die Erfahrung der globalen Interaktion wird sich diesem Kreis nur mittelbar erschließen. Politisch könnten sich diese Scheidelinien zu einem Gegensatz zwischen elitärer und populistischer Interessenvertretung aufladen.

Die Digitalisierung der Bürgergesellschaft, die Vernetzung über Grenzen und Erfahrungsräume hinweg kann aber Erfahrungslücken schließen, indem sie denjenigen Teilen der Gesellschaft, deren berufliches und privates Umfeld lokal geprägt ist, Zugang zur globalen Welt eröffnet: wie dem Klempner, dessen Markt lokal ist und bleibt, der aber spezifische Ersatzteile transnational über das Internet beschafft; oder dem Mitglied lokal aktiver Bürgerinitiativen, das über digitale Kommunikation den Erfahrungs- und Aktionsaustausch zu anderen, räumlich weit entfernten Initiativen pflegt.

1.2.4 Motor einer neuen Ökonomie

Gemeinsam mit anderen, hochproduktiven digitalen Sektoren, bildet die Informationswirtschaft den Grundpfeiler der neuen Ökonomie (»new economy«), die innerhalb ihrer technologischen, mikro- und makroökonomischen sowie metaökonomischen Dimensionen starke Veränderungsschübe initiiert.[23]

Technologisch repräsentiert sie einen Schub, mit der die informationstechnische Industrie zur Schlüsselbranche wird. Konzepte, Informationsinhalte und Bewertungsleistungen für die nationalen wie internationalen Güter-, Finanz- und Dienstleistungsmärkte, Beratungsdienstleistungen für Unternehmensorganisationen, Angebote für lebenslanges Lernen sowie die Stärkung individueller wie sozialer Kompetenz rücken in den Mittelpunkt. Neben die Welt der »stofflichen« Waren tritt die der digitalen Produkte und Dienstleistungen. Ihre mikroökonomische Dimension liegt in der wachsenden Bedeutung eines neuen Unternehmenstypus und neuer Bewertungskriterien für diese Unternehmen auf den Kapitalmärkten. Die Digitalisierung der Information treibt dabei die Integration ehemals getrennter Branchen an: Die Wertschöpfungsstränge von Telekommunikation, Medien und Informationstechnologien wachsen in komplexen Ketten zusammen; die Grenzen zwischen Medienunternehmen als Informationsanbieter sowie Telekommunikations- und Internet-Unternehmen als technische Dienstleister verschwimmen. Große Telekommunikations- oder Medienkonzerne wie der Gütersloher Medienkonzern Bertelsmann haben Internet-Dienstleistungsunternehmen gegründet, gekauft, oder sie kooperieren mit Online-Diensten, über deren Angebote täglich mehr Menschen in das Internet gehen. Auf makroökonomischer Ebene repräsentiert die Informationswirtschaft eine neuartige wirtschaftliche Konstellation, in der Dank höherer Produktivitätszuwachsraten höhere Raten inflationsfreien Wachstums aufgrund höherer Preis- und Markttransparenz möglich sind. Metaökonomisch betont die neue Ökonomie schließlich die zunehmende Bedeutung von Information als Input, Output und Strukturprinzip der Wirtschaft, die Intensivierung marktwirtschaftlicher Beziehungen und die Tertiärisierung der Wirtschaft.

1.3 Die Herausforderungen des gentechnologischen und biomedizinischen Fortschritts

Die Gentechnologie eröffnet den Zugriff auf die biologische Architektur des Menschen. Ihr Potenzial ist vergleichbar mit der hypokratischen Wende vor 2500 Jahren, als es erstmals gelang, Krankheiten zu verstehen und heilend einzugreifen. Mit den Möglichkeiten der Gentechnologie geht die Naturgeschichte der Organismen über in ein neues Zeitalter, in dem die Gestaltbarkeit des Lebens im Verantwortungsbereich der Menschen liegt. Die Potenziale der Bio- und Gentechnologie bedeuten:

- erhebliche Eingriffe in das soziale Miteinander;
- die Umwandlung der Agrarindustrie zur High-Tech-Branche;
- eine neue Konfliktformation zwischen Natur- und Geisteswissenschaften um die Ethik der Biomedizin.

1.3.1 Potenziale der Biotechnologie

Die Bio- und Gentechnologie erlaubt, Krankheiten nicht nur zu heilen, sondern präventiv vor ihrem Ausbruch zu erkennen und – perspektivisch – als Lebensrisiko auszuschalten. Nach Delphi-Befragungen soll es in 50 Jahren möglich sein, den Verschleiß des Körpers zu identifizieren und aufzuhalten; die durchschnittliche

Lebenserwartung könnte auf über 90 Jahre steigen. Heute sind die drei Milliarden Bausteine des menschlichen Genoms entschlüsselt. In 25 Jahren könnte es möglich sein, das Erbgut gezielt zu korrigieren. Ab dem Jahr 2010 sollen Zell- und Gewebekulturen für die Gewinnung von Transplantaten genutzt werden. Spender und Empfänger könnten identisch sein, so dass Abstoßungsreaktionen und moralische Probleme von Fremdspenden umgangen werden. Bereits heute zeichnet sich ein gezieltes Klonen von Tieren ab, wodurch die Herstellung wertvoller Leistungstiere ermöglicht wird, die beispielsweise Impfstoffe produzieren.

1.3.2 Gesellschaftliche Effekte des biomedizinischen Fortschritts

Fortpflanzung ist in dieser Zukunftsvorstellung keine Selbstverständlichkeit und schon gar kein Zufall mehr: Über 30 000 Retortenbabys werden weltweit geboren, und jährlich nimmt ihre Zahl zu. Ursache dafür ist das immer höhere Alter der Eltern. Die Möglichkeiten der Gentechnologie durch künstliche Befruchtung werden das Fortpflanzungsverhalten weiter verändern. Dies führt zu deutlichen Konsequenzen:

- Der Generationenwechsel wird sich weiter verschieben;
- Genanalysen und reproduktionsmedizinische Methoden wie die Präimplationsdiagnostik (PID) erlauben eine vorwegnehmende Korrektur der Erbanlagen und zwingen damit zur Neubestimmung der ethischen Grundlagen der Zukunftsgesellschaft;
- Familien werden zu neuen Formen finden, wenn Menschen Partnerschaften auf Zeit eingehen, dabei aber Kinder auf Dauer haben.

Mit der Biotechnologie eröffnen sich auch neue Möglichkeiten für die Ernährung einer wachsenden Weltbevölkerung. Ein Großteil der Agrarwirtschaft wandelt sich zu einem kapital- und forschungsintensiven High-Tech-Sektor, zu einer Industrie, in der DNS beschrieben, patentiert und besessen werden kann. 2025 werden mehr als 85 Prozent der Menschheit in Entwicklungsländern leben. Um eine ausreichende Ernährung für alle sicherzustellen, muss die Nahrungsmittelproduktion um 75 Prozent steigen.

1.3.3 Agrarwirtschaft als High-Tech-Industrie

Die Biotechnologie bietet sich als Basis für einen umweltverträglichen Anbau von Nahrungsmitteln an. Die weltweit verfügbaren landwirtschaftlichen Flächen sind nicht entscheidend erweiterbar. Die bisherigen Formen einer intensiven Bewirtschaftung sind weitgehend ausgereizt. Vor diesem Hintergrund wird die Biotechnologie zum Schlüsselfaktor der Nahrungsmittelproduktion einer Acht-Milliarden-Welt. In 20 Jahren werden eine Milliarde Menschen zusätzlich jährlich 200 Millionen Tonnen Reis mehr benötigen. Die Pflanzenzüchter setzen darauf, die Zuchtziele mit neuen Verfahren effektiv erreichen zu können. Die Gentechnik ist nach Ansicht der Welternährungsorganisation FAO für eine nachhaltige Landwirtschaft und Ernährung unerlässlich, weil sie Pflanzensorten mit Krankheitsresistenzen, verbesserten Inhaltsstoffen, neuen Qualitäten und Absatzmärkten hervorbringen kann. Jährlich gehen noch immer etwa 30 Prozent der Welternte durch Viren, Bakterien, Pilze, Kräuter und Insekten verloren. Für die Ernährung der Weltbevölkerung ist es wichtig und möglich, Pflanzensorten zu entwickeln, die auch bei ungünstiger Versorgung mit Nährstoffen und Wasser noch hinreichende Ernten bringen. Das Potenzial der Bio- und Gentechnologie baut diese Möglichkeiten auf. Den Welthunger wird sie allerdings nur in Verbindung mit der Effektivierung des internationalen Verteilungssystems beseitigen können.

1.3.4 Die herausragende Frage: Ethik der Biomedizin

Die Möglichkeiten der Reproduktionsmedizin stellen die Frage nach einer Ethik des biowissenschaftlichen Fortschritts neu, was bereits heute eine intensive und äußerst kontroverse Debatte ausgelöst hat.[24] Diese Debatte führte im Mai 2001 dazu, dass sich auch der Deutsche Bundestag des Themas annahm und es für Bundeskanzler Schröder immer stärker zur »Chefsache« wird. Im Kern geht es darum, die medizinischen oder wirtschaftlichen Entscheidungsgründe, die für den Einsatz gentechnischer Verfahren stehen, durch ethische Kriterien zu ergänzen. Nicht alle Formen der Gentherapie können ethisch pauschal abgelehnt werden, solange sie versprechen, genetisch bedingte Defekte zu bezwingen, die menschliches Leben gefährden. So erzeugt beispielsweise die Produktion von Insulin kein ethisches Problem. Darüber hinaus erlaubt die Anwendung der Gentechnik, ähnlich wie die Digitalisierung, die Realisierung konsistenter und damit nachhaltiger Verfahren. Durch den Anbau gentechnisch veränderter Pflanzen lassen sich beispielsweise in den USA heute bereits Tausende Tonnen an Pflanzenschutzmitteln sparen.

Gegenwärtig ist man jedoch nicht annähernd in der Lage, alle Implikationen genmedizinischer Verfahren zu übersehen – ein Steuerungsproblem angesichts der Entwicklungsgeschwindigkeit in der gentechnischen Forschung. Besonders die Kombination der Fortpflanzungsmedizin und der Keimbahntherapie erscheint gesellschaftlich problematisch und wird kontrovers diskutiert. Amerikanische Wissenschaftler haben bereits erfolgreich ein Verfahren entwickelt, mit dem Eltern das Geschlecht ihrer Kinder bestimmen können. Kinder könnten besser oder leistungsfähiger »gemacht« werden als der Durchschnitt. »Menschen nach Maß« sind Teil eines Szenarios der Möglichkeiten, die das Konfliktpotenzial der Gesellschaft von morgen vorzeichnet. Das »optimierte« Kind etwa ist für die einen Wunschtraum, für die anderen Gotteslästerung.

1.4 Das Spannungsfeld von Überalterung, Migration und sozialer Sicherheit

Die Konsequenzen demographischer Verschiebungen sind ein Besorgnis erregendes Thema für die ganze Welt – mit unterschiedlichen Vorzeichen. Die Trennungslinie verläuft zwischen den entwickelten Industrieländern und den Entwicklungs- und Schwellenländern. Trotz unterschiedlicher Problemlagen sind die verschiedenen gesellschaftlichen Ausgangslagen und Problemfelder im Zeitalter moderner Globalität miteinander verschränkt.

Während sich die industrialisierte Welt damit konfrontiert sieht, dass sie zunehmend altert und die Fertilitätsrate abnimmt, müssen sich viele Entwicklungsländer mit dem umgekehrten Problem befassen:
- Die Bevölkerung wächst.
- Der Drang zur Wanderung vom Land in die Stadt nimmt zu.

– Die ethnonationalen Konfrontationen und Verteilungskonflikte wachsen, lokaler Terror, Epidemien, insbesondere HIV/Aids, Ernährungsunsicherheit und ökologische Desaster[25] zwingen perspektivisch zur weiträumigen Migration.

Anschwellende Fluchtbewegungen und Migration aufgrund von Krieg, Diktatur, Elend oder des Verlustes der natürlichen Lebensgrundlagen eröffnen äußerst problematische Perspektiven demographischer Verschiebungen in der südlichen Erdhalbkugel. Nach Angaben des Flüchtlingskommissariats der UNO befanden sich Anfang 1999 ca. 21,5 Millionen Menschen auf der Flucht. 1,3 Millionen davon sind Flüchtlinge im engeren Sinne; hinzu kamen 1,3 Millionen Asylbewerber, 2,4 Millionen ehemalige Flüchtlinge, die nach ihrer Rückkehr in ihre Heimat auf internationale Hilfe angewiesen blieben, 4,9 Millionen Opfer von Bürgerkriegen und Menschenrechtsverletzungen und weitere 1,4 Millionen Menschen mit ungewissem Status. Wenngleich diese Zahlen in hohem Maße auf Schätzungen beruhen, geben sie eine gewisse Momentaufnahme der Problemlage wieder. Die meisten Kriege und bewaffneten Konflikte finden insbesondere in den Entwicklungsländern auf dem afrikanischen Kontinent statt. Aber auch Afghanistan, die Türkei oder Aserbaidschan weisen hohe Flüchtlingszahlen aus. Die Entwicklungsländer sind auch von den Flüchtlingsströmen am stärksten betroffen, und zwar als Herkunftsregion wie als Aufnahmeländer: Sie nehmen 70 Prozent aller Flüchtlinge weltweit auf. Doch 30 Prozent wandern weit über Grenzen hinweg in die Industrieländer. Die Bundesrepublik Deutschland ist dabei der Staat, der in absoluten Zahlen in der Vergangenheit die meisten Flüchtlinge aufgenommen hat.

Eine weiter wachsende Bevölkerung, zunehmende ethno-nationale Konflikte, neue Formen von Gruppenkonflikten innerhalb zerfallender Staaten oder gravierende Störungen regionaler Ökosysteme lassen die Erwartung weiter anschwellender Flüchtlingsströme zu. So wurden 1999 in 28 europäischen Ländern 437 370 Asylbewerber gezählt – gegenüber 1998 eine Steigerung um 19 Prozent. Hierbei wird eine Zunahme der Fluchtursachen – Krieg und Bürgerkrieg, Menschenrechtsverletzungen, Umweltzerstörung und Armut – prognostiziert, wobei den Ursachen Umweltzerstörung und Armut eine wachsende Bedeutung beigemessen wird. Nach Schätzungen der Umweltorganisation der UNO, UNEP, sind alleine im Tropen- und Subtropengürtel 850 Millionen Menschen vom Verlust ihrer Lebensgrundlagen bedroht. Weltweit gibt es derzeit etwa 25 Millionen »Umweltflüchtlinge«. Die gleiche Schätzung geht davon aus, dass bis 2010 50 Millionen Menschen aus ökologischen Gründen ihre Heimat verlassen müssen und zur Mitte des Jahrhunderts könnten es 200 Millionen sein, meist vertrieben von den Folgen der globalen Erwärmung, wie Dürre, Anstieg des Meeresspiegels, Wetterextreme oder Missernten. Sie fliehen zudem vor Überschwemmungen, vergifteten Böden, Entwaldung, Bodenerosion, Radioaktivität, Epidemien und anderem mehr. Öko-Brennpunkte könnten in den Philippinen, Mexiko oder an der Elfenbeinküste entstehen, Länder, die im Begriff stehen in wenigen Jahrzehnten ihre letzten Wälder zu verlieren.

Zwischen 1500 und 1960 haben schätzungsweise 60 Millionen Europäer den Kontinent verlassen, um in Übersee ihr Glück zu suchen. Die Mehrzahl von ihnen floh vor Arbeitslosigkeit, Armut oder der Hoffnungslosigkeit ihrer Lage. Armutsflüchtlinge sind soziale Indikatoren, die Ausdruck geben über den Zustand ihrer Heimat. Sie verlassen die Elendsgebiete, um zunächst in anderen Regionen oder den Städten des eigenen Landes, später aber in den Ländern des reichen Nordens Arbeit und finanzielles Auskommen zu suchen. Nachdem lange Zeit das Gros der Armutsflüchtlinge aus den Regionen der Dritten Welt kam, droht eine zusätzliche Zuwanderungswelle von Ost nach West. Neben ethnonationalen Konflikten oder politischer Repression spielen hier Erwartungen einer wirtschaftlichen Verschlechterung eine Rolle.

Dies trifft in den Industrieländern wie der Bundesrepublik Deutschland auf große Sorgen, obwohl sie es gerade sind, die nicht nur aus humanitären Gründen aufgerufen sind zu handeln, sondern aufgrund von wirtschaftlichen Notwendigkeiten und demographischen Verschiebungen im eigenen Land um Menschen konkurrieren müssen. So benötigt Deutschland nach Schätzungen der UNO bis 2050 ca. 25 Millionen Einwanderer, um das Verhältnis von Erwerbstätigen und Nicht-Erwerbstätigen stabil zu halten. Die Weltbank hat errechnet, dass, gemessen an der Weltbevölkerung insgesamt, die Bevölkerung in den Industrieländern bis 2050 von 12,7 Prozent auf 8,6 Prozent schrumpfen wird. Die herkömmlichen Systeme der sozialen Sicherung geraten daher in all diesen Gesellschaften unter Druck. Sie werden deshalb versuchen, ihre eigenen gesellschaftlichen Belange durch den Zuzug von solchen Menschen zu stabilisieren, die als »genug« qualifiziert und »systemstabilisierend« angesehen werden, um die Probleme im eigenen Land zu beheben, und sie werden angehalten sein, solche Menschen abzuwehren, von denen destabilisierende Effekte für die Systeme sozialer Sicherung oder die öffentliche Ordnung zu erwarten sind.

Dies hängt sehr eng mit der Überalterung der eigenen Bevölkerung zusammen, welche die Frage nach geeigneten Einwanderungskonzepten unübersehbar auf die Agenda der Industrieländer setzt. Die Debatte um die Green Card in Deutschland ist auch in diesem Zusammenhang zu sehen. So ergibt sich die Notwendigkeit, Ar-

Abb. 2: Welt-Altersstruktur

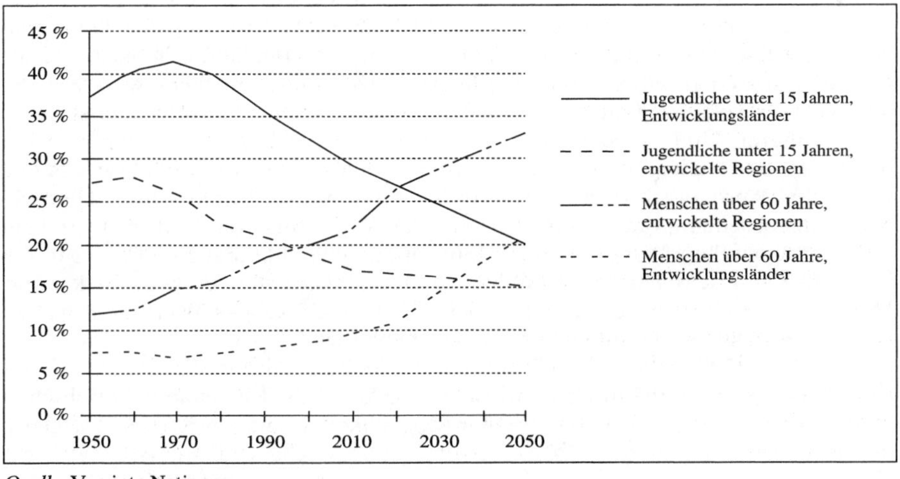

Quelle: Vereinte Nationen.

muts- und Umweltflüchtlinge oder Asylbewerber abzuweisen – gleichzeitig aber um die Besten und Stärksten in der Welt zu konkurrieren.

Das Spannungsfeld von Migration und sozialer Sicherheit wird so um den Faktor einer starken Überalterung in fast allen Industriestaaten ergänzt.[26] Die Potenziale der modernen Biomedizin werden diese Entwicklung noch verstärken. Im Ergebnis dreht sich die Bevölkerungspyramide in Deutschland von den Füßen auf den Kopf. Der Anteil der Alten gegenüber den Jungen steigt. Ursache dieser Verschiebung sind sinkende Geburtenraten und damit eine abnehmende Zahl potenzieller Beitragszahler sowie eine steigende Lebenserwartung und damit höhere Leistungsansprüche pro Kopf. Die durchschnittliche Rentenbezugsdauer wird steigen. Besonders hoch ist der Anpassungsdruck in Deutschland, dessen Altersversorgungssystem überwiegend umlage- und nicht kapitalfinanziert ist. Wenn bis zum Jahr 2025 der Altenanteil so stark zunimmt, wird der prozentuale Anteil der Altersversorgung am Bruttosozialprodukt steigen, wobei die zusätzliche Last durch Beitrags- oder Steuererhöhungen von der dann erwerbstätigen Generation zu tragen ist. Inwiefern in Deutschland die derzeitigen Ansätze zur Rentenreform durch die Verordnung privater Leistungen wirklich erfolgreich sein werden, ist nicht absehbar. Nach Berechnungen des Worldwatch Institute kommen in den modernen Industriegesellschaften durchschnittlich fünf Erwerbstätige für einen Rentenberechtigten auf. Im Jahr 2030 wird dieses Verhältnis nur noch drei zu eins betragen, in Japan sogar von sechs zu eins auf zwei zu eins fallen.[27]

2. Innovationen und gesellschaftliche Stabilität: Das Zielbild einer nachhaltigen Gesellschaftsentwicklung in Deutschland

Die Trendanalyse des gesellschaftlichen Ausmaßes von moderner Globalität, technologischen Innovationen und demographischen Verschiebungen zeigt auf: Der Paradigmenwechsel von der Industriegesellschaft zur transnationalen Hochtechnologiegesellschaft deutet für die Bundesrepublik Deutschland erhebliche soziale Diskontinuitäten in allen gesellschaftlichen Teilsystemen an. Dies wird von der deutschen Bevölkerung auch so verstanden oder zumindest intuitiv erfasst. Nach einer früheren Umfrage des Bundesverbandes deutscher Banken stimmen über 60 Prozent der Äußerung »voll und ganz« bzw. »eher« zu, dass Globalisierung und weltweiter Wettbewerb dazu führen, dass überkommene Strukturen in Deutschland aufgebrochen werden.[28] Damit wird das Verhältnis von moderner Globalität, technologischem Wandel, sozialer Innovation und politischer Erneuerung in Zukunft für die gesellschaftliche Stabilität in Deutschland von zentraler Bedeutung. Massiv stellt sich damit die Frage, welche Konsequenzen des Wandels in welche gesellschaftliche Ordnungskonzepte zu überführen sind.

Es geht um Wohlstand und Sicherheit, die Stabilität der vorhandenen oder erwünschten Lebensverhältnisse, individuell und kollektiv. Eine stabile Gesellschaft setzt den Einzelnen in den Besitz seiner Möglichkeiten und gewährleistet zugleich den sozialen Zusammenhalt über funktionierende Mechanismen gesellschaftlicher Solidarität. Dazu bedarf es eines Konsenses über fundamentale gemeinsame Werte, geeignete Institutionen, ausreichende materielle Mittel und technologische Ressourcen. Eine stabile Gesellschaft speist die Identität ihrer Menschen und ist Voraussetzung für eine ökologisch, sozial und ökonomisch nachhaltige Entwicklung.

Die Wucht des Übergangs von der Industrie- zur transnationalen Hochtechnologiegesellschaft stellt das Zielbild einer nachhaltigen Gesellschaftsentwicklung in Frage. Der Übergang von der Agrar- zur Industriegesellschaft hat im 19. Jahrhundert die Bedeutung des Verhältnisses von technologischem und gesellschaftlichem Wandel mit der damit aufgeworfenen sozialen Frage eindrucksvoll belegt. Einstmals funktionsfähige Instrumente gesellschaftlicher Solidarität verloren in den Zeiten des Wandels ihren Sinn. Erst nach geraumer Zeit gelang es, die damit verbundenen Verteilungskonflikte zu moderieren und die untauglich gewordenen Formen sozialer Integration durch neue Integrationsmechanismen zu ersetzen.

Der Übergang von der national und territorial verfassten Industriegesellschaft in eine durch Globalität und Technologie geprägte Gesellschaft lässt ebenso gravierende Umbrüche erkennen. Ähnlich wie die Eisenbahn im 19. Jahrhundert die Versorgung von Menschen und Wirtschaft aus weiten Entfernungen ermöglichte und auf diese Weise Urbanisierung, Massenproduktion und internationale Gütermärkte forcierte, sind modulare Produktionsprozesse transnational agierender Unternehmen, der alltägliche globale Fluss von Devisen und Kapital oder die zunehmende Zahl globaler Kommunikationsnetzwerke prägende Merkmale der Gegenwart. Wie zu Zeiten der industriellen Revolution sind damit weitreichende Konsequenzen für das politische Handeln der Akteure in Deutschland verbunden.

Entwürfe für künftige Formen politisch nachhaltigen Handelns müssen drei Entwicklungen Rechnung tragen, die unmittelbar aus Globalisierung und technologischen Innovationen resultieren:

1. den wachsenden Asymmetrien gesellschaftlicher Verhältnisse;
2. den Bedingungen einer beschleunigten Ökonomie;
3. den Sensibilitäten einer zunehmend miteinander verknüpften Gesellschaftswelt.

Entgegen vieler gängiger Debatten ist der systemische Charakter dieser Entwicklungen zu betonen. Sie sind Ausdruck einer technologischen, ökonomischen und gesellschaftlichen Zeitenwende, die sich gewohnten Lösungen entzieht. Vielmehr ist zu fragen, wie sich systemische Fehlentwicklungen durch Selbstorganisation, Kooperation und Konfliktregulierungen auf den verschiedenen Handlungsebenen lokaler, nationaler, regionaler, transnationaler oder globaler Politik konstruktiv regulieren lassen, um das Zielbild einer nachhaltigen Gesellschaftsentwicklung zu profilieren. Hierbei kontrastieren Chancen und Herausforderungen. Im Kern stellt sich die Frage, ob und wie moderne Globalität und technologische Innovationen zu Ressourcen einer nachhaltigen Gesellschaftsentwicklung werden können und inwiefern neuartige politische Steuerungskapazitäten entwickelt werden können, um diese Entwicklungen dauerhaft in konstruktive Bahnen zu lenken.

2.1 Wachsende Asymmetrien gesellschaftlicher Verhältnisse

Gesellschaftliche Asymmetrien sind heute bereits Realität und werden im Zuge ökonomischer Globalisierung und technologischen Wandels künftig noch an Schärfe gewinnen. Dies zeichnet sich auch für die bundesrepublikanische Gesellschaft deutlich ab. Individualisierte Lebensentwürfe und Beschäftigungsformen, eine sich öffnende Einkommensschere, ethnische Konflikte, Diskriminierungen oder eine steigende Kriminalitätsrate sind prinzipiell Ausdruck wachsender Desintegration. Die zunehmenden gesellschaftlichen Asymmetrien sind ein Zeichen dafür, dass herkömmliche soziale Ausgleichsmechanismen an Funktionsfähigkeit, Akzeptanz und damit an Legitimität verlieren.

Der technologische Wandel eröffnet neue Wachstumspotenziale, ist zugleich jedoch ein Grund für die Diskontinuität wirtschaftlicher Entwicklungen. In einer etablierten Industrie entsteht Diskontinuität dadurch, dass neue Produkt- oder Prozesstechniken eingeführt werden, die das Wissen der Unternehmen entwerten und die Entwicklung von ganz neuen Wissensbeständen nötig machen. Technologischer Wandel geht einher mit dem Markteintritt und schnellem Wachstum von neuen Unternehmen und dem Niedergang von etablierten Firmen. Das Internet verändert Produktionsformen und Vertriebsmodelle radikal.

Technologischer Wandel verursacht neben ökonomischen auch gesellschaftliche Brüche. Wie bei der industriellen Revolution verändert er die Strukturen und Funktionsweisen gesellschaftlicher Institutionen und Kommunikationsprozesse. Globalisierung und neue Technologien haben seit jeher zu mehr Wohlstand, dem Entstehen neuer Wirtschaftszweige und neuer Arbeitsplätze sowie einer Steigerung des Lebensstandards beigetragen. Damit traten jedoch auch erhebliche Anforderungen zur gesellschaftlichen Anpassung auf. Die Industrialisierung hob die ständische Ordnung der durch Zünfte und Manufakturen geprägten Gesellschaften auf. Diese Ordnung hatte den Menschen einen gewissen Schutz geboten. Mit der Industrialisierung und Verstädterung wurde Existenzunsicherheit zum Lebensschicksal des Proletariats. Gleichzeitig führte diese Entwicklung zur Geburtsstunde der sozialen Marktwirtschaft, mit der es schließlich im 20. Jahrhundert gelang, die Energien eines entfesselten Kapitalismus in eine sozial verträgliche Form zu leiten. Die sozial organisierte freie Marktwirtschaft erwies sich als richtige Antwort auf den sozialen Wandel der damaligen Zeit.

Das umwälzende Potenzial der Globalisierung und der technologischen Revolution stellt, ähnlich wie im 19. und 20. Jahrhundert, die Frage nach ihrer gesellschaftlichen Konsequenz. Wer sind die Gewinner und wer die Verlierer im angebrochenen Jahrhundert? Wird das Verlieren zu einem massenhaften Phänomen? Hier geht es gewiss nicht um eine Rückkehr zum Manchester-Kapitalismus. Der Mechanismus ist anders: An die Stelle der Ausbeutung im industriell geprägten Kapitalismus könnte eine andere Form der Diskriminierung treten: die Ausschließung. Wird damit eine neue, eher kleine Klasse der Wissenden, die Tempo und Komplexität aushalten und steuernd in die zukünftige Gesellschaftsentwicklung eingreifen, über eine eher große Klasse der Unwissenden herrschen, und so eine neue soziale Polarisierung vorantreiben?

Zukunftsvorstellungen von derart gravierenden gesellschaftlichen Asymmetrien erfordern eine große politische Sensibilität. Ähnlich wie in der Ökonomie entwerten die technologischen Innovationen traditionelle gesellschaftliche Orientierungen in signifikanter Weise und machen die Entwicklung von funktionierenden Alternativen erforderlich. Als Grundlage von neuen gesellschaftlichen Organisationsformen und -möglichkeiten stellen sie etablierte gesellschaftliche Hierarchien, Institutionen und Kommunikationsmuster infrage. Sie lassen sich anhand von Entwicklungen auf dem Arbeitsmarkt bereits heute nachzeichnen oder doch wenigstens andeuten. Auch neue Technologien tragen neben ihren großen Chancen den Keim zukünftiger gesellschaftlicher Asymmetrien in sich, wie das Beispiel der Bio- und Gentechnologie zeigt.

2.1.1 Arbeitsmärkte

Globalisierung ist am meisten fortgeschritten auf den internationalen Finanzmärkten, am wenigsten auf den Arbeitsmärkten. Sie geht einher mit einem fortschreitenden ökonomischen Strukturwandel.[29] Langfristig hat sich das Verhältnis von Industrie, Landwirtschaft und Dienstleistungen zugunsten des Informations- und Dienstleistungssektors verschoben. Im Jahr 2010 soll der Anteil der Dienstleistungen in Deutschland bei über 70 Prozent liegen, im Vergleich zu rund 60 Prozent 1991. Durch den Übergang von der Industrie- zur Informations- und Wissensgesellschaft entstehen Impulse zur weit reichenden Veränderung von Arbeitsmärkten und Berufsbildern.

Der tief greifende Wandel von Wertschöpfungsprozessen und Beschäftigungsformen findet nur zögerlich Eingang in die Systeme der sozialen Sicherung. Im Ergebnis findet sich eine wachsende Zahl von Erwerbstätigen außerhalb der Sozialsysteme wieder. Die Virtualisierung der Arbeitswelten löst das »Normalarbeitsverhältnis« und seine soziale Einbettung auf. 1998 galt dieses Arbeitsverhältnis in Westdeutschland nur noch für 55 Prozent der Menschen. 1980 dagegen waren es 80 Prozent.[30]

Während im Bereich der klassischen Industrien und in der Landwirtschaft weiter Arbeitsplätze durch Rationalisierung verloren gehen, werden die Berufsgruppen der Wissensarbeiter, der hoch qualifizierten Facharbeiter und eine neue Gruppe von Selbstständigen den strukturellen Wandel erfolgreich bewältigen. Ihr wesentliches Kennzeichen ist hohe Qualifikation und persönliche Mobilität. Eine abnehmende Nachfrage nach menschlicher Arbeit in der Landwirtschaft und in der Industrie wird von einer steigenden Nachfrage nach Dienstleistungen begleitet. Prinzipiell werden Dienstleistungen den Verlust »traditioneller« Arbeitsplätze aber nicht in ausreichendem Maße substituieren, da auch dieser Bereich weiteren Produktivitätssteigerungen offensteht, wie die Entwicklung im Banken- und Versicherungswesen belegt. Die Kontinuität des eigenen Berufslebens wird für diejenigen, die sich dem Wandel nicht erfolgreich anpassen können, durch Arbeitslosigkeit und verringerte Einkommen bedroht. Für den einzelnen Menschen bedeutet dies die Notwendigkeit einer erhöhten Flexibilität und Mobilität, die nicht jeder auszuhalten in der Lage sein wird. Die soziale Komponente der Marktwirtschaft wird daran anzupassen sein, ohne ihren Bankrott erklären zu müssen. Die Erfahrung zeigt, dass ein hohes Maß an Sozialstaatlichkeit kein Hindernis für eine erfolgreiche Partizipation an der ökonomischen Globalisierung darstellt. Im Gegenteil bildet sie geradezu eine Grundlage der wirtschaftlichen Globalisierung, denn sie hat zu einer Internationalisierung der Risiken und Kosten der weltwirtschaftlichen Verflechtung beigetragen. Ein Blick auf die Länder in der Europäischen Union, die relativ geringe Arbeitslosenquoten aufweisen und gleichzeitig intensiv in die internationale wirtschaftliche Verflechtung eingebunden sind, zeigt, dass diese meist alle über ein relativ hohes Niveau sozialer Leistungen verfügen. Als Beispiele lassen sich die Niederlande, Österreich und Dänemark[31] anführen. Diese Feststellung ist von um so größerer Bedeutung, da diese kleinen Länder kaum die Möglichkeit haben, eine autonome Wirtschaftspolitik zu betreiben. Preise, Löhne und Zinsniveau werden hier im Wesentlichen von außen bestimmt, ohne dass dieses »Außen« irgendwie beeinflussbar wäre.

2.1.2 Bio- und Gentechnologie

Ein anderes Beispiel sind die enormen Fortschritte in den Biowissenschaften, die grundlegende Veränderungen in Ernährung und Gesundheit erwarten lassen. Neben diesen Perspektiven für die Integration einer wachsenden Weltbevölkerung beinhaltet die Bio- und Gentechnologie auch Entwicklungspfade, die eine Desintegration von Gesellschaften fördern können. Das ist dann der Fall, wenn Asymmetrien durch biowissenschaftliche Innovationen bestimmte Gruppen bevorzugen und andere benachteiligen. Dies wird nicht nur durch den unterschiedlichen Zugang zu Nahrungsmitteln deutlich, sondern auch durch Diskriminierung im Sozial- und Gesundheitswesen. Die Perspektive der Verlängerung und Verbesserung des Lebens verlangt erheblichen sozialen Regelungsbedarf: zum einen hinsichtlich der notwendigen Anpassungen der Gesundheits- und Pensionssysteme; zum anderen im Hinblick auf eine Vermittlung bei Konflikten zwischen Befürwortern und Gegnern gentechnischer Eingriffe. Dabei stellt sich die Frage, wie das Spannungsfeld der Diskriminierungen von denjenigen, die gentechnische Eingriffe befürworten und bezahlen können, gegenüber jenen, die sich ihnen aus persönlichen – ethischen oder religiösen – Gründen verweigern oder diese nicht finanzieren können, aufgelöst werden kann. Sorgen machen sich breit, dass die alltägliche Anwendung gentechnologischer Verfahren in Zukunft zu einer Spaltung von »Machern« und »Gemachten« führt. Die Ursache wird in der starken Konzentration des Know-hows und der Vermarktung in den Händen weniger Unternehmen oder Länder gesehen. Einige wenige entscheiden über die Definition menschlichen Lebens, viele andere leben mit ihren Auswirkungen.

2.2 Beschleunigung des ökonomischen und gesellschaftlichen Wandels

Kräfte der Globalisierung und neuer Technologien entfalten sich im Spannungsfeld des Wettbewerbs. Wettbewerb zwingt zu neuen, besseren, schnelleren Innovationen. Der Wettbewerb auf dem Globus ist das Gaspedal für die Dynamik des ökonomischen wie technologischen Wandels. Die aus dem System des Wettbewerbs entstehende Geschwindigkeit wird so zu einem dominanten Spezifikum der Gegenwart. Der Antrieb erfolgt aus dem System heraus, das Produktivitätsfortschritt und starke wirtschaftliche Dynamik verlangt, will man erfolgreich im Wettbewerb bestehen.

Die Schnelligkeit des Wettbewerbs beruht darüber hinaus auf dem technologischen Fortschritt, insbesondere der Digitalisierung der Information. In einer Zeit, in der die »new economy« des Informationszeitalters in aller Munde ist, sind die informations- und kommunikationstechnischen Trends der Miniaturisierung,

Standardisierung, Integration und Vernetzung die Voraussetzung, das Maß der Geschwindigkeit weiter zu steigern. Die Verbesserungen von technischer Leistung und Preis-Leistungs-Relation im Bereich von Kommunikation und Information haben, getrieben durch die Digitalisierung, große Sprünge gemacht, so dass alle – der Selbstständige, der Mittelstand und der multinational operierende Konzern – davon profitieren. So ist der Preis für ein dreiminütiges Telefonat zwischen New York und London in den vergangenen 65 Jahren um den Faktor 300 gefallen. Die Rechnerkapazitäten verdoppeln sich alle 18 Monate. Heute steckt in einem Handy mehr Rechnerleistung als in der ersten Mondfähre und mit einem heute durchschnittlichen PC hätte man seinerzeit die gesamte Apollo-Mission steuern können.

Die globalen, durch informationstechnologischen Fortschritt ermöglichten Märkte verkürzen somit unseren Zeithorizont. Die wirtschaftliche Entwicklung wird immer schnelllebiger – häufig zu Lasten gesellschaftlicher und individueller Grundbedürfnisse. Dies wird deutlich in kurzatmigeren Unternehmens- und Investitionsstrategien, der Missachtung natürlicher Rhythmen von Mensch und Natur und immer kürzeren Produktzyklen. Beschleunigung manövriert Menschen in das Spannungsfeld von enormer Flexibilität einerseits und Kontinuität ihrer Lebensverhältnisse andererseits.

Gesellschaftliche Asymmetrien und die Beschleunigung der Ökonomie werden durch die zunehmende Komplexität der gesellschaftlichen Vernetzungen noch verstärkt. Dies wird deutlich durch wachsende Interdependenzen und Störanfälligkeiten, durch Grenzen politischer Steuerung, eine wachsende Zahl von Akteuren und politischen Arenen sowie Steuerungsverluste durch technologische Innovationen.

2.3 Zunehmende Interdependenz und Störanfälligkeit

Wachsende Interdependenz und Störanfälligkeit resultieren zunächst aus ökonomischer Verflechtung. Seit Mitte der 80er-Jahre haben sich zum Beispiel die Umsätze im Devisen- und internationalen Wertpapierhandel mehr als verzehnfacht. Die jährlichen grenzüberschreitenden Transaktionen mit Rentenpapieren und Aktien sind zwischen 1980 und 2000 von zehn auf 250 Prozent des Weltsozialprodukts angestiegen. Der Handel mit Devisen hat mittlerweile ein Volumen von täglich 1,5 Billionen US-Dollar erreicht, was etwa dem jährlichen Bruttosozialprodukt von Frankreich entspricht. Nur noch der geringste Teil dieser Bewegungen, etwa in der Größenordnung von zwei Prozent, hat eine realwirtschaftliche Grundlage. Die Entscheidung über das Halten oder das Verkaufen von Finanzanlagen in einer bestimmten Währung ist maßgeblich von der Stimmungslage an den Finanzmärkten abhängig. Mächtige Pensionsfonds und launige institutionelle Anleger drängen Unternehmen zu immer höheren Kapitalrenditen. Sie entscheiden durch blitzschnelle Ab- und Zuflüsse liquiden Kapitals über die Performance von ganzen Volkswirtschaften. Mit der wachsenden Anzahl unberechenbarer Akteure und durch die enorme Kapitalakkumulation hat die Volatilität der internationalen Finanzmärkte eine neue Qualität angenommen. Die Asienkrise 1997/98 und die Währungskrise in Russland 1998 haben in eindrucksvoller Weise demonstriert, wie Volkswirtschaften in kürzester Zeit liquide Mittel für Investitionen entzogen wurden, ohne dass die politischen Akteure in der Lage waren, die Entwicklungen nennenswert zu beeinflussen. Angesichts der Größenordnung der globalen Finanzströme sind ordnungspolitische Interventionen, wie Kapitalverkehrskontrollen oder politisch vereinbarte Wechselkurskorridore kaum noch durchzusetzen. Ablauforientierte Eingriffe in Form von Stützungskäufen nationaler Zentralbanken sind oftmals keine möglichen politischen Instrumente mehr, wie die Währungsturbulenzen im Europäischen Währungssystem (EWS) 1992 und 1995 gezeigt haben.

Bevölkerungs- und Wirtschaftswachstum haben die Belastungsfähigkeit ökologischer Systeme schon längst überschritten. So verschwinden durch Urbanisierung, Rodung oder weitere Industrialisierung täglich etwa 150 bis 200 Arten aus dem Genpool der Welt. Auch hier wachsen Interdependenzen und Störanfälligkeiten. Eine weiter wachsende Bevölkerung mit dem Anspruch auf steigenden Lebensstandard wird auf traditionelle Wachstumspfade und Konsummuster einschwenken. Dies wird den Naturverbrauch nochmals drastisch in die Höhe treiben. Die Zunahme von Verteilungskonflikten um natürliche Ressourcen sind in diesem Szenario vorprogrammiert. Die Tendenz, sich die Natur, etwa durch die Begradigung von Flüssen oder die gigantische Stauung von Gewässern, nutzbar zu machen, und die weitere Nutzung riskanter Technologien, wie der Kernenergie, erhöht die Wahrscheinlichkeit und Reichweite potenzieller Störungen – über nationale Grenzen hinweg. So erreichte der nukleare Niederschlag des Reaktorunglücks von Tschernobyl Deutschland 1986 aufgrund eines ungewöhnlich stabilen kontinentalen Hochs unmittelbar nach der Katastrophe, ohne dass eine ohnmächtige deutsche Administration auch nur die geringste Chance zu Gegenmaßnahmen gehabt hätte.

2.3.1 Grenzen politischer Steuerung

Angesichts zunehmender Komplexität des wirtschaftlichen und sozialen Miteinanders zeigt das Versagen des Verwaltungsstaates die Grenzen akribischer Planung auf. Seit Ende der Ordnung im Ost-West-Antagonismus 1989/90 sind die Zweifel an der Vorhersagbarkeit der Zukunft explosionsartig gewachsen. Der »wissenschaftliche Sozialismus« ist heute wenig mehr als »eine komische Figur im Museum der Ideen, und sein westliches Pendant, die Planungstheorie und Futurologie sind ebenfalls out.«[32] Eine der Lehren des vergangenen Jahrhunderts ist die Einsicht, dass es nicht möglich ist, ein so komplexes gesellschaftliches System wie Wirtschaft zu planen. Ebenso lässt sich ein einzelfallgerechtes Sozialsystem auch nicht durch noch so detaillierte Regelungen erreichen. Staatliches Handeln muss sich deshalb auf Kernfunktionen beschränken. Vernetzung, Beschleunigung und Komplexität verringern die Prognostizierbarkeit und damit die Steuerbarkeit der Ereignisse. Dies zeigt die Wissensgeschichte auf. Die Prognostik, das Instrument der 70er- und 80er-Jahre, musste aufgrund ihrer Fehlerhaftigkeit dem »Scenario-Writing« weichen, das mehrere Wahrscheinlichkeiten identifiziert, dabei jedoch den Ausgang von Entwicklungen offen lässt.

Der »Scientismus« der 70er-Jahre, aufbauend auf dem Wissenschaftsglauben im newtonsch-kartesianischen Sinne, das auf strikt linearem Denken und geschlossenen Systemen beruht, ist extrem relativiert worden.[33] Man hat erkannt, dass die strenge Rationalität die Probleme weder exakt zu identifizieren vermag noch Strategien hervorbringen kann, die zwingend zu ihrer Lösung führen. Als nach dem Zweiten Weltkrieg die Futurologie als Wissenschaftsdisziplin in der amerikanischen Rand Corporation entstand, dominierte der Optimismus, Zukunft zutreffend beschreiben zu können. Doch vieles, was die Zukunftsforschung für einen bestimmten Zeitraum vorausgesagt hat, traf nicht ein. Nachdem 1972 der Club of Rome mit seiner Untersuchung über »Die Grenzen des Wachstums« den ersten Versuch unternahm, den Blick in die Zukunft der Welt zu wagen, sind eine Reihe von zukünftigen Weltmodellen entstanden, die sich jedoch zum Teil stark widersprachen. Die Analyse dieser Widersprüche hat gezeigt, dass nicht ein Mangel an Daten das Manko der Zukunftsforschung gewesen ist, sondern gesellschaftstheoretische Schwachstellen, gewissermaßen blinde Flecke im nur scheinbar objektiven Bild von Gegenwart und Zukunft. Da historische, soziale und ökonomische Ursachenzusammenhänge nicht durchschaut oder bewusst ausgeklammert wurden, ergaben sich unterschiedliche Handlungsperspektiven.[34]

Die Planungseuphorie vergangener Politikentwürfe ist der nüchternen Erkenntnis gewichen, dass sich gesellschaftliche und ökonomische Entwicklungen nicht vorhersehen und nur bedingt hierarchisch steuern lassen. Gesellschaft, Natur und Ökonomie sind offene und dynamische Systeme, die komplexe und unberechenbare Interaktionsmuster erzeugen. Hinzu kommt, dass Prognosen stets auch ein soziales Phänomen sind. Es geht also um Interessen sowie zugrunde liegende Werte und Weltbilder. Normen, Selbstorganisation von gesellschaftlichen Subsystemen und die Dynamik offener Systeme begrenzen in der Konsequenz den Einfluss politischer Gestaltungsmacht und zwingen zu flexiblen Handlungsstrategien. Zugleich müssen Regierungen angesichts der komplexen Zusammenhänge auf die Expertise und das Engagement des Privatsektors zurückgreifen. Der notwendigen Rückbesinnung auf wirkliche Aufgaben entspricht ein neues Politikverständnis: weniger punktuelle, symptombezogene Interventionen, sondern selbsttätige Regulierung ineinander greifender, vernetzter gesellschaftlicher Subsysteme.

2.3.2 Wachsende Zahl von Akteuren schafft neue Konstellationen von Macht

Der demokratisch verfasste, auf Gewaltenteilung und territorialer Integrität beruhende sowie marktwirtschaftlich orientierte Nationalstaat war das Erfolgsmodell des 20. Jahrhunderts. Für eine immer vernetztere und zugleich fragmentiertere Welt ist der Nationalstaat jedoch häufig eine zu kleine bzw. zu große Bezugsebene. Die Rolle des Staates hat sich dementsprechend verändert, neue Akteure wie supranationale Regime, Umwelt- und Verbraucherschutzgruppen oder Stiftungen gewinnen auch in Deutschland an Bedeutung. Die Gestaltung der Zukunft wird vor diesem Hintergrund Querschnittsaufgabe aller gesellschaftlichen Akteure. Sie haben Einfluss im politischen Bereich und wachsende Resonanz in der Öffentlichkeit. Dies wurde in herausragender Weise deutlich in der Debatte um die Ölplattform Brent Spar, die von der Umweltorganisation Greenpeace initiiert wurde und den Konzern Shell zwang, die Plattform umweltgerecht zu entsorgen. Bemerkenswert hierbei ist, dass nicht nur einzelne NGOs erfolgreich operieren, sondern in zunehmendem Maße thematisch und zeitlich begrenzte Koalitionen eingehen, um ihre Schlagkraft zu erhöhen. Das »Multilateral Agreement on Investment« (MAI), ein

Investitionsschutzabkommen, das im Rahmen der OECD ausgehandelt wurde, um internationale Investments abzusichern, wurde von einer breiten Front von NGOs öffentlichkeitswirksam kritisiert. Dies führte schließlich zum Scheitern des Abkommens, wodurch die Machtfülle solcher Aktionen eindrucksvoll belegt wird. Beim WTO-Gipfel in Seattle Ende 1999 gewann das Engagement von NGOs schließlich Züge einer konzertierten Aktion. NGOs sind politisch nicht in herkömmlicher Form legitimiert, nehmen aber als ›Wachhunde‹ im politisch-gesellschaftlichen Leben eine immer bedeutendere Rolle ein. Sie sind territorial nicht gebunden und können ihren Protest durch den Einsatz moderner Kommunikationstechnologien, insbesondere des Internets, ohne nennenswerte Zeit- und Reibungsverluste gut und vor allem billig organisieren. Neben Kontroll- oder Warnfunktionen werden NGOs zukünftig wahrscheinlich gestalterische Aufgaben übernehmen. So formuliert die Agenda 21 zum Beispiel ausdrücklich eine Mitwirkungsrolle solcher Organisationen bei der Umsetzung ihrer umweltpolitischen Ziele. Ihr Expertenwissen und ihre Nähe zu Problemen und betroffenen Menschen macht sie zu attraktiven Partnern für die konventionellen Gestalter von Politik.

2.3.3 Steuerungsverluste durch neue Technologien

Auch die neuen technologischen Innovationen vermindern politische Handlungsmöglichkeiten und konfrontieren die konventionellen politischen Akteure mit schwindender Macht. Dies lässt sich durch den Verlust staatlicher Entscheidungs-, Anwendungs- und Verteilungsmonopole illustrieren.

In der Industriegesellschaft oblag die Innovation und Verfügungsgewalt neuer Technologien weitestgehend staatlichen Stellen. Ein Beispiel dafür ist in Europa die Entwicklung der Kernenergie gewesen, die seit Anfang der 50er-Jahre im Rahmen des europäischen Vertragswerkes von EURATOM von staatlichen Bürokratien gesteuert worden ist. Solche Technologien erforderten enorme materielle Ressourcen, über die nur staatliche Stellen oder weit verzweigte Bürokratien verfügten. Die Massenvernichtungswaffen des 20. Jahrhunderts wurden unter Führung des Militärs und der nationalen Regierung entwickelt. Für ihre Herstellung waren große Mengen von Rohstoffen und entsprechende Anlagen notwendig. Heute entstehen Gefahrenpotenziale neuer Technologien aus den Labors privater Unternehmen. Neue Technologien haben einen stärkeren kommerziellen Charakter und benötigen weniger Rohstoffe. Das macht ihre Kontrolle wesentlich schwieriger. In dem Anwendungsbereich neuer Technologien schlummert das Potenzial ihres destruktiven Gebrauchs, der durch neue biologische Waffen und die Möglichkeit des Cyber-War in das Bewusstsein von politisch verantwortlichen Akteuren tritt. Das Vernichtungspotenzial von morgen fordert deshalb bereits heute staatliches Handeln heraus, um neuartigen Formen politischer Erpressung oder physischer Vernichtung erfolgreich entgegentreten zu können.[35]

2.3.4 Schwindende administrative Kontrolle technologischen Fortschritts

Der Verlust von Entscheidungs- und Anwendungsmonopolen neuer Technologien hat zum Bedeutungsverlust konventioneller politischer Akteure geführt. Eine administrative Beeinflussung der Richtung des technologischen Fortschritts ist in entgrenzten Marktwirtschaften kaum mehr möglich. Verbietet zum Beispiel ein nationales Parlament die Anwendung der Präimplantationsdiagnostik, die umstrittene Zeugung und vorwegnehmende genetische Analyse von Embryonen im Reagenzglas, findet sich ein anderer Ort, an dem diese Dienstleistung angeboten wird und nicht verboten ist. Das Internet sorgt dafür, daß sich Angebot und Nachfrage finden. Der Gesetzgeber hat es zunehmend schwer, die Einhaltung von Normen durchzusetzen. Während hier zur Normverletzung noch die physische Grenzüberschreitung die Voraussetzung ist, entfällt dieser Schritt durch die Entstehung rein virtueller Welten. Kinderpornographie oder extremistische politische Agitationen erreichen den Konsumenten direkt.

2.3.5 Verringerung fiskalischer Autonomie

Darüber hinaus hat die asymmetrische Globalisierung bzw. die unterschiedliche Mobilität der Produktionsfaktoren dazu beigetragen, dass sich der Faktor Kapital zunehmend der Finanzierung gesellschaftlicher Aufgaben entziehen konnte und andere Produktionsfaktoren, insbesondere Arbeit, in immer stärkerem Maße mit Steuern und Sozialabgaben belangt wurden. Diese Dynamik führt angesichts einer hartnäckig anhaltenden Sockelarbeitslosigkeit in Deutschland zur Verringerung fiskalischer Autonomie – politische Handlungsspielräume schwinden und attackieren Errungenschaften der sozialen Marktwirtschaft. So entsteht die Gefahr gesellschaftlicher Entsolidarisierung. Wie in einer sich schneller drehenden Spirale kann der Wettbewerb um Arbeit und Wohlstand Gesellschaften polarisieren: Arbeitsplatzbesitzer gegen Arbeitslose, Sozialhilfeempfänger gegen solche ohne Anspruch, Reiche gegen Arme. Damit gewinnen Probleme der öffentlichen Ordnung an Gewicht, doch staatliche Lösungen sind angesichts strapazierter Budgets immer schwieriger zu bezahlen.

Moderne Globalität, neue Technologien und der demographische Wandel verändern die politische Architektur somit grundlegend. Dies führt dazu, dass politische Handlungsspielräume verschwinden, während sie aber auch an anderer Stelle bemerkenswerte Ressourcen schaffen. Wo das problemlösende Potenzial neuer Technologien nicht reicht oder Gefahren aus ihrer Anwendung erwachsen, müssen neue Instrumente aus Politik, Wirtschaft, Kultur und Recht greifen. Ob dies am besten durch freiwillige, von der Industrie entwickelte Regeln wie das Öko-Audit[36], neue gesetzliche Bestimmungen oder eine Mobilisierung der Öffentlichkeit erreicht werden kann, wird von Fall zu Fall zu entscheiden sein.

Die Asymmetrien gesellschaftlicher Verhältnisse, die Beschleunigung technologischer Innovationen und die wechselseitigen Sensibilitäten einer vernetzten Welt stellen auch in Deutschland viele herkömmliche Regierungs-, Verwaltungs- und Entwicklungsmodelle infrage. Sie werden untauglich für nachhaltiges Zukunftshandeln. Auch wenn neue Technologien ein großes Potenzial für nachhaltiges Zukunftshandeln eröffnen, stellen sie gleichzeitig gewaltige Herausforderungen für Deutschland dar. Die Wechselbezüge moderner Globalität und technologischer Innovationen mischen die Karten im gesellschaftlichen und internationalen Kräfteparallelogramm neu. Konzepte sozialer Stabilität werden durch diese Bezüge massiv infrage gestellt und durch Perspektiven von neuen Konfliktkonstellationen angereichert.

3. Stabilität und Wandel: Sozialpolitischer Anpassungsdruck in der deutschen Gesellschaft

Es stellt sich die Frage nach gesellschaftlicher Stabilität und erforderlichem Wandel und heute ist für Deutschland klar, dass es sich auch radikalen Änderungen nicht wird verschließen können. Beispielhaft verdeutlicht sich dies mit dem wachsenden Konfliktpotenzial und dem daraus resultierenden kräftigen Anpassungsdruck in dem gesellschaftlichen Teilbereich Arbeit und Altersversorgung, der exemplarisch kurz in einem dreistufigen Reflexionsschritt beleuchtet werden soll.

3.1 Reform des Arbeits- und Rentensystems

Die Liste möglicher Strategien zur Reform der Alterssicherungssysteme ist lang.[37] In Deutschland sind bereits eine ganze Reihe von Maßnahmen mit unterschiedlichem Erfolg vorgeschlagen worden. Ungeachtet detaillierter Korrekturbestrebungen zeichnet sich ab, dass der große chirurgische Schnitt – das Anheben des Ruhestandsalters – unvermeidbar wird. In erster Linie heißt dies, dass die Bundesrepublik Deutschland auf sämtliche Anreizsysteme verzichten muss, die den frühen Ausstieg aus dem Arbeitsleben fördern, der ohnehin durch volatilere und flexiblere Lebensarbeitsformen zunehmend erschwert wird. Viele der »jungen Alten« werden ihre Verhaftung im Arbeitsleben aus diesem Grund zu bewahren versuchen und darüber hinaus länger arbeiten wollen. Moderne Gesellschaften werden die Arbeit im Alter daher viel stärker als bisher in arbeitsmarktpolitische Maßnahmen integrieren müssen. Es wird zum einen darum gehen, die Kompetenz vieler Älterer durch Weiterqualifikation zu stärken und andererseits das Wissen und die Erfahrung der »jungen Alten« überhaupt wahrzunehmen, zu erhalten und nutzbar zu machen; in gemeinnützigen Aufgaben oder in der Bürgerarbeit, aber eben auch in der Arbeitswelt, hier insbesondere im Wissenstransfer, der Aus- und Weiterbildung der nachrückenden Generationen.

Aus heutiger Sicht erscheinen solche Maßnahmen vielleicht unpopulär oder gar fremd, läuft sie doch derzeitigen Entwicklungen wie Frühpensionierungen oder Arbeitszeitverkürzungen genau entgegen. Mittelfristig wird dieser Schritt aber schon allein deshalb unausweichlich, weil sich Deutschland auf einer Schrumpfungsspirale bewegt, in der immer mehr alten Menschen immer weniger junge gegenüber stehen. Und dies entfaltet Konfliktpotenziale zwischen Alten und Jungen, die heute von den Menschen in Deutschland bereits wahrgenommen werden. Bei der Umfrage »Deutschland im Wandel« beantworteten 65 Prozent die Frage, ob es durch die Überalterung zu Konflikten zwischen Alt und Jung kommen wird, mit einem klaren Ja.[38]

3.2 Verknüpfung von Migration und Integration

Von der 2,1-Kinder-Marke, die für den Erhalt der Bevölkerung notwendig wäre, ist Deutschland mit einem statistischen Durchschnittswert von 1,3 Kindern weit entfernt. Prinzipiell ließe sich dieser Umstand durch die Zuwanderung junger Menschen aus den Anrainerstaaten des Mittelmeeres bzw. aus Mittel- und Osteuropa kompensieren. Zweifelhaft ist jedoch, ob eine solche Einwanderungspolitik – schon allein aus äußerst emotionsbeladenen Erwägungen der Integrität des Kulturraums oder der Konservierung nationaler Identität – gesellschaftliche Zustimmung findet. Im Spannungsfeld zwischen Alterung und Einwanderung ist in Deutschland eine selbstbewusste Diskussion über die kulturelle Identität Deutschlands notwendig. An Anziehungskraft mangelt es nicht in Deutschland, wohl aber an Integrationskraft. Hier fehlt eine attraktive Integrationsidee, die ein positives Selbstbild über die deutsche Nation voraussetzt und so als Voraussetzung für die Umsetzung eines konstruktiven Einwanderungskonzepts fungieren kann, das bei dem bisher erreichten Maß der europäischen Integration insgesamt in eine europäischen Lösung eingebettet werden sollte.[39] Eine attraktive Integrationsidee bedarf dann eines funktionierenden Konzepts, das Zuwanderung und Integration miteinander verknüpft. Das niederländische Beispiel von »Integrationsverträgen«, welche die Immigranten dazu befähigen, die deutsche Rechtsordnung zu kennen und die deutsche Sprache zu beherrschen, kann hierbei für Deutschland ein vernünftiges Vorbild sein.

3.3 Familienpolitik als Stabilisierungsfaktor

Als dritte Option bietet sich eine wesentlich frauen- und familienfreundlichere Politik an, die sich an den familienpolitischen Konzepten Skandinaviens orientieren kann. Der Schlüssel zu der Bereitschaft, Beruf, Familie und Nachwuchs miteinander zu kombinieren, liegt in flexiblen Arbeitszeiten und einer adäquate Kinderbetreuung. Sobald ein Kind ein Jahr alt ist, hat etwa in Dänemark jede Familie das Recht auf einen Hortplatz. Ähnlich sieht es in Schweden und Finnland aus. Dieser Überblick zeichnet nur ein Beispiel für den Anpassungsdruck in Deutschland. Ähnlicher Anpassungsbedarf ergibt sich auch in den Bereichen Wirtschaft und Arbeit, Erziehung und Bildung, Recht, Religion oder Medizin. Es wird dabei in jedem einzelnen Fall vonnöten sein, geeignete politische Optionen an dem Zielbild einer nachhaltigen Gesellschaftsentwicklung zu messen.

4. Perspektiven für Deutschland

Die Trendanalyse der gesellschaftlichen Entwicklungen soll zur Klärung zukünftiger Vorstellungen des gesellschaftlichen Miteinanders in der Bundesrepublik Deutschland beitragen. Vor dem Hintergrund der enormen Herausforderungen sind innovative gesellschaftliche und politische Antworten heute mehr denn je gefragt. Im Spannungsfeld dynamischer, nicht gesteuerter Kräfte und einer sich verlagernden politischen Macht verschieben sich die Vektoren von politischem Einfluss, verändern sich Werte und Normen, oszillieren Rechte und Pflichten. Moderne Globalität, technologische Innovationen und demographische Verschiebungen verändern die bekannte Landkarte der Konflikte, die das Ordnungsgefüge in der deutschen Gesellschaft ebenso herausfordern wie Deutschlands Verhältnis zu einer zusammenwachsenden Welt.

Für die zukünftige Entwicklung Deutschlands ist eine systemische Steuerung durch Akteure mit Weitblick vonnöten, die sich den Chancen und Herausforderungen des sozioökonomischen Wandels aktiver als bisher stellen müssen. Gesellschaftliche Steuerung wird dabei in Anlehnung an kybernetische Denkmodelle[40] als komplexes Regelsystem definiert, das in Zukunft sowohl Handlungsebenen auf lokaler, regionaler, nationaler und globaler Ebene wie auch neue Akteure wie Unternehmen und Nicht-Regierungsorganisationen (NGOs) widerspruchsfreier vernetzen und integrieren muss. Das heißt, dass sich das Überleben einzelner gesellschaftlicher Teilsysteme zum Vorteil aller am Spiel der Wechselwirkungen im Gesamtsystem orientieren muss. Dabei wird heute der Vernetzung von gesellschaftlichen und staatlichen Steuerungsmöglichkeiten eine sehr viel stärkere Bedeutung beigemessen als in der Vergangenheit.[41] Der erkennbare Wandel erfordert neue Regierungsmodelle und -stile. *Governance*, das heißt *politics*, *polities* und *policies*, wie der steuernde und gestaltende Eingriff in den wirtschaftlichen und kulturellen Prozess im angelsächsischen Raum differenzierter und damit präziser identifiziert wird, ist hierbei keineswegs ein »Auslaufmodell«, sondern nach wie vor der Rahmen für die Moderation gesellschaftlicher Konfliktlagen und die Entwicklung alternativer Steuerungskonzepte für den sozioökonomischen Wandel.

Insgesamt wird klar: Das Auseinanderklaffen von wirtschaftlicher, technologischer und demographischer Dynamik und gesellschaftlicher Anpassung sowie die zweifelhafte Zukunft einer allein auf nationalstaatlichen Fundamenten beruhenden Politik zeigen auf, dass in der Technologiegesellschaft das Ökonomische und Technologische massiv zur Geltung kommen. Der Markt beschleunigt sich, die technologischen Möglichkeiten wachsen rasant, die Verhältnisse der Menschen in Deutschland ändern sich. Die zentrale Konsequenz für die Gesellschaft ist: Auch sie beschleunigt sich, sie differenziert sich, es entsteht eine volatile Gesellschaftswelt, welche die Suche nach Symbolanalytikern, nach neuen Bindungen, Loyalitäten, Prioritäten, Chancen provoziert. Dabei prallen alte Normen und liebgewonnene Gewohnheiten auf neuartige Zwänge und bisher nicht gekannte Entwicklungsmöglichkeiten. Dies wird nirgends so deutlich wie in der gewandelten Wirtschafts- und Arbeitswelt.

Die Funktionsweisen globalisierter Märkte und technologischer Innovationen bestimmen den Rahmen für wirksames politisches und soziales Handeln. Der Sozialstaat alter Prägung war effektiv, weil er den Bedingungen der Industriewirtschaft angepasst war: Massenherstellung, Standardisierung, Kontinuität. Das waren die Prinzipien der Industriewirtschaft und das sind immer noch die Prinzipien des Sozialstaates. Aber die neuen Grundsätze der transnationalen Hochtechnologiegesellschaft lauten Vielfalt, Selektion, Dezentralität, Geschwindigkeit, ihr verbindendes Element ist die Vernetzung.[42]

Dies bedeutet für Deutschland, sowohl die Bürger als auch das politische System auf die vernetzte, beschleunigte und störanfälligere Welt und ihre Folgen einzustellen. Dies hat für die Menschen und politischen Akteure Konsequenzen auf drei Ebenen:

– auf der individuellen Ebene;

- auf der nationalstaatlichen Ebene;
- auf der globalen Ebene.

Die Suche nach gesellschaftlicher Stabilität wird sich in Deutschland intensivieren. Individuelles und staatliches Handeln muss die Herausforderungen mit Phantasie und Energie annehmen, statt zu versuchen, herkömmliche Strukturen zu konservieren, die dies nicht leisten können. Jeder Einzelne hat in seinem persönlichen, familiären und beruflichen Kontext die Entscheidungsmöglichkeiten, wie er im enger abgezirkelten Umfeld seiner sozialen Beziehungen und Dispositionen mit den Kräften des Wandels hantiert. Es stellt sich die Frage der individuellen Strategien gegenüber der enormen Beschleunigung des Lebens und der Ökonomisierung der Lebensumwelt. Ob dies nun in ein besonnenes Konsumverhalten einmündet, in eine veränderte Haltung gegenüber traditionellen wachstumsbezogenen Denkweisen, ob dies die Hinwendung zu mehr bürgerschaftlichem Engagement bedeutet oder ob dies ein anderes Arrangement von Privatleben und beruflicher Architektur nach sich zieht: Es ist nicht so, dass man ohnmächtig dem Moloch des Wandels erliegt und als Individuum das Schicksal der Dinosaurier teilen muss. Aber jeder Einzelne hat hierbei den Wandel der Sozialstruktur und die bestimmenden Trends in Deutschland sehr sorgfältig abzuwägen und zu berücksichtigen.

Für die politischen Akteure auf nationaler Ebene bedeutet dies, dass sie nicht nur auf vertikaler Ebene – lokal, regional, national und global – neuartige Handlungsstrukturen zu berücksichtigen haben, sondern dass sie auch horizontal neue Akteure und gesellschaftliche Kräfte zu integrieren haben. Und dabei steht nicht das Modell des Korporatismus oder gar des »rheinisch« geprägten Kapitalismus prinzipiell auf dem Spiel. Der deutsche Sozialstaat hat durchaus Zukunft, wenn er sich modernisiert und den veränderten Existenzbedingungen anpasst, wie Wolfgang Merkel in diesem Band darlegt. Warum ein auf Konsens abgestimmtes Gesellschaftssystem »ausgedient« haben soll, hat bisher noch niemand wirklich erklärt. Moderne Managementtheorie zeigt vielmehr auf, dass hierarchiefreie, partnerschaftliche und dezentrale Organisationsformen als geeignete Instrumente für Zukunftshandeln angesehen werden.[43] Hierbei werden NGOs und Unternehmen selbst eine aktive Rolle anstreben und nicht nur handeln, wenn sie gebetene Gäste der Politik sind. Daran werden sich Politiker und Beamte zu gewöhnen haben. In Zukunft wird politisches Handeln deshalb nicht nur von staatlichen Institutionen von oben nach unten gesteuert, sondern auch von dezentralen und eigenständigen Netzwerken von unten nach oben organisiert.

Schließlich spielt die globale Ebene für Zukunftshandeln eine zunehmende Rolle. Im Verlauf der letzten 50 Jahre haben sich viele moderne Gesellschaften wie die Bundesrepublik Deutschland in ihrem eigenen Interesse geöffnet, abgesichert durch gemeinsame internationale Institutionen wie der UNO und abgestimmte Verfahren wie der Entscheidungsfindung im Weltsicherheitsrat. Diese offenen Gesellschaften stehen nun vor der Herausforderung, wiederum in ihrem eigenen Interesse, neue Regime zu errichten oder überkommene Institutionen zu modernisieren. Der Sprung in eine durch Globalität und Technologie geprägte Gesellschaftsform ist der Grund für die Notwendigkeit einer neuen Art der Zusammenarbeit. Neben das Paradigma offener Marktwirtschaften muss das der kooperativen Gesellschaften treten. Es liegt in der Natur der Sache, dass viele

Herausforderungen der Gegenwart eine Zusammenarbeit über Grenzen hinweg erfordern. Eine zunehmend integrierte Weltwirtschaft braucht globale Regeln des Wettbewerbs. Eine ausgewogene wirtschaftliche Entwicklung, der Erhalt der Umwelt, die Gewährleistung innerer und äußerer Sicherheit oder die Aufrechterhaltung der globalen Kommunikationsinfrastruktur lassen sich nicht mehr alleine mit nationalen Handlungsansätzen verwirklichen. Das gegenwärtige System der internationalen Politik ist für diese Anforderungen jedoch unzureichend ausgestattet und zudem von gravierenden Schieflagen gekennzeichnet. Dies wird deutlich durch:

- mangelnde Kooperation und Koordinationsprobleme zwischen den einzelnen politischen Ebenen des internationalen Entscheidungssystems;
- Demokratie- und Legitimationsdefizite internationaler Politik;
- nicht vorhandene Sanktions- und Konfliktlösungsmechanismen;
- fehlende Gestaltungsmöglichkeiten in internationalen Organisationen;
- Dominanz und Verhinderungsmacht einiger weniger Staaten in der Entscheidungsfindung;
- die diffuse Rolle der Zivilgesellschaft.

Der stille Machtverlust konventioneller Politik führt zu einer intensivierten Suche nach konkreten Gestaltungsmechanismen globaler »governance«. Solche Mechanismen unterstreichen die Notwendigkeit, Lücken zu schließen, die der Staat nicht länger füllen kann oder soll. Es geht darum, den öffentlichen, staatlichen und wirtschaftlichen Sektor durch Partnerschaften zu verbinden, andersartige Kommunikationsformen zu etablieren und die Menschen in das öffentliche Leben stärker mit einzubeziehen. Wenn die transnationale Technologiegesellschaft zum Leitbild gesellschaftlichen Lebens im 21. Jahrhundert wird, stellt sich bei einer gespreizten Aufgabenteilung die Frage nach der Legitimation politischen Handelns. Denn die Kompetenzverlagerung von demokratisch legitimierten auf nicht gleichermaßen zu politischem Handeln berechtigte Institutionen und Akteure erzeugt ein Legitimationsdefizit, das den Status quo der Gewaltenteilung in demokratisch verfassten Gesellschaften erodiert.

Von zentraler Bedeutung wird somit die Legitimität des zukünftigen Entscheidungssystems. Im Kern stellt sich die Frage, wer jenseits der Nationalstaaten, aber für diese verbindlich, welche Normen festsetzt und wer dazu in welcher Form legitimiert ist. Legitimation speist sich aus der Transparenz des Entscheidungsprozesses, der Effizienz von konkreten Maßnahmen und der demokratisch organisierten Partizipation der Bürger. Transparenz, Effizienz und Partizipation markieren die Eckpunkte legitimen politischen Handelns. Asymmetrie, Beschleunigung und Komplexität der gesellschaftlichen Vernetzungen begründen in diesem Zusammenhang die Notwendigkeit eines neuen politischen Konzepts, das neue Kooperationsformen, Arbeitsteilungen und Integrationsmechanismen etabliert.

Das Zukunftsbild der Deutschen verlangt angesichts der Tragweite der absehbaren Veränderungen einen energischen gesellschaftlichen Diskurs über Chancen und Risiken des sozioökonomischen Wandels, der derzeit noch allzu sehr in elitären Zirkeln ausgetragen wird. Die Debatte in eine wirklich breite Diskussion zu überführen, die, natürlich, vor allem die nachwachsende Generation einzubeziehen hat, wird damit zur vornehmlichen Aufgabe in Deutschland.

Anmerkungen

1 Vgl. die ausgezeichnete Synopse konkurrierender moderner Gesellschaftsbilder bei Armin Pongs, In welcher Gesellschaft leben wir eigentlich?, 2 Bde., München 1999 und 2000.
2 Vgl. exemplarisch Ulrich Beck, Politik der Globalisierung, Frankfurt/M. 1998.
3 Vgl. etwa die gegensätzlichen Ansätze bei Charles Handy, Die anständige Gesellschaft. Die Suche nach Sinn jenseits des Profitdenkens, München 1998; oder Alain Minc, Globalisierung, Wien 1998.
4 Karl Otto Hondrich, Zukunftsvorstellungen, in: Bernhard Schäfers/Wolfgang Zapf (Hrsg.), Handwörterbuch zur Gesellschaft Deutschlands, Berlin 1998, S. 755–764, hier S. 748.
5 Ebd.
6 Vgl. etwa Helmut Willke, Systemisches Wissensmanagement, Stuttgart 1998, sowie den Beitrag »Wissensgesellschaft« von Wolfgang Leidhold in diesem Band.
7 Vgl. Ulrich Beck, Die Risikogesellschaft, Frankfurt/M. 1986.
8 Vgl. Richard Sennet, Der flexible Mensch, Berlin 1998.
9 Vgl. Peter Glotz, Die beschleunigte Gesellschaft. Kulturkämpfe im digitalen Kapitalismus, Berlin 1999.
10 Vgl. Wilhelm Heitmeyer, Bundesrepublik Deutschland: Von der Konsens- zur Konfliktgesellschaft, Frankfurt/M. 1997.
11 Bundesverband deutscher Banken, Umfrage »Deutschland im Wandel«, November 2000, dokumentiert in Kapitel VI in diesem Band, vgl. Tabelle 2.14.
12 Vgl. Kurt Möller, Extremismus, Berlin 1998, S. 200.
13 Umfrage »Deutschland im Wandel« (Anm. 11), vgl. Tabellen 2.10 und 2.13.
14 Vgl. Amitai Etzioni, Die Verantwortungsgesellschaft, Berlin 2000, S. 29–52.
15 Vgl. Matthias Horx, Megatrends für die späten neunziger Jahre, München 1995, S. 111.
16 Vgl. Frank Schirrmacher, 1,6 % Mensch, in: Frankfurter Allgemeine Zeitung vom 16. Dezember 2000.
17 Vgl. Uwe Jean Heuser, Tausend Welten, Berlin 1996.
18 Vgl. als Überblick über die vielfältigen Möglichkeiten technologischer Innovationen insbesondere drei herausragende Quellen: Michio Kaku, Visions, New York 1998; Fraunhofer Institut für Systemtechnik und Innovationsforschung, Zukunft nachgefragt, Karlsruhe 1998; Heiko Ernst u. a., 2020. So werden wir leben, Düsseldorf und Berlin 2000.
19 Hierbei ist aber zu beachten, dass gegenwärtig die meisten Internet-Anschlüsse in der industrialisierten OECD-Welt zu verzeichnen sind. In dieser Welt liegen rund 90 Prozent der Anschlüsse, die aber nur 19 Prozent der Weltbevölkerung repräsentiert.
20 Vgl. Thomas L. Friedman, Globalisierung verstehen. Zwischen Marktplatz und Weltmarkt, Berlin 1999, S. 75–89. Differenzierter hierzu Kapitel 4.4 des Beitrags »Legitimation und Partizipation« von Manuela Glaab/Andreas Kießling, sowie Kapitel 2 des Beitrags »Wissensgesellschaft« von Wolfgang Leidhold in diesem Band.
21 Vgl. hierzu insbesondere Thomas L. Friedmann, Globalisierung verstehen (Anm. 20), S. 75 ff.
22 Zum Wandel im Bankgewerbe vgl. den Beitrag »Finanzmarkt und Finanzkultur« von Manfred Weber in diesem Band, v. a. Kapitel 2.4 und 3.1.
23 Vgl. Michael Ehrke, New Economy, Berlin 2000.
24 Völlig unterschiedliche Positionen finden sich in der aktuellen Diskussion etwa bei Ernst-Ludwig Winnacker, Stammzellen – Verheißung für die Biomedizin, in: Frankfurter Allgemeine Zeitung vom 29. März 2000; James Watson, Die Ethik des Genoms. Warum wir Gott nicht die Zukunft des Menschen überlassen dürfen, in: Frankfurter Allgemeine Zeitung vom 26. September 2000, oder Peter Propping, Irrtum Mr. Watson! Das Genom ist nur ein Konstrukt und der Mensch mehr als die Summe seiner Gene, in: Frankfurter Allgemeine Zeitung vom 4. Oktober 2000.
25 Allgemein zum Problem der Umweltzerstörung vgl. den Beitrag »Umweltschutz« von Joseph Huber in diesem Band.
26 Vgl. hierzu Barry Bosworth/Gary Burtless (Hrsg.), Ageing Societies, Washington DC 1998,

und hierin insbesondere Nicola Düll, Population Ageing and German Economic Performance, S. 148–239.

27 Vgl. ergänzend zum demographischen Wandel und den Folgen die Beiträge »Wirtschafts- und Arbeitswelt« von Bert Rürup/Werner Sesselmeier, v. a. Kapitel 3, und »Sozialstruktur und gesellschaftlicher Wandel« von Rainer Geißler, v. a. Kapitel 4, in diesem Band.

28 Vgl. Bundesverband deutscher Banken, Die Deutschen vor den Herausforderungen der Globalisierung, in: Inter/esse, 11/2000, S. 1.

29 Der ökonomische Strukturwandel wird im Beitrag von Bert Rürup/Werner Sesselmeier ausführlich behandelt.

30 Vgl. ebd., Kapitel 4.3.

31 Die dänische Sozialpolitik behandelt Wolfgang Merkel in seinem Beitrag »Sozialpolitik« in Kapitel 4.3.

32 Hondrich, Zukunftsvorstellungen (Anm. 4), S. 744.

33 Pointiert und bereits sehr früh, wenn auch teilweise aus politikwissenschaftlicher Perspektive problematisch, auf den Punkt gebracht von Fritjof Capra, Wendezeit, Bern und München 1984.

34 Vgl. Josef Grün/Detlev Wiener, Global denken. Vor Ort handeln, Weltmodelle von Global 2000 bis Herman Kahn, Wien 1984.

35 So haben die USA etwa bereits heute beim Sicherheitsrat im Weißen Haus eine Abteilung Multinationale Bedrohungen eingerichtet, die insbesondere Sicherheitsrisiken neuer Technologien analysiert und Strategien gegen mögliche neuartige Bedrohungen durchspielt.

36 Vgl. dazu den Beitrag von Joseph Huber in diesem Band, v. a. Kapitel 5.

37 Vgl. dazu den Beitrag von Bert Rürup/Werner Sesselmeier in diesem Band.

38 Umfrage »Deutschland in Wandel« (Anm. 11), vgl. Tabelle 2.10.

39 Vgl. Werner Weidenfeld (Hrsg.), Das europäische Einwanderungskonzept. Strategien und Optionen für Europa, Gütersloh 1994.

40 Vgl. etwa Frederic Vester, Neuland des Denkens, München 1984, S. 63 ff.

41 Vgl. dazu exemplarisch Tanja Brühl u. a. (Hrsg.), Die Privatisierung der Weltpolitik. Entstaatlichung und Kommerzialisierung im Globalisierungsprozess, Bonn 2001.

42 Angelehnt an Uwe Jean Heuser, Das Unbehagen im Kapitalismus. Die neue Wirtschaft und ihre Folgen, Berlin 2000, S. 181.

43 Vgl. etwa das Konzept des »Open Space«.

III. Wirtschaft und soziale Ordnung

Bert Rürup/Werner Sesselmeier

Wirtschafts- und Arbeitswelt

1. Wandel und Auswirkungen

Unsere Gesellschaft ist eine Erwerbsgesellschaft. Das gesellschaftliche Subsystem Wirtschafts- und Arbeitswelt sichert die materielle und soziale Integration der Bürger in dreierlei Hinsicht: Erwerbsarbeit bildet erstens die Grundlage des materiellen Wohlstandes. Über die an die Erwerbsarbeit gekoppelten sozialen Sicherungssysteme erfolgt zweitens die materielle Absicherung im Falle von Nichterwerbstätigkeit. Und drittens erfüllt die Wirtschafts- und Arbeitswelt eine zentrale Integrationsaufgabe; sie generiert individuelle und soziale Anerkennung. Das Subsystem Wirtschafts- und Arbeitswelt leistet somit einen nicht zu unterschätzenden Beitrag zur Kohäsion der Gesellschaft und zur Akzeptanz der sozialen Marktwirtschaft, d. h. der für Kontinentaleuropa typischen Form einer sozial abgefederten und konsensorientierten Spielart marktwirtschaftlicher Gesellschaftsordnung. Umbrüche, wie sie sich gegenwärtig abzeichnen, sind daher von hoher Relevanz für die Funktions- und Zukunftsfähigkeit eben dieser sozialen Marktwirtschaft. Schließlich soll der Sozialstaat die Individuen gegen ökonomische Risiken absichern, damit diese auch bereit sind, genau jene einzugehen.

In Kapitel 2 wird zunächst der wirtschaftliche Strukturwandel in seinen unterschiedlichen Facetten dargestellt und daran anschließend der Wandel der Arbeitswelt (Kapitel 4). Diese Reihenfolge ergibt sich aus der These, dass der Strukturwandel der Arbeitswelt sich zum einen aus den ökonomischen Veränderungsprozessen ableitet, diesen also nachgelagert ist, und zum anderen durch den soziodemographischen Wandel beeinflusst wird, dessen Darstellung folglich in Kapitel 3 dazwischen geschoben wird. Mit diesen Kapiteln soll der Wandel weg von einer eher »homogenen« Industriegesellschaft und hin zu einer mehr »heterogenen« Dienstleistungsgesellschaft gezeigt werden. Nach dieser Darstellung der Veränderungsprozesse wird in Kapitel 5 der Frage nachgegangen, welche Implikationen sich daraus für die institutionelle Basis der sozialen Marktwirtschaft ableiten lassen. Das institutionelle Muster der sozialen Marktwirtschaft kann als eine interdependente Beziehung zwischen drei Pfeilern beschrieben werden. Diese drei Pfeiler sind in der sozialen Sicherung, dem Konsens zur Vollbeschäftigungspolitik und der kollektivvertraglichen Tarifautonomie zu sehen. Bei dem zu konstatierenden Veränderungsdruck aufgrund des sozioökonomischen Wandels ist zum einen die Pfadabhängigkeit der Systeme infolge ihrer historischen, gesellschaftlichen und rechtlichen Einbettung und zum anderen die Komplementarität innerhalb und zwischen den Pfeilern zu berücksichtigen. Modifikationen eines (Sub-)Systems ziehen automatisch Änderungen der anderen Systeme nach sich.

2. Der Strukturwandel der Wirtschaft

Der Strukturwandel der Wirtschaft zeigt sich in so unterschiedlichen Facetten wie der Informatisierung der Arbeit, der Globalisierung der Wirtschaft, im dienstleistungsorientierten Strukturwandel und dem Wandel in der Organisation von Arbeit.

2.1 Steigender Anteil der Dienstleistungsbranchen in den Sektoren

Das klassische Sektorenmodell unterscheidet durch Differenzierung der Wirtschafts- und Beschäftigungsstruktur traditionell zwischen:
- dem primären Sektor: Land- und Forstwirtschaft, Fischerei;
- dem sekundären Sektor: Bergbau, warenproduzierendes Gewerbe;
- dem tertiären Sektor oder auch Dienstleistungssektor: Handel, Verkehr, Nachrichtenwesen, Banken, Versicherungen, Gesundheitswesen, Staat.

Abb. 1: Erwerbstätige nach Wirtschaftsbereichen

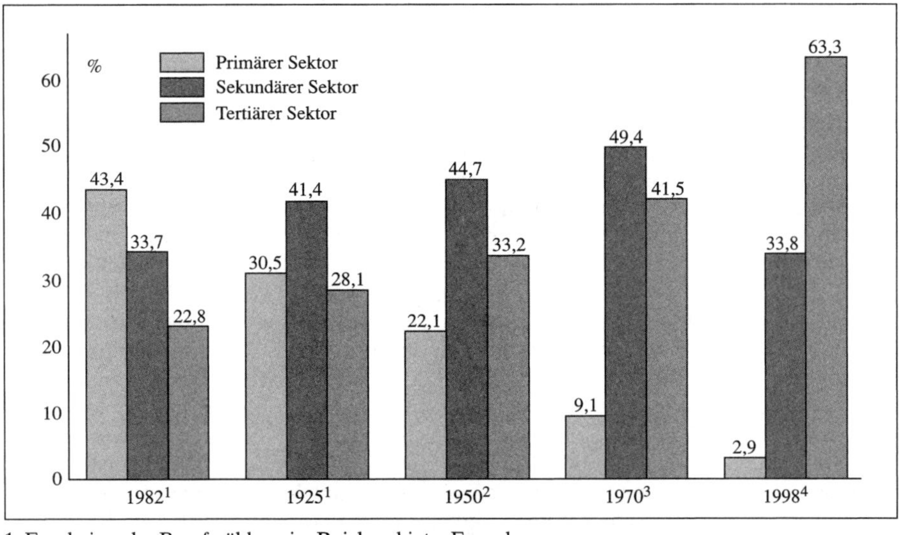

1 Ergebnisse der Berufszählung im Reichsgebiet – Erwerbspersonen.
2 Ergebnisse der Berufszählung im früheren Bundesgebiet.
3 Ergebnisse des Mikrozensus April 1970 im früheren Bundesgebiet.
4 Ergebnisse des Mikrozensus April 1998 in Deutschland.
Quelle: Statistisches Bundesamt, Datenreport 1999, Bonn 1999, S. 90.

In den letzten Jahren hat sich gezeigt, dass sich die Bundesrepublik zu einer Dienstleistungsgesellschaft wandelt. Diese Entwicklung entspricht auch der alten »Drei-Sektoren-Hypothese« des französischen Ökonomen Jean Fourastié von 1954. Danach ergibt sich aus einem steigenden Einkommen der Bevölkerung auch eine Verlagerung der Nachfrage: Wenn die Ernährung gesichert ist, wird das Einkom-

Abb. 2: Bruttowertschöpfung in jeweiligen Preisen

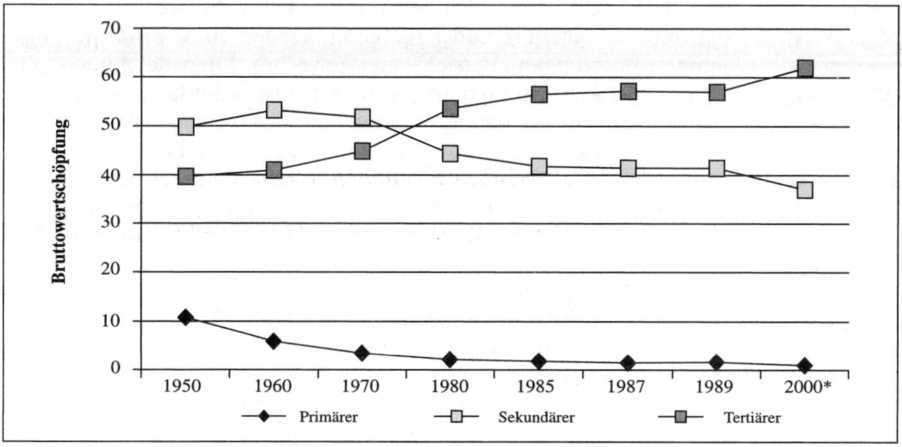

* aus Institut der Deutschen Wirtschaft Deutschland 2000, Köln 2000, S. 21.

Quelle: Andrea Baukrowitz u. a., Veränderungstendenzen der Arbeit im Übergang zur Informationsgesellschaft, in: Arbeitswelt in Bewegung, Bonn 1998, S. 47.

men zunehmend für industriell hergestellte Güter verwendet. Ist auch dieser Bedarf gedeckt, steigt die Nachfrage an Dienstleistungen. Diese Annahme liegt den Thesen der Dienstleistungsgesellschaft zugrunde, es wird hier auch von Deindustrialisierung gesprochen. Aus den *Abb. 1 und 2* wird deutlich, dass sowohl für die Wertschöpfung als auch für die Erwerbstätigen eine Verschiebung zu Lasten des primären Sektors stattgefunden hat. Die Entwicklung des sekundären Sektors ist hingegen in zwei Phasen zu untergliedern. In der ersten Phase bis 1960/1970 ist eine relative Zunahme der Wertschöpfung und Beschäftigung zu beobachten, worauf eine Phase der Abnahme folgt. Im Gegensatz zu den ersten beiden Sektoren gewinnt der tertiäre Sektor über den gesamten Zeitraum an Bedeutung. Der Anteil an der Wertschöpfung erhöht sich seit 1950 von 39,6 Prozent auf 62 Prozent im Jahr 2000 und der Anteil der Erwerbstätigen seit 1882 von 22,8 Prozent auf 63,3 Prozent im Jahr 1998 deutlich. Für diese Entwicklung gibt es verschiedene Erklärungsansätze, auf die im Folgenden noch näher eingegangen werden soll.

2.2 Schwerpunkte innerhalb der Dienstleistungen bei gesellschaftsbezogenen und produktionsnahen Feldern

Zur näheren Betrachtung der Schwerpunkte innerhalb der Dienstleistungen lassen sich diese nach funktionalen Schwerpunkten in vier Gruppen gliedern, nämlich die gesellschaftsbezogenen, die wirtschaftsbezogenen, die distributiven und die haushaltsbezogenen Dienstleistungen. Unter gesellschaftsbezogenen Dienstleistungen sind alle direkten oder indirekten Leistungen für Personen bzw. Familien zu verstehen, die dem individuellen bzw. kollektiven, sozialen und kulturellen Bedarf entsprechen (u. a. Heime, Schulen, Kliniken und Verwaltung). Wirtschaftsbezogene

Dienstleistungen sind Dienste, die von privatwirtschaftlichen Firmen oder staatlichen Institutionen als Vorleistungen, d. h. zur intermediären Verwendung für andere Wirtschaftsbetriebe, produziert und angeboten werden (u. a. Finanzierungsinstitute, Unternehmensberatungen, Versicherungsgewerbe). Dienstleistungen, die zur Deckung der Mobilitäts-, Kommunikations- und Transportbedürfnisse der privaten Haushalte und der Wirtschaftsunternehmungen von privatwirtschaftlichen oder öffentlichen Anbietern erstellt werden, werden distributive Dienstleistungen genannt (u. a. Einzelhandel, Großhandel, Speditionen, Warenhäuser). Unter haushaltsbezogenen Dienstleistungen werden konsumentenbezogene Dienstleistungen verstanden, die von privaten Anbietern für private Haushalte zum Endverbrauch erstellt werden.[1]

Betrachtet man die Veränderungen der Beschäftigungsentwicklung im Dienstleistungsbereich in Westdeutschland von 1980 bis 1997, fällt auf, dass die Beschäftigungsentwicklung uneinheitlich verlaufen ist. Vom gesamten Beschäftigungszuwachs von 3,2 Millionen entfallen alleine 2,5 Millionen auf den Bereich der wirtschafts- und gesellschaftsbezogenen Dienstleistungen. Die distributiven Dienstleistungen verlieren im Vergleich dazu an Gewicht, bleiben jedoch immer noch wichtigster Bestandteil hinter den wirtschaftsbezogenen Dienstleistungen. Mit annähernd 190 000 neuen Arbeitsplätzen leistet der Bereich der haushaltsbezogenen Dienstleistungen den geringsten Beitrag zur Beschäftigungsentwicklung. Im Gegensatz dazu sind die wirtschaftsbezogenen Dienstleistungen mit rund 1,2 Millionen neu geschaffenen Arbeitsplätzen mit Abstand am schnellsten gewachsen. Im Gesamtvolumen kompensiert dies aber keineswegs die Beschäftigungsverluste des verarbeitenden Gewerbes, das vom Strukturwandel besonders stark betroffen ist.

Ein Erklärungsansatz[2] für diese Entwicklungen besagt, dass die Zunahme des Dienstleistungsbereichs keineswegs unabhängig von der Entwicklung des sekundären Sektors vonstatten geht, sondern in vielfacher Weise an dessen Entwicklung gekoppelt ist, d. h., es besteht ein Zusammenhang zwischen dem Wachstum der beiden Sektoren, und zwar dergestalt, dass das Wachstum der Dienstleistungsbranche vorrangig von den produktionsnahen Dienstleistungen getragen wurde. Das heißt, dass die Tertiärisierung als ein Ausdruck einer fortschreitenden gesellschaftlichen Arbeitsteilung zu interpretieren ist. Andere Erklärungsansätze sind die Externalisierungshypothese und die Innovationshypothese.[3] Bei der ersten werden Auslagerungstendenzen im produzierenden Gewerbe zur Erklärung für das starke Wachstum unternehmensnaher Dienstleistungen herangezogen, weil vermehrt Dienstleistungsabteilungen ausgelagert oder bisher intern erstellte Dienstleistungen, im Rahmen der Diskussion um neue Organisationsformen, extern eingekauft werden. Die Innovationshypothese besagt, dass aufgrund der Verkürzung der Produktlebenszyklen und der differenzierten Nachfrage verstärkt Dienstleistungen als Vorprodukte eingesetzt werden, um neue Produkte auf dem Markt etablieren zu können.

2.3 Informatisierung der Produktion

Zur Zeit findet eine ökonomische und technische Revolution statt, in der die Informations- und Kommunikationstechnologien (IuK-Technologien) eine Schlüsselrolle einnehmen. Heute werden bereits mehr als 50 Prozent der Arbeitsplätze durch

IuK-Techniken deutlich geprägt, und dieser Einfluss wird auch noch weiter zunehmen. Um die Entwicklung zu veranschaulichen, wird das klassische Drei-Sektoren-Modell um einen vierten Sektor ergänzt, in dem alle Informationstätigkeiten zusammengefasst werden. Diese Vier-Sektoren-Hypothese wird heutzutage auch von der OECD favorisiert, da der Informationssektor eine relativ einfache Kenngröße zum Vergleich von Volkswirtschaften bis hinunter zur regionalen Ebene ist. Die Entwicklung des Informationssektors bis hin zum Jahr 2010 *(siehe Abb. 3)* untermauert eindrucksvoll den Trend des Strukturwandels in Richtung Informationsgesellschaft. Nach ihr werden im Jahr 2010 bereits 55 Prozent der Beschäftigten im Informationssektor zu verzeichnen sein. Man spricht hier auch von der Informatisierung der Arbeitswelt.

Abb. 3: Entwicklung des Informationssektors 1882 bis 2010 in Anteilen der Beschäftigung

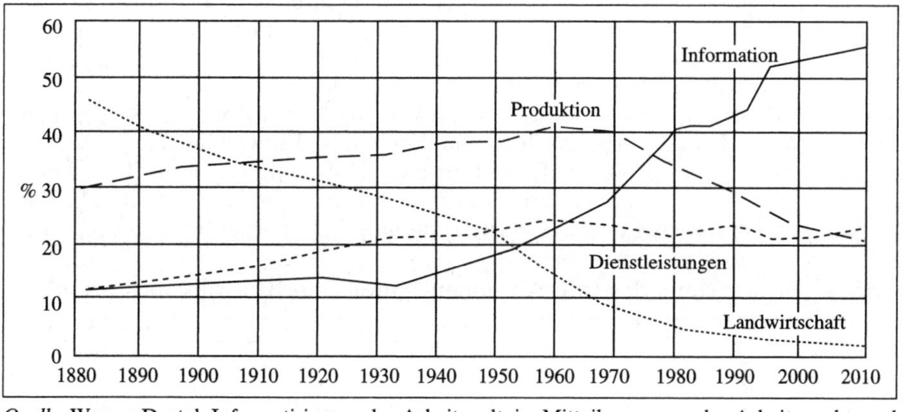

Quelle: Werner Dostal, Informatisierung der Arbeitswelt, in: Mitteilungen aus der Arbeitsmarkt- und Berufsforschung (MittAB), 4/1995, S. 529.

Diese Entwicklung zur Informatisierung zeichnet sich in allen Lebensbereichen ab und wurde in Deutschland unter anderem durch die Liberalisierung des Telekommunikationsmarktes unterstützt. Es entstand ein neuer Wettbewerb, durch den die Telefonkosten und damit auch die Onlinekosten drastisch sanken. Dies begünstigte vor allem die Entwicklung der Kommunikationstechnologien auch bei privaten Anwendern. Die Zahl der PCs in deutschen Haushalten unterstreicht noch einmal diesen Trend, denn 1993[4] existierten erst in ca. 18 Prozent der Haushalte solche Geräte, 1998 besaßen knapp 39 Prozent der privaten Haushalte einen Personalcomputer, 1999 waren es 45 Prozent und 2000 schon 47 Prozent.[5] Der verbreitete Einsatz von IuK-Technologien zeigt sich auch im Arbeitsleben. Insbesondere in den vergangenen 20 Jahren hat sich der Verbreitungsgrad programmgesteuerter Arbeitsmittel bei gelegentlicher oder hauptsächlicher Nutzung nahezu vervierfacht.

Diese Zunahme der IuK-Technologien geht einher mit einer starken Zunahme der Bürotätigkeiten. Im Jahre 2000 waren fast ein Drittel aller Erwerbstätigen im Büro tätig, bei Frauen sogar 40 Prozent. Der intensive Einsatz von Informations-

und Kommunikationstechnologien führte insbesondere in diesem Bereich zu einem steigenden Anteil an hoch qualifizierten Kräften, da der Verbreitungsgrad von computergestützten Arbeitsmitteln im Büro mit 93 Prozent besonders hoch lag.[6]

Die hier betrachteten Entwicklungen im IuK-Bereich sind nicht auf Deutschland beschränkt, sondern sind in unterschiedlichen Ausprägungen weltweit anzutreffen. Ein Indikator dafür ist der Anteil der IuK-Ausgaben am Bruttoinlandsprodukt (BIP) in *Abb. 4*. Der internationale Vergleich zeigt, dass es in allen hier betrachteten Ländern zu einem Wachstum kam. Der Vorsprung der USA und Großbritanniens basiert auf deren intensiverer Anwendung von Informationstechnologien.

2.4 Entgrenzung der Unternehmen und der Produktionsabläufe

Ein sehr wichtiges Merkmal der aktuellen Veränderungen in den Unternehmen ist die Reorganisation der Unternehmensstrukturen. Während der Taylorismus auf die Zerlegung der Arbeit in möglichst kleine Einheiten ausgerichtet ist und so die Bedingungen für die noch heute gültigen Aufgabenzuschnitte bis hin zu ihrer institutionellen Verfasstheit als Berufsbilder schuf, steht heute der gesamte betriebliche Ablauf im Zentrum.[7] Das bedeutet eine Abkehr von der tayloristischen Lehre hin zu neuen Modellen der Arbeitsteilung, die durch diese Entwicklungen angetrieben werden. Als zentrales Schlüsselelement für diese Entwicklung gilt die Transformation von Unternehmen in neue Organisationsstrukturen, die eine erhöhte Flexibilität des Arbeitsprozesses und die Vernetzung innerhalb und außerhalb des Unter-

Abb. 4: Entwicklung des IuK-Ausgaben-Anteils am Bruttoinlandsprodukt

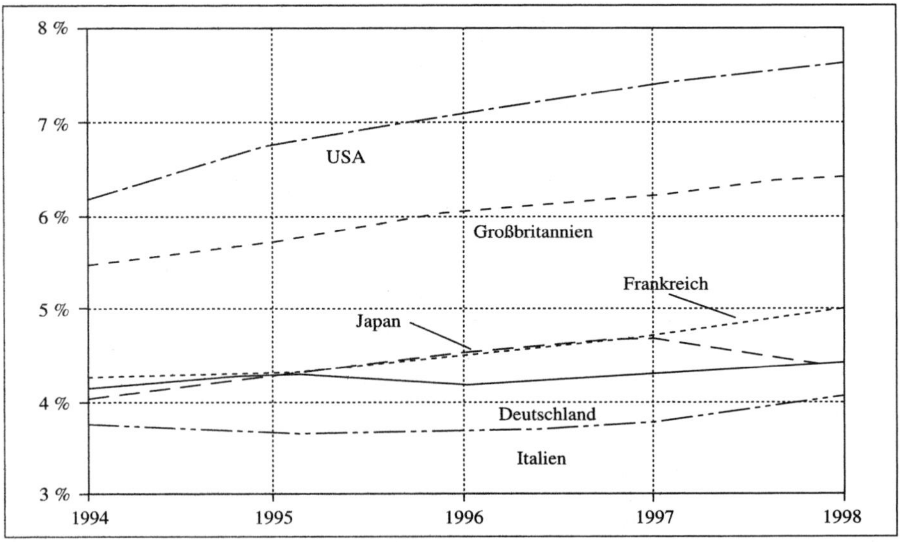

Quelle: Prognos, Daten und Fakten im internationalen Vergleich, BMWi-Dokumentation Nr. 462, Bonn 1999, S. 8.

nehmens ermöglichen.[8] Es findet eine zunehmende Entgrenzung der Unternehmen statt. Gründe für diese Entwicklung sind die Globalisierung von Beschaffungs- und Absatzmärkten, die Entwicklung von Anbieter- zu Käufermärkten und der technische Fortschritt, die alle zusammen zu einer weltweiten Erhöhung des Wettbewerbsdrucks führen. Aufgrund dieses erhöhten Wettbewerbsdrucks müssen die Unternehmen bisherige Organisations- und Produktionsstrukturen den veränderten Rahmenbedingungen anpassen.

2.5 *Globalisierung*

Globalisierung im ökonomischen Sinne bedeutet die internationale Ausrichtung von Produktion, Absatz, Beschaffung und Finanzströmen. Es lassen sich grob zusammengefasst drei Ausprägungen unterscheiden, nämlich die Globalisierung des Handels, der Investitionen und der Finanzmärkte. Die Handels- und Investitionsglobalisierung wird dabei vor allem von großen multinationalen Produktions- und

Abb. 5: Globalisierungstendenzen

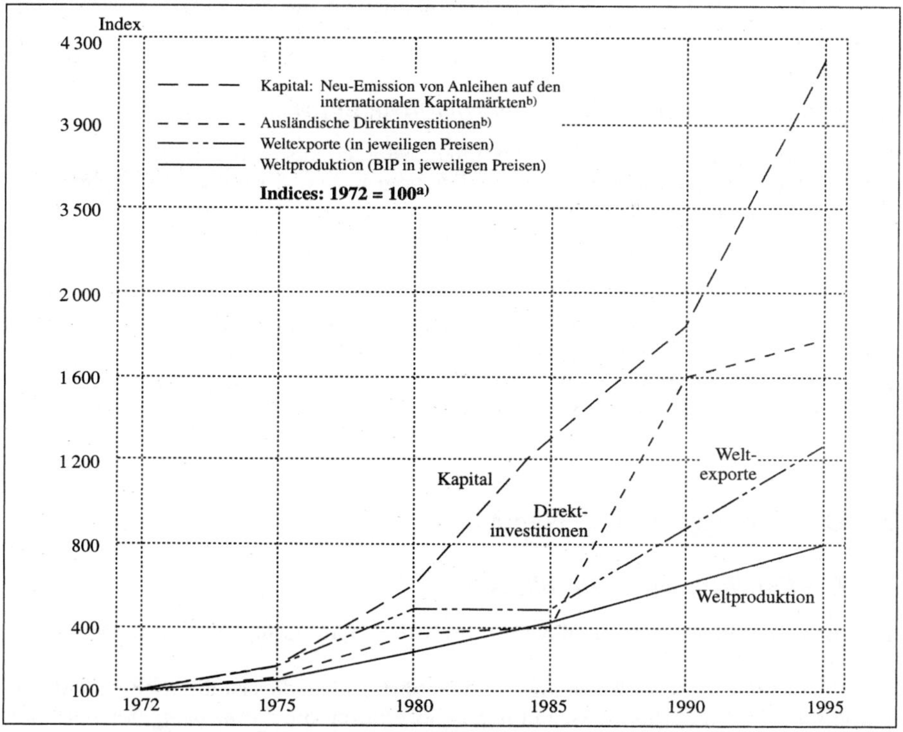

a) Ursprungsdaten in US-Dollar b) Jährliche Stromgrößen

Quelle: Dieter Duwendag u. a., Geldtheorie und Geldpolitik in Europa, Berlin 1999, S. 257.

Handelsunternehmen getragen und finanziell begleitet durch die internationalen Banken und Finanzierungsinstitute. Die starken Globalisierungstendenzen lassen sich besonders an den vier Messgrößen Weltproduktion, Weltexporte, den ausländischen Direktinvestitionen und den Neu-Emissionen von Anleihen auf den internationalen Kapitalmärkten erkennen. Hier kam es zu enormen Steigerungen.[9]

Ursachen für den in den letzten Jahren sich verstärkenden Globalisierungsschub waren:

- die zunehmende Liberalisierung des internationalen Handels und der Finanzmärkte; dies insbesondere in den Industrieländern, in denen der Abbau von Handelsbarrieren und die Deregulierung der Finanzmärkte vorangetrieben wurde;
- der Fortschritt der Informations- und Kommunikationstechnologien, durch den insbesondere die Telekosten, Lufttransportkosten und Satelliten-Nutzungsgebühren stark gesenkt werden konnten;
- die nach dem Fall des Eisernen Vorhanges entstandenen neuen Absatzmärkte und Konkurrenten in den marktwirtschaftlich orientierten Reformstaaten in Ostmitteleuropa und in Südostasien;
- die Fortschritte in der Entwicklung der Entwicklungsländer;
- die Herausbildung neuer und neustrukturierter Handelsblöcke ab Ende der 80er-Jahre, zu denen z. B. der EU-Binnenmarkt, die NAFTA, die AFTA und die APEC gehören.

2.6 »Outsourcing« und Abbau von Hierarchiestufen

Eng mit den oben genannten Entwicklungen ist auch das »outsourcing« verbunden. »Outsourcing« bezeichnet die wirtschaftlich begründete Auslagerung der computergestützten Informationsverarbeitung auf Fremdfirmen. Dabei geht es nicht nur um den Abbau von relativ teuren Arbeitsplätzen, sondern auch um die Schaffung von neuen und effizienteren Strukturen. In diesem Zusammenhang findet mehr und mehr auch ein Abbau der hierarchischen Strukturen statt. War früher eindeutig die Pyramidenstruktur mit ihren zahlreichen Hierarchiestufen und »top-down«-Anweisungen angesagt, so kann man jetzt immer mehr Netzwerkstrukturen beobachten. Es herrschen nicht mehr »command-and-control«, stattdessen entscheidet der Mitarbeiter viel mehr in eigener Verantwortung.

3. Der demographische Wandel

3.1 Die Entwicklung der Bevölkerung

Die Bevölkerungsentwicklung wird durch drei Parameter bestimmt: Migration, Fertilität und Mortalität.[10]

Die *Fertilität*, d. h. die Zeugungs- und Gebärfreude – dies ist die wichtigste demographische Einflussgröße – wird üblicherweise durch die *zusammengefasste Geburtenziffer* gemessen. Diese Ziffer beschreibt die Zahl der Lebendgeburten pro Frau. In der Nachkriegszeit erreichte diese »zusammengefasste Geburtenziffer« zu Beginn der 60er-Jahre mit etwa 2,5 Lebendgeburten pro Frau ihr Maximum, um seit Beginn der 70er-Jahre bis heute auf einen Wert von gut 1,3 für die alten Bundesländer und auf ca. 0,8 für die neuen zu sinken. Das bestandserhaltende Niveau läge bei ca. 2,1. Zu Zeiten des real existierenden Sozialismus in der DDR war die Geburtenhäufigkeit dort etwas höher als in Westdeutschland. Seit der Wiedervereinigung ist sie in den neuen Ländern allerdings sehr viel niedriger als in den alten. Die mit der Einführung einer marktwirtschaftlichen Ordnung verbundenen Umbrüche und Unsicherheiten insbesondere in den Erwerbsbiografien wirkten und wirken offensichtlich dämpfend auf die Zeugungs- und Gebärfreude. So wird für die neuen Länder erwartet, dass sich die Geburtenhäufigkeit bis zum Jahr 2005 weit gehend an diejenige im früheren Bundesgebiet anpasst. Nach Prognosen bis zum Jahr 2050 für die gesamtdeutsche Geburtenziffer wird erwartet, dass sie sich bei ca. 1,4 einpendelt.[11]

Die *Mortalität*, d. h. die Sterblichkeit bzw. die Lebenserwartung, beeinflusste und beeinflusst die demographische Entwicklung in Deutschland in zweierlei Hinsicht. Einmal, und dies war in Deutschland bis in die 60er-Jahre relevant, durch einen Rückgang der Säuglings- und Kindersterblichkeit. Dies hatte einen steigenden Jugendquotienten zur Folge. Aktueller und vor allem für die Zukunft von größerer Bedeutung als die in den letzten Jahren nur noch geringfügige Abnahme der Säuglings- und Kindersterblichkeit bzw. der Rückgang der Sterblichkeit im jüngeren und mittleren Alter, ist die ausgeprägt sinkende Sterbewahrscheinlichkeit im höheren Alter und damit verbunden ein nur als rasant zu bezeichnender Anstieg der so genannten *ferneren Lebenserwartung*. Über zwei Drittel der Zunahme der gesamten Lebenserwartung seit den 60er-Jahren resultiert aus einer Zunahme dieser ferneren Lebenserwartung. Bei den 65-jährigen westdeutschen Männern ist diese Restlebenserwartung, die derzeit bei 15,1 Jahren liegt, um über 2,5 Jahre angestiegen und bei den Frauen, bei denen diese zur Zeit 18,9 Jahre beträgt, sogar um 4 Jahre.

Werden die Ergebnisse der neunten koordinierten Bevölkerungsvorausschätzung betrachtet, so wird die Konsequenz insbesondere von Fertilität und Mortalität sein, dass

- der Anteil der unter 20-Jährigen an der Gesamtbevölkerung von heute 21,3 Prozent innerhalb der nächsten 50 Jahre auf 16,3 Prozent fallen wird,
- der Anteil der über 60-Jährigen von heute gut 23 Prozent sich auf 35,8 Prozent erhöhen und damit fast verdoppeln wird,
- der Anteil der »mittleren Generation«, d. h. der 20- bis 59-Jährigen von derzeit 55,7 Prozent auf 47,9 Prozent sinken wird.

Im Zuge dieser Strukturverschiebung ist davon auszugehen, dass innerhalb der nächsten 50 Jahre die deutsche Wohnbevölkerung in Abhängigkeit von der Nettozuwanderung von derzeit 82 Millionen auf 65 bzw. 70 Millionen schrumpfen wird.

Als *Migration* bezeichnet man die Wohnsitzveränderung natürlicher Personen, dauernd oder wenigstens für längere Zeit. Die durch Migration entstandenen Wanderungsbewegungen beeinflussen seit Jahrzehnten die Bevölkerungsentwicklung in Deutschland wesentlich. Sie sind Teil eines weltweiten Migrationsgeschehens, das durch zwei Tendenzen geprägt ist. Zum einen ist die absolute Zahl der Migranten in den vergangenen Jahren angestiegen und zum anderen stagnieren Wanderungen zwischen Industrieländern, wohingegen Wanderungen innerhalb oder aus den weniger entwickelten Staaten zunehmen. Seit 1950 gab es in der Bundesrepublik sowohl Phasen, in denen die Abwanderung überwog, als auch Phasen mit hoher Zuwanderung. Besonders in den 80er-Jahren gab es schwankende Wanderungssalden aufgrund von Zuwanderungen von Asylbewerbern und Rückführungen von Kriegsflüchtlingen. Insgesamt ergab sich im Zeitraum von 1950 bis 1999 ein positiver Saldo von neun Millionen Personen, der aus 31 Millionen Zuzügen und 22 Millionen Fortzügen resultiert. Daran beträgt der Anteil der Ausländer im Durchschnitt etwa 75 Prozent mit 26 Millionen Zuzügen und ca. 18 Millionen Fortzügen. Es ergibt sich somit ein positiver Wanderungssaldo der Ausländer von etwa acht Millionen Personen.

Da Wanderungsbewegungen die instabilste Komponente der Bevölkerungsentwicklung darstellen und durch unvorhergesehene politische Entwicklungen entstehen können, sind sie schwer zu prognostizieren. Die Prognose der neunten koordinierten Bevölkerungsvorausschätzung geht deshalb von mehreren Varianten aus, die auf unterschiedlichen Wanderungsgewinnen beruhen. Daraus ergeben sich für den Zeitraum von 2000 bis 2049 für die Ausländer Nettozuwanderungen von 4,9 bzw. 9,3 Millionen Ausländer, im Gegensatz dazu jedoch für die deutschen Migranten ein Absinken des Saldos mit insgesamt etwa einer Million Zuwanderungen über den Prognosezeitraum.[12] *Abb. 6* zeigt die bisherigen Wanderungssalden.

Abb. 6: Wanderungssaldo über die Grenzen Deutschlands einschl. 1990 für das frühere Bundesgebiet

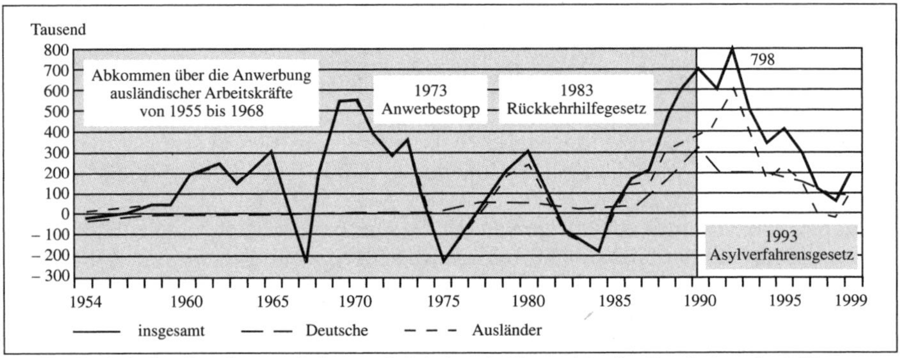

Quelle: Statistisches Bundesamt, Leben und Arbeiten in Deutschland – Ergebnisse des Mikrozensus 1999, Wiesbaden 2000, S. 12.

Infolge der oben genannten Einflussfaktoren hat sich die Altersstruktur der Bevölkerung geändert, wie sie sich auch in Zukunft weiter verändern wird. Dies lässt sich graphisch in der Veränderung der bekannten Bevölkerungspyramide darstellen, die inzwischen eher einem fransigen Tannenbaum, wie *Abb. 7* zeigt, ähnelt. Dabei lässt sich erkennen, dass die aktuelle Bevölkerungsstruktur und -größe der wesentliche Bestimmungsfaktor für die Entwicklung der nächsten Jahrzehnte ist. Im Blick auf die Alterssicherung ist dies insbesondere die Gruppe der geburtenstarken Jahrgänge um 1964, d. h. der heute Mitte 30-Jährigen, die gegenwärtig die am stärksten

Abb. 7: Altersaufbau der Bevölkerung in Deutschland

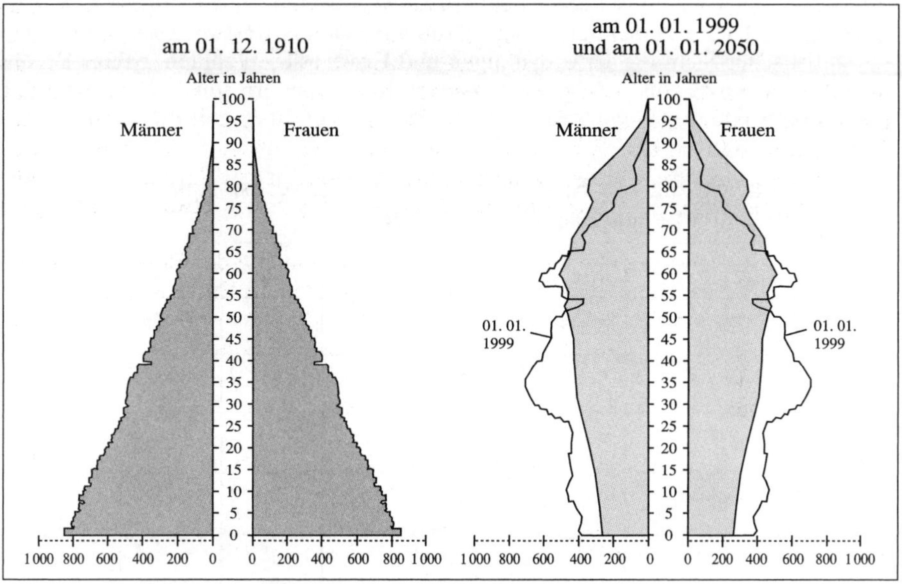

Quelle: Statistisches Bundesamt, Bevölkerungsentwicklung Deutschlands bis 2050 – Ergebnisse der 9. koordinierten Bevölkerungsvorausberechnung, Wiesbaden 2000, S. 12.

besetzte Altersgruppe darstellen. Da die heute etwa 30-jährigen Frauen im Durchschnitt 1,4 Kinder haben, ergibt sich daraus, dass die jetzigen Kinderjahrgänge zahlenmäßig den Elternjahrgängen unterlegen sind, was eine schwache Besetzung der nächsten Elterngeneration mit sich bringt, in der dann die Frauen (voraussichtlich) auch nur wieder durchschnittlich 1,4 Kinder zur Welt bringen.

Dieses Muster der Bevölkerungsentwicklung ist – mit Ausnahme Irlands – in allen OECD-Staaten zu beobachten und beruht auf einer für Industrieländer typischen Entwicklung, nämlich der, dass die Zahl der lebend Geborenen je Frau negativ und die Lebenserwartung positiv mit dem Entwicklungsniveau, also mit dem materiellen Wohlstand eines Landes, korrelieren.

3.2 Die Entwicklung der Erwerbsbevölkerung

3.2.1 Erwerbspersonen und Erwerbstätige

Wird die Entwicklung der Erwerbsbevölkerung in *Abb. 8* bis heute betrachtet, so fällt auf, dass der Arbeitsmarkt schon seit Mitte der 70er-Jahre durch ein Ungleichgewicht von Angebot und Nachfrage gekennzeichnet ist. In den 90er-Jahren hat sich schließlich die Schere zwischen Arbeitssuchenden und der Zahl der offenen Stellen weiter geöffnet, u. a. durch den Übergang der neuen Länder von der Plan- zur Marktwirtschaft, durch den neue Probleme auf dem Arbeitsmarkt entstanden.[13]

Aber auch die stark ansteigende Zahl der Erwerbspersonen Anfang der 70er-Jahre hat dazu beigetragen. Sie ist verursacht durch die geburtenstarken Jahrgänge in Verbindung mit der zunehmenden Zuwanderung. Bei den Erwerbspersonen, zu denen aus statistischer Sicht die Erwerbstätigen und Erwerbslosen zählen, gab es Ergebnissen des Mikrozensus zufolge in den alten Bundesländern seit 1991 eine Steigerung um 720 000. Im Gegensatz dazu verringerte sich hingegen die Zahl der Er-

Abb. 8: Entwicklung von Erwerbstätigkeit und Erwerbslosigkeit im früheren Bundesgebiet seit 1960

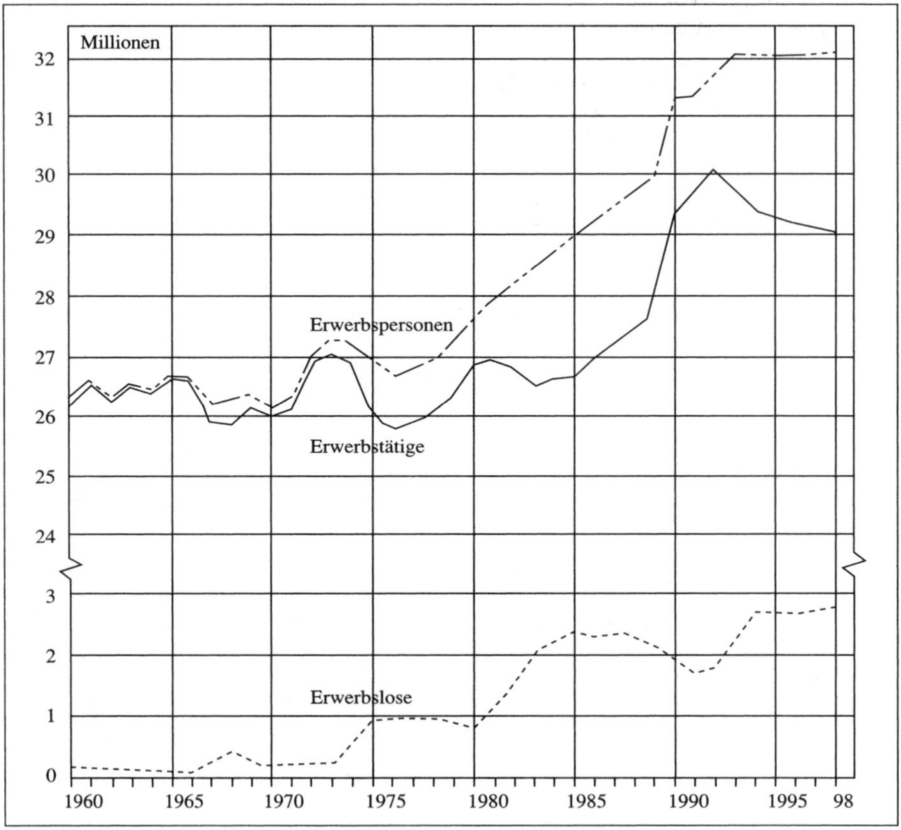

Quelle: Statistisches Bundesamt, Datenreport 1999, Bonn 1999, S. 85.

werbstätigen, unter denen man alle Personen, die in einem Arbeitsverhältnis stehen sowie alle Selbstständigen, Freiberufler und mithelfenden Familienangehörigen versteht, um 367 000. Daraus resultierte ein Anstieg der Erwerbslosen um rund 1,1 Millionen Personen. In den neuen Bundesländern und Ostberlin hingegen gab es im April 1998 8,2 Millionen Erwerbspersonen, von denen 5,4 Millionen erwerbstätig waren. Insgesamt lag der Anteil der Erwerbslosen an den Erwerbstätigen und Erwerbslosen 1998 in den neuen Ländern bei 20 Prozent und in den alten bei 8,6 Prozent. Der Anteil der Erwerbspersonen an der Gesamtbevölkerung (Erwerbsquote) lag 1998 mit 48,1 Prozent überraschenderweise höher als in den 50er-Jahren mit 46,2 Prozent, obwohl die Ausbildungszeiten länger sind und früher aus dem Erwerbsleben ausgeschieden werden kann. Grund dafür ist die in den letzten 50 Jahren stark gestiegene Beteiligung von Frauen am Erwerbsleben, insbesondere stieg diese bei verheirateten Frauen von 25 Prozent (1950) auf 49,4 Prozent (April 1998) an.[14] Bei den Frauen im Alter von 25 bis 54 Jahren in den alten Bundesländern zeigt sich im Zeitraum von 1960 bis 1998 eine besonders starke Zunahme von mehr als 60 Prozent. In den neuen Ländern und Berlin-Ost lag die Frauenerwerbsquote für die 25- bis 29-Jährigen 1998 sogar bei 93 Prozent.

Bis zum Jahre 2040 wird ein Rückgang des Erwerbspersonen-Potenzials von etwa 41,6 Millionen im Jahr 1995 auf rund 32,6 Millionen im Jahr 2040 prognostiziert. Durch den starken Rückgang des Erwerbspersonen-Potenzials ab dem Jahr 2015 ist eine Ausweitung der Produktionsmöglichkeiten nur durch eine Ausschöpfung des eventuell noch vorhandenen Arbeitskräfte-Potenzials bzw. durch eine Steigerung der Arbeitsproduktivität möglich. Die Veränderung der Altersstruktur des Erwerbspersonen-Potenzials korrespondiert naturgemäß mit der beschriebenen demographischen Entwicklung; die Erwerbstätigen werden zunehmend älter. Die Klasse der 25- bis 35-Jährigen wird von aktuell etwa 28 Prozent des Erwerbspersonen-Potenzials auf 20 Prozent im Jahr 2040 zurückgehen.

3.2.2 Arbeitslose

Das Ziel der Vollbeschäftigung ist schon im Stabilitäts- und Wachstumsgesetz von 1967 postuliert worden und gehört zu den wichtigsten politischen Zielen Deutschlands. Von Vollbeschäftigung spricht man, wenn die Zahl der Arbeitslosen die Zahl der offenen Stellen nicht übersteigt. Als offiziell Arbeitslose bezeichnet man generell alle Personen, die beim Arbeitsamt auch als solche gemeldet sind. Anfang der 60er-Jahre herrschte ein Mangel an Arbeitskräften, wie in *Abb. 9* erkennbar, und es war Vollbeschäftigung erreicht. Seit 1974 jedoch liegt die durchschnittliche Zahl der Arbeitslosen über der Zahl offener Stellen. Es gab bereits 1975 mehr als eine Million Arbeitslose und nach einem vorübergehenden Rückgang verschlechterte sich die Arbeitsmarktlage von 1982 bis 1988 weiter. Im Jahresdurchschnitt gab es 1988 schon 2,2 Millionen Arbeitslose. Diese Situation verbesserte sich zu Anfang der 90er-Jahre vorübergehend, um sich schließlich bis 1997 weiter drastisch zu verschlechtern. Erstmals wurde hier in den alten Bundesländern die Drei-Millionen-Grenze überschritten, und die Arbeitslosenquote betrug hier zu diesem Zeitpunkt 11 Prozent. 1998 war letztendlich eine leichte Besserung zu verzeichnen. Auch in den neuen Bundesländern trat mit der Wiedervereinigung das Problem der Arbeitslosigkeit auf. Sie entstand vor allem durch die Anpassung der Wirtschaftsstruktur, durch die mehr Arbeitskräfte freigesetzt als eingestellt wurden. Alles in allem gehen die Prognosen für die gesamtdeutsche Arbeitslosenquote jedoch von einer leichten Verbesserung von 9,6 Prozent im Jahr 2000 auf 8,8 Prozent im Jahre 2001 aus.[15]

Abb. 9: Arbeitslose und offene Stellen im früheren Bundesgebiet[1] und in den neuen Ländern einschl. Ostberlin

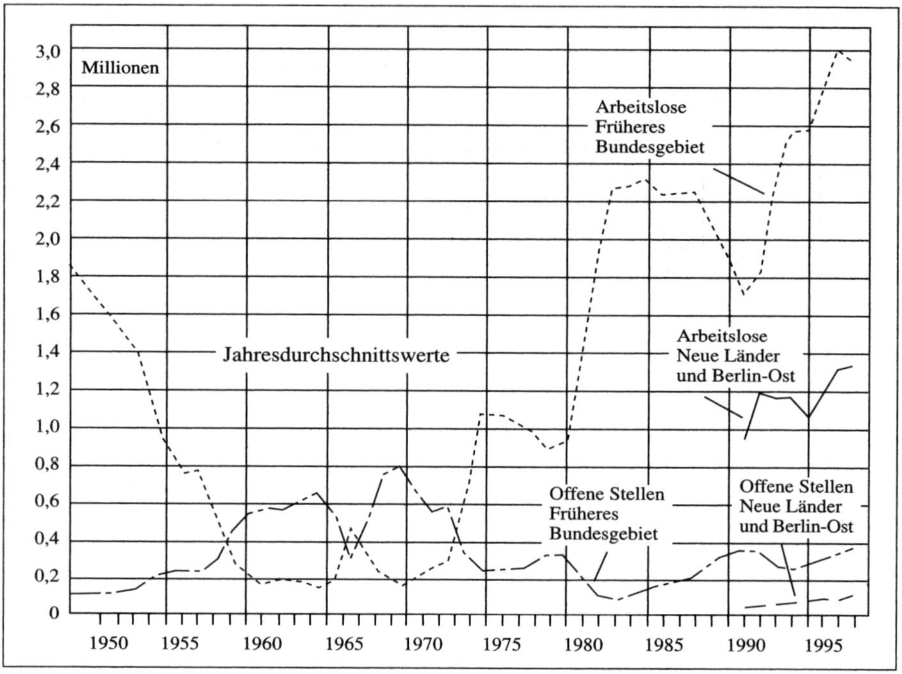

1 Bis 1958 ohne Angaben für das Saarland.

Quelle: Statistisches Bundesamt, Datenreport 1999, Bonn 1999, S. 97.

Es gibt viele Gründe, die zu den insgesamt schlechten Arbeitslosenzahlen beitragen. Einer der wichtigsten ist der qualifikatorische Strukturwandel, dem bisher nur unzureichend Rechnung getragen wurde. Durch ihn werden vor allem Arbeitsplätze für gering qualifizierte Arbeitnehmer überflüssig, und die so entstehenden Arbeitslosen können nicht ohne weiteres höher qualifizierte Arbeiten übernehmen. In der Konsequenz wird erwartet, dass die größten Beschäftigungsprobleme in Zukunft für Personen ohne Berufsausbildung zu erwarten sein werden. Man rechnet damit, dass der Anteil der gering Qualifizierten an der Gesamtbeschäftigung sinken wird. Er lag 1985 bei 25,2 Prozent, 1995 bei 16,7 Prozent und wird für 2010 auf 11,4 Prozent prognostiziert. Gleichzeitig wird der Bedarf an Akademikern weiterhin steigen. Er lag 1985 bei 10,2 Prozent, 1995 bei 14,1 Prozent und wird 2010 voraussichtlich bei 17 Prozent liegen.[16]

Zu den so genannten Problemgruppen am Arbeitsmarkt gehören insbesondere Jüngere, Ältere, Frauen, Ausländer und Schwerbehinderte (vgl. *Abb. 10*). Ausländische Arbeitskräfte waren vom strukturellen Wandel der Wirtschaft und der Arbeitsmärkte in besonders hohem Maße betroffen. Viele ihrer ursprünglichen Arbeitsplätze in der industriellen Massenfertigung und in der Schwerindustrie gingen

Abb. 10: Arbeitslosenquoten so genannter Problemgruppen im früheren Bundesgebiet

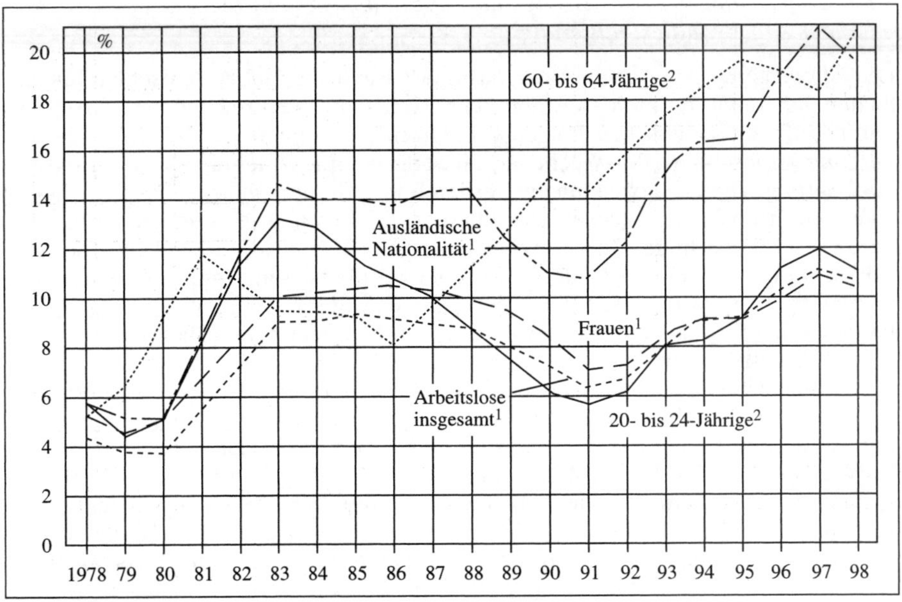

1 Jahresdurchschnitt.
2 Ende September.
Quelle: Statistisches Bundesamt, Datenreport 1999, Bonn 1999, S. 105.

verloren. Neue Beschäftigungsmöglichkeiten im Dienstleistungsbereich konnten den Beschäftigungsverlust in der Industrie nicht kompensieren. Arbeitslosigkeit ausländischer Erwerbspersonen spiegelt folglich auch den Strukturwandel in der Wirtschaft wider sowie die Konzentration der Ausländer auf diese – aus heutiger Sicht – wenig zukunftsweisenden Branchen und ihren Einsatz auf Arbeitsplätzen, die als erste dem Stellenabbau zum Opfer fallen. Im Vergleich zu den anderen Problemgruppen sind ältere Personen zwar wegen der längeren Betriebszugehörigkeit und dem damit verbundenen Kündigungsschutz weniger durch Arbeitslosigkeit gefährdet, jedoch fällt es ihnen meist sehr viel schwerer, wieder eine neue Beschäftigung zu finden.

4. Der Strukturwandel der Arbeitswelt

Der Strukturwandel der Arbeitswelt ergibt sich aus dem Strukturwandel in der Wirtschaft und kann mit Hilfe der folgenden Kategorien charakterisiert werden: Arbeitszeit, Arbeitsnachfrage und Arbeitsverhältnisse.

4.1 Wandel der Arbeitszeiten

4.1.1 Entwicklung der Arbeitszeitverkürzung und insbesondere der Arbeitszeitflexibilisierung

Die Entwicklung der Arbeitszeiten ist in der Bundesrepublik Deutschland in den letzten Jahrzehnten durch zwei deutliche Trends mit weit reichenden wirtschafts- und gesellschaftspolitischen Folgen gekennzeichnet: eine deutliche *Arbeitszeitverkürzung* insbesondere der Wochenarbeitszeit und eine zunehmende *Arbeitszeitflexibilisierung.* Diese Entwicklungen verliefen jedoch nicht gleichzeitig. War in den 80er-Jahren noch die Arbeitszeitverkürzung in Richtung 35-Stunden-Woche und deren konfliktträchtige Durchsetzung unangefochten das Spitzenthema der Gewerkschaften, so ist in den 90er-Jahren die Flexibilisierung in den Unternehmen vorangetrieben worden. Mit der Flexibilisierung der Arbeitszeit hat zugleich ein umfassender Prozess der Entnormierung des Normalarbeitsverhältnisses stattgefunden. Damit verbunden ist die sukzessive Auflösung arbeitsrechtlicher und tarifrechtlicher Standards und die Erosion der Mechanismen sozialer Sicherung, für die lebenslange stabile Vollzeitbeschäftigung immer noch Voraussetzung sind.[17] Die Entwicklung der *Arbeitszeitverkürzung* wird im Detail deutlich, wenn man die Entwicklung in *Abb. 11* verfolgt. In den alten Bundesländern kam es seit 1978 bis Anfang der 90er-Jahre zu einem Rückgang der durchschnittlichen Wochenarbeitszeit von 40,6 auf 37 Stunden. Seit Anfang der 90er-Jahre hat sich dann die tatsächliche durchschnittliche Wochenarbeitszeit in Deutschland kaum noch verringert. In

Abb. 11: Durchschnittlich von Vollzeit- und Teilzeit-Erwerbstätigen normalerweise geleistete Arbeitsstunden je Woche

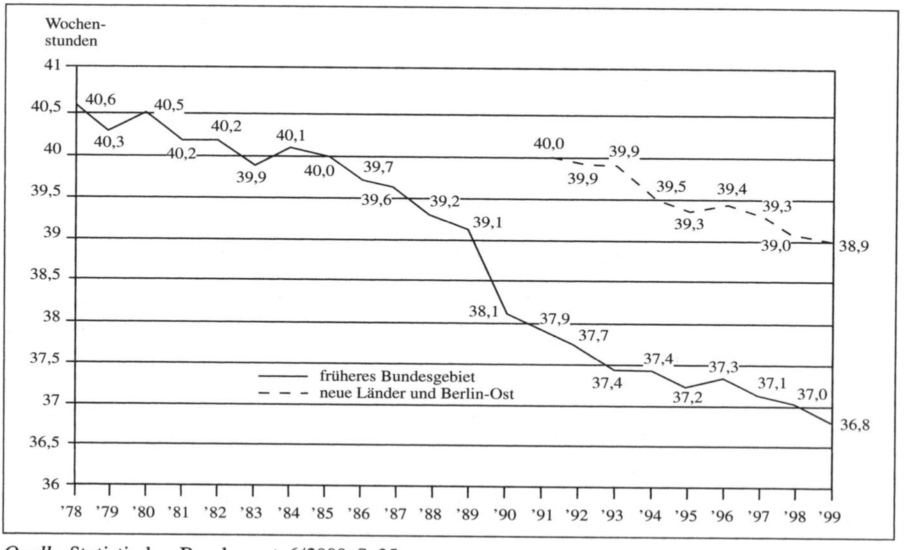

Quelle: Statistisches Bundesamt, 6/2000, S. 35.

den neuen Ländern verlief die Entwicklung ähnlich, jedoch befindet sie sich ca. zehn Jahre hinter der Entwicklung des früheren Bundesgebietes.

Während die Arbeitszeitverkürzung in einigen Branchen zum Stillstand gekommen ist, lässt sich seit Mitte der 90er-Jahre eine verstärkte *Arbeitszeitflexibilisierung* verzeichnen. Gründe für die zunehmende Flexibilisierung von Arbeitszeiten sind die vermehrte Nutzung vollkontinuierlicher Produktionsverfahren und rentablere Auslastungen von Produktion in Form von längeren Maschinennutzungszeiten. In anderen Bereichen wie z. B. den Medien, dem Gesundheitswesen, in der Energiewirtschaft, dem Transportwesen und der Gastronomie soll mit flexibleren Arbeitszeiten die Aufrechterhaltung von Versorgungs- und Dienstleistungsfunktionen »rund um die Uhr« gewährleistet werden. Im Einzelhandel sind die Arbeitszeiten durch die Verlängerung der Ladenöffnungszeiten erweitert worden.[18]

Wird der Anteil der Erwerbstätigen mit flexiblen Arbeitszeiten in Deutschland seit 1991 betrachtet, so zeichnet sich eine Zunahme von 15,7 Millionen Personen auf 18,2 Millionen im Jahre 1999 ab, was einem Zuwachs um 8 Prozentpunkte auf 50 Prozent aller Erwerbstätigen entspricht. Während in den neuen Bundesländern 1991 noch deutlich weniger Erwerbstätige flexible Arbeitszeiten hatten (36,2 Prozent), so gibt es heute kaum noch Unterschiede zu den alten Bundesländern. Wird der Aspekt der Teilzeitarbeit in *Tab. 12* betrachtet, so fällt auf, dass Teilzeitarbeit nahezu ausschließlich eine Angelegenheit von Frauen ist. Offensichtlich können Frauen nur über Teilzeitbeschäftigung eine akzeptable Vereinbarkeit von Beruf, Familie und Haushalt herstellen und müssen entsprechend auch auf Einkommen, Leistungen der sozialen Sicherung und Karrierechance verzichten.[19]

Tab. 12: Anteil der Beschäftigten in Teilzeitarbeit

	1960	1970	1980	1990	1994	1999*
Gesamt	2,6	6,5	11,2	15,1	17,6	19,5
Männer	0,6	0,6	1,0	2,2	2,4	4,6
Frauen	6,4	18,1	27,6	33,8	36,8	37,8

* Eigene Berechnungen aus Mikrozensus.

Quelle: Volker Hielscher, Entgrenzung von Arbeit und Leben? Eine Literaturstudie, DP FS II 00-201, Wissenschaftszentrum Berlin für Sozialforschung 2000, S. 27.

4.1.2 Abrücken vom dreiteiligen Schema Ausbildung – Erwerbsarbeit – Ruhestand

Ein »Normallebenslauf« ist vor allem durch eine erwerbsbezogene Dreiteilung in Vorbereitungs-, Aktivitäts- und Ruhephase gekennzeichnet. Er entstand in den 60er-Jahren und wurde in dieser Zeit nicht nur zu einer Norm, sondern auch zur Normalität. Die Entwicklungen im Beschäftigungssystem fordern heutzutage allerdings erhöhte Flexibilität und Mobilität und deshalb geht eine verbreitete These davon aus, dass der »Normallebenslauf« sich auflöst und der Beruf seine institutionelle Stabilität und Bedeutung für die Erwerbstätigkeit verliert. Empirisch wird diese These durch die Beobachtung zunehmender Diskontinuität, Heterogenität und Differenzierung von Erwerbsverläufen gestützt.[20] Die Diskontinuität in den Lebensläufen zeichnet sich dabei nicht durch ein hervorstechendes Muster aus, sondern durch ihre Vielfalt. Durch diese Entwicklung verliert die biografische Planungsperspektive an Sicherheit und Vorhersagbarkeit. In Verbindung damit verlieren auch die Wochen-, Monats- und Jahresarbeitszeit immer mehr an Bedeutung, da auch sie nicht mehr kontinuierlich verlaufen. Gerade sie funktionieren nur in Verbindung mit der erwerbsbezogenen Dreiteilung des Lebens. An ihrer Stelle gewinnt die Lebensarbeitszeit an Bedeutung, die die gesamte Arbeitszeit eines Menschen beinhaltet. Durch sie wird es beispielsweise möglich, Freizeit anzusparen, um so für begrenzte Zeit seine Erwerbsarbeit zu unterbrechen.

4.2 Wandel der Arbeitsnachfrage und Tätigkeitslandschaft

Seit über zwei Jahrzehnten steigen die Qualifikationsanforderungen des Beschäftigungssystems. Die Schere zwischen den Beschäftigungschancen der unteren und oberen Qualifikationsebenen klafft immer stärker auseinander. Die Faustformel lautet: Je niedriger die formale berufliche Qualifikation, desto schlechter ist die Position auf dem Arbeitsmarkt. Diese Entwicklung lässt sich deutlich am Verlauf der *Abb. 13* ablesen. Im Jahr 1998 war im früheren Bundesgebiet fast ein Viertel und in den neuen Ländern bereits mehr als die Hälfte aller Erwerbspersonen ohne Berufsabschluss arbeitslos. Zur Erklärung dieser Entwicklung lassen sich zwei grundlegende Erklärungsmuster[21] unterscheiden. Eine Ursache liegt sicherlich in dem sich verstärkenden Verdrängungswettbewerb von Qualifizierten auf »unterwertige« Arbeitsplätze begründet, für die eine abgeschlossene Berufsausbildung bzw. Hochschulausbildung nicht unbedingt nötig wäre.

Abb. 13: Qualifikationsspezifische Arbeitslosenquoten (Deutschland)

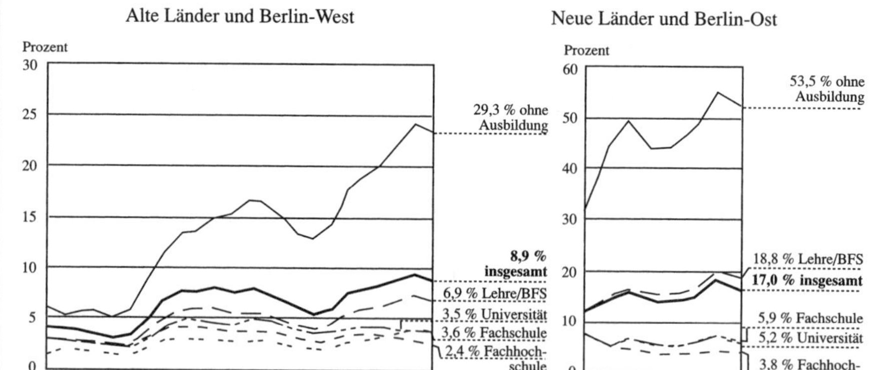

Arbeitslose in Prozent aller zivilen Erwerbstätigen (ohne Auszubildende) gleicher Qualifikation
Erwerbstätige ohne Angabe zum Berufsabschluss nach Mikrozensus je Altersklasse proportional verteilt

Quelle: Alexander Reinberg, Der qualifikatorische Strukturwandel auf dem deutschen Arbeitsmarkt, in: Mitteilungen aus der Arbeitsmarkt- und Berufsforschung (MittAB), 32/1999, S. 435.

Dadurch allein kann diese Entwicklung jedoch nicht erklärt werden, vielmehr muss auch die nachfrageseitige Veränderung der Arbeitsanforderungen berücksichtigt werden. Dieser zweite Argumentationsstrang besagt, dass im Rahmen der wirtschaftlichen Globalisierung und des wissenschaftlich-technischen Fortschritts vermehrt Einfacharbeitsplätze wegfallen und neue mit vielfach höherem Anforderungsniveau entstehen. Dies gilt vor allem, weil die Wachstumspotenziale in den Branchen und Tätigkeitsfeldern besonders groß sind, die ein hohes Qualifikationsniveau aufweisen. Was diese Entwicklung für die Tätigkeitsfelder bedeutet, zeigte sich bereits in der Vergangenheit. Vor allem die sekundären Dienstleistungen besaßen die größte Wachstumsdynamik, speziell auf den Gebieten »Forschung und Entwicklung«, »Organisation und Management« sowie »Beraten, Betreuen, Lehren, Publizieren«. Für sie wird auch bis zum Jahr 2010 mit weiter steigenden Beschäftigungsanteilen von 5,3 Prozentpunkten gerechnet. Im Gegensatz dazu wird über den gleichen Zeitraum bei den primären Dienstleistungen nur von einem leichten Anteilsgewinn von 1,4 Prozent ausgegangen und bei den produktionsorientierten Tätigkeiten sogar mit einem Beschäftigungsrückgang von 6,7 Prozent. Alles in allem verlief die Entwicklung des qualifikatorischen Strukturwandels bereits in der Vergangenheit auffallend stabil und wird sich voraussichtlich auch noch bis zum Jahr 2010 weiter fortsetzen.[22]

4.3 Wandel der Arbeitsverhältnisse

4.3.1 Das Normalarbeitsverhältnis

Unter dem Konzept des Normalarbeitsverhältnisses (NAV) versteht man das Leitbild eines einheitlichen Typs von Arbeitsverhältnis, das sich besonders auszeichnet durch[23]:

- Einbettung in ein dreiteiliges Lebensschema, d. h., es handelt sich um abhängige Erwerbsarbeit, die vom Ende der Ausbildungsphase bis zur Erwerbsunfähigkeit bzw. einer festgelegten Altersgrenze verrichtet wird;
- ein prinzipiell unbefristetes Arbeitsverhältnis mit allenfalls temporären Unterbrechungen;
- ein kontinuierliches Arbeitsverhältnis, das durch Dauerhaftigkeit gekennzeichnet ist. Mit ihm ist eine gewisse Karriere im Sinne einer zunehmenden Beschäftigungsstabilität verbunden;
- die gesetzlichen und kollektivvertraglichen Schutz- und Teilhaberrechte;
- kollektivvertraglich vereinbarte monatliche oder wöchentliche Regelarbeitszeiten im Rahmen einer Vollzeitbeschäftigung.

Unter atypischen Beschäftigungsverhältnissen hingegen versteht man Beschäftigungsformen, die in mindestens einem der aufgezeigten Aspekte vom Normalarbeitsverhältnis abweichen. Hierzu zählen insbesondere: Teilzeitarbeit, Telearbeit, geringfügige Beschäftigung, befristete Beschäftigung und Arbeitnehmerüberlassung. In der Vergangenheit hat ein Trend weg vom Normalarbeitsverhältnis stattgefunden, für den es viele Gründe gibt. Um diese Entwicklung genauer zu untersuchen, wird im Folgenden speziell auf die Veränderungen der atypischen Beschäftigungsverhältnisse eingegangen.

4.3.2 Teilzeitarbeit

Teilzeitarbeit stellt die häufigste Alternative zur Normalarbeitszeit dar und ist momentan die quantitativ wichtigste Form atypischer Beschäftigung. Unter ihr versteht man ein Arbeitsverhältnis mit verkürzter Arbeitszeit gegenüber der tariflichen oder betriebsüblichen Arbeitszeit. Während 1991 gerade einmal jeder siebte Deutsche in Teilzeit beschäftigt war, so ist es inzwischen fast jeder fünfte. Wird berücksichtigt, dass diese Entwicklung trotz der gesunkenen Zahl der Erwerbstätigen seit 1991 stattgefunden hat, so wird der hohe Stellenwert von Teilzeitarbeit deutlich. Dieser Befund lässt aber nicht den Schluss zu, dass es immer weniger Vollzeitbeschäftigte gäbe. Die Zahl der abhängig Vollzeiterwerbstätigen lag in Westdeutschland in den letzten Jahrzehnten bei etwa 20 Millionen. Auch die Vollzeitintensität, d. h. der Anteil der vollzeitbeschäftigten Arbeiter und Angestellten an der Bevölkerung im erwerbsfähigen Alter, hat sich seit den 60er-Jahren kaum verändert.[24] Das bedeutet also, dass seit den 60er-Jahren besonders der Anteil von Teilzeitbeschäftigten an allen Erwerbstätigen zugenommen hat. Wird die Entwicklung von Männern und Frauen betrachtet, so wird deutlich, dass die Teilzeitarbeit vor allem durch die in Teilzeit beschäftigten Frauen beeinflusst wird. Während 1999 nur knapp 5 Prozent der abhängig erwerbstätigen Männer in Teilzeit arbeiteten, waren es bei den Frauen mehr als ein Drittel (38 Prozent). Nach Untersuchungen des IAB[25] wird für die Zahl der in Teilzeit tätigen Frauen bis 2010 eine weitere Zunahme prognostiziert.

4.3.3 Telearbeit

Durch die fortgeschrittene technische Entwicklung und den zunehmenden Preisverfall der IuK-Technologien ist es möglich, bisher standortgebundene Tätigkeiten sowohl örtlich als auch zeitlich flexibel durchzuführen. In diesem Zusammenhang entstand eine Form der dezentralen Arbeit, die Telearbeit. Darunter ist eine Arbeitsform zu verstehen, bei der die Mitarbeiter außerhalb des Unternehmensstandortes, beispielsweise in ihrer Privatwohnung, in Nachbarschafts- oder Satellitenbüros, an mindestens einem Arbeitstag pro Woche, unter Nutzung von öffentlichen Kommunikationstechnologien und entsprechenden Geräten arbeiten.[26] Sie ermöglicht so eine standortverteilte und vernetzte Arbeit. Seit Anfang der 80er-Jahre wurde Telearbeit als zukunftsweisend diskutiert, und es entstanden zahlreiche Studien und Abhandlungen über den positiven Einfluss von Telearbeit auf die Beschäftigungshöhe. Bis heute hat Telearbeit jedoch nicht die Bedeutung erlangt, die ihr in vielen Studien prognostiziert wurde. Sie bietet weder neue Beschäftigungschancen für niedrig qualifizierte Arbeitskräfte, noch trägt sie dazu bei, dass die geschlechtsspezifischen Unterschiede in der Beschäftigung nivelliert werden.

4.3.4 Geringfügige Beschäftigung

Gemäß den Gemeinsamen Vorschriften für die Sozialversicherung (SGB IV) gilt eine Beschäftigung dann als geringfügig, wenn die Arbeitszeit weniger als 15 Stunden pro Woche umfasst und deren regelmäßiges monatliches Entgelt nicht mehr als ein Siebtel des monatlichen Durchschnittslohnes beträgt. Seit 1999 besteht eine beschränkte Sozialversicherungspflicht: Statt der bisherigen Pauschalsteuer von 20

Prozent müssen Arbeitgeber nun 10 Prozent in die Kranken- und 12 Prozent in die Rentenversicherung einzahlen. Zur geringfügigen Beschäftigung zählen so unterschiedliche Arbeitsverhältnisse wie Aushilfen im Handel und Gastgewerbe, Hilfe in Haushalten oder stundenweise Beschäftigung als Arzthelferin, aber auch Voll-Erwerbstätigkeit an weniger als 50 Tagen im Jahr. Häufig sind dies Frauen mit Kindern, die neben ihrer unbezahlten Arbeit im Haushalt in einem geringfügigen Beschäftigungsverhältnis arbeiten.[27] Dies wird auch von der Statistik belegt. Im April 1999 waren über drei Viertel (77 Prozent) aller 2,4 Millionen ausschließlich geringfügig Beschäftigten Frauen. Hiervon waren 75 Prozent verheiratet und 15 Prozent ledig. Fast ein Drittel aller geringfügig beschäftigten Frauen war 30 bis 40 Jahre alt.[28] Seit Ende der 80er-Jahre und Anfang der 90er-Jahre expandiert diese Beschäftigungsform mehr oder weniger kontinuierlich.

4.3.5 Befristete Beschäftigungsverhältnisse

Bei den befristeten Beschäftigungsverhältnissen hat ebenfalls eine Zunahme stattgefunden. Im Jahr 1999 hatten ca. 9 Prozent aller abhängig beschäftigten Erwerbstätigen einen befristeten Arbeitsvertrag. Dies entspricht etwa 2,8 Millionen Personen. 1991 lag diese Zahl noch bei 7,5 Prozent. Am häufigsten sind diese Arbeitsverträge bei Berufsanfängern anzutreffen, von denen in der Gruppe der unter 30-Jährigen 1999 jeder Fünfte in einem solchen Arbeitsverhältnis war. Ursachen für diese Befristung sind vielfältiger Natur. So war beispielsweise 1999 für 12 Prozent der Grund, dass eine Dauerstellung nicht zu finden sei. 9 Prozent gaben an, in der Probezeit zu sein.[29] Für befristete Arbeitszeiten spricht, dass auf diese Weise Personalengpässe flexibel ausgeglichen werden können. Zudem führt die Möglichkeit zur Befristung von Arbeitsverhältnissen zu zusätzlichen Einstellungen, die wiederum häufig in unbefristete Arbeitsverhältnisse münden.

4.3.6 Arbeitnehmerüberlassung

Arbeitnehmerüberlassung ist eine Arbeitsform die seit Mitte der 80er-Jahre ein erhebliches Wachstum erfahren hat. Sie liegt dann vor, wenn ein Arbeitgeber (Verleiher) einem Dritten (Entleiher) Arbeitskräfte (Leiharbeitnehmer) zur Arbeitsleistung überlässt.[30] Seit Mitte der 80er-Jahre ist ein Bedeutungszuwachs der Arbeitnehmerüberlassung zu verzeichnen, wobei starke saisonale Schwankungen registriert werden können und der Höchststand stets in den Sommermonaten Juli/August erreicht wird.[31] Anhand dieser Beschäftigungsentwicklung lässt sich Arbeitnehmerüberlassung als der wahrscheinlich am stärksten expandierende Wirtschaftszweig in der Gesamtwirtschaft bezeichnen. So stieg die Zahl der Leiharbeitskräfte beispielsweise zwischen den beiden Tiefstständen 1983 bis 1993 um 347,7 Prozent (nur West).[32] Im Juni 1998 lag die Zahl der Leiharbeiter nach den Statistiken des Bundesverbandes Zeitarbeit schließlich bei ca. 215 500.[33] Im Verhältnis zu anderen Vertragsformen kommt der Arbeitnehmerüberlassung aber immer noch eine eher untergeordnete Bedeutung zu. Zudem ist Leiharbeit in Deutschland ein Männerdomäne. Ihr Anteil liegt seit 1986 bei etwa 80 Prozent. Leiharbeit erscheint als der Prototyp einer flexiblen Branche und Beschäftigungsform. Mit überproportionalem Wachstum hat sie auf die Nachfrage von Betrieben nach Zeitpersonal reagiert und auch für die Zukunft lassen die anhaltenden Forderungen nach mehr Flexibilität ein weiteres Wachstum erwarten.[34]

4.3.7 Neue Selbstständige und Werkvertragsarbeitnehmer

Neben der abhängigen Beschäftigung gibt es aber auch immer mehr neue Erwerbsformen, zu denen z. B. die neuen Selbstständigen oder die Werkvertragsarbeitnehmer zählen. Betrachtet man die Entwicklung des Anteils der Selbstständigen in Deutschland, so zeigt sich, dass dieser seit Beginn der 90er-Jahre wieder wächst. Lag er 1991 noch bei 7,3 Prozent, so stieg er bis 1995 bereits auf 8,5 Prozent[35] und erreichte 1999 bereits 9,9 Prozent.[36] Besonders stark stieg dabei der Anteil der Selbstständigen, die keine Arbeitnehmer beschäftigen. Bei ihnen spricht man auch von den neuen Selbstständigen. Bisher war eine Zunahme der Selbstständigkeit als ein positives Signal zu verstehen, doch dies gilt in Anbetracht der steigenden Zahl der Ein-Personen-Unternehmen nur eingeschränkt. Der Trend zur Selbstständigkeit kann hier vielmehr als Ausdruck der gespannten Arbeitsmarktlage und betrieblicher Umstrukturierungen verstanden werden.[37] Als weiterer Grund für den steigenden Anteil der Selbstständigen sei genannt, dass Unternehmen versuchen, sich auf ihre Kernkompetenzen zu konzentrieren und immer mehr Unternehmensbereiche auszulagern.

Bei Werkvertragsarbeitnehmern handelt es sich hingegen um Beschäftigte von Firmen mit Sitz im Ausland, die auf Grundlage eines Werkvertrages in Deutschland arbeiten können. Die Mehrzahl dieser Werkvertragsarbeitnehmer ist dabei im Bausektor beschäftigt. Infolge der verschlechterten Arbeitsmarktlage wurden seit 1992 auch ihre Beschäftigtenzahlen drastisch reduziert. Während im Jahr 1992 durchschnittlich ca. 95 000 Personen auf Werksvertragsbasis in Deutschland arbeiteten, waren es im Jahre 1998 nur noch knapp ein Drittel (ca. 33 000).[38]

Die bisher betrachteten Entwicklungen in der Wirtschafts- und Arbeitswelt lassen erkennen, dass es zu Schlüsselbrüchen in den gesellschaftlichen Pfeilern der sozialen Marktwirtschaft gekommen ist. Insbesondere ist mit dem beobachteten relativen *Rückbau der Normalarbeitsverhältnisse* auch der Verlust bisheriger sozialer Sicherungsmuster verbunden, da die Sicherungssysteme in Form von Sozialversicherungen lohn- bzw. erwerbsarbeitszentriert sind. Diese Entwicklung ist insbesondere in der Zunahme des Einsatzes von IuK-Technologien begründet, welche die Auflösung traditioneller Strukturen des Normalarbeitsverhältnisses vorantreiben und neue atypische Beschäftigungsformen begünstigen.

Die neuen Arbeitsformen passen immer weniger in das dreiteilige Schema: Ausbildung – Erwerbsarbeit – Ruhestand. Als Folge dessen ist die typische Erwerbsbiografie nicht mehr geradlinig, sondern fragmentiert. Diese Abweichungen vom Normalarbeitsverhältnis gefährden insbesondere das lohnarbeitszentrierte soziale Sicherungssystem. Durch die immer stärkere Zunahme der Flexibilisierung der Arbeitszeiten und -formen wird sich auch die »weibliche« Erwerbsbiografie immer weniger von der »männlichen« unterscheiden. Dadurch können die Integrationschancen der Frauen auf dem Arbeitsmarkt erhöht werden. Zusätzlicher Effekt der Fragmentierung der Erwerbsbiografien ist die Auswirkung von Arbeitslosigkeitsspannen auf den zukünftigen Erwerbsverlauf, denn mit Arbeitslosigkeit ist immer ein gewisses Risiko verbunden, den Wiedereinstieg in das Berufsleben nicht mehr zu finden.[39]

Gleichzeitig zu diesen Entwicklungen kommt es immer mehr zu einer *Entwertung funktionaler und extrafunktionaler Humankapitalakkumulationen.* Mit dem Abbau von Hierarchiestufen, mit neuen Formen der Arbeitsorganisation und mit zunehmender Informatisierung verlieren bereits erlernte »hard and soft skills« immer schneller an Bedeutung; das Wissen muss immer häufiger aktualisiert werden. Besonders an die älteren Erwerbstätigen stellt dies hohe Anforderungen. Aber auch für die heute schon schlecht qualifizierten Arbeitskräfte wird es immer schwerer, den sich ständig vergrößernden Wissensvorsprung aufzuholen. Eine neue Bildungspolitik und lebenslanges Lernen sollen hier einer Abwertung des Wissens entgegenwirken.

Insgesamt führt der Verlust der empirischen Allgemeingültigkeit der für die soziale Marktwirtschaft konstitutiven Leitbilder dazu, dass die sich daran orientierenden sozialen Sicherungssysteme veralten. Diese Entwicklung macht eine Neuausrichtung der Sozialpolitik unbedingt erforderlich.

5. Konsequenzen für die institutionelle Basis der sozialen Marktwirtschaft

Das institutionelle Muster der sozialen Marktwirtschaft kann als eine interdependente Beziehung zwischen drei Pfeilern beschrieben werden. Diese drei Pfeiler sind in der sozialen Sicherung, dem impliziten Konsens zur Vollbeschäftigungspolitik[40] und der kollektivvertraglichen Tarifautonomie zu sehen. Alle drei Pfeiler sind durch den beschriebenen Strukturwandel der Wirtschafts- und Arbeitswelt substanziell betroffen, da sie sich an den bisherigen Grundmustern einer Industriegesellschaft orientieren. Reformen zur Wiederherstellung ihrer Effektivität sind deshalb unausweichlich.

5.1 Soziale Sicherung

Die generelle Frage in diesem Abschnitt dreht sich um die Neuausrichtung der Arbeitsteilung zwischen Staat und Individuen im Bereich der sozialen Sicherung vor dem Hintergrund des sozioökonomischen Wandels und seiner gesellschaftlichen Konsequenzen.

Der bundesdeutsche Sozialstaat ist durch die drei Begriffe Versicherung, Versorgung und Fürsorge geprägt.[41] Die soziale Sicherung ist somit im Spannungsfeld zwischen Verteilung und Versicherung angesiedelt. Zum einen sollen verteilungspolitisch nicht gewünschte Ergebnisse durch redistributive Maßnahmen zumindest abgeschwächt werden und zum anderen sollen allokative Mängel versichert werden.

Die soziale Sicherung im engeren Sinne umfasst dabei gemäß dem Vorsorge- oder Versicherungsprinzip üblicherweise die Sozialversicherungen, das sind die gesetzliche Rentenversicherung (GRV), die gesetzliche Arbeitslosenversicherung

(ALV), die gesetzliche Krankenversicherung (GKV), die gesetzliche Pflegeversicherung (GPV) und die gesetzliche Unfallversicherung. Die soziale Sicherung im weiteren Sinne dagegen soll dem Versorgungs- und Fürsorgeprinzip entsprechend distributives Marktversagen beheben. Von den Leistungen der Sozialversicherungen grenzen sich diese Transfers – Sozialhilfe, Wohngeld, BAföG, Kindergeld, Erziehungsgeld – dadurch ab, dass sie nicht gemäß dem Versicherungsprinzip aus Beiträgen finanziert und an Versicherte gewährt werden, sondern an Bedürftige oder Gruppen, für die der Staat eine besondere Verpflichtung hat, geleistet und aus Steuermitteln finanziert werden. Darüber hinaus sind gerade diese Transfers im Gegensatz zu denen der Sozialversicherungen direkt lenkende, umverteilungswirksame Instrumente. In den meisten Sozialversicherungen sind allerdings auch redistributive Elemente enthalten, die das jeweilige Äquivalenzprinzip relativieren.

Insgesamt erscheint der deutsche Wohlfahrtsstaat aufgrund des Schwerpunkts der sozialen Sicherung vor allem als ein Sozialversicherungsstaat. Dieses Modell basiert auf der von Bismarck geschaffenen Sozialgesetzgebung in den 80er-Jahren des 19. Jahrhunderts, in der die Grundlagen der Kranken-, Unfall- und Altersversicherung sowie der später eingeführten Arbeitslosenversicherung und aktuell der Pflegeversicherung festgelegt wurden.[42]

5.1.1 Kennzeichen der Sozialversicherungen

Die typischen Charakteristika des Sozialversicherungssystems sind der Versichertenkreis, die Finanzierung und das Sicherungsniveau.

Der Versichertenkreis hat – im internationalen Vergleich – unter Berücksichtigung nur der abhängig Beschäftigten einen sehr engen Zuschnitt. Parallel zum Normalarbeitsverhältnis ist das Bild von der Ein-Verdiener-Familie für die Sozialversicherungen zunehmend weniger prägend. Dieses Bild beinhaltet die traditionelle Sichtweise, dass der Mann die Familie ernährt, während die Frau die Hausarbeit verrichtet. Dieses Rollenverständnis zeigt sich deutlich in den abgeleiteten Ansprüchen an die Gesetzlichen Kranken- und Rentenversicherungen.

Die Sozialversicherungen werden überwiegend durch Beiträge finanziert, die sich Arbeitgeber und Arbeitnehmer nominal teilen. Alleine die Unfallversicherung wird nur von den Unternehmen finanziert. Dieses in Deutschland sehr hoch eingeschätzte Gut der paritätischen Finanzierung der Sozialversicherungen muss allerdings hinsichtlich der tatsächlichen Zahllast kritisch hinterfragt werden, da sowohl die Arbeitgeber- als auch die Arbeitnehmerbeiträge Arbeitskosten darstellen. Die Problematik der Beitragsfinanzierung wird durch den damit verbundenen Abgabenkeil deutlich, der sich zwischen die gesamten Arbeitskosten, also den Bruttolohn plus die Lohnnebenkosten, und dem verfügbaren Nettolohn schiebt und diese immer weiter auseinander klaffen lässt. Daneben ist die Finanzierungsseite noch durch das Umlagesystem gekennzeichnet, demzufolge prinzipiell keine Reserven angehäuft werden, sondern die jährlichen Ausgaben den jährlichen Einnahmen entsprechen sollen.

Prägend für das Sozialversicherungssystem und insbesondere dessen Akzeptanz ist seine Ausrichtung auf ein lebensstandardsicherndes Niveau der Lohnersatzleistungen.[43] Damit soll im Falle des Lohnausfalls die bisherige relative Position innerhalb der Einkommenshierarchie gesichert werden. Der Staat unterstützt damit über die in den Sozialversicherungen verankerte Lebensstandardsicherung die Vorsorgebemühungen der Bürger. Dieses Prinzip beinhaltet jedoch keine Mindestsicherung und konserviert zudem die arbeitsmarktbedingten Diskrepanzen zwischen den verschiedenen Arbeitnehmern. Weniger materiell ausgedrückt geht es hierbei um die Statusaufrechterhaltung der Bürger durch den Staat.

Eine Reorganisation der Sozialversicherungen aufgrund der beschriebenen Entwicklungen muss deshalb an diesen drei Stellgrößen ansetzen. Die in diesem Zusammenhang zu berücksichtigende weiter gehende Problematik steckt in der Frage, ob das öffentliche Sozialversicherungssystem weiterhin alle Aufgaben in dominanter Stellung verfolgen kann oder ob sich die Absicherung der Individuen nicht aus mehreren Quellen zusammensetzen sollte.

5.1.2 Die Auswirkungen des sozioökonomischen Wandels

Die drei genannten Kennzeichen der deutschen Sozialversicherungen geraten nun durch den sozioökonomischen Wandel unter Veränderungsdruck. Insbesondere muss berücksichtigt werden, dass eine Größe nicht isoliert von den beiden anderen verändert werden kann, sondern dass vielmehr Interdependenzen zwischen diesen Stellgrößen bestehen.

Alleine der Wandel der Erwerbsformen bringt Änderungen bei allen drei Größen mit sich: Die Vielfalt der Erwerbsformen jenseits der abhängigen Beschäftigung erfordert eine Ausweitung des Versichertenkreises auf alle Erwerbstätigen, damit die Wahl der Erwerbsform nicht durch die jeweilig damit verbundene Absicherungsform verzerrt wird, wie es derzeit der Fall ist. Mit der Abkehr von den abhängig Beschäftigten als einzige Versicherungsgruppe muss jedoch zumindest eine Relativierung der Lohnzentrierung der Sozialversicherungen erfolgen, da ja diese anderen Gruppen keinen Lohn aus abhängiger Beschäftigung erzielen. Die Beschäftigungsverhältnisse dieser neuen Gruppen basieren schließlich nicht auf Arbeitsverträgen, sondern auf Werk- oder Dienstverträgen; damit kommt die paritätische Beitragsfinanzierung ins Rutschen. Schließlich entfällt mit dem Lohn auch die Basis für die Lebensstandardsicherung, vielmehr müssen hier alle Arten der Einkommenserzielung berücksichtigt oder Pauschalbeträge erhoben werden. Werden zudem die Erwerbsverläufe perforierter als bisher, dann rückt für die Versicherten auch eher die Frage der Mindestsicherung, die bisher den steuerfinanzierten Sozialleistungen zufällt, in den Mittelpunkt des Interesses.

Bei der Frage nach dem Sicherungsniveau kommen wir zur Frage der Aufgabenteilung zwischen Staat und Individuum. Die Ausdehnung des Versichertenkreises erfordert aufgrund der Heterogenität dieser Versicherten eine andere Aufgabenteilung als die traditionelle. Der Versicherungszwang ist aus ökonomischer Sicht zur Vermeidung von adverser Selektion notwendig; wird die Gruppe der Versicherten, die die Sozialversicherung in Anspruch nimmt, jedoch zu groß und zu heterogen, so ergeben sich daraus Probleme moralischen Risikos. Daraus folgt, dass das Versicherungs- und Äquivalenzprinzip gestärkt werden sollte. Das heißt, dass die Vergrößerung des Versichertenkreises mit einer Gruppenbildung eben dieses Kreises einhergehen muss. Dies kann die Sozialversicherung im bisherigen Zuschnitt allerdings nicht schaffen. Vielmehr sollte sie eine Grundsicherung für den gesamten Versichertenkreis darstellen, zu dem individuelle Vorsorgemaßnahmen hinzukommen. Die Pflichtversicherung sollte durch eine Versicherungspflicht ergänzt werden.

Eine Lebensstandardsicherung allein durch die Säule der gesetzlichen Sozialversicherungen erscheint somit ebenfalls nicht mehr möglich. Vielmehr ist die Einrichtung eines mehrsäuligen Sicherungssystems aus öffentlichen und privaten Pfeilern notwendig, die gemeinsam für diese Lebensstandardsicherung sorgen. Damit wird auch wieder ein Stück Verantwortung vom Staat auf die Individuen zurück übertragen. Dies gilt für alle Zweige der Sozialversicherungen.

5.1.3 Die Sozialversicherungen im Einzelnen

Diese generellen Auswirkungen auf die Sozialversicherungen haben nun wiederum spezifische Ausprägungen in den einzelnen Zweigen. Insbesondere kommen hier noch die Implikationen des demographischen Wandels hinzu. Diese werden für die Renten- und Krankenversicherung aufgezeigt.

Altersversicherung

Auf die gesetzliche Rentenversicherung wirken zum einen die Veränderungen der Arbeitswelt ein, die zu diskontinuierlichen Erwerbsbiografien führen, und zum anderen die Alterung und Schrumpfung der Bevölkerung, die einerseits zu einer schrumpfenden Zahl von Beitragszahlern und andererseits zu einem Anstieg der Rentenempfänger führt.

Insbesondere aufgrund der demographischen Entwicklung erscheint eine Reform des Alterssicherungssystems unumgänglich. Diese kann auf unterschiedliche Weise erfolgen: Sie kann zum einen nur innerhalb des bestehenden umlagefinanzierten Systems der Gesetzlichen Rentenversicherung (GRV) stattfinden oder durch eine kapitalgedeckte Ergänzung der GRV.

Die Diskussion um eine dringend nötige Reform der Gesetzlichen Rentenversicherung wird oft grob verkürzt dargestellt. Dabei spielen häufig mehr ideologische als sachliche Argumente eine Rolle. Besonders deutlich ist dies an der Debatte pro oder contra Umlageverfahren bzw. Kapitaldeckungsverfahren zu erkennen. Die demographische Entwicklung in Deutschland spricht dagegen, dass das umlagefinanzierte Rentensystem in seiner derzeitigen Form als lebensstandardsicherndes System aufrechtzuerhalten ist. Deshalb muss eine Veränderung des Systems vorgenommen werden, die eine Stabilisierung der gesetzlichen Rente gewährleistet. Dafür gibt es aber nicht einen »one best way«, sondern eine solche auf Stabilität gerichtete Reform des Rentensystems ist immer vom bereits existierenden System abhängig und von der zu erwartenden – insbesondere der demographischen, aber auch generell der gesamtwirtschaftlichen Entwicklung. Deshalb muss jeder Reformentwurf diesen Nebenbedingungen Rechnung tragen, um als rentenpolitisch angemessen zu gelten. Ausgehend von dem deutschen System der gesetzlichen Rentenversicherung, das in seinen Grundprinzipien auf der Lebensstandardsicherung der Rentner und der Umlagefinanzierung seiner Leistungen basiert, ist sowohl eine Änderung der Finanzierungsform denkbar als auch Reformen, die innerhalb des Umlagesystems wirken.

Mit der Alterung unserer Gesellschaft ist damit zu rechnen, dass der Finanzbedarf der gesetzlichen Rentenversicherung steigen wird. Die Konsequenz wäre ein Anstieg des Beitragssatzes. Da eine solche steigende Belastung der jungen und zukünftigen Generationen und insbesondere deren Arbeitseinkommen aufgrund von Gerechtigkeitsaspekten in der Regel nicht als wünschenswert angesehen werden kann und mit der einhergehenden weiteren Spreizung zwischen den gesamten Arbeitskosten und den Nettolöhnen Konflikte zwischen Arbeitsnachfrage und Arbeitsangebot auslösen würde, gilt diese Alternative nicht als gangbar. Deshalb bleibt als systemimmanente Lösung nur eine Leistungskürzung. Dabei gilt es jedoch zu berücksichtigen, dass solche Kürzungen möglichst sanft und sozialverträglich vorgenommen werden. Hierbei sind insbesondere zwei Optionen denkbar und gangbar.

1. Infolge der durchschnittlich steigenden Lebenserwartung und der dadurch erhöhten durchschnittlichen Rentenbezugsdauer steigen die Ausgaben des Rentensystems. Diese Entwicklung wird zusätzlich durch die in den letzten Jahren verstärkt in Anspruch genommenen Frühverrentungsmöglichkeiten verschärft. Dies führte zu einem Absinken des tatsächlichen durchschnittlichen Renteneintrittsalters, das mit knapp 59 Jahren weit unter dem gesetzlichen Renteneintrittsalter liegt. Ziel einer Politik, die auf eine Stabilität des Systems abzielt, muss deshalb eine Erhöhung des tatsächlichen Renteneintrittsalters über den Weg der Anhebung des gesetzlichen Eintrittsalters sein. Der Effekt für die Rentenversicherung wäre ein Entlastung über zwei Wege: Es würden mehr Einnahmen aufgrund der längeren Lebensarbeitszeit des Einzelnen erzielt und die Ausgaben würden aufgrund der vergleichsweise kürzeren Rentenbezugsdauer niedriger ausfallen.
2. Sollte man nicht zu dem Entschluss kommen, das Renteneintrittsalter zu erhöhen, wäre eine andere Verteilung der Kosten aufgrund der zunehmenden Alterung notwendig. Eine mögliche Lösung dieser Fragestellung wurde bereits in der Rentenreform 1999 gefunden. Diese sah eine gleichmäßige Verteilung der Lasten aufgrund der steigenden Langlebigkeit vor. Gewährleistet wurde diese Aufteilung durch den demographischen Faktor, der als Zusatz in der Rentenformel den Anstieg der Monatsrente um den hälftigen Anstieg der durchschnittlichen Restlebenserwartung eines 65-Jährigen verringerte. Durch die Einführung des demographischen Faktors in die Rentenformel ergeben sich folgende Effekte: Das Rentenniveau verringert sich über mehrere Jahre, wodurch die zukünftigen Ausgaben der Rentenversicherung und dadurch wiederum die Belastung der zukünftigen Beitragszahler sinken. Im Gegensatz zum schwedischen demographischen Faktor, der ein kohortenspezifischer ist, handelt es sich bei dem deutschen Konstrukt um einen allgemeinen Faktor. Im Klartext heißt das: Der deutsche demographische Faktor trifft im Gegensatz zum schwedischen nicht nur die Rentenzugänge, sondern über das Rentenniveau auch den Rentenbestand.

Diese beiden denkbaren Reformalternativen stellen allerdings lediglich eine innerhalb des deutschen Umlageverfahrens systemimmanente Veränderungen dar, die jedoch in ihrer Wirksamkeit nicht zu unterschätzen sind. Vielfach wird jedoch der Ruf nach einer gravierenderen Veränderung laut. Diese sieht einen Übergang vom existierenden Umlageverfahren zu einem Kapitaldeckungsverfahren vor. Für eine solche Einbeziehung kapitalgedeckter Elemente in unsere Altersvorsorge gibt es gute Gründe. Diese bestehen zum einen in der unbestrittenen Tatsache, dass in Deutschland zu wenige Kinder geboren werden und sich daran in der absehbaren Zukunft auch nichts ändern wird. Dieses Fehlen an zukünftigen Erwerbstätigen und somit Beitragszahlern in unserem gesetzlichen Rentenversicherungssystem betrifft in hohem Maße unser umlagefinanziertes System. Die Abwesenheit von ausreichendem Humankapital, das für die Alterssicherung aufkommen soll, muss deshalb durch andere Faktoren kompensiert werden. Eine solche Kompensation könnte deshalb die vermehrte Anhäufung von Realkapital sein; d. h., eine Einführung von kapitalgedeckten Elementen kann helfen, die fehlende Geburtenstärke durch den Produktionsfaktor Kapital zu kompensieren. Zum anderen können als Argument für eine Teilkapitaldeckung unseres Rentensystems die unterschiedlichen Risikoeigenschaften der beiden Finanzierungssysteme herangezogen werden. Sowohl das Kapitaldeckungsverfahren als auch das Umlageverfahren besitzen spezifische Vor- und Nachteile, wenn es um eine Risikoabsicherung geht.

Das Umlageverfahren ermöglicht zum Beispiel eine sehr schnelle Anpassung an politische Veränderungen – wie z. B. die Wiedervereinigung – und hat einen hohen Grad an Resistenz gegenüber Inflation. Darüber hinaus ist das Umlageverfahren in der Lage eine große Menge an Risiken zu sammeln und auf eine große Menge an Personen zu verteilen. Die Vorteile des Kapitaldeckungssystems hingegen sind seine weitestgehende Immunität gegenüber der Fertilität, die Möglichkeit der Internationalisierung der Beitragszahlungen durch den Kapitalmarkt sowie seine positiven Effekte auf die gesamtwirtschaftliche Ersparnis und das Wirtschaftswachstum. Ein Hybridsystem aus beiden Verfahren macht es möglich, das Gesamtsystem wie in einem Portfolio gegenüber mehreren Risiken abzusichern. Eine Erhöhung kapitalgedeckter Elemente in der Altersvorsorge ist demnach durchaus sinnvoll und sogar notwendig. Ein vollständiger Übergang ist jedoch nicht der so oft zitierte goldene Weg aus der Rentenmisere. Denn ein solcher Übergang wäre zwangsweise mit einer mindestens 40-jährigen Übergangsphase verbunden. Da es dann Generationen gäbe, die noch keinen für ihren Ruhestand ausreichenden Kapitalstock angesammelt haben, müssten die Beitragszahler innerhalb dieser Übergangsphase eine Doppelbelastung in Kauf nehmen, indem sie sowohl für ihre eigene Rente ansparen als auch Beiträge für die Rentner zahlen, die noch nicht für sich selbst ausreichend angespart haben.

Krankenversicherung

Die GKV ist durch die demographische Entwicklung sowohl auf der Einnahmenseite als auch auf der Ausgabenseite betroffen.[44]

Da Rentner nur den halben Beitragssatz leisten müssen, sinken mit steigender Anzahl Älterer und damit unter Status-quo-Annahmen steigender Anzahl von Rentnern die Einnahmen der GKVen. Unter der sicherlich unrealistischen Annahme einer konstanten Ausgabenstruktur, die eine Art »best case«-Szenario darstellt, wird ein rein demographiebedingter Anstieg der Beitragssätze von jetzt rund 13 Prozent auf 15,5 Prozent in 2040 prognostiziert. Betrachtet man die Entwicklung in der Vergangenheit, die einen Anstieg der Pro-Kopf-Ausgabenrelation von Rentnern zu Mitgliedern von 164 Prozent für den Zeitraum von 1960 bis 1992 zeigt, so wird deutlich, dass es sich hier nur um eine Untergrenze handeln kann.

Die Ausgaben der GKVen lassen sich eindeutig nach Altersklassen strukturieren. Die durchschnittlichen jährlichen Pro-Kopf-Behandlungsausgaben eines männlichen GKV-Versicherten über 80 liegen mit knapp 7 000 DM 5,6 mal so hoch wie die Ausgaben für Versicherte zwischen 0 und 14 Jahren. Bei den Frauen beträgt die Relation sogar 6,2. Ausschlaggebend sind hierbei die Krankenhauskosten.

Entsprechend schlägt sich der Alterungseffekt dann in Schätzungen der rein demographischen Effekte auf die zukünftigen Behandlungsausgaben nieder. So wird ein Anstieg der Pro-Kopf-Ausgaben von 1995 = 100 auf mindestens 120 in 2040 geschätzt. Darüber liegende Werte operieren mit geringeren Zuwanderungszahlen. Allerdings kann man von den stetig ansteigenden Pro-Kopf-Ausgaben nicht auf ein eben solches Ansteigen der Gesamtausgaben schließen, da für diese neben der Alterung noch der zweite demographische Effekt, die zahlenmäßige Abnahme der Bevölkerung, mitverantwortlich ist. Projektionen hierzu – ebenfalls unter Statusquo-Annahmen hinsichtlich Versichertenstruktur und Ausgabenverhalten – zeigen, dass wiederum in Abhängigkeit von den Migrationsannahmen bis zum Projektionsende 2040 nach einem anfänglichen Anstieg der Gesamtausgaben deren Absinken festzustellen ist. Zuwanderung wirkt hier jedoch genau entgegengesetzt: Je mehr Personen zuwandern, desto später und geringer werden die Rückgänge der Gesamtausgaben sein.

Die für die Zukunft zu erwartenden deutlich höheren Beitragssätze unterstreichen den dringlichen Reformbedarf in der Krankenversicherung. Allerdings stellen höhere Beitragssätze noch keine Fehlentwicklung dar, wenn die ihnen zugrunde liegenden Ausgabensteigerungen das Ergebnis veränderter Krankheitsspektren, demographischer Entwicklungen, des medizinisch-technischen Fortschritts oder geänderter Präferenzen sind. Auch wenn mit Beitragssteigerungen immer ein Anstieg der Arbeitskosten einhergeht – der Gesundheitssektor ist eine beschäftigungsintensive Wachstumsbranche – darf die Stabilität der Beitragssätze nicht das entscheidende Ziel sein.

Vielmehr gilt es, denjenigen Ausgabensteigerungen entgegenzuwirken, die Ausfluss der bestehenden Ineffizienzen sind. Die Anreizstrukturen im Gesundheitswesen sind verzerrt und behindern einen wirtschaftlichen Umgang mit den knappen Ressourcen. Der marktwirtschaftliche Allokationsmechanismus ist weit gehend ausgehebelt, so dass die Kosten der Gesundheitsleistungen weder von den Anbietern noch von den Nachfragern in ausreichendem Maß berücksichtigt werden. Ansetzen muss eine Reformpolitik daher an einer effizienteren Erreichung der gesundheitspolitischen Zielsetzung der Gesetzlichen Krankenversicherung durch eine Beseitigung der Fehlanreize, die Überversorgungen und Fehlversorgungen hervorrufen. Ferner geht es um eine anreizkompatible und zielgenaue Umsetzung der sozialpolitischen Aufgabenstellung, nämlich der durch die Gesetzliche Krankenversicherung intendierten Umverteilung.

Fehlanreize und Mängel des bestehenden Systems lassen sich sowohl auf der individuellen Ebene des Verhältnisses zwischen dem Anbieter von Gesundheitsleistungen, insbesondere dem behandelnden Arzt, und dem Nachfrager nach Gesundheitsleistungen, dem Patienten, als auch auf der institutionellen Ebene, auf der über die Verteilung des Beitragsaufkommens auf die verschiedenen Anbieter von Gesundheitsleistungen entschieden wird, ausmachen. Auf der ersten Ebene stehen beispielsweise die Subjektivität bei der Feststellung des Versicherungsfalles durch den Versicherten, die durch Informationsasymmetrien ermöglichte angebotsseitige bestimmte Nachfrage, die mangelnde Qualitätssicherung und die für den Nachfrager intransparenten Kosten der von ihm in Anspruch genommenen Gesundheitsleistungen einer effizienten Leistungserbringung im Wege. Auf der zweiten Ebene verhindern korporatistische Strukturen den Wettbewerb und die umfassende Verwirklichung innovativer Ansätze, wie beispielsweise integrierte Versorgungsnetze. Der Risikostrukturausgleich in seiner derzeitigen Ausgestaltung mit seiner Orientierung an den groben Morbiditätskriterien Alter, Invalidität und Geschlecht setzt zudem in ungenügendem Ausmaß Anreize für eine wirtschaftlichere Gesundheitsversorgung, fördert aber den gesamtwirtschaftlich ineffizienten Wettbewerb der einzelnen Kassen um »gute Risiken«. Die duale Finanzierung der Krankenhäuser, mit der Trennung von Planungszuständigkeit und Finanzierung von Investitionen durch die Bundesländer auf der einen Seite und der Verantwortung für die Finanzierung des laufenden Betriebs durch die Krankenkassen auf der anderen Seite, führt zu einem Überangebot von Krankenhausleistungen.

Die von der Politik verfolgte administrative Eindämmung der Ausgaben und Regulierung des Gesundheitssektors kann die Gesetzliche Krankenversicherung immer nur vorübergehend entlasten. Auch die »GKV-Gesundheitsreform 2000« wird den Anforderungen an eine nachhaltige und effizienzorientierte Reform nicht gerecht, wenngleich sie einige beachtenswerte Elemente enthält. Eine deutliche Stärkung des Wettbewerbs zwischen den Kassen und den Leistungserbringern und eine Schärfung des Kostenbewusstseins der Patienten sind nötig, will man die Probleme des Gesundheitssektors dauerhaft lösen. Grundsätzlich sind zwei Wege gangbar:

1. Bei einem Systemwechsel werden die sozialpolitischen Zielsetzungen der Gesetzlichen Krankenkassen von den gesundheitspolitischen getrennt. Kern dieser Konzeption ist eine obligatorische Mindestversicherung auf der Basis des Äquivalenzprinzips, d. h. die Versicherungsprämien orientieren sich ausschließlich am alters- und geschlechtsspezifischen Krankheitsrisiko. Über die Krankenversicherung findet dann keine Umverteilung außer derjenigen zwischen Gesunden und Kranken statt; die im derzeitigen System enthaltenen Umverteilungsaufgaben sind auf das staatliche Steuer- und Transfersystem zu übertragen. Gleichzeitig treten die gesetzlichen und die privaten Krankenkassen in einen effizienzfördernden Wettbewerb im Bereich der Grundversorgung sowie im Bereich der freiwilligen Zusatzversorgung. Bevor der Weg dieser Langfriststrategie gegangen werden kann, sind allerdings einige ungelöste Probleme zu beheben. Neben der Definition des durch die Mindestversicherung abgedeckten Leistungskatalogs ist dies insbesondere die Portabilität der Alterungsrückstellungen. Außerdem ist zu beachten, dass dem Gewinn an Zielgenauigkeit bei der gesundheitspolitisch motivierten Umverteilung die direkten und indirekten Verteilungswirkungen der notwendigen Steuererhöhungen gegenüber stehen.
2. Beim systemevolutorischen Ansatz wird versucht, die gesundheitspolitischen Reformziele zu erreichen, indem das bestehende System wettbewerbsorientiert weiterentwickelt wird. Damit kann dieser Ansatz schrittweise implementiert

werden, was seine Umsetzungschancen im politischen Prozess erhöhen dürfte. Mögliche Reformschritte sind beispielsweise die weitere Begrenzung des Leistungskatalogs durch Negativlisten und der Einsatz von Behandlungsleitlinien im Rahmen der evidenzbasierten Medizin, die Steuerfinanzierung »versicherungsfremder Leistungen«, die Verringerung nicht präventiver Arztbesuche, beispielsweise durch eine Praxisgebühr, der Übergang von der Einzelleistungsvergütung zu Kopf- und Fallpauschalen, der Ausbau der integrierten Versorgung und die Weiterentwicklung des Risikostrukturausgleichs. Auch die Ausweitung und Stabilisierung der Beitragsgrundlagen sind bei diesem Ansatz in Betracht zu ziehen.

Der Gesetzgeber ist durch ein Urteil des Bundesverfassungsgerichtes vom März 2000 ohnehin angehalten, die Finanzierungsgrundlagen der Gesetzlichen Krankenkassen zu überprüfen. Eine nachhaltige Entlastung der Gesetzlichen Krankenversicherung wird dadurch aber nur dann erreicht, wenn in den Kreis der bisherigen Leistungsempfänger zum Beispiel auch die Vermögenseinkommen einbezogen werden. Das Streichen der Exit-Option (Möglichkeit zum Austritt aus der Gesetzlichen Krankenversicherung) an der Beitragsbemessungsgrenze oder die Überführung der derzeitigen Arbeitnehmerversicherung in eine Erwerbstätigen- oder Bürgerversicherung entspricht zwar dem Ziel einer nach dem Leistungsfähigkeitsprinzip finanzierten Grundversicherung, erweitert jedoch auch den Umfang der Leistungsberechtigten. Mit einer Streichung der Exit-Option an der Beitragsbemessungsgrenze kommt es allerdings nicht mehr zu der gegenwärtigen Entmischung der Risiken zu Lasten der Gesetzlichen Krankenkassen.

Die mit dem sozioökonomischen Wandel verbundene Heterogenisierung der Gesellschaft erfordert einen Umbau der sozialen Sicherungssysteme mit dem Ziel, die Individuen vor den neuen, sich aus den Wandelprozessen ergebenden Risiken zu schützen. Diese Erfordernisse drücken sich in einer Erweiterung des Versichertenkreises, in der verstärkten Betonung einer Grundsicherung sowie in einer prinzipiellen Mehrsäuligkeit des Systems aus. In einer statischen Betrachtungsweise bedeutet jeder Systemumbau immer auch für einige Gruppen einen Abbau. Demgegenüber steht jedoch in dynamischer Sichtweise die Notwendigkeit der Aufrechterhaltung der mit den Sozialsystemen verbundenen Schutzfunktion, die den Individuen erst die Möglichkeit zum Risiko einräumt und deshalb für die weitere Akzeptanz des Systems sowie dessen Effektivität im Vordergrund stehen muss.

5.2 *Beschäftigungspolitik*

Neben den Systemen der sozialen Sicherung, die Schutz bieten im Falle der Nichterwerbstätigkeit, gehört der implizite gesellschaftliche Konsens zur Schaffung eines hohen Beschäftigungsgrades zu den Pfeilern der sozialen Marktwirtschaft. Zum Ausdruck kam dieser Pfeiler im Stabilitäts- und Wachstumsgesetz von 1967, dass das so genannte magische Viereck – das Erreichen eines hohen Beschäftigungsstandes, einer hohen Preisniveaustabilität, eines stetigen Wachstums und eines außenwirtschaftlichen Gleichgewichts – zum Ziel hatte. Mit welchen Instrumenten jedoch das Ziel der Vollbeschäftigung verfolgt werden kann, hängt von den Ursachen der

Arbeitslosigkeit und von den Rahmenbedingungen, innerhalb derer diese Politik stattfinden kann, ab. Hinsichtlich beider Aspekte gab es seit der Formulierung des Stabilitäts- und Wachstumsgesetzes enorme Veränderungen. Konnte man damals das Hauptaugenmerk auf eine konjunkturelle, also vorübergehende Arbeitslosigkeit in einer weit gehend geschlossenen Volkswirtschaft richten, so haben wir es heute mit einer mehrheitlich strukturell verfestigten Erwerbslosigkeit in einer offenen Volkswirtschaft zu tun.

Vor dem Hintergrund dieses säkularen Wandels muss man sich bewusst machen, dass Vollbeschäftigungspolitik immer ein Kuppelprodukt aus makro- und mikroökonomischen Politikansätzen ist: Geld- und Währungspolitik, Fiskalpolitik, Lohnpolitik und Arbeitsmarktpolitik.

Die Europäische Wirtschafts- und Währungsunion (EWWU) hat auf der Grundlage des Vertrags von Maastricht zu einer Verringerung nationaler wirtschaftspolitischer Möglichkeiten geführt: Die Geldpolitik wurde der europäischen Zentralbank übertragen, die Einführung einer einheitlichen Währung führte zu einem Wegfall der Währungs- und Wechselkurspolitik und eine nachfrageorientierte Fiskalpolitik wird durch die Fiskalkriterien und den Stabilitätspakt restringiert. Hinzu kommt, dass der infolge des beschriebenen Strukturwandels hohe Offenheitsgrad von Unternehmen und Volkswirtschaft der Effektivität eher mechanistischer makroökonomischer Maßnahmen ebenfalls enge Grenzen setzt. Makroökonomisch orientierte Politik kann folglich zwar nicht vernachlässigt werden, hat aber durch diesen Wandel der Rahmenbedingungen erheblich an Relevanz verloren, sodass als Anpassungsmechanismus insbesondere die Arbeitsmarktpolitik zur Verfügung steht, da der Arbeitsmarkt der einzige Markt ist, der auf nationaler Ebene beeinflussbar ist. Damit steht nicht nur, aber auch für die Vollbeschäftigungspolitik die Arbeitsmarktflexibilität im Mittelpunkt der Betrachtung. Die Ergebnisse können somit folgendermaßen zusammengefasst werden: Die entfallenen nationalen wirtschaftspolitischen Instrumente boten den jeweiligen Volkswirtschaften einen gewissen Reaktionsspielraum, der jetzt durch eine geeignete Arbeitsmarktpolitik bzw. -flexibilität ausgeglichen werden muss.

Was heißt nun Arbeitsmarktflexibilität? In der Literatur wird sie üblicherweise nach den folgenden Kriterien definiert[45]:

- Lohnflexibilität: Lohnverhandlungssystem, Mindestlöhne/Lohnersatzleistungen, Lohnsteuern/Sozialabgaben;
- Arbeitszeitflexibilität;
- Qualifikatorische Flexibilität: Einstellungs- und Kündigungskosten, Berufliche Ausbildung, Fortbildung/Umschulung;
- räumliche Mobilität.

Diese unterschiedlichen Flexibilitätskomponenten sind teilweise substitutiv, haben aber auch unterschiedliche Stellenwerte. Der Bereich der Lohnflexibilität steht im Zentrum des folgenden Abschnitts. Die räumliche Mobilität der Arbeitnehmer spielt sowohl in Deutschland als auch innerhalb der EU nur eine sehr untergeordnete Rolle; anders ist es mit der Frage der Migration von Erwerbspersonen aus Nicht-EU-Ländern.

Beschäftigungspolitik muss sich vor dem Hintergrund des eben skizzierten sozioökonomischen Wandels auf den Arbeitsmarktausgleich, der durch vielfältige

Heterogenitäten im Ungleichgewicht ist, mit Hilfe eher mikroökonomischer Politik konzentrieren. Es geht weniger um einen quantitativen als um einen qualitativen Ausgleich von Angebot und Nachfrage. Dabei wird aufgrund der Entwicklungen die Flexibilisierung der Arbeitszeiten sowie die Bildungspolitik im Mittelpunkt arbeitsmarktpolitischer Maßnahmen stehen.

Bei der Flexibilisierung der Arbeitszeiten wird es vor allem um ein Umdenken im Bereich der Lebensarbeitszeit gehen: Diese wird in Kombination mit Bildungsmaßnahmen flexibler und länger werden. Aufgrund des demographischen Wandels erscheinen Vorruhestandsregelungen somit obsolet. Die Altersstruktur der Belegschaften wird sich ebenfalls analog zur Bevölkerung verändern, wenn – zumindest in den nächsten Jahren – auch nicht auf gleich dramatische Weise. Dies liegt daran, dass die Unternehmen in den letzten Jahren ihre Belegschaften massiv verjüngt haben. Es ist ein bemerkenswerter Befund, dass die Bevölkerung älter wird, während gleichzeitig versucht wird, die Belegschaften der Betriebe zu verjüngen. In der Privatwirtschaft finden sich nach den massiven Restrukturierungsprozessen Mitte der 90er-Jahre kaum mehr ältere Arbeitnehmer. Nur gut 450 000 Beschäftigte sind über 60 und nur 2,1 Millionen zwischen 55 und 59 Jahre alt. Die niedrige Erwerbsquote älterer Arbeitnehmer in Deutschland ist das Ergebnis

- einer altersselektiven jugendzentrierten Personalpolitik der Unternehmen bzw. der Annahme der Arbeitgeber im Wettbewerb nicht mit alternden Belegschaften bestehen zu können,
- dem Glauben der Gewerkschaften, durch Frühverrentungen das Problem der Arbeitslosigkeit lösen zu können und
- einer lange Zeit den Gewerkschafts- und Arbeitgeberwünschen entgegenkommenden staatlichen Frühverrentungspolitik.

Empirisch belastbare Belege, dass eine Herabsetzung des Pensionseintrittsalters die Beschäftigung der Jüngeren erhöht, sind äußerst spärlich. Internationale Querschnittsvergleiche deuten eher auf das Gegenteil hin; denn in der Mehrzahl der OECD-Staaten korrelieren das Pensionseintrittsalter und die Höhe insbesondere der Jugendarbeitslosigkeit negativ.

Im Hinblick auf die demographische Alterung der Belegschaften ist die derzeitige Weiterbildungspraxis nur als defizitär zu bezeichnen; denn ältere Arbeitnehmer sind in beruflichen Weiterbildungsmaßnahmen faktisch nicht repräsentiert. Und wenn Ältere teilnehmen, dann meist als Reaktion auf eine befürchtete Herabstufung bzw. eine Freistellung. Will man ältere Arbeitnehmer stärker zur Weiterbildung motivieren, sollte versucht werden, schulähnliche Situationen zu vermeiden und statt dessen die Qualifizierungsprozesse über lernfördernde Arbeitsprozesse und Arbeitsmittel direkt in die Organisation der täglichen Arbeit einzubeziehen. Dies würde zumindest die subjektive Bereitschaft deutlich steigern.

Vor diesem Hintergrund kann man nicht nachdrücklich genug darauf hinweisen, dass erstens heute und verstärkt in der Zukunft neben »Kapital« »Wissen« der wichtigste Produktionsfaktor ist, und dass zweitens die Träger des neuen wachstumsintensiven Wissens die 20- bis 35-Jährigen sind. Hierbei ist nicht deren prozentualer Anteil der Gesamtbevölkerung relevant, sondern ihre absolute Zahl. Diese absolute Zahl wird in den nächsten 40 Jahren ganz deutlich zurückgehen. Will man den potenziell damit verbundenen Konsequenzen für das langfristige Wirtschaftswachstum begegnen, sollte alles darangesetzt werden, diesem programmierten quantitativen Rückgang des entscheidenden Produktionsfaktors Humankapital durch dessen qualitative Veredlung entgegenzutreten.

Die Wettbewerbsfähigkeit und das Wachstum der Wirtschaft und damit die Beschäftigungs- und Einkommenschancen der Bevölkerung können im Hochkostenland Deutschland letztlich nur durch Informations- und Wissensvorsprünge, die in Produktivitäts- und Innovationsvorsprüngen umgesetzt werden, gesichert werden. Die »Wissensgesellschaft« des 21. Jahrhunderts braucht Innovationsfähigkeit und exzellente Wissensbasen zur Sicherung von Wachstum und Beschäftigung. Auf eine einfache Formel gebracht: Entscheidend für die wirtschaftliche und damit soziale Zukunft unseres Landes ist das Humankapital, d. h. die Kenntnisse und Fähigkeiten der Erwerbstätigen bzw. der Bevölkerung.

Und genau an diesem Punkt kommen Zweifel an der zukünftigen Qualität des Wirtschaftsstandortes Deutschland bzw. sind deutliche Defizite im Bereich der Bildungs- und Weiterbildungspolitik anzumelden.[46] Mit einem staatlich finanzierten Anteil von Bildungsausgaben (im Jahr 1997) in Höhe von 4,5 Prozent des BIP liegt Deutschland deutlich unter dem Durchschnitt aller OECD-Länder mit 4,8 Prozent. Nimmt man die Ausgaben der Wirtschaft hinzu, steigt dieser Prozentsatz auf 5,7, bleibt aber immer noch unter dem OECD-Schnitt von 6,1. Und hinzu kommt, dass dieser deutsche Wert durch die im internationalen Vergleich »guten« Lehr- und Professorengehälter nach oben überzeichnet ist. In bildungspolitischer Sicht ist Deutschland dabei, aus der »Champions League« abzusteigen. Und dies obwohl gerade vor dem Hintergrund der mit der globalisierten Informationsgesellschaft wesensmäßig verbundene Wissensexplosion Investitionen in Humankapital die wohl wichtigsten standort- und wohlstandssichernden Maßnahmen in einer alternden Wohlstandsgesellschaft wie der deutschen sind.

In Deutschland beginnt ein weitaus geringerer Prozentsatz eines Jahrgangs ein Studium, als dies in den meisten OECD-Ländern der Fall ist. Von den Studienanfängern in Deutschland bricht fast die Hälfte ihr Studium ab und die Studierendenzahlen in den technischen und naturwissenschaftlichen Fächern sind außerordentlich niedrig, womit Deutschland am unteren Ende der OECD-Skala liegt. Zudem ist das Studium in Deutschland auch noch teuer, was weniger an den Ausgaben pro Student und pro Jahr liegt – diese liegen nur geringfügig über dem OECD-Durchschnitt –, sondern daran, dass in Deutschland sehr viel länger studiert wird. Dies ist auch deswegen problematisch, da die dadurch verursachten hohen Kosten nur einem relativ kleinen Teil der Bevölkerung zugute kommt.

Diese Defizite wird man nicht nur, wie es derzeit versucht wird, mit einer notwendigen Modernisierung des Dienstrechtes und des Rechnungswesens der Hochschulen, kurz einer Mobilisierung zweifellos vorhandener interner Effizienzreserven beheben können. Will man den internationalen Anschluss nicht verlieren, führt an einer besseren Ressourcenausstattung unseres Bildungssystems kein Weg vorbei. Mit nur 0,08 Prozent des BIP (1997) sind die Zahlungen der privaten Haushalte an Bildungseinrichtungen im Tertiärbereich im Übrigen außerordentlich gering.

Die Bildungspolitik muss auch mit der Migrationspolitik abgestimmt werden, da die Integration junger Ausländerinnen und Ausländer in das deutsche Bildungssystem höchst unbefriedigend ist – und dies vor dem Hintergrund der demographischen

Entwicklung und der Tatsache, dass bereits jetzt die jungen Altersklassen bei Ausländern relativ stärker besetzt sind als bei Deutschen, und den aller Voraussicht nach zunehmenden qualitativen Anforderungen an das Arbeitskräftepotenzial.[47]

Während der Ausländeranteil an der gesamten Bevölkerung bei 9 Prozent liegt, beträgt er bei den 15- bis unter 30-Jährigen 14,5 Prozent. Dies zeigt die Relevanz der bereits Zugewanderten für die Arbeitsmarktentwicklung im gegenwärtig üblichen Prognosezeitraum bis 2050.

Die Ergebnisse hinsichtlich der Bildungsbeteiligung ausländischer Personen zeigen jedoch ein sehr ambivalentes Bild. Folgende Befunde sollen festgehalten werden[48]:

- Je älter die zu betrachtende Gruppe ist, umso geringer ist die Bildungsbeteiligung der ausländischen Bevölkerung in Relation zur deutschen. Dies spiegelt insbesondere die geringe Repräsentation von ausländischen Bildungsinländern an deutschen Hochschulen wider.
- Der Anteil ausländischer Schulabgänger von allgemein bildenden und beruflichen Schulen ohne Abschluss liegt in etwa beim Doppelten des Wertes für deutsche Schulabgänger. Dieser Wert wird sich in den nächsten Jahren verringern, jedoch weiterhin signifikant und deutlich über den deutschen Werten liegen.
- Von den deutschen Schülern beruflicher Schulen waren 1998 62 Prozent in einer Lehre, von den ausländischen nur 46 Prozent.
- Allerdings verlief der strukturelle Wandel von einer Lehre in einem Fertigungsberuf hin zu einer in einem technischen oder Dienstleistungsberuf bei den Ausländern zuletzt etwas rascher als bei den Deutschen. Ähnliches gilt übrigens auch für den Hochschulbereich, wo die Bildungsinländer in den Fächerbereichen Naturwissenschaften, Medizin sowie Rechts-, Wirtschafts- und Sozialwissenschaften relativ stärker vertreten waren als Deutsche oder Bildungsausländer.

Neben der Betrachtung der bereits im Inland lebenden Ausländer geht es auch um die Frage der zukünftigen Zuwanderung und deren Rolle auf dem Arbeitsmarkt. Denn Ziel einer wie auch immer gesteuerten oder gestalteten Zuwanderung sollte nicht eine konstante bzw. bestimmte Bevölkerungszahl oder eine bestimmte Bevölkerungsstruktur sein. Zahl und Struktur an sich können keine erstrebenswerten Größen sein; denn entscheidend ist nicht das physische »Dasein« von Migranten, sondern deren Integration in Gesellschaft und Wirtschaft. Zuwanderungssteuerung, die nichts mit Asylpolitik bzw. dem Gewähren von Asyl zu tun hat, sollte immer auf eine Verbesserung der ökonomischen Wohlfahrt der gesamten Wohnbevölkerung ausgerichtet sein.

Akzeptiert man ein solches gesamtwirtschaftliches Wohlfahrtsziel, wird man Volumen und Mixtur der Zuwanderung an nationalökonomischen Kriterien im Allgemeinen und an arbeitsmarktpolitischen im Besonderen ausrichten und nicht an irgendwelchen Bevölkerungszahlen. Eine solch – zugegebenermaßen ökonomisch konditionierte – Politik kann, je nach Sichtweise eine Begrenzung oder eine gezielte Erhöhung der Zuwanderung beinhalten. Denn Zuwanderer bzw. Arbeitsmigranten können grundsätzlich

- substitutive, d. h. verdrängende Wirkungen auf die heimischen Arbeitskräfte haben oder

– »komplementäre«, d.h. die Beschäftigungschancen der Einheimischen verbessernde Wirkungen haben.

Akzeptiert man dies, dann folgt daraus, dass angesichts der langfristig schrumpfenden und alternden Erwerbsbevölkerung in Deutschland ein Zuwanderungsbedarf erwächst und Deutschland nicht mehr die bisherige Einwanderungsgesellschaft, in der Einwanderung geschah, bleiben darf, sondern ein Einwanderungsland werden sollte, in dem versucht wird, über ein Einwanderungsgesetz diese Migration nach nationalen Kriterien zu steuern.

Bei einer solchen Zuwanderungssteuerung ist natürlich auf den Bedarf der Unternehmen an Arbeitskräften zu achten, aber auch darauf, dass es nicht zu Substitutionen, d.h. zu Verdrängungen auf dem Arbeitsmarkt kommt. Angesichts des eben beschriebenen qualifikatorischen Strukturwandels bzw. des Umstandes, dass sich das Angebot an Arbeitsplätzen für nicht Qualifizierte in den nächsten zehn Jahren halbieren wird und damit die Beschäftigungschancen dieses Teils der Wohnbevölkerung abnehmen, sollte auf jeden Fall eine zuwanderungsbedingte Substitutionskonkurrenz vermieden werden. Wenn man für eine derartige, an nationalen arbeitsmarktpolitischen Bedürfnissen orientierte Politik plädiert, verbietet es sich im Übrigen auch Asylsuchende bzw. Kriegsflüchtlinge auf das Kontingent der im nationalen Interesse erforderlichen bzw. erwünschten Arbeitsmigration anzurechnen. Wenn eine bestimmte Höhe und eine bestimmte Mischung wirtschaftlich zweckmäßig sind, dann kann es keinen Sinn machen, diese mit der Zahl der Asylsuchenden zu verrechnen. Asylpolitik ist Menschenrechtspolitik und Zuwanderungspolitik ist letztlich Wirtschaftspolitik.

Da aus der demographischen Entwicklung ein wachsender Zuwanderungsbedarf resultiert, wäre es wünschenswert, wenn die Politik alsbald den Mut fände, ein Einwanderungsgesetz zu erlassen, nicht zuletzt deshalb, um in den nächsten Jahren, in denen noch kein ausgeprägter Zuwanderungsbedarf besteht, eine derartige Gesetzesanwendung zu »üben« und zu »lernen«.

Allerdings, und dies sollte nicht unerwähnt bleiben: Die Beschäftigungspolitik kann mit einem Bündel von Strategien auf die prognostizierte demographische Entwicklung reagieren. Eine gesteuerte Zuwanderung allein kann die Folgen schon deshalb nicht schultern, da die übrigen Industrieländer vor der gleichen Bevölkerungsentwicklung stehen und es somit zu einem Wettkampf um die besten Zuwanderer mit entsprechenden Kosten käme. Zudem – und dieser Punkt darf auf keinen Fall außer Acht gelassen werden – würde diese Politik zu einem »brain drain« in den Entsendeländern führen, was wiederum die Ungleichgewichte zwischen den Industrieländern und den Entwicklungsländern verstärken würde.

Eine reife Volkswirtschaft wie die deutsche muss deshalb noch andere Strategien aktivieren, wie[49]:

– eine Steigerung der Arbeitsproduktivität, wozu insbesondere eine Umorientierung in der Bildungspolitik gehört;
– eine Verlängerung der Lebensarbeitszeit, zumindest eine Erhöhung des im internationalen Vergleich sehr niedrigen Beschäftigungsgrades der 55- bis 64-Jährigen;
– eine Erhöhung der ebenfalls im internationalen Vergleich niedrigen Frauenerwerbsquote[50]; Maßnahmen hierzu dürfen allerdings nicht im Widerspruch

zu familienpolitisch notwendigen Aktivitäten zur Erhöhung der Fertilitätsrate stehen. Vielmehr muss versucht werden, arbeitsmarktpolitisch und familienpolitisch motivierte Strategien als Komplemente zu formulieren.

Jede dieser Strategien hat spezifische Vor- und Nachteile sowie ihre eigenen Auswirkungen auf den Arbeitsmarkt und die soziale Sicherung. Die gesamtgesellschaftliche Reaktion auf den demographischen Wandel wird sicherlich in einem Mix aus allen vier Strategien zu suchen sein. Die Aufgabe der Politik wird es sein, Prioritäten zu setzen und Inkompatibilitäten zu vermeiden.

Vollbeschäftigungspolitik besteht folglich zunehmend aus einer Abstimmung unterschiedlichster mikroökonomisch orientierter Maßnahmen. Sie wird folglich komplexer sein als eine auf makroökonomische Größen ausgerichtete Politik. Neben diesen eher direkt auf die Beschäftigung ausgerichteten Maßnahmen dürfen schließlich Politikfelder nicht übersehen werden, deren Ausgestaltung ebenfalls einen starken Einfluss auf die Erwerbsbeteiligung haben. An erster Stelle ist hier das Steuersystem zu nennen, das dem Ziel einer Erwerbsgesellschaft und damit einer allgemein hohen Erwerbsbeteiligung entgegensteht. Zentral dafür ist das Ehegattensplitting, das Frauen für die Aufnahme einer Erwerbstätigkeit geradezu »bestraft«. Zudem ist dies auch volkswirtschaftlich ineffizient, denn so wird das Humankapital der Frauen vernichtet.

5.3 Das Kollektivvertragssystem

Die Sozialpartnerschaft, also der kooperative Umgang von Arbeitgeberverbänden und Gewerkschaften, wurde lange Zeit als ein Erfolgsgarant der sozialen Marktwirtschaft betrachtet. Die Organisation in Industriegewerkschaften, verbunden mit überbetrieblichen Flächentarifverträgen, steht für die Berücksichtigung gesamtwirtschaftlicher Erfordernisse und die Schaffung gleicher Wettbewerbsbedingungen für alle. Die Bedeutung dieser Konstruktion für die Lohnpolitik zeigt sich in der Tarifautonomie, die sich auf die im Grundgesetz verankerte negative Koalitionsfreiheit beruft. Darüber hinaus hat die Sozialpartnerschaft noch weiter gehende Relevanz, denn Gewerkschaften und Arbeitgeber arbeiten in etlichen Selbstverwaltungsorganen, wie z. B. den Sozialversicherungen, zusammen. Die der Sozialpartnerschaft nachgesagte friedensstiftende Wirkung zeigt sich auch in der Anzahl der Streiktage. So fielen im Durchschnitt der 90er-Jahre in Deutschland gerade 13 Arbeitstage je 1 000 Beschäftigte aus. Weniger waren es nur noch in Österreich, Japan und der Schweiz. Spitzenreiter war Spanien mit 344 Arbeitstagen.[51]

Gleichwohl ist dieses System in den letzten Jahren unter Druck geraten. Wesentlich dafür ist der zu Beginn beschriebene sozioökonomische Wandel: Die Sozialpartnerschaft war und ist ein Abbild der Industriegesellschaft, die, wie die Zahlen zeigen, an Relevanz verliert. Die herrschende und allen Prognosen nach auch weiterhin zunehmende Vielfalt der Produktionsprozesse sowie der Wandel hin zu den Dienstleistungen lassen die Basis des Kollektivvertragssystems erodieren. Hinzukommt die ökonomisch-theoretische Kritik an zentralen Lohnverhandlungssystemen, derzufolge dezentralen Lösungen eine höhere Kompatibilität mit gesamtwirtschaftlichen Problemlösungen in marktwirtschaftlichen Systemen zubilligt werden.

Die empirisch wie die theoretisch orientierte Kritik ergänzen sich insofern, als beide eine dezentrale Lösung befürworten und damit zumindest für eine Relativierung des dritten Pfeilers der sozialen Marktwirtschaft plädieren.

Ende 1999 gab es in der Bundesrepublik Deutschland 51 568 gültige Tarifverträge, davon waren 62 Prozent Verbandstarifverträge und entsprechend 38 Prozent Firmentarifverträge.[52] Die in diesen Verträgen kodifizierten Normen gelten für die beiderseitig Tarifgebundenen, das sind die gewerkschaftlich organisierten Arbeitnehmer sowie die Arbeitgeber, die entweder dem jeweiligen Arbeitgeberverband angehören oder selbst einen Firmentarifvertrag abschließen. 1998 waren knapp 48 Prozent (26 Prozent) der westdeutschen (ostdeutschen) Betriebe durch einen Flächentarifvertrag gebunden, gegenüber gut 5 Prozent (knapp 8 Prozent), die einem Firmentarifvertrag unterlagen. Damit waren gleichzeitig 68 Prozent (50 Prozent) der Arbeitnehmer in West-(Ost-)deutschland flächentarifmäßig erfasst und 8 Prozent (13 Prozent) durch Firmentarifverträge. Der große Rest – 24 Prozent der Beschäftigten in West- und 37 Prozent in Ostdeutschland – wurden überhaupt nicht durch Tarifverträge erfasst.[53] Insgesamt gesehen war die Bedeutung flächentarifvertraglicher Regelungen über die 90er-Jahre hinweg rückläufig. Die Ursachen hierfür sind vielfältiger Natur und liegen in einzelnen Punkten des sozioökonomischen Wandels. So liegt einerseits die Dynamik der Unternehmungsgründungen in kleinen Betrieben; diese sind jedoch andererseits die Einheiten mit der geringsten Tarifbindung. Daneben sind die Gewerkschaften zunächst einmal Vertreter der Arbeiter und weniger der Angestellten. Letztere sind jedoch die typische Beschäftigtenkategorie im Dienstleistungssektor. Zwar erweist sich der Nettoorganisationsgrad, das ist das Verhältnis der beschäftigten Gewerkschaftsmitglieder zu allen abhängig Beschäftigten, über die Branchen hinweg als relativ konstant, der Strukturwandel hin zu den privaten Dienstleistungen mit relativ geringen Organisationsgraden führte jedoch zu einem insgesamt rückläufigen Trend.[54] Hier zeigt sich also weniger ein Wandel in der Einstellung zu den Gewerkschaften als ein Mangel der gewerkschaftlichen Vertretungsmacht in den neuen Branchen.

Die als zu starr empfundenen Lohnstrukturen sowie die unbefriedigende Beschäftigungssituation haben Forderungen nach flexibleren Lohnverhandlungssystemen laut werden lassen. Konkret heißt dies, dass von vielen Seiten die weitere Betonung von Firmentarifverträgen gefordert wird. Damit soll die Konzentration auf gesamtwirtschaftliche statt branchenspezifische oder regionale Kenngrößen verhindert werden sowie die Übernahme von Pilotabschlüssen, die meist in prosperierenden Tarifbezirken abgeschlossen werden, ausgeschlossen werden. Des Weiteren würde mit einer Dezentralisierung auch das Instrument der Allgemeinverbindlichkeitserklärung von Tarifverträgen relativiert werden. In der Folge wäre also eine flexible und exakte Orientierung an den jeweiligen betrieblichen Anforderungen sowie den regionalen und arbeitsmarktspezifischen Erfordernissen möglich, was zu einer effizienteren Allokation der Arbeitskräfte führen sollte.

Gleichwohl gibt es eine Reihe von Gründen, die gegen eine derartige Dezentralisierung der Lohnverhandlungen sprechen. Die Verlagerung auf die Betriebsebene gefährdet den Betriebsfrieden und damit das Verhältnis von Betriebsrat und Unternehmensleitung. Dies dürfte dann auch die Verhandlungskosten nicht nur insgesamt, sondern auch je Betrieb erhöhen. Des Weiteren sollte sich die Insiderorientierung, also die Betonung der Interessen der Beschäftigten, verstärken, sodass die Arbeitslosen noch geringere Chancen am Arbeitsmarkt hätten. Empirische Untersuchungen zeigen bereits für die vorliegenden Firmentarifverträge, dass diese zu höheren Lohnabschlüssen führen als die Flächentarifverträge.[55] Dagegen können zentral ausgehandelte Tarifverträge durch die für alle dann geltenden Regelungen Transaktionskosten sparen und gesamtwirtschaftliche Konsequenzen berücksichtigen. Entgegen der veröffentlichten Forderung nach dezentralen Lohnverhandlungen muss aus Sicht der Wissenschaft festgestellt werden, dass weder die theoretischen noch die empirischen Erfahrungen eindeutige Empfehlungen für die eine oder andere Verhandlungsebene aussprechen können. Vielmehr kommt es im Zuge der Anpassung an die neuen Rahmenbedingungen darauf an, »die friedensstiftende und Transaktionskosten senkende Funktion sowie die gesamtwirtschaftlichen Koordinierungsmöglichkeiten überbetrieblicher Tarifverhandlungen zu bewahren, gleichzeitig aber die Flexibilität, Betriebsnähe und Differenzierungsmöglichkeiten der Tarifpolitik zu erhöhen.«[56] Dies kann dadurch bewerkstelligt werden, dass die Flächentarifverträge generell als Rahmenabkommen interpretiert werden, die mit Hilfe von Öffnungsklauseln im Falle unterschiedlicher Bedingungen Abweichungen auch nach unten zulassen.[57] Die bisherige Praxis des Arbeitsrechts, das Günstigkeitsprinzip immer nur als eine Abweichung nach oben zu betrachten, verengt schließlich den Blickwinkel unzulässigerweise einzig auf die Entlohnung, würdigt also nicht den Erhalt des Arbeitsplatzes.

Die Zukunft des Kollektivvertragssystems dürfte also weniger durch eine prinzipielle Dezentralisierung der Lohnverhandlungen zu sichern sein als vielmehr durch eine Erschließung neuer Arbeitnehmergruppen für die Gewerkschaften – was aufgrund der mit dem sozioökonomischen Wandel verbundenen Unsicherheit nicht so schwer sein sollte, wie die gegenwärtigen Tendenzen in den US-amerikanischen »dotcom«-Unternehmen auch zeigen – und durch eine geeignete Verknüpfung zentraler und dezentraler Elemente. Diese dezentralen Elemente werden allein schon durch die Zusammenschlussstrategien der Gewerkschaften, wie sie etwa in der Dienstleistungsgewerkschaft ver.di zum Ausdruck kommen, gefördert. Denn je umfangreicher und vor allem heterogener die zu vertretenden Branchen sind, umso zwangsläufiger ergibt sich ein Abweichungsbedarf für einzelne Bereiche.

6. Fazit

Der sozioökonomische Wandel in seinen unterschiedlichen Facetten bringt eine Reihe von Veränderungen lieb gewordener Verhaltensweisen und Institutionen mit sich. Er erfordert darüber hinaus einige Änderungen in den Pfeilern der sozialen Marktwirtschaft, gerade um sie zu erhalten. Dabei muss auch immer die interdependente Struktur zwischen den drei behandelten Pfeilern betrachtet werden. Eine erfolgreiche Beschäftigungspolitik reduziert die Kosten der sozialen Sicherung. Niedrigere Kosten in diesem Bereich bedeuten eine geringere Belastung der Arbeitnehmer und Arbeitgeber und damit einen geringeren Druck auf den Verteilungskampf. Staat und Sozialpartner können also durch entsprechendes kooperatives Verhalten ihren Beitrag zur Lösung der Strukturprobleme leisten. Dass sie dies tun, ist im Rahmen der EWWU umso wichtiger, als die Europäische Zentralbank als Träger der Geldpolitik für alle Mitgliedsländer zuständig ist und nicht auf den unterschiedlichen Stand der Reformen in den jeweiligen Volkswirtschaften Rücksicht nehmen kann. Für die Situation in Deutschland ist zum einen wichtig zu erkennen, dass punktuelle Lösungen wenig effektiv sind, da die einzelnen Politikbereiche stark interdependent sind und deshalb Anpassungen in einem Bereich komplementäre Änderungen in anderen Bereichen nach sich ziehen müssen. Zum anderen sollte man nicht übersehen, dass die anderen Industriestaaten den gleichen Problemen gegenüberstehen, teilweise bereits in der Reaktion darauf weiter sind als wir und wir aus der Analyse dieser Reaktionen vieles für den eigenen Anpassungsprozess lernen können.

Anmerkungen

Wir danken Bernold Beckenbauer für seine Unterstützung bei der Datenbeschaffung und -aufbereitung.

1 Vgl. Heinze Rolf G./Wolfgang Streeck, Institutionelle Modernisierung und Öffnung des Arbeitsmarktes: Für eine neue Beschäftigungspolitik, in: Jürgen Kocka/Claus Offe (Hrsg.), Geschichte und Zukunft der Arbeit, Frankfurt/M. 2000, S. 253.

2 Vgl. Andrea Baukrowitz u. a., Veränderungstendenzen der Arbeit im Übergang zur Informationsgesellschaft – Befunde und Defizite der Forschung, in: Deutscher Bundestag/Enquete-Kommission Zukunft der Medien in Wirtschaft und Gesellschaft (Hrsg.), Arbeitswelt in Bewegung, Bonn 1998, S. 48.

3 Vgl. Hiltrud Niggemann, Die volkswirtschaftliche Bedeutung von Dienstleistungen und der Beitrag des Mannheimer Innovationspanels und der ZEW/Creditreform Konjunkturumfrage zu ihrer Darstellung, in: Wirtschaft und Statistik, 7/2000, S. 541–550, hier S. 546.

4 Vgl. Prognos, Dokumentation Nr. 462, Bonn 1999, S. 20 ff.

5 Vgl. Statistisches Bundesamt, Pressemitteilung vom 25. September 2000.

6 Vgl. Lothar Troll, Sättigungstendenzen in einer veränderten Bürolandschaft, in: Institut für Arbeitsmarkt und Berufsforschung (IAB) Kurzbericht, 17/2000, S. 1.

7 Vgl. Baukrowitz, Veränderungstendenzen der Arbeit (Anm. 2), S. 96.

8 Vgl. Britta Oertel u. a., Neue Selbstständigkeit im Netz, in: Arbeitswelt in Bewegung (Anm. 2), S. 359 ff.

9 Ergänzend hierzu der Beitrag »Finanzmarkt und Finanzkultur« von Manfred Weber in diesem Band, v. a. Kapitel 2.2 .

10 Zu diesem Themenaspekt vgl. auch die Beiträge »Sozialstruktur und gesellschaftlicher Wandel« von Rainer Geißler, v. a. Kapitel 4, und »Technologiegesellschaft« von Jürgen Turek, v. a. Kapitel 1.4, in diesem Band.

11 Vgl. Statistisches Bundesamt, Bevölkerungsentwicklung Deutschlands bis 2050, Wiesbaden 2000, S. 8.

12 Vgl. ebd., S. 12.

13 Ergänzend hierzu das Kapitel 2 des Beitrags von Rainer Geißler in diesem Band.

14 Vgl. Statistisches Bundesamt, Datenreport, Bonn 1999, S. 89 ff.

15 Vgl. Arbeitskreis Konjunktur, Tendenzen der Wirtschaftsentwicklung 2000/2001 – Deutschland im Aufschwung, in: Deutsches Institut für Wirtschaftsforschung (DIW)-Wochenbericht, 28/2000.

16 Vgl. Alexander Reinberg, Der qualifikatorische Strukturwandel auf dem deutschen Arbeitsmarkt – Entwicklungen, Perspektiven und Bestimmungsgründe, in: Mitteilungen aus der Arbeitsmarkt- und Berufsforschung (MittAB), 32/1999, S. 434–443.

17 Vgl. Volker Hielscher, Entgrenzung von Arbeit und Leben? Die Flexibilisierung von Arbeitszeiten und ihre Folgewirkungen für die Beschäftigten. Eine Literaturstudie, DP FS II 00–201, Wissenschaftszentrum Berlin für Sozialforschung 2000, S. 14.
18 Vgl. Karin Schulze-Buschoff, Vom Normalarbeitsverhältnis zur Flexibilisierung. Über den Wandel der Arbeitszeitmuster: Ausmaß, Bewertung und Präferenzen, DP P00–518, Wissenschaftszentrum Berlin für Sozialforschung 2000, S. 4.
19 Vgl. Hielscher, Entgrenzung von Arbeit und Leben? (Anm. 17), S. 28.
20 Vgl. Hildegard Schaeper u. a., Diskontinuierliche Erwerbskarrieren und Berufswechsel in den 1990ern: Strukturmuster und biografische Umgangsweisen betrieblich ausgebildeter Fachkräfte, in: MittAB, 33/2000, S. 80–100, hier S. 84 ff. mit weiteren Quellen.
21 Vgl. Reinberg, Der qualifikatorische Strukturwandel (Anm. 16), S. 438.
22 Vgl. ebd., S. 434 ff.
23 Vgl. Knut Hinrichs, Das Normalarbeitsverhältnis und der männliche Familienernährer als Leitbilder der Sozialpolitik, in: Sozialer Fortschritt, 4/1996, S. 102–107, hier S. 103.
24 Vgl. Gert Wagner, Teilzeitbeschäftigung zu Lasten der Vollzeiterwerbstätigkeit?, in: DIW-Wochenbericht, 44/1998.
25 Vgl. IAB Kurzbericht, 11/2000.
26 Vgl. Christiane Flüter-Hoffmann u. a., Telearbeit in Deutschland und Europa – neue Chancen – neue Arbeitsstrukturen, Köln 1999, S. 6.
27 Zu der finanziellen Situation der erwerbstätigen Frauen vgl. Kapitel 4.1 des Beitrags von Rainer Geißler in diesem Band.
28 Vgl. Statistisches Bundesamt, Leben und Arbeiten in Deutschland – Ergebnisse des Mikrozensus 1999, Wiesbaden 2000, S. 10.
29 Vgl. ebd., S. 36.
30 Vgl. AÜG, Gesetz zu Regelung der gewerbsmäßigen Arbeitnehmerüberlassung vom 7. August 1972, BGBl. I, S. 1393.
31 Vgl. Helmut Rudolph/Esther Schröder, Arbeitnehmerüberlassung – Trends und Einsatzlogik, in: MittAB, 30/1997, S. 102–126, hier S. 106.
32 Vgl. ebd.
33 Vgl. homepage der FH Jena, http://www.bw.fh-jena.de/internet/home.nsf.
34 Vgl. Rudolph/Schröder, Arbeitnehmerüberlassung (Anm. 31), S. 124 ff.
35 Vgl. Bert Rürup, Konsequenzen für die sozialen Sicherungssysteme, in: Arbeitswelt in Bewegung (Anm. 2), S. 288.
36 Vgl. homepage des Statistischen Bundesamtes, http://www.statistik-bund.de.
37 Vgl. Rürup, Konsequenzen für die sozialen Sicherungssysteme (Anm. 35).
38 Vgl. Harald Lederer u. a., Migrationsbericht 1999 – Zu- und Abwanderung nach und aus Deutschland, Bamberg 1999, S. 37.
39 Vgl. Rürup, Konsequenzen für die sozialen Sicherungssysteme (Anm. 35), S. 295.
40 Dieser implizite Konsens zur Vollbeschäftigung darf nicht mit einem Recht auf Arbeit, wie es die skandinavischen Wohlfahrtsstaaten proklamierten, verwechselt werden. Wenn wir uns jedoch als Erwerbsgesellschaft sehen und die gesellschaftlichen Teilhabemöglichkeiten der Individuen sowie die Emanzipation der Frauen an der Erwerbsarbeit festmachen, dann müssen die Chancen zur Erwerbsarbeit im Vordergrund stehen. Darüber hinaus ist Erwerbsbeschäftigung eine, wenn nicht die Voraussetzung für die soziale Sicherung.
41 Siehe hierzu ausführlich Heinz Lampert, Lehrbuch der Sozialpolitik, Berlin u. a. 1994.
42 Ergänzend zur Ausgestaltung des bundesdeutschen Sozialstaates nach 1949 vgl. den Beitrag »Sozialpolitik« von Wolfgang Merkel in diesem Band, v. a. Kapitel 1.
43 Siehe hierzu die Untersuchungen von Steffen Mau, Ungleichheits- und Gerechtigkeitsorientierungen in modernen Wohlfahrtsstaaten. Ein Vergleich der Länder Schweden, Großbritannien und der Bundesrepublik Deutschland, Diskussionspapier FS III 97–401, Wissenschaftszentrum Berlin für Sozialforschung 1997; Karin Rinne, Die Zufriedenheit mit dem System der sozialen Sicherung in Deutschland, in: Bernd Frick u. a. (Hrsg.), Betriebliche und staatliche Sozialpolitik: komplementär oder substitutiv?, München und Mering 2000, S. 27–43; Roswitha Pioch, Soziale Gerechtigkeit in der Politik, Frankfurt/M. und New York 2000.

44 Vgl. hierzu Deutscher Bundestag (Hrsg.), Zweiter Zwischenbericht der Enquete-Kommission »Demographischer Wandel« – Herausforderungen unserer älter werdenden Gesellschaft an den Einzelnen und die Politik, Bonn 1998, Kap. IV, sowie Sachverständigenrat zur Begutachtung der gesamtwirtschaftlichen Entwicklung, Jahresgutachten 2000/01: Chancen auf einen höheren Wachstumspfad, Stuttgart 2000, S. 237–254.

45 Siehe z. B. Dirk Dohse/Christiane Krieger-Boden, Währungsunion und Arbeitsmarkt. Auftakt zu unabdingbaren Reformen, Tübingen 1998.

46 Vgl. ergänzend zum Folgenden den Beitrag »Wissensgesellschaft« von Wolfgang Leidhold in diesem Band, v. a. Kapitel 4.4.

47 Siehe zur bisherigen Situation der Ausländer am deutschen Arbeitsmarkt Stefan Bender u. a., Migration und Arbeitsmarkt, in: Klaus Bade/Rainer Münz (Hrsg.), Migrationsreport 2000. Fakten–Analysen–Perspektiven, Frankfurt/M. und New York 2000, S. 59–83.

48 Vgl. hierzu Wolfgang Jeschek, Die Integration junger Ausländer in das deutsche Bildungssystem kommt kaum noch voran, in: DIW-Wochenbericht, 29/2000, S. 466–476, sowie ders./ Erika Schulz, Schul- und Berufsabschlüsse von Ausländern: Nur langsame Annäherung an die Abschlüsse von Deutschen, in: DIW-Wochenbericht, 26/1999, S. 483–490.

49 Bert Rürup/Werner Sesselmeier, Die schrumpfende und alternde deutsche Bevölkerung: Arbeitsmarktpolitische Perspektiven und Optionen, in: Hans-Ulrich Klose (Hrsg.), Altern der Gesellschaft. Antworten auf den demographischen Wandel, Köln 1993, S. 27–50.

50 Ergänzend hierzu Kapitel 5.1.2 des Beitrags von Rainer Geißler in diesem Band.

51 Claus Schnabel, Tarifautonomie und Tarifpolitik, Köln 2000, S. 79.

52 Soweit keine anderen Nennungen vgl. hierzu und zu den folgenden Angaben ebd.

53 Sabine Kohaut/Claus Schnabel, Tarifbindung im Wandel, in: iw-trends, 2/1999.

54 Bernd Fitzenberger u. a., Wer ist noch Mitglied in Gewerkschaften? Eine Panelanalyse für Westdeutschland. Zentrum für Europäische Wirtschaftsforschung, Discussion Paper No. 98–11, Mannheim 1998.

55 Vgl. Wolfgang Meyer, Abschlussebene und Lohndynamik – Eine vergleichende empirische Analyse von Firmen- und Branchentarifabschlüssen, in: Zeitschrift für Wirtschafts- und Sozialwissenschaften, 112/1992, S. 59–74, der zu dem Schluss kommt, dass »die Tariflohndynamik bei Firmentarifverträgen nicht generell flexibler ist als bei Branchenverträgen«.

56 Claus Schnabel, Arbeitsmarktinstitutionen im Wandel: Perspektiven der kollektiven Lösung arbeitsmarktpolitischer Probleme, in: List Forum für Wirtschafts- und Finanzpolitik, 23/1997, S. 107–128, hier S. 117.

57 Siehe hierzu Bernd Fitzenberger/Wolfgang Franz, Der Flächentarifvertrag: Eine kritische Würdigung aus ökonomischer Sicht. Zentrum für Europäische Wirtschaftsforschung, Discussion Paper No. 99–57, Mannheim 1999.

Wolfgang Merkel

Sozialpolitik

1. Grundzüge und Entwicklung des deutschen Sozialstaats nach 1949

Der deutsche Sozialstaat ist am Ende des 20. Jahrhunderts unter Reformdruck geraten. Die Politik hat bisher nur zögerlich auf die neuen Herausforderungen aus Wirtschaft und Gesellschaft reagiert. In welche Richtung sollte eine gestaltende Politik die sozialen Sicherungssysteme in der Bundesrepublik Deutschland reformieren? Welche Spielräume hat sie dabei? Welche Trends sind im 21. Jahrhundert zu erwarten? Dies werden die zentralen Fragen sein, die am Ende dieses Beitrags beantwortet werden sollen.

Zukünftige Trends sind in erheblichem Maße nicht nur durch neue Herausforderungen bestimmbar, sondern werden gerade in der Sozialpolitik durch Institutionen, Verfahren, Werte und Ansprüche der Vergangenheit und Gegenwart bestimmt. Daraus erklärt sich auch der Argumentationsaufbau der folgenden Analyse. Zunächst sollen die Grundzüge des bundesdeutschen Sozialstaates und seine Entwicklung nach 1949 nachgezeichnet werden. Diese Grundstrukturen sind jedoch durch die Veränderung interner und externer Rahmenbedingungen im letzten Viertel des 20. Jahrhunderts einem spezifischen Reformdruck ausgesetzt worden (Kapitel 2). Dieser soll aufgezeigt werden, um die Angemessenheit der sozialpolitischen Antworten der christlich-liberalen Koalition vor und nach der Wiedervereinigung prüfen zu können. Soweit es die ersten drei Jahre der rot-grünen Regierungskoalition zulassen, werden auch hier die Reformtrends analysiert (Kapitel 3). Mit dem Erklärungsansatz des »Vetospieler-Theorems«[1] soll die zentrale These dieses Aufsatzes vorgetragen und fundiert werden: Sozialpolitische Reformen sind in Deutschland nur unter besonderen machtpolitischen Konditionen und nur inkremental, d. h. in kleinen Schritten möglich. Dies gilt insbesondere dann, wenn Einschränkungen und Umgestaltungszwänge die reformpolitische Perspektive bestimmen, wie dies in den vergangenen zwei Jahrzehnten der Fall war. Manfred G. Schmidts Metapher des »mittleren Weges« setzt diesen dominierenden Kontinuitätstrend der deutschen Sozialpolitik deutlich ins Bild. Trotz der starken Pfadabhängigkeit bundesdeutscher Sozialpolitik lohnt es sich, über die Ländergrenzen hinweg, die sozialpolitischen Reformen in den europäischen Nachbarländern zu betrachten. Großbritannien, Frankreich und Dänemark werden dabei die Referenzstaaten sein (Kapitel 4). Zukünftige Trends werden sich aus den neuen wirtschaftlichen und gesellschaftlichen Herausforderungen, den »trägen« Binnenstrukturen des Sozialstaates und den Reformerfahrungen anderer Länder herausschälen. Überlegungen zu diesem Spannungsverhältnis von Kontinuität und Wandel sollen die Analyse zur zukünftigen Trendentwicklung der deutschen Sozialpolitik zusammenfassen (Kapitel 5).

Der renommierte Sozialstaatsforscher Gösta Esping-Andersen teilt die OECD-Staaten in drei »Welten des Wohlfahrtskapitalismus«[2] ein: die universalistisch-sozialdemokratischen Wohlfahrtsstaaten Skandinaviens, die konservativ-christdemokratischen Wohlfahrtsstaaten des europäischen Kontinents und die marginal-liberalen Wohlfahrtsstaaten der angelsächsischen Welt. Da diese »Welten« Idealtypen sind, entsprechen ihnen die regionalen Zuschreibungen real existierender Sozialstaaten nur näherungsweise. Dies gilt auch für Deutschland, das in der Regel dem zweiten, dem konservativen Wohlfahrtskapitalismus zugerechnet wird. Präziser wird der deutsche Sozialstaat nach 1949 als ein eklektisches System »konglomerierter Sozialschutzprogramme« beschrieben, »die unterschiedlichen Gestaltungsprinzipien und Logiken folgen«. Die »Vorherrschaft des Sozialversicherungsprinzips« im deutschen Sozialstaat ist jedoch unbestritten.[3]

Das Sozialversicherungsprinzip charakterisierte den deutschen Sozialstaat seit seinen Anfängen. Mit der Kaiserlichen Botschaft von 1881, der »Gründungsurkunde des deutschen Sozialstaats«[4], der Einrichtung der reichsweiten Krankenversicherung 1883, der Unfallversicherung von 1884 sowie der Invaliditäts- und Altersversicherung 1889 wurden die Grundlagen eines sozialen Sicherungssystems geschaffen, die zwar immer wieder ergänzt[5], ausgeweitet und modifiziert wurden, aber institutionell auch zu Beginn des 21. Jahrhunderts den Kern des deutschen Sozialstaates kennzeichnen. Pflichtversicherung der Arbeitnehmer, nachträglicher Sozialschutz, Rechtsanspruch, Beitragsfinanzierung, Selbstverwaltung sowie die Vielfalt der Versicherungsträger[6] haben die Zäsuren mehrerer politischer Regime in Deutschland überlebt. Über die Regimeformen der konstitutionellen Monarchie, der Weimarer Demokratie, der nationalsozialistischen Diktatur und der zweiten Demokratie nach 1949 hinweg haben sich die sozialstaatlichen Grundfesten in Deutschland als außerordentlich robust und überlebensfähig erwiesen. Der deutsche Sozialstaat ist seit 120 Jahren von einer hohen Pfadabhängigkeit geprägt, deren Ursprung in den institutionellen Grundentscheidungen der Bismarck-Ära liegt.[7] Dies ist ein erster Hinweis darauf, dass sozialpolitische Wenden und radikale Reformen des Sozialstaates kaum zu erwarten sind. Die sozialstaatlichen Sicherungssysteme Deutschlands haben eingebaute Stabilisatoren, die unter demokratischen Bedingungen zwar Expansionen erlauben, aber kaum einschneidende Umstrukturierungen oder Rückschneidungen zulassen. Dieser überragende Trend soll über die einzelnen Regierungsphasen seit 1949 nachgezeichnet und erklärt werden: der ersten christlich-liberalen Periode von 1949 bis 1965, der Großen Koalition von 1966 bis 1969, der sozial-liberalen Koalition von 1969 bis 1982, der zweiten christlich-liberalen Periode von 1982 bis 1998 sowie der rot-grünen Koalition seit 1998.

1.1 Die Rekonstruktion des Sozialstaats: 1949 bis 1965

Ein Standardwerk zur deutschen Sozialpolitik bezeichnet die erste Periode der sozialstaatlichen Rekonstruktion nach 1949 als die Aufbauphase des »sozialen Kapitalismus« in Deutschland.[8] Über die Bewältigung der unmittelbaren Kriegsfolgen hinaus wurden in dieser Phase einschneidende sozialpolitische Reformen durchgeführt, die den Kapitalismus in der Bundesrepublik Deutschland zunehmend »sozial«

einhegten. Dies war im Grundgesetz normativ keineswegs klar vorgezeichnet. Denn anders als in der Weimarer Reichsverfassung blieb das Grundgesetz in dieser Hinsicht vage.[9] In Artikel 20 Abs. 1 GG heißt es: »Die Bundesrepublik Deutschland ist ein demokratischer und sozialer Bundesstaat.« Die Formulierung erwies sich jedoch als offen genug, um aus der »normativen Kargheit des Sozialstaatsprinzips«[10] realpolitisch ein dichtes soziales Sicherungsnetz entstehen zu lassen. Der wichtigste Knoten dieses Netzes wurde zweifellos mit der Rentenreform von 1957 geknüpft. Mit ihr wurde das Prinzip der beitragsäquivalenten und einkommensbezogenen Altersrente in der sozialpolitischen Textur der Bundesrepublik festgeschrieben. Die Renten wurden zudem dynamisch an den Zuwachs der Bruttolöhne und Gehälter gekoppelt. Dies verbesserte schlagartig die wirtschaftliche Situation der Rentner und ließ den Beitrag zur Rentenversicherung von 11 Prozent auf 14 Prozent des beitragspflichtigen Bruttolohnes steigen.[11] Der zweite wichtige Knoten des sozialen Netzes wurde mit dem Sozialhilfegesetz von 1961 festgezurrt. Damit wurde faktisch eine Art Mindestlohn festgelegt, der nur geringen Abstand zu den unteren Lohngruppen wahrte. Die danach folgende Einführung des Kinder- und Wohngeldes steht in ihrer längerfristigen Bedeutung den beiden oben genannten Strukturentscheidungen erheblich nach.

Diese erste Periode bundesdeutscher Sozialpolitik setzte folgende wichtige Trends für die nächsten Jahrzehnte:

- Mit der großzügigen Altersrente werden die Rentner kurzfristig am Wirtschaftswunder der Republik beteiligt; längerfristig steigen sie zur wichtigsten und mächtigsten und damit den Status quo stabilisierenden Begünstigtengruppe des deutschen Sozialstaats auf.
- Mit der geringen Differenz des Sozialhilfesatzes zu den unteren Lohngruppen wird das Problem des »Lohnabstandsgebots« geboren. Der Dynamik der Ausdehnung der Arbeitsplätze im Niedriglohnbereich ist damit eine erste Grenze gesetzt.
- Die großen Sozialreformen werden von CDU/CSU, SPD, den Gewerkschaften und den Wohlfahrtsverbänden gemeinsam getragen. Damit hat sich die Große Koalition des bundesdeutschen Sozialstaats formiert.
- Die sozialpolitisch abgefederte Marktwirtschaft begibt sich auf einen nach oben offenen »mittleren Weg«[12] zwischen liberaler Sozialpolitik und sozialdemokratischer Staatsbürgerversorgung.
- Der Vorrang der Älteren gegenüber den Jüngeren, der mittleren gegenüber den unteren Schichten, der Kinderlosen gegenüber den Familien sowie die Überfinanzierung der Altersicherung und die Unterfinanzierung der Bildung beginnen den deutschen Sozialstaat zu prägen.

Die Tatsache, dass die meisten dieser kennzeichnenden Elemente auch heute noch den deutschen Sozialstaat charakterisieren, zeigt die hohe Pfadabhängigkeit des »mittleren Weges« in der Nachkriegsgeschichte der Bundesrepublik Deutschland.

1.2 Konsolidierung und neue Akzente: Die Große Koalition von 1966 bis 1969

Die Zeit der Großen Koalition wurde häufig als eine Periode des »sozialpolitischen Stillstandes«, der »Vernachlässigung der Sozialpolitik«[13], der »Ökonomisierung und

Anpassung«[14] bezeichnet – zu Unrecht, wie Manfred G. Schmidt belegt: Zwar wuchsen die Sozialausgaben nicht mehr mit der gleichen Dynamik wie in den Jahren zuvor, aber es wurde eine Reihe von Gesetzen verabschiedet, die eine Egalisierung in die unterschiedlichen Sicherungssysteme für Angestellte und Arbeiter einschrieben. Die wichtigsten waren: die Streichung der Versicherungspflichtgrenze für Angestellte, die gegenseitige Liquiditätshilfe als Finanzausgleich zwischen Angestellten- und Arbeitslosenversicherung, Lohnfortzahlung für Arbeiter im Krankheitsfalle sowie das Arbeitsförderungsgesetz von 1969. Die Sozialpolitik der Großen Koalition zielte auf mehr Gleichheit und auf eine Verminderung der Privilegien der Angestellten gegenüber der Arbeiterschaft.[15] Die großen Parteien CDU/CSU und SPD waren unter Ausschluss der FDP in der großen Sozialstaatskoalition einen weiteren Schritt zusammengerückt.

1.3 Expansion und Kürzungen: Zwei Trends in der sozial-liberalen Ära (1969 bis 1982)

Aus sozialpolitischer Sicht muss die Periode der sozial-liberalen Regierung in zwei Phasen eingeteilt werden: eine erste Phase von 1969 bis 1974, die weiterhin in der Nachkriegskontinuität der sozialstaatlichen Expansion stand; eine zweite Phase von 1975 bis 1982, in der es zu Kürzungen bei Leistungen und Anspruchsberechtigten kam.

Nach der ersten kleinen Nachkriegsrezession 1966/67 verfolgte die sozial-liberale Koalition unter Willy Brandt (1969–1974) den weiteren Ausbau des Sozialstaats. Dabei setzten die sozialpolitischen Planer in den Ministerien, die Abgeordneten im Parlament und die Interessenvertreter der Sozialverbände auf die trügerische Hoffnung immerwährender ökonomischer Prosperität. Die Sozialleistungsquote, die 1969 bei 26,2 Prozent lag, stieg 1975 auf ihren bisherigen Höchststand von 33,9 Prozent.[16] Dies war allerdings ein Trend in vielen Ländern Europas. Großzügigere Sozialleistungen, ein immer größerer Anteil der Bevölkerung, der diese in Anspruch nahm, und ein stagnierendes Sozialprodukt trieben in den entwickelten Sozialstaaten Europas die Sozialleistungsquoten in die Höhe.

Erneut wurde eine Rentenreform durchgeführt. Wie schon bei der ersten Reform von 1957 begünstigten das hohe Wirtschaftswachstum 1972 und der ungebrochene Prosperitätsoptimismus auch die großzügigen Regelungen von 1972. Die flexible Altersgrenze wurde eingeführt, die Rentenversicherung den Selbstständigen geöffnet, die Leistungen großzügiger berechnet und der Kreis der Anspruchsberechtigten erweitert. Erstmals wurde mit dem Bundesausbildungsgesetz auch die Unterstützung für Studenten maßgeblich ausgedehnt. Für eine kurze Phase schien Bildung eine der wichtigsten politischen Prioritäten in der Bundesrepublik zu werden. Überhaupt waren in dieser Phase vor allem steuerfinanzierte Hilfs- und Fördersysteme die »größte Wachstumsbranche«[17]. Trotz dieser partiellen Universalisierung des bundesdeutschen Sozialstaats wurden die meisten sozialpolitischen Reformen nach wie vor von einer Allparteienkoalition getragen.

Mit dem ersten Ölpreisschock, Turbulenzen im internationalen Währungssystem, Stagflation und ansteigender Arbeitslosigkeit ging die Selbstverständlichkeit sozialstaatlichen Wachstums nach 1974 verloren. Die folgenden Jahre waren von einem »Hin und Her der Korrekturen« geprägt.[18] Die Kürzungen wurden insbesondere dort vorgenommen, wo die Leistungen nicht durch versicherungsrechtliche Ansprüche geschützt waren und der geringste politische Widerspruch zu erwarten war: Sozialhilfe, Arbeitslosenhilfe, Kindergeld, Wohngeld und BAföG. Die privaten Kostenbeteiligungen bei der Krankenversicherung wurden moderat ausgedehnt und sogar die Rentenanpassung an die Löhne etwas verzögert.[19] Es kam nicht zu einem massiven Abbau des Sozialstaats, aber die Kontinuität des sozialpolitischen Wachstums wurde zum ersten Mal in der Geschichte der Bundesrepublik Deutschland gebrochen. Es ist deshalb Jens Albers These zuzustimmen, dass die sozialpolitischen Korrekturen in der Bundesrepublik nicht erst nach dem Regierungswechsel von 1982 vollzogen, sondern bereits von der Regierung Helmut Schmidts eingeleitet wurden.[20] Allerdings war die Richtung noch nicht eindeutig. Dies lag nicht nur an den mächtigen sozialstaatlichen Widerstandskoalitionen und Anspruchskulturen, sondern auch an wirtschaftlichen und gesellschaftlichen Trends, die sich zwar andeuteten, aber erst im folgenden Jahrzehnt deutlichere und für den Sozialstaat herausfordernde Konturen annahmen. Diese Herausforderungen sollen hier in der gebotenen Knappheit aufgezeigt werden. Erst danach kann beurteilt werden, ob die Reformansätze in der Sozialpolitik der beiden letzten Jahrzehnte wegweisend für den Umbau des Sozialstaates im 21. Jahrhundert werden können.

2. Die Herausforderungen des deutschen Sozialstaats am Ende des 20. Jahrhunderts

Gesellschaftliche Entwicklungen sind nicht wie politische Entscheidungen durch ein präzises Datum im Zeitverlauf zu markieren. Allerdings beginnen sich in der zweiten Hälfte der 70er-Jahre soziale, wirtschaftliche und politische Strukturveränderungen abzuzeichnen, welche die Sozialpolitik des 21. Jahrhunderts in einen neuen Handlungskontext stellen.[21] Die wichtigsten sind:

- Die Internationalisierung der Kapital- und Gütermärkte hat die europäischen Volkswirtschaften weiter geöffnet und einem verstärkten Standortwettbewerb ausgesetzt. Sozialpolitische Entscheidungen müssen bei Strafe von wirtschaftlichen Wettbewerbsnachteilen, Beschäftigungs-, Wachstums- und Wohlfahrtsverlusten noch schärfer unter dem Gesichtspunkt der ökonomischen Effizienz, d. h. der internationalen Konkurrenzfähigkeit der nationalen Wirtschaft betrachtet werden. Die durch die Sozialversicherungsbeiträge entstehenden Lohnnebenkosten drohen in bestimmten Wirtschafts- und Beschäftigungsbereichen zu einem Standortnachteil zu werden.[22] Dies betrifft keineswegs nur die »Wirtschaft«, sondern auch Aspekte der sozialen Gerechtigkeit und der Finanzierungsgrundlagen des Sozialstaats selbst.[23]
- Die europäische Integration hat mit der Vollendung des Binnenmarktes und den restriktiven Konvergenz- und Stabilitätskriterien des Maastricht-Vertrages neue Begrenzungen für die nationale Handlungsfähigkeit gesetzt. Für die Sozialpolitik heißt dies vor allem, einen innenpolitisch nur wenig disponiblen, extern auferlegten Sparzwang zu berücksichtigen.

- Gleichzeitig bedürfen aber exportabhängige Volkswirtschaften (wie die der Bundesrepublik Deutschland) politischer und sozialer Schutzmechanismen aufgrund ihrer außenwirtschaftlichen Verwundbarkeit. Ein dicht geknüpftes soziales Sicherungsnetz spielt dabei eine wichtige Rolle.[24]
- Die Steuerbasis der großen Unternehmen und großen Vermögen ist im internationalen Maßstab mobiler geworden.[25] Sozialpolitiker müssen auf die Bewahrung dieser sozialpolitischen Finanzierungsquelle Rücksicht nehmen.
- Gegenüber der gewachsenen Kapitalmobilität ist der relativ konstante Faktor Arbeit im Kontext des Sozialversicherungsstaats einer fast paradoxen Spannung ausgesetzt: Einerseits soll die Arbeit aus Standortgründen möglichst billig sein, andererseits soll sie auch noch jene Kosten der sozialen Sicherung mittragen, die das Kapital nicht mehr zu leisten bereit ist.[26] Diese besondere Spannung zwischen der Finanzierung und der Schutzaufgabe der großen Sozialversicherungen wird zudem von einer zunehmenden Erosion des »Normalarbeitsverhältnisses« verschärft. Finanzierungsvoraussetzung für einen vollen Sozialschutz ist die lebenslange, ununterbrochene Erwerbsbiographie des Einzelnen, bzw. des (meist) männlichen Vollzeiterwerbstätigen innerhalb einer Familie. Mit der Ausdehnung von Teilzeitarbeit, Zeitverträgen, Leiharbeit, Schwarzarbeit, Scheinselbstständigkeit und den Ansprüchen der Frauen auf faktische Gleichberechtigung hat das »Normalarbeitsverhältnis« seine »Absolutheit« verloren.[27] Damit ist ein Pfeiler des Sozialversicherungsstaats brüchig geworden.
- Die größte Herausforderung für das gegenwärtige Umlageprinzip der Sozialversicherung wird jedoch von den demographischen Veränderungen unserer Gesellschaften kommen: Die Alterung der Gesellschaft, die geringe Fertilität, die ansteigende Lebenserwartung der Menschen erzwingen Änderungen im Finanzierungs- und Leistungssystem der Alterssicherung und Gesundheitsversorgung.
- Mit der fortschreitenden Individualisierung der Werte und Lebensstile ist auch das Bedürfnis nach individuellen Wahlmöglichkeiten des sozialen Sicherungsschutzes in den mittleren und höheren Schichten entstanden. Paternalismus, Bürokratisierung, Intransparenz, Verrechtlichung und Bürgerferne werden sowohl von den hedonistischen wie den libertären grün-alternativen Milieus kritisiert.

Es haben sich also sowohl die Makro- als auch die Mikrokontexte für die Sozialpolitik gewandelt. Im Folgenden soll deshalb geprüft werden, ob und wie sich die bundesdeutsche Sozialpolitik diesen herausfordernden Veränderungen gestellt hat.

3. Die reformpolitischen Antworten in Deutschland

3.1 Die christlich-liberale Regierungskoalition von 1982 bis 1990

Im Jahre 1982 war die CDU-CSU/FDP-Koalition unter Bundeskanzler Helmut Kohl mit weit reichenden Vorstellungen zu einer Umorientierung der bundesrepublikanischen Politik angetreten. Öffentlich wurde die »geistig-moralische Wende« beschworen. Konkret wurden in der Regierungserklärung folgende »Wendeziele« formuliert[28]: Die Konsolidierung der Staatsfinanzen sollte erste Priorität bekommen. Die Neuverschuldung des Bundeshaushaltes sollte zurückgeführt, die allgemeine Verschuldung gesenkt und die Staatsquote reduziert werden. Das Verhältnis zwischen Staat und Markt sollte neu geordnet werden und in eine »Erneuerung der sozialen Marktwirtschaft« münden. Dabei wurde insbesondere die Verbesserung der Angebotsbedingungen für Unternehmen angestrebt. Im Bereich der Sozialpolitik sollte die »Wende« zu einer neuen Ausrichtung und Schwerpunktsetzung bei der Familienförderung führen. Gleichzeitig sollten die »Auswüchse« des Sozialstaats beseitigt werden. Dies waren zumindest die Ziele, wie sie die Regierung Kohl zum Amtsantritt formulierte.

Nach dem Ende der sechzehn Jahre währenden christlich-liberalen Koalition wird in der Politikwissenschaft eine unterschiedliche sozialpolitische Bilanz für die »Ära Kohl« gezogen. Jens Alber[29] hat drei grundlegende Deutungsangebote unterschieden:

- In der Phase von 1982 bis 1998 kam es zu einer konservativen Transformation[30] der Politik in der Bundesrepublik Deutschland. Soziale Verpflichtungen des Staates wurden auf Markt und Familie verlagert. Der Sozialstaat wurde zunehmend als Wettbewerbsstaat[31] an den neuen Bedingungen der sich globalisierenden Wirtschaft ausgerichtet. In der Sozialpolitik wurde nach dieser Deutung die Wende vollzogen.
- Mit dem Wandel von sozial- zu finanzpolitischen Prioritäten begann sich der Sozialstaat zum Sicherungsstaat[32] zu verändern. Das Sozialversicherungsprinzip wurde durch zunehmende Budgetierung der Sozialhaushalte ausgehöhlt.[33]
- Die zentralen Elemente des Sozialstaats blieben erhalten. Die Trägheit der Institutionen wirkte als Reformblockade und sicherte die Kontinuität der sozialstaatlichen Strukturen.[34] Der Status quo blieb erhalten. Die Wende blieb nach dieser Interpretation aus.

Vor dem Hintergrund dieser drei Erklärungsvarianten und der oben beschriebenen Herausforderungen sollen im Folgenden die konkreten Ergebnisse der Sozial- und Wirtschaftspolitik der Regierung Kohl diskutiert werden. Es wird sich zeigen, dass keine der drei Deutungsangebote alleine zutrifft und die Sozialpolitik der Ära Kohl zureichend erklärt. Vielmehr lassen sich für alle drei Interpretationen konkrete Beispiele und Gegenbeispiele anführen. Die Trends sind widersprüchlich. Die These eines generellen Abbaus oder Umbaus des Staates lässt sich im Licht der konkreten Politikergebnisse empirisch am wenigsten stützen. Während etwa moderate Kürzungen im Bereich traditioneller Sozialversicherungen zu beobachten sind, wurden auf der anderen Seite Leistungen für sozial schwache Gruppen wie allein erziehende Frauen, Kinder und Pflegeabhängige eingeführt. Jens Alber fasst die Quintessenz der christlich-liberalen Sozialpolitik als eine Kombination von finanzieller Konsolidierung und begrenzt neuer Akzentsetzung zusammen.[35] Es triumphierte die Kontinuität des »mittleren Weges«. Abweichungen von ihm gab es nur an den Rändern.

Um diese These zu prüfen, unterteile ich die sechzehn Jahre der Regierungszeit Kohl in zwei Abschnitte. Der erste Abschnitt behandelt die Politik in der »alten Bundesrepublik« bis 1990. Im zweiten Abschnitt wird die Sozialpolitik nach der fundamentalen Zäsur der deutschen Einheit bis zum Ende der Ära Kohl 1998 betrachtet.

3.1.1 Haushaltspolitik[36]

Das vordringliche Ziel der Konsolidierung der Staatsfinanzen nahm gleich zu Beginn der Regierungszeit mit den Haushaltsbegleitgesetzen von 1983 und 1984 konkrete Gestalt an. In dem Gesetzespaket wurde das Konsolidierungsziel im Bereich der Sozialausgaben vor allem durch Leistungskürzungen angestrebt. In der Rentenpolitik bedeutete dies Beitragserhöhungen auf der einen und eine verzögerte Anpassung der Renten an die gestiegenen Lebenshaltungskosten auf der anderen Seite. In der Gesundheitspolitik wurden die Selbstbeteiligungen erhöht und die Rentner in die Finanzierung mit einbezogen. In der Arbeitsmarktpolitik wurden Lohnersatzleistungen gesenkt und eine restriktivere Kalkulation der Anspruchsberechtigung auf diese Leistungen durchgesetzt. In der Familienpolitik wurde das Mutterschaftsurlaubsgeld gekürzt. Die Konsolidierungswirkung dieser insgesamt moderaten Kürzungen wurde durch günstige wirtschaftliche Rahmenbedingungen verstärkt. Nach 1983 stieg das Wirtschaftswachstum an und mit ihm auch die Einnahmen der Sozialversicherungshaushalte. Die Konsolidierungseffekte wurden also sowohl über die Einnahmen- wie auch über die Ausgabenseite der öffentlichen Haushalte erzielt.

3.1.2 Sozialpolitik

Der deutsche Sozialstaat ist transferintensiv und auf soziale Statussicherung bedacht.[37] Sowohl quantitativ als auch in der politischen Aufmerksamkeit nehmen die Renten dabei eine besondere Stellung ein. Von Anfang an war die Regierung Kohl bemüht, die Alterssicherung nicht nur kurzfristig bei den dynamisierten Leistungen zu beschränken, sondern auch institutionell auf eine neue Basis zu stellen. Dabei ging es insbesondere um die Anpassung des Rentensystems an die veränderte demographische Struktur. Bei diesem Vorhaben ließen sich erstmals die handlungsleitenden Motive erkennen, die auch die späteren sozialpolitischen Reformvorhaben prägten. Die beiden wichtigsten waren: Kostenneutralität als sozialpolitische Handlungsmaxime sowie die Sicherung einer möglichst breiten Konsensbasis für die Sozialpolitik. Deshalb erschien es den Sozialpolitikern der Union meist wichtiger, die SPD zu beteiligen als den Koalitionspartner FDP voll zu befriedigen.

Die christlich-liberale Regierung war von Anfang an bestrebt, bei der Reform der Rentenversicherung sowohl die großen Verbände (BDA, DGB, VDR) als auch die sozialdemokratische Opposition in einen breiten Konsens mit einzubeziehen.[38] So wurde das »Rentenreformgesetz 92« im Jahre 1989 als interfraktioneller Antrag von CDU/CSU, FDP und SPD eingebracht. Neu an diesem Antrag waren vor allem die Bindung der Rente an die Nettolöhne, die schrittweise Erhöhung der Altersgrenze auf 65 Jahre, die Neuberechnung der beitragsfreien Zeiten und schließlich die Anhebung des Bundeszuschusses. Diese Reformelemente nehmen Frank Nullmeier und Friedrich W. Rüb[39] als einen besonderen Beleg für ihre These, dass der bundesdeutsche Sozialstaat zu einem »Sicherungsstaat« transformiert werden sollte.

Diese erste Rentenreform konnte nicht genügen. Nach der dramatischen Zäsur durch die deutsche Einheit, die insbesondere auch in der Sozialpolitik zu Reformen zwang, wurde 1997 eine erneute Rentenreform (Rentenreform 1999) notwendig. Dieses Mal zerbrach jedoch der übergreifende Konsens der Parteien und Verbände. Die Vorstellungen der regierenden Koalition und der Opposition lagen insbesondere hinsichtlich des »Demographiefaktors«[40] und der damit einhergehenden Senkung des Rentenniveaus zu weit auseinander. So wurde diese Reform nur noch von der Bundestagsmehrheit der Regierung verabschiedet. Der Bundesrat wurde mit der Kanzlermehrheit überstimmt. Mit einzelnen SPD-regierten Ländern wurde schließlich in bilateralen Verhandlungen ein Kompromiss für die Finanzierung gefunden. Der Rentenkonsens aber war Ende der 90er-Jahre zerbrochen.[41]

Mit der Verfestigung der Arbeitslosigkeit auf hohem Niveau geriet auch die Arbeitslosenversicherung unter Reformdruck. Insbesondere die steuerfinanzierte Arbeitslosenhilfe wurde davon berührt. Da diese nicht durch Beiträge finanziert und damit nicht mit versicherungsrechtlichen Ansprüchen verbunden ist, wurde sie am stärksten von den konjunkturellen Trends der Wirtschaft beeinflusst. Entsprechend der Kassenlage der Bundesanstalt für Arbeit und des Bundeshaushalts, wurde sie mehrmals gekürzt, bisweilen aber auch erhöht. Während sie in den ersten Jahren der Regierungskoalition in der Leistungshöhe eingeschränkt wurde, kam es seit Mitte der 80er-Jahre wieder zu einer moderaten Erhöhung der Leistungen. Nach der Einheit geriet die Arbeitslosenhilfe 1993 unter erneuten Finanzierungsdruck, und die Leistungen wurden sowohl in der Zeitdauer als auch in der Höhe erneut eingeschränkt. Als Ergebnis der gesamten Regierungszeit von Helmut Kohl ist hinter diesem Zick-Zack-Kurs insgesamt eine moderate Kürzung der Arbeitslosenentgelte zu bilanzieren.

Die Sozialhilfe wurde – im Vergleich zu anderen europäischen Ländern – überraschenderweise nur geringfügig gesenkt.[42] Dies lässt sich vor allem durch das Auseinanderfallen von Leistungserbringern (Kommunen) und dem zuständigen Gesetzgeber (Bund) erklären. Nicht zuletzt aufgrund dieser institutionellen Fragmentierung lagen die Steigerungsraten der Sozialhilfe von 1983 bis 1996 sogar über jenen der Rente.[43] Ein grundsätzlicher Trend zur Kürzung der Leistungen lässt sich nur in einem Bereich klar beobachten: bei den Leistungen für Asylbewerber.

Den sozialpolitischen Reformen fehlte es in der christlich-liberalen Koalitionsperiode an Kontinuität und einer weitsichtigen Perspektive. Sie waren trotz des viel beschworenen Standortwettbewerbs nicht an der Senkung der Lohnnebenkosten orientiert; selbst die Arbeitgeber hatten ein solches Ziel bis Mitte der 90er-Jahre noch nicht klar formuliert. Die faktische Regierungspolitik zielte nur noch auf die mittelfristige Konsolidierung der bestehenden Beitragssätze in den Sozialversicherungen. Die längerfristige Reformperspektive war ihr längst abhanden gekommen.

3.1.3 Beschäftigungspolitik

In der Beschäftigungspolitik orientierte sich die Regierung – deutlicher als in der Sozialpolitik – an der Angebotsseite. Dies wurde schon im so genannten »10-Punkte-Katalog« der Regierungserklärung von 1982 deutlich. Um Arbeitsplätze zu schaffen, sollten:

- private und öffentliche Investitionen angeregt,
- der Wohnungsbau durch staatliche Entlastung gefördert,

- die Existenzgründung erleichtert,
- die Ertragschancen der Unternehmen verbessert,
- die Anwendung neuer Technologien unterstützt,
- eine kostengünstige Energieversorgung ermöglicht,
- der Freihandel durchgesetzt
- sowie die öffentliche Verschuldung begrenzt werden.

Die Strategie ist deutlich zu erkennen: Private Investitionen sollten angeregt werden, um neue Arbeitsplätze entstehen zu lassen.[44] Gezielte Deregulierungsmaßnahmen des Arbeitsmarktes sollten die Beschäftigungswirkung der Investitionen noch erhöhen. Wesentliche Elemente dieser Politik wurden über das Beschäftigungsförderungsgesetz von 1985 eingeleitet. Dessen Kern war die Ermöglichung befristeter Arbeitsverhältnisse auch ohne sachlichen Grund, die erleichterte Anstellung von Leiharbeitskräften, die Neuregelung der Teilzeitarbeit und die Lockerung des Kündigungsschutzes. Alle Maßnahmen zielten auf die flexiblere Anpassung der Beschäftigungssituation an die Konjunkturlage. Die faktische Wirkung dieser Maßnahmen ist jedoch umstritten.[45] Zwar wurden auf der Grundlage des Gesetzes von 1985 in den folgenden zwei Jahren 850 000 befristete Arbeitsverhältnisse geschlossen. Unklar ist aber, inwieweit dies nur zu Lasten von dauerhaften Beschäftigungsverhältnissen ging oder tatsächlich einen Zuwachs an Arbeitsplätzen brachte.

Dieser beschäftigungspolitische Zwiespalt verschärfte den Konflikt bei der Neufassung des Paragraphen 116 des Arbeitsförderungsgesetzes (AFG). Auslöser war ein Streik der IG-Metall 1984 zur Durchsetzung der 35-Stunden-Woche. Der Streik wurde von den Gewerkschaften auf kleine Zulieferbetriebe konzentriert. Dies führte rasch zur Aussetzung der Produktion bei den von diesen Zulieferungen abhängigen großen Unternehmen der verarbeitenden Industrie, wie etwa im Automobilsektor. Die Gewerkschaftskassen mussten jedoch nur für die direkt am Arbeitskampf beteiligten Streikenden aufkommen. Die Unterstützung der Arbeitnehmer der indirekt lahmgelegten großen Unternehmen wurde von der Bundesanstalt für Arbeit getragen.[46] Dagegen liefen die Unternehmerverbände, unterstützt von FDP und dem wirtschaftsnahen Flügel der CDU, Sturm. Aber schon im Regierungslager scheiterte die radikale Neufassung des Paragraphen 116 AFG am Widerstand der CDU-Sozialausschüsse. Es ist deshalb umstritten, ob es sich bei dessen Neuformulierung tatsächlich um eine substanzielle Schwächung der Gewerkschaften handelt.[47] Weitere Versuche, in die Regulierung der Arbeitsbeziehungen einzugreifen, unterblieben.

Auch die Beschäftigungspolitik folgte also keineswegs eindeutig der angekündigten politischen Wende. Obwohl es der offiziellen angebotsorientierten Wirtschaftsphilosophie der Bundesregierung widersprach, wuchsen in der christlich-liberalen Regierungsperiode nicht nur die Ausgaben für die passive, sondern auch für die aktive Arbeitsmarktpolitik.

Die Bundesregierung war zurückhaltender als andere europäische Länder, in die passive und aktive Arbeitsmarktpolitik effektive Elemente der so genannten »Aktivierung« der Arbeitsmarkt- und Sozialpolitik einzuführen. Bei den Lohnersatzleistungen kam es entgegen der Ankündigung zu keiner Verknüpfung des Leistungsempfangs mit verstärkten Anreizen oder Pflichten zur Arbeitsaufnahme. Es kann also auch in der Arbeitsmarktpolitik nicht von einer wirklichen »Wende« gesprochen werden. Dafür gibt es vor allen Dingen institutionelle Gründe:

- Die fragmentierte Finanzierungsstruktur macht ein koordiniertes Vorgehen in der Arbeitsmarktpolitik der Bundesrepublik schwierig. So verteilten sich die Arbeitslosen in den 80er-Jahren im Empfang der Lohnersatzleistungen zu zwei Dritteln auf die Arbeitslosenunterstützung und Arbeitslosenhilfe (je zur Hälfte) und zu einem Drittel auf die Sozialhilfe. Erstere wird aus Beiträgen der Bundesanstalt für Arbeit, die zweite aus Steuermitteln des Bundes und die dritte aus Mitteln der Kommunen finanziert. Jeder dieser drei hier genannten »politischen Akteure« hat ein fiskalisches Interesse, die Leistungsempfänger jeweils in einen der anderen Bereiche zu drängen. Die Kommunen waren besonders aktiv, Sozialhilfeempfängern durch begrenzte Arbeitsgewährung wieder eine Anspruchsberechtigung für die Arbeitslosenunterstützung zu verschaffen, die sie dann nicht mehr zu leisten hatten.
- Die Mittel der aktiven Arbeitsmarktpolitik, finanziert durch die Bundesanstalt für Arbeit, waren stets einem Verdrängungswettbewerb zugunsten der passiven Lohnersatzleistungen ausgesetzt. Die beitragsbezogenen Lohnersatzleistungen hatten aufgrund der Finanzierungsstruktur und ihrer rechtlichen Absicherung immer Priorität gegenüber aktiven arbeitsmarktpolitischen Maßnahmen.
- In Ländern, in denen aktivierende Elemente in die Arbeitsmarktpolitik eingeführt wurden, wie in Dänemark, konnten die Regierungen dies mit einer relativ hohen und lang andauernden Jugendarbeitslosigkeit begründen. In Deutschland zählte die Jugendarbeitslosigkeit jedoch zu den niedrigsten in der OECD-Welt. Hier war und ist die Arbeitslosigkeit vielmehr geprägt durch Langzeitarbeitslosigkeit vor allem der älteren Arbeitnehmer, deren Sozialschutz relativ gut ist.

Nicht die Aktivierung, sondern die Ausgliederung in den vorzeitigen Ruhestand lag deshalb (arbeitsmarkt-)politisch nahe. Die Politik zielte auf die Flexibilisierung des Übertritts aus dem Erwerbsleben in den Ruhestand (z. B. über Altersteilzeit). Die Folge war eine zusätzliche Belastung der Rentenkassen. Tatsächlich sanken die Erwerbsquoten der 55- bis 65-Jährigen infolge dieser Regelung von 44,3 Prozent (1982) auf 40,8 Prozent (1989). Die passive Ausrichtung der bundesdeutschen Beschäftigungspolitik und das Ausscheiden der älteren Arbeitnehmer aus dem Arbeitsmarkt wurde durch diese Politik weiter verstärkt.[48]

3.1.4 Gesundheitspolitik

In der Bundesrepublik Deutschland kommt die gesetzliche Krankenversicherung einer Universalversicherung nahe. Sie wird durch proportionale Beiträge finanziert und durch einheitliche Leistungsansprüche begründet. Angesichts einer steigenden öffentlichen Ausgabenquote für Gesundheit, die höchste im internationalen Vergleich, wäre der Gesundheitssektor ein besonders lohnender Bereich für effektive Konsolidierungsmaßnahmen gewesen. Zwar wurden in den ersten Reformgesetzen von 1983/84 die Selbstbeteiligungen heraufgesetzt und die Rentner an der Krankenversicherung beteiligt. Aber eine grundlegende Reform blieb aus.[49] Es wurde zwar die Finanzierungsstruktur reformiert (Regionalisierung, Kassenausgleich, Verstärkung des Wettbewerbs), grundsätzliche Änderungen am System der Beitragserhebung und der Leistungserbringung wurden jedoch nicht vorgenommen. Im Gesundheitsstrukturgesetz von 1992 wurden erstmals Einsparungen im Bereich der Leistungserbringer beschlossen. Im ersten und zweiten Neuordnungsgesetz von 1997 wurden zwar erneut die Eigenbeteiligungen der Patienten erhöht, die Einsparungsvorhaben bei den Anbietern jedoch wieder zurückgenommen. Auch die Gesundheitspolitik hatte keinen klaren Kurs. Die These von Nils C. Bandelow und Klaus Schubert[50], die Gesundheitspolitik der Ära Kohl müsse als »neoliberal« bezeichnet werden, ist deshalb nicht überzeugend. Bei den wenig einschneidenden Maßnahmen handelte es sich vielmehr um kurzfristige Konsolidierungsversuche, die zwar die Eigenbeteiligung erhöhten, sich aber nie zu einer Strategie verdichteten. Sie folgten vielmehr sichtbar den Fluktuationen der Sozialversicherungshaushalte und der Intensität der Lobbyarbeit der Anbieter im Gesundheitswesen. Kennzeichnend war auch im Gesundheitsbereich der Erhalt des Status quo und damit ein anwachsender Reformstau mit zunehmender Regierungsdauer. Erklärbar wird dies auch durch die extrem hohe Verbändedichte auf diesem Politikfeld. Wie kaum in einem anderen Politikbereich finden sich bei jedem Reformvorhaben im Gesundheitsbereich schlagkräftige Interessengruppen, die als Vetoakteure die Reformvorhaben zu blockieren vermögen.

Die Sozialpolitik in der christlich-liberalen Koalition war allerdings nicht nur von Stagnation und dem Erhalt des Status quo gekennzeichnet. Als die herausragende institutionelle Reform muss der Aufbau der Pflegeversicherung als fünfte Säule der Sozialversicherung bewertet werden. Obwohl die Pflegeversicherung erst 1994 gesetzlich verankert wurde, gehört sie konzeptionell in die Kooperationsphase bis 1989.[51] Umstritten war insbesondere ihre Finanzierung. Zur Debatte standen die grundsätzlichen Formen der Volksversicherung, Sozialversicherung oder der privaten Vorsorge. Durchgesetzt hat sich die große Koalition der Sozialstaatsparteien CDU und SPD, die auf das »bewährte Muster« der Sozialversicherung zurückgriff. In dieser Hinsicht stellt auch die Pflegeversicherung ein weiteres Beispiel für die Pfadabhängigkeit der deutschen Sozialpolitik dar. Allerdings verlagerte sich die Pflege vor allem auf professionelle Leistungsanbieter und führte damit zu einem für den transferintensiven kontinentalen Wohlfahrtsstaat eher untypischen Anstieg der sozialen Dienstleistungen. Die monetäre Transferfixierung des kontinentalen Wohlfahrtsstaates sperrt sich also keineswegs grundsätzlich gegen einen Ausbau der sozialen Dienstleistungen, wenngleich sie hier von privaten Diensten angeboten werden.

Die Einführung der Pflegeversicherung blieb nicht die einzige Innovation. Neue Akzente wurden auch im Bereich der Familienförderung gesetzt. 1986 wurden der Erziehungsurlaub und das Erziehungsgeld eingeführt. Noch bedeutsamer aber war die Berücksichtigung von Kindererziehungszeiten bei der Rentenberechnung. 1985 wurde dies mit dem Hinterbliebenen- und Erziehungszeitengesetz eingeführt und danach noch zweimal, nämlich 1989 (Rentenreformgesetz 92) und 1997 (Rentenreformgesetz 99) ausgebaut. Dadurch wurden – wenngleich nur begrenzt – Erziehungszeiten den Beitragszeiten zugerechnet. Der häufig lückenhafte Versicherungsschutz der Frauen aufgrund ihrer durch Kindererziehung unterbrochenen Erwerbsbiographien wurde etwas verbessert. Allerdings dürfte dabei auch das traditionelle Motiv die Reform beeinflusst haben, es den Frauen zu erleichtern, wenigstens zeitweise aus dem Erwerbsleben für die Kindererziehung auszusteigen und damit den Arbeitsmarkt von der Angebotsseite her zu entlasten.

Die neuen Akzente in der Pflegeversicherung und Familienpolitik verdeutlichen zweierlei: Erstens ist die These des reinen Sozialabbaus und der Hinwendung zu einer mehr marktkonformen Sozialpolitik für die Ära Kohl überzogen – hier muss vielmehr von einer Mischung aus Ausbau, Kürzung und Konsolidierung gesprochen werden. Zweitens ist bedeutsam, dass der Sozialversicherungsstaat nicht mehr zwangsläufig auf die unbedingte Anbindung an die Lohnarbeit ausgerichtet ist. Es zeigte sich, dass durchaus Strukturelemente in Richtung Bedarfsorientierung und Aufweichung der Erwerbszentriertheit in die sozialstaatliche Textur der Bundesrepublik Deutschland eingefügt werden können. Damit wäre der deutsche Sozialstaat durchaus offen, um auf die neuen sozialen Fragen reagieren zu können, die durch die gesellschaftlichen Veränderungen im Geschlechterverhältnis und den Erwerbsbiographien verursacht werden. Dennoch blieb die sozialpolitische Flankierung der Gleichberechtigung der Geschlechter und die sozialpolitische Stärkung der Familien in den ersten zwei Regierungsperioden der christlich-liberalen Koalition weit hinter den normativ berechtigten Forderungen der Benachteiligten zurück.

3.2 Die christlich-liberale Koalition nach der Wiedervereinigung (1990 bis 1998)

Die Wiedervereinigung der beiden deutschen Staaten veränderte auch die sozialpolitische Situation dramatisch. Die Entscheidung, das westdeutsche Modell der sozialen Sicherung auf die neuen Bundesländer zu übertragen und die Angleichung der Lebensverhältnisse in Ost und West so schnell wie möglich zu erreichen, stellte die Bundesregierung vor erhebliche Herausforderungen. Diesen begegnete die regierende Koalition mit einem kompletten Institutionentransfer von West nach Ost. Kernelement dieses Transfers war in der Sozialpolitik die Etablierung der Sozialversicherung im Renten-, Arbeitslosen- und Gesundheitsbereich. Bei der Alterssicherung erwies sich die Ausdehnung der westdeutschen Regelung als besonders kostspielig. Denn die DDR hatte in diesem Bereich eine Politik der Mindestsicherung betrieben, die sich am Konsumniveau eines Arbeiterhaushaltes vergangener Jahrzehnte orientierte. Um eine Abkoppelung der Lebenssituation der Rentner in den neuen Bundesländern zu verhindern, bestand hier ein erheblicher sozialer Handlungsdruck. Die Renten wurden aufgestockt und dem Niveau der alten Bundesländer rasch angenähert. Zu Recht zählt Manfred G. Schmidt deshalb die große Mehrzahl der ostdeutschen Rentner zu den »Gewinnern der deutschen Einheit«[52].

Bis 1989 hatten der Staatshaushalt und die Haushalte der Sozialversicherungen sichtbare Konsolidierungserfolge aufzuweisen. Die Sozialversicherung erwirtschaftete Überschüsse; die Rentenversicherung verfügte 1989 über eine Reserve von 40 Milliarden DM.[53] Erst durch diese anfänglichen Konsolidierungserfolge wurde auch das Ziel einer möglichst schnellen Angleichung der sozialen Sicherungsstandards in Ost und West ohne drastische Erhöhungen der Steuer oder Staatszuschüsse möglich. So konnte sich die Bundesregierung aus wahltaktischen Gründen dafür entscheiden, nicht die allgemeinen Steuern zu erhöhen, sondern die Vereinigungskosten auf die Sozialversicherung abzuwälzen oder in Sonderhaushalten zu verstecken und damit über »versteckte Schulden« zu finanzieren. Die Politik ließ hier jene Gestaltungskraft vermissen, die sie noch im Jahr der deutschen Wiedervereinigung 1990 bewiesen hatte.

Gegenüber dem erwartbaren Institutionentransfer der Sozialversicherung war die beispiellose Ausdehnung der aktiven Arbeitsmarktpolitik überraschend. Neben einer extensiven Nutzung der Regelungen zum Vorruhestand wurden bis 1992 besonders die allgemeinen Arbeitsbeschaffungsmaßnahmen (ABM) und die Vollzeitumschulungsprogramme nahezu vervierfacht.[54] Ihr Anteil an der Entschärfung der Arbeitslosigkeit muss hoch eingeschätzt werden.[55] In den Jahren 1991 und 1992 konnte die Zahl der Arbeitslosen um fast 50 Prozent reduziert werden. Diese Maßnahmen trugen mit dazu bei, dass der plötzliche Beschäftigungseinbruch nach der deutschen Vereinigung die politische Stabilität nicht gefährdete.

Die ersten Kürzungen der Sozialleistungen zur Finanzierung der Vereinigungslasten konnten nur in äußerst zähen Verhandlungen mit der SPD-Opposition erreicht werden. Nach 1995 verhärtete sich die Opposition der SPD. Gleichzeitig war auch die Finanzierung sozialpolitischer Maßnahmen über weitere Schuldenaufnahmen durch die Konvergenzkriterien von Maastricht faktisch blockiert. Steuererhöhungen wären am liberalen Koalitionspartner der CDU gescheitert, der sich gerade als Steuersenkungspartei zu profilieren suchte.[56] Deshalb blieb die Möglichkeit der Haushaltskonsolidierung im Wesentlichen auf die Ausgabenseite und damit die Kürzung von Sozialleistungen beschränkt. Dies wurde durch eine Reihe von Gesetzen umgesetzt.[57] In der Alterssicherung bedeutete es die Anhebung der Altersgrenzen für Arbeitslose und Frauen, die Verkürzung von Anrechnungszeiten sowie die Einschränkung bei den Fremdrenten. In der Gesundheitspolitik wurden erhöhte Zuzahlungen der Patienten, Leistungskürzungen bei den Kassen und die Einschränkung der Lohnfortzahlung auf 80 Prozent des Lohnes beschlossen. In der Arbeitsmarktpolitik wurde die Überprüfung der Arbeitsunfähigkeit verschärft, befristete Arbeitsverträge wurden ausgedehnt und der Kündigungsschutz vorsichtig gelockert. Die Altersgrenze beim Arbeitslosengeld wurde angehoben und die Zumutbarkeitsregelungen zur Aufnahme angebotener Arbeit verschärft. Diese Maßnahmen waren zwar durchaus geeignet, die Haushaltslage des Staates und der Sozialversicherungen zu stabilisieren. Allerdings geschah dies auf Kosten des Grundkonsenses mit der SPD und den Gewerkschaften.

Insgesamt waren die Kürzungen in der Sozialpolitik in diesem Zeitraum in Deutschland wesentlich moderater als in vielen anderen europäischen Ländern und verteilten sich relativ gleichmäßig über viele sozialstaatliche Programme. Bemerkenswert ist, dass die Sozialhilfe von den Kürzungen stärker verschont blieb als vergleichbare Programme anderer Länder.[58] Ebenfalls nicht in das gewohnte Interpretationsmuster passt, dass die Rentenversicherung, trotz ihrer Beitragsäquivalenz und der erheblichen Bedeutung des Wählerpotenzials älterer Menschen, keineswegs von Kürzungen verschont blieb. Gescheitert ist die christlich-liberale Regierungskoalition aber an ihrem erklärten Ziel, mittels einer Konsolidierungspolitik die Staatsquote zu senken und die Beitragssätze bei den Sozialversicherungen zumindest stabil zu halten. Dies gilt schon für die Phase von 1982 bis 1989, in der sich der Gesamtbeitrag der drei großen Sozialversicherungen von 34 Prozent (1982) auf

35,9 Prozent (1989) erhöhte.[59] Verstärkt muss dies aber für die Phase von 1990 bis 1998 gelten. In der Sozialpolitik erwies sich die christlich-liberale Regierungskoalition als unfähig, zukunftssichernde Reformen durchzuführen. Wenn es einen Trend gab, war es jener der kurzfristigen Festschreibung des Status quo vergangener Jahrzehnte.

3.3 Die rot-grüne Regierungskoalition nach 1998

Eine der ersten Maßnahmen nach der Regierungsübernahme der rot-grünen Koalition war die Einlösung des Wahlversprechens, die (moderate) sozialpolitischen Kürzungen der christlich-liberalen Regierungskoalition wieder aufzuheben. Mit den »Gesetzen zu Korrekturen in der Sozialversicherung und zur Sicherung der Arbeitnehmerrechte« wurde die Rücknahme der Leistungseinschränkungen in den Bereichen Rente, Gesundheit und Lohnersatzleistungen beschlossen. Dies waren aber vor allem symbolische Entscheidungen, denen kein weiterer Ausbau des Sozialstaates folgen sollte. Im Gegenteil, nach den verlorenen Landtagswahlen im Jahr 1999 und dem Ausscheiden von Oskar Lafontaine aus dem Finanzministerium wurde auch für die neue Regierung die Haushaltskonsolidierung zum primären Politikziel erhoben. Dem neuen Finanzminister Hans Eichel gelang es, ein Sparpaket von Ausgabenkürzungen im Volumen von ca. 30 Milliarden DM durch Bundesregierung, Bundestag und Bundesrat zu bringen.

Die rot-grüne Regierung suchte nun ihrerseits in der Renten-, Gesundheits- und Steuerpolitik Gespräche mit der Opposition. Die fehlenden Mehrheiten im Bundesrat zwangen sie schon institutionell dazu. Die Steuerreform, deren Kernelemente die Senkung des Einkommensteuerspitzensatzes um 7 Prozent, des Eingangssatzes um 10 Prozent, der Körperschaftsteuer um 15 Prozent sowie die Erhöhung des Grundfreibetrages sind, konnte im Bundestag allerdings nur mit der Regierungsmehrheit verabschiedet werden. Im Bundesrat gelang es der Regierung jedoch, durch bilaterale Arrangements mit einzelnen CDU-regierten Ländern deren Zustimmung zur ersten Stufe der Steuerreform zu sichern.

Die Konsolidierung der Sozialversicherungshaushalte avancierte bald zu den vorrangigen Zielen der rot-grünen Regierungskoalition. Ziel ist die Stabilisierung oder gar Senkung der Sozialversicherungsbeiträge. So wurden unter den so genannten ökologischen Elementen der Steuerreform zusätzliche Abgaben auf den Verbrauch von Energie (Strom, Kohle, Öl und Benzin) über vier Jahre hinweg gestaffelt erhoben. Diese werden vollständig als zusätzliche Staatszuschüsse in die Rentenversicherung gestellt, damit der Beitragssatz mittelfristig stabilisiert (bei 20,3 Prozent) werden kann. Nicht die ökologische Lenkungswirkung, sondern die Beitragsstabilisierung der Rentenversicherung hatte dabei Priorität.

Die spannungsreiche Beziehung zwischen beschäftigungs- und sozialpolitischen Zielen wurde bei der Regelung des 630-DM-Gesetzes deutlich. Aufgrund des hohen Abgabendrucks war die Zahl der geringfügig Beschäftigten und der Scheinselbstständigen in den 90er-Jahren rasch angewachsen. Zum einen wurden dadurch Beschäftigungsgewinne im Niedriglohnbereich erzielt, zum anderen aber den Sozialkassen Beiträge entzogen, da teilweise auch Normalarbeitsverhältnisse in geringfügige Beschäftigung zergliedert wurden. Der Konflikt wurde von der Bundesregierung zugunsten der Normalarbeitsverhältnisse und der Sozialkassen – auch mit dem Risiko von Beschäftigungsverlusten – gelöst. Diese einseitige Lösung spiegelt die fehlende Konzeption der sozialdemokratisch geführten Regierung wider, sowohl Arbeit im Niedriglohnbereich zu fördern als auch den sozialen Schutz der dort Beschäftigten zu sichern. Angesichts der im OECD-Vergleich gerade durchschnittlichen Teilzeitbeschäftigung, aber weit überdurchschnittlichen Arbeitslosigkeit in Deutschland müsste gerade die staatliche Förderung der Teilzeitarbeit (wie etwa in den Niederlanden) zu einem wichtigen beschäftigungspolitischen Ziel werden.

Es ist aber auch hier zunächst die Institution Sozialversicherung, die einer Ausdehnung von Teilzeitarbeit entgegensteht. Die Beiträge von Teilzeitbeschäftigten reichen immer noch nicht aus, um einen hinreichenden sozialen Schutz bei Arbeitslosigkeit und im Alter zu erwerben. Dies unterscheidet Deutschland z. B. von den Niederlanden, Schweden und Dänemark, wo die Grundrenten unabhängig von den gezahlten Beiträgen sind und weitere Sozialbeiträge bei Teilzeitbeschäftigten staatlich subventioniert werden.[60] Auch wenn mit Hilfe der ökologischen Steuerreform die Beiträge der Rentenversicherung kurzfristig stabilisiert wurden, ist abzusehen, dass die demographische Entwicklung in den nächsten Jahrzehnten die Rentenversicherung erneut vor gravierende Finanzierungsprobleme stellen wird. Behält man das Äquivalenzprinzip weiter unverändert bei, würden die Beiträge zur gesetzlichen Rentenversicherung bis zum Jahre 2030 auf über 25 Prozent steigen. Um dieses und die damit verbundenen Nachteile im globalen Standortwettbewerb zu vermeiden, wurde die Rentenreform zum zweiten großen Reformprojekt der rot-grünen Regierungskoalition. Die nach dem Arbeitsminister benannte »Riester-Reform« wird erstmals eine freiwillige private Altersvorsorge neben der gesetzlichen Rentenversicherung etablieren und staatlich subventionieren. Insgesamt wird der Staat bis zum Jahr 2008 schrittweise die private Vorsorge mit 21 Milliarden Mark fördern. Die Höchstfördersumme von 300 Mark jährlich werden diejenigen Personen erhalten, die den empfohlenen Anteil von vier Prozent ihres Einkommens für die Alterssicherung in Aktienfonds oder Versicherungen an- und festlegen. Eine familienwirksame Komponente ist in die Fördergelder eingebaut. Trotz der staatlichen Subventionierung wurde mit dem Aufbau einer privaten Alterssicherung für gesetzlich Versicherte der Trend zu einer vorsichtigen Systemänderung dieses sozialen Sicherungssystems gelegt, denn die private Vorsorge wird nicht mehr paritätisch von den Arbeitgebern mitfinanziert, sondern von den Arbeitnehmern und durch allgemeine Steuern (Ökosteuer) getragen. Insofern kann die Rentenreform längerfristig eine vorsichtige Pfadveränderung des bundesdeutschen Sozialversicherungssystems einleiten.

Im Laufe des Wahlkampfes 1998 sollte die Wiederbelebung eines »Bündnisses für Arbeit« den Wandel des Politikstils signalisieren und den gesellschaftlichen Konsens für einschneidende Reformmaßnahmen im Bereich der Beschäftigungs- und Sozialpolitik sichern. Damit will sich die rot-grüne Regierungskoalition von der christlich-liberalen Bundesregierung abheben, die 1996 das von den Gewerkschaften initiierte erste Bündnis aus reiner »Arroganz der Macht« (Heiner Geißler) zum Scheitern brachte. Zerbrochen war dieses Bündnis in erster Linie an der Tatsache, dass die Bundesregierung 1996 die Einschränkungen des Kündigungsschutzes und der Lohnersatzleistung bei Krankheit einseitig bzw. nur nach informellen Konsultationen mit der Arbeitgeberseite gesetzlich verabschiedete. Mit dem Amtsantritt der rot-grünen Koalition wurde dieses Bündnis neu ins Leben gerufen. Sozialpakte wie das »Bündnis für Arbeit« bedürfen aber bestimmter Voraussetzungen. Über den Erfolg entscheiden insbesondere auch politische und institutionelle Rahmenbedingungen. Eine erste ist die hinreichende Organisationskraft und Selbstverpflichtungsfähigkeit der beiden großen Tarifparteien. Nur wenn die jeweiligen Spitzenorganisationen aufgrund ihres Organisations- und Zentralisierungsgrades in der Lage sind, die eigenen Mitglieder zum Einhalten der Verhandlungsergebnisse zu bewegen, kann das »Bündnis für Arbeit« Erfolg haben. Sowohl Arbeitgeberverbände als auch Gewerkschaften sind aber seit geraumer Zeit mit beachtlichen Organisations- und Verpflichtungsproblemen konfrontiert.

Problematisch könnte sich auch die Machtverschiebung zugunsten der Investoren in Zeiten der fortschreitenden Internationalisierung der Wirtschaft auswirken. Denn wenn eine der beteiligten Parteien alleine genügend Durchsetzungskraft besitzt oder bei sich vermutet, liegt die Versuchung nahe, ihre Interessen im Alleingang zu verfolgen. Daran wird deutlich, dass der Kooperationswille der Beteiligten eine unabdingbare Erfolgsvoraussetzung ist. Er beruht auf der Erkenntnis der wechselseitigen Abhängigkeit. Auch daran mangelt es insbesondere auf der Arbeitgeberseite. Selbst die dritte Voraussetzung, die gemeinsame Problemauffassung, ist bisher nicht hinreichend gegeben. Aber nur wenn diese vorliegt, kann es auch zu gemeinsamen Lösungsstrategien kommen. Die Erwartung eines gemeinsamen Mehrwertes für beide Parteien (win-win-Situation) muss bei allen Beteiligten vorhanden sein. Sie ist konstitutiv für den Erfolg von Sozialpakten. Betrachtet man die Akteure, ihre Ziele, Tabus und Referenzmodelle, so kommt man zu dem Schluss, dass es sich beim Bündnis für Arbeit allenfalls um eine »antagonistische Kooperation« handeln könne.[61]

Ungünstig für den Erfolg des Bündnisses für Arbeit ist weiterhin, dass keine institutionelle Einrichtung in der Bundesrepublik existiert, in welcher der sozialpartnerschaftliche Dialog langfristig stabilisiert werden könnte. Der andauernde Dialog der Sozialpartner in den Niederlanden in der »Stiftung für Arbeit« kann für eine solche Institution als Beispiel gelten. Selbst wenn man die Formalstruktur des »Bündnisses« mit den jeweiligen Arbeitsgruppen als einen Institutionalisierungsbeginn betrachtet, fehlt bisher der Vorlauf gemeinsamer Kooperationserfahrung und wechselseitiger »Pfandeinlösung«. Erst durch die Vorleistung eines Akteurs öffnen sich für alle Beteiligten längerfristig stabile Verhandlungskorridore. Gerade diese Vorleistung wird aber von Gewerkschaften wie Arbeitgeberverbänden noch abgelehnt. Damit fehlt dem Bündnis bisher der »Eröffnungszug«[62].

Für einen Erfolg gerade im Bereich der Lohnpolitik ist die Haltung der Regierung von erheblicher Bedeutung. Man kann diese Erfolgsbedingung den »Schatten der Hierarchie«[63] nennen. Die Regierung muss nicht nur ihre Position hinsichtlich der Lohnzurückhaltung deutlich vertreten, sondern auch ihre Entschlossenheit glaubhaft zum Ausdruck bringen, bei einem Scheitern in das Lohnfindungssystem einzugreifen. So ließen die Regierungen Portugals und der Niederlande ihre Partner nie im Zweifel darüber, dass sie bei einem Scheitern der Verhandlungen in das Tarifsystem eingreifen würden. In Belgien hat die Regierung nach dem Scheitern des Paktes die Lohnentwicklung durch Gesetz festgelegt.[64] Der deutschen Regierung fehlt diese Drohkapazität angesichts der grundgesetzlich verankerten Tarifautonomie. Auch hier sind die institutionellen Voraussetzungen für ein Bündnis in Deutschland ungünstiger als in vielen anderen europäischen Ländern.

Das Einzige, was bisher als Ergebnis im Bereich der Beschäftigungspolitik auf der Habenseite zu verbuchen ist, ist das Programm »Jump« zur Bekämpfung der Jugendarbeitslosigkeit. Allerdings ist es schwierig, dies als gemeinsame Leistung der beteiligten Parteien zu betrachten. Denn im Wesentlichen handelt es sich dabei um die Garantie des Staates, öffentlich finanzierte Ausbildungsplätze bereitzustellen. Die Beteiligung der Arbeitsmarktparteien beschränkt sich dagegen bisher auf die Werbung in ihren Verbandspublikationen.

Auch wenn man die bisherige Bilanz als ernüchternd und die Erfolgsaussichten des deutschen »Bündnisses für Arbeit, Ausbildung und Wettbewerbsfähigkeit« im Lichte der Erfahrungen aus anderen Ländern und nach einer Analyse der beteiligten Akteure in Deutschland eher als gering einschätzen muss, sollte ein Merkmal sozialer Pakte nicht übersehen werden. Bündnisse dieser Art sind langfristig angelegt und müssen deshalb auch langfristig beurteilt werden.

Drei Jahre sind zwar ausreichend, um erste Anmerkungen zu machen, für eine grundsätzliche Beurteilung ist allerdings noch zu wenig Zeit vergangen. Gleichwohl drängt sich ein erster wichtiger Befund auf. Eine Politikwende gab es auch unter der rot-grünen Koalition nicht. Die Rücknahme einiger sozialpolitischer Kürzungen der Regierung Kohl wie die Steuer- und Ausgabenpolitik unter Lafontaine schienen im ersten Regierungsjahr auf einen Politikwechsel mit klassischen sozialdemokratischen Elementen hinzudeuten. Aber die Politik erhöhter Sozialausgaben und die nachfrageorientierten Elemente in der Finanzpolitik waren selbst in der Regierungskoalition nicht mehrheitsfähig. Bei den Wirtschaftsverbänden stießen sie auf kompromisslosen Widerstand. Die Europäische Zentralbank zeigte keine Bereitschaft, den expansiven Nachfragekurs geldpolitisch zu unterstützen. Auch in der Bevölkerung waren die ersten finanzpolitischen Maßnahmen nicht sehr populär. Als dann durch Niederlagen bei Landtagswahlen die Regierungskoalition ihre Mehrheit im Bundesrat verlor, waren die Vetospieler wieder aufgestellt. Das Fenster für eine linksorientierte, traditionalistische Umverteilungspolitik war damit schon fast wieder geschlossen.[65] So blieb die Steuerreform durchaus in der Kontinuität deutscher Reformpolitik. Allein die Rentenreform setzte Orientierungsmarken, die längerfristig die Alterssicherung in der Bundesrepublik Deutschland auf eine veränderte und breitere Basis stellen könnten.

3.4 Das »Vetospieler-Theorem« als Erklärungsansatz, der »mittlere Weg« als Trend

Wie lässt sich die Politik der christlich-liberalen Koalition erklären? Warum kam es nicht zu der beschworenen »Politikwende«? Warum prägte vor allen Dingen Kontinuität und nicht Wandel die Sozialpolitik? Warum triumphierte die Fortschreibung des Sozialstaats über dessen schon verkündeten Abbau? Warum vollzog auch die rot-grüne Koalition keinen radikalen Kurswechsel in der Sozialpolitik? George

Tsebelis liefert dafür eine überzeugende Erklärung, Manfred G. Schmidt erweitert diese und fasst sie in die Metapher des »mittleren Weges«.[66] Kennzeichnend für dessen sozialpolitischen Verlauf sind vier Wegmarken:

- der Vorrang der Preisstabilität auch auf Kosten von beschäftigungspolitischen Zielen;
- die gleichgewichtige Präferenz von wirtschaftlicher Effizienz und einem starken Sozialstaat;
- die Abgabe von zentralen Aufgaben und Kompetenzen an gesellschaftliche Verbände und unabhängige Institutionen;
- die Ausprägung des sozialen Sicherungssystems als transferintensiver Interventions- und Sozialversicherungsstaat.

Dieser »mittlere Weg« wird durch eine besondere politische Machtverteilung eingehegt:

- die sozialpartnerschaftliche Tarifbeziehung zwischen hoch organisierten Verbänden[67];
- die zentristische Ausrichtung der großen Parteien auf eine »große Sozialstaatskoalition«;
- eine »politische Institutionenordnung, die Bundestag und Bundesrat sowie bei wichtigen Gesetzesvorhaben oft auch Regierung und Opposition zur Kooperation gezwungen hat – bei Strafe der Blockierung des Entscheidungsprozesses«[68];
- die Anspruchskultur gegenüber der sozialen Sicherung in der Bevölkerung.

Der institutionelle Zwang zur Kooperation ist von besonderer Bedeutung. Verstärkt wird dieser Kooperationszwang noch durch unabhängige Institutionen wie die Bundesbank, das Bundesverfassungsgericht, die Selbstverwaltungen der Sozialversicherungen sowie weiteren »Vetoinstitutionen« des Föderalismus. Das politische Institutionensystem der Bundesrepublik Deutschland weist einen hohen Verflechtungsgrad und damit ein mehrfach gestaffeltes System von wirkungsmächtigen Vetoakteuren auf.[69]

Jede deutliche Abweichung vom Status quo dieses »mittleren Weges« bedarf der Zustimmung einer beträchtlichen Zahl von Institutionen, Organisationen, kollektiven oder individuellen Akteuren, die sich als »Vetospieler«[70] in der bundesdeutschen Politik etabliert haben. Die Zahl von möglichen Vetospielern allein ist jedoch nicht hinreichend erklärungskräftig für die am Status quo orientierte Politik des »mittleren Weges«. Entscheidend ist auch die jeweilige ideologische Distanz (Kongruenz) zwischen den relevanten Vetospielern sowie deren interne Kohäsion (Strategiefähigkeit).[71] Die Bedeutung der ideologischen Distanz lässt sich am Beispiel der unabhängigen Bundesbank zeigen. War die Bundesbank gegenüber den keynesianisch orientierten Politiken der sozial-liberalen Regierung von 1969 bis 1982 ein außerordentlich unbequemer und wirkungsmächtiger Vetospieler, so wurde sie gegenüber der stärker stabilitätsorientierten Strategie der christlich-liberalen Koalitionsregierung eher zu einem kooperativen Akteur. Die Bundesbank und nach 1998 die Europäische Zentralbank entfalten also insbesondere gegenüber expansiven Finanz- und Haushaltspolitiken ihr Vetopotenzial, während sie bei restriktiver Haushaltspolitik und angebotsorientierter Wirtschaftspolitik meist als kooperative Mitspieler auftreten. Am Beispiel des Bundesrates lässt sich ebenfalls zeigen, wie wichtig die interne Kohäsion eines Akteurs ist, um wirkungsvoll die Rolle eines

Vetospielers ausfüllen zu können. Der Bundesrat wird erst dann zu einem wirkungsvollen Akteur, wenn er intern ein ausreichendes Maß an Geschlossenheit zeigt. Weil aber die Geschlossenheit selbst der christlich-liberalen Bundesratsmehrheit während der Regierungsära Kohl relativ gering war, scheiterten viele weiter gehende Gesetzesvorhaben. Jede der Länderregierungen versuchte vielmehr, Vorteile für ihr Bundesland herauszuverhandeln.

Ursächlich für das Ausbleiben weiter reichender marktliberaler Reformen war auch die mangelnde programmatische Kohärenz innerhalb der Regierungskoalition auf dem Feld der Sozialpolitik. Man kann hier zumindest bereichsspezifisch von internen Vetospielern sprechen. Neben dem schon erwähnten Konflikt zwischen CDU-geführter Bundesregierung und manchen CDU-Landesregierungen kam hier noch der Dissens zwischen dem strenger marktorientierten Koalitionspartner FDP, der Mittelstandsvereinigung und dem Wirtschaftsrat der CDU auf der einen und den Sozialausschüssen der Union (CDA) auf der anderen Seite hinzu. Dies führte gerade in der Sozialpolitik schon in der Regierungskoalition zu Kompromissen, die den bundesdeutschen Sozialstaat unbeweglich auf »mittlerem Kurs« hielten.

Auch in der Frage der Vereinigungslasten bestand zunächst ein tragfähiger Konsens unter den politischen Parteien, der die unterschiedlichen Parteimehrheiten von Bundestag und Bundesrat in den Hintergrund treten ließ. Dies änderte sich 1995/96 grundlegend. Die CDA hatten einiges von ihrer Vetomacht eingebüßt. Darüber hinaus versuchte die Bundesregierung nun, den »mittleren Weg« zu verlassen und stärker marktliberale Reformen durchzusetzen. Diese größere interne Kohäsion der Regierungskoalition übersetzte sich in weiter reichende Reformvorhaben zum Rückbau des Sozialstaates und weitere Liberalisierungsreformen in der Wirtschaft. Dies traf aber nunmehr auf einen Bundesrat, dessen Mehrheit von SPD-geführten Ländern unter dem SPD-Parteivorsitzenden Lafontaine auf eine intransigente Oppositionslinie eingeschwenkt war. Auch wenn es Versuche gab, die geforderte Zustimmung des Bundesrates zu umgehen, endeten doch fast alle wichtigen Reformvorhaben der christlich-liberalen Regierung in der zweiten Hälfte der 90er-Jahre in gescheiterten Vermittlungsverfahren. Der Vetospieler Bundesrat erwies sich in dieser Situation in seiner rot-grünen Mehrheit als geschlossen und als ein wirkungsmächtiger Garant des sozialpolitischen Status quo.

Markante Wenden in der Sozialpolitik sind also schon aufgrund der vielfältigen Vetomöglichkeiten nur in seltenen Opportunitätsmomenten zu erwarten. Dennoch bleibt der rot-grünen Regierungskoalition durchaus die Chance zu Reformen, die alte Besitzstände angreifen und die Sozialpolitik stärker für die neuen sozialen Fragen öffnen. Ein erstes Beispiel war die Rentenreform der rot-grünen Regierungskoalition von 2000. Der Beginn zum Aufbau einer komplementären privaten Alterssicherung bedeutet eine vorsichtige, aber langfristige Änderung der Rentenpolitik. Die notwendige Bundesratsmehrheit wurde durch finanzpolitische Zugeständnisse an einige Länder möglich, obwohl dort die Oppositionsparteien die Regierung stellen. Damit verlässt die deutsche Sozialpolitik bei der Alterssicherung ihren »mittleren Weg« und gibt diesem längerfristig eine stärkere Orientierung hin zu mehr Markt und individueller Selbstverantwortung.

Viele der oben angeführten wirtschaftlichen, sozialen und politischen Veränderungen forderten in den letzten zwei Jahrzehnten nicht nur die Sozialpolitik der

Bundesrepublik Deutschland heraus. Manche der Mitgliedstaaten der Europäischen Union sahen sich mit vergleichbaren Problemen konfrontiert. Ein kurzer Blick über die Grenzen soll Aufschluss darüber geben, in welcher Weise diese Länder den sozialpolitischen Herausforderungen begegneten. Ich wähle dafür drei Länder, die in ihrer Wirtschafts-, Beschäftigungs- und Sozialpolitik unterschiedliche Wege eingeschlagen haben: den marktorientierten Weg in Großbritannien, den etatistischen Weg in Frankreich und den dänischen Weg, der eine innovative Mischung von gesellschaftlichem Konsens, mehr Markt und einem universalistischen Sozialschutz im letzten Jahrzehnt etabliert hat. Ziel ist es, die sozialpolitischen Trends anderer Länder nachzuzeichnen und zu prüfen, ob sie Vorbildcharakter auch für die zukünftige Entwicklung der Sozialpolitik in Deutschland haben können.

4. Reformpolitische Antworten in Europa

4.1 Die angelsächsische Antwort: der marktorientierte Weg

Von allen sozialdemokratischen Regierungen Europas verfügt die Labour-Regierung (seit 1997) von Tony Blair über die größten Ressourcen und unterliegt geringsten institutionellen Restriktionen bei der Umsetzung der Regierungspolitik. Aufgrund des relativen Mehrheitswahlrechts genügten etwa 1997 nur 43 Prozent der Wählerstimmen, um eine Parlamentsmehrheit von 178 Sitzen zu erringen. Nach dem erneuten Wahlsieg im Juni 2001 – Labour verlor nur sechs Mandate im Parlament – muss die Regierung unter Tony Blair weiterhin auf keinen Koalitionspartner Rücksicht nehmen. Der Wähler-, Mandats- und Machtverlust der Konservativen Partei war in Großbritannien abrupter und markanter als bei den meisten bürgerlichen Parteien des Kontinents. Die dramatische Schwäche der Opposition verschafft der Labour-Regierung mehr Spielraum als dies bei den meisten regierenden Sozialdemokraten in Europa der Fall ist. Dazu kommt eine majoritätsdemokratische Institutionenordnung, die das hierarchisch-unilaterale Regieren in Großbritannien eher ermöglicht als in den föderativ gegliederten Konsensdemokratien der meisten Kontinentalstaaten.[72] Der trotz moderater Devolution immer noch stark zentralisierte Staatsaufbau, die weit gehende Irrelevanz der zweiten Kammer im Prozess der Politikformulierung, die Abwesenheit eines interventionsfähigen Verfassungsgerichtes, die Nichtexistenz einer geschriebenen Verfassung und eine partiell noch weisungsgebundene Notenbank[73] erlauben der britischen Regierung einen institutionell kaum gebrochenen politischen Durchgriff. Die formal-konstitutionelle und faktisch-politische Machtfülle eines britischen Premiers und seiner Regierung ist in Westeuropa ohne Beispiel.

Auch die von den britischen Konservativen hinterlassene politische Erblast ist eher als Ressource denn als Restriktion für die Ziele und Politikinstrumente des Reformprogrammes des »Dritten Weges« anzusehen.[74] Denn anders als etwa die christlich-liberale Koalitionsregierung in Deutschland (1982–1998) haben die Tories (1979–1996) Strukturreformen durchgeführt, welche die gegenwärtigen Reformchancen der Labour-Regierung erhöhten. Insbesondere die Regierungen Margaret Thatchers haben die Blockademacht der Gewerkschaften gesetzlich stark eingeschränkt und auf dem Arbeitsmarkt Deregulierungsmaßnahmen durchgeführt, die Optionen zu einer neuen Beschäftigungsdynamik eröffneten. Die Labour-Regierung konnte deshalb sofort mit ihrem »welfare to work«-Projekt beginnen, ohne sich erst in delegitimierenden Konflikten mit den Arbeitnehmern und ihren Gewerkschaften über die Arbeitsmarktderegulierung zu verschleißen – ein wichtiger Unterschied zur Situation in der Bundesrepublik Deutschland. Einige Beispiele sollen den größeren Reformspielraum verdeutlichen.

4.1.1 Fiskalpolitik

Wie alle sozialdemokratischen Regierungen der 90er-Jahre lehnt auch New Labour eine klassische keynesianische Konjunkturpolitik ab. Im Wahlkampf hatte sie sich zudem auf die Fortführung der konservativen Fiskalpolitik der Vorgängerregierung für mindestens zwei Jahre verpflichtet und diese zwei generellen Regeln unterworfen:

- Alle Ausgaben sollen nur aus den laufenden Einnahmen finanziert werden. Neuverschuldungen dürfen nur zu investiven, nicht aber konsumptiven Zwecken eingegangen werden.
- Die öffentliche Neuverschuldung soll unabhängig vom Konjunkturzyklus auf einem »stabilen moderaten« Niveau gehalten werden und nicht kurzfristig antizyklische Interventionen verfolgen.

Dennoch war die Haushaltspolitik unter der Regierung Blair von 1997 bis 2001 nicht restriktiver als jene der meisten sozialdemokratischen (und bürgerlichen) Regierungen des Kontinents.[75] Darüber hinaus hat das Schatzministerium unter Gordon Brown unerwartete steuerliche Mehreinnahmen nicht primär zur Schuldenrückführung, sondern zur Finanzierung von Sonderprogrammen in den Bereichen Erziehung, Beschäftigung und Gesundheit verwendet. Dies kann durchaus als eine wichtige sozialpolitische Investition in die Zukunft des Landes verstanden werden.

Auf der Einnahmenseite hat New Labour begonnen, das Steuersystem so umzugestalten, dass der Niedriglohnbereich ganz oder weit gehend von Einkommensteuern entlastet wird. Einem Haushalt, in dem mindestens eine Person voll arbeitet, wird über großzügige »working families income tax credits« ein Mindesteinkommen von 10 000 Britischen Pfund garantiert. Bis dahin wird über eine degressive negative Einkommensteuer das Haushaltseinkommen subventioniert. Danach tritt der Eingangssteuersatz von zehn Prozent in Kraft.[76] Hier wird die Inklusionsstrategie in den Arbeitsmarkt sichtbar: Zum einen wird die Beschäftigungsnachfrage im Niedriglohnbereich gefördert, zum anderen werden diese Jobs wirtschaftlich erträglich gestaltet, um die nach 18 Jahren neokonservativer Regierung auch in Großbritannien grassierende »american desease« der »working poor«[77] zu vermeiden bzw. abzubauen.

Gleichzeitig wurden die Unternehmensteuern noch weiter gesenkt. Sie sind auch unter der Blair-Regierung die niedrigsten innerhalb der Europäischen Union. Beide Steuerreformen müssen als angebotsorientierte Maßnahmen gesehen werden, die das primäre Ziel haben, nachhaltig Beschäftigung zu fördern und damit die »unfreiwillige Exklusion«[78] am unteren Ende der gesellschaftlichen Sozialskala zu verhindern. Die sozialpolitisch wirksame Haushaltspolitik wurde unter den Regierungen

Blairs von der konsumptiven Seite weiter ab- und der sozialinvestiven Seite zugewendet. Dies gilt auch für die Beschäftigungspolitik.

4.1.2 Beschäftigungspolitik

Von 1996 bis 1999 wuchs die Beschäftigung in Großbritannien um 1,03 Prozent und damit geringfügig schneller als im Gebiet der Europäischen Wirtschafts- und Währungsunion (EWWU) (0,87 Prozent). Allerdings vollzog sich dieses Beschäftigungswachstum auf dem Ausgangsniveau einer deutlich höheren Erwerbsquote (1997: 75,2 Prozent) als in den Ländern der EWWU (1997: 65,1 Prozent).[79] Die Arbeitslosenquote ging von 8,7 Prozent (1996) auf 6,3 Prozent (1998) deutlich schneller zurück als innerhalb der EWWU (1996: 11,6 Prozent; 1998: 10,9 Prozent).[80] Damit zeigte sich der von New Labour weit gehend dereguliert belassene Arbeitsmarkt dynamischer als die meisten – stärker regulierten – Arbeitsmärkte des europäischen Kontinents. Die Inklusion in den Arbeitsmarkt, ein traditionelles sozialdemokratisches Ziel (Vollbeschäftigung bei hoher Erwerbsquote) hat New Labour erfolgreicher vorangetrieben als die meisten sozialdemokratischen und bürgerlichen Regierungen des Kontinents, insbesondere der Bundesrepublik Deutschland.

Bei der aktiven Arbeitsmarktpolitik ist an erster Stelle der »New Deal« zu nennen. Er zielt vor allem auf den Abbau der Jugendarbeitslosigkeit. Seine Instrumente sind in der für New Labour kennzeichnenden Mischung von Anreiz und Zwang kombiniert: Auf der einen Seite werden Jugendliche durch subventionierte Anstellungen im privaten sowie durch Arbeitsbeschaffungsmaßnahmen im öffentlichen Sektor in Beschäftigungsverhältnisse gebracht. Alternativ werden staatlich finanzierte Ausbildungsprogramme angeboten. Auf der anderen Seite werden die Kontrollen und Zumutbarkeitskriterien für die Arbeitsaufnahme bei Strafe von empfindlichen Kürzungen der Sozialtransfers verschärft.[81] Damit sollen sowohl Trittbrettfahren als auch eine Arbeitslosigkeitsfalle vermieden werden, in der sich die Arbeitsaufnahme nicht lohnt, weil die Arbeitseinkommen kaum über oder gar unter den sozialstaatlichen Leistungen liegen. Tatsächlich sind bisher schon 280 000 Jugendliche von den Programmen des »New Deal« erfasst worden. 105 000 haben eine neue Beschäftigung gefunden. Die meisten Jobs sind tragfähig und im ersten Arbeitsmarkt angesiedelt.

In den ersten Jahren der Regierungsverantwortung ist es der Labour-Regierung gelungen, die Jugendarbeitslosigkeit weiter zu senken und die Langzeitarbeitslosigkeit zu halbieren.[82] Das Programm für die zweite Legislaturperiode der Regierung Blair sieht eine Erweiterung des »New Deal«-Programms vor: So soll der »Arbeitszwang« auf andere Empfängergruppen staatlicher Unterstützung im erwerbsfähigen Alter (bis zu 50 Jahren) ausgedehnt werden.[83] Allerdings liegen die Ausgaben für die aktive Arbeitsmarktpolitik noch sichtbar unter dem europäischen oder gar skandinavischen Durchschnitt. Die britische Position verbessert sich etwas, wenn man die deutlich gestiegenen Investitionen im Bildungsbereich und im Ausbildungsbereich mit einbezieht, die die »employability«[84] (Beschäftigungsfähigkeit) der Jugendlichen erhöhen und an die sich wandelnden Qualifikationsprofile der Arbeitsmärkte anpassen soll. Messbare Beschäftigungseffekte werden hier erst mittelfristig zu erwarten sein. Dennoch hat sich die Beschäftigungspolitik in Großbritannien seit dem Jahr 1996 als reformfreudiger und erfolgreicher erwiesen als in der Bundesrepublik Deutschland – sei es unter christlich-liberaler oder rot-grüner Regierungsführung.

4.1.3 Sozialpolitik

Die Sozialpolitik von New Labour soll gezielt nach der Maxime »welfare to work« reformiert werden. Sozialstaatliche Maßnahmen werden generell danach überprüft, wieweit sie den Druck in den Arbeitsmarkt erhöhen. Soziale Transfers sollen zur Arbeitsaufnahme anreizen, gelegentlich auch zwingen. Sie dürfen sie jedoch keinesfalls verhindern. Der passive Wohlfahrtsstaat soll deshalb sukzessive zum aktivierenden Sozialinvestitionsstaat umgebaut werden. Bevorzugte Investitionsbereiche dafür sind: Bildung, Gesundheit und Kinder. Mit einem großzügigen »child care tax credit« wurde es gerade Frauen ermöglicht, eine Erwerbsarbeit aufzunehmen.[85]

Während erste erhebliche Investitionen und vorsichtige Umstrukturierungen des »National Health Service« (NHS) bescheidene Erfolge aufweisen, sind Reformen zur langfristigen Altersicherung bisher noch nicht zu erkennen. Deutlich wird hingegen die weitere Abkehr vom sozialdemokratischen Universalismus-Ideal in der Sozialpolitik. Die Bedürftigkeitsprüfungen wurden verschärft. Alistair Darling, bis Juni 2001 der Minister für Soziale Sicherheit[86], bezeichnet dies als einen notwendigen Wandel in der »Kultur der Sozialleistungen«[87]. Dies verhindert zwar möglicherweise den Sozialleistungsmissbrauch und richtet die Leistungen gezielter auf die wirklich Bedürftigen aus; erkauft wird es aber mit sozial stigmatisierenden Kontrollen einer notwendigerweise wachsenden »Bedürftigkeitsprüfungsbürokratie«. New Labour selbst legitimiert diese illiberal-etatistische Maßnahme mit folgendem Argument: Nur wenn den Steuerzahlern vermittelt wird, dass die Regierung Leistungsmissbrauch verhindert und nur die wirklich Bedürftigen sozial absichert, die nicht in den Arbeitsmarkt einzugliedern sind, lässt sich der Wohlfahrtsstaat längerfristig relegitimieren und seine Finanzierung durch die Bürger sicherstellen.

Obwohl dieses Argument in Zeiten offener Steuergrenzen und sinkender Steuermoral durchaus strategische Rationalität für sich reklamieren kann, unterschätzt die Blair-Regierung ein anderes Risiko: In dem Maße nämlich, wie New Labour die Mittelschichten von wichtigen sozialstaatlichen Leistungen ausklammert, wird der Wohlfahrtsstaat gegenüber weiteren Abbauforderungen verwundbar. Die Mittelschichten werden, zumindest wenn sie ökonomisch rational handeln, einen hochgradig selektiven Sozialstaat nicht mehr unterstützen, der ihnen zwar Steuerzahlungen abverlangt, aber kaum Leistungen bietet. Die wirklich Bedürftigen haben selbst keine politisch gewichtige Stimme mehr und sind auf altruistische Advokaten in der politischen Arena angewiesen. Gegen die Gefahr des Umschlags eines selektiv-zielsicheren in einen marginalen Wohlfahrtsstaat hat New Labour bisher weder ein überzeugendes Programm noch eine überzeugende Politik aufzuweisen. Die gute Bilanz auf dem Arbeitsmarkt wird überschattet durch das Phänomen der »working poor« und einer Armutsquote, die doppelt so hoch ist wie in den Kernländern Westeuropas.[88] Deutschland kann zwar durchaus von dem Trend – weg von den sozialkonsumptiven zu den sozialinvestiven Ausgaben – lernen; das Nachahmen noch intensiverer Bedürftigkeitskontrollen dürfte längerfristig aber die Unterstützungsbasis des deutschen Sozialstaats erheblich erodieren.

4.2 Die kontinentaleuropäische Antwort: der etatistische Weg

Von allen sozialdemokratischen und sozialistischen Parteien Westeuropas erscheint die »Parti Socialiste Français« am Ende des 20. Jahrhunderts in der Wirtschafts- und Sozialpolitik am stärksten einer traditionellen etatistischen Politik verpflichtet. Tatsächlich sind die französischen Sozialisten in einem doppelten Sinne etatistisch geblieben:

- Die institutionelle Ordnung des zentralistischen Frankreichs, die Schwäche der Verbände, die Einbettung in eine Links-Koalition mit Kommunisten und Grünen (»Gauche plurielle«) sowie die etatistisch-republikanische politische Kultur Frankreichs erlauben es der sozialistischen Regierung Jospins, die Politik innerhalb der nationalen Grenzen hierarchisch-etatistisch zu steuern. »Nebenregierungen« oder politisch-institutionelle Vetoakteure sind in Frankreich vergleichsweise schwach oder existieren nicht.
- Die »Parti Socialiste« setzt stärker als ihre Schwesterparteien auf den Staat. Dies gilt für die makroökonomische Wirtschafts-, wie auch die Industrie-, Beschäftigungs- und Sozialpolitik. Das mag als eine besondere Treue zu den traditionalen sozialdemokratischen Politikzielen gedeutet werden, läuft aber Gefahr mit mangelnder Innovation gegenüber den Herausforderungen der wirtschaftlichen Globalisierung und der Individualisierung der Gesellschaft im 21. Jahrhundert bezahlt zu werden.

4.2.1 Fiskalpolitik

Auch die französischen Sozialisten haben sich einer Haushaltskonsolidierung verpflichtet, auf die sie schon Mitte der 80er-Jahre eingeschwenkt waren. Die Differenzen zwischen der etatistisch-neogaullistischen und der etatistisch-sozialistischen Regierungskoalition sind marginal geworden.[89] Die disziplinierte Haushaltspolitik trug in den 90er-Jahren mit dazu bei, die Inflation unter den Durchschnitt der EU zu drücken. In diesem Sinne gingen auch die französischen Sozialisten seit 1983 keinen klassisch-keynesianischen Sonderweg mehr. Allerdings lassen sich seit der Regierungsübernahme Jospins (1997) Unterschiede zur Fiskalpolitik anderer sozialdemokratischer Regierungen in Westeuropa erkennen. Die Finanzpolitik der sozialistisch geführten Regierung hebt sich vom strengen fiskalpolitischen Primat der Haushaltskonsolidierung ab, wie er bei den sozialdemokratisch geführten Regierungen Großbritanniens, Hollands, Schwedens und nach dem Rücktritt Lafontaines auch Deutschlands rhetorisch wie faktisch unverkennbar ist. Im Unterschied zur Austeritätsrhetorik des deutschen Finanzministers Eichel spricht Jospin von einem Mix aus selektiven Konsolidierungsmaßnahmen, Preisstabilität und Konjunkturstützung.[90] Tatsächlich erwies sich die französische Wirtschaft 1999 mit einem Wachstum des Bruttoinlandsprodukts von 2,6 Prozent als einer der Konjunkturmotoren der Europäischen Union. Nicht mit massiven Nachfrageprogrammen, wohl aber mit einer dosierten Verstärkung der Binnennachfrage stützte die französische Linksregierung den sich abzeichnenden konjunkturellen Aufschwung u. a. durch die Erhöhung des Mindestlohnes 1997 und die Vervierfachung der staatlichen Transferzahlungen für die Familien zu Schuljahresbeginn.[91] Die Akzeptanz und Einhaltung des Maastrichter Stabilitätskriteriums bei der Nettoneuverschuldung wurde auf der Ausgabenseite nicht durch die Kürzung der Sozialausgaben, sondern mit einer »linken Sparpolitik«[92], u. a. durch Umschichtungen im Haushalt zu Lasten des Verteidigungsressorts erreicht.

Noch deutlicher können in der Steuerpolitik der ausgehenden 90er-Jahre einige Unterschiede zum allgemeinen Trend innerhalb der OECD-Welt festgestellt werden. Während mit der temporären Ausnahme Schwedens die meisten Staaten Steuersenkungen vornahmen, erhöhten die französischen Sozialisten vorsichtig und selektiv bestimmte Steuern. Dies gilt insbesondere für Unternehmen und für die besonderen Steuern auf Einnahmen aus Geldanlagen. Dagegen wurden die unteren Einkommen steuerlich entlastet. Zusätzlich führte die französische Linksregierung eine finanz- und sozialpolitische Reformkomponente in das Steuersystem ein, welche die Wettbewerbsfähigkeit der Unternehmen steigern soll, ohne soziale Leistungen abzubauen. So wurden die lohnbezogenen Sozialversicherungsbeiträge zur Krankenkasse nahezu aufgehoben und dafür die auf fast alle Einkommensarten erhobene Sozialversicherungsabgabe CSG (»Contribution sociale géneralisée«) entsprechend erhöht.[93] Dies bedeutet erstens eine Reduzierung der Lohnnebenkosten und damit eine Steigerung der Wettbewerbsfähigkeit der Unternehmen und zweitens eine Teilfiskalisierung der Sozialleistungen, die nicht nur die Löhne, sondern auch andere Einkunftsarten (Selbstständige, Kapitaleinkommen) in das sozialstaatliche Finanzierungssystem mit einbezieht.

Auch in der Geldpolitik grenzen sich die französischen Sozialisten vorsichtig vom »mainstream« der europäischen Sozialdemokratie ab. Zwar haben sie die Wirtschafts- und Währungsunion grundsätzlich akzeptiert. Nicht akzeptiert haben sie jedoch die volle Unabhängigkeit der Europäischen Zentralbank von demokratisch legitimierten Entscheidungsgremien – wie etwa dem Europäischen Rat oder dem Rat der Wirtschafts- und Finanzminister (ECOFIN). Ebenfalls nicht akzeptiert haben sie einen kompromisslosen monetaristischen Kurs, wie ihn die Regierungen Deutschlands, Österreichs, Spaniens und der Niederlande befürworten. Die Tendenz geht also zu einer weniger restriktiven Geldpolitik, die möglichst in Kooperation von Europäischer Zentralbank und ECOFIN beschlossen und damit besser mit der Wirtschaftspolitik koordiniert werden sollte. Die französischen Sozialisten wollen – anders als die meisten ihrer Schwesterparteien – auch in der Geldpolitik Steuerungsoptionen nicht aufgeben, die über das monetaristische Ziel der Geldwertstabilität hinausgehen.

4.2.2 Beschäftigungspolitik

In der Beschäftigungspolitik tritt der traditionelle etatistische Charakter der sozialistischen Politik in Frankreich am deutlichsten hervor. Dies wurde schon im ersten Jahr der Regierung Jospin mit dem Plan zum Abbau der Jugendarbeitslosigkeit sichtbar. Ziel war es, 700 000 Arbeitsplätze zu schaffen, die allerdings zu 80 Prozent staatlich finanziert wurden. Davon wurden allein 350 000 direkt im öffentlichen Sektor angesiedelt. Eine Politik, die weder von New Labour, den niederländischen Sozialdemokraten, noch von der SPD akzeptiert würde. Die restlichen 350 000 Stellen sollten über staatliche Lohnsubventionen gestützt im privaten Sektor entstehen.

Weitere Maßnahmen waren[94]: die Subventionierung weiterer Frühverrentung zur Verknappung des Arbeitskräfteangebots sowie ein Rahmengesetz zur Einführung der 35-Stunden-Woche, für dessen forcierte Implementierung staatliche Subventionen Anreize setzen sollten. Deregulierungsmaßnahmen des Arbeitsmarktes waren kaum vorgesehen; eine vorsichtige Ausnahme bildete die Erleichterung zum Abschluss befristeter Arbeitsverhältnisse.

Während die ersten beiden Maßnahmen als traditionell-sozialdemokratische Beschäftigungspolitik gesehen werden müssen, ist Letzteres zum kleinen Flexibilisierungsventil eines sonst stark regulierten Arbeitsmarktes geworden. Aber gerade dieser deregulierte Sektor der befristeten, niedrig bezahlten und sozial kaum abgesicherten Jobs erwies sich, vor allem im Dienstleistungsbereich, als besonders dynamisch. Hält diese Entwicklung an, könnte in Frankreich wie in Spanien ein dualer Arbeitsmarkt mit einem hochgradig regulierten, aber stagnierenden Sektor und einem deregulierten, aber dynamischen Segment mit erheblichen sozialen Ungerechtigkeiten entstehen.[95] Die problematische Differenzierung des Arbeitsmarktes in »insider« und »outsider« erhielt noch eine weitere Dimension in geschützte und prekäre Arbeitsverhältnisse. Die mäßige arbeitsmarktpolitische Bilanz der letzten Dekade sowie die veraltete etatistische Struktur der französischen Arbeitsmarktpolitik können diese kaum zu einem Vorbild in Zeiten der Globalisierung und Individualisierung machen.

4.2.3 Sozialpolitik

Innovative Reformen des französischen Sozialstaates sind bisher kaum zu erkennen. Der Sozialstaat wird – abgesehen von der Teilfiskalisierung der Krankenversicherung – weiter primär über Lohnnebenkosten finanziert, die überproportional von den Arbeitgebern entrichtet werden. Die sozialistische Linksregierung Frankreichs versucht allerdings vorsichtig, die Sozialabgaben stärker vom Arbeitseinkommen abzukoppeln und über Steuern zu finanzieren. Ein besonderer Schwerpunkt liegt weiterhin bei der sozialstaatlichen Stützung der Familien, die jetzt aber stärker nach Einkommen differenziert durch staatliche Beihilfen unterstützt werden sollen. Neue Schwerpunkte sind der Wohnungsbau und die Wohnungssanierung, insbesondere in den Gettos um die großen Städte. Eine besondere Hervorhebung in der Regierungsprogrammatik erfahren auch Bildung, Ausbildung und Schule. Aber wie bei den deutschen Sozialdemokraten[96] hat sich dies noch keineswegs hinreichend in den bildungspolitischen Investitionen niedergeschlagen.

In einer jüngsten Erklärung innerhalb der Sozialistischen Internationale markierte Jospin bewusst die Differenzen zum »workfare«-Konzept der britischen New-Labour-Regierung. Der aktivierende soziale Investitionsstaat sei zweifellos wichtig. Allerdings könne er in all jenen Bereichen, die mit dem »Altern moderner Gesellschaften« zusammenhängen, den traditionellen Sozialstaat nicht ersetzen.[97] Bisher fehlt es in der Programmatik und praktischen Politik der französischen Linksregierung noch an einer überzeugenden Antwort, wie der soziale Investitionsstaat mit dem traditionellen Wohlfahrtsstaat, der zentralistische Interventionsstaat mit den globalen Märkten und der republikanische Etatismus mit den Interessenverbänden und Assoziationen der Zivilgesellschaft in eine neue dynamische und demokratische Balance gebracht werden können. Tradition, Intervention und Etatismus prägen den französischen Sozialstaat auch zu Beginn des 21. Jahrhunderts.[98]

4.3 Die skandinavische Antwort: Dänemarks Balance von Staat, Markt und Konsens

Am Ende des 20. Jahrhunderts tritt Dänemark als erfolgreich reformierter universalistischer Wohlfahrtsstaat aus dem Schatten seines großen skandinavischen Nachbarn Schweden heraus. Für die moderne Sozialdemokratie löst es Schweden ab und wird zu einem neuen Referenzmodell europäischer sozialdemokratischer Politik. Dänemark scheint es seit den 90er-Jahren zu gelingen, nicht nur erfolgreich den Wohlfahrtsstaat umzubauen, sondern dabei auch die Gebote einer effizienten Marktwirtschaft zu berücksichtigen. Bei den großen makroökonomischen Kennziffern zählt Dänemark in den letzten zehn Jahren zu den erfolgreichsten Staaten der OECD. Gemessen an ausgewählten Indikatoren sozialer Gerechtigkeit nimmt Dänemark einen Spitzenplatz in der OECD-Welt ein.[99] Grundlage für den Erfolg der dänischen Reformen waren sowohl günstige politische, wirtschaftliche und gesellschaftliche Handlungsbedingungen als auch eine diesen Kontextbedingungen angemessene Politik. Es waren insbesondere drei politische, wirtschaftliche und gesellschaftliche Handlungsbedingungen, welche die Reformpolitik in den 90er-Jahren erleichterten: die Konstellation des Parteienwettbewerbs, die Strukturen des Arbeitsmarktes und die Einstellungen der Bürger.

Seit der so genannten »Erdrutschwahl« von 1973 ist die dänische Parteienlandschaft durch ein extrem fragmentiertes Parteiensystem gekennzeichnet. Bis zu zehn Parteien sind seitdem im dänischen Einkammerparlament vertreten. Sie lassen sich klar in einen linken und rechten Block einteilen. Zwischen diesen beiden Blöcken oszillieren drei bis vier liberale und christlich-soziale Parteien der Mitte.[100] Der sozialdemokratischen Partei wuchsen damit sowohl auf der linken wie auf der rechten Seite Bündnis- und Koalitionsoptionen zu. Nach elf Jahren bürgerlich-liberaler Regierung gelang es den Sozialdemokraten 1993, die Parteien des Zentrums zu einer Koalition zu bewegen und damit einen richtungspolitischen Wechsel in der Regierung einzuleiten.[101] Seit 1994 regieren die Sozialdemokraten in einer Minderheitsregierung mit den Radikalliberalen, können aber darüber hinaus in manchen Politikbereichen auf die Unterstützung der linken Flügelparteien oder weiterer Parteien des Zentrums zählen. Neben diesen günstigen politischen Rahmenbedingungen erwies sich die hohe Flexibilität des dänischen Arbeitsmarktes als ein besonderer Vorteil für die Reformfähigkeit der dänischen Politik. Die Flexibilität des dänischen Arbeitsmarktes geht weit über das Niveau der kontinentaleuropäischen Arbeitsmärkte hinaus. Es gibt in Dänemark keine Mindestlohngesetzgebung, einen nur geringen Kündigungsschutz, minimale gesetzliche Regelungen der Arbeitszeit und sehr niedrige arbeitsrechtliche, steuergesetzliche und sozialpolitische Hürden für die Teilzeitbeschäftigung.[102] Dänemarks Unternehmer können damit eine konjunkturangepasste betriebliche Beschäftigungspolitik betreiben, die auch Entlassungen mit einschließt. Diese können rascher und kostengünstiger vorgenommen werden, als dies in Deutschland oder den anderen kontinentaleuropäischen Sozialstaaten möglich ist. Die Politik der Flexibilisierung des Arbeitsmarktes wird von drei Maßnahmen flankiert, die ihr eine hohe Zustimmung in der dänischen Gesellschaft sichern: Die Höhe der Arbeitslosenunterstützung ist mit bis zu 90 Prozent des Lohnes im internationalen Vergleich konkurrenzlos hoch; die Pflicht, angebotene Arbeitsplätze oder Angebote zur Weiterbildung anzunehmen, ist ausgeprägt; die Chance, wieder in den ersten Arbeitsmarkt eintreten zu können, ist deutlich höher als in Frankreich und Deutschland. Dadurch wird Langzeitarbeitslosigkeit vermieden und die Sozialkassen werden nicht durch hohe Arbeitslosigkeit belastet, wie dies in der Bundesrepublik Deutschland der letzten beiden Jahrzehnte der Fall war und ist.

Eine dritte wichtige Voraussetzung für die erfolgreiche Reformpolitik liegt in der hohen Akzeptanz der dänischen Bürger gegenüber den universalistischen Strukturen und Leistungen des Wohlfahrtsstaates. Auch bei den wahlentscheidenden Mittelschichten liegt der Anteil derer, die den Wohlfahrtsstaat als zu umfassend ablehnen, unter zehn Prozent. Etwa 70 Prozent der Befragten halten das soziale Sicherungssystem für angemessen.[103]

Auf diese günstigen Voraussetzungen konnte die sozialdemokratische Koalitionsregierung bauen, als sie 1993 ihre Reformpolitik begann. Kern dieser Reformpolitik war die Fiskal-, die Arbeitsmarkt- und die Sozialpolitik. Auf allen drei Feldern bestand wichtiger Handlungsbedarf, betrachtet man die ungünstige makroökonomische Bilanz zu Beginn der 90er-Jahre.

4.3.1 Fiskalpolitik

Als die sozialdemokratisch-liberale Koalition 1993 die Regierungsmacht übernahm, betrug die Staatsverschuldung Dänemarks 83,3 Prozent. Im Jahr 2000 war sie auf 51,6 Prozent zurückgegangen. Damit ist Dänemark eines der wenigen Länder der OECD-Welt, das die Staatsverschuldung drastisch absenken konnte. Erstaunlich dabei ist, dass dies ohne dramatische Einschnitte ins soziale Netz geschehen konnte, und gleichzeitig mit einer ausgezeichneten arbeitsmarktpolitischen Bilanz einherging. So begann die Regierung nicht im Generaltrend der OECD-Welt mit einer radikalen Kürzung der Staatsausgaben. Im Gegenteil, sie initiierte zunächst eine fiskalische Expansion, die als »keynesianischer Kickstart« bezeichnet werden kann. Es wurden die direkten Einkommensteuern für alle Bevölkerungsgruppen gesenkt, und eine kurzfristige Ausdehnung der staatlichen Investitionen in Bildungseinrichtungen und in die allgemeine Infrastruktur des Landes vorgenommen. Gegenfinanziert wurde dies erst mit einer bewussten Zeitverzögerung. Nachdem die expansiven Effekte konjunkturpolitisch griffen, erfolgte die Gegenfinanzierung der erhöhten Ausgaben durch eine Verbreiterung der Steuerbasis, eine Einführung von Umweltsteuern sowie die Streichung vieler Ausnahmetatbestände bei den Abschreibungsmöglichkeiten.

Dänemark gelang es, die Steuerbasis zu verbreitern, und behielt dennoch im internationalen Vergleich relativ hohe Steuersätze auch bei der Einkommensteuer bei. Die Besteuerung von Einkommen setzt relativ früh mit einem sehr hohen Satz (39,5 Prozent) ein und bewegt sich für den Durchschnitt der dänischen Steuerzahler bei einem nominalen Prozentsatz von 49,5 Prozent. Der Höchststeuersatz liegt bei 60,5 Prozent. Er setzt schon bei einem Einkommen von 83 000 DM ein. Erstaunlich ist, dass die starke Besteuerung von Einkommen und Konsum weder der Steuerehrlichkeit, den Investitionen, noch der guten beschäftigungspolitischen Bilanz Abbruch tat. Dänemark muss deshalb als ein Land gelten, das gegenüber den meisten OECD-Staaten mit ausgesprochen restriktiver Haushaltspolitik (hohe Steuersätze, breite Steuerbasis und restriktives Ausgabenverhalten) eine bessere wirtschaftspolitische Performanz vorweisen kann.

4.3.2 Arbeitsmarktpolitik

Entgegen manchen Einschätzungen wies die dänische Arbeitsmarktpolitik schon in den 70er- und 80er-Jahren stark aktivierende Elemente auf. Anders als in den kontinentalen Sozialstaaten wurde die Aktivierung des Arbeitskräftepotenzials und nicht die Alimentierung der Arbeitslosen zum Schwerpunkt der Beschäftigungspolitik. Diese aktiven Elemente wurden insbesondere in den 90er-Jahren noch weiter ausgebaut. Der neue Akzent liegt nun aber auf einer starken Betonung der Pflichten zur Umschulung, Weiterbildung und Arbeitsaufnahme. Waren vorher die generösen Lohnersatzleistungen[104] für Arbeitslose auch durch kurzfristige zwischenzeitliche Beschäftigung wieder auf längere Zeit auszudehnen, wurden mit Beginn der Arbeitsmarktreform 1993 die Leistungen an das Recht und die Pflicht gebunden, nach einer relativ kurzen Zeit schon an Aktivierungs- und Weiterbildungsmaßnahmen teilzunehmen. Bis in das Jahr 2000 wurde diese Aktivierungsstrategie in mehreren Schritten immer stärker intensiviert. Insbesondere die Jugendlichen werden sehr rasch von der Aktivierungspolitik erfasst und in Weiterbildungsmaßnahmen oder neue Beschäftigungsverhältnisse eingegliedert. Das Besondere der dänischen Aktivierungspolitik auf dem Arbeitsmarkt liegt in der starken Betonung von Bildung und Ausbildung.[105] Der Arbeitslose hat die Pflicht, an einer Aktivierungsmaßnahme teilzunehmen, anderenfalls verliert er rasch seinen Leistungsanspruch; er hat aber auch das Recht, dass die Aktivierungspolitik der Arbeitsmarktverwaltung individuell auf seine Situation zugeschnitten wird. Zwar gibt es auch die Alternative einer sofortigen subventionierten Tätigkeit im privaten Sektor, aber auch diese muss bei längerer Dauer ein Bildungsangebot enthalten. Der Ansatzpunkt ist also nicht so sehr, über verstärkte Marktanreize oder Subventionierung die Beschäftigungslosen in den Arbeitsmarkt zu drängen, sondern sie mit Hilfe einer aktivierenden Qualifizierungsstrategie in ihrem Ausbildungsprofil so weit zu fördern, dass sie den sich rasch wandelnden Anforderungsprofilen des Arbeitsmarktes gewachsen sein können. Dies schlägt sich nicht zuletzt in den höchsten Bildungsausgaben der OECD-Welt nieder. Die konzentrierte Ausrichtung der aktiven Arbeitsmarktpolitik auf die individuelle Qualifizierung ist das zentrale politikleitende Motiv der dänischen Arbeitsmarktpolitik geworden.

Allerdings setzt auch die dänische Arbeitsmarktpolitik an der Reduzierung des Arbeitskräfteangebotes an. Dies betrifft insbesondere die älteren Arbeitnehmer. So wurden über die gesamte Dekade der 90er-Jahre hinweg die Programme der gleitenden Frühverrentung weiter ausgedehnt. Trotz des offiziellen Rentenalters von 67 Jahren wurde damit faktisch eine Rente für viele Beschäftigte ab 60 Jahren möglich und als Option faktisch institutionalisiert. Die Versuche, diese Frühverrentungsprogramme einzuschränken, führten nach 1998 zu dramatischen Zustimmungseinbußen bei der Bevölkerung. Dies zeigt, dass Einschnitte in generöse sozialkonsumptive Leistungen auch in Dänemark sehr schwierig geworden sind.

Ein weiteres Kennzeichen der dänischen Arbeitsmarktpolitik ist das vielfältige Angebot an Programmen für Bildungsurlaub, Erziehungsurlaub oder das Sabbatjahr. Diese in signifikantem Maße beanspruchten Programme sind an die Bedingung geknüpft, dass zeitweise frei werdende Stellen für Arbeitslose in der Aktivierungsphase zur Verfügung stehen. Sie werden temporär von den Arbeitssuchenden besetzt und dienen so auch als Jobtraining, das von staatlicher Seite massiv subventioniert und von den privaten Arbeitgebern genutzt wird.[106] Insbesondere die effiziente und soziale Arbeitsmarktpolitik könnte Deutschland in mancher Hinsicht als Vorbild dienen, da hier nennenswerte Reformen des Arbeitsmarktes bisher ausgeblieben sind.

4.3.3 Sozialpolitik

In der Arbeitslosen- und Rentenversicherung wurden die universalistischen Regelungen der Finanzierung und der statusunabhängigen Leistungsvergabe weit gehend beibehalten. Dänemark ist auch nach den Reformen der 90er-Jahre in seinem Kernbereich ein universalistischer Wohlfahrtsstaat. Seine Leistungen sind in hohem Maße steuerfinanziert. Sie unterliegen nur in wenigen Fällen der Bedürftigkeitsprüfung und zeichnen sich durch ein ausgedehntes Spektrum öffentlich bereitgestellter sozialer Dienstleistungen aus.[107] Der öffentliche Beschäftigungssektor wurde in erheblichem Maße auch in die aktive Arbeitsmarktpolitik eingebunden. Insbesondere älteren Arbeitslosen wurden subventionierte befristete Dienstleistungsjobs im öffentlichen Dienst angeboten. Diese generösen Sozialstaatsleistungen sind eine wichtige Voraussetzung für die Akzeptanz der dänischen Bürger gegenüber dem deregulierten Arbeitsmarkt.[108]

Das dänische System der Alterssicherung entspricht dem in Skandinavien vorherrschenden Muster einer universalen steuerfinanzierten Grundrente für alle Staatsbürger, einer darauf aufbauenden, beitragsfinanzierten Zusatzrente (ATP) für Arbeitnehmer und einem im Ausbau befindlichen System von Privat- und Betriebsrenten. Erstmals wurde in den 90er-Jahren auch eine Besteuerung der Altersrenten vorgenommen. Darüber hinaus wurden Bedürftigkeitsprüfungen für die Zusatzrente eingeführt. Obwohl sich diese an generösen Kriterien orientiert, wird sie von einigen Sozialstaatsforschern als eine Abkehr vom universalen hin zum stärker selektiven Wohlfahrtsstaat interpretiert.[109] Allgemein ist das dreisäulige und im hohen Maße steuerfinanzierte System zur Alterssicherung weit elastischer gegenüber den demographischen Verschiebungen und verhindert nicht die Beschäftigung im Niedriglohnbereich mit hohen Lohn- und Nebenkosten, wie dies im Sozialversicherungsmodell in Deutschland geschieht. Das dänische Rentensystem hat sich in den 90er-Jahren als sehr robust und zukunftsfest gezeigt.

4.3.4 Regierungsstil

Wie so häufig war die sozialdemokratisch geführte Regierung in Dänemark nach 1993 eine Minderheitsregierung. Sie musste trotz ihrer Koalition mit den Radikalliberalen für alle weiter reichenden Reformen Unterstützung auch bei anderen politischen Parteien, gesellschaftlichen Verbänden und Interessengruppen finden. Es ist kennzeichnend für die dänische Politik, dass sie meist das Ergebnis vielschichtiger Verhandlungen ist. Die »Kultur des Kompromisses« als politisch-kulturelle Ressource wurde für die Reformpolitik genutzt und durch ihren Gebrauch erneut regeneriert.[110] Besonders für die inhaltliche Ausgestaltung der Beschäftigungs- und Aktivierungsmaßnahmen wurden regionale gesellschaftliche Gruppen mit eingebunden. In diesem System der »zentralisiert-dezentralisierten Arbeitsbeziehungen« spielt die Mitwirkung der betroffenen Interessengruppen auf lokaler Ebene eine entscheidende Rolle.

Die Balance zwischen Staat, Markt und Gesellschaft hat in Dänemark eine besondere Qualität gewonnen. Während den Marktkräften bei der Investitions- und Beschäftigungspolitik der Unternehmen weiter Raum gelassen wird, garantiert der Staat mit seinen großzügigen universalistischen Transfers und Dienstleistungen die soziale Sicherheit und gesellschaftliche Akzeptanz für den deregulierten Arbeitsmarkt. Kennzeichnend ist die frühe und bis in die Gemeinden hineinreichende Einbeziehung von Betroffenen und Interessengruppen in die inhaltliche Ausgestaltung der Arbeitsmarktpolitik. Aus einer gerechtigkeitstheoretischen Perspektive steht Dänemark bei allen wichtigen Indikatoren blendend da. Es verfügt über die höchsten Bildungsausgaben (Generationengerechtigkeit, Investition in die Zukunft), großzügige Sozialleistungen (soziale Sicherheit), die niedrigsten Armutsquoten und eine sehr moderate Spreizung der Einkommensstruktur. Die Inklusion in den Arbeitsmarkt ist in Dänemark in den 90er-Jahren in hohem Maße gelungen. Bei international sehr hohen Erwerbsquoten kann Dänemark nunmehr auf eine der niedrigsten Arbeitslosenquoten im OECD-Bereich verweisen. In einem gerechtigkeitstheoretischen »ranking«[111] steht Dänemark unter den OECD-Staaten an vierter Stelle. Gemessen an Anthony Giddens' (1999) zentralen Kriterien: gesellschaftliche Inklusion, Vermeidung von Exklusion, Investition in Humankapital, Aktivierung des Sozialstaates und eine vitale Zivilgesellschaft, dürfte nicht das Großbritannien von Tony Blair, sondern das Dänemark von Poul Nyrup Rasmussen diesem Idealbild entsprechen.

5. Trends und Reformbedarf

Politische Institutionen, gesellschaftliche Anspruchskulturen und die fiskalischen Möglichkeiten der Sozialhaushalte beeinflussen die Entwicklungspfade in der Sozialpolitik. Über alle Zäsuren unterschiedlicher politischer Regime hinweg hat sich die Sozialpolitik in den letzten 120 Jahren in Deutschland vor allem entlang des statussichernden Sozialversicherungsprinzips entwickelt. Substanzielle Strukturbrüche gab es nicht. Kennzeichnend für die deutsche Sozialstaatsentwicklung ist nicht die Richtungsänderung des Pfades, sondern seine Verbreiterung über alle Regimebrüche und richtungspolitischen Regierungswechsel hinweg. Die Ausdifferenzierung des politischen Institutionensystems der Bundesrepublik Deutschland zu einer politischen Ordnung mit zahlreichen und mächtigen Vetospielern[112], die ausgeprägte sozialstaatliche Anspruchskultur und eine zunehmend zahlreichere ältere Wählerschicht, die an Alterssicherung und Gesundheit besonders interessiert ist, werden jeder großen Trendabweichung vom bisherigen sozialpolitischen Kurs harte Grenzen setzen. Basiert die Trendprognose allein auf diesen Variablen, ist weiter mit einem »mittleren Weg«[113] in der Sozialpolitik Deutschlands zu rechnen. Allerdings werden zwei Herausforderungen eine mittelfristige Wegänderung erzwingen: die Alterung der Gesellschaft und die zunehmende Standortkonkurrenz aufgrund der Europäisierung und Globalisierung der Wirtschaft.

Die Alterung der Gesellschaft führt zu einer ansteigenden Nachfrage in den Bereichen der Alterssicherung und im Gesundheitssektor. Gemessen am Bruttosozialprodukt lagen die Ausgaben der Bundesrepublik Deutschland im letzten Jahrzehnt des 20. Jahrhunderts schon im absoluten Spitzenbereich der OECD.[114] Die Steigerungsmöglichkeiten sind daher stark begrenzt. Sie werden zudem durch das gegenwärtige Kernprinzip der Leistungsfinanzierung durch Sozialversicherungen weiter eingeschränkt. Da diese über Lohnnebenkosten aufgebracht werden, droht der Faktor Arbeit im internationalen Konkurrenzkampf relative Wettbewerbsnachteile zu erleiden. Dies würde im schlechtesten Fall zu einem Rückgang der Investitionen und zum Anstieg der Arbeitslosigkeit insbesondere im Niedriglohnbereich führen. Da die arbeitsmarktpolitische Bilanz der Bundesrepublik Deutschland im OECD-Vergleich schon in den letzten zwei Jahrzehnten unterdurchschnittlich war, kann sich eine rationale und gerechtigkeitsorientierte Politik kaum eine weitere Verschlechterung erlauben.

Ein erheblicher Problem- und Reformdruck steht also einem dicht gestaffelten System von politischen und gesellschaftlichen Vetoakteuren gegenüber. Aber auch Vetoakteure sind lernfähig, nicht immer nur partikularen Interessen verpflichtet und durch moralischen und öffentlichen Überzeugungsdruck in ihren Strategien beeinflussbar. Hier lohnt sich ein Blick über die Ländergrenzen hinweg. Das »marktorientierte Modell« des britischen Wohlfahrtsstaates zeigt neben seinen arbeitsmarktpolitischen Erfolgen auch die enormen Kosten: Die Armutsquote ist in Großbritannien doppelt so hoch wie in Deutschland, die öffentlichen Dienstleistungen in den Bereichen Transport, Schule und Gesundheit liegen qualitativ wie quantitativ sichtbar hinter der Leistungskraft der meisten kontinentalen Sozialstaaten zurück. Das »etatistische Modell« Frankreichs weist ebenfalls erhebliche Schwächen auf. Sie liegen in erster Linie in der schlechten arbeitsmarktpolitischen Bilanz. Die weit gehende Fortschreibung der Strukturen des Nachkriegs-Sozialstaates überzeugt weder im Hinblick auf ihre langfristige Finanzierung, ihre Diskriminierung der nicht familiären Lebensformen noch in ihrer passiv-kompensatorischen Struktur, die zu wenig Anreize für Weiterbildung und die Aufnahme von Erwerbsarbeit bietet. Es muss befürchtet werden, dass ein weiteres Verschieben von Reformen später mit umso härteren Eingriffen in die wirtschaftliche und soziale Wohlfahrt gerade der schwächeren Schichten der Gesellschaft bezahlt werden muss. Am ehesten kann Deutschland von den dänischen und niederländischen Reformerfahrungen des vergangenen Jahrzehntes lernen. Bei fast allen Indikatoren sozialer Gerechtigkeit schneidet insbesondere Dänemark besser ab als Deutschland. Dies gilt im Kampf gegen die Armut, bei den Investitionen in die Bildung, der arbeitsmarktpolitischen Bilanz und den sozialen Dienstleistungen. Die »dänische Lehre« lautet: Abrücken von der statusorientierten und transfergestützten Einkommenssicherung sowie Umschichtung der Sozialhaushalte und des Staatshaushaltes zugunsten der sozialinvestiven Aufgaben. Der Sozialversicherungsstaat muss zu einem Sozialinvestitionsstaat werden. Forschung, Bildung und Ausbildung werden dabei eine Schlüsselstellung einnehmen müssen. Die Finanzierung der Sozialpolitik muss stärker von den Lohnnebenkosten auf allgemeine Steuern und – begrenzt – auch private Beteiligung ausgedehnt werden. Dies sind keineswegs nur normative Forderungen, die einem bestimmten Ideal sozialer Gerechtigkeit verpflichtet sind, das seinen Fluchtpunkt in einer gerechten Verteilung der Lebenschancen sieht.[115] Es sind vor allem auch Reaktionen auf die Globalisierung und Individualisierung von Wirtschaft und Gesellschaft.

Anmerkungen

Ich danke Christian Henkes für seine Mitarbeit.

1 Georg Tsebelis, Decision Making in Political Systems. Veto Players in Presidentialism, Parliamentarism, Multicameralism and Mulipartism, in: British Journal of Political Science, 3/1995, S. 289–325; ders., Veto Players and Law Production in Parliamentary Democracies: An Empirical Analysis, in: American Political Science Review, 3/1999, S. 591–608.
2 Gösta Esping-Andersen, The Three Worlds of Welfare Capitalism, Princeton 1990.
3 Stephan Leibfried/Uwe Wagschal, Der deutsche Sozialstaat: Bilanzen – Reformen – Perspektiven, in: dies. (Hrsg.), Der deutsche Sozialstaat: Bilanzen – Reformen – Perspektiven, Frankfurt/M. 1999, S. 8–52, hier S. 8 f.
4 Manfred G. Schmidt, Sozialpolitik in Deutschland: Historische Entwicklung und internationaler Vergleich, Opladen 1998, S. 24.
5 Am 1. Oktober 1927 folgte mit dem »Gesetz über Arbeitsvermittlung und Arbeitslosenversicherung« die vierte große Sozialversicherung.
6 Schmidt, Sozialpolitik in Deutschland (Anm. 4), S. 25.
7 Ebd., S. 64; Lutz Leisering, Kontinuitätssemantiken: Die evolutionäre Transformation des Sozialstaates im Nachkriegsdeutschland, in: Leibfried/Wagschal, Sozialstaat (Anm. 3), S. 91–114, hier S. 91.
8 Schmidt, Sozialpolitik in Deutschland (Anm. 4), S. 78 ff.
9 Hans F. Zacher, Der deutsche Sozialstaat am Ende des Jahrhunderts, in: Leibfried/Wagschal, Sozialstaat (Anm. 3), S. 53–90, hier S. 56.
10 Ebd., S. 59.
11 Schmidt, Sozialpolitik in Deutschland (Anm. 4), S. 85.
12 Ebd., S. 83; Zacher, Sozialstaat (Anm. 9), S. 64.
13 Helga Michalski, Parteien und Sozialpolitik in der Bundesrepublik Deutschland, in: Sozialer Fortschritt, 33/1984, S. 134–141, hier S. 138.
14 Detlev Zöllner, Ein Jahrhundert Deutschland, Berlin 1981, S. 109.
15 Schmidt, Sozialpolitik in Deutschland (Anm. 4), S. 93.
16 Ebd., S. 95.
17 Zacher, Sozialstaat (Anm. 9), S. 63.
18 Ebd., S. 67.
19 Schmidt, Sozialpolitik in Deutschland (Anm. 4), S. 99.
20 Jens Alber, Der Sozialstaat in der Bundesrepublik Deutschland 1950–83, Frankfurt/M. 1989, S. 286.
21 Franz Xaver Kaufmann, Herausforderungen des Sozialstaates, Frankfurt/M. 1997.
22 Fritz Scharpf, Economic changes, vulnerabilities and institutional capabilities, in: ders./Vivian Schmidt (Hrsg.), Welfare and Work in the Open Economies, Oxford 2000, S. 21–124.

23 Wolfgang Merkel, Soziale Gerechtigkeit und die drei Welten des Wohlfahrtskapitalismus, in: Berliner Journal für Soziologie, 2/2001, S. 5–30.
24 Peter J. Katzenstein, Small States in World Markets. Industrial Policy in Europe, Ithaca und London 1985.
25 Ulrich Beck, Was ist Globalisierung?, Frankfurt/M. 1997, S. 20.
26 Zacher, Sozialstaat (Anm. 9), S. 76.
27 Ebd., S. 67.
28 Schmidt, Sozialpolitik in Deutschland (Anm. 4), S. 59.
29 Jens Alber, Der deutsche Sozialstaat in der Ära Kohl: Diagnosen und Daten, in: Leibfried/Wagschal, Sozialstaat (Anm. 3), S. 235–275, hier S. 235ff.
30 Vgl. z.B. Jens Borchert, Die konservative Transformation des Wohlfahrtsstaates, Frankfurt/M. und New York 1995.
31 Jürgen Neyers/Martin Seeleib-Kaiser, Arbeitsmarktpolitik nach dem Wohlfahrtsstaat: Konsequenzen der ökonomischen Globalisierung, in: Aus Politik und Zeitgeschichte (APuZ), B 26/1996, S. 25–35.
32 Frank Nullmeier/Friedrich W. Rüb, Die Transformation der Sozialpolitik: Vom Sozialstaat zum Sicherungsstaat, Frankfurt/M.und New York 1993.
33 Margarete Landenberger, Pflegeversicherung als Vorbote eines anderen Sozialstaates, in: Zeitschrift für Sozialreform, 3/1994, S. 314–342; Heinz Rothgang, Die Einführung der Pflegeversicherung – Ist das Sozialversicherungsprinzip am Ende?, in: Leviathan, Sonderheft 14/1994, S. 164–187.
34 Paul Pierson, The new Politics of the Welfare State, in: World Politics, 1/1996, S. 143–179; Gösta Esping-Andersen, Welfare States without Work. The Impasse of Labour Shedding and Familialism in Continental European Social Policy, in: ders. (Hrsg.), Welfare States in Transition, London 1996, S. 66–87.
35 Alber, Sozialstaat (Anm. 29), S. 262.
36 Auf die Haushaltspolitik wird hier deshalb kurz eingegangen, weil sie in erheblichem Maße den Handlungskorridor der Sozialpolitik mitbestimmt.
37 Esping-Andersen, Welfare Capitalism (Anm. 2); Schmidt, Sozialpolitik in Deutschland (Anm. 4).
38 Sven Jochem, Sozialpolitik in der Ära Kohl: Die Politik des Sozialversicherungsstaates, in: Zentrum für Sozialpolitik, Arbeitspapier 12/1999, Bremen 1999.
39 Nullmeier/Rüb, Sozialpolitik (Anm. 32).
40 Der Demographiefaktor berücksichtigt die gestiegene Lebenserwartung und längere Bezugsdauer der Rente.
41 Karl Hinrichs, Reforming the Public Pension Scheme in Germany: The End of the Traditional Consensus, in: Zentrum für Sozialpolitik, Arbeitspapier 11/1998, Bremen 1998.
42 Alber, Sozialstaat (Anm. 29), S. 254.
43 Ebd., S. 255.
44 Schmidt, Sozialpolitik in Deutschland (Anm. 4), S. 153f.
45 Ebd., S. 161.
46 Jochem, Sozialpolitik Ära Kohl (Anm. 38), S. 13.
47 Reimut Zohlnhöfer, Politikwechsel nach Machtwechseln. Das Beispiel der christlich-liberalen Wirtschaftspolitik in den 80er-Jahren, in: Zentrum für Sozialpolitik, Arbeitspapier 12/1998, Bremen 1998, S. 18–25.
48 Jochem, Sozialpolitik Ära Kohl (Anm. 38), S. 12.
49 Folgende Gesetzespakete wurden im Gesundheitsbereich verabschiedet: Neuordnung der Krankenhausfinanzierung 1984; Gesundheitsreformgesetz 1988; Gesundheitsstrukturgesetz 1992; erstes und zweites Neuordnungsgesetz 1997.
50 Nils C. Bandelow/Klaus Schubert, Wechselnde Strategien und kontinuierlicher Abbau solidarischen Ausgleichs. Eine gesundheitspolitische Bilanz, in: Göttrik Wewer (Hrsg.), Bilanz der Ära Kohl, Opladen 1998, S. 113–128, hier S. 124.
51 Schon 1983 wurde sie von Arbeitsminister Norbert Blüm auf die sozialpolitische Agenda gesetzt und in seinem Ministerium vorbereitet.

52 Schmidt, Sozialpolitik in Deutschland (Anm. 4).
53 Roland Czada, Vereinigungskrise und Standortdebatte: Der Beitrag der Wiedervereinigung zur Krise des westdeutschen Modells, in: Leviathan, 1/1998, S. 23–59, hier S. 31.
54 Schmidt, Sozialpolitik in Deutschland (Anm. 4), S. 160.
55 Manfred G. Schmidt, Sozialstaatliche Politik der Ära Kohl, in: Wewer, Bilanz (Anm. 50), S. 59–88, hier S. 73.
56 Selbstverständlich hat es kleinere Steuererhöhungen gegeben, wie die kontinuierliche Erhöhung der Mineralölsteuer oder den Solidaritätszuschlag.
57 Wachstums- und Beschäftigungsförderungsgesetz 1996; Arbeitslosenhilfereform 1996; gesundheitspolitisches Sparpaket 1996; Arbeitsförderungsreformgesetz 1997.
58 Alber, Sozialstaat (Anm. 29), S. 252.
59 Schmidt, Sozialpolitik in Deutschland (Anm. 4), S. 65 f.
60 Jelle Visser/Anton Hemerijk, Ein holländisches Wunder? Reform des Sozialstaates und Beschäftigungswachstum in den Niederlanden, Frankfurt/M. und New York 1998, S. 66 ff.
61 Wolfgang Schroeder/Josef Esser, Modell Deutschland: Von der konzertierten Aktion zum Bündnis für Arbeit, in: APuZ, B 37/1999, S. 3–12, hier S. 9.
62 Nico Siegel/Sven Jochem, Zwischen Sozialstaats-Status quo und Beschäftigungswachstum: Das Dilemma des Bündnisses für Arbeit im Trilemma der Dienstleistungsgesellschaft, in: Zentrum für Sozialpolitik, Arbeitspapier 17/1999, Bremen 1999, S. 33.
63 Visser/Hemerijk, Ein holländisches Wunder? (Anm. 60), S. 147.
64 Anke Hassel, Soziale Pakte in Europa, in: http://www.mpi-fg-koeln.mpg.de, 1998, S. 7.
65 Tatsächlich war sie auch nur von einer Minderheit in der Regierung und den Regierungsfraktionen gewollt.
66 Manfred G. Schmidt, The Policy of the Middle Way, in: Journal of Public Policy, 2/1989, S. 135–177; Manfred G. Schmidt, Immer noch auf dem »mittleren Weg«? Deutschlands Politische Ökonomie am Ende des 20. Jahrhunderts, in: Zentrum für Sozialpolitik, Arbeitspapier 7/1999, Bremen 1999.
67 Diese Verbände und die Delegation von Aufgaben an sie sind gegenwärtig – und wohl auch in der näheren Zukunft – der kritische Punkt des »mittleren Weges«, vgl. Schmidt, »mittlere Weg« (Anm. 66), S. 16. Die schrumpfende Repräsentativität, Verpflichtungs- und Regelungskapazität der Verbände beginnt eine wichtige Konstante der bundesdeutschen Politik aufzulösen.
68 Schmidt, »mittlere Weg« (Anm. 66), S. 1.
69 Reimut Zohlnhöfer, Rückzug des Staates auf den Kern seiner Aufgaben? Eine Analyse der Wirtschaftspolitik in der Bundesrepublik Deutschland seit 1982, in: Manfred G. Schmidt (Hrsg.), Wohlfahrtsstaatliche Politik: Institutionen, Prozess und Leistungsprofil, Opladen 2001, S. 227–261, hier S. 257.
70 Tsebelis, Veto Players (Anm. 1); ders., Veto Players and Law Production (Anm. 1).
71 Ders., Veto Players (Anm. 1); Zohlnhöfer, Rückzug des Staates (Anm. 69), S. 256.
72 Vgl. Arend Lijphart, Democracies: Patterns of Majoritarian and Consensus Government in Twenty-One Countries, New Haven und London 1984; ders., Patterns of Democracy. Government Forms and Performance in Thirty-Six Countries, New Haven und London 1999.
73 Allerdings hat die Regierung Blair am ersten Tag ihrer Amtsübernahme die operative Entscheidung über die Zinsfestlegung der Befugnis der Notenbank überantwortet.
74 Wolfgang Merkel, Die dritten Wege der Sozialdemokratie ins 21. Jahrhundert, in: Berliner Journal für Soziologie, 1/2000, S. 99–124.
75 OECD Economic Outlook June 1999, Paris 1999.
76 Jürgen Krönig, Zuckerbrot und Peitsche, in: Die Zeit vom 16. September 1999.
77 Allerdings ist die Anzahl derer, die trotz eines Arbeitseinkommens unterhalb der Armutsgrenze leben, in Großbritannien deutlich höher als in den meisten Ländern der Europäischen Union.
78 Anthony Giddens, Der dritte Weg. Die Erneuerung der sozialen Demokratie, Frankfurt/M. 1999.
79 Auch die Frauenerwerbsquote liegt sichtbar über dem Durchschnitt der Euro-Länder.

80 Alle Zahlen sind aus: OECD Employment Outlook June 1999, Paris 1999. Die neuesten Zahlen verzeichnen weiterhin einen positiven Trend: So sank die Arbeitslosenquote in Großbritannien im Jahre 1999 auf 6,1, im Jahre 2000 sogar auf 5,6 Prozent herab; vgl. OECD Employment Outlook Juli 2001, Paris 2001.

81 Irene Dingeldey, Zuckerbrot und Peitsche – Arbeitsmarkpolitik unter New Labour, in: Blätter für deutsche und internationale Politik, 3/1999, S. 328–335; Peter Robinson, Britain's Labour Government: A third way for social democracy?, in: Arbeitspapier des Forums: Scholars for European Social Democracy, 1999.

82 Gordon Brown, Enterprise and Fairness, in: Gavin Kelly (Hrsg.), Is New Labour Working? London 1999, S. 49–57, hier S. 52.

83 Vgl. Dieter Claassen, Vollbeschäftigung rückt näher, in: http://www.news.bluwin.ch vom 15. März 2001.

84 Mit der Bildungs- und Ausbildungsoffensive bemüht sich die neue Labour-Regierung auch, die klaffende Produktivitätslücke gegenüber den Ländern der WWU zu schließen.

85 Dingeldey, Zuckerbrot und Peitsche (Anm. 81), S. 333.

86 Seit der Kabinettsumbildung nach dem Wahlsieg im Juni 2001 ist Alistair Darling Minister für Arbeit und Renten, vgl. www.number-10.gov.uk.

87 Alistair Darling, Rebuilding the Welfare State: the moral case for reform, in: Kelly, New Labour (Anm. 82), S. 35–41, hier S. 36.

88 Merkel, Soziale Gerechtigkeit (Anm. 23).

89 Wolfgang Merkel, Ende der Sozialdemokratie? Wählerentwicklung, Machtressourcen und Regierungspolitik im westeuropäischen Vergleich, Frankfurt/M. 1993, S. 323 ff.

90 Handelsblatt vom 20. April 1999.

91 Henrik Uterwedde, Die Wirtschaftspolitik der Regierung Jospin – ein erfolgsträchtiges Konzept, in: Peter Scherer u. a. (Hrsg.), Von den Nachbarn lernen: Wirtschafts- und Beschäftigungspolitik in Europa, Marburg 1998, S. 226–234, hier S. 227.

92 Ebd., S. 228.

93 Ebd., S. 229.

94 OECD Economic Survey 1998–99: France, Paris 1999; Wolfgang Neumann, Neue Wege aus der Beschäftigungskrise? Frankreichs Versuch die Jugendarbeitslosigkeit zu halbieren. Aktuelle Frankreich-Analyse des Deutsch-Französischen Instituts, Ludwigsburg 1998.

95 Zur Entwicklung des spanischen Arbeitsmarktes vgl. José M. Maravall, Regimes, Politics and Markets: democratization and economic change in southern and eastern Europe, Oxford 1997.

96 Dies gilt insbesondere in den sozialdemokratisch (mit)regierten Ländern, in der dilettantisch-symbolische Demokratisierung und staatliche Kontrolle der Hochschulen das Ausbleiben substanzieller Investitionen nicht verdecken können.

97 Lionel Jospin, Towards a more just world. Contribution of the French Socialist Party to the Congress of the Socialist International 1999, in: http://www.parti-socialiste.fr/html/international/intern/orient/index.html., S. 5.

98 Andrea Becker/Ingo Bode, Die Renaissance der nationalen Solidarität. Solidarischer Konservatismus in Frankreich und seine Grenzen, in: Zeitschrift für Sozialreform, Bd. 44/1998, S. 769–793.

99 Merkel, Soziale Gerechtigkeit (Anm. 23).

100 Peter Nannestad, Das politische System Dänemarks, in: Wolfgang Ismayr (Hrsg.), Die politischen Systeme Westeuropas, Opladen 1999, S. 53–90.

101 Lars Bille, Leadership Change and Party Change: The Case of Danish Social Democratic Party 1960–95, in: Party Politics, 3/1997, S. 379–390.

102 Knut Emmerich, Dänemark: Arbeitsmarktflexibilisierung bei hoher sozialer Sicherung, in: Wirtschaftsdienst des HWWA, VII, 1998.

103 Ole Borre/Jorgen Goul Andersen, Voting and Political Attitutes in Denmark, Aarhus 1997.

104 90 Prozent des Einkommens werden als Arbeitslosenunterstützung bezahlt, allerdings mit einer relativ früh einsetzenden Höchstgrenze.

105 In den 90er-Jahren gab Dänemark – gemessen am Bruttoinlandsprodukt – mehr für die Bildung aus als jeder andere Mitgliedstaat der OECD.
106 Schätzungen von dänischen Sozialwissenschaftlern gehen davon aus, dass über zwei Drittel der Teilnehmer an einem solchen Jobtraining danach eine Stelle im ersten Arbeitsmarkt finden.
107 Peter Köhler, Soziale Sicherheit in Dänemark, in: Soziale Sicherheit, 6/1998, S. 226–234; Josef Schmid, Wohlfahrtsstaaten im Vergleich, Opladen 1996, S. 64–73.
108 Sven Jochem, Die skandinavischen Wege in die Arbeitslosigkeit, Opladen 1998, S. 199.
109 Robert Henry Cox, The Consequence of Welfare Retrenchment in Denmark, in: Politics and Society, 3/1998, S. 303–326; Jacob Torfing, Workfare with Welfare: Recent Reforms of the Danish Welfare State, in: Journal of European Social Policy, 1/1999, S. 5–28.
110 Christoffer Green-Pedersen, Welfare-state Retrenchment in Denmark and the Netherlands 1982–1998: The role of party competition and party consensus. Paper for 4th ESA conference, Amsterdam August 18–21 1999, Aarhus 1999.
111 Merkel, Soziale Gerechtigkeit (Anm. 23).
112 Zohlnhöfer, Rückzug des Staates (Anm. 69).
113 Schmidt, »mittlere Weg« (Anm. 66).
114 Merkel, Soziale Gerechtigkeit (Anm. 23).
115 Ebd.

MANFRED WEBER

Finanzmarkt und Finanzkultur

1. Die Deutschen und ihr Geld: eine Geschichte des Wandels

50 Jahre erfolgreiche Wirtschaftsentwicklung und ein sich international wandelndes Umfeld haben in Deutschland den Umgang der Menschen mit Geld und Vermögen, den Stellenwert der Geld- und Finanzsphäre sowie die Aufgaben der Banken in Wirtschaft und Gesellschaft – kurz: die deutsche Finanzkultur – nachhaltig verändert. Tief geprägt von den historischen Erfahrungen aus zwei Währungsreformen, entstand aus dem kriegszerstörten Land eine der größten Volkswirtschaften der Welt. Die Deutschen haben sich in diesen fünf Jahrzehnten von einem Volk streng auf Sicherheit bedachter Kleinsparer zu anspruchsvollen Anlegern mit einem ausgeprägten Bewusstsein für Chance und Risiko gewandelt. An die Stelle eines stark regulierten deutschen Finanzmarkts ist ein zunehmend deregulierter, europäischer, ja internationaler Finanzmarkt getreten, der heute eine wesentliche Grundlage des weltwirtschaftlichen Wohlstands darstellt.

Dieser Wandel, so die zentrale These dieses Beitrags, erfährt seine große Dynamik aus vier Entwicklungen: Erstens aus einem ordnungspolitischen Paradigmenwechsel, der auf privat- und marktwirtschaftliche Lösungen setzt und die produktive Kraft des Wettbewerbs wieder stärker zur Geltung bringt; zweitens aus dem Prozess der Globalisierung und der Schaffung der Europäischen Wirtschafts- und Währungsunion, die zu einem weitgehend integrierten europäischen Finanzmarkt geführt hat; drittens aus dem Fortschritt der Informations- und Kommunikationstechnologie, der die Kreditwirtschaft mit ihren leicht digitalisierbaren Produkten einem permanenten Wandel unterwirft; und schließlich aus einem Mentalitätswandel auf Seiten der Bankkunden, die mit wachsendem Wohlstand auch neue Anforderungen an die Banken stellen.

Der Finanzmarkt und die Finanzkultur in Deutschland haben damit eine Entwicklung vollzogen, die bei Gründung der Bundesrepublik und Einführung der D-Mark kaum vorstellbar war. Besonders seit Mitte der 90er-Jahre hat das Thema Geld und Börse in den deutschen Medien und der öffentlichen Meinung einen Stellenwert gewonnen wie nie zuvor. Tägliche Meldungen über die Entwicklung von DAX, NEMAX, Dow Jones und des Euro-Wechselkurses in den Hauptnachrichtensendungen des Fernsehens gehören inzwischen zur Routineberichterstattung. Auch die Qualität der Medienberichterstattung ist im finanzwirtschaftlichen Sinne professioneller geworden. Das Laufband mit den aktuellen Kursen am Bildschirmrand in den Nachrichtensendern ist inzwischen zur Selbstverständlichkeit geworden.

Noch vor einigen Jahren wäre das undenkbar gewesen. Das Börsengeschehen war lange Zeit nur etwas für Spezialisten und »Spekulanten«. Die öffentliche Aufmerksamkeit richtete sich allenfalls in Ausnahmesituationen, meist in Krisenfällen, auf Börsen und Finanzmärkte. So berührte etwa der große Börsencrash im Oktober 1987 Medien und breite Öffentlichkeit nur so lange, wie die heftigen Kursbewegungen andauerten. Heute hingegen gehören Wirtschaft und Börse zur Alltags- und Erfahrungswelt einer wachsenden Bevölkerungsgruppe. Wertpapieranlagen sind Gesprächsstoff in U-Bahnen und Gasthäusern, Aktiengeschäfte schon fast zum Volkssport aufgestiegen.

Dies sind freilich nur die äußeren Aspekte des Wandels der Gesellschaft in ihrem Verhältnis zu monetären Fragen. Hinter der erhöhten Wahrnehmung des Geschehens an den Finanzmärkten durch die Öffentlichkeit verbirgt sich erheblich mehr als lediglich ein gewachsenes Interesse der Medien an einem neuen Thema. Dahinter steht ein massiv verändertes Verhalten großer Teile der Bevölkerung, die sich vor dem Hintergrund der gestiegenen Einkommen und der im Generationswechsel übertragenen Vermögen zu anspruchsvollen und renditebewussten Anlegern wandeln.

Das hat natürlich erheblichen Einfluss auf das Finanzgewerbe. Dort fand und findet ein Umstrukturierungsprozess statt, den es in dieser Intensität in Deutschland nach dem Krieg noch nicht gegeben hat. Und dies hat wiederum Rückwirkungen auf die Bankkunden, auf ihr Verhalten im Umgang mit Geld sowie auf die Art und Weise, wie finanzwirtschaftliche Themen in Öffentlichkeit und Politik behandelt werden.

Diese Zusammenhänge machen deutlich: Die Veränderungen der deutschen Finanzkultur sind nur als Prozess zu begreifen, der sich im Wechselspiel von realwirtschaftlicher Entwicklung und der Veränderung von individuellen Einstellungen vollzieht. Wenn die privaten Haushalte, die Unternehmen oder der Staat ihr Wirtschaftsverhalten ändern, dann wirkt sich dies stets darauf aus, in welchem Umfang und in welcher Form Geld genutzt wird und wie dies wahrgenommen wird. Und umgekehrt wirken individuelle Einstellungen – und die sich daraus gleichsam als »Kollektivphänomen« ergebende Finanzkultur – auf realwirtschaftliche Vorgänge zurück. Die Finanzkultur lässt sich deshalb nicht isoliert als sozialpsychologisches Konstrukt betrachten, sondern sie muss stets im Zusammenhang mit dem Finanzmarkt und seiner realwirtschaftlichen Fundierung gesehen werden.

Vor diesem Hintergrund geht die folgende Analyse der Entwicklung von Finanzmarkt und Finanzkultur von den beteiligten volkswirtschaftlichen Akteuren aus. Es wird untersucht, wie im Einzelnen die privaten Haushalte, die Unternehmen, der Staat sowie die Banken durch ihr Verhalten und durch die Gestaltung der Institutionen und Rahmenregeln die Finanzmärkte und die Finanzkultur geprägt und beeinflusst haben (Kapitel 2). Nachdem auf der Basis dieses methodischen Ansatzes dargelegt worden ist, welchen Entwicklungslinien Finanzmarkt und Finanzkultur vom Ende des Zweiten Weltkriegs bis heute gefolgt sind, werden künftige Entwicklungstrends und Faktoren beschrieben, die die Finanzkultur in der Zukunft maßgeblich beeinflussen werden (Kapitel 3).

2. Entwicklungslinien

2.1 Die Deutschen und ihr Umgang mit Geld

2.1.1 Die Ausgangslage nach dem Zweiten Weltkrieg

Die beiden Weltkriege, insbesondere der zweite, hatten nicht nur weit gehend die Produktionskapazitäten der deutschen Volkswirtschaft vernichtet. Die deutsche Bevölkerung hatte innerhalb eines halben Jahrhunderts als Folge zweier verlorener Kriege auch den Ruin des Geldwesens erlebt. Stets waren damit außerordentliche Verluste an privatem Geldvermögen verbunden. Für den größten Teil der Bevölkerung war die finanzielle Grundlage jeglicher Zukunftsplanung nahezu völlig zerstört. Diese Erfahrung hat das Verhalten der Menschen, der Wirtschaft und der Politik maßgeblich geprägt. In den ersten Jahrzehnten der Bundesrepublik – mit Wirkungen bis in die 80er- und 90er-Jahre – war die Finanzkultur primär vom Streben nach Stabilität und Sicherheit bestimmt.

Ein Finanzmarkt im eigentlichen Sinne des Wortes existierte schon Jahre vor dem Zweiten Weltkrieg nicht mehr. Beim Geld- und Kapitalverkehr über die Ländergrenzen hinweg waren bereits seit Anfang der 30er-Jahre massive Beschränkungen und Regulierungen die Norm, und dies weltweit. Auch im Inland unterlag der Bankensektor starken Restriktionen.[1]

Die monetären Verhältnisse bei der Gründung der Bundesrepublik Deutschland waren gekennzeichnet durch ein sehr niedriges Geldvermögen bei den privaten Haushalten, den Unternehmen und dem Staat, eine ausgeprägte Angst vor Geldentwertung und ein höchst unterentwickeltes und reglementiertes Finanzwesen. Dies war das Umfeld, in dem die D-Mark als neue Währung eingeführt wurde und sich gegenüber der inländischen Bevölkerung, aber auch international durchsetzen musste.[2]

Weil sich die extrem belastenden Erfahrungen mit Kriegen und Hyperinflationen in der ersten Hälfte des 20. Jahrhunderts tief im kollektiven Gedächtnis der Deutschen eingegraben haben, entwickelten diese ein besonders ausgeprägtes Stabilitätsbewusstsein. Die Bevölkerung wusste zu schätzen, welchen Anteil dieses Stabilitätsbewusstsein an der Erfolgsgeschichte der D-Mark hatte. Eine Politik, die der Sicherung des Geldwertes Vorrang vor anderen wirtschaftspolitischen Zielsetzungen gab, ist vor diesem Hintergrund immer auf die breite Zustimmung in der Bevölkerung getroffen.

Die rechtlich verbürgte Unabhängigkeit der Deutschen Bundesbank erfuhr damit eine zusätzliche politische Absicherung. Da sie die öffentliche Meinung auf ihrer Seite hatte, konnte die Deutsche Bundesbank auch dann noch an der Geldwertstabilität orientierte Entscheidungen durchsetzen, wenn diese auf Zurückhaltung oder gar Ablehnung der jeweiligen Bundesregierungen stießen.[3] Im Endergebnis haben stabile Preise und stabile Wechselkurse einen wichtigen Beitrag zum deutschen Wirtschaftswunder geleistet; sie waren die Voraussetzung dafür, dass der Marktmechanismus zum Vorteil aller funktionieren konnte. Diese grundlegende Erfahrung hat die Finanzkultur in der Bundesrepublik Deutschland geprägt und wirkt bis heute fort.

Ende 1949 belief sich das Geldvermögen der privaten Haushalte, der Unternehmen außerhalb des Finanzsektors sowie des Staates insgesamt auf nur 45 Milliarden DM.[4] Davon entfielen 20,6 Milliarden DM auf die privaten Haushalte. Dem niedrigen Geldvermögen entsprach das niedrige Einkommensniveau. Das durchschnittliche Bruttoeinkommen aus unselbstständiger Arbeit lag 1950 bei rund 280 DM im Monat; die Nettolöhne bewegten sich bei 220 DM.[5] Die Sparquote, d. h. der Anteil der laufenden Ersparnis an den verfügbaren Einkommen der privaten Haushalte, konnte unter diesen Umständen und in Anbetracht des enormen Nachholbedarfs im Hinblick auf die Ausstattung insbesondere mit Kleidung und Haushaltsgegenständen nicht hoch sein. Sie belief sich auf gerade einmal 4,2 Prozent.

Realeinkommen und Wohlstand der Bevölkerung nahmen jedoch stetig zu – und das für breite Schichten der Bevölkerung in Westdeutschland. Das wirkte sich auf die Geldvermögensbildung aus und führte nach und nach zu einer Differenzierung: Die Bildung von Geldvermögen konzentrierte sich nicht mehr nur auf das klassische Sparbuch. Andere Formen, wie das Bau- und das Versicherungssparen, aber auch die Anlagen in festverzinslichen Wertpapieren und in Investmentfonds, nahmen deutlich zu. Die Bürger befassten sich zunehmend mit den verschiedenen Möglichkeiten, Geld anzulegen und ihre Einkünfte aus Geldvermögen zu verbessern.

Zwar gab es im Zeitablauf zyklische Schwankungen der Sparquote. Doch insgesamt ist die Bereitschaft der Deutschen, einen beachtlichen Teil ihres Nettoeinkommens »auf die hohe Kante zu legen«, über die ganze Zeit hinweg beachtlich hoch geblieben. Entscheidenden Anteil daran hatte nicht nur das enorme Wirtschaftswachstum, das Deutschland zu einer führenden Wirtschaftsnation werden ließ, sondern auch die anhaltende Stabilität der D-Mark. Als Folge der regen Spartätigkeit ist das Vermögen der privaten Haushalte – Geldvermögen, Grundbesitz, Unternehmensanteile und langlebige Gebrauchsgüter – bis heute auf fast 18 Billionen DM angestiegen; davon entfallen fast sieben Billionen auf das Geldvermögen.

2.1.2 Vom Sparer zum Anleger

Das Spar- und Anlageverhalten der Bürger hat sich – ebenso wie der Kapitalmarkt und die Angebote der Finanzinstitute – im Laufe der westdeutschen Geschichte deutlich geändert. Angesichts niedriger Einkommen und Geldvermögen in den Anfangsjahren der Bundesrepublik beschränkten sich die Ansprüche der Privatpersonen an das Finanzgewerbe im Wesentlichen auf einige grundlegende Dienstleistungen, nämlich die Ein- und Auszahlung von Bargeld sowie die Geldanlage in einer eng begrenzten Zahl von Anlageformen. Im Durchschnitt der 50er-Jahre legten die privaten Haushalte knapp 60 Prozent ihrer neuen Ersparnisse bei Banken an, davon waren fast drei Viertel Spareinlagen. Die rasch wachsende Wirtschaftskraft führte dazu, dass sich bis Ende der 50er-Jahre der durchschnittliche Nettolohn je Beschäftigten auf gut 410 DM im Monat gegenüber 1950 fast verdoppelte; die Sparquote stieg bis zum Jahr 1959 auf 9,4 Prozent.[6]

Steigende Einkommen und wachsendes Vermögen führten nicht nur zu einem veränderten Finanzverhalten der Bürger, sondern weckten auch zunehmend das Interesse der Finanzdienstleister an den privaten Haushalten als Kunden. Gegen Ende der 60er-Jahre war es zu einer Selbstverständlichkeit geworden, ein Bankkonto zu haben. Löhne wurden überwiegend nicht mehr in bar, in der »Lohntüte« ausgezahlt, sondern überwiesen. Lastschriftverfahren und Daueraufträge ersetzten regelmäßige Barzahlungen. Eurocheques und – vorrangig seit den 80er-Jahren – Kreditkarten erleichterten die Zahlungsvorgänge in den Geschäften.

In ihrem Anlageverhalten bewegten sich die Bürger im Sinne der Kapitalmarkttheorie bei der Abwägung zwischen Risiko und Rendite meist auf der sicheren Seite: Wechselkursrisiken beispielsweise wurden nur sehr begrenzt eingegangen. Die in Wertpapierdepots von Privatpersonen gehaltenen Schuldverschreibungen lauteten überwiegend auf D-Mark. Im Vordergrund standen Schuldverschreibungen inländischer Emittenten, und zwar fast ausschließlich öffentliche Wertpapiere und gedeckte Bankschuldverschreibungen wie private und öffentliche Pfandbriefe (Kommunalobligationen), also Papiere mit höchster Bonität.

Um so bemerkenswerter ist, dass sich neben dem »offiziellen« Kapitalmarkt im Laufe der Jahre ein florierender »grauer« Kapitalmarkt entwickelt hat – ein Markt, auf dem hoch riskante Anlagen erfolgen konnten. Hierzu gehören beispielsweise Fonds zur Finanzierung von Hotels, Tankschiffen und Parkhäusern oder der Erwerb von Sumpfgrundstücken in den Everglades und von Goldminenanteilen in Australien.

Dieser scheinbare Widerspruch zwischen einem ausgeprägtem Sicherheitsstreben auf der einen Seite und der wachsenden Bereitschaft auf der anderen Seite, die eigenen Ersparnisse in höchst riskanten Projekten zu investieren, erklärt sich vor allem dadurch, dass die Politik hier durch steuerliche Vorteile massive Anreize schuf. Aufgrund hoher steuerlicher Verlustzuweisungen und teilweise auch durch direkte Subventionen, insbesondere im Wohnungsbau, konnten die Investoren ihre Steuerbelastung merklich senken. Es liegt auf der Hand, dass von diesen Möglichkeiten des grauen Kapitalmarkts überwiegend vermögende Investoren oder Personen mit hohen Einkommen Gebrauch machten.

Im Laufe der Zeit haben die privaten Haushalte ihre Geldanlage im Stile eines gereiften Portfolio-Managements[7] zunehmend diversifiziert. Bankeinlagen machten in den 80er- und 90er-Jahren nur noch rund 35 Prozent der Geldvermögensbildung aus. Das klassische Sparbuch wurde mehr und mehr von flexibler nutzbaren Termineinlagen unterschiedlichster Fristigkeiten verdrängt. Nach wie vor werden zwar erhebliche Beträge in Form von Sparverträgen gehalten, doch entfällt der größte Teil der Ersparnisse auf Sondersparformen, also Vereinbarungen, die Bonuszahlungen bewirken, sofern die Sparsumme über einen bestimmten Zeitraum nicht angetastet wird. Stark zugenommen hat das Versicherungssparen. Außerdem wurde seit den 70er-Jahren mehr und mehr der Kapitalmarkt genutzt. Das ganze Ausmaß der Veränderungen wird sichtbar, wenn man die heutige Verteilung auf die verschiedenen Arten der Geldanlage mit den 50er- und 60er-Jahren vergleicht[8]:

Mit der zunehmenden Diversifizierung in verschiedene Formen der Geldhaltung und verschiedene Institutionen, bei denen Geld angelegt werden kann, ging bei den privaten Haushalten im Laufe der Zeit ein generell geschärftes Bewusstsein im Umgang mit Geld einher. Dies gilt auch für das Spiegelbild der Geldanlage, die Kreditaufnahme, die von den Deutschen mehr und mehr als eine ökonomisch sinnvolle Möglichkeit betrachtet wurde. Wenngleich der Sicherheitsaspekt nach wie vor gewichtig blieb, sank die Hemmschwelle, einen Kredit aufzunehmen, deutlich ab. In-

Tab. 1: Geldvermögen der privaten Haushalte
(Bestand am Jahresende in Mrd. DM und Anteile in Prozent)

Anlageform	1950	1960	1970	1980	1990	1999	1950	1960	1970	1980	1990	1999
Bargeld und Geldanlage bei Banken	11,9	77,9	274,7	777,8	1 417,2	2 475,6	49,0	45,7	52,4	52,4	44,3	35,2
– Bargeld und Sichteinlagen	7,4	24,4	55,5	127,8	276,9	661,32	30,5	14,3	10,6	8,6	8,7	9,4
– Termingelder	0,4	2,1	14,2	157,0	396,5	472,9	1,6	1,2	2,7	0,6	2,4	6,7
– Spareinlagen und Sparbriefe	4,2	51,5	205,0	493,0	743,7	1 341,4	17,3	30,2	39,1	33,2	23,3	19,1
Geldanlage bei Bausparkassen[1]	0,5	9,2	39,6	107,7	125,7		2,1	5,4	7,6	7,3	3,9	
Geldanlage bei Versicherungen	3,8	22,8	77,8	215,6	566,5	1 495,0	15,6	13,4	14,8	14,5	17,7	21,3
Rentenwerte	0,3	5,7	40,4	170,3	451,0	706	1,2	3,3	7,7	11,5	14,1	10,0
Aktien	6,0	41,4	59,3	70,8	177,2	895,7	24,7	24,3	11,3	4,8	5,5	12,7
Investmentzertifikate[2]	–	–	–	–	132,9	737,5	–	–	–	–	4,2	10,5
Sonstige Beteiligungen[3]	–	–	–	–	–	282,6	–	–	–	–	–	4,0
Ansprüche aus Pensionsrückstellungen[3]	–	–	–	–	–	359,2	–	–	–	–	–	5,1
Sonstige Forderungen	2,2	13,6	32,7	141,4	328,1	80,4	9,1	8,0	6,2	9,5	10,3	1,1
Insgesamt	24,3	170,4	524,3	1 483,5	3 198,6	7 034,4	100	100	100	100	100	100

1 Ab 1999 in Termingeldern enthalten.
2 Bis 1989 wurden die indirekt in Form von Investmentanteilen gehaltenen Aktien und Rentenwerte diesen beiden Positionen zugerechnet.
3 Bis 1990 in der Position »Sonstige Forderungen« enthalten.

Bis einschließlich 1980 nur Westdeutschland; 1999 Ausweitung des Sektors »Private Haushalte« bedingt durch eine Umstellung der Sektorabgrenzungen im Zusammenhang mit der Einführung des ESVG 95. Der Effekt beläuft sich auf etwa 600 Milliarden DM. Davon entfallen ca. 360 Milliarden DM auf Geldanlagen bei Versicherungen und etwa 200 Milliarden DM auf Geldanlagen bei Banken. Die Daten enthalten auch Kursgewinne. In den 90er-Jahren entfällt etwa ein Viertel des Geldvermögenszuwachses auf Wertsteigerungen, in erster Linie bei Aktien.

Quelle: Deutsche Bundesbank, Revidierte Ergebnisse der gesamtwirtschaftlichen Finanzierungs- und Geldvermögensrechnung für die Jahre 1950 bis 1959, Frankfurt/M. 1983, S. 8; Ergebnisse der gesamtwirtschaftlichen Finanzierungsrechnung für Westdeutschland 1960 bis 1982, Frankfurt/M. 1994, S. 60; Ergebnisse der gesamtwirtschaftlichen Finanzierungsrechnung für Deutschland 1990 bis 1998, Frankfurt/M. 1999, S. 50; Ergebnisse der gesamtwirtschaftlichen Finanzierungsrechnung für Deutschland 1991 bis 1999, Frankfurt/M. 2000, S. 27.

zwischen, so das Ergebnis einer Umfrage im Juli 1998, hat eine Mehrheit der Deutschen offenkundig keinerlei Probleme mehr damit, Kredite in Anspruch zu nehmen. Der Aussage »Mich würde es beunruhigen, wenn ich einen Kredit aufnehmen müsste, selbst wenn er für den Erwerb von Wohneigentum bestimmt ist«, stimmten 43 Prozent der Befragten voll oder eher zu, 52 Prozent aber stimmten nicht oder überhaupt nicht zu.[9] Dennoch hat gerade der Verbraucherkredit – trotz der Möglichkeit, das eigene Konto zu überziehen und trotz der seit 1985 raschen Verbreitung von Kreditkarten – in Deutschland nie die Bedeutung erlangt wie etwa in den USA. Die Deutschen überziehen ihr Konto überwiegend nur, um Zahlungsschwankungen auszugleichen und das zeitliche Auseinanderfallen zwischen Ein- und Auszahlungen zu überbrücken.

Trotzdem ist laut einer vom Bundesfamilienministerium in Auftrag gegebenen Studie von 1997 mit der Zeit die Zahl der überschuldeten Haushalte gewachsen.[10] Die überwiegenden Auslöser, die zur Überschuldung führen, sind Arbeitslosigkeit, Krankheit oder Ehescheidung. Eine nicht zu unterschätzende Rolle spielen auch Probleme vieler privater Haushalte mit einer wirtschaftlichen Haushaltsführung, häufig bedingt durch Informations- und Wissensdefizite; der Umgang mit Geld und Konsum wurde nicht hinreichend gelernt. Übersteigerte Konsumerwartungen und Überschätzung der eigenen finanziellen Leistungsfähigkeit verleiten zur Aufnahme von nicht mehr erfüllbaren finanziellen Verpflichtungen.

Die für die Finanzkultur in Deutschland in jüngerer Zeit wichtigste Veränderung fand im Bereich der Aktienanlagen statt.[11] Trotz mancher Rückschläge an den Aktienmärkten hat sich in den zurückliegenden Jahren nicht nur die Zahl der Neuemissionen in Deutschland sprunghaft nach oben entwickelt, sondern auch die Zahl der privaten Aktienbesitzer.

Besaßen 1996 lediglich 13 Prozent der Deutschen über 18 Jahre Aktien, so hatten im August 2000 bereits 22 Prozent aller erwachsenen Deutschen Aktien in ihrem Depot.[12] Dieser enorme Anstieg war kein Zufall. Das »going public« der Deutschen Telekom im Jahre 1996 markierte den Beginn einer ganzen Reihe großer Börsengänge, die zunehmend auch von privaten Anlegern genutzt wurden, um ihr Anlagespektrum auszuweiten. Die verbreitete Erkenntnis, dass Aktien eine langfristig sehr interessante Kapitalanlage darstellen, hat diese Entwicklung ebenso gefördert wie die gewachsene Einsicht in die Notwendigkeit einer privaten Altersvorsorge und die gestiegene Liquidität, über die die so genannte »Erbengeneration«[13] verfügt. Heute gibt es in Deutschland etwa 13 Millionen Aktionäre, deren Aktienbesitz Ende 1999 bereits den Wert von rund 635 Milliarden DM erreichte. Nur zehn Jahre zuvor waren es noch weniger als 175 Milliarden DM.

Noch größere Dynamik entfaltete der Investmentbereich: Der Anteil der Besitzer von Aktienfonds schnellte zwischen 1996 und August 2000 von 9 auf 28 Prozent in die Höhe. Dieser Trend spiegelt sich auch in den Bilanzen der Investmentgesellschaften wider. Das in Aktien und Genussscheinen angelegte Vermögen deutscher Publikumsfonds hat sich zwischen 1990 und 1999 auf 284 Milliarden DM mehr als verzehnfacht.

Auf die zunehmende Akzeptanz von Aktien und Aktienfonds weisen auch andere Umfrageergebnisse hin. So ist die grundsätzliche Bereitschaft, Aktien zu kaufen, wenn ein größerer Geldbetrag zur Verfügung steht, deutlich gewachsen. Noch

Tab. 2: Entwicklung des Investmentfondsmarktes in Deutschland

Jahr	Anzahl der Publikumsfonds[1]	Fondsvermögen zum Jahresende in Mrd. DM
1990	321	139
1991	381	170
1992	547	242
1993	667	313
1994	793	367
1995	919	392
1996	1 058	429
1997	1 188	492
1998	1 343	564
1999	1 477	767
2000[2]	1 696	838

1 Publikumsfonds der BVI-Mitglieder einschl. der im Ausland aufgelegten Fonds.
2 Stand Ende November 2000.
Quelle: Bundesverband Deutscher Investment-Gesellschaften (BVI).

1996 schloss jeder zweite Befragte aus, selbst bei ausreichender Kapitalreserve Aktien zu kaufen; im August 2000 dachte nur noch jeder Vierte so. Über den damaligen Anteil der Aktienbesitzer hinaus hatte sich ein weiteres Viertel der Bevölkerung schon mit dem Gedanken getragen, Aktien zu erwerben. Insgesamt stand damit weit mehr als die Hälfte der Deutschen dem Aktienkauf aufgeschlossen gegenüber.[14]

Die gestiegene Nachfrage nach Aktien- und Aktienfonds legt den Schluss nahe, dass sich die Risikobereitschaft der Deutschen bei der Geldanlage erhöht hat. Dennoch ist die Aktienkultur in Deutschland im internationalen Vergleich noch immer unterentwickelt. Trotz seiner wirtschaftlichen Bedeutung liegt Deutschland mit Blick auf den Aktienbesitz nur im europäischen Mittelfeld.

Auch wenn Renditeüberlegungen bei der Geldanlage eine immer größere Rolle spielen, ist die Sicherheit von Geldanlagen für das Gros der Deutschen nach wie vor die wichtigste Voraussetzung finanziellen Engagements. »Bei Geldanlagen ist es für mich wichtig, dass damit kein Risiko verbunden ist. Lieber verzichte ich auf einen Teil des Gewinns« – dieser Einstellung stimmen 44 Prozent der Deutschen »voll« und weitere 24 Prozent »eher« zu. Damit schätzen sich 68 Prozent der Befragten als sicherheitsorientierte Anleger ein, während sich rund 28 Prozent zu den tendenziell risikofreudigen Anlegern zählen.[15]

Die Sicherheitsorientierung der Deutschen zeigt damit eine hohe Konstanz, denn schon in den 60er-Jahren konnte die Aufteilung in rund ein Drittel begrenzt risikobereiter und zwei Drittel strikt risikoscheuer Anleger empirisch belegt werden.[16] Vor diesem Hintergrund wäre es gewiss zu früh, schon von einer neuen Risikokultur bei Wertpapieranlagen in Deutschland zu sprechen. Doch der tatsächlich gestiegene Aktienbesitz zeigt, dass die Risikobereitschaft – gemessen an der extremen Zurückhaltung gegenüber der Aktie in der Vergangenheit – in bemerkenswertem Umfang wächst.

2.1.3 Die neue Lust am Geld: Anzeichen einer neuen Finanzkultur

Der Aktienboom der Jahre 1999 und 2000 hat in Deutschland das befördert, was man gemeinhin unter »Aktienkultur« versteht. Damit ist keine positive oder negative Wertung verbunden. Der Begriff umschreibt vielmehr das gewachsene Interesse einer zunehmenden Zahl von Bürgern an einer bestimmten Form der Wertanlage.[17] Dieses Interesse ist gerade bei Privatanlegern zu Zeiten einer Aktienhausse naturgemäß höher als zu Zeiten fallender Aktienkurse. Dennoch hat in der zweiten Jahreshälfte 2000, als die Aktienmärkte zum Teil auf drastische Weise Kursübertreibungen zu korrigieren begannen, keine Umkehrung des Trends und keine grundsätzliche Abkehr der Anleger von der Aktie eingesetzt. Verflogen ist allenfalls die anfängliche Euphorie, das Interesse an den Finanzmärkten ist geblieben.

In einem gewissen Sinn hat die eingesetzte Ernüchterung die Aktienkultur möglicherweise sogar gefördert. Denn »mit Aktienkultur verbindet sich nicht nur die Akzeptanz des Aktiensparens, sondern auch die Fähigkeit, mit Aktien umzugehen.«[18] Und diese Fähigkeit dürfte sich vor dem Hintergrund, dass nunmehr die Risiken eines Aktienengagements sorgfältiger abgewogen werden, erhöht haben. Viele Börsenneulinge haben, wie andere vor ihnen, die Erfahrung gemacht, dass die Börse keine Einbahnstraße mit garantierter Gewinnmarge ist, sondern dass den Chancen Risiken gegenüberstehen. Belege für den gestiegenen Realismus des Anlegerpublikums lieferten bereits Umfragedaten vom August 2000, als der Kursrückgang an den Börsen einsetzte. Damals stimmten 83 Prozent der Deutschen der Aussage zu, »dass man bei Aktien nie weiß, ob man Gewinne oder Verluste macht«. Ein Jahr zuvor, im Mai 1999, waren erst 72 Prozent der Befragten dieser Meinung gewesen. Für eine nachhaltige Festigung der Aktienkultur in Deutschland dürfte der gestiegene Realismus eher von Nutzen sein.

Zwar macht allein die Erfahrung einer Aktienbaisse aus einem Normalanleger noch keinen professionellen Anleger. Doch hat sich mit dem Börsenboom in Deutschland das Wissen der Bevölkerung über Börsenmärkte, Aktien, Aktienfonds und andere Kapitalmarktprodukte deutlich verbessert. Der Anteil der befragten Deutschen, die angeben, sich bei Aktien nicht auszukennen, ist seit 1996 von 67 auf 58 Prozent im Jahre 2000 gesunken.[19] Maßgeblichen Anteil an dem verbesserten Kenntnisstand haben dabei die Medien, die ihre Finanzberichterstattung ausgeweitet und qualitativ verbessert haben.

Es würde zu kurz greifen, wollte man die Veränderungen im Bereich der Finanzkultur allein mit der Aktienentwicklung und dem veränderten Anlageverhalten der zurückliegenden Jahre erklären. Denn das Interesse in breiten Bevölkerungsschichten reicht weit über Geldangelegenheiten im engeren Sinne hinaus. Vielmehr unterliegt die Einstellung der Bürger zum Thema Wirtschaft insgesamt seit einigen Jahren einem grundlegenden Wandel. Die Triebkräfte dieser Veränderungen sind die Globalisierung und die revolutionäre Entwicklung der Informations- und Kommunikationstechnologie. Diese Entwicklungen bilden auch den Hintergrund, vor dem sich bereits seit Mitte der 80er-Jahre zuerst in den USA unter Präsident Ronald Reagan, später auch in zahlreichen europäischen Ländern, ein wirtschaftspolitischer Paradigmenwechsel von der Regulierung hin zu Deregulierung und Privatisierung vollzog.[20] Mit diesem Paradigmenwechsel, der die Bundesrepublik Anfang der 90er-

Jahre erreichte, wurden auch im Wirtschaftsverständnis der Bevölkerung und der öffentlichen Meinung ideologische Verkrustungen früherer Jahre aufgebrochen. Dies lässt sich beispielhaft an den Einstellungen zu Globalisierung und Wettbewerb, zu wirtschaftsorientierten Lerninhalten an Schulen oder aber auch zum Thema »Banken und Bankenmacht« zeigen.

Wurde die Globalisierung über Jahre hinweg von der Bevölkerung stets mit größter Zurückhaltung beurteilt und mit der Angst vor einem Wohlstandsverlust verknüpft, so sehen die Deutschen in jüngster Zeit zunehmend auch die Vorteile und Chancen, die mit dem globalen Wettbewerb verbunden sind. Demoskopisch zeigt sich eine deutliche Aufhellung des Meinungsbildes. So ist der Anteil derjenigen, die von der Globalisierung hauptsächlich Vorteile erwarten, mit einem Viertel der Befragten inzwischen immerhin genauso groß wie der Anteil derjenigen, die vorwiegend Nachteile erwarten.[21] Damit werden – bei aller verbleibenden Skepsis – die Folgen der Globalisierung deutlich positiver eingeschätzt als beispielsweise noch 1997, als nur 14 Prozent der Deutschen positive Erwartungen mit der Globalisierung verbanden. Auch dem Gedanken eines weltweiten Wettbewerbs gewinnen die Deutschen zunehmend Positives ab: Jeweils deutliche Mehrheiten von rund 60 Prozent der Befragten sind der Meinung, dass der globale Wettbewerb zu sinkenden Preisen, zu größeren Absatzchancen deutscher Produkte und zu einem Aufbrechen verkrusteter Strukturen in Deutschland führt.[22]

Eine noch stärkere »Entideologisierung« der Diskussion ist im Bereich der Bildung festzustellen, wenn es um die Vermittlung wirtschafts- und berufsorientierter Lerninhalte geht. So meinen inzwischen 84 Prozent der Deutschen, der Schulunterricht müsse sich stärker an den Anforderungen der Wirtschaft und der Arbeitswelt orientieren. Mit 68 Prozent sind sogar über zwei Drittel der Bundesbürger der Auffassung, es solle ein eigenes Unterrichtsfach Wirtschaft an allen allgemeinbildenden Schulen in Deutschland eingeführt werden.[23] Vor nicht allzu langer Zeit wäre ein solch einhelliges Urteil nicht vorstellbar gewesen. Jedes Bestreben, wirtschaftsbezogene Lerninhalte an den Schulen stärker zu etablieren, wäre damals dem Verdacht politischer Indoktrination ausgesetzt gewesen. Daran zeigt sich sehr deutlich, welch gesellschaftlicher Meinungsumschwung auf diesem Feld stattgefunden hat.

Beispielhaft für die gewandelte Einstellung zur Wirtschaft ist auch die Veränderung der öffentlichen Meinung zum Thema Banken und »Bankenmacht«. Dominierte in den 70er- und 80er-, teilweise auch noch in den 90er-Jahren eine ideologisch aufgeladene, vielfach durch Vor- und Fehlurteile geprägte gesellschaftliche Kritik, so hat sich die Einstellung der Bevölkerung gegenüber den Banken zwischenzeitlich deutlich entspannt. Die Kritik an den Banken ist damit nicht verschwunden; sie bezieht sich aber zunehmend auf konkrete Sachfragen.

2.2 Unternehmen und Wirtschaft im Umbruch

Nicht nur Änderungen im Verhalten und in den Einstellungen der Bürger haben die Finanzkultur in Deutschland beeinflusst. Auch in den Unternehmen hat es Umstrukturierungen und Umbrüche der Unternehmenskultur gegeben, die die Finanzkultur erheblich geprägt haben.

2.2.1 Finanzierungsstruktur und -verhalten der Unternehmen

Die Wirtschaft nutzte den Finanzmarkt in den Anfangsjahren der Bundesrepublik nur in sehr geringem Maße für Investitionszwecke. In den 50er-Jahren wurden im Schnitt zwei Drittel aller Unternehmensinvestitionen mit Eigenmitteln finanziert. Das spiegelte zum einen die sich deutlich verbessernde Gewinnsituation der Wirtschaft im Zuge des beginnenden Wirtschaftswunders wider, zum anderen aber auch das damals niedrige Entwicklungsstadium des deutschen Finanzmarktes. Der Kapitalmarkt, d. h. die Emission von Aktien und Anleihen, spielte noch eine sehr untergeordnete Rolle. Die Emission festverzinslicher Wertpapiere bewegte sich bis 1957 in der Größenordnung von zwei bis vier Milliarden DM pro Jahr und nahm erst dann allmählich zu.

Das finanzielle Verhalten der Unternehmen außerhalb des Finanzsektors ist in längerfristiger Betrachtung durch einen vergleichsweise hohen Grad an Stabilität gekennzeichnet. Bis Ende des vergangenen Jahrzehnts wurde über den gesamten betrachteten Zeitraum hinweg die Sach- und Geldvermögensbildung der Produktionsunternehmen relativ konstant zu gut einem Drittel über Direktkredite, Aktienemissionen und Wertpapieremissionen finanziert. Zwei Drittel der Finanzmittel stammten aus Abschreibungen, laufender Ersparnis – im Wesentlichen einbehaltene Gewinne – und Vermögensübertragungen, wobei allerdings die einbehaltenen Gewinne massiv zurückgingen und nur durch einen höheren Anteil von Abschreibungen ausgeglichen werden konnten. Diese Entwicklung reflektiert die seit Mitte der 60er-Jahre kontinuierlich gesunkene Umsatzrendite (west-)deutscher Unternehmen.[24]

Tab. 3: Finanzierung der Unternehmensinvestitionen[1]
(in Prozent der Bruttoinvestitionen und Geldvermögensbildung)

	1950/59	1960/69	1970/79	1980/89	1990/99
Abschreibungen	35,9	40,8	51,2	59,6	54,5
Einbehaltene Gewinne und empfangene Vermögensübertragungen	30,7	25,2	11,3	7,8	5,5
Kreditaufnahme	33,3	34,1	37,5	32,6	40,0

1 Bis einschließlich 1989 nur Westdeutschland; Daten für die 90er-Jahre wegen der Umstellung der Statistik und der Übernahme der Schulden der Treuhandanstalt durch den Erblastentilgungsfonds teilweise geschätzt.

Quelle: Deutsche Bundesbank, Ergebnisse der gesamtwirtschaftlichen Finanzierungs- und Geldvermögensrechnung für die Jahre 1950 bis 1959, 1960 bis 1992, 1990 bis 1998 und 1991 bis 1999, Frankfurt/M. 1983, 1994, 1999, 2000.

Ein wachsender Teil der Fremdmittel der inländischen Unternehmen stammt aus dem Ausland. Die Verbindlichkeiten der inländischen Unternehmen gegenüber dem Ausland sind in den 90er-Jahren außerordentlich stark ausgeweitet worden. Deutsche Unternehmen nutzen zunehmend die Möglichkeiten, die internationale und offene Finanzmärkte ihnen bieten. Dabei wird die Finanzierung zu einem beachtlichen Teil und mit zunehmender Tendenz über mit ihnen verbundene Unternehmen abgewickelt. 1990 belief sich der Anteil von Verbindlichkeiten gegenüber verbundenen Unternehmen im Ausland auf gut ein Viertel. Ende 2000 waren es knapp 70 Prozent. Dieser Weg steht naturgemäß vorrangig größeren Unternehmen offen.

Tab. 4: Verbindlichkeiten deutscher Unternehmen gegenüber dem Ausland (in Mrd. DM)

	1990	2000
Verbindlichkeiten aus Finanzbeziehungen	140,2	656,1
– gegenüber ausländischen Banken	59,8	98,2
– gegenüber verbundenen Unternehmen	62,2	539,5
– gegenüber sonstigen ausländischen Nichtbanken	18,2	18,5
Verbindlichkeiten aus Handelskrediten	96,4	122,7
Insgesamt	236,6	778,8

Quelle: Deutsche Bundesbank, Statistisches Beiheft zum Monatsbericht, Nr. 3, Zahlungsbilanzstatistik, Februar 2001, S. 91.

Doch die Zurückhaltung gegenüber der Aktienemission als Finanzierungsinstrument hielt bis in die 90er-Jahre an. So gab es 1993 in Deutschland 543 000 Unternehmen, die als GmbHs, aber nur 2 900 Unternehmen, die als Aktiengesellschaften geführt wurden, wobei von den letzteren nur ein Fünftel den Weg an die Börse gefunden hatte. Auch zwei Jahre später, 1995, waren erst 678 inländische Unternehmen an der Börse notiert; lediglich 20 von ihnen wurden im gleichen Jahr an die Börse geführt.[25] Hier zeigen sich erhebliche Unterschiede zwischen dem deutschen und dem angelsächsischen Unternehmensverständnis. In Großbritannien waren zum gleichen Zeitpunkt (1995) bereits 1971 inländische Unternehmen an der Börse, und die Zahl der Börsengänge lag bei 285.[26]

Die Zurückhaltung der Unternehmer erklärt sich wohl hauptsächlich daraus, dass viele Firmen von Eigentümer-Unternehmern geleitet wurden, die nicht bereit waren, ihre Entscheidungsbefugnis mit anderen zu teilen. Diese »Herr im eigenen Haus«-Haltung ist teilweise – speziell bei alteingesessenen Firmen – auch heute noch anzutreffen und behindert eine stärkere Ausweitung des Aktienmarktes.

In jüngerer Zeit kam es dennoch im Zeichen der »new economy« zu einem beachtlichen Wandel. Die Jahre 1999 und 2000 haben einen zuvor in Deutschland nie gekannten Emissionsboom gebracht. Allein 1999 sind 168 Aktiengesellschaften neu an die Börse gegangen und haben sich beim breiten Publikum mit Eigenkapital versorgt. Die Emissionen waren meist vielfach überzeichnet, was das lebhafte Interesse der Anleger unterstreicht.

Trotz der im Verlauf des Jahres 2000 eingetretenen Abkühlung an den Börsen – gerade mit Blick auf den »Neuen Markt« war in den Medien sogar von einem Crash die Rede – hat es im Jahre 2000 immerhin noch 152 Neuemissionen gegeben. Betrachtet man das Emissionsvolumen, so hat dieses Jahr sogar einen neuen Rekord erbracht: Aufgrund der großen Emissionen T-Online, Infineon, Deutsche Post und Comdirect wurde ein Volumen von 26 Milliarden DM an der Frankfurter Börse erreicht; das war so viel wie in den vorangegangenen drei Jahren zusammen.

2.2.2 Die »new economy« und die Veränderung der Unternehmenskultur

Der Emissionsboom durch den Börsengang etlicher bedeutender Unternehmen ist jedoch nur eine Facette eines tief greifenden Wandels. Die »new economy« verändert die Wirtschaft und mit ihr die Unternehmenskultur in Deutschland nachhaltig: Das Internet als Querschnittstechnologie revolutioniert die Kommunikations- und Informationsabläufe. Hierarchien werden zunehmend durch Netzwerke ersetzt. Wissen und Qualifikation nehmen an Bedeutung zu, Erwerbsbiographien werden inhomogener, und es entstehen neue Branchen, während herkömmliche Wirtschaftszweige verschwinden oder sich radikal verändern.[27] Neben all diesen Veränderungen sind im Hinblick auf die Finanzkultur zwei Trends, die sich im Bereich der Unternehmenskultur abzeichnen, besonders wichtig: die immer stärkere Verbreitung von Modellen, mit denen Mitarbeiter am Kapital der Unternehmen beteiligt werden, und die zunehmende Bedeutung des Shareholder-Value-Prinzips.

Die Mitarbeiterkapitalbeteiligung hat in Deutschland eine lange Tradition. In den 60er-Jahren wurde sie mit dem Ziel propagiert, Vermögen in Arbeitnehmerhand zu bilden. Dahinter stand die Vision einer Gesellschaft von Teilhabern – eine Idee, die unter anderem auf Ludwig Erhard und die katholische Soziallehre von Oswald von Nell-Breuning zurückgeht. Zum Durchbruch gelangte die Kapitalbeteiligung von Mitarbeitern jedoch nie. Denn während die Gewerkschaften einen Machtverlust fürchteten, sobald die Mitarbeiter zu »Kleinkapitalisten« und die Belegschaften in Kapitalbeteiligte und »Nur-Arbeitsplatzinhaber« gespalten würden, war die Ablehnung der Unternehmen von der Angst vor der Mitbestimmung bei unternehmerischen Entscheidungen getragen. Heute schwindet dieser Widerstand auf beiden Seiten. An die Stelle der Angst vor der Mitbestimmung ist vielfach der Wunsch nach Mitverantwortung und Mitdenken des einzelnen Beschäftigten getreten. Formaler gesetzlicher Vorgaben bedarf es hierfür allerdings nicht.

Nach Angaben der Arbeitsgemeinschaft Partnerschaft in der Wirtschaft beteiligten 1999 rund 2 700 Unternehmen in Deutschland ihre Mitarbeiter am Kapital. 1986

Tab. 5: Mitarbeiterbeteiligungen in Deutschland[1]

Beteiligungsform	Unternehmen			Kapital in Mio. DM			Mitarbeiter
	1986	1991	1999	1986	1991	1999	1999[2]
Mitarbeiterdarlehen	367	450	500	550	700	800	100 000
Stille Beteiligungen	555	750	650	280	400	355	200 000
Genussrechte	80	140	300	226	350	1 500	100 000
Belegschaftsaktien	300	320	400	6 500	10 000	21 900	1 800 000
Genossenschaftsanteile	120	190	300	15	25	45	15 000
GmbH-Beteiligungen/ indirekte Beteiligungen	80	90	550	10	15	400	85 000
Insgesamt	1 502	1 940	2 700	7 581	11 490	25 000	2 300 000

1 Daten bis einschließlich 1991 nur Westdeutschland.
2 Angaben für frühere Jahre liegen nicht vor.
Quelle: Arbeitsgemeinschaft Partner in der Wirtschaft AGP e.V./Gemeinschaft für Innerbetriebliche Zusammenarbeit GIP GmbH.

waren es erst 1 500. Seit 1999 führten pro Jahr rund 250 Unternehmen eine Mitarbeiterbeteiligung ein. Rund 2,3 Millionen der deutschen Arbeitnehmer sind am Kapital »ihres« Unternehmens beteiligt, davon 1,8 Millionen als Belegschaftsaktionäre. Traditionell börsennotierte Unternehmen bieten seit langem den Erwerb von Belegschaftsaktien zu Sonderkonditionen an.[28]

Vor allem für Unternehmen in stark expandierenden Zukunftsbranchen wie der Informations- und Kommunikationstechnologie, der Biotechnologie und unternehmensnahen Dienstleistungen ist die Mitarbeiterkapitalbeteiligung ein wichtiges Instrument der Personalpolitik. 70 Prozent der Unternehmen, die 1999 an den Neuen Markt gegangen sind, haben Beteiligungsmodelle. Vor allem Aktienoptionen dienen dem Zweck, hoch qualifizierte Mitarbeiter zu gewinnen und zu binden. Bei »start-up«-Unternehmen sind Aktienoptionspläne oft schon vor der Gründung fester Bestandteil des Business-Plans. Für Venture-Capital-Geber ist die Frage, ob Aktienoptionspläne vorgesehen sind, häufig ein entscheidendes Kriterium für die Bereitstellung von Risikokapital an Gründer.[29]

Die Rückbesinnung auf marktwirtschaftliche Kräfte, die mit der »new economy« einhergeht, hat in den späten 90er-Jahren eine heftige Diskussion über das Shareholder-Value-Prinzip ausgelöst, also über die Strategie börsennotierter Unternehmen, die die Interessen der Aktionäre in den Mittelpunkt stellt und sich primär am eigenen Börsenkurs orientiert. An diesem Prinzip ist viel Kritik geübt worden: Wenn der deutsche Aktienindex dauerhaft und kräftig steige und gleichzeitig die Arbeitslosigkeit zunehme, so die Argumentation, könne ein Unternehmen, das sich an seinem Wert an der Börse orientiere, keine gesellschaftspolitisch vertretbare Strategie verfolgen. Die Diskussion ist nicht ohne Wirkung geblieben. Selbst die Mehrheit der deutschen Führungskräfte (58 Prozent) stand im Herbst 2000 dem Prinzip des Shareholder Value kritisch gegenüber und meinte, ein Unternehmen, das sich nicht am Shareholder Value orientiere, fahre besser. 1996 waren es erst 46 Prozent. 71 Prozent der Manager waren der Auffassung, das Shareholder-Value-Prinzip »mache kurzsichtig«, führe also zu kurzfristig orientierten Entscheidungen, die sich mittel- und langfristig als kritisch herausstellen könnten.[30] Demgegenüber zeigen jedoch alle einschlägigen empirischen Untersuchungen, dass vor allem die Unternehmen, die eine ausgeprägt wertorientierte Strategie verfolgen, also darauf hinarbeiten, ihren Börsenkurs zu steigern, neue Arbeitsplätze schaffen und international erfolgreich sind.[31]

Die Unternehmenskultur in Deutschland unterliegt einem nachhaltigen Wandel: Die Trennlinien zwischen Unternehmern und Angestellten, zwischen Kapital und Arbeit verlieren an Schärfe, die Stakeholder werden zunehmend auch zu Shareholdern.[32] Mit der Abflachung von Hierarchien, dem Entstehen von Netzwerken und zunehmend wissensbasierten Arbeitsabläufen gehen eine Individualisierung der Arbeitswelt und der Abbau kollektiver Regelungen einher.[33] Damit verbunden ist ein Mentalitätswandel: Ein Mitarbeiter, der zum Mitunternehmer wird, übernimmt auch Risiken. Chance und Risiko werden als zusammenhängend wahrgenommen. Nicht zuletzt die Ernüchterungsphase an der Börse, insbesondere am Neuen Markt, in der zweiten Jahreshälfte 2000 dürfte das Risikobewusstsein nicht nur vieler Anleger, sondern auch vieler kapitalbeteiligter »Mitunternehmer« geschärft haben. Insgesamt hat die »new economy« eine Renaissance von Eigenverantwortung, Marktwirtschaft und Wettbewerb gebracht, eine Sensibilisierung für wirtschaftliche Zusammenhänge ausgelöst und ein Chance-und-Risiko-Bewusstsein geschaffen.[34]

2.3 Der Staat als Regulierer und Akteur an den Finanzmärkten

Staatliches Handeln ist mit der Finanzkultur in Deutschland auf vielfältige Weise verflochten. Die wichtigsten Impulse von staatlicher Seite auf die Finanzkultur gingen von drei Entwicklungen aus: vom eingeleiteten Prozess der Deregulierung des Finanzmarktes, vom Verhalten des Staates als Finanzmarktakteur und von der Rolle des Staates als Wegbereiter des europäischen Finanzbinnenmarktes sowie der Europäischen Wirtschafts- und Währungsunion.

2.3.1 Von der Regulierung zur Deregulierung des Finanzmarktes

In den ersten Jahrzehnten nach dem Zweiten Weltkrieg unterlag das Finanzwesen in Deutschland einer Vielzahl von Regulierungen. In dieser Hinsicht unterschied sich die deutsche Situation allerdings kaum von der anderer Länder. Das durch die Erfahrungen der Börsenkräche Ende der 20er-Jahre und der Bankzusammenbrüche Anfang der 30er-Jahre genährte Misstrauen in die Funktionsfähigkeit freier Finanzmärkte auf Seiten der Politik, aber auch der Bevölkerung, saß tief. Außerdem ließen sich Kapitalbildung und Kapitalverwendung bzw. die Investitionstätigkeit der heimischen Wirtschaft über weit reichende Regulierungen in einem politisch erwünschten Sinne lenken. Vor diesem Hintergrund stand eine Überprüfung der überwiegend Anfang der 30er-Jahre eingeführten Regulierungen im Finanzwesen zunächst nicht zur Debatte.

Finanzgeschäfte mit dem Ausland unterlagen in den 50er-Jahren besonderen Beschränkungen, so lange die D-Mark noch nicht konvertibel, d. h. frei gegen andere Währungen austauschbar war. Erst mit dem Europäischen Währungsabkommen, das 1958 in Kraft trat, wurde die DM in den – im Rahmen des Bretton-Woods-Systems[35] freilich eng begrenzten – Wettbewerb mit anderen Währungen entlassen.

Aber auch der Kapitalmarkt unterlag zunächst engen Beschränkungen. Daher waren am deutschen Finanzmarkt innovative Entwicklungen, etwa hinsichtlich neuer Finanzierungs- und Anlageinstrumente, lange Zeit nicht möglich. Die Regulierungen und Wettbewerbsbeschränkungen trugen dazu bei, dass das Finanzgebaren der Bürger und der deutschen Unternehmen in den ersten Jahrzehnten der Bundesrepublik relativ statisch blieb.

Das System aus Wechselkursfixierung, Kapitalverkehrsbeschränkungen, Zinsvorgaben und hohen Mindestreservesätzen ließ sich mit dem erfolgreichen Wiederaufbau, dem wachsendem Lebensstandard und dem damit verbundenen Zuwachs der Geldvermögen immer weniger vereinbaren. Die Anforderungen der Bürger und der Unternehmen an den Finanzmarkt wuchsen, und die straffe Regulierung stand dieser Entwicklung im Wege. Die Bundesregierung reagierte hierauf 1957 mit der Einführung der Niederlassungsfreiheit im Bankgewerbe und im April 1967 mit der Aufhebung der Zinsverordnung. Erst seitdem sind Einlagen- und Kreditzinsen zwischen Banken und ihren Kunden frei aushandelbar. Mit dem endgültigen Zusammenbruch des Festkurssystems von Bretton Woods Anfang 1973 verlor die direkte Regulierung des Finanzwesens ihre wichtigste außenwirtschaftliche Flanke.

Zudem entstanden Mitte der 60er-Jahre in London die – völlig unregulierten – Euromärkte[36], die sich in einem rasanten Tempo vergrößerten und zu einer direkten Konkurrenz zu den heimischen Finanzplätzen entwickelten. Damit kamen die internationale Wettbewerbsfähigkeit des Finanzplatzes Deutschland und die Wirksamkeit der nationalen Geldpolitik auf die politische Agenda. Parallel dazu nahmen mit dem Ende des Bretton-Woods-Systems die Zinsänderungs- und Wechselkursrisiken dramatisch zu. Spätestens mit dem Zusammenbruch der Herstatt-Bank im Juni 1974 wurde das Risiko einer Bankenkrise in Deutschland zu einem viel diskutierten Thema.

Die Politik musste auf diese Entwicklungen reagieren und ihre Strategie mit Blick auf die Behandlung des Finanzsektors ändern. An die Stelle der Regulierung trat die Deregulierung, verbunden mit einer indirekten Absicherung gegen Risiken des Finanzgeschäfts.[37] Die Deregulierung im Finanzgewerbe war damit weniger das Ergebnis einer Einsicht der Politik in die Vorteile eines freien Finanzmarktes, als vielmehr eine notwendige Antwort auf bereits eingetretene oder für die nahe Zukunft zu erwartende Entwicklungen.[38] Hierbei handelte es sich zunächst im Wesentlichen um defensive Maßnahmen, wie etwa die Neuregelungen der Bankenaufsicht. Die privaten Banken flankierten diese Maßnahmen durch Errichtung eines weltweit beispielhaften Einlagensicherungssystems, das im Falle eines Bankkonkurses die Rückzahlung der Einlagen garantiert. Gegen Ende der 80er-Jahre begann dann – ebenfalls als Reaktion auf internationale Entwicklungen – von Seiten des Staates eine aktive Förderung des Finanzplatzes Deutschland. Durch eine Serie von Finanzmarktförderungsgesetzen, die Abschaffung der Börsenumsatzsteuer und die Öffnung der Emissionskonsortien wurden nach und nach die Rahmenbedingungen des deutschen Finanzmarktes liberalisiert und dem internationalen Niveau angepasst.[39]

2.3.2 Der Staat als Finanzakteur

Die öffentliche Hand hat mit ihrem Finanzgebaren einen nicht unbeträchtlichen Anteil an der Weiterentwicklung des Finanz- und Kapitalmarktes. Denn in den 70er-Jahren nahm das Defizit des öffentlichen Gesamthaushalts und damit das Volumen der Staatsschuld erheblich zu. Diese Defizite wurden zu einem beträchtlichen Teil über den Anleihemarkt finanziert, dessen Volumen damit sprunghaft anstieg. Die Entwicklung setzte sich in den Folgejahren fort. Zuletzt brachte die deutsche Einigung in den 90er-Jahren einen außerordentlich hohen Finanzierungsbedarf mit sich, der ebenfalls über den Anleihemarkt gedeckt wurde.

In der Folge dieses Finanzverhaltens des Staates entwickelte sich der Rentenmarkt in der Bundesrepublik Deutschland zu einem der größten Märkte dieser Art in der Welt. Den öffentlichen Haushalten kam dabei die hohe internationale Attraktivität der D-Mark zugute. Ein offener und entwicklungsfähiger Finanzplatz in Deutschland sowie ein regelmäßiger Nachschub an neuen Schuldtiteln führten dazu, dass die Bundesanleihen international zu einer »benchmark«[40] für Anlagen in europäischen Rentenwerten wurden. Das wiederum hatte den Vorteil, dass der

Bund bis heute einen niedrigeren Zins als alle anderen staatlichen Emittenten auf dem Gebiet der heutigen Währungsunion zahlen muss.

2.3.3 Der Staat als Wegbereiter des europäischen Finanzbinnenmarktes

Die Europäische Wirtschafts- und Währungsunion (EWWU), mit der Anfang 1999 die Einführung des Euro einherging, verlieh dem deutschen Finanzmarkt einen weiteren Entwicklungsschub. Die Währungsunion ist zwar in erster Linie ein politisches Projekt, jedoch mit weit reichenden ökonomischen Konsequenzen.

Mit der Währungsunion ist die Erwartung verbunden, dass ein großer einheitlicher Finanzmarkt entsteht, der sich hinsichtlich Markttiefe und -liquidität sowie Effizienz mit dem amerikanischen messen lassen kann. Dabei war allerdings durchaus klar, dass ein solcher Markt, der zunächst aus elf, inzwischen zwölf[41] nationalen Märkten mit sehr unterschiedlichen Strukturen gebildet wird, nicht von heute auf morgen diesem Idealbild entsprechen kann. Bislang sind die Erfahrungen mit dem Euro im Großen und Ganzen jedoch positiv. Die Einführung der neuen Währung, zunächst nur als Buchgeld, verlief ohne größere Schwierigkeiten. Das Zahlungssystem TARGET[42] funktionierte weit gehend reibungslos. Sehr schnell entwickelte sich so ein einheitlicher Geldmarkt für Euro-Guthaben.

Auch in den übrigen Finanzmarktsegmenten im Euro-Währungsraum gelang der Übergang zum Euro: Wegen seiner unmittelbaren Bindung an eine gemeinsame Geldpolitik und seiner Eigenschaft als außerbörslicher Interbankenmarkt hat sich der Geldmarkt sehr rasch an die neuen Währungsgrenzen angepasst. Das Gleiche gilt für den Devisenhandel, der sofort auf Euro umstellte. Schließlich sind auch am Markt für langfristige Wertpapiere in Teilbereichen beachtliche Fortschritte auf dem Weg zu einem gemeinsamen Finanzmarkt erzielt worden. Ein Grundstein hierfür war die umfassende Umstellung der großvolumigen, Anfang 1999 bereits umlaufenden Papiere auf Euro. Hierdurch entstand innerhalb weniger Tage ein großer, liquider Markt für auf Euro lautende langfristige Wertpapiere.

Bei der Errichtung der Währungsunion spielte ein wesentliches Element der Finanzkultur, die Haltung der Bevölkerung und der politischen Klasse zur Währungsstabilität, eine große Rolle. Die guten Erfahrungen Deutschlands mit der Unabhängigkeit der Bundesbank haben die Konzeption einer stabilitätsorientierten Geldpolitik im Rahmen der EWWU maßgeblich mitgeprägt.[43] So setzte die deutsche Regierung neben der politischen Unabhängigkeit der Europäischen Zentralbank auch durch, dass die Wahrung der Preisstabilität ihre vorrangige Aufgabe ist. Weitere wirtschaftspolitische Ziele darf das Europäische Notenbanksystem nur unterstützen, sofern das Ziel der Geldwertstabilität nicht gefährdet wird. Außerdem war – und ist – eine niedrige Inflationsrate eine der entscheidenden Eintrittsbedingungen (Konvergenzkriterien) in die gemeinsame Währungszone.

Diese Bedingungen waren zwischen den europäischen Regierungen keinesfalls unumstritten. Die Tatsache, dass sich die deutsche Regierung auf diesem Feld durchgesetzt hat, lässt vordergründig den Schluss zu, dass die »deutsche Stabilitätskultur« in eine europäische übergegangen ist. In einigen anderen Mitgliedsländern, wie beispielsweise den Niederlanden, Luxemburg oder Österreich, bedurfte es hierfür allerdings auch keiner besonderen Überzeugungskraft. Denn die Stabilitätsorientierung der Bevölkerung und der jeweiligen Regierungen in diesen Ländern unterscheidet sich seit längerem nicht von der in der Bundesrepublik. Außerdem waren die Regierungen nahezu aller Industrieländer in der ersten Hälfte der 80er-Jahre zu einer Stabilisierungspolitik übergegangen. Das hing mit der Erfahrung zusammen, dass eine inflationäre Politik nicht nur keine Probleme löst, sondern mit der Zeit weitere schafft bzw. bestehende vergrößert.

2.4 Der Wandel im Bankgewerbe

Veränderungen im Verhalten der Menschen in Gelddingen und Änderungen der Rahmenbedingungen für Finanzinstitute und Finanzmärkte haben naturgemäß Auswirkungen auf die Anbieter von Finanzdienstleistungen. Das gilt insbesondere für das Bankgewerbe als dem klassischen »Intermediär« zwischen Anlegern und Kreditnehmern. Neben den grundlegenden Verhaltensänderungen ihrer Kunden spielten für den Strukturwandel im Bankgewerbe vor allem die Internationalisierung der Finanzbeziehungen und die Entwicklung der Informations- und Kommunikationstechnik eine wichtige Rolle.

2.4.1 Die Internationalisierung der Finanzbeziehungen

Solange die DM keine konvertible Währung war, waren Finanztransaktionen mit dem Ausland im Wesentlichen Zahlungsvorgänge im Zusammenhang mit dem grenzüberschreitenden Warenverkehr. Mit der Abschaffung der Devisenrestriktionen konnten inländische Unternehmen Guthaben im Ausland und in ausländischer Währung halten, und ausländische Unternehmen begannen, DM-Guthaben bei inländischen Banken aufzubauen.

Infolgedessen stiegen die Auslandspositionen von Banken und Nichtbank-Unternehmen schon in den 70er-Jahren rasant. Die Internationalisierung der Finanz-

Tab. 6: Auslandsvermögensstatus[1] (in Mrd. DM)

Jahr	Forderungen an das Ausland			Verbindlichkeiten gegenüber dem Ausland		
	Banken	Unternehmen und Privatpersonen	Öffentliche Stellen[2]	Banken	Unternehmen und Privatpersonen	Öffentliche Stellen
1950	0,4	2,3	0,0	0,1	6,4	0,5
1960	4,4	18,9	6,5	6,0	28,9	7,7
1970	52,5	70,8	9,2	38,0	90,4	2,2
1980	178,5	229,7	10,1	160,4	225,5	42,5
1990	613,5	854,0	49,0	386,6	473,3	196,1
2000	1 850,7	2 953,4	96,4	2 434,3	1 756,3	808,8

1 Bis einschließlich 1990 jeweils Stand am Jahresende, für 2000 Stand Juni; bis einschließlich 1980 nur Westdeutschland.

2 Ohne Deutsche Bundesbank.

Quelle: Deutsche Bundesbank, Statistisches Beiheft zu den Monatsberichten, Nr. 3, Zahlungsbilanzstatistik, Februar 2001, S. 98.

dispositionen des Privatsektors einschließlich des Finanzgewerbes hielt seitdem an. Auch die öffentlichen Hände entdeckten das Ausland als Finanzquelle. Dazu trug zum einen die Stabilitätspolitik der Bundesbank bei. Sie sorgte dafür, dass die D-Mark als internationale Anlagewährung attraktiv blieb und von vielen Investoren genutzt wurde. Zum anderen bescherte der zunehmende Finanzbedarf des Bundes, der seit 1970 in keinem Jahr mehr einen ausgeglichenen Haushalt vorlegte, mit der Anleihe ein Instrument, das ausreichend vorhanden war und jederzeit gekauft und verkauft werden konnte.

Auch die Privatanleger haben sich zunehmend dem Ausland geöffnet. In der ersten Hälfte der 80er-Jahre wagten sich die Anleger zunächst hauptsächlich an ausländische Rentenwerte. Ausländische Aktien wurden erst in den 90er-Jahren populär, dann allerdings mit wachsendem Tempo. Inzwischen halten die inländischen Publikumsfonds weitaus mehr Aktien aus anderen Ländern als von inländischen Emittenten. An dieser Entwicklung lässt sich die Internationalisierung der Finanzbeziehungen geradezu mit Händen greifen. Die deutschen Anleger haben in den 90er-Jahren die Möglichkeiten, die ihnen die Internationalisierung der Finanzmärkte bot, in zunehmendem Maße genutzt.

2.4.2 Neue Technik im Bankgewerbe

In den letzten Jahren hat der Einzug der Elektronik in das Bankgeschäft sowohl den Zahlungsverkehr zwischen den Banken als auch im Privat- und Firmenkundengeschäft stark verändert. Die bestehenden Filialnetze sind längst nicht mehr

Abb. 7: Online-Konten (in Tsd.)[1]

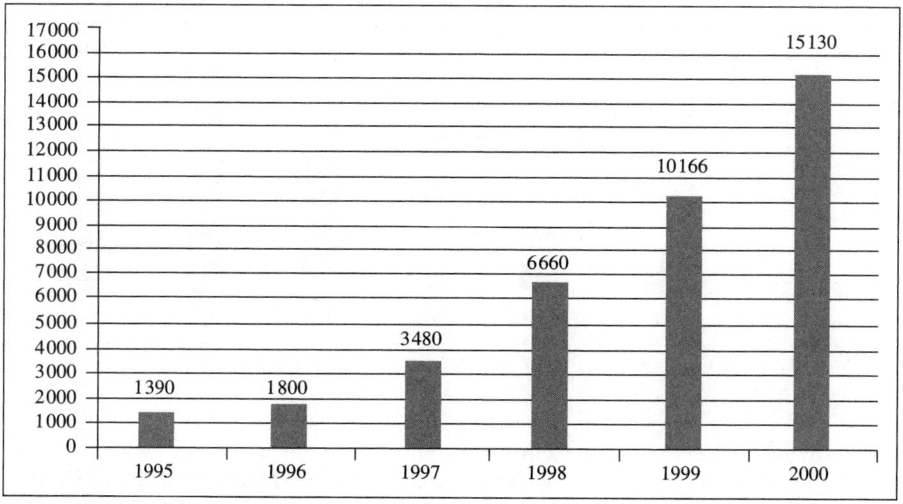

1 Jeweils Stand am Jahresende.

Quelle: Bundesverband deutscher Banken, Auskunft der kreditwirtschaftlichen Verbände und der Postbank.

der einzige Vertriebsweg für Bankdienstleistungen. Ende der 80er-Jahre kam Telefon-Banking hinzu; in den 90er-Jahren waren es vor allem Online- und Internet-Banking, die den Vertrieb von Bankdienstleistungen nach und nach veränderten. Zunächst begannen die Kreditinstitute mit dem Aufbau einer eigenen Internet-Präsenz. Stand hierbei erst die Selbstdarstellung der Bank und ihrer Leistungen im Vordergrund, so folgte in der Mitte der 90er-Jahre das Angebot von Bankgeschäften über das Netz, das seitdem ständig erweitert wurde.[44]

Der Interbanken-Zahlungsverkehr für Überweisungen und Lastschriften wird bereits seit einiger Zeit nur noch elektronisch durchgeführt. Doch immer häufiger entscheiden sich auch Privat- oder Firmenkunden dafür, ihre Geschäftsverbindung mit ihrer Bank auf elektronischem Wege abzuwickeln. Allein zwischen Ende 1995 und Ende 2000 ist die Zahl der in Deutschland geführten Online-Konten von rund 1,4 auf über 15 Millionen angestiegen.[45] Der Kreis der gegenüber dem Online-Banking aufgeschlossenen Personen wird auf rund ein Viertel der Bevölkerung geschätzt.[46]

In Deutschland nutzen auch immer mehr Anleger die Vorzüge des Internets bei der Wertpapieranlage. Sie verfolgen die Kursentwicklungen am Bildschirm, geben Kauf- und Verkaufsaufträge über das Internet ein, nutzen dazu Online-Brokerage-Angebote von Direktbanken oder traditionellen Geschäftsbanken, die das Internet

Abb. 8: Direkt-Brokerage-Kunden in Deutschland (in Tsd.)[1]

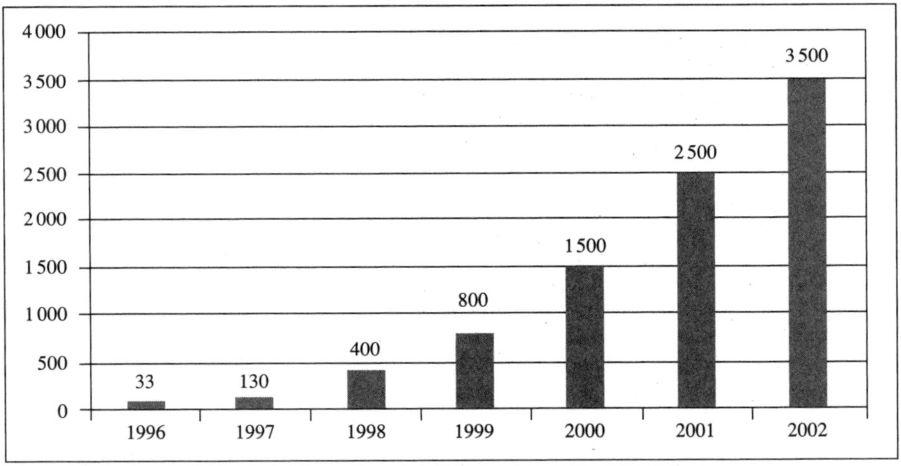

1 Gesamtmarkt, geschätzt.
Quelle: Die Bank, 1/2000, S. 29.

als zusätzlichen Vertriebskanal einsetzen. Die Wachstumsraten im elektronischen Wertpapiergeschäft sind beeindruckend. Inzwischen verfügen über 1,5 Millionen Kunden über Erfahrungen im Wertpapierhandel via Internet; bis 2002 wird nochmals mindestens mit einer Verdoppelung gerechnet. Kaum ein Marktteilnehmer in der Finanzbranche wird sich dem Internet entziehen können. Schon heute verfügt –

bei weiter steigender Tendenz – mit 46 Prozent fast die Hälfte der Bevölkerung über einen Zugang zum Internet.[47]

Warum sich die neuen Technologien mit dieser gewaltigen Dynamik verbreiten, liegt auf der Hand: schnellere und umfassendere Information, bequeme und schnelle Erledigung von Bankgeschäften von zu Hause aus, schnelle Reaktionsmöglichkeiten bei Wertpapiergeschäften. In wenigen Minuten kann ein Internetnutzer Preise und Konditionen verschiedener Anbieter vergleichen. Suchmaschinen spüren in kürzester Zeit die günstigsten Angebote auf. Das Internet kennt keine Schalterzeiten und keine geographischen Grenzen. Zu jeder Zeit können an jedem Ort der Welt Bankgeschäfte getätigt werden.

Abb. 9: Anzahl der ec-Karten (in Mio.)

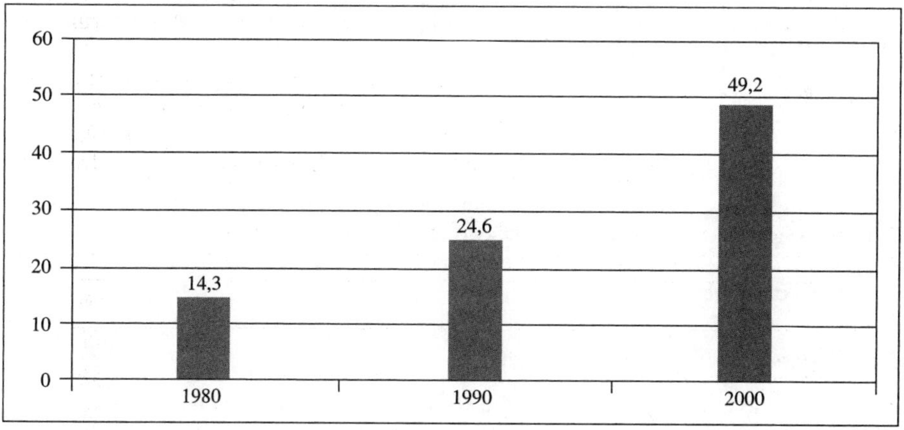

Quelle: Bundesverband deutscher Banken.

Mit dem Einzug neuer Technologien in den Geschäftsverkehr zwischen Banken und Kunden, dem Aufkommen neuer Vertriebswege und dem Wandel von Strukturen ändert sich auch die Mentalität der Bankkunden. Auffällig ist zunächst die generell steigende Akzeptanz der Nutzung von Technik im Finanzsektor: Dass technische Geräte wie Geldautomaten und Kontoauszugsdrucker zunehmend im Banksektor Verwendung gefunden haben, bewerteten im August 2000 nahezu 80 Prozent der Deutschen als positiv. 1995 befürworteten erst 66 Prozent der Deutschen den Einsatz dieser Geräte.[48] Wenn heute 57 Prozent der Deutschen über 18 Jahre zudem in Umfragen angeben, dass ihnen Computer und andere moderne elektronische Geräte »einfach Spaß« machen,[49] dann ist dies Ausdruck einer neuen, modernen Lebenseinstellung, die auch Rückwirkungen auf den Finanzsektor hat.

Auch der bargeldlose Zahlungsverkehr nimmt an Bedeutung zu, obwohl die Zahlung per Karte in Deutschland noch immer weitaus weniger geschätzt wird als im internationalen Durchschnitt. Bei der Kartenzahlung dominiert in Deutschland die ec-Karte, die sich zu einem multifunktionalen Medium für den Bargeldbezug aus Geldautomaten und im Einzelhandel für das bargeldlose Bezahlen entwickelt

Abb. 10: Umsätze im electronic-cash-System (in Mrd. DM)[1]

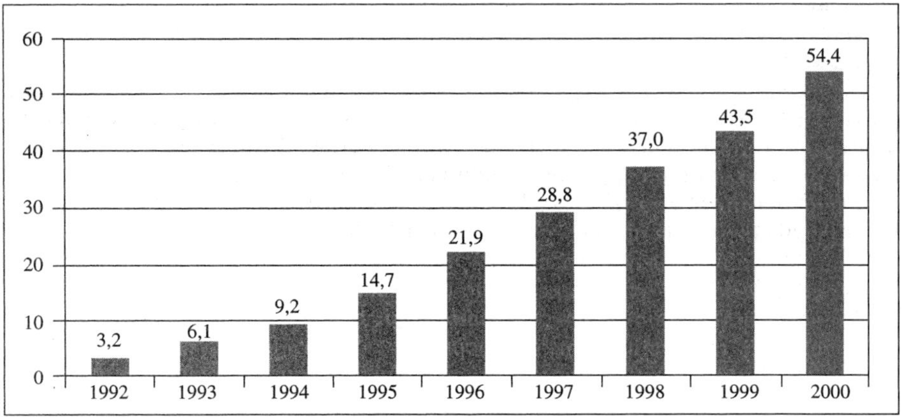

Quelle: Bundesverband deutscher Banken.

hat. Bereits im Jahr 2000 wurden über 54 Milliarden DM im »electronic-cash«-Verfahren umgesetzt. Darüber hinaus findet die so genannte elektronische Geldbörse Verbreitung: Die Anzahl der Transaktionen im Geld-Karte-System, primär konzipiert für die Zahlung von Kleinbeträgen, betrug bereits 1999 fast 21 Millionen Zahlungsvorgänge.

2.4.3 Strukturwandel im Bankgewerbe

Für kaum eine Branche haben sich die Rahmenbedingungen in den letzten Jahren so umfassend geändert wie für die Kreditwirtschaft. Veränderte Marktsegmente, eine sich ändernde Kundenstruktur, intensiverer Wettbewerb, Überkapazitäten und steigende Refinanzierungskosten ließen bei den Banken die Margen im klassischen Bankgeschäft sinken.[50] Der zunehmende Wettbewerb und die Öffnung des Bankenmarktes nach außen führten dazu, dass die Zahl der Banken in Deutschland

Tab. 11: Anzahl der Banken in Deutschland

Jahr[1]	Insgesamt	Private Banken	Sparkassen	Kreditgenossenschaften
1960	13 259	624	867	11 623
1970	8 549	485	832	7 059
1980	5 365	356	599	4 225
1990	4 719	338	769	3 380
2000	2 911	314	562	1 795

1 Ab 1990 Gesamtdeutschland.

Quelle: Deutsche Bundesbank, Statistisches Beiheft zum Monatsbericht, Nr. 1, Bankenstatistik, April 2001, S. 104.

in den vergangenen 40 Jahren deutlich zurückging. Dieser Konzentrationsprozess betraf alle drei Säulen des deutschen Bankgewerbes.

Dabei handelt es sich bei den Sparkassen und Kreditgenossenschaften stets um Fusionen innerhalb des jeweiligen Bereichs, während bei den privaten Banken auch Betriebsschließungen zum Rückgang der Zahl der Institute beigetragen haben. Dass der Rückgang insbesondere bei den Sparkassen und Kreditgenossenschaften ausgeprägt war, ist eine Folge davon, dass viele dieser Institute sehr klein waren und den Marktanforderungen nicht mehr gerecht werden konnten.

Der Prozess der Reduzierung der Bankenzahl wird sich in Anbetracht der weiter sinkenden Margen und des zunehmenden Wettbewerbs durch ausländische Institute und andere Finanzinstitute, die in den Markt für traditionelle Bankdienstleistungen eindringen, fortsetzen. Da Deutschland im internationalen Vergleich noch immer als »overbanked« gelten muss, wird darunter die Versorgung der Bürger mit Bankdienstleistungen allerdings nicht leiden, zumal schon heute mehr und mehr Standardgeschäfte über Terminals, Telefon oder den PC abgewickelt werden.

Der zunehmende Wettbewerb im Bankgewerbe hat aber dazu geführt, dass eines der Spezifika des deutschen Bankgewerbes, nämlich die klassische Unterteilung in privatwirtschaftliche, genossenschaftliche und öffentlich-rechtliche Kreditinstitute, mehr und mehr in Frage gestellt wird. Rund 45 Prozent des Geschäftsvolumens der deutschen Institute entfallen auf öffentlich-rechtliche Banken. In keinem hoch entwickelten Industriestaat der Welt gibt es einen vergleichbar hohen Staatsanteil in der Kreditwirtschaft. Das daraus resultierende Wettbewerbsproblem besteht darin, dass für öffentlich-rechtliche Kreditinstitute kein Ausschüttungszwang wie bei den privaten Banken besteht. Darüber hinaus sind die öffentlich-rechtlichen Institute durch eine unentgeltliche und zeitlich sowie der Höhe nach unbegrenzte Staatsgarantie – Gewährträgerhaftung und Anstaltslast – geschützt. Aufgrund der unbegrenzten Einstandspflichten der insolvenzunfähigen öffentlichen Hand erhalten die öffentlichen Banken so praktisch eine Existenzgarantie, was im Ergebnis auch zu einer Konkursunfähigkeit von Sparkassen und Landesbanken führt.

Die damit verbundene Wettbewerbsverzerrung wurde aus ordnungspolitischen Gesichtspunkten spätestens dann zu einem Problem, als einzelne Landesregierungen durch spezielle Konstruktionen ihren Landesbanken Eigenkapital zu weit unter den Marktbedingungen liegenden Konditionen zuführten und ihnen damit einen massiven Wettbewerbsvorteil verschafften.[51] Die EU-Kommission hat diese Vorgänge als eine gravierende Wettbewerbsverzerrung bewertet und auf der Grundlage von Beihilfebeschwerden des Bundesverbandes deutscher Banken und der Europäischen Bankenvereinigung eingegriffen, nicht zuletzt, weil Anstaltslast und Gewährträgerhaftung den grenzüberschreitenden Wettbewerb beschränken und so Vorteile des Binnenmarktes konterkarieren.[52]

Mit der Entscheidung der Europäischen Kommission vom Juni 2001, die Gewährträgerhaftung abzuschaffen und die Anstaltslast in ihrer jetzigen Form durch marktwirtschaftliche Eigentümerbeziehungen zu ersetzen, so wie sie zwischen einem Anteilseigner und einer Gesellschaft mit beschränkter Haftung oder Aktiengesellschaft bestehen, wurde den Anliegen der privaten Banken in vollem Umfang Rechnung getragen.

3. Zukunftstrends

Für die Zukunft des deutschen Finanzwesens werden als Beschleunigungsfaktoren und treibende Kräfte vor allem die fortschreitende Globalisierung, der Euro als gemeinsame europäische Währung, die weitere Technisierung und Digitalisierung der Finanzwelt sowie neue Trends in der Vermögensbildung prägend sein. Inwieweit eine zunehmende »Ökonomisierung« auch gesellschaftliche Gegenkräfte mobilisieren wird, ist noch nicht abzusehen. Zumindest dürfte sich die politische Diskussion zu diesem Thema verstärken.

3.1 Die Globalisierung des Bankgeschäfts

Im Finanzwesen wird die Globalisierung zweifelsohne weiter voranschreiten. Die Mehrzahl der bislang dargestellten Entwicklungen, insbesondere hinsichtlich der Internationalisierung der Finanzmärkte und beim Anlegerverhalten, werden in Zukunft noch an Bedeutung gewinnen. Auch der Anteil von Geldgeschäften mit Geschäftspartnern aus anderen Ländern wird weiter zunehmen. Dies ist schon deshalb zu erwarten, weil Investoren und Kreditnehmer bislang nur in begrenztem Umfang die Möglichkeiten genutzt haben, die sich aus neuen internationalen Geschäftsbeziehungen ergeben. Viele grenzüberschreitende Finanzierungs- und Geldanlageinstrumente sind zudem erst relativ kurze Zeit einem größeren Kreis von potenziellen Nutzern zugänglich.

Der internationalen Ausrichtung der Firmenkundschaft folgt eine stärkere Internationalisierung deutscher Banken weit über die finanzielle Begleitung von Exportgeschäften hinaus. Sie decken zunehmend auch die Finanzierung sämtlicher grenzüberschreitender Geschäfte ihrer Kunden ab und müssen hierfür an den internationalen Finanzplätzen präsent sein. Damit schaffen sie die Voraussetzung dafür, dass Unternehmen sich wirtschaftlich global engagieren können.[53]

Im Prozess der Globalisierung der Finanzmärkte sind die Banken Triebkraft und Getriebene zugleich. Je mehr sich die Wirtschaft internationalisiert, desto intensiver müssen die Banken auch mit ausländischen Kreditinstituten um deutsche Unternehmen als Kunden konkurrieren. Auch Banken mit einem national oder regional ausgerichteten Geschäft werden sich in wachsendem Maße mit ausländischer Konkurrenz auseinander setzen müssen.

Die veränderten Wettbewerbsbedingungen zwingen die Banken, ihre strategische Ausrichtung zu überprüfen und ihre Geschäftsmodelle anzupassen. Der künftige Fokus dürfte sehr viel stärker auf das Angebot globaler Dienstleistungen gerichtet sein. Auch wenn bislang eine größere Fusionswelle unter den privaten Geschäftsbanken ausgeblieben ist, hat in den vergangenen Jahren doch eine Reihe von Banken den Weg eingeschlagen, ihre strategische Ausgangsposition im Wettbewerb durch Fusionen oder Übernahmen zu verbessern.[54] Wie die gescheiterten Fusionen zwischen Deutscher Bank und Dresdner Bank bzw. zwischen Dresdner Bank und Commerzbank, aber auch die vollzogene Fusion zwischen Dresdner Bank und der Allianz, zeigen, steht die Fusion als strategische Option weiterhin im Raum. Für Banken, die ihre internationale Position stärken wollen und aus Wettbewerbsgründen eine gewisse Größe brauchen, bietet es sich auch an, ausländische Institute, Banken mit starkem Auslandsgeschäft oder Wertpapierfirmen mit speziellem Know-how zu übernehmen bzw. enge Kooperationen mit diesen einzugehen. Hierfür gibt es bereits zahlreiche Beispiele, und dieser Prozess dürfte noch längst nicht abgeschlossen sein.

Wie bei fast allen innovativen Prozessen werden von dieser Entwicklung nicht alle Teile der Gesellschaft gleichermaßen erfasst. In einer gewissen Vorreiterposition befinden sich stets die mobileren, höher gebildeten und international aufgeschlosseneren Marktteilnehmer. Wenngleich daher die nationalen Bezugsräume für den größten Teil der Deutschen zunächst bestimmend bleiben, wird sich doch im Laufe der Zeit in breiteren Bevölkerungsschichten eine gewisse »Internationalisierung« des finanziellen Denkens und Handelns durchsetzen. Mit der Globalisierung wird auch für den Durchschnittsbürger die Welt immer kleiner.

Mit der Globalisierung der Finanzmärkte stellen sich aber weiterhin – und möglicherweise noch verstärkt – makroökonomische Probleme, wie sie schon aus der Vergangenheit bekannt sind. Hierzu gehören etwa die hohe Volatilität, d. h. große Schwankungen auf den Finanzmärkten, das bisweilen zu beobachtende »Herdenverhalten« der Marktteilnehmer, das immer wieder zu irrationalen Übertreibungen führt, sowie Ansteckungseffekte zwischen den verschiedenen Märkten und die damit verbundene Gefahr internationaler Finanzkrisen.[55]

Die Bemühungen auf internationaler Ebene, diesen Problemen effektiv entgegenzuwirken, sind seit den jüngsten Finanz- und Währungskrisen in Asien und Lateinamerika in vollem Gange. Dass globale Finanzmärkte einen Ordnungsrahmen brauchen, ist gemeinhin akzeptiert. Eine effiziente Finanzmarkt- und Bankenaufsicht, Verbraucherschutz und eine handlungsfähige Wettbewerbskontrolle sind Voraussetzung für funktionierende Finanzmärkte. Die im Rahmen der G 8 und anderer internationaler Organisationen[56] angelaufenen Aktivitäten lassen darauf schließen, dass Bankenaufsicht und Wettbewerbskontrolle auf diese Weise selbst eine Internationalisierung erfahren.[57] Die hierdurch mitunter verbundene Einengung nationalstaatlicher Autonomie muss im Vergleich zu den Vorteilen der internationalen Arbeitsteilung für Wohlstand und Beschäftigung breiter Bevölkerungskreise in vielen Ländern gesehen werden.

Darüber hinaus sind die Voraussetzungen für stabile Finanzmärkte umso besser, je transparenter, umfassender und zeitnäher die Informationspolitik der nationalen Regierungen über ihre Aktivitäten an den internationalen Finanzmärkten ist und je verlässlicher und stetiger diese Regierungen ihre nationale Wirtschafts- und Finanzpolitik anlegen.[58]

So wichtig und sinnvoll ein nationales und internationales Regelwerk für die Finanzmärkte ist, so darf doch nicht übersehen werden, dass der Markt selbst ein wirkungsvoller Mechanismus zur Korrektur von Fehlentwicklungen ist. Der Markt deckt eklatantes Fehlverhalten oder Fehleinschätzungen von Marktakteuren auf, und er belegt solche Fehler mit Sanktionen. Dort, wo dies nur mit Zeitverzögerung oder zu gesellschaftlichen Kosten geschieht, die als inakzeptabel angesehen werden, kommt staatliche Intervention oder Prävention – also Regulierung – in Betracht. Doch immer ist dabei zu berücksichtigen, dass es einen »trade off«, einen Zielkonflikt, zwischen regulierenden Maßnahmen und den Wohlfahrtsgewinnen bei offenen

Finanzmärkten gibt. Wichtige Instrumente zur Vermeidung der möglichen negativen Auswirkungen liberalisierter Finanzmärkte sind Transparenz, der internationale Dialog zwischen Regierungen, supranationalen Organisationen und Finanzinstitutionen, internationale »Frühwarnsysteme«, ein effektives Krisenmanagement der Banken und ihre Fähigkeit, sich im internationalen Wettbewerb zu behaupten. Auch dazu muss allerdings die nationale Politik mit geeigneten Rahmenbedingungen beitragen.

3.2 Der Euro schafft ein neues Bewusstsein – in Politik und Gesellschaft

Gesellschaften definieren sich zu einem großen Teil über ihr Geld. Das große, oft leidenschaftliche Interesse der Menschen an ihrem Geldwesen, so mutmaßte bereits Joseph Schumpeter, resultiere daraus, dass sich darin »alles spiegelt, was dieses Volk will, tut, leidet, ist, und dass zugleich vom Geldwesen eines Volkes ein wesentlicher Einfluss auf sein Wirtschaften und sein Schicksal überhaupt ausgeht«.[59]

Insofern bedeutet der Übergang zur gemeinsamen europäischen Währung, dem Euro, auch in gesellschaftlicher Hinsicht einen fundamentalen Einschnitt. Er stellt weit mehr als nur einen technischen Wechsel dar. Gerade den Deutschen, die mit der Erfolgsgeschichte der D-Mark nach dem Zweiten Weltkrieg ein neues Selbstwertgefühl verbanden und verbinden, fällt der Übergang zu einer neuen Währung nicht leicht. Das zeigt nicht zuletzt die geringe Zustimmung, die sie dem Euro bislang entgegenbringen. Noch im Oktober 2000 fanden 62 Prozent der Deutschen die Einführung des Euro »nicht gut«; lediglich ein Drittel sprach sich für den Euro aus.[60] Über die Hälfte der Bevölkerung sieht mit dem Euro für Deutschland vor allem Nachteile verbunden, 28 Prozent halten Vor- und Nachteile für in etwa ausgeglichen, und nur 16 Prozent sind davon überzeugt, dass der Euro den Deutschen hauptsächlich Vorteile bringt.[61]

Die Befürchtungen der Deutschen bestehen vor allem darin, dass mit dem Euro die Lebenshaltungskosten steigen könnten – 39 Prozent der Befragten meinen das –, dass die Ersparnisse gefährdet sein könnten – 34 Prozent haben diese Sorge – und dass die Arbeitslosigkeit zunehmen könnte, was immerhin noch 18 Prozent für wahrscheinlich halten.[62] Insgesamt spricht aus den Daten eine gewisse Verunsicherung der Bürger mit Blick auf den Euro.

Das öffentliche Meinungsbild kann sich allerdings schnell ändern. Die demoskopischen Daten weisen aus, dass die Zustimmung zum Euro zu zwei Zeitpunkten deutlich angestiegen ist: im Frühjahr 1998, als der Europäische Rat die Teilnehmer der Währungsunion festlegte, und Anfang 1999, als der Euro zunächst in Form eines nicht-baren Zahlungsmittels eingeführt wurde.[63] Das zeigt: Je stärker der Euro in das Bewusstsein der Bürger rückte, umso mehr verlor er für sie auch den Schrecken des Ungewohnten und Fremden.

Wenn der Außenwert des Euro gegenüber dem Dollar nach einem historischen Tiefstand von 0,83 Dollar Ende Oktober 2000 wieder ansteigt – und darauf deutet vieles hin –, wird sich auch die Akzeptanz des Euro wieder verbessern. Nicht zuletzt das historische Beispiel der Einführung der D-Mark zeigt, dass eine neue Währung erst das Vertrauen der Bürger gewinnen muss.

Letztlich dürfte es sich auf die künftige Akzeptanz des Euro sogar positiv auswirken, dass die Bevölkerung mit dem Euro keine unerfüllbar hohen Erwartungen verknüpft. Bei der deutsch-deutschen Währungsunion 1990 erwiesen sich solche Erwartungen der Bürger in den neuen Bundesländern durchaus als eine Belastung.[64] Im Falle des Euro ist es umgekehrt: Die Befürchtungen und Ängste, die in der Bevölkerung bestehen, dürften sich relativ rasch abbauen, wenn die Bürger nach der Einführung des Euro-Bargeldes feststellen, dass diese gegenstandslos sind.

Unter der Voraussetzung, dass der Binnenwert des Euro stabil bleibt und sein Außenwert an Stärke zurückgewinnt, ist auch eine zunehmende Nutzung internationaler Anlage- und Finanzierungsmöglichkeiten durch deutsche Sparer und inländische Unternehmen zu erwarten. Der einheitliche Währungsraum in Europa erlaubt grenzüberschreitende Finanzgeschäfte innerhalb des Euro-Währungsgebiets ohne jegliches Wechselkursrisiko, was das Ausmaß solcher Transaktionen zusätzlich beflügeln wird.

Gerade bei der Geldvermögensbildung in Form von Aktien und anderen Wertpapieranlagen ist davon auszugehen, dass die bisherige Konzentration der Sparer auf nationale Titel im Laufe der Zeit einer währungsunionsweiten oder gar globalen Ausrichtung Platz machen wird. Zu einer solchen Entwicklung tragen bereits heute international zusammengesetzte Fonds bei. Mit der Gewöhnung an den Euro und an den Gedanken eines einheitlichen europäischen Finanzmarktes werden die Hemmschwellen für Geldanlagen bei ausländischen Banken weiter sinken.[65]

Vom Euro als gemeinsamer europäischer Währung wird jedoch über die finanzwirtschaftlichen und finanzkulturellen Aspekte hinaus eine kaum zu überschätzende identitätsstiftende politische Wirkung ausgehen. »Europa wird im Bewusstsein vieler dort sein, wo mit der gleichen Münze gezahlt werden wird. Der Euro wird zur Münze der Identität, das friedliche Bindemittel der Europäer.«[66] Dass Europa mit der gemeinsamen Währung in einer bisher nicht gekannten Weise in die Alltagswirklichkeit der Bürger eingreift[67], wird dabei nicht nur dem europäischen Bewusstsein der Menschen förderlich sein, sondern auch wiederum Rückwirkungen auf die Wirtschafts- und Finanzkultur in Europa entfalten.

3.3 Die Virtualisierung in der Finanzbranche wird weiter voranschreiten

Digitalisierung und Virtualisierung werden in Zukunft die wichtigsten Triebkräfte für den fortschreitenden Wandel im Finanzbereich sein. Hohe Erwartungen richten sich insbesondere auf das Internet mit seinen Möglichkeiten der weltweiten Kommunikation. Vor allem im Vertrieb werden Internet und Online-Dienste für die Banken an Bedeutung gewinnen. Das Medium Internet potenziert und internationalisiert die Möglichkeiten des direkten Kundenkontakts. Dank Internetbanking bzw. »electronic banking« werden sich die regionalen oder lokalen Bezüge – insbesondere im Firmenkundengeschäft – weiter reduzieren. Praktisch wird damit die ganze Welt zum relevanten Markt.

Das Internet wird dabei die Wettbewerbsposition der Banken entscheidend beeinflussen: Die neuen Techniken lassen die klassischen Zutrittsbarrieren wegfallen, der Marktzugang für Anbieter aus anderen Regionen vereinfacht sich. So entsteht eine stärkere Konkurrenz von ortsfremden in- und ausländischen Instituten selbst bei Produkten, die bisher als typische lokale Erzeugnisse galten. Das Ergebnis wird ein verschärfter Wettbewerb sein – nicht nur unter den Banken, sondern auch zwischen Banken und Anbietern von Finanzdienstleistungen aus dem Telekommunikations- und Softwarebereich.

Das globale Kommunikationsnetz im Rahmen des Internets wird auch die Beziehungen zwischen Finanzdienstleistern und Kunden nachhaltig verändern. Die bislang im Firmenkundengeschäft bestehende enge Bank-Kunde-Beziehung wird mehr und mehr infrage gestellt. Mit der zunehmenden Verfügbarkeit der Technik nimmt die Loyalität der Kunden ab. Über Internetnavigatoren suchen sich die Kunden jeweils das günstigste Angebot eines Anbieters aus. Gewählt wird die ertragreichste Alternative, nicht unbedingt das Angebot der Hausbank. Das klassische Verhältnis Unternehmen-Hausbank weicht zunehmend dem »smart shopping«, einem »Rosinen-Picken« aus der Angebotspalette mehrerer Banken.

Aber auch die Bereitschaft der Privatkunden, schneller zu einer anderen Bank zu wechseln oder mehrere Bankverbindungen gleichzeitig zu unterhalten, wird zunehmen. Verstärkt wird dieser Trend noch zusätzlich dadurch, dass im Massengeschäft die Bankprodukte mehr oder weniger vereinheitlicht werden, unter anderem, weil sie EDV- und kommunikationsgerecht gestaltet sein müssen. Die Bank hinter der Website wird aus Kundensicht damit zunehmend austauschbar.

Diese Entwicklung führt zu einer weiteren Emanzipation der Bankkunden gegenüber den Finanzdienstleistern. Da sich die verschiedenen Angebote der Banken und sonstigen Finanzdienstleister unmittelbar vergleichen lassen, entsteht für den Kunden ein so noch nie gekanntes Maß an Markttransparenz. Informationen über Aktien, Unternehmen und Märkte, »research«-Ergebnisse, Wertpapierempfehlungen und Musterdepots, all das ist mühelos zu jeder Zeit und an jedem Ort der Welt per Mausklick erhältlich.

Automatisierung und Standardisierung durch das Internet bedeuten aber nicht zwangsläufig, dass die Ansprüche mit Blick auf Beratung und persönliche Betreuung zurückgehen. Standardisierung auf der einen und Individualisierung auf der anderen Seite werden vielmehr parallele Anforderungen an das Bankgeschäft der Zukunft sein. Neuen Anforderungen unterliegen die Banken daher gerade in ihrer Rolle als Anbieter und Abwickler von Spezialdienstleistungen und der Lösung spezieller Kundenprobleme.

Die Interaktion zwischen Kunde und Bank über das Internet wird deshalb künftig – sofern der Kunde dies wünscht – um eine persönliche Ansprache des Kunden und die Berücksichtigung seiner speziellen Wünsche erweitert werden.[68] Eines dieser individualisierten Dienstleistungsangebote besteht zum Beispiel in Internetseiten, die auf die persönlichen Belange des Kunden zugeschnitten sind. Hier kann der Kunde selbst entscheiden, ob er seine Kontostände, Kreditkartenumsätze, Depotwerte oder lediglich Börsenindizes und Weltnachrichten ansehen möchte. Dadurch unterscheidet sich der Internetauftritt eines Kreditinstituts von Kunde zu Kunde, ähnlich einem realen Kundengespräch in der Filiale einer Bank.

Auch dieses »one-to-one-banking« im Internet wird jedoch die Bankfiliale nicht völlig ersetzen, sondern lediglich eine Ergänzung des persönlichen Beratungsgesprächs darstellen. Befragungen belegen, dass 80 Prozent aller Kunden zukünftig verschiedene Zugangswege zu ihrer Bank wünschen. Nur 10 Prozent wollen ausschließlich online mit ihrem Kreditinstitut kommunizieren und komplette Geschäfte – vom Angebot bis zum Vertragsabschluss – im Netz tätigen.[69]

Aufgrund der neuen Möglichkeiten der direkten Kapitalbeschaffung am Kapitalmarkt dürfte es im Firmenkundengeschäft tendenziell zu einem Rückgang der Nachfrage nach klassischer Fremdfinanzierung durch Bankkredite kommen. Insbesondere bei Großunternehmen ist die Tendenz zur Einrichtung eigener »corporate-finance«-Abteilungen zu erkennen, die eine Finanzierung an den Banken vorbei direkt am Geld- und Kapitalmarkt vornehmen.

Auf der anderen Seite verstärken immer mehr Unternehmen ihr »e-commerce«-Engagement, wodurch den Banken neue Betätigungsfelder eröffnet werden. Dazu gehören Beratungsdienstleistungen, die Sicherstellung des notwendigen elektronischen Datenaustauschs und die Einleitung der Bestellung in das jeweilige Warenwirtschaftssystem bis hin zur Bereitstellung der eigenen »e-commerce«-Infrastruktur auf Bankservern, deren wesentlicher Bestandteil die Abwicklung des Internetzahlungsverkehrs über die verschiedenen Bezahlsysteme ist.

3.4 Tendenzen der Geldvermögensbildung: neue Anlagemotive

Für die Frage, in welche Richtung sich Finanzwirtschaft und Finanzkultur in Deutschland weiter entwickeln werden, sind die zu erwartenden Tendenzen der Geldvermögensbildung von hoher Bedeutung. Die Einschätzung künftiger Tendenzen muss dabei notgedrungen außer Acht lassen, dass durch eventuelle Friktionen finanzwirtschaftlicher, außenwirtschaftlicher oder börslicher Art jederzeit Änderungen im Spar- und Anlageverhalten möglich, wenn auch nicht sehr wahrscheinlich sind. Wahrscheinlich ist hingegen, dass sich Entwicklungslinien fortsetzen werden, die bereits seit geraumer Zeit sowohl die Rahmenbedingungen als auch die Motive des Sparens und der Geldanlage bestimmen bzw. verändert haben.

Zu den veränderten Rahmenbedingungen zählt in erster Linie die in der Breite der Bevölkerung gestiegene Kapitalausstattung. Die Deutschen verfügen inzwischen mit annähernd 18 Billionen DM über ein enormes Sach- und Geldvermögen. Dabei dürfte der Geldvermögensaufbau auch in Zukunft – nicht zuletzt aufgrund der Kapitalerträge aus bereits angespartem Vermögen – weiter dynamisch verlaufen.[70]

Mit größerem Vermögen wächst auch der Wunsch nach breiter gefächerten Geldanlagen (Diversifizierung). Schon in den vergangenen Jahrzehnten hat sich gezeigt, dass mit wachsendem Vermögen das Interesse an verschiedenen Formen der Geldhaltung gewachsen ist. Banken und Finanzdienstleister haben darauf mit der Entwicklung neuer Finanzprodukte, insbesondere im Aktien- und Fondsbereich, reagiert.

Im Gefolge dieser Entwicklungen ist zu erwarten, dass sich die Geldvermögensstruktur vor allem weiter zu Lasten der klassischen Bankeinlagen verändern wird. Die Umstrukturierung dürfte dem Trend in den USA folgen. Dort halten die privaten Haushalte mit 45 Prozent einen weit höheren Anteil ihrer finanziellen Mittel in Aktien und Fonds.[71]

Wie Rüdiger Szallies[72] zu Recht bemerkt, haben Jahrzehnte der Wohlstandskumulation sowohl die Bedingungen als auch die Möglichkeiten der Geldanlage erheblich verändert. Auch die Spar- und Anlagemotive selbst unterliegen einem Wandel. Das in früheren Jahren dominante Sparmotiv, sich Geld für geplante Anschaffungen zurückzulegen[73], spielt heute immer weniger eine Rolle. Das Vorsorgemotiv – finanzielle Absicherung gegen Notfälle und »schlechtere Zeiten« – ist hingegen geblieben und gewinnt angesichts der Perspektiven der gesetzlichen Rentenversicherung noch an Bedeutung.

Ein relativ neues Spar- und Anlagemotiv, das vor 20 oder 30 Jahren kaum eine Rolle spielte, stellt das Renditemotiv dar. So wurden in einer Aktionärsbefragung von 1992 die »Gewinnaussichten« als häufigster Grund angeführt, Geld in Aktien anzulegen.[74] Dass der Reiz, mit Geld Geld zu verdienen, zunehmend breitere Bevölkerungsschichten erfasst, hängt auch mit einer generell gewandelten Lebenseinstellung und neuen Lebensstilen zusammen.

Die Menschen – besonders in der jüngeren Generation – wollen verstärkt die sich ihnen bietenden Möglichkeiten des Wohlstandes nutzen. Auf der einen Seite führt dies zu einem bewussteren Umgang mit Geld: Anleger kümmern sich zunehmend um ihr Kapital und nutzen die Marktmöglichkeiten, die sich ihnen bieten. Auf der anderen Seite ist auch zu beobachten, dass der Umgang mit Geld immer unbefangener, immer »lockerer« wird. Das »Leben im Hier und Jetzt«, die »Lust am Risiko« oder das Motto »more risk, more fun« sind Schlagwörter, die teilweise durchaus ihre Entsprechung im realen Anlageverhalten finden.

Im Parallelogramm der vier Anlagemotive Sicherheit, Liquidität, Rentabilität und Reiz am Risiko werden sich demnach künftig die Kräfte weiter verschieben – und zwar von den traditionellen Motiven wie Sicherheit und Liquidität hin zu den Motiven Rentabilität und Risiko. Die Motivstruktur wird damit merklich differenzierter.[75]

Von besonderer Bedeutung für künftige Trends im Geldanlageverhalten ist die Entwicklung des vererbten bzw. vererbbaren Vermögens einer Volkswirtschaft. Schätzungen zufolge steht in den nächsten Jahren in Deutschland ein Vermögen von über 1,2 Billionen DM zur Vererbung an. Dabei steigen künftig sowohl Anzahl als auch Höhe der Erbschaften. 1998 gab es 852 000 erbende Bundesbürger, um 2010 sollen es bis zu 960 000 sein. Ebenso steigen die Werte der Hinterlassenschaften: 1999 lag eine Erbschaft bei durchschnittlich 234 000 DM, für 2000 wird ein Durchschnittswert von etwa 320 000 DM geschätzt, für 2010 von 574 000 DM.

Neben dem steigenden Volumen ist die Umschichtung des Vermögens – speziell auch zwischen den Generationen – ein wesentlicher Einflussfaktor für die Art und Weise der künftigen Geldhaltung in Deutschland. Wie sich die Übertragung von Vermögen zwischen den Generationen auf den Umgang mit Geld auswirkt, lässt sich zwar kaum quantifizieren. Die Entwicklungsrichtung jedoch ist klar: Während ein beachtlicher Teil der Erblasser noch eher traditionellen Verhaltensmustern gefolgt ist, wird die neue Generation der gehobenen Privatkunden stärker als ihre Vorgängergeneration das Risiko im Gegenzug zu höheren Renditechancen bei der Geldanlage abwägen. Denn »es ist sicherlich leichter, geerbtes als selbst erarbeitetes Kapital aufs Spiel zu setzen«.[76] Bereits eine Anlegerbefragung aus dem Jahre 1992 erbrachte klare Hinweise, dass unerwartet zugeflossene Vermögen mit höherem Risiko investiert werden als eigene Ersparnisse.[77] Insofern ist absehbar, dass bei der Geldanlage das Motiv Renditeorientierung – aber auch das »Reizmotiv« – noch stärker an Gewicht gewinnen wird.

Neue Impulse für die Geldvermögensanlage gehen ferner von der politischen Entwicklung im Bereich der sozialen Absicherung aus.[78] Da das Durchschnittsalter der Deutschen weiter steigen wird, sich gleichzeitig aber die Lebensarbeitsphase in den letzten Jahrzehnten deutlich verkürzt hat, kann das heutige Niveau der Absicherung bei Arbeitslosigkeit und Krankheit sowie bei der Altersversorgung allein über die staatlichen, im Regelfall umlagefinanzierten Versorgungssysteme nicht mehr aufrechterhalten werden. Ein bestimmtes Niveau an Alterseinkünften oder an Sicherung bei Arbeitslosigkeit und Krankheit wird nur durch ergänzende private Vorsorgeleistungen gewährleistet werden können. Dieser Zusammenhang, auf den die Politik inzwischen mit der staatlichen Förderung privater Altersvorsorge reagiert hat, wird auch von der Bevölkerung in zunehmendem Maße gesehen.

Vor diesem Hintergrund wird die private Altersvorsorge zu einem bestimmenden Motiv der Geldanlage breiter Bevölkerungsschichten – mit zwei Konsequenzen für das Sparverhalten: Der Zeithorizont für die Geldvermögensanlage wird länger werden, und das Renditemotiv wird noch stärker in den Vordergrund rücken. Denn bei einem langen Anlagehorizont, wie er beim Altersvorsorgesparen üblich ist, hat der Zinseszinseffekt ein besonderes Gewicht. Anlageformen mit längerer Bindung und höherer Rendite werden demnach zunehmen, und ebenso Fonds, die die unterschiedlichsten Kombinationen von Rendite und Risiko bieten.

Alle beschriebenen strukturellen Veränderungen wirken tendenziell in die gleiche Richtung: Sie verstärken die schon heute zu beobachtende Orientierung der Anleger am Kapitalmarkt. Noch nicht endgültig abzusehen ist, ob – wofür viele Indizien sprechen – das gestiegene Anlegerinteresse an Aktien von Dauer sein wird oder ob es nur Ausfluss einer ungewöhnlichen, aber begrenzten Aktienhausse gewesen ist. Diese Frage der Aktien- und Finanzkultur in Deutschland bleibt spannend.

3.5 Neue Unsicherheiten und gesellschaftliche Gegenkräfte: Finanzkultur im Wandel

Als Folge der weltweiten wirtschaftlichen Liberalisierung, der Deregulierung des Kapitalverkehrs und des technischen Fortschritts ist der Finanzmarkt in Bewegung gekommen. Auf kaum einem anderen Wirtschaftssektor hat sich die Globalisierung so umfassend durchgesetzt wie auf den internationalen Finanzmärkten.[79] Parallel dazu sind Kapitalströme und Vermögen rasant angewachsen. In der deutschen »Erbengeneration« – aber nicht nur dort – hat sich eine unerwartet dynamische Aktienkultur entwickelt. Frühere ideologische Frontstellungen gegenüber Banken und Kapitalgesellschaften haben ihre Schärfe verloren.

Dieser Stimmungsumschwung kommt nicht von ungefähr. Er gründet sich wesentlich auf einer zunehmenden Emanzipation der Bürger in ihrer Rolle als Markt- und Finanzmarktteilnehmer. Eine arbeitsteilige Weltwirtschaft, moderne Finanzmärkte und ein funktionsfähiges Bankensystem werden vor diesem Hintergrund in wachsendem Maße als unverzichtbare Grundlagen für Wachstum und gesellschaftlichen Wohlstand akzeptiert.

Die Einstellung zum Wettbewerb ist in der Bevölkerung jedoch schwankend und teilweise widersprüchlich. Einerseits schätzen Verbraucher, Bankkunden und Aktionäre den Wettbewerb auf den Finanzmärkten, weil die Banken international konkurrenzfähige Dienstleistungen anbieten und im Wettbewerb um Kapitalanleger angemessene Renditen erwirtschaften müssen. Die positiven Wirkungen des Wettbewerbs – sinkende Preise, verbesserte Absatzchancen im Ausland und der Druck zur Reform überkommener Strukturen – werden von der Bevölkerung mehrheitlich anerkannt.[80]

Andererseits sind mit den Veränderungen, die die Anpassungen an die Globalisierung erforderlich machen, zahlreiche Befürchtungen und latente Ängste in der Bevölkerung verbunden. Wie bei jeder bedeutenden gesellschaftlichen Veränderung gibt es auch im politischen Raum warnende Stimmen. Grundsätzliche Fragen werden aufgeworfen: Stellt der globale Wettbewerb die politische Souveränität der Nationalstaaten und den Primat der Politik infrage? Führt die »Macht der Märkte« gar zu einer Ohnmacht der Politik? Droht eine auf alle Lebensbereiche durchgreifende »Ökonomisierung« der Gesellschaft, in der – wie es der ehemalige Bundespräsident Roman Herzog einmal provokant formulierte – Politik, Gesellschaft und Kultur zu einer Restgröße globaler Wirtschaftsprozesse verfallen könnten? Einige Beobachter – vor allem aus dem Gewerkschaftslager – sahen sich angesichts dieser Fragen sogar dazu veranlasst, nach »neuen Wegen der Regulierung« zu rufen und eine Umkehr »vom Terror der Ökonomie zum Primat der Politik« zu fordern.[81]

Viele der in diesem Zusammenhang gehegten Befürchtungen gehen weit über die gegenwärtige und die künftige Wirklichkeit hinaus. Dennoch ist unbestreitbar, dass der internationale Wettbewerb für die Politik auch ein Stück »Entmachtung« mit sich bringt.[82] Denn offene Märkte erlauben es den Kapitalanlegern, Geld dorthin zu transferieren, wo sie eine bestmögliche Rendite erwarten. In diese Renditeerwartungen fließt auch die Einschätzung der Qualität der Politik, der Wirtschaftsstruktur oder der gesellschaftlichen Verhältnisse in den verschiedenen Ländern ein. In liberalisierten Wirtschaftssystemen verliert die Politik dadurch an Einfluss, weil die Wirtschaftsteilnehmer auf staatliches Handeln, das nicht ihren Interessen entspricht, leichter mit Abwanderung reagieren können. Auf den internationalen Kapitalmärkten bedarf es dazu nur noch eines Mausklicks. Je emanzipierter sich die Marktteilnehmer verhalten, desto größer sind die Zwänge, die ökonomischen Konsequenzen politischer Entscheidungen zu bedenken.

Das ist allerdings ein insgesamt durchaus gewünschter Effekt, der zudem belegt, dass es den vereinzelt behaupteten Interessengegensatz zwischen den Zielen der Politik und denen der Marktteilnehmer in dieser Weise nicht gibt. Die Politik verliert auch nicht unmittelbar Macht an die Märkte, sondern tritt mit der nationalen Politik anderer Länder in Wettbewerb. Der Begriff von der »Macht der Märkte« existiert insofern nur als abgeleitetes, virtuelles Konstrukt. Faktisch steht hinter der »Macht der Märkte« die Macht eines anderen Staates, der attraktivere Rahmenbedingungen bietet. Möglichkeiten zur wirtschaftspolitischen Gestaltung stehen jeder nationalen Regierung auch weiterhin offen. Der zutreffend definierte Primat der Politik bleibt daher erhalten. Das geht so weit, dass die Politik – wenn sie es denn für richtig hielte und die Bürger ihr folgen würden – das eigene Land theoretisch von den internationalen Finanzmärkten abkoppeln könnte. Sie müsste sich dann allerdings – und insofern bleibt diese Vorstellung in der Tat Theorie – über die Konsequenzen für die Wohlfahrt der Bürger im Klaren sein.

Im Zusammenhang mit dem verstärkten internationalen Wettbewerb treten zeitweise immer wieder auch Befürchtungen in der Bevölkerung zutage, dem Zwang der Ökonomisierung würden die Errungenschaften des Sozialstaates zum Opfer fallen, in dem sich gewissermaßen in einem »race to the bottom« die niedrigsten Sozialstandards der Entwicklungsländer durchsetzen würden. So sieht etwa jeder zweite Deutsche durch die Globalisierung die soziale Sicherheit in Deutschland gefährdet.[83] Auch wenn die tatsächliche sozialstaatliche Entwicklung zu dieser Befürchtung keinen Anlass gibt, bietet dieses Thema dennoch ein hohes politisches Mobilisierungspotenzial. Insbesondere wenn unumgängliche Reformen des Sozialstaates pauschal mit dem Verlust sozialer Gerechtigkeit gleichgesetzt werden, findet auch der Hinweis, dass solche Reformen gerade der Erhaltung der sozialen Sicherungssysteme und des Wohlstands dienen, bisweilen kaum mehr Gehör. Darüber hinaus ist gegen einen vermeintlichen Wertewandel, der den Sozialstaat des Grundgesetzes durch die »Ideologie des Marktes« ersetzt, ein breites Spektrum gesellschaftlicher Gruppen, bis hin zu den Kirchen[84] emotional mobilisierbar. Die politische Auseinandersetzung dürfte in dieser Frage daher mit wachsendem Anpassungsdruck an Schärfe gewinnen.

Für eine politische Instrumentalisierung weniger geeignet, aber im Sorgenhorizont der Deutschen dennoch nicht unbedeutend, sind die mitunter als gefährlich empfundene Machtfülle der im Zuge der Globalisierung größer werdenden Unternehmen[85] sowie die Stabilitätsrisiken volatiler Finanzmärkte. Tatsächlich macht der Wettbewerb auf den globalisierten Märkten – gerade auch bei Banken und Finanzdienstleistern – eine bestimmte Unternehmensgröße notwendig, um steigende Kosten durch Größenvorteile decken zu können. Immer häufiger werden diese Skaleneffekte nur noch durch Fusionen oder Übernahmen anderer Unternehmen erreicht. Bei den Bürgern rufen diese Vorgänge ambivalente Gefühle hervor. Einerseits werden Fusionen aus Wettbewerbsgründen mehrheitlich durchaus für notwendig gehalten; gleichzeitig sieht jedoch eine Mehrheit in Übernahmen deutscher durch ausländische Unternehmen eine Gefahr.[86]

In welche Richtung sich die deutsche Finanzkultur entwickeln wird, hängt letztlich von den Rahmenbedingungen der Finanzmärkte ab. In den kommenden Jahren ist mit einiger Wahrscheinlichkeit davon auszugehen, dass sich die skizzierten Trends im Bankgewerbe und auf den Finanzmärkten fortsetzen werden. Die fortschreitende Globalisierung wird auch in den kommenden Jahren die deutsche Finanzkultur maßgeblich beeinflussen. Auch hier bestimmt das Sein das Bewusstsein. Die Diskussion um Banken, internationale Finanzmärkte, ihre Vor- und Nachteile und das Regelwerk, in das sie einzubinden sind, all das wird weiter auf der Agenda bleiben. Das ist Kennzeichen einer pluralistischen Demokratie – und einer freiheitlichen Finanzkultur, die auch weiterhin dem Wandel offensteht.

Schon heute ist absehbar, dass der Wandel der Finanzkultur nicht ohne Wirkungen auf die politische Kultur bleiben wird. In Deutschland haben sich, wie in vielen anderen europäischen Ländern, die politischen Parteien historisch ganz maßgeblich an den Verwerfungen des ökonomischen Verteilungskonfliktes, dem so genannten Klassenkonflikt, herausgebildet. Dieser Konflikt bestimmte mehr als alle anderen Themen die Agenda der politischen Streitfragen in Parlament und Gesellschaft. Hier standen sich Habende und Nicht-Habende, Unternehmer und Arbeitnehmer, »Arbeit« und »Kapital« gegenüber. In diesem ideologischen Freund-Feind-Schema galten die Banken stets als Gralshüter des »Kapitals« und wurden daher von den Parteien der politisch Linken fast reflexartig als symbolischer politischer Gegner eingestuft. Die neue Finanz- und Aktienkultur, neue Formen der Mitarbeiterbeteiligung und der breite gesellschaftliche Wohlstand lassen diese traditionelle Konfliktlinie allerdings zunehmend verschwimmen. Damit steigen auch die Chancen, finanz- und bankpolitische Themen künftig ohne diesen ideologischen Ballast diskutieren zu können. Die Kritik an Banken und Finanzmärkten wird deshalb aber nicht verstummen, denn das Thema Geld gehört offensichtlich zu den zeitlos konstanten Grundanliegen des Menschen.

Anmerkungen

Der Verfasser dankt Wilhelm Bürklin, Karl Knappe und Christian Jung für wertvolle Hilfen bei der Abfassung dieses Beitrags.

1 Vgl. Gottfried Haberler, Dic Weltwirtschaft und das internationale Währungssystem in der Zeit zwischen den beiden Weltkriegen, in: Deutsche Bundesbank (Hrsg.), Währung und Wirtschaft in Deutschland 1876–1975, Frankfurt/M. 1975, S. 205–248.

2 Zu den Umständen der Währungsreform 1948 und in den Folgejahren vgl. Hans Möller, Die westdeutsche Währungsreform von 1948, in: Deutsche Bundesbank, Währung und Wirtschaft (Anm. 1), S. 433–483.

3 Ein Beispiel ist die so genannte »Gürzenich-Rede« von Bundeskanzler Konrad Adenauer vom 23. Mai 1956, abgedruckt in der Frankfurter Allgemeinen Zeitung vom 30. Mai 1956 unter dem Titel: »Adenauer: Das Fallbeil trifft die kleinen Leute«; vgl. auch Klaus Stern, Die Notenbank im Staatsgefüge, in: Deutsche Bundesbank (Hrsg.), Fünfzig Jahre Deutsche Mark – Notenbank und Währung in Deutschland seit 1948, München 1998, S. 141–198.

4 Vgl. hierzu und zu den folgenden Zahlenangaben: Deutsche Bundesbank, Revidierte Ergebnisse der gesamtwirtschaftlichen Finanzierungs- und Geldvermögensrechnung für die Jahre 1950 bis 1959, Frankfurt/M. 1983.

5 Vgl. Bundesministerium für Arbeit und Sozialordnung, Statistisches Taschenbuch, Berlin 2000.

6 Vgl. Deutsche Bundesbank, Finanzierungs- und Geldvermögensrechnung (Anm. 4).

7 Zu den theoretischen Grundlagen vgl. z. B. Harry M. Markowitz, Portfolio Selection, in: Journal of Finance, 7/1952, S. 77–91.

8 Der in der Tabelle für die 90er-Jahre ausgewiesene Wert für Rentenwerte und Aktien unterzeichnet die Entwicklung, weil die Bundesbank seit 1990 die Anlagen in Investmentzertifikaten gesondert ausweist.

9 Vgl. Bundesverband deutscher Banken, Umfrage »Bankenimage«, Juli 1998.

10 Vgl. Bundesministerium für Familie, Senioren, Frauen und Jugend, Marktverhalten, Verschuldung und Überschuldung privater Haushalte in den neuen Bundesländern, Bonn 1997.

11 Vgl. Rüdiger von Rosen, Aktienmärkte und Aktienkultur in Europa, in: Detlev Hummel/ Rolf E. Breuer (Hrsg.), Handbuch Europäischer Kapitalmarkt, Wiesbaden 2001, S. 487–499.

12 Vgl. Bundesverband deutscher Banken, Umfragen »Wirtschaftsstandort Deutschland«, Februar 1996, und »Aktienbesitz in Deutschland«, Mai 1999.

13 Siehe dazu weiter unten, Kapitel 3.4.

14 Vgl. Bundesverband deutscher Banken/Forschungsgruppe Wahlen Online, Umfrage »Online-Banking und E-Commerce«, August 2000, in: DEMO/SKOPIE, 10/2000.

15 Vgl. Bundesverband deutscher Banken, Umfrage »Deutschland im Wandel«, November 2000, dokumentiert in Kapitel VI in diesem Band, Tabelle 3.17.
16 Vgl. Horst Müller-Peters, Motivation und Risikoneigung privater Geldanleger, in: Lorenz Fischer u. a. (Hrsg.), Finanzpsychologie, München 1999, S. 135–159.
17 Vgl. Wolfgang Gerke, Die deutsche Aktienkultur – Herausforderung für Banken und Politik, in: Bertram Theilacker (Hrsg.), Banken und Politik, Frankfurt 2000, S. 60–69.; vgl. auch von Rosen, Aktienmärkte und Aktienkultur (Anm. 11).
18 Gerke, Die deutsche Aktienkultur (Anm. 17), S. 65.
19 Vgl. Umfrage »Online-Banking und E-Commerce« (Anm. 14).
20 Vgl. Juergen B. Donges/Andreas Freytag (Hrsg.), Die Rolle des Staates in einer globalisierten Wirtschaft, Stuttgart 1998.
21 Vgl. Bundesverband deutscher Banken, Umfrage »Deutschland und die Globalisierung«, Oktober 2000.
22 Vgl. ebd.
23 Vgl. Bundesverband deutscher Banken, Umfrage »Bildung«, August 2000, in: DEMO/SKOPIE, 9/2000.
24 So belief sich die Umsatzrendite deutscher Unternehmen (Jahresüberschuss in Prozent des Umsatzes) nach der Statistik der Deutschen Bundesbank 1965 auf 3,7 Prozent 1975 auf 2,2 Prozent, 1985 auf 1,9 Prozent und 1994 nur noch auf 1,5 Prozent. Vgl. dazu auch Norbert Walter, Der Kapitalbedarf der deutschen Wirtschaft, in: Karl-Heinz Naßmacher u. a., Banken in Deutschland, Opladen 1998, S. 120–137.
25 Vgl. ebd., S. 127.
26 Vgl. ebd.
27 Vgl. Wolf Lotter/Christiane Sommer, Neue Wirtschaft – Das Kursbuch für die New Economy, München 2000.
28 So halten beim Pharmaunternehmen Schering 87 Prozent der Mitarbeiter Belegschaftsaktien; die Siemens AG hat seit 1969 über 28 Prozent ihres Grundkapitals in Form von Aktien an ihre Mitarbeiter verkauft.
29 Vgl. Anja Müller, In der Aktien-Gesellschaft, in: Handelsblatt vom 17. April 2000.
30 Befragung im Jahr 2000 im Rahmen des Capital-Elite-Panels; vgl. Ulrich von Lampe, Kulturgut Aktie, in: Capital, 12/2000.
31 Vgl. Andreas Nölting, Unter Wert verkauft, in: ManagerMagazin, April 1998.
32 Viele Belegschaftsaktionäre, vor allem aber deren Interessenvertretungen, erhoffen sich auf diesem Wege sogar mehr Einfluss auf die Unternehmenspolitik. Aus den USA gibt es Beispiele, in denen Mitarbeiterbeteiligungen nur deshalb eingeführt wurden, um Übernahmen durch die Konkurrenz zu verhindern. Vgl. Arne Daniels, Arbeitermacht per Aktie, in: Die Zeit vom 25. Februar 2000.
33 Vgl. Gerhard Willke, Die Zukunft unserer Arbeit, Bonn 1998, S. 226.
34 Vgl. Claus Döring, Neue Old Economy, in: Börsen-Zeitung vom 2. Januar 2001.
35 Hierbei handelt es sich um das internationale Währungssystem, das auf der Konferenz von Bretton Woods 1944 zwischen den wichtigsten Industrienationen vereinbart wurde. Kernpunkte des Abkommens von Bretton Woods waren feste Wechselkurse und die Konvertibilität der Teilnehmerwährungen sowie Verhaltensregeln für den Fall von Zahlungsbilanzungleichgewichten.
36 Der Begriff »Euromärkte« bezeichnet Finanzmärkte, auf denen in einer Währung gehandelt wird, die für die Anbieter und/oder Nachfrager von Finanzprodukten eine fremde Währung darstellt.
37 Darunter ist zu verstehen, dass bestimmte risikobehaftete Bilanzpositionen von Banken ein bestimmtes Vielfaches des Eigenkapitals nicht überschreiten dürfen. Hieraus ergibt sich für die Banken ein ständiger Zwang, neue Eigenmittel zu beschaffen, wenn sie ihre Geschäftstätigkeit ausweiten wollen.
38 Vgl. Martin Hellwig, Banken zwischen Politik und Markt: Worin besteht die gesamtwirtschaftliche Verantwortung der Banken?, in: Perspektiven der Wirtschaftspolitik, III/2000, S. 337–355.

39 Damit wurden u. a. die Voraussetzungen für die Entwicklung einer deutschen Terminbörse geschaffen, die innerhalb eines Jahrzehnts die zuvor mit Abstand führende Londoner Terminbörse LIFFE überholte.
40 »Benchmarks« sind definierte Maßstäbe, um Abläufe und Leistungen zu messen und vergleichen zu können.
41 Seit Anfang 2001 ist Griechenland als zwölftes Land Mitglied der EWWU.
42 Abkürzung für »Trans-European Automated Real-Time Gross-Settlement Express Transfer System«, ein elektronisches, EWU-weites Großbetragszahlungssystem, um währungspolitische Transaktionen zwischen den Teilnehmerländern schnell und effizient abzuwickeln.
43 Vgl. Stefan Collignon, Geldwertstabilität für Europa. Die Währungsunion auf dem Prüfstand, Gütersloh 1996. Symbolhafter Ausdruck für die maßgebliche Prägung des Europäischen Zentralbankensystems nach deutschem Vorbild war schließlich die Wahl Frankfurts als Sitz der Europäischen Zentralbank. Mit dieser Entscheidung wurde nicht zuletzt die internationale Bedeutung des Finanzplatzes Frankfurt noch einmal deutlich aufgewertet.
44 Die Angebotspalette umfasst inzwischen die Möglichkeit von Kontostandsabfragen, Inland- und Auslandsüberweisungen, Wertpapieraufträge (»Direct Brokerage«), die Einrichtung, Änderung oder Löschung von Daueraufträgen sowie Scheckbestellungen. Vgl. auch Bundesverband deutscher Banken, E-Commerce als Bankdienstleistung, Berlin 2000.
45 Davon wurden 49 Prozent bei privaten Banken, 28 Prozent bei Sparkassen, 16 Prozent bei Volks- und Raiffeisenbanken sowie 7 Prozent bei der Postbank geführt.
46 In einer Umfrage im August 2000 gaben neben den 11 Prozent der Deutschen, die bereits Online-Banking nutzen, weitere 17 Prozent der Befragten an, bereits ernsthaft daran gedacht zu haben, ihre Bankgeschäfte künftig online abzuwickeln. Neuere Umfragen belegen eine entsprechende Entwicklungsdynamik: Im Mai 2001 lag der Anteil der Deutschen, die Online-Banking betreiben, bereits bei 20 Prozent. Vgl. Umfrage »Online-Banking und E-Commerce« (Anm. 14) und Bundesverband deutscher Banken, Umfrage »Bankgeschäft 2001«, Mai 2001.
47 Vgl. Umfrage »Bankgeschäft 2001«.
48 Vgl. Umfrage »Online-Banking und E-Commerce« (Anm. 14).
49 Vgl. ebd.
50 Gemessen an der Eigenkapitalrentabilität bewegen sich die deutschen Banken in der unteren Hälfte der Kreditinstitute im Euro-Währungsgebiet; Vgl. Statistisches Amt der Europäischen Gemeinschaften, Special Feature on Banking, Luxemburg 2000, S. 32–38.
51 Anlass dafür bildete die durch die EG-Eigenmittelmittel-Richtlinie von 1993 geforderte höhere Unterlegung der Geschäftstätigkeit mit Eigenmitteln.
52 Zu den Einzelheiten der beiden Beihilfebeschwerden vgl. Bundesverband deutscher Banken, Banken 2000, Berlin 2000.
53 Vgl. Claus Döring, Macht der Märkte – Ohnmacht der Politik?, in: Börsenzeitung vom 19. September 2000.
54 Zu den spektakulärsten Fällen gehören hierbei die Fusion der beiden großen bayerischen Regionalbanken zur Hypo Vereinsbank, der Eigentümerwechsel bei der BHF-Bank sowie die Fusion von Deutscher Bank und Bankers Trust.
55 Vgl. Rolf E. Breuer, Politik im 21. Jahrhundert – im Schlepptau der Finanzmärkte?, in: Deutsche Bank Research, Bulletin 5/2000, S. 5–16.
56 Hierzu zählen insbesondere der Internationale Währungsfonds (IWF), die Weltbankgruppe, die Bank für internationalen Zahlungsausgleich (BIZ) sowie der Baseler Ausschuss für Bankenaufsicht.
57 Zu der Thematik insgesamt vgl. Michael Kreile, Deutschland und die Reform der internationalen Finanzarchitektur, in: Aus Politik und Zeitgeschichte (APuZ), B 37–38/2000, S. 12–20.
58 Vgl. Breuer, Politik im 21. Jahrhundert (Anm. 55), S. 14.
59 Josef Schumpeter, Das Wesen des Geldes, hrsg. und eingeleitet von F. K. Mann, Göttingen 1970.
60 Vgl. Bundesverband deutscher Banken, Umfrage im Rahmen des monatlichen Politbarometers der Forschungsgruppe Wahlen, Oktober 2000.

61 Vgl. Umfrage »Deutschland und die Globalisierung« (Anm. 21).
62 Vgl. Bundesverband deutscher Banken, Umfrage »Der Wirtschaftsstandort im Zeichen der Globalisierung«, März 2000, in: DEMO/SKOPIE, 8/2000, S. 20.
63 Vgl. IPSOS Deutschland, Umfrage »Tendenzen der öffentlichen Meinung in Europa«, Ergebnisse dokumentiert in: inter/esse, 5/1999, S. 6f.
64 Vgl. Friedrich Thießen, Währungsunion: Geld weckt Gefühle, in: Die Bank, 12/1997, S. 751–756.
65 Zu den Wirkungen einer einheitlichen europäischen Geldpolitik auf die Angleichung des Finanzierungs- und Anlageverhaltens vgl. Manfred Weber, Einheitliche Geldpolitik als Basis für das Zusammenwachsen der europäischen Finanzmärkte, in: Hummel/Breuer, Handbuch Europäischer Kapitalmarkt (Anm. 11), S. 19–31.
66 Forschungsgruppe Europa, Europa vor der Vollendung. Das Profil der großen Europäischen Union, Strategiepapier für das International Bertelsmann Forum in Berlin, Juli 1998.
67 Vgl. Olaf Hillenbrand, Europa als Wirtschafts- und Währungsunion, in: Werner Weidenfeld (Hrsg.), Europa-Handbuch, Bonn 1999, S. 498–521.
68 Vgl. Jörg Birkelbach, Internet Banking geht in die nächste Runde, in: Die Bank, 7/1999.
69 Vgl. Bundesverband deutscher Banken, E-Commerce als Bankdienstleistung (Anm. 44).
70 Vgl. auch Renate Finke, Geldvermögen der privaten Haushalte mit zunehmender Dynamik, in: Dresdner Bank, Trends/Wirtschaftsanalysen, IV/2000, S. 12–15.
71 Vgl. ebd., S. 13.
72 Vgl. Rüdiger Szallies, Anlagemotive im Wandel, in: Fischer, Finanzpsychologie (Anm. 16), S. 240–249.
73 In einer 1953 von der Gesellschaft für Konsumforschung erhobenen Studie gaben 70 Prozent der Sparer dieses Sparmotiv an, 20 Prozent stellten die Sicherung gegen Notfälle als Sparmotiv in den Vordergrund; zit. nach ebd., S. 240.
74 Bei der Möglichkeit von Mehrfachantworten nannten 85 Prozent der befragten Aktionäre dieses Motiv; das mit 65 Prozent am zweithäufigsten genannte Motiv war der Reiz am Risiko. Vgl. Müller-Peters, Motivation und Risikoneigung (Anm. 16), S. 144.
75 Vgl. Szallies, Anlagemotive im Wandel (Anm. 72), S. 244.
76 Vgl. ebd., S. 245.
77 Vgl. Müller-Peters, Motivation und Risikoneigung (Anm. 16), S. 145.
78 Vgl. Horst Zirener, Innovative Fondsprodukte in einem expansiven Euro-Kapitalmarkt, in: Hummel/Breuer, Handbuch Europäischer Kapitalmarkt (Anm. 11), S. 818–824; ebenso Rolf Passow, Altersvorsorge-Sondervermögen – Ein Vorbild für Europa, in: ebd., S. 826–834.
79 Vgl. Uwe Andersen, Regiert das Geld die Welt? Die internationalen Finanzmärkte und der Handlungsspielraum der Wirtschaftspolitik, in: Naßmacher, Banken in Deutschland (Anm. 24), S. 168–183.
80 Vgl. Umfrage »Deutschland und die Globalisierung« (Anm. 21).
81 Neue Wege der Regulierung. Vom Terror der Ökonomie zum Primat der Politik. Jahrestagung der Otto Brenner Stiftung, Berlin 2000.
82 Vgl. Döring, Macht der Märkte (Anm. 53), S. 27.
83 Vgl. Umfrage »Deutschland und die Globalisierung« (Anm. 21).
84 Vgl. Evangelische Kirche in Deutschland, Gemeinwohl und Eigennutz. Wirtschaftliches Handeln in Verantwortung für die Zukunft, Gütersloh 1991.
85 Drei Viertel aller Deutschen befürchten, dass die im Zuge der Globalisierung größer werdenden Unternehmen zu mächtig werden könnten. Vgl. Umfrage »Deutschland und die Globalisierung« (Anm. 21).
86 Vgl. ebd.

Joseph Huber

Umweltschutz

1. Umweltproblematik und Ökoperformance Deutschlands

Zusammen mit den EU-Staaten, Nordamerika und Japan gehört Deutschland zur Gruppe der hoch entwickelten Nationen im Weltsystem. Im Zuge weiter gehender Modernisierung befindet sich diese Ländergruppe im Übergang von der Stufe der einfachen Vollindustrialisierung zur nächsten Stufe der Wissenschafts- oder Technologiegesellschaft. Damit wandeln sich auch die ökologische Problematik und die Aufgaben des Umweltschutzes.

Im Folgenden wird die Ökoperformance Deutschlands behandelt, das heißt, der Zustand der Umwelt und die Leistungen im Umweltschutz im internationalen Vergleich. Die Trends, die sich in den letzten 20 Jahren abzeichnen, stimmen optimistisch – zumindest hinsichtlich der Bewältigung herkömmlicher Umweltprobleme wie Luft- und Gewässerverschmutzung oder Abfallprobleme. Ausschlaggebend für diese positive Einschätzung sind vor allem zwei Entwicklungen. Zum einen hat sich der Umgang mit der ökologischen Frage grundlegend gewandelt. Das ehemalige politische Reizthema ist zu einem Konsensthema geworden und hat mittlerweile auf der politischen Agenda seinen festen Platz. Umweltschutz ist in allen Bereichen der Gesellschaft institutionalisiert und wird zunehmend professionalisiert. Zum anderen hat die Herausbildung eines neuen Umweltbewusstseins, das in der gesamten Bevölkerung verankert ist, einem umweltpolitischen Umdenken den Weg bereitet (Kapitel 2). In Kapitel 3 werden die Strömungen des ökologischen Diskurses vorgestellt, die den neueren Verlauf beeinflussen. Dabei verlangen heute vor allem drei Argumentationslinien Aufmerksamkeit: der ökologische Modernisierungsdiskurs, die Risikodebatte und seit einigen Jahren auch die Nachhaltigkeitsdiskussion.

Eine staatliche Entsprechung für den gesellschaftlichen Bewusstseinswandel macht sich in Deutschland seit Mitte der 90er-Jahre bemerkbar: Das ursprüngliche Regulierungsmuster der bürokratischen Kontrolle ist durch das Regulierungsmuster der Koordination und Kontextsteuerung ergänzt worden, das sich besonders im Zusammenhang mit Umweltinnovationen bewährt hat (Kapitel 4).

Weiterhin bleibt die Verbreitung der ökologischen Unternehmensführung und des betrieblichen Umweltmanagements in der Industrie sowie das Konsumverhalten der Haushalte zu untersuchen (Kapitel 5 und 6): Inwiefern kann eine freiwillige Zertifizierung nach ISO-Standards die Vorgabe verbindlicher Richtlinien ersetzen? Haben umweltschonende Verfahren in Herstellung und Vertrieb erkennbaren Einfluss auf Kaufverhalten und Konsumpräferenzen?

An den Anfang der Analyse von Umweltbewusstsein und Umwelthandeln in den genannten gesellschaftlichen Bereichen muss eine Bestandsaufnahme der aktuellen Probleme und Herausforderungen im Umweltschutzsektor gestellt werden. Mit welchen Folgen für Umwelt und natürliche Ressourcen sieht sich eine Industrienation zu Beginn des 21. Jahrhunderts konfrontiert?

Die typische Umweltproblematik der Vollindustrialisierung besteht in Ressourcenverschleiß und Umweltverschmutzung durch Schwerindustrie, Chemisierung, Massenmotorisierung und Massenkonsum, beispielsweise

- Luftverschmutzung durch Staub, Ruß, Schwefel, Stickoxyde, größtenteils aus der Verfeuerung von fossilen Energieträgern (Kohle, Öl, Erdgas) in Kraftwerken, Industrieproduktion oder Automobilverkehr,
- Gewässerverschmutzung durch ungeklärte Abwässer,
- Verseuchung von Böden durch Agrarchemikalien, Erosion durch falsche Bewässerung und Schwermechanisierung,
- chemische Verseuchung von Produktionsstandorten (Altlasten).

Im Übergang zur Stufe der Technologiegesellschaft wird diese Art von grober Umweltverschmutzung abgemildert. Jedoch bleibt zunächst das Problem bestehen, dass die Stoffumsätze der Industriegesellschaft desintegriert sind, d.h. nicht störungsfrei eingelassen in die Stoffkreisläufe und Ökosysteme der Natur. Sichtbar wird dies z.B. in großen Aufkommen an giftigem Müll und sonstigen schädlichen Rückständen aus der überintensivierten Landwirtschaft und dem Massenverbrauch von Material und Produkten. Damit geht ein beispielloser Energiebedarf einher. Aufgrund der fossilen Energiebasis entsteht das Klimaproblem durch CO_2 und andere klimawirksame Gase, des Weiteren durch die nicht rückholbare Feinverteilung und Anreicherung von chemisch-pharmazeutischen Schadstoffen in der Umwelt und in Organismen. Die ökologischen Herausforderungen für die Technologiegesellschaft liegen von daher vor allem in sauberer Energie sowie in der Kontrolle der Stoffströme einschließlich ihrer Entgiftung und ihrer Wiederangleichung an eine naturnahe Konsistenz. Dies bedeutet in letzter Konsequenz den völligen Ausstieg aus fossiler Energie und die Herstellung einer Naturkreislauf-integrierten industriellen Ökologie.

Die Leistungen und Fehlleistungen im Natur- und Umweltschutz sind ein Teil des gesamten Leistungsbildes einer Nation. Man spricht diesbezüglich analog zur Finanzmarktperformance auch von der Ökoperformance. Im realpolitischen internationalen Vergleich kann die Ökoperformance Deutschlands sich durchaus sehen lassen. Es ist gelungen, die typischen Umweltprobleme der Vollindustrialisierung ein beträchtliches Stück weit abzuarbeiten. Gemessen an den verbleibenden Umweltproblemen liegt freilich noch einiges im Argen. Die folgenden Trendaussagen beruhen, sofern nicht anders angegeben, auf den Entwicklungs- und Umweltdaten der Weltbank und der OECD.

Der *absolute* Energieverbrauch der Industrieländer geht heute allmählich in einen Erhaltungszustand auf hohem Niveau über.[1] Der Pro-Kopf-Energiebedarf der privaten Haushalte hat bereits um 1980 seinen vorläufigen Erhaltungszustand erreicht, um den er seither schwankt. Das Erhaltungsniveau wird voraussichtlich für eine längere Zeit im Durchschnitt bestehen bleiben, ehe dann mit einem weiteren langfristigen Entwicklungsschub ein neuer transsäkularer Energiezyklus beginnt.

Die *spezifische* Energieintensität (z. B. Benzinverbrauch eines Autos auf 100 km) ist seit Jahrzehnten rückläufig, nachdem sie im früheren Verlauf der Industrialisierung zunächst angestiegen war. Dies gilt außer für den Energiekoeffizienten auch für die meisten sonstigen Materialkoeffizienten. Um ein Prozent Wirtschaftswachstum zu erzielen, mussten früher *mehr* als ein Prozent Energie und Material zusätzlich eingesetzt werden (spezifischer Verbrauchskoeffizient $\times > 1$). Ab einer bestimmten Entwicklungsstufe haben die Koeffizienten ihren Hochpunkt erreicht, gehen wieder zurück und das Verhältnis kehrt sich um (spezifischer Verbrauchskoeffizient $\times < 1$). Dies bedeutet, dass infolge rationellerer Produktions- und Arbeitsweisen ein gegebenes Niveau von Produktion und Konsum mit weniger Ressourceneinsatz erstellt wird.

Während sich die Arbeitsproduktivität im zurückliegenden Vierteljahrhundert allenfalls noch um ein Viertel verbesserte, ist die Ressourcenproduktivität um 125 Prozent angestiegen. Die *spezifischen* Stoffeinsatz-Koeffizienten, gemessen je 1 000 Euro reales BIP, für Rohstoffe, Endenergie, Siedlungs- und Verkehrsflächen, Abfall, Abwasser und CO_2-Emissionen sind seit 1960 allesamt rückläufig.[2] Gleiches gilt inzwischen auch für den *absoluten* Verbrauch an Rohstoffen. Der deutsche Inlandsverbrauch (d. h. Eigenproduktion plus Import) von Steinen, Erden, Mineralien, Metallen und Kunststoffen hat um 1980 seinen Höhepunkt erreicht und ist seither rückläufig. Ähnlich zurückgegangen ist der Bedarf an Frischwasser und das Aufkommen von Abwasser. Eine Ausnahme hiervon macht nur die bewässerungsintensive Landwirtschaft in niederschlagsarmen Gebieten. Der Verbrauch an Holz, Wolle, Baumwolle, Textilien und Lebensmitteln ist in den entwickelten Ländern inzwischen in einen Erhaltungszustand übergangen. Der Verzehr von Fleisch und Fisch ist rückläufig, und das nicht erst seit BSE.

Was die Flächennutzung angeht, so sind die Agrarflächen in der EU seit 1960 von 56 Prozent auf 50 Prozent der Gesamtfläche zurückgegangen. Zugleich nimmt der ökologische Landbau deutlich zu. In nur 15 Jahren wuchs er je nach Land von annähernd null auf zwei bis drei Prozent (Deutschland) über sechs Prozent (Italien) bis zu zehn Prozent (Österreich) der Agrarfläche.[3] Die Holzernte in den Industriestaaten unterschreitet das Waldwachstum seit Jahren, sodass die Waldbestände zunehmen. Weiterhin zunehmend ist aber auch der Umfang der Siedlungsflächen, besonders für Wohnraum (ein Wohlstandsindikator) und für Gewerbeansiedlungen auf der grünen Wiese. Während Land- und Stadtstraßen in der EU nur mehr wenig ausgebaut wurden, hat sich der Umfang der Autobahnen verdreifacht.

Noch deutlicher als beim Ressourcenverbrauch verläuft die Entwicklung bei den Emissionen. Die typische industrielle Luftverschmutzung ist in allen entwickelten Ländern seit den späten 80er-Jahren stark bis sehr stark zurückgegangen. Die Emissionswerte haben sich je nach Stoff halbiert, gedrittelt, geviertelt und sind weiter rückläufig. Eine Ausnahme vom Emissionsrückgang bilden bis um 1985/95 die klimawirksamen Gase, besonders CO_2 und Methan. Auch ihre Emissionen (noch nicht ihre Konzentration in der Atmosphäre) sind im Verlauf der 90er-Jahre zurückgegangen, wobei sie sich vorerst allerdings noch auf hohem Niveau bewegen.[4]

Schwermetall-Emissionen (Blei, Cadmium, Quecksilber) sind seit den 80er-Jahren stark reduziert worden. Sie bewegen sich in der Tendenz gegen null. Andere Schadstoffe, z. B. Formaldehyd in Textilien oder Holzprodukten, sind ebenfalls um ca. 80 Prozent zurückgegangen, auf dem verbleibenden Niveau aber immer noch gegeben. In Dänemark, Holland, Deutschland und Österreich sind auch die Belastungen aus der Düngung in der Landwirtschaft (Stickstoff, Kali, Phosphat) verringert worden, nicht jedoch in den anderen OECD-Ländern. Der Gebrauch von Pestiziden hat sich in den Industriestaaten eher auf hohem Niveau stabilisiert, als dass er zurückgegangen wäre. Dies ist umso bedenklicher, als die Zahl der pestizidresistenten Pilze, Schädlinge und Unkräuter, ähnlich der Zahl der antibiotikaresistenten Krankheitserreger, stark zunimmt.

Beim Abwasser sind 75 bis 98 Prozent der Einleiter in den entwickelten Ländern an Kläranlagen angeschlossen, die immer häufiger dreistufig ausgebaut werden. Dies entspricht faktisch einer Vollabdeckung. Die Belastung der Gewässer durch Emissionen von Stickstoff, Phosphor, organischen Halogenverbindungen (AOX), biochemischem Sauerstoffbedarf, Cadmium oder Quecksilber konnte ebenfalls sehr stark vermindert werden.

Abfälle sind in Deutschland von 1990 bis 1998 in absoluten Zahlen um etwa 50 Prozent zurückgegangen, hausmüllähnliche Gewerbeabfälle sogar um 80 Prozent. Die Gründe dafür liegen in einem Rückgang von Verpackungen und in vermehrten Recyclinganstrengungen. Die Nutzung von Wertstoffen, die früher als Abfall weggeworfen wurden, hat sich vervierfacht. Auch die Rückgewinnung von Betriebsstoffen in der Produktion (Lösemittel, Metalle u. a.) hat erheblich zugenommen. In Deutschland und einer Reihe anderer Länder reduziert sich die Menge der giftigen Sonderabfälle und Schlämme seit den 90er-Jahren, während sie sich anderenorts noch verdoppelt hat. Während Deutschland beim Recycling zu den Staaten mit durchweg hohen Verwertungsquoten zählt, bewegen sich die meisten Industrieländer noch im mittleren bis niedrigen Bereich. Sie setzen weiter mehr auf Deponieren und Verbrennen anstelle der fortschrittlicheren Trennung und Verwertung von Wertstoffen bei systematischer Verknappung des per se unökologischen Deponierens.

Seit der Vereinigung Deutschlands wurde in den neuen Bundesländern umfangreich in den Umweltschutz investiert. Dadurch konnten die vorhandenen Defizite der Luft- und Gewässerreinhaltung im Verlauf eines Jahrzehnts nahezu abgebaut werden. Auch die Sanierung stillgelegter Industriestandorte ist ein gutes Stück vorangekommen. Ein gewisser Nachholbedarf besteht noch bei der Sanierung der Kanalisation und der Wärmedämmung im Wohnungsbestand.[5]

In ganz Deutschland wie in anderen Industriestaaten schlagen sich die positiven Trends bei Ressourcenverbrauch und Emissionen in einem verbesserten Zustand der Umwelt nieder. Die Konzentrationen von Schadstoffen in Luft und Gewässern sind in den entwickelten Ländern stark zurückgegangen. Dies gilt auch für die sommerlichen Konzentrationen von bodennahem Ozon. Ebenso haben die atmosphärischen Konzentrationen von ozonschichtzerstörenden Substanzen (z. B. CFC-11) um 1993–95 ihren Höhepunkt erreicht und gehen seither zurück. Der CO_2-Gehalt der Atmosphäre nimmt jedoch weiterhin zu. Dagegen werden erfreulicherweise geringere Konzentrationen von Blei, PCP und Dioxin im Blut, Dioxin und DDT in der Muttermilch oder Cadmium im Urin gemessen.

Die Gewässergüte des Rheins mit allen Zuflüssen ist seit Mitte der 70er-Jahre, gemessen auf einer siebenstufigen Skala, um drei bis vier Güteklassen besser geworden. Die Populationen von Kleinstlebewesen und Fischen in den Flüssen, bis in die 70er-Jahre dramatisch im Niedergang begriffen, konnten sich erholen und besiedeln die Flüsse wieder in größerer Zahl und Vielfalt. Die Waldschäden in Europa haben sich um 1990 stabilisiert. Während Nadelbäume sich etwas zu erholen scheinen, nehmen die Schäden bei Buchen und Eichen jedoch noch weiter zu. Insgesamt sind die Waldbestände in der EU seit 1960 gewachsen und haben sich dabei von 25 Prozent auf 29 Prozent der Fläche ausgedehnt. Auch in Nordamerika sind die Waldbestände weiter gewachsen, in Russland wenigstens gleich geblieben – für den Erhalt des borealen Waldgürtels ein wichtiges Signal.

Der weltweite Artenschwund ist generell nicht gestoppt worden. Ohnedies stehen den roten Listen vom Aussterben bedrohter Tier- und Pflanzenarten keine grünen Listen neu entstandener Arten gegenüber. Was in den ökologisch inzwischen besser geschützten Zonen jedoch registriert werden kann, sind Einwanderungen von früher heimisch gewesenen, dann ausgerotteten oder vertriebenen, jetzt wieder heimisch werdenden Arten, in Mitteleuropa außer Fischen in Binnengewässern auch Biber, Wölfe, Störche u. a.

Abgesehen von den verbleibenden unerledigten Aufgaben zeichnet sich insgesamt ein im Grunde doch hoffnungsvoll stimmendes Bild ab. Dieses gilt leider noch nicht für die östlichen Transformationsstaaten und die Schwellen- und Entwicklungsländer. Deren nachholende Entwicklung bedeutet bisher auch nachholende Umweltzerstörung, und dies auf einem erheblich höheren Bevölkerungsniveau, sodass dort Raubbau und Umweltverschmutzung weiter stark zunehmen. Damit drohen auch die Teilerfolge des Umweltschutzes in den Industrieländern in der globalen Bilanz zunichte gemacht zu werden. Auch bei optimistischen Erwartungen kann eine globale Wende zum Besseren erst in kommenden Jahrzehnten erwartet werden.

2. Umweltbewusstsein

Nach einer klassisch gewordenen Definition des deutschen Rates von Sachverständigen für Umweltfragen bedeutet Umweltbewusstsein die »Einsicht in die Gefährdung der natürlichen Lebensgrundlagen des Menschen durch diesen selbst, verbunden mit der Bereitschaft zur Abhilfe«.[6] Das heute in der Sozialwissenschaft verbreitete Modell des Umweltbewusstseins beinhaltet drei Komponenten:

1. die kognitive Komponente, das Umweltwissen: Dazu gehört ein Wissen über ökologische und toxikologische Zusammenhänge. Auch die Identifizierung gesellschaftlicher Ursachen, moralisch-rechtlich die Schuldzuweisung, gehört in diesen Erkenntniskomplex, nicht zuletzt ein Verständnis des faktischen Betroffenseins durch Umweltwirkungen und des eigenen Beteiligtseins an ihrem Zustandekommen;
2. die evaluative und affektive Komponente: Sie beinhaltet umweltbezogene Wertorientierungen und Einstellungen. Hierher gehören die subjektive »Betroffenheit« von Personen, Umweltgewissen und Umweltethik, nicht zuletzt Fragen des Rechtsempfindens;

3. die konative Komponente: Sie bezieht sich auf die Willensbildung, auf Absichten und Bereitschaften des Umwelthandelns. Aspekte hiervon sind Verhaltensvorsätze, Kauf- und Zahlungsbereitschaften, Nutzungs- und sonstige Verhaltensroutinen, auch Nicht-Akzeptanz des Umwelthandelns anderer Akteure, etwa die Nicht-Akzeptanz von Gesetzen, neuen Produkten oder Standort- und Investitionsentscheidungen.[7]

Das Umweltbewusstsein besitzt eine weit reichende Überlappung mit dem Gesundheitsbewusstsein, ebenso mit einem Risikobewusstsein bezüglich der Gefahren von Störfällen, Katastrophen und eventuellen Fehlentwicklungen, die sich aus der Industrialisierung und Anwendung moderner Technologien ergeben können.

Die deutschen Meinungsforschungsinstitute haben 1977 begonnen, Umweltbewusstsein zu erfragen. Danach verbreitete sich ein stetig ansteigendes Umweltbewusstsein in der Bevölkerung bis gegen Ende der 80er-Jahre. Seither sind sich die Deutschen der Umweltproblematik anhaltend zu rund 90 Prozent bewusst. Dies hat, wie etwa die Ergebnisse von Eurobarometer gezeigt haben, für andere Industrieländer zeitversetzt in vergleichbarer Weise gegolten. Ursprünglich waren es vor allem Jüngere und Gebildetere, die eher als andere ein Umweltbewusstsein entwickelten. Solche Unterschiede haben sich mit der Ausbreitung eines Umweltbewusstseins durch sämtliche Schichten der Bevölkerung in den 90er-Jahren eingeebnet.[8] Nicht verschwunden ist der Befund, dass Männer eventuell etwas mehr über Umweltprobleme wissen als Frauen (kognitive Komponente), während Frauen eine etwas stärkere Betroffenheit zu erkennen geben (evaluativ-affektive Komponente).

Moderne Gesellschaften kennzeichnen sich durch einen gewissen Pluralismus der Weltanschauungen, der Einstellungen und Lebensstile. Dementsprechend unterscheiden sich auch die Inhalte des Umweltbewusstseins bei verschiedenen Bevölkerungsgruppen. Die Unterschiede bewegen sich hierbei in einem recht genau umrissenen Feld von Sinngebungen, das die Soziologie durch die Wertwandelforschung erschlossen hat – vor allem das Spektrum zwischen materialistischen und idealistischen Einstellungen. Die Naturbilder, die sich hier gegenüber stehen, sind zum einen das rationalistische Naturbild der modernen Naturwissenschaft, zum anderen gewisse religiöse, romantische und andere idealistische Weltbilder. Damit korrespondiert der Unterschied zwischen einer anthropozentrischen und einer öko- oder biozentrischen Umweltethik.[9]

Eine anthropozentrische Umweltethik geht davon aus, dass der Mensch von der Natur Besitz ergreift und sie durch Arbeit und Technik unter seine Kontrolle bringt. Die Natur gilt als Reservoir an nützlichen Ressourcen und Senken.[10] Diese Haltung ist vom Utilitarismus geprägt, d. h. einem Eigennutzstreben, das sich Vorteile anzueignen sucht, wenn möglich bei Abwälzung von Nachteilen und Kosten. Dagegen verlangt eine biozentrische Umweltethik eine Einordnung, um nicht zu sagen Unterordnung des Menschen ins Naturganze, da dieses weiter reicht als der Verstehenshorizont und Aktionsradius des Menschen. Flora und Fauna besitzen eine Existenz in eigenem Recht, die zu respektieren ist. Eingriffe des Menschen in die Natur sollten, wo nicht vermeidbar, behutsam und in möglichst geringem Maß erfolgen. Während Menschen mit einem anthropozentrischen Naturbild politisch-ökonomisch zu Individualismus und Wettbewerb neigen, vertreten Personen mit biozentrischer Einstellung einen »egalitären« Solidarismus. Diese Befunde gelten interkulturell für die westlichen Industrienationen.[11]

Die Typologie der Naturbilder und Umweltethiken eröffnet nicht zwei Schubladen, sondern ein bipolares, kontinuierlich abgestuftes weites Spektrum. Die konkreten Inhalte des Umweltbewusstseins von Personen sind diesbezüglich ausdifferenziert. Nur sehr wenige Menschen vertreten die betreffenden Einstellungen in extremistischer Weise. Die große Mehrheit lässt gemäßigte, verantwortungsethisch ausgewogene Standpunkte erkennen, freilich schon mit einer Gesamtneigung eher zum Anthropozentrischen oder zum Biozentrischen. Nach einer jüngsten Umfrage verteilen sich die Einstellungen der deutschen Bevölkerung diesbezüglich folgendermaßen:

Tab. 1: Umweltbewusstein

Extrem utilitarisch-anthropozentrisch	4 Prozent
Verantwortungsvoll gemäßigt utilitaristisch-anthropozentrisch	53 Prozent
Eher pragmatisch behutsam-biozentrisch	20 Prozent
Ausgeprägt biozentrisch	23 Prozent

Quelle: Udo Kuckartz, Umweltbewusstsein in Deutschland, Berlin 2000; Ergebnisse einer repräsentativen Bevölkerungsumfrage in Zusammenarbeit mit emnid, im Auftrag und hrsg. vom Umweltbundesamt, Berlin 2000, S. 76.

Außerdem, und dies ist für den Verlauf des ökologischen Diskurses und für die Umweltpolitik von Bedeutung, hat sich gezeigt, dass es eine Milieuspezifik des Umweltbewusstseins gibt: Eine ausgeprägt rationalistisch-anthropozentrische Einstellung in Umweltfragen findet sich besonders in den beruflichen Milieus von Ingenieuren, Chemikern und Führungskräften in der industriellen Produktion, während ihr Antipodenmilieu mit einer ausgeprägt biozentrischen Umweltethik besonders bei Sozialberufen verbreitet ist wie unter ErzieherInnen, LehrerInnen, PflegerInnen, SozialarbeiterInnen, PastorInnen u. ä.[12]

Es war dieses Milieu, aus dem heraus die Umweltbewegung sich seit Ende der 60er-Jahren gebildet hat, im Schwarm der neuen sozialen Bewegungen wie der Menschenrechtsbewegung, Studentenbewegung, Hippiebewegung, Alternativbewegung, Frauenbewegung, Friedensbewegung und Anti-Atom-Bewegung.[13] Auch die Partei »Die Grünen« entstand im Kontext der neuen sozialen Bewegungen als eine Milieupartei der sozialberuflichen neuen Mittelschichten, und ist es bis heute in gewisser Weise geblieben.[14]

Von diesem Ursprung her war das sich verbreitende Umweltbewusstsein zunächst vor allem ein antiindustriell-biozentrisches. Jedoch ist eine solche Ausprägung in der Bevölkerung mehrheitlich nur teilweise anschlussfähig, bei den gesellschaftlichen Eliten meist nicht. So wurde das Umweltbewusstsein im Zuge seiner Ausbreitung mehr und mehr an vorhandene Mehrheitsstandpunkte assimiliert. Auch hat sich die Umweltbewegung ihrerseits nach und nach »realpolitisch« ihrem gesellschaftlichen Umfeld angenähert. Deshalb ist es heute so, dass Umweltbewusstsein und ein Eintreten für ökologische Ziele keineswegs mehr mit einer idealistischen, solidaristischen und biozentrischen Einstellung einherzugehen braucht. Die Bevölkerung sowie die Funktionseliten haben sich in ihrer breiten Mehrheit das Umweltbewusstsein nicht in seiner ursprünglichen neoromantischen, antimodernen, antiindustriellen Ausprägung zu eigen gemacht, sondern sie haben es assimiliert in eher materialistischen, utilitären, teilweise konsumorientierten Ausprägungen (Qualitätskonsum, Erlebniskonsum), im Sinne eines aufgeklärten Eigeninteresses an der Erhaltung der zu nutzenden natürlichen Lebensgrundlagen für den Menschen. Insofern sich auf diese Weise ein Umweltbewusstsein in der Gesellschaft allgemein verbreitet hat, kann man sagen, die ökologische Frage ist von einem Kampfthema zu einem Konsensthema geworden. Andererseits birgt die Perspektive eines anthropozentrisch-utilitär motivierten Umweltschutzes weiterhin Divergenzen und Konflikte gegenüber deutlicher religiösen, romantischen und idealistischen Positionen, die Schöpfung und Natur um ihrer selbst willen erhalten wollen.

Durch die seit Mitte der 90er-Jahre vollzogene Assimilation im gesamten Einstellungsspektrum, ist Umweltbewusstsein als weltanschauliche und politische Größe fest etabliert. Dem widerspricht auch nicht ein schwankender Stellenwert des Umweltthemas im öffentlichen Themenzyklus und auf der aktuellen politischen Agenda. Ein aktuelles Umfrageergebnis zeigt, dass das Thema Umweltschutz auf dem neunten Rang rangiert, weit abgeschlagen hinter Arbeitslosigkeit, Rechtsradikalismus, Ausländer oder Rente.[15] Dies bedeutet keineswegs, die Bevölkerung nehme Umweltschutz nicht wichtig. Andere, ebenfalls bedeutende Themen wie Wirtschaftslage, Gesundheitswesen, Bildung, Staatsverschuldung und soziales Gefälle rangieren bei dieser Umfrage noch schlechter als Umweltschutz. Diese Ergebnisse spiegeln in erster Linie tagespolitische Dringlichkeit wider und signalisieren aktuellen Handlungsbedarf.

Umweltschutz ist inzwischen in allen Funktionsbereichen der Gesellschaft fest verankert. In Forschung, Bildung, Medien, Politik, Recht, Behörden, Finanzwesen, Landwirtschaft, Gewerbe, Industrie und privatem Konsum sind Fragen des Umweltschutzes vielfach professionalisiert und auf Dauer institutionalisiert worden.

3. Ökologischer Diskurs

3.1 Wachstumsdebatte

Der ökologische Diskurs begann in den 70er-Jahren mit der Debatte um die Grenzen des Wachstums. Die radikalen Forderungen der Ökologiebewegung lauteten auf Nullwachstum, gar Wirtschaftsschrumpfung, Konsumverzicht und Ausstieg aus der Industriegesellschaft. Die angegriffenen industriellen Platzhalter verteidigten sich zunächst mit der Feststellung: »Alles übertrieben, nur weiter so.« Die beiden Positionen blockierten einander und waren beide unhaltbar, denn weder ist »Ausstieg« eine reale Option der gesellschaftlichen Entwicklung noch lässt sich die Realität der ökologischen Frage leugnen. Es bildeten sich jedoch weiterführende Konzepte: die des organischen, qualitativen, selektiven und entkoppelten Wachstums.

Sie flossen in drei, miteinander verwobene Diskursstränge ein: den ökologischen Modernisierungsdiskurs seit Anfang der 80er-Jahre, den Risikodiskurs, der besonders Mitte der 80er- bis Anfang der 90er-Jahre vorherrschte und seither den Nachhaltigkeitsdiskurs.

3.2 Ökologische Modernisierung

Eine Ausgangsüberlegung des Konzeptes der ökologischen Modernisierung besteht darin, dass es aufgrund historischer Pfadabhängigkeiten eine sinnvolle Alternative zur weiteren Entwicklung der Industriegesellschaft nicht gibt, wohl aber alternative Entwicklungswege *im* Rahmen der weiter gehenden Modernisierung. Außerdem: Es gibt keine Ökologisierung der Gesellschaft gegen die Industrie, nur mit ihr, wenn auch in vielfacher Auseinandersetzung. Die effektive Bearbeitung der ökologischen Frage verlangt, der Industrie eine tragende konstruktive Rolle zuzuweisen. Nur die Industrie und ihre Kooperationsnetzwerke verfügen über das Wissen, Know-how, die Kapitalmobilisierung und internationale Marktpräsenz, die nötig sind, um Schritte zugunsten einer Ökologisierung in der erforderlichen Breite und Größenordnung umzusetzen.

Diese Einsicht resultierte einerseits aus Erfahrungen, dass Anläufe, eine alternative Ökonomie und Produktion zu schaffen, weitgehend im Sande verlaufen waren. Zum anderen hatte die Regierungspolitik der ordnungsrechtlichen Maßnahmen dazu geführt, dass in Landwirtschaft und produzierendem Gewerbe fast nur so genannte »end-of-pipe«- und »downstream«-Maßnahmen implementiert wurden, wie Kläranlagen, Filter, Abscheider, Katalysatoren, Deponien und Müllverbrennungsanlagen. Man erkannte, dass solche nachgeschalteten Maßnahmen zwar kurzfristig die ökologische »Gefahr im Verzug« wirksam eindämmen, aber keine dauerhafte Problemlösung bringen, sondern meist nur eine umweltmediale Problemverschiebung. Beispiele sind die Abluft und das Abwasser, aus denen giftiger Sondermüll in Form von Filterkuchen und Klärschlämmen wird.

Aus ökologischer, technischer und finanzieller Sicht bleibt dies unzureichend. Die Abluft-Entschwefelung wurde z. B. nur zu einem Drittel durch aufwendige nachgeschaltete Anlagen erreicht, aber zwei Drittel durch schwefelärmere Brennstoffe, effizientere Verbrennung und andere Maßnahmen der Energieeinsparung »im« Produktions- und Verbrauchsprozess selbst. Das spart außerdem Geld, während die nachgeschalteten Anlagen Zusatzkosten darstellen, in der Anschaffung sowie im laufenden Betrieb. Die Regierung selbst thematisierte die Notwendigkeit, von nachgeschalteten kompensatorischen Maßnahmen zu einer präventiven Umweltpolitik zu gelangen. Aus dem Kreis der technologischen Forschungsinstitute kam die Formel vom »integrierten« Umweltschutz: Produktionsverfahren und Produkte sollen so verändert werden, dass Umweltprobleme von vornherein minimiert werden oder möglichst erst gar nicht entstehen, z. B. durch neue saubere Technologien, neue Produktionsverfahren, die Substitution von Problemstoffen durch neue Materialverwendungen oder durch Recycling und Weiterverwertung von Stoffen.

Im Konzept der integrierten Umweltproblemlösung anstelle nachgeschalteter zusätzlicher Maßnahmen wurden die früheren Ideen eines entkoppelten qualitativen Wachstums aufgehoben. Es kam nun darauf an, auch den Politikprozess, die Umweltgesetzgebung und Umweltverwaltung sowie die ökonomischen Rahmenbedingungen so zu modernisieren, dass sie einen integrierten Umweltschutz fördern.[16]

3.3 Risiko- und Technologiediskurs

Nach einem längeren Vorlauf, beispielsweise in der Atomdebatte, setzte ab 1986 relativ abrupt der ökologische Risikodiskurs in gesellschaftlicher Breite ein. Grund waren eine Kette von Katastrophen-Ereignissen, kulminierend 1986 in Tschernobyl und Schweizerhalle (einer Vergiftung des Rheins infolge eines Brandes am Chemiestandort Basel). Die Frage, welche Risiken der technisch-industriellen Entwicklung man eingehen kann, hat seither einen hohen, immer wieder aktualisierten Stellenwert erlangt (z. B. wegen BSE oder gentechnischem Klonen). Der Risikodiskurs ist ein verallgemeinerter Technologiediskurs, genauer: ein Technologiebewertungsdiskurs.

Untersuchungen des Risikoverhaltens der Bevölkerung zeigten verschiedene risikofreudige und risikoaverse Typen auf. Expertenwissen und Bevölkerungsmeinung über Risiken fallen meist nicht allzu weit auseinander. Lediglich im Randbereich und einigen Spezialfragen werden tatsächlich hohe Risiken, z. B. die Wahrscheinlichkeit eines Autounfalls, unterschätzt, während extrem niedrige Risiken, wie die Möglichkeit, sich eine Fischvergiftung zuzuziehen, erheblich übertrieben werden. Als Faktoren, die Risikoakzeptanz beeinflussen, ergaben sich die Gewöhnung an eine Sache, die Freiwilligkeit der Risikoübernahme, die persönliche Kontrollchance des Risikoausmaßes (wobei die meisten Leute dazu neigen, ihren eigenen Kontrolleinfluss zu überschätzen), das Eigeninteresse an einer Sache (Risiken von Freizeitaktivitäten werden notorisch unterschätzt), die naturbedingte oder industrielle Ursache eines Risikos, die sichere Tödlichkeit bei Eintritt sowie die sinnliche Wahrnehmbarkeit.[17]

Unvoreingenommene Beobachter kommen nicht umhin, eine Reihe von Unstimmigkeiten der Risikoeinschätzung festzustellen. So ist Arbeit am offenen Katalysator verboten, aber im Straßenverkehr, zumal im Stadtstau, wird er als nachgeschaltete Maßnahme eingesetzt. Eine Chlorexposition wie im Schwimmbad sei unbedenklich, aber im Betrieb ist sie wiederum verboten. So genannte »asbestverseuchte« Schulen werden geschlossen, Arbeiter im hermetischen Raumanzug rücken ein, und Lehrer und Schüler gehen mit der Parole demonstrieren: »Asbest ist Mord«. Den Demonstranten hält die Wissenschaft die Wahrscheinlichkeit von Todesrisiken entgegen, wie in *Tab. 2* dargelegt.

Das hat die Beteiligten, manche davon Raucher, wenig beeindruckt. Die subjektive Risikobewertung ist etwas anderes als die medizinisch-naturwissenschaftliche Risikobestimmung. Insbesondere den Atomingenieuren fiel es schwer, »subjektive Betroffenheit« zwar nicht unbedingt in der Sache, aber als mentale Realität zur Kenntnis und ernst zu nehmen. Allerdings entsteht damit noch ein zusätzliches Problem: Im einen Extrem wird jede Risikounterstellung fraglos bejaht, im anderen Extrem wird jede Risikoannahme dem Generalverdacht der Angsthysterie und Irrationalität unterworfen.

Tab. 2: Todesrisiken

Asbestverursachtes Mesotheliom bei ständer Exposition von 1 000 Fasern pro Kubikmeter	$1{,}2 \times 10^{-6}$
Flugzeugabsturz	1 bis 6×10^{-6}
Blitzschlag	$3{,}7 \times 10^{-6}$
Eisenbahnunfall	$4{,}6 \times 10^{-6}$
Football an Schulen in den USA	$10{,}6 \times 10^{-6}$
Ertrinken 5- bis 14-Jährige	27×10^{-6}
Verkehrsunfall als Fußgänger 5- bis 14-Jährige	32×10^{-6}
Autounfall	230×10^{-6}
Rauchen	$1\,200 \times 10^{-6}$

Quelle: Klaus Dierks, Gleiches Risiko, ungleiche Reaktion, in: Joseph Huber/Georg Thurn (Hrsg.), Wissenschaftsmilieus. Wissenschaftskontroversen und soziokulturelle Konflikte, Berlin 1993, S. 212.

Der Risikodiskurs wird in gewisser Weise als Angstdiskurs geführt. Seit 1966, der frühesten Aufzeichnung, bis Mitte der 80er-Jahre hatte die Demoskopie einen stetigen Rückgang derer gemessen, die »alles in allem Technik als Segen« bewerteten, von rund 70 Prozent auf 30 Prozent der Bevölkerung.[18] Im Gegenzug war der Anteil derjenigen, die Technik »als Fluch« betrachteten, von 3 Prozent auf 15 Prozent gestiegen. Den größten Zuwachs verzeichneten die Skeptiker und Verunsicherten, von 17 Prozent auf 55 Prozent.

Es ist interessant, dass genau seit Einsetzen des Risikodiskurses, also mit voranschreitender gesellschaftlicher Assimilation des Umweltbewusstseins, der Trend einer negativen Einstellung zur Technik wieder umgekehrt wurde. Seither befindet sich eine kritisch geläuterte, differenziertere Technikbejahung in der Offensive. Während früher noch die Mehrheit von Befragten befürchtete, die Informations- und Kommunikationstechnologien könnten mehr Nachteile als Vorteile bringen, hat man sich heute davon überzeugt, dass die Vorteile überwiegen. Man lehnt eine technologische Option nicht per se ab, sondern versucht, nach konkreter Sachlage Chancen und Risiken, Vor- und Nachteile gegeneinander abzuwägen.[19] Die anhaltende Ablehnung der Atomtechnik bildet davon keine Ausnahme, sondern belegt den Sachverhalt, dass gerade bei differenzierter Bewertung wesentliche Schwachpunkte, vor allem die ungelöste Entsorgungsfrage, nicht ausgeräumt werden konnten. Bei der Gentechnik liegen die Dinge komplizierter und führen deshalb eher zu unentschiedenen, unsicher abwartenden Einstellungen. Während medizinische Anwendungen (»rote Gentechnik«) noch am ehesten eine gewisse Zustimmung erfahren, ist die Akzeptanz der »grünen Gentechnik« in Landwirtschaft und Ernährung in den letzten Jahren deutlich zurückgegangen. Wie stimmig das ist, muss sich erst noch erweisen.

In vielen Industrieunternehmen ist Risikokommunikation als Teil der ökologischen Unternehmenskommunikation zu einer Komponente des Umweltmanagements geworden.[20] Die einseitige, gleichsam hoheitliche Verlautbarung »sachlicher Information«, womöglich über seitengroße Werbekampagnen in den Printmedien, bewirkt kaum etwas. Worauf es ankommt, um verloren gegangene Glaubwürdigkeit und Akzeptanz wiederzuerlangen, ist Dialog, Teilnahme am öffentlichen Diskurs, bei zugelassener Offenheit des Diskursergebnisses.[21] Auf diese Weise ist das Expertentum, vorübergehend heftig in der öffentlichen Kritik, gestärkt aus dem Risikodiskurs hervorgegangen.[22] Auch das effektive Umwelthandeln beruht schließlich vor allem auf den Beiträgen von wissenschaftlich-technischen Experten.

3.4 Nachhaltige Entwicklung

Seit der UNO-Konferenz über Umwelt und Entwicklung in Rio de Janeiro 1992 dreht sich der ökologische Diskurs vor allem um das Leitbild der nachhaltigen Entwicklung. Die verschiedenen Elemente dieses Ansatzes lassen sich auf den gemeinsamen Nenner eines Zieldreiecks bringen, das die dreifache Mission einer Politik nachhaltiger Entwicklung beinhaltet:
- Die weitere Gewährleistung von Wirtschaftswachstum und Industrieentwicklung
- unter Berücksichtigung der ökologischen Tragfähigkeit
- und Berücksichtigung von Chancengerechtigkeit und Verteilungsfairness im Hinblick auf die Nutznießung der ökologischen Ressourcen und Senken, und zwar sowohl unter den heutigen Nationen im Weltsystem als auch in Verantwortung für kommende Generationen.

Die Regeln ökologischer Tragfähigkeit, auch Umwelt-Managementregeln genannt, lassen sich folgendermaßen zusammenfassen:

»Regel 1: Nutzung erneuerbarer Ressourcen – Die Nutzungsrate sich erneuernder Ressourcen darf deren Regenerationsrate nicht überschreiten sowie die Leistungs- und Funktionsfähigkeit des jeweiligen Ökosystems nicht gefährden.

Regel 2: Nutzung nicht-erneuerbarer Ressourcen – Die Reichweite der nachgewiesenen nicht-erneuerbaren Ressourcen ist über die Zeit zu erhalten.

Regel 3: Nutzung der Umwelt als Senke – Die Freisetzung von Stoffen darf die Aufnahmefähigkeit der Umweltmedien und Ökosysteme nicht überschreiten.

Regel 4: Technische Großrisiken – Technische Großrisiken mit möglicherweise katastrophalen Auswirkungen auf die Umwelt sind zu vermeiden.

Regel 5: Kulturelle Funktion der Natur – Kultur- und Naturlandschaften von besonders charakteristischer Eigenart und Schönheit sind zu erhalten.

Regel 6: Verteilung des Umweltnutzens – Die Nutzung der Umwelt ist nach Prinzipien der Gerechtigkeit unter fairer Beteiligung aller Betroffenen zu verteilen.

Regel 7: Schutz der menschlichen Gesundheit – Gefahren und unvertretbare Risiken für die menschliche Gesundheit durch anthropogene Einwirkungen sind zu vermeiden.«[23]

Solche Regeln bedürfen im Einzelnen der Auslegung. Es haben sich daher verschiedene Strategien herausgebildet, wie im Genaueren eine ökologisch nachhaltige Entwicklung nach Maßgabe der Management-Regeln zu erfolgen habe. Im Rio-Prozess waren dies zunächst die beiden Strategien der Suffizienz und Effizienz.

Der Suffizienz-Ansatz wird vor allem im Milieu der ursprünglichen Umweltbewegung verfochten, institutionell von den Nicht-Regierungsorganisationen der Umwelt- und Naturschutzverbände, der Dritte-Welt-Initiativen, darüber hinaus auch im Umfeld der Kirchen. Die Grundlage des Suffizienz-Ansatzes bildet weiterhin die Wachstums- und Konsumkritik der »Grenzen des Wachstums«. Würde die gesamte

Erdbevölkerung denselben Umweltverbrauch beanspruchen wie heute die reichen Industrienationen, wären mehrere Erden erforderlich. Die Erde würde Opfer eines sozusagen mehrfachen ökologischen Overkills. Deshalb müsse eine erheblich bescheidenere Lebensweise Einzug halten. Der industrielle Prozess solle entschleunigt und kleinräumiger gestaltet, der Welthandel zurückgedrängt werden. Der Natur, unseren Nächsten und Nachkommen zuliebe, sollten wir uns einschränken und das verbleibende, umweltschadlos Verfügbare geschwisterlich teilen. Weniger sei mehr, nämlich ein Mehr an Lebensqualität durch mehr Zeit und mehr Muße. Wir sollten uns von materialistischen, utilitären Wertbindungen lösen zugunsten geistiger Orientierungen.[24]

Der weltanschauliche Eigenwert einer suffizienten Lebensweise steht außer Frage. Es ist aber höchst zweifelhaft, ob ein Programm des »Weniger und teurer« realpolitisch einen effektiven Beitrag zur Lösung der ökologischen Frage darstellt. Denn unabhängig von weltanschaulichen und politischen Präferenzen gibt es zwei Tatsachen, die den Ansatz realpolitisch zunichte machen, nämlich erstens das Bevölkerungswachstum und zweitens der Minderheitenstatus des Suffizienz-Gedankens. Nach allmählich ausklingendem Bevölkerungswachstum ist künftig von einer Population von acht, zehn, oder mehr Milliarden Menschen auf der Erde auszugehen. Bei einer solchen Bevölkerungsdichte würde Konsumverzicht selbst im unrealistischen Erfolgsfall ökologisch kaum etwas helfen. Wäre es hypothetisch möglich, den Gürtel um die Hälfte enger zu schnallen, Wohnraum, Wärmebedarf, Verkehrsaufkommen entsprechend, so würde dies die Frist bis zum Erreichen der endgültigen »Grenzen des Wachstums« lediglich verdoppeln. Menschen verursachen Stoffumsätze, viele Menschen große Umsätze, zumal unter industrialisierten Bedingungen. Von dieser Tatsache haben wir auszugehen. Die kritischen Konsumenten heute mögen *anders* konsumieren, *weniger* konsumieren sie in der Regel nicht. Zudem besitzt der Suffizienz-Standpunkt ein viel zu geringes Resonanzpotenzial. Das Bewusstsein der großen Mehrheit der Menschen in *allen* Ländern ist anders gepolt, eben mit einer Tendenz zu materialistisch-utilitären Wirtschafts- und Konsumpräferenzen. Unter einer solchen kulturellen Maßgabe ist das Programm »Weniger und teurer« unrealistisch. Annehmbar dagegen ist ein Aufstufungsprogramm des »Besser und teurer«, wobei jedoch wiederum die Parole des »Weniger ist besser« als durchsichtige moralphilosophische Knappheitspropaganda zurückgewiesen wird. Nur für jemanden, der seine Erfüllung mehr im Geistigen sucht, verspricht weniger Konsum ein besseres Leben. Unter den weltweiten Bedingungen des Konsumstrebens auf der Grundlage einer materialistisch-utilitären Wertebasis bleibt es müßig, einen Suffizienz-Ansatz zu verfolgen.

Eine gewisse Einsicht in die Grenzen ihres Konzeptes hat manche Suffizienz-Vertreter dazu gebracht, sich für den eigentlich ungeliebten technischen Fortschritt zu interessieren, genauer: für forcierte Effizienzsteigerungen im Rahmen bestehender Technologie- und Produktpfade.[25] Dies traf um 1990 mit der Ökomanagement-Welle in den großen Industrieunternehmen zusammen. Hieraus entstand im Rio-Prozess die Propagierung des Effizienz-Ansatzes, besonders von Seiten der Industrie und der Regierungen der Industriestaaten. Der Effizienz-Ansatz ist nichts anderes als das Konzept der Entkopplung spezifischer Verbräuche aus den späten 70er-Jahren. Eine Steigerung der Energieeffizienz und überhaupt der Ressourcenproduktivität scheint in ökonomischer *und* ökologischer Hinsicht von Vorteil. Auf Rationalisieren, auf die Senkung spezifischer Input-Output-Koeffizienten, verstand man sich in der Industrie schon immer. Würde man die Logik der Effizienzsteigerung oder Kostenminimierung noch konsequenter als bisher auch auf ökologische Aspekte anwenden, dann, so die Hoffnung, wäre eventuell der erforderliche Material- und Energie-Input für bestimmte Endleistungen in möglichst kurzer Zeit um einen Faktor vier bis zehn zu verringern.[26]

Ein bevorzugtes Demonstrationsfeld für die »Effizienzrevolution« sind Energiesparmaßnahmen. Optimierte Feuerungstechnik soll bessere Wirkungsgrade bringen. Leckabdichtungen, Wärmedämmung, effizientere Endgeräte sollen den Energiebedarf senken, ohne Wärmeverfügbarkeit und Komfort einzuschränken. Überhaupt sollen alle Arten von Maschinen, Aggregaten, Anlagen in ihrer Effizienz gesteigert werden, sodass eine erwünschte Leistung mit weniger Ressourceneinsatz und weniger Emissionen erbracht werden kann. Darüber hinaus fallen faktisch alle Ansätze des Recyclings und der Stoffkreislaufführung unter das Effizienzkonzept, denn hier geht es um Steigerung der Stoffumlauf-Effizienz und der Produkt- oder Infrastruktur-Auslastungseffizienz. Getränkeflaschen sollten 30- bis 40-mal, nicht nur 7-mal umlaufen. Wenn mehrere Haushalte eine Waschmaschine oder ein Auto miteinander teilen und so besser auslasten, würden weniger Waschmaschinen oder Autos gebraucht.

Solche Varianten der Effizienzstrategie sind alle ein Stück weit tragfähig. Sie können, sinnvoll angewendet, ökologisch nützlich sein. Doch reichen die Möglichkeiten weniger weit, als es scheinen könnte. Der geradezu missionarische Eifer, mit der die »Effizienzrevolution« von industriell neu bekehrten Grünen und ökologisch neu bekehrten Industriellen propagiert wurde, ließ sie die Grenzen der Effizienzstrategie zunächst verkennen.

Effizienzsteigerungen sind dem organischen Lernzyklus eines jeden biotischen und technischen Systems eingeschrieben. Dies zeigt sich sinnfällig darin, dass Nachfolgegenerationen von komplexeren Produkten in der Regel besser und billiger sind als ihre Vorläufervarianten. Die Effizienzsteigerung dient dabei jedoch nicht der Unterbindung von Wachstum, sondern im Gegenteil der Stabilisierung des fortgesetzten Systemwachstums bis zum Erreichen der Nischensaturierung. Effizienzsteigerungen finden *zusammen* mit dem Wachstum und Strukturwandel eines Systems statt, die sie durch so genannte Rebound-Effekte verstärken. Ein typisches Beispiel für einen solchen Rebound-Effekt liefert der Autoverkehr: Der spezifische Treibstoffverbrauch der Automobile (Effizienz) hat sich erheblich verbessert, was im Verkehrssystem umgesetzt wird in noch mehr und noch größere Autos, die noch mehr Kilometer fahren und ihren Nutzern so einen noch weiteren räumlichen Aktionsradius bei erhöhtem Fahrkomfort erschließen.

Hinzu kommt, dass der Effizienz-Ansatz bisher ökologisch undifferenziert geblieben ist. Es wird nicht unterschieden nach ökologisch sensitiven und weniger bedeutenden, nach schädlichen und unschädlichen Stoffströmen. So wird pauschal »Dematerialisierung« angestrebt, nicht etwa gezielt »Dekarbonisierung«. Unter der Voraussetzung, dass die Theorie des anthropogenen Klimawandels sich weiter erhärtet, stellt die Rückführung und Ausschleusung kohlenstoffhaltiger Energieträger in der Tat eine große Gegenwartsaufgabe dar. Aber an Steinen, Erden, Metallen und Glas muss keineswegs gespart werden, da derartige Materialien bei Verfügbarkeit einer sauberen Energiebasis weit gehend im Kreislauf geführt werden können und ihre begrenzte Neugewinnung kein sonderliches Umweltproblem darstellt. Wasser ist in vielen Regionen der Erde ein ökologisch sensitives, kostbares Gut. Aber warum sollte man in wasserreichen Weltregionen mit Wasser geizen? Man wird auch mit Solar- und Wasserstoff-Energie aus ökologischen Gründen nicht zu geizen brauchen. Deren Herstellung mag zwar materialintensiv sein, aber aufgrund der Sauberkeit der Energie und Rezyklierbarkeit der Materialien stellt dies kein ökologisches Problem dar. Sofern man sich auch hier relativ sparsam verhält, wird dies reine Kostengründe haben.

Nicht nur ist forcierte Effizienzsteigerung in bestimmten Fällen unnötig, sie ist in anderen Fällen auch wenig sinnvoll oder sogar kontraproduktiv. Bei ökologisch grundsätzlich unhaltbaren Stoffnutzungen wird Effizienzsteigerung zum Fortschritt am falschen Objekt. So geht es heute schon nicht mehr darum, Benzinmotoren oder Kohlekraftwerke noch effizienter zu machen, als sie es ohnedies schon in fortgeschrittener Weise sind, sondern sie auszuschleusen zugunsten alternativer Antriebsaggregate und sauberer Verfahren der Stromerzeugung. Weitere Effizienzsteigerungen in der bereits hochgradig überintensivierten Landwirtschaft und Lebensmittelindustrie (»Masse statt Klasse«) würde die dort vorhandenen Umwelt- und Qualitätsprobleme nur umso mehr zuspitzen. Unter diesem Aspekt zeigt sich die »Effizienzrevolution« als strukturkonservativ und eben auch kontraproduktiv.

3.5 Umweltinnovationen

Aufgrund des geringen Problemlösungsbeitrags der Suffizienz und der begrenzten Möglichkeiten der Effizienz ergab sich im Verlauf des Nachhaltigkeitsdiskurses seit Mitte der 90er-Jahre die Notwendigkeit, einen dritten weiter gehenden Ansatz zu formulieren. Im Kontext der Namensgebung Suffizienz und Effizienz wurde dieser weiter gehende Ansatz als ökologische Konsistenz[27] oder Öko-Effektivität[28] bezeichnet. Innovationen der ökologischen Konsistenz oder Öko-Effektivität bilden den Kern des neu etablierten Umweltinnovations-Diskurses[29]. Darin setzt sich der ökologische Modernisierungsdiskurs fort mit seinem Fokus auf integrierte Problemlösungen: durch Innovation sauberer Technologien und sicherer Produkte, und Substitution problematischer Stoffe.

Das Ziel liegt in einer wieder besser Naturkreislauf-integrierten industriellen Ökologie. Es geht dabei in erster Linie nicht um weniger Materialnutzung, als vielmehr um *andere Arten* von Materialnutzung, die auch in großen Volumina aufrechterhalten werden können. Das Erfordernis großer Volumina ergibt sich aus den großen Bevölkerungszahlen und einem eher höheren als geringeren Verbrauchsniveau. Ökologische Konsistenz stellt die Frage nach der qualitativen Beschaffenheit der Stoffumwandlungen und Stoffnutzungen (industrieller Metabolismus). Zur Veranschaulichung dienen mögen die regenerativen Energiequellen Wind, Wasser, Sonne, Erdwärme, vor allem aber Solarwasserstoff, Brennstoffzellen u. a. Selbst großvolumige, durch den Menschen verursachte Wasserstoff-Umsätze auf Giga- und Tera-Niveau werden nur einen äußerst geringen Bruchteil des geo- und biogenen Wasserstoffkreislaufs darstellen. Über ökologisch nachteilige Wirkungen von Wasserstoff ist heute nichts bekannt. Brennstoffzellen können Kraftwerkturbinen ersetzen, eventuell auch Fahrzeugmotoren.

Die Verbreitung von Windanlagen, Brennstoffzellen, Solarkollektoren, Mikroturbinen u. a. begünstigt dezentrale Stromerzeugung. Solche Kleinanlagen stehen gegenwärtig an der Schwelle, die ökonomische Messlatte von rund 1 000 $/kw Erzeugungskapazität der großen Kohlekraftwerke zu erreichen. Damit kann ihre erfolgreiche Marktdurchdringung beginnen. In diesem Prozess wird dann auch Kälte/Wärme-Kraft-Kopplung in kleineren Betrieben, Haushalten und Wohnanlagen rentabler als bisher. Die Stromversorger werden ihre ökonomisch wie ökologisch problematischen Überkapazitäten abbauen, gerade weil die Versorgung stabiler wird. Die Netze müssen jedoch anders ausgelegt, die Stromflüsse komplexer und genauer gesteuert werden. Dafür bietet die elektrotechnische Industrie bereits Lösungen an, davon ausgehend, dass Stromerzeugung und Stromverteilung getrennte Geschäfte werden.

Weitere Beispielbereiche sind: eine wieder naturnähere Landwirtschaft; die Fortentwicklung der Abfallwirtschaft zu einer »Grundstoffproduktion rückwärts«, einer Renaturierungs-Industrie; die materialtechnologische Abänderung der Stoffströme derart, dass bei Erzeugung und Gebrauch von Produkten keine Gefahr- und Schadstoffe mehr freigesetzt werden, in frei zirkulierender Nutzung befindliche oder verrottende Stoff-Aggregierungen biologisch unproblematisch sind[30]; Fragen von umweltnützlichen Anwendungen der Gentechnik, etwa gentechnisch optimierte Biotech-Verfahren in der chemischen Produktion.

Ob der Umweltinnovations-Diskurs eine Fortführung des Nachhaltigkeitsdiskurses darstellt oder womöglich bereits einen neuen, eigenständigen Diskursstrang ist aus heutiger Sicht noch offen. Fest steht gleichwohl, dass die Ansätze der ökologischen Konsistenz (Öko-Effektivität), der Effizienz und Suffizienz im Rahmen einer Umweltinnovations-Strategie miteinander verbunden sein können, auch wenn sie, in unterschiedlichem Ausmaß, eine andere Art von Umweltnutzen einbringen: In erster Linie kommt es darauf an, grundlegend neue, ökologisch konsistente Wege zu gehen. Dabei wird man mit den zur Verfügung stehenden Mitteln effizient haushalten müssen. Am Ende wird man sich auf einem bestimmten, dauerhaft tragfähigen Niveau der Ressourcen- und Senkennutzung zufrieden geben.

4. Umwelthandeln von Regierung und Behörden

Im Zuge der Abarbeitung der industrietraditionalen Umweltprobleme zum einen und den Erfordernissen von Umweltinnovationen zum anderen durchläuft das staatliche Umwelthandeln seit etwa Mitte der 90er-Jahre einen Wandel. Das zuerst entstandene Regulierungsmuster der bürokratischen Kontrolle wird ergänzt durch ein Regulierungsmuster der Koordination und Kontextsteuerung. In der neueren Politikanalyse versteht man unter einem Regulierungsmuster das Ineinandergreifen dreier Gegebenheiten: erstens die *Akteurskonstellation*, zweitens die Maßnahmenselektion mit *Instrumentenwahl* und drittens den *Politikstil* bei der Ausarbeitung und Umsetzung von Maßnahmen.

Das Regulierungsmuster der bürokratischen Kontrolle, vorherrschend bis Ende der 80er, beruht auf einer konfrontativen Akteurskonstellation. Es geht einher mit einem ordnungs- und planungsrechtlichen Gesetzgebungsprofil, das durch direktive Verwaltungsverfahren umgesetzt wird. Dies bringt einen entsprechend bürokratischen Interventionsstil der Behörden mit sich. Die zunächst vorhanden gewesene Kommunikations- und Kooperationsblockade zwischen Umweltbewegung und Industrie und die damit einhergehende Polarisierung in der Gesellschaft konnte nicht anders entschärft werden als durch eine starke Intervention übergeordneter Regierungsinstanzen. So resultierte aus der konfrontativen Akteurskonstellation ein Politikmuster, demzufolge die Umweltbewegung, munitioniert mit wissenschaftlichen Umweltproblembefunden und potenziert durch das Gewicht der öffentlichen Meinung, auf die Regierung Druck ausübte. Sie forderte, Maßnahmen gegen die industrielle Umweltverschmutzung, mithin, Maßnahmen gegen die Industrie zu ergreifen, wogegen sich die Industrie mit zunächst wachsender Vehemenz zur Wehr setzte.

Die gegebene Akteurskonstellation hat etwas anderes als ordnungsrechtliche Zwangs- und Kontrollmaßnahmen nicht zugelassen. Die typische Wahl des hier relevanten Rechtsinstrumentariums besteht neben dem Ordnungsrecht auch im Planungsrecht (Raum- und Flächenplanung, Bebauungsplanung, Abfallwirtschaftsplanung u. a.). Es soll in Deutschland auf allen Gebiets- und Verwaltungsebenen über 800 umweltrelevante Gesetze geben, 2 770 Umweltverordnungen und rund 4 690 umweltbezogene Verwaltungsvorschriften.[31] Darüber hinaus existieren über 150 Umweltstandard-Listen, deren jede wiederum eine Vielzahl von Einzelstandards enthält.[32]

Wie auf anderen Gebieten, so ist auch im Umweltschutz die nationale Gesetzgebung zunehmend von EU-Recht überlagert worden. Die EU räumt dem Umweltschutz einen relativ hohen Stellenwert ein. Seit der Novellierung der Römischen Gründungsverträge durch die Einheitliche Europäische Akte von 1987 ist Umweltschutz ein Europapolitikauftrag in eigenem Recht, der ausdrücklich auf hohem Niveau erfüllt werden soll. Eine Querschnittsklausel verpflichtet alle Ressorts, Umweltbelange systematisch zu berücksichtigen, nicht nur die Umweltgeneraldirektion DG XI, die aber gerade dadurch Gewicht erhalten hat. Der Umweltministerrat benötigt für Beschlüsse eine qualifizierte Mehrheit, keine Einstimmigkeit. EU-Mitgliedstaaten ist es ausdrücklich erlaubt, EU-Umweltstandards durch strengeres nationales Recht zu überschreiten. Durch die Maastricht-Verträge von 1993 gehört es zum gesetzlichen Grundauftrag der EU-Kommission, »nachhaltiges, die Belange der Umwelt respektierendes, und nicht-inflationäres Wachstum zu fördern«. Seit 1992 hat die EU ihre Umweltaktivitäten in den Kontext der nachhaltigen Entwicklung und der diesbezüglichen Beschlüsse von Rio gestellt.[33]

Das Europarecht, auf der Grundlage der Gemeinschaftsgründungsverträge und des EU-Vertrags, wird gesetzt durch EU-Richtlinien und EU-Verordnungen. EU-Verordnungen stehen über nationalen Gesetzen. Sie gelten unmittelbar in allen Mitgliedstaaten, ohne in nationales Recht umgesetzt werden zu müssen. Ein Beispiel hierfür ist die EU-Öko-Audit-Verordnung von 1993. Das deutsche Umweltauditgesetz regelt hierzu lediglich ergänzend die Zulassung von Audit-Gutachtern. Andere Beispiele sind die EU-Altstoffverordnung und die Novel-Food-Verordnung von 1997 mit Kennzeichnungs-Verordnung von 1998, welche die Zulassung, Anmeldung und Kennzeichnung von Lebensmitteln mit transgenen Inhaltsstoffen verlangt.

Aus Gründen nationaler Akzeptanz wird häufig von EU-Richtlinien statt EU-Verordnungen Gebrauch gemacht. Sie müssen innerhalb einer Frist von den Mitgliedstaaten in nationales Recht umgesetzt werden. Was formal als nationales Recht in nationaler Rechtssystematik erscheint, geht so in Wirklichkeit auf eine EU-Richtlinie zurück. Beispielsweise beruht die deutsche Umweltverträglichkeitsprüfung auf einer EU-Richtlinie. Gegen Staaten, die Richtlinien nicht oder mangelhaft umsetzen, können Sanktionen ergriffen werden. Deutschland ist wiederholt in diese Verlegenheit geraten, so bei der Umsetzung der Vogelschutz- und Flora-Fauna-Habitat-Richtlinie.

Die zweite Phase einer Umweltpolitik der zunehmenden Koordination und Kontextsteuerung seit den 90er-Jahren, beruht auf einer kooperativer gewordenen Akteurskonstellation: Umweltanliegen sind in der Gesellschaft und in allen politischen Lagern assimiliert worden, insbesondere die Industrie erkennt nun ökologische Notwendigkeiten an, und die umweltengagierte Öffentlichkeit sieht ihrerseits auch ökonomisch-industrielle Erfordernisse ein. Umwelt- und Naturschutzverbände und Konzerne arbeiten in Sachfragen heute vielfach zusammen. Dadurch ist ein anderes Profil der Rechtsinstrumente möglich geworden, das indirekte Steuerungsmaßnahmen bevorzugt, wie z. B. Haftungsrecht, fiskalische Instrumente wie Abgaben und Subventionen, Bürgschaften sowie Kauf- und Handelsprogramme (Nachfrage-Gewährleistung). Diese Ansätze versuchen, einen eher zivilrechtlichen und marktwirtschaftlichen Kontext von Rahmenbedingungen herzustellen, der eigenständiges Umwelthandeln von Unternehmen und Haushalten fördern soll. Damit kommt verstärkt ein kooperativer und partizipativer Politikstil zum Tragen, der auf gegenseitige Abstimmung zwischen jeweils Beteiligten zielt und daher in verstärktem Maß auch offene Verhandlungsverfahren mit einschließt.

Es ist bemerkenswert, dass die Regulierungsmuster der bürokratischen Kontrolle und der Koordination und Kontextsteuerung praktisch in allen Industrieländern in ähnlicher Weise entwickelt worden sind.[34] Dies signalisiert ein hohes Maß an struktureller Notwendigkeit, teils aufgrund des historischen Verlaufs, mehr noch aus systematischen Gründen, weil beide Regulierungsmuster typische Vor- und Nachteile aufweisen, die sich wechselseitig ergänzen.

Das Ordnungsrecht bildet die allgemeine Grundlage des staatlichen Umwelthandelns. Man wird manches daran ändern können, aber man kann nicht grundsätzlich auf Umweltstandards und auf Genehmigungs- und Kontrollverfahren verzichten. Von herausragender Bedeutung ist insbesondere die rechtseinheitliche Vorgabe von möglichst strengen Umweltstandards. Bürokratische Intervention besitzt den Vorteil, relativ schnell zu Ergebnissen zu führen, weil sie direkt und zwingend ist. Bei »Gefahr im Verzug«, so der polizeirechtliche Ausdruck, gibt es keine andere Möglichkeit. Dem stehen gewisse Nachteile des Bürokratiemodells gegenüber, wie mangelnde Flexibilität, Kosten*in*effizienz, gewisse Vollzugsdefizite, Sanktionsschwäche und mangelnde Innovationskraft. Die schnell erzielbaren Ergebnisse sind ökologisch, auch ökonomisch meist nicht die besten, falls sie auf Dauer überhaupt gut genannt werden können.

Hier liegen wiederum die Vorteile der Koordination und Kontextsteuerung. Dieses Regulierungsmuster erbringt seine Wirkungen auf mittlere und längere Frist zwar langsamer, ist dafür aber geeignet, nachhaltige Problemlösungen herbeizuführen, eben aufgrund der partizipativen, kooperativen Aktivierung der Eigenbeiträge von Akteursgruppen wie Landwirtschaft, Industrie, Handwerk, Handel, Verbraucher, und ihrer jeweiligen Verbände. Umweltinnovationen können mit Ordnungsrecht nicht herbeiadministriert werden, allenfalls noch gewisse Effizienzsteigerungen (z. B. Wärmedämmung durch Bau- und Baustoff-Verordnungen). Die Obrigkeit kann auf sinnvolle Weise etwas verbieten. Sie kann ebenso, besonders wenn in gesellschaftlicher Kooperation erarbeitet, sinnvolle allgemeine Umweltstandards und Umweltqualitätsziele setzen. Aber bereits Gebote, wie Standards umgesetzt werden sollen, erweisen sich in der Regel als problematisch bis kontraproduktiv. Der verwaltungsförmlich ermittelte Stand der Wissenschaft und Technik spiegelt naturgemäß die Neuerungen von gestern wider. Regierung und Behörden können nicht Kreativität und Erfindungsgabe befehlen. Auch wenn Ordnungsrecht gelegentlich zu technischen Innovationen führen mag, bleiben diese relativ marginal.[35] Wenn es also um Umweltinnovationen geht, ist der koordinative, kontextsteuernde Ansatz ohne Alternative.[36]

Die Schwachstelle des Ansatzes liegt jedoch darin, dass er eine kooperative Akteurskonstellation voraussetzt. Diese kann, trotz eigentlich guten Willens, dadurch geschwächt werden, dass ausgeprägte Ungleichverteilungen von Chancen und Risiken, Umweltnutzen und Umweltkosten, und daher gegensätzliche Interessen auftreten. Auch jede Eintrübung des politischen Klimas, Krisen in Gesellschaft, Wirtschaft und Staat, können die erforderliche Elitenkooperation und damit die Erfolgsaussichten von Koordination und Kontextsteuerung beeinträchtigen. Das Regulierungsmuster der bürokratische Kontrolle bildet daher nicht nur die Grundlage des staatlichen Umwelthandelns, sondern auch ein Rückfallnetz für schwierigere Zeiten. Nicht zuletzt beruht ein Teil der Wirksamkeit des flexibleren, effektiveren und effizienteren koordinativen Ansatzes auf der Androhung bürokratischer Zwangsmaßnahmen, wenn eine eigenverantwortliche Lösung nicht zustande gebracht wird. Auch künftig dürfte das staatliche Umwelthandeln von beiden, faktisch miteinander konkurrierenden Regulierungsmustern bestimmt werden.

5. Umweltmanagement der Industrie

Das Umwelthandeln der Unternehmen findet seinen Niederschlag in Methoden der ökologischen Unternehmensführung und des betrieblichen Umweltmanagements. Es sind größere, meist multinationale Unternehmen, auch international agierende Mittelstandsunternehmen, die aktiv an der Entwicklung und Verbreitung von Umweltmanagement-Systemen beteiligt sind. Mit dem unternehmerischen Umweltmanagement ist ein grundlegender Wandel in der Geschichte der Umweltpolitik eingetreten.

In der kurzen Zeit von nur fünf bis zehn Jahren wurde bis Mitte der 90er-Jahre ein relativ klar umrissener Kanon von Instrumenten und Methoden der ökologischen Unternehmensführung entwickelt.[37] Zwar wird er noch nicht in allen Unternehmen im möglichen Umfang praktiziert, doch ist ein Verbreitungszyklus von Umweltmanagement-Praktiken international fest etabliert. Es kann davon ausgegangen werden, dass sich immer mehr Unternehmen immer mehr Elemente davon zu eigen machen. In einem Umweltmanagement-System lassen sich drei Hauptbereiche unterscheiden, die sich ihrerseits in Einzelkomponenten untergliedern:

1. Umweltinformations-Systeme;
2. Umweltorientierte Personal- und Organisationsentwicklung;
3. Strategisches und operatives Umweltmanagement.

In den Bereich der Umweltinformations-Systeme fallen insbesondere:

- Umweltstatistik und Umweltmonitoring;
- Messung der Umweltperformance und ökologisches Benchmarking[38];
- Umweltorientiertes Rechnungswesen (»ökologische Buchführung«);
- Umwelt-Auditierung von Betrieben;
- Ökobilanzierung (»life cycle assessment«) von Produkten;
- Umweltberichterstattung;
- Umweltkommunikation gegenüber Anteilseignern und Interessengruppen (Stakeholders wie z. B. Mitarbeiter, lokale Bevölkerung, Behörden, Lieferanten und Kunden).

Umwelt-Auditierung ist zu einem zentralen Bestandteil des Umweltmanagements geworden. Bei einem Umwelt-Audit wird ein Betrieb durch externe oder firmeneigene Sachverständige technisch und organisatorisch systematisch daraufhin untersucht, inwiefern er umweltgesetzliche Bestimmungen und unternehmenseigene Umweltrichtlinien erfüllt, verbunden mit der Empfehlung von Maßnahmen, um den Stand der Anlagen und der Organisation zu verbessern. Obwohl das Betriebs-Umwelt-Audit nach ISO-Standard[39] oder EU-Richtlinie freiwillig ist, entsteht für die Unternehmen doch ein gewisser Druck, sich der kostspieligen Prozedur zu unterziehen, weil sie sich ohne entsprechende Audit-Zertifikate im Vergleich zu validierten Wettbewerbern zunehmend schlechter stellen gegenüber Kunden, Investoren, Versicherungen, Banken und Behörden. Nach Angaben des Umweltbundesamtes haben sich bis Ende 2000 2 290 deutsche Unternehmen nach EU-Öko-Audit-Richtlinien validieren lassen. Unter den Großunternehmen sind es gegenwärtig 35 Prozent, die sich nach EU-Richtlinie und/oder ISO-Standard auditieren lassen.

Zum zweiten Bereich des Umweltmanagements, der umweltbezogenen Organisations- und Personalentwicklung, gehören im Wesentlichen die folgenden Aspekte:

- Umweltbeauftragte, Umweltausschüsse sowie die sonstige Einrichtung von befristeten oder permanenten Umwelt-Stabsstellen;
- die Integration von spezifizierten Umwelt-Verantwortungen in die gesamte Organisation. Damit wird dem Querschnittcharakter des Umweltschutzes Rechnung getragen. Umweltschutz soll nicht nur Sache von spezialisierten abgesonderten Funktionen sein, sondern darüber hinaus Sache aller im gesamten Ablauf;
- die Ausbildung und Schulung der Mitarbeiter in Fragen des unternehmens-, betriebs- und arbeitsplatzspezifischen Ressourcen- und Umweltschutzes;
- der Ausbau des betrieblichen Vorschlagswesens unter ökologischen Aspekten.

Am Beispiel der Umweltbeauftragten lässt sich zeigen, wie sich das Umwelthandeln im Betrieb vom rein Ordnungsrechtlichen zum mehr Unternehmerischen entwickelt. Ähnlich wie z. B. die Umweltverträglichkeitsprüfung von Anlagen, sind auch die Betriebsbeauftragten für Gewässerschutz, Luftreinhaltung, Strahlenschutz und Abfall ursprünglich den Unternehmen vom Gesetzgeber aufgezwungen worden. Die Umweltbeauftragten erschienen so eher als von außen kommende »Staatsanwälte« gesetzlicher Pflichten denn als aus unternehmenseigenen Interessen hervorgegangene umweltorientierte Mitunternehmer. In dem Maße jedoch, wie der bürokratische Umweltschutz an seine Grenzen gestoßen ist, wie sich das Umweltmanagement generell entwickelt, wie Umweltbeauftragte und Umweltausschüsse Teil der laufenden Planungen, einschließlich Investitionsplanungen, geworden sind, hat sich gezeigt, dass hier auch Ansatzpunkte für ein offensives Umweltmanagement gegeben sind. Dies betrifft über Auditierungs- und Schulungsprozesse hinaus z. B. die Einbindung der einzelnen Mitarbeiter in das laufende operative Umweltmanagement.

Der dritte große Bereich betrifft das strategische und operative Umweltmanagement. Als wesentliche Elemente hiervon lassen sich nennen:

- die Ausformulierung eines ökologischen Unternehmensleitbildes als Bestandteil der offiziellen Unternehmensidentität und Unternehmenskultur; ein solches Leitbild beinhaltet heute in der Regel die erklärte Gleichwertigkeit geschäftlicher, sozialer und ökologischer Zielsetzungen;
- die Formulierung einer umweltbezogenen Handlungsagenda, die Erstellung von abgestuften Plänen, von prozess- ebenso wie produktbezogenen Aktionsprogrammen, bis hin zu der bereits im Operativen liegenden Festlegung von betriebs- und arbeitsplatzbezogenen Umweltzielen;
- die Implementierung von kontinuierlichen Verbesserungsprozessen, insbesondere von Methoden des »Total Quality Management« für Umweltziele, meist im Rahmen von Öko-Audits;
- die Implementierung der bestverfügbaren Methoden und Technologien;
- die Realisierung möglicher Schritte eines Stoffkreislauf-Managements;
- die Implementierung einer umweltorientierten Einkaufspolitik und einer umweltorientierten Beeinflussung von Lieferanten;
- die Herausbildung eines umweltorientierten Marketings, einer produktbezogenen Vertriebs- und Preispolitik, und einer umweltorientierten Ansprache der Abnehmer, Kunden, Verbraucher und Endnutzer durch Werbung, Produktinformation und Service;
- die Realisierung möglicher Schritte einer erweiterten Produktverantwortung »von der Wiege bis zur Bahre«;
- die systematische und fortlaufende Berücksichtigung von Umweltaspekten in Forschung, Entwicklung, Konstruktion und Design bezüglich der Produktpalette ebenso wie der Produktionsprozesse;
- die gezielte Förderung von Innovationsprozessen, die geeignet sind, die Ressourceneffizienz und ökologische Konsistenz von Produkten und Herstellungsverfahren zu verbessern.

Die letztgenannten Maßnahmen fallen in der Reihenfolge zunehmend unter die bereits diskutierten Strategien der Umweltinnovationen im Dienste einer wieder besser Naturkreislauf-integrierten industriellen Ökologie. Den Konzepten ist gemeinsam, dass der Staat sie nicht durch Gebote und Verbote verordnen und erzwingen kann, und die Rolle des Staates sich daher verschiebt in Richtung des Regulierungsmusters der Koordination und Kontextsteuerung. Im Gegenzug rücken die Unternehmen mit ihren Innovationspotenzialen aufgrund ihrer Forschungs-, Entwicklungs- und Produktionskapazitäten und ihrer Fähigkeit zur Kapitalmobilisierung als Akteure in den Vordergrund – wobei freilich klar ist, dass auch noch so große Unternehmen die Größe der anstehenden Aufgaben aus eigenen Stücken allein nicht bewältigen werden, sondern dass es, wie schon immer in der Geschichte industrieller Innovationen, einer gezielten, gut abgestimmten und fortlaufenden Kooperation zwischen Industrieunternehmen, Wissenschaft und Regierung bedarf.

Pessimistische Erwartungen hatten den Industrieunternehmen ausschließlich ein defensives Interesse unterstellt. Hiervon abgeleitet wurden die Konvoi-These und die Polluter-Haven-These: Dieser zufolge würden die langsamsten Glieder das Tempo des ganzen Umweltmanagement-Konvois bestimmen. Mobile Unternehmen würden mit ihren Neuinvestitionen dorthin gehen, wo sie mit den geringsten Umweltauflagen belastet werden. Bewahrheitet hat sich in der Regel das Gegenteil. Statt eines »race to the bottom« hat überwiegend ein »race to the top« eingesetzt.

Die führenden Unternehmen im Umweltmanagement, die ja gerade zu den international agilen Akteuren gehören, suchen nicht die Standorte mit den laxesten Umweltstandards und dem geringsten Umweltbewusstsein, sondern sie verfolgen als ein Prinzip ihrer Unternehmenspolitik, die striktesten Umweltstandards und den bestverfügbaren Stand des Wissens und der Technik im gesamten Konzern überall auf der Welt zu realisieren. Hinter diesem Prinzip, sich an der höheren, nicht der niedrigsten Umweltperformance zu orientieren, steht zum einen die Absicht, den Konzern durch relativ einheitliche Leitlinien und Maßnahmen effizient zu integrieren, zum anderen das Bemühen, vielfach widersprüchlichen und planungsunsicheren national-bürokratischen Hemmnissen proaktiv zuvorzukommen.

Umweltschutzkosten fallen zwar ins Gewicht, aber nicht in einem solchen Ausmaß, dass Kostenwettbewerb im Vordergrund stünde. Entscheidend ist der Wettbewerb bezüglich Reorganisations- und Innovationsfähigkeit, Produktqualität, Umweltperformance und Image. Umweltaktive Unternehmen gehören zu den innovativen und geschäftlich erfolgreichen Unternehmen. Man wird nicht behaupten, sie seien geschäftlich erfolgreich, weil sie umweltaktiv sind. Vielmehr verhält es sich so, dass erfolgreiche fortschrittliche Unternehmen nicht selektiv modernisieren, sondern auf vielen Gebieten zugleich fortschrittlich sind, und dass Nachzüglern in der Regel nichts anderes übrig bleibt, als den erfolgreichen Fortschrittlichen nachzueifern.[40]

Unternehmen werden inzwischen auch einer umweltbezogenen Analytik unterzogen. In einem so genannten Öko-Rating wird die Ökoperformance von Unternehmen auf einer Skala eingestuft. In sinngemäßer Anlehnung an das finanzielle Bonitätsrating werden Ratings von A+, A, A– (beste) bis D, D– (schlechteste) vergeben. Kriterien sind dabei Art und Ausmaß des betrieblichen Umweltmanagements, der Umweltberichterstattung sowie der umweltorientierten Forschungs-, Entwicklungs- und Investitionspolitik. Eine Reihe von Instituten und Agenturen haben sich auf Öko-Ratings spezialisiert. Die Ergebnisse dienen Banken, Fonds und anderen institutionellen Investoren als Anhaltspunkt für »grüne« oder »ethische« Investment- oder Kreditentscheidungen, und faktisch auch Behörden, Aktionsgruppen, Medien und anderen Akteuren als Anhaltspunkt dafür, ob ein Unternehmen aus ihrer Sicht Vertrauen und Kooperation verdient.

Die vom Hamburger Umweltinstitut durchgeführten Ratings von Chemiekonzernen sowie Untersuchungen der Münchner oekom research AG und der Sustainable Performance Group AG Zürich haben gezeigt, dass Unternehmen, die bei Umwelt-Evaluationen gut abschneiden, auch beim Geschäftserfolg hoch skalieren. Im Zeitraum 1994–99 erzielten die »Ökoleaders« eine 9,2 Prozent höhere Jahresrendite als der Marktdurchschnitt.[41] Gleiche Ergebnisse erbrachte das vom Verein für ethisch orientierte Investoren durchgeführte »Corporate Responsibility Rating« von 161 börsennotierten Unternehmen. Diesem liegen die Aspekte Kultur-, Sozial- und Naturverträglichkeit zugrunde.[42] Die Sustainable Performance Group hat inzwischen in Zusammenarbeit mit Dow Jones einen nach Weltregionen gegliederten Aktien-Performanceindex von »grünen« Unternehmen erstellt. Dieser »grüne« Index verläuft bisher jedoch gleich mit dem normalen Index.

6. Umweltorientiertes Verbraucherverhalten

Die Bevölkerung, in ihrer Funktion als Verbraucher im privaten Haushalt, erachtet ihren möglichen Beitrag zum Umweltschutz als erheblich. Die Begleiterhebung zu diesem Band ergab, dass 77 Prozent meinen, »eigene Anstrengungen« tragen viel oder sehr viel zur Verbesserung der Umweltsituation bei, praktisch genauso viel wie verbesserte Produktionsverfahren (78 Prozent) und saubere Energietechnik (80 Prozent).[43]

Dieser hohe Stellenwert, der dem Verbraucherverhalten im Umweltschutz zugeschrieben wird, rührt daher, dass jede Person Tag für Tag Handlungen ausführt, die direkt oder indirekt Umweltwirkungen mit sich bringen. Hierbei sind drei Aspekte zu unterscheiden: Einkauf, Nutzung (Gebrauch, Verbrauch) und Entsorgung. Diese drei Aspekte kommen in einer längeren Reihe von Handlungsfeldern zum Tragen: Lebensmittel, Essen, Kleidung, Textilien, Körperpflege, Wasser, Waschen, Putzen, Wohnen, Einrichtung, Heizung, Beleuchtung, Elektrogeräte, Heimbüro, Mobilität (Verkehrsmittel), Freizeit, Sport, Urlaub, Garten.

Als umweltbewusst werden Verbraucher gemeinhin eingestuft, wenn sie beim Einkauf auf Umweltaspekte achten, wenn sie gelegentlich oder häufig Bio-Lebensmittel verzehren oder wenn sie bereit sind, für umweltfreundliche Produkte auch etwas mehr Geld auszugeben. Gemessen an solchen Kriterien besteht laut G&I-Panelforschung ein umweltbewusstes Verbraucherpotenzial von knapp 60 Prozent, davon 32 Prozent zum Kern gehörend. 25 Prozent sind dem zugrunde gelegten Verständnis zufolge nicht umweltorientiert. Der Rest von 15 Prozent lässt keine differenzierte Einstellung erkennen. Niemals-Käufer von Ökoprodukten sanken von 66 Prozent in den 80er-Jahren auf 43 Prozent Mitte der 90er. Der Bekanntheitsgrad von Ökoprodukten erreichte 1994 seinen anhaltenden Höhepunkt.[44]

Über 50 Prozent der Verbraucher achten auf den Blauen Engel oder auch auf andere Öko-Labels.[45] Etwa ebenso viele ziehen Pfandflaschen Einwegflaschen vor, wenn sie die Wahl haben, und erklären, auf Langlebigkeit der Produkte zu achten.

65 bis 70 Prozent möchten nichts mit gentechnischen Lebensmitteln zu tun haben. 80 bis 95 Prozent der Haushalte beteiligen sich an Mülltrennung zwecks besserer Müllverwertung. 50 bis 60 Prozent erklären ihre Bereitschaft, noch weitere Müllarten getrennt zu sammeln. 75 bis 90 Prozent achten bei Neuanschaffungen auf den Energieverbrauch. 80 bis 90 Prozent geben sich als informierte Heizungsnutzer zu erkennen, indem sie im Winter »mehrmals wenige Minuten« oder »eine Viertelstunde« durchlüften, keinesfalls aber das Fenster längere Zeit gekippt halten. 55 Prozent sagen, dass sie bei längerer Abwesenheit die Heizung herunter drehen. Die Mehrheit schaltet beim Verlassen eines Zimmers auch das Licht aus. Die Leute wissen, dass Duschen erheblich weniger Wasser verbraucht als eine volle Badewanne. Allein vom Auto will oder kann die übergroße Mehrheit nicht lassen. Unterschiede, die sich bei solchen Umfragen bezüglich Schulbildung, Geschlecht und Alter früher noch ergaben, haben sich im Zuge der Verbreitung umweltbewusster Verhaltensweisen inzwischen eingeebnet.[46]

Die Motive derer, die einen vergleichsweise umweltgerechten Verbrauch erkennen lassen, haben mit Umweltschutz im engeren Sinn oft weniger zu tun, dafür umso mehr mit dem allgemein gestiegenen Gesundheits-, Qualitäts- und Stilbewusstsein. Die mit Abstand bedeutendsten Motive beim Kauf von Ökoprodukten sind die eigene Gesundheit und der Anspruch auf hohe Produktqualität.[47] Von Ökoprodukten wird angenommen, dass sie weniger Schadstoffe enthalten, die durch Essen, Trinken, Einatmen oder die Haut den Organismus belasten. Bio-Lebensmitteln wird ein besserer Geschmack und mehr natürliches Aroma attestiert, also mehr Genuss. In bestimmten Milieus ist es zudem »in«, Ökoprodukte zu konsumieren.

Jenseits der Mittelschichten existiert auch in den wohlhabenderen Ländern weiterhin eine Gruppe von 10 bis 20 Prozent der Verbraucher, die wegen geringen Einkommens sparsam sein müssen. Sie gehören eventuell zu den Haushalten, die kein Automobil besitzen, nicht in Urlaub fahren, wenig Textilien und Möbel kaufen etc. Das durch ökonomische Knappheit bedingte Verbraucherverhalten dieser Gruppe mag zwar nicht umweltbewusst sein, aber es »spart« mehr Ressourcen und Senken als das der Wohlstands-Normalverbraucher.

Marktökonomisch betrachtet, liegt die Hauptfunktion der Verbraucher in der selektiven Akzeptanz von Angeboten durch kaufkräftige Endnachfrage (»Abstimmung an der Ladenkasse«). Obwohl diese Funktion der Steuerung durch Nachfrage zweifellos sehr bedeutend ist, kann die Nachfrage das Angebot dennoch nicht bestimmen. Auch hängt das Angebot nicht nur von der Nachfrage-Akzeptanz ab, sondern ebenso von rechtlichen und technologischen Gegebenheiten, und einer Vielzahl von strukturellen Pfadabhängigkeiten. Was darüber hinaus die stoffliche Seite des privaten Verbrauchs und der Haushaltsproduktion angeht, so handelt es sich außerdem um Stufen, die in der industriegesellschaftlichen Arbeitsteilung vorgelagert (Produktion/Versorgung) oder inzwischen auch nachgelagert (Entsorgung, Stoffverwertung) sind.

Produktbezogene Öko-Bilanzen haben ein Wissen geschaffen, auf welchen Stufen der Produktion welche Umweltwirkungen in welchem Ausmaß entstehen. Es hat sich eine Expertenmeinung dahingehend herausgebildet, dass etwa 60 bis 80 Prozent der Umweltwirkungen einer Sache bereits durch ihre grundlegende Konzeption im Prozess von Forschung, Entwicklung, Konstruktion und Design bleibend festgelegt werden. Im Produktionsprozess lassen sich eventuell 10 bis 30 Prozent, im Endverbrauch gegebenenfalls weitere 10 bis 20 Prozent kontrollieren. Mehr nicht. Beim Heizen beispielsweise kann man mit einer Variation von 1 °C im Bereich von um 20 °C Raumtemperatur 3 bis 6 Prozent Energieverbrauch beeinflussen oder beim Autofahren durch ruppiges oder ruhiges Fahren 10 bis 15 Prozent des Benzinverbrauchs kontrollieren. Dies sind jedoch seltene Beispiele für einen erheblichen *direkten* Umweltwirkungs-Einfluss der Nutzer. Auf die ökologische Konsistenz von Produkten und die so genannten ökologischen Rucksäcke (alle Umwelteingriffe und Verbräuche von der Rohstoffgewinnung bis zum fertigen Produkt) hat man als Verbraucher keinerlei Einfluss. Man kann ein Fernsehgerät nicht umweltbewusst nutzen. Man kann es nur ein- oder ausschalten. Wer sich als Fahrgast in die Bahn oder ins Flugzeug setzt, hat keinen Einfluss auf die damit verbundenen Umweltwirkungen.

Diese Sachlage beinhaltet, was man als ökologisches Konsumparadox bezeichnen kann: Der Massenkonsum trägt maßgeblich bei zur fortlaufenden Inganghaltung der Produktionsprozesse und somit zum gesamten industriellen Metabolismus. Aber der ökonomische Steuerungsbeitrag der Verbraucher durch den privaten Einkauf, die Produkt-, Verkehrsmittelwahl u. ä. ist nur teilweise bedeutend, und ihr privathaushaltlicher Produktionsbeitrag am Ende der Kette, und damit ihr Umweltwirkungsbeitrag im Sinne des industriellen Metabolismus, ist gering.

Die Möglichkeiten der Produzenten, Umweltwirkungen entlang der Produktlinie zu kontrollieren, gehen zwar meist weiter als die der Endnutzer, sollten aber nicht überschätzt werden. Im Vergleich zu privaten Haushalten können im Produktionsprozess Rationalisierungspotenziale systematischer und vollständiger ausgeschöpft werden. Wenn dabei im günstigen Fall 10 bis 30 Prozent erreicht werden können, dann helfen nur grundlegende Innovationen weiter.

7. Trendschwerpunkte

Überblickt man zusammenfassend die dargelegten Entwicklungen im Umweltschutz, so zeichnen sich drei Trend-Schwerpunkte ab, die für das Umwelthandeln von Regierung, Wissenschaft, Produzenten und Verbrauchern in näherer Zukunft bestimmend sein dürften:

1. Konsolidierung des umweltpolitisch Erreichten;
2. Umweltinnovationen zur Effizienzsteigerung und Konsistenzverbesserung;
3. verstärkte Anstrengungen des Umweltschutzes in neuindustriellen Weltregionen.

7.1 Konsolidierung des umweltpolitisch Erreichten

Das Rechts- und Verwaltungssystem der bürokratischen Kontrolle hat sich allmählich seinem vorläufigen Erhaltungszustand angenähert. Es sieht so aus, als habe der nachgeschaltete Umweltschutz seine Möglichkeiten weit gehend ausgeschöpft. Auch gibt es keinen Umweltmedienbereich und keinen sonstigen Umweltpolitikbereich mehr, für den nicht gesetzliche Voraussetzungen und Verwaltungszuständigkeiten geschaffen worden wären. Dies bedeutet für die weitere Entwicklung eine Konsolidierung des bisher Erreichten, die mit laufenden Rechtsnovellierungen und Umweltverwaltungsreformen einhergeht.

In Deutschland gibt es weit gediehene Vorarbeiten für ein einheitliches Umweltgesetzbuch. Es soll die heutigen einzelnen Gesetzeswerke zusammenfassen. Etwa ein Fünftel aller Umweltparagraphen könnte dadurch wegfallen. Auch das Bürgerliche Gesetzbuch, das Strafgesetzbuch, das Sozialgesetzbuch, sind aus der Zusammenfassung einer Vielzahl verstreuter Einzelgesetze hervorgegangen.

Ansonsten wird es darauf ankommen, die Fortschreibung und Verbreitung hoher Umweltstandards zu gewährleisten, jedoch bei Vereinfachung der Verordnungen und Verwaltungsverfahren und Abbau von technischen Direktiven. In diesem Bereich wird zur Zeit eine Straffung der Genehmigungs- und Kontrollverfahren angestrebt. Diese sind in der Sache zwar überall vergleichbar, aber die Bearbeitungsdauer von Anträgen weist erhebliche Unterschiede auf. In den USA und Italien beträgt die behördliche Bearbeitungszeit 2 bis 6 Monate, in Frankreich 5 bis 7 Monate, in der Schweiz, Deutschland oder Schweden zwischen 6, 18 und 24 Monate. Darin wird zu Recht ein Faktor im internationalen Standortwettbewerb gesehen. Künftig soll einem Antragsteller nur ein einziger behördlicher Ansprechpartner gegenüberstehen, der für die interne Verwaltungskoordination in kurzer Zeit sorgen soll. Dabei sollen auch die Verhandlungs- und Kompromissmöglichkeiten zwischen Verwaltung und Klienten ausgebaut werden.

7.2 Umweltinnovationen zur Konsistenzverbesserung und Effizienzsteigerung

Hierunter fallen alle jene Entwicklungen, die weiter oben (Kapitel 3) im Zusammenhang mit den ökologischen Diskurssträngen der weiter gehenden Modernisierung, der nachhaltigen Entwicklung und der Umweltinnovationen erörtert wurden. Will man auch diese Trends zusammenfassen, kann man feststellen: Es geht um eine Dekarbonisierung und Entgiftung der Stoffnutzungen sowie um eine Ausgestaltung der Gentechnik in der chemischen und agrarischen Produktion, die Umweltaspekten besser gerecht wird.

Dekarbonisierung bedeutet die Ausschleusung von biotischen, besonders fossilen Energieträgern und die Entwicklung einer kohlenstofffreien, sauberen Energiebasis und einer noch effizienteren Energie-Infrastruktur (vernetzte dezentrale Erzeugung). Selbst wenn sich herausstellen sollte, dass die Theorie des durch den Menschen verursachten Klimawandels zu relativieren wäre, bleibt dies ein vorrangiges Umweltprojekt, weil fossile Energieträger erschöpflich sind, eine zukunftsfähige Energiebasis für Milliarden von Menschen jedoch aus unerschöpflichen Quellen kommen muss. Die Abhängigkeit von Kohle und Erdöl wird zu einem Merkmal technologischer Rückständigkeit.

Entgiftung der Stoffströme bedeutet, die Ausbreitung und Anreicherung von Schadstoffen in der Umwelt und in Organismen zu beenden. Zielvorgabe ist das inhärent sichere Produkt: Verfahren und Produkte sollen erstens möglichst ungefährlich im Sinne der Unfallgefahr sein; sie dürfen zweitens nicht gesundheitsschädlich sein; und sie müssen drittens eine möglichst naturnahe oder umweltverträgliche

Konsistenz besitzen, sodass eine Freisetzung in die Umwelt weitgehend schadlos bleibt. Gewisse Produktionsprozesse werden auf absehbare Zeit zwar unvermeidlich ein Stück weit gefährlich sowie gesundheits- und umweltgefährdend bleiben. In diesen Fällen kommt es umso mehr darauf an, industrielle Prozesse im geschlossenen Eigenkreislauf zu halten und den industriellen Metabolismus von seinen Schnittstellen mit den Naturkreisläufen her zu kontrollieren.

Die Gentechnologie schließlich wird im Umweltschutz in Zukunft ebenfalls eine bedeutende Rolle spielen, teils unter dem Aspekt von Risiken neuartiger Ökosystemschäden, teils aber auch unter dem Aspekt ihrer ebenfalls vorhandenen Umweltnützlichkeit. Unter dem Eindruck der Kontroversen um »Gen-Saaten« und »Gen-Food« werden die Chancen der Gentechnik im Umweltschutz in der Öffentlichkeit heute noch nicht wahrgenommen – zum Beispiel im Bereich der minimal umweltbelastenden Rohstoffgewinnung, der Rückgewinnung und Renaturierung von Stoffen, der Altlastensanierung, der chemischen Produktion, der Landwirtschaft an benachteiligten Standorten, u. a. Die moderne Produktion kann sich transgene Enzyme, Viren, Bakterien, Pilze, Algen und andere Mikroorganismen zur Arbeit an organischem und anorganischem Material zunutze machen, ähnlich wie die traditionale Produktion Esel und Ochsen für sich arbeiten ließ, ohne gefährliche Drücke und Temperaturen, effektiv und umweltschonend, und 10- bis 100-mal effizienter als herkömmliche Verfahren. In der Landwirtschaft bedeutet die Gentechnik vor allem einen Sprung in der Entwicklung der Pflanzen- und Tierzucht. Sorten mit höheren Absorptions-, Speicher- und Wachstumsfähigkeiten können selektiert werden, oder Sorten mit größeren Resistenzen gegen bestimmte Krankheiten und krasse Umweltbedingungen wie Hitze, Trockenheit, Kälte, Frost.

Bisher allerdings gab es hier zunächst eher zweifelhafte Fortschritte. Pflanzen, die z. B. Herbizide besser vertragen, liegen zwar im Interesse der agrochemischen Industrie, nicht aber in dem der Ökologie, auch dann nicht, wenn sie zu einem geringeren Einsatz von Herbiziden führen. Transgene Saaten sollten den Ausstieg aus den Agrargiften, nicht deren Beibehaltung ermöglichen. Risiken liegen außerdem in einer, gentechnisch beschleunigten weiteren Verarmung der biologischen Vielfalt in der genutzten Umwelt. Auch sind kontroverse Fragen der Regelung gentechnischer Patente bisher unzureichend beantwortet. Diese Dinge sind jedoch einer Gestaltung zugänglich. Wie die Gentechnik in vielerlei Anwendungen in der Landwirtschaft, Chemie, Rohstoffgewinnung usw. ausgestaltet wird, ist weniger eine wissenschaftlich-technische Frage als viel mehr eine politische Führungsfrage in der Verantwortung von Regierungen und Konzernleitungen, somit auch, über das Bewusstsein und die Wertorientierung der Akteure hinaus, eine Frage rechtlicher und ökonomischer Steuerung.

7.3 Verstärkte Anstrengungen des Umweltschutzes in neuindustriellen Weltregionen

Ressourcenverschleiß und Senkenbelastung der Schwellen- und Entwicklungsländer übersteigen im laufenden und kommenden Jahrzehnt die der altindustriellen Länder. Die in der Rio-Deklaration vorgenommene einseitige und undifferenzierte Schuldzuweisung für die heutigen Umweltprobleme an die altindustriellen Länder erweist sich so gesehen als ein Fehler. Damit die weitere nachholende Entwicklung von Ländern der früheren Dritten Welt nicht weiterhin nachholende Umweltzerstörung bedeutet, welche die bereits erzielten Erfolge im Umweltschutz zunichte zu machen droht, muss diesem Problem künftig ein erheblich größeres politisches Gewicht beigemessen werden.

Den neuindustriellen Weltregionen müssen, ihrem erhöhten Entwicklungs- und Einkommensniveau entsprechend, verstärkte Anstrengungen in Umweltschutzfragen abverlangt werden. Ihre volle Einbindung in internationale Umweltregime ist unerlässlich. Dies gilt außer für die neuindustriellen Weltregionen auch für alle Tropenwaldländer, denn wenn es »global commons«, ein Naturerbe der Menschheit gibt, dann gehören hierzu mit an erster Stelle die verbliebenen Tropenwälder mit ihrer großen Bedeutung für das planetare Ökosystem.

Die altindustriellen Technologienationen werden zur globalen Umweltkooperation das ihre beitragen müssen, insbesondere, indem sie mehr technologisch-industrielle Kooperationen und Koproduktionen eingehen und auch künftig zumindest einen gewissen Teil der erforderlichen finanziellen Aufwendungen mittragen. Nur so wird sich ein echter Wissens- und Kapitaltransfer vollziehen. Führung kann freilich nur ausüben, wer mit gutem Beispiel vorangeht. Man wird von China und Indien keinen einschneidenden Klimaschutz, schon gar nicht einen Kohleausstieg verlangen können, solange man ihn selbst nicht konsequent vorangetrieben hat.

Anmerkungen

1 World Bank, World Development Report, Washington 2000, S. 100.

2 Gerhard Voss, Sustainable Development: Erfolge beim Materialverbrauch, in: IW-Trends, 3/1996, S. 47–59.

3 Manuel Schneider, Mythen der Landwirtschaft, München und Bad Dürkheim 2000, S. 32 f.; Ökologisches Wirtschaften, 3–4/2000, S. 16.

4 Torsten Fleischer, CO_2-Minderung in Deutschland, Frankfurt/M. 1997, S. 201–262.

5 Steffen Hentrich u. a., Zehn Jahre ökologischer Aufbauprozess in den neuen Ländern, in: Wirtschaft im Wandel, 16/2000, S. 476–483.

6 Rat von Sachverständigen für Umweltfragen, Jahresgutachten 1978, S. 445.

7 Gerhard de Haan/Udo Kuckartz, Umweltbewusstsein. Denken und Handeln in Umweltkrisen, Opladen 1996; Udo Kuckartz, Umweltbewusstsein und Umweltverhalten, Berlin und Heidelberg 1998.

8 Axel Billig, Ermittlung des ökologischen Problembewusstseins der Bevölkerung, Texte des Umweltbundesamtes 7, Berlin 1994; Peter Preisendörfer, Umweltbewusstsein in Deutschland, Bonn 1996 und 1998; Udo Kuckartz, Umweltbewusstsein in Deutschland, Berlin 2000.

9 Wissenschaftlicher Beirat der Bundesregierung Globale Umweltveränderungen, Sondergutachten Umwelt und Ethik, Marburg 1999; Joseph Huber, Allgemeine Umweltsoziologie, Opladen 2001, Buch II, Kapitel 4.

10 Unter Ressourcen versteht man die Umweltmedien Luft, Wasser, Boden sowie Rohstoffe als Inputs in Produktionsprozesse. Unter Senken versteht man die Umweltmedien Luft, Wasser, Boden in ihrer Funktion der Aufnahme von Emissionen.

11 Michael Thompson u. a., Cultural Theory, Boulder 1990, S. 26–81.

12 Stephen Cotgrove/Andrew Duff, Environmentalism, Middle-Class Radicalism and Politics, Sociological Review, 2/1980, S. 337–341; Joseph Huber, Technikbilder, Opladen 1989, S. 115–124.

13 André Gunder Frank/Marta Fuentes, Social Movements in recent World History, in: Samir

Amin u. a. (Hrsg.), Social Movements and the World-System, New York 1990, S. 139–180; Joachim Raschke, Soziale Bewegungen, Frankfurt/M. 1987.

14 Ferdinand Müller-Rommel, New Politics in Western Europe, Boulder 1989; ders., Grüne Parteien in Westeuropa, Opladen 1993.

15 Vgl. Bundesverband deutscher Banken, Umfrage »Deutschland im Wandel«, November 2000, dokumentiert in Kapitel VI in diesem Band.

16 Joseph Huber, Ökologische Modernisierung zwischen bürokratischem und zivilgesellschaftlichen Handeln, in: Volker von Prittwitz (Hrsg.), Umweltpolitik als Modernisierungsprozess, Opladen 1993; Joseph Huber, Towards Industrial Ecology, in: Journal of Environmental Policy and Planning, 2/2000, S. 269–285; Martin Jänicke, Ökologische Modernisierung, in: Udo Ernst Simonis (Hrsg.), Präventive Umweltpolitik, Frankfurt/M. 1989; Martin Jänicke, Ökologische und politische Modernisierung in entwickelten Industriegesellschaften, in: Volker von Prittwitz (Hrsg.), Umweltpolitik als Modernisierungsprozess, Opladen 1993, S. 59–111.

17 Ortwin Renn, Technik und gesellschaftliche Akzeptanz, in: GAIA, 2/1993, S. 67–83; Robin Cantor/Steve Rayner, Changing Perceptions of Vulnerability, in: Robert Socolow u. a., Industrial Ecology and Global Change, Cambridge/Mass. 1994, S. 69–84; WBGU, Strategien zur Bewältigung globaler Umweltrisiken, Berlin und Heidelberg 1998.

18 Nach Angaben des Instituts für Demoskopie Allensbach.

19 Anja Knaus/Ortwin Renn, Den Gipfel vor Augen – Unterwegs in eine nachhaltige Zukunft, Marburg 1998, S. 132.

20 Ulrike Siegert, Ökologieorientierte Kommunikation, Aachen 1996.

21 Hans-Christian Röglin/Klaus von Grebmer, Pharma-Industrie und Öffentlichkeit, Basel 1988; Hans-Christian Röglin, Technikängste und wie man damit umgeht, Düsseldorf 1994.

22 Wolfgang van den Daele, Zwanzig Jahre politische Kritik an den Experten, in: Joseph Huber/ Georg Thurn (Hrsg.), Wissenschaftsmilieus. Wissenschaftskontroversen und soziokulturelle Konflikte, Berlin 1993, S. 173–194, hier S. 173.

23 Juliane Jörissen u. a. (Hrsg.), Ein integratives Konzept nachhaltiger Entwicklung, Karlsruhe 1999, S. 68 ff.

24 Gerhard Scherhorn, Revision des Gebrauchs, in: Friedrich Schmidt-Bleek u. a. (Hrsg.), Öko-intelligentes Produzieren und Konsumieren, Basel 1997, S. 25–55; Gerhard Scherhorn, Das Ganze der Güter, in: Klaus Michael Meyer-Abich (Hrsg.), Vom Baum der Erkenntnis zum Baum des Lebens, München 1997, S. 162–253; Politische Ökologie special, Lebensstil oder Stilleben, September/Oktober 1993.

25 Wuppertal Institut (Hrsg.), Zukunftsfähiges Deutschland, Basel 1996.

26 Friedrich Schmidt-Bleek, Wieviel Umwelt braucht der Mensch?, Berlin 1994; Ernst Ulrich von Weizsäcker/Amory und Hunter Lovins, Faktor Vier, München 1995.

27 Joseph Huber, Nachhaltige Entwicklung, Berlin 1995, S. 123–160; ders., Allgemeine Umweltsoziologie, Opladen 2001, S. 314–327.

28 Michael Braungart/William A. McDonough, Von der Öko-Effizienz zur Öko-Effektivität, in: Politische Ökologie, 62/1999, S. 18–22; Michael Frei, Öko-effektive Produktentwicklung, Wiesbaden 1999.

29 Paul Klemmer u. a., Umweltinnovationen, Berlin 1999; ders. (Hrsg.), Innovation und Umwelt, Berlin 1999.

30 Sabine Hofmeister, Von der Abfallwirtschaft zur ökologischen Stoffwirtschaft, Opladen 1998.

31 Hans Schulte, Umweltrecht, Heidelberg 1999, S. 8.

32 RSU, Umweltgutachten 1996. Zur Umsetzung einer dauerhaft-umweltgerechten Entwicklung, Stuttgart 1996, S. 260 f.

33 Zur EU-Umweltpolitik vgl. Claus Wepler, Europäische Umweltpolitik, Marburg 1999.

34 Helge Jörgens, Institutionalisierung von Umweltpolitik im internationalen Vergleich, in: Martin Jänicke (Hrsg.), Umweltpolitik der Industrieländer, Berlin 1996, S. 59–111.

35 Jens Hemmelskamp, Umweltpolitik und technischer Fortschritt, Heidelberg 1999.

36 Ders. u. a. (Hrsg.), Innovation-Oriented Environmental Regulation, Heidelberg 2000.

37 Stefan Schmidheiny, Changing Course, Cambridge/Mass. 1992; Bruce Smart (Hrsg.), Beyond Compliance, Washington 1992.

38 Benchmarks sind definierte Maßstäbe, um Abläufe und Leistungen zu messen. Benchmarking ist ein Instrument der Betriebsführung, eigene Leistungen durch Vergleich mit jeweils besseren Unternehmen zu bewerten und einen kontinuierlichen Verbesserungsprozess anzuregen.

39 ISO = International Standards Organization

40 Michael Porter/Claas van der Linde, Green and Competitive, in: Harvard Business Review, September/October 1995, S. 120–134; Brian Garrod, Business Strategies, Globalisation, and Environment, in: Globalisation and Environment. Preliminary Perspectives, hrsg. von OECD, Paris 1997, S. 269–314.

41 Vgl. manager magazin, 9/1999, S. 143.

42 Projektgruppe Ethisch-ökologisches Rating und oekom research (Hrsg), Ethisch-ökologisches Ranking, München 2000.

43 Umfrage »Deutschland im Wandel« (Anm. 15), vgl. Tabelle 2.15.

44 Andreas Fricke, Das Kaufverhalten bei Öko-Produkten, Frankfurt/M. 1996.

45 Alle Daten nach Preisendörfer, Umweltbewusstsein und Kuckartz, Umweltbewusstsein (Anm. 8).

46 Preisendörfer, Umweltbewusstsein (Anm. 8), S. 29.

47 Fricke, Kaufverhalten (Anm. 44), S. 127; Peter Adelt u. a., Umweltbewusstsein und Konsumverhalten, in: Rüdiger Szallies/Günter Wiswede (Hrsg.), Wertewandel und Konsum, Landsberg 1990, S. 155–184.

IV. Kultur

Jörn Rüsen/Friedrich Jaeger

Erinnerungskultur

1. Die Erinnerungskultur in der deutschen Geschichtswissenschaft

Die gegenwärtigen Debatten um Erinnerungskultur und kulturelles Gedächtnis[1] lassen sich als Teil einer kulturgeschichtlichen Wendung verstehen, die die deutsche Geschichtswissenschaft seit einigen Jahren vollzieht.[2] Im Zuge dieser Wendung gerät die in der Tradition der Sozial- und Gesellschaftsgeschichte ausgeblendete bzw. vernachlässigte Dimension kultureller Wahrnehmungen, Erfahrungen, Selbstdeutungen, Handlungsnormen und auch Erinnerungen auf neue Weise und stärker als bisher ins Blickfeld. Das soll nachfolgend in diesem Kapitel näher erläutert werden. Es bietet die Folie, vor der dann anschließend konkrete Erscheinungsformen der Erinnerungskultur vorgestellt werden.

Die Gesellschafts- und Sozialgeschichte hatte ihren Impuls ursprünglich aus dem Misstrauen gegenüber den Erfahrungen und Erinnerungen der Subjekte bezogen und demgegenüber geltend gemacht, dass die spezifische Aufgabe der Wissenschaft gerade darin bestehe, den Erfahrungs-, Deutungs- und Erinnerungshorizont der Handlungsakteure zu relativieren und zu überschreiten. Jürgen Kocka hat in seiner jüngsten Bestandsaufnahme der historischen Sozialwissenschaft deren historisches Wissenschaftskonzept auf die Formel der »analytischen Wende« gebracht, die die historische Sozialwissenschaft in den 70er-Jahren vollzogen habe: »Die Historiker verabschiedeten sich von traditionelleren Formen der Erzählung. Ihre Form der Kommunikation, sowohl unter sich als auch gegenüber der Öffentlichkeit, wurde argumentativer und konzeptueller, explizit abwägend und selbstreflexiv. Der außerwissenschaftliche Bezug von Wissenschaft wurde ernst genommen, ›Relevanz‹ reklamiert und Praxisbezug bejaht, die eigene Wissenschaft als Teil gesellschaftlich-politischer Aufklärung verstanden. Man betrieb Geschichte, um aus ihr zu lernen und wohl auch, um sich aus ihr zu befreien.«[3]

Historisches Wissen im Sinne der historischen Sozialwissenschaft bringt also Bedingungsfaktoren geschichtlichen Wandels in der Vergangenheit in den Blick, die den gewöhnlichen Erinnerungs- und Erzählrahmen der Subjekte sprengen und auf eine Wirklichkeit jenseits alltagsweltlicher Erfahrungen, Orientierungen und Deutungen verweisen.[4] Dahinter steht die Unterscheidung der Sozialgeschichte zwischen kommunikativ erschlossenen und strukturell verschlossenen Räumen der geschichtlichen Wirklichkeit, die sie mit der Differenzierung zwischen Kultur und Gesellschaft zum Ausdruck bringt: »Der Gesellschaftsbegriff gibt auch eher die Frage nach solchen Ressourcen, Ungleichheiten und Machtverhältnissen frei, die seinerzeit kommunikativ nicht manifest, symbolisch nicht verstärkt und den zeitgenössischen Akteuren möglicherweise nicht präsent waren, während der Kulturbegriff den Blick, verkürzend und oftmals schmeichelnd, auf jene Bereiche der Wirklichkeit lenkt, die den Akteuren als Gegenstand der Kommunikation und als Ort symbolischer Repräsentation gegenwärtig waren.«[5]

Die historische Wissenschaft wurde auf dieser Grundlage zu einer Institution, die das Selbstverständnis und kulturelle Gedächtnis der gesellschaftlichen Akteure im Wissen um die in ihren Erinnerungen und Deutungen nicht repräsentierten Dimensionen geschichtlichen Wandels übersteigt. Sie vermag daher auch zuverlässigere Informationen und Interpretationen bereitzustellen, als es die subjektiv getrübten oder gar bewusst einseitigen Erinnerungen von Zeitgenossen vermögen. Diese gelten vielmehr im Vergleich zu der mit dem Anspruch auf Objektivität auftrumpfenden Wissenschaft als defizitärer Modus des historischen Denkens.

Vor diesem theoriegeschichtlichen Hintergrund gewinnt der deutsche Erinnerungsdiskurs der letzten Jahre deutlichere Konturen, weil er sowohl den Wissenschafts- als auch den Gesellschaftsbegriff der Sozialgeschichte einer deutlichen Revision unterzog. Die Oral History der 80er-Jahre und die Diskussionen um Mikrohistorie, historische Anthropologie und Kulturgeschichte besaßen in diesem Zusammenhang eine Initialfunktion für die gegenwärtigen Debatten um Erinnerung und Gedächtnis, indem sie die Bedeutung subjektiver Erinnerungen, Wahrnehmungsformen und Wirklichkeitsinterpretationen von Individuen und sozialen Gruppen innerwissenschaftlich neu verorteten.[6] Es ging um die Rettung von Zeitzeugenschaft im Modus der historischen Erinnerung, die festgehalten und auf methodisch neue Weise der Nachwelt überliefert werden sollte. Ein einflussreich gewordenes Beispiel dafür ist das Oral-History-Projekt »Lebensgeschichte und Sozialkultur im Ruhrgebiet« (LUSIR), mit dem auf der empirischen Grundlage von Erinnerungsinterviews die Erfahrungsbestände von Zeitgenossen des Nationalsozialismus und der frühen Bundesrepublik rekonstruiert und dokumentiert werden sollten.[7]

Mit der Wendung zur Erinnerungskultur verliert die Geschichtswissenschaft das Privileg der kulturellen Erinnerung: Historisches Denken wird von einer institutionalisierten und verwissenschaftlichten Expertenveranstaltung zu einem Netzwerk der sozialen Kommunikation zwischen konkreten Individuen und Gruppen, die öffentlich um Interpretationen, Bedeutungen und symbolisches Kapital miteinander konkurrieren. Es zeigt sich in ständiger Transformation begriffen und erweist sich als ein konfliktreiches Geschehen, in dem im Medium der Erinnerung um Orientierung durch die Vergegenwärtigung der Vergangenheit gerungen wird. Aus einer elitären Hochkultur wird eine Angelegenheit gewöhnlicher Menschen in alltäglichen Lebenssituationen, die sich unter dem Druck ihrer äußeren Lebensbedingungen miteinander ins Benehmen setzen und im Modus der Erinnerung sich ihrer selbst versichern.

Die Gesellschaft wird damit auf vielfältige kulturelle Praktiken einer kommunikativen Produktion von Bedeutungen, Interpretationen und Orientierungen hin durchsichtig, in deren Zentrum die zeitorganisierenden Operationen der Erinnerungskultur stehen.

Damit ist in groben Zügen der zeit- und theoriegeschichtliche Kontext beleuchtet, in dem die gegenwärtige Diskussion um die deutsche Erinnerungskultur nach dem Zweiten Weltkrieg zu verorten ist. Im Folgenden soll sie in insgesamt vier Schritten zum Thema gemacht werden: Im nächsten Abschnitt (Kapitel 2) wird es zunächst darum gehen, ein Theoriekonzept herauszuschälen, mit dem sich die empirischen Phänomene der deutschen Erinnerungskultur angemessen interpretieren lassen. In diesem Zusammenhang sind vor allem Fragen nach der Konstitution von Erinnerung als Phänomen des Geschichtsbewusstseins aufzuwerfen, sowie ferner Fragen nach den lebenspraktischen Orientierungsfunktionen kultureller Erinnerung und den zentralen Kategorien der Diskussion zu stellen. Im Begriff der Erinnerung überlagern sich ganz unterschiedliche mentale Operationen:

- die Wahrnehmung oder kulturelle Erfahrung;
- die Kommunikation und Versprachlichung;
- die Handlungsorientierung;
- die kulturelle Legitimierung oder Legitimitätskritik und
- schließlich die Identitätsbildung.

Erinnerung ist insofern ein komplexes Phänomen, das zunächst einmal in seiner theoretisch-pragmatischen Struktur herausgearbeitet werden soll, bevor wir zu einzelnen Aspekten der bundesdeutschen Erinnerungskultur nach dem Zweiten Weltkrieg kommen.

In dem darauf folgenden Abschnitt (Kapitel 3) werden wir zunächst die institutionelle Formenvielfalt der Erinnerungs- oder Geschichtskultur beschreiben, ferner die didaktische, kognitive und politische Dimension der Erinnerungskultur voneinander unterscheiden, und schließlich die Auseinandersetzung um Nationalsozialismus und Holocaust als das eigentliche thematische Zentrum und herausfordernde Problem der deutschen Erinnerungskultur genauer untersuchen. In einem letzten Abschnitt (Kapitel 4) werden dann weitere wichtige Herausforderungen und Trends der deutschen Erinnerungskultur erörtert.

2. Erinnerungskultur: Elemente eines Theoriekonzepts

2.1 Strukturen des Geschichtsbewusstseins und der Geschichtskultur

Um sich der deutschen Erinnerungskultur praktisch annähern zu können, müssen zunächst grundlegende Begriffe zum Verständnis der Thematik geklärt werden. Geschichtsbewusstsein und Geschichtskultur werden nachfolgend konzeptualisiert und miteinander in Zusammenhang gebracht: Während das Geschichtsbewusstsein den Prozess der Sinnbildung, Deutung und Verwendung von Vergangenheit für die Lebenspraxis beschreibt, ist mit Geschichtskultur das Umfeld gemeint, in dem sich die soziale Praxis des Geschichtsbewusstseins vollzieht.

2.1.1 Geschichtsbewusstsein

Geschichtsbewusstsein ist diejenige Form des menschlichen Zeitbewusstseins, in dem die Erfahrung der Vergangenheit zur Geschichte für die Gegenwart gedeutet wird. Geschichte als Inhalt des Geschichtsbewusstseins ist eine Orientierungsgröße der menschlichen Lebenspraxis. Betrachtet man Geschichtsbewusstsein als Erfahrungen der Vergangenheit, denen eine Orientierungsfunktion beigemessen wird, so ist es immer zukunftsbezogen. Geschichtsbewusstsein verschränkt den Erfahrungshorizont der menschlichen Weltorientierung, in dem die Vergangenheit in unterschiedlicher Weise gegenwärtig ist, stets mit dem Erwartungshorizont, in dem Handeln sich zweckhaft entwirft. Insofern ist Geschichtsbewusstsein nicht bloß auf Vergangenheit ausgerichtet, sondern versieht diese Ausrichtung stets mit normativ aufgeladenen Erwartungen. Jocelyn Létourneau hat diese komplexe Verschränkung von Vergangenheit und Zukunft im Geschichtsbewusstsein und seine Orientierungsfunktion in der je gegenwärtigen Lebenspraxis auf die griffige Formel gebracht: »History is a Back-up for the Future.«[8] Das Geschichtsbewusstsein gestaltet das Sinngebilde *Geschichte* mit der doppelten intentionalen Erstreckung von Erfahrung und Erwartung, von Retention und Prätention (Edmund Husserl) des menschlichen Zeitbewusstseins.[9]

Die Vergangenheit gewinnt den Charakter der Geschichte für die Gegenwart im Schritt zur Zukunft durch die mentale Praxis der historischen Sinnbildung, das *Erzählen einer Geschichte*. Nicht jedes Erzählen ist schon an sich historisch. Erst wenn das Erzählen die Erfahrungen der Vergangenheit auf eine Weise vergegenwärtigt, die einen sinn- und bedeutungsvollen zeitlichen Zusammenhang mit der Gegenwart erkennbar macht, ist es historisch und erfüllt die spezifische Funktion der Zeitorientierung durch gedeutete Erfahrung der Vergangenheit. Über solche Geschichten werden Traditionen vermittelt und bestätigt oder kritisiert. Sie präsentieren Zugehörigkeit und Abgrenzung und geben dem Wir-Gefühl eine inhaltliche Ausprägung, in der normative und faktische Elemente, Erfahrungen und Absichten, Gewordensein und Werdenwollen, zusammengefügt sind. Sie können aus den konkreten Geschehnissen der Vergangenheit abstrakte Handlungsregeln generieren und auf aktuelles Geschehen und Zukunftserwartungen anwenden (historia magistra vitae). Und sie können herausfordernde Zeiterfahrungen wie z. B. den sich beschleunigenden Wandel der Moderne in eine dynamische Zeitvorstellung integrieren, in der die Beunruhigung darüber, dass die eigene Welt sich dauernd verändert, zu einer Chance zielgerichteten Handelns wird.

Geschichtsbewusstsein hängt aufs Engste mit Erinnerung zusammen. Die Erinnerung hält oder macht die Vergangenheit so gegenwärtig, dass sie lebensdienlich wird. Sie präsentiert die Vergangenheit als eine Erfahrung, die gegenwärtige Lebensverhältnisse verständlich und Zukunft erwartbar macht. In der Erinnerung dominiert die Deutung über den Tatsachengehalt dessen, was erinnert wird. Die Erinnerung speist sich aus den mächtigen Trieben der Selbsterhaltung und aus dem Verlangen nach Anerkennung und setzt beides in eine selektive Kraft des Vergessens um. Das, was unwichtig war, wird vergessen. Die Erinnerung blockt aber auch objektiv Wichtiges und Folgenreiches ab, wenn es subjektiv störend oder schmerzhaft ist. Dann dient die Erinnerung der Verdrängung, Verschiebung und verfälschenden Umdeutung. Erinnerung realisiert nur die eine Seite des menschlichen Zeitbewusstseins: diejenige der Retention. Die Rückwendung auf das Vergangene ist die Bedingung dafür, dass der Boden der Gegenwart unter den Füßen bleibt. Sie ist dabei aber immer indirekt oder direkt auch auf die Zukunft bezogen; denn nur um der Zukunft willen ist die Vergangenheit gegenwärtig oder wird sie mental gegenwärtig gehalten.

Geschichtsbewusstsein ist eine komplexe Ausprägung von Erinnerung. In ihm wird der Erfahrungsbezug der Erinnerung deutlicher, kritikfähiger, erweiterbar. Eigentlich erinnert sich der Mensch wirklich nur an das, was ihm in der eigenen Lebensspanne widerfahren ist. Nur im übertragenen Sinne reicht die Erinnerung weiter. Wird die eigene Lebensspanne überschritten wie im kollektiven Gedächtnis, das die kulturelle Zusammengehörigkeit begründet und definiert, dann gewinnt der *historische* Charakter der Vergangenheit schärfere Konturen. Der Zeithorizont der menschlichen Welt- und Selbstdeutung weitet sich. Je ferner die Vergangenheit zurückliegt, die zum besseren Verstehen der Gegenwart herangezogen wird, desto weiter reichen die handlungsleitenden Zukunftsperspektiven und desto komplexer wird die Zeitgestalt des eigenen Selbst – es dauert über die Grenzen des eigenen Lebens hinaus, beispielsweise im kulturellen *Körper* des eigenen Volkes, wie ihn das nationale Geschichtsbewusstsein als Überdauern des eigenen Selbst in einem umgreifenden sozialen Ganzen konzipiert hatte. Im Geschichtsbewusstsein treten Zukunft und Vergangenheit im Grenzbereich der Gegenwart am deutlichsten auseinander, um desto klarer und reflektierter aufeinander bezogen werden zu können.

Das menschliche Geschichtsbewusstsein ist in unterschiedlichen Modi tätig. Drei solche Modi lassen sich idealtypisch unterscheiden (sie können auch als Ebenen der Artikulation und Wirkung verstanden werden): der fungierende, der reflektierende und der pragmatische Modus.

Im *fungierenden* Modus ist Geschichtsbewusstsein ein Faktor der sozialen Realität. Es ist sozusagen eingebaut in die Vorgänge und Institutionen, in denen Menschen ihr kulturelles Gepräge empfangen oder – um eine Lieblingsmetapher der heutigen Kulturwissenschaften zu verwenden – in denen sie *konstruiert* werden. Geschichte als Orientierungsgröße der Lebenspraxis ist Teil der Umstände, Vorgaben und Bedingungen, unter denen bewusst und zielgerichtet an der Deutung und Repräsentation der Vergangenheit gearbeitet wird. Sie ist also bereits der Fall und wirksam, bevor sie als solche durch die Leistungen des Geschichtsbewusstseins erbracht, *konstruiert* wird. Dieses *Konstruieren*, die bewusste Stellungnahme zur Erfahrung der Vergangenheit, macht den *reflexiven* Modus aus. Hier ist Geschichte nicht mehr Vorgabe, sondern Aufgabe, nicht mehr Ausgangsbedingung historischer Sinnbildung, sondern ihr Ende. Hier setzen die Leistungen der historischen Wissenschaften ebenso ein wie die kulturelle Praxis, am kollektiven Gedächtnis und an der Geschichtskultur einer Gesellschaft zu arbeiten. Diese Arbeit hat Folgen für das Leben einer Gesellschaft. Ihre Ergebnisse gehen in die wirksamen Orientierungen der Lebenspraxis ein. Damit ist der dritte, der *pragmatische* oder *operative* Modus der historischen Sinnbildung bezeichnet. Mit ihm wird die Geschichte Teil der sozialen Realität, auf die sie sich bezieht, beispielsweise in der Form von Richtlinien des Geschichtsunterrichts oder der Traditionspflege einer Armee.

2.1.2 Geschichtskultur

Geschichtskultur ist Inbegriff der sozialen Aktivitäten und Institutionen, durch die und in denen Geschichtsbewusstsein geschieht. Sie deckt einen weiten und heterogenen Bereich des kulturellen Lebens ab, der sich von anderen Bereichen durch die *Kategorie des historischen Sinnes* unterscheidet. Dieser integriert Erfahrungen,

Deutungen, Orientierungen und Motivationen, die sich auf die Vergangenheit als Bedingung für ein Verständnis der Gegenwart und die Erwartungen der Zukunft beziehen, zu einem kohärenten Sinngebilde, zu einer *Geschichte*. Geschichtskultur lässt sich daher auch als Inbegriff der Geschichten definieren, in denen und durch die sich das Leben einer Gesellschaft vollzieht. Sie wird durch Produzenten, Rezipienten und Vermittler historischer Sinnbildung, durch die Art und Weise ihrer Repräsentation und durch die Medien und Institutionen ihrer Vermittlung bestimmt. Die oben unterschiedenen drei Modi charakterisieren die soziale Praxis, in denen sich Geschichtskultur vollzieht.

Ergänzend lassen sich drei elementare Dimensionen der Geschichtskultur unterscheiden, die jeweils die Aspekte der Wahrnehmung, der Deutung und der Orientierung betonen: die ästhetische, die kognitive und die politische. In der *ästhetischen* geht es um formale und performative Stimmigkeit und Überzeugungskraft. Sie spielt in der individuellen Entwicklung, aber auch in der Öffentlichkeit eine außerordentlich wichtige Rolle, die oft von der Wissenschaft unterschätzt wird. In der individuellen Entwicklung präformiert sie mit Formen der Imagination die Ausprägung des Geschichtsbewusstseins. In der Öffentlichkeit kommt ihr über die Massenmedien, aber auch durch Museen und Ausstellungen eine höchst nachhaltige Breitenwirkung zu, und schließlich tragen Literatur und bildende Kunst – oft in einer Vorreiterrolle – maßgeblich zur historischen Sinnbildung bei.

In der *kognitiven* Dimension geht es um argumentativ einlösbare Geltungsansprüche. Hier spielen die Geschichtswissenschaft und mit ihr die anderen historischen Disziplinen der Humanwissenschaften die entscheidende Rolle. Die Schule vermittelt Erkenntnisse der kognitiven Dimension durch den Filter pädagogischer, gesellschaftlicher und politischer Bedeutungszumessungen und stellt sie in einen intergenerationellen Zusammenhang.

Wichtigster Ansatzpunkt in der *politischen* Dimension ist Legitimität als entscheidender Faktor im Kampf um Macht. Kein Herrschaftssystem kann auf Geschichtskultur als Instanz der Legitimation verzichten, und Legitimationskritik bedient sich stets auch einer historischen Argumentation. Alle drei Dimensionen sind gleich ursprünglich. Sie können nicht aufeinander reduziert werden, sondern stehen in einem komplexen Bedingungsverhältnis unterschiedlicher Geltungsansprüche und funktionaler Ausrichtungen. Ihre Vermittlung bedarf eigener Praktiken der historischen Sinnbildung, so etwa der Rhetorik im Verhältnis von Ästhetik und Politik, oder Religion und Moral zur normativen Aufladung historischer Sinnkriterien mit integrativer Kraft.

2.2 Orientierungsfunktionen der historischen Erinnerung

Es wurde bereits erwähnt, dass die Erinnerung die Vergangenheit so vergegenwärtigt, dass diese lebensdienlich wird. Dieser kulturelle »Nutzen« der Historie für das Leben lässt sich mit der Orientierungskategorie umschreiben. Was genau meint man, wenn man von Orientierung durch Erinnerung spricht? Welcher lebensweltlichen Pragmatik gehorcht die Erinnerungskultur als Teil des kulturellen Orientierungssystems einer Gesellschaft?

Nachfolgend wird ein Theoriekonzept präsentiert, mit dem sich verschiedene Dimensionen der Erinnerung voneinander unterscheiden lassen. Erinnerungen lassen sich als Formen kultureller Orientierung verstehen, in und mit denen Menschen ihre individuelle oder kollektive Lebenspraxis erfahren und deuten, motivieren und normieren, legitimieren und kritisieren, tradieren und verändern. Doch welche mentalen Operationen, Praktiken und Phänomene sind ausschlaggebend, wenn man nach den Orientierungsleistungen der Erinnerung fragt? Man kann sich dieser Frage auf dem Wege einer begrifflichen Operationalisierung und Ausdifferenzierung der Erinnerungskategorie nähern, wobei sich insgesamt fünf Aspekte voneinander unterscheiden lassen, von denen anzunehmen ist, dass sich mit ihnen die Funktionen kultureller Erinnerungen angemessen beschreiben lassen: Die menschliche Erinnerung reagiert erstens auf die Erfahrung lebenspraktischer Probleme, die als Herausforderungen der kulturellen Erinnerung fungieren; zweitens realisiert sie sich im Kontext von Kommunikationen und als eine Versprachlichung dieser Problemerfahrungen; drittens besitzt Erinnerung einen Bezug auf Handeln, ist also immer auch ein Element der Handlungsorientierung; viertens verbinden sich mit Erinnerungen kulturelle Geltungsansprüche, sie sind entweder bestätigend oder kritisch auf Legitimitätsansprüche bezogen; und fünftens formiert sich im Modus der Erinnerung die Identität ihrer Subjekte. Dies alles sind idealtypische Differenzierungen und Unterscheidungen von Einzelaspekten, die im lebenspraktischen Vollzug der historischen Erinnerung gewöhnlich nicht geschieden sind, sondern ständig ineinander fließen und sich wechselseitig überlagern. Gleichwohl macht es Sinn, sie zunächst einmal in ihrer jeweiligen kulturellen Eigenart zu beleuchten.

2.2.1 Die pragmatische Struktur von Erinnerungen

Menschliche Erinnerung besitzt zunächst eine pragmatische Struktur und lässt sich als geistige Arbeit an Problemen und Herausforderungen der Lebenspraxis verstehen. In der neueren Geschichtstheorie wird dieser Ausgang der Erinnerung an Problemen häufig mit dem Begriff der Kontingenz angesprochen[10]: Erinnerungen knüpfen sich an Erfahrungen, die ein kulturelles Orientierungskonzept der menschlichen Lebensführung infrage stellen und neue Antworten auf eine veränderte Wirklichkeit erforderlich machen. Der Erinnerungskultur wachsen die Themen, Begriffe und Methoden ihrer Forschungsarbeit lebensweltlich und problemgeschichtlich zu; sie gehen aus praktischen Herausforderungen der menschlichen Lebensführung hervor und entwickeln sich in einer dem Wandel dieser geschichtlichen Problemlagen entsprechenden Richtung.[11]

Erinnerungen besitzen also einen gleichzeitigen Erfahrungs- und Problembezug.[12] Sie repräsentieren einen Akt der kulturellen Deutung und verweisen zugleich auf eine Ereigniskette, welche gedeutet wird. Erinnerungen erwachsen aus einer problematischen Konstellation zwischen Subjekt und Objekt und gründen in der Fähigkeit des Menschen, der Realität einer prekären und kontingenten Welt mit der Ausbildung von Sinnstrukturen kulturell zu begegnen. Unter diesen Voraussetzungen ist es auch wenig sinnvoll, den Erinnerungsbegriff konstruktivistisch aufzulösen und Geschichte zu einer reinen Interpretationsleistung zu reduzieren, der keine Wirklichkeit mehr korrespondiert. Kulturelle Erinnerungen antworten vielmehr auf ein herausforderndes Geschehen, aus dessen Deutung Orientierungen überhaupt erst resultieren können.

Dieser Umstand besitzt weit reichende Konsequenzen für die Spezifik der historischen Erinnerung und lässt Rückschlüsse auf deren lebenspraktische Struktur zu: In der erwähnten Doppelnatur von Erinnerungen liegt begründet, dass sich Ereignisse der Vergangenheit erst im direkten Bezug auf eine interpretierende Subjektivität zu Orientierungsproblemen mit einer Kulturbedeutung transformieren. Ereignisse werden zur Angelegenheit historischer Deutung, weil sie mit Konventionen der menschlichen Subjektivität, d. h. mit Handlungsintentionen und -normen, mit Denkgewohnheiten, Deutungsmustern und tradierten Sinnvorstellungen brechen und neue erforderlich machen. Historische Erinnerungen im Sinne von Antworten auf Orientierungsprobleme verweisen also auf Ereignisse mit einem Gegenwartsbezug. Droysens berühmte Frage: Wie wird aus den »Geschäften« der Vergangenheit die »Geschichte« als ein kultureller Orientierungsfaktor der Gegenwart[13], lässt sich im Rückgriff auf einen pragmatischen Begriff der Erinnerung folgendermaßen beantworten: Das historische Denken ist als Erinnerungsleistung eine kulturelle Verarbeitung kontingenter Erfahrungen und vermag sich als ein Orientierungsfaktor der menschlichen Lebenspraxis zur Geltung zu bringen, indem es den interpretationsbedürftigen Wandel menschlicher Lebensumstände in der Gegenwart durch die kulturelle Mobilisierung der Vergangenheit sinnhaft deutet. Diese Einsicht beruht auf der erzähltheoretischen Wende, die die Geschichtstheorie in den letzten Jahren vollzogen hat.[14] Historisches Erzählen meint hier einen Prozess der Sinnbildung, der sich aus Erfahrungen ergibt, die im Verlauf der Zeit gesammelt werden. Es handelt sich um einen Prozess, der an das Medium der Erinnerung gebunden ist und der die Erfahrung der Vergangenheit mit den Problemen der Gegenwart und den Erwartungen an die Zukunft zu einer die Zeitdimensionen übergreifenden Kontinuitätsvorstellung verschmilzt, um mit ihr im Wandel der Zeit handlungs- und deutungsfähig zu bleiben.

2.2.2 Die interaktive Qualität von Erinnerung

Erinnerungen sind ferner darauf angewiesen, dass sie vermittelt und transportiert werden; sie existieren nur in versprachlichter Form. Auch Erinnerungen im Sinne eines innerpsychischen Geschehens setzen ein Minimum an Zwiesprache (in derartigen Fällen eben mit sich selbst) voraus, die sich als ein im weitesten Sinne kommunikativer Akt begreifen lässt, weil Erinnerungen dadurch konstituiert sind, dass sich verschiedene Subjekte (oder eben ein Subjekt mit sich selbst zu verschiedenen Zeiten und in unterschiedlichen Rollen) miteinander verständigen.

Diese Einsicht in die kommunikative Struktur der Erinnerung besitzt erhebliche Konsequenzen für das Verständnis von kultureller Sinnbildung und Orientierung. Sich zu erinnern heißt, in einen kommunikativen Prozess einzutreten, in dem ein Orientierungsproblem der eigenen Lebenspraxis durch einen wechselseitigen Austausch der Beteiligten gedeutet wird. Erinnerung vollzieht sich als soziales Geschehen im Rahmen von Interaktionen zwischen Individuen und Gruppen (oder eines Menschen mit seiner eigenen Vergangenheit), die sich miteinander und mit ihrer natürlichen oder sozialen Umwelt auseinander setzen müssen, um den herausfordernden Problemen ihrer Lebenspraxis begegnen zu können.

In den neueren Arbeiten und Debatten zur Erinnerungskultur[15] werden dementsprechend Erinnerungen als Kommunikationsräume verstanden, in denen Individuen und soziale Gruppen die relevanten Orientierungen ihrer Lebenspraxis produzieren und verändern. Orientierung durch Erinnerung vollzieht sich in einem öffentlichen Gewebe von Erzählungen, Interpretationen und Bedeutungen, das einer ständigen Transformation durch gesellschaftliche Interaktion unterworfen ist.[16]

2.2.3 Erinnerung als Medium der Handlungsorientierung

Darüber hinaus lässt sich die Erinnerungskultur auch als Medium der Handlungsorientierung begreifen. Allerdings bleibt hier die höchst umstrittene Frage, aufgrund welcher spezifischen Erkenntnisleistungen und mit welchen kognitiven Operationen die historische Erinnerung dem menschlichen Handeln überhaupt zur Orientierung dienen kann. Zwei Aspekte lassen sich dabei voneinander unterscheiden: Zum einen enthalten Erinnerungskulturen Vorstellungen von der Vergangenheit als Prozess menschlichen Handelns. Sie sind mit Vorstellungen darüber verbunden, wie sich in der Vergangenheit menschliches Handeln vollzogen hat, d. h., welche Handlungschancen es gab und welche Handlungsbedingungen sie begrenzten, wer die entscheidenden sozialen Handlungsakteure waren, durch welche Handlungsabsichten und Handlungsnormen sie geleitet waren und was durch ihr Handeln bewirkt wurde.

Zum anderen folgen aus handlungstheoretischen Konzeptualisierungen des geschichtlichen Wandels Konsequenzen für die Orientierung der gegenwärtigen und zukünftigen Handlungspraxis, Vorstellungen darüber also, wie und was sich aus der Erinnerung vergangenen Handelns für zukünftiges Handeln »lernen« lässt, um es realistisch und situationsadäquat vollziehen zu können.

Die kulturelle Erinnerungsstrategie der Sozialgeschichte privilegiert die strukturellen Handlungsbedingungen der menschlichen Lebenspraxis gegenüber den Handlungsoptionen von Akteuren. Damit stellt sich die Frage, wie angesichts dieser Dominanz von Strukturzwängen in der Vergangenheit die Gegenwart noch als eine Handlungspraxis verständlich gemacht werden kann. Wie lässt sich das sozialgeschichtlich erworbene Strukturwissen über Handlungsbedingungen und Handlungszwänge in der Vergangenheit in ein Wissen übersetzen, das der gegenwärtigen Lebenspraxis eine realistische Einsicht in ihre Handlungsmöglichkeiten und -chancen verleiht?[17]

Die neuere Kulturgeschichte konzeptualisiert demgegenüber die Geschichte der menschlichen Lebenspraxis in kritischer Distanz zu den strukturalistischen Tendenzen der Sozialgeschichte als Ausdruck und Ergebnis eines menschlichen Handelns, das in den weit gespannten Horizont einer symbolischen Praxis eingerückt ist.[18] Obwohl sich bei dieser neohermeneutischen Wende der deutschen Erinnerungskultur durchaus Schnittstellen mit den älteren Traditionen des deutschen Historismus ergeben, die wiederum von der Sozialgeschichte als ein Rückfall in längst überwundene Formen der Erinnerungskultur kritisiert werden, liegt der neueren Kulturgeschichte ein deutlich komplexeres Handlungsmodell zugrunde. Es ist nicht mehr auf Intentionalität beschränkt, sondern kennt vielfältige, symbolisch vermittelte Handlungsformen, Handlungsantriebe und Handlungsorientierungen. Diese reichen von den Extremen rein zweckrationaler Weltaneignung bis zu den traumatischen Erfahrungen eines schieren Überwältigtwerdens, wie sie etwa von Opfern geschichtlicher Prozesse geschildert werden. Menschliches Handeln verliert seine intentionale Geradlinigkeit und Eindeutigkeit und wird zu einem mäandrierenden Geschehen, das sich durch eine Vielzahl von Bestimmungsfaktoren hindurch entfaltet.[19] Kulturelle Orientierung der Gegenwart durch historische Erinnerung heißt in diesem Falle, diese Multidimensionalität und Mehrdeutigkeit menschlicher Handlungsvollzüge, ihre inneren Widersprüche und Ambivalenzen zu erkennen, um vor diesem geschichtlichen Hintergrund die Handlungsspielräume und -grenzen der Gegenwartspraxis realistischer einschätzen zu können.

Diesem hermeneutisch geprägten Orientierungsmodell des historischen Denkens ist jedoch das strukturalistische Argument entgegenzuhalten, dass das historische Denken bei einer Ausblendung nicht-intentionaler Handlungsbedingungen seine Orientierungskraft zwangsläufig verliert. Denn Orientierung durch Erinnerung heißt ja: Deutung von Kontingenz. Nimmt man dieses sozialgeschichtliche Argument ernst, bedeutet dies, dass die historische Erinnerung erst dann zu einem Element menschlicher Handlungsorientierung wird, wenn sie Geschichte als ein Netzwerk von Handlungsabsichten und Handlungsbedingungen vergegenwärtigt.

2.2.4 Geltungsansprüche der historischen Erinnerung

Bei Erinnerungen handelt es sich nicht um wertfreie Phänomene, sondern mit ihnen verbinden sich Ansprüche auf Anerkennung, die unterschiedlich begründet und entweder akzeptiert oder abgewiesen werden können. Dieser Umstand verleiht Erinnerungskulturen nicht zuletzt auch ein erhebliches Gewaltpotenzial. Im Modus der Erinnerung wird um »Heilsgüter« wie materielle Macht, kulturelle Legitimität oder intellektuelle Wahrheit gerungen. Eine idealtypische Unterscheidung der verschiedenen Geltungsansprüche kultureller Orientierungen durch Erinnerung ließe sich etwa folgendermaßen vornehmen: Sie betreffen erstens die symbolische Bedeutung der Erinnerungen, mit denen sich Angehörige einer Kultur eine gemeinsame und geteilte Welt erschließen und reproduzieren. Sie beziehen sich zweitens als praktische Geltungsansprüche auf die normative, rechtliche oder politische Legitimität der Kultur, auf ihre Bindung an Werte und ihren Anspruch auf Anerkennung. Erinnerungen erheben drittens einen reflexiven oder kognitiven Anspruch auf Wahrheit oder Richtigkeit, für den etwa – wenn auch keineswegs allein – die wissenschaftliche Methode als kognitiver Zugang zur Vergangenheit steht. Wiederum andere Geltungsansprüche von Erinnerungskulturen betreffen ihren ästhetischen Anspruch oder schließlich ihre narrative Struktur und den damit verbundenen Anspruch auf Sinn als narrative Kohärenz.

Das historische Denken zeichnet sich nun dadurch aus, dass sich mit seinen Orientierungsleistungen all diese unterschiedlichen Geltungsansprüche verbinden: Im Medium der historischen Erinnerung geht es um die Geltungskraft und den Geltungsanspruch von Symbolsystemen und Symbolhandlungen. Ein aussagefähiges Beispiel dafür ist der Streit der letzten Jahre um das Holocaust-Mahnmahl, in dem es darum geht, angemessene symbolische Formen der Erinnerung an die Opfer des Holocaust zu finden.[20] Zugleich besitzt historische Erinnerung eine politische Legitimationsfunktion, sei es durch Traditionsbildung oder Herrschaftskritik. Sie ist eingespannt in einen politischen Kampf um Macht und die Legitimität von Herrschaft, und zwar unabhängig davon, ob sie diesen Kampf im Selbstverständnis einer »politischen Pädagogik« bewusst betreibt oder auf dem Boden einer Ideologie reiner Forschung leugnet und damit erst recht der Gefahr politischer Instrumentalisierung unterliegt. Des Weiteren besitzen Erinnerungskulturen kognitive Geltungsansprüche, die in wissenschaftsspezifischer Form unter Berufung auf die Objektivität der historischen Methode auftreten. Hayden Whites Ausführungen zur poetischen Struktur des historischen Erzählens haben darüber hinaus deutlich gemacht, dass historiographische Darstellungsformen unweigerlich mit ästhetischen Geltungsansprüchen einhergehen.[21] Schließlich verbindet sich mit historischen Erinnerungen der Anspruch auf Kohärenz im Sinne der Konstruktion eines Zusammenhangs. Geschichte ist ein erinnernd gewonnener Sinnzusammenhang, der die Differenz der Zeitdimensionen und die Zusammenhangslosigkeit des Geschehenen in die Einheit einer vergegenwärtigten Kontinuität hinein aufhebt und damit Orientierung im Wandel der Zeit ermöglicht.

2.2.5 Die identitätsbildende Wirkung von Erinnerungen

Alle diese verschiedenen Orientierungsfunktionen historischer Erinnerungen – Funktionen der Problemartikulation und der Verarbeitung von Gegenwartserfahrungen, der Kommunikation, der Handlungsorientierung und des Einlösens von Geltungsansprüchen – partizipieren an der Formierung von Identität. Dennoch sollen diese Faktoren der begrifflichen Klarheit halber voneinander unterschieden werden. Der Identitätsbegriff hat sich in den kulturwissenschaftlichen Diskussionen der letzten Jahre als äußerst umstritten erwiesen. Nicht erst seit der postmodernen oder feministischen Kritik der Identitätskategorie als Instrument zwanghafter Homogenisierung sowie als Abbild einer erpressten Kohärenz, die die Vielfalt und kulturelle Differenz von Lebensformen zum Verschwinden bringt, stellt sich die Frage ihrer theoretischen und politischen Legitimität in verschärfter Form.

Gleichwohl zeichnet sich der Identitätsbegriff durch eine Komplexität aus, die ihn zu einem geeigneten Instrument der Analyse von Erinnerungskulturen macht. Gerade um die Gewaltsamkeit von Identitätszuschreibungen und -formierungen verstehen zu können, wird dieser Begriff benötigt. Zum einen verweist er auf die Summe historisch gedeuteter Selbstverhältnisse, in denen sich Menschen und soziale Verbände als einzigartige und unverwechselbare Individuen identifizieren und sich ihrer Stellung im geschichtlichen Wandel ihrer Lebensumstände vergewissern. Darunter fallen etwa die identitätsbildenden und ethnozentrischen Selbstverhältnisse sozialer Gruppen, Klassen, Gesellschaften und Nationen. Davon deutlich unterscheidbar ist eine soziale oder soziogene Dimension kultureller Identitäten, womit die Formierung von Zugehörigkeit und Mitgliedschaft im Modus der historischen Erinnerung gemeint ist. Fragen nach mentalen Faktoren von Klassen- und Nationszugehörigkeit, nach Kriterien von Staatsbürgerschaft, nach den kommunitären Strukturen sozialer Verbände im weitesten Sinne lassen sich aus dem Blickwinkel der Identitätskategorie untersuchen.

Von diesen beiden Dimensionen lässt sich schließlich ein dritter Bedeutungsaspekt der Identitätskategorie im Sinne einer relationalen Kategorie unterscheiden: Die Formierung von Identität vollzieht sich nicht nur im Medium kultureller Selbstverhältnisse und sozialer Vergesellschaftungsformen, sondern auch auf dem

Boden konfliktträchtiger Begegnungen mit dem Andersartigen und Fremden (Alteritätserfahrungen). Im Medium der Erinnerung geben Subjekte und soziale Gruppen eine spezifisch historische Antwort auf die Frage, wer sie kulturell, räumlich, politisch oder historisch in der Beziehung zu Anderen (geworden) sind, worin also die Differenz und Eigentümlichkeit besteht, die sie von Anderen abgrenzt und die sie Andere ausgrenzen lässt. Die Intensität der gegenwärtigen Debatten um Phänomene kultureller Differenz und Vielfalt, um Formen kultureller Transfers und Möglichkeiten interkultureller Kommunikation, um Prozesse und Mechanismen gewaltsamer Exklusion sowie um die damit zusammenhängenden Anerkennungs- und Normenprobleme verweist auf diesen konstitutiven Identitätsbezug der Erinnerungskultur.

Die Spezifik des historischen Denkens besteht darin, dass es die Identität ihrer Subjekte nicht festschreibt, sondern im Fluss geschichtlicher Veränderung hält. Erinnerung als Faktor der Identitätsbildung ist der Vorgang einer kulturellen Entgrenzung von Subjekten oder sozialen Gruppen durch die Verzeitlichung ihrer Subjektivität und den Gewinn einer historischen, die Zeitdimensionen übergreifenden Kontinuitätsvorstellung ihres Gewordenseins und weiteren Werdens. Die historische Erinnerung steht insofern beispielhaft für die spezifische Fähigkeit des Menschen, sich kulturell zu transzendieren, d.h. ständig neue Grenzen zu setzen, um auch diese immer wieder zu überschreiten.

Um die Debatte über die deutsche Erinnerungskultur in all ihren Facetten nachvollziehen und begreifen zu können, ist es notwendig, die dargestellten Dimensionen von Erinnerung im Hinterkopf zu behalten. Erinnerungen sind in ihren sinn- und identitätsstiftenden Orientierungsfunktionen der Hauptanknüpfungspunkt der Subjekte zur lebenspraktischen Bewältigung der Gegenwart. Die zeitübergreifende Kontinuität von Erinnerungen birgt zusätzlich Richtungsweiser für eine erwartbare Zukunft, die in Rückbezug auf das Vergangene vorgestellt und entworfen wird. Dies ist vor allem im Hinblick auf die deutsche Geschichte des 20. Jahrhunderts von außerordentlicher Relevanz: Wie kann aus der Erfahrung des Dritten Reiches und seiner Verbrechen ein zukunftsfähiges Konzept der Selbstverortung konstruiert werden?

3. Elemente der deutschen Erinnerungskultur und die Erinnerung an den Nationalsozialismus

3.1 Institutionen und Formen der deutschen Erinnerungskultur

Dienten die bisherigen Ausführungen dazu, ein Theoriemodell zu skizzieren, mit dessen Hilfe sich die Frage nach den praktischen Verwendungszusammenhängen und Orientierungsleistungen kultureller Erinnerungen beantworten lässt, sollen im Folgenden die Institutionen, Medien, Anlässe, Orte und Institutionen der deutschen Erinnerungskultur näher betrachtet werden. Diese setzt sich aus einer Vielfalt ganz unterschiedlicher Formen der historischen Rückbesinnung zusammen, die in der Wissenschaft, Politik und Öffentlichkeit geleistet wird.

3.1.1 Gedächtnis- oder Erinnerungsorte

Als ein begriffliches Instrument, Wirksamkeit und Erscheinungsformen der Geschichte im öffentlichen und privaten Leben zu analysieren, hat sich in den letzten Jahren der Begriff der Gedächtnis- oder Erinnerungsorte eingebürgert und auch weithin durchgesetzt. Mit ihm wird die Topographie der Geschichte in der alltäglichen Lebenswelt und die Funktionsweise der kulturellen Erinnerungsarbeit von Menschen, sozialen Gruppen oder ganzen Gesellschaften und Nationen an einer Vielzahl heterogener Phänomene untersucht.[22] Für Pierre Nora handelt es sich bei den Gedächtnisorten um Manifestationen einer vergangenen Zeit und zugleich um Anknüpfungspunkte der gegenwärtigen Erinnerungsarbeit, die in dem Moment erforderlich werden, in dem sich die lebendigen, über die Generationenfolgen erstreckenden und über Zeitbrüche hinweg fortsetzenden Erinnerungs- und Erzählgemeinschaften auflösen. An ihrer Stelle fungieren sie als Stützen der Erinnerung. Die Rede von den Gedächtnisorten zielt jedoch gewöhnlich weniger auf die wissenschaftsspezifischen Formen der Erinnerung ab, die sich im Kontext methodischer Verfahren fachlich-professionalisiert vollziehen, sondern vielmehr auf die im Rahmen von Archiven, Museen, Gedenkstätten, Geschichtsvereinen oder alltagsweltlichen Erzählungen geleistete Erinnerungsarbeit. Sie thematisiert primär die eher unbemerkt, unterschwellig oder unreflektiert bleibenden Erinnerungsleistungen, die sich im symbolischen Kontext von Festen, Feiern und Riten vollziehen und an die verschiedensten Medien wie Film, Theater, Denkmäler, Fotos, literarische Quellen, Werbung[23], Ausstellungen und Exkursionen gebunden sind.

In diesen alltäglichen Dingen und Verfahren der menschlichen Erinnerung taucht eine ästhetische, symbolische oder affektive Dimension der Geschichte auf, die sich den kognitiv-analytischen Verfahren der Geschichtswissenschaft zunächst weit gehend zu entziehen scheint. Geschichte wird unmittelbar sichtbar, hörbar, greifbar, mit allen Sinnen erlebbar. Erinnerungsorte werden als Orte der Trauer und des Eingedenkens, der Ergriffenheit, der Faszination und der moralischen Entrüstung neu begreifbar und verständlich. Als solche gewinnen sie eine neue und in den letzten Jahren an vielen Beispielen konkretisierte Bedeutung im kulturellen Haushalt der modernen Gesellschaft.

Das Konzept der Erinnerungs- und Gedächtnisorte hat sich in den letzten Jahren als heuristisch, methodisch und analytisch erhellend erwiesen, weil mit seiner Hilfe die Geschichte auf neue Weise zum Sprechen gebracht werden konnte, und dies nicht nur affirmativ, sondern auch kritisch und in reflexiver Distanz. Als eine Folge dieser Entwicklung gibt es mittlerweile eine Fülle von Untersuchungen zur deutschen Erinnerungskultur, die sich als ein sehr vielgestaltiges, heterogenes und ausdifferenziertes Gebilde erwiesen hat, das hier nur ansatzweise und in wenigen Grundzügen vorgestellt werden kann.

3.1.2 Deutsche Museums-, Ausstellungs- und Archivlandschaft

Im Kontext der neuen Zugriffe auf die deutsche Erinnerungskultur wird diese etwa als eine differenzierte Museums-, Ausstellungs- und Archivlandschaft neu sichtbar. Dabei handelt es sich um ein System der kulturellen Überlieferung, in dem die Überreste der Vergangenheit gesammelt, bewahrt, wieder aufbereitet, erforscht und vor allem öffentlich zugänglich gemacht werden.[24] Die bewusste Herstellung öffentlicher Erinnerungräume und Gedächtnisorte bildet die Kernaufgabe dieser Institutionen. In ihnen werden Dinge mit einem kulturellen Symbolwert und einer geschichtlichen Aura präsentiert, die die Differenz zwischen Vergangenheit und Gegenwart unmittelbar erfahrbar werden lassen und in dieser Differenzerfahrung kollektive Erinnerung initiieren und einen öffentlichen Diskurs ermöglichen. Wie folgenreich, kontrovers und publizitätswirksam diese Diskurse sein können, hat gerade in letzter Zeit der Streit über die Ausstellung zur Rolle der deutschen Wehrmacht im Zweiten Weltkrieg deutlich gemacht.

3.1.3 Denkmäler und Gedächtniskulte

Ein wichtiger Untersuchungsgegenstand der deutschen Erinnerungskultur sind ferner Denkmäler und die mit ihnen verbundenen Kulte des Gedenkens und der Erinnerung als besondere Phänomene der deutschen Nationalgeschichte.[25] Bei Denkmälern handelt es sich um Gedächtnisorte und -medien, die die Erinnerung an Individuen oder Ereignisse wach halten sollen, weil sie als identifikationswürdig und konsensfähig erachtet werden. An der Rezeptionsgeschichte von Denkmälern lässt sich daher auch besonders einprägsam der geschichtliche Wandel von kulturellen Leitbildern und Identitäten rekonstruieren; man denke dabei nur an dic Rezeptionsgeschichte der heroisierenden Nationaldenkmäler des 19. Jahrhunderts, die mit monumentalem Symbolgehalt und der Funktion nationaler Identitätsstiftung befrachtet waren.[26]

Sehr aussagekräftig für die Geschichte der deutschen Erinnerungskultur ist auch der kulturelle Bedeutungswandel, den die seit dem Ersten Weltkrieg entstandenen Kriegerdenkmäler durchliefen. Waren sie ursprünglich als Sinnangebote gedacht, in denen die nationale Gemeinschaft als innerweltliche Sinninstanz an die Stelle christlicher Ideen der Todesdeutung und -transzendierung trat, verkümmerte dieser Bedeutungsanspruch in der Geschichte der Bundesrepublik und unter dem Eindruck des Zweiten Weltkriegs zur leeren Phrase. Er machte zusehends dem Bewusstsein Platz, dass der mit der heroisch-monumentalen Erinnerung an die Toten eingeklagte Sinn auf diesem Wege nicht zu haben sei.[27]

Gerade angesichts dieser gewonnenen Einsicht in die Bedeutungsgrenzen von Denkmälern als Orten des kulturellen Gedächtnisses besteht die größte Herausforderung der deutschen Denkmalskultur darin, sich der Frage nach den Möglichkeiten einer bildlichen Darstellung und Deutung des Holocaust und der Verbrechen des Nationalsozialismus zu stellen.[28] Dabei ist es ein noch weithin ungeklärtes Problem, wie in einer Zeit, in der aufgrund der generationellen Entwicklung die an persönliche Erfahrungen gebundenen Traditionen des Gedenkens an ihr Ende kommen und durch Alternativen der historischen Erinnerung und der Einverleibung der Vergangenheit in die eigene Geschichte ersetzt werden müssen, neue Formen und Orte des Gedenkens an die Opfer des Nationalsozialismus gefunden werden können.

3.1.4 Gedenktage

Ein weiteres Element der kulturellen Erinnerung stellen schließlich die jährlich wiederkehrenden Gedenktage[29] oder aber einmalig zu Ehren bedeutender Figuren oder Dynastien der Nationalgeschichte veranstaltete Feste und Jubiläen dar, die regelmäßig durch publikumswirksame Ausstellungen flankiert werden.[30] Die bekanntesten Beispiele dafür sind die Staufer-Ausstellung von 1977, die Wittelsbacher-Ausstellung von 1980, die Preußen-Ausstellung von 1981, die Feiern zum Luther-Jahr 1983 oder zuletzt die Feierlichkeiten zu Ehren Johann Wolfgang von Goethes und Johann Sebastian Bachs. Gerade auch anhand dieser öffentlichen Auseinandersetzungen mit diesen paradigmatischen Figuren der deutschen Nationalgeschichte, in denen sich ihre als identifikationswürdig und -fähig erachteten Elemente gewissermaßen biographisch verdichten, lassen sich wertvolle Einsichten in Grundstrukturen und Entwicklungsmuster der deutschen Erinnerungskultur gewinnen.

3.2 Didaktische, wissenschaftliche und politische Dimensionen der Erinnerungskultur

Der Reichtum an Themen und Perspektiven, aber auch die Vielfalt methodischer Verfahren, die sich in den letzten Jahren in der Hinwendung zu den Gedächtnisorten der Erinnerungskultur eröffnet haben, ist mit diesen wenigen Hinweisen zu einigen Forschungsschwerpunkten noch keineswegs erschöpft. Neben diesen zweifellos existierenden Stärken des Konzepts der Erinnerungs- und Gedächtnisorte soll aber auch seine Schwäche nicht verschwiegen werden: Sie ist darin zu sehen, dass es den Komplex symbolischer, ästhetischer und affektiver Aspekte der Erinnerungskultur einseitig privilegiert und die *didaktische*, *wissenschaftliche* und *politische Dimension* der Erinnerungskultur eher ausblendet oder doch vernachlässigt. Diese Dimensionen müssen als gleichberechtigte Faktoren der deutschen Erinnerungskultur zur Geltung gebracht werden, wenn sie unverkürzt dargestellt werden soll.

3.2.1 Die didaktische Dimension – Geschichtsdidaktik

Berücksichtigung der *didaktischen* Dimension heißt, dass zur deutschen Erinnerungskultur auch die historischen Lern- und Sozialisationsprozesse in Schule und Gesellschaft hinzugehören, die seit Jahren den Untersuchungsgegenstand der Geschichtsdidaktik ausmachen.[31] Seit dem politischen Aufbruch und intellektuellen Neuanfang der Geschichtsdidaktik vor etwa 25 Jahren versteht sie sich als eine Disziplin, die gesellschaftliche Lernprozesse durch historische Erinnerung auf allen Ebenen des öffentlichen Lebens untersucht. Klaus Bergmann hat diese Zielbestimmung der neueren Geschichtsdidaktik dargelegt: »Die neue Geschichtsdidaktik hat sich Schritt für Schritt, genötigt durch ihre erkenntnisleitenden Interessen und Fragestellungen, von einer staatsorientierten Didaktik des Geschichtsunterrichts zu einer wissenschaftsorientierten Theorie des historischen Lernens in der Schule und danach tendenziell zu einer Theorie historischen Lernens überhaupt entfaltet, die beansprucht, wesentliche Aussagen zur Geschichtskultur und Erinnerungskultur machen zu können. Grundsätzlich kann gesagt werden: Die Geschichtsdidaktik war – und ist – auf dem Weg zu einer Sozialwissenschaft, die darauf ausgelegt ist, historisches Lernen in der Gesellschaft theoretisch zu reflektieren, empirisch zu erforschen und praktisch anzuleiten.«[32]

Die Geschichtsdidaktik ist also eine genuine Reflexionsinstanz der deutschen Erinnerungskultur, indem sie die Bedeutung des Geschichtsbewusstseins für die

Gegenwart reflektiert.[33] Ihr Untersuchungsfeld ist die Gesamtheit praktischer Verwendungszusammenhänge und Orientierungsleistungen historischer Erinnerung in der Schule und im Alltag, in der Wissenschaft und in der Politik, in Gesellschaft, Öffentlichkeit, Medien und Kunst, aber auch in den Individualisierungs- und Sozialisierungsprozessen Heranwachsender. Als Reflexionsinstanz dieser verschiedenen Bereiche kann die Geschichtsdidaktik auf eine beeindruckende Erfolgsgeschichte zurückblicken, die angesichts ihrer gegenwärtig häufig diagnostizierten Krise zu Unrecht in Vergessenheit zu geraten droht.

In der Tat ist die geschichtsdidaktische Aufbruchstimmung der 80er-Jahre heute einer verbreiteten Verunsicherung gewichen, die bisweilen sogar als ein Niedergang beschrieben wird, gleichermaßen hervorgerufen durch intellektuelle Erschöpfung, personelle Schrumpfung und institutionelle Auszehrung. Gleichwohl hat die Geschichtsdidaktik genug Veranlassung zu Selbstbewusstsein und Vertrauen in ihre einmal erlangte Bedeutung als Reflexionsinstanz historischer Erinnerungs- und Lernprozesse, und zwar auch und gerade gegenüber der geschichtswissenschaftlichen Forschung. Denn diese ist nicht immer schon in ihrer Eigenschaft als Forschung auch eine kulturelle Orientierungsleistung, sondern verkümmert zu esoterischem Forschungspositivismus, wenn sie sich nicht ständig der didaktischen Frage nach den spezifischen Orientierungsfunktionen und -leistungen der historischen Erinnerung stellt. Insofern bleibt die Geschichtsdidaktik als Begründungsinstanz des Zusammenhangs von Wissen und Praxis ein integraler Bestandteil der deutschen Erinnerungskultur. Ihre Aufgaben können nicht ohne weiteres durch die empirische historische Forschung selbst wahrgenommen werden, sondern erfordern eine eigenständige Denkanstrengung und eine eigene Forschungspraxis, die dem Geschichtsbewusstsein, seiner Entwicklung und seinen mannigfaltigen Manifestationen und Funktionen gewidmet ist.[34]

Diese Funktion der Geschichtsdidaktik liefe ins Leere, stünden ihr nicht Praktiken des historischen Lernens zur Seite, die ihre Impulse nachhaltig in mentale Tiefenschichten der Geschichtskultur umsetzen. Dazu gehört ein Geschichtsunterricht, der der neueren Geschichtsdidaktik verpflichtet ist, aber auch zahlreiche Impulse öffentlichen Engagements für eine dynamische, offene und kritische Einstellung zur Vergangenheit im Erziehungs- und Bildungsprozess. Beispielhaft seien die Arbeit des Georg-Eckert-Instituts für internationale Schulbuchforschung[35] und der von der Körber-Stiftung seit 1973 ausgerichtete Schülerwettbewerb Deutsche Geschichte erwähnt[36], dessen Erfolge dazu stimulieren, Ähnliches in anderen europäischen Ländern oder gar europaweit zu beginnen. Die jüngsten fremdenfeindlichen, antisemitischen und rechtsradikalen Gewalttaten zeigen freilich, wie fragil diese geschichtsdidaktischen Errungenschaften sind und wie sehr sie verteidigt, fortgesetzt und intensiviert werden müssen.

3.2.2 Die kognitive Dimension – Geschichtswissenschaft

Berücksichtigung der *kognitiven* Dimension heißt, dass die im gegenwärtigen Erinnerungs- und Gedächtnisdiskurs eher vernachlässigte Geschichtswissenschaft als eine rationalisierende Instanz der deutschen Erinnerungskultur wahrgenommen werden muss. Vernachlässigt wird dabei die in der Geschichte der Bundesrepublik oftmals dokumentierte Bedeutung von Historikern für die Initiierung und Kanalisierung öffentlicher Debatten um die deutsche Vergangenheit – von der Fischer-Kontroverse über den Historikerstreit bis zur Goldhagen-Kontroverse. Im Gegensatz zur Polarisierung zwischen der kommunikativen Wärme einer lebensweltlichen Erinnerungskultur und der positivistischen Kälte einer geschichtswissenschaftlichen Methodenrationalität muss sie als eine vitalisierende Instanz des kulturellen Gedächtnisses und als ein rationalisierendes Element der öffentlichen Streitkultur ernst genommen werden.

Das zeigt beispielhaft die Goldhagen-Debatte in Deutschland.[37] Goldhagen schilderte den Holocaust in einer Perspektive, in der er den neuen geschichtskulturellen Bedürfnissen subjektiver Anteilnahme am Schicksal der Menschen in der Vergangenheit entsprach. Vor allem die Täter rückten aus der Anonymität historischer Strukturen und Prozesse heraus und wurden als lebendige Menschen wahrnehmbar, die nicht als Marionetten eines Systems, sondern mit Willen und Absicht mordeten. Dies wurde von der deutschen Öffentlichkeit fast enthusiastisch aufgenommen – wurden doch in einer eindringlich anklagenden Rhetorik die Täter als Subjekte wahrnehmbar, auf die man sich mit dem Schrecken über das, was sie ›willig‹ taten, mit einem hohen Maß negativer emotionaler Identifikation beziehen konnte. Dies traf mit einem Wechsel der Generationen in Deutschland zusammen, in dem zum ersten Mal das reale intergenerationelle Verhältnis der Deutschen zu den Tätern in das historische Selbstverständnis und in die Prozesse einer mühsamen Identitätsbildung im Umgang mit dem Holocaust eingeholt wurde. Vorher bedeutete subjektive Betroffenheit Identifikation mit den Opfern und moralische Distanzierung von den Tätern.

Der mit dieser mentalen Kehre verbundene emotionale Überschwang indizierte eine Bewegung in den prä-kognitiven Tiefen der historischen Identität der Deutschen. (Der vergleichbare Überschwang der Walser-Bubis Debatte lässt sich nicht hinreichend bloß als Gegenbewegung deuten, denn sie vollzog auf ihre Weise ebenfalls einen Historisierungsschritt durch Aufbrechen eines primär moralisch bestimmten Verhältnisses zur Epoche des Nationalsozialismus.) Die Wissenschaft hat diesem prä-kognitiven Geschehen einen kritischen Dämpfer aufgesetzt. Sie wies, bei durchaus differenzierter Argumentation, die Unhaltbarkeit von Goldhagens Erklärung des Holocaust mit einem der deutschen Nation schicksalhaft-zwingend eingeschriebenen mörderischen Antisemitismus nach und sorgte durch beherztes Auftreten gegen die emotionale Resonanz auf Goldhagens rhetorische Präsentation der Täter als paradigmatische Deutsche dafür, dass abwägendes Argumentieren mit historischer Erfahrung ein wesentliches Element der öffentlichen deutschen Geschichtskultur blieb. Sie schrieb damit gleichsam dem Historisierungsschub im identitätsbildenden Verhältnis der Deutschen zum Holocaust kognitive Standards einer erfahrungsbezogenen Diskussion ein.

3.2.3 Die politische Dimension – Legitimität von Herrschaft

Berücksichtigung der *politischen* Dimension heißt schließlich, dass der systematische Bezug der historischen Erinnerung auf das politische Handeln herausgearbeitet wird. Die öffentliche Realisierung von Erinnerung vollzieht sich in einem Schnittfeld, in dem sie sich mit politischen Interessen überlagert und damit unweigerlich mit Legitimitäts- und Machtfragen konfrontiert wird. Wichtig für die Erhellung dieses erinnerungspolitischen Zusammenhangs waren in den letzten Jahren vor allem Studien zu den öffentlichen Auseinandersetzungen mit der nationalsozialistischen Vergangenheit seit den Anfängen der Bundesrepublik, in denen die politische Dimension der deutschen Erinnerungskultur deutlich herausgearbeitet worden ist.[38]

Im Medium der Erinnerung geht es um eine Konstitution von Zugehörigkeit, die durch Abgrenzung von Anderen und deren tendenzielle Externalisierung gewonnen wird. Eine im Vergleich zu anderen Ländern ausgeprägte Besonderheit der deutschen Situation seit der Nachkriegszeit bestand jedoch darin, dass die eigene Vergangenheit durch die Schulderfahrung des Nationalsozialismus negativ bestimmt und dadurch historisch verstellt war, während die zunehmende Identifikation mit den normativen Grundwerten der westlichen Tradition, also des ursprünglich Fremden, zu einem konstitutiven Element der eigenen kulturellen und politischen Identität wurde. In dieser kritischen Umwertung der eigenen Vergangenheit und der zunehmenden Identifikationsfähigkeit mit den kulturellen Traditionen und Werten der ehemaligen Gegner ist eine der wichtigsten erinnerungskulturellen Leistungen der ersten beiden bundesdeutschen Nachkriegsgenerationen zu sehen. Die Frage nach der Legitimität der politischen Demokratie war damit von Anfang an verwoben mit der historischen – wenn auch zumeist stillschweigenden – Anerkennung vergangener Schuld.[39] Allein schon dieser konstitutive Zusammenhang von Erinnerung und Schuldanerkennung – und die damit zugleich anerkannte Schuldhaftigkeit jeder Form des Vergessens – verleiht der deutschen Erinnerungskultur ein besonderes Gepräge. Historische Erinnerungsarbeit wurde damit geradezu zum Konstituens und Gradmesser der politischen Kultur der Bundesrepublik.

Die Formen und Funktionen der deutschen Erinnerungspolitik waren aber auch Gegenstand anders gelagerter Forschungsarbeiten, in denen die Verwendung historischer Argumentationsmuster in Bundestagsreden und in der politischen Rhetorik im Allgemeinen untersucht wurde.[40] In ihnen wurde deutlich, in welchem Ausmaß die Legitimität politischer Interessen und politischer Praxis an die Überzeugungskraft der jeweils beigebrachten historischen Argumente gebunden ist. Geschichte und Politik sind keineswegs zwei sauber voneinander getrennte Bereiche, die einer je eigenen Logik und Rationalität folgen, sondern sind miteinander vermittelt und gehen ineinander über. Die Plausibilität politischer Orientierungen und die Überzeugungskraft historischer Einsichten sind nicht unabhängig voneinander zu denken.[41]

Ein gutes Beispiel für die Bedeutung einer Kongruenz und Stimmigkeit zwischen historischer und politischer Rhetorik dürften die Reden Richard von Weizsäckers zum 40. Jahrestag des 8. Mai 1945 und Philipp Jenningers zum 50. Jahrestag des 9. November 1938 sein, die völlig unterschiedliche Reaktionen in der Öffentlichkeit auslösten.[42] Das öffentliche Scheitern Jenningers resultierte nicht etwa daraus, dass ihm eine dubiose politische Position unterstellt wurde oder werden konnte. Vielmehr war seine Rede von kritischen Überzeugungen und politischen Motiven getragen, die nicht nur denen Weizsäckers weit gehend ähnlich waren, sondern die auch in der breiteren Öffentlichkeit als konsensfähig galten. Die Kritik an ihm entzündete sich kaum an Zweifeln an der politischen Integrität seiner Person und seiner Rede, sondern vielmehr an einer in der Öffentlichkeit als distanzlos empfundenen Präsentation der nationalsozialistischen Vergangenheit sowie an seiner spezifischen Konstruktion des Verhältnisses von Geschichte und Gegenwart. Jenninger scheiterte letztlich an einer fehlerhaften oder öffentlich unverstandenen semantischen Konstellation und rhetorischen Übersetzung von historischer Erfahrung und politischem Handeln.

Schon anhand dieser wenigen Beispiele dürfte deutlich geworden sein, wie sehr die nationalsozialistische Vergangenheit die deutsche Erinnerungskultur seit 1945 beherrscht.[43] Dem entspricht, dass auch wichtige Medienereignisse der letzten Jahre – man denke nur an den Film »Schindlers Liste« – sich auf die Geschichte des Nationalsozialismus und des Holocaust fokussierten.[44]

3.3 Nationalsozialismus und Holocaust in der deutschen Erinnerungskultur

Die deutsche Geschichtskultur nach 1945 ist maßgebend geprägt von der Katastrophenerfahrung der nationalsozialistischen Diktatur und der deutschen Niederlage im Zweiten Weltkrieg. Die bis dahin wirksamen historischen Deutungsmuster eines übersteigerten Nationalismus hatten ihre Plausibilität schlagartig verloren, und damit trat eine tiefe Orientierungskrise ein. Das Ende des Nationalsozialismus wurde »als deutsche Katastrophe« (Friedrich Meinecke[45]) empfunden, als kollektive Identitätskrise, die niemanden unberührt ließ. Diese Krise konnte nicht einfach unterlaufen werden durch Affirmation traditioneller Geschichtsbilder, obwohl immer wieder versucht wurde, der Epoche des Nationalsozialismus ihre alles überragende Bedeutung für die Geschichtskultur zu nehmen, sie herabzusetzen zu einem Moment der deutschen Geschichte neben anderen, an die positiv angeknüpft werden konnte. Auf lokaler und regionaler Ebene war dieser Versuch einer »Umgehung« gelegentlich erfolgreich, aber ihm konnte keine tragfähige Perspektive der historischen Selbstverständigung der Deutschen insgesamt abgewonnen werden. Ebenso wenig gelang es, die zerstörte nationale Identität durch eine übernationale, europäische zu ersetzen, wie es in den Nachkriegsjahren versucht wurde. Europa konnte nicht einfach an die Stelle der deutschen Nation treten, weil sich das Nationale als Dimension von Zugehörigkeit nicht einfach ins Übernationale auflösen lässt und weil der nationalen Tradition der deutschen Geschichtskultur keine auch nur annähernd wirkungsvolle europäische an die Seite gesetzt werden konnte.

Bis heute ist die deutsche Geschichtskultur durch das Bemühen geprägt, die historische Erfahrung des Nationalsozialismus und seiner Verbrechen in ein tragfähiges und zukunftsweisendes Konzept der historischen Selbstverortung der Deutschen umzusetzen. Deutsche Geschichte war immer eine Angelegenheit von Kontroversen und unterschiedlicher Interpretationen. Immer wieder mussten starke innerdeutsche Gegensätze ausgetragen und überwunden werden. Der historisch tief ansetzende Föderalismus, der konfessionelle Gegensatz und politische Machtkämpfe prägten auch das deutsche Nationalbewusstsein und verliehen ihm eine innere Unruhe, eine Strittigkeit, die wohl überdeckt und heruntergespielt, jedoch nie überwunden werden konnte. Nach 1945 wurde deutsche Geschichtskultur dann zu einer ausgesprochenen Streitkultur. Das ist sie bis heute geblieben.

Nichtsdestoweniger lassen sich in idealtypischer Vereinfachung und Überspitzung Entwicklungstrends und typische Ausprägungen definieren. So kann man drei Typen des Umgangs mit der nationalsozialistischen Zeit ausmachen, voneinander unterscheiden und als je generationsspezifisch charakterisieren.[46] Ihre Abfolge steht in einer inneren logischen Konsequenz, was freilich nicht heißt, dass damit schon der generationelle Status derjenigen, die ihn vertreten, ein für alle Mal festgeschrieben wäre. Die Typen charakterisieren Einstellungen und Deutungsmuster, deren Abfolge eine innere Konsequenz aufweist. In abstrakter und zugespitzter Form kann man mit ihnen die vielfältigen Entwicklungen der deutschen Geschichtskultur beschreiben, ordnen und interpretieren. Sie lassen sich sogar heuristisch mit analytischem Gewinn auf Länder und Kulturen übertragen, in denen es ebenfalls um die Bewältigung einer schweren historischen Belastung geht (z. B. Südafrika). Die Typen charakterisieren Zeitabschnitte, die sich Generationen zuordnen lassen (1945–1968–1989); aber sie lösen sich weder vollständig ab, noch schreiben sie Personen in Generationen fest. Es geht um mentale Logiken des Umgangs mit einer direkt intergenerationell wirksamen negativen historischen Erfahrung. Sie kann sich je nach Umständen verschieden stark und in unterschiedlichen Mischungsverhältnissen ausprägen.

3.3.1 Beschweigen der Vergangenheit

Der erste Typ lässt sich als *Beschweigen* charakterisieren. Es war typisch für die Generation derjenigen, die den Nationalsozialismus mehr oder weniger aktiv oder auch durch Mitmachen und Opportunismus getragen hatten und nach seinem Ende die beiden deutschen Staaten unter den Vorgaben der alliierten Siegermächte aufgebaut hatten. Da die beiden deutschen Teilstaaten nicht ohne Übernahme der Eliten des Nationalsozialismus aufgebaut werden konnten, musste ein Modus gefunden werden, in dem die Erblast ihrer Verwicklung in das verbrecherische Regime nicht zur Verhinderung der neuen Staatsform wurde. Dieser Weg bestand in einer Strategie des *kollektiven Beschweigens*: Eine kritische Auseinandersetzung mit der eigenen Vergangenheit fand nur in Ausnahmefällen statt – am ehesten erfolgte sie im Medium der Literatur. Die Verbrechen des Nationalsozialismus wurden nicht geleugnet und auch nicht eigentlich verdrängt, sondern nicht öffentlich thematisiert. Das geschah erst relativ spät. Die Öffentlichkeit wurde durch Prozesse aufgeschreckt, in denen die Schergen von Majdanek und Auschwitz vor Gericht standen (1963 bzw. 1975 und Folgejahre). Besonders stark wirkte die amerikanische Fernsehserie »Holocaust«, die 1979 in Deutschland ausgestrahlt wurde. Sie wurde von einer breiten Mehrheit der Deutschen angesehen und führte in vielen Familien zu leidenschaftlichen Debatten.

Dieses spät, eigentlich erst durch die zweite Generation, durchbrochene Beschweigen wurde in der Bundesrepublik von vielen intellektuellen Vertretern dieser Generation heftig kritisiert.[47] Es diente aber nicht bloß der Exkulpation von Verantwortung, sondern auch der erfolgreichen Etablierung einer Demokratie westlichen Typs bei einer Trägerschicht, die von dezidiert antidemokratischen Denkweisen geprägt war. Es schuf einen Spielraum mentalen Wandels, in dem ehemalige Träger des NS-Systems zu Protagonisten der Bundesrepublik werden konnten.[48] Diese Entlastung durch Beschweigen wurde auch durch die Art und Weise gestützt, in der

Nationalsozialismus intellektuell, mit öffentlicher Breitenwirkung und politischer Durchschlagskraft im Ost-West-Konflikt gedeutet wurde. Der Nationalsozialismus wurde so aus der deutschen Geschichte exterritorialisiert und zur Signatur eines ›Anderen‹, das wie ein Fremdes angesehen und erfolgreich (u. a. mit Hilfe der Totalitarismus-Theorie) in die Züge des politischen Feindes eingeschrieben werden konnte.

Spiegelbildlich wurde in der DDR verfahren. Sie legitimierte sich als Herrschaftssystem durch einen propagandistisch zunächst wirkungsvollen Antifaschismus und grenzte sich von der Bundesrepublik mit dem Vorwurf ab, dort herrschten die alten Kräfte weiter. So beanspruchte sie, das ›bessere Deutschland‹ zu sein. Freilich teilten beide deutschen Staaten dieses Element ihrer Legitimität, in ihren normativen Grundlagen für das Gegenteil des Nationalsozialismus einzustehen.

3.3.2 Moralisierung der Erinnerung

Der zweite Typ lässt sich als *Moralisierung* charakterisieren. Die Generation derjenigen, die in der frühen Bundesrepublik ihre politische Sozialisation erfahren hatten, litt unter der mentalen Erblast des Beschwiegenen. Sie konnte sich von ihr durch eine scharfe moralische Abkehr und Verurteilung des Nationalsozialismus befreien. Sie rückte den Nationalsozialismus aber zugleich in den Zusammenhang der deutschen Geschichte, aus der er zunächst ausgeklammert war. Deshalb konnte das historische Selbstverständnis dieser Generation nur kritisch gegen diese Geschichte gewonnen werden. Positiv gründete sie ihr Selbstverständnis und ihre Deutung der historischen Welt auf den universalistischen Normen der westlichen politischen Kultur. Diese Einstellung ist durch eine fragile Balance bestimmt: Auf der einen Seite steht eine kritische Distanzierung von der älteren Generation und der von ihr verantworteten Epoche der deutschen Geschichte und auf der anderen eine positive Identifikation mit historischen Tendenzen der Modernisierung, deren Mangel in der eigenen Geschichte als unabgegoltene Zukunft der eigenen Vergangenheit angesehen wurde. Auch die vor allem in den 70er- und 80er-Jahren innerhalb der Geschichtswissenschaft geführten Diskussionen um den »deutschen Sonderweg« müssen in diesem Kontext gesehen werden. Die Orientierung einer jüngeren Historikergeneration an den normativen und theoretischen Vorgaben der seinerzeitigen Modernisierungstheorien ermöglichte eine kritische Wendung der deutschen Erinnerungskultur, in der die deutsche Geschichte als ein folgenschwerer Irrweg in die Moderne rekonstruiert werden konnte.

Das intergenerationelle Verhältnis erfuhr einen tiefen Bruch, der durch eine Identifikation mit den Opfern des Nationalsozialismus noch verschärft wurde. Die großen öffentlichen Debatten über den Umgang mit dem Nationalsozialismus, der Historikerstreit (1986), der Streit um die Wehrmachtsausstellung (seit 1995) und die Walser-Bubis-Debatte (1998) kreisen um diese Spannung zwischen historischer Herkunft, moralischer Kritik und dem Versuch, aus der negativen Erfahrung der eigenen Geschichte den Funken einer anderen Zukunft zu schlagen. In diesen Debatten wurde der Nationalsozialismus zum Schlüsselthema des deutschen Selbstverständnisses: Er stand zur negativen Integration in die historische Identität der Deutschen an. Dass diese Integration auch vollzogen wurde, lässt sich an starken Indikatoren ablesen: am lebhaften und überwiegend positiven Echo auf die bereits erwähnte Rede, die der damalige Bundespräsident Richard von Weizsäcker zum 40. Jahrestag der deutschen Kapitulation gehalten hatte (8. Mai 1985), und dann am Beschluss des Deutschen Bundestages, ein Denkmal für die ermordeten Juden Europas zu errichten (25. Juni 1999). Als Folge dieser negativen Integration musste dann die objektive intergenerationelle Verbindung mit den Tätern subjektiv eingeholt und die moralische Distanzierung in eine historische Vermittlung transzendiert werden.

3.3.3 Historisierung der Vergangenheit

Der dritte Typ ist durch eine solche *Historisierung* geprägt: Sie wird durch den wachsenden intergenerationellen Abstand psychologisch möglich, bedeutet jedoch kein Nachlassen des Erfahrungsdrucks der nationalsozialistischen Epoche auf die deutsche Geschichtskultur. Im Gegenteil: Die Auseinandersetzung mit ihm vertieft und erweitert sich. Nun holt sich die neue Generation in ihrem Selbstverständnis in den inneren Zusammenhang ein, in dem sie mit den Tätern, Nutznießern, Zuschauern und natürlich auch mit den (wenigen) Opponenten der nationalsozialistischen Herrschaft und ihrer Menschheitsverbrechen steht. Es wird möglich, diesen Zusammenhang mit der Zugehörigkeitsbezeichnung des »Wir« zu versehen.[49] Das Holocaust-Denkmal für die ermordeten Juden Europas im Zentrum der Hauptstadt des wieder vereinigten Deutschlands steht dafür, dass die deutsche Geschichtskultur die Exklusion der Epoche des Nationalsozialismus und ihrer Verbrechen überwunden, diese Epoche sich selber zugeschrieben und dabei die moralischen Impulse der Distanzierung zur zukunftweisenden Perspektive der eigenen Herkunft gemacht hat.

Bei aller Dominanz der Zeitgeschichte und des Nationalsozialismus in den diskursiven Prozessen der deutschen Geschichtskultur seit 1945 sollte nicht übersehen werden, dass das öffentlich wirksame Geschichtsbewusstsein immer auch andere Perspektiven erschlossen und präsentiert hat. Die bereits erwähnte Vergegenwärtigung älterer Epochen wie etwa der Stauferzeit (1977) oder das Reich Karls des Großen und sogar die Geschichte Preußens (1981) konnten wie Mosaiksteine in die Geschichtskultur Deutschlands durch massenwirksame Ausstellungen eingefügt werden. Der nationale Bezug blieb vorherrschend (die erste Ausstellung des Deutschen Historischen Museums 1990 war dem Thema »Bismarck – Preußen, Deutschland und Europa« gewidmet) auch und gerade in der Auseinandersetzung mit Nationalsozialismus und Holocaust, aber er gewann auch Konturen einer historischen Differenzierung, mit der einzelne Traditionsbestände der deutschen Geschichte neu angeeignet werden oder neue und andere Bedeutung gewinnen konnten. Hinzu kamen kontinuierlich publikumswirksame Ausstellungen regionaler Geschichte, beispielsweise 1994 im Gasometer Oberhausen »Feuer und Flamme – 200 Jahre Ruhrgebiet«.

3.3.4 Die Bedeutung des Nationalsozialismus für die west- und ostdeutsche Erinnerungskultur

Die Bundesrepublik begann schon vor der Wiedervereinigung durch das »Haus der Geschichte der Bundesrepublik Deutschland« (1994) und das »Deutsche Historische Museum« (Gründungsakt 27. Oktober 1987) sich selbst zu historisieren und stand nach der Wiedervereinigung vor der Aufgabe, die Geschichte der DDR zum Teil der deutschen Geschichte zu machen, mit der sie sich selbst versteht. Am Anfang dieser Integration stand eine Moralisierung, die sich durchaus mit der negativen Integration des Nationalsozialismus vergleichen lässt und die zu einem gebrochenen Verhältnis der Menschen der ehemaligen DDR zur erweiterten Bundesrepublik geführt hat. Eine Historisierung hat begonnen, am ehesten im Bereich der historischen Forschung, weniger in der breiten Öffentlichkeit.

Die deutsche Wiedervereinigung machte eine Reflexion und Neukonzeption deutscher nationaler Identität unerlässlich. Zunächst musste die Geschichte der DDR ihren Ort in der deutschen Geschichte nach 1945 gewinnen, und zwar so, dass die gemeinsame Zugehörigkeit zum Staat der Bundesrepublik Deutschland für alle Betroffenen das Maß an Identifikation findet, ohne das ein Gemeinwesen nicht existieren kann. Die DDR teilte mit ihrer Geschichtskultur die negative Integration des Nationalsozialismus in ein neues Selbstverständnis. Geradezu spiegelbildlich exterritorialisierte sie aber diese historische Erfahrung aus dem Bereich der für die eigene Identität herangezogenen deutschen Geschichte und stattete die »Anderen«, und das war vornehmlich die Bundesrepublik, mit den Zügen dieser Erfahrung aus.

Diese wechselseitige Inanspruchnahme als Folie abgelehnter eigener historischer Anteile hat sich schon vor 1989 abgeschwächt; nach der Wende ist sie trotz eines nicht unerheblichen Gefälles positiver Selbsteinschätzung aufgrund der Leistungen in der Nachkriegsgeschichte obsolet geworden. Die überwältigende westdeutsche Dominanz in der Geschichtskultur der neuen Bundesrepublik kann nicht verhindern, dass die ostdeutschen zeitgeschichtlichen Erfahrungen in das Gesamtbild der historischen Selbsteinschätzung der neuen Bundesrepublik Deutschland eingebracht und kritisch-strittig verhandelt werden müssen. Das Ambivalenzpotenzial, mit dem sich die deutsche Geschichtskultur durch Integration der negativen historischen Erfahrung des Nationalsozialismus aufgeladen hatte, wird durch diese neue Integration einer Geschichte der Unterdrückung verstärkt.

Eben eine solche Ambivalenz im identitätsbildenden Umgang mit der eigenen Vergangenheit stellt aber eine handlungsstimulierende Zukunftschance dar. Das gebrochene Verhältnis, in dem die Deutschen zu ihrer eigenen nationalen Tradition stehen, ohne sich als Nation verleugnen zu können oder zu wollen, öffnet den Bereich von Zugehörigkeit und Abgrenzung in übernationale Bereiche und stärkt damit auch subnationale, regionale Zugehörigkeiten und sie tragende Traditionen. Damit disponiert sich die deutsche Geschichtskultur zur Einheit Europas.

Es kann keine Rede davon sein, dass die belastenden Erfahrungen der deutschen Zeitgeschichte so verarbeitet worden wären, als hätte sich die Wunde, die der Nationalsozialismus der Kultur Europas geschlagen hat, geschlossen. Wohl aber hat die deutsche Geschichtskultur durch die stets strittige und wechselvolle, dauernde Auseinandersetzung mit dieser Vergangenheit ein Profil gewonnen, in dem durch Integration negativer Erfahrungen die Überzeugungskraft ethnozentrischer Strukturen des historischen Selbstverständnisses geschwächt, wenn nicht gebrochen und damit Möglichkeiten eröffnet wurden, Anderssein und Differenz in der historischen Formierung der eigenen Zugehörigkeit nicht nur gelten zu lassen, sondern anerkennen zu können.

Der Zivilisationsbruch des Nationalsozialismus hat die Deutungsmuster der Geschichtskultur nicht nur in Deutschland langfristig ganz erheblich verändert. Geschichte ist nicht mehr vornehmlich Medium positiver Selbsteinschätzung und Abgrenzung von den Anderen, sondern kann und wird als Medium einer Kommunikation verwendet, in der kulturelle Differenz ausgetragen, ausgehalten und als notwendige Bedingung des eigenen Selbstwertgefühls durch Anerkennungsleistungen (und – wenigstens ansatzweise – durch Trauer über Sinnverluste in der eigenen Geschichte[50]) einen neuen Stellenwert im historischen Zusammenhang zwischen Vergangenheit und Zukunft gewinnt.

4. Gegenwärtige Trends und zukünftige Herausforderungen

Langfristige Entwicklungen der deutschen Geschichtskultur lassen sich weder prognostizieren noch ohne weiteres normativ entwerfen. Die Geschichtskultur reagiert immer auf Herausforderungen der Gegenwart, und die lassen sich natürlich nicht voraussehen und systematisch veranschlagen. Wohl aber ist es plausibel, langfristig in der Vergangenheit angelegte Trends namhaft zu machen, die zu zukünftigen Entwicklungen disponieren und zugleich einen Spielraum unterschiedlicher Ausgestaltungsmöglichkeiten eröffnen.

4.1 Historisierung der nationalen Identität

Schon jetzt ist absehbar, dass die *Historisierung des Nationalsozialismus* im bevorstehenden Wechsel der Generationen zunehmen wird. Entsprechend wird sich der lange dominierende abstrakte Moralismus im Umgang mit dieser Epoche der deutschen Geschichte entweder zugunsten einer falschen Normalisierung auflösen oder aber – wozu es immerhin genügend starke Anhaltspunkte gibt – sich in ein normativ aufgeladenes historisches Selbstverständnis der Deutschen hinein fortsetzen. Eine falsche Normalisierung der bisher die deutsche Geschichtskultur dominierenden zeitgeschichtlichen Erfahrung würde darin bestehen, dass sie umstandslos in traditionelle Deutungsmuster reintegriert würde und ihren verstörenden Charakter verlöre. Dann könnten sich die kulturellen Mechanismen ethnozentrischer Identitätsbildung fortsetzen und verstärken, die der Nationalsozialismus zu einer mörderischen Konsequenz gesteigert hatte. Eine *richtige* Normalisierung würde demgegenüber bedeuten, negative historische Elemente zu selbstverständlichen Bestandteilen eines Geschichtsbildes zu machen, in dem sich die unterschiedlichen mehrdimensionalen Zugehörigkeiten und Abgrenzungen der Deutschen spiegeln. Eine solche Normalisierung könnte zugleich eine stärkere Integration der Unheilsgeschichte der deutschen Diktatur in die allgemeinere deutsche und europäische Geschichte bedeuten. Die merkwürdige Spaltung der deutschen Geschichtskultur in eine negativ besetzte Zeitgeschichte und eine demgegenüber als traditionsfähig angesehene *andere* (zumeist: ältere) Geschichte dürfte sich verschleifen in ein integrales Geschichtskonzept, das starke Züge einer historischen Ambivalenz aufweist.

Ambivalenz gehört bislang nicht zu den Charakteristika der Geschichtskultur. Ihre Integration müsste sich auf die ältere und die jüngere deutsche Geschichte zugleich erstrecken: In der älteren gilt es, Defizite aufzuweisen, von denen her der Nationalsozialismus langfristig erklärt werden kann. Zugleich aber müssten dieser Vergangenheit zukunftsträchtige Erfahrungen abgewonnen werden, die auch vor der Erfahrung des Nationalsozialismus bestehen können – auch wenn sie durch diese Erfahrung mit mehr Ambivalenz aufgeladen werden müssten, als üblicherweise handlungsleitende Traditionen auszeichnet. Sicher wird der traditionelle deutsche Nationalismus dort als traditionsunfähig angesehen werden müssen, wo der Nationalsozialismus an ihn angeknüpft, ihn weiterentwickelt und rassistisch überstiegert hat. Andererseits verlangt die Wiedervereinigung ein historisches Verständnis nationaler Zugehörigkeit der Bürgerinnen und Bürger der Bundesrepublik.

Die Konturen einer neuen nationalen Identität der Deutschen sind nicht leicht zu entwerfen. Dazu hat die radikale Schwächung des Nationalismus nach 1945 ebenso beigetragen wie die separaten Selbstverständigungen der westdeutschen und der ostdeutschen Bevölkerung darüber, wie sie sich nach 1945 neu verstehen sollten. In Westdeutschland gab es vor allem bei der linken Intelligenz und bei Jugendlichen eine Strömung, eine gesamtdeutsche Zugehörigkeitsvorstellung zugunsten einer westdeutschen Sonderidentität mit starker europäischer Ausrichtung zu schwächen oder gar aufzugeben, während die Ostdeutschen entschiedener an einer die beiden deutschen Teilstaaten umgreifenden Identität festhielten; auch dann, als das DDR-Regime zugunsten einer Festigung seiner Eigenstaatlichkeit die Gemeinsamkeit als inopportun und durch die Stellvertreterfunktion einer sozialistisch verstandenen deutschen Nation ersetzen wollte.

Auch eine neue historische Selbstverständigung der Deutschen über ihre nationale Identität ist durch eine falsche Vorstellung von Normalität gefährdet. Normal gilt der Nationalismus der anderen europäischen Völker, die im Unterschied zu den Deutschen keine radikale Brucherfahrung in ihrem nationalen Selbstbewusstsein verarbeiten mussten. Die viel beschworene Normalität des englischen, französischen oder amerikanischen nationalen Selbstverständnisses krankt im Prinzip an gleichen oder sehr ähnlichen Elementen einer dezidiert asymmetrischen Bewertung der eigenen Geschichte im Verhältnis zu derjenigen der anderen, die eine der mentalen Quellen der europäischen Kriege der jüngeren Neuzeit und der Konflikte bis heute ausmachen. Die positive Einstellung zur eigenen Nation ist eben fast immer verbunden mit einer Herabsetzung der anderen.

4.2 Europäisierung der Historie

Das nationale Selbstverständnis der Deutschen wie dasjenige ihrer Nachbarn steht vor dem objektiven Gebot der *Europäisierung*. Damit öffnet es sich hin zu einer *übernationalen Dimension der historischen Selbstverständigung*, die dem Nationalismus den Stachel des Ethnozentrismus nehmen kann und daher eine der wesentlichen Bedingungen für einen dauerhaften Frieden in Europa darstellt. Worin eine Europäisierung der Geschichtskultur besteht, ist noch nicht ausgemacht. Immerhin lassen sich Bedingungen ihres Gelingens und Scheiterns nennen, die im bisherigen Prozess der europäischen Einigung aufgetreten sind. Diese Einigung hat sich sehr viel stärker auf ökonomischem und politischem als auf kulturellem Gebiet vollzogen. Auf Letzterem gibt es einen ausgesprochenen Nachholbedarf. Freilich wäre dieser Bedarf im Ansatz verfehlt, wenn die europäische Einigung im Felde der Geschichtskultur dadurch erfolgte, dass die bisher stark national geprägten Ausrichtungen der historischen Selbstverständigung durch eine übergreifende europäische Pflicht einfach ersetzt würden. Ein solches Europa wäre als historische Orientierungsgröße ein künstliches Gebilde, dem genau die Kräfte für eine zukünftige Ausgestaltung Europas fehlten, die in den nationalen Traditionen immer noch am Werke sind.

Eine genuin europäische Geschichtskultur hätte aus den höchst unterschiedlichen und sich überkreuzenden Faktoren der etablierten Geschichtskulturen der europäischen Länder heraus zu entstehen und sich zu entwickeln. Dazu gibt es nicht nur aktuelle politische Anlässe, sondern auch hinreichend innergeschichtliche Gründe: geteilte Traditionen wie die okzidentale Rationalität, die ästhetische Kunst, die Menschen- und Bürgerrechte, aber auch gemeinsame negative Erfahrungen wie die Kriege und Konflikte innerhalb Europas sowie schließlich der imperialistische Ausgriff Europas auf den Rest der Welt mit seinen zum Teil mörderischen Konsequenzen für die betroffenen Völker und Kulturen. Am aussichtsreichsten für eine europäische Dimension der deutschen Geschichtskultur erscheint eine Vermittlung zwischen den historischen Erfahrungen, an denen sich europäische Zugehörigkeit aufweisen und plausibel machen lässt, mit den negativen historischen Erfahrungen, die eine mentale Schubkraft der europäischen Einigung selber darstellen.

4.3 Regionalisierung und Pluralisierung der Geschichtskultur

Parallel zur Europäisierung der Geschichtskultur mit einer moderierenden Öffnung des nationalen Selbstverständnisses in übernationale Bereiche geht eine *Regionalisierung* einher, die den Uniformitätsdruck nationaler Identität mäßigt, wenn nicht geradezu in sein Gegenteil verkehrt. In dieser Hinsicht bietet die deutsche Geschichte eine Fülle von Anknüpfungspunkten, da sie starke zukunftsfähige Elemente regionaler Divergenz, Differenz und föderaler Strukturen der Einheit aufweist.

Ein besonderes Erfordernis der deutschen Geschichtskultur stellt die bereits erwähnte *Integration Ost- und Westdeutschlands* dar. Dass nach 1989 das zusammenwächst, was zusammengehört, lässt sich aus einer tief ansetzenden historischen Entwicklung begründen und erwarten. Das aber heißt gerade nicht, dass die traditional vorgegebenen Elemente deutscher Selbstverständigung stark genug wären, die gebotene Integrationsleistung gleichsam naturwüchsig, wie von selber, zu erbringen. Im Gegenteil: Die unübersehbare mentale Divergenz zwischen Ost- und Westdeutschland als Folge der asymmetrisch verteilten Lebenschancen nach der Wiedervereinigung verlangt eine langfristige Vermittlungsarbeit in allen Bereichen der Geschichtskultur.

Die während der Nachkriegsgeschichte in beiden deutschen Teilstaaten dominierende Abgrenzung im Verhältnis zueinander (in der offiziellen Geschichtskultur der DDR nahm sie geradezu neurotische Züge an) lässt sich nicht einfach aufheben oder gar umkehren. Sie muss systematisch durchgearbeitet werden, und dazu gehört nicht nur eine kritische Distanzierung vom Staatswesen der DDR mit seinen totalitären Zügen und eine nüchterne Bestandsaufnahme der Verheerungen, die dieses System im Bewusstsein seiner Bürgerinnen und Bürger angerichtet hat. Es wäre zu einfach, die Nachkriegsgeschichte der DDR einfach in die etablierte historische Selbstverständigungsgeschichte der älteren Bundesrepublik Deutschland kritisch einzuschreiben. Damit gingen einige Elemente der sozialistischen Kapitalismuskritik verloren, die den Blick auch nach 1989 auf die Schattenseiten der westlichen Demokratien richten und zumindest Fragen nach bislang nicht hinreichend garantierten Standards sozialer Sicherheit und Gerechtigkeit stellen ließen. Die kritische Revision des historischen Selbstverständnisses der Bundesrepublik Deutschland müsste viel umfassender angelegt werden. Diese Revision kann umstandslos an die jüngere Forschung zur deutschen Zeitgeschichte anknüpfen, in der der Transformationsprozess vom System des Nationalsozialismus in das der Bundesrepublik stärkere Aufmerksamkeit gefunden hat. Damit geraten Verwerfungen und Problemlagen der frühen Bundesrepublik Deutschland in den Blick, die die verbreitete Genugtuung über ihren Erfolg in der Etablierung eines westlichen Typs parlamentarischer und rechtsstaatlicher Demokratie in Deutschland nur allzu leicht übersehen ließen. In ein solchermaßen aufgelockertes und kritischer konturiertes Bild der deutschen Nachkriegsgeschichte ließen sich die Züge der DDR ohne Schwarz-Weiß-Malerei eintragen.

Alle diese Gesichtspunkte können nur dann ein tragfähiges historisches Selbstverständnis der Deutschen begründen, wenn sie nicht unter der Zielbestimmung eines allgemein konsensfähigen Geschichtsbildes zur Geltung gebracht werden. Im Gegenteil: Sie sollten als Faktoren einer dauernden Auseinandersetzung, einer kritischen Bewegung erscheinen, in denen die Deutschen sich über sich selbst und ihr Verhältnis zu ihren Nachbarn im Spiegel der eigenen Geschichte als Teil der europäischen und der Weltgeschichte verständigen. Verständigung hätte über Streit und Auseinandersetzung zu erfolgen; dann würden Vielfalt und Divergenz nicht bloß als Inhalt der historischen Erinnerung erscheinen, sondern als Motor ihrer Entwicklung selber. Das damit geforderte hohe Maß an Reflexivität, Offenheit und Dynamik könnte zu einem Charakteristikum der deutschen Geschichtskultur der Zukunft werden, so wie es auch schon in der Vergangenheit gerade die großen öffentlichen Debatten waren (z. B. der Historikerstreit), die das Denken über Geschichte weit über die Kreise der dafür zuständigen Fachleute hinaus allgemein bedeutsam gemacht hatten.

4.4 Die Selbstauflösung der Meistererzählungen

Mit der Europäisierung der deutschen Geschichtskultur stellt sich auch das Problem ihrer Antwort auf die *Globalisierung*. Eines der kulturellen Erfordernisse, die die Globalisierungserfahrung der Gegenwart unübersehbar gemacht hat, stellt eine Kritik an den bisherigen ›Meistererzählungen‹ dar, in denen sich die westliche Kultur ihrer Überlegenheit über alle anderen versichert und damit dem universell verbreiteten Ethnozentrismus der historischen Selbstverständigung ihren Tribut gezollt hat. Ein solcher Ethnozentrismus rechnet der eigenen Kultur positive normative Elemente zu, und spiegelbildlich dazu werden die anderen Kulturen, von denen die eigene unterschieden wird, negativ konnotiert. Bekanntes Beispiel ist der Topos, dass wir zivilisiert und die anderen wild oder barbarisch sind. Geläufig ist bis heute die Differenz zwischen entwickelt und unterentwickelt. In einer solchen normativen Asymmetrie der historischen Zugehörigkeit und Abgrenzung nistet ein *Clash of Civilizations*, der im Kern unfriedlich und konfliktträchtig ist.[51]

Eine kritische Selbstauflösung der Meistererzählungen, wie sie der Westen seit dem 18. Jahrhundert als Tradition der Universalgeschichte kennt, löst aber das Problem nicht. Denn dann bliebe die Frage nach Zugehörigkeit unbeantwortet, und es würde lediglich eine irritierende Unübersichtlichkeit in der historischen Orientierung der gesellschaftlichen Praxis statuiert. Demgegenüber wäre an den Universalismus anzuknüpfen, mit dem die westliche Kultur die normativen Prinzipien ihres Selbstverständnisses aufgeladen und menschheitlich verfasst und ausgeprägt hatte. Denn diesem Universalismus liegt das normative Prinzip der Gleichheit zugrunde, das tendenziell die normative Asymmetrie aufhebt. Freilich hat die bisherige geistige Ausgestaltung dieses Universalismus ein schweres Defizit aufzuweisen: Es klammert kulturelle Differenz aus. Zwar wird diese Differenz grundsätzlich unter das Gleichheitsgebot gestellt, und damit wird zumindest tendenziell der ›Kampf der Kulturen‹ befriedet, solange sich nicht eine Nation mit der Menschheit identifiziert und die anderen damit als defizitär in ihrer Menschheitsqualität erscheinen lässt. Das klassische westliche Nationenkonzept hatte sich mit solchen universalistischen Elementen aufgeladen und damit im Konflikt mit anderen Völkern und Nationen ein gutes Gewissen für Herrschaftsansprüche gemacht.

Mit den großen Migrationsströmen und der immer enger werdenden interkulturellen Kommunikation nimmt das Konfliktpotenzial des traditionellen Ethnozentrismus zu. Damit stellt sich eine Aufgabe immer dringlicher: Die historische Selbstverständigung des Westens muss um einen Gesichtspunkt von kategorialer Bedeutung erweitert werden – um denjenigen der wechselseitigen Anerkennung kultureller Differenz.

Die deutsche Geschichtskultur könnte zur Etablierung einer neuen Geschichtskultur interkultureller Anerkennung Wesentliches beitragen. Sie kann aus den negativen Elementen der deutschen Zeitgeschichte die Notwendigkeit einer solchen neuen Kategorisierung des Historischen einsichtig machen. Schließlich kann sie auch Traditionen der Anerkennung kultureller Differenz mobilisieren: Zumindest in der kognitiven Dimension der Geschichtskultur ließen sich die Traditionen des Historismus und der Hermeneutik (natürlich nicht ohne Selbstkritik ihrer eurozentrischen Grenzen) neu formulieren und damit dem Gesichtspunkt der Einheit durch Vielheit nicht nur im Blick auf Europa, sondern im Blick auf die Neuformierung der einen Welt im Globalisierungsprozess Geltung verschaffen.

Anmerkungen

1 Aleida Assmann/Dietrich Harth (Hrsg.), Mnemosyne. Formen und Funktionen der kulturellen Erinnerung, Frankfurt/M. 1991; Jan Assmann, Das kulturelle Gedächtnis. Schrift, Erinnerung und politische Identität in frühen Hochkulturen, München 1992; Jacques LeGoff, Geschichte und Gedächtnis, Frankfurt/M. 1992; Lucian Hölscher, Geschichte als »Erinnerungskultur«, in: Mihran Dabag/Kristin Platt (Hrsg.), Generation und Gedächtnis. Erinnerung und kollektive Identitäten, Opladen 1995, S. 146–168; Pierre Nora, Zwischen Geschichte und Gedächtnis, Berlin 1990.

2 Hierzu zuletzt Richard van Dülmen, Historische Anthropologie. Entwicklung – Probleme – Aufgaben, Köln u. a. 2000. Zur historischen Dimension der Kulturgeschichte siehe auch Friedrich Jaeger, Bürgerliche Modernisierungskrise und historische Sinnbildung. Kulturgeschichte bei Droysen, Burckhardt und Max Weber, Göttingen 1994.

3 Jürgen Kocka, Historische Sozialwissenschaft heute, in: Paul Nolte u. a. (Hrsg.), Perspektiven der Gesellschaftsgeschichte, München 2000, S. 5–24, hier S. 10. Als kritische Interpretation der Sozialgeschichte siehe Thomas Welskopp, Die Sozialgeschichte der Väter. Grenzen und Perspektiven der Historischen Sozialwissenschaft, in: Geschichte und Gesellschaft, 24/1998, S. 173–198.

4 Jürgen Kocka, Perspektiven für die Sozialgeschichte der neunziger Jahre, in: Winfried Schulze (Hrsg.), Sozialgeschichte, Alltagsgeschichte, Mikro-Historie, Göttingen 1994, S. 33–39, hier S. 35 f.

5 Kocka, Historische Sozialwissenschaft (Anm. 3), S. 19.

6 Siehe hierzu die neueste Zusammenfassung dieser Tendenzen bei van Dülmen, Historische Anthropologie (Anm. 2). Außerdem wäre in diesem Zusammenhang auf die seit 1993 existierende Zeitschrift »Historische Anthropologie. Kultur, Gesellschaft, Alltag« hinzuweisen.

7 Zu den theoretisch-methodischen Grundlagen dieses Projekts siehe Lutz Niethammer, Fragen – Antworten – Fragen. Methodische Erfahrungen und Erwägungen zur Oral History, in: ders./Alexander von Plato (Hrsg.), Lebensgeschichte und Sozialkultur im Ruhrgebiet 1930–1960, Bd. 3: »Wir kriegen jetzt andere Zeiten«. Auf der Suche nach der Erfahrung des Volkes in nachfaschistischen Ländern, Bonn und Berlin 1984, S. 392–445.

8 Mündliche Äußerung am Kulturwissenschaftlichen Institut Essen.

9 Edmund Husserl, Vorlesungen zur Phänomenologie des inneren Zeitbewußtseins, hrsg. von Martin Heidegger, Tübingen 1980 (2. Aufl.).

10 Als Einstieg in die neueren Diskussionen siehe vor allem Gerhart von Graevenitz/Odo Marquard (Hrsg.), Kontingenz, München 1998; Michael Makropoulos, Modernität und Kontingenz, München 1997.

11 Diese grundsätzlich pragmatische Struktur der Kulturwissenschaften, die Max Weber in seiner Wissenschaftslehre herausgearbeitet hat, besitzt auch für die Erinnerungskultur Gültigkeit: »Nicht die ›*sachlichen*‹ Zusammenhänge der ›*Dinge*‹, sondern die *gedanklichen* Zusammenhänge der *Probleme* liegen den Arbeitsgebieten der Wissenschaften zugrunde: wo mit neuer Methode einem neuen Problem nachgegangen wird und dadurch Wahrheiten entdeckt werden, welche neue bedeutsame Gesichtspunkte eröffnen, da entsteht eine neue ›Wissenschaft‹.« Max Weber, Gesammelte Aufsätze zur Wissenschaftslehre, Tübingen 1985 (6. Aufl.), S. 166.

12 Siehe hierzu bereits John Dewey, Erfahrung und Natur, Frankfurt/M. 1995. Zur Diskussion des Erfahrungsbegriffs in der neueren Philosophie siehe Jürg Freudiger u. a. (Hrsg.), Der Begriff der Erfahrung in der Philosophie des 20. Jahrhunderts, München 1996.

13 Johann Gustav Droysen, Historik. Vorlesungen über Enzyklopädie und Methodologie der Geschichte, hrsg. von Rudolf Hübner, Darmstadt 1960 (Aufl. 4), S. 394.

14 Siehe hierzu Hans Michael Baumgartner, Kontinuität und Geschichte. Zur Kritik und Metakritik der historischen Vernunft, Frankfurt/M. 1972; Paul Ricoeur, Zeit und Erzählung, 3 Bde., München 1988–1991; Jörn Rüsen, Zeit und Sinn. Strategien historischen Denkens, Frankfurt/M. 1990.

15 Hölscher, Geschichte als »Erinnerungskultur« (Anm. 1); Assmann, Das kulturelle Gedächtnis (Anm. 1).

16 Aufschlussreich ist in diesem Zusammenhang, dass die Frage der kulturellen Erinnerung auch in den gegenwärtigen Debatten um Liberalismus und Kommunitarismus als konkurrierenden Theorien der politischen Öffentlichkeit und zivilen Gesellschaft eine besondere Rolle spielt. Infrage steht in diesen Debatten die Bedeutung einer kommunikativen Infrastruktur moderner Lebensformen und die Möglichkeit ihrer Kontinuierung angesichts einer Gegenwartsgesellschaft, die sie infrage stellt. Michael Sandel verweist in diesem Zusammenhang auf die Notwendigkeit, die Geschichte der politischen Demokratie als der untergründigen »public philosophy« der modernen Gesellschaft immer wieder neu erzählen zu müssen, um aus ihrer

Erinnerung die Möglichkeit ihrer zukünftigen Fortgestaltung schöpfen zu können. (Michael J. Sandel, Democracy's Discontent. America in Search of a Public Philosophy, Cambridge/Mass. 1996, S. 351.) Ausführlicher zu diesen Fragen Friedrich Jaeger, Amerikanischer Liberalismus und zivile Gesellschaft: Perspektiven sozialer Reform zu Beginn des 20. Jahrhunderts, Göttingen 2001.

17 Zuletzt siehe zu dieser Frage John J. Breuilly, »Wo bleibt die Handlung?« – Die Rolle von Ereignissen in der Gesellschaftsgeschichte, in: Nolte, Perspektiven (Anm. 3), S. 36–42.

18 Emphatisch formuliert findet sich dieses hermeneutische Handlungskonzept bei Lutz Niethammer u. a. (Hrsg.), »Die Menschen machen ihre Geschichte nicht aus freien Stücken, aber sie machen sie selbst.« Einladung zu einer Geschichte des Volkes in NRW, Berlin 1988.

19 Ein Beispiel für ein solches Verständnis sozialen Handelns bietet Alf Lüdtke, Alltagsgeschichte, Mikro-Historie, historische Anthropologie, in: Jürgen Goertz (Hrsg.), Geschichte. Ein Grundkurs, Reinbek 1998, S. 557–578, hier S. 565 ff.

20 Hierzu Detlev Hoffmann (Hrsg.), Das Gedächtnis der Dinge. KZ-Relikte und KZ-Denkmäler 1945–1995, Frankfurt/M. 1997; siehe auch die Beiträge in: Gertrud Koch (Hrsg.), Bruchlinien. Tendenzen der Holocaustforschung, Köln 1999.

21 Hayden White, Metahistory. Die historische Einbildungskraft im 19. Jahrhundert in Europa, Frankfurt/M. 1991; ders., Die Bedeutung der Form. Erzählstrukturen in der Geschichtsschreibung, Frankfurt/M. 1990.

22 Pierre Nora (Hrsg.), Les lieux de memoire, 3 Bde., Paris 1984–1992; ders., Zwischen Geschichte und Gedächtnis (Anm. 1); Ulrich Borsdorf/Heinrich Th. Grütter (Hrsg.), Orte der Erinnerung. Denkmal, Gedenkstätte, Museum, Frankfurt/M. 1997.

23 Speziell zur Werbung als Ort der Erinnerungskultur siehe Mike Seidensticker, Geschichte in der Werbung. Der SPIEGEL und die Neue Illustrierte Revue 1947 bis 1987, Köln 1995.

24 Hartmut Boockmann, Geschichte im Museum. Zu den Problemen und Aufgaben eines Deutschen Historischen Museums, München 1987; Michael Fehr/Stefan Grohe (Hrsg.), Geschichte, Bild, Museum. Zur Darstellung von Geschichte im Museum, Köln 1989; Heinrich Th. Grütter, Die Präsentation der Vergangenheit. Zur Darstellung von Geschichte in historischen Museen und Ausstellungen, in: Klaus Füßmann u. a. (Hrsg.), Historische Faszination. Geschichtskultur heute, Köln u. a. 1994, S. 173–187; Gottfried Korff (Hrsg.), Das historische Museum. Labor, Schaubühne, Identitätsfabrik, Frankfurt/M. 1990; Krzysztof Pomian, Der Ursprung des Museums. Vom Sammeln, Berlin 1993.

25 Wolfgang Hardtwig, Der bezweifelte Patriotismus – Nationales Bewußtsein und Denkmal 1786 bis 1933, in: Geschichte in Wissenschaft und Unterricht, 44/1993, S. 773–785. Zur Rolle von Denkmälern im öffentlichen Raum siehe auch Ekkehard Mai/Gisela Schmirber (Hrsg.), Denkmal – Zeichen – Monument. Skulptur und öffentlicher Raum heute, München 1989; Charlotte Tacke, Denkmal im sozialen Raum. Nationale Symbole in Deutschland und Frankreich im 19. Jahrhundert, Göttingen 1995.

26 Zur Rezeptionsgeschichte des Hermann-Denkmals im Teutoburger Wald siehe Andreas Dörner, Politischer Mythos und symbolische Politik. Der Hermann-Mythos: Zur Entstehung des Nationalbewußtseins der Deutschen, Wiesbaden 1995, Reinbek 1996; Günther Engelbert (Hrsg.), Ein Jahrhundert Hermannsdenkmal 1875–1975, Detmold 1975.

27 Reinhart Koselleck (Hrsg.), Der politische Totenkult. Kriegerdenkmäler in der Moderne, München 1993.

28 Zur Kontroverse um das Berliner Holocaust-Mahnmal siehe Michael Jeismann (Hrsg.), Mahnmal Mitte. Eine Kontroverse, Köln 1999; Ricki Kalbe/Moshe Zuckermann, Ein Grundstück in Mitte. Das Gelände des künftigen Holocaust-Mahnmals in Wort und Bild, Göttingen 2000; Moshe Zuckermann, Gedenken und Kulturindustrie. Ein Essay zur neuen deutschen Normalität, Bodenheim 1999. Allgemein zur Problematik einer sinnlichen Präsentation des Schreckens auch Hoffmann, Gedächtnis der Dinge (Anm. 20); Ulrike Puvogel u. a., Gedenkstätten für die Opfer des Nationalsozialismus. Eine Dokumentation, 2 Bde., Bonn 1995/2000.

29 Ein besonders gut untersuchtes Beispiel hierfür sind die Gedenktage zum 8. Mai. Siehe hierzu Jan-Holger Kirsch, »Wir haben aus der Geschichte gelernt.« Der 8. Mai als politischer Gedenktag in Deutschland, Köln u. a. 1999.

30 Hierzu Gottfried Korff, Ausgestellte Geschichte, in: Saeculum, 43/1992, S. 9–37. Jörn Rüsen u. a. (Hrsg), Geschichte sehen. Beiträge zur Ästhetik historischer Museen, Pfaffenweiler 1988. Zur Geschichte des politischen Festes in Deutschland siehe auch Dieter Düding u. a. (Hrsg.), Öffentliche Festkultur. Politische Feste in Deutschland von der Aufklärung bis zum Ersten Weltkrieg, Reinbek 1988; Manfred Hettling/Paul Nolte (Hrsg.), Bürgerliche Feste. Symbolische Formen politischen Handelns im 19. Jahrhundert, Göttingen 1993.

31 Als bestes Resümee der geschichtsdidaktischen Diskussion der letzten Jahre siehe vor allem Klaus Bergmann u. a. (Hrsg.), Handbuch der Geschichtsdidaktik, Seelze-Velber 1997 (5. Aufl.); außerdem Jörn Rüsen, Historisches Lernen. Grundlagen und Paradigmen, Köln u. a. 1994.

32 Klaus Bergmann, Die neue Geschichtsdidaktik – Ein langer Blick zurück und ein kurzer Blick nach vorn, in: Horst Walter Blanke u. a. (Hrsg.), Geschichtstheorie, Wissenschaftsgeschichte und Geschichtskultur heute, Köln u. a. 1998, S. 127–137, hier S. 132 f.

33 Damit hat sie sich ein vielschichtiges Themenfeld erschlossen, für das sich in den letzten Jahren der Begriff der Geschichtskultur eingebürgert hat. Zur Spannweite dieser geschichtsdidaktischen Kategorie siehe das Kapitel »Aspekte der Geschichtskultur« in Bergmann, Handbuch der Geschichtsdidaktik (Anm. 31), S. 599–771; außerdem Klaus Fröhlich u. a. (Hrsg.), Geschichtskultur, Pfaffenweiler 1992; Klaus Füßmann u. a. (Hrsg.), Historische Faszination. Geschichtskultur heute, Köln u. a. 1994; Wolfgang Hardtwig, Geschichtskultur und Wissenschaft, München 1990; Jörn Rüsen, Geschichtskultur, in: Geschichte in Wissenschaft und Unterricht, 46/1995, S. 513–521.

34 Beispielhaft Magne Angvik/Bodo von Borries (Hrsg.), Youth and History. A Comparative European Survey on Historical Consciousness and Political Attitudes among Adolescents, 2 Bde., Hamburg 1997; zuletzt Jörn Rüsen (Hrsg.), Geschichtsbewusstsein – Psychologische Grundlagen, Entwicklungskonzepte, empirische Befunde, Köln u. a. 2001.

35 Ursula Becher u. a. (Hrsg.), Internationale Verständigung. 25 Jahre Georg-Eckert-Institut für internationale Schulbuchforschung in Braunschweig, Hannover 2000.

36 Jörg Callìehs (Hrsg.), Geschichte, wie sie nicht im Schulbuch steht. Der Schülerwettbewerb Deutsche Geschichte um den Preis des Bundespräsidenten, Rehburg-Loccum 1991.

37 Daniel Jonah Goldhagen, Hitlers willige Vollstrecker. Ganz gewöhnliche Deutsche und der Holocaust, Berlin 1996.

38 Norbert Frei hat den Zusammenhang von Politik und Erinnerung am Beispiel der Diskussionen um die Entnazifizierung in der frühen bundesrepublikanischen Öffentlichkeit und Politik rekonstruiert, vgl. Norbert Frei, Vergangenheitspolitik. Die Anfänge der Bundesrepublik und die NS-Vergangenheit, München 1996. Zu den politischen Implikationen der deutschen Erinnerungskultur siehe auch Peter Reichel, Politik mit der Erinnerung. Gedächtnisorte im Streit um die nationalsozialistische Vergangenheit, München 1995; ders., Vergangenheitsbewältigung in Deutschland, München 2001.

39 Dies ist deutlich herausgearbeitet bei Gesine Schwan, Politik und Schuld. Die zerstörerische Macht des Schweigens, Frankfurt/M. 1997.

40 Helmut Dubiel, Niemand ist frei von der Geschichte. Die nationalsozialistische Herrschaft in den Debatten des Deutschen Bundestages, München 1999; Katharina Oehler, Geschichte in der politischen Rhetorik. Historische Argumentationsmuster im Parlament der Bundesrepublik Deutschland, Hagen 1989.

41 Vgl. hierzu den Beitrag »Politik und Geschichte« von Michael Weigl/Lars C. Colschen in diesem Band, insbes. Kapitel 1.

42 Eine nähere Untersuchung ihrer jeweiligen Vermittlung politischer Rhetorik und historischer Argumentation bietet Katharina Oehler, Glanz und Elend der öffentlichen Erinnerung. Die Rhetorik des Historischen in Richard von Weizsäckers Rede zum 8. Mai und Philipp Jenningers Rede zum 9. November, in: Fröhlich, Geschichtskultur (Anm. 33).

43 Diesen Sachverhalt belegt eindeutig die vom Bundesverband deutscher Banken in Auftrag gegebene repräsentative Bevölkerungsumfrage »Deutschland im Wandel« vom November 2000, dokumentiert in Kapitel VI in diesem Band, vgl. insbesondere Tabelle 1.5 und 1.6.

44 Vgl. hierzu den Beitrag »Geschichte und Identität« von Werner Weidenfeld in diesem Band, v. a. Kapitel 3.
45 Friedrich Meinecke, Die deutsche Katastrophe, Wiesbaden 1946.
46 Vgl. Jörn Rüsen, Zerbrechende Zeit. Über den Sinn der Geschichte, Köln 2001, insbes. Kapitel »Holocaust-Erinnerung und deutsche Identität«.
47 Ein klassisch gewordenes Dokument dieser Kritik ist das Buch von Alexander u. Margarethe Mitscherlich, Die Unfähigkeit zu trauern. Grundlagen kollektiven Verhaltens, München 1967 (Neuauflage Leipzig 1990).
48 Das Ausmaß dieses Wandels bedarf freilich noch genauerer Untersuchung. Spektakuläre Fälle wie die des SS-Funktionärs Schneider und späteren Rektors der TH Aachen Schwerte oder prominenter Historiker wie Theodor Schieder indizieren die Problemlage. Siehe hierzu Wilfried Loth/Bernd A. Rusinek (Hrsg.), Verwandlungsszene. Nationalsozialistische Eliten in der Nachkriegszeit, Frankfurt/M. 1998.
49 Ein eindrucksvolles Beispiel: Christian Meier, 40 Jahre nach Auschwitz. Deutsche Geschichtserinnerung heute, München 1990 (2. Aufl.).
50 Vgl. dazu Burkhard Liebsch/Jörn Rüsen (Hrsg.), Trauer und Geschichte, Köln 2001.
51 Samuel P. Huntington, Kampf der Kulturen, München 1998; als Kritik an Huntington siehe Harald Müller, Das Zusammenleben der Kulturen. Ein Gegenentwurf zu Huntington, Frankfurt/M. 1998.

Wolfgang Leidhold

Wissensgesellschaft

Im Jahre 1966 prägte der amerikanische Soziologe Robert E. Lane den Begriff der »knowledge society«, der »Wissensgesellschaft«.[1] Seither bürgerte sich das Wort als Trendbegriff ein. Wenn wir den Ausdruck beim Wort nehmen, dann handelt es sich um eine Gesellschaft, die erstrangig durch ihr Wissen bestimmt wird. Wenn wir dabei dem gegenwärtigen Tenor glauben, dann löst sie im 21. Jahrhundert die Industriegesellschaft als Gesellschaftsform ab. Noch besteht allerdings keine Einigkeit darüber, ob die Industriegesellschaft sich wirklich insgesamt wandelt, oder ob es sich nur um eine neue Facette handelt.

Freilich: Ist nicht jede menschliche Gesellschaft eine Wissensgesellschaft? Das Wissen war immer schon ein wesentliches Merkmal menschlicher Lebensformen. Wenn wir beispielsweise der altsteinzeitlichen Menschheit ihr Wissen – etwa um die Steine, deren Fundorte, Bearbeitung und Gebrauch – nähmen, dann verschwände die paläolithische Lebensform auf der Stelle. Wissen war von jeher, erschließbar schon für die Urzeit, empirisch gut erfasst seit den frühen Hochkulturen, eine gesellschaftliche Größe: Sprache, Symbole und kommunikative Artefakte, Zahl, Schrift und Medien aller Art sind ja nichts anderes als Formen und Träger von kollektivem Wissen.[2] Ist also die »Wissensgesellschaft« nur eine modische Marotte, nichts als »hype« und »science fiction«? Wort und Sache scheinen zumindest noch nicht hinreichend bestimmt zu sein. Dies ist unser erstes Thema (Kapitel 1).

Ein Wort, das noch nicht hinreichend bestimmt wurde, bleibt vage – eine Sache, die noch nicht hinreichend bestimmt *ist*, nehmen wir als Sache *in statu nascendi*, als einen Trend, der sich noch entwickelt. Hier interessiert uns, was denn sein Ziel und seine Richtung sein mag. *Wissensgesellschaft* ist nicht von ungefähr – zusammen mit einem Schwarm benachbarter Begriffe wie Kommunikationsgesellschaft, Informationsgesellschaft, »information age«, »digital age«, »digital economy« – ein *Trendwort*: Es beschreibt eine Entwicklung, die ihre volle Realität noch nicht gefunden hat.

Dies soll unser zweites Thema sein: zunächst als Realitäten, soweit sie schon eingetreten sind, dann auch als Tendenzen, die sich derzeit abzeichnen (Kapitel 2 und 3). Da mancher Trend eine paradoxe Natur besitzt, kann sich der Beobachter nur schwer einen Reim machen: Die Entwicklung mag zum Guten, wie zum Üblen führen. Gleichwohl soll vor dem Abschluss des Beitrags versucht werden, eine Antwort dafür zu finden. Dazu werden die Trends in Szenarien zusammengefasst (Kapitel 4).

1. Die Idee der Wissensgesellschaft

1.1 Mythische Ursprünge: Prometheus und Hermes

Bereits einleitend haben wir festgestellt, dass jede Gesellschaft eine Wissensgesellschaft ist. Dementsprechend taucht die Erfahrung des Wissens in den höheren Zivilisationen schon in mythischer Form auf. Die hohe Wertschätzung des Wissens spiegelt beispielsweise die griechische Mythologie wider: Dem Gott Apollo war das Wissen als Weisheit und Selbsterkenntnis zugeordnet, dem Götterboten Hermes das Wissen als kommunizierbare Botschaft, und dem Titanensohn Prometheus oblag die Förderung menschlicher Künste und Wissenschaften. Diese Mythologie wirkt bis in die Moderne: Die Industriegesellschaft wurde von Beginn an als das prometheische Zeitalter aufgefasst. Den Gipfel prometheischer Verklärung und Poesie der Industriegesellschaft bildete der Futurismus am Anfang des 20. Jahrhunderts.[3] Die Affinität zur antiken Figur ist weniger seiner Rebellion gegen die herrschenden Götter geschuldet, an der Prometheus scheiterte. Dafür wurde er ja an den Kaukasus geschmiedet, um mit sich ständig erneuernder Qual zu leiden. Es ging vielmehr um seine Gabe des Feuers, also der ersten Energiequelle, die den Menschen vom Zufall der Natur befreite, indem er sie selbst in die Hand nehmen und entzünden konnte. Der Gewinn bestand in menschlicher Autonomie und Freiheit, Macht, Wachstum und Geschwindigkeit.

Hermes hingegen schützte zunächst seit vorhomerischen Zeiten die Wanderer und Hirten, das Vieh und die Viehdiebe ebenso wie die Kaufleute. Homer erst lässt ihn als Götterboten auftreten und zwar primär als Bote von Gott zu Gott. Die klassische Zeit erweitert sein Repertoire zum Schutzgott der Jugend, der Gymnasien und der Beredsamkeit. In der Spätantike nimmt man ihn als hellenisches Äquivalent zum ägyptischen Gott Thoth, dem Stifter von Wissenschaft und Künder geheimer Weisheit, göttlichem Schreiber und klugem Erfinder. In der spätantiken Gnosis wird er schließlich als *Hermes Trismegistos* (Hermes der Dreifach-Größte) zum mystischen Allgott. »Gnosis« heißt dabei nichts weiter als Wissen und Erkenntnis, und insofern ist die antike Gnosis – eine Vielzahl synkretistischer, meist sektiererischer Erlösungsreligionen – gewissermaßen eine, wenngleich mystifizierte Frühform der Idee einer Wissensgesellschaft. Zumindest gilt der Gnosis das Wissen als Hauptquelle der Erlösung.[4]

Während jedoch Prometheus dem Mythos nach dem Menschen das Feuer tatsächlich brachte, behielten die Götter ihren Boten und die Techniken der zeitechten, globalen Nachrichtenübermittlung für sich als göttliches Geheimwissen. Erst gegen Ende des 20. Jahrhunderts geht mit der Elektrifizierung und Digitalisierung von Informationen das *prometheische Zeitalter* allmählich in das *hermetische Zeitalter* über.

Der Begriff der Wissensgesellschaft taucht als Gegentypus zur Industriegesellschaft zu Beginn der 60er-Jahre auf. Die Bedeutung von »Wissen« ergibt sich dabei nicht aus einer allgemeinen Idee des Wissens, sondern aus dem Gegensatz von *Wissen* und seiner Immaterialität zur *Industrie,* die auf dem Einsatz von Materie und Energie beruht. An die Stelle von Feuer und Maschine treten im hermetischen Zeitalter Wissen und virtuelle Realität. Das ist seine motivierende Erfahrung.

1.2 »Wissen« und »Wissensgesellschaft«

Die Idee der »Wissensgesellschaft« wird daher eigentlich nicht durch den Oberbegriff »Wissen« selbst verdeutlicht, sondern erst durch seine bislang ungenannten Besonderheiten. Wir können also den Ausdruck nicht recht beim Wort nehmen. »Wissensgesellschaft« besagt ja nicht, dass heutzutage das Wissen erstmals eine tragende gesellschaftliche Rolle spielt, sondern dass es dies im Kontext anderer Faktoren auf eine besondere Art und Weise tut. Es gilt zu klären, worin diese besondere Art und Weise des Wissens besteht. Bei der Begriffsbildung sind drei Ebenen zu unterscheiden:

- Wissen im Gegensatz zu Glauben und Meinung;
- Wissen im Gegensatz zu Materie und Energie;
- Wissen im Gegensatz zur reinen Information.

1.2.1 Wissen, Glauben, Meinen

Der Wissensbegriff wird in unserem Denken klassischerweise gegen Glauben und Meinen abgegrenzt. Eine lange und einvernehmliche Tradition reicht dabei von Platon und Aristoteles über Kant bis in die Gegenwart.[5] Diese Unterscheidung zwischen Wissen, Glauben und Meinen wird nicht nur allgemein angenommen, sondern es wird dafür in der Regel auch der gleiche Grund, die gleiche Grenzlinie angegeben: *Gemeinsam* ist allen dreien das Fürwahrhalten eines Sachverhaltes, *verschieden* sind sie hingegen hinsichtlich des Grundes für das Fürwahrhalten. Dem entsprechend unterscheidet man drei Varianten: Als *grundloses* Fürwahrhalten bezeichnet man den bloßen Glauben; die Meinung gilt als Fürwahrhalten mit nur *wahrscheinlichen* Gründen; und Wissen im eigentlichen Sinne liegt vor, wenn es *gute* Gründe gibt. Als »gute Gründe« akzeptieren wir verschiedene Quellen: z. B. die Erfahrung, den logischen Beweis oder die unumstößliche Autorität. Was als »guter Grund« gelten mag, erörtern und regeln die verschiedenen Disziplinen des Wissens. Zu diesen Disziplinen rechnen wir nicht nur die Wissenschaft, die hier allerdings eine Leitrolle einnimmt, sondern auch eine Vielzahl von politischen, ökonomischen und gesellschaftlichen Professionen, soweit sie sich um gute Gründe im Denken und Handeln bemühen – etwa Rechtsanwälte und Richter, Manager und Journalisten; selbst bei Politikern wird in der Regel angenommen, sie hätten in diesem Sinne gute Gründe für ihr Handeln.

Als »Wissen« gilt somit ein begründetes Fürwahrhalten, kurz: ein fundiertes Urteil. Wenn wir diesen Begriff auf die Wissensgesellschaft übertragen, dann ist sie zunächst eben eine Gesellschaft, welche durch das begründete Fürwahrhalten oder das fundierte Urteil gekennzeichnet ist. Wissen ist ihre Basis. In der Tat war genau dies die erste Bedeutung, die man dem Wort gab. Als Wissen galt dabei im Besonderen dasjenige, das wissenschaftlich begründet war.[6]

Gewiss kann man dies als Wissensgesellschaft bezeichnen, doch handelt es sich eigentlich nicht um einen modernen oder postindustriellen Gesellschaftstypus, denn diese Bestimmung trifft schon auf den »Philosophen-Staat« aus Platons »Politeia« zu. Platon ist der Auffassung, dass intellektuelle und ethische Bildung, Orientierungs- und Anwendungswissen, kurz: Philosophie (denn das alles umfasst sie bei ihm) die Voraussetzung für gesellschaftliches Wohlergehen und für Gerechtigkeit ist. Die politische Klasse, bei Platon die Aristokratie, muss diese Kompetenzen verkörpern. Mit dem Begriff Wissensgesellschaft ist aber nicht die Verwirklichung der platonischen Philosophen-Herrschaft gemeint, da es im heutigen Wortgebrauch ja nicht um die Rolle des Wissens in der Politik und ihrer Klasse geht, sondern erstrangig um seine Bedeutung für die Ökonomie. Beim Gedanken, dass die Wissensgesellschaft etwas Neuartiges sei, geht es demnach um eine neue Funktion des Wissens; um die Ökonomie des Wissens.

1.2.2 Die Ökonomie des Wissens

Betrachten wir darum als zweite Ebene die Stellung des Wissens im Produktionsprozess. Natürlich beruhte das Wirtschaften von jeher auch auf Wissen. Hier und heute herrscht nun allerdings die Vorstellung, dass die ökonomische Wertschöpfung *wesentlich* vom Wissen abhängt. Wissen ist nicht mehr bloß eine gesellschaftliche Voraussetzung, sondern ein strategisches Thema der Ökonomie selbst. Wissen ist ein kritischer Faktor des unternehmerischen Erfolges. Zum kritischen Faktor wird das Wissen wegen seines raschen Wandels und seines extremen Wachstums.[7]

In der herkömmlichen Wirtschaftstheorie rechnete man mit den drei Produktionsfaktoren Boden, Arbeit und Kapital. Dabei wurde Wissen allenfalls als eine besondere Form der Arbeit betrachtet, doch zumeist tauchte es als Faktor gar nicht auf, sondern wurde vielmehr ausgeklammert, *ceteris paribus* gesetzt. Der Typus des Arbeiters umschloss in seinem Kern den körperlich tätigen Proletarier, nicht aber die »bürgerlichen« Wissenschaftler und Intellektuellen, die zum politischen und kulturellen »Überbau« gerechnet wurden. Arbeit wurde nach dem Vorbild der Newton'schen Physik als Krafteinsatz pro Zeiteinheit bestimmt. Wissen und Bildung galten als staatliche Aufgaben, Wissen wurde in öffentlichen Schulen vermittelt und an den Universitäten erdacht und schlug somit im typischen Industrieunternehmen nicht zu Buche.[8]

Erst mit der Entstehung von Forschungs- und Entwicklungsabteilungen sowie mit der Einrichtung von innerbetrieblicher Weiterbildung verursacht Wissen den Unternehmen selbst direkt messbare Kosten. Da die Bedeutung hoch qualifizierter Arbeitskräfte wächst, weitet man auch das staatliche Bildungssystem vor allem in der höheren Bildung drastisch aus. Schließlich wird Wissen als Wissensmanagement nochmals neu entdeckt. Entstehung, Verbreitung, Nutzung und Kontrolle des Wissens wird zum strategischen Thema Nummer eins in den Unternehmen. Gleichzeitig zeichnet sich ab, dass mit Wissen, Bildung und insbesondere Weiterbildung viel Geld verdient werden kann. Der daraus resultierende neue Markt, der private *Bildungsmarkt*, drängt sich in die öffentlich-rechtliche »Bildungslandschaft«.[9] Die Entwicklung zur Wissensgesellschaft wird zusätzlich durch die rasante Geschwindigkeit unseres Zeitalters angetrieben: Innovation, Wachstum und Verbreitung von Wissen vollziehen sich seit der Mitte des 19. Jahrhunderts immer schneller.

Mittlerweile ist die »Neuheit« oder »Erfindung« unter dem Titel der *Innovation* zum Alltagsphänomen mutiert. Innovation liegt dabei zunächst einmal als ausgearbeitete Idee oder als Wissen darüber vor, wie man etwas Neues – ein neues Gerät, Verfahren etc. – macht. Während das Neue ehedem die Ausnahme und die

Sensation darstellte, bildet es nunmehr einen kontinuierlichen Strom, der gesichtet, getestet, und auf seinen ökonomischen Nutzen bewertet werden muss. Während früher das Neue nur etwas Besonderes und in seiner Eigenart Herausgehobenes sein konnte, rangieren nunmehr auch Trivialitäten und Petitessen – wie eine neue Diät – unter dem Titel der Innovation. Dabei entfernt sich der Wissensbegriff zunehmend vom Konzept des fundierten Urteils, er nimmt selbst die Gestalt von Meinung und Glauben an. Mit den neuen Informations- und Kommunikationstechnologien erscheint Wissen zunächst als Information. Daher wird es seither immer weniger im herkömmlichen Sinn als fundiertes Fürwahrhalten, sondern als Abart der Information betrachtet. »Neues Wissen« stellt sich nicht mehr als gesuchte Rarität, sondern als alltägliche Flut dar. Diese Flut wird heute mit dem Computer bearbeitet und, seit seiner globalen Vernetzung in den 80er-Jahren, auch extrem billig vervielfältigt und ohne Zeitverzug verteilt: Wir leben in einer globalisierten *Subitogesellschaft*.

1.2.3 Wissen und Information

Wir kommen somit zur dritten Ebene unserer Begriffsbildung. Das Wissen, das wir soeben betrachteten, wird zumeist nicht mehr durch den Gegensatz zu Glauben und Meinen bestimmt, sondern im Kontrast zur Information. Als Information wird alles gehandelt, was zuvor getrennt war: Glauben, Meinen und Wissen ohne Unterschied. Geld verdienen kann man – wie die Medien zeigen – mit allen Formen des Fürwahrhaltens. Der Grund zur Verwischung der Grenzen liegt freilich nur manchmal im Eindringen des Kommerzes in die Welt des Wissens, zunächst jedoch in der akademischen Einführung von *Information* als neuem Oberbegriff für Wissen. Diese Neubestimmung hält mit der Entwicklung von Kybernetik und Informatik Einzug. Schlüsselwerke dieser Entwicklung sind die Arbeiten von John von Neumann, Alan Turing und Norbert Wiener aus den 30er- und 40er-Jahren des letzten Jahrhunderts.

Was geschieht hier? Information bedeutet ursprünglich »Formgebung«, also jenen Prozess, in dem die aristotelische Formursache (die *causa formalis* oder auch die Idee) wirksam wird. Dementsprechend wird darunter nicht allein, wie in der Alltagssprache, eine Mitteilung verstanden, sondern jegliche Art der formgebenden Übertragung. In diesem Sinne überträgt der genetische Code ebenso Informationen wie ein elektronisches Netzwerk. Verallgemeinert wird dies in der Kybernetik und Informationstheorie. In der Verallgemeinerung betrachtet man folglich die Information unabhängig vom menschlichen Verstehen. So spricht man bei elektronischen und kybernetischen Geräten aller Art von »Informationsverarbeitung«, auch dann, wenn dieser Prozess automatisch und ohne Bewusstsein abläuft. Die Information wird dabei mathematisch betrachtet und als eine messbare Größe aufgefasst: Man zerlegt sie in ihre kleinstmögliche Einheit, nämlich die »0« und die »1«, das *bit*, also das »Stückchen Information«. Diese Messbarkeit der Information gehört heute zu unserem Alltagswissen: Jeder, der einen Computer oder ein Modem kauft, hantiert mit Ausdrücken wie *bit-rate*, *KB*, *MB* und *GB* (Kilobyte, Megabyte, Gigabyte).

Wissen, wie wir es oben in seinen modernen ökonomischen Kontext gebracht haben, ist also nicht mehr eine Spezies des Fürwahrhaltens, sondern eine der Information. Informationen sind, ökonomisch betrachtet, entweder *nützlich* oder nicht – aber es interessiert nicht mehr in jedem Fall, ob sie *wahr* sind, sondern nur noch, ob sich ein Kunde dafür findet. Das ökonomische Interesse geht zudem dahin, Wissen zur Handelsware zu machen, d. h. es von seinem klassischen Träger – dem menschlichen Geist – abzulösen. Wissen verstanden als Information, meist in Gestalt des binären Codes, erfüllt anscheinend genau diese Bedingung auf hervorragend preiswerte Weise. Man kann Wissen so äußerst günstig speichern, vervielfältigen und verschicken. Schon Daniel Bell fasste in seiner Pionierstudie zur Wissensgesellschaft das Wissen nur in seiner publizierten Form auf – für ihn hieß das allerdings noch: gedruckt. Wissen wurde damit von einer imaginativen Sache (aufgehoben im Gedächtnis und im Vorstellungsvermögen) zu einem gegenständlichen Ding. Kurz: Wissen in der modernen Wissensgesellschaft ist ein verdinglichtes Wissen.

In vielen Fällen ist die Nutzung verdinglichten Wissens vorteilhaft oder unerlässlich. Ein typisches Beispiel ist die elektronische Steuerung des Airbus. Hier wird das Wissen um Flugtechnik, Navigation, Aerodynamik und so fort in einem kybernetischen System zur Optimierung des Fluges genutzt. In der Verdinglichung liegt freilich auch der Pferdefuß der Sache: Bewusst, kreativ und kontrollierbar ist Wissen erst dann, wenn der Mensch etwas weiß. Man wird eben durch den Besitz einer Bibliothek allein nicht schon klug und weise – man muss sie auch gelesen und durchdacht haben. Hier zeigt die Informationsgesellschaft eine eigentümliche Dialektik: Während die Fülle der rasch umlaufenden Informationen zunimmt, wird die Chance, sie zu wissen, gleichzeitig geringer. So geraten Information und Wissen zuletzt in einen überraschenden Gegensatz. Dieser Zusammenhang musste gerade in der Wirtschaft auffallen, die das Wissensmanagement als zentrale strategische Herausforderung auffasst. In der Tat steckt jedes Unternehmen voller Informationen, die jedoch so lange nicht optimal genutzt werden, als sie implizit bleiben, d. h. nicht allgemein gewusst werden. In diesem Sinne meint also Wissensgesellschaft nicht ein Faktum, sondern eine Aufgabe.

1.2.4 Wissensgesellschaft und Verwandtes

Wie wir schon eingangs feststellten, sind die Konturen der postindustriellen Gesellschaft noch umstritten. Da ist etwa noch die Frage offen, welcher Aspekt sie in entscheidender Weise prägen wird: Wissen, Kommunikation oder Information? Dementsprechend kursieren in der öffentlichen Debatte drei konkurrierende Neuprägungen: Wissens-, Kommunikations- und Informationsgesellschaft.

Die Kommunikationsgesellschaft meint dabei die kommunikative Partizipation von Personen und Artefakten (Maschinen) an Information und Wissen, betont aber primär – inspiriert durch neue Technologien – die *Medien der Kommunikation*. Die Informationsgesellschaft umfasst – inspiriert durch die Konjunktur der Informatik und verwandter Wissenschaften – das diffuse Feld all dessen, was durch elektrische und elektronische Medien kommuniziert wird. Im Gegensatz zu »Information« zielt »Wissensgesellschaft« auf einen qualitativen Begriff des Kommunizierten. Es müssen bestimmte Merkmale erfüllt sein, damit etwas als »Wissen« eingestuft wird. Minimalanforderung ist, dass es sich um eine verarbeitete und nutzbare Information handelt (und nicht beliebige Datenflüsse).

2. Die Wissensgesellschaft: Realitäten und Trends

Die Veränderungen im Wissen und der gleichzeitige Wandel der Kommunikationsverhältnisse sind die primären Entwicklungen. Die neuen Formen des Wissens sind mit neuen Formen der Kommunikation eng verbunden. Als Nächstes tritt dann die Zunahme der Datenmenge und ihre technische Verwertung als »Datenverarbeitung« hinzu. Zuletzt freilich hebt die digitale Revolution in der Datenverarbeitung und ihre Integration zu einem weltweiten Netzwerk die Kommunikationsverhältnisse auf ein neues Level – und damit wiederum verbindet sich die Hoffnung, dass auch das Wissen einen epochalen großen Sprung vorwärts machen wird. Die Realitäten und Trends dieser Entwicklung werden im Folgenden nachgezeichnet.

Die Veränderungen im Wissen und in der Datenmenge lassen sich unter vier Gesichtspunkten betrachten:
- Volumenwachstum und
- Innovationstempo;
- Organisation und
- Kommunikation.

Nach diesen allgemeinen Perspektiven wird im 3. Kapitel die Wissensgesellschaft und ihre Entwicklung in Deutschland betrachtet.

2.1 Die Wissens- und die Datenmenge

Man kann den ersten Sprung im Charakter und in der Wachstumsgeschwindigkeit des Wissens in das Jahr 1788 verlegen. Damals erschien nämlich die dritte Auflage der »Encyclopaedia Britannica«, in der zum ersten Mal nicht mehr ein oder zwei oder wenige Autoren das Gesamtgeschäft besorgten – wie etwa in der Diderot'schen Enzyklopädie. Stattdessen teilte man das Werk unter eine Vielzahl von Spezialisten auf.[10] Die aktuellen Ausgaben der »Britannica« verzeichnen mittlerweile über 10 000 »recognized experts«, und ähnliche Zahlen finden wir auch bei anderen Publikationen gleicher Art. Darüber hinaus entstehen heute auch globale Enzyklopädien als offene Texte im Internet, deren Autoren sich ohne vorherige Festlegung und irgendwelche Begrenzungen engagieren.[11] Dieser erste Sprung von 1788 bedeutete ein Trauma für alle Wissenden: Seither war es nicht mehr möglich, den Gesamtumfang menschlichen Wissens aus einer Hand zu erhalten und in einem Geist zu bewahren.

Das Wachstum des Wissens wurde in den USA bereits seit den 40er-Jahren des 20. Jahrhunderts mit einer gewissen statistischen Akribie studiert. Fremont Rider, Bibliothekar der Wesleyan University, veröffentlichte im Jahr 1944 wohl die erste »Volkszählung« der Bibliotheken im historischen Längsschnitt und fand anhand von zehn untersuchten Colleges heraus, dass sich bei amerikanischen Bibliotheken die Bestände im Durchschnitt alle 16 Jahre verdoppelten: Yale etwa wuchs von rund 1 000 Exemplaren Anfang des 18. Jahrhunderts über ca. 7 000 im Jahre 1831 zu einem Bestand von 2 748 000 im Jahre 1938. Diese Bände waren in Bücherregalen von rund 150 Kilometer Länge untergebracht und wurden von mehr als 200 Personen gepflegt.[12]

Für das Wissenswachstum sind die wissenschaftlichen Journale besonders aussagekräftig. Das erste dieser Art bildeten die »Philosophical Transactions of the Royal Society of London«, die im Jahre 1665 erstmals erschienen. Anfang des 19. Jahrhunderts lag ihre Zahl etwa bei 100, in der Mitte bei 1 000 und im Jahre 1900 bei über 10 000 Stück. In seiner Studie »Science Since Babylon« folgerte Derek Price, dass sich die Zahl der Periodica alle 50 Jahre verzehnfacht.[13]

Doch die Statistik bescherte, als Teil eines Trends betrachtet, der Welt des Wissens nunmehr einen neuerlichen Schock: Wenn man die Entwicklung in die Zukunft auch nur anhand der konservativsten Wachstumsannahmen verlängerte, würde Yale im Jahre 2040 nahezu 200 Millionen Bücher umfassen. Dieser Bestand dürfte dann alljährlich um zwölf Millionen Bände zunehmen und 6 000 Personen benötigen, die ihn bearbeiten und pflegen, wobei schon die Karteien eine Standfläche von 32 000 Quadratmetern einnähmen. Offenkundig würden auch wohlhabende Institutionen bald von der materialisierten Wissensflut überfordert sein. Damit der Interessent diese Flut wenigstens zur inhaltlichen Orientierung sichten kann, entstanden seit 1830 Veröffentlichungen besonderen Typs: die so genannten »abstracts«. Doch auch ihre Zahl beträgt heute mehrere Hundert.

Allerdings ist das bloße Volumenwachstum nur die eine Seite – ihm stehen die steigenden Kosten insbesondere bei wissenschaftlichen Publikationen nicht nach. Eine Studie zur Etatsituation der wissenschaftlichen Bibliotheken in Deutschland kommt zu dem Ergebnis, dass zwischen 1991 und 1999 die Preise für wissenschaftliche Zeitschriften um nahezu 260 Prozent stiegen, während die Etats der Bibliotheken stagnierten. Angesichts der Tatsache, dass die Zahl der Journale weiterhin zunimmt, folgt daraus, dass immer mehr Veröffentlichungen abbestellt werden müssen.[14] Unsere Bibliotheken bieten an den einzelnen Standorten daher im Printbereich nur noch einen Bruchteil des vorhandenen Wissens. Soweit die Arbeitsteilung nutzbar ist, können zwar andere Standorte aushelfen, doch nur zu Lasten einer drastischen Verzögerung, denn die relevanten Titel werden natürlich vielfach verlangt, sind ausgeliehen, im Kopierprozess oder vernutzt.

Diese Entwicklung im Bereich der wissenschaftlichen Printmedien, so fand man bald heraus, entfaltet sich auch in allen anderen Formen der Kommunikation von Daten und Wissen. Nach dem Anstoß durch Fremont Rider zeigte sich schon zu Beginn der 50er-Jahre, dass sich ähnliche Verdopplungen bei den Daten von Versicherungsgesellschaften, bei Ferngesprächen und in nahezu allen Feldern der Datenerhebung und Datenproduktion feststellen lassen: in der Filmproduktion ebenso wie in der staatlichen Statistik und im innerbetrieblichen Datenfluss. Die Flut statistischer Daten setzte in den USA und Europa um 1850 ein, als (nach dem Vorlauf der Versicherungen im 18. Jahrhundert) staatliche Verwaltungen für den eigenen und den industriellen Bedarf mehr und mehr umfassende und einheitliche Daten ermittelten.[15]

Das exponentielle Wachstum des Wissens scheint – beginnend mit dem 18. Jahrhundert – alle früheren Dimensionen zu sprengen: zunächst das Fassungsvermögen des Einzelnen, dann das der Bibliotheken, schließlich die Etats und am Ende auch die Verarbeitungskapazität. Das Bewusstsein dieser Wissensexplosion liegt dem Bedürfnis zu Grunde, unsere Gesellschaft als Wissensgesellschaft zu klassifizieren. Ironischerweise ist es eine Schockerfahrung und kein Glückserlebnis: der Schock der persönlichen Unwissenheit angesichts der gewaltig anschwellenden Wissensberge. Ins Ökonomische übersetzt, heißt das eben: Wissen wird zum kritischen Faktor, denn es ist alles andere als umfassend und leicht zugänglich.

Offenbar erreicht auch der Markt der Medien bei allen Formen der Kommunikation von Daten und Wissen irgendwann ein Niveau der Sättigung. Das Sättigungsniveau ist erreicht, wenn das Wachstum der Produktion (Veröffentlichung) jenes der Konsumption (Kauf, Inventarisierung, Pflege und Nutzung) übersteigt. Freilich kommt es dann nicht zwangsläufig zu einem Abflachen der Wachstumskurve[16], sondern oft zu einem innovativen Sprung. Wie bereits die Geschichte der Enzyklopädien zeigte, ist irgendwann die Wissenskapazität der einzelnen Person überschritten, doch die Entwicklung stagniert nun keineswegs, sondern es erfolgt ein Ausbruch aus der Beschränkung. Dieser Ausbruch gelang einmal mit der Arbeitsteilung. Wie wir weiter unten sehen werden, erhofft man sich heute einen innovativen Sprung durch den Einsatz der Neuen Medien *(siehe 2.5)*.

2.2 Das Innovationstempo

Das Wachstum des Wissens betrifft allerdings nicht allein die Mittel (etwa die Printmedien), die nunmehr ein größeres Volumen veröffentlichen, sondern auch den Inhalt. Der Inhalt ist zunehmend vom Typus der Innovation geprägt. Die Gutenberg-Revolution hatte zunächst einmal die bereits vorhandenen Inhalte in ein neues Medium überführt: Die Bibel erschien als erstes Druckwerk neuer Machart. Ebenso trugen die Journale anfangs das zusammen, was die Einzelnen schon wussten, um es allen Interessenten zugänglich zu machen. Bald aber änderte sich der Grund zur Publikation: Hatte die Gelehrtenrepublik sich erst einmal mit dem Stand des Wissens vertraut gemacht, galt es nun, mit dem jeweils Neuen Schritt zu halten. Die Wissensmedien bestehen insgesamt betrachtet im Wesentlichen aus innovativem Inhalt. Ältere Wissensbestände, ob es sich nun um Klassiker oder um historische Datensammlungen handelt, werden als archivierte Grundlagen vorrätig gehalten. Für solche Bestände interessieren sich meist nur noch die Historiker und Philologen.

Für den Wandel zur Wissensgesellschaft in ihrem aktuellen Sinn ist mithin auch das zunehmende Innovationstempo kennzeichnend. Man geht in den meisten technischen, naturwissenschaftlichen und sonstigen ökonomisch relevanten Gebieten davon aus, dass das Wissen sich etwa alle drei Jahre erneuert. Das heißt, wenn man nach neun Jahren Gymnasium und vier bis fünf Jahren Universität ins Berufsleben tritt, ist wahrscheinlich alles praxisrelevante Wissen, das man sich – wenn überhaupt – bis dahin angeeignet hat, bereits obsolet. Hier kündigt sich ein Problem an, das auch auf die gesellschaftliche Organisation des Wissens durchschlagen muss: Die Aneignung neuen Wissens, also das Lernen, wird zu einer lebenslangen Aufgabe, zum »lifelong learning«.

Das Innovationstempo speist sich allerdings nur zum Teil aus endogenen Faktoren, also aus dem Fortschritt der Wissenschaften. Richtig ist wohl, dass in der Gegenwart ca. 95 Prozent aller Wissenschaftler leben, die jemals während der menschlichen Geschichte geforscht und gedacht haben. Wichtig ist aber auch, dass der Druck zur Innovation hauptsächlich aus der Wirtschaft kommt und zumeist auch in der Wirtschaft umgesetzt wird. Typisch sind hierfür die Produktzyklen in der Computertechnologie und in der Welt des Internets. Hier gilt die Faustregel: Ein Internetjahr entspricht drei Jahren in der herkömmlichen industriellen Ökonomie. Als Imperativ dieser Neuen Ökonomie prägte man bei Microsoft den Slogan: »Obsolete your own products.« (Mache deine eigenen Produkte überflüssig.) Das bedeutet, dass die Hauptaufgabe des Entwicklers darin besteht, seine eigene Neuerung zu überholen, sobald sie die Produktreife erreicht hat. Da sich in der global vernetzten Wissensgesellschaft ein neues Produkt nur mehr schwer vor Nachahmung durch die Konkurrenz schützen lässt, ist der beste Schutz eine aggressive Innovationsstrategie.[17]

Daraus erwächst zusätzlich die Marketingaufgabe, auch den Kunden davon zu überzeugen, dass das neue Produkt für ihn das bessere und kaufenswerte sei. Am einfachsten gelingt dies dort, wo in einer Gesellschaft die Innovation als tragender Wert bereits fraglos anerkannt ist. Dies ist in den modernen Industriegesellschaften der Fall. Die Hochschätzung des Neuen gehört ja grundsätzlich zum Bekenntnis der Moderne. »Modern« zu sein ist dabei kein Zustand, sondern ein Prozess. Dieser Prozess besteht in der fortwährenden Überholung des einmal Erreichten. Das heißt nichts anderes, als dass die Moderne keine neue Epoche ist, sondern lediglich ein neues Verhältnis zur Zeit. Sie lebt das Lob der Flüchtigkeit. Modernsein bedeutet zu glauben, dass Dinge nur für den Moment gut, weil neu, sein können, und zu wünschen, dass es morgen schon durch etwas Besseres, weil Neueres, überholt werde. In diesem Sinn ist die Wissensgesellschaft keineswegs »postmodern«, sondern die ultimative Verwirklichung der Moderne selbst. Und im nämlichen Sinn ist Microsoft ihr konkreter Mythos.

2.3 Die Organisation des Wissens

Bevor noch die Wissensmedien – wie etwa die Journale und Enzyklopädien – neue Formen der Arbeitsteilung probierten, war dies bereits in der gesellschaftlichen Organisation des Wissens institutionalisiert worden. Die gesellschaftliche Organisation des Wissens ist eine Form der Arbeitsteilung. Wie in anderen Gebieten auch, erzeugt Arbeitsteilung eine Steigerung der Produktivität, freilich nur, wenn sie wohl organisiert ist. Der Prozess der gesellschaftlichen Organisation des Wissens ist also ein Rationalisierungsprozess.

Er begann im 17. Jahrhundert mit der Erneuerung der Universitäten, die von Holland ausging, durch William und Mary nach England und Schottland, und von dort nach Amerika und ins übrige Europa gelangte. In dieser Erneuerung wurde insbesondere das alte Unterrichtssystem durch eine neue Lehrstuhlspezialisierung ersetzt. Hatte früher ein einziger Professor seinen Studenten das ganze Wissensspektrum zu vermitteln, verteilte man die Lehre nunmehr auf mehrere Lehrstühle, wobei sich jeder Professor nur seinem Spezialgebiet widmete. Durch diese Arbeitsteilung erreichte man sowohl in der Lehre als auch in der Forschung bessere Leistungen. Im Laufe des 18. und 19. Jahrhunderts etablierte sich zunächst der Fächerkanon, wie wir ihn auch heute noch kennen, gefolgt von einer zweiten Bewegung, in der sich die einzelnen Disziplinen in Teildisziplinen untergliederten.

Diese Entwicklung wurde insbesondere von staatlicher Seite gefördert. Der absolutistische Apparat benutzte die Universität als »Staatsdienerschulen« und entwickelte ein besonderes Interesse an der Loyalität und Qualität ihrer Produkte. Das Prüfungs- und Graduierungswesen kam unter staatliche Kuratel und entwickelte sich insbesondere in Preußen zu jener mustergültigen Höhe, die im Humboldt'schen Universitätsmodell gipfelte. Der Bildungsbedarf und seine Qualitätssicherung schlugen sich konsequenterweise auch in der staatlichen Politik gegenüber Schulen und Gymnasien nieder. In Preußen wurde 1788, in Bayern 1809 das Abitur als Zugangsvoraussetzung zum Hochschulstudium eingeführt. In den Universitäten führte dies zunächst zu einem Wandel der Qualität, nicht der Quantität der Bildungsprodukte. Die Anzahl der Studierenden blieb bis in das erste Drittel des 19. Jahrhunderts erst einmal konstant.

Die neue Organisation des Wissens entwickelte sich zuerst im staatlichen Sektor, griff dann allmählich auf die private Wirtschaft über. Die Humboldt'sche Universität sollte ursprünglich die gesamte gesellschaftliche Nachfrage nach Forschung und Innovation befriedigen. Zu Beginn des 19. Jahrhunderts war eine eigene Industrieforschung nahezu unbekannt. Bis dahin verursachte das Wissen den Unternehmen zunächst keine direkt messbaren Kosten. Wissenskosten versteckten sich in den Steuern, aus denen der Staat das Bildungssystem finanzierte. Seither wurde die Entstehung und Nutzung von Wissen jedoch zunehmend zu einem zentralen Faktor, von dem Wachstum und Profite abhängen. Dieser Wandel setzt mit dem 20. Jahrhundert ein und wird spätestens in dessen letztem Quartal mit dem Trendwort von der Wissensgesellschaft zum Allgemeingut im Bewusstsein der Industrienationen.

Die Verwissenschaftlichung der Industrie beginnt mit ihrer »Organisation« – ein Begriff, der wohl von Henri Saint-Simon (1760–1825) erfunden und von Louis Blanc popularisiert wurde. Da es bei der Organisation um ein Wissen geht, das Aufbau und Ablauf der Prozesse in Produktion und anderen Tätigkeitsbereichen betrifft, fängt mit der Organisationslehre der Einzug des Faktors Wissen in die industrielle Produktion an.[18] Die entscheidende Leistung erbrachte Frederick W. Taylor (1856–1915), dessen Hauptwerke »Job Management« und »Principles of Scientific Management« (New York 1903 bzw. 1911) schon wenige Jahre danach auch auf Deutsch vorlagen und selbst die ideologische Gegenseite – nämlich Lenin – nachhaltig prägten.[19] Hier werden die Prozesse analysiert und rationalisiert.

Schließlich wird die Wissensproduktion selbst zum Bestandteil der Ökonomie. Sie beginnt in den Laboratorien. Seit den 40er-Jahren kommt es verstärkt zur Verwissenschaftlichung der Forschung und Entwicklung. Es entsteht sowohl eine eigene »knowledge industry« als auch eine wachsende Zahl von Forschungs- und Entwicklungsabteilungen in den vorhandenen Unternehmen selbst. Mittlerweile übertreffen die Forschungs- und Entwicklungsausgaben der privaten Seite die der staatlichen um ein Vielfaches. Nunmehr zeichnet sich ab, dass mit Wissen, Bildung und Weiterbildung insbesondere viel Geld verdient werden kann. Damit entsteht als Novum der private *Bildungsmarkt*, der sich in die öffentlich-rechtliche »Bildungslandschaft« drängt.[20]

2.4 Die Kommunikationsverhältnisse

Wenn wir das Zusammenwirken der bisher betrachteten Komponenten – die Organisation des Wissens, sein Innovationstempo und sein Wachstum – genauer verstehen wollen, müssen wir die technischen Hilfsmittel der Kommunikation, also die Medien, und ihre Einbettung in die Gesellschaft näher betrachten. Diesen Zusammenhang können wir als *Kommunikationsverhältnisse* bezeichnen. Die gesellschaftliche Arbeitsteilung und die Rationalisierung von Forschung und Entwicklung bilden einen wesentlichen Motor für das rasante Wachstum des Wissens. Die Arbeitsteilung erfordert in der Produktion eine entsprechende innerbetriebliche Organisation und eine Logistik, die Güter und Kunden zusammenbringt. Die Arbeitsteilung im Wissen verlangt ebenso nach Organisation, doch darüber hinaus insbesondere nach einer dichten und raschen Kommunikation. Kommunikation ist jene Bedingung, die Arbeitsteilung im Wissen überhaupt erst ermöglicht.[21]

Dazu muss entweder der Mensch selbst, etwa als Bote, das Wissen weitertragen, oder das Wissen muss durch ein Medium transportiert werden. Vom Altertum bis in das 19. Jahrhundert hinein gelangte das Wissen in beiden Fällen mit der gleichen Geschwindigkeit wie der normale Güter- und Personenverkehr von einem Ort zum anderen. Schnellere Nachrichtenmittel, wie die Brieftaube oder der optische Telegraf, besaßen eine sehr niedrige Übertragungsrate und wurden nur vereinzelt, wie etwa im Krieg oder in der Diplomatie, eingesetzt. Sie übertrugen in aller Regel nur Kurznachrichten wie: »Sieg errungen« oder »Feind im Anmarsch«. Zwar war unser Globus schon seit Kolumbus »globalisiert«, doch Fernstrecken waren in Wochen und Monaten zu messen. So überwanden bis ins 19. Jahrhundert selbst die schnellsten Segler – allen voran die Tee-Clipper – z. B. die Strecke Hongkong – London bestenfalls in 100 Tagen.

Ein bedeutender Schritt zur Beschleunigung der Kommunikation und zu einer größeren Dichte geschah im 19. Jahrhundert mit der Entkoppelung der Nachrichtenmittel vom Transportwesen. Dies geschah erstmals durch die Einrichtung von globalen Telegrafie- und Telefonnetzen, die zunächst der Organisation des Eisenbahnverkehrs dienten und sich etwa zeitgleich in den USA und Deutschland seit 1844 entwickelten. Diese Netzwerke wurden dann gegen Ende des Jahrhunderts weltweit komplettiert. Das transatlantische Kabel wurde 1866 fertiggestellt, und am Beginn des 19. Jahrhunderts wurden die letzten Lücken im Pazifik geschlossen. Das Telefon folgte im 20. Jahrhundert. Allerdings gelang es erst zwischen den 50er- und 70er-Jahren, die gesamte Welt inklusive der transpazifischen Kommunikationslinien mit mehrkanaligen Verbindungen auszurüsten. Weitere technische Fortschritte durch Satelliten und Breitbandkabel vervollkommneten und verbilligten die Grundtechniken, sodass sie heute zu weltweiten Massenkommunikationsmitteln geworden sind.[22] Dass dies erst im Laufe der letzten beiden Jahrzehnte geschah, ist mittlerweile schon beinahe wieder vergessen!

Parallel zu den Netzwerken entstand der Bedarf einer automatisierten Verarbeitung von großen Datenmengen. Auf der konzeptionellen Grundlage von Charles Babbage (1792–1871) entwickelte der amerikanische Ingenieur Herman Hollerith (1860–1929) eine Lochkartenmaschine, die ihre Bewährungsprobe bei der elften amerikanischen Volkszählung im Jahre 1890 bestand: Die Auswertung der Daten wurde damals von sieben auf zwei Jahre verkürzt. Konrad Zuse (1910–1995) führte nach dem Ersten Weltkrieg die Nutzung der Binärzahlen für die Codierung von Daten ein und legte dadurch den Grundstein der digitalen Datenverarbeitung. Die industrielle Fertigung von Großrechnern begann in den 50er-Jahren bei IBM.

Dreißig Jahre später mauserte sich die neue Technologie zum Massenprodukt. Das »Elektronengehirn« wird zum »personal computer« und das Internet, dessen Nukleus 1969 für die »Advanced Research Project Agency« (ARPA) des amerikanischen Verteidigungsministeriums ins Leben gerufen wurde, verbindet seit den 80er-Jahren die lokalen PCs und Großrechner zu einem weltweiten Netzwerk. Der PC wird schließlich in den 90er-Jahren multimediafähig, d. h., er ist in der Lage, audiovisuelle Daten so zu komprimieren, dass sie neben Zahlen und Buchstaben in der Welt der digitalen Netze kommuniziert werden können. Die Nutzung stieg in den 90er-Jahren insbesondere in den führenden Industrieregionen – Europa und Nordamerika, Japan und Australien – kontinuierlich an.[23]

2.5 Das Versprechen der Neuen Medien

Mit dem multimediafähigen Internet haben die Kommunikationsverhältnisse eine neue Form gewonnen. Das neue Medium eröffnet als weltweites, breitbandiges und multimediales Netz seine interaktiven Kommunikationswege zu geringen Kosten. Dadurch vereinigen sich erstmals die elektrischen und elektronischen Kommunikationsmittel in einem Medium, sodass sich alle Möglichkeiten *ohne Medienbrüche* nutzen lassen. Diese Möglichkeiten umfassen:

- alle medialen Formate, also Text und Ton, Bild und Video
- zuzüglich der beliebigen Verknüpfung (durch Hyperlinks);
- die netzweite Recherche (etwa durch Suchmaschinen) und
- die globale Präsenz im Cyberspace (durch die eigene Website);
- die digitale Verarbeitung am lokalen Arbeitsplatz ebenso wie
- die preiswerte Massenspeicherung (auf Festplatte und CD-ROM).

Diese Nutzbarkeit ohne Medienbrüche, also die kommunikative *Integration*, ist das eigentliche Novum der Entwicklung. Durch die Integration lassen sich praktisch alle wissens- und informationsbasierten Prozesse neu und rationeller organisieren. Diese Entwicklung steht erst am Anfang.

Ein Beispiel soll das verdeutlichen. Nehmen wir dazu die akademische Welt. Vom Mittelalter bis in die Moderne musste zum Zweck der Zitation wieder und wieder abgeschrieben werden. Aus dem zitierten Buch wanderte der Text in die Schreibmaschine, vom Typoskript zum Setzer und dann zum Buchdrucker, vom Verlag zum Grossisten, vom Grossisten zur Buchhandlung, von der Buchhandlung in die Bibliothek – um schließlich nach der Lektüre wieder zitiert zu werden. Sobald die Quelle im virtuellen Medium vorliegt, genügt es, eine markierte Stelle durch die Kopierfunktion zu erfassen oder einfach einen Link als Verweis dorthin zu legen. Die »Rohstoffe«, die wir in Zukunft »dem Netz« entnehmen, werden die virtuelle Welt gar nicht mehr verlassen, sondern lediglich durch den Autor gesichtet, einbezogen oder umgestaltet. Zur Publikation wird das Endergebnis lediglich auf einer Website eingebunden oder freigegeben, d. h., den weltweiten Nutzern oder einem Teil von ihnen (etwa per Code) wird der Zugang zum »Text« gestattet. Dieser Prozess geschieht in allen Schritten am eigenen Computer, es werden also in ein- und demselben Medium die Recherche im Netz, die Sichtung und Bearbeitung, die Publikation und Administration der Nutzer durchgeführt.

Ähnliche Effekte in der Umstrukturierung der Arbeitsabläufe wird das neue Medium überall dort zeitigen, wo der Stoff der Arbeit digitalisiert werden kann. In der Ökonomie firmieren diese Bereiche als »e-commerce« oder als »e-business«, in der Politik als »e-government« oder als »e-policy«. Typische Geschäfte, die schon bald im Web abgebildet wurden, waren Buchhandel, Tourismus und Versandhandel. Auch die Anbieter von Wissen und Informationen – Bibliotheken, Verlage, konventionelle Medien und Archive – nutzen zunehmend die Neuen Medien.

Wenn wir nunmehr die bisherige Entwicklung der Wissensgesellschaft Revue passieren lassen, wird deutlich, warum man hier den Neuen Medien einen derart zentralen Stellenwert beimisst. Dies sind im Wesentlichen die folgenden drei Versprechen:

1. Die Neuen Medien versprechen, die Probleme zu lösen, die uns das exponentielle Wachstum des Wissens bereitet hat. Die Digitalisierung reduziert nämlich zum einen den physischen Speicherbedarf und die Kopierkosten drastisch, zum anderen erleichtert sie die Suche nach Informationen ebenso wie ihre Übertragung. Damit ließen sich die Raum- und Kostenprobleme von Bibliotheken und Archiven lösen.
2. Die Neuen Medien ermöglichen eine neue Organisation des Wissens. Nachdem schon frühere Medieninnovationen den Verkehr der Ideen vom Transport befreit haben, integriert nunmehr insbesondere die Kombination aus Computer und Netzwerk die verschiedenen elektrischen und elektronischen Medien wieder in einem Hauptmedium.
3. Dieses neue Hauptmedium hebt darüber hinaus das Gefälle in Raum und Zeit auf: Im Prinzip sind alle Sender und Empfänger, Einzelpersonen wie Institutionen, jederzeit, weltweit und zeitecht erreichbar – im Prinzip, d. h., solange die digitalen Maschinen arbeiten.

3. Deutschland in der Wissensgesellschaft

Die globale Entwicklung lässt sich für Deutschland anhand der soeben untersuchten Komponenten der Wissensgesellschaft spiegeln. Wir wollen zuerst die Kommunikationsverhältnisse und dann die Entwicklungen in Wirtschaft, Politik und Bildung betrachten. Um es vorweg zu sagen: Deutschland ist bislang kein Trendsetter der Wissensgesellschaft – allenfalls ein guter Nachzügler.

3.1 Der Wandel der Kommunikationsverhältnisse

Beim Wandel der Kommunikationsverhältnisse macht Deutschland von den gerade beschriebenen allgemeinen Entwicklungen keine Ausnahme. Auch hier erneuern sich die Medien, also die technischen Hilfsmittel zur Kommunikation, durch die modernen Informations- und Kommunikationstechnologien (oft abgekürzt als:

IuK). Dieser technische Wandel wirkt in alle Lebensbereiche mehr oder minder stark hinein. Das erleben die Menschen nicht zuletzt in ihrem Alltag: Die elektronische Post (»e-mail«) hat sich rasant durchgesetzt; der Verweis auf eine Web-Adresse gehört zum festen Bestandteil jeder Werbung; alle Fernsehsender ergänzen ihr Rundfunkprogramm durch Internetangebote; viele Zeitungen und Zeitschriften agieren ähnlich; immer mehr Dienstleistungen und Waren lassen sich auch über das Netz ordern und abrechnen – Banken, Reisen, Pizzaservice und vieles mehr kommt täglich hinzu. Dieser Wandel lässt sich einmal nach seinem Volumen, sodann nach seiner Struktur betrachten.

Bei der Expansion der Wissens- und Informationsmengen macht Deutschland keine Ausnahme: Wie in allen anderen Industriegesellschaften wachsen diese Mengen seit dem 19. Jahrhundert zunächst exponentiell und steigen schließlich auf hohem Niveau weiter kontinuierlich an. Man kann insgesamt drei Wachstumstypen unterscheiden: *kontinuierliches* Wachstum auf hohem Niveau bei den Printmedien, nach wie vor *steiles* Wachstum bei den Rundfunkmedien sowie *exponentielles* Wachstum bei den Neuen Medien.

Ein Beispiel für ersteren Wachstumstyp ist die Buchproduktion in Deutschland. Die nachstehende Abbildung zeigt die Produktion von neuen Buchtiteln nach dem Zweiten Weltkrieg:

Abb. 1: Buchtitelproduktion Deutschland von 1951 bis 1999

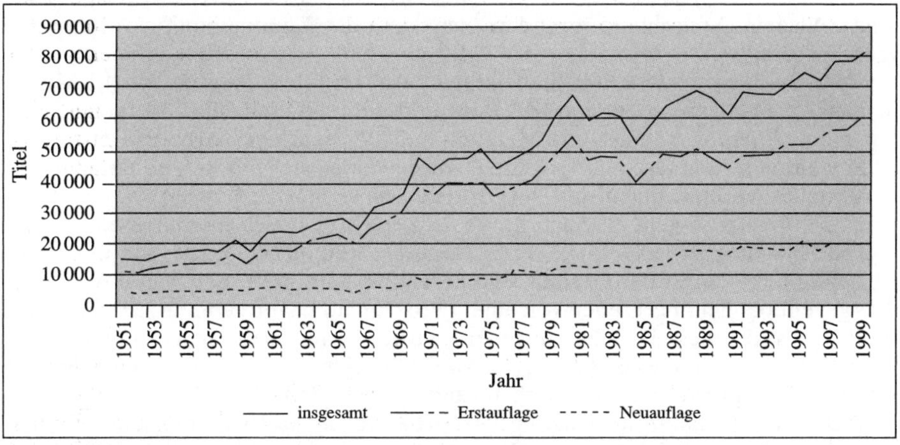

Quelle: Wöchentliches Verzeichnis der Deutschen National-Bibliographie (Daten ab 1991 inkl. neue Bundesländer).

Die Printmedien, etwa das Buch, gehören zu den ältesten unter den neuzeitlichen Kommunikationsmitteln. Die Mengen liegen hier bereits auf einem hohen Niveau, und daher fallen die Zuwächse mittlerweile weniger dramatisch aus. Ein Grund dafür sind auch die begrenzten Budgets in privater und öffentlicher Hand, die wir schon im vorigen Kapitel erwähnt haben. Die jüngeren Medien, wie etwa das Fernsehen, wachsen erwartungsgemäß viel steiler. Zwischen den 60er- und 90er-Jahren beispielsweise hat sich das deutsche Fernsehangebot aller Sender zusammen von etwa 20 Stunden täglich auf rund 200 Stunden verzehnfacht.[24]

Damit ist hier ein gewisser Sättigungsgrad erreicht: Man kann nicht mehr als »rund um die Uhr« senden. Sättigung gibt es auch bei der Nachfrage. Die Mediennutzung hängt nach einschlägigen Untersuchungen direkt vom Umfang der Freizeit ab, die aufgrund der Arbeitszeitverkürzungen in den letzten vier Jahrzehnten von ca. sechs auf ca. acht Stunden täglich anwuchs; im gleichen Zeitraum stieg die Zeit für Fernsehen, Hörfunk und Lektüre von Tageszeitungen von etwas mehr als drei auf schließlich etwa fünfeinhalb Stunden.[25] Auch wenn die Anzahl der Fernsehkanäle noch weiter wachsen wird (etwa durch »pay-tv« und »internet-tv«), dürfte der Freizeitkonsum sich weiterhin nach diesem Muster verhalten.

Am schnellsten nimmt derzeit aber die Verbreitung der Internetnutzung zu, die seit den 90er-Jahren eine exponentielle Kurve zeigt. Vorreiter sind hier allerdings mit weitem Abstand die USA. Im Gegensatz zu Hörfunk und Fernsehen, die vornehmlich der Unterhaltung und Information dienen, stellt auch in Deutschland das Internet – wie die anderen Formen der Computernutzung – mindestens ebenso sehr ein Arbeitsmittel dar. Neben die reine Informationsbeschaffung treten dabei zunehmend zwei Bereiche: In der Wirtschaft wird das Internet vor allem für den Handel genutzt (sowohl unter Unternehmen wie zwischen Unternehmen und Endverbrauchern); auf dem Wissenssektor wächst die Bedeutung virtueller Lern- und Arbeitsumgebungen. Die wirtschaftliche Nutzung nennt man auch »e-business« und »e-commerce«; den wissensorientierten Einsatz oft »tele-learning«. Auch in Deutschland verändern sich damit die Kommunikationsverhältnisse grundlegend.

Von 1997 bis zum Jahr 2000 haben die deutschen Internetnutzer von 4,1 Millionen auf 28,6 Millionen (das sind 18,3 Prozent der Bevölkerung über 14 Jahre) zugenommen. Während anfangs das Medium zu 59 Prozent vom Arbeitsplatz und zu 27 Prozent von zu Hause aus verwendet wurde, haben sich die Relationen nun umgekehrt: 43 Prozent nutzen das Netz von zu Hause aus, 22 Prozent vom Arbeitsplatz, 33 Prozent sowohl als auch. In derselben Zeit hat sich die durchschnittliche tägliche Nutzungsdauer von 76 auf 91 Minuten erhöht. Dabei hat sich insgesamt (für den Durchschnitt der Gesamtbevölkerung ab 14 Jahren) der Anteil des Internets gegenüber dem Fernsehen von einem Prozent auf knapp zehn Prozent erhöht.[26] Freilich besagen diese Verschiebungen noch recht wenig, da die Strukturen nach wie vor im Fluss sind und es erst seit etwa zwei Jahren hinreichend viele Netzanbieter gibt, die einen preiswerten heimischen Zugang bereitstellen.

Dabei liegt der häufigste Nutzungstyp mit 82 Prozent nach wie vor in der »e-mail«. Dem folgen an zweiter bis neunter Position das ziellose Surfen, das Herunterladen von Dateien sowie der Abruf von diversen Informationen und Services (von Zug- und Flugplänen bis zu Veranstaltungshinweisen); kommerzielle Aktivitäten (wie Kartenkauf, Homebanking, Onlineshopping, Buch- und CD-Bestellungen, Auktionen) finden sich dabei erst zwischen dem neunten und dem 19. Rang. Unterhaltungsaktivitäten (wie Computer-, Gewinn- und Multi-User-Spiele) besitzen bisher einen nachrangigen Stellenwert.[27] Doch ist auch hier bei der Trendeinschätzung Vorsicht am Platze: Mit der technischen Entwicklung wird die Möglichkeit, auch audio-visuelle Angebote per Netz zu versenden, zunehmend einfacher und billiger.

Mit dem Internet kommt aber nicht nur ein zusätzliches Medium in die Gesellschaft, sondern auch ein struktureller Wandel. Das Internet ist ein Netzwerk, in dem die Teilnehmer alle in etwa die gleichen Aktionsmöglichkeiten haben. Insbesondere kann jeder, im Gegensatz zum Rundfunk, senden und empfangen. Diese prinzipielle Gleichheit bedeutet allgemeinen Zugang zu neuen Kommunikationsmöglichkeiten.

Prinzipielle Gleichheit im Zugang bedeutet freilich nicht: Gleichheit in der Wirkung. Der Glaube, das Internet sei von Natur aus ein »demokratisches« Medium, gehört ins Feld der Ideologien. Tatsächlich unterscheiden sich die allgemeinen Teilnehmer und ihre Aktionsmöglichkeiten von den Betreibern und Großanbietern gravierend. Für den Betrieb ist zu beachten, dass ähnlich wie beim Telefon die Verfügbarkeit der globalen Netze nur durch die Kooperation vieler privater Betreiber und staatlicher Träger garantiert werden kann. In diesem Sinn »gehört« das Internet niemandem; es wird von der »community« am Leben erhalten. Des Weiteren gibt es eine Skala unterschiedlicher Anbieter. Am einen Ende stehen die Privatleute, welche lediglich eine persönliche »homepage« betreiben; am anderen Ende diverse Großanbieter – wie etwa Konzerne, staatliche und internationale Institutionen. Unter Marktgesichtspunkten besitzen die Großanbieter zweifellos eine andere Bedeutung als die Privatleute. In Deutschland wird das Netz in erster Linie von staatlichen Institutionen, der Telekom und einer wachsenden Zahl kleinerer Netzbetreiber (wie etwa Netcologne in Köln) getragen. Die Anbieter und »hosts« – also jene Stellen, die Inhalte ins Netz stellen oder dem Kunden eine Kapazität dafür anbieten – sind ebenfalls teils staatliche (wie insbesondere die Universitäten) oder private Betriebe (wie Medienkonzerne und eine Vielzahl kleinerer Anbieter). Die absoluten und relativen Zahlen sind zurzeit noch schwer fassbar, da sich die Lage fortwährend rasch ändert und umfassende Untersuchungen fehlen. Dies besagt natürlich eines zumindest deutlich: Unsere Gesellschaft befindet sich im Umbruch ihrer Kommunikationsverhältnisse.

3.2 Wirtschaft

Dieser Umbruch hielt auch für die Konsumenten schon Einzug in den wirtschaftlichen Alltag. Jedes Mal, wenn man eine Zahlung durch die EC- oder eine andere Kreditkarte tätigt, benutzt man elektronische Datennetze. Hier wurde die Information zum Zahlungsmittel. Ähnlich sieht es in der Weltwirtschaft aus. Die Finanzmärkte sind durch elektronische Verfahren zu einem globalen und zugleich simultanen Verbund geworden.[28] Sinnfällig ist dies auch für den Laien schon beim internationalen Börsengeschehen. Unter dem Gesichtspunkt der Wissensgesellschaft sind die wirtschaftlichen Themen jedoch viel breiter, als diese Beispiele andeuten.

Betrachten wir also einige wissensrelevante Aspekte in der Wirtschaft. Dabei ist zu beachten, dass wir uns mit der Ökonomie der Wissensgesellschaft auf ein Feld begeben, das sich mit der herkömmlichen makroökonomischen Einteilung in primären, sekundären und tertiären Sektor (also: Landwirtschaft, Industrie und Dienstleistungen) nicht einfach zur Deckung bringen lässt. Die einschlägige Wirtschaft umschließt nämlich sowohl Industrien wie Dienstleistungen. Zum einen gehören die Hardware- und Softwareindustrie, die Kommunikationswirtschaft und die Produzenten von Inhalten zu diesem Bereich. Zum anderen sind Dienstleistungen wie

Forschungs- und Entwicklungsarbeit der öffentlichen und der privaten Seite sowie die ganze Servicepalette, die sich der alten und neuen Medien bedient, relevant. Dabei ist etwa der Übergang zwischen den Produzenten von Inhalten und den Anbietern von Forschungs-, Entwicklungs- und anderen Serviceleistungen oftmals fließend. Und vielleicht sind Information und Wissen auch als eigenständige Faktoren zu betrachten, wie die eingangs angestellten Überlegungen nahe legen. Dann wäre die Wissensgesellschaft auf besondere Weise mit einem *quartären Sektor* zu verknüpfen. Insgesamt spricht man mittlerweile auch von der »new economy«, der Neuen Ökonomie. Dazu gehören all jene Branchen und Unternehmen, die *wissensintensiv* sind, d. h. besonders stark und kontinuierlich von Forschung und Entwicklung abhängen, und die darum auch besonders vom Einsatz der neuen Informations- und Kommunikationstechnologien profitieren. Dieser Bereich der Wirtschaft ist in besonderem Maße von der Innovation geprägt.

Die Betrachtung dieser Neuen Ökonomie zeigt zusammengefasst, dass die Innovationskraft der deutschen Wirtschaft, trotz positiver Tendenz in der jüngsten Zeit, noch nicht nachhaltig gefestigt ist. In manchen Bereichen, wie der Chipentwicklung, wurde der Anschluss schon lange verpasst. In der Intensivierung von Forschung und Entwicklung hinkt Deutschland hinterher. Auch sind die Rahmenbedingungen, besonders die langfristigen, nicht besonders günstig, da Schwächen im Bildungswesen erhebliche Nachwuchsprobleme zeitigen. Die Spitze dieses Eisberges sah die Öffentlichkeit in der *Green-Card*-Debatte: Es fehlen qualifizierte Fachkräfte.[29]

Seit dem 19. Jahrhundert gehörte Deutschland, zusammen mit den USA, zu den Technologieführern in der Telekommunikation. Diese Position reichte von der Telegrafie bis zur Rundfunktechnik. Nach dem Zweiten Weltkrieg konnte dieser Rang allerdings nicht gehalten werden. In der Unterhaltungselektronik, von der Kamera über den Fernseher bis zu den Videospielen, beherrschen heute japanische Produkte den Markt. Die ehemals bedeutende deutsche Filmproduktion hat der amerikanischen wenig entgegenzusetzen. Bei Fernsehproduktionen zeigt schon der Blick auf das Tagesprogramm, dass auch hier viele Sparten von Hollywood oder anderen amerikanischen Produktionsstandorten dominiert werden. In der Computer- und Internettechnologie sowie beim globalen Softwaremarkt sind im Großen und Ganzen amerikanische Unternehmen führend. Dies gilt einmal für die Ebene der Konzerne: Microsoft ist unangefochtener Marktführer der Softwarebranche. Unter den 50 größten Medienkonzernen finden sich daneben noch weitere fünf amerikanische unter den führenden zehn – nämlich: Time Warner, Walt Disney, Viacom, AT&T und die Universal Studios. Dies gilt aber auch für die Ebene der kleineren Betriebe, die sich oft in bestimmten Ballungsräumen finden. Hierfür sind das »Silicon Valley« in Kalifornien und das »Massachusetts Institute of Technology« (MIT) zum Inbegriff geworden.

Doch sind andererseits die Chancen der deutschen Wirtschaft gleichwohl gut. Zwar sind in den USA 19 der größten Konzerne beheimatet, doch immerhin steht Deutschland – bei einem knappen Drittel der Einwohner – mit sieben Giganten an dritter Stelle (nach Großbritannien und zusammen mit Japan). Stellt man sich darüber hinaus die Europäische Union und ihre Medienbranche als *einen* Markt vor, so ist der ohnehin gewichtiger als die USA für sich.[30] Dem sind auch die Telekommunikationsunternehmen hinzuzugesellen: Hier liegt die Deutsche Telekom – nach

»Nippon Telegraph & Telephone« und AT&T – als Einzelunternehmen an dritter Position unter den zehn größten der Welt.[31] Deutschland besitzt zudem eines der leistungsfähigsten und preiswertesten Kommunikationsnetze der Welt; und das DFN – die breitbandige Datenautobahn für die Wissenschaft – sucht weltweit seinesgleichen. Potenzial und Infrastruktur für die Neue Ökonomie in Deutschland sind gut.

In der Tat findet ein doppelter sektoraler Wandel in der deutschen Wirtschaft statt: Die Gewichte verschieben sich aus dem sekundären Sektor der Industrie in den tertiären der Dienstleistungen und innerhalb der Dienstleistungen zu den Bereichen, die intensiv Wissen, Forschung und Entwicklung einsetzen. Die Entstehung des *Neuen Marktes* an der Börse legte Zeugnis ab für eine rasante Gründungs- und Investitionstätigkeit. Durch den »crash« dieses Marktes im Jahr 2000 hat dieser Enthusiasmus zunächst einen Dämpfer erhalten. Wie immer man dieses Ereignis bewerten mag, es zeigt – aus der Perspektive eines Börsianers – in jedem Fall, dass sich bisher die Erwartungen an die Firmen des Neuen Marktes nicht erfüllt haben. Überhitzte spekulative Phantasie trug viel dazu bei. Nicht zu vergessen ist, dass die Entwicklungen an den Börsen in Deutschland und den USA parallel verliefen. Der Dämpfer trifft die Neue Ökonomie insgesamt, nicht allein ihren deutschen Zweig. Doch befindet sich in diesem Bereich die Investitionstätigkeit nun wieder auf dem Niveau von 1991.[32]

Auffällig ist in Deutschland, dass die Investitionen in Innovation und Wissen nicht so hoch sind wie in Schweden, Finnland, Japan, den USA, in der Schweiz und in Korea – sie alle rangieren im Anteil der Forschungs- und Entwicklungsaufwendungen am Bruttoinlandsprodukt höher. Dabei liegt Schweden mit weitem Abstand vorn. Dies zeigt die nachfolgende Abbildung *(Abb. 2)*. Die staatliche Finanzierung

Abb. 2: Bruttoinlandsausgaben für Forschung und Entwicklung je Einwohner in ausgewählten Staaten

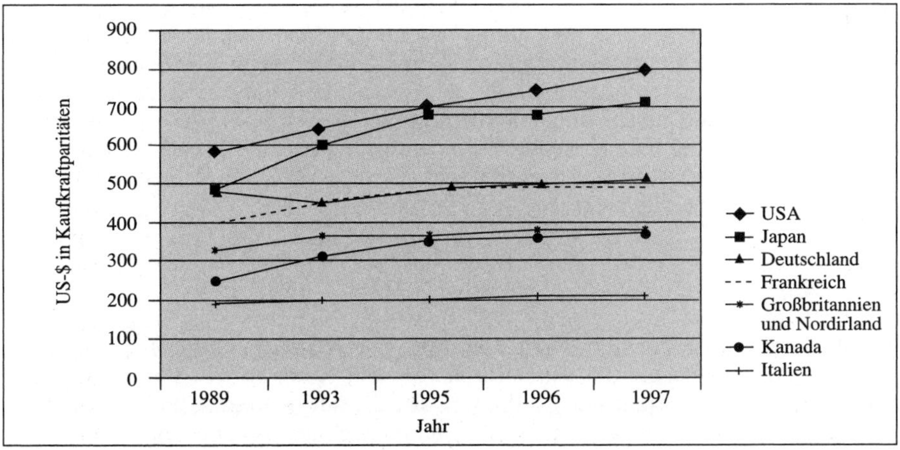

Quelle: Bundesministerium für Bildung und Forschung: Bundesbericht Forschung 2000, S. 121, abrufbar unter http://www.bmbf.de

von Forschung und Entwicklung ist zwischen 1990 und 1998 sogar zurückgefallen: von 3,5 Prozent auf 2,9 Prozent der öffentlichen Ausgaben. Insgesamt ist dabei zu berücksichtigen, dass die staatlichen Ausgaben hier ohnehin keinen Ausgleich mehr schaffen können, denn seit geraumer Zeit übersteigen die privaten Ausgaben die öffentlichen mit steigender Tendenz *(vgl. Abb. 3)*.

Abb. 3: Ausgaben der Bundesrepublik für Forschung und Entwicklung nach finanzierenden Sektoren

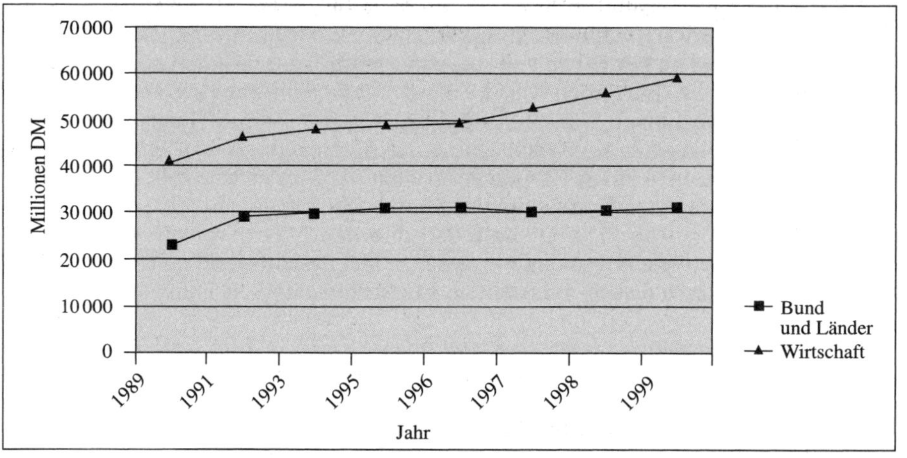

Quelle: Bundesministerium für Bildung und Forschung: Bundesbericht Forschung 2000, S. 67, abrufbar unter http://www.bmbf.de

Messbar wird die Investition – oder ihr Fehlen – als Ergebnis in den so genannten Triadepatenten, d. h. jenen Patentanmeldungen, die in Europa, den USA und Japan zugleich angemeldet werden und von globaler Bedeutung sind. Dabei hat sich zwar die Anzahl der aus Deutschland stammenden Triadepatente in den 90er-Jahren um ein Drittel erhöht, doch ohne dass sich die relative Position zu den Konkurrenten verbessert hätte, die gleiche oder stärkere Zuwächse aufweisen. Zudem stammen in Deutschland weniger Patente aus der »Spitzentechnologie«.[33] Grundsätzlich und im Weltmaßstab erstklassige Ausgangspotenziale verbinden sich in Deutschland mit einem eher zweitklassigen innovativen Schwung.

3.3 Politik

Das Hauptinteresse der deutschen Politik an der Wissensgesellschaft ist die Aussicht auf Arbeitsplätze. Auf seiner Rede vor dem Kongress »Leben, Lernen und Arbeiten in der Informationsgesellschaft des 21. Jahrhunderts« äußerte Bundeskanzler Schröder am 18. September 2000 die Hoffnung, bis zum Jahr 2010 würden die einschlägigen Bereiche rund 750 000 neue Jobs schaffen. In dieser Perspektive ist die Wissens- und Informationsgesellschaft etwa seit der Mitte der 90er-Jahre auf die Top-Agenda der Politik geraten. Dabei lassen sich grob fünf zentrale Felder unterscheiden: Wirtschaft, Gesetzgebung, Sicherheit, »e-government« und Bildung.[34]

Die Themen hat die Bundesregierung unter der Agenda »Innovation und Arbeitsplätze in der Informationsgesellschaft des 21. Jahrhunderts« zusammengefasst, und begleitet sie durch eine Reihe von Initiativen, wie etwa die so genannte »D 21« (d. h. Deutschland 21. Jahrhundert), in der Staat und Wirtschaft seit dem Sommer 1999 gemeinsam Impulse geben.

Wirtschaftspolitisch stellen sich drei Hauptthemen: Arbeitsplätze, Strukturförderung und Technologieförderung. Für die Schaffung neuer Arbeitsplätze spielen Neugründungen von IuK- und Medienunternehmen eine zentrale Rolle. Sie werden durch Förderprogramme auf Bundes- und Landesebene unterstützt. Flankierend dazu geht es darum, momentane Engpässe im Personal auszugleichen: Hier spielt die *Green-Card*-Initiative eine publikumswirksame Rolle (wenngleich im ersten Dreivierteljahr lediglich rund 6 000 Stellen vermittelt werden konnten). Die Strukturförderung zielt nicht allein auf die technische Infrastruktur, sondern auch auf den breiten Zugang zu den Neuen Medien und die Kompetenz für ihre Nutzung. Das programmatische Stichwort heißt hier: »Internet für alle«. Dabei gilt es zu vermeiden, dass eine digitale Zwei-Klassen-Gesellschaft auf nationaler Ebene entsteht. Dieser »digital divide« sähe auf der einen Seite die Computer-Kompetenten, auf der anderen die Computer-Analphabeten. Die Technologieförderung zielt auf die Wiedereroberung einer deutschen Spitzenposition bis zum Jahr 2005: Zielfelder sind dabei optische Netzwerke, Glasfasertechnologie und breitbandige Mobilkommunikation.

Die deutsche Politik sieht für die Wirtschaft die Chance eines raschen Wandels. Hans Martin Bury, Staatsminister beim Bundeskanzler, wies beispielsweise auf einen (ungenannten) großen deutschen Versandhändler hin, der »die Prognose [gewagt habe], in zehn Jahren über das Internet doppelt so viel abzusetzen wie der gesamte heutige Versandhandel nach über 100 Jahren«. Ziel sei es dabei, »dass Deutschland in der Champions League der Informationsgesellschaft vorne mitspielt. Das 21. Jahrhundert ist das Online-Jahrhundert. Und das Internet Jobmaschine und Wachstumsmotor Nr. 1. Nicht nur für die IT Branche, sondern für Wirtschaft und Gesellschaft insgesamt.«[35] In der grundsätzlich positiven Einschätzung sind sich die großen Parteien, Bund und Länder einig. Doch auch wenn die wissensintensiven und wachstumsstarken Sektoren als die Hoffnungsträger für neue Arbeitsplätze gelten, ist der Nettoeffekt bisher gering. In der Neuen Ökonomie entstehen nur geringfügig mehr Jobs als in der alten fortfallen. Zugleich wächst mit der Neuen Ökonomie auch die Nachfrage nach *hoch qualifiziertem* Personal. An dieser Stelle sind Wirtschafts- und Bildungspolitik eng verzahnt und bilden zusammen die Hauptpfeiler der aktuellen Politik *(siehe 3.4)*.

Die Neuen Medien und ihre wirtschaftliche Nutzung bringen naturgemäß auch einen besonderen *ordnungspolitischen Regelungsbedarf* hervor. Noch 1997 wurde das Informations- und Kommunikationsdienstegesetz verabschiedet; weitere Novellierungen (wie die Abschaffung des Rabattgesetzes) und neue Gesetze stehen an oder sind bereits fertig. Sie betreffen Materien wie Kryptografie und digitale Signatur, Rahmenbedingungen für den elektronischen Geschäftverkehr, Datenschutz und anderes. Eng verknüpft damit ist die Frage der *Sicherheit im Internet*, verursacht durch Computerviren und Hackerangriffe. Neben dem Wirtschafts- und dem Innenministerium engagiert sich hier ein eigenes »Bundesamt für die Sicherheit im Internet« (www.bsi.de).

Ein viertes Thema für die Politik benennt das Stichwort »e-government«. Dahinter verbirgt sich die Nutzung der Neuen Medien durch Politik und öffentliche Hand.[36] Neben dem internen Einsatz moderner Netzwerke in der Verwaltung geht es dabei um die Kommunikation mit Wirtschaft und Gesellschaft. Hauptziel soll mehr Effizienz und Bürgernähe sein. Teilziele dafür sind z. B. die online-gestützte Steuererklärung, die elektronische Ausschreibung, der elektronische Zugang zu den Gerichten sowie breit gefächerte Informationsdienste für die Bürgerinnen und Bürger auf allen Ebenen in Bund, Ländern und Kommunen.

3.4 Bildung

Eine Wissensgesellschaft ohne Wissen ist nicht möglich. Im Gegensatz zur Information, die auch in Maschinen stecken kann, findet Wissen nur im denkenden Kopf statt. Damit ein Kopf denkt und etwas weiß, muss er zunächst gebildet werden. Die Bildung gehört zur gesellschaftlichen Organisation des Wissens. Darum: Keine Wissensgesellschaft ohne Bildung. Hinzu kommt: Das Wissen in der Wissensgesellschaft ist hoch qualifiziert. Zumeist erfordert es daher eine Hochschulausbildung. Konsequenterweise muss also die Bildung – neben der Wirtschaft – die zweite Säule einer Politik für die Wissensgesellschaft sein (oder werden).

Der Mangel an qualifizierten Kräften in der Informatikbranche warf ein Schlaglicht auf die tatsächliche Lage: Bilden wir zu wenig Nachwuchs aus? Oder handelt es sich um ein Defizit, das nur auf diese Branche begrenzt ist? Festzustellen ist allerdings, dass Deutschland beim internationalen Vergleich in den jüngeren Jahrgängen mit tertiärer Ausbildung – also im Hochschulbereich – insgesamt *weit* zurückgefallen ist. Betrachtet man die älteren Jahrgänge (55- bis 64-Jährige) mit Tertiärabschluss, dann liegt Deutschland hier an fünfter Position, hat also Weltrang. Bei den Jüngeren hingegen (25- bis 34-Jährige) ist es auf den 21. Rang (!) zurückgefallen. In Deutschland entscheiden sich nur 28 bis 30 Prozent der jungen Leute für ein Hochschulstudium – im OECD-Durchschnitt sind es etwa 40 Prozent. Das heißt nichts anderes, als dass Deutschland seit den 70er-Jahren in der Übertrittsquote von der sekundären zur tertiären Ausbildung von 16 Nationen überholt worden ist. Darunter fallen nahezu alle Nachbarn in der EU und selbst Länder wie Jordanien und die Philippinen. Vormals lagen nur Kanada, die USA, Neuseeland und Schweden besser.[37]

Im Wissen bemerken wir eine doppelte Verschiebung. Erstens: Das Wissen, welches die Wissensgesellschaft einfordert, ist nicht das Orientierungs- und Bildungswissen, welches die aristokratische wie die bürgerliche Gesellschaft in Neuzeit und Moderne prägte, sondern es ist ökonomisch relevantes Anwendungswissen. Zweitens: Dieses Wissen ist durch seine rasche Veralterung gekennzeichnet. Die wissensintensiven Sektoren, also die Neue Ökonomie, hängen daher sowohl von gut ausgebildeten Spezialisten wie von einer kontinuierlichen Weiterbildung ihres Personals und von dauernden Forschungs- und Entwicklungsleistungen ab. Daher die Popularität der beiden Schlagworte »Innovation« und »lifelong learning«.

So stellt sich schließlich die Frage, ob die Organisation des Wissens in unserem Land darauf vorbereitet ist, die Herausforderung der Wissensgesellschaft zu meistern. Oder droht, ähnlich der *Hollywoodisierung* der Film- und Fernsehwelt, nun auch bei den Produktionsmitteln und Inhalten der Wissensgesellschaft im Allgemeinen eine umfassende Abhängigkeit von den USA? Steht zu befürchten, dass nicht nur Hardware und Software, sondern in Zukunft auch das Wissen überhaupt von jenseits des Atlantiks zu uns kommen? Dieses Risiko lässt sich nicht schlichtweg abweisen. Die Entwicklung von Wissen in der Wissensgesellschaft wird von seinem kommerziellen Nutzen angetrieben. Bei der Kommerzialisierung des Wissens sind diejenigen im Vorteil, welche das Gebiet schon jetzt als Markt begreifen und bearbeiten. Das sind fraglos zunächst einmal die Unternehmen, Universitäten und Regierungsstellen der USA. Die deutsche Universität scheint hier erst langsam umzudenken. Immerhin hat sich die Effizienz der Zusammenarbeit zwischen Wissenschaft und Industrie in den vergangenen zwei Jahrzehnten deutlich erhöht, und die Universitäten sind nach wie vor »der wichtigste Sektor der Wissensproduktion und des Wissens- und Technologietransfers« in der deutschen Forschungslandschaft.[38]

In der Neuzeit bildete die deutsche Universität lange Zeit eine relativ schmale Bildungselite aus. Vom Ende des Dreißigjährigen Krieges bis in das 19. Jahrhundert haben sich in Deutschland die Studentenzahlen nur unwesentlich geändert. Sie schwankten zwischen 8 000 um 1650, etwa 9 000 um 1700, und ca. 7 000 im letzten Drittel des 18. Jahrhunderts. In dieser Zeit kamen etwa 3,2 Studenten auf 10 000 Bürger. Es gab 45 Universitäten mit durchschnittlich 222 Studierenden. Ihren Tiefstand erreichten die Zahlen kurz vor Ende des 18. Jahrhunderts mit etwa 5 600 Studierenden. Mit der Humboldt'schen Reform gewann die Universität Ansehen zurück, und von 1830 an – mit einem Rückgang durch Restauration und Wirtschaftskrise um die Jahrhundertmitte – stiegen die Zahlen wieder. Sie lagen anfangs bei 15 000, die auch 1872 wieder erreicht wurden, um dann bis zur neuen Jahrhundertwende auf das mehr als Dreifache, nämlich auf ca. 50 000 Studierende, anzuwachsen. In dieser Epoche wurde das idealistische Modell Humboldts durch einen neuen Typus ersetzt: die Universität als wissenschaftlicher Großbetrieb. In ihr dominierte die Fachausbildung, es entstand eine Vielzahl praxisbezogener »moderner« Studiengänge. Deutschen Wissenschaftlern wurde eine überdurchschnittlich große Zahl an Nobelpreisen zuerkannt. Weniger bekannt, aber gleich wichtig wie Humboldt, ist der Kopf dieses Wandels: Friedrich Althoff, von 1897 bis 1907 Leiter der Hochschulabteilung im Preußischen Kultusministerium. Die Reputation und der Trend setzte sich nach dem Ersten Weltkrieg ungebrochen fort: 1919/20 studierten schon wieder 110 000 Personen, darunter etwa 4 000 Frauen. Bis 1933 reduzierte sich die Gesamtzahl allerdings langsam wieder auf 80 000.[39]

Der Nationalsozialismus ruinierte auch diese Institution gründlich. Viele führende Wissenschaftler verließen das Land und gingen mehrheitlich in die USA. Nach dem Zweiten Weltkrieg begann dann die deutsche höhere Bildung – nimmt man Ost und West zusammen – mit weniger Universitäten als am Ausgang des 18. Jahrhunderts, wenngleich mit höheren Studierendenzahlen: Im Westen gab es 19 Universitäten und sieben Technische Hochschulen, im Osten sechs bzw. drei, zusammen also 35; im Westen studierten 1950 etwa 110 000, im Osten 1951 etwa 32 000 Personen. Im Durchschnitt fand man an einer Universität also 4 057 Studierende.

Vom Anfang des 19. Jahrhunderts bis heute hat sich die Zahl der Universitäten mehr als *verfünffacht* – heute hat Deutschland insgesamt 257 Hochschulen aller Typen. Die Zahl der Studierenden aber ist um mehr als das *Hundertfache* gewachsen: von 15 000 um 1830 auf ca. 1,8 Millionen im Jahre 2000. Die Studierendenzahlen stiegen immer schneller als das Bevölkerungswachstum.[40]

Abb. 4: Entwicklung der Studienanfängerquote von 1970 bis 1998
in Prozent

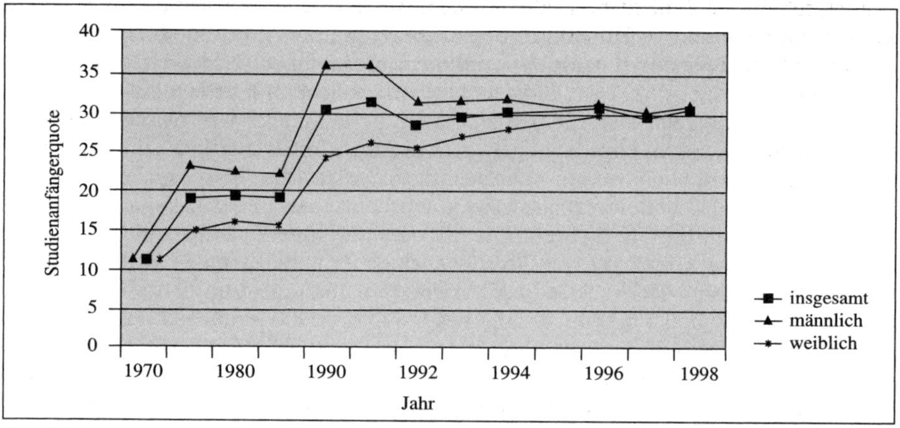

Quelle: Statistischen Bundesamt: »Entwicklung der Studienberechtigten- und Studienanfängerquote von 1970 bis 1998 in Prozent« (2001). Download über: http://www.statistik-bund.de/download/hoch/hochdow2.htm

Nach dem Zweiten Weltkrieg wuchsen auch Personal und Staatsausgaben entsprechend. Waren es 1950 erst 340 Millionen DM, verzehnfachten sich die Ausgaben aller westlichen Bundesländer 1966 auf 3,52 Milliarden DM, um bis in die 80er-Jahre weiter zu wachsen (1970: 6,9 Milliarden DM; 1980: 17 Milliarden DM; 1987: 25 Milliarden DM). Doch im letzten Jahrzehnt stagnierten die Budgets für die Infrastruktur des Wissens.[41] Auf die im internationalen Vergleich relativ niedrige Übertrittsquote – von der sekundären zur tertiären Ausbildung – wurde oben schon hingewiesen. Die Gründe dafür mögen vielschichtig sein: Zweifel an der beruflichen Zukunft als Akademiker scheinen ebenso eine Rolle zu spielen wie das verbreitete Bild überfüllter Universitäten. Besonders die großen Universitäten leiden darunter. So wurde etwa die Universität zu Köln ursprünglich einmal für eine Studierendenzahl von ca. 20 000 konzipiert, beherbergt derzeit aber mehr als 65 000. In nahezu allen Fächern hat sich die Betreuungsquote – das Zahlenverhältnis zwischen Professoren und Studierenden – seit den 60er-Jahren erheblich verschlechtert. Wenn Deutschland tatsächlich, ohne gravierende Erhöhung des Lehrpersonals, die Übertrittsquote auf internationales Niveau anheben würde, wäre derzeit der Zusammenbruch des Lehrbetriebes unausweichlich die Folge.

Gelegentlich wird hier der Einsatz der Neuen Medien als Heilmittel gesehen: Die Studierenden könnten dann vom heimischen Herd per Internet ihre virtuellen

Seminare besuchen. Die Frage mangelnder Räumlichkeiten ließe sich so zwar lösen, ebenso die Engpässe im Zugang zu Hilfsmitteln, wie insbesondere zu Büchern und Bibliotheken, zu Archiven und Datenbanken. Doch die Knappheit an betreuter Ausbildung bliebe erhalten. Die Erfahrung zeigt sogar, dass der Betreuungsaufwand bei virtuellen Studiengängen nicht geringer wird. Die Neuen Medien sind – ähnlich wie in der Wirtschaft – kein Ersatz für die lehrende, forschende und denkende Person, sondern lediglich ein neues Produktionsmittel des Wissens.

Die Frage, welche Struktur der Universität für die Wissensgesellschaft angemessen ist, scheint noch nicht befriedigend beantwortet zu sein. Ein Indiz dafür ist die endlose Geschichte von Hochschulreformen seit den 60er-Jahren: Hier wird seit 40 Jahren nahezu permanent reformiert, ohne dass sich ein Ende oder gar ein durchschlagender Erfolg abzeichnet. Möglicherweise befindet sich die deutsche Universität in einer ähnlich profunden Krise wie am Ende des 18. Jahrhunderts. Zumindest sind derzeit die gesellschaftliche Organisation des Wissens und die wachsende Nachfrage der Neuen Ökonomie nicht im Gleichgewicht.

4. Szenarien der Wissensgesellschaft

Vieles von dem, was wir gerade dargestellt haben, sind unabgeschlossene Entwicklungen. Der Scheitelpunkt oder ein stabiles Plateau scheint in keinem der Fälle schon erreicht zu sein. Wie schon eingangs gesagt wurde: Eine Sache, die noch nicht an ihrem voll ausgereiften Endpunkt ist, nehmen wir als Sache *in statu nascendi*. Da möchten wir wissen, was denn Ziel und Richtung der Trends sein mag. Um sich ein Bild machen zu können, werden die Trends im folgenden in Szenarien zusammengefasst.

Szenarien sind keine Prognosen. Die nächste Sonnenfinsternis kann man exakt berechnen. Gesellschaft und Politik gehen aber keine regelmäßigen Wege, auch wenn mancher Sozialwissenschaftler gern an »Gesetze« glaubt. Die Realitäten haben sich gegenüber den Visionen immer wieder verselbstständigt. Welche Langzeitvorhersage, vor wenigen Jahren aufwändig erstellt, hatte Bestand? Keine. Während in der Mitte der 60er-Jahre Wilhelm Fuchs in seinem Buch »Die Formeln zur Macht« in geradliniger Verlängerung der Gegenwart auch die Zukunft in der Schwerindustrie sah, erweist sich die Gegenwart als Superleichtindustrie: Wissen, Miniaturisierung und Virtualisierung stehen im Mittelpunkt. Der Grund für die Abweichungen war meist derselbe: Man extrapolierte bekannte Trends in linearen Kurven, ohne dabei nichtlineare Effekte zu berücksichtigen. Nichtlineare Effekte entstehen meist aus zwei Gründen: Erstens haben Trends gewisse Schwankungsbreiten – sie gleichen eher dreidimensionalen *Korridoren* als eindimensionalen Linien. Zweitens können die wechselseitigen Einflüsse unter den Korridoren dazu führen, dass die reale Entwicklung weit abseits der imaginären Hauptachse eines Korridors stattfindet. Man kennt dieses Phänomen etwa von der Börse, wo ein allgemeiner Trend Firmen und ihre Aktien gegen ihren »inneren« Wert in den Abgrund reißen kann oder in die Höhe schießen lässt. Die Neuen Märkte sind selbst ein Beispiel dafür.

Ein besseres Instrument zur Lagebeurteilung sind darum die Szenarien. Sie zeigen verschiedene Zukünfte und helfen den Handelnden, sich auf eine Palette von Möglichkeiten einzustellen, Entwicklungen zu nutzen sowie in die Trends moderierend einzugreifen. Dazu werden aus der Schar der Möglichkeiten einander entgegengesetzte Trends dargestellt und zu zwei Extremszenarien gebündelt. Die Verbindung bestimmter Trends treibt dabei in die Richtung eines der beiden Extreme. Das eine Szenario nimmt an, dass die Wissensgesellschaft, auf der Grundlage der neuen Informations- und Kommunikationstechnologien, den Schlüssel zur Lösung unserer Probleme bietet *(4.1)* – das andere *(4.2)* geht davon aus, dass der Wandel wesentliche Lebensbedingungen der westlichen Welt infrage stellt. Dabei wird nicht gefragt, ob dies wünschenswert ist. Es geht allein um die Hypothese der Entwicklung.[42]

4.1 Szenario 1: Die prosperierende Wissensgesellschaft

Zu Beginn des 21. Jahrhunderts erlebt die wissensbasierte Ökonomie zunächst einen Rückschlag: Die spekulative Hausse erzeugt ein überhitztes Investitionsklima in die neuen Informations- und Kommunikationstechnologien. Doch die Entwicklung kompetenten Personals und des Wissens kann damit erst einmal nicht Schritt halten. Oftmals wird viel Kapital investiert, ohne dass es zu den erwarteten Produktivitätssteigerungen kommt – die Neue Ökonomie erlebt das so genannte Produktivitätsparadox. Entscheidend für die Bewältigung der Krise ist nicht die bloße Verfügbarkeit der neuen Technologien, sondern – wie früher schon im Taylorismus – das Wissen um ihren richtigen Einsatz. Ablauf- und Aufbauorganisation der Wirtschaft werden umstrukturiert. Das entscheidende Wissen liegt nicht in der Technik, sondern in ihrer Organisation. Die Defizite sind mit der ersten Dekade des neuen Jahrhunderts behoben. Die »new economy« setzt sich als Motor der Wirtschaft durch. Das Paradigma der Wissensgesellschaft wird bestätigt. Dieser Trend setzt in den USA ein und wird auch in Deutschland, wenngleich mit einer kurzen Verzögerung, übernommen.[43]

Das hat positive politische Folgen. Nach langer Krisenphase beflügelt der Aufschwung die Arbeitsmärkte und führt damit sowohl zu einer Entlastung der Staatskassen als auch zu einer Belebung der Steuereinnahmen. Aufgrund dieses »turnarounds« werden andere Staatsaufgaben besser finanzierbar. Die Leistungsfähigkeit der Exekutive wird durch die Übernahme der organisatorischen Erkenntnisse aus der Wirtschaft gesteigert: Der Schlüsselbegriff heißt »e-government« und bedeutet eine Rationalisierung der Verwaltungsprozeduren. Neue Felder, die durch die »new economy« entstehen, allen voran das Gebiet der »e-policy«, also der Regulierung der digitalen Ökonomie, werden in Angriff genommen. Andere Bereiche, wie die Partizipation der Bürger, lassen sich durch eine größere Transparenz und einfachere Wege der politischen Beteiligung befriedigender gestalten. Die Verwaltungen wandeln sich zu kundennahen Dienstleistern. Ihre Angebote sind von jedem heimischen Computer aus zu nutzen. Davon profitieren besonders die lokalen Ebenen. Die allgemeine Zufriedenheit steigt ebenso wie die Wahlbeteiligung, seit der »Wahlakt« durch einen »security-check« (sicherheitsgeprüfte Autorisierung) und per Mausklick funktioniert.

Freilich setzt der Erfolg der Neuen Ökonomie einen Umbau des Bildungssystems voraus, denn sie benötigt organisatorisch begabtes und technisch kompetentes Personal in großer Zahl. Da das staatliche Bildungssystem, zumal in Deutschland, auf die Anforderungen der Wissensgesellschaft etwas langsam reagiert, fördert die Wirtschaft private Alternativen oder baut ein eigenes Bildungsangebot auf. Das Bildungssystem diversifiziert sich. Es treten private Anbieter und »corporate universities« auf den Plan. Der Staat zieht sich auch in Deutschland teilweise aus seiner alten Domäne zurück, die er seit dem aufgeklärten Absolutismus weit gehend monopolartig kontrollierte. Aktiv bleibt er weiterhin in der Grundausbildung, bei der sich allerdings auch eine schlagkräftige, wenngleich nicht gleichermaßen preisgünstige private Konkurrenz hinzugesellt. Dabei spielen besonders amerikanische Universitäten eine gewichtige Rolle, da sie sich aufgrund des anders gearteten Bildungssystems früher als die deutschen dem Trend der Nachfrage anpassen mussten.

Insgesamt realisieren beide Bereiche, private wie öffentliche Bildungsinstitutionen, die gleiche Reform: Die Bildung orientiert sich am organisatorischen und technischen Leistungsprofil der Anwendung und wird straffer organisiert. Die Studiengänge folgen stärker als je zuvor standardisierten Abläufen. Die Dauer der gymnasialen Ausbildung wird um ein Jahr, die universitäre um zwei Jahre verkürzt. Zweistufige Studiengänge werden eingeführt: Man schließt in der Regel mit einem Bachelor im Alter von 22 bis 23 Jahren ab. Nur ein kleiner Teil schlägt danach eine Karriere in der Forschung ein oder bleibt im akademischen Sektor. Die verkürzte Grundausbildung wird durch wiederholte Phasen der Weiterbildung ergänzt; dadurch wird die Maxime vom lebenslangen Lernen praktisch umgesetzt. Auf diesem Gebiet dominieren die privaten Anbieter. Dies sind entweder firmeneigene »corporate universities« oder freie Einrichtungen, in denen z. B. Verbände und Universitäten kooperieren. Darüber hinaus hat sich die Bildungslandschaft als Bildungsmarkt internationalisiert: Man kann jetzt aus einem globalen Fundus privater Anbieter auswählen. Möglich wird dies durch die Virtualisierung vieler Angebote, die weltweit ein konfektioniertes »tele-learning« mit lokalen Präsenzanteilen – etwa bei Prüfungen – anbieten. Dieser private Bildungsmarkt ist vielschichtig: Er kennt nationale und internationale Anbieter, öffentliche und private Institutionen sowie die gemischte Variante der »private-public-partnership«.[44]

Einen Wermutstropfen gibt es allerdings auch: Diese Entwicklung ist weit gehend auf die vormaligen Industrieländer und einige Schwellenländer beschränkt, die – wie etwa Indien, Brasilien und Mexiko – fähig waren, mit dem Wandel in Ökonomie, Politik und Bildung Schritt zu halten. Die globalisierte Wissensgesellschaft ist eine Zwei-Klassen-Gesellschaft. Im »clash of civilisations« (Samuel Huntington) stehen sich nicht verschiedene religiös geprägte Kulturen, sondern die Wissensgesellschaften und der Rest gegenüber.

4.2 Szenario 2: Die frustrierte Wissensgesellschaft

Unser zweites Szenario beginnt nicht wesentlich anders als das erste. Und um beide einfacher vergleichen zu können, ist es auch weit gehend ähnlich formuliert. Doch in den Details bestehen drastische Unterschiede:

Zu Beginn des 21. Jahrhunderts erlebt die wissensbasierte Ökonomie zunächst einen Rückschlag. Denn die spekulative Hausse erzeugt ein überhitztes Investitionsklima in die neuen Informations- und Kommunikationstechnologien. Die Entwicklung kompetenten Personals und des Wissens kann damit erst einmal nicht Schritt halten. Oftmals wird viel Kapital investiert, ohne dass es zu den erwarteten Produktivitätssteigerungen kommt – die Neue Ökonomie erlebt das so genannte Produktivitätsparadox. Die Defizite der ersten Krise werden in der ersten Dekade des 21. Jahrhunderts behoben: Die bloße Verfügbarkeit der neuen Technologien reicht nicht, sondern muss – wie früher schon im Taylorismus – durch das Wissen um ihren richtigen Einsatz ergänzt werden. Ablauf- und Aufbauorganisation der Wirtschaft werden umstrukturiert. Das entscheidende Wissen liegt nicht in der Technik, sondern in ihrer Organisation. Dieser Trend setzt in den USA ein und wird auch in Deutschland, wenngleich mit einer kurzen Verzögerung, übernommen. Das Paradigma der Wissensgesellschaft scheint sich zu bestätigen. Der Trend zur wissensbasierten Ökonomie ist ohnehin nicht mehr umkehrbar. Doch eine zweite Krise schließt sich an, die eine frustrierte Wissensgesellschaft hinterlässt.

Denn die erwarteten Produktivitätssteigerungen der »new economy« lassen sich im Rahmen der nationalen Volkswirtschaften nicht realisieren. Zwar können die Ablauf- und Aufbauorganisation vielfach neu strukturiert werden – doch den Rationalisierungen auf der einen Seite stehen Personalsteigerungen auf der anderen Seite gegenüber: Der Endkunde kann nur durch einen gesteigerten Aufwand in Beratung und Betreuung zufrieden gestellt werden. Dadurch schmelzen die Profite wieder ab. Dies wiederum führt dazu, dass immer mehr Prozesse in Billiglohnländer ausgelagert werden. Davon profitiert insbesondere die frühere »Dritte Welt«. Dieser Trend wird durch die neuen Informations- und Kommunikationstechnologien und die Fortschritte in der Organisation der Arbeitsprozesse sogar begünstigt, denn die internationale Arbeitsteilung wird rationeller. Die Wissensgesellschaft ist wahrhaft globalisiert: Durch die Virtualisierung der Bildung und Weiterbildung im »tele-learning« lassen sich die Ausbildungsdefizite in diesen Ländern leichter als je zuvor ausgleichen. Das wirtschaftliche Interesse wird zum Motor dieser globalen Bildungsoffensive, die weit gehend in privater Hand ist. Nutznießer dieser Entwicklung sind insbesondere Asien und Lateinamerika.

Daher bleiben in Deutschland die positiven politischen Folgen, die der wirtschaftliche Erfolg zeitigen könnte, weit gehend aus. Die Beschäftigungseffekte zeigen sich nur in einem kleinen Teil des Arbeitsmarktes, soweit »vor Ort«, also im nationalen Rahmen, hoch qualifizierte Kräfte benötigt werden. Doch sowohl die Entlastung der Staatskassen als auch die Belebung der Steuereinnahmen erweisen sich als marginal. Die Idee, ähnlich wie in der Wirtschaft, nun durch »e-government« die Leistungsfähigkeit der Exekutive zu steigern, indem die organisatorischen Erkenntnisse übernommen werden, lässt sich nicht verwirklichen: Versuche, die Partizipation der Bürger durch eine größere Transparenz und einfachere Wege der politischen Beteiligung befriedigender zu gestalten, werden nur dann angenommen, wenn der Beratungsaufwand drastisch erhöht wird; doch eine solche Rationalisierung der Verwaltungsprozeduren ist aufgrund des hohen und teuren Personalbedarfs nicht finanzierbar. Die allgemeine Zufriedenheit sinkt.

Diese Misere wird dadurch verschärft, dass die politischen Systeme sich kaum verändern. Seit den Zeiten aristokratisch geprägter Mischverfassungen in der frühen Neuzeit blieb die Personalausrüstung der Legislative nahezu unverändert: Jetzt wie ehedem bestehen Parlamente aus einigen Hundert Abgeordneten. Während sich das Wissen und die Komplexität der Gesellschaften sowie die Zahl ihrer Wissensträger in den letzten Jahrhunderten exponentiell steigerten, stagniert die Personaldecke ihrer zentralen politischen Repräsentation, gelegentlich durch Stäbe von Assistenten und Büropersonal ergänzt. Der steigende Informationsfluss ist nicht mehr zu bewältigen. Einzig die Parteien und die Exekutive haben sich diesem Trend in gewissem Rahmen stellen können und sind entsprechend gewachsen. Doch insgesamt nimmt auch ihre Macht ab: Die Regelungskompetenz nationaler Institutionen wird in der globalisierten Wissensgesellschaft immer geringer, weil die meisten Prozesse nationale Grenzen übersteigen. Und damit verringert sich die Zufriedenheit mit Politik weiter.

Das zeigt sich auch in einem anderen Herzstück der Wissensgesellschaft: dem Bildungssystem. Die Neue Ökonomie benötigt organisatorisch begabtes und technisch kompetentes Personal, doch das staatliche Bildungssystem reagiert, zumal in Deutschland, auf die Anforderungen der Wissensgesellschaft träge. Da sich die Staatsfinanzen, wie gesagt, nicht verbessern, ist ein Umbau des Bildungssystems nicht zu bezahlen. Als Alternative treten daher vermehrt private Anbieter und »corporate universities« auf den Plan. Hier spielen besonders amerikanische Universitäten eine gewichtige Rolle, da sie sich aufgrund des anders gearteten Bildungssystems früher als deutsche dem Trend der Nachfrage anpassen mussten. Attraktive Bildungsanbieter sind entweder firmeneigene »corporate universities« oder freie Einrichtungen, in denen z. B. Verbände und Universitäten kooperieren. Darüber hinaus hat sich die Bildungslandschaft als Bildungsmarkt internationalisiert: Mittlerweile ist es möglich, aus einem globalen Fundus privater Anbieter auszuwählen. Im globalisierten Bildungsmarkt treten an die Stelle staatlich kontrollierter Prüfungs- und Studienordnungen nunmehr Abschlüsse, die ihr »standing« durch internationale Zertifizierung nachweisen. Möglich wird diese Entwicklung durch die Virtualisierung vieler Angebote, die weltweit ein konfektioniertes »tele-learning« mit lokalen Präsenzanteilen – etwa bei Prüfungen – anbieten. Das Bildungssystem löst sich von seiner nationalen Anbindung. Anders gesagt wird das staatliche Monopol irrelevant – zunächst in der Weiterbildung, dann auch in der Grundausbildung, soweit sich die »Kunden« die Kosten leisten können. Das erhöht die Zahl derer, die sich vom ökonomischen Fortschritt ausgeschlossen sehen.

Dieser Wandel hat einen zusätzlichen Preis, nämlich die Verkürzung des herkömmlichen Bildungsideals. Dieses Ideal kannte vier Dimensionen, in denen neben dem Anwendungswissen drei weitere Gebiete vorkamen: das Bildungswissen, das die Formung der Persönlichkeit bezweckte; das Orientierungswissen, das die allgemeinen kulturellen (politischen, wissenschaftlichen) Maßstäbe im Auge hatte; sowie das Erbauungswissen, das die spirituelle oder religiöse Seite der menschlichen Existenz pflegte.[45] Unter dem Gesichtspunkt des Anwendungsinteresses sind diese Dimensionen nicht unmittelbar nützlich. Und wenn sie einen gewissen Nutzen haben sollten, so ist er nicht leicht zu messen: der Ökonometrie ist er jedenfalls bisher nicht direkt zugänglich. Zudem ist eine umfassende Bildung eben sehr teuer, da sie Zeit und Personal benötigt. Das neue Wissensideal der dominierenden privaten Anbieter orientiert sich mithin nahezu ausschließlich am Anwendungswissen. Dabei wird die pragmatisch verkürzte Grundausbildung durch wiederholte Phasen der praxisnahen Weiterbildung ergänzt. Gleichwohl sind die »Produkte« dieses Bildungssystems nicht glücklich: Sie wissen nicht mehr, wozu sie eigentlich ihr Geld verdienen.

Im Endergebnis finden wir uns im nationalen Rahmen in einer Zwei-Klassen-Gesellschaft wieder, die beiderseits frustriert ist: Auf der einen Seite steht die relativ kleine Elite derer, die sich eine anwendungsorientierte, private Bildung leisten können und die schließlich in die Führungspositionen hineinwachsen wird. Doch ihr mangelt es an persönlicher Bildung und allgemeiner Orientierung, um die Gewinne genießen zu können. Auf der anderen Seite steht die beträchtliche Zahl derer, die am Fortschritt nicht teilhaben und die sich zugleich mit den mäßigen Überbleibseln der staatlichen Bildungslandschaft zufrieden geben müssen. Die Einsicht, dass es hier eine Fehlentwicklung gab, mag immerhin dämmern, doch die Renaissance wird nun teuer.

Unsere Zukünfte liegen nicht fest – allenfalls die Spielräume, in denen sie sich gestalten können. Ein wesentliches Moment, das diese Spielräume bildet, sind wir selbst. Wenn wir also die eine Zukunft lieber wollen als eine andere, dann müssen wir sie gestalten. Und damit dürfen wir nicht erst morgen beginnen.

Anmerkungen

1 Robert E. Lane, The Decline of Politics and Ideology in a Knowledgeable Society, in: American Sociological Review, 5/1966, S. 650; Daniel Bell hat den Ausdruck aufgegriffen und durch sein Buch über die postindustrielle Gesellschaft popularisiert: Daniel Bell, The Coming of Post-Industrial Society, New York 1973, S. 176, 212–265.

2 Vgl. Jan Assmann, Das kulturelle Gedächtnis. Schrift, Erinnerung und politische Identität in frühen Hochkulturen, München 1992.

3 Vgl. Hansgeorg Schmidt-Bergmann, Futurismus, Geschichte, Ästhetik, Dokumente, Reinbek bei Hamburg 1993.

4 Vgl. Peter Sloterdijk/Thomas H. Macho (Hrsg.), Weltrevolution der Seele, 2 Bde., Düsseldorf und Zürich 1991; Werner Foerster (Hrsg.), Die Gnosis, 3 Bde., Düsseldorf und Zürich 1997.

5 Vgl. Platon, Politeia, 477 b–e; Gorgias 454 d. Immanuel Kant, Kritik der reinen Vernunft, A 822; für die Gegenwart nehme man etwa die sprachanalytische Richtung, vgl. Eike von Savigny, Die Philosophie der normalen Sprache, Frankfurt/M. 1969, S. 309; Gilbert Ryle, Der Begriff des Geistes, Stuttgart 1969, S. 178 f.

6 Bell, Post-Industrial Society (Anm. 1), S. 165–265 (in der gekürzten deutschen Ausgabe – ders., Die nachindustrielle Gesellschaft, Frankfurt/M. und New York 1975, S. 171–268); Rolf Kreibich, Die Wissenschaftsgesellschaft. Von Galilei zur High-Tech-Revolution, Frankfurt/M. 1986, S. 23 ff.

7 Vgl. Don Tapscott, The Digital Economy, New York u. a. 1995; Manuel Castells, The Information Age: Economy, Society, and Culture, 3 Bde., Malden/Mass. 1996; Leo A. Nefiodow, Der sechste Kondratieff, Sankt Augustin 1996.

8 Ernst Jünger, Der Arbeiter. Herrschaft und Gestalt, Stuttgart 1982 (zuerst: Hamburg 1932); E. K. Hunt/Howard J. Sherman, Volkswirtschaftslehre. Einführung aus traditioneller und kritischer Sicht, Bd. 1. Mikroökonomie, Frankfurt/M. und New York 1993, S. 186–220.

9 Vgl. José L. Encarnaçao/Wolfgang Leidhold/Andreas Reuter, Szenario: Die Universität im Jahre 2005, in: Bertelsmann Stiftung/Heinz Nixdorf Stiftung (Hrsg.), Studium Online, Hochschulentwicklung durch neue Medien, Gütersloh 2000, S. 17–29.

10 Bell, Post-Industrial Society (Anm. 1), S. 174 f.
11 Siehe: www.gnu.org/encyclopedia/.
12 Fremont Rider, The Scholar and the Future of the Research Library, New York 1944, S. 11 ff.
13 Derek Price, Science Since Babylon, New Haven 1961, S. 68 f.
14 Rolf Griebel/Ulrike Tscharnke, Analyse der Etatsituation der wissenschaftlichen Bibliotheken 1998/1999. Studie im Auftrag des Bibliotheksausschusses der DFG, München 1999.
15 Hans-Joachim Braun/Walter Kaiser, Energiewirtschaft, Automatisierung, Information seit 1914, Berlin 1997, S. 354 ff.
16 Vgl. Adolphe Quetelet und P. F. Verhulst entwickelten die Mathematik dieser Wachstumskurven als s-förmige Geraden aufgrund einer »fonction retardatrice«, siehe D'Arcy Thompson, On Growth and Form, Cambridge 1963, S. 142–150.
17 Don Tapscott, The Digital Economy. Promise and Peril in the Age of Networked Intelligence, New York 1995, S. 59–62.
18 Erwin Grochla (Hrsg.), Handwörterbuch der Organisation, Stuttgart 1973, S. 1150.
19 Vgl. W. I. Lenin, Die nächsten Aufgaben der Sowjetmacht, S. 247–250, in: ders., Werke, Bd. 27, Berlin 1974, S. 225–268; vgl. auch ders., Hefte zum Imperialismus, Werke, Bd. 39, Berlin 1972, S. 133–138; ders., Ein wissenschaftliches System zur Schweißauspressung, in: ders. Werke, Bd. 18, Berlin 1972, S. 588–589; ders., Das Taylorsystem – Die Versklavung des Menschen durch die Maschine, in: ders., Werke, Bd. 20, Berlin 1973, S. 145–147. Trotz der »klassenkämpferischen« Kritik an der »imperialistischen« Nutzung des Taylorismus hielt Lenin das Rationalisierungssystem dennoch für einen bedeutenden wissenschaftlichen und organisatorischen Fortschritt.
20 Vgl. Bertelsmann Stiftung/Heinz Nixdorf Stiftung, Studium Online (Anm. 9).
21 Vgl. hierzu und zum Folgenden: Werner Faulstich, Das Medium als Kult. Von den Anfängen bis zur Spätantike, Göttingen 1997; ders., Medien und Öffentlichkeit im Mittelalter (800–1400), Göttingen 1996; ders., Medien zwischen Herrschaft und Revolte. Die Medienkultur der frühen Neuzeit (1400–1700), Göttingen 1998; Patrice Flichy, Tele. Geschichte der modernen Kommunikation, Frankfurt/M. 1994.
22 Wolfgang König/Wolfhard Weber, Netzwerke, Stahl und Strom (1840–1914), Berlin 1997, S. 214 ff., 476 ff.
23 Die Daten schnellen fast täglich in die Höhe, sodass absolute Zahlen kaum aussagekräftig sind: Wenn dieses Buch veröffentlicht ist, wären sie schon völlig überholt. Laufende Informationen findet der Leser z. B. unter: http://www.nua.ie/. Für eine umfassende Darstellung siehe Manuel Castells, The Information Age: Economy, Society and Culture, 3 Bde., Oxford 1997 (2. Aufl.).
24 Klaus Merten, Evolution der Kommunikation, in: ders. u. a. (Hrsg.), Die Wirklichkeit der Medien, Opladen 1994, S. 141–162, hier S. 155.
25 Ebd., S. 159.
26 Die Daten sind entnommen aus: Birgit von Einem/Heinz Gerhard, Entwicklung der Onlinemedien in Deutschland. ARD/ZDF-Online-Studie, in: Media Perspektiven, 8/2000, S. 338–349, hier: S. 339, 341, 344, 346.
27 Ebd., S. 342.
28 Ausführlich wird dieses Thema im Beitrag »Finanzmarkt und Finanzkultur« von Manfred Weber in diesem Band behandelt.
29 Vgl. insgesamt: Zur Technologischen Leistungsfähigkeit Deutschlands. Zusammenfassender Endbericht 2000, Gutachten im Auftrag des Bundesministeriums für Bildung und Forschung, vorgelegt durch: Zentrum für Europäische Wirtschaftsforschung u. a., o. O. März 2001. Im Folgenden zitiert als TLD-Bericht 2000. Der Bericht ist über die Website des BMBF zu beziehen.
30 Lutz Hachmeister/Günther Rager (Hrsg.), Wer beherrscht die Medien? Die 50 größten Medienkonzerne der Welt. Jahrbuch 2000, München 2000, S. 23–24.
31 Ingomar Hauchler u. a. (Hrsg.), Globale Trends 2000 (Stiftung Entwicklung und Frieden), Frankfurt/M. 1999, S. 148.
32 Vgl. TDL-Bericht 2000, S. 22 ff. (Abs. 4.1) und S. 60 ff. (Abs. 5).

33 Vgl. ebd., S. 69 ff. (Abs. 6) und S. 94 ff. (Abs. 7).
34 Die Auflistung ist keine Reihung nach der Wichtigkeit.
35 Erklärung von Hans Martin Bury, Staatsminister beim Bundeskanzler, zur Kampagne der Bundesregierung zur Informationstechnologie (Pressemitteilung der Bundesregierung, Nr. 435/2000).
36 Ausführlich geht der Beitrag »Legitimation und Partizipation« von Manuela Glaab und Andreas Kießling auf dieses Thema ein, v.a. im Unterkapitel 4.4.
37 TDL-Bericht 2000, S. e und Anhang: Abb. A-2 (S. XI).
38 Ebd., S. 143.
39 Rainer A. Müller, Geschichte der Universität. Von der mittelalterlichen Universitas zur deutschen Hochschule, München 1990, S. 58–60, 66, 81, 85 f., 89, 93.
40 Die Bevölkerung verdoppelte sich zwischen 1871 und 1939 von ca. 41 Millionen auf rund 79,3 Millionen Einwohner. 1990 lag die Bevölkerungszahl des vereinten Deutschland wiederum bei 79,3 Millionen. Seither ist das Niveau mit gewissen Schwankungen gleich geblieben; siehe Peter Flora, State, Economy, and Society, in: Western Europe 1815–1975, Vol. 1, Frankfurt/M. u. a. 1983, S. 42; Brian R. Mitchell (Hrsg.), International Historical Statistics. Europe 1750–1993, London und New York 1998, S. 4.
41 TDL-Bericht 2000, Tab. A-8, Anhang S. X.
42 Vgl. Wolfgang Leidhold, Die politische Welt im Jahre 2048, in: Gesamtverband der Deutschen Versicherungswirtschaft (Hrsg.), Verantwortung: Gesellschaft und Versicherungen im Wandel der Zeit, Berlin 1998, S. 89–97; Jürgen Gausemeier u. a., Szenario-Management. Planen und Führen mit Szenarien, München und Wien 1996.
43 Vgl. Frank T. Piller, Das Produktivitätsparadoxon der Informationsgesellschaft, Würzburg 1997.
44 Vgl. Encarnaçao/Leidhold/Reuter, Szenario (Anm. 9).
45 Max Scheler, Die Wissensformen und die Gesellschaft, Leipzig 1926.

Rüdiger Thomas

Kultur und Gesellschaft

1. Kultur als Multiversum

Über Kultur lässt sich trefflich streiten. Viele wollen mitreden, doch oft bleibt unklar, was eigentlich gemeint ist: Musik, Literatur und bildende Kunst, Theater und Film, Architektur und Denkmalpflege oder die breite Palette neuer Medien. Sprechen wir von Kunstwerken oder von Kunstvermittlung, von ihrer Inszenierung oder Finanzierung, von Kulturpolitik oder Kulturwirtschaft? Suchen wir Erbauung oder Unterhaltung, Sinnstiftung oder Spaß? Kultur integriert Gesellschaften und trennt Generationen: Sie reicht von Bach bis zu Campinos »Toten Hosen«, von Günter Grass bis zu Hera Lind, von Bayreuth bis zur Berliner Love Parade, vom Staatstheater bis zur Off-Szene. Kultur kann zum Lebensinhalt werden, zum Statussymbol verkümmern, sich im Kult erschöpfen oder als Standortfaktor legitimiert werden. Die Suche nach Inhalt und Zweck, Sinn und Ziel der Kultur beschäftigt das Feuilleton und begleitet auch die Debatten, in denen der Kulturstaat seine kulturpolitischen Aufgaben und Handlungsfelder bestimmt.

Im Februar 2000 wurde die Bundesregierung von der größten Oppositionsfraktion im Deutschen Bundestag mit der Frage konfrontiert, was sie im Hinblick auf ihre Förderungsmaßnahmen unter »Kultur« versteht. »Eine allgemein verbindliche und durch allgemeinen Konsens getragene Definition von ›Kultur‹ gibt es – zumindest, soweit der Begriff im politischen Raum verwendet wird – nicht.«[1] Die lapidare Feststellung verweist auf ein dreifaches Dilemma:

1. Weil wir nicht wissen, was konkret gemeint ist, wenn wir von »Kultur« sprechen, müssen Inhalt und Reichweite des Begriffs geklärt werden, bevor wir uns mit der Sache selbst befassen können.
2. Weil das Wirkungsfeld von Kultur unterschiedlich markiert wird, lässt sich schwer ermitteln, was sie uns wert ist, wie viel sie uns kostet. So verwundert es nicht, wenn die erwähnte Anfrage der CDU/CSU-Fraktion nach der finanziellen Förderung von Kunst und Kultur in Deutschland auf höchst profane Weise beantwortet wird: Wir werden mit einer verwirrenden Menge von Zahlen konfrontiert, die durch »Oberfunktionen« von Haushaltsplänen bestimmt werden.
3. Kunst und Kultur sind freilich keine Staatsangelegenheit, sondern ein wesentliches Moment des gesellschaftlichen Prozesses und damit im Spannungsfeld von individueller Kreation, gesellschaftlicher Rezeption und staatlicher Subvention angesiedelt.

Damit ist das grundsätzliche Problem einer demokratischen Kulturpolitik bezeichnet: Sie muss in erster Linie die Freiheit und Unabhängigkeit der Kultur gewährleisten, doch hat sie zugleich darauf zu achten, dass sich ein reichhaltiges Kulturangebot für alle entwickelt. Sie muss Kultur ermöglichen, ohne sie reglementieren zu wollen. Kulturpolitik ist damit eine notwendige staatliche Aufgabe, aber vor allem ein subsidiäres Projekt. Der Kulturstaat wird seinem Auftrag dann gerecht, wenn sich Gesellschaftskulturen frei entfalten können: als Multiversum, als eine Vielfalt kultureller Ausprägungen, die der gesellschaftlichen Differenzierung entsprechen.

Die Geschichte des Kulturbegriffs gibt Aufschluss über seine Bedeutungsvielfalt und die Reichweite seiner Projektionsmöglichkeiten in den Kulturdiskursen der Gegenwart. Sein etymologischer Ursprung im Lateinischen (*colere, cultura*) verweist ebenso auf die Tätigkeit der Agrikultur wie auf die Entstehung einer Siedlungskultur durch Bebauung. Kultur ist durch den Menschen angeeignete transformierte Natur. Von dieser primären Bedeutung ausgehend, sind die Formen sinngebender Orientierung – zuerst Mythos und Religion, dann Wissenschaft und Künste – in das Verständnis von Kultur integriert worden und haben es zunehmend bestimmt.

Folgt man der »Brockhaus Enzyklopädie«, kann mit »Kultur« »alles bezeichnet werden, was der Mensch geschaffen hat«.[2] Damit verliert dieser Begriff allerdings jede unterscheidende Bedeutung und seine Funktion als analytische Kategorie. Vor diesem Hintergrund sind die vielfältigen ideengeschichtlichen Ansätze zu sehen, dem Begriff der Kultur eine deutlichere Kontur zu geben.[3] Ausgehend von Ciceros Diktum »philosophia cultura animi est«, hat vor allem die Philosophie des deutschen Idealismus ein Kulturverständnis entwickelt, das die Wahrheit der Kunst durch eine Verbindung von Ethik und Ästhetik zu begründen suchte. Das »Schöne« wurde als das Erhabene aufgefasst, das die sittliche Vervollkommnung des Menschen befördert. Mit dieser Sichtweise wurde ein Kulturmuster etabliert, das für das Bildungsbürgertum bis zur Mitte des 20. Jahrhunderts vorherrschend bleiben sollte und sich deutlich von dem Muster einer »höfischen Kultur« (Peter Burke) unterschied, für das ein exklusives Standesbewusstsein und das Bedürfnis nach Unterhaltung charakteristisch waren.

Alexis de Tocqueville hat in dem wenig beachteten zweiten Teil seines Hauptwerkes »Über die Demokratie in Amerika« (1840) die Bruchstelle markiert, die eine aristokratisch geprägte Kulturepoche vom heraufziehenden Zeitalter einer demokratischen Massenkultur unterscheidet. Es ist nicht nur die quantitative Dimension, die Ausweitung der Kultur, sondern vor allem ein grundlegender Perspektivenwechsel, den Tocqueville am Beginn einer Periode konstatiert, in der »die Skepsis den Himmel entvölkerte und Fortschritte der Gleichheit jedem Menschen neue und allgemein gültige Maße verliehen«. Die Orientierung an den Werten der Vergangenheit wird von »einer vorgespiegelten Glückseligkeit, die irgendwann in der Zukunft sich verwirklichen solle«, abgelöst.[4] Mit dieser kulturgeschichtlichen Betrachtungsweise beschreitet Tocqueville einen neuen Weg, indem er die ideengeschichtlichen Impulse der Aufklärung und ihre gesellschaftlichen Folgen in einen Wirkungszusammenhang bringt: Kultur ist fortan auf Veränderung gerichtet, sie ist durch kulturellen Wandel gekennzeichnet, der sich nicht mehr an den Normen der Vergangenheit als verbindlichen Werten orientiert, sondern an Zukunftsverheißungen eines unbegrenzten Fortschritts. Dieser Paradigmenwechsel erscheint dem scharfsinnigen Franzosen durchaus prekär: »Da man das Große nicht mehr anstreben kann, sucht man das Elegante und das Hübsche. Man tendiert weniger zur Realität als zum Schein.«[5] Die kulturgeschichtliche Betrachtung findet hier ihre kulturkritische Pointe, deren moderne Lesart lauten könnte: Das Industriezeitalter führt zur Vervielfältigung durch Reproduktion (Nachahmung), der Verlust an Exklusivität ist die Vorstufe einer Kultur der Simulation. Das Insistieren auf einer Kultur des Erhabenen hat Tocqueville mit dem deutschen Idealismus gemeinsam, doch lässt ihn seine empirische Neugierde klar erkennen, wie stark sich politische und ökonomische Veränderungen auf die sozialen Beziehungen und die Kulturformen auswirken.

In Deutschland bleibt demgegenüber noch lange ein idealistisches Kulturbewusstsein vorherrschend, das sich in polemischer Absicht vom Begriff der Zivilisation abgrenzt. In der napoleonischen Epoche entstanden, knüpfte *civilisation* an die ursprüngliche Bedeutung von Kultur als praktische Tätigkeit mit ihrem Glauben an den technischen Fortschritt ebenso an, wie sie ihre Sinn stiftende Funktion für die Ausprägung nationaler Identität betonte. Nationale Kultur und universeller Fortschritt wurden im Begriff der Zivilisation als Einheit gedacht. Damit wird Kultur nicht mehr in erster Linie als individuelle Aneignungsform, als Mittel zur Selbst-Bildung, sondern als sinnhafter Ausdruck einer gesellschaftlichen Entwicklung verstanden. Früher als in Deutschland ist in Frankreich bewusst geworden, dass die ökonomische Entwicklung einer Gesellschaft ihre Kultur nachhaltig beeinflusst. Auch wenn die beiden Begriffe nicht deckungsgleich sind, erscheint ihre Entgegensetzung künstlich. Sie stellen komplementäre Konstrukte dar, die sich weit gehend überschneiden. Gleichzeitig markiert das Begriffspaar Kultur – Zivilisation ein Spannungsfeld, das sich aus der Ungleichzeitigkeit zwischen kultureller und ökonomischer Entwicklung in vielen Ländern der Dritten Welt ergibt.

Am Ende des 19. Jahrhunderts waren vier Bedeutungsebenen des Kulturbegriffs akzentuiert, an die alle späteren kulturtheoretischen Diskurse anknüpfen:

1. Kultur als *materielle Praxis*, als Ausbildung von Kulturtechniken, die durch den technischen Fortschritt bestimmt werden;
2. Kultur als *Sinnform*, die sich entwicklungsgeschichtlich durch Mythos, Religion, Philosophie und Wissenschaft sowie zunehmend im Medium der Kunst ausprägt;
3. Kultur als *Habitusform*, die das Verhalten und die Persönlichkeitsentwicklung bestimmt;
4. Kultur als *Vergesellschaftungsform*, die kollektive Identitäten konstituiert, vornehmlich durch Ausbildung kultureller Traditionen.

Die Entfaltung und Differenzierung des Kulturbegriffs im 20. Jahrhundert ist durch multidisziplinäre Vermittlungsformen und durch Pluralisierung von Konzepten und Methoden charakterisiert, die in Paul Feyerabends oft missverstandener Formel »anything goes« kulminieren. Damit wird keineswegs einem Prinzip gleichgültiger Beliebigkeit gehuldigt, sondern die Einsicht ausgedrückt, dass innovatives Denken, Entdecken und Erfinden nicht nur als Ergebnis von methodisch gestützten Deduktionen oder kalkulierten Experimenten möglich sind, sondern zunehmend aus freier Phantasie, als »wildes Denken« (Claude Lévi-Strauss) erwachsen.

Philosophie und Anthropologie, Ethnologie und Soziologie, Historiographie und Psychologie haben die Pfade einer abstrakten, normativen Kulturtheorie verlassen und sich auf das unerforschte Feld der Mythen und Symbole begeben. Sie entschlüsselten die verborgenen Codes, die kulturelle Prozesse bestimmen, sie reflektierten die Wirkungen der »Kulturindustrie« (Adorno/Horkheimer) auf die Entwicklung des gesellschaftlichen Bewusstseins und entfalteten eine kritische Theorie der neuen Medien, die sich in der »Hyperrealität« des Cyberspace manifestiert.

Ernst Cassirer hat in seiner »Philosophie der symbolischen Formen« (1923–1929) Kultur als »symbolisches Universum« bezeichnet, in dem sich die Menschen mit der Dingwelt durch »Zwischenschaltung« von Sprachformen, Kunstwerken, mythischen Symbolen oder religiösen Riten sinnhaft vermitteln.[6] Aus dem Universum der Kultur ist ein Multiversum geworden: Kultur lässt sich nicht nur in unterschiedlicher Perspektive wahrnehmen, sondern auch in verschiedenen Deutungshorizonten und in divergierenden Handlungsfeldern lokalisieren. Im Multiversum der Kultur finden wir Hochkultur und Populärkultur, Festkultur und Alltagskultur, National- und Multikultur, Hegemonial- und Alternativkultur, Jugendkultur und Soziokultur. Sie kontrastieren und vermischen sich, prägen Kulturmuster und Lebensstile, bilden Kulturmilieus und Szenen.

2. Kulturgeschichte

Wie nachhaltig sich Kulturmuster in fünf Nachkriegsjahrzehnten verändert haben, soll ein kursorischer Rückblick auf diese Periode zeigen, die mit dem Schock der Spaltung einsetzt und in der Euphorie der wiedergewonnenen Einheit kulminiert, bevor eine neue Phase beginnt, die von der Suche nach einer gemeinsamen Kultur bestimmt ist.[7] Das Ende des Krieges wurde von vielen Deutschen als »Stunde Nichts« (Heinrich Böll) empfunden. Besiegt und befreit, zwischen Zusammenbruch und Neubeginn, Scham und Hoffnung, mit einem »Vakuum im Kopf« (Günter Grass) machten sich die Menschen auf den Weg in eine ungewisse Zukunft. In den Ruinen der »Zusammenbruchgesellschaft« (Christoph Kleßmann) regierte der Überlebenswille. Lessings Toleranzparabel »Nathan der Weise« – die erste Theateraufführung im zerstörten Berlin – mochte da Trost spenden, als Pathosformel in einer Trümmerkultur, die noch einmal den Traum des Schönen, Guten, Wahren beschwor. Aber die kulturellen Bedürfnisse waren vor allem auf Unterhaltung – Film und Operette – gerichtet, die eine Ablenkung von den drängenden Sorgen versprach. Den Anforderungen des Tages gerecht zu werden stand im Vordergrund, die Zukunft blieb ein verschlossener Raum, und die Vergangenheit erschien als böser Traum, den viele rasch vergessen wollten. Die politische Entwicklung wurde von den Besatzungsmächten bestimmt, und sie legten auch die Bedingungen fest, unter denen sich kulturelle Aktivitäten neu entfalten konnten.

2.1 Aufbrüche und Scheidewege: 1945–1960

Es waren vor allem Schriftsteller und Publizisten, die in den ersten Nachkriegsjahren die Frage nach Verantwortung und Schuld aufwarfen und vielfältige Versuche unternahmen, Perspektiven für ein neues Deutschland zu konturieren. Das geistige Klima der frühen Nachkriegsjahre wurde vor allem durch ein breites Zeitschriftenangebot geprägt: 1946/47 wurden rund 200 Kulturzeitschriften herausgegeben, wobei die literarisch-politische Publizistik im Vordergrund stand. Auch wenn sich diese Periodika in ihrer weltanschaulich-programmatischen Orientierung unterschieden, blieben sie nicht auf einzelne Besatzungszonen beschränkt, sondern waren bei der Auswahl der Autoren gesamtdeutsche Projekte. Die politische Verantwortung der deutschen Kultur für eine geistige Erneuerung manifestierte sich im antifaschistischen Konsens, und die frühen Dialogversuche waren durch das Bestreben bestimmt, Gemeinsamkeiten zwischen Humanismus, Christentum und Sozialismus für eine neue Demokratiekonzeption zu entdecken.[8] Solche gut gemeinten Absichten sollten sich im Spannungsfeld des politischen Systemantagonismus zwischen Ost und West, der die Dramaturgie des deutschen Teilungsprozesses unaufhaltsam vorantrieb, sehr rasch als Illusion erweisen. Je mehr sich die Deutschen durch die doppelte Staatsgründung und die fortschreitende Integration in antagonistische Blöcke (gezwungenermaßen) voneinander entfernten, umso mehr beschleunigte sich eine Entwicklung, in der auch die kulturelle Distanz immer deutlicher wurde.

Die 50er-Jahre waren vom Kalten Krieg und einem deutschen Kulturkampf geprägt, in dem die Führungsmächte zu Vorbildern wurden. Die Westdeutschen erlebten das Wirtschaftswunder und das »Wunder von Bern«, in der Adenauer-Ära entwickelte die alte Generation ein neues Selbstbewusstsein (»Wir sind wieder wer«), und die Jungen entdeckten Amerika. Es war die große Zeit des Unterhaltungskinos, vom »Schwarzwaldmädel« bis zu Romy Schneiders »Sissi«-Melodramen, und der Beginn des Fernsehzeitalters mit dem Dauerbrenner »Familie Schölermann«. Das neue Medium, das sich erst allmählich ein breites Publikum eroberte, wurde zum »Lagerfeuer der Familie« (Manfred Buchwald). Der Start des Fernsehens war mit hohen Erwartungen verbunden. Adolf Grimme erklärte bei der Eröffnung des neuen Hamburger Fernsehstudios 1953 mit idealistischem Überschwang: »Das Fernsehen vermag den Menschen besser zu machen. Es ist sogar sein Soll, dass die Kraft von Bild und Wort das Gute wirke.«[9]

In der Mitte des Jahrzehnts debütierte die documenta, als Festival abstrakter Kunst, und der Rausch des Rock 'n' Roll zog die Jugend in seinen Bann. Es war die Zeit der Teenager und der Halbstarken, von Petticoat und Blue Jeans, von Nierentisch und Motorroller. Das deutsche Juste-milieu und die Attraktionen Amerikas prallten aufeinander und trennten die Generationen. Der Kult grenzenloser Freiheit, der sich im amerikanischen Traum (»life, liberty and the pursuit of happiness«), in der Existenzphilosophie und in der abstrakten Kunst auf unterschiedliche Weise manifestierte, verstörte freilich nicht nur die Repräsentanten des »motorisierten Biedermeier« (Erich Kästner), die sich über die auf der Leinwand kaum wahrnehmbare nackte »Sünderin« Hildegard Knef scheinheilig echauffierten. Er akzentuierte auch den fundamentalen Gegensatz zur ostdeutschen Erziehungsdiktatur, die Kultur als Mittel zum Zweck im Kampf der Ideologien ihrer Verfügungsgewalt unterwarf. Der sozialistische Realismus und das Pathos einer volksverbundenen Kunst, die im »Bitterfelder Weg« (»Greif zur Feder, Kumpel«) ihren Ausdruck fand, wurden als Alternative zur amerikanischen »Unkultur«, zu »Kosmopolitismus«, »Dekadenz« und »Formalismus« propagiert und mit den rigiden Praktiken einer parteilichen Kulturpolitik durchgesetzt, soweit es die offene Grenze und die Wirkungen westlicher Medien zuließen.[10]

Der Streit um die deutsche Kultur war nicht nur auf die Gegenwart bezogen, sondern wurde auch als Auseinandersetzung um das kulturelle Erbe geführt. Während Walter Ulbricht Goethe zum Ahnherrn einer »sozialistischen Klassik« erhob, die in der Dichtervision vom »freien Volk auf freiem Grunde« kulminierte, und von Faust III träumte, entrüstete sich der Westen über die Preisgabe humanistischer Ideale, die Thomas Mann, der sich selbst als letzter Repräsentant einer gemeinsamen deutschen Kultur verstand, im Goethejahr (1949) in Frankfurt und Weimar noch einmal vergeblich beschworen hatte. Immerhin hat die Kontroverse gezeigt, dass es in beiden deutschen Teilgesellschaften einen »kulturellen Erinnerungsraum« (Aleida Assmann) gab, der das Kulturbewusstsein weiterhin nachhaltig beeinflusste und damit auch eine wichtige Klammer für den Fortbestand einer »deutschen Kulturnation« bildete.

2.2 Kultur und Politik: 1960–1970

Am Ende der 50er-Jahre lassen sich im westdeutschen Kulturmilieu deutliche Anzeichen für die Entwicklung eines neuen politischen Verantwortungsbewusstseins erkennen. Sie werden 1957 durch erste Proteste gegen eine Atombewaffnung der Bundeswehr ausgelöst und mobilisieren ein pazifistisches Engagement, das sich in den aus England übernommenen »Ostermärschen« sinnfällig manifestiert. In seiner Rede zum Ostermarsch 1960 erklärt der Schriftsteller Stefan Andres: »Warum sollte der Westen und Osten [. . .] sich nicht zur großen weltgeschichtlichen Tat einer allgemeinen Abrüstung zusammenfinden? Die Abrüstung aber muss in Deutschland beginnen.«[11] Hier liegen die Wurzeln der westdeutschen Friedens- und Anti-Atom-Bewegung, doch hat ihr die Schocktherapie des Mauerbaus zunächst den kulturellen Boden entzogen. Gesamtdeutsche Dialogversuche zwischen den Schriftstellern, die im Dezember 1960 in Hamburg und im Mai 1961 auf dem V. Schriftstellerkongress der DDR in Ost-Berlin im Bewusstsein einer gemeinsamen Verantwortung für die Friedenssicherung unternommen wurden, fanden am 13. August 1961 ein jähes Ende. Drei Tage später fordert Günter Grass in einem »Offenen Brief« die Schriftsteller in der DDR auf, »den Rechtsbruch zu verurteilen« und erinnert zur Begründung an das Versagen der inneren Emigration im nationalsozialistischen Deutschland: »Wer schweigt, wird schuldig.«[12] Die schroffe Antwort Stephan Hermlins, der sich auf seinen antifaschistischen Widerstand berief, zerstörte alle Illusionen. In dem eisigen Klima, das sich rasch ausbreitete, konnte es geschehen, dass ein bundesdeutscher Politiker die Forderung erhob, die Stücke von Bertolt Brecht vom Spielplan westdeutscher Bühnen abzusetzen.

Die Macht der Tatsachen bewirkte freilich schon bald eine vorläufige Entspannung. Seit 1963 ist die Literatur aus der DDR in der Bundesrepublik zunehmend entdeckt worden, weil sie Auskünfte über ein fremd gewordenes Land vermittelte, dem sich viele Menschen durch Geschichte und Herkunft weiter verbunden fühlten. Christa Wolfs Erzählung »Der geteilte Himmel« (1963) erregte besondere Aufmerksamkeit, weil sie die Teilung im Fokus einer tragischen Liebesgeschichte darstellte und zugleich an der Sinngebung einer sozialistischen Gesellschaft festhielt. Ein Buch, das die Sehnsucht nach Einheit und ihre absehbare Unmöglichkeit gleichermaßen zum Ausdruck brachte. Egon Bahr mochte dieser resignativen Einsicht nicht folgen, als er im Juli 1963 in Tutzing für die Aufnahme gesamtdeutscher Kontakte plädierte und dafür die Formel »Wandel durch Annäherung« prägte. Wenig später wurde der amerikanische Präsident John F. Kennedy ermordet, der durch seinen politischen Reformwillen für eine Aufbruchstimmung in den USA gesorgt hatte, die auch viele junge Menschen in Deutschland erfasste. Für die Ost-West-Politik hatte er eine »Strategie des Friedens« proklamiert, die einen Ausweg aus den weltpolitischen Krisen in Berlin und um Kuba weisen sollte und Bahrs Tutzinger Rede deutlich inspiriert hatte.

Seit 1965 wurde die deutsche Frage, die in der ersten Hälfte des Jahrzehnts in den Mittelpunkt öffentlicher Debatten gerückt war, durch den Protest gegen die Notstandsgesetze verdrängt. Die Adenauer-Regierung hatte bereits 1960 mit einer eigenen Regelung für innere und äußere Notstandssituationen einen ersten Versuch unternommen, die alliierten Eingriffsrechte außer Kraft zu setzen. Auch wenn damit Risiken für eine Einschränkung demokratischer Grundrechte verbunden schienen, war die Zielsetzung grundsätzlich plausibel, weil sie die deutsche Souveränität herstellen würde. Als die Erhard-Regierung 1965 einen neuen Anlauf unternahm und die Ablehnung der SPD nicht mehr sicher schien, formierte sich eine außerparlamentarische Opposition (APO), die sich nach der Bildung der großen Koalition zunehmend erweiterte. Sie konnte allerdings die Verabschiedung der Notstandsgesetze im April 1968 nicht verhindern.

Die Furcht vor einem »Notstand der Demokratie« verband sich seit 1965 mit der Kritik am Vietnam-Krieg. Dies bildete den Hintergrund für die Formierung einer studentischen Protestbewegung, die sich zunächst gegen restaurative Erscheinungen in der westdeutschen Gesellschaft gerichtet hatte, bevor nach dem Tod des Studenten Benno Ohnesorg (am 2. Juni 1967), der bei einer Demonstration gegen den Schah-Besuch in Berlin von einem Polizisten erschossen wurde, eine Radikalisierung einsetzte. Unter dem Eindruck der Frankfurter Auschwitz-Prozesse wurde »Die Unfähigkeit zu trauern« (Alexander und Margarete Mitscherlich) zum Fokus einer neuen Debatte über die nationalsozialistische Vergangenheit und ihre mentalen Folgen, die den Generationenkonflikt politisch zuspitzte. Doch die revolutionäre Emphase der Achtundsechziger mündete in Frustration oder endete bei einer verirrten Minderheit in Gewalt und Terrorismus.[13]

Die Modernisierung der deutschen Gesellschaft ist durch die Konflikte der 60er-Jahre angestoßen und beschleunigt worden, doch sind es weniger die Akteure der Protestbewegung als vielmehr die kulturellen Eliten gewesen, die den Wandel von Wertorientierungen und Kulturmustern, das geistige Klima der Republik, wesentlich verändert haben. Heinrich Böll und Günter Grass, Hans Magnus Enzensberger und Martin Walser, Rolf Hochhuth und Peter Weiss, Walter Jens und Jürgen Habermas repräsentieren den intellektuellen Horizont einer Gesellschaft, die in ihrer Fähigkeit zur Selbstkritik und in ihrem Anspruch, »mehr Demokratie zu wagen«, erwachsen geworden ist.

Die Kultur der 60er-Jahre wurde aber nicht nur durch eine Protestkultur im öffentlichen Raum geprägt, sondern auch durch kulturelle Umbrüche, die einen »Abschied von gestern« (Alexander Kluge), von überholten Konventionen und Leitbildern signalisierten und eine Suche nach neuen Lebensformen beinhalteten. Der »Junge deutsche Film« proklamierte 1962 in Oberhausen »Das alte Kino ist tot«[14] und fand den Anschluss an die internationale Moderne. Die Ulmer Hochschule für Gestaltung, die 1955 von Otl Aicher und Max Bill gegründet worden war, knüpfte an die Tradition des Dessauer Bauhauses an und entwickelte Muster für eine »in die Breite gehende Kultur des täglichen Lebens« (Bill). Ihr Gestaltungsanspruch reichte »vom Löffel bis zur Stadt«. Eine »Ästhetik der Askese« (Wolfgang Ruppert) und des Gebrauchswertes, die im Design des Braun-Radios ihren verbreiteten Ausdruck fand, löste das ornamentale Dekor von Nierentisch und Tütenlampen ab[15] und wurde zum Ausdruck eines modernen Lebensgefühls, das durch die Einführung der Antibabypille in Deutschland (1962) nachhaltig beeinflusst wurde. Es ist das Jahrzehnt der sexuellen Befreiung, des Minirocks und der langen Mähnen. Es ist das Jahrzehnt der Beat-Generation, der Beatles und Rolling Stones, der Annäherung von Hochkultur und Populärkultur, von Pop-Art und »kapitalistischem Realismus«. Es ist das Jahrzehnt eines Kulturwandels, der vor allem durch massenmediale Vermittlungsformen geprägt ist und unter dem Vorzeichen der Internationalisierung steht. Es ist auch ein Jahrzehnt markanter Gegensätze: zwischen den Generationen, zwischen den Blumenkindern der Hippie-Subkultur (»Make love not war!«) und der studentischen Protestbewegung, zwischen Happening und Revolution.[16]

Auch im Osten Deutschlands meldet sich eine neue Generation zu Wort. Sie bleibt überwiegend staatsloyal, weil sie an die Verheißungen der sozialistischen Utopie glaubt. Aber sie entwickelt ein kritisches Bewusstsein über die Differenz von Anspruch und Wirklichkeit im Monopolsozialismus des SED-Staates und macht sich damit zum Anwalt einer sprachlosen Gesellschaft, wird zu ihrer Ersatz-Öffentlichkeit.[17] Volker Braun zieht in seinem Stück »Die Kipper« (1965) gegen die »Renaissance für Spießer« und gegen eine »sozialistische Monarchie« zu Felde und nennt die DDR »das langweiligste Land der Erde«. Christa Wolf sucht in ihrer Erzählung »Nachdenken über Christa T.« (1968) jenseits von Propagandaparolen die »subjektive Authentizität« zur Sprache zu bringen, mit der sie den »Phantasielosen« und den »Tatsachenmenschen« entgegentritt. Doch das gewaltsame Ende des Prager Frühlings warf auch auf die Kulturpolitik der DDR lange Schatten. Günter Kunert hatte in seinem Gedicht »Geschichte« formuliert: »Glücklich wer am Ende mit leeren Händen dasteht/denn aufrecht und unverstümmelt dasein ist alles. Mehr ist nicht zu gewinnen.« In diesen Zeilen ist jene ästhetisch-dominante Grundstimmung ausgedrückt, die Wolfgang Emmerich als »Status melancholicus« bezeichnet hat. Die Furcht vor dem Scheitern der Utopie nimmt zu, am Ende des Jahrzehnts steht die Ent-Täuschung. Das viel beschworene Bündnis zwischen Geist und Macht, das sich schon auf dem »Kahlschlagplenum« der Staatspartei (1965) als höhnische Maskerade entlarvt hatte, ist zur verlorenen Illusion geworden. Und die junge Künstlergeneration, in die DDR »hineingeboren« (Uwe Kolbe), wird dieser Illusion nicht mehr anheim fallen.

2.3 Annäherung und Distanz: 1970–1980

»Aufmüpfig« zählt zu den Worten des Jahres 1970. Das Adjektiv verweist auf ein Zeitempfinden, das durch die ungeduldige Erwartung von Veränderungen bestimmt war. In beiden deutschen Staaten ereignen sich »Machtwechsel«, wobei die Ablösung von Personen zugleich einen politischen Wandel signalisiert. Bundeskanzler

Brandt erkennt in seiner Regierungserklärung im Dezember 1969 die Existenz der DDR erstmals ausdrücklich an und öffnet damit den Weg zur Aufnahme von Vertragsbeziehungen zwischen beiden deutschen Staaten. Seit dem Trauma der sowjetischen Intervention in Prag waren kaum anderthalb Jahre vergangen, als Willy Brandt in Erfurt lautstarke Sympathie entgegenschlug. Auf die Frage, ob die Deutschen trotz der anhaltenden staatlichen Teilung eine Nation geblieben seien, fand der Kanzler eine lapidare Antwort: »Nation ist, wenn man sich trifft.« Zumindest dieses Ziel konnte die Politik mit dem Grundlagenvertrag erreichen. Mitte der Siebziger besuchten jahresdurchschnittlich rund 6,4 Millionen Bundesbürger die DDR, hinzu kamen noch 1,4 Millionen Tagesbesuche von Westdeutschen in Ost-Berlin. Und beinahe ebenso wichtig wie die persönlichen Begegnungen war die Akkreditierung westdeutscher Journalisten in der DDR, die seit März 1973 erfolgte.[18]

Der Westen war im Osten angekommen, und diese Erfahrung musste auf beiden Seiten verarbeitet werden. Die DDR war keine Zone mehr, doch blieb sie ein reformresistentes Modell, das die Erwartungen auf einen offenen Wettbewerb, eine Annäherung der Systeme und kulturellen Austausch nicht einzulösen vermochte. Der Überwachungsstaat, der als »Fürsorgediktatur« (Konrad Jarausch) die Zustimmung der Bevölkerung gewinnen wollte, suchte diese gleichzeitig durch flächendeckende Observation einzuschüchtern, weil er ihren Anspruch auf Selbstbestimmung fürchtete.

In diesem Zustand des Argwohns blockierten sich die Mächtigen und ihre Untertanen wechselseitig. Wo »Subalternität« (Rudolf Bahro) im öffentlichen Handeln eine Karrierebedingung war, musste der Rückzug in die Privatsphäre zum Freiraum für eigensinnige Lebensgestaltung werden, wobei sich die Bundesrepublik in wachsendem Maße als »Beziehungsgesellschaft« (Rainer M. Lepsius) erweisen sollte. Diese Entwicklung konnte die SED durch ihre Politik der Abgrenzung ebenso wenig verhindern wie durch das paradoxe Konstrukt einer eigenständigen »sozialistischen deutschen Nation«. Mit Radio und Fernsehen war der Westen wirkungsvoller als die ideologischen Orientierungsangebote der SED. In der Alltagskultur war der Transfer westlicher Kulturmuster, vorrangig in der jungen Generation, unübersehbar. Auch in der bildenden Kunst fand der Stilpluralismus des Westens zunehmende Resonanz, doch musste man die Ateliers der Künstler aufsuchen, um diese Entdeckung zu machen, weil die offiziellen Kunstausstellungen diese Entwicklung ausblendeten.[19] Während in den 60er-Jahren die These verbreitet war, dass zwei deutsche Literaturen entstanden seien, herrschte jetzt die Auffassung vor, dass »eine Konvergenzbewegung der deutschen Literatur« zu beobachten sei[20], Literatur wurde als Medium kultureller Verständigung, als ein »Dach der Nation«, als letzter Rest für »etwas Gesamtdeutsches« betrachtet.[21]

Wie angefochten diese Hoffnung war, zeigte die Zwangsausbürgerung von Wolf Biermann am 16. November 1976. Die heimtückische Blitzaktion gegen den prominenten, seit 1965 mit öffentlichen Auftrittsverboten schikanierten Liedermacher, der seine »Drahtharfe« benutzt hatte, um »Mit Marx- und Engelszungen« die politischen Missstände in der DDR offen zu legen, wurde auch von vielen Künstlern der DDR als Schock empfunden. Zwölf renommierte Autoren (Sarah Kirsch, Christa Wolf, Volker Braun, Franz Fühmann, Stephan Hermlin, Stefan Heym, Günter Kunert, Heiner Müller, Rolf Schneider, Gerhard Wolf, Jurek Becker, Erich Arendt) protestierten in einem »Offenen Brief« an ihre Regierung, den sie nur im Westen veröffentlichen konnten, gegen diese rigorose Maßnahme. Der kollektive Protest, dem sich in den folgenden Tagen etwa 100 weitere Kulturschaffende, darunter der populäre Schauspieler Manfred Krug, anschließen sollten, stellte in der Kulturgeschichte der DDR ein Novum dar. Aus dem Fall Biermann wurde ein kulturpolitischer Grundsatzkonflikt, der nicht nur einen neuen tiefen Graben zwischen Kunst und Politik riss, sondern zugleich auch die Schriftsteller der DDR in zwei Lager spaltete und zahlreiche prominente Künstler zur Ausreise veranlasste: »gezwungen, die DDR freiwillig zu verlassen« – wie es Hans Joachim Schädlich pointiert hat.

Die Desillusionierung durch eine solche Kulturpolitik der eingebildeten Stärke und andere rigorose Maßnahmen, beispielsweise gegen Robert Havemann (1976) und Rudolf Bahro (1977), sowie den Ausschluss von neun Berliner Autoren aus dem Schriftstellerverband der DDR, als Tribunal inszeniert und im Juni 1979 vollzogen, leitete die »Finalitätskrise« (Sigrid Meuschel) der SED-Diktatur ein, und sie betraf nicht nur Kulturschaffende und Intellektuelle. Seit Mitte der 70er-Jahre zeigen Studien des Zentralinstituts für Jugendforschung in Leipzig, dass die SED in der jungen Generation zunehmend an Glaubwürdigkeit verliert und ein weit reichender Mentalitätswandel einsetzt, der sich alltagskulturell in der Rockszene und am Jeanskult ablesen lässt, aber sich auch im Anspruch auf ein selbst gestaltetes Leben ausdrückt, wie es vor allem Ulrich Plenzdorfs »Die neuen Leiden des jungen W.« (1973) zur Sprache bringt – ein Stück, das auch im Westen starke Resonanz hervorruft.

Seit der zweiten Hälfte der 70er-Jahre entwickelt sich in der DDR unter den jungen Schriftstellern und Künstlern jenseits des reglementierten Kulturbetriebs eine zweite Kultur, die sich von der »Vormundschaft eines übergeordneten Sinns« (Elke Erb) befreit und »Wege aus der Ordnung« sucht. Der Lyriker Uwe Kolbe registriert 1979, »dass diese Generation völlig verunsichert ist, weder richtiges Heimischsein hier noch das Vorhandensein von Alternativen anderswo empfindet«.[22] Der Topos »Niemandsland« gibt einer Zeitschrift den Namen, die erstmals Anfang 1987 in West-Berlin erscheint und Autoren aus Ost und West ein Forum bietet, das vorwiegend über die unabhängigen Kulturszenen in der DDR berichtet. Diese zeichnen sich in den 80er-Jahren in erster Linie durch intermediäre Kunstprojekte und durch inoffizielle Zeitschriften aus, in denen Schriftsteller, bildende Künstler und Fotografen eine neue Form künstlerischer Zusammenarbeit erproben. Bis heute bleibt umstritten, ob es dieser Gegenkultur gelungen ist, ihren Anspruch auf eine autonome Kunst gegen die Unterwanderungsversuche der Staatssicherheit zu verteidigen. Zumindest hat sie dazu beigetragen, dass die jungen Autoren und Bildkünstler nach dem Ende der DDR den Anschluss an die internationale Moderne leichter finden konnten als die traditionsgeprägte, politisch integrierte ältere Künstlergeneration.

Das Bedürfnis nach Selbstverantwortung bestimmte auch die Entstehung einer alternativen Bewegung in der DDR, die sich unter dem schützenden Dach der Evangelischen Kirche seit Mitte der 70er-Jahre ausbildete und einen – freilich eng begrenzten – Strukturwandel der Öffentlichkeit in der DDR einleitete. Friedens-, Ökologie-, Menschenrechts- und Dritte-Welt-Gruppen forderten das Recht auf intellektuelle und politische Selbstbestimmung ein, das sich ein Jahrzehnt später als geistiges Bewegungsprinzip und soziale Energiequelle für die gewaltlose Revolution im Herbst 1989 erweisen sollte. Es bleibt ein Makel für die westdeutsche Gesellschaft, dass diese Initiativen aus falscher Rücksichtnahme gegenüber der SED oder auch aus schlichter Ignoranz nur wenig Unterstützung gefunden haben.

2.4 Konflikt und Kommunikation: 1980–1989

Wie eng die Grenzen für einen gesamtdeutschen Dialog gesteckt waren, zeigte ein gemeinsames Forum, das Stephan Hermlin zeitgleich mit der Begegnung zwischen Bundeskanzler Helmut Schmidt und Erich Honecker im Dezember 1981 in Ost-Berlin organisierte. Die »Berliner Begegnung zur Friedensförderung« wurde durch einseitige Schuldzuweisungen von Hermann Kant, Vorsitzender des DDR-Schriftstellerverbandes, und Konrad Wolf, Präsident der Akademie der Künste der DDR, an die Adresse der USA belastet. Nur wenige Schriftsteller aus der DDR, vor allem Günter de Bruyn, reihten sich nicht in diese Einheitsfront ein. Sie kritisierten das »Wettrüsten im Geist« (Rolf Schneider), das auch in der »sozialistischen Wehrerziehung« eingeübt wurde, und verwiesen auf die Heuchelei der Politik im eigenen Land: »So erfreulich die Unterstützung der westeuropäischen Friedensbewegung durch die DDR auch ist, so fraglich wird ihr Nutzen bleiben, so lange der Eindruck entstehen muss, dass das drüben Bejubelte hüben unerwünscht ist.« (Günter de Bruyn). Nur selten kamen die deutschen Probleme direkt zur Sprache. Ingeborg Drewitz verwies am deutlichsten auf die unbefriedigende Situation, als sie für »eine größere Offenheit im kulturellen Austausch« plädierte, »die Tolerierung der Meinungsfreiheit und damit das Benennen ihrer Einschränkungen« einforderte. Sie erinnerte an die Ausgrenzungsbestrebungen gegenüber ehemaligen Autoren aus der DDR, die – »ungeachtet ihres persönlichen Mutes und ihrer moralischen Integrität« – auch von manchen westdeutschen Verbandsfunktionären als Störenfriede für das angestrebte kulturpolitische Arrangement behandelt wurden.[23]

Weil die Autoren an einem offenen Gedankenaustausch weit gehend gehindert wurden, mussten ihre Bücher Kommunikation stiften. Schon in den 70er-Jahren hatten viele Autoren aus der DDR in der Bundesrepublik ein breites Lesepublikum gefunden, verschiedene ihrer Werke konnten sogar nur in westdeutschen Verlagen erscheinen. Heiner Müllers Stücke wurden überwiegend von westdeutschen Bühnen aufgeführt, an denen auch Regisseure und Dramatiker aus der DDR arbeiten konnten. Einzelne DDR-Verlage haben sich beharrlich und engagiert bemüht, Werke bundesdeutscher Autoren zu publizieren, die aus politischen Gründen auf Vorbehalte der Kulturfunktionäre gestoßen waren. Besonders Günter Grass, der mit seinem Stück über den 17. Juni 1953 »Die Plebejer proben den Aufstand« (1966) den Zorn der SED hervorgerufen hatte, musste lange auf die Veröffentlichung seiner Bücher in der DDR warten. Der Leipziger Reclam Verlag konnte schließlich 1984 »Das Treffen in Telgte«, die hintersinnige Parabel über eine gesamtdeutsche Schriftstellerbegegnung während des Dreißigjährigen Krieges, vorlegen. Es sollte drei weitere Jahre dauern, bevor der Aufbau Verlag »Die Blechtrommel« publizieren durfte – fast 30 Jahre nach ihrer Erstveröffentlichung.

In den 80er-Jahren ist es schließlich auch gelungen, einen Austausch von Bildern aus Deutschland zu erreichen. Diese Entwicklung begann freilich mit einem Eklat. Auf der documenta 6 (1997) konnten sechs von der DDR ausgewählte Künstler (die

Maler Bernhard Heisig, Wolfgang Mattheuer, Willi Sitte und Werner Tübke sowie die Bildhauer Fritz Cremer und Joachim Jastram) nur unter der Bedingung ausgestellt werden, dass man sie in einem geschlossenen Kontext präsentierte. Außerdem setzten die DDR-Kulturfunktionäre durch, dass der von dem documenta-Kommissar Manfred Schneckenburger eingeladene unangepasste Dresdner Maler A. R. Penck nur in der Zeichnungsabteilung vertreten blieb, während seine ursprünglich vorgesehenen großformatigen Wandbilder nicht gezeigt wurden. Die westdeutschen Maler Georg Baselitz, Markus Lüpertz und Gerhard Richter, die bereits in frühen Jahren die DDR verlassen mussten, zogen daraufhin unter Protest ihre Werke zurück. Der Hamburger Kunstverein, der schon 1975 eine Sitte-Werkschau arrangiert hatte, eröffnete wenige Monate nach der documenta 6 eine Einzelausstellung von Wolfgang Mattheuer, die sein Leiter Uwe M. Schneede wieder nur über eine Beteiligung der DKP realisieren konnte. Die politische Steuerung kultureller Aktivitäten wurde seit Ende der 70er-Jahre verstärkt durch ökonomische Interessen beeinflusst. Als Schneede fünf Jahre später in seinen Räumen die Ausstellung »Zeitvergleich« präsentierte, waren das Kunstmagazin »art«, die hannoveraner Galerie Brusberg und der Staatliche Kunsthandel der DDR seine Partner. Zu den dreizehn Malern, die für die Ausstellung ausgewählt worden waren, zählten neben den Kasseler documenta-Teilnehmern u. a. die im Westen bereits hoch geschätzten Nonkonformisten Gerhard Altenbourg, Carlfriedrich Claus und Hartwig Ebersbach. Der Aachener Peter Ludwig, einer der wichtigsten Sammler der aktuellen amerikanischen Kunst, hatte zu dieser Zeit bereits das »Ludwig-Institut für Kunst in der DDR, Oberhausen« projektiert, das im Juni 1984 mit dem Anspruch auf »Durchblick« an die Öffentlichkeit trat und zu diesem Zeitpunkt Werke von 41 Künstlern vereinte – eine eher konventionelle Auswahl, die kaum experimentelle junge Kunst aus der DDR berücksichtigte.

Erst nach dem Abschluss eines deutschen Kulturabkommens erhalten die Ostdeutschen eine Möglichkeit, signifikante Beispiele der westdeutschen Kunst kennen zu lernen. Im Ostberliner Alten Museum wird am 31. Oktober 1986 die Ausstellung »Positionen – Malerei aus der Bundesrepublik Deutschland« mit Bildern von elf namhaften Künstlern eröffnet, die anschließend noch in Dresden und Hannover gastiert. Im Januar 1988 gelingt es endlich, Joseph Beuys zumindest mit seinen frühen Zeichnungen in Ost-Berlin und Leipzig vorzustellen, der die SED mit seinem experimentierfreudigen, kreativen Individualismus und seinem zeitweiligen politischen Engagement für die Grünen ebenso irritierte, wie er vor allem bei jungen ostdeutschen Künstlern auf besonderes Interesse stieß.

Das Kulturabkommen zwischen den beiden deutschen Staaten war nach langjährigen Sondierungen und Verhandlungen am 6. Mai 1986 unterzeichnet worden. Darin bekundeten die Vertragspartner ihre Absicht, »im Rahmen ihrer Möglichkeiten und auf der Grundlage des beiderseitigen Interesses« Zusammenarbeit und Austausch auf den Gebieten Wissenschaft und Bildung, bildende und darstellende Kunst, Musik, Literatur, Museumswesen, Denkmalpflege, Verlags-, Bibliotheks- und Archivwesen sowie bei der Durchführung kommerzieller Gastspiele von Künstlern und Ensembles zu fördern. In das Abkommen waren Radio und Fernsehen, Sport und Jugendaustausch ebenfalls einbezogen. »Arbeitspläne« für einen Zeitraum von jeweils zwei Jahren sollten die Vorhaben fixieren, doch sollten dadurch zusätzliche Aktivitäten nicht ausgeschlossen werden.[24] Der Abschluss des Abkommens war in der Bundesrepublik nicht unumstritten. Manche Kritiker befürchteten, dass die politische Formalisierung der Kulturbeziehungen zu einem Instrument der Kanalisierung werden könnte, die nun auch noch den schlechten Anschein bundesdeutscher Mitwirkung erhalten würde.

Die Zeit, um die Probe aufs Exempel zu machen, war zu kurz, und Martin Walser sollte mit seiner schon 1979 gestellten, scheinbar anachronistischen Frage Recht bekommen: »Warum akzeptieren wir eine Teilung wie ein Naturgesetz, obwohl wir einsehen können, dass sie aus ganz und gar zeitlichen Bedingungen entstand?«[25] Heiner Müller hatte auf dem erwähnten Schriftstellertreffen im Dezember 1981 ahnungsvoll von der subversiven Kraft der Kultur gesprochen, »die notwendig ist, um die Wirklichkeit unmöglich zu machen«.[26] Die »Mauerspringer aus Passion«, die sich in den 80er-Jahren neugierig und beharrlich »ein Bild machen« wollten – wie es Günter Grass in seinem Katalogtext für die Ausstellung »Zeitvergleich« zur Irritation der SED-Kulturfunktionäre anschaulich beschrieben hatte –, sollten schon bald ihre Gefolgschaft verlieren. Es war leichter, das Andere zu entdecken als es zum eigenen Erbe zu erklären.

Ein Rückblick auf zehn Jahre deutsche Einheit zeigt, dass die Kultur aus der DDR häufig nur noch als Politikum wahrgenommen wird, als Geschichte institutioneller Reglementierung und intellektueller oder künstlerischer Selbstpreisgabe. Die Kultur aus der DDR, zu der auch die Ausprägungen der Alltags- und Jugendkultur gezählt werden müssen[27], wird dabei als vergangene Episode marginalisiert, bevor sie als künstlerischer Ausdruck einer historischen Periode erkundet und in den Traditionsbestand der deutschen Kultur eingeordnet werden kann. Ein solcher reflexiver Umgang mit der Entwicklung von Kunst und Kultur in der DDR ist eine unabgegoltene Aufgabe im Kulturdiskurs der Deutschen. Was der »Literaturstreit« um Christa Wolfs 1979 entstandene Erzählung »Was bleibt«, die erst 1990 veröffentlicht wurde, ankündigte, hat sich 1999 im Weimarer »Bilderstreit« auf irritierende Weise wiederholt. In der europäischen Kulturstadt wurde im Rahmen der Ausstellung »Aufstieg und Fall der Moderne« die Malerei aus der DDR mit der Kunst des Dritten Reiches in Beziehung gesetzt: unter dem Vorzeichen des Antimodernismus und eines Diktaturenvergleichs. Die vielschichtige Kunst in der DDR mit der Entwicklung in der Bundesrepublik zu konfrontieren, kontrastierende und komplementäre Bildfindungen zu zeigen, das Spannungsfeld zwischen staatlicher Reglementierung und künstlerischer Autonomie aufzudecken – diese Kontextualisierung blieb in der baufälligen Mehrzweckhalle des ehemaligen NS-Gauforums ebenso ausgeblendet, wie uns der »Literaturstreit« eine vergleichende und differenzierende Debatte vorenthalten hatte.

2.5 Der Osten im Westen: Kultur im vereinten Deutschland

Wenn wir heute Bilanz ziehen[28], sollten wir jedoch nicht die ermutigenden Anzeichen übersehen. In den zehn Jahren, die seit der staatlichen Vereinigung Deutschlands vergangen sind, ist es gelungen, die kulturelle Infrastruktur in den neuen Ländern trotz erheblicher Finanzierungsprobleme weit gehend zu erhalten, auch wenn manche Theater oder Orchester in ihrer Existenz bedroht sind oder bereits aufgelöst werden mussten. Hierbei handelt es sich längst um ein gesamtdeutsches Problem. Kein anderes Land auf der Welt verfügt über ein ähnlich dichtes Netz von Kultureinrichtungen, neue Formen institutioneller Kooperation sind daher unverzichtbar, soll das kulturelle Leben in Deutschland keinen Schaden nehmen. Die Protagonisten des deutsch-deutschen Kulturkampfes haben ihren Streit weit gehend schlichten können. Nach kontroversen Debatten und einer komplizierten administrativen Prozedur konnte 1993 die Akademie der Künste Berlin-Brandenburg gegründet werden, die aus den Akademien der Künste in Ost- und West-Berlin hervorgegangen ist und seit 1997 erfolgreich von dem ungarischen Autor György Konrád geleitet wird. Weit schwieriger gestaltete sich die Zusammenführung der beiden deutschen PEN-Zentren, die durch heftige Diskussionen über die Verstrickung von Autoren und Verlegern in die Mechanismen des Überwachungsstaates bestimmt war. Erst am 30. Oktober 1998 gelang die Vereinigung, nachdem Joachim Walthers ernüchternde, ebenso materialreiche wie abwägende Darstellung zum »Sicherungsbereich Literatur« [29] eine klärende Beruhigung ermöglicht hatte.

Die Ausstellung »Deutschlandbilder«, die Eckhart Gillen konzipiert und gemeinsam mit Rudolf Zwirner gestaltet hat, im September 1997 im Berliner Martin-Gropius-Bau eröffnet, hat einen fruchtbaren neuen Weg gewiesen, indem sie die bildende Kunst aus dem Osten und Westen Deutschlands im Kontext zusammenführte.[30] Weil die »Kunst aus einem geteilten Land« in ihrem Zusammenhang vergegenwärtigt wurde, zeigten sich Parallelen und Kontraste, wurden Aktualität und Bedeutsamkeit von Kunstwerken deutlich, die zur gemeinsamen kulturellen Erinnerung der Deutschen gehören.

Für die jungen Protagonisten des Berliner Theaters sind Ost und West überholte Orientierungsmuster. Regisseure wie Thomas Ostermeier oder die Choreografin Sasha Waltz setzen auf ein experimentierfreudiges, zeitnahes Theater, von dem Sasha Waltz sagt: »Junges Theater ist risikoreich, widersprüchlich, intuitiv, sinnlich.«[31] Es ist gegenwartsnah, nicht historisch verortet, anders als Frank Castorfs Geschichtsdramen an der »Volksbühne«, und doch mit ihnen in der Fähigkeit verbunden, die Sinne zu wecken und zu provozieren: Denkanstöße zu geben mit den Ausdrucksmitteln der Bühne. Es ist ein Theater der Grenzüberschreitungen, nachdem die politischen Grenzen gefallen sind.

Eine Gesellschaft wird ihre Identität nicht finden können, wenn sie ihr kulturelles Gedächtnis verliert. Doch zeugt es von politischer Naivität, wenn immer wieder der Roman zur Wiedervereinigung erwartet wird, denn es gibt vielfältige Erinnerungen an die Geschichte des geteilten Deutschlands und unterschiedliche Wahrnehmungen des Einigungsprozesses, die sich nicht in einer »großen Erzählung« zusammenfassen lassen, sondern sich aus vielen »kleinen Erzählungen« (Jean-François Lyotard) zusammensetzen. In dieser verfehlten Erwartungshaltung liegen wohl auch die ästhetischen und politischen Missverständnisse begründet, die der Wiedergänger-Roman von Günter Grass »Ein weites Feld« (1995) hervorgerufen hat. Dass sich Geschichte mit Ironie und Sarkasmus erinnern lässt, haben die ostdeutschen Autoren Ingo Schulze (»Simple Storys«) und Thomas Brussig (»Helden wie wir«, »Am kürzeren Ende der Sonnenallee«) ebenso wie der Westdeutsche Michael Kumpfmüller (»Hampels Fluchten«) gezeigt. Doch ist auch eine Tendenz unverkennbar, historischer Erinnerung mit Skepsis zu begegnen. Der Gedicht-Zyklus von Durs Grünbein »Europa nach dem letzten Regen« enthält die Zeilen »Zerrissen ist das Blatt vorm Mund. Geschichte,/Geht mir der Staubwind wirklich nah. Der alles auslöscht?«. Hier wird die Ratlosigkeit spürbar, mit der Last von Geschichte zu leben: »Was geht Zerstörung, oben, einen Maulwurf an?«[32] Sind die älteren Generationen, selbstgerecht-anklagend oder enttäuscht und frustriert, heillos in eine Geschichte verwickelt, für jenen Geschichtsskeptizismus mitverantwortlich, der sich in der jungen Generation zunehmend ausbreitet? Der Hang zum Episodischen und zur Selbstinszenierung, zu Patchwork und Bricolage, zur Kunst als Zeit-Collage und Bastelbiografie, verbindet viele junge Autoren und Künstler mit vorherrschenden Tendenzen der Jugendkultur, die das Außergewöhnliche, den Event, als wichtigen Impuls für ihr Leben entdecken und ihre Ziele an »life politics« (Anthony Giddens) ausrichten, statt sich auf Sinnsuche zu begeben.

Im Jahr, in dem die Mauer fiel, fand in Berlin – fast unbeachtet – die erste »Love Parade« mit 150 Teilnehmern statt. Die Geschichte der Love Parade ist ebenso eine Geschichte fantasievoller Innovation wie professioneller Kommerzialisierung – ein Mega-Event, der zum Symbol für eine neue Jugendkultur geworden ist, in der sich Vergesellschaftungsbedürfnisse und Attitüden der Selbststilisierung höchst anschaulich verbinden. Auf dem größten Techno-Event lebten im Jahr 2000 mehr als eine Million junge Menschen in schrillen Outfits und mit ausdauernder Fröhlichkeit ihre Sehnsucht nach »love and peace« im Rausch der Sinne aus – zum letzten Mal als »politische Demonstration« auf Kosten der Stadt. Ist es verfehlt, wenn man die Hochstimmung, die auf den Straßen und Plätzen West-Berlins in der Nacht der Maueröffnung herrschte, mit der losgelassenen Euphorie der Love Parade in Beziehung setzt? Das Enthemmen der Sinne (»Wahn-Sinn!«) wird zum Gemeinschaftserlebnis. Jeder weiß, dass der Moment vorübergeht, aber niemand denkt daran, was kommen wird. Wir leben in einer Zeit wachsender Beschleunigung und verlorener Gewissheit.

3. Kulturpolitik

3.1 Entwicklungslinien und Strukturen

Kultur entwickelt sich im Spannungsfeld von Staat und Gesellschaft: Sie ist eine wesentliche Komponente der gesellschaftlichen Entwicklung und zugleich ein Aktionsfeld der Politik. Die deutsche Geschichte zeigt eindringlich, wie Kultur durch staatliches Handeln beeinflusst werden kann: durch die Sicherung kultureller Freiheit oder durch Reglementierung und Zensur; durch öffentliche Kulturförderung oder durch den Rückzug des Staates aus der finanziellen Verantwortung.

Begriff und Praxis der Kulturpolitik sind ein Produkt des 20. Jahrhunderts. Der Begriff kommt erst um die Jahrhundertwende auf und zielt auf die Art und Weise, wie der Staat seine nationale Kultur nach innen und vor allem nach außen präsentiert. Kulturpolitik in diesem Verständnis wollte nicht die Produktion von Kultur fördern, sie sollte vielmehr ihre politische Inszenierung ermöglichen, insbesondere als »auswärtige Kulturpolitik« (Karl Lamprecht).[33] Erst in den 20er-Jahren wurde der Begriff »Kulturstaat« in der Absicht verwendet, die Förderung der Kultur als eine staatliche Aufgabe zu verstehen.

Nach dem Ende der NS-Diktatur wurde die Freiheit der Kunst ebenso im Grundgesetz verankert wie der Kulturföderalismus, der den Ländern und Kommunen die politische Kompetenz für die Entwicklung der Kultur, die »Kulturhoheit« zuteilte – ein missverständliches Wort: ging es doch dabei nicht um die Hoheit über die Kultur, sondern lediglich um das Verhältnis zwischen Bund und Ländern. Soweit die Kommunen und Länder Kultureinrichtungen subventionierten, konzentrierten sie sich zunächst weit gehend auf die Hochkultur, wie Theater, Opernhäuser und Museen. Im Zeichen des Wiederaufbaus blieben Kunst und Kultur in erster Linie ein Projekt für Minderheiten, das vom Unterhaltungsbedürfnis breiter Bevölkerungsschichten deutlich abgegrenzt wurde: abstrakt und politikfern, elitär und kulinarisch.

Erst am Beginn der 70er-Jahre zeichnete sich eine Wende ab, die durch neue Kulturkonzepte und durch eine Ausweitung des kulturpolitischen Handlungsfeldes gekennzeichnet ist. Kulturpolitik wurde als Teil der Gesellschaftspolitik entdeckt – darin mit der Entwicklung der DDR vergleichbar. Die Kulturdezernenten Hilmar Hoffmann (Frankfurt) und Hermann Glaser (Nürnberg) wurden zu Protagonisten einer Neuen Kulturpolitik, die mit Hoffmanns Parole »Kultur für alle« eine umfassende Teilhabe an der Kultur postulierte und mit Glasers Projekt der »Soziokultur« die Bildungsfunktion künstlerischer Selbstbetätigung nachhaltig betonte.

Die CDU/CSU-Fraktion brachte 1970 im Bundestag den Antrag ein, die wirtschaftliche und soziale Lage von Schriftstellern und Künstlern zu untersuchen, die in einem »Autorenreport« (1972) und »Künstler-Report« (1975) dokumentiert wurde. Gleichzeitig wurde eine Sensibilisierung für Probleme des Städtebaus erkennbar, der nach den Zerstörungen des Zweiten Weltkriegs und im Zeichen forcierter Industrialisierung vorrangig dem Grundsatz flächendeckender ökonomischer Effizienz gefolgt war. »Rettet unsere Städte jetzt!« forderte der Deutsche Städtetag 1971 und konkretisierte diese Zielsetzung zwei Jahre später in der Erklärung »Bildung und Kultur als Elemente der Stadtentwicklung«. Das weitsichtige Dokument fordert »die Schaffung einer Umgebung, die durch Proportion und Grundstruktur die Fantasie anregt und gleichzeitig die Identifikation der Bewohner mit ihrer Stadt gewährleistet«.[34] Es betont die wichtige Rolle der »Kulturarbeit« für die »Entwicklung der sozialen, kommunikativen und ästhetischen Möglichkeiten und Bedürfnisse aller Bürger«. Denkmalschutz und Stadtentwicklung bilden einen Schwerpunkt der kulturpolitischen Debatte, die im »Europäischen Jahr des Denkmalschutzes 1975« mit der Gründung eines Deutschen Nationalkomitees für Denkmalschutz neuen Auftrieb erfährt.

Das »Bürgerrecht Kultur« rückt in den Mittelpunkt einer Neuen Kulturpolitik[35], die seit 1976 in der Kulturpolitischen Gesellschaft eine einflussreiche Interessenvertretung gefunden hat. Das Projekt Soziokultur, die Kulturarbeit direkt vor Ort, in »Kulturläden«, Freien Theatern, selbstverwalteten Kultur- und Jugendzentren, hat die Schranken zwischen Künstlern und Publikum geöffnet und die kulturelle Eigenaktivität gefördert, es hat im verstärkten Umfang Kinder und Jugendliche erreicht sowie marginalisierte Gruppen integriert. Soziokultur ist, wie die Bundesregierung 1990 in ihrer Antwort auf eine Große Anfrage mit allgemeiner Zustimmung feststellte, »zu einer festen Größe im kulturellen Leben der Bundesrepublik Deutschland geworden«.[36] Nach der deutschen Vereinigung hat die Soziokultur ihre Bewährungsprobe auch in den neuen Ländern bestanden. Sie hat dort ein Vakuum mit Energie gefüllt, das durch die Auflösung von Kulturhäusern und Jugendclubs in der Regie politisch gesteuerter Verbände entstanden war, und hat den selbst organisierten Initiativen, die sich in oppositionellen Gruppen herausgebildet hatten, ein neues Handlungsfeld eröffnet.[37]

Kulturpolitik entwickelt sich im engen Zusammenwirken von Ländern und Gemeinden unter Beteiligung des Bundes. Mit der »Ständigen Konferenz der Kultusminister der Länder in der Bundesrepublik Deutschland« (KMK) als institutioneller Ausdruck des Kulturföderalismus hat sich ein Gremium etabliert, das ein Mindestmaß an Abstimmung und Koordinierung in Angelegenheiten der Bildung und Kultur gewährleistet. Die KMK hat vier ständige Ausschüsse (Schule, Hochschule, Auslandsschulwesen sowie Kunst- und Erwachsenenbildung), die Fragen von gemeinsamem Interesse erörtern und in der Kulturpolitik argwöhnisch darauf achten, dass der Bund seine Kompetenzen nicht überschreitet. Beschlüsse werden nach dem Prinzip der Einstimmigkeit gefasst. Auf kommunaler Ebene ist der Deutsche Städtetag die wichtigste gemeinsame Interessenvertretung, die bereits 1952 in ihren »Stuttgarter Richtlinien« die Pflege der Kultur als wichtige und dringliche öffentliche Aufgabe deklariert hat. Eine Erklärung des Kulturausschusses fasst 1997 das aktuelle Verständnis von Kulturpolitik prägnant zusammen: »Öffentliche Kulturpolitik trägt Verantwortung für Pluralität und Dezentralität: Öffentliche Kulturpolitik pflegt und ermöglicht Traditionen, soweit diese auf staatlichen Schutz angewiesen sind. Sie ermöglicht Innovationen. Sie fördert die Kultur von Minderheiten. Sie unterstützt zentrale und dezentrale Kulturorte. Sie fördert Interaktionen mit anderen Kulturen. Sie fördert Kulturpraxis auch mit geringer Nachfrage, um ihr Entwicklungschancen zu geben.«[38]

Kulturpolitik ist im letzten Jahrzehnt in verstärktem Umfang in das Blickfeld einer breiten Öffentlichkeit getreten. Stichworte sind dabei: Kultur als »soziales Gedächtnis« (Maurice Halbwachs) und als »Erinnerungsraum«, die Finanzierung der kulturellen Infrastruktur und die Ausgestaltung des Kulturföderalismus. Die rotgrüne Bundesregierung hat die Bedeutung der Kulturpolitik unterstrichen, indem sie das Amt eines Beauftragten der Bundesregierung für Angelegenheiten der Kultur und der Medien (BKM) im Rang eines Staatsministers eingerichtet hat. Sie hat damit den Beifall der Intellektuellen ebenso wie den Argwohn vieler Kultusminister in den Bundesländern hervorgerufen, der Kulturföderalismus wird neu austariert – unter lautstarken Kontroversen. Michael Naumann hat die »Kulturhoheit« der Länder im November 2000 als »Verfassungsfolklore« bezeichnet[39] und damit bei den Adressaten einen Sturm der Entrüstung hervorgerufen. Bei nüchterner Betrachtung bleibt die Erkenntnis, dass niemand ernsthaft auf ein finanzielles Engagement des Bundes im kulturellen Sektor verzichten will.

Der Einigungsvertrag vom 31. August 1990 enthält die Verpflichtung, dass die »kulturelle Substanz« in den neuen Bundesländern »keinen Schaden nehmen« darf, die in der DDR zentral geleiteten kulturellen Einrichtungen sollten »in die Trägerschaft« der neuen Länder und Kommunen übergehen, »in denen sie gelegen sind« – so legt es der »Kultur«-Artikel 35 fest. Obwohl die Verantwortung für die Kultur im föderativen Staat in die Zuständigkeit der Länder fällt, verpflichtete sich der Bund, durch eine Übergangsfinanzierung zur Sicherung der Infrastruktur beizutragen, bis die Länder diese Aufgabe selbst im vollen Umfang übernehmen können.

Von 1991 bis 1994 hat der Bund rund 3,3 Milliarden DM zur Finanzierung von kulturellen Sonderprogrammen bereitgestellt. Das im Vordergrund stehende »Substanzerhaltungsprogramm« (für das etwa zwei Drittel aller Mittel bestimmt waren), sollte bestehende Einrichtungen sichern, das »Infrastrukturprogramm« richtete sich auf die strukturelle Modernisierung und förderte Aktivitäten in den verschiedenen Bereichen von Kunst und Kultur. Nachdem 1995 der Bund-Länder-Finanzausgleich in Kraft getreten ist, der die Finanzausstattung der neuen Länder verbessert hat und damit auch die eigenständige Kulturförderung erleichtern sollte, beteiligt sich der Bund seit 1. Januar 1995 im Wesentlichen nur mit zusätzlichen Mitteln an der Förderung national bedeutsamer Kultureinrichtungen, den so genannten »Leuchttürmen«.[40] Ein denkmalpflegerisches »Dach- und Fach-Programm« sowie ein Aufbauprogramm »Kultur in den neuen Ländern« (seit 1999) flankiert diese Unterstützung. Die Kulturausgaben des BKM in den neuen Ländern erreichten 1999 rund 306 Millionen DM und reduzierten sich im folgenden Jahr auf 238 Millionen DM.[41] Wie wichtig die Bundesförderung geblieben ist, zeigt die Tatsache, dass alle neuen Länder mit dem rückläufigen Volumen der Bundesmittel die Zahl der geförderten Projekte einschränken mussten.

In Berlin zeigt sich eine ähnliche Situation. Der Hauptstadtvertrag vom 30. Juni 1994 sicherte Berlin seit 1996 eine Kulturförderung von jährlich 420 Millionen DM zu. Da dieser Vertrag Ende 1999 ausgelaufen ist, wird über angemessene neue Lösungen noch immer heftig gestritten. Nachdem sich die Finanzmisere der Stadt durch die Bankenkrise drastisch verschärft hat, ist Berliner Kulturpolitik vorerst zur Kunst des Unmöglichen geworden. Auch hier wird der Ruf nach Bundeshilfe immer lauter, und im Hinblick auf die Sanierung und Rekonstruktion der Museumsinsel, die seit 1999 zum UNESCO-Weltkulturerbe zählt, unausweichlich.

Vor diesem Hintergrund erscheint es plausibel, wenn der BKM sein kulturpolitisches Handlungsfeld neu auslotet. Dafür ist die Diskussion über die Gründung einer Nationalstiftung der Bundesrepublik Deutschland für Kunst und Kultur ein signifikantes Exempel. Der seit Januar 2001 amtierende Staatsminister Julian Nida-Rümelin hat eine »nationale Kulturstiftung in privatrechtlicher Form« mit dem Bund und allen 16 Bundesländern als Stifter vorgeschlagen, mit dem Zweck der »Förderung national bedeutsamer Programme und Vorhaben«, insbesondere im Bereich der aktuellen Kunst. Das vorgesehene Gründungskapital, das von ursprünglich geplanten 75 Millionen DM auf 25 Millionen DM reduziert worden ist, kann kaum weit reichende Wirkungen auf die Entwicklung der deutschen Kultur auslösen. Es hat eher symbolische Bedeutung, was auch das Plädoyer von Günter Grass unterstreicht, die Nationalstiftung in Halle (Franckesche Stiftungen) anzusiedeln. Gleichzeitig geht es um einen neuen Zuschnitt kulturpolitischer Aktionsfelder.[42] Darauf verweist auch die Debatte um die künftige Form der Stiftung Preußischer Kulturbesitz, deren Finanzierungsabkommen 2004 ausläuft. Einzelne Länder, allen voran Bayern, haben bereits ihre Absicht erkennen lassen, aus dieser traditionsbehafteten, wohl bedeutsamsten deutschen Kulturstiftung auszuscheiden – für Nida-Rümelin wäre es das falsche Signal, wenn diese Stiftung nur noch von Berlin und ganz überwiegend vom Bund getragen würde.

3.2 Gesellschaftliche Organisationen

In die deutsche Kulturpolitik ist Bewegung gekommen. Neben dem Streit um Kompetenzen gibt es aber auch einen neuen Wettbewerb der Ideen, die von zahlreichen Kulturorganisationen und -verbänden entwickelt worden sind.[43] Diese haben vor allem im letzten Jahrzehnt eine öffentlichkeitswirksame Interessenartikulation praktiziert. Im Deutschen Kulturrat, der 1982 gegründet worden ist, sind gegenwärtig insgesamt etwa 200 Bundesverbände des kulturellen Lebens erfasst, die acht Sektionen bilden: Deutscher Musikrat, Rat für darstellende Künste, Deutsche Literaturkonferenz, Kunstrat, Rat für Baukultur, Sektion Design, Sektion Film/Audiovision, Rat für Soziokultur. Er ist die spartenübergreifende gemeinsame Interessenvertretung der Kulturschaffenden gegenüber den politischen Institutionen im Land, Bund und in der Europäischen Union. Obwohl die Länder über eine weit reichende kulturpolitische Autonomie verfügen, werden die gesetzlichen Rahmenbedingungen der Kulturförderung, beispielsweise die Einführung der Künstlersozialversicherung oder die in zwei Etappen realisierte Reform des Stiftungsrechts, auf Bundesebene festgelegt.

Der Deutsche Kulturrat nimmt aber nicht nur Einfluss auf kulturpolitische Entscheidungen, die für seine Mitgliedervereinigungen praktische Bedeutung haben, er beteiligt sich auch an der Diskussion über Kulturkonzepte, etwa im Hinblick auf die Bedeutung der »kulturellen Bildung im digitalen Zeitalter« (Juli 2000).[44] Mit dieser neuen Standortbestimmung nähert sich der Deutsche Kulturrat Initiativen der Kulturpolitischen Gesellschaft, die schon in ihrer »Hagener Erklärung« aus Anlass ihres zwanzigjährigen Bestehens 1996 die Bedeutung der Medien für die Zukunft der Kultur nachdrücklich betont hat: »Kultur umfasst die Entwicklung der Werte und Standards des gesellschaftlichen Zusammenlebens und die symbolischen Ausdrucksformen der Künste. Neben die Künste ist inzwischen ein Medien- und Kommunikationssystem getreten, das weit über die Künste und die Alltagskultur hinaus ebenfalls Lebensvorstellungen und Lebensstile beeinflusst und damit die Bedeutung unterschiedlicher kultureller Strömungen und Artikulationsformen verstärkt und erweitert.«[45]

Im Frühjahr 2001 hat der Vorstand des Deutschen Kulturrats eine Debatte angestoßen, die seine Konzentration auf Fragen der kulturellen Ordnungspolitik durch ein »stärkeres Engagement in inhaltlichen Fragen« ergänzen soll. Dabei gilt es, auf die Herausforderungen zu reagieren, die sich durch die Entwicklungen in der Biotechnologie und durch die Prozesse der Globalisierung zeigen. Stichworte für eine neue kulturpolitische Agenda sind: das Verständnis vom Menschsein im Zeitalter der Biotechnologie; kulturelle Pluralität als Reichtum; kulturelle Bewältigung des gesellschaftlichen Wandels; Kultur als Wirtschaft; Kunst und Utopie.[46]

Der Aktionskreis Kultur im Bundesverband der deutschen Industrie, der sich ursprünglich als »Kulturkreis« vor allem um die Förderung der bildenden Kunst Verdienste erwerben konnte, hat sich in den 90er-Jahren ebenfalls verstärkt in die kulturpolitische Debatte involviert. In einem 1995 erschienenen »Weißbuch«, dem weitere kulturpolitische Dokumente und Analysen folgen sollten, hat er für eine »Kulturförderung in gemeinsamer Verantwortung« plädiert, die in Deutschland bisher kaum ansatzweise entwickelt ist. Grundlegende Reformen im Steuer- und Stiftungsrecht, eine verstärkte Wirtschaftsorientierung kultureller Einrichtungen, die Einführung neuer Betriebsformen, die Entwicklung neuer Modelle von »public-private-partnership« und die Flexibilisierung von Kulturverwaltungen – das sind Forderungen, die auf eine deutliche Intensivierung der privaten Kulturförderung abzielen. Der Aktionskreis hat 1999 unter dem Titel »Kultur – Fundament und Aufgabe einer aktiven Bürgergesellschaft« 21 Thesen vorgelegt, in denen es unter anderem heißt: »15. Unternehmerische Verantwortung erstreckt sich über die Gewinnorientierung hinaus auch auf Gestaltungsaufgaben zur Entwicklung von Kreativität und Innovationskapital [. . .] 16. Kulturförderung durch Unternehmen schafft einen gesellschaftlichen Mehrwert, der im wohlverstandenen Eigeninteresse der Wirtschaft liegt. Hier muss sich die Wirtschaft in der Breite noch deutlich stärker engagieren – sei es mittels Spenden, Stiftungen oder eigenen Projekten, sei es als Sponsor.« Außerdem hat der Aktionskreis Kultur einen »Kultursenat« oder einen Sachverständigenrat sowie eine Kulturenquete im Deutschen Bundestag vorgeschlagen und gefordert, die »Kulturverträglichkeit staatlichen und kommunalen Handelns in wichtigen Politikfeldern Deutschlands laufend zu überprüfen«.[47] Die Verbindung von staatlicher Verpflichtung und bürgerschaftlichem Engagement eröffnet neue Perspektiven für die Zukunft der Kultur in Deutschland.

3.3 Kulturfinanzierung

Der Begriff der Kultur signalisiert schon längst keinen normativen Anspruch mehr, sondern ist eine deskriptive Kategorie geworden, die nach unterschiedlichem Ermessen weiter oder enger gefasst wird. Das zeigt sich besonders in der Kulturstatistik. Im engeren Sinn schließt Kulturfinanzierung die Aufwendungen für den Unterhalt kultureller Einrichtungen (insbesondere Theater und Museen), für die kulturelle Bildung (einschließlich Volkshochschulen), für Bibliotheken, Denkmalschutz und die Kulturverwaltungen ein. In ihrem »Framework for Cultural Statistics« zählt die UNESCO die öffentlichen Ausgaben für Sport und Erholung sowie für den Umweltschutz (Reinhaltung von Luft, Wasser, Erde) ebenfalls zum kulturellen Sektor, in der EU-Kulturstatistik sind die Ausgaben für Hörfunk und Fernsehen Bestandteil der Kulturstatistik, und in Deutschland differieren die Abgrenzungen des Kulturbegriffs, die vom Statistischen Bundesamt, der Kultusministerkonferenz, dem Deutschen Städtetag und der Bund-Länder-Kommission verwendet werden. Nach dem Klassifikationsschema der UNESCO wurden in Deutschland 1997 von öffentlichen Haushalten 31,9 Milliarden DM, nach Angaben des Deutschen Städtetages 20,4 Milliarden DM, nach der Zusammenstellung der KMK 15,9 Milliarden DM zur Förderung von Kunst und Kultur zur Verfügung gestellt, nach Angaben des Statistischen Bundesamtes waren es nur 14,6 Milliarden DM.[48]

Zumindest über die angespannte Situation der Kulturetats sind sich alle Beteiligten seit Anfang der 90er-Jahre einig. Der ehemalige Münchner Kulturdezernent Jürgen Kolbe hatte schon 1993 konstatiert: »Der Laden ist pleite, die vollmundigen Theoreme von einst sind Makulatur und die armen Dezernenten zu Sparkommissaren am eigenen Etat zweckentfremdet.«[49] Es ist nicht ganz leicht, den Realitätsgehalt dieses Kassandrarufes zu überprüfen, denn die öffentliche Kulturfinanzierung ist eine der dunkelsten Grauzonen der Kulturstatistik, die sich nur schwer erhellen lässt. Erst kürzlich hat Michael Söndermann Zahlen vorgelegt, die einen nachvollziehbaren Aufschluss über die öffentliche Kulturfinanzierung in Deutschland bieten. Söndermann hat für das Jahr 2000 Gesamtausgaben von 15,54 Milliarden DM ermittelt, davon entfallen 47 Prozent auf die Länder, 44 Prozent auf die Kommunen und 9 Prozent auf den Bund. Der Anteil der Kulturausgaben am Bruttoinlandsprodukt liegt bei rund 0,4 Prozent, an allen öffentlichen Haushalten bei etwa 1,3 Prozent, das entspricht der Quote von 1985.[50] Im Vergleich zu 1995 haben sich die Kulturausgaben in Bund, Ländern und Gemeinden nur noch geringfügig erhöht und sind unter Berücksichtigung des Kostenanstiegs (Preise und Löhne) sogar leicht rückläufig. Die akute Finanznot der Kommunen, die sich in den Kulturetats teilweise drastisch auswirkt, wird besonders im längerfristigen Vergleich deutlich: Während ihr Anteil an der öffentlichen Kulturfinanzierung Anfang der 90er-Jahre üblicherweise mit 60 Prozent beziffert wird, hat er sich im letzten Jahrzehnt deutlich reduziert. Die Länder haben die Kommunen als wichtigste Finanzierungsquelle der Kultur überholt.

Betrachtet man die langfristige Entwicklung für Länder, Kommunen und Bund insgesamt, haben sich die Kulturausgaben nach Angaben des Statistischen Bundesamtes am stärksten zwischen 1975 und 1980 (+ 82 %) erhöht, die große Zunahme zwischen 1990 und 1995 (+ 68 %) ist in erster Linie als Folge der deutschen Einheit zu interpretieren, demgegenüber erweist sich in Übereinstimmung mit dem von Söndermann ermittelten Trend der Zeitraum von 1995 bis 2000 als eine prekäre Phase der Stagnation.[51] Analysiert man die Verteilung der Kulturausgaben nach Sparten, zeigt sich die hohe Belastung der Kulturhaushalte durch Oper (20 %), sonstige Musikpflege (9 %) und Schauspiel (7 %). Sie beanspruchen zusammen mehr als ein Drittel aller Kulturausgaben, 16 Prozent entfallen auf Bibliotheken, 15 Prozent auf Museen, 12 Prozent auf kulturelle Bildung (Kunsthochschulen sowie Volkshochschulen), 11 Prozent auf sonstige Kulturpflege (Film/Video, Literatur, bildende Kunst, Soziokultur), 4 Prozent auf Denkmalschutz sowie 7 Prozent auf die Kulturverwaltung.[52] Bei den öffentlichen Theatern lag der durchschnittliche Zuschuss je Besucher in der Spielzeit 1996/97 bei rund 167 DM.[53]

Es ist absehbar, dass sich das Volumen der öffentlichen Kulturhaushalte bei steigendem Kostendruck in den nächsten Jahren kaum wesentlich erhöhen wird. Daher ist es dringend erforderlich, den Anteil der privaten Kulturförderung erheblich zu steigern. Dafür bestehen günstige materielle Voraussetzungen: Das private Geldvermögen in Deutschland beläuft sich gegenwärtig auf rund 5 200 Milliarden DM, jährlich werden etwa 250 Milliarden DM vererbt.[54]

Die Kultur des Stiftens ist aber in Deutschland noch weit gehend unterentwickelt. Während am Anfang des 20. Jahrhunderts etwa 100 000 Stiftungen bestanden, wurden im Jahr 2000 17 932 Stiftungen registriert, darunter 2 400 Stiftungen, die Kunst und Kultur fördern, das entspricht einem Anteil von 13,7 Prozent.[55] Da viele Stiftungen keine öffentlichen Angaben über ihre Aktivitäten und Finanzzuwendungen machen, sind nur grobe Schätzungen über ihren Beitrag zur Kulturfinanzierung möglich. Er wird mit rund 600 Millionen DM geschätzt, das entspricht etwa vier Prozent der öffentlichen Kulturausgaben. Das Fördervolumen der 500 größten Unternehmen für kulturelle Zwecke (Kultursponsoring) wird mit maximal eine Milliarde DM angegeben[56], das bedeutet, in Deutschland finanzieren die

Tab. 1: Ausgaben des Beauftragten der Bundesregierung für Angelegenheiten der Kultur und der Medien (BKM) im Jahr 2000

Übersicht	in TDM	in TDM
1. Kulturstiftungen	363 065	davon
Stiftung Preußischer Kulturbesitz		294 622
Stiftung Preußische Schlösser und Gärten		26 000
Kulturstiftung der Länder		15 000
Stiftung Weimarer Klassik		14 740
2. Museen	130 868	davon
Deutsches Historisches Museum		26 632
Kunst- und Ausstellungshalle der Bundesrepublik Deutschland		27 912
Stiftung Haus der Geschichte der Bundesrepublik Deutschland		36 203
3. Die Deutsche Bibliothek	67 554	
4. Archive (u. a. Bundesarchiv)	88 646	
5. Festspiele	8 375	davon
Berliner Festspiele		7 500
6. Denkmalpflege, Sicherung von Kulturgut	52 078	
7. Förderung kultureller Maßnahmen gem. § 96 Bundesvertriebenengesetz	38 533	
8. Internationale kulturelle Aufgaben im Inland	5 452	
9. Förderung der Künstler	6 245	davon
Villa Massimo, Rom		5 375
10. Musik	38 449	davon
Bayreuther Festspiele		3 223
Philharmonia Hungarica		6 481
Bamberger Symphoniker		6 354
Rundfunk-Orchester und Chöre (ROC)		19 831
11. Film	27 800	
12. Sprache und Literatur	12 874	davon
Deutsche Schillergesellschaft		7 592
13. Bildende Kunst (u. a. Erwerb zeitgenössischer Kunst)	850	
14. Förderung von Kunst und Kultur in Berlin und Bonn	170 000	
Hauptstadtkulturförderung		100 000
Kulturförderung Bonn		70 000
15. Geschichtsbewusstsein	65 623	davon
Gedenkstätte Buchenwald		5 330
Topographie des Terrors		1 525
Stiftung Brandenburgische Gedenkstätten		5 050
Erweiterung der Gedenkstättenförderung		10 000
16. Medien	599 811	davon
Deutsche Welle		580 406
17. Sonstige Kulturförderungsmaßnahmen	67 014	davon
Aufbauprogramm Kultur in den neuen Ländern		60 000
Gesamt	1 743 237	

Quelle: Im Bund mit der Kultur, Neue Aufgaben der Kulturpolitik, BKM, März 2000, S. 82f.

öffentlichen Haushalte etwa 90 Prozent der Kulturausgaben, in den USA erfolgt die Kulturfinanzierung umgekehrt proportional. Dort entfallen rund 90 Prozent auf private Geldgeber. Auch wenn man berücksichtigt, dass sich die beiden Länder in Tradition und kultureller Infrastruktur deutlich unterscheiden, wird ein erheblicher Spielraum für eine weitreichende Veränderung im System der Kulturförderung erkennbar, mehr noch: Es besteht dringender Handlungsbedarf.

3.4 Auswärtige Kulturpolitik

Keine andere Organisation hat das Bild von Deutschland im Ausland so nachhaltig geprägt wie das Goethe-Institut, das 1951 mit dem Ziel gegründet wurde, einen wirksamen Beitrag zur Vermittlung der deutschen Sprache und Kultur zu leisten. Seine zunächst auf das Inland konzentrierten Aktivitäten, vornehmlich Sprachkurse, wurden seit 1959 durch die Integration deutscher Kultureinrichtungen im Ausland erweitert und 1969 durch eine erste Rahmenvereinbarung mit dem Auswärtigen Amt (Neufassung 1976) materiell abgesichert, wobei die politische Unabhängigkeit gewährleistet blieb. 50 Jahre nach seiner Gründung beschäftigt das Goethe-Institut rund 3 100 Mitarbeiter, davon 2 350 im Ausland. In 76 Ländern bieten insgesamt 129 Außenstellen deutschen Sprachunterricht an und vermitteln Einblicke in die deutsche Kultur, abseits »der herkömmlichen Schablonen«, jenseits »von Goethe und Beethoven, Bier und Gemütlichkeit« – wie die Frankfurter Allgemeine Zeitung schon 1964 konstatierte.[57] Seit Anfang der 90er-Jahre wurden 16 neue Niederlassungen in den ehemals sozialistischen Staaten Osteuropas eingerichtet, doch blieben die »Salons in der Fremde« (Heinrich Wefing) von Etatkürzungen nicht verschont: Nach heftigen Diskussionen und Protesten mussten 1999 10 Auslandsinstitute geschlossen werden, 15 weitere sollten folgen, vornehmlich in Westeuropa. Seit 1994 werden keine neuen Dozenten eingestellt, die Personalstärke soll auf den Stand von 1989 zurückgeführt werden. Der Jahresetat 2000 umfasste 471 Millionen DM, darunter etwa ein Drittel Eigenmittel (168 Millionen DM), überwiegend Einnahmen aus dem Sprachunterricht.[58]

Das Goethe-Institut hat mit seinen vielfältigen Programmen im Ausland ein modernes, lebendiges Deutschland präsentiert: Günter Grass und Günter Wallraff, Hans Magnus Enzensberger und den jungen ostdeutschen Büchner-Preisträger Durs Grünbein, den kritischen Grafiker und politischen Plakatkünstler Klaus Staeck, das Berliner Grips-Theater und die Choreografin Pina Bausch mit ihrem Wuppertaler Tanztheater, aber auch Rock-Gruppen wie »Einstürzende Neubauten«. Die Experimentierfreude und Risikolust mancher Institutsleiter hat immer wieder Kritik von Politikern provoziert, die Deutschland im Ausland als heile Welt dargestellt sehen wollten. Franz Josef Strauß hat in diesem Zusammenhang paradoxerweise sogar das Beispiel der DDR bemüht, um seine Vorbehalte gegen das Goethe-Institut zu artikulieren: »Die hellen und festlichen Farbtöne, mit denen die DDR ihr Land im Ausland malt, werden auf Dauer erfolgreicher sein als die düstere Götterdämmerungspalette der Bundesrepublik Deutschland.«[59]

Neben dem Goethe-Institut bestehen vier weitere kultur- und bildungspolitische Einrichtungen, die durch das Auswärtige Amt finanziell gefördert werden: Der

Deutsche Akademische Auslandsdienst (DAAD) und die Humboldt-Stiftung entfalten ihre internationalen Aktivitäten im Bereich von Studium und Forschung. Im kulturellen Sektor agieren das Institut für Auslandsbeziehungen (ifa) und eine Abteilung des Deutschen Musikrats, die als Verbindungsstelle für Auslandsfestspiele fungiert. Das ifa organisiert in erster Linie Ausstellungsprojekte zeitgenössischer Kunst, es wird vom Land Baden-Württemberg und der Stadt Stuttgart kofinanziert und hat mit einem Budget von 22 Millionen DM und 75 Mitarbeitern einen beschränkten Aktionsradius.[60] Der überwiegend aus Mitteln des Bundespresseamts finanzierte Besucherdienst der Bundesregierung, Inter Nationes, der darüber hinaus auch Bildungsangebote für das Ausland entwickelt hat, ist nach einer Evaluation im vergangenen Jahr mit dem Goethe-Institut fusioniert worden. Es bleibt abzuwarten, ob damit nicht nur Spareffekte erzielt, sondern auch kulturelle Synergien freigesetzt werden.

Auswärtige Kulturpolitik hat in der Einschätzung der deutschen Bevölkerung einen hohen Stellenwert. Mehr als 60 Prozent sehen darin nach einer aktuellen Umfrage des deutschen Bankenverbandes eine wichtige oder sehr wichtige Aufgabe.[61] Vor 30 Jahren hat eine Enquetekommission des Deutschen Bundestages unter dem Vorsitz von Ralf Dahrendorf »Leitsätze zur Auswärtigen Kulturpolitik« formuliert, die im vergangenen Jahr durch eine »Konzeption 2000« abgelöst worden sind. Sie wurde im Auswärtigen Amt erarbeitet. Auswärtige Kulturpolitik wird darin als »*integraler Teil*«, als »dritte Säule« der Außenpolitik bestimmt. Herausforderungen, Grundsätze, Ziele und Strategien der Auswärtigen Kulturpolitik werden aus den grundlegenden politischen Veränderungen abgeleitet, die seit 1970 eingetreten sind: Das Ende der Nachkriegszeit, die deutsche Wiedervereinigung, der Aufbau einer weltweiten Informations-, Lern- und Wissensgesellschaft, die Globalisierung der Lebensverhältnisse, die kulturelle Dimension der europäischen Einigung werden als »aktuelle Herausforderungen« benannt, die es notwendig machen, Auswärtige Kulturpolitik als eine »*Zweibahnstraße*« zu projektieren. Sie »*vermittelt Kultur aus Deutschland als Teil der europäischen Kultur*« und zielt auf »*Dialog, Austausch und Zusammenarbeit von Menschen und Kulturen*«.

Weil für die Auswärtige Kulturpolitik insgesamt weniger als 0,25 Prozent des Bundeshaushalts zur Verfügung stehen, wird Ressourcenbündelung unerlässlich, vor allem wird aber zusätzlich eine verstärkte Beteiligung nichtstaatlicher Träger an der Auslandskulturarbeit angestrebt: »Zentrale Aufgabe der kommenden Jahre wird es sein, über politische und kulturelle Grenzen hinweg mehr *Foren des Dialogs und globale Netzwerke* aufzubauen und mitzuhelfen, auf der Basis eigener Interessen Beiträge zur Lösung gemeinsamer Probleme zu finden.«[62]

Hilmar Hoffmann, der bis Ende 2001 noch als Präsident des Goethe-Instituts amtiert, hat die Errichtung einer »Stiftung Goethe-Institute« vorgeschlagen, die mit einem zweistelligen Millionenkapital den derzeit verfügbaren Jahresetat deutlich aufstocken soll. Ob eine solche Allianz mit privaten Sponsoren, insbesondere aus der Wirtschaft, gelingt, wird die Zukunft erweisen. DaimlerChrysler hat bereits die Bereitschaft bekundet, in den Jahren 2001 bis 2003 750 000 Euro für die Arbeit der 23 in Asien aktiven Goethe-Niederlassungen zur Verfügung zu stellen – eine Initiative, die Nachahmung verdient, wenn sie die Unabhängigkeit der Institute respektiert, das wertvollste Kapital für die Auslandskulturarbeit.[63]

4. Kulturelle Infrastruktur

Deutschland verfügt über eine reiche kulturelle Infrastruktur, auch wenn sich im letzten Jahrzehnt unterschiedliche Trends erkennen lassen, die kein einheitliches Bild vermitteln. Es gibt Wachstum und Schrumpfungsprozesse, Schließungen von Theatern, Auflösung von Orchestern, aber auch Neubauten von Museen, beispielsweise in Köln und Leipzig. Insgesamt lässt sich nicht übersehen, dass der kulturelle Sektor (vor allem durch die elektronischen Medien) expandiert. In diesem Bereich (künstlerische und Medienberufe ohne Druckgewerbe) sind nach aktuellen Schätzungen rund eine Million Menschen beschäftigt.[64] Zusätzlich sind 2,1 Millionen Personen im Bereich »Kultur und Musik« ehrenamtlich tätig, wie der »Freiwilligen-

Tab. 2: Erwerbstätige in künstlerischen und publizistischen Berufen 2000*

Gegenstand der Nachweisung	Erwerbstätige insgesamt	Darunter weiblich
	1 000	
Musiker	42	11
dar.: Selbstständige	20	/
Darstellende Künstler, Sänger	34	14
dar.: Selbstständige	14	/
Bildende Künstler (freie Kunst)	29	13
dar.: Selbstständige	28	12
Bildende Künstler (angewandte Kunst)	89	39
dar.: Selbstständige	40	15
Künstlerische und zugeordnete Berufe der Bühnen-, Bild- und Tontechnik	51	16
dar.: Selbstständige	11	/
Raum-, Schauwerbegestalter	39	19
dar.: Selbstständige	11	/
Fotografen, Kameraleute	25	10
dar.: Selbstständige	13	/
Publizisten	127	54
dar.: Selbstständige	46	19
Dolmetscher, Übersetzer	28	20
dar.: Selbstständige	16	10
Bibliothekare, Archivare, Museumsfachleute	65	43
dar.: Selbstständige	/	/
Lehrer für musische Fächer	45	26
dar.: Selbstständige	19	11
Insgesamt	574	265
dar.: Selbstständige	218	67

*) Ergebnis des Mikrozensus vom Mai 2000 - Klassifizierung der Berufe, Ausgabe 1992.
/ = kein Nachweis, da das Ergebnis nicht ausreichend genau ist.
Quelle: Statistisches Bundesamt, Mikrozensus 2000.

survey 1999« ermittelt hat. Kultur ist aber nicht nur ein wichtiges gesellschaftliches Aktionsfeld, sondern auch ein relevanter volkswirtschaftlicher Faktor: Bis zu vier Prozent des Bruttoinlandsprodukts entfallen auf die Kulturwirtschaft[65], die damit deutlich vor dem Bergbau rangiert – einem Produktionszweig, der ebenfalls durch hohe staatliche Subventionen gefördert wird.

4.1 Printmedien

Deutschland ist ein Buch- und Leseland, das im internationalen Vergleich weit vorne in der Spitzengruppe liegt. Der Umsatz mit Büchern (einschließlich Fach- und wissenschaftlichen Zeitschriften) erreichte im Jahr 2000 18,4 Milliarden DM (im Vergleich: USA 24,8 Milliarden Dollar). Von 1991 bis 2000 ist die Produktion von rund 68 000 auf fast 83 000 Titel angestiegen, wovon etwa drei Viertel Erstauflagen und ein Viertel Neuauflagen sind. Die Belletristik hat mit 12 Prozent den höchsten Anteil an einem breit gefächerten Spektrum, gefolgt von den Bereichen Wirtschaft (7,1 %), Medizin sowie Kinder- und Jugendliteratur (je 5,9 %).[66] In Deutschland sind derzeit mehr als 900 000 Buchtitel lieferbar. Ob sich dieser Wachstumstrend auch künftig fortsetzt, bleibt offen. Eine Prognose für den amerikanischen Buchmarkt bis 2005 sagt nur noch signifikante Zuwächse für Kinder- und Jugendbücher voraus.[67]

Auch andere Printmedien, vor allem Tageszeitungen und Publikumszeitschriften, haben ihre Position behaupten und ihre Auflagen steigern können, obwohl sich hier Konzentrationsprozesse noch stärker ausgewirkt haben als bei der Buchproduktion. Im Jahr 2000 sind in Deutschland 355 Tageszeitungen mit einer Auflage von 23,9 Millionen Exemplaren erschienen, ein Vierteljahrhundert zuvor gab es noch rund 400 verschiedene Blätter mit 18,9 Millionen Exemplaren. Damit entfallen derzeit auf 1 000 Einwohner täglich etwa 300 Zeitungen. Die Entwicklung der Wochenzeitungen ist weniger günstig verlaufen. Ihre Anzahl hat sich seit 1975 halbiert. Während die Auflage seinerzeit 1,8 Millionen Exemplare erreichte, konnten im Jahr 2000 25 Wochenzeitungen mit 2,0 Millionen Exemplaren lediglich einen geringfügigen Zuwachs verzeichnen. Wochenzeitungen können nicht mit der Aktualität der elektronischen Medien Schritt halten, sie sind aber auch als Hintergrundanalyse, im Essay und in der Kulturkritik der Konkurrenz überregionaler Tageszeitungen unterlegen, die besonders im Feuilleton teilweise eine hohe Qualität entwickelt haben. Und sie haben es nur unzureichend vermocht, sich ein modernes Gesicht zu geben. Sie haben auf Umfangerweiterung gesetzt – und damit das Zeitbudget ihrer schrumpfenden Leserschaft überfordert. Die Publikumszeitschriften haben seit 1975 ihre Auflage von 69,7 Millionen auf 128,5 Millionen Exemplare fast verdoppeln können. Ihr Erfolg verweist gleichermaßen auf gestiegene Unterhaltungsbedürfnisse und das Interesse an neuen Angebotsformen, die den Erwartungen einer differenzierten, erlebnisorientierten Leserschaft auf spezifische Weise Rechnung tragen.[68]

Die Zeitung ist ein altes Medium, aber auch ein Medium für Ältere, in der jungen Generation (zwischen 16 und 29 Jahren) findet es nur noch die Hälfte wichtig, eine Tageszeitung zu lesen. Die Werbeeinnahmen der Zeitungen und Zeitschriften

Abb. 3: Erwerbstätige in der Medienbranche in Deutschland

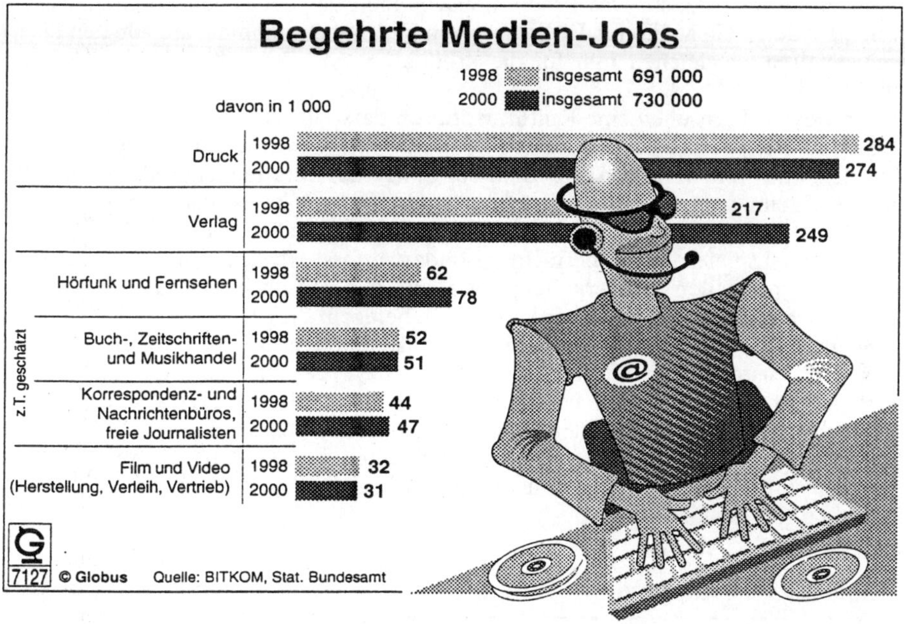

übertreffen noch immer den Anteil des Fernsehens, das allerdings höhere Zuwachsraten aufweist. Die Tageszeitung genießt unter den Medien eine besonders hohe Glaubwürdigkeit (41 %). Sie rangiert dabei vor dem öffentlich-rechtlichen Fernsehen (31 %), während das Privatfernsehen als wenig glaubwürdig erscheint (7 %).[69]

4.2 Film und Fernsehen

In den 90er-Jahren hat der Film nach der Blütezeit der 50er-Jahre, vor dem Siegeszug des Fernsehens, einen neuen Aufschwung erlebt. Im Unterschied zum Fernsehen wurde der Filmbesuch in Großkinos und komfortablen Multiplex-Palästen mit vielfältigen Wahlmöglichkeiten zu einem attraktiven Gesamterlebnis stilisiert, zu dem moderne Animationstechniken ihren eigenen Beitrag geleistet haben. Von 1991 bis 2000 stieg die Zahl der Kinobesucher von 120,0 auf 152,5 Millionen an. Die Filmtheater erhöhten im gleichen Zeitraum ihren Umsatz von 0,98 Milliarden auf 1,61 Milliarden DM. Der Anteil der Multiplexe am Gesamtumsatz lag bei 44 Prozent.[70] Die Übermacht des Hollywood-Kinos hat sich im letzten Jahr noch verstärkt, europäische Filme lockten nur 22,5 Prozent der Besucher an, der deutsche Film hat einen Marktanteil von 12,5 Prozent. Während 1999 noch 44 deutsche Filme produziert wurden, waren es 2000 nur 38 Eigenproduktionen, wobei innerhalb der EU durchschnittlich nur drei von vier Filmen vom kommerziellen Verleih angenommen werden.[71] Ob die kulturpolitischen Anstrengungen um eine Intensivierung der Filmförderung kurzfristig eine wesentliche Veränderung herbeiführen können, bleibt fraglich. Das Produktionsvolumen der deutschen Filmbranche erreichte zuletzt 350 Millionen DM, das ist ein Zehntel der Summe, die von den Fernsehanstalten im gleichen Jahr für die Produktion von Fernsehspielen ausgegeben worden ist.[72]

Inwieweit Fernsehen eine Kulturinstitution darstellt, wird unterschiedlich beurteilt.[73] Es ist als Nachrichtenmedium konkurrenzlos geworden, und diese Nutzung rangiert auch mit weitem Abstand an der Spitze der verschiedenen Programmelemente. Wenn man sie zusammenrechnet, überwiegen im Nutzungsspektrum die vielfältigen Unterhaltungsangebote, wobei sich hier kein klares Bild erkennen lässt, weil Fernsehspiele und Filme nicht gesondert erfasst werden. Kulturangebote im engeren Sinn stellen Minderheitenprogramme dar, wie auch die Zuschauerzahlen des deutsch-französischen Kulturkanals arte belegen, die selten mehr als eine Million überschreiten. Immerhin werden »Kunst und Kultur« von einem knappen Zehntel »besonders gern« gesehen, aber auch »klassisches Theater und Musik, Opern und Ballett« finden bei Fernsehzuschauern eine bescheidene Resonanz. Trotz verbreiteter Kritik an der Quotenfixierung, die bei den privaten Fernsehanstalten zum Gesetz erhoben wurde und inzwischen auch die öffentlich-rechtlichen Sendeanstalten nachhaltig beeinflusst – das Fernsehen ist ein wichtiger Teil unserer Alltagskultur geworden.

Abb. 4: TV-Favoriten

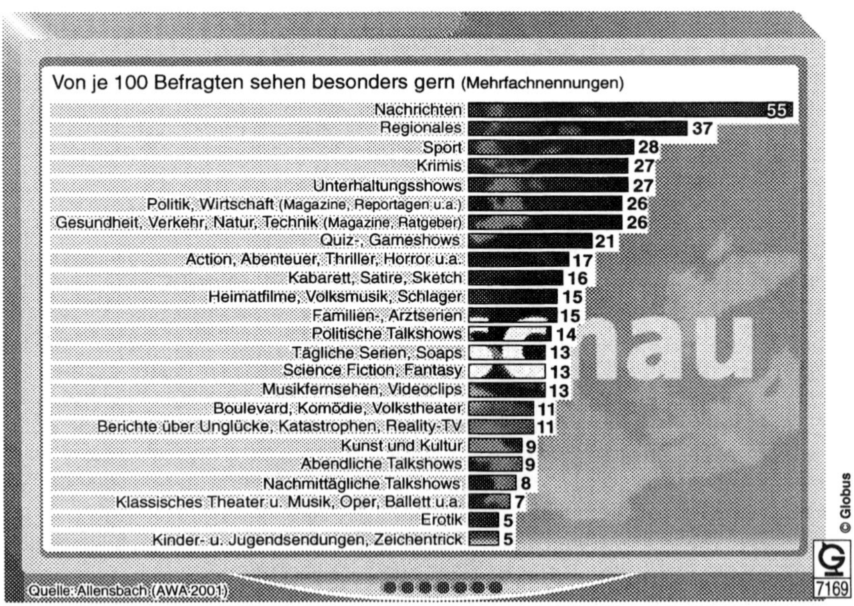

4.3 Musik

Kein Land der Welt verfügt über so viele Konzert- und Opernorchester wie Deutschland, obwohl ihre Zahl seit Anfang der 90er-Jahre von 154 auf 135 zurückgegangen ist. Opern und Konzerte werden in Deutschland jährlich mit rund 4,1 Milliarden DM subventioniert. Die Auslastung in den Opernhäusern liegt nur noch bei 75 Prozent. Die durchschnittliche Besucherzahl von Sinfoniekonzerten ist von 1993 (625) bis 1997 (500) etwa um ein Fünftel gesunken.[74] Darüber können auch nicht die erfolgreichen Spitzenorchester und die große Resonanz diverser Festspiele hinwegtäuschen. Oper und Konzert sind elitäre Kulturereignisse geworden, die das

Abb. 5: Musikmarkt Deutschland

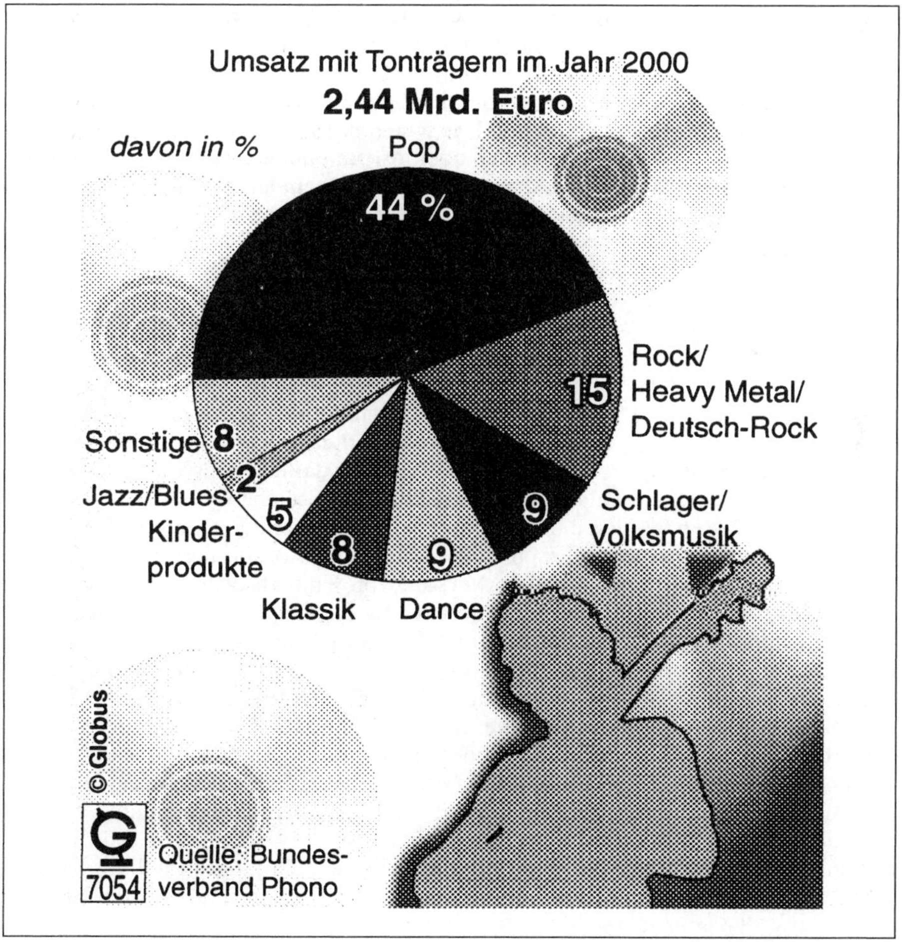

nachwachsende Publikum nur eingeschränkt erreichen, weil sie sich der Moderne nur zögernd öffnen. So mag es nicht verwundern, dass avantgardistische Regisseure wie Peter Konwitschny das Ende einer Kunstform beschwören, die mit ihren Enthusiasten alt geworden ist. Konwitschny hat unlängst in Graz Verdis »Falstaff« unter dem Menetekel einer gigantischen Abrissbirne als »Untergangsszenario eines Theaters« inszeniert und kritisch konstatiert: »Die Rolle des Theaters in unserer Gesellschaft wird immer dürftiger.«[75]

Der Musikmarkt in Deutschland zeigt deutlich: Es gibt zwei Musikkulturen. Der Anteil klassischer Musik liegt bei 8 Prozent, Pop- und Rock-Musik kommen auf fast 60 Prozent, sie stellen einen zentralen Bestandteil der Jugendkultur dar. Das Geschäft mit Tonträgern erreicht mit 4,8 Milliarden DM etwa ein Viertel des Buchmarktumsatzes und war im letzten Jahr leicht rückläufig. Diese Entwicklung verweist nicht zuletzt auf andere Zugangsmöglichkeiten, für die Napster als symptomatisches Beispiel gelten kann. Die Sicherung von Urheberrechten ist durch das Internet und private CD-Kopien noch komplizierter geworden.

Erst kürzlich hat Kurt Masur vor einem Verfall der Musikkultur in Deutschland gewarnt. Wenn man den Laienmusikbereich betrachtet, lassen sich diese Befürchtungen nicht bestätigen. 5,3 Millionen Menschen musizieren regelmäßig. Insgesamt sind 4,4 Millionen Menschen in vokalen oder instrumentalen Musikgruppen organisiert, zusätzlich sind 900 000 Personen in den Musikschulen aktiv. Dieser Bereich des kulturellen Lebens in Deutschland wird weitestgehend durch ehrenamtliches Engagement getragen.[76]

4.4 Theater

Auch wenn es die Volksbühne von Frank Castorf gibt und junge Regisseure wie Thomas Ostermeier und Sasha Waltz an der Schaubühne Furore machen: Das Gespenst einer Theaterkrise geht um, und je nach Belieben werden eine Finanzkrise, eine Publikumskrise oder ein Generationenkonflikt dafür verantwortlich gemacht. Immerhin gibt es in Deutschland 850 Bühnen und 60 Festspielorte[77], doch unter dem Druck leerer Kassen werden die Gestaltungsspielräume enger. Deutsche Stadt- und Staatstheater werden im Durchschnitt zu 85 Prozent subventioniert, nur 15 Prozent der Einnahmen resultieren aus dem Verkauf von Eintrittskarten. Für die Freien Theater, die ein wichtiges Experimentierfeld der Schauspielszene darstellen, bleiben nur symbolische Zuwendungen übrig. Theaterschließungen und ein anhaltender Publikumsschwund sind die Folge einer Entwicklung, die durch den Zustand der Schauspielkultur selbst verursacht worden ist. Kritische Selbstreflexion bestimmt die Debatte: Erfüllt das Theater noch seine Funktion als moralische Anstalt, als Ort gesellschaftlicher Aufklärung, oder dient es der Selbstdarstellung von Regisseuren, begnügt sich mit intellektueller Ornamentik?[78] Es wird sich zeigen, ob die Unruhe über die Zukunft des Theaters sich in eine fruchtbare Spannung verwandelt, ob die steigende Zahl von Uraufführungen (in der vergangenen Saison mehr als einhundert) junger Autorinnen und Autoren auch ein junges Publikum wieder zum Theaterbesuch animiert, wie es die Frankfurter »Experimenta« versucht unter dem Motto: »Theater zeigen. Gesellschaft diskutieren«.

4.5 Museen und Denkmäler

Deutschland ist ein Land der Museen. Ende der 90er-Jahre wurden insgesamt etwa 4 300 Museen registriert, wobei die Volks- und Heimatkundemuseen fast die Hälfte des Gesamtangebots umfassen, während nur etwas mehr als ein Zehntel auf die Kunstmuseen entfällt. 1997 wurden insgesamt 93 Millionen Besucher gezählt, darunter ein Viertel in den neuen Ländern. Volks- und Heimatkundemuseen besuchten rund 18 Millionen Menschen, Kunstmuseen etwa 14 Millionen.[79] Viele kleine Museen sind aus Vereinsinitiativen entstanden und werden überwiegend durch ehrenamtliche Mitarbeit getragen, nach aktuellen Schätzungen trifft dies – mit regionalen Unterschieden – auf etwa drei Viertel aller Museen in Deutschland zu.[80]

Unser Land ist reich an historischen Erinnerungsorten, Denkmälern und Gedenkstätten. Die Erhaltung von Denkmälern ist daher eine kulturelle Verpflichtung, die nach der deutschen Vereinigung besondere Anstrengungen erfordert. Für die Erhaltung historischer Stadt- und Dorfkerne sowie für die Renovierung von Denkmälern in den neuen Bundesländern hat der Bund zwischen 1991 und 1997 rund 2,3 Milliarden DM bereitgestellt. Der Umfang dieses Engagements wird deutlich, wenn man die Aufwendungen des Bundes im Rahmen eines Programms für die Erhaltung von Kulturdenkmälern mit nationaler Bedeutung im Westen Deutschlands betrachtet: Seit 1950 wurden für die Erhaltung von 423 Denkmälern 343 Millionen DM eingesetzt.[81]

Deutschland ist mit 24 Stätten des Kultur- und Naturerbes auf der UNESCO-Liste des Welterbes vertreten, die Ende 2000 insgesamt 691 Kultur- und Naturdenkmäler aus 122 Ländern umfasste. Die UNESCO hatte 1972 eine Internationale Konvention für das Kultur- und Naturerbe der Menschheit beschlossen, die das Ziel verfolgt, einzigartige Kulturschätze und unangetastete Naturräume in ihrem originalen Zustand zu bewahren. Die Aufnahme in die Liste des Welterbes ist daher auch an die Vorlage eines Schutz- und Erhaltungsplans gebunden, der diese Verpflichtung weit gehend sicherstellen soll. Zum Weltkulturerbe gehören in Deutschland: Die Grube Messel mit ihren einzigartigen Fossilienfunden, die Völklinger Hütte als Industriedenkmal, die römischen Baudenkmäler in Trier, die Dome in Aachen, Hildesheim, Speyer und Köln, die Altstädte von Lübeck, Bamberg, Goslar und Quedlinburg, die Wartburg in Eisenach, die Luthergedenkstätten in Wittenberg und Eisleben, das klassische Weimar, die Residenz in Würzburg, die Schlösser in Brühl, die Schlösser und Gärten in Potsdam, die karolingische Königshalle in Lorsch, die Klosterinsel Reichenau, das romanische Kloster Maulbronn und die barocke Wieskirche, die Bauhausstätten in Weimar und Dessau sowie das »Gartenreich« Dessau-Wörlitz. Auch die Berliner Museumsinsel ist 1999 in die Liste des Welterbes aufgenommen worden. Sie erhielt diese Auszeichnung zu einem Zeitpunkt, in dem sie durch umfangreiche Restaurierungsvorhaben, die noch viele Jahre in Anspruch nehmen werden, ihre ursprüngliche Gestalt im neuen Glanz zurückgewinnen soll.[82]

Stärker als jeder andere Ort hat die Museumsinsel die Diskussion um Denkmalschutz und Stadterneuerung vorangetrieben, weil sie dem Schlossplatz in der historischen Mitte Berlins direkt gegenüberliegt. Nachdem die Diskussion lange Zeit auf die Alternative: Wiedererrichtung des Schlosses oder Erhalt des Palastes der Republik reduziert war, hat die »Expertenkommission Historische Mitte« sich das

Verdienst erworben, die Debatte auf die Frage zu richten, welche Funktion das Schloss-Areal in Korrespondenz mit der Museumsinsel künftig erhalten soll. Im Geiste Humboldts haben Klaus-Dieter Lehmann, Präsident der Stiftung Preußischer Kulturbesitz, und Peter-Klaus Schuster, Generaldirektor der Staatlichen Museen zu Berlin, den Vorschlag unterbreitet, das Schloss-Areal in einen »Ort der Weltkunst und Weltkultur und ihres Dialogs mit den Wissenschaften« zu verwandeln, einen musealen Komplex zu gestalten »für die anschauliche Kenntnis und Vermittlung des Anderen, des Außereuropäischen, das mit dem Vertrauten und dem Eigenen, dem Europäischen, in intensive Dialoge tritt «.[83] In dieser aktuellen Debatte wird deutlich, dass die Reflexion über den Sinn wichtiger ist als die Kontroverse über die Form, wenn Denkmäler zu Erinnerungs- und Assoziationsräumen werden sollen und nicht nur als symbolischer Ausdruck für eine nationale Repräsentationskultur verstanden werden. Um Denkmäler darf daher gestritten werden, wenn die Kontroversen auf gesellschaftliche Selbstaufklärung zielen. Dies hat die Debatte über das Holocaust-Mahnmal gezeigt, auch wenn sie Defizite im historischen Bewusstsein aufgedeckt hat, die sich nachhaltig in der Kontroverse zwischen Martin Walser und Ignatz Bubis manifestiert haben.

Der Stadtforscher Dieter Hoffmann-Axthelm hat in einem Gutachten für die Bundestagsfraktion von Bündnis 90/Grüne den Rückzug des Staates aus der Denkmalpflege gefordert und damit heftige Proteste hervorgerufen. Bei flüchtiger Betrachtung mag man seinen Thesen ökonomischen Reduktionismus vorwerfen. Das Argument »Denkmalpflege kostet Geld« reicht gewiss nicht aus, um über Notwendigkeit und Sinn von Denkmälern für eine deutsche Erinnerungskultur zu debattieren. Wichtiger ist sein Einwand, dass die Denkmalpflege »ihren Kompass verloren hat. Angetreten, um national bedeutsame Kunstwerke vor Verfall zu retten, orientiert sie sich heute an dem alleinigen Kriterium, Geschichte zu dokumentieren«.[84] Der Streit um den Umgang mit historischen Denkmälern sollte kein Privileg von Stadtforschern bleiben, er ist eine Möglichkeit, kulturelle Erinnerungsräume zu konturieren und diese im Geschichtsbewusstsein der Deutschen zu verankern.[85]

5. Kulturelle Verhaltensmuster

5.1 Kultur und Freizeit

Freizeit ist für die meisten Menschen der Lebensbereich, in dem die Möglichkeiten für individuelle Entscheidungen am größten sind. Sie kann unterschiedlich wahrgenommen werden: in Abgrenzung zur Pflichterfüllung (»frei sein von«) oder als Chance für selbstbestimmte Lebensgestaltung (»frei sein für«). Am häufigsten wird Freizeit als Zeit interpretiert, »in der ich tun und lassen kann, was mir Spaß macht« (70 %), sehr wichtig sind dabei die sozialen Kontakte, »mit Familie und Freunden etwas unternehmen« (48 %), und das Bedürfnis nach Entspannung (41 %).[86] Diese Erwartungen und Ansprüche können auf sehr unterschiedliche Weise befriedigt werden. Aus den verfügbaren Umfragedaten lässt sich ableiten, dass der kulturelle Sektor bei den Freizeitaktivitäten eine erhebliche Bedeutung hat.

Abb. 6: Die fünf beliebtesten Freizeitbeschäftigungen

Auf der Skala der beliebtesten Freizeitbeschäftigungen liegt die Mediennutzung an der Spitze: Musik hören 42 Prozent besonders gern, es folgen Fernsehen (38 %), die Lektüre von Tageszeitungen (33 %), auf Platz 8, fast gleichauf mit Auto fahren, rangiert Bücher lesen. Rezeptives Verhalten ist stärker ausgeprägt als aktive Beteiligungsformen, bei denen Essen gehen (27 %), Parties feiern oder mit Freunden zusammen sein (25 %), Ausgehen (14 %) und Sport treiben (13 %) am beliebtesten sind.[87] Der informelle Freizeitsport tritt dabei gegenüber dem organisierten Sport immer stärker in den Vordergrund, die Mitgliedschaft in Sportvereinen ist im letzten Jahrzehnt von 29 auf 21 Prozent der Bevölkerung über 14 Jahre zurückgegangen.[88] Theater, Oper oder Konzert besuchen ebenso viele Menschen besonders gern wie Sportveranstaltungen (7 %), bei Pop-Konzerten sind es 5 Prozent.[89]

Die freie verfügbare Zeit hat im letzten Jahrzehnt weiter zugenommen. Sie beträgt an Werktagen durchschnittlich 282 Minuten, sonntags etwa 8 Stunden.[90] Eine ARD/ZDF-Langzeitstudie »Massenkommunikation 2000« hat ergeben, dass jeder Bundesbürger ab 14 Jahre durchschnittlich 502 Minuten täglich den Medien widmet, davon entfallen etwa 78 Prozent auf Hörfunk und Fernsehen. Im Vergleich zu 1980 hat sich der Medienkonsum damit um fast zwei Drittel erhöht. Da der Zeitanteil für den Medienkonsum deutlich höher liegt als die in anderen Umfragen ermittelte frei verfügbare Zeit, kann gefolgert werden, dass die Mediennutzung häufig mit anderen Aktivitäten verbunden ist, begleitenden Charakter hat.

Der Umsatz mit Unterhaltungselektronik ist in Deutschland von 1997 bis 2000 um fast 40 Prozent auf 39,6 Milliarden DM gestiegen. Die stärksten Zuwachsraten

(60 %) wurden im Bereich Telekommunikation (Handy-Boom) registriert, gefolgt vom Umsatz bei PC und Zubehör (20 %), während die »klassische« Unterhaltungselektronik nur noch eine Umsatzsteigerung von sechs Prozent erreichen konnte.[91] Aus diesen Zahlen wird deutlich, wie stark die elektronischen Medien den Alltag der Menschen in Beruf und Freizeit bestimmen und damit nicht nur eine grundlegend veränderte Kommunikationskultur ausprägen, sondern auch neue Kulturmuster entstehen lassen.

Tab. 7: Informationsquellen zum Thema Kunst und Kultur 2000 nach Altersgruppen (Angaben in Prozent)

	14–19 Jahre	20–29 Jahre	30–39 Jahre	40–49 Jahre	50–59 Jahre	über 60 Jahre
Zeitung	25	33	46	40	39	37
Bücher	64	55	46	55	55	46
Zeitschriften/Magazine	51	32	42	46	47	26
Fernsehen	42	59	61	55	61	64
Radio	24	13	17	24	32	15
Internet	6	5	11	16	8	1
CD-Rom	9	2	8	5	7	0
Persönliche Gespräche	38	28	21	19	28	16

Quelle: Stiftung Lesen, Leseverhalten in Deutschland im neuen Jahrtausend, Mainz und Hamburg 2001, S. 89.

5.2 Kultur im Spiegel der Umfrageforschung

Das Interesse an Kultur und Kunst ist in Deutschland relativ breit verankert. »Immer, wenn ich Zeit dazu finde, beschäftige ich mich mit Kultur und Kunst« – dieses Statement hält nach einer Umfrage im Juli/August 2000 fast die Hälfte der Befragten für »genau« (21,2 %) oder zumindest »eher« (25,9 %) zutreffend. Das kulturelle Interesse ist bei Frauen stärker als bei Männern, bei Älteren stärker als bei Jüngeren und nimmt mit höherer Bildung zu. Nur ein Viertel der Deutschen hat überhaupt kein Interesse an Kunst und Kultur[92], diese Größenordnung entspricht auch den Ergebnissen der Buchmarktforschung. Die Ausgaben für Kultur, Information und Unterhaltung liegen in Haushalten mit niedrigem Einkommen bei etwa fünf Prozent der Gesamtausgaben und erreichen bei höheren Einkommen mehr als zehn Prozent.[93] Für den Besuch kultureller Veranstaltungen gibt ein Drittel der Befragten zwischen 21 und 60 DM im Monat aus, ein knappes Viertel mehr als 60 DM, die höchsten Aufwendungen verzeichnen Hochschulabsolventen über 35 Jahre.[94]

Eine deutliche Generationsdifferenz zeigt sich bei der Frage, ob die Kulturpolitik »in erster Linie« traditionelle Kulturangebote wie Oper, Schauspiel und Konzert oder neue, unkonventionelle Formen fördern sollte. Von den Befragten unter 24 Jahren votierten fast zwei Drittel (62,2 %) für unkonventionelle Formen, während nahezu 60 Prozent (57,3 %) der über 60-Jährigen die Förderung traditioneller Kulturangebote präferieren. Frauen sind stärker traditionsorientiert als Männer, das

Abb. 8: Monatliche Ausgaben der privaten Haushalte für Kultur, Information und Unterhaltung[1] 1998 (in DM)

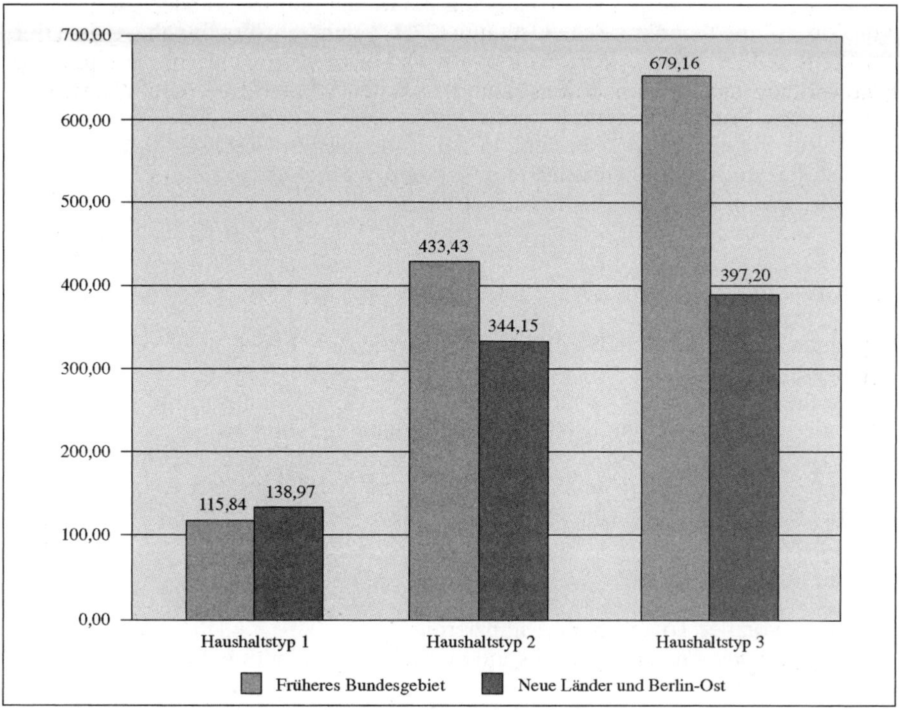

1 Dazu zählen insbesondere: Bild- und Tonmedien; Kunstgegenstände, Musikinstrumente; Bücher, Zeitungen, Zeitschriften; Theater, Oper, Kino; Rundfunk-, Fernsehgebühren.

Quelle: Statistisches Bundesamt, Laufende Wirtschaftsrechnungen 1998.

Bildungsniveau wirkt sich diesbezüglich geringer aus als Parteipräferenzen. »Traditionalisten« finden sich am häufigsten bei CDU- und PDS-Wählern, deutlich am wenigsten bei denen, die Bündnis 90/Grüne präferieren, während sich bei den SPD-Anhängern konventionelle und unkonventionelle Orientierungen die Waage halten.[95]

Fast die Hälfte der Befragten plädiert für eine staatliche Kulturförderung »stärker als bisher« (46,6 %), bei den Personen unter 24 Jahren ist es sogar eine absolute Mehrheit (55,9 %). Die Zustimmung ist im Osten Deutschlands mit fast zwei Drittel (65,9 %) deutlich stärker ausgeprägt als im Westen (41,8 %) und erreicht bei PDS-Wählern sogar 76,5 Prozent. Weniger als sieben Prozent aller Befragten halten eine Senkung für wünschenswert.[96]

Für die Ausbildung einer nationalen Identität ist die Frage aufschlussreich: »Auf welche Errungenschaften unseres Landes sind Sie als Deutscher besonders stolz?« Während »Geschichte« nur eine geringe Zustimmungsquote erreicht (13,2 %), »sozialer Frieden« (56,7 %) und »Wirtschaftskraft« (47,9 %) an der Spitze rangieren, liegen »demokratische Ordnung« (40,1 %) und »kulturelle Leistungen« (35,5 %) im Mittelfeld. Dabei besteht ein signifikanter Ost-West-Unterschied: Der Stolz auf die kulturellen Leistungen ist in Ostdeutschland fast doppelt so hoch (42,8 %) wie der Stolz auf die demokratische Ordnung (22,2 %) und entspricht nahezu dem dort ermittelten Wert für die Wirtschaftskraft. Dabei bestehen nur sehr geringfügige Unterschiede zwischen allen Befragten in Ostdeutschland und der PDS-Wählerschaft.[97] Das Ergebnis unterstreicht auf markante Weise die besondere Bedeutung der Kultur für die Identitätsbildung in der ostdeutschen Gesellschaft. Demgegenüber ist der Stolz auf die Geschichte in Ost und West gleich gering – ein deutlicher Hinweis, dass die Ostalgie-These fragwürdig ist.

5.3 Kulturmilieus

Bevor die »Spaßgesellschaft« proklamiert worden ist, haben Soziologen die »Erlebnisgesellschaft« entdeckt. Gerhard Schulze hat diesen Begriff, der Karriere machen sollte, Anfang der 90er-Jahre kreiert.[98] Die Gesellschaft im Informationszeitalter wird nicht mehr durch Klassen und Schichten, sondern durch Milieus und Szenen differenziert. Schulze beschreibt fünf soziale Milieus als »Erlebnisgemeinschaften«, die sich – vereinfacht formuliert – nach Bildung und Alter, Attitüden und Lebensstilen, alltagsästhetischen Orientierungen und kulturellen Neigungen unterscheiden:

- Das *Niveaumilieu*, das vorwiegend ältere Personen (über 40 Jahre) mit qualifizierter Bildung umfasst, die auf die Hochkultur ausgerichtet sind und sich deutlich von der Trivialkultur distanzieren;
- das *Harmoniemilieu*, das vorwiegend ältere Personen mit niedriger Schulbildung umfasst. Es ist durch Distanz zur Hochkultur und Nähe zur Trivialkultur, durch ästhetischen Konservatismus und privatistische Neigungen (»Rückzug in die eigenen vier Wände«) gekennzeichnet;
- das *Integrationsmilieu*, in dem ältere Personen der mittleren Bildungsschicht dominieren. Hier zeigt sich eine Zuwendung zu unterschiedlichen Kulturangeboten: »Solange Hochkultur im Rahmen bleibt, geht man durchaus mal ins Theater, in die Oper, ins Konzert [. . .] Solange sich Trivialkultur nicht allzu sehr dekoriert, darf auch sie das Leben verschönern« ;
- das *Selbstverwirklichungsmilieu*, das den stärksten Gegensatz zum Harmoniemilieu bildet und sich bei Studenten am häufigsten manifestiert, aber auch in Berufsfeldern, die kreatives Handeln erfordern. »Typisch für das Selbstverwirklichungsmilieu ist der Grenzverkehr zwischen verschiedenen alltagsästhetischen Zeichen- und Bedeutungskosmen, zwischen Mozart und Rockmusik, Kunstausstellung und Kino, Kontemplation und Action«;
- das *Unterhaltungsmilieu* umfasst vor allem jüngere Personen mit niedrigem Schulabschluss. Es nimmt eine Mittelposition zwischen Selbstverwirklichungsmilieu und Harmoniemilieu ein, imitiert Attitüden und Moden des Selbstverwirklichungsmilieus, steht aber der Trivialkultur insofern nahe, als es Diskotheken und Kino, Fußball und Fitnessstudios bevorzugt, in »Angebotsfallen« verschwindet.[99]

Die idealtypischen Milieubeschreibungen lassen sich nur schwer quantifizieren, doch bieten sie eine Möglichkeit, kulturelle Verhaltensmuster mit Bildungsschichten und sozialen Gruppen in Beziehung zu setzen, deren Präferenzen kultursoziologisch zu erklären.

Für die Erforschung der Alltagskultur ist vor allem Schulzes Versuch fruchtbar, Umrisse einer Szenenstruktur zu markieren. »Eine Szene hat ihr Stammpublikum, ihre festen Lokalitäten und ihr typisches Erlebnisangebot «, sie ist also in erster Linie durch eine lokale Vernetzung bestimmt.[100] Schulze unterscheidet sechs Szenen:

1. Hochkulturszene
2. Neue Kulturszene
3. Kulturladenszene
4. Kneipenszene
5. Sportszene
6. Volksfestszene.

Vor allem die drei zuerst genannten Szenen sind mit kulturellen Aktivitäten im engeren Sinne verbunden, wobei die Hochkulturszene interregional die größte Übereinstimmung aufweist und die Kulturladenszene, die sich aus der Gesamtheit der soziokulturellen Stadtteilszenen ergibt, von Ort zu Ort erheblich differieren dürfte.

Inzwischen hat sich allerdings gezeigt, dass eine solche Systematik kaum ausreicht, die komplexen Entwicklungen in der Jugendkultur genauer zu erfassen. Am Ende der 90er-Jahre wurden in Deutschland mehr als 200 jugendkulturelle Ausprägungen beschrieben, die größte Gruppe bildeten die Techno-Fans, die auf etwa zwei Millionen geschätzt werden.[101] Und was bei Schulze unter dem Stichwort »Volksfestszene« rubriziert ist, hat mit der explosionsartigen Ausweitung einer »Eventkultur« wenig gemein, die ebenso auf kulturelle Bedürfnisse reagiert, wie sie diese selbst erzeugt hat. Bei einem Event geht es um die »organisierte Einzigartigkeit« (Winfried Gebhardt) eines Erlebens, in dem sich der Einzelne als Teil einer Gemeinschaft erfährt, verbunden durch ein gemeinsames »Feeling«. Die Spannung zwischen Vergesellschaftung und Vereinzelung wird im Rausch des Event aufgehoben, Sinnsuche wird durch Selbststilisierung im Gemeinschaftserlebnis kompensiert. Das Event signalisiert, was viele Jugendliche empfinden: Das Projekt des »schönen Lebens« ist nur noch als Bricolage, als individuelles Sinnbasteln[102] möglich, weil verbindliche Denk- und Verhaltensnormen ihre Geltung verloren haben. Events werden zum Ausdruck einer globalen Kultur, die sich an vielen Orten und in allen Teilen der Welt reproduzieren lässt. Sie lassen sich daher auch als eine »Entstrukturierung und Profanierung sowie als Multiplizierung und Kommerzialisierung des Festlichen«[103] charakterisieren, gewissermaßen als säkularisierte Kultform, in der sich die individuelle Sehnsucht nach Glück und Lebensgenuss massenhaft manifestiert.

Für die jungen Deutschen unter 30 Jahren ist der Wunsch, »dass ich glücklich bin, viel Freude habe« der vorrangige Sinn des Lebens, mit einer Zustimmungsrate von 84 Prozent (1992: 73 %). »Das Leben genießen« halten 78 Prozent »vor allem« für den Sinn ihres Lebens (1992: 58 %), während nur 31 Prozent dem Statement zustimmen: »An meinem Platz mithelfen, eine bessere Gesellschaft zu schaffen«.[104]

Wie Jugendliche erwachsen werden, wird nicht nur durch eigenes Sinnbasteln oder durch das Agieren in Jugendszenen bestimmt, es bleibt eingebunden in gesellschaftliche Prozesse, bei denen für Jugendliche die Berufsfindung und die Zukunftsperspektive eine wichtige Rolle spielen.[105] »Jugendliche leben keineswegs in einer

Abb. 9: Lebensorientierung: Rückblick auf ein Jahrzehnt

FRAGE: »Man fragt sich ja manchmal, wofür man lebt, was der Sinn des Lebens ist. Worin sehen Sie vor allem den Sinn Ihres Lebens? Könnten Sie es nach dieser Liste hier sagen?« *(Vorlage einer Liste)*

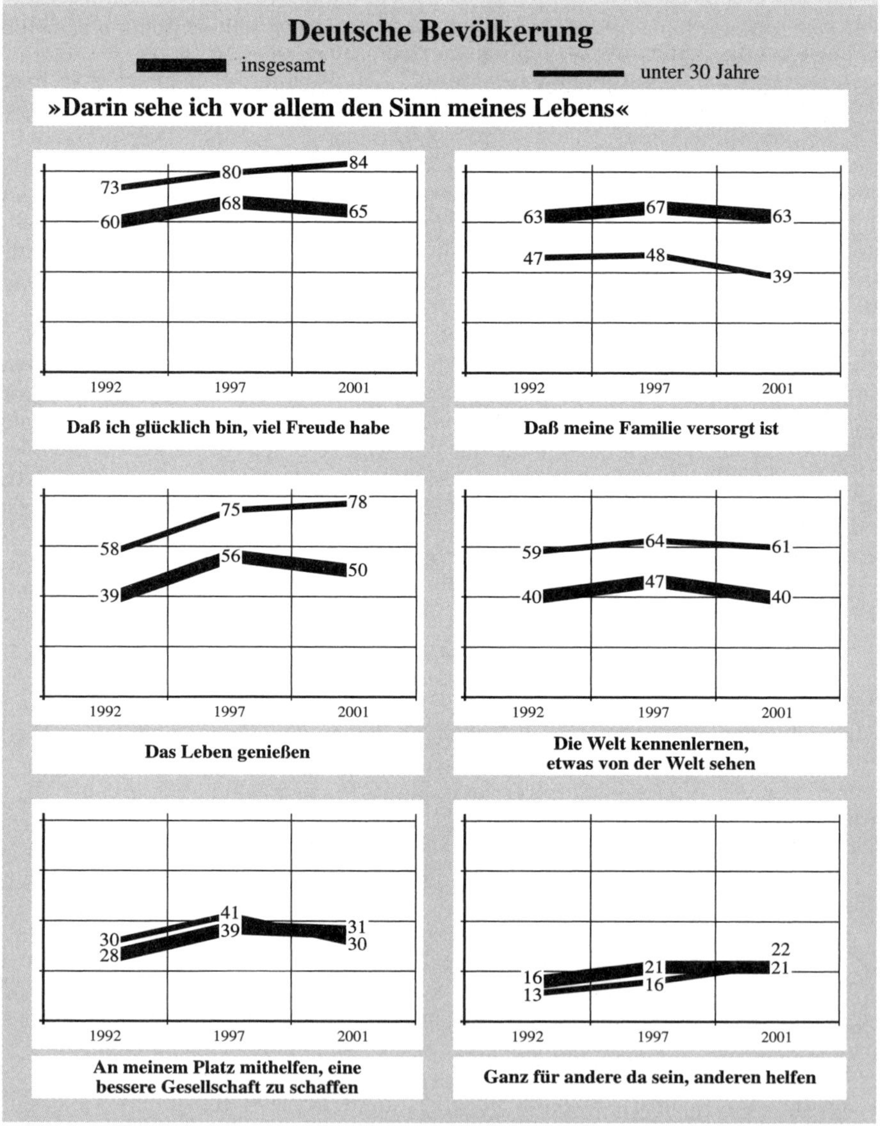

Quelle: IfD-Umfrage, Allensbacher Archiv, zuletzt Umfragenr. 7001, Januar 2001.

Welt jenseits der Berufsorientierung, bereiten sich nicht auf ein Leben in der Spaß- und Freizeitgesellschaft vor. Sie nehmen das Lebensziel Beruf ernst.[...] Relativ zuversichtlich und überzeugt von der eigenen Leistungsfähigkeit versuchen sie mehrheitlich, aktiv ihre Lebensperspektive vorzubereiten.« Ihre Zukunftsplanung ist in erster Linie auf Beruf und Familie gerichtet, auf ein engagiertes Sozialleben und eine aktive Freizeitgestaltung. Jugendliche bewegen sich zwischen »Selbstbehauptung« und »Selbstverwirklichung« in einer »Gesellschaft der Zwischentöne«, die sich auch als postmoderne »Multioptionsgesellschaft« (Hitzler/Pfadenhauer) charakterisieren ließe. Gleichzeitig darf nicht übersehen werden, dass die Distanz vieler Jugendlicher gegenüber der Politik dazu geführt hat, dass Erfahrungen der Vergesellschaftung sich in erheblichem Umfang in Formen der kulturellen Kommunikation realisieren.

6. Kulturelle Trends

Kulturkritik ist en vogue – und war es schon immer, seit es kulturelle Diskurse gibt. Sigmund Freud hat »Das Unbehagen in der Kultur« (1930) psychoanalytisch erhellt, seine Untersuchung mündet in die Einsicht: »Die Schicksalsfrage der Menschenart scheint mir zu sein, ob und in welchem Maße es ihrer Kulturentwicklung gelingen wird, der Störung des Zusammenlebens durch den menschlichen Aggressions- und Selbstvernichtungstrieb Herr zu werden.«[106] Eine hellsichtige Antizipation von Zukunftsrisiken, die dem Pessimisten neue Nahrung gibt. Theodor W. Adorno und Max Horkheimer haben in ihrer einflussreichen Studie »Die Dialektik der Aufklärung« (1947), im letzten Jahr des Zweiten Weltkriegs entstanden, den Abschied vom Mythos der Aufklärung vollzogen, deren Indienstnahme durch die »Kulturindustrie«, durch ökonomische Verwertungsinteressen, »Aufklärung als Massenbetrug«[107] erscheinen lässt.

Es ist ein Vorzug skeptischer Zeitdiagnosen, dass sie Probleme in unser Bewusstsein heben, erst radikale Kritik findet einen gesellschaftlichen Resonanzboden. Doch darf der Mangel, der aus ihrer Einseitigkeit resultiert, nicht verkannt werden. Zukunft ist ein offener Horizont, der uns die Möglichkeit belässt, alternative Entwicklungspfade zu beschreiten. Trendaussagen können Ambivalenzen aufdecken, Chancen und Risiken benennen, die sich für das Verhältnis von Kultur und Gesellschaft in einer digitalen Welt ergeben. Sie sollen einen Assoziationsraum erschließen, in dem Zukunftsvisionen auf Entscheidungsalternativen und Gestaltungsoptionen zurückgeführt werden.

Abschließend sollen daher fünf Trends skizziert werden, die für die kulturelle Entwicklung maßgebliche Bedeutung haben.

1. Kultur wird zunehmend zu einer wesentlichen Komponente der Individualisierung, die zwischen Selbststilisierung und einer selbstreflexiven Gestaltung des eigenen Lebens changiert. *(6.1)*
2. Der Medienmix (Crossover) wird zum vorherrschenden Kulturmuster der Mediengesellschaft. *(6.2)*

3. Kunst, Kultur und Wissenschaft entwickeln neue Vermittlungsformen: zwischen technologischer Rationalität, kreativer Improvisation, konkreter Anschauung und sinnhafter Wertorientierung. Sie bilden Brücken für gesellschaftliche Selbstverständigung. *(6.3)*
4. Kultur wird zum Fokus konzentrischer Identitätsbildung zwischen Regionalismus, Nationalkultur und Globalisierung in einer digitalen Welt. *(6.4)*
5. Kultur wird zunehmend zur ökonomischen Ressource mit ambivalenten Folgen: dem Risiko der Dekulturation und der Chance diverser Kulturen für alle. *(6.5)*

6.1 Selbststilisierung und Sinnsuche

Wir leben im Zeitalter der Warenästhetik. Naomi Klein hat anschaulich dargestellt, wie die Stilisierung von Marken zu einer Komponente des »Selbstdesign« (Norbert Bolz) geworden ist, zum Ausdruck einer Sehnsucht nach Glück und Erfolg als Ersatz für einen verloren gegangenen Sinn.[108] »Die Ästhetisierung zieht sich als markante Zeitgeistfigur durch alle sozialen Daseinsfelder. Ihr Motor ist die fortschreitende Entgrenzung zwischen Kultur und Warenwelt.«[109] Doch dieser alltagskulturelle Befund protokolliert nur eine fragmentierte Wahrnehmung: Der Verlust an verbindlicher Sinn gebender Orientierung bedeutet nicht, dass wir keine Entscheidungen treffen müssen, die über die Auswahl von Produkten hinausgehen. »Jeder und jede gerät in ganz alltäglicher Weise in eine polyvalente Lebens- und Handlungssituation«, in der wir das Projekt des »eigenen Lebens« selbst entwerfen und realisieren müssen. Das »eigene Leben« im Sinne Ulrich Becks[110] umfasst unterschiedliche Bezugsebenen: »das Originäre, das inszenierte Originäre wie auch das gewählt Standardisierte«. Die Gestaltung des eigenen Lebens ist daher nur durch eine »dialogische Existenz« zu bewältigen: »Der Zwang, zwischen unvereinbaren Kulturen, Gewissheiten, Lebensstilen wählen und vermitteln zu müssen, verlangt nach öffentlichem Austausch, öffentlicher Kommunikation über die eingebauten Widersprüche von Wahl-Lebensformen und ihrer Konsequenzen für andere und alle.«[111] Die »Signalkultur« (Bernd Guggenberger) der Warenwelt, in der sich alltagskulturelle Attitüden ausbilden, bleibt mit einer selbstreflexiven Kultur verknüpft, die neue, individuelle Sinnformen sucht.

6.2 Bricolage und Crossover

Im Zeitalter der Postmoderne sind viele, vor allem jüngere Menschen Sinnbastler geworden, und in der Kultur haben wir schon längst das Ende aller Stilverbindlichkeiten erreicht.[112] Der provozierende Gestus der Kunstavantgarden ist durch einen Stilpluralismus ersetzt worden, der sich aus dem Geist der Dekonstruktion entwickelt hat, um sich von der Macht der Tradition zu befreien. Im Medienzeitalter haben sich die Grenzen zwischen den unterschiedlichen Ausdrucksformen der Kultur verwischt, der Verzicht auf eine normative Ästhetik hat gleichzeitig den Gegensatz von Hochkultur und Populärkultur stark relativiert.

Der Medienmix, das Crossover, »ein mediales Schweifen zwischen traditionellen und neuen Kunstgattungen, zwischen hoher Kunst und Trivialkultur sowie zwischen Kulturen unterschiedlicher ethnischer Herkunft«[113], wird zu einem neuen Gestaltungsprinzip kultureller Produktion, in der wir häufig die Ablösung des Stils durch die Manifestation eines »Feelings« beobachten können. Die Frage, um die gestritten wird, bewegt sich im Spannungsfeld zwischen kreativer Form und kultureller Substanz. Beklagt wird ein selbstbezogener Befindlichkeitskult und ein Verlust an kritischer Energie. Es wird behauptet, dass die Grenzen zwischen Kunst und Unterhaltung in der Spaßgesellschaft verschwimmen: »Kultur marginalisiert sich heute selbst. Versöhnung steht auf ihrer Stirn geschrieben, nicht Veränderung. Statt Igel herrschen Kuscheltiere.«[114] Wer sich in den Kunstszenen genauer umsieht, wird diesem kulturpessimistischen Verdikt von Jürgen Mittelstraß kaum zustimmen können. Es ist wahr: Auch die meisten Künstler haben den Glauben an die Utopie verloren, aber sie haben sich oft ihren ironischen Blick auf eine Gesellschaft bewahrt, die im Prozess wachsender Beschleunigung besinnungslos zu werden droht. Kunst ist zu einem kreativen Experiment mit offenem Ausgang geworden, sie will nicht mehr Sinn stiften, sondern Stimmungen erkunden, sie wird nicht von der Ehrfurcht vor der Tradition gespeist, sondern von der Neugierde auf die Zukunft.

6.3 Kunst, Kultur und Wissenschaft

Die Entschlüsselung des menschlichen Genoms hat ein Geheimnis entzaubert und eine Epoche beendet: Im Zeitalter der Biopolitik steht nicht mehr die Frage im Vordergrund, was wir wissen können, sondern was wir tun dürfen.[115] In der Technologiegesellschaft lassen sich Wissenschaft und Kultur nicht voneinander trennen, sie sind vielmehr in einen gemeinsamen Deutungshorizont gerückt, in dem wir nach den Entscheidungskriterien suchen, die unser Handeln bestimmen. Die Freiheit der Forschung, ökonomische Verwertungsinteressen, Visionen einer transhumanen Hypermoderne kollidieren mit dem Anspruch einer kulturellen Tradition, die durch Werte und Normen geprägt ist und sich selbst im Wandel befindet.[116] Was die »Würde des Menschen« ausmacht, lässt sich nicht in Formeln erfassen, auch nicht in Diskursen entscheiden – es ist ein Fundament der Kultur, das wir immer wieder neu vermessen.

Um zu verstehen, was die Wissenschaft entdeckt, bedarf es der Anschauung, die sich in Bildern und Symbolen ausdrückt. Die »innere Verwandtschaft« zwischen Kunst und Wissenschaft trägt dazu bei, die Komplexität der Welt in ihrem Bedeutungsgehalt zu erfassen: »Die Kunst hilft Dinge sichtbar zu machen, die sonst abstrakt bleiben würden, und der Wissenschaftler agiert wie ein Künstler, wenn er sich selbst um Veranschaulichung bemüht.«[117] Die »Faszination der Wahrnehmung« (Horst Bredekamp), die den Forscher mit der Kunst verbindet, wird durch den Ausstellungskurator für die documenta 11, Okwui Enwezor, durch die Absicht ergänzt, einen »Blick in künstlerische Gedankenwelten« zu ermöglichen, weil sich nach seiner Überzeugung hinter der Kunst Ideenkonstrukte verbergen. Zeitgenössische Künstler beziehen sich wieder verstärkt auf ethnografische Aspekte, auf das Archaische in der Kultur, sie benutzen außerdem – im Medium der Analyse – »Techniken, die weniger aus dem Bereich der Kunst als aus der Wissenschaft stammen«.[118] Vor diesem Hintergrund gewinnt das Museumsprojekt, das durch die Neugestaltung des Schloss-Areals in Berlin eine Brücke zwischen Kunst und Wissenschaft schlagen möchte und gleichzeitig eine Verbindung zwischen europäischen und außereuropäischen Kulturen herstellt, eine zukunftsweisende Bedeutung.

6.4 Globalisierung in einer digitalen Welt

Globalisierung und digitale Revolution haben ein neues Zeitalter eingeleitet, das durch weltweite Wirtschaftsverflechtung und durch eine Beschleunigung intergesellschaftlicher Kommunikation geprägt ist, deren Folgen sich noch kaum abschätzen lassen. Im Hinblick auf diese Entwicklungen erscheint die Erklärungskraft der These vom »Kampf der Kulturen«, die Samuel P. Huntington 1993 formuliert hat, auch unter dem Eindruck terroristischer Gewaltakte militanter Islamisten, als eher gering.[119] Religiöser Fundamentalismus und kulturelle Abschließung treten nur in solchen Gesellschaften nachhaltig und aggressiv in Erscheinung, in denen sie als Staatsideologie instrumentalisiert werden. Die gegenteilige Befürchtung scheint eher plausibel: Das ökonomische Netzwerk der Globalisierung hat die traditionellen Kulturmuster erodiert, vor allem die Medien konstituieren ein kommunikatives Weltsystem, in dem sich kulturelle Uniformität ausbreiten könnte.[120]

Wolf Lepenies hat schon 1995 darauf hingewiesen, dass solche Befürchtungen kaum begründet sind. Denn »während die Oberfläche der einen Welt immer einförmiger wirkt, stoßen darunter heftiger als je zuvor die unterschiedlichen Lebenswelten der Einzelnen aneinander. Diese Lebenswelten sind keineswegs einheitlich geprägt, sondern bilden stets Mischformen: Es gibt nur noch hybride Kulturen.«[121] Ulrich Beck hat den Begriff der »kosmopolitischen Gesellschaft« geprägt, um die Bereicherung zu unterstreichen, die sich aus dem Dialog der Kulturen, aus der Entdeckung des Anderen ergibt.[122] Im Gegensatz zu einer solchen Orientierung steht das Missverständnis einer »Leitkultur«, die in einem ahistorischen Essenzialismus und mit normativem Anspruch als Bedingung für gesellschaftliche Integration in einer multikulturellen Gesellschaft postuliert worden ist, bevor sie rasch wieder außer Kurs geriet: »Die deutsche Nationalkultur vor dem Nationalstaat war eine Kultur der Vielfalt. Sie ist offen für ein Europa, das politische Einheit nicht mit kultureller Vereinheitlichung gleichsetzt.«[123]

Die Konfliktlinien der digitalen Welt werden durch andere Faktoren bestimmt als durch den Anspruch auf »kulturelle Hegemonie« (Antonio Gramsci). Jeremy Rifkin hat gezeigt, welche Folgen sich aus der »Transformation vom industriellen in einen kulturellen Kapitalismus« ergeben, der durch die virtuelle Welt des Cyberspace bestimmt wird. Der Zugang (»Access«) zu den Netzwerken, die sich »auf die Vermarktung von Erlebnissen und Erfahrungen konzentrieren«, wird wichtiger als das Eigentum der kapitalistischen Marktwirtschaft, seine Bedeutung verschwindet. Es gilt daher, eine neue Balance zwischen Kultur und Kommerz zu entwickeln, in der die Menschen die Ebenen und Arten ihrer Teilhabe an der gesellschaftlichen Kommunikation selbst bestimmen können und ihr »Zugang zu lebendigen und vielfältigen lokalen Kulturen« gesichert bleibt.[124]

Die »Kulturkämpfe im digitalen Kapitalismus« sind keine ökonomisch motivierten Klassenkämpfe mehr, sondern »Auseinandersetzungen um die Lebensführung«, die sich unter der Bedingung fortschreitender Beschleunigung vollziehen[125] und durch das Verschwinden von Erinnerungsräumen bedroht sind.[126] Die kulturellen Konflikte in der digitalen Wissensgesellschaft kreisen um die Frage, ob wir den »Symbolanalytikern« (Peter Glotz) bedingungslos folgen sollen oder die Freiheit der bewussten Wahl in Anspruch nehmen wollen.[127] Arbeit und Freizeit, Ökonomie und Kultur werden im 21. Jahrhundert in ein neues Verhältnis gesetzt, wir werden selbst darüber entscheiden müssen, wie es austariert werden kann.

6.5 Das Guggenheim-Prinzip

Kultur braucht Geld, sie beansprucht ökonomische Ressourcen, kann aber auch selbst zur ökonomischen Ressource werden. Konsequenter als jede andere Kultureinrichtung hat das Guggenheim-Museum die Verbindung von Kunst und Ökonomie vollzogen, seit Thomas Krens Ende der 80er-Jahre die Leitung des renommierten Stiftermuseums übernommen hat. Frank Lloyd Wright hatte an der Fifth Avenue in New York 1959 den ersten avantgardistischen Museumsbau errichtet, der 30 Jahre später in eine existenzbedrohende Krise geraten war. Krens, Kunsthistoriker und Ökonom, hat in wenigen Jahren aus einem sanierungsbedürftigen, vom Bankrott bedrohten Kunsttempel der Moderne ein florierendes Guggenheim-Imperium entstehen lassen, indem er alle Mittel ökonomischer Ressourcenmobilisierung ausspielte: Gegen alle Regeln verkaufte er für 43 Millionen Dollar drei wichtige Bilder von Kandinsky, Chagall und Modigliani, um das Wright-Museum zu restaurieren und zu erweitern. Indem er Teile der Sammlung wie Kunstaktien in Umlauf brachte und »Partnermuseen« gegen erhebliche finanzielle Gegenleistungen überließ, stieß er eine Entwicklung an, die zur Gründung neuer Guggenheim-Museen, u. a. in Venedig, Berlin, Wien und St. Petersburg geführt hat.

Die weltweit spektakulärste Neugründung ist Frank Gehrys viel gerühmte raumplastische Museums-Skulptur in Bilbao, die 1997 eingeweiht wurde. Das »Europäische Museum 2000« hat 11 000 Quadratmeter Ausstellungsfläche und 19 Galerien auf drei Stockwerken. An diesem Projekt lässt sich das Guggenheim-Prinzip am besten illustrieren. Die Baukosten mussten komplett von der baskischen Regierung übernommen werden, die auch für die Betriebskosten aufkommt, einen Teil der Einnahmen nach New York abführen muss und neue Ankäufe selbst finanziert, ohne dass sie damit einen Eigentumsanspruch erwirbt. »Das gigantische Raumschiff in Bilbao, das die Architektur neu definiert«, konnte 1999 1,1 Millionen Besucher registrieren, unter ihnen fast neun Zehntel auswärtige Touristen, die rund 400 Millionen Dollar in der baskischen Stadt ausgaben.[128]

Christoph Vitali hat bekannt, er könne dieses Museumswunder nicht goutieren, »ohne den schalen Nachgeschmack des Kulturimperialismus im Munde zu verspüren«.[129] Doch muss die Frage gestellt werden, wo die Alternativen liegen. Was als Shareholder-Strategie renommierten Museumsleuten, vor allem aber weltentrückten Ästheten kritikbedürftig erscheint, öffnet die Depots exklusiver Sammlungen, die auf diese Weise nicht nur zur Freude von Finanzmagnaten, sondern auch zum

Nutzen vieler Kunstenthusiasten weltweit zirkulieren können. Dieser Fortschritt ist jedoch mit Risiken behaftet, deren Preis noch kaum absehbar ist: Wie lange werden die Kunstwerke einem solchen Prozess der Vernutzung ohne irreparable Beschädigungen standhalten? Welche Belastungen bringt der häufige Ortswechsel durch einen globalen Leihverkehr für die konservatorische Betreuung mit sich?

Dass die Entwicklung noch längst nicht ihr Ende erreicht hat, zeigt das »Manhattan-Projekt« von Thomas Krens und Frank Gehry. In spätestens zehn Jahren wollen sie am East River ein gigantisches Museum für moderne Kunst errichtet haben, das auf 22 000 Quadratmetern Ausstellungsfläche die Kunst des 20. Jahrhunderts umfassend in Szene setzen soll: Malerei, Plastik, Kunstinstallationen, Design und Film. Krens und Gehry planen nicht weniger als einen »multifunktionalen Erlebnispark« mit vielfältigen Freizeitangeboten – einen Kosmos der Eventkultur, der alles bisher Dagewesene übertrifft. Solche Planungseuphorie lässt auch McKinsey schwelgen: Drei Millionen Besucher, 6 000 Arbeitsplätze, Einnahmen von mehr als 600 Millionen Dollar pro Jahr prognostiziert die weltweit operierende Unternehmensberatung. Noch ist offen, ob sich die Stadt von diesem Enthusiasmus überzeugen lässt.[130]

Dass Kultur ein Standortfaktor geworden ist, einen hohen »Umwegnutzen« für die Wirtschaft bewirkt, wird kaum noch bestritten.[131] Auch in Deutschland sollte geprüft werden, wie die Erwirtschaftung von Eigenmitteln durch Kultureinrichtungen nachhaltig verbessert werden kann. Es muss geklärt werden, welche Rechtsform es beispielsweise Museen erlaubt, sich wirtschaftlich zu betätigen und mit Partnern aus der Wirtschaft zu kooperieren. Wenn es gelingt, kulturelle Ressourcen so zu verwerten, dass sie keinen Schaden durch ausbeutenden Verschleiß erleiden, wird ein Mehrwert erzeugt, der sich nicht nur in Zahlen ausdrückt, sondern auch die Teilhabe an der Kultur erweitert. Traditionen zu bewahren bedeutet nicht, an alten Gewohnheiten festzuhalten, sondern ihre Aneignung auf neuen Wegen zu sichern.

Der museum kunst palast in Düsseldorf, der Anfang September 2001 eröffnet wurde, kann als jüngstes Beispiel für den Versuch gelten, eine neue Art von Museum zu entwickeln, das sich den Ansprüchen der Eventkultur öffnet, ohne Berührungsängste für eine Partnerschaft mit der Wirtschaft zu haben. Hauptsponsor ist die e.on AG, die sich in den nächsten zehn Jahren mit 23 Millionen DM engagiert und ihren Konzernsitz in unmittelbarer Nachbarschaft vom gleichen Architekten (Oswald M. Ungers) bauen ließ, der auch den Museumskomplex neu gestaltet hat. Zwei weitere Unternehmen (Metro, Degussa) haben sich mit Millionen-Beträgen an diesem musealen Stiftungsprojekt beteiligt, das von Jean-Hubert Martin geleitet wird, der schon Ende der 80er-Jahre die verengte Perspektive der Westkunst in seiner spektakulären Pariser Ausstellung »Magiciens de la terre« durchbrochen hat und die Düsseldorfer Eröffnungsschau »Altäre – Kunst zum Niederknien« als ein Event der Weltkulturen inszeniert. Auch die Bestände des früheren Düsseldorfer Kunstmuseums erscheinen im unkonventionellen Arrangement der beiden Künstler Thomas Huber und Bogomir Ecker in einem neuen Licht. Ob dieses neue Bündnis zwischen Kultur und Wirtschaft der deutschen Museumslandschaft kreative Impulse vermittelt, wird sich erweisen müssen. Der Mut, neue Wege zu gehen, verdient schon jetzt Aufmerksamkeit und Respekt.

Die amerikanischen Trendforscher John Naisbitt und Patricia Aburdene haben die Ansicht geäußert, dass Kunst und Kultur des 21. Jahrhunderts dem Sport beim Massenpublikum den Rang ablaufen werden. Kunst ist nicht vorhersehbar, sie lebt durch Überraschung und ihre Kraft zur Veränderung. Und im Wandel der Gesellschaften werden sich auch neue Kulturmuster und Kulturmilieus ausprägen, bei denen sich die Grenzen zwischen den Künsten verwischen und interdisziplinäre Projekte zunehmend bedeutsam werden.

Einst sollte die »Titanic« an jener Stelle vor Anker gehen, an der das »Manhattan-Projekt« verwirklicht werden soll – sie zerschellte mit Benjamin Guggenheim, dem Bruder des Museumsgründers, an einem Eisberg. Ihr Untergang wurde zum Sinnbild des Geschwindigkeitsrauschs und der Rekordsucht einer vergangenen Epoche, mit der uns der Glaube an die Allmacht des technischen Fortschritts noch immer verbindet. Es muss sich zeigen, was wir aus Erfahrung gelernt haben – auf dem Weg in ein neues Zeitalter.

Anmerkungen

1 Deutscher Bundestag, 14. Wahlperiode, Drucksache 14/3420 (18. Mai 2000): Finanzielle Förderung von Kunst und Kultur, S. 2.
2 Brockhaus Enzyklopädie, Band 12, Mannheim 1990, S. 580.
3 Vgl. dazu umfassend Metzler Lexikon Kultur der Gegenwart. Themen und Theorien, Formen und Institutionen, hrsg. von Ralf Schnell, München und Weimar 2000; Hartmut Böhme/Peter Matussek/Lothar Müller, Orientierung Kulturwissenschaft, Reinbek bei Hamburg 2000.
4 Zitiert nach: Henning Ritter, Die Fassaden am East River. Alexis de Tocqueville über die Kunst in der Demokratie, Frankfurt/M. 2000, S. 22.
5 Ebd., S. 34.
6 Zitiert nach: Brockhaus (Anm. 2), S. 582. Zu Cassirer vgl. auch Böhme u. a., Kulturwissenschaft (Anm. 3), S. 68–72.
7 Vgl. dazu ausführlich Hermann Glaser, Deutsche Kultur. Ein historischer Überblick von 1945 bis zur Gegenwart, Bonn 2000 (2. erw. Aufl.); Hilmar Hoffmann/Heinrich Klotz (Hrsg.), Die Kultur unseres Jahrhunderts. Band 1:1945–1960, Band 2: Die Sechziger, Band 3: 1970–1990, Düsseldorf, Wien und New York 1991, 1987, 1990. Zur Gegenkultur in der DDR: Gabriele Muschter/Rüdiger Thomas (Hrsg.), Jenseits der Staatskultur. Traditionen autonomer Kunst, München und Wien 1992.
8 Vgl. dazu Rüdiger Thomas, Bauelemente einer gesamtdeutschen Kommunikationskultur, in: Karl Dietrich Bracher/Manfred Funke/Hans-Peter Schwarz (Hrsg.), Deutschland zwischen Krieg und Frieden, S. 395–412, hier S. 396–399.
9 Zitiert nach: Hoffmann/Klotz, Kultur (wie Anm. 7), Band 1, S. 186.
10 Vgl. dazu ausführlich Rüdiger Thomas, Staatskultur und Kulturnation. Anspruch und Illusion einer sozialistischen deutschen Nationalkultur, in: Kunstdokumentation SBZ/DDR, hrsg. von Günter Feist, Eckhart Gillen und Beatrice Vierneisel, Köln 1996, S. 16–41, hier S. 19–26.
11 Zitiert nach: Vaterland, Muttersprache. Deutsche Schriftsteller und ihr Staat seit 1945. Zusammengestellt von Klaus Wagenbach u. a., Berlin 1994, S. 157.
12 Vgl. dazu Rüdiger Thomas, Sonderbare Begegnungen. Gespräche zwischen ost- und westdeutschen Autoren 1961–1964, in: Deutschland Archiv, 1/1999, S. 64–73, hier S. 69 f.
13 Zur Debatte um Ursachen und Folgen neuerdings Wolfgang Kraushaar, 1968 als Mythos, Chiffre und Zäsur, Hamburg 2000; vgl. auch die Beiträge von Claus Leggewie, Axel Schildt, Wolfgang Kraushaar und Edgar Wolfrum in: Aus Politik und Zeitgeschichte (APuZ), 22–23/2000, S. 3–36; zur DDR vgl. Stefan Wolle, Die versäumte Revolte: Die DDR und das Jahr 1968, in: ebd., S. 37–46.

14 Vgl. dazu Der alte Film war tot. 100 Texte zum westdeutschen Film, hrsg. von Hans-Helmut Prinzler und Eric Rentschler, Frankfurt/M. 2001.

15 Vgl. Wolfgang Ruppert, Ulm ist tot. Es lebe Ulm. Rückblick auf die Hochschule für Gestaltung, in: Kursbuch 106: Alles Design, Dezember 1991, S. 119–138; Nikolaus Jungwirth/ Gerhard Kromschröder (Hrsg.), Die Pubertät der Republik, Darmstadt 1978; Axel Schildt, Moderne Zeiten. Freizeit, Massenmedien und »Zeitgeist« in der Bundesrepublik der 50er Jahre, Hamburg 1995; umfassend Axel Schildt/Arnold Sywottek (Hrsg.), Modernisierung im Wiederaufbau. Die westdeutsche Gesellschaft der 50er Jahre, Bonn 1993.

16 Vgl. Axel Schildt, Dynamische Zeiten. Die 60er Jahre in den beiden deutschen Gesellschaften, Hamburg 2000.

17 Vgl. dazu Rüdiger Thomas, Kulturpolitik und Künstlerbewußtsein seit dem VIII. Parteitag der SED, in: Gert-Joachim Glaeßner (Hrsg.), Die DDR in der Ära Honecker, Opladen 1988, S. 589–608.

18 Vgl. Rüdiger Thomas, Wahrnehmungsmuster in Ost- und Westdeutschland heute, in: Deutschland Archiv, 5/1997, S. 772–780, hier S. 775–777.

19 Vgl. Karin Thomas, Zweimal deutsche Kunst nach 1945. 40 Jahre Nähe und Ferne, Köln 1985.

20 Hans Mayer, Literatur heute im geteilten Deutschland, in: Politik und Kultur, 4/1978, S. 19.

21 Günter Grass, Kulturelle Arbeit im Ausland, in: Politik und Kultur, 4/1980, S. 10.

22 Ohne den Leser geht es nicht. Ursula Heukenkamp im Gespräch mit Gerd Adloff, Gabriele Eckart, Uwe Kolbe, Bernd Wagner, in: Weimarer Beiträge, 7/1979, S. 46.

23 Das Protokoll wurde parallel im Luchterhand Verlag und im Aufbau-Verlag veröffentlicht: Berliner Begegnung zur Friedensförderung, Darmstadt und Neuwied 1982, Zitate S. 108, 82, 26.

24 Dokumentiert in: Texte zur Deutschlandpolitik, Reihe III/Band 4, hrsg. vom Bundesministerium für innerdeutsche Beziehungen, Bonn 1987, S. 216–221.

25 Martin Walser, Händedruck von Gespenstern, in: Jürgen Habermas (Hrsg.), Stichworte zur ›Geistigen Situation der Zeit‹, 1. Band: Nation und Republik, Frankfurt/M. 1979, S. 49.

26 Berliner Begegnung, Protokoll (Anm. 23), S. 107.

27 Vgl. dazu Dokumentationszentrum Alltagskultur der DDR (Hrsg.), Fortschritt, Norm und Eigensinn. Erkundungen im Alltag der DDR, Berlin 1999; Wir wollen immer artig sein... Punk, New Wave, HipHop, Independent-Szene in der DDR 1980–1990, hrsg. von Ronald Galenza und Heinz Havemeister, Berlin 1999; Annette Kaminsky, Wohlstand, Schönheit, Glück. Kleine Konsumgeschichte der DDR, München 2001. Einen umfassenden Einblick in die breite Palette von offiziellen Zeitschriften, konfessioneller Publizistik und Produkten aus dem inoffiziellen, gegenkulturellen Milieu bietet: Simone Barck/Martina Langermann/Siegfried Lokatis (Hrsg.): Zwischen »Mosaik« und »Einheit«. Zeitschriften in der DDR, Berlin 1999.

28 Vgl. Rüdiger Thomas, »Sich ein Bild machen«. Auf der Suche nach einer gemeinsamen Kultur, in: Wolfgang Thierse/Ilse Spittmann-Rühle/Johannes L. Kuppe (Hrsg.), Zehn Jahre Deutsche Einheit, Opladen 2000, S. 247–272.

29 Joachim Walther, Sicherungsbereich Literatur. Schriftsteller und Staatssicherheit in der Deutschen Demokratischen Republik, Berlin 1996; zu den Kontroversen im Verband deutscher Schriftsteller vgl. Verfeindete Einzelgänger. Schriftsteller streiten über Politik und Moral, hrsg. von Renate Chotjewitz-Häfner und Carsten Gansel, Berlin 1997.

30 Deutschlandbilder. Kunst aus einem geteilten Land. Katalog zur zentralen Ausstellung der 47. Berliner Festwochen im Martin-Gropius-Bau, hrsg. von Eckhart Gillen, Köln 1997.

31 In: The Next Generation. Junges Theater aus Großbritannien, Irland und den USA, hrsg. von Torsten Maß, 48. Berliner Festwochen 1998, S. 5.

32 Durs Grünbein, Nach den Satiren, Frankfurt/M. 1999, S. 150.

33 Vgl. Hilmar Hoffmann, Kulturdialog für das 21. Jahrhundert, in: APuZ, B 41/96, S. 20.

34 Zitiert nach: Thomas Röbke (Hrsg.), Zwanzig Jahre Neue Kulturpolitik. Erklärungen und Dokumente 1972–1992, Essen 1993, S. 117 f.

35 Zur umfangreichen Literatur Bernd Wagner, Zwanzig Jahre Neue Kulturpolitik. Eine Biblio-

graphie, Essen 1993; Institut für Kulturpolitik (Hrsg.); Bibliographie Kulturpolitik, Essen 1998.

36 Die beste aktuelle Übersicht bietet die Antwort der Bundesregierung auf die Große Anfrage der CDU/CSU-Fraktion zur Soziokultur: Deutscher Bundestag, Drucksache 14/4020 (24. August 2000).

37 Vgl. dazu Bernd Wagner, Soziokultur West–Soziokultur Ost, in: APuZ, B 11/2001, S. 3–6.

38 Dokumentiert in: Kulturpolitische Mitteilungen (KuMi), Nr. 78, III/97, S. 60 f. Als konkreten Einblick in aktuelle Schwerpunkte kommunaler Kulturpolitik vgl. Oliver Scheytt, Kommunale Kulturpolitik und ihr öffentlicher Auftrag, in: KuMi, Nr. 89, II/2000, S. 28–32.

39 Michael Naumann, Zentralismus schadet nicht, in: Die Zeit vom 2. November 2000, S. 59–60. Naumann wendet sich in diesem Beitrag aber auch generell gegen einen übermäßigen Anspruch der Exekutive: »[. . .] demokratische Kulturpolitik dient weder einer mehrheitlich gedeckten Staatsästhetik noch der exekutiven nationalen Integration und allenfalls höchst mittelbar der viel beschworenen gesellschaftlichen Sinnstiftung. Wollte sie gar ein Kraftzentrum politisch-kultureller Legitimitätsproduktion politischer Herrschaft werden, müssten die Parlamente und erst recht die Künstler auf der Hut sein.« (S. 60)

40 Vgl. Karin Thomas, Kultur, in: Werner Weidenfeld/Karl-Rudolf Korte (Hrsg.), Handbuch zur deutschen Einheit 1949–1989–1999, Frankfurt/M. und New York 1999, S. 516.

41 Culture Concepts Berlin, Wie in Kultur(-bauten) investieren? Kulturinvestitionsprogramme in den neuen Bundesländern: Bestandsaufnahme, Probleme und Perspektiven der Modernisierung der kulturellen Infrastruktur, Berlin, Juli 2001, S. 21, 23.

42 Die vom Kulturstaatsminister Nida-Rümelin vorgesehene Stiftung wirft vor allem auch die Frage nach der Zukunft der Kulturstiftung der Länder auf, die 1988 gegründet wurde und nach einem komplizierten Schlüssel von den 16 Ländern und vom Bund (je zur Hälfte) finanziert wird. Es bleibt vorerst unklar, ob die Nationalstiftung eine gemeinsame Neugründung sein soll oder eine »Arbeitsteilung« angestrebt wird, bei der die vom Bund initiierte Stiftung für innovative, aktuelle Kunst zuständig wäre und die Kulturstiftung der Länder auf das kulturelle Erbe beschränkt bliebe. Vgl. dazu kritisch Ingo von Münch, Warnung vor dem Bunde, in: Frankfurter Allgemeine Zeitung (FAZ) vom 17. Juli 2001, S. 46.

43 Vgl. Verbändealmanach Kultur, hrsg. von Olaf Zimmermann und Gabriele Schulz, Bonn und Berlin 2000, S. 172–174; Wer ist was in der Kulturpolitik – Handbuch des Deutschen Kulturrates, hrsg. von Olaf Zimmermann und Gabriele Schulz, Bonn und Berlin 1999.

44 Standortbestimmung des Deutschen Kulturrates zu Kultur und Bildung in: Deutscher Kulturrat aktuell, September 2000, S. 13–14. Diese Initiative schließt an frühere Aktivitäten an, vgl. Deutscher Kulturrat (Hrsg.), Konzeption Kulturelle Bildung, Essen 1994.

45 Zitiert nach: Hagener Erklärung zur Kulturpolitik. Zwanzig Jahre Kulturpolitische Gesellschaft, in: KuMi, Nr. 74, VIII/96, S. 58.

46 Zum Gestaltungsauftrag der Kulturpolitik. Überlegungen des Vorstandes zur Tätigkeit des Deutschen Kulturrates, in: Deutscher Kulturrat, aktuell, Juni 2001, S. 2–3.

47 Zitiert nach: KuMi, Nr. 86, III/99, S. 57.

48 Vgl. Franz-Otto Hofecker, Föderalismus als Herausforderung der Kulturpolitik und -statistik in Europa, in: Jahrbuch für Kulturpolitik 2000, Band 1, hrsg. für das Institut für Kulturpolitik der Kulturpolitischen Gesellschaft von Thomas Röbke und Bernd Wagner, Essen 2001, S. 323.

49 Zitiert nach: Bernd Meyer, Die Stadt als Kommune, in: Jahrbuch für Kulturpolitik 2000 (Anm. 48), S. 195.

50 Michael Söndermann, Zur Lage der öffentlichen Kulturfinanzierung in Deutschland. Ergebnisse aus der Kulturstatistik, in: Jahrbuch für Kulturpolitik 2000 (Anm. 48), S. 341–371, hier S. 351–354.

51 Ebd., S. 359.

52 Ebd., S. 357.

53 Statistisches Bundesamt (Hrsg.), Datenreport 1999, Bonn 2000, S. 154.

54 Bernd Röll, in: Jahrbuch für Kulturpolitik 2000 (Anm. 48), S. 248.

55 Angaben in: Deutscher Kulturrat, aktuell, Juni 2001, S. 5. Vgl. Zahlen, Daten, Fakten zum deutschen Stiftungswesen, hrsg. vom Bundesverband Deutscher Stiftungen, 2. Ausgabe,

Bonn 2001; Verzeichnis deutscher Stiftungen 2000, hrsg. vom Bundesverband Deutscher Stiftungen, 4. Ausgabe, Darmstadt 2000; Bertelsmann Stiftung (Hrsg.), Handbuch Bürgerstiftungen, Gütersloh 2000.

56 Klaus von Trotha, in: Jahrbuch für Kulturpolitik 2000 (Anm. 48), S. 234. Zum Kultursponsoring vgl. auch Arend Oetker, Kultursponsoring aus Sicht der Wirtschaft, in: APuZ, B 41/96, S. 32–37; Bernhard Freiherr von Loeffelholz, Jeder Bürger ist ein Stifter, in: FAZ vom 18. September 1997, S. 40; Klaus-Peter Schmid, Zuflucht zu den Stiftern, in: Die Zeit, 31. Mai 2000, S. 25.

57 Zitiert nach: Heinrich Wefing, Dumm und frech, das paßte zusammen, in: FAZ vom 14. Juli 2001. S. 41.

58 Auskunft des Goethe-Instituts gegenüber dem Verfasser.

59 Zitiert nach: Wefing (Anm. 57).

60 Jaqueline Hénard, Was machen die eigentlich alle, in: Die Zeit vom 5. April 2001, S. 51.

61 Vgl. Bundesverband deutscher Banken, Umfrage »Deutschland im Wandel«, November 2000, Frage 46.

62 Dokumentiert in: KuMi, Nr. 89, II/2000, S. 44–46.

63 Vgl. auch den instruktiven Ausstellungskatalog Murnau, Manila, Minsk – 50 Jahre Goethe-Institut, hrsg. vom Goethe-Institut Inter Nationes, München 2001.

64 Vgl. Naumann, Zentralismus (Anm. 39), S. 59.

65 Vgl. Martin Vogel, Spekulationssperre, in: FAZ vom 13. Juni 2001, S. 57; so auch Norbert Lammert, Kulturförderung ist Verfassungsauftrag, in: Das Parlament vom 11. Mai 2001, S. 5. Die Angaben variieren nach der unterschiedlichen Zuordnung von Produktionsbereichen zur Kulturwirtschaft. Naumann, Zentralismus (Anm. 39), S. 60 gibt 2,5 Prozent an.

66 Alle Angaben nach: Buch und Buchhandel in Zahlen, Frankfurt/M. 2001. In Deutschland gibt es rund 14 200 Bibliotheken, davon sind etwa 12 130 öffentliche Bibliotheken, knapp 57 Prozent in kommunaler, 42 Prozent in kirchlicher Trägerschaft. (Vgl. Jahrbuch für Kulturpolitik 2000 [Anm. 48], S. 262 u. 214). Zu Veränderungen bei der Buchnutzung vgl. Leseverhalten in Deutschland im neuen Jahrtausend. Eine Studie der Stiftung Lesen, Mainz und Hamburg 2001.

67 Die Angaben zu den USA in: Börsenblatt für den Deutschen Buchhandel, Nr. 56, 13. Juli 2001, S. 12.

68 Alle Angaben nach: Zeitungen 2000, hrsg. vom Bundesverband deutscher Zeitungsverleger, Berlin 2000, S. 390–392; vgl. auch Hermann Meyn, Massenmedien in Deutschland, Konstanz 2001.

69 Zeitungen 2000 (Anm. 68), S. 401.

70 Vgl. Stefan Loipfinger, Oft mehr Schein als Sein, in: Die Zeit vom 23. November 2000, S. 37. Die Zahl der Filmbesucher erreichte ihren Höhepunkt Mitte der 50er-Jahre mit jährlich mehr als 700 Millionen Besuchern im Westen, in der DDR waren es 1960 rund 240 Millionen Besucher (vgl. Datenreport 1999) [Anm. 53], (S. 155).

71 Vgl. FAZ vom 27. April 2001, S. 45.

72 Presse- und Informationsamt der Bundesregierung (Hrsg.): Im Bund mit der Kultur. Neue Aufgaben der Kulturpolitik, Berlin 2000, S. 64.

73 Vgl. Bernd Guggenberger, Sein oder Design. Im Supermarkt der Lebenswelten, Reinbek bei Hamburg 2000, S. 216–236; Pierre Bourdieu, Über das Fernsehen, Frankfurt/M. 1999.

74 Volker Hagedorn, Spiel mir das Lied vom Dienst, in: Die Zeit vom 9. Dezember 1999, S. 49.

75 Der letzte Widerhaken (Interview mit Peter Konwitschny), in: Die Zeit vom 3. Mai 2001, S. 49–50, hier S. 49.

76 Bernd Wagner, Bürgerschaftliches Engagement und Ehrenamt im Kulturbereich, in: Jahrbuch für Kulturpolitik 2000 (Anm. 48), S. 206.

77 Hellmuth Matiasek, Präsident der Bayerischen Theaterakademie, in: Kölner Stadt-Anzeiger vom 26./27. Mai 2001, S. 14. Zur Bühnenstatistik der Spielzeit 1999/2000 vgl. FAZ vom 22. August 2001, S. 49.

78 »Die Flucht ins Feine, Kryptische, Unverbindliche ist als politischer Eskapismus gerade bei den tonangebenden Bühnen anzutreffen – und trägt sicher das ihre zur Flucht des Publikums

aus Langeweile bei.« (Ute Nyssen, Ehret die Dichter!, in: Die Zeit vom 23. Mai 2001, S. 41); vgl. auch Jürgen Flimm, Populismus? Dass ich nicht lache!, in: Die Zeit vom 29. März 2001, S. 40; Thomas Irmer, Das exotische Sozialtier ist von den meisten Bühnen verschwunden, in: Das Parlament vom 11. Mai 2001, S. 15; Ich hasse Verstellungskünstler (Gespräch mit Frank Castorf), in: Die Zeit vom 12. Juli 2001, S. 35.

79 Datenreport 1999 (Anm. 53), S. 155.

80 Wagner, Engagement und Ehrenamt (Anm. 76), S. 207 u. 213.

81 Karin Thomas, Kultur (Anm. 40), S. 517; Im Bund mit der Kultur (Anm. 72), S. 22.

82 Vgl. Unser Weltkulturerbe. Kunst in Deutschland unter dem Schutz der UNESCO, hrsg. von Hans Christian Hoffmann, Dietmar Keller und Karin Thomas, Köln 2001.

83 Peter-Klaus Schuster, Welch schöner preußischer Traum, in: FAZ vom 20. April 2001, S. 46.

84 Dieter Hoffmann-Axthelm, Alles bewahren heißt nichts erhalten, in: Die Zeit vom 25. Mai 2000, S. 46–47, hier S. 46.

85 Vgl. dazu den Beitrag von Jörn Rüsen/Friedrich Jäger, Erinnerungskultur in diesem Band.

86 Vgl. Michael Terwey, Auf der Suche nach Besinnung, Sport und Spaß? Neue Daten zur Freizeitgestaltung in Deutschland, in: ZA-Information 46, Mai 2000, S. 115–142, hier S. 116 f.

87 Angaben nach: Verbraucheranalyse 2000, vgl. Buch und Buchhandel in Zahlen 2001 (Anm. 66), S. 19.

88 Vgl. Bundesverband deutscher Banken, inter/esse, 4/2001, S. 7.

89 Buch und Buchhandel in Zahlen (Anm. 66), S. 19.

90 Leseverhalten (Anm. 66), S. 86.

91 Angaben der Gesellschaft für Unterhaltungs- und Kommunikationselektronik, zitiert nach: Börsenblatt (Anm. 67), Nr. 33, 24. April 2001, S. 13.

92 Vgl. Forschungsgruppe Wahlen im Auftrag des Bundesverbandes deutscher Banken »Online-Banking und E-Commerce«, Juli-August 2000, Frage H 8.

93 Statistisches Bundesamt, Laufende Wirtschaftsrechnungen 1998.

94 «Deutschland im Wandel« (Anm. 60), Frage 44.

95 Ebd., Frage 43.

96 Ebd., Frage 45.

97 Ebd., Frage 18.

98 Gerhard Schulze, Die Erlebnisgesellschaft. Kultursoziologie der Gegenwart, Frankfurt/M. und New York 1992.

99 Ebd., S. 277–330, Zitate S. 302 u. 312.

100 Ebd., S. 463.

101 Vgl. Yvonne Fritzsche, Jugendkulturelle Gruppenstile: Gegengewicht statt Gegenentwurf, in: Soziale Arbeit, 10–11/1998, S. 356–364; Ronald Hitzler/Michaela Pfadenhauer, »We are one different family«. Techno als Exempel der anderen Politik, in: Ulrich Beck/Maarten Hajer/Sven Kesselring (Hrsg.), Der unscharfe Ort der Politik, Opladen 1999; Roland Roth/Dieter Rucht (Hrsg.), Jugendkulturen, Politik und Protest. Vom Widerstand zum Kommerz?, Opladen 2000; Klaus Farin, generation kick-de. Jugendsubkulturen heute, München 2001; Ronald Hitzler/Thomas Bucher/Arne Niederbacher, Leben in Szenen. Formen jugendlicher Vergemeinschaftung heute, Opladen 2001.

102 Vgl. Ronald Hitzler, Sinnbasteln, in: Ingo Mörth/Gerhard Fröhlich (Hrsg.), Das symbolische Kapital der Lebensstile, Frankfurt/M. und New York 1994, S. 75–92. Der Begriff *bricolage* (franz. Bastelei) wurde von Claude Lévi-Strauss in seiner Untersuchung »Das wilde Denken« (1962) verwendet, um die Verbindung archaischer, »wilder« Orientierungsmuster als Ergebnis einer »Logik des Bastelns« zu verstehen, im Unterschied zu rational begründeten Sinnkonzepten. Seit Ende der 70er-Jahre ist »Bricolage« in die Jugendforschung eingeführt worden, »um die Sinnstrukturen von Jugendstilen [. . .] verstehen zu können, als Aneinanderreihung von (in den kommerziellen Angeboten, der Mode usw.) vorgefundenen Elementen, die diesen neue und eigenständige Bedeutung und starke sozial-expressive Wirkung verleiht.« (Werner Fuchs-Heinritz in: Lexikon zur Soziologie, 3. Aufl., Opladen 1994, S. 111.)

103 Winfried Gebhardt, Feste, Feiern und Events. Zur Soziologie des Außergewöhnlichen, in: Winfried Gebhardt/Ronald Hitzler/Michaela Pfadenhauer (Hrsg.), Events. Soziologie des

Außergewöhnlichen, Opladen 2000, S. 24; Vgl. auch Horst W. Opaschowski, Jugend im Zeichen der Eventkultur, in: APuZ, B 12/2000, S. 17–23; »Das 21. Jahrhundert muss mit der Veränderung des Kulturbegriffs leben lernen, auch wenn damit ebenso kommerzielle wie inflationäre Tendenzen verbunden sind. Die klassische Kultur (Theater, Oper, Konzert, Kunstausstellung) ist im künftigen Erlebniszeitalter ohne Einbeziehung von Events kaum mehr überlebensfähig.« (S. 22)

104 Institut für Demoskopie Allensbach, Umfrage Januar 2001. Vgl. auch Elisabeth Noelle-Neumann/Thomas Petersen, Zeitenwende. Der Wertewandel 30 Jahre später, in: APuZ, B 29/2001, S. 15–22; mit anderer Akzentuierung Helmut Klages, Brauchen wir eine Rückkehr zu traditionellen Werten?, in: APuZ, B 29/2001, S. 7–14.

105 Vgl. Jugend 2000. 13. Shell Jugendstudie. Gesamtkonzeption und Koordination: Arthur Fischer, Yvonne Fritzsche, Werner Fuchs-Heinritz, Richard Münchmeier. 2 Bände, Opladen 2000, zusammenfassend Band 1, S. 13–21.

106 Sigmund Freud, Das Unbehagen in der Kultur, Frankfurt/M. und Wien 2000, S. 113.

107 Max Horkheimer/Theodor W. Adorno, Dialektik der Aufklärung. Philosophische Fragmente, Frankfurt/M. 1971, S. 108–150.

108 Naomi Klein, No logo! Der Kampf der Global Players um Marktmacht, München 2001.

109 Guggenberger, Sein oder Design (Anm. 73), S. 162.

110 Ulrich Beck, Eigenes Leben, in: ders. u. a., Eigenes Leben, München 1995, S. 9–174.

111 Ulrich Beck, Das Zeitalter des »eigenen Lebens«, in: APuZ, B 29/2001, S. 3–6, hier S. 4.

112 »Nach einer Epochenrechnung von Hans Robert Jauss wurden zwischen 1960 und 1970 zehnmal so viele neue Kunstrichtungen propagiert wie zwischen 1850 und 1900.« (Thomas Macho, Zukunft ohne Kultur – Kultur ohne Zukunft, in: Die Zeit vom 19. April 1996, S. 52.)

113 Du Monts Kunstlexikon des 20. Jahrhunderts – Künstler, Stile und Begriffe, hrsg. von Karin Thomas, Köln 2000, S. 91.

114 Jürgen Mittelstraß, Eine neue Kultur? Auf der Suche nach Wirklichkeit im Medienzeitalter, in: ZfK, 4/1995, S. 507–511, hier S. 507.

115 Vgl. hierzu ausführlich den Beitrag von Jürgen Turek, Technologiegesellschaft in diesem Band.

116 »Es ist doch eine universelle Erfahrung, dass wir heute fähig sind, gegenüber der eigenen Tradition Abstand zu gewinnen und aus der Perspektive anderer Traditionen auf die eigene zu schauen.« (Jürgen Habermas im Gespräch mit Pekinger Künstlern und Intellektuellen, in: Die Zeit vom 10. Mai 2001, S. 40.)

117 Ist Wissen von Natur aus schön? Versuchte Nähe: Über das heikle Verhältnis von Wissenschaft und Kunst. Ein ZEIT-Gespräch mit Horst Bredekamp und Jochen Brüning, in: Die Zeit vom 1. März 2001, S. 41–42, hier S. 41.

118 »Eine Kunstausstellung ist keine Schatzsuche«, in: Der Tagesspiegel vom 4. Juli 2001, S. 25.

119 Vgl. dazu Christoph Butterwegge, »Kampf der Kulturen«. Zur Kritik an Samuel P. Huntingtons These, in: KuMi, Nr, 71, IV/95, S. 15–18.

120 Zur Orientierung Rainer Tetzlaff (Hrsg.), Weltkulturen unter Globalisierungsdruck. Erfahrungen und Antworten aus den Kontinenten, Bonn 2000; eine kulturkritische Sicht formuliert George Steiner, Schon der Neandertaler war postmodern, in: Die Zeit vom 3. August 2000, S. 35.

121 Wolf Lepenies, Das Ende der Überheblichkeit, in: Die Zeit vom 24. November 1995, S. 62.

122 Vgl. Ulrich Beck, Die kosmopolitische Gesellschaft und ihre Feinde, in: Börsenblatt (Anm. 67), Nr. 42, 26. Mai 2000, S. 51–59.

123 Dieter Langewiesche, War da was vor 1871?, in: FAZ vom 12. Dezember 2000, S. 54. Zur Leitkultur-Kontroverse Bassam Tibi, Leitkultur als Wertekonsens. Bilanz einer missglückten deutschen Debatte, in: APuZ, B 1–2/2001, S. 23–26; Jeremy Rifkin, Was macht euch so ängstlich, in: FAZ vom 18. November 2000, S. 41; Armin Nassehi, Minarette in Oberbayern, in: Die Zeit vom 30. November 2000, S. 60. Vgl. auch Michael Weigl/Lars C. Colschen, Politik und Geschichte in diesem Band.

124 Jeremy Rifkin, Access. Das Verschwinden des Eigentums, Frankfurt/M. und New York 2000, Zitate S. 19, 14, 358.

125 Peter Glotz, Die beschleunigte Gesellschaft. Kulturkämpfe im digitalen Kapitalismus, Reinbek bei Hamburg 2001. Der Wandel der Technologiegesellschaft zeigt sich auch in den Berufswünschen der jungen Generation: Schüler und Schülerinnen ab 14 Jahren haben im Jahr 2000 (Institut für Demoskopie Allensbach) folgende »Traumberufe« genannt: Bei den Jungen rangieren Software-Entwickler, Informatiker und EDV-Fachmann an der Spitze, wo sie den KfZ-Mechaniker ablösen. Bei den Mädchen zeigt sich eine plurale Orientierung: Designerin vor Journalistin, Ärztin und Stewardess.

126 Aleida Assmann beschreibt in ihrem Buch: Erinnerungsräume. Formen und Wandlungen des kulturellen Gedächtnisses, München 1999, wie sich Erinnerung durch den Wandel der Medien, in denen das kulturelle Gedächtnis aufbewahrt wird, verändert. Die zunehmende Flüchtigkeit der Medien, aus denen Erinnerung abgerufen wird, gefährdet die Substanz des kulturellen Gedächtnisses, das sich in dem fließenden Strom der digitalen Welt zu verlieren droht, wenn es nicht im kommunikativen Handeln gegenwärtig bleibt, im Modus fortlaufender Aneignung, und im »Funktionsgedächtnis« verankert wird.

127 Zur Kritik an den Thesen von Glotz vgl. Guillaume Paoli, Anweisungen zum Kulturkampf, in: FAZ vom 30. April 2001, S. 52.

128 Vgl. Matthias Frehner, Wie Mr. Krens die Museumswelt auf den Kopf stellt. Das Museum als Unternehmen im globalisierten Kulturbetrieb, in: NZZ Folio, Nr. 10, Oktober 2000, S. 20–30, hier S. 25; siehe auch Verena Lueken, Willkommen in einer Welt der schönen Fassaden, in: FAZ vom 24. April 2001, S. 51; Bernhard Schulz, Die Eremitage bleibt nicht allein, in: Der Tagesspiegel vom 1. Februar 2001, S. 29.

129 Zitiert nach: Frehner, Museumswelt (Anm. 128), S. 25. Kritisch zu einer ökonomischen Ausrichtung der Kultur auch Hans Haacke/Klaus Staeck, Düsseldorfer Erklärung Kunst und Geld, in: KuMi, Nr. 71, IV/95, S. 49; Udo Zimmermann, Welche Kunst hätten Sie denn gern?, in: FAZ vom 26. April 2000, S. 49. Einen differenzierten Überblick über die aktuelle Diskussion bietet Hilmar Hoffmann (Hrsg.), Das Guggenheim-Prinzip, Köln 1999.

130 Angaben bei Frehner, Museumswelt (Anm. 128), S. 23.

131 Ein frühes Plädoyer stammt von dem seit Herbst 2001 amtierenden Generaldirektor der Staatlichen Kunstsammlungen in Dresden, Martin Roth, Die Angst vor der Wirklichkeit, in: FAZ vom 13. Juni 1996, S. 37. (Roth war Direktor des Dresdner Hygiene-Museums und ist Präsident des Deutschen Museumsbundes.) Kürzlich hat der Präsident des Deutschen Bühnenvereins, Jürgen Flimm, neue Betriebsformen für die Staatstheater in Deutschland gefordert: »Flexibilisierung und Privatisierung, das sind die Stichworte. Die Forderung nach Flexibilität richtet sich an die Gewerkschaften, die der Privatisierung geht an den Staat.« (FAZ vom 29. Januar 2001, S. 49.) Vgl. auch Ulrich Eckhart, Sinn und Tat. Die Verantwortung des Kulturmanagers, in: KuMi, Nr. 86, III/99, S. 32–34.

V. Politik

Karl-Rudolf Korte

Regieren

1. Die Debatte um den Begriff des Regierens

Wie kann die Eigentümlichkeit des Regierens in der Bundesrepublik Deutschland charakterisiert werden? Können angesichts gesamtgesellschaftlicher Globalisierung und nationalstaatlicher Entgrenzung überhaupt typische Merkmale des Regierens in Deutschland herausgearbeitet werden? Um solche Fragen zu beantworten, müssen signifikante Strukturmerkmale des Regierens in der 50-jährigen Geschichte Deutschlands analysiert werden (Kapitel 2). Rationale Trendkalküle können erst als mögliche Entwicklungsperspektiven diskutiert werden (Kapitel 3), wenn die spezifischen Faktoren des Regierens in Deutschland ausgebreitet sind.

Erst in jüngster Zeit erfuhr das Thema Regieren in Bund und Ländern innerhalb der Politikwissenschaft und der Publizistik eine gewisse Renaissance. Mit dazu beigetragen hat auch das regelmäßige Treffen der »reformorientierten Mitte-links-Regierungen«. Unter dem Label »modernes Regieren« soll von den Staats- und Regierungschefs unter wohlfahrtsstaatlichen Aspekten debattiert werden, wie die Schlacht zwischen Politik und Markt zu gewinnen ist. Die Präsidenten, Premierminister und Kanzler waren sich darin einig, im 21. Jahrhundert die Zügel nicht aus der Hand zu geben.[1] »Modernes Regieren« kann nämlich zweierlei bedeuten: einerseits den Zwängen der Globalisierung nachzugeben und die Politik der grenzenlosen Wirtschaft nachzuordnen oder andererseits die Globalisierung politisch zu steuern. Mit der Betonung des Primats der Politik rücken die Steuerungsaspekte des Regierens erneut ins Zentrum.

Die Diskussion ist nicht neu. Obwohl sich eine explizite Theorie des Regierens nicht entwickelt hat, sondern vielmehr Anleihen aus vielen politikwissenschaftlichen Theorien existieren[2], kehrt mit den Verweisen auf »modernes Regieren« ein altbekannter Debattenaspekt zurück. In den späten 70er-Jahren wurde der Begriff der »Unregierbarkeit« moderner Industriegesellschaften und damit auch des deutschen Modells salonfähig. Damals knüpfte allerdings die Fragestellung nach dem Zustand der Demokratie an die Debatte um die Krisenerscheinungen der parlamentarischen Demokratie und dem sich ausdünnenden Konsens im Vertrauensverhältnis zwischen Bürger und Staat an.[3]

Generell stand zur Diskussion, wie der moderne Staat auf die Anspruchs- und Erwartungshaltungen der Bürger angemessen reagieren kann. Es öffnete sich eine Schere zwischen steigenden Erwartungen und offensichtlich abnehmender staatlicher Leistungsfähigkeit. Konservative Theoretiker sahen als zentrale Krisenprobleme des politischen Systems eher die überhöhten Ansprüche der Bürger an den

Staat und die wachsende Überforderung des Staates, die aus diesen Ansprüchen resultierte. Aus linker Perspektive wurden dagegen die ökonomisch bedingten strukturellen Restriktionen staatlichen Handelns betont. Die Kritik erfasste dabei die Willensbildungs- und Entscheidungsstruktur des gesamten Regierungsapparates, des Parlaments und der Parteien. Die Einflussnahme verschiedener Verbände und Interessengruppen auf Entscheidungen des politischen Systems hinterfragte die demokratische Legitimation und ließ die Grenzen des politischen Systems unscharf werden (Korporatismus).

Der Vorwurf der Unregierbarkeit bündelte das Unbehagen über die Effektivität des Regierens und die Unterstützungsbereitschaft der Regierten.[4] Die aktuelle Variante der Debatte um das so genannte moderne Regieren greift den Steuerungsaspekt wieder auf, transferiert jedoch die Problembeschreibung auf ein systemübergreifendes Zentrum. Kernpunkt der Debatte ist die tatsächliche Handlungsfähigkeit des Staates hinsichtlich der Wirtschaft, vor allem im Hinblick auf die Rolle der multinationalen Konzerne, der sogenannten »global player«. Verloren gegangenes Gestaltungspotenzial soll durch den Aufbau politischer Handlungsmacht – möglichst auf transnationaler Ebene – wiederhergestellt werden. »Regieren jenseits der Staatlichkeit« ist die Antwort auf die zunehmende Überlappung und Durchdringung örtlicher Verhältnissc durch Prozesse, die sich im globalen Referenzrahmen vollziehen und nicht mehr in den Kategorien von Territorialität erfassbar erscheinen.[5] Die Voraussetzungen eines »nach außen souveränen und nach innen hierarchisch integrierten Staates«[6] sind durch europäische Integration und Internationalisierung der Politik nicht mehr gegeben. In der Folge wandelten sich die Vorstellungen von hierarchisch gesteuerten, eher statischen Steuerungsmodellen zu Modellen von Netzwerkhandeln. Regieren als »governance« wird dabei als koordiniertes Management in Mehrebenennetzwerken verschiedener Akteursgruppen verstanden.

In der anschließenden Analyse des Regierens in Deutschland wird weder der Aspekt des Regierens in entgrenzten Räumen noch die Fragen nach Partizipation und Legitimation des Regierungshandelns eine Rolle spielen.[7] Vielmehr sollen das Regierungshandeln im engeren Sinne, also das Tun und Lassen der Regierung (»government«) im parlamentarischen Regierungssystem, und die spezifischen Rahmenbedingungen des Regierens in Deutschland dargestellt werden. Regieren meint dabei Lenkung, Führung, Steuerung, Koordinierung und Moderation der Staatstätigkeiten durch die jeweilige Bundesregierung. Der strukturierte Querschnitt als Rückblick auf 50-jähriges Regierungshandeln soll auch die Konsequenzen für das Regieren mit einbeziehen, die sich aus dem Erbe des Staatssozialismus der DDR ergeben.

Mit folgenden sechs Schlüsselkoordinaten lässt sich eine politische Strukturgeschichte des Regierens in Deutschland entwerfen:
- Kanzlerdemokratie,
- Koalitionsdemokratie,
- Parteiendemokratie,
- Verhandelnde Wettbewerbsdemokratie,
- Mediendemokratie,
- Erbe des Staatssozialismus.

2. Strukturmerkmale des Regierens

2.1 Kanzlerdemokratie

Der Parlamentarische Rat hatte sich 1949 konsequent für ein parlamentarisches Regierungssystem entschieden. Diese Konstruktion entsprach dem Gebot des Antitotalitären und dem Rückbezug auf das Weimarer System. Die Einführung des parlamentarischen Regierungssystems im Bundesstaat resultierte ebenso daraus wie die Stärkung des Regierungschefs.

Der gesamte Exekutivbereich liegt in der Obhut der parlamentarisch verantwortlichen Regierung. Die Regierung kann durch eine abweichende Parlamentsmehrheit abberufen werden. Der Bundeskanzler ist parlamentarisch verantwortlich und legitimiert. Er verdankt seine Wahl der Parlamentsmehrheit, die er nur durch ein »konstruktives Misstrauensvotum« verlieren kann. Diese Primärlegitimation und die verfassungsrechtlich hervorgehobene Richtlinienkompetenz (Artikel 65 GG) bewirkten gemeinsam, dass sich eine »Kanzlerdemokratie« etablierte.

Die Eigentümlichkeit des politischen Entscheidens im parlamentarischen System der Bundesrepublik Deutschland kommt besonders prägnant zum Ausdruck, wenn man dieses politische System als parlamentarisches Regierungssystem mit Kanzlerhegemonie bezeichnet. Der Handlungsverbund zwischen Regierung und Parlamentsmehrheit wird durch ein verfassungsrechtlich geschütztes starkes Kanzlersystem gekennzeichnet. Im Begriff der »Kanzlerdemokratie« bündeln sich:

- unterstellte personale Führungsqualitäten (»Männer machen Geschichte«);
- historische Bezugsaspekte (»Am Anfang war Adenauer«: Begriffsprägung durch die Amtsführung des ersten Kanzlers, der die historische Chance des Anfangs nutzte);
- Annahmen über hierarchisch ausgerichtete Steuerungsprozesse politischer Entscheidungen. Trotz funktionaler Differenzierung und transnationaler Verflechtung folgt die Konnotation des Begriffs »Kanzlerdemokratie« dem »top-down«-Modell. Im »two-level-game«[8] nimmt der Kanzler in einer Scharnierfunktion den Ausgleich zwischen der nationalen und der internationalen Ebene vor.

Die Kanzlerdemokratie ist auf Stärke des Hauptakteurs und auf machtpolitische Kontinuität angelegt. Sie war der »Versuch einer prekären Balance«[9]: Zum einen wollte der Parlamentarische Rat im Grundgesetz die strikte Bindung der exekutiven Führung an die parlamentarische Repräsentation gewährleisten, zum anderen galt es aber die Führungsposition so stark zu besetzen, dass sie den Erwartungen aus den älteren, etatistischen Traditionen entsprechen konnte. Die starke Stellung des Kanzlers sollte gleichzeitig die Chance für abrupte Wechsel minimieren und zu einem breiten Konsens parlamentarischer Mehrheiten beitragen. Sicherheit stand höher im Kurs als Innovation.[10] Die spezifischen Gründungsbedingungen der Bonner Republik sowie die ökonomischen und politisch-kulturellen Entwicklungslinien fördern eine Kultur der Kontinuität. Die Hürden für den Machtwechsel in Deutschland sind relativ hoch.[11] Regierungsfähigkeit sollte aus dem demokratischen Prozess gestärkt hervorgehen. Nach den häufigen Regierungswechseln der Weimarer Republik und der nationalsozialistischen Machtergreifung favorisierte der Parlamentarische Rat Demokratie sichernde Stabilitätsanker, ohne zu ahnen, wie sehr sich diese

Konstruktion des Grundgesetzes als Stabilitätsgebot in Deutschland bewähren wird. Das konstruktive Misstrauensvotum sichert dem Kanzler eine Mehrheit im Bundestag: mit absoluter Mehrheit muss der Bundestag den amtierenden Kanzler abwählen und zugleich einen neuen Bundeskanzler wählen. Machtwechsel sind zweimal über dieses Instrument versucht worden: 1972 erfolglos, 1982 erfolgreich. Die Hürde für einen Wechsel über dieses Instrument ist somit sehr hoch.

Betrachtet man die Strukturtypen des Machtwechsels in Deutschland, erkennt man, dass es sich in der Mehrzahl der Regierungswechsel um so genannte »systemimmanente Machtwechsel« handelte: Hierbei erfolgte der Austausch des Kanzlers ohne vorausgehende Bundestagswahl: Adenauer (CDU) – Erhard (CDU), Erhard – Kiesinger (CDU), Brandt (SPD) – Schmidt (SPD), Schmidt – Kohl (CDU). Nur bei der Bundestagswahl 1998 kam es zum Typus des »kompletten Machtwechsels«. Die neue Regierungskoalition (SPD – Grüne) wird durch die vormaligen Oppositionsparteien gestellt und kein vorhergehender Koalitionspartner bleibt im neuen Regierungsbündnis.

Im internationalen Vergleich ist die Zahl der Machtwechsel in Deutschland eher gering. Dies gilt selbst für Länder mit Verhältniswahlrecht und Vielparteiensystemen.[12] Allerdings führte der Typus des »dosierten Machtwechsels« (in der neuen Regierung findet sich kontinuitätsverbürgend ein Koalitionspartner der alten Regierung jeweils wieder) in der Kanzlerdemokratie zu zeitintensiven Regentschaften.

Die formalen Regeln des Grundgesetzes binden die Macht des Bundeskanzlers an einen 4-jährigen Turnus. Machtrhythmen ergeben sich aus der Logik dieser Zahlenarithmetik auf Bundesebene für die Kanzlerschaften im Vierersystem. So lassen sich für die Bundesrepublik Deutschland auf Bundesebene Gesetzmäßigkeiten der Machtwechsel nach jeweils rund 16 Jahren analysieren:

- Adenauers Kanzlerschaft erstreckte sich über einen Zeitraum von 14 Jahren (1949–1963). Ergänzt durch die Erhard-Jahre im Kanzleramt (1963–1966), ergibt sich eine Zeitspanne von 16 Jahren und einigen Monaten CDU-Jahren.
- Die Große Koalition (1966–1969) markierte auch für die SPD einen besonderen Einschnitt. Sie stellte auf Bundesebene erstmals Regierungsbefähigung unter Beweis. Rechnet man die Dauer der folgenden sozial-liberalen Koalition ab 1969 mit ein, dann ergeben sich bis 1982 16 Regierungsjahre.
- Die christlich-liberale Koalition der Mitte begann 1982 mit dem ersten erfolgreichen konstruktiven Misstrauensvotum und endete – ebenfalls historisch einmalig – durch die komplette Abwahl bei der Bundestagswahl 1998. 16 Jahre dauerte auch diese Phase. Faktisch muss die 16-jährige Regierungszeit für diesen Zeitraum halbiert werden, denn der Einschnitt der deutschen Einheit hatte Zäsurcharakter. Kohl war 1989 nicht nur amtsmüde, wahlstrategisch abgeschlagen und von gewichtigen Widersachern parteiintern bedrängt, auch die Agenda des Neuanfangs war abgearbeitet.[13] Nach nochmals acht Jahren, gerechnet ab 1990, schien den Wahlbürgern der eigentliche Auftrag des Neuaufbaus der neuen Bundesländer und damit die Agenda von 1990 beendet zu sein.
- Es liegt nahe, die Phase der rot-grünen Koalition oder zumindest die sozialdemokratische Regierungsverantwortung nunmehr auch bis zum Jahre 2014 zu verlängern, um wieder auf den Turnus von 16 Jahren zu gelangen. Solche Spekulationen zur Regierungsdauer hätten zu berücksichtigen, dass der Machtwech-

seltypus »kompletter Machtwechsel« in 50 Jahren nur einmal vorkam. Dies könnte auch Auswirkungen auf den Rhythmus des Wechsels in der Kanzlerdemokratie haben. Der Pendelschlag hatte zur Mobilisierung einer neuen Mitte geführt, die das Alte abwählen wollte, ohne konkret das Neue zu kennen. Der Überdruss am Reformstau fegte die alte Regierung aus dem Amt. Der spektakuläre Regierungswechsel, der zeitgleiche Umzug der politischen Institutionen nach Berlin und der erste Kanzler, dem die existenziellen Kriegserfahrungen seiner Vorgänger fehlten, machen die »Berliner Republik« zu einem Zeitwort, dem zwar ein Neuanfang, aber keine fundamentale Neuausrichtung innewohnt.

Das Muster eines Machtwechsels auf Bundesebene nach rund 16 Jahren ist offenbar für die Bonner Republik bezeichnend gewesen. Die Kürze der Gesamtdauer (nur 50 Jahre) und die wenigen Machtwechsel lassen verständlicherweise nur eine gewisse Plausibilitätsannahme zu, keine Theorie des Wechsels. Die institutionellen Arrangements und die persönlichen Ausprägungen der jeweiligen Kanzler haben der Kanzlerdemokratie in Deutschland zu einer besonderen Eigentümlichkeit verholfen.

Kanzlerdemokratie bedeutet trotz der verfassungspolitisch starken Stellung des Kanzlers keineswegs Alleinherrschaft. Die Machtbalance ist sowohl institutionell mit »Barrieren gegen die Mehrheitsherrschaft«[14] als auch informell mit einer Vielzahl von verhandlungsdemokratischen Arrangements abgefedert. »Am Anfang war Adenauer«[15], der als erster Bundeskanzler stilbildend dieses Amt prägte. Persönliches Prestige und ausgeprägte Personalisierung der politischen Auseinandersetzung sind seither wichtige Merkmale der Kanzlerdemokratie. Jeder der insgesamt sieben Kanzler in der bundesdeutschen Geschichte prägte dieses Amt durch seine politischen Entscheidungen und seinen spezifischen Regierungsstil auf ganz persönliche Weise. Umstritten bleibt, ob deshalb der Terminus »Kanzlerdemokratie« auf alle Nachfolger Adenauers angewandt werden kann, weil sich die Strukturbedingungen des Regierens und damit die Handlungsspielräume immer weiter verengten.

2.2 Koalitionsdemokratie

Bislang ist es in der Geschichte der Bundesrepublik kein einziges Mal vorgekommen, dass eine Partei allein die Regierungsgewalt ausgeübt hat. Vielmehr setzten sich die Bundesregierungen bislang immer aus Koalitionen[16] zusammen. Unter Koalitionen versteht man Zusammenschlüsse von zwei oder mehreren Parteien, die unter der Führung derjenigen Partei, die als Wahlsieger aus den Bundestagswahlen hervorging, die Regierungsaufgaben wahrnehmen. Der Zusammenschluss wird von den Koalitionspartnern meist als Zweckbündnis auf Zeit wahrgenommen, das aber trotzdem als Garant für Regierungsstabilität dient.

Das personalisierte Verhältniswahlsystem verhinderte in Deutschland absolute Mehrheiten – mit einer Ausnahme 1957, als die CDU/CSU die absolute Mehrheit an Sitzen und Stimmen errang. Doch auch in dieser Situation setzte Konrad Adenauer das Bündnis mit der DP (Deutschen Partei) fort. Es hatte sich nicht nur bewährt, sondern diente auch unter dem Gesichtspunkt der Stabilitätserhaltung dazu, die Kritik an der Alleinherrschaft einer Partei abzuschwächen. Regierungsstabilität und Integrationseffekte sollten durch diese Vorgehensweise idealtypisch zusammentreffen.

Tatsächlich muss das Ende einer Machtphase nicht automatisch mit dem Auszug des Koalitionspartners aus der Regierungsverantwortung zusammenfallen. Trotz des Rückzugs der FDP 1956 gewann Adenauers CDU die Bundestagswahl 1957 triumphal. Andererseits gibt es hierzu auch Gegenbeispiele: Nachdem sich die FDP von Kanzler Schmidt 1982 trennte, läutete dies den Machtwechsel vom Oktober 1982 ein. Regierungswechsel erfolgten bis jetzt in der Regel über den Austausch eines Koalitionspartners. Die FPD war nur zwischen 1956 und 1961 sowie zwischen 1966 und 1969 und seit 1998 nicht als Juniorpartner der SPD bzw. der CDU/CSU in der Bundesregierung vertreten. Hierin liegt eine Besonderheit des deutschen Regierungssystems. Die spezifische Koalitionsbildung mit der FDP als Partei der liberalen Mitte verweist auf einen extrem auf Kontinuität und Stabilität ausgerichteten Regierungstypus in Deutschland. Koalitionsdemokratie lässt sich sowohl durch Machtteilung als auch durch Machtbalance und die Beschränkung von Mehrheitsherrschaft kennzeichnen. Dass die Kosten des Ausstiegs aus der Koalition zumeist schwer kalkulierbar sind, trägt zusätzlich zur Bestandssicherung eines Bündnisses bei.[17]

Die Koalitionsdemokratie hat jedoch nicht nur die Regierungspraxis stabilisiert. Sie hat auch die Wege der politischen Entscheidungsfindung geprägt. Informelle Entscheidungsmuster sind zum Kennzeichen der Bonner Koalitionsregierungen geworden. Die Gesetze, Geschäftsordnungen und Spielregeln, nach denen im Bund regiert wird, haben sich über die Jahrzehnte nicht grundlegend verändert. Was sich änderte, liegt eher im informellen Bereich. Es lässt sich nachweisen, dass eine institutionelle Stabilisierung der bundesdeutschen Koalitionsdemokratie durch Prozesse der Informalisierung und Parteipolitisierung erfolgte.[18] Dabei haben sich die exekutiven Entscheidungsprozesse so verändert, dass die so genannte negative Koordination (d. h. reaktive, spezialisierte oder auf den Einzelfall bezogene Koordination zur Vermeidung von Wohlfahrtsverlusten) der bürokratischen Politik gezielt durch informelle Überlagerungen wie den Koalitionsarbeitsgruppen ausgeglichen wurde.[19] Die Koalitionsrunde verdrängte weitestgehend die anfänglich einflussreichen Kabinetts- und interministeriellen Ausschüsse. Insgesamt schwächte die sektorale Ausdifferenzierung der Koalitionsgespräche langfristig das Ressortprinzip.[20]

Alle Kanzler waren auf die Koalition als Machtquelle angewiesen. Doch der Stellenwert, den die jeweiligen Kanzler dem Koalitionspartner zuwiesen, war nie ausschließlich von der Größenordnung der Mehrheitsverhältnisse im Bundestag abhängig. Trotz der überzeugenden Mehrheit, mit der Helmut Kohl 1983 gewählt wurde, avancierte für ihn die Koalition zur zentralen Entscheidungsarena. Kohl war über viele Jahre hinweg primär Koalitionskanzler. Er benötigte die FDP als starken Juniorpartner. Denn Kohl spielte häufig die CSU gegen die FDP aus und stiftete in der Rolle des Schlichters gleichzeitig CDU-Identität. Kohl brauchte zur machtabsichernden Entscheidungsmoderation die Koalition. Er nutzte die Koalitionsrunde als zentrales Führungsinstrument seines Regierungshandelns. Anders verhält es sich bei Gerhard Schröder, der – ebenfalls mit einer deutlichen Mehrheit gewählt – seit 1998 regiert. Sein Koordinationsgremium besteht in erster Linie aus Einzelvertretern von Partei, Fraktion und Kanzleramt. Erst öffentliche Krisen führten zur Einberufung einer formellen Koalitionsrunde.

Die Koalitionsdemokratie funktioniert nur im Zusammenspiel der Mehrheitsfraktionen des Deutschen Bundestages mit der Bundesregierung. In den 50 Jahren ließ sich eine deutliche Konzentrationstendenz beobachten hinsichtlich der Anzahl der Fraktionen und auch im Blick auf eine wachsende Kohäsion der Fraktionen.[21] Im parlamentarischen System stellen Regierung und Parlamentsmehrheit einen Handlungsverbund dar. Dieser Handlungsverbund ist als Politiknetzwerk vorstellbar, das von jedem Kanzler extrem personalisiert und instrumentalisiert wurde. Diese Netzwerke sind nicht das Entscheidungszentrum für die Gesetzgebung, aber sie dienen zur Reduktion von Transaktionskosten im Entscheidungsprozess. Als Entscheidungszentrum fungiert der Bundestag nur im Verbund mit der Regierung und verklammert durch die politischen Parteien der Koalition. Die konsensuelle Orientierung innerhalb der politischen Kultur der Bundesbürger hat nicht nur die institutionellen Vorgaben der Stabilitätssicherung immer wieder bestätigt. Vielmehr konnte ein »parlamentarisches Mitregieren« der Opposition in 50 Jahren als typisch deutsches Muster des Regierungssystems analysiert werden.[22] Regieren gegen den Bundestag war für keinen Kanzler möglich. Andererseits haben die Prozesse einer schleichenden Entparlamentarisierung durch die wachsende Rolle der Medien und die Ausdifferenzierung der Interessengruppen neue Arenen für die Kanzler geschaffen, in denen sie unabhängig von Parlamentsmehrheit und Koalitionszwängen, sozusagen im vorparlamentarischen Raum, Entscheidungsfindung betreiben können.

2.3 Parteiendemokratie

Die Bundesrepublik Deutschland ist eine Parteiendemokratie: Für die demokratische Willensbildung sind Parteien unverzichtbar, für den Wahlakt unersetzbar.[23] Während die Weimarer Verfassung die Parteien ignorierte, hat das Grundgesetz in Artikel 21 der zentralen Rolle politischer Parteien im demokratischen Prozess Rechnung getragen. Das Parteiensystem ist in Deutschland von einem hohen Grad an Kontinuität und Konzentration geprägt. Dies wird institutionell durch das Wahlrecht und gesellschaftlich durch die Sozialmilieus der beiden großen Parteien unterstützt.

Deutliches Indiz für die deutsche Parteiendemokratie ist die seit 1949 dominante Rolle der beiden großen Parteigruppierungen CDU/CSU und SPD sowie der kleineren Partei FDP. Seit 1961 lässt sich das Parteiensystem durch ein hohes Maß an Konzentration auf diese Parteien im Bundestag charakterisieren. Ausdifferenzierungsprozesse setzten erst 1983 und 1990 ein. Die Grünen konnten erstmals 1983 in den Deutschen Bundestag einziehen und damit das eingespielte Zweieinhalb-Parteiensystem entscheidend modifizieren. Nach der deutschen Einheit von 1990 kam die PDS als Bundestagspartei hinzu. Im Grunde besteht ein Zwei-Parteigruppen-System (SPD – Grüne auf der einen Seite und CDU/CSU – FDP auf der anderen Seite) mit einer Regionalisierung durch die PDS im Osten Deutschlands.

Da sich die Sozialmilieus der großen Parteien seit den 80er-Jahren in großen Teilen aufgelöst haben, mussten die Parteien ein Höchstmaß an Anpassungsfähigkeit auf den neuen Wählermärkten zeigen.[24] Der Spielraum für strategisches Handeln hat sich dadurch für die Parteien erhöht: mehr inhaltliche Flexibilität bei gleichzeitig stetiger Unsicherheit über längerfristige Wählerbindungen.

Die Bundeskanzler sind Repräsentanten ihrer Parteien. Durch die Personalisierung der Wahlkämpfe wird ein Regierungswechsel zunehmend als Austausch von (Einzel-)Personen wahrgenommen. Das bipolar gemäßigte Parteiensystem hat sich – wie es sich seit den 50er-Jahren etabliert hat – selbst durch den Prozess der deutschen Einheit nicht grundlegend verändert.[25] Der Machtwechsel findet zwischen den großen Volksparteien (CDU/CSU bzw. SPD) des Zweierblocksystems statt – entweder durch Austausch des Koalitionspartners oder wie 1998 durch einen Komplettaustausch. Machtwechsel sind in der deutschen Parteiendemokratie somit nur als Wechsel der parteipolitischen Zusammensetzung einer Regierung denkbar. Die große und lang andauernde Stabilität des Parteiensystems ist eine maßgebliche Variable für die Stabilität der Regierungen. Das Zweierblock-Parteiensystem mit Verhältniswahlrecht schmälerte bislang die Chancen zum Machtwechsel. Regieren ist in dieser Hinsicht in Deutschland durch große Kontinuität geprägt, an der das Parteiensystem seinen Anteil hat. Die Wahrscheinlichkeit eines Machtwechsels ist in angloamerikanischen Konkurrenzdemokratien wesentlich höher.[26]

Vor allem in der ersten Phase der jeweiligen Regierungsbildung werden die Regierungen sehr stark von den Parteien und ihren Fraktionen kontrolliert. Die Auswahl des Regierungschefs und die Bildung der Koalition mit den entsprechend vorausgehenden Koalitionsverhandlungen bieten reichlich Möglichkeiten für die Parteien, ihren Einfluss unmittelbar geltend zu machen. Danach, wenn der Alltag des Regierens einsetzt, lässt in der Regel das Einflusspotenzial wieder nach – gemessen an der extremen Startphase einer Regierung.

Der Parteienstaat ist, einer berühmten Definition folgend, »seinem Wesen nach wie seiner Form nach nichts anderes als eine rationalisierte Erscheinungsform der plebiszitären Demokratie oder – wenn man will – ein Surrogat der direkten Demokratie im modernen Flächenstaat«.[27] Obwohl die Parteiendemokratie in den zurückliegenden Jahrzehnten funktionierte und auch wesentlich zur Stabilität des politischen Systems beigetragen hat, ist ein Wandel in ihrer Einschätzung evident. Ämterpatronage, Herrschaft des Mittelmaßes, Verfilzung, Versagen der Urteilskraft, Machtversessenheit, Versorgungsmentalität, Parteispendenskandale, Korruption – die Partei- und Politikverdrossenheit hat alle Bereiche des öffentlichen Lebens erfasst.[28] Ausgangspunkt für eine umfassende Prüfung des Parteienauftrags im politischen System der Bundesrepublik Deutschland war der CDU-Parteispendenskandal der Jahre 1999/2000. Dabei zeigte sich häufig eine Vermischung und Gleichsetzung von Parteien-, Politik- und Demokratieverdrossenheit. Vier Schwerpunktbereiche sollen kurz angedeutet werden:

- Der erste Bereich umfasst die Kritik an der Parteienfinanzierung. Die öffentliche Finanzierung durch Steuergelder erscheint vielen zu hoch. Die zusätzliche Finanzierung durch Spendengelder eröffnet Spielräume für Korruption. Die Transparenzgebote sind dabei öffentlich nur schwer zu kontrollieren.
- Der zweite Kritikaspekt betrifft die unterstellte Ämterpatronage und den Machtmissbrauch. Die Parteien durchdringen die Staatsorgane, indem sie deren personelle Zusammensetzung weit gehend bestimmen. In öffentlichen Einrichtungen wird, folgt man diesem Argument, mehr auf das richtige Parteibuch als auf die Fähigkeiten bei der Vergabe von Stellen geachtet. Der Einfluss der Parteien erstreckt sich damit auf Bereiche, für die sie weder nach der Verfassung

noch nach den Regeln des Regierungssystems zuständig sind. Gefordert wird ein Zurückdrängen der Parteien und eine Beschneidung ihrer Macht.

- Eine dritte Richtung der Kritik stört sich an der mangelnden Repräsentanz der Parteien durch ihre Mitglieder. Gemessen am großen Einfluss der Parteien in nahezu allen Bereichen des gesellschaftlichen Lebens, sind nur wenige Wähler Parteimitglieder. Zurzeit sind etwa vier Prozent der Bevölkerung in der Bundesrepublik Deutschland Mitglieder politischer Parteien.[29] Hinzu kommt, dass nur ein Bruchteil davon innerparteilich aktiv ist. Wie steht es um die Kontrolle der Vorstände, wenn die Basis zahlenmäßig so schwach ist?
- Ein letzter Aspekt betrifft konkret die innerparteiliche Demokratie und das Personal bei der Wahl. Das Recht der Kandidatennominierung üben die Funktionäre aus. Die Wähler können häufig nur zwischen vorgelegten Listen entscheiden. Muss das Wahlrecht oder auch die Amtsdauer von Repräsentanten verändert werden, um innerparteiliche Demokratie zu stärken und die Mitwirkungsmöglichkeiten der Bürger auszuweiten?

Der Streit über die Parteien und die Diagnose der Parteienverdrossenheit überraschen nicht. Denn Parteien in der Regierungsverantwortung werden verständlicherweise für Defizite und Missstände verantwortlich gemacht. Hinzu kommt, dass die Parteien auch untereinander über die Richtigkeit ihrer Konzepte streiten. Sie reflektieren die gesellschaftliche Wirklichkeit durch die Artikulation rivalisierender Interessen. Trotz aller Kritik an den Parteien und den von der Wahlforschung messbaren Veränderungen in den Sympathie- und Loyalitätswerten der Bevölkerung gegenüber den Parteien gibt es keinen Anlass zur Dramatisierung der Situation. Bisher folgte regelmäßig auf eine Welle öffentlicher Kritik eine Phase ruhiger und gelassener Auseinandersetzungen. Festzuhalten bleibt, dass die Parteiendemokratie in Deutschland ein Stabilitätsanker für die jeweiligen Regierungen darstellte.

2.4 Verhandelnde Wettbewerbsdemokratie

Das politische System der Bundesrepublik Deutschland kann als Mischform charakterisiert werden: Es handelt sich dabei um eine Kombination von parlamentarischen Strukturen und Verhandlungssystemen. Mehrheitsdemokratische und konkordanzdemokratische Entscheidungsmodi haben nebeneinander ihre Gültigkeit, so dass sich das Regierungshandeln immer an einer verhandelnden Wettbewerbsdemokratie orientieren muss. In diesem institutionellen Rahmen erfolgen Konfliktregelungen und Problemlösungen in gegenseitiger Abhängigkeit, die Verhandlungszwänge entstehen lässt. Die Überlappungen in den Ebenen Wettbewerb, Hierarchie und Verhandlung lassen die Schlussfolgerung zu, dass der so genannte »verhandelnde Staat« durch einen deutlichen Verlust »innerer Souveränität«[30] gekennzeichnet ist. Dennoch ist er immer noch in der Lage, effektives Entscheidungsmanagement zu betreiben. Als Restriktionen, die eine politische Entscheidung für jede Bundesregierung komplexer und zeitintensiver machten, können folgende »Nebenregierungen« benannt werden. Dabei ist jedoch zu berücksichtigen, dass die Entwicklungslinie nicht ausschließlich linear verlief: Die so genannten Nebenregierungen sind nicht alle gleichzeitig stärker geworden bzw. die Bundesregierung schwächer. Der empirischen Realität kommt eher ein Kurvenverlauf nahe. Zu benennen sind[31]:

- Der Einigungszwang in der Koalitionsdemokratie: Stärke und Schwäche des Koalitionspartners hängen nicht nur von den Mehrheitsverhältnissen im Bundestag ab, sondern auch von persönlichen Prägungen und dem politischen Gewicht der verhandelnden Hauptakteure.
- Die Macht der Ländervertretung, die Politikverflechtung zwischen Bund und Ländern[32] und die gegenläufige Machtverteilung zwischen den Parteien in Bund und Ländern: Zeitweilig regierten die Kanzler mit der Mehrheit auch im Bundesrat, in den Amtsperioden von Helmut Schmidt und Helmut Kohl zumeist gegen die Mehrheit im Bundesrat. Die Allianz der Ministerpräsidenten überdauert jede Bundestagswahl: »Erst das Land, dann die Partei«. Diese Erfahrung machte auch die rot-grüne Bundesregierung trotz der kurzzeitig gleich gerichteten politischen Mehrheitsverhältnisse in Bundestag und Bundesrat nach dem September 1998. Andererseits konnte nachgewiesen werden, dass in den 90er-Jahren die Verbindung von Parteienwettbewerb und Bundesstaat nicht nur die staatliche Entscheidungsfähigkeit nicht behinderte, sondern sogar zur Problemverarbeitungsfähigkeit der Bundesrepublik beigetragen hat: »Mehrebenenentscheidungsprozesse konnten erfolgreich abgeschlossen werden, weil ebenenübergreifende politische Parteien die Verfahren auf der Grundlage innerparteilicher Verhandlungen steuerten.«[33] Die Verflechtung blockierte somit nicht nur den Politikprozess. Vielmehr kamen Politikergebnisse zustande, weil ein langwieriger Abstimmungsprozess auf unterschiedlichen Ebenen vorausgegangen war.
- Neue Verhandlungsarrangements ergeben sich auch dadurch, dass in der organisierten Gesellschaft die Verbände, Gewerkschaften und andere organisierte Interessen an der Formulierung und Umsetzung bindender Entscheidungen mitwirken. Regieren bedeutet in dieser Hinsicht, auch auf neokorporatistische Arrangements einzugehen.
- Die Verfassungsgerichtsbarkeit: Trotz zunehmender Verrechtlichung der politischen Entscheidungen und der teilweise bewussten Entscheidungsverlagerung nach Karlsruhe sind gerade Beispiele auf dem Gebiet der Außenpolitik anzuführen, die eine parlamentarische Mitsteuerung – und damit den zentralen Ort der Gesetzgebung – wieder gestärkt haben.[34]
- Die autonome Bundesbank: Sie konnte bei den so genannten Nebenregierungen bis zur Einführung der Europäischen Zentralbank (EZB) mit aufgelistet werden. Doch Stärke und Einfluss der Bundesbank variierten sehr. Wie hoch ist beispielsweise der Einfluss der Deutschen Bundesbank am Prozess der Wiedervereinigung zu bewerten? Hier zeigten sich deutlicher als jemals zuvor politische Zwänge im Konflikt mit ökonomischen Regeln.[35] Die Nebenregierung Bundesbank musste sich zumindest in dieser Phase durchaus den politischen Vorgaben beugen.
- Im Zentrum der Vernetzung steht das europäische Mehrebenensystem. Kaum ein Politikfeld kann autonom in Berlin entschieden werden. Deutsche Europapolitik erfordert die hohe Kunst des außenpolitischen Multilateralismus, in dem es gilt, Kooperationspartner in Aushandlungsprozessen zu finden. Entscheidungsspielraum kann nur bei Abgabe von Entscheidungssouveränität zurückgewonnen werden.[36]

Auf einer zeitlichen Achse könnte man je nach Problemkonstellation und Akteursprofil Regierungshandeln unter den Bedingungen einer verhandelnden Wettbewerbsdemokratie der letzten Jahrzehnte einordnen[37]:

- begrenzte Kurskorrekturen (etwa in der Zeit der sozial-liberalen Koalition im Bereich der Innenpolitik ab 1973/74 oder im Bereich der Deutschlandpolitik ab 1982/83),
- weit reichende Reformen (während der Großen Koalition oder auch bei der Herstellung der deutschen Einheit, der Erarbeitung und Umsetzung des Einigungsvertrages),
- verzögerte Entscheidungsprozesse (z. B. Steuerreformen, Asylgesetze),
- komplette Blockaden (eher die Ausnahme; in unmittelbarer Nähe von Bundestagswahlen analysierbar, so auch 1997/98).

Seit einigen Jahren wird in der Literatur zudem der Befund des inneren Souveränitätsverlustes durch den Aspekt des »äußeren Souveränitätsverlustes« ergänzt. In dem Maße, wie die Bundesrepublik seit 1990 auch völkerrechtlich souverän wurde, hat sie – vergleichbar mit den zentralen Phasen des außenpolitischen Prozesses der Bonner Republik – durch weitere Integration formal Souveränität abgegeben. Heute spricht man von »governance without government« (James Rosenau), »Regieren jenseits der Staatlichkeit« (Markus Jachtenfuchs), »government without statehood« (William Wallace), »postmodern state« (John Ruggie).[38] Im multidimensionalen Mehrebenensystem verliert die nationalstaatliche Regierung durch eine Politik der Entgrenzung zunehmend Entscheidungskompetenzen. Regieren wird heute mehr denn je zum Interdependenz-Management. Diese Erkenntnis trifft insbesondere auf Deutschland zu, das im Vergleich mit anderen mehrheitsdemokratischen Systemen wie Großbritannien weit weniger unabhängig agiert. Deutsche Akteure können auf der internationalen Bühne nicht so nachhaltig innenpolitische Vetorisiken[39] für Verhandlungszwecke instrumentalisieren wie z. B. die Briten.

Das Arrangement von Verhandlungssystemen führt außerdem zu einer Diffusion von Verantwortung und Zurechenbarkeit von Politikergebnissen. Die Wähler haben es zunehmend schwer, konkreten Politikstau parteipolitisch zu verorten. Doch Politikblockaden werden gewöhnlich der Regierungskoalition als Schwächezeichen und besonders dem Kanzler als Merkmal von Machterosionen angelastet. Konsequenterweise führt dies nicht nur zum »reformlosen Wandel«[40], sondern auch zu seltenen Regierungswechseln in Deutschland.

Für die Regierungen bedeutet die notwendige Koordination der politischen Prozesse zwischen verschiedenen föderativen Ebenen (»Mehrebenenverflechtung«), dass sie grundsätzlich drei typische Probleme der Politiksteuerung zu berücksichtigen haben: die Gefahr der Entscheidungsblockade; die Gefahr der Einigung auf suboptimale Kompromisslösungen bzw. die Einigung zu Lasten Dritter; die Gefahr der fehlenden Bindungswirkung getroffener Entscheidungen.[41] Andererseits enthalten die Mechanismen der verhandelnden Wettbewerbsdemokratie auch Optionen, flexibel auf neue Anforderungen plebiszitärer Politikforderungen einzugehen. Denn die Willensbildung verläuft in verhandlungsdemokratischen Arrangements weder von unten nach oben noch von oben nach unten, sondern sie findet bereichsspezifisch in kommunikativen Beziehungen unterschiedlicher staatlicher und gesellschaftlicher Akteure statt. Die Aushandlung dauert zumeist länger als im klassischen Gesetzgebungsverfahren. Doch im Dreieck von Demokratie, Entscheidungsmacht und Partizipation kommt dem verhandlungsdemokratischen Regieren eine wichtige ergänzende Rolle zu.[42] Die damit prinzipiell gewachsene Anzahl weiterer Vetospieler (Bürgerinitiativen, Mediationsverfahren, Runde Tische, Bürgerforen etc.) treibt einen Selbstregulierungsprozess voran, der wie ein Sensor mit zusätzlicher Lautverstärkerfunktion zum Regierungsalltag wirkt. Höchst ambivalent enthält somit die verhandelnde Wettbewerbsdemokratie Strukturelemente sowohl von Selbstregulierung und Selbstorganisation als auch von Politikblockaden.

2.5 Mediendemokratie

Im Verlauf der letzten 50 Jahre ist Regierungshandeln durch die Allgegenwart der Medien immer kommunikationsabhängiger geworden.[43] Die Handlungsspielräume des Regierens haben sich in der Mediendemokratie zunehmend verändert. Bei den Trendoptionen wird herausgearbeitet, dass dies einerseits ein neues Handlungsrepertoire des Regierungschefs möglich macht, andererseits aber auch Restriktionen des Regierens mit sich bringt. Medienkompetenz einer Regierung gilt heute als politischer Machtfaktor.

Stile, Techniken und Instrumente des Regierens haben sich seit der Durchsetzung und Intensivierung des dualen Rundfunkwesens drastisch verändert. Spezifisch für die Mediendemokratie der Bundesrepublik Deutschland sind die strukturellen Bedingungen der Regierungskommunikation: Die Professionalisierung der regierungsamtlichen Öffentlichkeitsarbeit lässt sich kontinuierlich nachweisen. Auch völlig neue Formate der Vermittlung, wie z. B. Internet-Portale, sind entstanden. Trotz der strukturellen Gleichförmigkeit der Öffentlichkeitsarbeit durch das Presse- und Informationsamt der Bundesregierung für die sieben Bundeskanzler formte jeder Regierungschef insbesondere über seine Vertrauensleute im Bundeskanzleramt gezielt die Medienpolitik.

Markanter für die Mediendemokratie der Bundesrepublik sind jedoch die Wechselwirkungen zwischen Parteiendemokratie und Mediendemokratie. Vor allem durch das Fernsehen haben sich zwei Aspekte der Parteistrukturen verändert:

1. Die zunehmende Orientierung am politischen Meinungsklima und am Fernsehbild schwächte die etablierten Strukturen der Delegiertenpartei. Die Politikvermittlung erfolgt mittlerweile nicht mehr in Mitgliederversammlungen von kollektiven Gesinnungsgemeinschaften, sondern – zugespitzt formuliert – über den Bildschirm. Fernsehadressierte Personalisierung mit TV-Prominenz zielt auf eine direkte Legitimation über die Öffentlichkeit unter Umgehung der Aktivisten, Funktionäre, Gremien und Delegierten. Als Dienstleistungs- und Fraktionenpartei versuchen die Parteien zunehmend die Diskrepanz zwischen ihrer eigenen Organisationslogik und der Fernsehlogik (Timing und professionelle Ausdifferenzierung etc.) zu überbrücken. In der Konsequenz führt diese Entwicklung zu einem Autonomiezuwachs für die Parteiführung und einem Machtverlust für die mittlere Parteielite.
2. Im politischen Wettbewerb um Stimmenmaximierung bestimmt die wahrgenommene Fernsehrealität und nicht mehr vorrangig die programmatische Milieuverankerung der Parteien die Diskussion. Die Fernsehkommunikation verwischt

die herkömmlichen programmatischen Unterschiede zwischen den Parteien. Sie spitzt die Unterschiede auf angehende Führungspersonen in den Parteien zu. Die Parteien versuchen den Mangel an Differenz durch ein Mehr an Show auszugleichen. Die Darstellungsebene bietet für den Machterhalt ein Differenzierungspotenzial, das sich über die traditionellen Ideologien nicht mehr abrufen lässt. Trotz dieser beiden Grundtrends, in denen eine so genannte Amerikanisierung der deutschen Parteiendemokratie erkennbar wird, fallen die systembedingten Unterschiede noch immer ins Gewicht. Auf dem Weg von der Mitgliederpartei zur Kaderpartei sind die deutschen Parteien noch nicht so fortgeschritten wie die amerikanischen – ein Befund, den Thomas Meyer in seinem Beitrag in diesem Band ausführlicher begründet. In der Parteiendemokratie Deutschlands bleiben die Parteien dominante Akteure des politischen Prozesses. Die Rückbindung jedes Kanzlers und Premiers an die Parteimacht ist essenziell. Gerade weil die Umwandlung in moderne Kaderparteien noch lange nicht abgeschlossen ist, muss der Kanzler auch fernsehferne Mitgliederbedürfnisse befriedigen (etwa Rücksichtnahmen auf soziale Traditionsmilieus oder Vor-Ort-Mitgliederbesuche), um Zustimmung zu behalten. Noch ersetzt die Talkshow nicht den Ortsverein.

2.6 Das Erbe des Staatssozialismus

Regieren in Deutschland bedeutete zwischen 1949 und 1990 auch immer Regieren unter den Bedingungen des real existierenden Sozialismus. In der Deutschen Demokratischen Republik war das Regieren zweigleisig zwischen Partei- und Regierungsapparat angelegt. Die Vernetzung von Partei- und Regierungsapparat war eng. Zwischen beiden Ebenen gab es deutliche Knotenpunkte. Diese wurden über Jahrzehnte vor allem von Erich Honecker und Günter Mittag besetzt. Das Machtmonopol der SED charakterisierte jede Facette des Regierungshandelns. Die Einflussnahme der Partei auf die Regierungspolitik war unübersehbar, der Parteiapparat im politischen System die bestimmende Ebene. Die Leitlinien der Politik wurden im Politbüro beschlossen und auf Regierungsebene unter Koordination des Ministerrates von den einzelnen Ministerien umgesetzt. Vor diesem Hintergrund wird ersichtlich, dass im politischen System der DDR die Politik gestaltenden Akteure im Parteiapparat (Politbüro und Zentralkomitee-Sekretariat) anzusetzen waren. Sekretäre des ZK und die Mitglieder des Politbüros der SED waren hinsichtlich ihrer machtpolitischen Stellung höher anzusiedeln als Regierungsmitglieder ohne entsprechende parteipolitische Einbindung. Ein Mitglied des Ministerrates war dann als hochrangig einzuschätzen, wenn es entsprechende Parteiämter in der SED (ZK-Sekretär, Kandidat oder Mitglied des Politbüros) bekleidete und dadurch bei der Erarbeitung und Beschlussfassung der politischen Grundlinien der SED-Politik im engsten Führungszirkel mitwirken konnte. Zu den Strukturmerkmalen des politischen Systems der DDR zählten[44] unter anderem die Vorrangstellung der SED, die Ausschaltung der politischen Opposition, die »sozialistische Gesetzlichkeit«, die Diktatur der Staatssicherheit, der »demokratische Zentralismus«, die zentrale Planung und die Massenmobilisierung.

Die Transformation in Deutschland wurde von den politischen Akteuren häufig als nachholende Modernisierung bezeichnet. Gemeint war die vollständige Übernahme des westdeutschen Institutionensystems. Diesem Institutionentransfer entsprach zunächst kein politisches Bewusstsein der Bevölkerung, das mit westdeutschen Profilen vergleichbar gewesen wäre.[45] Durch den Umsturz des SED-Regimes war zwar ein Machtvakuum entstanden, von einem Wertevakuum konnte jedoch keine Rede sein. Es war auch nicht weiter verwunderlich, dass in einer Zeit größtmöglichen Wandels Werte wie Sicherheit und Ordnung sehr hoch eingeschätzt wurden. Soziale Marktwirtschaft und pluralistische Demokratie sind im westlich geprägten Staatsverständnis eben keine verpflichtenden Werte, während es im sozialistischen Ostdeutschland an verpflichtenden Werten nicht fehlte. Seit 1990 sind sie durch eine Vielzahl gleichberechtigter Optionen abgelöst worden. Auch im Hinblick auf den parlamentarischen Regierungsalltag kam der Sprung in die Moderne unvorbereitet.

Inwieweit die Menschen diesen Systemwechsel auf der Ebene der Einstellungen und Wertorientierungen mit vollziehen konnten, steht seither im Mittelpunkt des Forschungsinteresses. Im Kern geht es hier um die Frage nach der Stabilität der demokratischen politischen Ordnung. Im Kontext des Regierens sind zwei Aspekte von Bedeutung: Welche Erwartungshaltungen drücken sich gegenüber den politischen Akteuren und gegenüber der Regierung aus? Auch mehr als zehn Jahre nach der Vereinigung der beiden deutschen Staaten bleibt jedoch die Vermessung der politischen Kultur in den neuen Bundesländern schwierig.[46] Dazu tragen verschiedene Faktoren bei, etwa die Tatsache, dass die Meinungs- und Einstellungslandschaft eher instabil und noch schwach strukturiert ist. Trotz widersprüchlicher Ergebnisse ist eines deutlich geworden: Die doppelte Geschichte hat Spuren in den Einstellungsprofilen hinterlassen, wie die Beiträge im Geschichtskapitel dieses Bandes vielfältig darstellen.

Ungleichzeitigkeiten der politischen Kulturen in Ost- und Westdeutschland sind vor allem und am ausgeprägtesten im Bereich der politischen Wertorientierungen messbar. Anders als die Meinungen zur Tagespolitik, die sich in einer Vielzahl politischer Sachfragen inzwischen angeglichen haben, verändern sich diese nur langfristig. Trotz großer Emanzipationsleistungen während des Umbruchs im Oktober/November 1989 kam eine politisch-kulturelle Wertekontinuität kleinbürgerlicher, obrigkeitsstaatlicher Traditionen zum Vorschein: Etatismus, unpolitische Innerlichkeit, Konfliktscheu, Formalismus, Sicherheitsbedürfnis. Der von der SED-Diktatur verordneten Identität der »sozialistischen Staatsnation« begegnete die Bevölkerung der ehemaligen DDR mit einem Rückzug in gesellschaftliche Nischen und mit der Trennung zwischen öffentlichem und privatem Leben.

Vom Staat wird Unterstützung und Initiative auch in den Feldern erwartet, die in liberalen Systemen dem persönlichen Verantwortungsbereich zugerechnet werden. Die Kehrseite bei der Übernahme einer bewährten Institutionen- und Werteordnung, eines »fertigen Modells« (Wilhelm Bürklin), zeigt sich jedoch in Abwehrreaktionen gegen den als fremdbestimmt wahrgenommenen Transformationsprozess.

Egalitäre Orientierungen und Sicherheitsbedürfnis stehen in einem Spannungsverhältnis zum Freiheitsaspekt der demokratischen Ordnung. Hier lassen sich wiederum Bruchlinien in der politischen Kultur der Deutschen ablesen: So werden die individuellen Freiheitsrechte von den Ostdeutschen deutlich geringer geschätzt als von den Westdeutschen. Soziale Sicherheit und Gerechtigkeit besitzen den Vorrang gegenüber dem Schutz des Bürgers vor staatlichen Eingriffen in seine Privatsphäre. Aufgabe des Staats sei es, der Bevölkerung die Freiheit von Not zu sichern.

Die Einführung einer politischen Ordnung nach westlichem Muster stellen die Ostdeutschen nicht infrage. In der Unterstützung demokratischer Werte und Normen herrscht breiter Konsens. Dennoch gibt es Anzeichen dafür, dass die Distanz zum politischen System der Bundesrepublik Deutschland wächst. Während die Bürger in den alten Bundesländern von der Überlegenheit des eigenen Gesellschaftssystems mehrheitlich überzeugt sind, erleben die Menschen in den neuen Bundesländern dies als Dominanz des Westens. Unterdessen verfestigt sich eine Mehrheit, die den Sozialismus als Idee für machbar und sinnvoll hält. Dies schlägt sich auch in den parteipolitischen Orientierungen nieder: Die PDS wird von den Ostdeutschen mehrheitlich als demokratische Partei akzeptiert. Zu den Symptomen politischer Desintegration zählen das geringe Institutionenvertrauen, die im Vergleich zum Westen verhaltene Partizipationsbereitschaft und die von einem niedrigen Ausgangsniveau weiter absinkende Demokratiezufriedenheit.[47]

Für das Regieren in Deutschland hat das mehrere Konsequenzen. Die Kräfte einer stärkeren gesellschaftlichen Selbstregulierung sind in den neuen Bundesländern unterentwickelt. Es fehlt den Parteien am politischen Personal für das Regierungsgeschäft. Der fast schon obrigkeitsstaatliche Leistungsstaat entspricht den Erwartungshaltungen vieler Bürger. Vielstimmiger Pluralismus und langwierige Verhandlungsarrangements stoßen auf weitaus geringere Resonanz als in Westdeutschland. Es gehört zum Erbe des Staatssozialismus, dass eine starke politische Führung im Osten noch populärer ist als im Westen.

2.7 Zwischenfazit

Kanzlerdominanz, Parteienherrschaft, Koalitionsbindungen, Verhandlungszwänge und medienadressierte politische Kommunikation kennzeichnen in unterschiedlicher Ausprägung das Regieren in Deutschland. Mit der deutschen Einheit von 1990 fand das Regieren im politischen System der DDR ein Ende. Auswirkungen dieses Regierungshandelns sind heute nicht mehr institutionell, sondern vielmehr politisch-kulturell zu verorten.[48]

Der 6fach strukturierte Querschnitt verdeutlicht sowohl Politikverflechtung als auch Machtverteilung in Deutschland. Dies gilt insbesondere für die westdeutsche Querschnittsanalyse. Die Kanzlermacht förderte tendenziell durch Gewalten teilende Wirkungsmechanismen das Stabilitätsgebot in Deutschland. Alle vorgestellten Systemkennzeichen schränkten zunehmend auch den Handlungskorridor für häufige Regierungswechsel in Deutschland ein. Die Systemkennzeichen stellen – um im Bild zu bleiben – die »elastischen Wände« dar, d. h., sie eröffnen den institutionell und machtpolitisch begrenzten Handlungsspielraum, den der Kanzler als Akteur nutzen kann. Dem Gründergeist folgend sollte das politische System in Deutschland die Chancen für abrupte Wechsel minimieren und zu einem breiten Konsens parlamentarischer Mehrheiten beitragen. Sicherheit erscheint wichtiger als Veränderungen.

Besaß das Regieren 1949 primär das Ziel, Einheitlichkeit ohne Zentralisierung herzustellen und somit eine stabile Machtbalance zu entwickeln, so stellen sich die

Grundprobleme heute in einer anderen Dimension dar. Überverflechtung und Überkomplexität, Autonomieverlust und Vetosysteme gegen die Exekutivmacht deuten schon begrifflich an, dass sich das Regieren unter modernen Bedingungen gewandelt hat. Es bleibt zu prüfen, welche Trends sich als moderne Strategien des Regierungsmanagements für die Bundeskanzler vor dem Hintergrund der systemischen Handlungskorridore abzeichnen.

3. Regieren als Interdependenzmanagement in der Publikumsgesellschaft

Ausgangspunkt der Trendoptionen sind die im vorhergehenden Kapitel charakterisierten systemischen Kennzeichen des Regierens in Deutschland. Konnte man Regieren früher tendenziell mit hierarchisch koordinierter Steuerung umschreiben, so gleicht es heute eher einem zu moderierenden Interdependenzmanagement. Staatliche Politik wird heute in Verhandlungen zwischen formal und funktional interdependenten Akteuren und Institutionen formuliert und implementiert.[49] Die wachsende Zahl von Verhandlungssystemen bringt die gesteigerte Binnenkomplexität Deutschlands zum Ausdruck: erstens durch eine Intensivierung und Verdichtung der Beziehungen zwischen den vorhandenen staatlichen Akteuren und Institutionen; zweitens durch die Entstehung und Etablierung zusätzlicher neuer Akteure, Institutionen und Handlungsebenen. Zeitgleich sind die Erwartungshaltungen der Bürger gegenüber den Regierenden nicht nur gestiegen, sondern auch wesentlich unkalkulierbarer geworden.[50] Die mittlerweile weit gehend fernsehvermittelte politische Kommunikation schuf für das Regieren einen Resonanzraum fluider Öffentlichkeit, der einer Publikumsgesellschaft gleicht.[51]

Regieren ist deshalb im Laufe der Zeit immer verflochtener, anspruchsvoller, kommunikationsabhängiger, zeitaufwendiger, unkalkulierbarer und komplizierter geworden. Wie kann ein Bundeskanzler unter diesen veränderten Rahmenbedingungen regieren? Wie kann er den Verlust an Handlungsautonomie durch Autonomiegewinne kompensieren? Besteht für den Regierungschef die Möglichkeit, die neuen institutionellen Bedingungen des Handlungsrepertoires zu nutzen? Welche Trends lassen sich dazu herausarbeiten?

Um solche Fragen zu beantworten, ist es hilfreich, einen spezifischen Zugang zu wählen, der den jeweiligen Handlungskorridor des Regierungschefs stärker berücksichtigt, sozusagen einen »Kanzlerzugang« zur Steuerungsproblematik. Denn möglicherweise bedarf es im semisouveränen Staat umso mehr mächtiger Zentralinstanzen, als sie allein in der Lage sind, die konsensdemokratische Pluralität und Fragmentierung zu bündeln und einer Entscheidung zuzuführen. Wie konnten die Bundeskanzler sich diesen Handlungskorridor offen halten? Können die Instrumente des Regierens, mit deren Hilfe die Regierungschefs die Problemlösungen in ihrem jeweiligen Entscheidungssystem betrieben, klassifiziert werden?

Die nachfolgend skizzierten acht Varianten von Regierungshandeln sind Bestandteile einer modernen Regierungstechnik. Dabei handelt es sich um Trendoptionen des Regierens, die im politischen System der Bundesrepublik Deutschland gebräuchlich sind:

- gespielte Kohärenz,
- Machtzentralisierung,
- Stilles Regieren,
- Netzwerk-Pflege,
- Chefsachen-Mythos,
- Telepolitik,
- Charme der Ressource Außenpolitik,
- Ideen-Management.

3.1 Gespielte Kohärenz

Alle deutschen Bundeskanzler lassen sich situationsspezifisch als Pragmatiker des Augenblicks charakterisieren, die sich zunächst alle politischen Optionen offen hielten, um verschiedene Möglichkeiten sondieren zu können. Kurzfristige Entscheidungen wurden häufig nach machtpolitischen Gesichtspunkten und weniger nach inhaltlichen Prämissen getroffen. Dies lässt sich durch den über Adenauer kolportierten Satz: »Was stört mich mein Geschwätz von gestern« anschaulich illustrieren. Obwohl Tagessiege und kurzfristige Arrangements häufig ein Charakteristikum politischer Führung sind, lassen sich in dieser Hinsicht in den letzten 50 Jahren deutliche Veränderungen feststellen. Das Regieren in der Kanzlerdemokratie musste auf Herausforderungen institutioneller und gesellschaftlicher Natur reagieren, die durch die zunehmende Binnenkomplexität und das Anwachsen weiterer Vetospieler verursacht wurden. Diese Entwicklungen grenzten den Aktionsraum der Kanzler immer weiter ein und führten zu einer fortgesetzten Fragmentierung der ohnehin begrenzten Steuerungsmöglichkeiten. Diese Verschiebung im Machtgefüge zuungunsten der Kanzler verursachte auch das Scheitern von politischen Reformvorhaben größeren Ausmaßes.

Aber auch gesellschaftlich macht sich die Fragmentierung bemerkbar. Die Pluralisierung von Lebensstilen vervielfältigte die kulturellen und sozialstrukturellen Milieus.[52] Die weitere Ausdifferenzierung der Gesellschaft führt zu einer merkwürdigen Ambivalenz für die Politik: Zu einem Zeitpunkt, da der Politik eine Omnipräsenz in praktisch allen gesellschaftlichen Lebenszusammenhängen vorgeworfen wird, verliert diese Politik mehr und mehr ihre allgemein verbindliche Prägekraft. Partikulares bestimmt den politischen Horizont. Annähernde Omnipräsenz und gleichzeitiger Rückzug des Politischen – diese Dialektik kennzeichnet den Politikbegriff und bestimmt das Regierungshandeln. Denn auf die doppelte Herausforderung – institutionell und gesellschaftlich – reagierten die Regierungschefs mit dem Instrument der gespielten Kohärenz.[53] Was die Kanzler an Handlungsautonomie einbüßten, versuchten sie über den Schein einer Politik der Kohärenz spielerisch als Autonomiegewinn für sich zu verbuchen – auch eine Reaktion auf die Krise der politischen Repräsentation. Kanzler müssen geschmeidig, integrativ und anpassungsfähig sein. Sie verkörpern gegenüber den Bürgern den verlässlichen Lotsen, der das Publikum durch Problemfelder sichernd begleitet, den die Bürger jedoch jederzeit auch unkalkulierbar wieder von Bord schicken können. Moderation des Kanzlers ersetzt dabei Steuerung. Es ist dieser Urgrund des Politischen sowohl bei den Erwartungshaltungen gegenüber der Regierungspolitik als auch als Instrument der Politik, der die Kanzler zu einem Regierungsstil spielerischer Kohärenz zunehmend antreibt.

Hinderlich sind deshalb langfristige politische Projekte oder gar Visionen. Konrad Adenauers Westintegrationspolitik oder die Ost- und Reformpolitik Willy Brandts entsprangen im Zeitalter des Ost-West-Konflikts noch einer langfristigen ideologischen Projektausrichtung. Vorschnell neigt man dazu, den Führungsstil ohne ideologischen Grundboden erstmals auf die Kanzlerschaft Gerhard Schröders zu übertragen, der ganz unterschiedliche Klientel tagespolitisch bedient. Doch schon bei Helmut Kohl lässt sich der Versuch des Scheins spielerischer Kohärenz spätestens seit Anfang der 90er-Jahre analysieren.[54]

Europäische Integrationsfortschritte, die Offenheit der deutschen Frage, feste atlantische Partnerschaft, Stabilitäts- und Vertrauensanker in der Weltpolitik – diese Auflistung markiert die politische Wertewelt des Kanzlers Kohl. Relativ unbeirrbar hielt er an diesen Grundprämissen fest. Keineswegs hatte Kohl einen konkreten außenpolitischen Regieplan. Mit seiner Wahl zum Bundeskanzler am 1. Oktober 1982 begann nicht die Politikgeschichte, die zielgerichtet zur europäischen Währungsunion und zum Euro führte. Ebenso sucht man vergeblich einen konkreten operativen Fahrplan zur deutschen Einheit. Doch als unverrückbare Grundüberzeugungen formten atlantische Wertegemeinschaft, deutsche und europäische Einheit sein politisches Selbstverständnis. Diese Trias pflegte Kohl wie Ikonen: die deutsche Einheit in Freiheit, im Westen verankert, in Europa integriert. Drohten Beschädigungen an der Gesamtausrichtung, kümmerte er sich auch bis ins kleinste Detail um politische Lösungen in Verhandlungskontexten.

In geradezu Adenauer'scher Gelassenheit blieb Kohl beim Arsenal der immer wiederkehrenden Grundbegriffe und Sprachbilder. Der programmatische Wortschatz orientierte sich am Alltagswissen, ohne tiefsinnig zu scheinen, und transportierte in den Vereinfachungen auch stets Vertrautes. Mit der dabei mitschwingenden emotionalen Botschaft, die ohne verbindliche Präzision war, traf er, innenpolitisch angetrieben, durchaus auf Koordinaten bürgerlicher Empfindungen der politischen Mitte, die er mit seiner Politik ansprechen wollte. Dies war die unverstellte, persönliche Essenz der Kohl'schen Außenpolitik: mehr Botschaft als Strategie, mehr gemeinschaftsorientiertes Selbstverständnis als konkrete Entscheidungsalternative.

Helmut Kohl wurde erst durch die Ereignisse des Einigungsprozesses auf das Weltpodest geschleudert. Angetreten war er als Innenpolitiker mit eher provinzieller Ausstrahlung. Doch gerade in der Innenpolitik fehlt im Rückblick die klar erkennbare Handschrift. Bereits die ersten Regierungserklärungen 1982 und 1983 deuteten auf Krisenbewältigung: Steuerreform, Bekämpfung der Arbeitslosigkeit, Haushaltskonsolidierung.[55] Diese Politikfelder begleiteten Kohl bis zum Ende seiner Amtszeit. Die fehlende Kontur eines innen-, sozial- und wirtschaftspolitischen Konzeptes hing besonders damit zusammen, dass Kohl die Innenpolitik funktional betrachtete: Was ist wichtig, um den Machterwerb nicht zu gefährden? Er kümmerte sich um diese Sachthemen, wenn sie für seinen Machterhalt vorrangig waren. So bleiben beispielsweise Steuerreformen der 80er-Jahre, die Einführung von Erziehungsgeld und Erziehungsjahrrente oder auch die Gründung des Umweltministeriums Teilstücke im unvollendeten Großpuzzle des Machtinhabers. Grenzenloser Pragmatismus stand so neben Prinzipienfestigkeit in den außenpolitischen Grundkoordinaten der Republik.

Bundeskanzler Kohl war zuallererst der pragmatische Moderator, der versuchte, den Schein der Kohärenz herzustellen. Das erforderte ein subtiles Machtarrangement ohne eigenen programmatischen Anteil. Der Rückblick auf die 16-jährige Regentschaft signalisiert, dass nicht erst Schröder, sondern bereits Kohl ein Pragmatiker des Augenblicks war – geboren aus der Notwendigkeit, Handlungsautonomie für das Regierungsgeschäft zurückzugewinnen.

3.2 Machtzentralisierung

Im Mittelpunkt des Regierungsmanagements steht zunächst die Machtzentralisierung.[56] Die Kanzler erhalten ihre Macht durch tägliche Einfluss-Sicherung, weniger durch Herrschaft. Denn die Herrschaft im Sinne einer hierarchischen Ordnung, z. B. als gewählter Vorsitzender einer Partei, stabilisiert aus dem Amt heraus keinen Machtanspruch. Selbst wenn der Machterwerb zu klaren Mehrheitsverhältnissen führte, ersetzten diese nie die mühsame Tagesarbeit der Machtstabilisierung durch den Aufbau von Kommunikationsnetzwerken, die erst Regierungsarbeit und Machterhalt sichern. Welche strategische Nutzung der vorhandenen Institutionen wurde bevorzugt? In Deutschland versuchten bis heute alle Kanzler mit unterschiedlichem Geschick, Steuerungsleistungen im Sinne der hierarchischen Machtzentralisierung über den Ausbau des Kanzleramtes und die Machtnahme der Partei auszuüben.[57]

Dass der Kanzlermacht durch institutionelle Regelungen oder durch die »Nebenregierungen« Macht abhanden gekommen ist, kann durch Parteimacht innerhalb der Bundesorganisation, auf Landesebene oder auch durch Zusammenspiel mit der Bundestagsfraktion kompensiert werden. Alle Kanzler übten bereits im Auftrag ihrer Partei wichtige Funktionen als Ministerpräsidenten (Kiesinger, Brandt[58], Kohl, Schröder), Minister im Bundeskabinett (Erhard, Brandt, Schmidt) oder Leiter von wichtigen anderen politischen Einrichtungen (Parlamentarischer Rat bei Adenauer, Zwei-Zonen-Verwaltung etc. bei Erhard) aus, bevor sie als Kanzlerkandidaten nominiert wurden.[59] Als Kanzlerkandidaten wird ihnen parteiintern zumindest im Wahlkampf Folgsamkeit und Loyalität zugesichert. Mit dem Wahlerfolg stabilisiert sich jedoch nur anfänglich die Macht, denn bereits die Auswahl der Bundesminister und die Besetzung wichtiger Ämter durch Parteifreunde können den ersten Testfall der Kanzlerschaft bedeuten.

Bei den Großparteien, die den Kanzler stellen, handelt es sich um vielfach geschichtete Machtstrukturen. Sie sind als Polyarchien (Robert A. Dahl) zu charakterisieren, die der Parteispitze gegenüber den freiwilligen Mitgliedern nur einen begrenzten Verpflichtungscharakter erlauben. Die großen Parteien werden programmatisch, über bestimmte Persönlichkeiten oder schlichtweg aus Traditionsverbundenheit zusammengehalten. Subtile personale Netzwerke sichern die Zustimmung für den Parteivorsitzenden. Die Konzentration auf den Parteivorsitzenden unter hierarchischen Gesichtspunkten trägt machtpolitisch nicht lange, da sich die Legitimation, die mit der Wahl zum Vorsitzenden oder zum Kanzler einhergeht, als Machtressource in der Regel alltagspolitisch nicht nutzen lässt.

Ein wesentlich geeigneteres Mittel zum Machterhalt liegt in einer umfangreichen Patronagetätigkeit, die auf jeden Fall effektiver ist als der Verweis auf die

Legitimität der Herrschaft. Durch Ämterpatronage werden Parteimitglieder für die Dauer der Amtszeit an den Amtsträger gebunden. Das reicht zur Bildung überlegener Organisationsfähigkeit aus und damit zum Beginn eines Akkumulationsprozesses der Macht.[60] Die so entstehenden Solidaritätskerne zeichnen sich durch produktive Überlegenheit aus. Sie verfügen über knappe und begehrte Güter. Innerparteiliche Widersacher müssen eingebunden, weggelobt oder intensiv beschäftigt werden. Ausschalten durch Einbinden heißt die Devise. Gegenmachtbildung unterstützen die Delegierten erst, wenn mehrheitlich erkenntlich ist, dass der persönliche Karrierenutzen unter der neuen Leitung größer ist als unter dem amtierenden Vorsitzenden.

Parteimacht hatten die Bundeskanzler mit längerer Amtsdauer fest im Blickfeld. Adenauer schuf sich seine Partei.[61] Erst im Alter von 70 Jahren konnte er selbst Mitglied der Bundespartei (1950) werden. Die grandiosen Wahlsiege 1953 und 1957 zeigten überdeutlich, wie Adenauer zur unumstrittenen Führungspersönlichkeit geworden war. Nicht grundlos sprach man später für die 70er-Jahre von einer »nachgeholten Parteibildung« (Hermann Scheer). Adenauer war Experte im Umgang mit informellen Entscheidungsmodi. Die gründungsbedingte Fragmentierung der Partei in den Anfangsjahren verhinderte eine konzertierte Opposition gegen den Vorsitzenden. Adenauer soll die Geschäftsräume der Bundes-CDU nie aufgesucht haben. Die Schaffung eines geschäftsführenden Vorsitzenden und die Initiativen zur Etablierung eines Generalsekretärs deuten seit Anfang der 60er-Jahre an, dass die Vitalisierung der CDU gleichzeitig die Erosion der Parteimacht für Adenauer bedeutete. Die Stärke der Bundestagsfraktion hat Adenauer stets bedacht. Seine erste formelle Abstimmungsniederlage erlitt er erst 1962. Partei und Fraktion entzogen ihm im Kontext der »Spiegel«-Affäre und des weithin fehlinterpretierten deutsch-französischen Vertrages ihre Unterstützung. Das letzte Kabinett Adenauers trug bereits das Signum einer Übergangsregierung.

Sowohl Erhard als auch Kiesinger wurden erst als Bundeskanzler auch Parteivorsitzende.[62] Das Gleiche gilt für Gerhard Schröder. Erhard griff erst gegen Ende seiner Amtszeit (März 1966) nach diesem Amt. Ebenso wie Kiesinger hatte Erhard wenig Verständnis für Parteimacht. Beide glaubten, dass die Kompetenz als Kanzler – das Kanzlerprinzip – ausreicht, um regieren zu können. Beide hatten eher einen harmoniegeprägten Politikbegriff, der wiederum Erhard als den Anti-Adenauer zeitgemäß erscheinen ließ und Kiesinger beim Vermitteln in der Großen Koalition half. Erhard scheiterte als Kanzler in der Wirtschaftskrise, weil ihm Rückhalt durch die Partei fehlte. Als er im März 1966 zum Parteivorsitzenden gewählt wurde, kündigte das Wahlergebnis (385 Stimmen von 558 Delegierten) bereits den Abstieg des Kanzlers an.

Kiesingers Hausmacht war auf den Landesverband Baden-Württemberg begrenzt. Unter Generalsekretär Bruno Heck beschleunigte sich die Entwicklung einer eigenständigen Parteibasis.[63] Die Bundestagsfraktion dominierte Barzel, der in enger Abstimmung mit Schmidt das komplizierte Regierungshandeln der Großen Koalition erst ermöglichte. Kiesinger gewann zwar die Wahlen von 1969, ihm fehlte jedoch der Koalitionspartner. Seine Partei trennte sich 1971 relativ schnell von ihm als Vorsitzenden, denn die Erneuerung sollte in der Opposition zunächst über die Bundestagsfraktion laufen, in der Barzel das Sagen hatte.

Willy Brandt war Parteivorsitzender ab 1964. Anders als nachträgliche Verklärungen erscheinen lassen, hatte Brandt zunächst nicht die Parteibasis hinter sich.[64] Das Regierungsamt in Berlin schuf ihm die Grundlage seiner Machtstellung. Unumstrittener Vorsitzender konnte er kraft eigener Autorität – und damit nicht primär von der Machtstrategie Wehners abhängig – erst in der Großen Koalition sein. Den Zenit seiner Führungsautorität erreichte Brandt von 1969 bis 1973. Er war bislang der einzige Kanzler, der noch viele Jahre nach dem Verlust sowohl seiner Kanzlerschaft (1974) als auch der Regierungsmehrheit (1982) als Parteivorsitzender turnusmäßig wieder gewählt wurde – immerhin bis 1984. Dennoch gaben parteitaktische Überlegungen den Ausschlag zu seiner Entmachtung als Kanzler.[65] Die Parteimacht war Brandt nach dem Verlust seines deutschland- und ostpolitischen Charismas abhanden gekommen. Wehner drängte zum Rücktritt, als die Mehrheitsfähigkeit des sozial-liberalen Bündnisses auf dem Spiel stand.[66]

Schmidt hat mehrfach öffentlich kundgetan, dass er die Chance verpasst hatte, Parteivorsitzender der SPD zu werden. Seine Parteimacht verdankte er dem Erfolgsmodell der Troika (Willy Brandt, Helmut Schmidt, Herbert Wehner). Wehner als Fraktionsvorsitzender und Brandt als Parteivorsitzender stützten den pragmatischen und weit gehend ideologiefreien Regierungskurs des Kanzlers Schmidt.[67] Die inhaltliche Heterogenität der SPD wurde durch die Troika personifiziert, wodurch sie ihren politischen Handlungsspielraum erweitern konnte. Schmidt selbst zog einen Teil seiner Popularität bei den Wählern daraus, dass er als SPD-Mann nur bedingt erkennbar war. Schmidt konnte keine Parteimacht nutzen. Seine Machtressourcen erwuchsen ihm aus Kanzleramt und Kabinett. Brandt war zu Beginn der 80er-Jahre nicht mehr willens, die SPD mit der Regierungspolitik zu identifizieren.[68] Raketenpolitik und Kernenergie brachten Schmidt in eine politische Lage, in der er sich schließlich von den Beschlüssen seiner Partei distanzieren musste. Das Ende der Kanzlerschaft markierte auch den inhaltlichen Bruch mit Basiswerten der damaligen SPD. Von Parteimacht im Sinne einer unterstützenden Zuarbeit durch die Troika konnte bereits seit 1979 nicht mehr die Rede sein. Nur die Wahlen von 1980 disziplinierten kurzzeitig die parteiinternen Flügelkämpfe.

Sieht man von den Sonderbedingungen der Startphase ab, wie sie sich für Adenauer analysieren lassen, dann kann man Helmut Kohl wohl als den Parteikanzler (»integraler Parteipolitiker«[69]) titulieren. Fast symbiotisch verknüpften sich für Kohl Parteimacht ab 1973 mit der Kanzlermacht ab 1982. Kohl nutzte seine Partei 25 Jahre lang als Quelle der permanenten Machterneuerung, als Personalreserve und als Kompass der bürgerlichen Ideenwelt.[70] Seine subtilen Beziehungs- und Kenntnismuster über das lokale Parteigeschehen im Westen waren Legion. Die machtpolitische Absicherung seiner Regierungspolitik lief zuallererst immer über das Parteimandat. Was sich machtpolitisch nicht im Vorfeld von Entscheidungen hinreichend parteitaktisch absichern ließ, kam erst gar nicht auf die Regierungsagenda. Die Ausweitung seiner Parteimacht nach Osten durch die Gründung der »Allianz für Deutschland« sicherte Kohl bereits Monate vor der Bundestagswahl 1990 seine Regierungsmehrheit. Fehlurteile bestanden darin, dem Parteivorsitz eine generelle autokratische oder patriarchalische Ausrichtung zu unterstellen. Bis zur deutschen Einheit führte er seine Partei taktisch klug, aber stets umstritten. Machtpolitische Rivalen saßen im Präsidium. Programmatische Herausforderungen formulierte der Generalsekretär. Die Fraktion hatte Kohl unter dem Fraktionsvorsitzenden Dregger nur im Griff, weil sich Kohl mit dem parlamentarischen Geschäftsführer, Wolfgang Schäuble, bis in kleinste Detail arrangierte. Kohls Parteimacht wuchs schubartig seit dem Wahlsieg 1990. Die Amtsdauer ermöglichte ein weit gespanntes machtsicherndes Patronagesystem, bei dem auch, zusätzlich und in Einzelfällen, parteigebundene Geldzuteilungen des Vorsitzenden als Schmiermittel der Machtsicherung rechtswidrig eingesetzt wurden.

Schröders Strategie der Machtzentralisierung ist seit Lafontaines vorzeitiger Niederlegung aller politischen Ämter rund sechs Monate nach der Regierungsübernahme sichtbarer geworden. Schröder griff nach der Partei als Machtressource, als sich ihm die Gelegenheit dazu bot. Entscheidend für die Bedeutung des Kanzleramtes – als weiterer Machtquelle – sind dabei die Konstruktion der Leitungsebene, die Person des Chefs des Kanzleramtes und dessen Verhältnis zum Kanzler.[71] Das Kanzleramt ist seit der Neubesetzung durch Walter Steinmeier im Frühjahr 1999 auf dem Weg, seine Rolle als Regierungszentrale, Koordinationsstelle und Frühwarnsystem zurückzuerlangen, wodurch die Kanzlermacht gestärkt wird. Der neuen Machtzentrale Kanzleramt gelang es, die Gegenmacht des Schatzkanzlers Lafontaine erst zu schwächen und dann zu beenden; aber auch das Wegloben des Kanzleramtsministers Bodo Hombach (25. Juni 1999) passt zu dieser neuen Strategie der Machtzentralisierung. Die Koordination des Kanzleramtes und der Regierungsgeschäfte ist unter Steinmeier nicht nur geräuschloser, sondern auch effizienter geworden. Gegenüber der Partei konnte Schröder seine Kanzlermacht noch stabilisieren, indem er durch das Ausscheiden Hombachs ein sichtbares Opfer brachte.

Mit der neuen Konstruktion der Kanzleramtsleitung gleicht Gerhard Schröder sich in etwa dem Modell der Kanzlerschaft Helmut Kohls an. Dennoch sollte man mit Analogien vorsichtig umgehen. Denn Schröder scheint sich als Parteiführer neuen Typs zu etablieren: Er führt seine Partei vom Kanzleramt aus. Mit der Richtlinienkompetenz sollen programmatische Änderungen im Profil der SPD entschieden werden. Selbst eine noch so effizient ausgerichtete Regierungszentrale kann den Führungsanspruch nicht sichern, den sich die Kanzler durch ihre parteipolitische Rückbindung permanent erarbeiten müssen. Kanzlermacht ist somit einmal mehr auch unter Gerhard Schröder Parteimacht. Institutionelle Parteireformen – wie die Schaffung des Generalsekretärs – stärkten zusätzlich die Zentralisierung der Kanzlermacht.[72]

Im Zusammenhang mit dem Regierungshandeln lässt sich das Instrument der Machtzentralisierung folgendermaßen charakterisieren: Durch die Aneignung und persönliche Formung bestehender Institutionen – etwa des Kanzleramts oder des Parteivorsitzes – lassen sich Handlungsspielräume erweitern und Machtstellungen stabilisieren.

3.3 Stilles Regieren

Handlungsspielräume werden beim so genannten Stillen Regieren nicht durch die Prozesse der Hierarchisierung oder einer Neuinterpretation von Institutionen erweitert – wie bei der Machtzentralisierung –, sondern durch einen Prozess der Informalisierung. Staatliche Steuerung kann nicht mehr ausschließlich über hierarchischstaatliche Entscheidungen erfolgen, sie muss sich auch weicherer Techniken bedienen: verhandeln, positive Anreize bieten, moderieren. Ausdruck dieser weicheren Techniken als Kompensation von Steuerungsverlusten ist das Stille Regieren.

Es lässt sich nachweisen, dass eine institutionelle Stabilisierung der bundesdeutschen Koalitionsdemokratie gerade durch die Prozesse der Informalisierung und Parteipolitisierung erfolgte.[73] Denn zumeist verlaufen die Entscheidungsprozesse nach dem Schema: Aushandlung der politischen Kompromisse auf der Ebene der Koalitionsarbeitsgruppen, an denen die Fachleute der Fraktionen beteiligt sind, Weiterleitung an das zuständige Ressort und schließlich Formulierung des Gesetzentwurfs – wodurch der klassische Gesetzgebungsweg im Prinzip auf den Kopf gestellt wird. Die Kanzler forcierten diesen Aushandlungsprozess maßgeblich. So ist ihre jeweilige Machtposition bei der Entscheidungsfindung nicht daran abzulesen, wie sie wichtige Entscheidungen nachvollziehbar gestalteten, sondern wie die Kanzler die Entscheidungen gezielt machtsichernd in der Partei und der Koalition, aber auch in den Medien vorbereiteten. Zum Erfolgsrezept des Stillen Regierens gehört somit eine Art von Verflüssigung der Richtlinienkompetenz: Eine Entscheidungsfindung wird durch informelle Verfahren unterstützt, die aber durch eine relative Offenheit des Kanzlers in Sachfragen gekennzeichnet werden.[74]

Schröder versuchte zunächst dem institutionalisierten Regierungsapparat seine traditionelle Funktion zurückzugeben. Die informellen, wenig transparenten Entscheidungsorgane, die im personalisierten und extrem auf die parteipolitischen Abstimmungsmechanismen ausgerichteten System Kohl eine wichtige Rolle spielten, sollten grundsätzlich an Einfluss verlieren. Nicht mehr die Koalitionsrunde, sondern das Kabinett wollte Schröder zur Diskussion und Beschlussfassung nutzen. Der Praxisschock des Regierungsalltags und die Kritik am Koordinationschaos führten jedoch sehr schnell dazu, dass Schröder auch die so verpönten »Kungelrunden« als Horte des Stillen Regierens aktivierte und neue Koordinationsgremien schuf.[75] Als Instrument des Regierens darf das Stille Regieren möglichst nicht in der Öffentlichkeit thematisiert werden. Denn die »Kungelrunden« sind höchst unpopulär. 70 Prozent der Bundesbürger fanden im Jahr 2000 eine Entscheidungsfindung außerhalb der dafür vorgesehenen Gremien »nicht richtig«.[76]

3.4 Netzwerk-Pflege

Ausdruck der pragmatischen Moderation bei der internen Entscheidungsfindung ist die Netzwerk-Pflege. Gemeint ist eine Steuerung durch Integration von Interessengruppen und Konsens der Beteiligten. In Deutschland kommt die Netzwerk-Pflege im Gewande des Neokorporatismus[77] daher. Durch Netzwerk-Pflege sollen Entscheidungsblockaden verhindert werden. Die Hauptakteure haben sich damit neue »Institutionen« zur Entscheidungssteuerung geschaffen. Die informellen Netzwerke verbinden unterschiedliche Entscheidungsarenen. Die freiwillige Koordination erfolgt häufig im »Schatten der Hierarchie und Mehrheit« (Fritz W. Scharpf). Dieser Regierungsstil beruht auf dem Konsens der Beteiligten.

Mit dem Versprechen, den Runden Tisch, also Bündnisse oder Solidarpakte zur Dauereinrichtung werden zu lassen, pflegt Schröder den korporatistischen Führungsstil von Kohl. Je schwieriger es für die Kanzler wurde, Akzeptanz für die Entscheidungen zu erzielen, um so bedachter mussten die Reaktionen der Adressaten von Entscheidungen im Entscheidungsprozess antizipiert bzw. die Adressaten von vornherein in den Entscheidungsprozess selbst integriert werden. Das institutionelle Ergebnis dieser korporatistischen Stile ist ein ausgeprägtes Konkordanzsystem von auch gut durch die Medien visualisierbaren Kompromiss- und Konsensrunden: den so genannten Kanzlerrunden. Kaum eine wichtige Entscheidung, die nicht vorbereitend begleitet wird vom Gespräch am runden Tisch. Schröder bevorzugt dabei fast im Stile Konrad Adenauers Treffen mit Lobbyisten, ohne den zuständigen Fachressort-Minister am Gespräch zu beteiligen. Der Kanzler kann sich – natürlich nicht ohne Risiko – als Moderator der gegensätzlichen Interessen im Lande profilieren. Er nutzt den Wunsch in der Bevölkerung[78] nach dem Konsens der Mächtigen, der zu organisieren ist.[79]

3.5 Chefsachen-Mythos

Indem ein politischer Sachverhalt zur Chefsache erklärt wird, versuchen die Akteure Entscheidungskompetenz und Steuerungspotenziale zurückzuerobern. Die Chefsache macht Hierarchie wieder möglich und sprengt die Zwänge der Politikverflechtung, sie verschafft somit Optionen, um sich Handlungsspielräume offen zu halten.[80] Bei all dem steht nicht die Frage im Mittelpunkt, ob die Bundeskanzler tatsächlich beim Regierungshandeln das letzte Wort behalten. Aber sie müssen zumindest den Eindruck vermitteln, dass sie es könnten. So wird aus der faktischen Chefsache ein Mythos. Man kann den Eindruck gewinnen, dass an die Stelle der verfassungsmäßigen, aber für den Kanzler weit gehend unbrauchbaren Richtlinienkompetenz die Entdeckung der Chefsache getreten ist. Solange man die Richtlinienkompetenz besitzt, muss man sich nicht auf sie berufen. Jede öffentliche Demonstration von Führungsstärke mittels einer Berufung auf die formale Richtlinienkompetenz ist ein Anzeichen von Führungsschwäche. Die Konstruktion von Chefsachen-Zuständigkeiten ist wesentlich wirkungsvoller. Sie suggeriert gegenüber dem Publikum: nun wird es ernst, der Chef packt selbst mit an. Der Chefsachen-Mythos setzt mittels öffentlicher Artikulation und Inszenierung auf Kompetenz- und Steuerungszuwachs. Vom Regierungschef werden beständig »Machtworte« und ein entschiedenes Durchgreifen verlangt. In dieser Situation ist es für jeden Amtsinhaber eine große Versuchung, durch plakative Einzelaktionen diesen Ansprüchen gerecht zu werden. Wenigstens für einen Moment fallen öffentliche Erwartungen und reale Möglichkeiten des Amtes zusammen.

Auch Gerhard Schröder hat mehrfach zu diesem Instrument gegriffen. Mit »Basta«-Ausrufen versuchte er die Argumentationslinien seiner Partei zu durchkreuzen. Ob bei der Rettungsaktion für den Bauriesen Holzmann oder beim nächtlichen Stimmenkauf vor der Verabschiedung der Steuerreform vom Sommer 2000 oder beim Streit um das Betriebsverfassungsgesetz: Schröder agierte mit Machtworten, ohne dass dadurch in der Substanz schon etwas entschieden wäre. Diese Art des Regierens stößt auf große Resonanz. Auf die Frage, ob »starke Führung nötig sei«, antworteten rund 54 Prozent der Deutschen im Jahre 2000 mit »stimme voll zu« (1997 waren es rund 50 Prozent). »Stimme eher zu« rangierte abgeschlagen mit rund 28 Prozent dahinter. Dieser Wunsch nach starker Führung hat keineswegs einen durchgehend autoritären Hintergrund.[81]

3.6 Telepolitik

Telepolitik bedeutet: Regieren in der Publikumsgesellschaft.[82] Komplizierte Aushandlungsdemokratie wird dabei scheinbar durch Telepolitik ersetzt. Da politische Entscheidungen kommunikationsabhängiger geworden sind, wird mittels Telepolitik versucht, Entscheidungskompetenz zurückzugewinnen.[83] Entscheidungen sollen über Stimmungen herbeigeführt werden. Diese Stimmungen werden auf unterschiedlichen Ebenen bewusst provoziert: zum einen durch einen offenen und medienwirksamen Politikstil, der häufig über medienadressierte Personalisierung vermittelt wird; zum anderen aber auch durch Regierungshandeln im Wahlkampfstil, das als permanente Kampagne mit extremer Demoskopiefixierung und Plebiszitarisierungs-Tendenzen beschrieben werden kann. Medienpräsenz ist heute eine politische Machtprämie – allerdings auf sehr instabilem politischem Fundament. Der Amtsbonus der Amtsinhaber ist weit gehend ein Fernsehbonus. Insofern ist es zunächst konsequent, medienvermittelte, symbolische Darstellungspolitik zu betreiben. »Going public« als Instrument zur Erweiterung des Handlungsspielraums bedeutet dabei für die Amtsinhaber die Möglichkeit, sich direkt an die eigene Bevölkerung zu wenden, um Unterstützung für bestimmte politische Vorhaben zu mobilisieren. Das mag für die amerikanischen Präsidenten schon immer eine systembedingte Konsequenz gewesen sein. Für die europäischen Parteiendemokratien ist dies jedoch neu, denn es kreiert einen veränderten Typus von Parteiführerschaft: den »outsider«-Status als Parteiführer, der mittels telegenem Schwung von außen seine Parteigremien antreibt.[84]

Schröder war nicht der erste Kanzler, der sich dies zu Nutzen machte. Auch Helmut Schmidt besaß Fernseh-Charisma, das weit ins gegnerische Lager hineinragte. Schmidt brauchte dieses Instrument umso mehr, als er nur geringe Parteimacht besaß. Kanzler Kohls Macht war zuallererst Parteimacht, so dass er direkt-plebiszitärer Ergänzungen seiner Macht- und Steuerungsressourcen nicht bedurfte. Schröder sucht plebiszitäre Formen der Abstimmung oder »going public«-Ankündigungen in dem Maße, wie er der Unterstützung seiner eigenen Partei nicht sicher sein kann. Dadurch kann man die eigenen Imagewerte verbessern und die Parteigremien vor vollendete Tatsachen stellen. Die Grenzen dieses Politikstils, der seine Legitimation aus dem telegen Schwung ableitet, der das Fernsehen als Kommunikationsorgan bevorzugt, werden schnell sichtbar, wenn diese Medienprominenz nicht in innerparteiliche Zustimmung umgewandelt wird.

3.7 Der Charme der Ressource Außenpolitik

Die Entscheidungsdynamik und die Entscheidungskompetenz ist im Bereich der Außenpolitik in allen politischen Systemen personenzentriert auf die Staats- und Regierungschefs ausgerichtet.[85] Die Außenpolitik gehorcht grundsätzlich anderen Regelmäßigkeiten, da sie weniger in die »checks and balances« der Innenpolitik eingebunden ist, sondern maßgeblich von internationalen Rahmenbedingungen geprägt wird und dazu das Reservat der Exekutive darstellt.[86] Dass alle Amtsinhaber deshalb die Domäne der Außenpolitik für sich reklamierten, ist nachvollziehbar. Das außenpolitische Terrain wurde als entscheidendes Betätigungsfeld gesucht, wobei die permanente Ausweitung dessen, was letztlich zur Außenpolitik gehört, im Verlauf der letzten 20 Jahre sukzessive fortgeschritten ist. Dabei kann auch eine spezifische Zunahme von symbolischer Außenpolitik analysiert werden: multilaterale Arrangements – etwa im Kontext von Gipfelbegegnungen – werden getroffen, die den Eindruck großer Tragweite vermitteln, ohne dass dies den Realitäten entsprechen muss.[87]

Die Außenpolitik ermöglicht eine öffentlichkeitswirksame Darstellung und eine Distanzierung vom täglichen bürokratischen Politikgeschäft. Im Rampenlicht steht der Staats- bzw. Regierungschef, wodurch eine Mobilisierung der öffentlichen Zustimmung durch die Inszenierung von Krisen und Zuspitzungen ermöglicht wird. Meistens entdeckten die Chefs diese Ressource erst, nachdem innenpolitische Schwächen sichtbar wurden. Gerhard Schröder übernahm das Amt des Bundeskanzlers ebenso wie sein Vorgänger Kohl als Innenpolitiker. Internationale Kontakte und Erfahrungen mussten erst erarbeitet werden. In der Startphase der Regierung Schröder/Fischer konnten die EU-Präsidentschaft und der Krieg im Kosovo vom innenpolitischen Koordinationschaos ablenken. Der neue Kanzler agierte öffentlichkeitswirksam, staatstragend und in der verlässlichen Kontinuität der Vorgängerregierung.[88]

Die Konzentration auf die Außenpolitik verringert die Angriffsflächen der Amtsführung in allen politischen Systemen, womit keinesfalls behauptet werden soll, dass Außenpolitik wahlentscheidend wäre – ganz im Gegenteil.[89] Die Politikfelder der Arbeits- und Wirtschaftspolitik bestimmen die Wahlabsicht. Außenpolitik dient zwar dem Renommee des Regierungschefs, dies kann er jedoch nicht in Stimmenmaximierung umsetzen.

3.8 Ideen-Management

Ideen, Wertvorstellungen und Überzeugungen kommen in der Politik eine gestaltende Kraft zu. Mittlerweile ist in einigen Politikfeldern nachgewiesen worden, welche problemlösende Kraft den Ideen – und eben nicht nur den Interessen – in Verhandlungssituationen zukommt. Die Ideen reduzieren die Komplexität der gesellschaftlichen Wirklichkeit. Das gilt auch für Entscheidungsfindungen in Verhandlungssituationen.[90] Als weiteres Instrument des modernen Regierens können die Kanzler diesen Zugang nutzen: Sie können als personifizierte Ideenträger auftreten, als die Verkörperung von Ideen und damit Prozesse der Entscheidungsfindung durch ihr Deutungsmuster beeinflussen. Ideen-Management ist damit auch Teil der außenpolitischen Kultur.[91] Bei Schröder ist es nahe liegend, auf das Projekt des Dritten Weges oder der Neuen Mitte zu verweisen. Aber es wäre absolut verkürzt, dieses Ideen-Management nur mit dem Dritten Weg in Verbindung zu bringen. Auch andere Ideen haben sich in der Vergangenheit (z. B. europäische Einheit bei Kohl, Westbindung bei Adenauer, Ostpolitik bei Brandt) als Instrumente von Regierungsstilen analysieren lassen.[92] In Verhandlungssituationen ist allen beteiligten Akteuren klar, dass bestimmte inhaltliche Spielräume nicht überschritten werden können. Die Kanzler stehen mit ihrer Person für ein Thema ein. Sobald grundsätzliche Beschädigungen, weit reichende Eingriffe drohen, sind solche Vorhaben schon im Ansatz zum Scheitern verurteilt. Die Person ist Träger des

Projektes, was gleichzeitig einerseits zum Leitbild von Steuerung werden kann, andererseits Verhandlungsmargen charakterisiert.

4. Modernes Regieren? Die Zukunft des Regierens

Acht unterschiedliche Muster des Regierungshandelns konnten als Trendoptionen vorgestellt werden. Sie charakterisieren Formen des modernen Regierens. Diese spezifischen Strategien des Entscheidungsmanagements verschaffen den Regierungschefs Optionen, die ihren jeweiligen Handlungskorridor erweitern. Wie – also in welchem Mischungsverhältnis – sie jeweils diese acht Varianten nutzen, kann als persönlicher Regierungsstil des Amtsinhabers charakterisiert werden. Nicht alle acht Typen des Regierungshandelns sind permanent gleichgewichtig im Einsatz. Das Regierungsmanagement bedient sich in unterschiedlichen Phasen situationsgemäß der skizzierten Instrumente. Die vorgestellten Entscheidungskonstellationen charakterisieren Auswege aus der Veränderung von Steuerungspotenzialen hinsichtlich politischer Problemlösungen in einem Staat, der über keine klassisch nationalstaatliche Souveränität mehr verfügt. Regieren spielt sich häufig in vernetzten Gesellschaften im Verhandlungsmarathon mit vielfältigen Akteuren ab.

Auf der Entscheidungsebene sind die Regierungschefs die zentralen Akteure, die Institutionen für sich strategisch instrumentalisieren oder gegebenenfalls neue Institutionen schaffen, um politische Optionen zu beeinflussen. Andererseits spinnen die Regierungschefs Akteursnetze um Institutionen, die sie nicht unmittelbar für sich instrumentalisieren können, um den entscheidenden Informationsvorsprung zu gewinnen oder um Vorentscheidungen im Sinne negativer Koordination zu verhindern. Mit anderen Worten werden systembedingte Steuerungsverluste akteursspezifisch durch Steuerungsverlagerung ausgeglichen.

Die akteursbedingten Faktoren – also das Entscheidungsarrangement der Hauptakteure – dokumentieren in der Mehrzahl ihrerseits, inwieweit sich die Kanzler ihrer begrenzten Rolle bei der Entscheidungsfindung bewusst sind. In den vielfältig verflochtenen Verhandlungsdemokratien bietet die Vorliebe für »high politics« und symbolische Politikdarstellung für die politischen Akteure eine der wenigen Möglichkeiten, überhaupt noch sichtbar zu bleiben. Hier zeigt sich, dass auch Regierungschefs in parlamentarischen Demokratien zu Entscheidungsstilen greifen, die eher Präsidenten zugedacht sind, wie beispielsweise »Chefsachen-Mythos« oder »Telepolitik«.

Welche der acht Trendoptionen wird perspektivisch wichtig bleiben? Welche Entwicklungsrichtungen deuten sich an? Regieren wird in unserer hoch komplexen Gesellschaft auch zukünftig immer mehr integrierendes Moderieren als steuerndes Agieren sein. Gründe dafür sind:

- Die Zahl der Akteure im neokorporatistischen Staat wird nicht abnehmen, sondern im Gegenteil eher anwachsen.
- Die Kräfte des partizipativen Regierens nehmen zu: basisdemokratische Selbstregulierung in zivilgesellschaftlichen Strukturen bildet in verhandlungsdemokratischen Netzwerken ein zunehmend wichtiges Element.

- Gleichzeitig steigt der Bedarf an Entscheidern, die angesichts des Zerfalls von Orientierungsmilieus, Sicherheit und Vertrauen vermitteln.
- Der Stil, die Technik und die Instrumente des Regierens haben sich weiterhin auf ein völlig verändertes Politikverständnis einzustellen: Der Umgang mit Politik wird spielerischer. Die Orientierung an Politik erscheint nur noch punktuell, situativ, kontextabhängig, erlebnis- und betroffenheitsorientiert.

Spielerische Kohärenz herzustellen wird vor diesem gesellschaftspolitischen Szenario für jeden Bundeskanzler die zentrale Zukunftsherausforderung sein. Regierungshandeln tastet inhaltlich Spielräume ab. Stößt das Regieren auf öffentlichen Widerstand, werden neue Optionen gesucht – ein besonderes Kennzeichen einer kulturellen Teflonschicht der Politik, an der alles abtropft und alles in neuer Beliebigkeit unbestimmt bleibt. Multi-Options-Kanzler sind zukünftig gefordert. Das zieht normativ aufgeladene Kritik an. Denn Regieren erscheint in dieser Perspektive ohne Sinn stiftende Orientierung, gar ohne ideologischen Hintergrund. Wenn jedoch die Zeitanalysen übereinstimmend diagnostizieren, dass es keinen einheitlich-kalkulierbaren Wählermarkt mehr gibt, erscheint problemorientiertes, kurzes, temporäres Engagement mit Allianzen auf Zeit als adäquate Antwort auf die Schwankungen der Wählergunst und knappe Mehrheiten.[93]

Dass dieser moderne Regierungsstil zu konkreten Politikergebnissen führen muss, also nicht nur im marktgerechten Inszenieren verhaftet bleiben darf, verdeutlichte die Krise des britischen Premierminister Tony Blair im Jahre 2000. Bundeskanzler Schröder hatte sowohl im Wahlkampf als auch in der Startphase seiner Regierungszeit Blair als persönliches Modell für erfolgreiche Machtstrategie entdeckt. Blair ist ein Vorbild für alle, die Politik als Produkt verkaufen wollen. Doch auch er musste im Sommer 2000 erkennen, dass Regieren mehr erfordert als strategische Marktbeobachtung und Management von Öffentlichkeiten. Zufriedenheit des Wählers erwächst am Ende durch konkrete Umsetzung politischer Konzepte und nicht ausschließlich durch Strategien der Darstellungspolitik. An diesem Punkt änderte Tony Blair sein Wahlkampfkonzept signifikant, so dass er bei der Wahl im Jahre 2001 erneut siegte.

Die unterschiedlichen Typen des Regierungshandelns sind somit nicht risikolos. Sie enthalten zwar handlungsermöglichende Ressourcen. Bei einseitiger Überdehnung einzelner Varianten stellen sich jedoch rasch auch Restriktionen ein. Modernes Regieren in spezifischen institutionellen Kontexten bietet somit keineswegs eine Garantie für immer währendes Regieren.

Anmerkungen

1 Zur Vergleichsebene Karl-Rudolf Korte, Was kennzeichnet modernes Regieren? Regierungshandeln von Staats- und Regierungschefs im Vergleich, in: Aus Politik und Zeitgeschichte (APuZ), B 5/2001, S. 3–13.

2 Vgl. Axel Murswieck, Regieren, Regierbarkeit, Unregierbarkeit, in: Lexikon der Politik, Bd. 1, München 1995, S. 533–539; auch Göttrik Wewer, Regieren in Bund und Ländern (1948–1998), in: Thomas Ellwein/Everhard Holtmann (Hrsg.), 50 Jahre Bundesrepublik Deutschland. Rahmenbedingungen, Entwicklung, Perspektiven, Opladen 1999 (Politische Vierteljahresschrift, Sonderheft 30), S. 496–519.

3 Weiterführend dazu Karl-Rudolf Korte, Das politische System der Bundesrepublik Deutschland, in: Manfred Mols u. a. (Hrsg.), Politikwissenschaft, Paderborn u. a. 2001 (3. Aufl.), S. 67–98.
4 Dazu Franz Lehner, Grenzen des Regierens, Königstein 1979.
5 Vgl. dazu den Beitrag »Außenpolitische Kultur« von Hanns W. Maull in diesem Band.
6 So Fritz W. Scharpf, Die Handlungsfähigkeit des Staates am Ende des Zwanzigsten Jahrhunderts, in: Beate Kohler-Koch (Hrsg.), Staat und Demokratie in Europa, Darmstadt 1992, S. 93–115, hier S. 96; dazu auch Wolfgang Wessels, Die Öffnung des Staates. Modelle und Wirklichkeit grenzüberschreitender Verwaltungspraxis 1960–1995, Opladen 2000.
7 Dazu der Beitrag »Legitimation und Partizipation« von Manuela Glaab/Andreas Kießling in diesem Band; außerdem Beate Kohler-Koch (Hrsg.), Regieren in entgrenzten Räumen, Opladen 1998.
8 Vgl. Robert D. Putnam, Diplomacy and Domestic Politics: The Logic of Two-Level Games, in: International Organization, 3/1988, S. 427–460.
9 So Karl Dietrich Bracher, Zeitgeschichtliche Kontroversen, München 1976, S. 121 ff.
10 Ebenso Klaus von Beyme, Institutionelle Grundlagen der deutschen Demokratie, in: Max Kaase/Günther Schmid (Hrsg.), Eine lernende Demokratie, Berlin 1999, S. 19–39.
11 Zur Machtwechsel-Problematik vgl. Karl-Rudolf Korte, Konjunkturen des Machtwechsels in Deutschland. Regeln für das Ende der Regierungsmacht?, in: Zeitschrift für Parlamentsfragen, 4/2000, S. 833–857.
12 Dazu Daten bei Manfred G. Schmidt, Opposition, in: Lexikon der Politik, Bd. 3, München 1991, S. 287.
13 Zum Umfeld Karl-Rudolf Korte, Deutschlandpolitik in Helmut Kohls Kanzlerschaft. Regierungsstil und Entscheidungen, Stuttgart 1998, S. 438 ff. Dazu zählten die Finanzkonsolidierung des Bundes, die Durchsetzung des Nato-Doppelbeschlusses und damit die verlässliche atlantische Partnerschaft.
14 So Peter Katzenstein, Policy and Politics in West Germany. The Growth of a Semisovereign State, Philadelphia 1987.
15 Arnulf Baring, Außenpolitik in Adenauers Kanzlerdemokratie, München und Wien 1969, S. 1.
16 Zum Hintergrund Roland Sturm/Sabine Kropp, Koalitionen und Koalitionsvereinbarungen, Opladen 1998; vgl. auch Karl-Rudolf Korte, Gerhard Schröder ist kein Koalitionskanzler, in: Focus, 24/2000, S. 52. Auf Bundesebene gab es, ausgelöst durch den Übertritt der Minister der DP zur CDU, vom 1. Juli 1960 bis zum 14. November 1961 eine Einparteienregierung, dann eine Minderheitsregierung von CDU/CSU zwischen dem 28. Oktober und dem 1. Dezember 1966 und eine Minderheitsregierung der SPD zwischen dem 17. September und dem 1. Oktober 1982.
17 So Sabine Kropp, Verhandeln und Wettbewerb in der Regierungspraxis von Länderkoalitionen, in: Everhard Holtmann/Helmut Voelzkow (Hrsg.), Zwischen Wettbewerbs- und Verhandlungsdemokratie. Analysen zum Regierungssystem der Bundesrepublik Deutschland, Opladen 2000, S. 151–182, hier S. 158.
18 Vgl. Philip Manow, Informalisierung und Parteipolitisierung. Zum Wandel exekutiver Entscheidungsprozesse in der Bundesrepublik, in: Zeitschrift für Parlamentsfragen, 1/1997, S. 96–107.
19 Vgl. dazu Unterkapitel 3.3 »Stilles Regieren«
20 So Gerhard Lehmbruch, Parteienwettbewerb im Bundesstaat. Regelsysteme und Spannungslagen im Institutionengefüge der Bundesrepublik Deutschland, Opladen 1998 (2. Aufl.), S. 57 f.
21 Vgl. Ludger Helms, 50 Jahre Bundesrepublik Deutschland. Kontinuität und Wandel des politischen Institutionensystems, in: Zeitschrift für Politik, 2/1999, S. 145–172, hier 153.
22 Dazu Martin Sebaldt, Oppositionsstrategien im Vergleich, in: Gerhard Hirscher/Karl-Rudolf Korte (Hrsg.), Aufstieg und Fall von Regierungen. Machterwerb und Machterosionen in westlichen Demokratien, München 2001, S. 113–146.

23 Grundsätzlich zu den Parteien vgl. den Beitrag von Manuela Glaab/Andreas Kießling in diesem Band; außerdem Andreas Kießling, Politische Kultur und Parteien. Determinanten der Entwicklung des Parteiensystems, München 1999.
24 Vgl. dazu Karl-Rudolf Korte, Wie Parteien auf komplexe Wählermärkte reagieren. Das Beispiel CDU, in: Blätter für deutsche und internationale Politik, 6/2000, S. 707–716; vgl. zu Milieusauflösung bzw. -veränderung den Beitrag »Milieus und Politik« von Michael Vester in diesem Band.
25 Dazu Kießling, Politische Kultur (Anm. 23).
26 Dazu Daten bei Schmidt, Opposition (Anm. 12), S. 287.
27 Gerhard Leibholz, Strukturprobleme der modernen Demokratie, Karlsruhe 1967 (3. Aufl.), S. 93 f.
28 Stellvertretend dazu Richard von Weizsäcker u. a. (Hrsg.), Richard von Weizsäcker im Gespräch mit Gunter Hofmann und Werner A. Perger, Frankfurt/M. 1992; Überblick bei Karlheinz Niclauß, Das Parteiensystem der Bundesrepublik Deutschland, Paderborn 1995.
29 Einen Überblick über die Parteimitgliedszahlen der letzten zehn Jahre bietet der Beitrag von Manuela Glaab/Andreas Kießling in diesem Band in Kapitel 2.
30 Vgl. Katzenstein, Policy and Politics (Anm. 14).
31 Vgl. Roland Czada/Manfred G. Schmidt, Einleitung, in: dies. (Hrsg.), Verhandlungsdemokratie, Interessenvermittlung, Regierbarkeit, Opladen 1993, S. 7–21.
32 »Und was meinen Sie, haben bei uns die Bundesländer in der Bundespolitik eher zu viel zu sagen, eher zu wenig zu sagen, oder ist das gerade richtig?« – darauf antworteten 46 Prozent mit »ist gerade richtig«, 31 Prozent mit »zu wenig zu sagen«, in: Bundesverband deutscher Banken, Umfrage »Deutschland und die Globalisierung«, Oktober 2000. Regieren aus Sicht der Kanzler sollte deshalb die Macht der Länder auch aus öffentlichkeitswirksamen Gründen berücksichtigen.
33 Wolfgang Renzsch, Entscheidungsprozesse zwischen Konsensbildung und Wettbewerb, in: Holtmann/Voelzkow, Wettbewerbs- und Verhandlungsdemokratie (Anm. 17), S. 53–78, hier S. 54.
34 Beispiele dazu bei Joachim Krause, Die Rolle des Bundestages in der Außenpolitik, in: Wolf-Dieter Eberwein/Karl Kaiser (Hrsg.), Deutschlands neue Außenpolitik, Bd. 4, München 1998, S. 137–152.
35 Dazu Dieter Grosser, Das Wagnis der Währungs-, Wirtschafts- und Sozialunion, Stuttgart 1998.
36 Zur deutschen Europapolitik vgl. den Beitrag »Deutschland in Europa« von Peter M. Wagner in diesem Band.
37 So Czada/Schmidt, Einleitung (Anm. 31), S. 12.
38 Überblick dazu bei Kohler-Koch, Regieren in entgrenzten Räumen (Anm. 7).
39 Grundsätzlich zu diesem Gedankengang vgl. George Tsebelis, Decision Making in Political Systems. Veto Players in Presidentialism, Parliamentarism, Multitcameralism, in: British Journal of Political Science, Vol. 25/1995, S. 289–325.
40 Vgl. Roland Czada, Reformloser Wandel. Stabilität und Anpassung im politischen Akteurssystem der Bundesrepublik, in: Ellwein/Holtmann, 50 Jahre Bundesrepublik (Anm. 2), S. 397–412.
41 Dazu Renate Mayntz: Politische Steuerung. Aufstieg, Niedergang und Transformation einer Theorie, in: dies., Soziale Dynamik und politische Steuerung, Frankfurt/M. 1997, S. 263–292, hier S. 285.
42 Zu diesem Gedankengang vgl. Edwin Czerwick, Verhandlungsdemokratie. Ein Politikstil zur Überwindung von Politikblockaden, in: Zeitschrift für Politikwissenschaft, 2/1999, S. 415–438.
43 Weiterführend dazu Karl-Rudolf Korte/Gerhard Hirscher (Hrsg.), Darstellungs- oder Entscheidungspolitik. Über den Wandel von Politikstilen in westlichen Demokratien, München 2000.
44 Dazu im Einzelnen Rüdiger Thomas, DDR: Politisches System, in: Werner Weidenfeld/Karl-Rudolf Korte (Hrsg.), Handbuch zur deutschen Einheit, Bonn 1999, S. 176–192.

45 Ausführlich mit empirischen Daten dazu Werner Weidenfeld/Karl-Rudolf Korte, Die Deutschen. Profil einer Nation, Stuttgart 1991.
46 Überblick dazu bei Manuela Glaab/Karl-Rudolf Korte, Politische Kultur, in: Weidenfeld/Korte, Handbuch (Anm. 44), S. 642–650.
47 Aktuelle Daten dazu bei Jürgen Falter u. a. (Hrsg.), Wirklich ein Volk? Die politischen Orientierungen von Ost- und Westdeutschen im Vergleich, Opladen 2000.
48 Dazu der Beitrag von Manuela Glaab/Andreas Kießling in diesem Band, v. a. Kapitel 2.
49 Zu diesem Grundgedanken vgl. Edgar Grande, Regieren in verflochtenen Verhandlungssystemen, in: Renate Mayntz/Fritz W. Scharpf (Hrsg.), Gesellschaftliche Selbstregulierung und politische Steuerung, Frankfurt/M. 1995, S. 327–368, hier S. 327–332.
50 Vgl. dazu den Beitrag von Manuela Glaab/Andreas Kießling in diesem Band, v. a. Kapitel 4.
51 Dazu den Beitrag »Inszenierte Politik und Rationalität« von Thomas Meyer in diesem Band.
52 Dazu den Beitrag von Michael Vester in diesem Band.
53 Vgl. auch Franz Walter/Tobias Dürr, Die Heimatlosigkeit der Macht. Wie die Politik in Deutschland ihren Boden verlor, Berlin 2000, S. 7–21.
54 Grundsätzlich zum Regierungsstil von Kanzler Kohl vgl. Korte, Deutschlandpolitik (Anm. 13); auch ders., Kommt es auf die Person des Kanzlers an?, in: Zeitschrift für Parlamentsfragen, 3/1998, S. 387–401.
55 Dazu Karl-Rudolf Korte (Hrsg.), Das Wort hat der Herr Bundeskanzler – Eine Analyse der großen Regierungserklärungen von Adenauer bis Schröder, Wiesbaden (i. E.).
56 Grundsätzlich dazu Hirscher/Korte, Aufstieg und Fall (Anm. 22).
57 So Karlheinz Niclauß, Das Schicksal der Kanzlerparteien, in: Korte/Hirscher, Darstellungspolitik (Anm. 43), S. 41–49; vgl. Korte, Kommt es auf die Person des Kanzlers an? (Anm. 55); auch Jürgen Gros, Politikgestaltung im Machtdreieck Partei, Fraktion, Regierung, Berlin 1998.
58 Vergleichbar mit Regierendem Bürgermeister von Berlin.
59 Verfahren der Nominierung sind sehr unterschiedlich, vgl. Jens Sebastian Heise, Wer wählt den Kanzlerkandidaten?, München 2001 (i. E.). Streng genommen erhielt zuerst Willy Brandt den formal nicht fixierten Titel des »Kanzlerkandidaten«.
60 Beispiele dazu bei Heinrich Popitz, Prozesse der Machtbildung, Tübingen 1963; auch Karl Sandner, Prozesse der Macht, Heidelberg 1992 (2. Aufl.).
61 Dazu Peter Lösche, Wirklich nur Kanzlerwahlverein?, in: Frankfurter Allgemeine Zeitung vom 25. August 1998; auch Walter/Dürr, Heimatlosigkeit der Macht (Anm. 53).
62 Erst 1950 schlossen sich die Landesverbände der CDU zu einer Bundespartei zusammen, so dass formal Adenauer zuerst Kanzler war und dann erst Vorsitzender der CDU wurde.
63 Hintergründe bei Karlheinz Niclauß, Kanzlerdemokratie, Stuttgart 1988; sowie Manfred Görtemaker, Geschichte der Bundesrepublik Deutschland, München 1999.
64 Dazu Details bei Franz Walter, Führung in der Politik. Am Beispiel sozialdemokratischer Parteivorsitzender, in: Zeitschrift für Politikwissenschaft, 4/1997, S. 1287–1336, hier S. 1302 f.
65 Hintergrund bei Klaus Harpprecht, Im Kanzleramt. Tagebuch der Jahre mit Willy Brandt, Berlin 2000, S. 540 ff.
66 Harpprecht schreibt dazu: »Helmut Schmidt riet dringend, und wie ich meine, auch mit Ehrlichkeit, vom Rücktritt ab. Er fürchtet vielleicht auch ein wenig, nun plötzlich mit der Verantwortung allein zu sein.« in: ebd., S. 541.
67 Dazu Walter, Führung in der Politik (Anm. 64), S. 1305–1313.
68 So Wolfgang Jäger, Wer regiert die Deutschen?, Osnabrück 1987, S. 205 ff.
69 So Niclauß, Schicksal der Kanzlerparteien (Anm. 57), S. 45.
70 Vgl. Korte, Kommt es auf die Person des Kanzlers an? (Anm. 55); auch Gros, Politikgestaltung (Anm. 57).
71 So Jürgen Gros, Das Kanzleramt im Machtgeflecht von Bundesregierung, Regierungsparteien und Mehrheitsfraktionen, in: Korte/Hirscher, Darstellungspolitik (Anm. 43), S. 85–105; Michael Mertes, Führen, Koordinieren, Strippen ziehen, in: ebd., S. 62–84.
72 So Karl-Rudolf Korte, Das System Schröder, in: Frankfurter Allgemeine Zeitung vom 25. Oktober 1999.

73 Vgl. Manow, Informalisierung (Anm. 43).
74 Grundsätzlich zu diesem Entscheidungsstil vgl. Korte, Deutschlandpolitik (Anm. 13).
75 So Karl-Rudolf Korte, Vom strahlenden Sieger zum Korrektur-Kanzler, in: Focus, 20/1999.
76 Vgl. Bundesverband deutscher Banken, Umfrage »Deutschland im Wandel«, November 2000, dokumentiert in Kapitel VI in diesem Band, Tabelle 5.5.
77 Vgl. Wolfgang Streeck, Korporatismus in Deutschland, Frankfurt/M. 1999; abgrenzend und kritisch dazu der Chef des Bundeskanzleramtes Frank-Walter Steinmeier, Abschied von den Machern, in: Die Zeit vom 1. März 2001.
78 61 Prozent der Deutschen erwarteten 2000 von einer guten Opposition, dass sie die Regierung unterstützt und nicht hart kritisiert, in: »Deutschland im Wandel« (Anm. 76), Tabelle 5.11.
79 So Gunter Hofmann, Das System Schröder, in: Die Zeit vom 6. Juli 2000.
80 Vgl. Thomas E. Schmidt, Die Mythologie der Chefsache, in: Neue Gesellschaft/Frankfurter Hefte, 7/1998, S. 611–613; Korte, Kommt es auf die Person des Kanzlers an? (Anm. 55).
81 Vgl. dazu den Beitrag von Michael Vester in diesem Band. Weitere Differenzierungen hinsichtlich bestimmter Milieu-Typen belegen eindeutig, dass auch konservative Führung und starke sozialreformerische Führung gewünscht werden.
82 Dazu auch den Beitrag von Thomas Meyer in diesem Band.
83 Grundsätzlich vgl. Korte/Hirscher, Darstellungspolitik (Anm. 43); Ulrich Sarcinelli, Teledemokratische Fürstenherrschaft. Ein Jahr nach der Bundestagswahl 1998, in: Gegenwartskunde, 4/1999, S. 395–403.
84 Als Beispiel vgl. Karl-Rudolf Korte, Wie Parteien auf komplexe Wählermärkte reagieren. Das Beispiel CDU, in: Blätter für deutsche und internationale Politik, 6/2000, S. 707–716. Zum »outsider«-Status vgl. Michael Foley, The Rise of the British Presidency, Manchester 1993.
85 Vgl. dazu den Beitrag von Hanns W. Maull in diesem Band.
86 Dazu Fritz W. Scharpf, Versuch über Demokratie im verhandelnden Staat, in: Czada/Schmidt, Verhandlungsdemokratie (Anm. 31), S. 25–49, hier S. 41 f.
87 Vgl. Hanns W. Maull, Quo vadis, Germania?, in: Blätter für deutsche und internationale Politik, 10/1997, S. 1245–1256, hier S. 1253.
88 Zu den außenpolitisch neuen Akzenten vgl. Karl-Rudolf Korte, Unbefangen und gelassen. Über die außenpolitische Normalität der Berliner Republik, in: Internationale Politik, 12/1998, S. 3–12.
89 Zum Wahlverhalten vgl. Karl-Rudolf Korte, Wahlen in der Bundesrepublik Deutschland, Bonn 2000 (3. Aufl.); ders., Konjunkturen des Machtwechsels (Anm. 11).
90 Vgl. Alexander Wendt, Collective Identity Formation and the International State, in: American Political Science Review, 2/1994; auch Judith Goldstein/R. O. Keohane, Ideas and Foreign Policy, Ithaca 1993, S. 3–27. Zum Kontext des Charisma vgl. Edgar Grande, Charisma und Komplexität. Verhandlungsdemokratie, Mediendemokratie und der Funktionswandel politischer Eliten, in: Raymund Werle/Uwe Schimank (Hrsg.), Gesellschaftliche Komplexität und kollektive Handlungsfähigkeit, Frankfurt/M. 2000, S. 297–319.
91 Vgl. dazu den Beitrag von Hanns W. Maull in diesem Band.
92 Dazu Karl-Rudolf Korte, Ideen oder Interessen? Integrationsansätze im Kulturraum Europa, in: Europa am Scheideweg, bearb. v. Peter März, München 1998; auch Günter Bannas, Die dreifache Verantwortung hat Schröders Auftreten im politischen Betrieb verändert, in: Frankfurter Allgemeine Zeitung vom 12. April 1999.
93 Im Buch von Franz Müntefering/Matthias Machnig (Hrsg.), Sicherheit im Wandel. Neue Solidarität im 21. Jahrhundert, Berlin 2001, sind weitere Gedankengänge zu dieser Argumentation zu finden.

THOMAS MEYER

Inszenierte Politik und politische Rationalität

1. Politische Inszenierungen

Seit Mitte der 90er-Jahre ist für die Bundesrepublik Deutschland in immer neuen Anläufen die Diagnose gestellt worden, dass in Gesellschaft und Politik das theatrale Diskursmodell der Inszenierung in den Vordergrund drängt. Der Befund enthält die empirisch gut belegte Prognose, dass die Gesellschaft der Bundesrepublik und mit ihr das politische System in kräftigen Zügen zu einer »Inszenierungsgesellschaft« mutiere.[1] Für die Republik als politisches Gemeinwesen weisen politik- und medienwissenschaftliche Analysen in zunehmendem Maße in die gleiche Richtung. Der »Bericht zur Lage des Fernsehens«, der 1995 für den Bundespräsidenten erstellt wurde, ist mit seiner Diagnose ein repräsentatives Beispiel dieser Sichtweise: »In der Konkurrenz um die Öffentlichkeit haben Politiker Professionalität in der Platzierung und Inszenierung von Ereignissen wie auch in der Sachinformation entwickelt. Im Verlauf dieser Metamorphose wandelt sich sachbezogene, auf verbindliche Entscheidungen bezogene Politik zunehmend in symbolische Politik. Diese vom Fernsehen provozierte Politik entspricht einer Rückkehr zur höfischen Öffentlichkeit. (...) Von den Politikern verlangt der Fernsehauftritt zudem vor allem darstellerische Qualitäten, die in keinem notwendigen Zusammenhang zu politischen Leistungen stehen, aber über den politischen Erfolg entscheiden. Denn als erfolgreich gilt der Politiker mit den darstellerischen Fähigkeiten auch dann, wenn seine politischen Leistungen deutlich dahinter zurückbleiben. Umgekehrt verblassen politischen Leistungen, sobald das Talent zur Media Performance fehlt.«[2]

Diese Zuordnung ist von weit reichender Bedeutung, da sie letztlich die Transformation des politischen Gemeinwesens der Republik in eine Formation neuen Typs behauptet. Diese Veränderung wäre mit vielfältigen Folgen nicht nur für die Qualität der Öffentlichkeit verbunden, sondern auch für die Rolle zentraler politischer Akteure und Institutionen, ja für den Charakter des politischen Prozesses überhaupt. Die Inszenierung der Politik für die Medienbühne, nicht allein seitens der Politik vermittelnden Medienakteure, sondern zunehmend seitens der Politik selbst, wird zu einer Schlüsselstruktur, von der die ganze Politik eine neue Prägung erfährt. Eine Prägung, die sich auf alle Dimensionen der Politik auswirkt, angefangen bei der Personalauswahl bis hin zur Rolle der Handlungsprogramme und ihrer Bedeutung für die Legitimation politischen Handelns.

Dieser Befund schließt vor allem ein, dass sowohl die staatsbürgerlichen Entscheidungen als auch diejenigen der politischen Eliten unter den veränderten Umständen kaum noch autonom und rational begründet sind, sondern vielmehr durch irrationale Inszenierungsleistungen gesteuert werden. Eine in diesem Sinne als »Inszenierungsstaat« zu kennzeichnende Republik wäre in der Tat von fragwürdiger demokratischer Substanz und in der Geschichte der Bundesrepublik durchaus eine neuartige Erscheinung.

Es erheben sich deshalb einige Fragen von grundsätzlicher Bedeutung. Ist dieser Befund gerechtfertigt, und vor allem, ist er neu? Sind politische Inszenierungen als strukturbildender Vorgang eine Errungenschaft des Fernsehzeitalters? Und: Ist mediale Politikinszenierung gleichbedeutend mit Irrationalität und Täuschung in der politischen Kommunikation?

Nachfolgend soll in mehreren Schritten nach Antworten auf diese Fragen gesucht werden. Zunächst gilt es natürlich zu klären, inwiefern individuelle Inszenierungsleistungen Konstanten menschlichen Handelns und mit diesem in natürlicher Weise verbunden sind. Wenn Menschen in ihrer bloßen Eigenheit Authentizität nur durch Inszenierung erreichen, gilt selbiges natürlich auch für die Selbstinszenierung politischer Akteure (Kapitel 2). Dennoch lassen sich in der Zeit nach dem Zweiten Weltkrieg Entwicklungen ausmachen, die den üblichen Rahmen politischer Inszenierung sprengen (Kapitel 3). Die Rolle der Massenmedien und insbesondere des Fernsehens mit der ihnen eigenen Inszenierungslogik steht im Widerspruch zur Funktionslogik der Politik. Wie beide Systeme miteinander in Einklang gebracht werden können, wie Politik und Politikdarstellung von den Medien beeinflusst und mitbestimmt wird, ist ein Kernproblem der Mediendemokratie (Kapitel 4). Die Umgestaltung der Parteiendemokratie zur Mediendemokratie wirkt sich vor allem auf die Bedeutung der politischen Parteien, auf den Einfluss der Parlamente und die Auswahl der Spitzenkandidaten aus. Das Beispiel der Nominierungsparteitage in den Vereinigten Staaten veranschaulicht die Merkmale massenmedial dominierter Politik (Kapitel 5). Muss aber die Entpolitisierung und Theatralisierung der Politik eine zwangsläufige Folge der Mediendemokratie sein (Kapitel 6)?

2. Inszenierung als anthropologische Konstante

Die Inszenierung von Politik, die gegenwärtig in der Tat nicht nur die politische Kommunikation, sondern gleichermaßen die Selbstdarstellung der Politik der Bundesrepublik Deutschland in auffälliger Weise charakterisiert, ist für sich genommen historisch nichts Neues.[3] Dass Politiker und in politischen Rollen agierende Personen, soweit wir die Zeugnisse kennen, zu allen Zeiten versucht haben, ihre Absichten oder Leistungen, ihre Person oder die Gruppe, für die sie standen, durch vorbedachte Inszenierungsleistungen für ein Publikum ins rechte Licht zu rücken, kann als eine triviale Einsicht gelten. Als Pontius Pilatus sich nach dem Urteilsspruch über Jesus ostentativ in der Öffentlichkeit die Hände wusch, um seine Unschuld symbolisch sinnfällig zu zelebrieren, erbrachte er eine wohl kalkulierte, in ihren Wirkungen nicht nur das anwesende Publikum, sondern das Publikum der Jahrtausende beeindruckende, politische Inszenierungsleistung ersten Ranges, der nichts fehlte, was zu einer Glanzleistung dieser Gattung gehört. Die aus der berichteten Geschichte bekannten Beispiele sind dazu angetan, die Allgegenwart von Inszenierungen als Element politischer Kommunikation dicht zu belegen. Gegen eine naive

Sicht von Inszenierung überhaupt als vermeidbarem Täuschungsmanöver in der politischen Kommunikation, sei es der politischen Akteure selbst oder derer, die über sie berichten, müssen zur grundsätzlichen Klärung zunächst drei Sachverhalte in Erinnerung gerufen werden:

1. Wie die Soziologen Erving Goffman und Hans-Georg Soeffner gezeigt haben und die Theaterwissenschaft heraus gearbeitet hat, sind theatrale Inszenierungen eine anthropologische Konstante. Der von Natur aus künstliche Mensch besitzt immer Spielräume reflektierter Selbstdarstellung, in deren Füllung durch aktuelles Handeln stets wieder Erfahrungen der Reaktionen anderer und der Weise, wie sie hervorgerufen werden, eingehen.[4] Darum spielt er bei der Wahrnehmung seiner verschiedenen Sozialrollen und selbst bei seinen vertrauten sozialen Interaktionen immer auch ein Stück weit Theater. Kommunikation ist darum unvermeidlich auch eine Inszenierungsleistung. Die Kluft zwischen Kommunikationsabsichten und Kommunikation wird stets in gewissem Maße durch mitlaufende Reflexionen über die beabsichtigten Wirkungen und als deren Folge mit Inszenierungsleistungen gefüllt. Natürlich erscheint der Mensch, wie Soeffner sagt, darum paradoxerweise immer erst als Ergebnis einer durchaus künstlichen Anstrengung. Inszenierung gehört mithin zum universalen Grundbestand menschlicher Kommunikation.
2. Auch das Authentische bedarf, wie die Theaterwissenschaft zeigt, einer je spezifischen Inszenierungsleistung, um als Authentisches erscheinen zu können.[5] Erst in der Inszenierung tritt das ihr Vorausliegende für alle sichtbar in Erscheinung und ist auf diese Weise immer schon durch Darstellungsaktivitäten transformiert. Die Spielräume der Inszenierung und die Weise, wie das ihr Vorausliegende in Erscheinung tritt, sogar die Frage, ob es überhaupt ein Vorausliegendes gibt, sind freilich anhand empirischer Prüfungen zu beurteilen. Die Inszenierungsleistung kann eine nahezu unbegrenzte Bandbreite von Realitätsbezügen ausfüllen, von der Darstellung von Authentizität bis hin zur Erzeugung dichter Illusionen über Ereignisse, die allein in der Inszenierung bestehen.
3. Wie alle anderen öffentlichen Rollenträger auch, so sind sich politische Amtsinhaber und Aspiranten vermutlich zu allen Zeiten durch Tradition, Erfahrung und Beobachtung der Tatsache gründlich bewusst gewesen, dass die Zustimmung zu den von ihnen erhobenen politischen Ansprüchen in entscheidendem Maße davon abhängt, ob es ihnen gelingt, sich für das anwesende Publikum wirkungsvoll darzustellen. Selbstdarstellung, also Inszenierung und öffentliches Handeln, waren zu allen Zeiten zwei Seiten derselben Medaille. In diesem Sinne ist in der Inszenierung der Politik, die nun auch in der Bundesrepublik seit dem Ende der 90er-Jahre in den Mittelpunkt des Interesses der Sozialwissenschaften und der Massenmedien selbst getreten ist, scheinbar nichts Neues enthalten.

Und dennoch ist an der Situation heute, wie wir sie in den Mediendemokratien der Gegenwart bei genauerem Hinsehen beobachten, in entscheidender Hinsicht vieles ganz anders als in der langen Vorgeschichte der Inszenierung von Politik. Die Veränderungen erweisen sich in der genaueren Analyse als so folgenreich, dass sie das Urteil rechtfertigen, die Republik bewege sich in Richtung auf eine neue politische Formation: von der Parteiendemokratie klassischen Zuschnitts hin zur Mediendemokratie modernen Typs.

3. Neue Entwicklungen

Peter Burke, britischer Historiker und brillanter Chronist der klassischen Politikinszenierung vormoderner Prägung, hat auf drei Faktoren hingewiesen, die trotz der ehrwürdigen Tradition der Geschichte politischer Inszenierungen in der gegenwärtigen Konstellation dennoch zu einer neuen Qualität mit neuen Voraussetzungen und Wirkungen geführt haben[6]:

1. In der Demokratie stellt sich die Legitimationsfrage für die Inhaber und Anwärter politischer Mandate und Ämter auf neue Weise und sehr viel dringlicher als in den vordemokratischen politischen Systemen. Nunmehr müssen politische Konkurrenten beinahe täglich um die ungewisse Zustimmung des Publikums ringen. Die Inszenierungen politischen Handelns müssen dauerhafter und kalkulierter sein und für die politischen Akteure zu einer jederzeit bedachten Kommunikationsstrategie werden, mit der sich ein Massenpublikum nahezu ohne Unterbrechungen erreichen und beeinflussen lässt.
2. Da in der Demokratie in einem prinzipiell offenen Wettbewerb eine Vielzahl politischer Inhaber und Aspiranten öffentlicher Spitzenämter um die Gunst des Publikums ringen, entsteht ein gesteigerter Druck reflexiver Selbstpräsentation der Politiker sowohl im Verhältnis zu allen anderen Mitbewerbern als auch im Verhältnis zum Publikum.
3. Entscheidender aber noch für die neue Qualität und die neuen Wirkungsdimensionen politischer Inszenierung sind die technischen Veränderungen im Bereich der Massenmedien. Mit dem Fernsehen steht nämlich erstmals ein Massenmedium zur Verfügung, das einerseits alle Grenzen von Raum und Zeit überwindet, in spezifischer Weise die Gesamtheit der handelnden Personen wahrnehmen und diese Wahrnehmungen an ein breites Publikum vermitteln kann und das darüber hinaus durch seine medialen Qualitäten und seiner Allgegenwart in den häuslichen Lebenswelten der Menschen fortwährend dichteste Realitätsillusionen zu erzeugen vermag.[7]

Das Fernsehen nimmt als kulturelles Leitmedium im System der medialen Politikvermittlung eine Schlüsselstellung ein. Als kulturelles Leitmedium hat es auf die größte Zahl des Publikums den entscheidenden Einfluss und übt wegen seiner unübertroffenen Reichweite eine gewisse Vorbild- und Schrittmacherfunktion auf alle anderen Massenmedien aus. Das Fernsehen rückt im Gegensatz zu allen anderen Massenmedien die Gesamtheit aller Zeichensysteme, die von menschlichem Handeln ausgehen können – Mimik, Gestik, Proxemik, Paralinguistik, Kulissen und Requisitenkontext –, in den Fokus seiner Vermittlungen. Damit wird für den handelnden Politiker, der die elektronische Medienbühne betritt, die Gesamtheit seiner körperlichen Performance im Falle des Scheiterns zunächst zum Problem und im Falle der Erfolgsaussicht zum zentralen Gegenstand seiner Aufmerksamkeit.

Um auf der elektronischen Medienbühne mit ihren neuartigen Anforderungen an theatrale Darstellungsqualitäten erfolgreich zu bestehen, bedarf es gezielter Arbeit an sich selbst, zumeist mit professioneller Beratung oder praktischem Training. Nur so ist dasjenige Maß an Medien-Fitness zu erreichen und zu erhalten, das für eine Erfolg versprechende Vermittlung von Politik bzw. ihrem Personal auf den Bühnen der Massenmedien als unabdingbare Voraussetzung erscheint. Diese Lernprozesse werden professionell organisiert, indem die politischen Inszenierungsstrategien zu einem substanziellen Handlungsfeld innerhalb des politischen Systems selber werden und von einem rasch wachsenden Stab von Beratern und Planern aller Art wissenschaftlich und ästhetisch vorbereitet und umgesetzt werden. Die Inszenierung der eigenen Politik oder oft auch nur ihrer Ansprüche wird unter dem Inszenierungsdruck, der von den modernen Massenmedien ausgeht, zu einem zentralen Handlungsfeld der Politik selbst. Es geht, wie die intern gehandelten Kriterien der politischen Planung in der Mediendemokratie ausweisen, um die Herstellung einer kommunikativen Einheit von Programm, Person und Performance.

Die Selbstinszenierung der Politik für die Bühnen der Massenmedien mit der realistischen Erwartung, auch unabhängig von den tatsächlichen Handlungserfolgen bei der Lösung sachlicher Probleme beim Massenpublikum die Illusion einer Realitätserfahrung auszulösen, erfolgt unter dem von den Regeln der Vorabinszenierung der Massenmedien ausgehenden Inszenierungsdruck und in einer Situation des fortwährenden demokratischen Konkurrenzdrucks um die wirkungsvollste Inszenierung. Dadurch entsteht für die politische Kommunikation und für die Funktionsweise der Demokratie selbst eine qualitativ neue Situation, auch wenn der intentionale und performative Kern politischer Inszenierung so alt ist wie die Politik selbst.

4. Die Theatralisierung von Politik

Politik in der Demokratie lebt von der kontinuierlichen und erfolgreichen Legitimation ihrer Absichten, Handlungen und Handlungserfolge. Sie kann in der Mediengesellschaft allein auf dem Weg über medienvermittelte Kommunikation gewonnen werden. Demokratische Politik ist daher existenziell und fortwährend auf Kommunikationserfolge in der öffentlichen Arena angewiesen. Diese ist in der Mediengesellschaft durch die interne Funktionslogik der Massenmedien konstituiert, die als Vorabinszenierung, als eine nicht zu umgehende Zutrittsbedingung für alle Akteure und Geschehnisse wirksam wird, die in ihr überhaupt zur Geltung kommen wollen.[8]

Diese Funktionslogik als medieninterne Vorabinszenierung für alle externen Zutrittskandidaten aus dem Bereich des politischen Handelns ergibt sich aus dem Zusammenspiel von zwei Regelsätzen, über die das Mediensystem größtmögliche Zuwendung eines breitestmöglichen Publikums für seine Produkte sicherstellen möchte. Zunächst wird der Regelsatz wirksam, der aus der unendlichen Fülle politischer Ereignisse diejenigen auswählt, die das Mediensystem für berichtenswert hält. Er enthält vor allem Nachrichtenfaktoren als Selektionskriterien. Zu ihnen gehören vor allem: *Personifikation* und *Prominenz*, *Konflikt*, herausragende *Leistung* oder herausragender *Schaden*, *kurze Dauer* und *zeitliche Abgeschlossenheit*, *Ereignishaftigkeit* sowie kulturelle, geografische und politische *Nähe* zum Betrachter. Nur diejenigen Ereignisse und Akteure als Teile von Ereignissen, die diese Bedingungen erfüllen, haben überhaupt eine Chance, als Material für die Konstruktion der politischen Welt in den Massenmedien in Betracht gezogen zu werden.[9] Der in den Nachrichtenfaktoren zum Ausdruck kommende unformulierte professionelle Konsens der Medienschaffenden in allen Teilen des Mediensystems trifft seine Auswahl im Hinblick auf das, was für die Rezipienten dieser Medien erfahrungsgemäß von größtem Interesse ist. Dieses Regelsystem wirkt mehrfach kumulativ, da es auf allen Ebenen von den Nachrichtenagenturen bis zu den Endredaktionen immer wieder aus der Fülle des Informationsmaterials diejenigen Ereignisse und Akteure herausgreift, auf die möglichst viele der Nachrichtenfaktoren gleichzeitig zutreffen und von ihnen wiederum die Aspekte oder Ereignissequenzen bevorzugt, für die dies der Fall ist. Auf diese Weise entsteht der Rohstoff von Ereignissen, Berichten und Informationen, der den Redaktionen vorliegt, damit sie aus ihnen je nach Mediengattung und Format die journalistischen Endprodukte erstellen, die schließlich dem Publikum präsentiert werden und ihm als Blick durch das Fenster auf die Welt des politischen Lebens erscheinen.

Unter dem Druck der Quotenkonkurrenz, der sich in der Bundesrepublik Deutschland mittlerweile fast ungeschmälert auch dem öffentlich-rechtlichen Rundfunksystem mitteilt, streben die Redaktionen nach der größtmöglichen Rezipientenzahl, die für das jeweilige Produkt möglich erscheint. Die Privaten würden anderenfalls ihre kommerzielle Basis gefährden, die öffentlich-rechtlichen Funkmedien ihre Reputation oder die Unterstützung eines mitentscheidenden Teils der Politik verspielen. Sie alle, Druck- und Funkmedien gleichermaßen, wenn auch gattungs- und publikumsbezogen auf unterschiedliche Weise, wenden bei der Erstellung ihres publizistischen Endprodukts daher Regeln der aufmerksamkeitssichernden Inszenierung an. Diese Inszenierungsregeln sind, wie empirische Analysen zeigen, in Medien-adaptierter Form aus dem Repertoire der theatralen Darstellungsgattungen entlehnt.

Theatralität als eine universale soziale Diskursform im engeren Sinne, die vom Bühnentheater weit gehend unabhängig ist, bildet sich im Zusammenwirken von vier zentralen Handlungsdimensionen: Inszenierung, Verkörperung, Performance und Wahrnehmung. Die Logik des theatralen Diskurses ist einerseits der wichtigste Teil der Vorabinszenierungen, die in der massenmedialen Arena wirksam sind. Sie dient der Realisierung der medialen Funktionslogik der Aufmerksamkeitsmaximierung.[10] Die medialen Inszenierungsformen reichen von der szenischen Erzeugung dramatischer Spannungsbögen, sketchartiger, zirzensischer oder durch die besondere Befriedigung der Neugier am Privaten geschaffener Unterhaltungswerte, zahlreichen Varianten des kontroversen, amüsanten oder enthüllenden Gesprächs bis hin zu mythologisierender Personifikation, bei der die handelnden Personen in archetypischen Rollen als Helden, Herausforderer, Rächer, Sieger, Beschützer, Verräter oder Besiegte vorgeführt werden. Die theatrale Formung des hochgradig selektierten politischen Informationsrohstoffs, das »infotainment«, soll Dauer und Intensität der Rezeptionen auf hohem Niveau aufrechterhalten.[11]

Da nun Politik gerade in der Mediengesellschaft aus Gründen ihrer demokratischen Legitimation auf den ungehinderten Zugang zur öffentlichen Arena der Massenmedien angewiesen ist, kommt sie nicht umhin, sich dem von der Vorabinszenierung der Medienlogik ausgehenden Inszenierungsdruck zu beugen. Dabei geht sie dazu über, einen wachsenden Teil ihrer Ressourcen, ihrer Aufmerksamkeit, ihres Personals und ihres gesamten Politik-Designs darauf zu verwenden, sich selbst nach den Regeln der Medien zu inszenieren, um auf diese Weise einen Teil der Kontrolle über die mediale Darstellung ihrer Leistungen zurückzugewinnen. Die Politik wendet also in der Mediendemokratie zunehmend die beiden Filtersysteme, die durch diese Regelsätze gebildet werden, schon auf sich selbst an, bevor sie in die öffentliche Arena eintritt. In diesem Sinne lässt sich der Vorgang der systematischen politischen Selbstmediatisierung als Kolonisierung der Politik durch das Mediensystem bezeichnen[12]. Die Politik folgt dabei nicht ihrer eigenen Logik, sondern der eines anderen Teilsystems, wenn auch im eigenen Interesse. Sie tut dies zwar aus genuin politischen Gründen, um durch die Kontrolle der öffentlichen Legitimationsressourcen Chancen der Macht zu sichern. Sie kann dies aber nicht nach den Regeln ihrer eigenen, der politischen Handlungslogik erreichen, sondern nur durch die Unterwerfung unter das ihren eigenen Funktionsgesetzen fremde Regelwerk des Mediensystems und vermindert auf diese Weise wider Willen die Chance, dass Politik in der Öffentlichkeit so gesehen wird, wie sie tatsächlich strukturiert ist und abläuft.

Politisches Handeln, das in seiner Funktion der langwierigen Herstellung gesellschaftlich verbindlicher Entscheidungen in komplexen und offenen Interaktionsnetzen verpflichtet ist, unterwirft sich im Interesse der eigenen öffentlichen Legitimation in den Mediendemokratien der Gegenwart nun in zunehmendem Maße der Logik des Mediensystems. Die politischen Akteure erkennen, dass sie die für sie größtmögliche Kontrolle über ihre eigene Darstellung auf den medialen Bühnen nur dann gewinnen können, wenn sie die Bedingungen der medialen Vorabinszenierung der öffentlichen Arena professionell erfüllen. Der theatralisierte Diskurs wird daher zu einem konstitutiven Bestandteil des politischen Systems selbst, die Inszenierungsstrategien professionalisieren, vervielfältigen und komplettieren sich auf eine Weise, die historisch ohne Beispiel ist. Durch die Fähigkeit des Fernsehens, unwillkürlich dichte Augenzeugenillusionen hervorzurufen, durch die es von sich selbst als Medium ablenkt, ist es für den durchschnittlich interessierten und informierten Betrachter in aller Regel so gut wie unmöglich, zwischen leeren Inszenierungen von Politik, die zu bloßer Scheininformation führen, und politischer Information, die kurzweilig inszeniert ist, einigermaßen zuverlässig zu unterscheiden. Die Ebene der inszenierten Öffentlichkeit und die Ebene der tatsächlich hergestellten Politik als gesamtgesellschaftlich verbindlichem Entscheidungshandeln verlieren unter diesen Umständen für das Publikum ihren rationalen und verlässlichen Zusammenhang.

Die Inszenierung kann sich sowohl auf der medialen als auch auf der politischen Darstellungsebene jederzeit verselbstständigen und von der politischen Herstellungsebene mehr oder weniger vollständig ablösen. Zwischen halben und ganzen Scheinhandlungen, Scheinereignissen oder Imagefiktionen auf der einen Seite und gut inszenierten realen Ereignissen, Leistungen und Personeneigenschaften auf der anderen Seite lässt sich nur noch in akribischen wissenschaftlichen Studien unterscheiden. Die Akteure des politischen Systems, die über dieses Wissen verfügen, setzten diese Möglichkeiten gezielt in ihren Kommunikationsstrategien mit ein. Letztlich gelingt es nur wenigen Qualitätsmedien im Print- und Funkbereich, auf informative Weise Licht in dieses symbiotische Medien-Politik-Geflecht zu werfen. Unter dem Zeitdruck ihrer überwiegenden kommerziellen Interessen tendieren die privaten Funkmedien und die Boulevard-Printmedien hingegen in hohem Maße zum bloßen Weiterreichen der Eigeninszenierungen der Politik an ihr Massenpublikum, auf das ja auch beide bei all ihren Inszenierungsbemühungen letztlich spekulieren.

Dieser Prozess der Mediatisierung verändert aber nicht nur die nach außen gewandte Oberfläche der Politik, sondern in bestimmtem Maße auch ihre internen Verhältnisse. Die dem politischen System eigentlich fremden Regeln werden allmählich aus Prinzipien der bloßen Darstellung zu Wirkfaktoren, die auch im politischen Prozess selbst Einfluss gewinnen.[13] Auf der »policy«-Ebene der Handlungsprogramme strukturiert der Vorgriff auf die wahrscheinliche mediale Resonanz möglicher Themen und Problemlösungen deren Auswahl und ihre Handhabung mit. Auf der »politics«-Ebene des Durchsetzungsprozesses konkurrierender Programme entscheidet das persönliche Mediencharisma politischer Akteure und Anwärter über ihre Chancen im Konkurrenzkampf um Spitzenämter und Mandate in ausschlaggebender Weise mit und ebenso darüber, in welchem Maße sie dann die von ihren Parteien erarbeiteten Programme nach Maßgabe ihrer eigenen medienbezogenen Erfolgskalküle verändern können. Auf diese Weise werden mediale *Darstellbarkeit* und *Darstellungsfähigkeit* zu Schlüsselressourcen innerhalb des politischen Prozesses selbst.[14] Auf der »polity«-Ebene des verfassten Gemeinwesens und der wirksamen politischen Kommunikationskultur werden durch die Eigentums- und Kontrollverhältnisse im Medienbereich ebenso wie durch die vorherrschende politische Kommunikationsweise wichtige Weichenstellungen für die Qualität von Information und Legitimation im politischen Prozess vollzogen. Die Wirkungen medial inszenierter Politik erstrecken sich daher auf alle drei politischen Ebenen: erstens die der medialen Darstellung, zweitens die der politischen Selbstdarstellung und drittens die des Prozesses zur Herstellung verbindlicher Entscheidungen.

5. Auf dem Weg zur Mediendemokratie

5.1 Die Marginalisierung der politischen Parteien

Im Verlauf der 90er-Jahre haben die politischen Parteien als Massenorganisationen in großen europäischen Ländern wie Italien, Deutschland und Großbritannien beträchtlich an Bedeutung verloren: als Machtfaktoren im politischen Prozess sowie als Einflussfaktoren im gesellschaftlichen Diskurs. In vielen europäischen Ländern haben sie trotz rasch initiierter Reformversuche[15] in erheblichem Maße Mitglieder eingebüßt. Bislang waren die Parteien in ihrer Eigenschaft als große Mitgliederorganisationen nicht nur nach dem normativen Anspruch der Parteiendemokratie, sondern weit gehend auch in der Alltagspraxis der Willensbildung und Einflussnahme in dreifacher Hinsicht für den politischen Prozess zentral[16]:

1. bei der Integration der in zahlreichen Verbänden, Vereinen, Initiativen und Organisationen zum Ausdruck gebrachten politischen Interessen, um diese in legitimierbare Projekte für die ganze Gesellschaft umzuformen;

2. bei der Vermittlung gesellschaftlich artikulierter Interessen in das politische Institutionensystem, insbesondere in Parlamente und Regierungen;
3. bei Auswahl und Präsentation der Kandidaten, die in den Spitzenämtern die Umsetzung der von ihnen erarbeiteten und beschlossenen Politiken gewährleisten sollten.

5.1.1 Die »Krönungsfunktion« der Massenmedien

Durch diese mehrfache Klammerfunktion gelang es den politischen Parteien, die parlamentarische Demokratie aus der liberalen Unverbindlichkeit einer bloß personalen Repräsentanz des Volkswillens, die im Artikel 38 des Grundgesetzes noch immer angedeutet ist, in eine Art sachplebiszitäre Demokratie zu verwandeln. Schließlich wurde mit der Wahl einer Partei bis jetzt immer auch ein politischer Auftrag in der Sache erteilt. In der Mediendemokratie hingegen gilt die Zustimmung in entscheidendem Maße der Person des Spitzenkandidaten als medialer Kunstfigur und nur noch am Rande dem Programm, für das sie einsteht. Dies verdeutlichen idealtypisch die US-amerikanischen Präsidentenwahlen, deren Orientierung an der Person des Spitzenkandidaten unübersehbar ist. Der politische Systemwechsel von der Parteiendemokratie zur Mediendemokratie ist mithin in der Grundtendenz auch ein Wandel vom *Sachplebiszit* zum *Personenplebiszit.* Die dadurch provozierten Folgen für das Gewicht der Parteien im politischen Prozess und für die Legitimation seiner Ergebnisse sind erheblich.

Die Logik der Mediendemokratie drängt die Parteien auf der ganzen Linie an den Rand des Geschehens. Dies gilt auch, obwohl sie durch ihre Aktivitäten auf der kommunalen Ebene und als politisches Richtungsambiente der Spitzenakteure weiterhin im Fokus der öffentlichen Aufmerksamkeit bleiben.[17] Unter dem Druck der Medienlogik, ergibt sich wie von selbst die Abkopplung der Mitgliederparteien von den Kommunikationsstrategien der Spitzenakteure: Der gebieterische Medien-Präsentismus mit seinem Zwang zu jederzeitigen Sofortreaktionen und spontanem Testhandeln der politischen Spitzenrepräsentanten ist unvereinbar mit Diskursformen und -zeiten der Mitgliederparteien. Mit der Vorrangrolle der Medien bei der Auswahl möglicher Spitzenkandidaten ist den politischen Parteien dann auch noch diejenige »Krönungsfunktion« aus der Hand genommen, die einerseits ihre Zentralrolle mit begründet hatte und ihnen das Gewicht einer letzten Richtungskontrolle im politischen Prozess verschaffte. Ihren reinsten Ausdruck findet diese Entwicklung in den US-amerikanischen Primaries, wo die Kandidatenauswahl im Wechselspiel zwischen Medienresonanz, Wahlerfolgen und Kandidatenunterstützung stattfindet.

Das Bundestagswahljahr 1998 hat gezeigt, dass diese Tendenz nun weit gehend auch in der Bundesrepublik zum Durchbruch gelangt ist. Tendenziell werden die politischen Parteien nun durch die eigengesetzliche Dynamik der Mediendemokratie in der Arena des großen politischen Prozesses in eine Statistenrolle abgedrängt. Die Parteien als demokratische Diskurs- und Entscheidungsgemeinschaften großer Mitgliedschaften mit verbindlicher Handlungsorientierung für ihre politischen Repräsentanten lassen die alten Regeln, Prozesse und Rituale noch lange Zeit weiterlaufen, als sei alles beim Alten geblieben. Faktisch geraten sie aber in ihren Wirkungsmöglichkeiten aus dem Zentrum an den Rand des politischen Prozesses der Mediendemokratie. Von dort aus können sie, falls sie selbstbewusst und schlagkräftig sind, noch immer von Fall zu Fall intervenieren und für die Einhaltung einer Grundrichtung sorgen. Ihre kontinuierliche Einflussrolle auf die Tagespolitik indessen lässt sich unter dem doppelten Druck von präsentistischer *Medienzeit* und *Medienlogik* nicht aufrechterhalten.

In den USA war bereits in der gesamten Nachkriegsphase die Akzeptanz der Präsidentschaftskandidaten in den großen Massenmedien, vor allem im Fernsehen, der ausschlaggebende Faktor für die nachfolgende Nominierung durch ihre Parteien. Die Parteien selbst blickten in der gesamten Phase der Vorwahlen gebannt auf die Medienresonanz ihrer Kandidaten, um dann demjenigen ihre nur noch notarielle Beglaubigung zu verleihen, den die Medien gekürt hatten. Bei diesem »horse race« geht es kaum je um den Wettbewerb politischer Programme und Ideen, die etwa zuvor unter breiter Bürgerbeteiligung in den großen Parteien erarbeitet worden wären. Ausschlaggebend allein ist, die *Mediafitness* der Kandidaten und ihre Fähigkeit, verbreitete Stimmungslagen durch die Symbolik ihrer Selbstpräsentation verkörpern zu können, zu testen.

Zwar hatte der britische Premierminister Tony Blair seit 1995 die Übernahme des öffentlichen Spitzenamtes durch eine vorgelagerte Parteireform und die Entmachtung der Ultralinken in der Labourparty systematisch und nach Maßgabe der Parteilogik vorbereitet. Aber erst seine blendenden Umfrageergebnisse vor der Wahl und der ebenso überzeugende Wahlsieg 1997 brachten ihm den unwiderstehlichen medialen Rückhalt ein, den er zur Sicherung seiner Position benötigte. Nur so war es ihm möglich, den internen Diskurs seiner Partei und auch deren Parlamentsfraktion weit gehend zu marginalisieren, indem dieser teils stillgestellt, teils von oben her dirigiert und teils ignoriert wurde. Gleichfalls gekonnt inszeniert war das offene Rennen der möglichen SPD-Kanzlerkandidaten Gerhard Schröder und Oskar Lafontaine bis in das Wahljahr 1998 hinein. Durch die Ankündigung, man werde die Entscheidung vom Landeswahlerfolg eines der Kandidaten abhängig machen, konnte nicht nur das Interesse der Medien beträchtlich gesteigert werden. Auch die innerparteilichen Kontroversen wurden durch die selbstverständliche Erwartung strenger kommunikativer Disziplin zum Verstummen gebracht und ausgesetzt. Schließlich konnte das ganze Verfahren sogar als eine überlegene neue Form der demokratischen Legitimation präsentiert werden. Die Marginalisierung der Parteien ist dennoch nicht unter allen Umständen mit ihrer politischen Bedeutungslosigkeit gleichzusetzen. Der Rollenwechsel, der unter dem Druck der Mediengesetze vollzogen wird, ist allerdings für die alten europäischen Parteiendemokratien und insbesondere auch die Bundesrepublik Deutschland von gegenwärtig noch ungewisser Konsequenz.

In dieser Logik haben selbst eher basisdemokratisch orientierte Politikwissenschaftler im Interesse der Durchsetzungschancen für die Inhalte bestimmter Sachpolitiken dafür plädiert, nunmehr die strategischen Kommunikationsspitzen der Parteien von der Willensbildung ihrer Organisationen weit gehend unabhängig zu machen. Nur so können diese in der medialen Arena überhaupt noch mit Aussicht auf Erfolg flexibel, phantasievoll und möglichst ungebunden agieren und reagieren. Da die äußerst kurzfristigen Prozesse der medialen Resonanz auf politische Initiativen jederzeit eine ebenso kurzfristige Antwort der Politik erfordern, wären politische Akteure, denen durch die Verbindlichkeit der Beschlüsse der eigenen Partei in dieser Hinsicht die Hände gebunden sind, dauerhaft zum Misserfolg verurteilt. Da dies aber nicht im Interesse der Durchsetzung der eigentlichen Inhalte der von den Parteien verlangten Politik liegen könne, ergebe sich ein Widerspruch.

Auf der einen Seite seien die Imperative zu beachten, die aus der Orientierung an der Durchsetzung politischer Ziele folgen; andererseits aber auch diejenigen, die die politische Partizipation in den Parteien als diskursive Organisationen favorisieren. Dieser Widerspruch lässt sich, so die Schlussfolgerung, in der Mediendemokratie nur dadurch mit Aussicht auf Erfolg auflösen, dass deren Gesetze befolgt werden. Das Risiko, durch eine längerfristig angelegte »Aufklärungskampagne« gegen die augenblickliche Mehrheitsmeinung anzugehen, mögen die repräsentativen Spitzenpolitiker im Wettbewerb um die Führungsämter des politischen Systems nur noch in seltenen Ausnahmefällen eingehen. Der Hoffnung, dass am Ende des Prozesses das Gewicht der besseren Argumente doch noch zu einer neuen Mehrheit führt, wird nur nachgegeben, wenn es handfeste Anhaltspunkte für den absehbaren Erfolg einer solchen Strategie gibt.

5.1.2 Die Selektivität von Zeitstrukturen

Die Dominanz des Massengeschmacks isolierter Individuen über die politische Sphäre in der Mediendemokratie ist daher eng verknüpft mit der Vorherrschaft der Medienzeit über die öffentliche Sphäre. Grundsätzlich lässt sich in fast jedem Publikum bei einem ausreichenden Maß an Zeit sowie der Abwesenheit von Druckpotenzialen am Ende ein halbwegs aufgeklärter Konsens über das Notwendige, das Gerechte, das Nachhaltige sowie das Verantwortbare erreichen. Die Gesetzmäßigkeiten der Medienkommunikation tendieren aber dazu, Anfangsmeinungen und Stimmungen festzuhalten, zu bestärken und am Ende zu einer Summe zu aggregieren, die Alternativen, Argumentationsprozesse und Entwicklungen überflüssig macht.

Die Degradierung der intermediären Akteure der Parteiendemokratie ist eine direkte Folge des Diktats der präsentistisch orientierten Medienzeit über die an längere Prozesse der Teilhabe und des Aushandelns gebundene politische Zeit. Ohne diese Akteure sind aber die Artikulation der gesellschaftlichen Interessen und ein politisches Selbstbewusstsein der Gesellschaft, das aus der Verständigung über sie auch dort erwächst, wo sie misslingt, gar nicht möglich. Indem die Akteure zwischen Staat und Gesellschaft diffuse Erfahrungen und Erwartungen zum Ausdruck bringen und in Handlungserwartungen an das politische System verwandeln, erzeugen sie nicht nur dessen Rohstoff und Grundenergien, sondern auch ein solidarisches Band gesellschaftlicher Integration.[18] Die Parteien, die in der herkömmlichen Parteiendemokratie eine doppelt fundierte Zentralstellung in diesem Prozess einnahmen, geraten in der mediendemokratischen Konstellation daher durch die Logik der vorherrschenden Kommunikationszeiten an den Rand des Geschehens. Sie brauchen einfach zu viel Zeit, für das was sie wollen und können, nämlich die politische Vermittlung im demokratischen Prozess. Der politische Prozess der Gesellschaft, den sie zu einem guten Teil verkörpern und ermöglichen, wird damit aus einem zentralen Einflusskanal für das politische Endprodukt zu einem marginalen Sachverhalt. Dieser wird zwar von den Spitzenakteuren der Mediendemokratie weiterhin beachtet, im Auge behalten und gegebenenfalls auch in Anspruch genommen, in der Regel aber nur noch in den enger werdenden Grenzen des medialen Machtspiels.

Der Ökonom Ulrich Pfeiffer hat argumentiert, dass die veränderten Zeitdimensionen der beschleunigten Gegenwartsgesellschaft noch auf eine ganz andere Art die Marginalisierung der Parteien bewirken.[19] Die Menschen, die in den Spitzensektoren und Berufen der Wissensökonomie und der Dienstleistungsgesellschaft tätig sind, finden keine freien Kapazitäten für die Teilnahme an den Zeit raubenden Prozessen der politischen Beratung und Willensbildung in den Parteien mehr, da sie schon aus beruflichen Gründen unter ständigem Zeitdruck leiden. In den Parteien sammeln sich deswegen zunehmend Kommunalbeamte, Lehrer, Hausfrauen, Rentner, Aussteiger und Vertreter einer bewussten Lebenskultur der Entschleunigung; kurz: diejenigen, die man als »zeitreich« bezeichnen könnte. Dieser Gruppe bleibt, sei es aufgrund ihrer beruflichen Anforderungen, sei es aufgrund der bewussten Wahl einer langsamen Lebenszeitkultur, genügend Spielraum für eine ausgedehnte, kontinuierliche Teilhabe am Leben in den Parteien, die dort Voraussetzung für Einfluss und Erfolg ist.

Die höchst unterschiedlichen Zeitkulturen und -budgets der Zeitarmen und der Zeitreichen sind durch ihre Stellung im Wirtschaftsprozess der Gesellschaft und in deren sozialer Kultur bestimmt.[20] Durch die spezifische Zeitselektivität der Mitgliedschaft in politischen Parteien, werden laut Pfeiffer Verzerrungseffekte ausgelöst, die zu einem drastischen Rückgang der Repräsentativität politischer Parteien als Massenorganisationen gegenüber ihrer Gesellschaft führen. Infolgedessen, so lautet die Pointe, bliebe den strategischen Führungsspitzen gar nichts anderes übrig, als selbst aktiv auf die Marginalisierung ihrer eigenen Parteien im Prozess der öffentlichen Kommunikation und der Auswahl Erfolg versprechender Politiken hinzuwirken: Schließlich müssten sie sich an der Organisation politischer Mehrheiten in der Gesellschaft orientieren, um erfolgreich zu sein. Soweit ihnen dies misslinge, würden sie zu Gefangenen einer prinzipiell minoritären politischen Logik der politischen Konsensbildung, die sie dauerhaft daran hindert, mit den Veränderungen in den Prozessen gesellschaftlicher Wertorientierungen, Interessenwahrnehmungen und Meinungsbildungen Schritt zu halten. Je mehr sich demzufolge die strategischen Spitzen zu den politischen Vorstellungen ihrer Parteien loyal verhielten, um so weniger seien sie in der Lage, das Geschäft der politischen Mehrheitsorganisation professionell, flexibel und mit Aussicht auf Erfolg zu betreiben. Die demokratischen Massenparteien – eigentlich angelegt als Transmissionsriemen zwischen Gesellschaft und politischem Institutionensystem – werden nach dieser Analyse in der beschleunigten Gesellschaft zu einer systematischen Barriere zwischen Gesellschaft und politischer Macht.

Diese Beobachtung trifft zwar eine tatsächliche Entwicklung. Dennoch wirkt die Darstellung überzeichnet: Auch künftig wird die Entscheidung über die Verwendung knapper Zeitressourcen im Lebensplan einer Person letztlich immer nach kulturellen oder politischen Normen erfolgen. Für viele Menschen gehört dazu auch eine bewusste Vorrangstellung politischer Mitentscheidung. Gleichwohl bringt

Pfeiffer einen für die Veränderung der Politik relevanten Trend auf den Punkt. Er verschärft das ohnehin schon aus den Zwängen der Mediendemokratie resultierende Dilemma der politischen Parteien.

Die Mediatisierung der Politik produziert den Konflikt der politischen Zeiten, dem am Ende die Politik zum Opfer fällt. Die Verkürzung der politischen Prozesszeit auf das Maß der medialen Produktionszeit bedeutet unvermeidlich die Beschneidung der politischen Prozesse selbst. Und zwar vor allem um einen guten Teil genau derjenigen prozeduralen Komponente, die ihre demokratische Qualität ausmacht. Der diskursive Austausch der beteiligten Akteure entfällt dann weit gehend zugunsten einer Serie sich selbst korrigierender Medientests der politischen Spitzenrepräsentanten und ihrer Berater allein.

Der für die Parteiendemokratie idealtypisch unterstellte Vorgang der Reifung politischer Problemlösungen schließt beide Dimensionen ein: die der Mehrheitsbildung in der Gesellschaft und die der Präzisierung der Problemlösungsstrategien für wirkungsvolle Problemlösungen, in denen viele Interessen und Bedenken berücksichtigt werden können. Die Medienzeit hingegen ist der Präsentismus, die immer postwendend erneuerte Aktualität, für die schon die letzte Nachrichtenlieferung keine Information mehr ist. Der mediale Präsentismus ist ungeduldig und verständnislos gegenüber den politischen Prozessen der langsamen Verfertigung von Handlungsprogrammen und überzeugten Mehrheiten. Er schließt an die momentanen Anfangsmeinungen des Medienpublikums an und bestärkt sie durch unvermittelte Bestätigung. Er verlangt von der Politik die sofortige Übereinstimmung mit der in den Medien gespiegelten, fokussierten und fixierten Augenblicksmeinung des Publikums, wie sie sich vor Beginn eines Diskurses zeigt. Soweit ihr Einfluss reicht, zwingt die Medienorientierung der Politik ein Zeitmaß auf, das zur politischen Eigenzeit der Demokratie im Widerspruch steht.

Für die Rolle der Parteien spielen die veränderten Zeitverhältnisse in der Mediendemokratie in dreifacher Hinsicht eine folgenreiche Rolle:

1. Sie sind als große Diskurs- und Integrationsorganisationen prinzipiell zu langsam, um dem Präsentismusprinzip der Medienkommunikation folgen zu können.
2. Sie sind in überdurchschnittlichem Maß für Bürger attraktiv, deren Berufsposition und Lebensrhythmus ihnen ausreichend disponible Zeit übrig lässt oder die sich die Zeit für politische Beratungen nehmen wollen.
3. Sie verlieren als Zentralinstanzen des intermediären politischen Systems einen großen Teil ihrer Bedeutung als dessen politische Integrationsklammer, weil der gesamte intermediäre Bereich an den Rand des politischen Prozesses gerät.

5.1.3 Anpassung an die Gesetzmäßigkeiten der Mediendemokratie als Chance

Die spezifische Selektivität der Zeitstrukturen in der Mediendemokratie verringert mithin die Rolle der Parteien, ohne sie indes komplett zu entwerten. Die Dominanz medialer Politikvermittlung beschneidet einen beträchtlichen Teil der Vermittlungsprozesse des Politischen selbst, ohne sie gänzlich zu neutralisieren. Die Parteien können sich in den veränderten Zeitstrukturen allerdings auch umorientieren, um auf neuen Wegen Einfluss in der Mediendemokratie zurückzugewinnen. Abgesehen vom Modell der vollendeten Amerikanisierung zeichnen sich gegenwärtig Konturen eines europäischen Parteienmodells ab, bei dem die Parteien durch Reorganisation ihrer Kommunikationsweise in der Zivilgesellschaft neuen Einfluss suchen, um eben dadurch ihre komplette Abkopplung von den zentralen Prozessen der Entscheidungsfindung verhindern zu können. Ihre Schwächen werden sich gleichwohl künftig massiv und unheilbar überall dort zeigen, wo es um schnelles Reagieren im tagesaktuellen Spiel der medialen Kommunikationsdynamik geht. Dies gilt ebenso überall dort, wo es um die praxisnahe Umsetzung politischer Grundsätze im tagespolitischen Geschäft der nationalen Politikebene geht, auf die sich die Medienkommunikation direkt und konzentriert bezieht.

Beim gegenwärtigen Stand der Entwicklung zeichnen sich noch keine Reformprojekte ab, die in diesen beiden Handlungsbereichen den Parteien ihr altes Gewicht zurückgeben könnten. Ihre Stärken werden künftig vor allem überall dort erkennbar werden, wo es um langfristige Prozesse mit personeller Kontinuität und Zurechenbarkeit geht. In diesen Bereichen bleibt ihr Einfluss unberührt von den Aktionen der Spitzenkommunikatoren der Partei und von den Kommunikationsprozessen der Mediendemokratie. Dabei handelt es sich zum einen um die politischen Prinzipien und richtungspolitischen Grundentscheidungen der großen Politik und zum anderen um Kommunikation und politische Tagespraxis in Nahbereichen der Politik, der Kommunalpolitik vor Ort und in der Zivilgesellschaft. Die Rolle, die die Parteien in dieser Hinsicht in der Mediendemokratie noch spielen können, ist freilich im Ergebnis noch ungewiss.

Ob die Marginalisierung der politischen Parteien in der Bundesrepublik jemals das Ausmaß erreichen wird, das sie in den USA in der Zeit nach dem Zweiten Weltkrieg erlangt hat, ist gegenwärtig eine offene Frage. Sowohl auf der Ebene der öffentlichen Reformdebatte als auch hinsichtlich der tatsächlich in Anschlag gebrachten Leitwerte für die Organisationspraxis durch die entsprechenden Führungsstäbe lassen sich innerhalb der Volksparteien Reformpositionen erkennen, die dem entgegenwirken wollen. Sie zielen auf »realistische« Reformen, die zwar ebenfalls unter dem Druck der Mediendemokratie die Kommunikationsweise der Parteien professionalisieren und teilweise auch direkter und unverblümter unter die Leitung der zentralen Kommunikationsspitzen bringen wollen, aber doch nach wie vor mit einer Aktivmitgliedschaft rechnen.

Diese Aktivmitgliedschaft soll eine zweiseitige Wirkung entfalten: Einerseits soll sie die in der Zivilgesellschaft stattfindende Meinungs- und Willensbildung durch engagierte Teilhabe an den gesellschaftlichen Diskursen mit beeinflussen. Andererseits aber nach wie vor innerhalb der Partei an der Formulierung eines politischen Willens beteiligt sein, der für die strategischen Spitzenakteure wenn auch nicht unmittelbar verbindlich, so doch von beträchtlichem Eigengewicht ist. Dieser Typ der demokratischen Kommunikationsparteien, wie er etwa im Reformprojekt des Generalsekretärs der SPD, Franz Müntefering, vom Frühjahr 2000 in vielen Einzelheiten entfaltet wurde, zielt in der Konsequenz auf eine Klammerstrategie: Auf der einen Seite werden sowohl die strategischen Kommunikationsspitzen als auch die in der Zivilgesellschaft selbst verankerte Parteibasis kommunikativ gestärkt. Andererseits wird der zwischen beiden angesiedelte hierarchisch gestufte und hoch komplexe Körper der Parteiorganisationen, Funktionäre und Apparate in seiner Bedeutung für Willensbildung und Erscheinungsbild der Parteien zurückgedrängt.

Auch wenn dieses Modell durchaus Chancen hat, ist bislang doch nicht ausreichend geklärt, wie ein für beide Seiten produktiver und plausibler Zusammenhang zwischen der flexiblen Kommunikationsspitze und der zivilgesellschaftlich verflochtenen Parteibasis organisiert werden kann, ohne dass zwischen beiden Spannungen und Misstrauen oder gar Entfremdung entstehen. Es ist eine offene Frage, inwieweit die Möglichkeiten der Internetkommunikation dienlich sein können, das in diesem Parteiverständnis prinzipiell angelegte Spannungsverhältnisses zu verringern.[21]

5.2 Die Relativierung des Parlamentarismus

In der Mediendemokratie sind es vor allem die Parlamente, die beträchtlich an Einfluss im politischen Prozess verlieren. Das gilt für die parlamentarischen Demokratien Europas in größerem Maße als für präsidentielle Demokratien, wie etwa die USA. Dort besaß der Präsident immer schon eine von den Parlamenten unabhängige Legitimation, welche die Rolle der Parlamente ihm gegenüber relativierte. Während im Verfassungssystem der USA die Wahl des politischen Spitzenamtes schon seit langem in Form eines medienvermittelten Personenplebiszits stattgefunden hat, spielt sich diese Legitimationsvariante in den parlamentarischen Mediendemokratien Europas in raschen Schritten de facto ein – obwohl nach Verfassungsnorm und allgemeinem öffentlichen Eindruck noch immer die Parteien und Parlamente als oberste Legitimationsquelle für die politischen Spitzenämter erscheinen.

In den Präsidialdemokratien konnte es, wie das französische und das US-amerikanische Beispiel über Jahre hinweg gezeigt haben, immer wieder geschehen, dass die beiden unabhängigen Legitimationskanäle der Parlamentswahl und der Präsidentenwahl einander widersprechende Wahlentscheidungen herbeiführten. So wurde sichergestellt, dass dem Präsidenten mit all seiner weit gehenden Machtbefugnis dennoch eine Parlamentsmehrheit anderer Parteifärbung gegenüberstand, mit der er sich in gelegentlich schwierigen Aushandlungsprozessen politisch arrangieren musste. In solchen Fällen ergibt sich dann zwischen dem Inhaber des direkt legitimierten Spitzenamtes und der ebenfalls direkt legitimierten gegnerischen Parlamentsmehrheit ein klassisches politisches Problem von Interessen- und Wertkonflikten, die nur durch ressourcengestützte Aushandlungsprozesse von Fall zu Fall gelöst werden können. US-Präsident Clinton hat unter dem Eindruck gegnerischer politischer Mehrheiten im Kongress im Verlauf weniger Jahre seine gesamte politische Linie korrigieren müssen. Andernfalls wäre er in vielen Einzelkonflikten immer erneut ins Leere gelaufen und hätte in der Öffentlichkeit das Image der Erfolglosigkeit und des Scheiterns riskiert. Seine frühe Variante eines Dritten Weges zwischen der traditionellen Linie der Demokraten und der prinzipiellen Staatskritik der Republikaner und insbesondere die Art, wie er diese dann in konkrete politische Projekte umgemünzt hat, waren ein Teil seiner Antwort auf dieses politische Dilemma.

In den europäischen parlamentarischen Demokratien hingegen hatte sich schon unter dem Einfluss der Parteiendemokratie die ursprüngliche Vorstellung einer kontrollierenden Distanz zwischen Exekutive und Legislative in der Praxis gewandelt: Es entwickelte sich ein Rivalitätsverhältnis zwischen Regierungs- und Mehrheitsparteien als weit gehender politischer Einheit auf der einen Seite und der in der Minderheit befindlichen Oppositionsparteien auf der anderen Seite. Insofern war, von geringfügigen Ausnahmesituationen abgesehen, das klassische Modell der dreifachen Gewaltenteilung seit langem einer ganz anderen Realität gewichen: Die politischen Parteien fungierten als wirkungsvolle Klammern zwischen den einzelnen Säulen der Gewaltenteilung. Dabei erwies sich ihr Einfluss auf das Verhältnis von Exekutive und Legislative als sehr ausgeprägt, während eine Vermittlung zwischen diesen beiden und der Judikative nur in schwacher Form stattfand. Im Ergebnis war deshalb das Kontrollverhältnis zwischen Parlament und Regierung zu einem solchen zwischen der Regierungsmehrheit und der oppositionellen Minderheit geworden, das allerdings aufgrund der spezifischen parlamentarischen Kontrollrechte auch für Parlamentsminderheiten durchaus wirkungsvoll ausgeübt werden konnte.

In der Regel ergab sich unter diesen Umständen die Politik der Regierungsmehrheit aus einem Prozess der Verständigung und mitunter auch des Aushandelns zwischen Kabinett und Fraktionsführungen. In einer gewissen Abhängigkeit vom politischen Gewicht der handelnden Personen mussten die Repräsentanten der Regierung daher immer vorab Einvernehmen mit den ihnen zugehörigen Fraktionsspitzen suchen, wenn sie nicht in Kauf nehmen wollten, durch das nachträgliche Bekanntwerden von Unstimmigkeiten eine Einbuße in der Wertschätzung ihrer politischen Führungsqualitäten zu erleiden. In der Mediendemokratie hingegen erfährt das Parlament sowohl infolge der Marginalisierung der politischen Parteien als auch durch die Auswirkungen der Medienlogik auf seine Handlungsbedingungen einen nicht unerheblichen Bedeutungsverlust. Die Vertreter der Regierungspartei im Parlament wissen durchaus, dass sie ihren Wahlerfolg vor allem der medialen Durchschlagskraft ihres Spitzenkandidaten verdanken. Zudem können sie täglich beobachten, dass Dissense zwischen den politischen Absichtsbekundungen ihres Regierungschefs und Vertretern der zugeordneten Parlamentsfraktion dessen Mediencharisma schmälern und allmählich aufbrauchen. Diese Faktoren erhöhen ihre Bereitschaft zum Konsens in erheblichem Maß.

Da Regierungschef oder Oppositionsführer unter den Bedingungen der Mediendemokratie den entscheidenden Teil ihrer Erfolgskarriere auf der Basis eben dieses Kalküls geplant und absolviert haben, bauen sie den mediendemokratischen Harmoniemechanismus von Anfang an in ihre strategischen Kalkulationen ein. Immer kann es dabei an den erwartbaren oder auch einmal an unerwarteten Stellen knirschen, wenn sich selbstbewusste Minderheiten nicht für dieses Kalkül vereinnahmen lassen oder die Profilierungsinteressen der Regierungs- und Fraktionsführung in Widerstreit geraten. Infolgedessen werden mit den politischen Parteien auch ihre parlamentarischen Repräsentanzen, die Fraktionen und damit nach dem Gesetz der Mehrheitsregeln auch die Parlamente als solche aus dem Zentrum des politischen Prozesses der Mediendemokratie verdrängt. Diese Tendenz wird dann noch verschärft, wenn Regierungschefs in außerparlamentarischen Verhandlungssystemen und neokorporatistischen Gesprächsrunden einen Konsens der großen Interessengruppen organisieren und als ihren eigenen Regierungserfolg öffentlich vermitteln. Dann schrumpft der Spielraum der Mehrheitsfraktion zur Mitgestaltung der Regierungspolitik häufig auf Nachbesserungsforderungen in einzelnen Detailbereichen. An der Entscheidung über die großen Linien der Regierungspolitik ist sie in einer solchen Konstellation kaum noch beteiligt.

5.3 Der Wandel der Machtkonstellation

Wie unter einem Brennglas haben Abläufe und Konstellationen der großen Nominierungsparteitage der USA im Präsidentenwahljahr 2000 die Strukturen und Prozesse bloßgelegt, die dem Idealtypus der »reinen Mediendemokratie« nahe kommen. An ihnen sind vor allem die Rolle und das Gewicht der Akteure von Belang, die bei der Formulierung und Umsetzung der tatsächlich verfolgten Politiken ins Spiel kommen und im Unterschied zu ihnen die Rolle derjenigen, die bei Licht besehen allein an der Darstellung mitwirken. Obgleich die Nominierungskonvente der großen Parteien der USA natürlich nur ein kleiner, spezifisch konzentrierter und auch verzerrter Ausschnitt aus dem politischen Prozess des Landes sind, tritt gerade deshalb ein wichtiger Teil seiner politischen Logik der Mediendemokratie durch sie deutlich hervor. Es ist das eigenwillige Zusammenspiel von sieben Elementen, das sie kennzeichnet:

1. Das gesamte Ereignis der Nominierungsparteitage, bei denen es ja dem Anspruch nach um die Wahl eines Präsidentschaftskandidaten und die Verabschiedung einer Wahlplattform durch die Mitglieder einer Partei gehen soll, ist in allen sichtbaren und der Medienöffentlichkeit zugewandten Teile durch und durch als theatralisches Medienereignis aus einem Guss konzipiert und von der strategischen Spitze technisch inszeniert. Diskursive, entscheidungsoffene, pluralistische und an der Kontroverse über Sachfragen orientierte Elemente, wie sie die klassischen Parteitage der demokratischen Mitgliederparteien immer in einem entscheidenden Ausmaß charakterisiert haben, spielen dabei gar keine Rolle mehr. Die letzten Reste von Diskursivität und Entscheidungsoffenheit in den Interaktionsprozessen der anwesenden Delegierten, also von »politics« innerhalb der Parteien selbst, sind einer Darstellung der Partei als dem perfekten Ambiente für die Person des Spitzenrepräsentanten nach Medienregeln gewichen. Nichts entzieht sich der zentralisierten Regie. Das ganze Ereignis ist auf die »mediale Parusie« des Präsidentschaftskandidaten hin geordnet. Er nimmt nicht mehr teil, sondern teilt sich ihm als Ereignishöhepunkt lediglich noch durch sein Erscheinen und seine Abschlussrede als glanzvollen Kulminationspunkt am Ende der Geschehnisse mit. Der gesamte Parteitag erscheint lediglich als Vorspiel, als medialer Aufwärmer für den Auftritt des alles überstrahlenden Kandidaten, der sich in seiner Botschaft denn auch in keiner Weise auf ihn bezieht.
2. Im Öffentlichkeitsschatten kleiner Arbeitsgruppen werden Regierungsprogramme ausgehandelt, die zum Teil Kern der Politik des gewählten Präsidenten sein werden, zum Teil aber auch nur als Verfügungsmasse für dessen situationsbestimmtes Handeln dienen. Da der Inhalt der großen Kandidatenrede zum Zeitpunkt der Erarbeitung dieser Handlungsprogramme noch gar nicht bekannt ist, andererseits der Kandidat bei der Konzipierung seiner programmatischen Rede weit gehend freie Hand hat, ergibt sich zwischen beiden ein Verhältnis der

Unverbindlichkeit. Die Partei trägt mit ihren Vorschlägen auf diffuse Weise zum politischen Ambiente bei, von dem der Spitzenakteur umgeben ist; sie hat aber keinen einlösbaren Legitimationstitel für die Politiken, die er als Amtsträger schließlich verfolgen und realisieren wird. Dabei zeichnet sich ein Modell der ungeregelten Mehrdeutigkeit der politischen Botschaften ab. Während die Programmvorschläge aus den Reihen der Partei letztlich unverbindlich bleiben, sind sie doch vergleichsweise konkret und werden von aktiv kommunizierenden Bürgern als Richtungsfestlegung gelesen. Der Kandidat selbst hingegen verkörpert eher eine politische Haltung, die ihm gegebenenfalls die Unterstützung der nur passiv kommunizierenden Bürger sichert, ihn einerseits zu nichts Präzisem verpflichtet und anderseits gerade wieder als personalisierter Berufungstitel gelten kann, wenn er sich von den programmatischen Ankündigungen der eigenen Partei distanzieren möchte.

3. Der Präsidentschaftskandidat selbst, der am Konvent und dessen kommunikativem Geschehen bis dahin gar nicht teilgenommen hat, meldet sich von einer sorgfältig geplanten etappenweisen Anreise von Zeit zu Zeit über Bildschirm bei den versammelten Delegierten und Journalisten, um für seine schließlich sorgfältig inszenierte Ankunft vorzuheizen. Er schwebt gegen Ende der Veranstaltung als krönender Abschluss, wie ein Wesen anderer Ordnung über die Versammelten herein. Er verdankt, wie dieses Ritual zum Ausdruck bringt, seine Spitzenstellung gar nicht den Delegierten, sondern höheren Weihen publizistischer Erwählung, und teilt sie den Delegierten nur in dem doppelten Sinn mit, dass er ihnen das Programm verkündet, das seine und ihre mediale Überlegenheit absichern soll, und dass er sie an seinem Mediencharisma teilhaben lässt.

   Er verkündet in einer als Offenbarung angelegten Abschlussrede die frohe Botschaft, an der die Delegierten in keiner erkennbaren Weise mitgewirkt haben und die im Anschluss an die Verkündung auch nicht zur Debatte steht. Die mediale Superbotschaft des Spitzenakteurs ist allein seine Sache, und jeder weiß, dass sie mit Hilfe des Teams seiner Spin-doctors sorgfältigst für die Medien entworfen, aufbereitet und dann auch inszeniert wurde. Der letzte Rest eines Parteitagsgeschehens klassischen Musters, bei dem der Kandidat selbst ein Teil des diskursiven Geschehens ist und ein Programm präsentiert, das aus den Diskursen der Versammelten erst erwachsen ist, wird abgestreift.

4. Ebenso wichtig wie das, was der Spitzenkandidat vorträgt, sind die Botschaften, die in die Unterhaltungsteile der Show hinein inszeniert sind. Sie sollen als Bilder für sich selber stehen und eine starke Wirkung entfalten über das hinaus, was der Kandidat vortragen könnte. Im Falle des Nominierungsparteitags der Republikaner beispielsweise stand der Showteil in eklatantem Widerspruch zu den Hauptintentionen seiner Politik. Eine bunte Truppe von Tänzerinnen aus allen ethnischen Gruppen des Landes, um deren Wählergunst der Kandidat ringt, tritt in einer Weise und Nachdrücklichkeit auf der Hauptbühne auf, als sei deren Miteinander und dessen Förderung eines der wichtigsten Anliegen dieser Partei. Während die vagen Programme und das erkennbare politische Profil des Kandidaten auf ein politisches Handlungsprogramm hinauslaufen, bei dem die ethnischen Minderheiten des Landes auf keinen Fall zu den Gewinnern zählen, werden sie im theatralisch inszenierten Schauteil des Parteitags,

der in den Mittelpunkt der medialen Übermittlung gerückt wird, geradezu als die Favoriten des Herzens der Partei präsentiert.

5. Die Choreographie des gesamten Ereignisses ist nicht diskursiv, sondern folgt dem kulturellen Modell des Karnevals. Kostüme, Tanz, Rhythmen, aufsteigende Luftballone, geschwenkte Tafeln, Bilder, Embleme, Swing und eine Stimmung der Ausgelassenheit und gelegentlich sogar des »Außersichseins« beherrschen den visuellen Raum und das Geschehen. Der Parteitag präsentiert sich als Feiergemeinde in fröhlichem Jubel und in großer Erwartung. Zu frohgemut, um kleinliche Debatten führen zu wollen, zu siegesgewiss, um sie führen zu müssen. Menschen, die einfach überzeugt sind und eins mit sich selbst und ihrer Sache, sie wollen ansteckend wirken mit ihrem Überschwang und nicht bloß dürftig debattieren.
6. Soweit harte und verbindliche politische Entscheidungsereignisse am Rande dieses Geschehens stattfinden, entziehen sie sich bezeichnenderweise gänzlich dem Medienblick und werden sorgfältig von den Bühnen ferngehalten. In Nebenzimmern, außer Reichweite der 5 000 Delegierten und aller Kameras, werden von Vertrauten des Kandidaten die Schecks der großen Konzerne und Interessengruppen entgegengenommen und »Sorgen« angehört. Obgleich weder die Geber noch die Nehmer des Geldes von der Erwartung ausgehen dürften, dass es sich hierbei um den Empfang direkter verbindlicher politischer Aufträge handelt, ist ein kalkulierbarer »Tauschcharakter« in jedem Fall die allseits vorausgesetzte Grundlage der Prozedur. Interessensicherung gegen finanzielle Beihilfe zur Machtübernahme. Vieles von dem, was nach dem Ende des Wahlkampfzaubers politisch real geschehen wird, wird hier im Rahmen dieser kleinen Tauschakte hinter den Kulissen der Medienbühne entschieden. Sie sind eigentlich gar nicht Teil des Nominierungsparteitags, er bietet ihnen nur eine zufällige Stätte für ihren Vollzug, und dennoch geht es dabei möglicherweise um das Allerverbindlichste des gesamten Ereignisses.
7. Das Geschehen auf dem Parteitag im Ganzen und die Rede des Kandidaten sowie die Art, wie er sich als Charakter präsentiert, stehen für die Teilnehmer an diesem Ereignis zu keinem Zeitpunkt zur Debatte. Die Delegierten sind nicht Subjekte, sondern Objekte des Geschehens, nämlich Teil der Inszenierung, in Regie genommene Mitspieler einer Performance, die von professionellen Medienberatern im Auftrag und unter der Kontrolle des Kandidaten ersonnen und umgesetzt wird. Ein beträchtlicher Teil des großen Geldes, das in den Hinterzimmern entgegengenommen wird, fließt als Honorar an sie ab.

   Die Elemente dieser Performance und die Muster ihres Zusammenhangs beleuchten die Logik des politischen Prozesses in der Mediendemokratie in wesentlichen Aspekten wie auf einer Schaubühne. Sie geben ein gutes Stück der Verhältnisse von sichtbarem und unsichtbarem Teil des Geschehens, strategischer Planung und Mitwirkung, Subjekten und Objekten des Geschehens, Rolle der Delegierten, der Medien und der Stars zu erkennen und präsentieren den ganzen Zusammenhang der Mediendemokratie in wenigen Tagen wie in einem Fokus.

Die Wahlkampfstrategien der großen Parteien in der Bundrepublik, die Veränderung des Kräfteverhältnisses zwischen medial- strategischen Führungsspitzen und

Mitgliedschaft, die Art der Regie von Parteitagen und alltäglicher politischer Kommunikation, die sich in der Bundesrepublik seit den 90er-Jahren in zunehmendem Maße beobachten lassen, belegen einen deutlichen Trend in Richtung auf die Konstellation der US-amerikanischen Mediendemokratie. Es ist das offene Geheimnis und die Funktionsbedingung der Mediendemokratie, dass das Ganze trotz der Erkennbarkeit der Inszenierung und ihrer Absichten als Produkt auf der medialen Bühne am Ende doch einen guten Teil der vorbedachten Wirkung erzielen wird.

In der Mediendemokratie droht infolgedessen der Zusammenhang zwischen dem eigentlichen politischen Herstellungshandeln des politischen Systems und den Diskursen über das Politische verloren zu gehen. Besonders deutlich in Wahlkämpfen zu beobachten ist eine Inszenierungspolitik der Pseudoereignisse, der Imagebildung und der Pseudohandlungen, die allein auf Publikumswirkungen zielen, die zuvor in Meinungsfragen ermittelt wurden und keine verbindlichen Festlegungen auf rational belastungsfähige politische Handlungsprogramme mehr enthalten. Für den Bürger als Endverbraucher massenmedialer Politikdarstellung wird es schwer, für sich selbst diesen Zusammenhang herzustellen und damit die Voraussetzungen für eine mündige Urteilsbildung und für ein Erfolg versprechendes politisches Engagement zu gewinnen. Es wäre eine wichtige Aufgabe sowohl für verantwortlichen Journalismus als auch für eine gesellschaftliche Selbststeuerung des medialen Vermittlungssystems der Politik, dafür zu sorgen, dass die Angemessenheitsbedingungen inszenierter Politikvermittlung im Großen und Ganzen erfüllt werden.

Für die beobachtbaren erheblichen Defizite in dieser Hinsicht spielen offenbar vor allem zwei subjektive und zwei objektive Faktoren die ausschlaggebende Rolle:

1. Eine wichtige *subjektive* Voraussetzung besteht in der sachlichen Kompetenz der zuständigen Medienschaffenden, über genügend Wissen und Urteilskraft in den politischen Bereichen zu verfügen, über die sie berichten. Dies würde verhindern, dass sie allein auf oberflächliche Inszenierungen angewiesen sind oder auf diese, wo sie von Seiten der Politik angeliefert werden, »hereinfallen«. Die andere subjektive Voraussetzung besteht in der Verantwortungsbereitschaft der Medienschaffenden, im Rahmen der Produktionsverhältnisse, in dem sie jeweils stehen, für eine angemessene Synthese zwischen der medialen Inszenierung und dem berichteten Sachverhalt sorgen zu wollen.
2. Als wahrscheinlich wichtigste *objektive* Voraussetzung erweist sich die Medienökonomie. Journalisten, die unter einem radikalen Zeitzwang stehen, die für Recherche und gründliche Aufbereitung ihrer Produkte keine Zeit haben, weil sie um die jeweils aktuellste Information mit anderen Medien konkurrieren müssen, werden nur in seltenen Fällen in der Lage sein, eine angemessene Synthese von Sachgehalt und Medienästhetik zu liefern. Wo der sozial-kulturelle Druck innerhalb der Medien selbst und in der Gesellschaft nicht vorhanden ist, der auf Angemessenheit der Inszenierungen drängt und Verantwortung einfordert, wird sich aus Bequemlichkeitsgründen und aus Gründen der Ressourcenschonung eher die leichte und schnelle Inszenierung einbürgern als die verantwortliche und angemessene Synthese.

Die Medienschaffenden haben gegenüber der Politik eine wichtige Verantwortung. Solange von ihnen durch die überspitzte Anwendung der medialen Produktionsregeln ein undifferenzierter Inszenierungsdruck ausgeht, dem die Politik entsprechen muss, wenn sie nicht die Kontrolle über die Vermittlung ihrer Politik ganz verlieren will, begünstigen sie ihrerseits das Überhandnehmen der Selbsttheatralisierung der Politik, häufig auch hier um den Preis der Entkoppelung von Darstellung und Herstellung. Soweit sie aber selber die Angemessenheit der politischen Selbstinszenierung und deren Verhältnis zum Herstellungshandeln der Politik zum regelmäßigen Gegenstand ihrer Berichterstattung machen und auf Seiten der Politik auf Angemessenheit drängen, indem sie diese selbst in den Mittelpunkt ihrer journalistischen Betrachtung rücken, wird einerseits der pauschale Inszenierungsdruck, der gegenwärtig auf der Politik lastet, verringert und andererseits Angemessenheit medial honoriert.

Die Mediendemokratie bewirkt auch eine weitere Verschiebung der politischen Zeitperspektive auf immer kurzfristigere Horizonte. Da der Vorrang der medialen Inszenierungen eine neue Machtkonstellation etabliert, die im Dreieck zwischen Meinungsumfragen, strategischen Politikeliten und Massenmedien besteht, werden die intermediären Organisationen der Parteiendemokratie unter dem Druck der Inszenierungspolitik zunehmend marginalisiert. Politikentwürfe, die sich entweder nur langfristig auszahlen oder die erst in längerfristigen öffentlichen Diskussionsprozessen mehrheitsfähig werden, haben unter diesen Umständen eine verringerte Chance. Der Widerspruch zwischen der Notwendigkeit einer längerfristigen Zukunftsorientierung der Politik, die sich aus den Langfristfolgen der technisch-wissenschaftlichen Naturbeherrschung ergibt, und den politischen Legitimationsbedingungen in der Mediendemokratie wächst. Unter diesen Umständen werden Politiken, die einen längeren gesellschaftlichen Kommunikationsprozess für eine begründete Mehrheitsbildung voraussetzen und solche, deren Folgen sich erst längerfristig für die ganze Gesellschaft auszahlen, strukturell benachteiligt.

6. Inszenierung und Rationalität

Es wäre dennoch verfehlt, die Theatralisierung der Politik unter dem medialen Inszenierungsdruck bzw. den Übergang von der Parteien- zur Mediendemokratie generell mit einer Entpolitisierung und dem Ende der Rationalität in der Politik gleichzusetzen.[22] Vielmehr wirken drei bedeutende Faktoren darauf hin, dass selbst im Falle ihrer weit gehenden Theatralisierung Politik immer mehr ist als bloßes politisches Theater. Diese Faktoren bergen in sich darüber hinaus ein offenes Entfaltungspotenzial, das die Rückgewinnung des Terrains politischer Rationalität in erheblichem Umfang zu einer Angelegenheit macht, die von der Politik und der Gesellschaft selbst mit beeinflusst werden kann.

1. Politische Kommunikation erschöpft sich nicht in ihrem öffentlich sichtbaren Teil.[23] In Beratergremien und Parlamentsausschüssen, Kommissionen, Parteidiskussionen und Bürgerinitiativen spielt sich auch in der Mediendemokratie immer noch ein beträchtlicher Teil der handlungsrelevanten politischen Kommunikation ab. Diese unterliegt nicht direkt dem Inszenierungsdruck der Medienbühne und kann sich, wenn auch in unterschiedlichem Maße, immer wieder

davon distanzieren oder die Mediendemokratie sogar zum Gegenstand kritischer Erörterung machen.

2. Auch wenn theatralisierte Politik eine hervorragende Voraussetzung für die Vermehrung symbolischer Placebopolitik ist, bei der der Herstellungsteil von Politik nur noch vorgespielt, aber nicht mehr real vollzogen wird, kann Politik auch in der Mediendemokratie nicht umhin, weiterhin ihrer eigentlichen gesellschaftlichen Funktion, der Herstellung verbindlicher Entscheidungen, gerecht zu werden. An deren Erfüllung wird sie im Falle krasser Dissonanzen zwischen Herstellung und Darstellung am Maßstab der Erfahrungen der Bürger in ihren Lebenswelten weiterhin gemessen.

Empirische Studien haben gezeigt, dass die Theatralisierung des politischen Diskurses nicht automatisch seine Entpolitisierung bedeutet. In allen Formen der politischen Inszenierung können angemessene Synthesen mit dem politischen Informationsgehalt von Ereignissen hergestellt werden, die es möglich machen, dass hochgradig inszenierte politische Ereignisse oder Berichte dem Anspruch authentischer und informativer Darstellung ihres Bezugsereignisses gerecht werden.[24]

Unter dem Druck insbesondere der privaten Fernsehanstalten nimmt auch in der Bundesrepublik der theatrale Inszenierungsaspekt nicht nur im Fernsehen, sondern auch in einem Teil der Printmedien einen wachsenden Raum ein und beherrscht einen sehr großen Teil der tatsächlichen Politikvermittlung. Darauf bezogen schreitet die Selbstmediatisierung der Politik in großen Schritten der Professionalisierung voran. Demgegenüber bleibt es fast immer prekär, ob die politischen Informationen und Argumentationen, die zur Urteilsbildung über ein Thema oder eine Person notwendig wären, dabei in einer angemessenen Weise Berücksichtigung finden. Der Inszenierungsdruck der Massenmedien, unter dem diese selber stehen und unter den sie die Politik setzen, bildet letztlich nur eine kommunikative Gelegenheitsstruktur.

Sie lädt mit der Prämie des raschen und wirkungsvollen Publikumserfolgs zu publikumsgerechten Inszenierungen ein. Letztendlich forciert sie aber nicht die erforderlichen Synthesen zwischen den Inszenierungsregeln und den Sachverhalten der politischen Welt, die Inszenierung und Informativität in angemessenem Maße miteinander in Einklang bringen. Zu beobachten ist, dass die Medienschaffenden in beträchtlichem Maße immer dazu neigen, die Inszenierungspotenziale ihrer Themen und Personen voll auszuschöpfen, aber in weit selteneren Fällen die Inszenierung als mediales Vehikel verstehen, um die Informations- und Argumentationspotenziale ihrer Bezugsereignisse in gleicher Weise zur Geltung zu bringen. Diese Asymmetrie führt zur gegenwärtig zu beobachtenden Grundtendenz, dass angemessene politische Inszenierungen, sei es in der Politik selbst, sei es in den Massenmedien, in denen das Referenzereignis auf demokratiepolitisch haltbare Weise repräsentiert ist, eher die Ausnahme bilden, während die Inszenierung selbst allgegenwärtig ist.

Die gegenwärtig noch ungebrochen anhaltende Tendenz geht vielmehr in die Richtung einer für die demokratische Qualität der politischen Öffentlichkeit bedenklichen Spiralbewegung. Je unpolitischer und informationsärmer die Politikvermittlung der Medien wird, desto stärker versucht die Politik, die Form ihrer Präsenz in den Medien dadurch mitzubestimmen, dass sie ihr Heil in der mediengerechten professionellen Selbstinszenierung sucht. In dem Maß, wie das geschieht, leidet die politische Rationalität: Zum einen dadurch, dass die durchsetzbaren Politiken in erheblichem Maße in Abhängigkeit von ihren inszenatorischen Darstellungspotenzialen geraten, zum anderen dadurch, dass eine mitunter weit gehende Entkopplung von Handlungsprogrammen und ihrer Umsetzung auf der einen Seite und der medialen Politikdarstellungen der Politik und der Medien auf der anderen Seite zu beobachten ist.

Der in der Bundesrepublik erkennbare Trend zur Amerikanisierung, zur Entkoppelung von Politik und Politikinszenierung ist demokratiepolitisch in dem Maße problematisch, wie er zum Übergewicht von inhaltlich leerlaufenden Pseudo-Ereignissen in der Politik und unterhaltsamen, aber informationsarmen Inszenierungen auf der Medienbühne führt. Diese Tendenz wird durch den direkten und indirekten kommerziellen Produktionsdruck sowie einen bloß an der Erfolgsquote orientierten Journalismus gefördert und überträgt sich ungehemmt auf das politische System. Mediale Politikinszenierung ist in der Mediengesellschaft einerseits unvermeidlich und andererseits demokratiepolitisch sogar produktiv, wenn sie zur Erweiterung der politischen Öffentlichkeit führt. Formen des »infotainment«, die Gewinn bringend inszeniert und gleichzeitig in angemessenem Maße informativ und argumentativ gehaltvoll sind, sind auch in den Massenmedien möglich. Damit sie dort künftig eher zur Regel als zur Ausnahme werden, müssen neue Formen der gesellschaftlichen Steuerung und der professionellen Selbstkontrolle der Massenmedien ersonnen und eingeführt werden.[25] Die Diagnose des eingangs zitierten Berichts für den Bundespräsidenten trifft den vorherrschenden Trend mediatisierter Politik. Der gegenwärtige Trend zu einer Mediendemokratie, in der die vorherrschenden Formen der Politikinszenierung in Politik und Medien zu einem demokratiepolitisch bedenklichen Verlust politischer Rationalität führen, ist auch unter den Bedingungen der Vorherrschaft der Massenmedien im öffentlichen Raum keineswegs ohne bessere Alternative.

Anmerkungen

1 Herbert Willems/Martin Jurga (Hrsg.), Inszenierungsgesellschaft. Ein einführendes Handbuch, Opladen 1998.
2 Ebd., S. 146 f.
3 Thomas Meyer u. a., Die Inszenierung des Politischen. Zur Theatralität von Mediendiskursen, Wiesbaden 2000.
4 Erving Goffman, Wir alle spielen Theater. Die Selbstdarstellung im Alltag, Frankfurt/M. 1969; Hans-Georg Soeffner, Rituale des Anti-Ritualismus, in: Hans-Ulrich Gumbrecht u. a. (Hrsg.), Materialität der Kommunikation, Frankfurt/M. 1988.
5 Erika Fischer-Lichte/Isabel Pflug (Hrsg.), Inszenierung von Authentizität, Tübingen und Basel 2000.
6 Peter Burke, Ludwig XIV. Die Inszenierung des Sonnenkönigs, Berlin 1993.
7 Thomas Meyer/Martina Kampmann, Politik als Theater, Berlin 1998.
8 Meyer, Inszenierung des Politischen (Anm. 3).
9 Winfried Schulz, Die Konstruktion der Realität in den Nachrichtenmedien, Freiburg und München 1976.
10 Meyer, Inszenierung des Politischen (Anm. 3), S. 194 ff.

11 Adi Grewenig (Hrsg.), Inszenierte Informationen. Politik und strategische Kommunikation in den Medien, Opladen 1993.

12 Thomas Meyer, Mediokratie: Die Kolonisierung der Politik durch das Mediensystem, Frankfurt/M. 2001.

13 Thomas Meyer, Was ist Politik?, Opladen 2000, hier Kapitel 12 u. 13.

14 Vgl. dazu Karl-Rudolf Korte/Gerhard Hirscher (Hrsg.), Darstellungspolitik oder Entscheidungspolitik? Über den Wandel von Politikstilen in westlichen Demokratien, München 2000.

15 Die Reformansätze der deutschen Parteien skizzieren Manuela Glaab und Andreas Kießling in diesem Band, vgl. »Legitimation und Partizipation«, Kapitel 4.3.

16 Ulrich v. Alemann, Das Parteiensystem der Bundesrepublik Deutschland, Opladen 2000, S. 149 ff.

17 Oskar Niedermayer, Die Bundestagswahl 1998: Ausnahmewahl oder Ausdruck langfristiger Entwicklungen der Parteien und des Parteiensystems, Opladen 1999, S. 9 ff.

18 Robert Putnam, Bowling alone, New York 2000.

19 Ulrich Pfeiffer, Eine Partei der Zeitreichen und Immobilen, in: Neue Gesellschaft/Frankfurter Hefte, 44/1997, S. 392 f.

20 Vgl. dazu auch Peter Glotz, Die beschleunigte Gesellschaft, München 1999.

21 Zur Internetnutzung der Parteien siehe den Beitrag von Manuela Glaab und Andreas Kießling in diesem Band, v.a. Kapitel 4.4.

22 Vgl. Ulrich Sarcinelli (Hrsg.), Politikvermittlung und Demokratie in der Mediengesellschaft, Bonn 1998.

23 Klassisch für die kulturkritische Fundamentalkritik: Neil Postman, Wir amüsieren uns zu Tode. Urteilsbildung im Zeitalter der Unterhaltungsindustrie, Frankfurt/M. 1985.

24 Vgl. die Ergebnisse des interdisziplinären Dortmunder Forschungsprojekts in: Meyer, Inszenierung des Politischen (Anm. 3), Kapitel 6.

25 Vgl. Otfried Jarren/Patrick Donges, Medienregulierung durch die Gesellschaft? Eine steuerungstheoretische und komparative Studie mit Schwerpunkt Schweiz, Opladen 2000; Jo Groebel u. a., Bericht zur Lage des Fernsehens, Gütersloh 1995; Willems/Jurga, Inszenierungsgesellschaft (Anm. 1).

Manuela Glaab/Andreas Kießling

Legitimation und Partizipation

1. Partizipation als Legitimitätsquelle

Die Legitimität eines politischen Systems leitet sich zuerst aus der Frage nach der Konstituierung, Begründung und Durchsetzung von Herrschaft ab. Politische Herrschaft ist in Demokratien zustimmungsabhängig und damit grundsätzlich begründungspflichtig. Wesentlich ist außerdem die Rückbindung an die für die Identität einer Gesellschaft konstitutiven Werte und die hieraus resultierende geistige Orientierung. In repräsentativen Demokratien wie der Bundesrepublik Deutschland ist nur diejenige staatliche Macht legitimiert, die durch ein von den Bürgern gewähltes Parlament und eine von diesem kontrollierte Regierung im System der Gewaltenteilung ausgeübt wird. Das Volk als primärer Träger der Staatsgewalt leistet in erster Linie durch die Teilnahme an Wahlen den allem staatlichen Handeln zugrunde liegenden Legitimationsakt. Partizipation fungiert somit als Schlüsselkategorie der Demokratie, wenngleich diese demokratietheoretisch unterschiedlich eingeordnet wird. Vor allem partizipatorische Demokratietheorien wollen die politische Beteiligung nicht allein auf die durch die Beteiligung an Wahlen zum Ausdruck gebrachte Unterstützung des politischen Systems reduziert sehen, sondern zielen auf eine Maximierung der Partizipationschancen in allen Bereichen eines politischen Gemeinwesens.[1]

Ohne den »Doppelcharakter von Legitimität«[2] hier ausführlich zu erörtern, ist doch grundlegend darauf zu verweisen, dass Legitimität stets im Spannungsfeld von politischer Struktur und politischer Kultur steht. So bezieht sich Legitimität in normativer Perspektive auf die Qualität der Herrschaftsstruktur, die sich anhand ihrer Normen, Institutionen und Verfahren bestimmen lässt. In der von hoch differenzierten Gesellschaften geprägten Gegenwart geht es dabei nicht zuletzt um die Frage, ob demokratisch verfasste Gemeinwesen über eine ausreichende Eigenkomplexität, Anpassungsfähigkeit und Innovationskapazität verfügen, um Probleme der Willensbildung, der Entscheidungsfindung und des Politikvollzugs zu bewältigen.[3] Einem empirischen Begriffsverständnis folgend, lässt sich Legitimität begreifen als Summe der in einer Bürgerschaft vorhandenen Legitimitätsüberzeugungen. Es handelt sich dabei um die anhand von Meinungen, Einstellungen und Werten messbare Akzeptanz der politischen Ordnung. Während die input-orientierte Legitimation eines politischen Systems aus den Beteiligungschancen der Öffentlichkeit resultiert, basiert die output-orientierte Legitimation auf Zustimmung infolge effektiver Problemlösungen.

Im vorliegenden Beitrag wird Legitimation vorwiegend als Frage der politischen Kultur behandelt. Es gilt zu klären, welche Trends der politischen Beteiligung in

Deutschland zu beobachten und wie diese unter legitimatorischen Gesichtspunkten zu bewerten sind. In den vergangenen Jahrzehnten hat sich mit der Herausbildung einer pragmatischen Demokratieakzeptanz auch das Partizipationsverhalten der Deutschen gewandelt. Ablesbar ist dies an der wachsenden Bedeutung unverfasster Formen der politischen Beteiligung, die als rationale Rollenwahrnehmung der Bürgerschaft im politischen Willensbildungsprozess interpretierbar ist. Dennoch ergeben sich hieraus spezifische Legitimationsprobleme, da zu den Funktionsprinzipien der repräsentativen Demokratie nicht nur die gleichberechtigte Partizipation aller Bürger zählt, sondern zugleich auch Entscheidungen zu treffen sind, die sich durch effektive Gemeinwohlverträglichkeit auszeichnen.[4]

In einem ersten Analyseschritt wird eine empirische Bestandsaufnahme der politischen Beteiligung in der Bundesrepublik Deutschland vorgenommen. Notwendigerweise muss sich der Beitrag in der Längsschnittperspektive der Jahre 1949 bis 2001 hierbei auf die markantesten Entwicklungslinien beschränken. Im Folgenden werden zentrale Legitimationsprobleme in Bezug auf das Partizipationsverhalten der Deutschen beleuchtet. Ausgehend von diesen legitimatorischen Herausforderungen, werden im letzten Abschnitt des Beitrags Trends diskutiert, die sowohl Entwicklungsperspektiven als auch Handlungsoptionen aufzeigen.

2. Politikverständnis und Partizipationsverhalten in der Bundesrepublik Deutschland

Politikverständnis und Partizipationsverhalten stehen in einem engen Zusammenhang. Daher wird im Folgenden zunächst der Prozess der Demokratieakzeptanz in der Bundesrepublik Deutschland dargestellt. Anschließend werden systematisch die verschiedenen Partizipationsformen untersucht. Neben die konventionelle Partizipation im Rahmen der klassischen Institutionen der repräsentativen Demokratie traten unverfasste Formen der Ad-hoc-Beteiligung und des politischen Protestes. Systematisch zu unterscheiden sind davon plebiszitäre Partizipationsinstrumente, die zwar einerseits die institutionelle Struktur der repräsentativen Demokratie durchbrechen, andererseits aber selbst institutionalisiert sind – zumindest auf der Ebene der Länder und Kommunen.

2.1 Pragmatische Demokratieakzeptanz

Das Legitimitätseinverständnis der westdeutschen Bevölkerung mit der politischen Ordnung der aus den westlichen Besatzungszonen hervorgegangenen Bundesrepublik Deutschland war keineswegs mit dem Inkrafttreten des Grundgesetzes am 23. Mai 1949 vollendet. Vielmehr herrschten nach der Erfahrung des Scheiterns der Weimarer Republik und der Schrecken des Nationalsozialismus im In- und Ausland Bedenken vor, dass die Bevölkerung die Demokratie allenfalls formal akzeptiert habe. Dazu trug nicht zuletzt die Tatsache bei, dass die Bonner Republik aufgrund der Teilung der deutschen Nation bewusst als Provisorium konzipiert worden war, wodurch die Identifikation mit dem neuen Staat erschwert wurde. Erste

Studien zur politischen Kultur in der Bundesrepublik ermittelten in den 50er-Jahren starke Relikte autoritärer Orientierungen und obrigkeitsstaatlichen Denkens.[5] Der Staat wurde primär als Leistungsproduzent betrachtet, wobei das einsetzende »Wirtschaftswunder« die Zufriedenheit mit der neuen Ordnung maßgeblich beförderte. Charakteristisch blieb indes bis in die 60er-Jahre ein passives Politikverständnis, wonach sich politische Teilhabe primär auf die Verpflichtung zur Wahlbeteiligung reduzierte. Obwohl sich das Parteiensystem zusehends stabilisierte, erschien die Bundesrepublik vorläufig als »Schönwetterdemokratie«.

Die politische Kulturforschung geht davon aus, dass der Prozess der Demokratieakzeptanz in Westdeutschland bis Ende der 60er-Jahre abgeschlossen wurde. Kennzeichnend hierfür ist, dass die politische Ordnung – ihre Institutionen, Normen und Verfahren – von der großen Mehrheit der Bundesbürger grundsätzlich befürwortet wird. Demokratische Regierungsform, Parlament und Mehrparteiensystem werden seither weit gehend unabhängig von ihrer konkreten Erscheinungsweise (Performanz) als selbstverständliche Bestandteile des politischen Systems akzeptiert. In den 70er-Jahren näherten sich die Bundesbürger zudem dem westlichen Typus nationaler Identität an, da die Gemeinschaftsorientierung nicht mehr vorrangig auf Volkseigenschaften und Leistungen des Wirtschaftssystems beruhte, sondern der Stolz auf Systemmerkmale an Bedeutung gewann. Zu den Indikatoren des Legitimitätseinverständnisses wird darüber hinaus die im internationalen Vergleich hohe und stabile Demokratiezufriedenheit gerechnet. Die affektive Bindung an das politische System hat nach diesen Ergebnisinterpretationen deutlich zugenommen. Gleichzeitig wurde die vormals passive Politikorientierung von einem partizipativen Rollenverständnis der Bürger abgelöst. Spätestens seit Mitte der 80er-Jahre geht die »partizipatorische Revolution« (Max Kaase) allerdings zu Lasten der konventionellen politischen Beteiligungsformen, exemplarisch ablesbar am Rückgang der Wahlbeteiligung wie auch der Mitgliedschaft in Parteien. Dennoch bewies die Parteiendemokratie auch in wirtschaftlichen und politischen Krisenzeiten ihre Integrationskraft und Anpassungsfähigkeit. Es gelang, außerparlamentarische, linksradikale Kräfte einzuhegen, rechtsextreme Strömungen weit gehend zu marginalisieren und neue gesellschaftliche Konfliktlinien parlamentarisch abzubilden. Die Bundesrepublik Deutschland erscheint demnach in den 70er- und 80er-Jahren geradezu als Modell einer stabilen, repräsentativen Demokratie.[6]

Die Vereinigung Deutschlands wurde 1989/90 durch den Institutionentransfer nach Artikel 23 Grundgesetz (GG) innerhalb nur weniger Monate vollendet, ohne dass die Stabilität des politischen Systems hierdurch gefährdet worden wäre. Die große Mehrheit der Deutschen in Ost und West hält die Demokratie nicht nur grundsätzlich für die beste aller Staatsformen[7], sondern beurteilt auch die Demokratie in Deutschland als stabil und im Großen und Ganzen als funktionsfähig.[8] Gleichwohl ergaben die Umfragedaten in den 90er-Jahren sowohl hinsichtlich der diffusen als auch der spezifischen Systemunterstützung Krisensymptome. Hervorzuheben ist in diesem Kontext zunächst die im vergangenen Jahrzehnt deutlich gesunkene Demokratiezufriedenheit der Deutschen. Der Negativtrend vollzog sich nahezu parallel in den alten wie in den neuen Bundesländern, doch herrschte im Westen durchgängig ein deutlich höheres Zufriedenheitsniveau als im Osten, wo die Demokratiezufriedenheit von einem niedrigen Ausgangsniveau noch weiter absank. Ein Tiefpunkt der Demokratiezufriedenheit wurde im Jahr 1993 erreicht.[9] Der neuerliche Abwärtstrend in der zweiten Hälfte der 90er-Jahre scheint sich nach dem Regierungswechsel von 1998 vorläufig umzukehren. Nach den Ergebnissen der diesen Band begleitenden Umfrage »Deutschland im Wandel« vom November 2000 sind im Bundesdurchschnitt wieder 68 Prozent zufrieden mit der Demokratie in Deutschland. Erhebliche Differenzen zeigen sich aber weiterhin im Ost-West-Vergleich: Während sich nur etwa jeder zweite Ostdeutsche (48 Prozent) zufrieden äußert, gilt dies für fast drei Viertel der Westdeutschen (73 Prozent).[10]

Zu den markanten Krisensymptomen der 90er-Jahre zählt ferner das sinkende Vertrauen in politische Institutionen, vor allem aber in die politischen Akteure. Nur jeder Zweite (49 Prozent) vertraut dem Deutschen Bundestag, der einzig unmittelbar demokratisch legitimierten Institution auf Bundesebene. Weit abgeschlagen auf dem letzten Platz der Vertrauensskala stehen seit Jahren die Parteien, denen 72 Prozent der Deutschen mit Misstrauen begegnen.[11] Zwar halten 76 Prozent der Bevölkerung Glaubwürdigkeit für eine sehr wichtige Eigenschaft von Politikern.[12] Gleichzeitig stimmen aber 63 Prozent der Aussage, »Politiker können versprechen, was sie wollen, ich glaube ihnen nicht mehr«, tendenziell oder völlig zu.[13] Hohe Erwartungen an den Staat bei gleichzeitig negativ wahrgenommener Problemlösungskompetenz bringen den Reformbedarf zum Ausdruck. Knapp die Hälfte der Deutschen glaubt, dass die Politik heute nicht in der Lage ist, die wichtigsten Probleme unserer Zeit zu lösen.[14] Auch nach dem Regierungswechsel von 1998 haben 77 Prozent den Eindruck, notwendige gesellschaftliche Reformen kämen in Deutschland nicht schnell genug voran.[15] Der Anteil derjenigen, die den eigenen Einfluss auf politische Entscheidungen als wichtig erachten, hat unterdessen deutlich zugenommen. In Westdeutschland stieg er von 35 Prozent im Jahr 1985 auf 55 Prozent im Jahr 1998. Der gleiche Trend vollzog sich in Ostdeutschland zwischen 1993 und 1998. In diesem Zeitraum stieg der Anteil der »Einflussbewussten« in den neuen Bundesländern von 37 auf 50 Prozent an. Erwartungsgemäß messen die in politischen oder gesellschaftlichen Organisationen Engagierten der Einflussnahme auf politische Entscheidungen überdurchschnittliche Bedeutung bei.[16] In eine ähnliche Richtung deutet der Befund vom November 2000, wonach 49 Prozent der Befragten dieser Aussage vollkommen zustimmen: »Wenn man heute als Bürger politisch etwas erreichen will, muss man die Dinge selbst in die Hand nehmen.« Besonders ausgeprägt ist diese Auffassung mit 64 Prozent unter den als systemkritisch geltenden PDS-Anhängern.[17] Die Bekräftigung der Notwendigkeit, selbst politisch aktiv zu werden, scheint vor dem Hintergrund des seit Ende der 80er-Jahre anhaltenden Trends zur so genannten Politikverdrossenheit jedoch eher das dramatisch gesunkene Vertrauen in die politisch Verantwortlichen als einen gesteigerten Engagementwillen zu reflektieren.[18]

Auszugehen ist heute von einem gewandelten Politikverständnis, das nicht mehr primär institutionenbezogen zu verstehen ist, sondern sich zunehmend als punktuell, situativ, kontextabhängig, erlebnis- und betroffenheitsorientiert erweist. Die Schere zwischen gestiegenem politischen Interesse einerseits und sinkender politischer Bindungsbereitschaft gegenüber intermediären Organisationen andererseits wird immer größer. Wachsenden Bevölkerungsteilen erscheint Politik in Form eines spontanen Zusammenschlusses attraktiver als langwierige Gremienarbeit. Die in der Pluralisierung der Lebensstile zum Ausdruck kommenden ambivalenten Grunddispositionen und die Werte des Individualismus lassen den Wunsch nach mehr Selbstverwirklichung und mehr Beteiligung, aber auch eine eher pragmatisch als idealistisch begründete Zustimmung zur Demokratie wachsen.[19]

2.2 Konventionelle politische Beteiligung

Unter konventioneller politischer Beteiligung versteht man die Partizipation in den institutionalisierten Bahnen der repräsentativen Demokratie. Neben der Teilnahme an Wahlen umfasst sie Aktivitäten wie die Mitarbeit in Parteien, die Unterstützung von Kandidaten oder die Übernahme eines politisches Amtes.[20] Als eine der wichtigsten Voraussetzungen für die Bereitschaft, sich politisch zu engagieren, gilt das politische Interesse. Mit der Bildungsexpansion und dem Wertewandel der 60er- und 70er-Jahre war eine deutliche Steigerung des politischen Interesses der Bundesdeutschen verbunden. Ende der 70er-Jahre pendelte es sich – bei kurzfristigen Interessenzuwächsen während der Wahljahre – bei etwa 50 Prozent ein. Seit 1990 ist jedoch eine rückläufige Tendenz zu beobachten, wobei 1997 mit nur etwa 40 Prozent ein Tiefpunkt des politischen Interesses in Deutschland erreicht wurde. Die neuen Bundesbürger interessieren sich dabei etwas weniger für Politik als ihre westlichen Mitbürger.[21] Die Umfrage vom November 2000 bestätigt dieses Bild: Nur 12 Prozent der Deutschen interessieren sich danach sehr stark für Politik. Starkes Interesse bekunden weitere 33 Prozent.[22]

Mit der Steigerung des politischen Interesses verstärkte sich bis Anfang der 80er-Jahre auch die konventionelle Partizipation. Parteimitgliedschaften nahmen genauso zu wie die Wahlbeteiligung. Die Beteiligung an Bundestagswahlen lag von Anfang an auf einem im internationalen Vergleich hohen Niveau. Sie erhöhte sich von 78,5 Prozent im Jahr 1949 auf bis zu 91,1 Prozent im Jahr 1972 *(vgl. Tab. 1)*.

Tab. 1: Beteiligung an Bundestagswahlen 1949 bis 1998

	Gesamt	West	Ost
1949		78,5 %	
1953		85,5 %	
1957		87,8 %	
1961		87,7 %	
1965		86,8 %	
1969		86,7 %	
1972		91,1 %	
1976		90,7 %	
1980		88,6 %	
1983		89,1 %	
1987		84,3 %	
1990	77,8 %	78,5 %	74,5 %
1994	79,0 %	85,5 %	72,6 %
1998	82,2 %	82,8 %	80,1 %

Quelle: Karl-Rudolf Korte, Wahlen in der Bundesrepublik Deutschland, Bonn 2000 (3., überarb. u. akt. Auflage), S. 32.

Seit 1983 ging die Wahlbeteiligung jedoch tendenziell zurück und erreichte bei der ersten gesamtdeutschen Bundestagswahl 1990 mit 77,8 Prozent ihren »Minusrekord«. In den alten Bundesländern (ohne Berlin) lag die Wahlbeteiligung immerhin um 4 Prozentpunkte höher als in den neuen Bundesländern. Damit beteiligten sich an der ersten gesamtdeutschen Bundestagswahl fast 20 Prozent der Ostdeutschen weniger als bei der ersten freien Volkskammerwahl vom März 1990. Im Superwahljahr 1994 sank die Wahlbeteiligung im Osten bei den Bundestagswahlen weiter, im Westen stieg sie leicht an. Erst im September 1998 trug der Wunsch nach einem Regierungswechsel wesentlich zur Mobilisierung der Wählerschaft bei, die zu 82,2 Prozent ihre Stimme abgab. Noch klarer ist der Rückgang der Wahlbeteiligung auf Landesebene zu erkennen. Der Nichtwähleranteil bei Landtagswahlen stieg von durchschnittlich etwa 20 Prozent in den 70er-Jahren auf über 30 Prozent Ende der 90er-Jahre. Immer weniger Wahlberechtigte beteiligen sich darüber hinaus an Kommunalwahlen: Vor allem in großen Städten liegt die Wahlbeteiligung häufig unter 60 Prozent.

In der wissenschaftlichen Diskussion sind die Gründe für diese Entwicklung strittig. Während die einen in der sinkenden Wahlbeteiligung eine Delegitimierung des Parteiensystems bzw. des gesamten politischen Systems sehen und die Wahlenthaltung als Protest interpretieren, erkennen die anderen darin eine Normalisierung der Verhältnisse und ein Zeichen für die Zufriedenheit mit dem System. Empirische Analysen zeigen, dass es unterschiedliche Typen von Nichtwählern gibt. Neben den Politik- und Parteiverdrossenen gibt es auch Gruppen, in deren Leben Politik kaum eine Rolle spielt, was insbesondere für die jüngere Generation zutrifft.[23] Modernisierungs- und Individualisierungsprozesse zeigen Wirkung auf das Wählerverhalten. In dem Maße wie die demokratische Grundregel »Wählen ist die erste Bürgerpflicht« an Gültigkeit verliert, wird die Nichtwahl zur akzeptierten Alternative.

Die Flexibilisierung des Wahlverhaltens drückt sich aber nicht nur im Nichtwähleranteil aus. Vielmehr wird das Wahlverhalten insgesamt instabiler. Denn während der Anteil der Stammwähler abschmilzt, vergrößert sich der Anteil der Wechselwähler. Daraus ergibt sich eine steigende Volatilität des Parteiensystems. Die Veränderungen der relativen Größenverhältnisse der Parteien wird mit Hilfe des so genannten »Pedersen-Indexes«[24] gemessen. Nach den sehr stabilen Verhältnissen des Parteiensystems in den 70er- und 80er-Jahren steigerte sich die Volatilität in den 90er-Jahren von Wahl zu Wahl. In den neuen Bundesländern ist sie noch wesentlich höher. Hier werden Werte erreicht, die in den alten Ländern für die 50er-Jahre typisch waren. Untermauert werden diese Befunde durch sinkende Wiederwahlquoten der Parteien und durch die Wählerwanderungsbilanzen. Dennoch sind die Deutschen nicht ausschließlich ein Volk von Wechselwählern. Durchschnittlich 75 Prozent gaben 1998 ihre Zweitstimme derselben Partei, die sie auch schon 1994 gewählt hatten. Nur 25 Prozent wechselten, was einer Steigerung um 2 Prozentpunkte im Vergleich zu 1994 entspricht.[25] Die besondere Relevanz dieses Wählersegments ergibt sich daraus, dass sein Votum trotzdem wahlentscheidend sein kann.

Eine besondere Form der Wechselwahl stellt die Protestwahl dar. Allerdings ist den politisch Unzufriedenen nicht – wie dies häufig unterstellt wird – eine generelle Rechtslastigkeit vorzuwerfen, vielmehr sind sie keinem politischen Lager fest zuzuordnen. Der »Denkzettel« wird in Westdeutschland vor allem durch die Wahl der jeweiligen Opposition verteilt. Im Osten drückt sich der Protest insbesondere in der Wahl der PDS aus. Dennoch erzielen auch rechtsextreme Parteien bei Nebenwahlen, wie Landtags- oder Europawahlen, immer wieder Einzelerfolge. Herausragendes Beispiel ist hierfür die Landtagswahl 1998 in Sachsen-Anhalt, wo die DVU 12,9 Prozent erzielte.

Eine wesentliche Ursache für die Flexibilisierung des Wahlverhaltens ist die sinkende Bedeutung der Parteiidentifikation. Dabei handelt es sich um eine Art psychologische Parteimitgliedschaft, einen parteipolitischen Filter für die Wahrnehmung und Bewertung von politischen Themen und Kandidaten. Sie wirkt stabilisierend auf das Wahlverhalten ein. In der Längsschnittperspektive ist das Ausmaß und die Intensität der Parteiidentifikation in den 90er-Jahren im Westen nicht dramatisch, aber dennoch spürbar gesunken. Dem entspricht der leicht gestiegene Anteil der Wechselwähler. In den neuen Bundesländern hingegen sind Parteibindungen weit weniger stark ausgeprägt und ebenfalls im Sinken begriffen, so dass sich hieraus auch die höhere Volatilität des Parteiensystems im Osten erklärt. Kurzfristige Faktoren für die Wahlentscheidung werden deshalb wichtiger, wobei sich nach den Einstellungsdaten die Bedeutung der Kandidaten- und der Themenorientierung die Waage halten. Die Wahlergebnisse in den neuen Bundesländern verweisen hingegen auf eine herausragende Bedeutung der Spitzenkandidaten, insbesondere auch bei den Landtagswahlen. Durch den Personalisierungstrend in der Mediendemokratie wird diese Tendenz noch verstärkt.

Kennzeichnend ist außerdem die Stagnation bzw. der Rückgang des Engagements in traditionellen Großorganisationen. Dies betrifft neben Kirchen und Gewerkschaften besonders die Parteien als Domäne institutionell verfasster politischer Partizipation. Zwar bremste zunächst die Vereinigung der Parteiensysteme in West und Ost diesen seit den 80er-Jahren zu beobachtenden Trend. Zum einen wies die SED-Nachfolgepartei PDS anfangs noch relativ viele Mitglieder auf, zum anderen profitierten CDU und FDP vom Zusammenschluss mit den ehemaligen Blockparteien der DDR. In den Folgejahren nahmen von diesem höheren Ausgangsniveau die Mitgliederzahlen jedoch weiter ab.

Die SPD verlor in den Jahren seit der Vereinigung 21,7 Prozent ihrer Mitglieder, die CDU im selben Zeitraum 20,7 Prozent. Noch dramatischer ist die Entwicklung bei der FDP, die vor allem aufgrund ihrer Marginalisierung im Osten einen Mitgliederschwund von fast 65 Prozent hinnehmen musste; aber auch wenn man nur die Entwicklung im Westen betrachtet, ist der Verlust von über 27 Prozent erheblich. Besonders gravierend sind die Mitgliederprobleme der Parteien in den neuen Ländern. Die CDU verlor hier seit 1990 55,2 Prozent der Mitglieder. Die PDS büßte prozentual gesehen am meisten Mitglieder ein (– 68,5 Prozent), sie ist jedoch immer noch die mitgliederstärkste Partei im Osten Deutschlands *(vgl. Tab. 2)*.

Den westlichen Parteien, die keinen Partner mit einer ausgeprägten Organisationsstruktur in der damaligen DDR vorfanden, gelang es nicht, mitgliederstarke Verbände aufzubauen. So stagnieren die Sozialdemokraten im Osten bei unter 30 000 Mitgliedern, Bündnis 90/Die Grünen kamen nicht über die Marke von 3 000 Mitgliedern. Ausnahmen von diesem generellen Rückgang der Parteimitgliedschaften bilden nur die CSU in Bayern und Bündnis 90/Die Grünen in den alten Bundes-

Tab. 2: Entwicklung der Parteimitgliedschaften 1990 bis 2000

	CDU	CSU	SPD	F. D. P.	B90/G	PDS
1990	777 800	186 198	945 243	178 625	41 316	283 882
1991	751 163	184 513	910 871	137 853	38 873	170 000
1992	713 846	181 758	885 958	103 488	36 320	146 742
1993	685 343	177 289	861 480	94 197	39 761	131 406
1994	670 800	176 250	849 374	87 922	43 899	123 751
1995	657 643	179 647	817 650	80 431	46 410	114 940
1996	651 217	179 312	797 797	75 038	47 974	105 029
1997	631 630	179 053	777 899	69 387	48 980	98 624
1998	625 769	179 520	775 036	67 637	50 030	94 627
1999	638 056	183 569	755 066	64 407	49 488	88 594
2000	616 722	181 021	743 667	62 721	47 454	–

Quelle: Angaben der Parteien an die Verfasser. Stand zum 31. 12. jeden Jahres; Mitgliederzahlen von Bündnis 90/Grüne im Jahr 2000: Stand III. Quartal 2000, von der PDS lagen keine Angaben zum Mitgliedsstand im Jahr 2000 vor.

ländern. Seit ihrer Regierungsbeteiligung ist allerdings auch bei den Grünen ein Mitgliederschwund zu beobachten. Besondere Schwierigkeiten haben die Parteien seit vielen Jahren bei der Rekrutierung jüngerer Menschen. Dementsprechend sind die Mitgliedschaften erheblich überaltert. Ende 2000 gehörten nur 5,2 Prozent der SPD-Mitglieder und 5,5 Prozent der CDU- bzw. 5,7 Prozent der CSU-Mitglieder der Altersgruppe bis 29 Jahre an.[26] Die FDP weist mit 9,2 Prozent noch den höchsten Anteil an jüngeren Mitgliedern auf. Die mit Abstand älteste Partei ist die PDS. Nur 2,3 Prozent der Sozialisten sind jünger als 30 Jahre, 68,3 Prozent sind über 60 Jahre alt.

Hinzu kommen Krisensymptome der innerparteilichen Partizipation. Grundsätzlich sind drei Arten von Parteimitgliedern zu unterscheiden[27]: Die Aktiven sind diejenigen, die auf Ortsvereins- und Kreisverbandsebene mit ihrem ehrenamtlichen Engagement die lokale Organisation der Parteien aufrechterhalten. Wenn auch methodische Probleme die genaue Ermittlung des Anteils aktiver Mitglieder erschweren, lässt sich dennoch festhalten, dass er mit 10 bis 25 Prozent nicht besonders hoch ist. Der zweite Typ sind die Gelegenheitsaktivisten, die rund ein Viertel der Mitglieder ausmachen und nur partiell für die aktive Mitarbeit zu gewinnen sind. Die dritte und größte Gruppe wird von den Inaktiven gestellt. Erhebungen zeigen aber, dass bei den Parteimitgliedern ein starkes Bedürfnis nach konkreter politischer Mitentscheidung vorhanden ist. Einer Mitgliederbefragung der CDU aus den Jahren 1992/93 zufolge ist »ein neuer Typ von Parteimitgliedern [...] auf dem Vormarsch, dem es weniger um die soziale Einbindung als zunehmend darum geht, die gemeinsamen Überzeugungen politisch mitzugestalten, der die Mitgliederrechte stärken und sich politisch aktiv beteiligen möchte«.[28] Dass in dieser Hinsicht ein Defizit besteht, ist nicht zuletzt daran ablesbar, dass die Mitglieder ihren Einfluss nur als sehr gering einstufen. So gaben etwa drei Viertel der Mitglieder von CDU und SPD in den 80er-Jahren an, nur sehr geringen bis geringen Einfluss zu haben.[29] In dieselbe Richtung weist eine SPD-Mitgliederbefragung vom Sommer 2000. Danach wollen zwar 46 Prozent der Mitglieder aktiv in der Partei mitarbeiten, doch nimmt der Anteil derer, die angeben, regelmäßig oder gelegentlich aktiv zu sein, mit der Dauer der Mitgliedschaft deutlich ab.[30]

Zur konventionellen Partizipation gehört nicht zuletzt die Bereitschaft, ein politisches Amt zu übernehmen. Dabei zeigt sich, dass selbst im unmittelbaren, kommunalen Lebensumfeld die Neigung hierzu – unabhängig von der Ortsgröße – eher gering ist. Weniger als ein Drittel (29 Prozent) der im November 2000 Befragten ist demnach bereit, ein politisches Amt in ihrer Gemeinde oder Stadt zu übernehmen. Mehr als zwei Drittel (68 Prozent) lehnen dies klar ab. Nur 3 Prozent geben an, ein solches Amt bereits auszuüben. Ost- und Westdeutsche unterscheiden sich in ihrer Haltung diesbezüglich nur geringfügig. Auch die politisch sehr stark Interessierten zeigen kein nennenswertes Mehr an Engagementbereitschaft (32 Prozent).[31]

2.3 Situative Beteiligung im vorpolitischen Raum

In den 70er-Jahren erfolgte in den westlichen Demokratien eine Ausweitung des politischen Aktionsrepertoires von verfassten um unverfasste Formen politischer Beteiligung. Dazu zählen alle Partizipationsformen, die in einem spontanen oder geplanten Mobilisierungsprozess außerhalb eines institutionalisierten Rahmens stattfinden. Diese in Anlehnung an die »Political-Action-Studie« von 1979 auch als unkonventionell bezeichnete Partizipation umfasst sowohl legale als auch nicht-legale Varianten. Beispielhaft nennen lassen sich hier einerseits die Teilnahme an Unterschriftensammlungen oder genehmigten Demonstrationen, andererseits die Beteiligung an Straßenblockaden oder Gebäudebesetzungen.[32] Allerdings entspricht die gängige, aus Gründen der Systematisierung übernommene Unterscheidung zwischen konventionellen und unkonventionellen Beteiligungsformen dem vorherrschenden Partizipationsverständnis nur noch bedingt. Zum einen finden legale Formen unkonventioneller Partizipation zunehmend Akzeptanz in der Bevölkerung. Zum anderen wird die alltägliche Praxis im Bereich unverfasster Partizipation sehr viel stärker von institutionenorientierten, konventionellen Aktivitäten bestimmt, als es die vorwiegend an spektakulären Ereignissen interessierte Medienberichterstattung vermittelt.

Allgemein zeigen die vorliegenden empirischen Studien, dass die Neigung zu unkonventioneller politischer Partizipation in Deutschland deutlich stärker ausgeprägt ist als die tatsächliche Teilnahme an derartigen Aktionen. 35 Prozent der Westdeutschen und 37 Prozent der Ostdeutschen sind laut der ALLBUS-Umfrage von 1998 bereit, an einer genehmigten Demonstration teilzunehmen, doch lediglich 17 bzw. 18 Prozent haben dies bereits selbst getan. An Unterschriftenaktionen, die für den Einzelnen einen geringen Aufwand bedeuten, würden sich 58 Prozent der Westdeutschen und 63 Prozent der Ostdeutschen beteiligen wollen. Tatsächlich haben in beiden Landesteilen etwa 40 Prozent bereits bei einer solchen Aktion mitgemacht.[33] Disposition wie Mobilisierung werden positiv beeinflusst von der individuellen sozioökonomischen Ressourcenausstattung. Dem entspricht der Befund, dass insbesondere Personen mit hoher formaler Schulbildung unkonventioneller Partizipation aufgeschlossen gegenüberstehen. Durchgängig erweist sich darüber hinaus das Alter als eine wichtige Determinante. Besonders ausgeprägt ist demnach die aktive Beteiligung, vor allem aber eine positive Einstellung gegenüber unkonventionellen Partizipationsformen in der jungen Generation. Auch nicht-legale Varianten stoßen in dieser Altersgruppe auf vergleichsweise hohe Zustimmung.[34] Für die ausgehenden 90er-Jahre konnte eine international vergleichende Studie den Zusammenhang zwischen politischem Verstehensniveau und der Partizipationsbereitschaft von Jugendlichen bestätigen. Dabei zeigten sich die Befragten in Deutschland zwar skeptisch gegenüber konventionellen, aber offen gegenüber unkonventionellen Partizipationsformen. So äußerten 38 Prozent die Bereitschaft, an gewaltfreien Demonstrationen teilzunehmen. Mehr als ein Zehntel würde sich sogar an illegalen Protestformen (Hausbesetzungen: 12 Prozent; Verkehrsblockaden: 13 Prozent; Parolen sprühen: 16 Prozent) beteiligen.[35]

Den Schwerpunkt unkonventioneller politischer Beteiligung bilden die so genannten neuen sozialen Bewegungen – mit thematischen Schwerpunkten wie Ökologie, Frieden und Abrüstung, Menschenrechte und Entwicklung, Selbstbestimmung und Emanzipation, Partizipation und Bürgerrechte. Sie entstanden infolge des Ende der 60er-Jahre einsetzenden Wertewandels und der damit verbundenen neuen gesellschaftlichen Konfliktlinie: »alte« – materialistische – versus »neue« – postmaterialistische – Politik. Das Gros der Anhänger stammt aus den jüngeren bis mittleren Altersgruppen mit höherem Bildungsabschluss bzw. rekrutiert sich aus der »neuen Mittelschicht«. Linke Postmaterialisten sind klar überrepräsentiert, doch reichen einzelne Gruppierungen bis in das konservative Spektrum hinein. Neben diesen progressiven Kräften sind aber auch reaktionäre Gruppierungen des rechten Spektrums zu den sozialen Bewegungen zu rechnen.[36] Neonaziszene und Skinhead-Subkultur erhalten verstärkt Zulauf aus der männlichen jungen Generation, konnten sich bislang jedoch nicht zu einer stabilen rechtsradikalen Bewegung vernetzen. Vor derartigen Tendenzen, die durch die neuen Kommunikationstechnologien noch befördert werden, warnen Beobachter allerdings seit Anfang der 90er-Jahre zunehmend. Hervorzuheben ist in diesem Zusammenhang, dass rechte Bewegungen nur über ein eingeschränktes Aktionsrepertoire verfügen, da ihnen der Kernbereich öffentlicher Partizipationsformen weit gehend verschlossen bleibt. Stattdessen betätigen sie sich vorwiegend unter Ausschluss der Öffentlichkeit, nicht zuletzt unter Einsatz gewaltsamer Mittel.[37]

Unkonventioneller politischer Partizipation haftet zwar vielfach ein Protestcharakter an, doch handelt es sich hierbei weniger um eine Krisenerscheinung der Demokratie als um einen Ausdruck grundlegender Wandlungsprozesse in den politischen Orientierungen der Bevölkerung. Die Bevölkerung nutzt das ihr zur Verfügung stehende konventionelle wie auch unkonventionelle Partizipationsreservoir situationsabhängig und zielorientiert. Daher ist auch mit einem dauerhaften Nebeneinander von verfassten und unverfassten Formen politischer Partizipation zu rechnen. Zu berücksichtigen ist allerdings, dass unkonventionelle Beteiligungsformen sehr ereignis- und mobilisierungsabhängig sind. Auch handelt es sich nicht um eine umfassende Politisierung der Bevölkerung, vielmehr erscheint statt kognitiver politischer Mobilisierung[38] oftmals »unpolitische Lust an Aktion«[39] ausschlaggebend. Schließlich ist hervorzuheben, dass im internationalen Vergleich keinesfalls von einer besonders ausgeprägten Protestneigung der Deutschen gesprochen werden kann.[40]

Höhepunkte in der Protestgeschichte Deutschlands markieren die Studentenbewegung und außerparlamentarische Opposition von 1968 sowie die ostdeutsche Bürger(rechts)bewegung von 1989. Während Erstere sich im Wesentlichen auf intellektuelle Bevölkerungskreise beschränkte und sich in ihren extremen Teilen schließlich mit dem Ziel der gewaltsamen Systemsprengung radikalisierte, weitete sich Letztere zumindest in der kurzen Phase des Umbruchs 1989/90 zu einer Massenbewegung aus, die mit friedlichen Demonstrationen gegen das herrschende Regime protestierte.[41] Die Grundsatzentscheidung zugunsten einer raschen Vereinigung der DDR mit der Bundesrepublik Deutschland – und damit die Abkehr von »Dritter Weg«-Vorstellungen, die auf eine Reformierbarkeit des »demokratischen Sozialismus« setzten – führte jedoch bald zur Marginalisierung der Bürgerbewegung. Ablesbar ist dies an der Niederlage des »Bündnis 90«, das sich aus den Oppositionsgruppen »Neues Forum«, »Demokratie Jetzt« und der »Initiative Frieden und Menschenrechte« formiert hatte, bei der ersten freien Volkskammerwahl vom 18. März 1990. An der letzten Montagsdemonstration in Leipzig hatten wenige Tage zuvor nur noch zwischen 30 000 und 50 000 Menschen teilgenommen.[42] In der Gegenüberstellung beider Protestbewegungen lässt sich zugespitzt bilanzieren, dass die 1968er-Bewegung zwar das Institutionengefüge der Bundesrepublik weit gehend unberührt ließ, aber wesentlich zum politisch-kulturellen Bruch mit autoritär-obrigkeitsstaatlichen Relikten der Nachkriegszeit beitrug. Das Hauptresultat der 1989er-Bewegung hingegen bestand in einem »radikalen Systembruch«[43], wobei dieser, anders als von den Bürgerrechtlern beabsichtigt, durch die Übernahme des institutionellen Gefüges der Bundesrepublik bewerkstelligt wurde.

Die Längsschnittanalyse von Protestereignisdaten zeigt ferner, dass die Zahl der Proteste in Deutschland von Jahrzehnt zu Jahrzehnt anstieg, wobei die Teilnehmerzahlen stark schwankten. In den 50er-Jahren gelang es Verbänden von Kriegsopfern und Vertriebenen sowie Gewerkschaften, mit einzelnen Protestaktionen überdurchschnittlich viele Menschen zu mobilisieren. Eine neue Protestwelle setzte in den ausgehenden 60er-Jahren ein. Die 70er-Jahre waren geprägt von einer Vielzahl kleinerer Protestaktionen der aufkommenden Bürgerinitiativen und neuen sozialen Bewegungen, die in der ersten Hälfte der 80er-Jahre in einer neuen Mobilisierungswelle mündeten. Die Friedensbewegung initiierte – nicht zuletzt mit Hilfe einer verbesserten organisatorischen Infrastruktur – Massenproteste, wie sie die Bundesrepublik bis dahin noch nicht erlebt hatte. Im Hinblick auf die Teilnehmerzahlen wurde im Jahr 1980 ein absoluter Gipfel erreicht, als allein mit der Unterschriftenaktion »Krefelder Appell« 4,7 Millionen Menschen mobilisiert wurden. Eine Ausnahmeerscheinung stellt schließlich das Jahr 1989 dar, da im Zeichen der Wende – vor allem bei den so genannten Montagsdemonstrationen – in Ostdeutschland eine außergewöhnliche Massenmobilisierung erreicht wurde. Insgesamt zeigen die Daten, »dass politischer Protest, zumal in seinen offensiveren, bewegungstypischen Formen, eine wichtige und im Zeitverlauf zunehmende Bedeutung im Verhaltensrepertoire der Bürgerschaft einnimmt.«[44]

Die hierfür ausschlaggebende Konfliktlinie »neue Politik« stützt sich auf soziokulturelle Bewegungsmilieus, aus denen sich infrastrukturelle Organisationskerne entwickelten, die schließlich auch im bundesdeutschen Parteiensystem abgebildet wurden.[45] Die ursprünglich strikte Abgrenzung von den etablierten Parteien und konventionellen Partizipationsformen wurde bereits durch die Gründung alternativer Wahlbündnisse und Listen Ende der 70er-Jahre durchbrochen. An der Entwicklung der Grünen, die 1983 erstmals in den Deutschen Bundestag einzogen, spiegelt sich der Wandel der neuen sozialen Bewegungen wider: Radikaldemokratische Forderungen wurden zunehmend von pragmatischen Politikkonzepten abgelöst, basisdemokratische Beteiligungs- und Organisationsmodelle zugunsten einer stärkeren Professionalisierung zurückgenommen.[46] Zu den Erfolgen der neuen sozialen Bewegungen zählt zweifelsohne, dass die von ihnen propagierten Themen inzwischen über das grün-alternative Spektrum hinaus von den politischen Akteuren verfolgt werden und auch institutionell verankert sind. Auch haben sie die Herausbildung eines neuen Partizipationsverständnisses, die »Normalisierung des Unkonventionellen« (Dieter Fuchs) maßgeblich befördert.[47] Angesichts des in den 90er-Jahren in Deutschland zu beobachtenden Rückgangs postmaterialistischer Orientierungen werden die neuen sozialen Bewegungen jedoch als Phänomen der 70er- und 80er-Jahre interpretiert. Auch gibt es Anzeichen dafür, dass sie im Zuge der Globalisierung zunehmend durch NGOs (Nicht-Regierungsorganisation) abgelöst werden, die aufgrund ihres enormen Mobilisierungspotenzials und internationaler Vernetzung eine höhere politische Wirkungsmacht besitzen.[48]

2.4 Plebiszitäre Beteiligungsformen

Das Grundgesetz errichtet für die Bundesrepublik Deutschland ein politisches System, das dem Modell einer repräsentativen Demokratie nahezu in Reinform entspricht. Nach Artikel 20 GG nimmt das deutsche Volk seine Souveränität zwar durch Wahlen *und* Abstimmungen wahr. Jedoch ist in der Verfassung nur ein Fall für eine unmittelbare Beteiligung der Bürger vorgesehen: die Volksabstimmung bei Länderneugliederungen nach Artikel 29 GG. Abgesehen von dieser Ausnahme existieren auf Bundesebene keine direktdemokratischen Elemente. Eine so genannte Territorialabstimmung fand 1996 zur Fusion von Berlin und Brandenburg statt, die allerdings scheiterte. Darüber hinaus entschied das Volk 1952 direkt über die Gründung des Landes Baden-Württemberg nach der besonderen Vorschrift des Artikels 118 GG. Schließlich wurde das Saarland nach der Ablehnung des Saar-Statuts in einem Referendum 1955 ein Land der Bundesrepublik Deutschland.

Im Gegensatz zu dieser restriktiven Regelung auf Bundesebene sind auf kommunaler und Landesebene zahlreiche direktdemokratische Beteiligungsformen vorhanden[49]: In den alten Bundesländern sind Volksbegehren und Volksentscheid inzwischen überall eingeführt. Viele westliche Länder kennen darüber hinaus auch die Volksinitiative. Unter Volksinitiative versteht man das Recht der Bürger, in die jeweilige Legislativkörperschaft einen Gesetzentwurf einzubringen, der dann dort beraten werden muss. Stimmt das Landesparlament einem solchen Volksantrag nicht zu, sind die Bürger regelmäßig berechtigt, ein Volksbegehren zu starten. Volksbegehren und Volksentscheid sind Teile eines zweistufigen Verfahrens zur unmittelbaren Bürgerbeteiligung. Zunächst muss in einem Volksbegehren eine bestimmte Anzahl an Unterschriften gesammelt werden (häufig 10 bis 15 Prozent der Wahlberechtigten), damit ein Volksentscheid, d. h. die direkte Abstimmung durch das

Volk, zulässig ist. Bei Änderungen von Länderverfassungen ist außerdem zwischen obligatorischen und fakultativen Volksabstimmungen zu unterscheiden. Insgesamt ist eine große Formenvielfalt mit unterschiedlichen Detailregelungen festzustellen. Ausnahmslos ausgeschlossen sind nur Plebiszite zu Haushalts- und Finanzfragen. In den meisten Fällen waren direktdemokratische Instrumente von Anfang an in die Landesverfassungen integriert. Schleswig-Holstein reformierte 1990 grundlegend die Landessatzung von 1949, die nun Volksinitiative, Volksbegehren und Volksentscheid vorsieht. In Hamburg wurden direktdemokratische Elemente erst 1996 in die Verfassung der Hansestadt eingefügt. In Berlin wurde die Volksgesetzgebung 1974 abgeschafft und 1995 wieder eingeführt. In den ostdeutschen Bundesländern sind ebenfalls überall plebiszitäre Elemente vorhanden. Sie wurden 1990 im Prozess der Länderwiedergründungen und der Verfassungsgebung von Beginn an vorgesehen. Alle neuen Länder kennen die Dreiheit von Volksinitiative, Volksbegehren und Volkentscheid. Direktdemokratische Elemente wurden in den 90er-Jahren außerdem immer mehr auf die kommunale Ebene ausgedehnt. So genannte Bürgerbegehren und Bürgerentscheide wurden 1993 in Hessen, 1994 in Nordrhein-Westfalen, 1995 in Bayern, 1996 in Niedersachsen, 1997 im Saarland und 1998 in Hamburg in die jeweiligen Kommunalordnungen aufgenommen.[50] Baden-Württemberg verfügt seit seiner Gründung über Bürgerbegehren und Bürgerentscheid. In einigen Kommunalverfassungen ist darüber hinaus das Instrument des Bürgerantrags institutionalisiert, welcher der Volksinitiative auf Landesebene entspricht. Neben diesen unmittelbaren Mitwirkungsrechten in Sachthemen kommt in vielen Ländern noch die direkte Wahl von Bürgermeistern und Landräten hinzu.

Die Kritik an den etablierten Parteien der Bundesrepublik hat dazu geführt, dass bereits in den 80er-Jahren über die Stärkung der partizipatorischen Elemente der Demokratie diskutiert wurde. Seit der deutschen Einheit und der Verfassungsgebung in den neuen Ländern steht die Frage der Einführung von bundesweiten plebiszitären Beteiligungsmöglichkeiten im Mittelpunkt der Verfassungsdebatte. Schon in der 1991 eingesetzten Gemeinsamen Verfassungskommission von Bundestag und Bundesrat spielte sie eine zentrale Rolle. Die CDU/CSU lehnte jedoch jegliche Änderung des Grundgesetzes in diesem Punkt ab.[51] Die rot-grüne Bundesregierung hat in ihrem Koalitionsvertrag von 1998 festgeschrieben, sich für die Einführung von Volksinitiative, Volksbegehren und Volksentscheid einzusetzen. Da jedoch die Union – obwohl auch hier Diskussionsprozesse im Gang sind – weiterhin auf der rein repräsentativen Demokratie besteht und somit die notwendige Zweidrittelmehrheit zur Änderung des Grundgesetzes nicht vorhanden ist, konnte die Vereinbarung nicht umgesetzt werden. Allerdings scheint die rot-grüne Bundesregierung dem Thema auch keine allzu hohe Priorität einzuräumen. Die SPD hat aber eine Arbeitsgruppe unter Justizministerin Herta Däubler-Gmelin eingesetzt, die sich mit konkreteren Verfahrensvorschlägen beschäftigt. Auch die FDP drängt auf die Einführung von bundesweiten Volksabstimmungen.

Die Deutschen befürworten mit großer Mehrheit direktdemokratische Elemente. So bejahten 1998 über 90 Prozent der Bürger die Frage, ob Volksabstimmungen notwendige Bestandteile der Demokratie seien (91 Prozent der Westdeutschen und 95 Prozent der Ostdeutschen).[52] Von einem hohen Ausgangsniveau scheint die Tendenz jedoch in den 90er-Jahren rückläufig zu sein. Nach der ipos-Umfrage »Bürger und Staat« von 1994 stimmten 73 Prozent der Deutschen der Aussage zu, dass die Bürger an wichtigen politischen Entscheidungen direkt beteiligt werden sollten. Im Oktober 1998 waren es noch 71 Prozent, bei der Umfrage vom November 2000 sogar nur mehr 66 Prozent.[53] Dabei ist ein gewisser Zusammenhang mit der Regierungszufriedenheit bzw. mit der Zusammensetzung der Regierung zu beobachten. Bei denjenigen, die eine Parteipräferenz zugunsten der SPD äußern, ist ein überdurchschnittliches Absinken der Werte seit der rot-grünen Regierungsübernahme zu konstatieren. Doch auch bei den Anhängern der anderen Parteien geht die Neigung zu unmittelbaren Demokratieelementen zurück, bleibt jedoch immer oberhalb der 50-Prozent-Marke.

Ein durchgängig feststellbares Muster ist, dass plebiszitäre Orientierungen in den neuen Bundesländern besonders ausgeprägt sind. Alle empirischen Untersuchungen kommen zu dem Ergebnis, dass die neuen Bundesbürger noch stärker als ihre westlichen Mitbürger zu direktem Beteiligungsverhalten neigen.[54] Aktuelle Daten bestätigen diese graduellen Differenzen.[55] Nach der Umfrage vom November 2000 wollen 65 Prozent der Westdeutschen die Bürger direkt an wichtigen politischen Entscheidungen beteiligen. 32 Prozent sind bereit, dies den dafür gewählten Politikern zu überlassen. Dagegen sind 71 Prozent der Ostdeutschen für die unmittelbare Bürgerbeteiligung und nur 25 Prozent für das rein repräsentative Modell. Tatsächlich unterscheiden sich jedoch die Ursachen für diese Einstellungen zwischen Ost und West. Während sie dort auf die Erfahrungen der friedlichen Revolution von 1989 zurückzuführen sind, liegen hier ihre Wurzeln im Wertewandel der »stillen Revolution« der 70er-Jahre. Dass die plebiszitären Tendenzen auch in Ostdeutschland rückläufig sind, könnte allerdings als Indiz für die Gewöhnung an die Funktionsweise der repräsentativen Demokratie gewertet werden. Direktdemokratische Instrumente werden ebenso von den Eliten bevorzugt. Die »Potsdamer Elitestudie« von 1997 konnte zeigen, dass ein vorwiegend repräsentatives Demokratieverständnis bei den Eliten – in überdurchschnittlichem Maße gilt dies für die aus Ostdeutschland stammenden – inzwischen durch plebiszitär orientierte Demokratievorstellungen ergänzt worden ist.[56]

Im Gegensatz zu diesen Einstellungsmustern ist die tatsächliche Teilnahme an direktdemokratischen Verfahren nicht besonders hoch. Meist beteiligen sich weniger Personen daran als bei Wahlen. Die Ergebnisse der letzten Volksentscheide, die zur Abstimmung kamen, zeigen dies deutlich: In Hamburg beteiligten sich am 27. September 1998 lediglich 67 Prozent am Volksentscheid zur Veränderung der Volksgesetzgebung und an dem zur Einführung von Bürgerentscheiden und Bürgerbegehren. In Bayern lag die Beteiligung bei den Volksentscheiden zur Verfassungsreform und zur Abschaffung des Senats am 8. Februar 1998 sogar nur bei 40 Prozent. Im Jahre 2000 kam – wie schon 1999 – kein einziger Volksentscheid zustande, obwohl 27 Volksbegehren initiiert wurden. Die meisten scheiterten bereits daran, dass sie die für das Quorum notwendigen Unterschriften nicht erreichten. Auch bei den direkten politischen Partizipationsformen auf kommunaler Ebene ist eine große Varianz der Beteiligung festzustellen. So haben in Hessen seit deren Einführung im April 1993 bis Anfang des Jahres 2001 56 Bürgerentscheide stattgefunden, wobei die höchste Beteiligung 82 Prozent betrug, die niedrigste 25 Prozent. Im Durchschnitt gingen nur 48 Prozent der Wahlberechtigten zur Abstimmung. Im Vergleich dazu lag die Wahlbeteiligung bei den letzten Kommunalwahlen in Hessen bei 71 Prozent 1993, bei 66 Prozent 1997 und bei 53 Prozent 2001. Auch auf kommunaler Ebene scheitern viele Bürgerbegehren jedoch bereits an der Zulassungshürde. In der Gesamttendenz gilt schließlich festzuhalten, dass die Partizipation der politisch ohnehin interessierten und informierten Teile der Bevölkerung überwiegt.

3. Legitimitätsprobleme

Aus den grundlegenden Wandlungen von Politikverständnis und Partizipationsverhalten in der Bundesrepublik Deutschland sind spezifische Legitimationsprobleme abzuleiten. Diese lassen sich folgendermaßen bündeln:
- die fehlende Transparenz der Politikvermittlung;
- das Partizipations-Effizienz-Dilemma;
- die Legitimationskonkurrenz zwischen repräsentativer Demokratie und plebiszitären Instrumenten;
- das begrenzte affektive Legitimitätsreservoir in den neuen Bundesländern.

3.1 Die fehlende Transparenz der Politikvermittlung

Der Rückgang des politischen Interesses reflektiert nicht nur Politikverdrossenheit, sondern verweist auch auf Probleme der Politikvermittlung. Politische Entscheidungsprozesse verlaufen in der deutschen Verhandlungsdemokratie bzw. im verflochtenen europäischen Mehrebenensystem weitaus komplizierter, als es nach der medienzentrierten Politikvermittlung den Anschein hat. Die Zuordenbarkeit politischer Verantwortung ist jedoch eine zentrale Voraussetzung für demokratische Kontrolle durch den Bürger. Legitimation bedarf der Transparenz.

Längst liegt die Entscheidungsmacht in Deutschland – verstanden als die Fähigkeit zur Herstellung und Durchsetzung allgemein verbindlicher Entscheidungen – nicht mehr allein beim staatlichen Institutionengefüge. Vielmehr ist auf allen Ebenen eine Vielzahl unterschiedlicher korporativer Akteure daran beteiligt. Zudem existieren in der ausdifferenzierten, wertepluralen Gesellschaft nicht nur vielfältige politische Interessen, sondern auch wechselnde Teilöffentlichkeiten, die in den Aushandlungsprozess einzubeziehen sind. Je nach Verhandlungsnetzwerk sind dabei ganz unterschiedliche Öffentlichkeitsformen und Medienzugänge notwendig. Öffentlichkeit muss mit Hilfe der Massenmedien von Fall zu Fall, von Thema zu Thema immer wieder neu hergestellt werden.[57] In diesem Kontext ergeben sich spezifische Legitimitätsprobleme der Mediengesellschaft:
- Durch die Eigengesetzlichkeiten der Medienberichterstattung – insbesondere gilt dies für die dramaturgischen Notwendigkeiten des Echtzeit-Mediums Fernsehen – bleiben nicht nur Kontinuität und Rationalität politischer Entscheidungsprozesse auf der Strecke. Charakteristisch hierfür ist die Komplexitätsreduktion durch die stark personalisierte Politikberichterstattung. Diese »Medienlogik«[58] führt auch dazu, dass politische Entscheidungsträger den »plebiszitären

Schulterschluss mit dem Medienpublikum« proben und die »quasi-präsidiale Moderation konkurrierender Interessen und Machtansprüche« über die Massenmedien austragen. Die Mediengesellschaft trägt somit Merkmale einer »medial-präsentativen Demokratie« (Ulrich Sarcinelli), die einen Wandel der Legitimitätsgrundlagen des parlamentarisch-repräsentativen Systems anzeigen.[59]

- Andererseits verstellt die vermeintliche Allgegenwart der Fernsehkamera den Blick auf die Tatsache, dass wichtige Entscheidungen gerade in den medienfernen Bereichen wenig spektakulärer Routinepolitik fallen. Zwar scheint die Vorstellung von »öffentlichkeitsfreien Arkanbereichen«[60] schwerlich mit dem Demokratieprinzip vereinbar zu sein, doch können Aushandlungsprozesse zwischen widerstreitenden Interessen eher zur Kompromissfindung führen, wenn die politischen Akteure in bestimmten Phasen frei von journalistischer Beobachtung kommunizieren können. Auch deshalb reagiert die Politik immer häufiger mit dem Rückzug in informelle Gremien.

3.2 Das Partizipations-Effizienz-Dilemma

Zu beobachten sind Anzeichen einer »Legitimationsschwäche« aufgrund gestiegener Partizipationswünsche und hoher Leistungserwartungen an das politische System, die den Umfrageergebnissen zufolge beide nicht hinreichend erfüllt werden. Mit den Beteiligungsmöglichkeiten in politischen Parteien, die als Transmissionsriemen zwischen Bürgern und Staat nach wie vor den politischen Willensbildungsprozess in der Bundesrepublik Deutschland dominieren, ist selbst ein Großteil der Parteimitglieder unzufrieden. Allgemein entspricht die auf Dauer angelegte, an vorgegebene und langwierige Verfahren gebundene verfasste Partizipation – auf denen die repräsentative Demokratie funktional aufbaut – kaum dem vorherrschenden Politikverständnis. Auch deshalb greifen die Bürger zu Mitteln des Protestes und wenden sich unkonventionellen Beteiligungsformen zu. Gleichzeitig erwarten sie aber von der etablierten Politik effiziente Problemlösungen. Die »Reformstau«-Debatte hat gezeigt, dass die Deutschen raschere Entscheidungsprozesse und grundlegende Reformen zu den zentralen Zukunftsfragen befürworten. Die Kritik an blockadeanfälligen, steuerungsschwachen Institutionen wächst. Dies betrifft nicht nur langwierige Aushandlungsprozesse des kooperativen Föderalismus, sondern auch die Grenzen politischer Handlungsfähigkeit und Koordinationsmängel im europäischen Mehrebenensystem.

Die verstärkte Bürgerbeteiligung und Einbeziehung gesellschaftlicher Interessen kann zwar die demokratische Legitimation politischer Entscheidungen erhöhen. Sie kann zur Antizipation von Widerständen beitragen oder die Konsensbeschaffung zumindest auf symbolischem Wege ermöglichen. Auch wird hierdurch ein Innovationspotenzial eingebracht, das zur Erzielung adäquaterer Problemlösungen führen kann. Gleichzeitig erhöht sich damit aber die Komplexität und Dauer von Entscheidungsprozessen, was sich effizienzmindernd auswirkt. Das Partizipations-Effizienz-Dilemma besteht somit in folgendem Zusammenhang: Die gewünschte Stärkung der Partizipationschancen hat ambivalente Auswirkungen auf die output-orientierte Legitimation. Die gewünschte Effizienzsteigerung politischer Entscheidungsprozesse hingegen geht zu Lasten der input-orientierten Legitimation.

3.3 Legitimationskonkurrenz zwischen repräsentativer Demokratie und plebiszitären Instrumenten

Das Grundgesetz etabliert eine rein repräsentative Demokratie, deren Legitimationskette strikt von der Volkssouveränität ausgehend über die gewählten Repräsentanten des Volkes im Parlament verläuft. Dem Bundestag ist das Legitimationsmonopol zugewiesen, von ihm leiten sich alle anderen Staatsorgane ab. Plebiszitäre Instrumente stehen dazu in einem latenten Spannungsverhältnis. In der Weimarer Republik erwies sich die Inkonsequenz der Konkurrenz von drei direkt legitimierten Institutionen bzw. Entscheidungsverfahren (Reichspräsident, Reichstag, Volksentscheid) als verhängnisvoll.

Unter dem Eindruck dieser Erfahrungen der ersten deutschen Demokratie standen die Mitglieder des Parlamentarischen Rates, der 1948/49 das Grundgesetz für die Bundesrepublik Deutschland formulierte. In seinen Beratungen bestand deshalb ein weit gehender Konsens darüber, für den zu gründenden Bundesstaat eine rein repräsentative Form der Demokratie festzulegen. Die drei größten Fraktionen kamen zu der übereinstimmenden Auffassung, auf plebiszitäre Elemente im Grundgesetz zu verzichten. Die klassische Argumentationslinie für diese Entscheidung vertrat der spätere Bundespräsident Theodor Heuss (FDP): Er hielt die unmittelbare Demokratie nur in überschaubaren Bereichen für praktikabel. In Massendemokratien werde sie jedoch zu einer »Prämie für jeden Demagogen«[61]. Zufallskonstellationen und Stimmungsschwankungen könnten entscheidend werden. Eine kohärente Politik könnte nicht durchgeführt werden. Als Argumente gegen die Ausweitung direktdemokratischer Partizipationsmöglichkeiten wird ferner angeführt, dass eine Verkürzung auf Ja/Nein-Alternativen der hohen Problemkomplexität politischer Sachverhalte nicht gerecht wird. Politische Entscheidungen produzierten auf diese Weise außerdem immer Gewinner und Verlierer, ein Kompromiss würde unmöglich. Schließlich würden plebiszitäre Elemente nur die Beteiligung ohnehin engagierter Personen fördern.

Die Befürworter bundesweiter Volksentscheide weisen vor allem auf die Verbesserung der Partizipationsmöglichkeiten, die Verwirklichung des Demokratiepostulats und die Stärkung der Volkssouveränität hin. Darüber hinaus würde das Humanpotenzial sowie das soziale Kapital eines Gemeinwesens besser ausgeschöpft. Direktdemokratische Verfahren machten politische Prozesse transparenter, lösten grundlegende Konflikte und förderten die Akzeptanz der Entscheidungen. Plebiszitäre Elemente würden die Bürger schließlich zur Mündigkeit erziehen und politisch sozialisieren. So würde die Politikverdrossenheit abgebaut, gesellschaftliche Kräfte gegen die Anmaßungen der politischen Klasse ließen sich in produktiver Weise nutzen.

Die Entwicklung in der Bundesrepublik Deutschland hat gezeigt, dass die »partizipatorische Revolution« außerhalb verfasster politischer Beteiligung zwar keinesfalls eine systembedrohende Wirkung entfaltet, doch ergeben sich spezifische Legitimationsprobleme: So entstehen neue politische Ungleichheiten, gemeint ist hier die Tendenz zur »selektiven Externalisierung politischer Kosten zu Lasten ressourcenschwächerer Teile der Bevölkerung«[62]. Die Daten zeigen einerseits, dass sich nur ein kleiner Teil der Bevölkerung tatsächlich zur Teilnahme an Plebisziten mobilisieren lässt, mit seiner Stimmabgabe aber für alle Bürger entscheidet. Andererseits sind es gerade die mit dem politischen System Unzufriedenen und weniger Gebildeten, die für mehr direkte Beteiligung eintreten. Die unter den Vorzeichen der Mediendemokratie diskutierten Personalplebiszite (z. B. Direktwahl des Bundespräsidenten oder des Bundeskanzlers), die in Richtung einer Präsidentialisierung des politischen Systems gehen, stoßen zwar auf positive Resonanz in der Öffentlichkeit. Die Einführung von Direktwahlen würde jedoch entweder eine komplette Systemtransformation erfordern oder zum Nebeneinander nicht kompatibler Systemteile führen. Während also Volksentscheide auf Bundesebene noch als Verbesserung der bestehenden Ordnung diskutiert werden können, bedeuten Direktwahlen den Abschied vom bewährten Institutionensystem des Grundgesetzes.

3.4 Das begrenzte affektive Legitimitätsreservoir in den neuen Bundesländern

Der Prozess der Systemakzeptanz ist in den neuen Bundesländern noch nicht abgeschlossen. Anders als in der alten Bundesrepublik, wo sich Legitimitätsüberzeugungen und Vertrauen in die Normen, Institutionen und Verfahren der freiheitlich-demokratischen Grundordnung im Zuge des wirtschaftlichen Aufschwungs des neu gegründeten Staates allmählich entwickeln konnten, hat der mit hohen ökonomischen und sozialpsychologischen Belastungen verbundene Transformationsprozess in den neuen Bundesländern bislang kaum legitimitätsfördernde Impulse entfalten können. Noch immer fühlen sich viele mehr als »ostdeutsche Bürger zweiter Klasse« denn als Bundesbürger. Das Legitimitätsreservoir affektiver Bindungen an die Bundesrepublik Deutschland ist erst schwach ausgeprägt. Objektiv vorhandene staatliche Leistungsdefizite schlagen daher unmittelbarer auf die Systemunterstützung durch. Mängel in der von den neuen Bundesbürgern sehr hoch geschätzten Realisierung sozialer Ziele werden weniger der aktuellen Politik, sondern eher dem System als Ganzem zugeschrieben. Intermediäre Organisationen können im Osten kaum eine systemstabilisierende Wirkung entfalten: Die Bindung an Kirchen, Gewerkschaften und vor allem an Parteien ist weit weniger gegeben als im Westen.

Einzig die PDS verfügt über eine breite Stammwählerschicht, die mit langfristigen westdeutschen Parteibindungen vergleichbar ist. Zu diskutieren ist, inwieweit dies für eine Etablierung der PDS als Regionalpartei spricht, die sich entlang eines innerdeutschen Ost-West-Konflikts formiert. Denn es ist gerade die SED-Nachfolgerin, die mit ihrer Ausrichtung zwischen Ideologie, Ostidentität und Protest ein distanziertes Verhältnis zum Wertesystem der Bundesrepublik pflegt, das aber die Grundlage für das affektive Legitimationsreservoir bildet. Dies wird vor allem daran deutlich, dass die Meinung, die Demokratie der Bundesrepublik sei die beste Staatsform, in der Gruppe der Bürger mit PDS-Parteipräferenz fast gar keinen Rückhalt findet.

Der Verteilungs- und Anspruchskonflikt zwischen Ost und West verfestigt sich, solange die individuelle sozialräumliche Verortung objektive Unterschiede in den Lebensverhältnissen und Erfahrungshorizonten bedingt. Die PDS muss gleichzeitig ein Interesse an der Aufrechterhaltung des Konflikts haben, um ihr Überleben zu sichern. Umstritten ist jedoch, ob es sich hierbei um eine dauerhafte Konfliktlinie im Sinne eines Zentrum-Peripherie-Cleavages handelt. Dies hängt auch davon ab, ob die Unterschiede situativ bedingt sind oder sich durch sozialisatorische Prägungen erklären lassen. Doch wäre eine scharfe Konfrontation der beiden Erklärungsansätze künstlich. Spezifische sozialisatorische Erfahrungen der DDR-Zeit vermischen sich hier mit den situativen Bedingungen des problembelasteten Einigungsprozesses. Insofern spricht viel für eine relativ dauerhafte Konfliktlinie, die die Integration der »ostdeutschen Teilgesellschaft« zum langfristigen Projekt macht.

4. Trendoptionen

Der folgende Analyseschritt soll klären, welche Trendoptionen sich aus den Veränderungen des Partizipationsverhaltens sowie der hieraus resultierenden Legitimationsprobleme ergeben. Diese Trendoptionen stellen zugleich Entwicklungsperspektiven und Handlungsmöglichkeiten dar. Im Mittelpunkt stehen die Vermittlung von Demokratiekompetenz, die Formen bürgerschaftlichen Engagements, die Reform der Binnenorganisationen von Parteien und die Perspektiven der Internetdemokratie.

4.1 Demokratiekompetenz

Die Bundesregierung sieht sich unter den Bedingungen des verhandelnden Staates mit einem deutlichen Verlust an »innerer Souveränität« konfrontiert. Die politische Steuerungsfähigkeit wird durch das Erstarken von »Nebenregierungen« und Gegengewichten im Bund – etwa durch das Bundesverfassungsgericht, die Kompetenzen der Länderregierungen, die Politikverflechtung zwischen Bund und Ländern oder auch korporatistische Strukturen – geringer. Hinzu kommt ein »äußerer Souveränitätsverlust« durch die internationale Verflechtung, allem voran durch den Kompetenztransfer an die Europäische Union. »Im multidimensionalen Mehrebenensystem verliert die nationalstaatliche Regierung durch eine Politik der Entgrenzung zunehmend Entscheidungskompetenz.«[63] Als Ausweg aus diesem Entscheidungsdilemma setzt die politische Führung verstärkt auf Strategien mediatisierter Darstellungspolitik.[64]

Von der Bürgerschaft verlangt diese Tendenz – die wachsende Komplexität politischer Entscheidungsprozesse bei gleichzeitiger massenmedial induzierter Komplexitätsreduktion – zunächst die Fähigkeit zur differenzierten Informationsverarbeitung. Es handelt sich dabei um einen Kernbestandteil der kognitiven politischen Mobilisierung, die als wichtiger Prädiktor politischer Partizipation gilt. In der neueren amerikanischen Debatte wird die Entfaltung individueller Partizipationsressourcen auch unter dem kaum präzise ins Deutsche zu übertragenden Begriff »empowerment« gefasst.[65] Dabei geht es um das Vorhandensein bzw. die Vermittlung von Demokratiekompetenz – im Sinne der Befähigung zur aktiven Teilhabe am politischen Geschehen. Zu den notwendigen qualifikatorischen Voraussetzungen der Teilnahme am politischen Prozess zählen kognitive, prozedurale sowie habituelle Kompetenzen. Die kognitive Kompetenz bezieht sich vor allem auf das Wissen über die institutionelle Ordnung und die funktionalen Zusammenhänge sowie die Bereitschaft, sich dieses anzueignen. Erforderlich ist darüber hinaus prozedurale Kompetenz, d. h. Kenntnisse über vorhandene Partizipationsmöglichkeiten, Zuständigkeiten, Entscheidungsverfahren und rechtliche Regelungen, aber auch taktisch-strategisches Wissen. Die habituelle Kompetenz hebt schließlich auf die Fähigkeit zur praktischen Umsetzung der ausgewählten Vorstellungen und Ziele ab.[66] Erst der demokratiekompetente Bürger verfügt demnach über das nötige Aktions-, Reaktions- und Sanktionspotenzial, um sich effektiv am politischen Willensbildungsprozess beteiligen zu können.

Die vereinzelt vorliegenden empirischen Befunde stimmen hinsichtlich der qualifikatorischen Partizipationsvoraussetzungen jedoch eher skeptisch. So deutet bereits der in den 90er-Jahren ermittelte Trend eines sinkenden politischen Interesses darauf hin, dass politische Inhalte auf Wahrnehmungsbarrieren in der Bevölkerung stoßen. Die wichtigste Informationsquelle der Bürger sind die Massenmedien. Ihr Bild von der Politik wird durch die Medienberichterstattung vermittelt. Studien zum Mediennutzungsverhalten belegen eine zunehmende Unterhaltungsorientierung der Fernsehzuschauer, die in neuen Formaten des Infotainments ihre Entsprechung findet. Stil und Aufmachung von Nachrichten- und Informationssendungen haben sich in den letzten Jahren deutlich gewandelt. Allgemein wird Politik stärker visualisiert und weniger offiziös präsentiert.[67] Fraglich ist jedoch, inwieweit die Konzentration auf Enthüllungsjournalismus, Skandalberichterstattung, Elemente symbolischer Politik und inszenierte Ereignisse die politische Realität noch umfassend und nachvollziehbar vermitteln kann. Der Trend zur personalisierten Politikberichterstattung jedenfalls scheint – so die Momentaufnahme vom November 2000 – den Erwartungen der Rezipienten kaum zu entsprechen: 48 Prozent der Befragten sind der Meinung, »in den Medien geht es zu stark um Personen und zu wenig um politische Inhalte«; weitere 29 Prozent stimmen dem eher zu. 11 Prozent halten dies eher nicht für zutreffend; nur 4 Prozent widersprechen dieser Aussage grundsätzlich. Die Unzufriedenheit mit der politischen Berichterstattung ist unter den politisch sehr stark Interessierten mit 62 Prozent erwartungsgemäß am größten.[68]

Darüber hinaus ist davon auszugehen, dass der politische Informiertheitsgrad der Deutschen deutlich hinter dem allgemeinen Interesse an Politik zurückbleibt. Das Grundverständnis des politischen Systems wird in der breiten Bevölkerung durch Wissenslücken und Fehlperzeptionen beeinträchtigt. Symptomatisch erscheint die begrenzte Fähigkeit zur kritischen Problematisierung populistisch diskutierter Vorschläge zur Einführung mehrheits- bzw. direktdemokratischer Elemente in das politische System (Mehrheitswahl, Direktwahl des Bundespräsidenten oder des Bundeskanzlers, Einführung von Volksentscheid auf Bundesebene).[69] Die Arbeitsweise des Bundestags wird von großen Teilen der Bevölkerung nur rudimentär verstanden, zugleich aber vielfältig kritisiert. Die durch Umfragen immer wieder belegte ausgeprägte Konsensorientierung beispielsweise missversteht das parlamentarische Regierungssystem, welches durch den Dualismus von Regierungsmehrheit und Opposition gekennzeichnet ist. Nicht zuletzt in der öffentlichen Kritik der Regierungspolitik kommt doch die demokratische Kontrollfunktion der Opposition zum Ausdruck. Nach den Befunden vom November 2000 erwarten 61 Prozent der Deutschen von einer »guten Opposition«, dass sie die Regierung »möglichst wirksam unterstützt«. Nur 27 Prozent betrachten es demgegenüber als vorrangige Aufgabe, dass sie die Regierung »möglichst hart kritisiert«. Diese Einschätzung ist mit 77 Prozent unter den schlechter gebildeten (Volksschule ohne Lehre), über 35-Jährigen besonders ausgeprägt vorhanden. Aber auch unter den politisch sehr stark Interessierten vertritt jeder Zweite (53 Prozent) die Ansicht, die Opposition solle unterstützend wirken.[70] Mit Blick auf die Legitimität des deutschen Regierungssystems wird zu Recht angemerkt: »Selbst unbegründete Vorwürfe führen zu wirklicher Verdrossenheit, auch Missverständnisse wirken entlegitimierend. [. . .] Statt Bewährtes zu verbessern werden riskante Reformvorschläge populär.«[71]

Die Trendoption der Vermittlung von Demokratiekompetenz hingegen verweist auf die Chance, das vorhandene politische Interesse und die Bereitschaft, sich mit politischen Themen auseinander zu setzen, zu nutzen. Gefordert sind hier an erster Stelle die Akteure und Institutionen des politischen Entscheidungsprozesses. Neuerungen wie die Einführung der Kernzeitdebatte im Bundestag oder des Parlamentsfernsehens im Zuge der Parlamentsreform sind erste Ansätze für eine bürgernähere Politikvermittlung.[72] Elektronische Formen der interaktiven Kommunikation werden in diesem Bereich zunehmend an Bedeutung gewinnen. Gefordert ist hier aber auch die schulische und außerschulische politische Bildungsarbeit. Einem liberalen Politikverständnis folgend, will diese reflektierte und interventionsfähige Bürger erreichen.[73] Ins Zentrum rücken die medienbedingte gesellschaftliche Modernisierung sowie die damit einhergehenden Veränderungen der politischen Wirklichkeit.[74] Verstärkte Anstrengungen in den neuen Bundesländern könnten dazu beitragen, bestehende Distanzen zum politischen System der Bundesrepublik Deutschland durch die Aktivierung individueller Demokratiekompetenz abzubauen.[75] Unter legitimatorischen Gesichtspunkten geht es nicht zuletzt darum zu verhindern, dass effektive politische Partizipation allein den ressourcenstarken Eliten bzw. politischen Profis vorbehalten bleibt.

4.2 Bürgerschaftliches Engagement

Das Leitbild der Bürgergesellschaft beinhaltet eine Ordnung von Staat, Wirtschaft und Gesellschaft, die möglichst viel Selbstorganisation beim Einzelnen belässt. In diesem Kontext werden in erster Linie Reformansätze diskutiert, die auf eine Modernisierung des wohlfahrtstaatlichen Systems hin zum »aktivierenden Staat« abzielen. Im Mittelpunkt steht dabei das Bestreben, die Menschen einerseits zu mehr Eigenverantwortung, andererseits aber auch zu gemeinwohlorientiertem Engagement zu motivieren.[76] Legitimation wird nach diesem Verständnis nicht primär über eine stetige Steigerung des Outputs des politischen Systems erzielt, sondern über die verantwortliche Teilhabe der Bürger an öffentlichen Angelegenheiten.[77] Systematisch lassen sich der Bürgergesellschaft – vielfach synonym als Zivilgesellschaft oder »civil society« bezeichnet – vier zentrale demokratietheoretische Funktionen zuschreiben: der Schutz vor staatlicher Willkür; die Balance und Kontrolle staatlicher Autorität; die Werteerziehung und demokratische Sozialisation der Bürger;

die pluralistische Interessenvermittlung durch öffentliche Kritik.[78] Es handelt sich somit um ein Konzept, das in letzter Konsequenz die Frage der Macht(ver)teilung im Demokratiemodell neu aufwirft.[79]

Im engeren Sinne stellt die »civil society« nur einen Teilbereich der Bürgergesellschaft dar. Sie umfasst alle sozialen Räume des Bürgerengagements jenseits von Staat und Markt. In diesem so genannten Dritten Sektor bilden sich die unterschiedlichsten Assoziationen, in denen sich Menschen lose oder dauerhaft engagieren. Dazu zählt das weite Spektrum ehrenamtlicher, freiwilliger und auf Selbsthilfe zielender Aktivitäten im sozialen, gesellschaftlichen sowie im politischen Bereich. Die traditionell in Deutschland stark ausgeprägte Vereinskultur ist also ebenso Teil der Zivilgesellschaft wie die Mitarbeit in Nicht-Regierungsorganisationen wie Greenpeace oder Amnesty International. Als Bestimmungskriterien bürgerschaftlichen Engagements gelten neben dessen Freiwilligkeit seine Gemeinwohlorientierung und sein »non-profit-character«.[80]

Das bürgerschaftliche Engagement wird in Zukunft einen wachsenden Stellenwert in Deutschland erhalten. In Zeiten knapper öffentlicher Ressourcen geht es bei dessen Förderung nicht zuletzt um eine Entlastung des Staates, der aufgrund überhöhter Leistungserwartungen der Bürger in eine »Anspruchsfalle«[81] zu geraten droht. Bürgerschaftliches Engagement soll zur Lösung zentraler gesellschaftlicher Probleme beitragen. Drei Optionen stehen hierbei im Mittelpunkt der Diskussion: der Abschied von der alten Arbeitsgesellschaft, d. h. die Förderung gesellschaftlicher Teilhabe jenseits der Erwerbsarbeit; die Verhinderung einer Spaltung der Gesellschaft aufgrund sozialer Ausgrenzung breiter Bevölkerungsteile; die Verbesserung sozialer Einrichtungen durch die Öffnung für freiwillig Engagierte. Verbunden ist dies mit einer Neubewertung sozialen Engagements, die sich auch in der Motivierung durch Gratifikationen ausdrückt.[82]

Die Prognose bürgerschaftlichen Engagements wird jedoch nicht nur durch begrifflich-kategoriale Unschärfen, sondern auch durch inkonsistente Daten erschwert. Zwar liegen Statistiken über die Beschäftigtenzahlen im Dritten Sektor vor, doch variieren die Angaben über das Ausmaß des Bürgerengagements in Deutschland erheblich. Berechnungen zufolge entspricht der von Ehrenamtlichen und sonstigen freiwillig Engagierten geleistete Zeitaufwand im Dritten Sektor insgesamt etwa dem von einer Million Vollzeitbeschäftigten. Der Stellenwert dieser Freiwilligenarbeit unterscheidet sich jedoch – abhängig von der Zahl der Beschäftigten – in den jeweiligen Bereichen erheblich. Unverzichtbar erscheint ihr Beitrag im Freizeitsektor, vor allem in Sportvereinen und im Kulturbereich, wo 1995 rund 40 Prozent des freiwilligen Zeitaufwands geleistet wurden. Vergleichweise gering ist ihr Anteil dagegen in Bildung und Forschung, im Gesundheitswesen und bei den Sozialen Diensten. Im zuletzt genannten Bereich beispielsweise kamen 1995 auf einen unbezahlten Helfer sechs bezahlte Kräfte.[83] Ipos-Umfragen ermitteln seit Anfang der 90er-Jahre ein steigendes soziales und karitatives Engagement. Im November 2000 wird der in diesem Bereich tätige Bevölkerungsanteil auf 28 Prozent beziffert. 29 Prozent der Befragten geben außerdem an, »andere ehrenamtliche Tätigkeiten, z. B. in einem Verein oder einer Partei« auszuüben.[84] Nach den Daten des 1999 erstmals erhobenen »Freiwilligensurveys« liegt der Anteil der Bevölkerung, der in Vereinen, Gruppen, Initiativen u. ä. aktiv ist, im Bundesdurchschnitt bei 66 Prozent. Der Anteil der im engeren Sinne freiwillig bzw. ehrenamtlich Engagierten, die Aufgaben und Arbeiten übernehmen, beträgt demnach 34 Prozent. Der Schwerpunkt der Aktivitäten wie auch des Engagements liegt dabei im Sport- und Freizeitbereich, aber auch kulturelle und soziale Betätigungsfelder finden großen Anklang *(vgl. Tab. 3)*.

Tab. 3: Umfang der Aktivität und des freiwilligen Engagements in Engagementbereichen

Engagementbereich	»Aktives Mitmachen«	»Freiwilliges Engagement«
Sport & Bewegung	37 %	11 %
Schule & Kindergarten	11 %	6 %
Freizeit & Geselligkeit	25 %	6 %
Kirche & Religion	10 %	5 %
Kultur & Musik	16 %	5 %
Sozialer Bereich	11 %	4 %
Politik & Interessenvertretung	6 %	3 %
Berufliche Interessenvertretung	9 %	2 %
Rettungsdienste & Freiwillige Feuerwehr	5 %	2 %
Umwelt-, Natur- & Tierschutz	8 %	2 %
Jugend & Bildung	6 %	2 %
Gesundheit	5 %	1 %
Justiz & Kriminalitätsprobleme	1 %	1 %
Sonstige bürgerschaftliche Aktivität	5 %	1 %
in mindestens einem Bereich »aktiv« bzw. »engagiert«	66 %	34 %

Quelle: Ulrich Sarcinelli/Thomas Gensicke, Bürgergesellschaft und Freiwilligenengagement in Deutschland. Demokratietheoretische und empirische Aspekte zum Wandel von Wertorientierungen der modernen Gesellschaft, in: Gotthard Breit/Siegfried Schiele (Hrsg.), Werte in der politischen Bildung, Bonn 2000, S. 62.

Als besonders ausgeprägt erweist sich das Freiwilligenengagement in Deutschland in den gehobeneren sozialen und Bildungsschichten. Auffallend sind darüber hinaus erhebliche Unterschiede zwischen den Bundesländern, die sich als West-Ost-Gefälle einerseits und Süd-Nord-Gefälle andererseits kennzeichnen lassen. Eine tragende Rolle spielen noch immer die Vereine, in denen sich fast die Hälfte (49 Prozent) des freiwilligen Engagements vollzieht. Das klassische Ehrenamt allerdings ist ebenso wie die Mitgliedschaft in traditionellen Großorganisationen rückläufig. Im Trend liegt eher der lose Zusammenschluss bzw. das zeitlich befristete Engagement in Gruppen, Initiativen oder Projekten. So wurde die Zahl der Selbsthilfegruppen in den westlichen Bundesländern Mitte der 80er-Jahre noch auf rund 25 000, Anfang der 90er-Jahre aber bereits auf das Doppelte geschätzt. 1995 ging die Statistik bereits von fast 70 000 Selbsthilfegruppen mit insgesamt 2,7 Millionen Mitgliedern aus. Die wachsende Zahl eingetragener Vereine, die sich in neuen Politikfeldern wie Umwelt auch international engagieren, belegen die Fähigkeit des Dritten Sektors, Potenziale gesellschaftlichen Wandels zu mobilisieren und Gegenöffentlichkeiten zu integrieren.[85]

Freiwilliges, ehrenamtliches Engagement, so die These von Helmut Klages, ist keineswegs ein Opfer der »Egogesellschaft«. Vielmehr lässt sich begründet annehmen, dass die verbreitete Selbstentfaltungsorientierung auch die Bereitschaft zu individuellem Engagement fördert. Dem Wertewandel entspricht die Trendbeobachtung, dass Gratifikationen im Sinne von mehr Lebensfreude und Lebensqualität eine wichtige Motivationsquelle für freiwillig Engagierte darstellen. Vor allem jüngere Befragte verfolgen hier auch berufliche Interessen. Nach wie vor fördert aber auch die kirchennahe, karitative Gemeinwohlorientierung freiwilliges Engagement. Die Untersuchung der Engagementmotive und -hindernisse lässt Rückschlüsse auf ungenutzte Engagementpotenziale und mögliche praktische Folgerungen zu. Offenbar mangelt es hier weniger an Engagementbereitschaft als an einer geeigneten, modernen Bedürfnissen angepassten Gelegenheitsstruktur.[86]

Das bürgerschaftliche Engagement in Deutschland erscheint in hohem Maße ausbau- und entwicklungsfähig. Während es im kulturell-freizeitbezogenen, aber auch im sozialen Bereich durchaus von breiteren Bevölkerungsgruppen praktiziert wird, scheint es im politischen Teilsegment eher unterentwickelt. So hält im Osten wie im Westen der Republik nur eine Minderheit aktives politisches Engagement für eine notwendige Voraussetzung zur Teilhabe am gesellschaftlichen Leben.[87] Jeder Zweite (52 Prozent) ist der Auffassung, es gebe Wichtigeres zu tun, als sich »um Politik zu kümmern«.[88] Eine legitimations- und partizipationsfördernde Trendoption eröffnet hier prozedurale und institutionelle Korrekturen wie die Erweiterung bürgerschaftlicher Informationsrechte und Beteiligungsmöglichkeiten. Die Palette der Maßnahmen ist vielfältig, wenn diese zum Teil auch eher symbolischer Natur und ohne rechtlichen Anspruch auf Teilhabe bleiben.

Insbesondere auf kommunaler Ebene werden zunehmend Aktionsräume geschaffen, um die Bürger in die Erarbeitung von Leitbildern und Handlungskonzepten der kommunalen Entwicklung einzubeziehen.[89] Der »Lokalen Agenda 21«, ins Leben gerufen durch das Abschlussdokument der Umweltkonferenz der Vereinten Nationen in Rio de Janeiro 1992, haben sich nach Schätzungen allein in Deutschland bereits circa 1 600 Städte und Gemeinden angeschlossen.[90] Ein anderes Beispiel sind Jugendgemeinderäte, die als Modell politischer Partizipation auf die Heranführung der jungen Generation an kommunale Entscheidungsprozeduren zielen.[91] Die Stärkung des lokalen Bürgerengagements trägt nicht nur dem veränderten Politikverständnis von Partizipation und Mitgestaltung jenseits formaler Institutionen, sondern auch dem von der Globalisierung geförderten Trend zur Dezentralisierung Rechnung. Kritiker wenden allerdings ein, dass in Deutschland die obrigkeitsstaatliche Tradition effektiver Verwaltung bürgerschaftliches Engagement auf lokaler Ebene nur dort zulässt, wo es den Verwaltungsvollzug funktional entlastet.[92] Problematisch erscheint auch die Abhängigkeit des Dritten Sektors von öffentlichen Finanzierungsquellen, die 1995 trotz des wachsenden Kommerzialisierungsdrucks noch bei 64 Prozent lag, wobei sich nur rund ein Viertel (23 Prozent) der Organisationen und Einrichtungen zu mehr als 50 Prozent aus der öffentlichen Hand finanzierte.[93]

Die Einrichtung der Enquete-Kommission »Zukunft des Bürgerschaftlichen Engagements« des Deutschen Bundestages wie auch die Ausrufung des »Internationalen Jahres der Freiwilligen« 2001 deuten darauf hin, dass die Politik bürgerschaftlichem Engagement aktuell eine hohe Relevanz beimisst. Bundeskanzler Gerhard Schröder hat die »zivile Bürgergesellschaft« öffentlichkeitswirksam zum gesellschaftspolitischen Konzept erklärt.[94] Ungelöst bleibt allerdings die Frage, inwieweit die Politik den Formen bürgerschaftlichen Engagements tatsächlich Machtteilhabe zuzubilligen bereit ist. Um Nachhaltigkeit zu erzielen, sind fortgesetzte Anstrengungen auf dem Gebiet der Engagementförderung nötig, die geeigneter rechtlicher und finanzieller Rahmenbedingungen bedürfen (einen ersten Schritt in diese Richtung stellt z. B. die Reform des Stiftungswesens dar). Nach dem Vorbild der USA wären etwa Weiterbildungsangebote zu »volunteering«, »fundraising« und des »non-profit-managements« einzurichten.[95] Der Versuch, freiwillig engagierte Bürger »zum Ersatz für einen gestutzten Sozialstaat oder zu Erfüllungsgehilfen staatlicher Sparkommissare«[96] umzufunktionieren, dürfte allerdings auf erhebliche politisch-kulturelle und strukturelle Widerstände stoßen.

4.3 Reform der Binnenorganisation der Parteien

Die Mitgliederprobleme der Parteien haben dazu geführt, ihre perspektivischen Entwicklungsmöglichkeiten mit neuen Begriffen einzufangen. Die klassische Mitgliederpartei, die ihr Selbstverständnis wesentlich über eine möglichst breite Mitgliederbasis und Mitgliederpartizipation definiert, wird danach abgelöst von der »Fraktionspartei«, »Medienpartei«, »Rahmenpartei« oder der »professionalisierten Partei«.

Aufgrund der Erfahrungen in den neuen Bundesländern wurde die These formuliert, dass die Organisationsschwäche der Parteien dort zur Herausbildung eines Prototyps geführt habe, der auch als Modell für die westdeutschen Parteien dienen könne. Die geringen Mitgliederzahlen werden bei den ostdeutschen Parteien durch eine Öffnung der Parteistrukturen, durch eine Professionalisierung der Parteiarbeit und durch die Personalisierung der Politikvermittlung auch auf lokaler Ebene kompensiert. Der Abschied vom traditionellen Konzept der Mitgliederpartei mag zwar unter Effizienzgesichtspunkten durchaus Vorteile haben[97], doch scheint er derzeit noch der politischen Kultur in Deutschland zu widersprechen. Es zählt weiterhin zu den tief verwurzelten Orientierungsmustern der Bundesbürger, dass eine Partei, die nicht über ausreichende Mitgliederzahlen verfügt, kaum demokratische Legitimität für die Ausübung ihres politischen Gestaltungsauftrages beanspruchen kann. Deshalb streben alle Parteien danach, auch zukünftig Mitgliederparteien zu bleiben. Sie versuchen, durch die Reformierung ihrer inneren Ordnung auf Veränderungen und Strömungen in der politischen Kultur zu reagieren, um wieder attraktiver für eine Mitarbeit der Bürger zu werden. Dabei sind bei fast allen Parteien zwei generelle Trends zu beobachten: Zum einen bemühen sie sich um die Integration direktdemokratischer Elemente, zum anderen sind sie erkennbar bestrebt, die Parteistrukturen zu öffnen und zu flexibilisieren.[98]

In dieser Hinsicht haben die Grünen eine Vorreiterrolle übernommen: Bereits bei ihrer Gründung als Bundespartei im Jahr 1980 führten sie als direktdemokratisches Element den Sachentscheid in das Delegiertensystem ein. Bis heute ermöglicht Paragraph 21 der Bundessatzung, dass »über alle Fragen der Politik von Bündnis 90/Die Grünen, insbesondere auch der Programme, des Grundkonsenses und der Satzung, [...] urabgestimmt werden« kann. Das Delegiertenprinzip ist bei den Grünen darüber hinaus durch die direkte Wahl der Vertreter in der Bundesversammlung durch die Kreisverbände durchbrochen. Dem Wunsch nach kleinen, überschaubaren Gruppen im politisch-kulturellen Umfeld der Grünen entsprach die Partei schon von Beginn an mit einem möglichst dezentralen Aufbau der Parteistruktur. Dieser sollte durch einen möglichst hohen Autonomiegrad und möglichst umfangreiche Entscheidungskompetenzen der unteren Organisationseinheiten gewährleistet werden. Außerdem eröffnen die Grünen Nichtmitgliedern weite Bereiche der freien Mitarbeit. Die Verankerung der Basisdemokratie war notwendige Voraussetzung für die Zustimmung der Bürgerinitiativen, aus denen die Grünen hervorgegangen waren, zum Parteiprojekt. Damit reagierten die Grünen direkt auf die politisch-kulturellen Orientierungen ihrer Anhänger, die noch stärker als der Bevölkerungsdurchschnitt direkt-demokratische Instrumente bevorzugen.[99] Die basisdemokratischen Züge entsprachen aber auch der grünen Selbstdefinition als »Parteiorganisation neuen Typs«. Obwohl die Einstellungen der Anhänger der Bündnisgrünen in den neuen Ländern mit dieser Betonung der direkten Demokratie korrespondieren, haben Mitgliederentscheide in der Geschichte des Bundesverbandes außer bei der Fusion von Bündnis 90 und den Grünen 1993 bis heute keine Rolle gespielt.

Seit der Vereinigung führen die Grünen die Parteireformdiskussion jedoch im Vergleich zu den anderen Parteien mit umgekehrten Vorzeichen. Der Prozess vollzieht sich dabei parallel zum radikalen Wandel, den die Grünen von einer Anti-Parteien-Partei zur Regierungspartei zu verkraften hatten. In den 90er-Jahren wurde mit der Einführung des Länderrats die mittlere Funktionärsebene gestärkt und die Trennung von Amt und Mandat durchbrochen. 1998 wurde der Parteirat aus der Taufe gehoben, der in seiner Funktion den Bundesvorständen der anderen Parteien gleicht. Der verkleinerte Bundesvorstand der Grünen entspricht nun einem Parteipräsidium.[100]

Die SPD hat in den 90er-Jahren verschiedene Instrumente eingeführt, die die unmittelbare Beteiligung ihrer Mitglieder auf allen Organisationsebenen begünstigen. Nach dem Rücktritt des damaligen SPD-Bundesvorsitzenden, Björn Engholm, im Mai 1993 sahen die Sozialdemokraten keinen anderen Ausweg, als eine Mitgliederbefragung zur Person des neuen Vorsitzenden durchzuführen. Die Beteiligung daran war angesichts der bei traditionellen Formen der innerparteilichen Willensbildung eher bescheidenen Partizipation erstaunlich hoch. Es gelang der SPD, 57 Prozent der Mitglieder zur Wahl von Rudolf Scharping zu mobilisieren. Unter dem Eindruck dieses Erfolges fügte die SPD auf ihrem Parteitag 1993 zwei wichtige Ergänzungen in ihr Statut ein: einen Mitgliederentscheid über Sachfragen sowie die Urwahl des Kanzlerkandidaten. Außerdem wurden die Untergliederungen der SPD ermächtigt, ebenfalls Mitgliederentscheide und Urwahlen von Spitzenkandidaten einzuführen. Während es auf der Bundesebene bei der einmaligen Mitgliederbefragung 1993 blieb, wurden diese Instrumente auf lokaler und Länderebene öfter eingesetzt. Zuletzt wählten die Sozialdemokraten in Baden-Württemberg im Juli 2000 ihre Spitzenkandidatin für die Landtagswahl 2001, Ute Vogt, in einer direkten Wahl. Auch hier zeigte sich eine relativ hohe Beteiligung von 55 Prozent.

Eine zweite Phase der Parteireformdiskussion begann in der SPD mit den Aufsehen erregenden Vorschlägen von Generalsekretär Franz Müntefering am 2. April 2000.[101] Im Zentrum der Überlegungen stand dabei, die SPD zwar einerseits als Mitgliederpartei zu erhalten, sie andererseits aber den Erfordernissen der Mediengesellschaft anzupassen und für Menschen ohne parteipolitische Bindungen zu öffnen. Bezüglich der Integration direkt-demokratischer Instrumente schlug Müntefering vor, zur Bundestagswahl 2006 offene Vorwahlen nach US-amerikanischem Vorbild einzuführen. Dies hätte zur Folge, dass bei der Aufstellung von Kandidaten nicht nur die Mitglieder direkt abstimmen dürfen, sondern auch Nichtmitgliedern ein Wahlrecht zugestanden würde. Müntefering stieß damit aber auf heftigen Widerstand innerhalb der Partei. Der Bundesvorstand der Sozialdemokraten vertagte im Mai 2000 eine Entscheidung über diese Frage und setzte eine Arbeitsgruppe ein, die sich mit dem Für und Wider offener Vorwahlen beschäftigen soll.

Bei der Öffnung der Parteistrukturen zeigen die Sozialdemokraten nur zaghafte Ansätze. Insgesamt hielt man hier strikt am Konzept der Mitgliederpartei fest. Neben Änderungen bei der Mitgliedschaft der Juso AG wurden auf dem Reformparteitag 1993 lediglich die Vorstände der Partei ermächtigt, themenspezifische Projektgruppen einzurichten, in denen auch Nichtmitgliedern eine Mitwirkungsmöglichkeit eingeräumt wird. Auf kommunaler Ebene sollen zwei der zehn aussichtsreichsten Plätze Seiteneinsteigern vorbehalten bleiben. Die Reformvorschläge von Müntefering gehen nur einen kleinen Schritt weiter. Unter dem Schlagwort »zehn von außen« sollen in der nächsten Bundestagsfraktion zehn Personen, die bisher nicht aktive Parteimitglieder waren, sitzen. Außerdem soll die Rekrutierungskompetenz der Partei verbessert werden. Danach sollen auch nach der Bundestagswahl 2002 wieder 30 Abgeordnete unter 40 Jahren in der Bundestagsfraktion sein. Mit der Gründung des »Netzwerks 2010« wurde noch ein weiterer Schritt zur Modernisierung der Parteistrukturen unternommen. Die Konturen dieser neuen politischen Arbeitsform sind allerdings noch völlig unklar.

Auch die CDU reagierte in den 90er-Jahren auf die Wünsche ihrer Mitglieder und der Öffentlichkeit nach einer stärkeren Berücksichtigung direkt-demokratischer Elemente. Auf ihrem Parteitag 1995 führten die Christdemokraten eine konsultative Mitgliederbefragung in Personalangelegenheiten ein, die allerdings nur auf Beschluss des Bundesvorstandes initiiert werden kann. Im Zusammenhang mit der Spendenaffäre der CDU entflammte im Jahr 2000 wiederum eine Diskussion über die Reform der Parteiarbeit, die sich nicht nur auf die Finanzen beschränkte. Der 13. Parteitag der CDU verabschiedete im April 2000 Leitideen für ein modernes Parteimanagement. Der Generalsekretär wurde aufgefordert, bis zum Parteitag im Jahr 2001 einen Beschlussvorschlag zur Reform der Parteiarbeit zu erarbeiten. Kernstück ist dabei die Ausweitung der direkten Mitgliederbeteiligung. Das bisherige alleinige Initiativrecht des Bundesvorstandes soll danach ebenfalls aufgegeben werden. Den Kreisverbänden soll jedoch nicht ein System oktroyiert werden. Sie sollen per Mitgliederentscheid festlegen können, ob sie ihre Spitzenkandidaten unmittelbar wählen oder am Delegiertensystem festhalten wollen. Eine direkte Wahl des Kanzlerkandidaten der Union ist noch nicht vorgesehen, soll aber weiter besprochen werden. Hier dürften sich allerdings parteispezifische Schwierigkeiten ergeben, da bei der Frage des Kanzlerkandidaten auch die CSU mitbestimmt, die

Urwahlen bisher noch kritisch gegenübersteht. Dennoch haben im Jahr 2000 auch die Christsozialen intensiv über die Erweiterung der Mitgliederrechte diskutiert. In den 90er-Jahren war die CSU noch die einzige Partei, die sich dem Trend zur Integration direkt-demokratischer Instrumente entzogen hatte. Im Oktober 2000 schlug Parteichef Edmund Stoiber jedoch die Urwahl der Kandidaten für den Bundestag und den Bayerischen Landtag durch die Mitglieder vor und stieß damit auf heftigen Widerstand der CSU-Landesgruppe in Berlin. Deshalb hält die bayerische Union weiter am Delegiertenprinzip fest, führt jedoch – wie auf dem Parteitag im November 2000 beschlossen – die Diskussion weiter.[102]

Auch innerhalb der CDU wird die Notwendigkeit des Aufbaus offener Strukturen mit der Einführung einer Gastmitgliedschaft anerkannt. Gerade in der jetzigen Oppositionsrolle bietet sich hier die Chance zur Erneuerung in der Nach-Kohl-Ära.[103] Die aktuelle Parteireformkommission der CDU denkt ebenfalls über eine Öffnung der Strukturen nach. So betont Generalsekretär Meyer die Notwendigkeit, neue Formen der Beteiligung von Sympathisanten zu finden, die sich zwar nicht dauerhaft an die Partei binden, aber dennoch projektspezifisch mitarbeiten wollen. Selbst die CSU, die in den 90er-Jahren die Ausnahme auch von dieser Entwicklung war, hat nun die Möglichkeit einer Gastmitgliedschaft geschaffen.

Wie die beiden Großparteien hat auch die FDP in den 90er-Jahren auf die direktdemokratischen Tendenzen in der politischen Kultur reagiert. Aufgrund eines Beschlusses des Bundesvorstandes wurde am 14. Dezember 1995 ein in der Satzung damals noch nicht vorgesehener Mitgliederentscheid zum Thema »großer Lauschangriff« durchgeführt. Die Beteiligungsrate lag auch hier mit 43 Prozent deutlich über dem Durchschnitt der sonst aktiven Parteimitglieder. Auf dem Bundesparteitag der Liberalen im Mai 1997 folgten die Delegierten dem Antrag des Vorstandes, einen Mitgliederentscheid in die Satzung aufzunehmen. Ein zweites Mal kam dieses Instrument 1997 beim Thema Wehrpflicht zum Einsatz.

Die FDP ist in den 90er-Jahren sehr flexible Wege zur Öffnung ihrer Strukturen gegangen. Den Landesverbänden und ihren Untergliederungen ist es freigestellt, welche Formen der Mitwirkung von Nichtmitgliedern sie wählen. Der Bundesparteitag der FDP im Jahr 2000 in Nürnberg beschäftigte sich ebenfalls vor dem Hintergrund der verschiedenen Affären im Frühjahr mit einer Reform des Parteienstaates. Einen besonders interessanten Ansatzpunkt bietet die Einrichtung einer »virtuellen Mitgliedschaft« in einem »Internet-Landesverband« (net.lv). Die Liberalen wollen damit das bis heute geltende Wohnortprinzip bei der Mitgliedschaft aufweichen, da dieses Konzept immer stärker zum Hinderungsgrund für parteipolitisches Engagement in einer von hoher räumlicher Mobilität geprägten Informationsgesellschaft wird. Dass eine solche Einrichtung attraktiv ist und durchaus auch als Vorbild für andere Parteien dienen kann, zeigt sich darin, dass der Internet-Landesverband kaum ein Dreivierteljahr nach seiner Gründung immerhin 350 Mitglieder zählt.[104]

Die PDS hat der in der ostdeutschen politischen Kultur noch stärker ausgeprägten Tendenz zu unmittelbaren Beteiligungsformen bislang nur eingeschränkt Rechnung getragen. Das bis heute gültige Statut wurde 1993 in einer Urabstimmung verabschiedet. Darin sind unter Ziffer 11 die Voraussetzungen für die Durchführung von Mitgliederentscheiden normiert. Danach ist allerdings nur eine entscheidende

Urabstimmung zu Grundsatzdokumenten (Programm und Statut) vorgesehen, die nur auf Beschluss des Bundesparteitages oder auf Antrag eines Drittels der nachgeordneten Gebietsverbände (Kreisverbände) durchgeführt werden kann. Auch die PDS hat aber noch keinen umfassenden praktischen Gebrauch von diesem Instrument gemacht.

Die PDS setzt somit weniger auf eine Reform ihrer Binnenstruktur. Vielmehr zielt ihre Strategie darauf ab, ihre »Grasverwurzelung«, durch die sie als Nachfolgepartei der SED in den neuen Bundesländern immer noch gekennzeichnet ist, zu erhalten. Die PDS hat nach der Wende 1989 einerseits eine sehr differenzierte horizontale Gliederung entwickelt, die ganz gezielt Ziel- und Betroffenheitsgruppen ansprechen soll. Die Zahl dieser als »Zusammenschlüsse« bezeichneten Gruppen wechselt ständig. Grundsätzlich wird dabei unterschieden zwischen politisch-ideologischen Strömungen (Plattformen), Vereinigungen aufgrund sozialer Gemeinsamkeiten oder thematischer Interessen (Arbeitsgemeinschaften) sowie Initiativen zur kurzfristigen Durchsetzung politischer Ziele (Initiativgruppen). Andererseits tritt die PDS im Osten als »Partei der Kümmerer« auf und ist mit ihren Repräsentanten vor Ort unmittelbar für Bürgerbelange ansprechbar. Insgesamt zeigt sich hier eine gewisse strategische und organisatorische Parallele zur CSU in Bayern, der es ebenfalls durch aktive örtliche Präsenz auch im vorpolitischen Raum gelingt, gesellschaftliche Gruppen an die Partei zu binden.[105]

Vor dem Hintergrund der Veränderungen im Partizipationsverhalten zielen die Reformansätze der Parteien durchaus in die richtige Richtung. Trotzdem hat sich die Organisationswirklichkeit kaum verändert. Direkt-demokratische Elemente sind zwar etabliert, werden jedoch fast immer nur dann angewendet, wenn sich die betreffende Partei in einer schwierigen Situation befindet, in der sich die Führungseliten der Entscheidung entziehen möchten. Auch die Öffnung gegenüber Nichtmitgliedern wird vorangetrieben, doch liegen keinerlei Zahlen und Statistiken über die Anzahl von Gastmitgliedern vor. Der liberale Internet-Landesverband scheint dagegen ein Erfolg versprechender, zukunftsweisender Ansatz zu sein. Er entspricht sowohl dem Wunsch nach unmittelbarer Mitwirkung, nach flexiblen Organisationsformen, und er kommt dem modernen Kommunikationsverhalten wie der gestiegenen Mobilität entgegen.

Der umfassenden Implementierung der Reformen stehen jedoch strukturelle Probleme entgegen: Zunächst ist der Nutzen der Integration direkt-demokratischer Elemente für die Effektivität der Parteien sowie hinsichtlich ihrer Auswirkungen für das repräsentative Demokratiemodell umstritten. Die partizipationsorientierte Seite legt mit großem Optimismus alle Hoffnung auf eine Erneuerung der Mitgliederpartei im Sinne einer Mitwirkungspartei. Die Modernisierung der britischen Parteien wird dabei als Vorbild angesehen, und es werden detaillierte mehrstufige – damit allerdings auch sehr komplizierte – Modelle vorgeschlagen, wie eine direkte Mitgliederbeteiligung ausgestaltet werden könnte.[106] Die Vertreter der Konkurrenztheorie, die der innerparteilichen Willensbildung keine große Bedeutung beimessen, sondern allein auf eine effektive Parteienkonkurrenz setzen, sehen in direkt-demokratischen Mitgliederentscheiden einen Ausstieg aus der Professionalität, befürchten ein Potenzial für die Spaltung von Parteien und den populistischen Missbrauch der Instrumente durch demagogische Parteiführer.[107]

Praktische Schwierigkeiten bei der Umsetzung der Reformmaßnahmen liegen zum einen in innerparteilichen Machtverhältnissen, zum anderen in den Erfordernissen der Außendarstellung begründet. Bisher sind alle Reformansätze von der Parteiführung ausgegangen. Hauptverlierer der Integration direkt-demokratischer Elemente und der Öffnung der Parteistrukturen ist aber die mittlere und untere Funktionärselite. Eine Modernisierung der Organisationswirklichkeit der Parteien gegen diese Gruppen ist jedoch kaum möglich. Die Einführung von offenen Vorwahlen greift sogar die Position der Mitglieder an. Dementsprechend zurückhaltend wurden die Vorschläge von Müntefering in der SPD aufgenommen. Nach der Polis-Mitgliederbefragung vom August 2000 ist die Mehrheit der Mitglieder (58 Prozent) und erst recht der Funktionäre (69 Prozent) sowie Mandatsträger (67 Prozent) gegen eine Öffnung des Nominierungsprozesses der Parlamentskandidaten für Nichtmitglieder. Außerdem stoßen »open primaries« auch auf systemische Bedenken. Denn sie würden zu einem völlig anderen Parteientypus führen, der passend ist für ein präsidentielles Regierungssystem, das eine gewisse Flexibilität der Fraktionen im Parlament bei Sachabstimmungen benötigt. Geschlossene Parteifronten würden sonst in der Konstellation eines »divided government« zu einer Blockade zwischen Exekutive und Legislative führen. Im parlamentarischen System der Bundesrepublik ist die Regierung jedoch auf die permanente geschlossene Unterstützung der Regierungskoalition im Bundestag angewiesen, die durch eine solche Öffnung der Personalrekrutierung gefährdet würde.

Mit Blick auf die Außendarstellung geraten die Parteien zumindest auf der politischen Spitzenebene in ein Mediatisierungs-Partizpations-Dilemma. Die Geschlossenheit ist seit Jahrzehnten einer der wichtigsten Kriterien für die Bewertung einer Partei. Öffentliche innerparteiliche Diskussionen schmälern die Wahlchancen.[108] Diese wären aber mit Personal- und Sachentscheidungen notwendigerweise verbunden. Das Bild der Zerrissenheit würde durch die Medienberichterstattung zusätzlich dramatisiert. Dies wirkt der positiven Rezeption von Mitgliederentscheiden in der Öffentlichkeit entgegen. Der dauerhafte Einsatz direkter Beteiligungsformen kann also kaum im Interesse der Parteien liegen. Die Bedingungen der Mediendemokratie wirken aber auch in einer anderen Hinsicht auf die parteiinterne Willensbildung ein. Die Nominierung von Gerhard Schröder als Kanzlerkandidat illustriert diese Entwicklung: Obwohl nach der Satzung auch eine Urwahl möglich gewesen wäre, war die Entscheidung für Schröder durch seinen Landtagswahlerfolg und sein Image als Medienstar schon vor der eigentlichen Nominierung gefallen. Ähnliches ist bei der Wahl von Angela Merkel als CDU-Vorsitzende zu beobachten gewesen. Durch eine enorme mediale Dynamik, ausgelöst durch die positive Beurteilung ihres Krisenmanagements während der Spendenaffäre, lief die Nominierung fast zwangsläufig auf die ehemalige Generalsekretärin hinaus, obwohl ihre Verankerung in der Partei noch keineswegs ausgeprägt war.

4.4 Internetdemokratie

Trotz technischer, finanzieller und kognitiver Hürden werden sich in Deutschland und Europa moderne Informations- und Kommunikationstechnologien (IuK-Technologien) weiter rasant ausbreiten: Diese Entwicklung hat die Frage aufgeworfen, welche Rolle die so genannten Neuen Medien für die weitere Entwicklung der Demokratie spielen können. Bis jetzt hat sich weder die Vision bewahrheitet, dass Computernetzwerke die athenische Demokratie erneuern könnten, noch erwiesen sich übertriebene Ängste als gerechtfertigt. Zwar schwanken die Angaben über die Anzahl von Internetanschlüssen, doch ist sie europaweit noch relativ niedrig. Nach Schätzungen verfügen nur etwa sechs Prozent der Bürger in der EU über einen Internetzugang. Jedoch sind die prognostizierten Wachstumsraten enorm: Allein in den nächsten zwei Jahren soll sich mit 13 Prozent ihre Anzahl nahezu verdoppeln.[109] Laut dem Bundesverband Informationswirtschaft, Telekommunikation und Neue Medien hatten 1999 elf Millionen Menschen (13 Prozent) in der Bundesrepublik Deutschland ein Internet/Online-Abonnement. Mittelfristig wird vorhergesagt, dass im Jahr 2005 jeder dritte Deutsche über einen eigenen Zugang zum Internet verfügen wird. Deutschland liegt damit im internationalen Vergleich auf einem guten Mittelfeldplatz. Spitzenreiter sind die USA mit 28 Internet/Online-Abonnenten pro 100 Einwohner.[110]

Diese Entwicklungen sind aber nicht ausschließlich positiv zu bewerten: In der Bundesrepublik beispielsweise wird vor der Gefahr einer »digitalen Spaltung« in der Bevölkerung gewarnt. Der eine Teil nutzt intensiv die neuen Technologien und verschafft sich damit Informations- und Kompetenzvorteile. Der andere Teil der Bevölkerung kann oder will keinen Zugang erhalten. Alter, Ausbildungsstand und Wohngebiet sind in dieser Hinsicht die maßgeblichen Indikatoren. Besonders in benachteiligten Bevölkerungsgruppen – Menschen mit niedriger Schulbildung, Senioren, Arbeitslose und Bewohner ländlicher Gebiete – wird die digitale Spaltung zunehmen. Jüngsten Prognosen zufolge werden im Jahre 2003 21 Millionen Personen zwischen 14 und 69 Jahren in Deutschland von der Nutzung des Internets ausgeschlossen sein oder sich ihr verweigern. Das kann zu nachteiligen Effekten bei der Ausbildungs- und Arbeitsplatzwahl, bei den Konsummöglichkeiten sowie bei der Nutzung von staatlichen und privaten Dienstleistungen führen.[111]

Zudem herrscht eine weit verbreitete Unsicherheit, was genau sich hinter dem Begriff der elektronischen Demokratie verbirgt. Generell ist festzuhalten, dass durch den Einsatz der Neuen Medien Strategien zur Stärkung von Partizipation in den Blick rücken. Insofern besteht hier ein enger Zusammenhang mit den Perspektiven der Bürgergesellschaft. Einerseits sollen durch die elektronische Demokratie autonome und selbstregulative gesellschaftliche Sphären institutionalisiert werden, andererseits geht es um die Ausbildung einer autonomen, kritischen Öffentlichkeit, die als Korrektiv zur staatlichen Gewalt fungieren kann.[112] Schließlich liegen Zukunftshoffnungen in der Digitalisierung von Bereichen der Exekutive. In der Internetdemokratie geht es also um mehr Bürgernähe und mehr direkte Bürgerbeteiligung durch leicht zugängliche, interaktive Kommunikationsformen. Systematisch sind drei Dimensionen der Internetdemokratie zu unterscheiden: »e-democracy«, »e-voting« und »e-government«.

Unter dem Stichwort der »e-democracy« eröffnet sich die Perspektive einer »aktiven Volkssouveränität«, die der Bürger nicht nur einmalig mit dem Wahlakt für eine bestimmte Legislaturperiode in freie Mandate der gewählten Repräsentanten transferiert. Es handelt sich mithin um eine neue Form der direkten Demokratie. Mit Optionen wie einem Online-Petitionssystem oder permanenten virtuellen Volksbefragungen könnte sich der demokratische Willensbildungsprozess verändern.[113] Die Neuen Medien bieten einen einfachen, aber umfassenden Zugang zu sämtlichen Dokumenten und Gesetzentwürfen in allen Entwicklungsstadien. Damit wird die Hoffnung auf einen in Zukunft gut informierten Bürger verbunden. Darüber hinaus ist mit den IuK-Technologien die direkte, interaktive Kommunikation der Politik mit den Bürgern genauso möglich wie die breite Einbeziehung externen Sachverstands in den politischen Gesetzgebungsprozess. Schließlich wird den Neuen Medien ein hohes Transparenzpotenzial zugeschrieben. Das »e-democracy«-Projekt des Unterausschusses »Neue Medien« des Deutschen Bundestages hat sich genau das zum Ziel gesetzt: Kommunikations- und Verfahrensprozesse der parlamentarischen Beratung durchschaubarer zu machen, Entwicklungsstadien aufzuzeigen, involvierte Interessengruppen offen zu legen und auch mögliche Erfolge oder Niederlagen in Streitpunkten darzustellen.[114]

Auch die Parteien als etablierte politische Akteure nutzen die Neuen Medien sowohl zur externen als auch zur internen Kommunikation. Dabei geht es vor allem um den Einsatz des Internets im Wahlkampf. Bei der Bundestagswahl 1998 verzichtete keine der Parteien, von der kleinsten Splittergruppe bis zu den beiden großen Volksparteien, auf »cybercampaigning«. Zwar lag dabei die Bedeutung von Wahlkampf-Sites noch vornehmlich darin, dass in anderen Medien darüber berichtet wurde. Doch sehen die Parteien für künftige Wahlen in diesem Instrument große Chancen, weil der Öffentlichkeit durch das Medium Internet Informationen ungefiltert, kurzfristig und authentisch zur Verfügung gestellt werden können. Die Frage der Konkurrenz beim Agenda-Setting stellt sich bei den Neuen Medien ebenfalls nicht in der bisherigen Form. Die Inhalte der Seiten können von den Akteuren selbst gestaltet werden. Außerdem stellt die Gemeinde der Internetnutzer eine zwar noch kleine, aber wachsende und interessante Zielgruppe für die Parteien dar, da sich unter ihnen viele hochgebildete, einkommensstarke Wechselwähler befinden, deren Einfluss für den Wahlausgang entscheidend sein kann. Insgesamt wird die Bedeutung des Internets als Wahlkampfarena zunehmen.

Besonderen Stellenwert hat das Internet aber auch für die innerparteiliche Kommunikation. Die Parteien bieten ihren Mitgliedern neben den allgemein zugänglichen Seiten spezielle Mitgliedernetze an, in denen exklusive Informationen aufbereitet werden. Mittlerweile verfügen sowohl CDU und CSU als auch die FDP über geschützte Websites, die nur Parteimitgliedern offen stehen. Ein weiteres Instrument sind so genannte virtuelle Parteitage, die wegen ihrer Neuheit auch auf intensives Interesse bei den anderen Massenmedien gestoßen sind. Bisher veranstaltete die CDU im Vorfeld des realen Kleinen Parteitages in Stuttgart am 20. November 2000 einen virtuellen Parteitag zum Thema Bildung, bei dem Themen und Anträge aber nur vorberaten wurden. Die Ergebnisse des virtuellen Parteitages waren nicht bindend. Im Gegensatz dazu fand der Parteitag des baden-württembergischen Landesverbandes von Bündnis 90/Die Grünen ausschließlich im Netz statt. Zudem erlauben die Neuen Medien auch die Etablierung neuer Formen der Mitgliedschaft in Parteien. So hat die SPD bereits 1995 den Virtuellen Ortsverein gegründet.[115] Ein weiteres Beispiel dafür ist der oben genannte net.lv der FDP.

Das Thema Onlinewahlen wird besonders kontrovers diskutiert. Die Argumente für die Einführung von »e-voting« lassen sich in drei Bündel zusammenfassen. So sehen die Befürworter der Computerwahl zunächst ökonomische Vorteile im Kontext einer technologischen Offensive, die einen Reputationsgewinn für das Land bedeuten würde. Ebenfalls eine Rolle spielen die Interessen der Computerindustrie. Ferner verbilligen sich für die Kommunen Wahlen durch den Einsatz des Internets. Zudem ließen sich Wahlergebnisse durch den Einsatz von »e-voting« schneller ermitteln. Für die Onlinewahl spricht auch, dass sie die Stimmabgabe für viele Menschen erleichtern würde und so die Wahlbeteiligung erhöht werden könnte. Dies gelte, so die Befürworter, insbesondere in einer Welt, die durch eine hohe Mobilität gekennzeichnet ist, aber auch für die »Computerkids«-Generation. Außerdem würde durch den Einsatz Neuer Medien das Potenzial zur verstärkten Einführung der direkten Demokratie vergrößert.[116]

Skeptiker sehen durch »e-voting« vor allem den Grundsatz der geheimen Wahl infrage gestellt. Wählen per Mausklick berge auf absehbare Zeit immer die Gefahr, dass jede Stimmabgabe identifizierbar sei. Außerdem könnten Wahlergebnisse, so die Befürchtung, beispielsweise durch Hacker manipuliert werden. Ein dritter Einwand richtet sich gegen die mit der Computertechnologie verbundenen Geschwindigkeit. Es wird bezweifelt, dass sich der Wähler genügend Zeit für seine Entscheidung nimmt.[117]

Der virtuelle Dienstleistungsstaat, der Verwaltungsaufgaben online erledigt, ist längst im Entstehen begriffen. Mit dem »e-government« hat die »e-business«-Revolution die öffentliche Verwaltung erreicht. In Deutschland wird der Einsatz dieser Technologien vor allem durch die kommunale Ebene vorangetrieben. Unter »e-government« versteht man die digitale Unterstützung von Information, Kommunikation und Transaktion im Bereich der öffentlichen Verwaltung. »e-government« bezieht sich dabei sowohl auf den behördlichen Bereich als auch auf die Schnittstellen Verwaltung – Bürger und Verwaltung – Wirtschaft.«[118] Insgesamt zeigt sich, dass immer mehr Bürger ein Onlineangebot von Verwaltungsdienstleistungen wünschen. Die Kommunen verbinden ebenfalls große Hoffnungen mit dem »e-government« und erwarten Verbesserungen hinsichtlich der Arbeitsweise und des Leistungsangebots der öffentlichen Hand. Funktionierende Angebote sind daher dazu geeignet, die Zufriedenheit der Bürger mit der Administration zu erhöhen und damit auch deren Legitimation zu verbessern. Trotz der großen Erwartungen, die Verwaltungen an die Digitalisierung richten, klafft bis jetzt eine erhebliche Lücke zwischen diesen Hoffnungen und dem aktuellen Umsetzungsstand. Nur etwas mehr als ein Zehntel der großen Städte in Deutschland verfügt über eine ausformulierte »e-government«-Strategie. Mit der flächendeckenden Einführung von »e-government« sind zahlreiche praktische Schwierigkeiten verbunden. So ist immer noch die Internetanbindung der Stadtverwaltungen entwicklungsbedürftig. Als Engpassfaktoren erweisen sich zudem die finanzielle Lage der Kommunen, die personelle Ausstattung und vor allem die unzureichende Ausgestaltung der rechtlichen Rahmenbedingungen (z. B. digitale Signatur). Weiterhin gelten auch hier Sicherheitsbedenken als ein wesentliches Problem.

Mit der Ausbreitung der »e-democracy« einher geht eine Tendenz zur Verdrängung des Korporatismus durch neue Organisationsformen bzw. zeitlich begrenzte, thematisch bezogene Initiativen. Die Stellung der etablierten Verbände wird bedroht, weil deren großformatige Interessenaggregation verzichtbar wird – jedes Individuum kann sich selbst artikulieren. Darüber hinaus entstehen neue Netzwerke, deren Einfluss schon heute nicht zu unterschätzen ist. Bereits 1997 schlossen sich über 600 Nicht-Regierungsorganisationen (NGOs) im Web zusammen. Dieser Ad-hoc-Koalition gelang es, einen völkerrechtlichen Vertrag, das multilaterale Investitionsabkommen MAI, das nahezu unterschriftsreif war, zu Fall zu bringen. In Anbetracht dieses Erfolges haben sich Hunderte von NGOs aus aller Welt, koordiniert über das Internet, zu einer neuen Internationalen formiert. Weitere Beispiele für die Vernetzung solcher Initiativen waren die Organisation der Proteste gegen den Wirtschaftsgipfel Ende 1999 in Seattle und die Anti-Haider-Bewegung in Österreich.[119]

Demgegenüber bleibt festzuhalten, dass die individuelle Interessenartikulation via Internet die Interessenaggregation nicht ersetzt, deshalb wird es entscheidenden Einfluss haben, wer diese Interessen im politischen Prozess bündelt und organisiert. Durch das Internet drohen einerseits die bekannten Probleme plebiszitärer Beteiligungsformen wie die des Populismus und der elitengesteuerten Instrumentalisierung der uninformierten Bevölkerungsmasse. Die Verbreitung von Hasspropaganda und nationalsozialistischem Gedankengut lässt sich im Internet nur sehr schwer eindämmen.[120] Außerdem besteht durch die Möglichkeit von permanenten Volksbefragungen die Gefahr einer fragmentierten, fortwährend an kurzfristigen Erfolgen orientierten Ad-hoc-Politik. Ferner werden hinsichtlich der Internetdemokratie Sicherheitsbedenken vorgebracht. Insbesondere geht es hierbei um eine Modernisierung des Rechts auf informationelle Selbstbestimmung, d. h. einerseits um den Schutz der personenbezogenen Informationen sowie andererseits um das Recht auf Zugang zu allen wichtigen Informationen. Deshalb bedarf es hier dringend eines neuen Datenschutzrechts.

Alles in allem muss der echte Mehrwert des Internets für die Demokratie kritisch beurteilt werden. Der »Netizen«, der gut informierte Netzbürger, der mehr sein will als ein passiver Konsument, ist weit gehend noch ein Wunschtraum. Die Neuen Medien werden von denjenigen am häufigsten genutzt, die aufgrund ihrer Bildung und ihres professionellen Hintergrunds ohnehin am aktivsten waren. Heilserwartungen, die auf die elektronische Demokratie projiziert wurden, sind ebenso unrealistisch wie Untergangsszenarien. Positiv hervorgehoben werden kann, dass das Internet auf der Angebotsseite erhebliche Verbesserungen für die Demokratie durch den einfachen Zugang zu Informationen und durch neue Kommunikations- und Partizipationsformen bringen kann. Das Verhalten der breiten Masse der Nachfrager, also der Bürger, wird sich nicht so schnell ändern.

5. Von der Krise zur Erneuerung der Parteiendemokratie

Aus der Analyse der Trends politischer Beteiligung lässt sich keine umfassende Delegitimierung des politischen Systems der Bundesrepublik Deutschland ableiten. Im Kern handelt es sich bei den ermittelten Krisensymptomen um Schwächen der überkommenen Parteiendemokratie. Sowohl die input-, als auch die output-orientierte Legitimation der Parteiendominanz erscheint zunehmend infrage gestellt. Dies resultiert insbesondere aus der rückläufigen konventionellen Partizipation, die jedoch das Rückgrat der Mitwirkung der Parteien an der politischen Willensbildung darstellt. Vor allem der Ansehensverlust sowie der damit zusammenhängende Mitgliederschwund bedeuten eine organisatorische Auszehrung der Parteien. Aufgrund der ohnehin schwachen Ausgangsposition geht dies besonders in der jungen Generation und in Ostdeutschland an die Substanz. Darüber hinaus wird die starke Stellung der Parteien im politischen Entscheidungsprozess durch die medien-induzierte Komplexitätsreduktion der inszenierten Politik ausgehöhlt. An die Stelle von Parteien und Programmen treten Personen und Pragmatismus.

Die input-orientierte Legitimation des politischen Systems ergibt sich jedoch nicht allein aus der parteienvermittelten Partizipation, sondern auch aus unverfassten Beteiligungschancen der Öffentlichkeit. Hier geht der Trend in Richtung eines situativen, in den vorpolitischen Raum verlagerten Engagements, das den Schwerpunkt der Bürgerbeteiligung bildet. Das im engeren Sinne politische Engagement vollzieht sich in immer weiter ausdifferenzierten Partizipationsformen. In allen Bereichen – in der Bürgergesellschaft ebenso wie bei Plebisziten und den Foren der Internetdemokratie – beteiligen sich allerdings vorwiegend die ressourcenstarken Teile der Bevölkerung. Daraus ergibt sich ein Trend zur elitendominierten politischen Partizipation. Unter legitimatorischen Gesichtspunkten ist diese Entwicklung ambivalent zu bewerten: Einerseits kann das politische System auf diese Weise zivilgesellschaftliches Sozialkapital für möglichst adäquate, effiziente Problemlösungen aktivieren. Andererseits wird ein Großteil der Deutschen durch die neuen politischen Beteiligungsformen nicht erreicht.

Dem verbreiteten politischen Desinteresse begegnet die Politik mit Strategien mediatisierter Darstellungspolitik. Komplexe Sachverhalte werden gemäß den Eigengesetzlichkeiten der Mediendemokratie mit Hilfe symbolischer Politik und Personalisierung vermittelt. Politische Entscheidungen werden zudem nicht mehr allein im komplizierten Gesetzgebungsverfahren von Bundestag, Bundesregierung und Bundesrat getroffen, sondern immer häufiger ad hoc eingerichteten, informellen Gremien anvertraut. In der Konsequenz bleibt die politische Mitwirkung bestimmten Akteurseliten aus Gesellschaft, Wirtschaft und Politik vorbehalten. Auf diese Weise sollen Steuerungsverluste kompensiert oder zumindest überdeckt werden. Dies kann zwar zu einer Erhöhung der output-orientierten Legitimation führen. Doch wird die Transparenz politischer Entscheidungen und Verantwortlichkeiten hierdurch zusätzlich beeinträchtigt. Insgesamt trägt dies zu einer weiteren legitimatorischen Schwächung der repräsentativen, auf die Parteien ausgerichteten Verfahren der politischen Willensbildung bei.

Auf Dauer droht der schleichende Legitimationsverlust der Parteien, die das Bindeglied zwischen Volk und Staat darstellen, die Funktionslogik des repräsentativen Systems zu gefährden. Vordergründig eröffnen sich hier zwei Handlungsoptionen: Zum einen könnte darauf mit einer Veränderung der institutionellen Struktur des Grundgesetzes reagiert werden. Doch lässt die hier vorgenommene Analyse darauf schließen, dass die gegenwärtig in der Öffentlichkeit debattierten punktuellen Reformvorschläge – wie die Einführung von Sach- oder Personalplebisziten auf der Bundesebene – weder die konstatierten input- noch die festgestellten output-orientierten Legitimationsschwächen beheben werden. Zum anderen stellt der politische Prozess einen Ansatzpunkt für Reformen dar. Hier geht es wesentlich darum, wie die Parteiendemokratie revitalisiert werden kann. Durch die Vermittlung von Demokratiekompetenz lässt sich die Beteiligungsbereitschaft nachhaltig fördern. Vorhandene Partizipationspotenziale der Bürgergesellschaft sind durch Netzwerkstrukturen konsequent und kreativ einzubinden. Darüber hinaus gilt es, den Zugang zur Politik durch eine Reform der Binnenorganisation der Parteien und die Nutzung virtueller Kommunikationsformen zu erleichtern. Die Erneuerung der Parteiendemokratie wird maßgeblich davon abhängen, ob es gelingt, Politik als Erfahrungsraum für die Bürger erlebbar zu machen.

Anmerkungen

1 Vgl. weiterführend Manfred G. Schmidt, Demokratietheorien, Opladen 2000 (3. Aufl.), hier besonders S. 251–268.

2 Ulrich Sarcinelli, Repräsentation oder Diskurs? Zu Legitimität und Legitimitätswandel durch politische Kommunikation, in: Zeitschrift für Politikwissenschaft, 2/1998, S. 547–567, hier S. 551.

3 Vgl. Manfred G. Schmidt, Komplexität und Demokratie. Ergebnisse älterer und neuerer Debatten, in: Ansgar Klein/Rainer Schmalz-Bruns (Hrsg.), Politische Beteiligung und Bürgerengagement in Deutschland. Möglichkeiten und Grenzen, Bonn 1997, S. 41–58.

4 Vgl. Fritz W. Scharpf, Demokratie in der transnationalen Politik, in: Internationale Politik, 12/1996, S. 11–12, hier S. 17.

5 Grundlegend vgl. Gabriel A. Almond/Sidney Verba, The Civic Culture. Political Attitudes and Democracy in Five Nations, Princeton 1963.

6 Ausführlich vgl. Werner Weidenfeld/Karl-Rudolf Korte, Die Deutschen. Profil einer Nation, Stuttgart 1991.

7 1997 lagen die Zustimmungswerte mit Werten von 88 Prozent im Westen und 81 Prozent im Osten auf hohem Niveau dicht beieinander; vgl. Dieter Fuchs u. a., Die Akzeptanz der Demokratie des vereinigten Deutschland. Oder: Wann ist ein Unterschied ein Unterschied?, in: Aus Politik und Zeitgeschichte (APuZ), B 51/1997, S. 3–12.

8 Ersteres äußerten im Mai 1999 80 Prozent der Westdeutschen, gegenüber 72 Prozent der Ostdeutschen; Zweites gaben 1999 70 Prozent der Westdeutschen, gegenüber 82 Prozent der Ostdeutschen an; vgl. Bundesverband deutscher Banken, »50 Jahre Bundesrepublik Deutschland«. Ergebnisse einer repräsentativen Meinungsumfrage, in: DEMO/SKOPIE, 5/1999, S. 10 u. 12.

9 Vgl. Andreas Kießling, Politische Kultur und Parteien im vereinten Deutschland. Determinanten der Entwicklung des Parteiensystems, München 1999.

10 Vgl. Bundesverband deutscher Banken, Umfrage »Deutschland im Wandel«, November 2000, dokumentiert in Kapitel VI in diesem Band, Tabelle 5.4.

11 Polizei (81 Prozent), Bundesverfassungsgericht (75 Prozent) und Bundeswehr (65 Prozent) führen die Vertrauensskala mit Abstand an; vgl. Infratest dimap, Umfrage vom Januar 2000, in: Führung und Vertrauen in der Politik. Kolloquium zu Gesellschaft, Politik und Kultur, hrsg. vom Centrum für angewandte Politikforschung, München 2000, S. 7.

12 Repräsentative Meinungsumfrage von ipos im Auftrag des Bundesverbands deutscher Banken im Oktober 2000, in: Inter/esse, 11/2000, S. 8.

13 Umfrage »Deutschland im Wandel« (Anm. 10), vgl. Tabelle 5.6.

14 Vgl. Umfrage »50 Jahre Bundesrepublik Deutschland« (Anm. 8), S. 13.

15 1997: 84 Prozent, vgl. ipos-Umfrage (Anm. 12), S. 3.

16 Wohlfahrtssurvey 1998, vgl. Statistisches Bundesamt (Hrsg.), Datenreport 1999. Zahlen und Fakten über die Bundesrepublik Deutschland, Bonn 2000, S. 537 f.

17 Umfrage »Deutschland im Wandel« (Anm. 10), vgl. Tabelle 5.8.

18 Vgl. Christof Ehrhart/Eberhard Sandschneider, Politikverdrossenheit: Kritische Anmerkungen zur Empirie, Wahrnehmung und Interpretation, in: Zeitschrift für Parlamentsfragen (ZParl), 3/1994, S. 441–458.
19 Vgl. Manuela Glaab/Karl-Rudolf Korte, Politische Kultur, in: Werner Weidenfeld/Karl-Rudolf Korte (Hrsg.), Handbuch zur deutschen Einheit. 1949 – 1989 – 1999, Bonn 1999 (aktual. u. erweit. Neuaufl), S. 642–650.
20 Vgl. Samuel H. Barnes u. a., Political Action: Mass Participation in Five Western Democracies, Beverly Hills 1979.
21 Vgl. hierzu Elisabeth Noelle-Neumann/Renate Köcher (Hrsg.), Allensbacher Jahrbuch der Demoskopie 1993–1997, Bd. 10, München u. a. 1997, S. 783 f.
22 Vgl. Umfrage »Deutschland im Wandel« (Anm. 10), Tabelle 5.1.
23 Vgl. zu den unterschiedlichen Positionen von Ursula Feist und Dieter Roth die jeweiligen Aufsätze in Karl Starzacher u. a. (Hrsg.), Protestwähler und Wahlverweigerer. Krise der Demokratie, Köln 1992; zu den empirischen Daten vgl. Thomas Kleinhenz, Die Nichtwähler. Ursachen der sinkenden Wahlbeteiligung in Deutschland, Opladen 1995.
24 Der Pedersen-Index wird berechnet, indem man die absoluten Veränderungen des in Prozent der gültigen Stimmen ausgedrückten Wahlergebnisses aller Parteien zwischen zwei aufeinander folgenden Wahlen summiert. Der so erhaltene Wert wird durch zwei geteilt, um Doppelzählungen zu vermeiden.
25 Vgl. Infratest dimap, Wahlreport. Wahl zum 14. Deutschen Bundestag 1998, Berlin 1998.
26 Vgl. Elmar Wiesendahl, Keine Lust mehr auf Parteien. Zur Abwendung Jugendlicher von den Parteien, in: APuZ, B 10/2001, S. 7–19.
27 Vgl. Elmar Wiesendahl, Noch Zukunft für die Mitgliederparteien? Erstarrung und Revitalisierung innerparteilicher Partizipation, in: Klein/Schmalz-Bruns, Politische Beteiligung (Anm. 3), S. 349–381.
28 Vgl. Hans Joachim Veen/Viola Neu, Politische Beteiligung in der Volkspartei – Erste Ergebnisse einer repräsentativen Untersuchung unter CDU-Mitgliedern, hrsg. v. d. Konrad-Adenauer-Stiftung, St. Augustin 1995, S. 9.
29 Vgl. Michael Th. Greven, Parteimitglieder. Ein empirischer Essay über das politische Alltagsbewusstsein in Parteien, Opladen 1987, S. 57.
30 Vgl. Polis, SPD-Mitgliederbefragung 2000. Zusammenfassung der Ergebnisse und Datendokumentation, München 2000.
31 Umfrage »Deutschland im Wandel« (Anm. 10), vgl. Tabelle 5.10.
32 Grundlegend vgl. Barnes, Political Action (Anm. 20); politische Gewalt wird neben Formen zivilen Ungehorsams vielerorts als eigene Teildimension nicht-legaler, unkonventioneller Partizipation erfasst.
33 Die Daten beziehen sich auf die Befragten, die Angaben machen; vgl. Zentralarchiv für empirische Sozialforschung, Allgemeine Bevölkerungsumfrage der Sozialwissenschaften (ALLBUS) aus dem Jahr 1998, Köln (ZA-Nr. 3000).
34 Vgl. Max Kaase, Zur Entwicklung von konventionellen und unkonventionellen Formen politischer Beteiligung in westlichen Demokratien, in: Ralf Kleinfeld/Wolfgang Luthardt (Hrsg.), Westliche Demokratien und Interessenvermittlung. Zur aktuellen Entwicklung nationaler Parteien- und Verbändesysteme, Marburg 1993, S. 17–31.
35 Befragt wurden insgesamt etwa 90 000 14-Jährige in 28 Ländern, vgl. IEA Civic Education Study. Kurzbericht (vervielfältigtes Manuskript), Berlin 2001.
36 Zur Systematisierung und Entwicklung sozialer Bewegungen vgl. zusammenfassend Joachim Raschke, Machtwechsel und soziale Bewegungen, in: Ansgar Klein u. a. (Hrsg.), Neue soziale Bewegungen. Impulse, Bilanzen und Perspektiven, Opladen und Wiesbaden 1999, S. 64–88.
37 Vgl. Armin Pfahl-Traughber, Die Entwicklung des Rechtsextremismus in Ost- und Westdeutschland, in: APuZ, B 39/2000, S. 3–14.
38 Das Konzept der kognitiven politischen Mobilisierung wurde von Ronald Inglehart in die wissenschaftliche Diskussion eingeführt. Es umfasst sowohl das politische Interesse und das Maß der Bedeutung der Politik für das eigene Leben als auch die Fähigkeit, politische Informationen richtig zu verarbeiten; vgl. Ronald Inglehart, The Silent Revolution. Changing Va-

lues and Political Styles Among Westerns Publics, Princeton 1977; ders., Kultureller Umbruch. Wertewandel in der westlichen Welt, Frankfurt/M. und New York 1989.

39 Kaase, Formen politischer Beteiligung (Anm. 34), S. 18.

40 Vgl. Dieter Rucht, Soziale Bewegungen als demokratische Produktivkraft, in: Klein/Schmalz-Bruns, Politische Beteiligung (Anm. 3), S. 382–403.

41 Vgl. Dieter Rucht, 1968 und 1989: Wendepunkte der Protestgeschichte Deutschlands?, in: Kurt Imhof/Peter Schulz (Hrsg.), Kommunikation und Revolution, Zürich 1998, S. 285–310, hier S. 290.

42 Bei der größten Massendemonstration in der Geschichte der DDR am 4. November 1989 hatten sich in Ost-Berlin etwa 700 000 Menschen versammelt; vgl. grundlegend Ehrhart Neubert, Geschichte der Opposition in der DDR 1949–1989, Bonn 1997.

43 Rucht, 1968 und 1989: Wendepunkte (Anm. 41), S. 306.

44 Ders., Soziale Bewegungen (Anm. 40), S. 389.

45 Vgl. Bernhard Wessels, Politisierung entlang neuer Konfliktlinien?, in: Klein/Schmalz-Bruns, Politische Beteiligung (Anm. 3), S. 205–230.

46 Zum Spannungsverhältnis zwischen grün-alternativem Selbstverständnis und Etablierung im Parteiensystem vgl. Joachim Raschke, Die Zukunft der Grünen. So kann man nicht regieren, Frankfurt/M. 2001.

47 Zit. nach Wessels, Politisierung (Anm. 45), S. 222.

48 Weiterführend hierzu vgl. Marianne Beisheim/Michael Zürn, Transnationale Nicht-Regierungsorganisationen. Eine Antwort auf die Globalisierung?, in: Klein, Neue soziale Bewegungen (Anm. 36), S. 306–319.

49 Einen ausführlichen Überblick bieten Wolfgang Luthardt/Arno Waschkuhn, Plebiszitäre Komponenten in der repräsentativen Demokratie. Entwicklungsstand und Perspektiven, in: Klein/Schmalz-Bruns, Politische Beteiligung (Anm. 3), S. 79–85.

50 Vgl. Andreas Kost, Bürgerbegehren und Bürgerentscheid. Genese, Programm und Wirkungen am Beispiel Nordrhein-Westfalen, Schwalbach/Ts. 1999.

51 Vgl. Peter Fischer, Reform statt Revolution. Die Gemeinsame Verfassungskommission von Bundestag und Bundesrat, München 1995, hier v. a. S. 66–72.

52 Vgl. Andreas Kießling, Politische Kultur und Parteien (Anm. 9), S. 61 f.

53 Vgl. Umfrage »Deutschland im Wandel« (Anm. 10), Tabelle 5.9.

54 Vgl. z. B. Markus Klein, Was bleibt von der friedlichen Revolution? Plebiszitäre Orientierungen im vereinten Deutschland, in: Heiner Meulemann (Hrsg.), Werte und nationale Identität im vereinten Deutschland. Erklärungsansätze der Umfrageforschung, Opladen 1998, S. 153–176.

55 Vgl. Umfrage »Deutschland im Wandel« (Anm. 10), Tabelle 5.9, sowie Elisabeth Noelle-Neumann, Der populistische Weg nach links, in: Frankfurter Allgemeine Zeitung vom 15. November 2000, S. 5.

56 Vgl. Wilhelm Bürklin u. a., Eliten in Deutschland, Opladen 1997.

57 Vgl. Otfried Jarren, Politik und politische Kommunikation in der modernen Gesellschaft, in: APuZ, B 39/1994, S. 3–10.

58 Winfried Schulz, Wird die Wahl im Fernsehen entschieden? Der »getarnte Elefant« im Lichte der neueren Forschung, in: Media Perspektiven, 7/1994, S. 318–327, hier S. 322.

59 Ulrich Sarcinelli, Demokratiewandel im Zeichen medialen Wandels? Politische Beteiligung und politische Kommunikation, in: Klein/Schmalz-Bruns, Politische Beteiligung (Anm. 3), S. 314–345.

60 Ulrich Sarcinelli, Politikvermittlung und Demokratie: Zum Wandel der politischen Kommunikationskultur, in: ders. (Hrsg.): Politikvermittlung und Demokratie in der Mediengesellschaft. Beiträge zur politischen Kommunikationskultur, Bonn 1998, S. 11–23, hier S. 14.

61 Vgl. Karlheinz Niclauß, Der Weg zum Grundgesetz. Demokratiegründung in Westdeutschland 1945–1949, Paderborn u. a. 1998, S. 192–200.

62 Kaase, Formen politischer Beteiligung (Anm. 34), S. 31.

63 Karl-Rudolf Korte, Veränderte Entscheidungskultur: Politikstile der deutschen Bundeskanzler, in: ders./Gerhard Hirscher (Hrsg.), Darstellungspolitik oder Entscheidungspolitik?

Über den Wandel von Politikstilen in westlichen Demokratien, München 2000, S. 13–37, hier S. 18.

64 Vgl. Manuela Glaab, Mediatisierung als Machtquelle von Regierungschefs, in: ebd., S. 106–121.

65 Vgl. Roland Roth, Bürgerschaftliches Engagement – Formen, Bedingungen, Perspektiven, in: Annette Zimmer/Stefan Nährlich (Hrsg.), Engagierte Bürgerschaft. Traditionen und Perspektiven, Opladen 2000, S. 25–48, hier S. 39.

66 In Anlehnung an Herfried Münkler, Der kompetente Bürger, in: Klein/Schmalz-Bruns, Politische Beteiligung (Anm. 3), S. 153–172.

67 Vgl. Manuela Glaab, Politikvermittlung in der Mediendemokratie – Indikator und Faktor politisch-kulturellen Wandels, in: Bayerische Landeszentrale für politische Bildungsarbeit, Politische Kultur im Prozess der inneren Einheit, München 1999, S. 25–46.

68 Vgl. Umfrage »Deutschland im Wandel« (Anm. 10).

69 Vgl. Werner J. Patzelt, Reformwünsche in Deutschlands latentem Verfassungskonflikt, in: APuZ, B 28/2000, S. 3 f.

70 Vgl. Umfrage »Deutschland im Wandel« (Anm. 10), Tabelle 5.13.

71 Werner J. Patzelt, Verdrossen sind die Ahnungslosen, in: Die Zeit vom 22. Februar 2001.

72 Vgl. Stefan Marschall, Deutscher Bundestag und Parlamentsreform, in: APuZ, B 28/2000, S. 13–21.

73 Weiterführend vgl. Joachim Detjen, Die Demokratiekompetenz der Bürger. Herausforderung für die politische Bildung, in: APuZ, B 25/2000, S. 11–20.

74 Ausführlicher vgl. Ulrich Sarcinelli, Medienkompetenz in der politischen Bildung. Pädagogische Allerweltsformel oder politische Kategorie?, in: APuZ, B 25/2000, S. 29–38.

75 Vgl. Erhard Crome/Bernhard Muszynski, Politikbedingungen und politische Bildung in Ostdeutschland, in: APuZ, B 25/2000, S. 21–28.

76 Vgl. etwa Warnfried Dettling, Die Bürgergesellschaft als Reformperspektive. Neue Chancen für das Ehrenamt, in: Forschungsjournal Neue Soziale Bewegungen, 2/2000, S. 8–14; auch Robert D. Putnam (Hrsg.), Gesellschaft und Gemeinsinn. Sozialkapital im internationalen Vergleich, Gütersloh 2001.

77 Vgl. Ulrich Sarcinelli/Thomas Gensicke, Bürgergesellschaft und Freiwilligenengagement in Deutschland. Demokratietheoretische und empirische Aspekte zum Wandel von Wertorientierungen der modernen Gesellschaft, in: Gotthard Breit/Siegfried Schiele (Hrsg.), Werte in der politischen Bildung, Bonn 2000.

78 Vgl. Wolfgang Merkel/Hans-Joachim Lauth, Systemwechsel und Zivilgesellschaft: Welche Zivilgesellschaft braucht die Demokratie?, in: APuZ, B 6–7/1998, S. 3–12.

79 Vgl. Rudolph Speth/Ansgar Klein, Demokratische Grundwerte in der pluralisierten Gesellschaft. Zum Zusammenspiel von politischen Verfahren und bürgerschaftlichem Engagement, in: Breit/Schiele, Werte (Anm. 77), S. 30–55.

80 Zur Systematisierung vgl. Roth, Bürgerschaftliches Engagement (Anm. 65).

81 Helmut Klages, Der »schwierige Bürger« – Bedrohung oder Zukunftspersonal, in: Werner Weidenfeld (Hrsg.), Demokratie am Wendepunkt. Die demokratische Frage als Projekt des 21. Jahrhunderts, Berlin 1996, S. 233–253, hier S. 237.

82 Vgl. Dettling, Bürgergesellschaft (Anm. 76).

83 Weiterführend insbesondere zur beschäftigungspolitischen Relevanz des Dritten Sektors vgl. Eckhard Priller u. a., Der Dritte Sektor in Deutschland. Entwicklungen, Potenziale, Erwartungen, in: APuZ, 9/1999, S. 12–21.

84 Umfrage »Deutschland im Wandel« (Anm. 10).

85 Vgl. Priller, Der Dritte Sektor (Anm. 83), S. 18, sowie weiterführend Ernst Kistler u. a. (Hrsg.), Perspektiven gesellschaftlichen Zusammenhalts. Empirische Befunde, Praxiserfahrungen, Messkonzepte, Berlin 1999.

86 Weiterführend vgl. Helmut Klages, Engagement und Engagementpotenzial in Deutschland. Erkenntnisse der empirischen Forschung, in: APuZ, B 38–39/1998, S. 29–38, sowie den Beitrag »Identität, Werte und Kollektivorientierung« von Heiner Meulemann in diesem Band.

87 Vgl. Wohlfahrtssurvey 1998 (Anm. 16), S. 598.

88 Umfrage »Deutschland im Wandel« (Anm. 10).
89 Weiterführend vgl. Roland Roth, Die Kommune als Ort der Bürgerbeteiligung, in: Klein/Schmalz-Bruns, Politische Beteiligung (Anm. 3), S. 404–447.
90 Vgl. Bundesministerium für Umwelt, Naturschutz und Reaktorsicherheit/Umweltbundesamt (Hrsg.), Lokale Agenda 21 im europäischen Vergleich, Bonn und Berlin 1999, sowie Klaus Hermanns, Die Lokale Agenda 21. Herausforderungen für die Kommunalpolitik, in: APuZ, B 10–11/2000, S. 3–12.
91 Vgl. Wolfgang Berger, Jugendgemeinderäte. Ein Modell zur politischen Partizipation junger Menschen, in: Polis, 4/2000, S. 19 f.
92 Als bedeutsames Beispiel hierfür können die gerade auf der kommunalen Ebene eng mit den amtlichen Instanzen des Wohlfahrtstaates verzahnten Wohlfahrtsverbände gelten; vgl. Christoph Sachße, Verein, Verband und Wohlfahrtsstaat. Entstehung und Entwicklung der dualen Wohlfahrtspflege, in: Thomas Rauschenbach u. a. (Hrsg.), Von der Wertgemeinschaft zum Dienstleistungsunternehmen. Jugend- und Wohlfahrtsverbände im Umbruch, Frankfurt/M. 1995, S. 123–149.
93 Vgl. Priller, Der Dritte Sektor (Anm. 83).
94 Vgl. Gerhard Schröder, Die zivile Bürgergesellschaft. Anregungen zu einer Neubestimmung von Staat und Gesellschaft, in: Neue Gesellschaft/Frankfurter Hefte, 4/2000, S. 200–207.
95 Weiterführende Beiträge vgl. in: Zimmer/Nährlich, Engagierte Bürgerschaft (Anm. 65).
96 Sarcinelli/Gensicke, Bürgergesellschaft (Anm. 77), S. 66.
97 Vgl. Ursula Birsl/Peter Lösche, Parteien in West- und Ostdeutschland. Der gar nicht so feine Unterschied, in: ZParl, 1/1998, S. 7–24, sowie Eckhard Nickig, Von der Mitglieder- zur Fraktionspartei: Abschied von einer Fiktion, in: ZParl, 2/1999, S. 282–288.
98 Vgl. hierzu wie zum Folgenden Andreas Kießling, Politische Kultur und Parteien in Deutschland. Sind die Parteien reformierbar?, in: APuZ, B 10/2001, S. 29–37.
99 Vgl. auch Umfrage »Deutschland im Wandel« (Anm. 10).
100 Vgl. dazu Thomas Poguntke, Die Bündnisgrünen in der babylonischen Gefangenschaft der SPD?, in: Oskar Niedermayer (Hrsg.), Die Parteien nach der Bundestagswahl 1998, Opladen 1999, S. 85 f.
101 Vgl. hierzu wie zum Folgenden Franz Müntefering, Demokratie braucht Partei: Die Chance der SPD, in: ZParl, 1/2000, S. 337–342. Im Internet abrufbar unter: http://www.spd.de/events/demokratie/fm.htm.
102 Vgl. Die Welt vom 16. Dezember 2000, Berliner Zeitung vom 16. Dezember 2000 sowie Focus, 44/2000, S. 65 f. Die Positionen der Generalsekretäre der Parteien zum Thema offene Vorwahlen sind im Internet auf den Seiten von politik-im-netz dokumentiert: http://www.politik-im-netz-com/pin/national/nationalaufsatz.lasso.
103 Vgl. Karl-Rudolf Korte, Welche Themen sind die Zukunftsthemen für die CDU?, in: Konrad-Adenauer-Stiftung (Hrsg.), Welcher Weg für die CDU? Zukunftsforum Politik, Nr. 4, St. Augustin 2000, S. 32–48.
104 Vgl. Beschluss, Mehr Demokratie wagen – Vom Parteienstaat zur Bürgerdemokratie, 51. Ordentlicher Bundesparteitag der FDP, Nürnberg, 16./17. Juni 2000. Vgl. zum virtuellen Landesverband der FDP auch im Internet http://www.egroups.de/group/fdp-lv-net.
105 Vgl. zur Parteiorganisation der CSU auch Andreas Kießling, Regieren auf immer? Machterhalt- und Machterneuerungsstrategien der CSU, in: Gerhard Hirscher/Karl-Rudolf Korte (Hrsg.), Aufstieg und Fall von Regierungen, München 2001, S. 216–248.
106 Vgl. Bernd Becker, Mitgliederbeteiligung und innerparteiliche Demokratie in britischen Parteien – Modelle für die deutschen Parteien, Baden-Baden 1998.
107 Vgl. Stefan Schieren, Parteiinterne Mitgliederbefragungen: Ausstieg aus der Professionalität? Die Beispiele der SPD auf Bundesebene und in Bremen sowie der Bundes-FDP, in: ZParl, 2/1996, S. 214–229.
108 Vgl. Renate Köcher, Einigkeit macht anziehend, in: Frankfurter Allgemeine Zeitung vom 23. Februar 2000.
109 Vgl. Bundesverband der deutschen Banken, Wirtschaft und Politik in Daten und Zusammenhängen, in: Inter/esse, 6/2000, S. 1, sowie umfassend den Schlussbericht der Enquete-

Kommission »Zukunft der Medien in Wirtschaft und Gesellschaft – Deutschlands Weg in die Informationsgesellschaft« (Deutscher Bundestag, 13. Wahlperiode, Drucksache 13/11004 vom 22. Juni 1998).

110 Vgl. Bitkom, Wege in die Informationsgesellschaft. Status quo und Perspektiven Deutschlands im internationalen Vergleich, Frankfurt/M. 2000, S. 13.

111 Vgl. René Perillieux u. a., Digitale Spaltung in Deutschland. Ausgangssituation, internationaler Vergleich, Handlungsempfehlungen, o. O. 2000.

112 Vgl. Hans J. Kleinsteuber/Martin Hagen, Was bedeutet »elektronische Demokratie«? Zur Diskussion und Praxis in den USA und Deutschland, in: ZParl, 1/1998, S. 128–143, sowie Thomas Zittel, Elektronische Demokratie – ein Demokratietypus der Zukunft?, in: ZParl, 4/2000, S. 903–925.

113 Vgl. Winand Gellner (Hrsg.), Demokratie und Internet, Baden-Baden 1998.

114 So der Vorsitzende des Unterausschusses »Neue Medien« des Bundestags Jörg Tauss, vgl. http://www.tauss.de/berlin/BielefelderRede.html.

115 Vgl. Stefan Marschall, Parteien und Internet – Auf dem Weg zur internet-basierten Mitgliederpartei?, in: APuZ, B 10/2001, S. 38–46; vgl. auch Rainer Fromm/Barbara Kernbach, Rechtsextremismus und Internet. Die neue Gefahr, München und Landsberg a. L. 2001.

116 Diese Argumente werden vor allem von der als Vorreiterin des »e-voting« in Deutschland geltenden Osnabrücker »Forschungsgruppe Internetwahlen«, die von Dieter Otten geleitet wird, vorgebracht; vgl. Focus, 4/2001, S. 62. Die Forschungsgruppe hat auch bereits die erste rechtsgültige Online-Wahl zum Osnabrücker Studentenparlament im Sommer 2000 organisiert. Näheres dazu unter http://internetwahlen.de.

117 Vgl. Hubertus Buchstein, Präsenzwahl, Briefwahl, Online-Wahl und der Grundsatz der geheimen Stimmabgabe, in: ZParl, 4/2000, S. 886–902.

118 Vgl. Die Zukunft heißt »e-government«. Deutschlands Städte auf dem Weg zur virtuellen Verwaltung. Ergebnisse einer Umfrage von PwC Deutsche Revision mit dem Deutschen Städte- und Gemeindebund, August 2000, S. 5.

119 Vgl. Claus Leggewie, Das Internet ist keine politische Spielwiese mehr, in: Neue Zürcher Zeitung vom 5. März 2001.

120 Vgl. Burkhard Schröder, Rechtsextremismus im Internet, in: APuZ, B 39/2000, S. 49–54.

Peter M. Wagner

Deutschland in Europa

1. Europa am Scheideweg?

»Wären Sie, wenn jetzt über den Gedanken der Vereinigten Staaten von Europa abgestimmt würde, dafür oder dagegen? Oder wäre Ihnen die ganze Frage gleichgültig?« Dafür: 50 Prozent.[1]

»Der deutsche Außenminister hat die Schaffung einer europäischen Föderation vorgeschlagen, das heißt die Stärkung der Zuständigkeiten der Europäischen Union gegenüber jenen der Mitgliedstaaten der EU: Sind Sie für oder gegen einen solchen Vorschlag?« Dafür: 41 Prozent.[2]

Diese beiden Fragen trennt mehr als ein halbes Jahrhundert: Zwischen der ersten Befragung aus dem Jahr 1947 und der zweiten im Januar 2001 lagen die Gründung der beiden deutschen Staaten, die mehr als 40-jährige deutsche Teilung, die Wiedervereinigung. Dazwischen lagen auch die Gründung der Europäischen Wirtschaftsgemeinschaft, ihre schrittweise Entwicklung hin zur Europäischen Union, die stufenweise Erweiterung der Gemeinschaft von zunächst sechs auf derzeit 15 Staaten, die Vorbereitungen für eine Erweiterung auf möglicherweise bis zu 30 Mitglieder, die Einführung der D-Mark – 1949 in West- und 1990 in Ostdeutschland – und der Übergang zum Euro.

Die Gemeinsamkeit der Umfrageergebnisse von 1947 und 2000 liegt darin, dass sie die positive Grundeinstellung der Deutschen gegenüber der Idee der europäischen Integration über mehr als ein halbes Jahrhundert hinweg widerspiegeln. Knapp 80 Prozent sehen die Zukunft Deutschlands langfristig weiterhin in einem europäischen Gesamtstaat.[3] Ein großer Unterschied zwischen den Ergebnissen liegt allerdings darin, dass die große Euphorie der frühen Nachkriegszeit einem wachsenden Pragmatismus und einer differenzierteren Sichtweise gewichen ist: Eine große Mehrheit von 70 Prozent hielt 1999 die politische Einigung Europas zwar für notwendig, um den Wohlstand zu erhalten, doch wünschten sich 58 Prozent der Befragten gleichzeitig, dass Deutschland als eigenständiger Staat erhalten bleiben sollte.[4]

Bedeuten diese Zahlen, dass die Idee der politischen Einigung Europas an Attraktivität und Bedeutung verloren hat und dass Europa von seinen Bürgern nur noch als wirtschaftliches Gebilde zur Wohlstandssicherung gesehen wird? Etliche Ergebnisse von Meinungsumfragen scheinen diese Annahme zu stützen. Zahlreiche andere Untersuchungen – darunter die eingangs zitierten – zeigen allerdings deutlich, dass dieses Einstellungsmuster mit seinen Elementen wachsende Skepsis, Pragmatismus, Kosten-Nutzen-Abwägung[5] nur eine Seite der Medaille ist. Die zweite Seite der Medaille ist demgegenüber weiterhin von weit gehender Übereinstimmung bei der grundsätzlichen Einschätzung der europäischen Integration geprägt: Befragt nach ihrem Wunsch, ob »die Europäische Union in fünf Jahren eine wichtigere Rolle, eine weniger wichtige Rolle oder die gleiche Rolle wie bisher in ihrem täglichen Leben spielen« solle, sprachen sich auch im Frühjahr 2000 noch 66 Prozent für die gleiche beziehungsweise wichtigere Rolle der Gemeinschaft aus.[6] Allen kritischen Stimmen bei Detailfragen zum Trotz kommen Meinungsforscher deshalb immer wieder zum Ergebnis: »Die Bevölkerung weiß, dass der Europäischen Union die Zukunft gehört.«[7] »Zukunft – Vielfalt – Freiheit – Fortschritt – Stärke: Das sind die Assoziationen, die die deutsche Bevölkerung vor allem anderen mit Europa verknüpft.«[8]

Diesem tief verwurzelten Grundkonses in der Bevölkerung stehen politische und akademische Debatten über ausufernde Zuständigkeiten der Europäischen Union und ein wachsendes Demokratiedefizit der Gemeinschaft gegenüber. Dabei wird offensichtlich, dass Politiker und Öffentlichkeit sich gleichermaßen von der Vision eines gemeinsamen europäischen Staates verabschiedet haben. So verschwand die Frage nach den »Vereinigten Staaten von Europa« nicht nur aus den Fragebögen vieler Meinungsforscher[9], sondern weit gehend auch aus der öffentlichen Debatte. Zu den wenigen Ausnahmen ab Ende der 90er-Jahre gehören die Rede von Bundesaußenminister Joschka Fischer »Vom Staatenverbund zur Föderation – Gedanken über die Finalität der europäischen Integration«[10] im Mai 2000 sowie die dadurch ausgelöste kurzzeitige Debatte über die »Finalität« und die künftige Organisation Europas im Umfeld der Regierungskonferenz von Nizza. Davon abgesehen wird die Debatte in Deutschland vor allem um Begriffe wie Kompetenzkatalog, europäische Verfassung, Brüsseler Zentralismus und Bürokratie geführt. Dabei wird teilweise quer durch die Parteien »Begrenzt Europas Macht«[11] gefordert sowie über Kompetenzabgrenzung, eine grundlegende Neubestimmung der Aufgabenverteilung zwischen den politischen Ebenen[12] und »eine Kontrolle von Macht und Autorität«[13] diskutiert, während die Wissenschaft seit einigen Jahren vermehrt Fragen zu Möglichkeiten, Methode und »Rechtfertigung des Regierens jenseits der Staatlichkeit«[14] stellt.

In dieser Diskussion geht es im Wesentlichen um die beiden Themenkomplexe Zuständigkeit und Legitimation, die in unterschiedlichen Formulierungen die Debatte bestimmen. Dabei herrscht überwiegend Konsens darüber, dass es nach 50 Jahren europäischer Integration Zeit ist für eine Neudefinition der Zuständigkeiten für politische Entscheidungen und deren demokratische Absicherung. Ein Weißbuch der Europäischen Kommission zur »governance« – den Fragen einer verbesserten Politiksteuerung auf europäischer Ebene – sowie die Ankündigung einer Regierungskonferenz zur Abgrenzung der Zuständigkeiten der regionalen, nationalen und europäischen Ebene zeigen beispielhaft, dass die öffentlichen und politischen Debatten einen Punkt erreicht haben, an dem konkretes Handeln angesagt ist.

Ist die Idee der europäischen Integration damit an einem Scheideweg angelangt? Den Hintergründen für diese Überlegung soll in diesem Beitrag anhand folgender Fragen nachgegangen werden:

- Welche historischen Entwicklungen und Problemlagen liegen der aktuellen Diskussion zugrunde (Kapitel 2)?
- Wie wirkt sich die derzeitige Situation der europäischen Integration auf Fragen

wie die innenpolitische Handlungsfähigkeit aus? Was denken die Deutschen zu den aktuellen europapolitischen Fragen (Kapitel 3)?
- Welche Optionen ergeben sich aus alledem für die Zukunft der europäischen Integration (Kapitel 4)?

2. Historische Entwicklungslinien

Die Geschichte der europäischen Integration wird im Wesentlichen von zwei Begriffen geprägt: Erweiterung und Vertiefung. Sie beschreiben zum einen den stufenweisen Ausbau der Sechser-Gemeinschaft zur politischen Union von mittlerweile 15 Mitgliedstaaten. Zum anderen umfassen sie den schrittweisen Ausbau der Zuständigkeiten der Gemeinschaft, der sich auch in den jeweils veränderten, keinesfalls nur symbolischen Namen – Europäische Wirtschaftsgemeinschaft (EWG), Europäische Gemeinschaften (EG) und Europäische Union (EU) – zeigt. Im Folgenden sollen zunächst die wesentlichen Entwicklungsschritte mit den ihnen zugrunde liegenden Motivationen skizziert werden, bevor die Auswirkungen dieser Entwicklungen auf die Entscheidungsfähigkeit der Gemeinschaft und ihrer Mitgliedstaaten analysiert werden sollen.

2.1 Von der Wirtschaftsgemeinschaft der Sechs zur politischen Union der 15

Mit der Unterzeichnung des Vertrags über die Europäische Gemeinschaft für Kohle und Stahl (EGKS) setzten Belgien, Deutschland, Frankreich, Italien, Luxemburg und die Niederlande am 18. Mai 1951 einen bis heute anhaltenden Integrationsprozess in Gang.[15] Durch die gemeinsame Kontrolle, Planung und Verwertung der ökonomisch wie rüstungspolitisch bedeutsamen Ressourcen Kohle und Stahl wurden erstmals bis dahin rein nationalstaatliche Kompetenzen auf eine supranationale Organisation übertragen. Nachdem weiter gehende politische Integrationsbemühungen 1954 mit dem Scheitern der Initiative für eine Europäische Verteidigungsgemeinschaft (EVG) zunächst nicht weiter kamen, wurden die Einigungsbestrebungen wieder auf den wirtschaftlichen Sektor verlagert. Als Ergebnis wurden am 25. März 1957 die Römischen Verträge zur Gründung der Europäischen Wirtschaftsgemeinschaft und der Europäischen Atomgemeinschaft unterzeichnet. Ziele der EWG waren vor allem die Schaffung eines gemeinsamen Marktes, die Vergemeinschaftung zentraler Politiken wie Außenhandel, Landwirtschaft und Verkehr sowie eine schrittweise Annäherung der nationalen Wirtschaftspolitiken.

Bereits dieses Auftaktkapitel der europäischen Integrationsgeschichte zeigte die sich ergänzende Zweigleisigkeit der Herangehensweise: Wirtschaftliche Interessen einerseits sowie politische Überlegungen andererseits bestimmten den Fortschritt beim Zusammenwachsen Europas. Diese zweifache Motivation bot dabei stets den Vorteil, langsame Fortschritte oder gar Stillstand auf einem der beiden Gleise durch Aktivitäten im zweiten Bereich zu überwinden. So stand bei den ersten Überlegungen zum Zusammenwachsen Europas nach dem Zweiten Weltkrieg eigentlich die Vision eines politisch vereinten Europas im Mittelpunkt, doch die ersten konkreten

Schritte waren die wirtschaftliche Zusammenarbeit in der Europäischen Gemeinschaft für Kohl und Stahl (EGKS). In ähnlicher Weise übernahm Anfang der 80er-Jahre das ökonomisch motivierte Großprojekt Binnenmarkt zugleich eine Schrittmacherfunktion für vertiefte politische Zusammenarbeit auf anderen Gebieten und ein Überwinden der »Eurosklerose«. Gleichsam überwölbt wurden politische und wirtschaftliche Motivationen durch die wachsende Erkenntnis, dass – aus unterschiedlichen Gründen, auf die im Folgenden noch detaillierter eingegangen wird – die Mitarbeit in supranationalen Zusammenschlüssen und der damit verbundene teilweise Souveränitätsverzicht neue und erweiterte Handlungsfähigkeit bewirken kann.

Für die Bundesrepublik Deutschland bedeutete dies in der Anfangsphase der westeuropäischen Zusammenarbeit vor allem, dass ihr so bereits wenige Jahre nach dem Ende des Zweiten Weltkrieges wieder ein Weg in die Völkergemeinschaft geöffnet wurde. Deutschlands Nachbarn und Partnern ermöglichte das Projekt einer engeren Zusammenarbeit die Einbindung des trotz der deutschen Teilung weiterhin überproportional großen und wirtschaftlich potenten Staates, der gleichzeitig im geographischen Zentrum Europas und an der politischen Grenze zwischen den sich herausbildenden Blöcken in Ost und West lag.

Wenngleich frühe Integrationsschritte vor allem auf ökonomischem Gebiet erfolgreich waren, so war es doch eine ausgewogene Mischung aus politischen und wirtschaftlichen Motiven, welche die Gründerstaaten zur Zusammenarbeit bewog. Diese Motivationslage hatte sich – mit zunehmendem Abstand zur Kriegszeit und wachsendem wirtschaftlichem Erfolg der Sechser-Gemeinschaft – bis zur ersten Erweiterungsrunde im Jahr 1973 bereits geändert. Mit Großbritannien, Dänemark und Irland traten die ersten neuen Mitglieder bei, die zuvor vergeblich versucht hatten, durch die sehr viel unverbindlichere Zusammenarbeit in der Europäischen Freihandelszone EFTA vergleichbare Erfolge zu erzielen.[16] Dabei waren es in Großbritannien und Dänemark vor allem wirtschaftliche Überlegungen, die zum Beitritt führten, da wirtschaftlicher Erfolg ihnen längerfristig nur durch Mitarbeit in der Gemeinschaft möglich schien. Irland wiederum, als neutraler Staat zunächst zögerlich, konnte aufgrund der engen wirtschaftlichen Bindungen an Großbritannien nur durch eine eigene Mitgliedschaft neuen politischen Handlungsspielraum – und Unterstützung seitens der wirtschaftlich ungleich stärkeren EG-Staaten – gewinnen.

Eine Mischung aus politischen und wirtschaftlichen Motiven bestimmte die Erweiterung der Gemeinschaft um Griechenland (1981), Portugal und Spanien (1986). In diesen Ländern waren in den 70er-Jahren autoritäre Regime überwunden und demokratische Strukturen erfolgreich eingeführt worden. Diesen Prozess zu stabilisieren war ein zentrales Motiv der EG-Staaten für die Aufnahme der drei neuen Mitglieder. Massive finanzielle Unterstützung – unter anderem aus den bei der Norderweiterung geschaffenen und Mitte der 80er-Jahre deutlich aufgestockten Regionalfonds – war demgegenüber bei den neuen Mitgliedern eine treibende Kraft. Innenpolitische Stabilisierung war allerdings auch ein politisches Ziel der neuen EG-Staaten, während die Wirtschaft der bisherigen Mitgliedstaaten durch die Erweiterung der Gemeinschaft ihren unmittelbaren Absatzmarkt deutlich vergrößern konnte.

Rein politisch motiviert war demgegenüber die »Erweiterung« der Gemeinschaft um das Gebiet der ehemaligen DDR im Oktober 1990. Nach anfänglichen

Diskussionen über alternative Wege, darunter auch die üblichen Beitrittsverhandlungen mit der ostdeutschen Regierung, war es letztlich eine rein politisch motivierte Entscheidung aller Beteiligten, den Beitritt der DDR zur Bundesrepublik quasi stillschweigend und automatisch auch als Gebietserweiterung der unverändert fortbestehenden Gemeinschaft zu sehen, ohne dass die bei anderen Beitritten durchgeführten Verhandlungen über die Umsetzung des Gemeinschaftsrechts und die notwendigen Anpassungen des institutionellen Gefüges wie die Zahl der Kommissare oder der Stimmenzahl im Ministerrat geführt wurden.[17] Entscheidender Grund hierfür war, neben der Geschwindigkeit des deutsch-deutschen Vereinigungsprozesses, der politische Wille der EG-Partner, das größere Deutschland ohne langwierige Diskussionen unverändert eng an die westliche Gemeinschaft zu binden, während die Bundesregierung hierin – neben der fortbestehenden NATO-Mitgliedschaft – ein weiteres Mittel sah, Bedenken der Nachbarn gegenüber einem vereinten Deutschland abzuschwächen.

Erneut eine Mischung aus wirtschaftlichen und politischen Motiven bestimmte die nächste Erweiterungsrunde um Österreich, Finnland und Schweden (1995).[18] Nach Ende des Kalten Krieges sahen sich diese drei neutralen Staaten nicht mehr am klaren Bekenntnis zur westlichen Gemeinschaft gehindert. Entscheidendes Beitrittskriterium für diese Länder war allerdings die Erkenntnis, dass ein Fernbleiben zwar eventuell wirtschaftlich möglich, politisch aber sinnlos war. Als Mitgliedstaaten der Europäischen Freihandelszone (EFTA) hätten sie beim Mitte der 90er-Jahre stattfindenden Übergang zum Europäischen Wirtschaftsraum (EWR) weitgehend vom Binnenmarkt und einer engeren Zusammenarbeit auf anderen Politikfeldern wie der Forschungs- und Umweltpolitik profitiert. Eine aktive Mitgestaltung der Politik wäre ihnen allerdings verwehrt geblieben, da das Grundprinzip des EWR zwar eine Übernahme weiter Teile des Gemeinschaftsrechts und die Anpassung der eigenen Rechtsordnung vorsieht, die EWR-Staaten aber nicht unmittelbar in den Entscheidungsprozess der Gemeinschaft eingebunden sind.

Bis Mitte der 90er-Jahre war die europäische Staatengemeinschaft somit auf 15 Staaten angewachsen. Dies bedeutete zum einen eine Stärkung der Gemeinschaft, die sich wirtschaftlich auf einen europäischen Binnenmarkt mit den damit verbundenen ökonomischen Größeneffekten sowie politisch auf das gebündelte Gewicht ihrer 15 Mitgliedstaaten stützen konnte. Die stark gewachsene Mitgliederzahl brachte zum anderen aber auch eine zunehmende Heterogenität der Gemeinschaft mit sich, die in den kommenden Jahren voraussichtlich noch weiter anwachsen wird: Der 15er-Gemeinschaft liegen 13 Beitrittsanträge vor.[19] Neben den zehn süd-, mittel- und osteuropäischen Staaten Rumänien, Bulgarien, Slowenien, Ungarn, Polen, der Tschechischen Republik, der Slowakei, Lettland, Estland und Litauen bemühen sich die Türkei, Zypern und Malta um Aufnahme in die EU. Erstmals würden damit auch einstige Ostblockstaaten, Teilstaaten der ehemaligen Sowjetunion und ein Staat mit überwiegend muslimischer Bevölkerung der Gemeinschaft beitreten und mit ihrer jeweiligen Geschichte sowie ihren politischen, wirtschaftlichen und sozialen Strukturen Gesicht und Struktur der Europäischen Union nachhaltig beeinflussen. Ähnlich unterschiedlich wie diese Faktoren sind auch die Motivationen für den Beitritt, die von ökonomischen Überlegungen wie den erwarteten Hilfen zur Umstrukturierung der Volkswirtschaften und dem Beitritt zu einem größeren gemeinsamen Wirtschaftsraum bis hin zu symbolischen Schritten wie der damit unumkehrbar demonstrierten Zugehörigkeit zur westlichen Wertegemeinschaft reichen.

In aller Kürze zusammengefasst, haben die Erweiterungsrunden der Gemeinschaft vor allem zweierlei bewirkt: Zum einen wurde die Zahl der Mitglieder mehr als verdoppelt, mit denen nunmehr die Kompromisse über die Detailgestaltung des Erreichten ebenso gefunden werden müssen wie die Einigung über künftige Ziele und mögliche nächste Schritte. Zum anderen wird die bereits aufgrund dieser Zahlen gewachsene Komplexität der Entscheidungsfindung durch die unterschiedlichen Motivationen der Mitglieder für ihren Beitritt und die zunehmende Heterogenität der Gemeinschaft weiter erschwert.[20] Bereits jetzt finden sich in der Union – um nur einige Beispiele zu nennen – traditionell hoch industrialisierte Staaten neben Staaten im wirtschaftlichen Aufholprozess, präsidiale neben parlamentarischen Systemen, Länder mit einer ausgeprägten Sozialstaatskultur neben solchen mit US-amerikanisch geprägten Wirtschaftssystemen, zentralistisch organisierte neben ausgeprägt föderal aufgebauten, teilweise gar politisch segmentierten Ländern und neutrale Staaten neben NATO-Mitgliedern. Verglichen mit der Ausgangslage im Jahr 1958 sind damit die Schwierigkeiten bei der Konsensfindung und gemeinsame Zukunftsplanungen potenziert worden.

Neben der Zahl der am Einigungswerk beteiligten Staaten erhöhte sich seit Gründung der Gemeinschaft zudem die Zahl der weiteren Akteure. Kommission, Ministerrat, Parlament und Gerichtshof waren in ihren Grundstrukturen zwar bereits in der EGKS anzutreffen, doch änderte sich ihre Rolle teilweise erheblich. Besonders ausgeprägt war dies beim Europäischen Parlament der Fall, dessen Befugnisse seit der ersten Direktwahl 1979 stark erweitert wurden. Die Parlamentarier wurden so von relativ machtlosen Kontrolleuren zu in immer mehr Bereichen gleichberechtigten Mitspielern, was zusätzlich zur wachsenden Komplexität der Entscheidungsfindung beitrug, ohne dass ihre Bedeutung mit der nationaler Mandatsträger vergleichbar wurde. Auch nach den jüngsten Vertragsänderungen ist ihre Rolle noch nicht völlig mit der nationaler Mandatsträger vergleichbar, da sie beispielsweise nur über einen Teil der Ausgaben sowie gar nicht über die Einnahmen der Gemeinschaft mitentscheiden können. Entscheidenden Einfluss hat mit der Einführung des Euro als gemeinsamer Währung auch die Europäische Zentralbank gewonnen, die zahlreiche finanz- und wirtschaftspolitische Rahmenbedingungen des Gemeinschaftshandelns definiert.

Mit dem Wirtschafts- und Sozialausschuss (WSA) sowie dem Ausschuss der Regionen (AdR) kamen zudem zwei weitere Akteure hinzu, deren direkter Einfluss – im Sinne eines Vetospielers, der Entscheidungen formal blockieren kann – relativ gering ist. Gerade am Beispiel des AdR wird allerdings deutlich, dass der politische Einfluss einer solchen Institution beachtlich sein kann, zumal wenn er – wie im Fall des AdR als Vertretung der lokalen und regionalen Interessen – auf eine starke öffentliche Aufmerksamkeit und Sympathie zählen kann.

Gemeinsam mit der parallel gewachsenen Breite und Intensität der Zusammenarbeit, die im nächsten Abschnitt skizziert werden soll, bestimmt diese Komplexität und Heterogenität der Akteure das Erscheinungsbild der Gemeinschaft gleichermaßen wie ihre Entscheidungsfähigkeit. Dabei ist aus deutscher Sicht anzumerken, dass vor allem die Erweiterungsrunden immer unterstützt wurden, da sie zum einen der in der deutschen Bevölkerung stark verwurzelten Idee des weiteren Zusammenwachsens Europas entsprachen sowie zum anderen der traditionell stark exportorientierten deutschen Wirtschaft erleichterten Zugang zu neuen Märkten öffneten.

2.2 Von Kohle und Stahl zur gemeinsamen Währung

Neben der Erweiterung um neue Mitglieder bestimmte die stufenweise Vertiefung der europäischen Integration – also die teilweise oder vollständige Verlagerung von Zuständigkeiten auf die europäische Ebene – entscheidend die Entwicklung der Gemeinschaft. Konkret bedeutete dies, dass immer neue Politikbereiche gemeinschaftlich angegangen wurden. War es bei Gründung der EGKS im Jahr 1952 noch um einen einzelnen, eng umrissenen Industriebereich gegangen, so wurden der Gemeinschaft in der Folgezeit immer neue Aufgaben übertragen. Diese »Europäisierung« nationaler Aufgaben führte dazu, dass unter dem Dach der EU mittlerweile auch Themenfelder wie eine Gemeinsame Außen- und Sicherheitspolitik sowie eine verstärkte Zusammenarbeit in der Innen- und Rechtspolitik zu finden sind. Das für die Mehrheit der Menschen greifbarste Thema ist dabei die Wirtschafts- und Währungsunion mit der seit Januar 1999 in elf EU-Staaten (seit Anfang 2001 ist Griechenland als zwölftes Mitglied der WWU beigetreten) eingeführten Gemeinschaftswährung Euro, die ab 2002 auch als Bargeld die neue Qualität der europäischen Integration im Alltag deutlich machen wird.

In anderen Feldern ist die Zuständigkeit der Union demgegenüber weniger offensichtlich, was unter anderem mit der Entwicklungsgeschichte zu erklären ist. Mit der »Säulenkonstruktion« der Europäischen Union sollten diese Unklarheiten beseitigt werden. Ziel dieser 1992 im Vertrag von Maastricht beschlossenen und 1997 im Amsterdamer Vertrag weiterentwickelten Konstruktion ist es, »drei komplexe Politikbereiche auf der europäischen Ebene unter übergreifenden Zielsetzungen innerhalb eines einheitlichen institutionellen Rahmens zu verfolgen«.[21] Bei diesen drei »Säulen« genannten Politikbereichen handelt es sich um:

1. die europäischen Gemeinschaften (EG, EGKS, EAG) mit ihren im Gemeinschaftsverfahren behandelten Politikbereichen. Hierzu gehören im Wesentlichen der Binnenmarkt, die Währungsunion und den Binnenmarkt begleitende Politikbereiche wie die Sozial-, Kohäsions- und Außenhandelspolitik sowie die mit dem Binnenmarkt zusammenhängenden Politikfelder wie Umwelt-, Gesundheits- und Verbraucherpolitik. Hinzu kommen die im EU-Vertrag festgeschriebenen sektorspezifischen Politiken für Kohle und Stahl, Landwirtschaft, Verkehr und Atomenergie.
2. die Gemeinsame Außen- und Sicherheitspolitik (GASP), die ebenfalls unter dem Dach der Europäischen Union und ihrer Institutionen, im Gegensatz zur ersten Säule aber weiterhin intergouvernemental zwischen den einzelnen Staaten behandelt wird.
3. die Säule »Justiz und Inneres«, deren Themen ebenfalls innerhalb der Union, aber wie bei der GASP intergouvernemental bearbeitet werden.

Die weitestgehenden und direktesten Kompetenzen der Gemeinschaft liegen demnach in einigen wenigen Bereichen wie der Außenhandelspolitik, der Wettbewerbs- und Beihilfenkontrolle, dem gemeinsamen Agrarmarkt, der Wirtschafts- und Währungspolitik und dem Binnenmarkt. Vor allem die Zuständigkeit für den Binnenmarkt öffnet der europäischen Ebene allerdings zahlreiche Zugriffsmöglichkeiten auf benachbarte Politikfelder, nämlich immer dann, wenn dortige Regelungen der Verwirklichung der vier Freiheiten des Binnenmarktes (freier Verkehr von Waren, Dienstleistungen, Kapital und Personen) entgegenstehen. Obwohl die unmittelbare Zahl der legislativen Vorschläge der Kommission dabei relativ gering ist, führte dies dazu, dass der Einfluss von EU-Regeln vor allem seit dem Start des Binnenmarktprojektes Anfang der 80er-Jahre deutlich angestiegen ist. So werden derzeit beispielsweise in Frankreich nur noch 20 bis 25 Prozent der gesetzlichen Regelungen ohne vorherige Konsultation mit der Kommission beschlossen.[22]

Dies bedeutet, dass die Europäisierung öffentlicher Aufgaben in immer mehr Politikfeldern mit wachsender Geschwindigkeit voranschreitet, wie eine Untersuchung der Jahre 1950 bis 2000 zeigt. Der Wert 1 steht dabei dafür, dass alle Entscheidungen in einem Politikfeld auf nationaler Ebene getroffen werden, der Wert 5 bedeutet, dass alle Entscheidungen in gemeinsamen Prozessen auf Gemeinschaftsebene gefällt werden:

Tab. 1: Die Europäisierung der öffentlichen Aufgaben in der Bundesrepublik Deutschland 1950 bis 2000

Politikfeld	1950	1957	1968	1992	2000
Außenpolitik	1	1	2	2,5	2,5
Politisch-konstitutionelle Felder	1	1	1	2,3	2,7
Sonstige klassische Felder des Innen- und Justizministeriums	1	1,2	1,4	1,6	1,8
Sozialpolitik	1	1,1	1,3	1,5	1,8
Bildung und Wissenschaft	1	1	1,4	1,8	1,8
Wirtschaft und Arbeitsmarkt	1	1,2	1,8	2,5	3,2
Umweltschutz und Energie	1	2	2	2,5	2,5
Sonstige	1	1	1	1	1
Mittelwert aus allen Politikfeldern	*1*	*1,1*	*1,5*	*2,0*	*2,3*

Die einzelnen Werte der Tabelle bedeuten: 1 = alle Politikentscheidungen auf nationaler Ebene; 2 = nur ansatzweise gemeinschaftliche Entscheidungsprozesse; 3 = Politikentscheidungen auf beiden Ebenen, aber überwiegend auf der nationalen; 4 = Politikentscheidungen auf beiden Ebenen, aber überwiegend auf der Gemeinschaftsebene; 5 = alle Entscheidungen in gemeinsamen Prozessen auf Gemeinschaftsebene.

Quelle: Manfred G. Schmidt, Die Europäisierung der öffentlichen Aufgaben, in: 50 Jahre Bundesrepublik Deutschland. Rahmenbedingungen – Entwicklungen – Perspektiven, hrsg. von Thomas Ellwein/Everhard Holtmann, Wiesbaden 1999 (Politische Vierteljahresschrift, Sonderheft 30), S. 390f.

Die genauere Analyse der – in einigen Fällen allerdings deutlich zu hoch angesetzten[23] – Angaben zeigt, dass der stärkste Integrationsschub zwischen 1968 und 1992 stattfand. Der höchste Europäisierungsgrad ist dabei mittlerweile neben den Bereichen Außenwirtschaftspolitik, Wahl des Europäischen Parlamentes, Justizwesen/Zugang zum EG/EU-Justizwesen und Forschungsförderung, vor allem im Bereich Wirtschaft und Arbeitsmarkt vorzufinden. Dies betrifft im Wesentlichen drei Felder, nämlich die Agrarpolitik, sämtliche Teilbereiche des Binnenmarktes (Güter und Dienstleistungen, Kapitalverkehr, Freizügigkeit von Personen und Erwerbspersonen) sowie die mit der gemeinsamen Währung zusammenhängenden Komplexe

Verschuldungs-, Geld- und Währungspolitik. Diese Analyse macht vor allem zwei Dinge deutlich: Zum einen hat die Europäisierung öffentlicher Aufgaben in den vergangenen Jahrzehnten spürbar zugenommen. Zum anderen zeigt sich allerdings auch, dass dieser Prozess in weniger Bereichen stattgefunden hat als häufig angenommen und in der öffentlichen Diskussion unterstellt wird, und zwar im Wesentlichen in solchen Politikfeldern, die entweder mit dem Binnenmarkt oder aber mit der Einführung einer gemeinsamen europäischen Währung zusammenhängen.

Sucht man nach den Gründen für die voranschreitende Integration, dann lässt sich deren Verlauf aus ökonomischer Sicht in vier aufeinander folgende, sich in ihren Erklärungen teilweise allerdings überlappende Phasen mit jeweils unterschiedlichen Triebkräften aufteilen[24]:

1. die *handelsgetriebene Integration* der Anfangszeit; während dieser Zeit wuchs der Anteil des Handels im Binnenmarkt an den gesamten Ausfuhren der anfangs sechs Mitgliedsländer von rund 30 Prozent im Jahr 1960 über 50 Prozent im Jahr 1970 auf derzeit knapp 70 Prozent.
2. die anschließende *faktorgetriebene Integration*, bei der durch weitere Integrationsschritte – in diesem Fall gemeinsame Liberalisierungsbemühungen – bei den Produktionsfaktoren Arbeit und Kapital vor allem Wachstum, Beschäftigung und Wohlstand gesteigert werden sollten.
3. die *geldgetriebene Integration,* bei der durch die Einführung einer gemeinsamen Währung die wirtschaftliche Liberalisierung und der Binnenmarkt in ihrer Wirkung unterstützt und weiter vorangetrieben werden sollen.
4. die *innovationsgetriebene Integration,* mit der zum einen auf die Herausforderungen der globalisierten Wirtschaft und der »New Economy« sowie zum anderen auf den durch die Erweiterung zu erwartenden Druck auf das institutionell-politische System der EU und ihre Handlungsfähigkeit reagiert werden soll.

Die Gründe für diese Entwicklung sind vielfältig und häufig sehr viel politischer als aufgrund dieses an wirtschaftlichen Stationen festgemachten Schemas deutlich wird. Zudem wird bei dieser Darstellung leicht übersehen, dass letztlich stets bewusste politische Entscheidungen den Übergang der Zuständigkeit von der nationalen zur europäischen Ebene festlegten. In der Tat existierte zwar bei allen oben skizzierten Stufen ein starker wirtschaftlicher Druck zur engeren Zusammenarbeit, doch hätte es in den meisten Fällen Alternativen zum jeweils gewählten Modell gegeben. So hätten Schaffung und Ausbau einer reinen Freihandelszone den Binnenmarkt mit seinem weiter gehenden Anspruch weit gehend ersetzen können. Stattdessen war aber in der Vergangenheit ein eindeutiger Wille der Entscheidungsträger vorhanden, über die rein wirtschaftliche Integration hinaus auch die politische Zusammenarbeit zu intensivieren. Wie in anderen Fällen regionaler Zusammenarbeit war auch die europäische Integration ebenso markt- wie politikgeleitet.[25]

Die Gründe dafür, dass immer neue Kompetenzen und Zuständigkeiten auf die europäische Ebene übertragen wurden, lassen sich in zwei Kategorien einordnen[26]: die bewusste Verlagerung nationaler Aufgaben auf die europäische Ebene (Schubeffekt) einerseits sowie andererseits das Bestreben Brüsseler Institutionen wie Parlament und Kommission, Zuständigkeiten an sich zu ziehen, um so die eigene Rolle zu stärken (Sogeffekt). Für beide Kategorien, die nicht immer klar auseinander zu halten sind, gibt es eine Vielzahl von Gründen:

- Die seit vielen Jahren zu beobachtende ökonomische Globalisierung hat die Handlungsspielräume und Gestaltungsmöglichkeiten einzelner Staaten bereits seit langem drastisch reduziert. Mit zunehmender Bedeutung der Globalisierung bietet der »Regionalismus«, also die Integration innerhalb bestimmter Weltregionen, eine zentrale Möglichkeit, den damit verbundenen Verlust an Handlungsspielräumen zumindest teilweise auszugleichen. »Der Regionalismus ersetzt nicht, sondern bestätigt den Territorialstaat in seinem Kernbereich, er enthält ihn und erhält ihn.«[27]
- Auch der technische Fortschritt lässt die Behandlung von immer mehr Problemen und Fragen lediglich auf einer Ebene oberhalb der nationalstaatlichen zu. Die digitale, immer weniger an Grenzen orientierte Technologie verlangt verstärkt nach globalen Lösungen. Diese sind von einzelnen Staaten immer weniger zu erbringen, so dass auch hier die Zusammenarbeit auf europäischer Ebene immer wichtiger wurde.
- Die Notwendigkeit, wirtschaftliche Kooperation auch außen- und sicherheitspolitisch zu untermauern, wuchs mit dem Ende des Ost-West-Konfliktes angesichts der möglichen Verringerung amerikanischer Aktivität bei der Erhaltung von Frieden und Sicherheit in Europa außerhalb der NATO-Aufgaben. Hinzu kamen ab Anfang der 90er-Jahre regionale Konflikte – wie beispielsweise im ehemaligen Jugoslawien – bei denen die außen- und sicherheitspolitische Schwäche der europäischen Staaten offensichtlich wurde.
- Die Politiker waren bestrebt, gewollte oder als notwendig erkannte, innenpolitisch aber nur schwer durchzusetzende oder unpopuläre Entscheidungen auf europäischer Ebene umzusetzen. Dies ermöglicht es später zudem, auf innenpolitische Kritik mit Verweis auf eine »Brüsseler« Entscheidung – bei der man entweder überstimmt wurde oder aus anderen Gründen zustimmen musste – zu antworten. Die eigene innenpolitische Bilanz einer Regierung kann so durch die Übertragung unangenehmer Entscheidungen auf die europäische Ebene entlastet werden.
- Der Wunsch von Politikern, durch Festlegungen in der Europapolitik ihre Nachfolger in deren politischer Grundausrichtung bereits festzulegen beziehungsweise den eigenen Staat durch die Teilnahme am Integrationsprozess dauerhaft politisch zu binden, der sich beispielsweise in der Europapolitik von Konrad Adenauer und Helmut Kohl finden lässt.
- Ein außenpolitischer Grund ist demgegenüber das Bemühen, größere oder ökonomisch stärkere Nachbarstaaten in ein System regionaler Zusammenarbeit einzubinden, auch wenn dies den teilweisen Verzicht auf eigene Souveränitätsrechte bedeuten kann. Dies ist vor allem bei kleineren Staaten ein Grund für die Mitarbeit in der Europäischen Union, doch nutzte auch Frankreich diese Methode, um so das größere Deutschland fest in den Westen einzubinden.

Eines haben der Sog- und der Schubeffekt allerdings gemeinsam: Die eigenständigen Gestaltungsmöglichkeiten der nationalen Ebene werden fast immer reduziert, wobei der tatsächliche Wandel unter dem jeweils neuen Anpassungsdruck seitens der europäischen Ebene keinesfalls vorgegeben ist.[28] Für einen Teil der politischen Akteure in den Mitgliedstaaten – nämlich die nationalen Regierungen – werden die Nachteile dieser Entwicklung teilweise dadurch aufgehoben, dass sie durch die unmittelbare Mitarbeit auf europäischer Ebene im Gegenzug neuen Handlungsspielraum gewinnen beziehungsweise verloren gegangene Gestaltungsmöglichkeiten teilweise wiederherstellen. Da diese unmittelbare Mitarbeit an Entscheidungen auf europäischer Ebene aber überwiegend auf die staatliche Ebene – und hier überwiegend die Regierungen[29] – beschränkt ist, vergrößerte sich die Unzufriedenheit anderer Akteure wie der nationalen Parlamente und der lokalen und regionalen Ebene. Hinzu kam, dass Zuständigkeiten und Verantwortlichkeiten innerhalb der Europäischen Union für die Bürger immer weniger durchschaubar und nachvollziehbar wurden. Dieses Problem wurde durch unklare Entscheidungsstrukturen, die im folgenden Abschnitt skizziert werden sollen, noch verstärkt.

2.3 Unklare Entscheidungsstrukturen und wechselnde Integrationsmethoden

Durch den wachsenden Einfluss der europäischen Ebene auf nationale Politik wird die Beschreibung der Europäischen Union und ihrer Arbeitsweise »nicht nur notwendiger, sie wird auch immer schwieriger.«[30] Dies trifft vor allem für die zunehmende Komplexität der Entscheidungsfindung und -verfahren sowie für die sich im Lauf der Zeit ändernden Methoden der Integration zu. So gibt es derzeit allein hinsichtlich der Beteiligung von Rat und Parlament 34 verschiedene Entscheidungsverfahren.[31] Im Rat selbst sind Entscheidungen je nach Politikbereich mit sieben verschiedenen Mehrheiten möglich, die von der einfachen Mehrheit der gewichteten Stimmen bis hin zur Einstimmigkeit mit anschließender Ratifizierung in den Mitgliedstaaten reichen. Das Europäische Parlament wiederum ist über vier verschiedene Verfahren mehr oder weniger stark an Entscheidungen beteiligt, wobei unterschiedliche Beschlüsse an bestimmte Quoren gebunden sind. Hinzu kommt die Verpflichtung, je nach Politikfeld den Wirtschafts- und Sozialausschuss, den Auschuss der Regionen oder die Europäische Zentralbank über Anhörungen in den Entscheidungsprozess einzubinden. Verstärkt wurde das Unbehagen über Europas Entscheidungsstrukturen durch den sich wandelnden Partizipationsanspruch der Menschen und neue Beteiligungsformen am politischen Prozess[32], für die es auf europäischer Ebene bislang kein Pendant gibt.

Zu den unterschiedlichen, für die Menschen verwirrenden Entscheidungsverfahren kommen zudem die konkreten Integrationsmethoden beziehungsweise Typen der europäischen Politikgestaltung hinzu, die im Lauf der Geschichte der Europäischen Union den sich wandelnden Aufgaben angepasst wurden. Hierbei werden üblicherweise zwei Typen unterschieden[33]: die positive und die negative Integration. Positive Integration bedeutet, dass durch Entscheidungen auf europäischer Ebene bereits sehr konkret das »Wie« der damit verbundenen Maßnahmen auf Ebene der Mitgliedstaaten festgelegt wird. Sie setzt deshalb einen klaren gestalterischen Willen des Gesetzgebers voraus – womit sich auch die Grenzen ihrer Anwendung im Rahmen der Europäischen Union erklären lassen: Die für eine derart weit gehende Harmonisierung notwendigen Mehrheiten im Rat sind angesichts von immer mehr Partnern mit immer heterogeneren Traditionen, Motivationen und Erwartungen immer schwieriger zu finden.

Demgegenüber war die negative Integration sehr viel erfolgreicher, da sie die Mitgliedstaaten zwar konkret auf ein gemeinsames Ziel – wie beispielsweise den

Abbau von Diskriminierungen und Handelshemmnissen im Binnenmarkt – verpflichtet, ohne ihnen damit zugleich vorzuschreiben, auf welchem Weg sie dieses Ziel zu erreichen haben. Diese Methode trug dadurch wesentlich zur Herstellung des Binnenmarktes sowie in jüngerer Zeit zu den teilweise erheblichen Deregulierungs- und Liberalisierungsfortschritten in Bereichen wie der Energie-, Telekommunikations- oder Verkehrspolitik bei. Die Grenzen und Risiken dieser Methode liegen allerdings gerade in ihrem Erfolg: Während durch negative Integration relativ schnell mehr und besserer Wettbewerb geschaffen wurde, blieben die Möglichkeiten der positiven Integration eher gering, da diese eine stärkere aktive Unterstützung durch die Mitgliedstaaten erfordert. Aufgrund der damit verbundenen Konsenssuche unter 15 Partnern ist die Methode zudem häufig durch ihre geringe Geschwindigkeit nicht zur Problemlösung geeignet. Hinzu kommt, dass in Bereichen wie der Sozial- oder Steuerpolitik einige Mitgliedstaaten ein gemeinschaftliches Vorgehen grundsätzlich ablehnen.

Eine Schwäche dieses Ansatzes liegt allerdings darin, dass er durch Liberalisierung und Deregulierung zwar Veränderungen ermöglicht, dabei aber weit gehend auf eine aktive Steuerung verzichtet. Der immer häufiger zu beobachtende Verzicht auf Methoden der positiven Integration und der Rückgriff auf die weniger in einzelstaatliche Verfahren eingreifende negative Integration bedeutet auch, dass der unmittelbare Eingriff der europäischen Entscheidungen innerhalb der Mitgliedstaaten sowie der Harmonisierungsgrad verringert werden. Der durch die negative Integration geschaffene Anpassungsdruck an veränderte Rahmenbedingungen kann dann allerdings nur durch Entscheidungen auf Ebene der Mitgliedstaaten abgefangen werden.

In Ergänzung zu diesen beiden Typen der europäischen Politikgestaltung wird in jüngerer Zeit verstärkt eine dritte Methode herangezogen, die als »offene Koordinierung« bezeichnet wird.[34] Der Begriff entstammt dem Titel »Beschäftigung« des Amsterdamer Vertrages und wurde beim Europäischen Rat von Lissabon (23./24. März 2000) in die breitere politische Diskussion der wirtschafts- und strukturpolitischen Zusammenarbeit eingeführt. Diese Methode soll vor allem in Bereichen wie der Sozialpolitik angewandt werden, in denen ein koordiniertes Vorgehen für notwendig erachtet wird, ohne dass die Gemeinschaft direkte Zuständigkeiten in einem Politikfeld besitzt. Zentrale Begriffe der offenen Koordinierung sind »benchmarking« (Leistungsvergleich), »best practices« (die Ermittlung und Verbreitung bewährter Verfahren) und »monitoring« (die Überprüfung der Politik der Mitgliedstaaten).

Die in der Beschäftigungspolitik bereits seit einigen Jahren angewandte Vorgehensweise besteht aus folgenden Schritten:

- Rat und Kommission erstellen gemeinsam einen jährlichen Bericht zur gesamteuropäischen Situation in der Beschäftigungspolitik, der die Grundlage für Schlussfolgerungen des Europäischen Rates bildet.
- Auf Basis eines Vorschlags der Kommission verabschiedet der Rat – mit qualifizierter Mehrheit, nach Anhörung des Europäischen Parlaments sowie anderer Institutionen und Ausschüsse – jährlich beschäftigungspolitische Leitlinien.
- Die Mitgliedstaaten setzen diese Leitlinien in nationale Aktionspläne um. Diese werden im Lauf eines Jahres »abgearbeitet«, Fortschritte anschließend in ei-

nem Jahresbericht zur Umsetzung der beschäftigungspolitischen Leitlinien zusammengefasst.
- Kommission und Rat prüfen und bewerten diese nationalen Berichte auf der Basis der Leitlinien. Auf Empfehlung der Kommission kann es zudem zu konkreten Empfehlungen an einzelne Mitgliedstaaten kommen.
- Die gewonnenen Erkenntnisse sind dann die Basis für den nächsten Jahresbericht an den Europäischen Rat.

Im Unterschied zu den beiden erstgenannten Methoden der Politikgestaltung verzichtet die offene Koordinierung auf gesetzgeberische Akte und rechtlich verbindliche Zielvorgaben. Stattdessen sollen notwendige Anpassungen und Fortschritte ausschließlich auf Ebene der Mitgliedstaaten – unter dem politischen Druck der Partner und der eigenen nationalen Interessengruppen und Öffentlichkeit – vorangetrieben werden. Die Mitgliedstaaten sollen voneinander lernen und so in einen Wettbewerb um die besten Lösungsmöglichkeiten eintreten. Kommission und Rat fungieren dabei als unterstützende und koordinierende Stellen.

Die drei Typen der Politgestaltung werden derzeit zwar alle angewandt, sind jedoch an verschiedene Politikbereiche gebunden. Ihre Entwicklung und Anwendung steht zudem in engem Zusammenhang mit den weiter oben geschilderten vier Phasen der europäischen Integration. So war die Phase der handelsgetriebenen Integration, also der Schaffung des Binnenmarktes, vor allem durch Methoden der positiven Integration gekennzeichnet, zu denen die Harmonisierung von Normen für Produkte und die gegenseitige Anerkennung von technischen Standards gehören. Die Schaffung des gemeinsamen Marktes wäre ohne diese teilweise in Details gehenden Vereinheitlichungen sehr viel langsamer und weniger vollständig gewesen. Bereits das Großprojekt »Binnenmarkt 92« machte allerdings die Grenzen dieser Methode deutlich: Die Harmonisierung technischer Regeln für jede erdenkliche Produktgruppe hätte die gesetzgeberischen Kapazitäten von Rat und Kommission gesprengt. Die Kommission entwickelte deshalb als mögliche Alternative bereits Mitte der 80er-Jahre den »Neuen Ansatz«, bei dem nicht mehr sämtliche Details festgelegt, sondern nur noch die Grundanforderungen an ein Produkt definiert werden. Wie diese Anforderungen dann technisch umgesetzt und erfüllt werden, bleibt den Herstellern überlassen. Eine weitere Antwort auf den zunehmenden Regelungsbedarf bei gleichzeitig gewachsener Heterogenität der nationalen Gegebenheiten bedeutete das in etlichen Bereichen angewandte Prinzip der Mindestharmonisierung. Hierbei legt die europäische Ebene lediglich noch bestimmte Mindestanforderungen – beispielsweise Umweltstandards – fest, welche es den Mitgliedstaaten dann erlauben, entsprechend ihrer nationalen Gegebenheiten und Prioritäten auch weiter gehende Regelungen zu verabschieden.

Dieser Verzicht auf unmittelbare Regulierung zeigt sich auch in der absoluten Zahl der auf europäischer Ebene erlassenen Rechtsakte, die geringer ist, als häufig angenommen wird. So übersandte die Kommission, bei der das Vorschlagsrecht liegt, im Jahr 2000 insgesamt 594 Vorschläge, Empfehlungen oder Entwürfe für Rechtsakte an den Rat beziehungsweise entsprechend der Zuständigkeiten an den Rat und das Parlament. Diese betrafen 193 Verordnungen (die stärkste Form der gemeinschaftlichen Rechtsetzung, die in allen Teilen sofort und unmittelbar für alle Mitgliedstaaten verbindlich ist), 48 Richtlinien (allgemeine Zielsetzungen zur

Umsetzung in nationales Recht innerhalb eines bestimmten Zeitraumes) und 252 Entscheidungen. Zudem standen den 788 durch die Kommission, den Rat oder Rat und Parlament im Jahr 2000 erlassenen Verordnungen 803 andere Verordnungen gegenüber, die im selben Jahr entweder ausliefen oder aufgehoben wurden, wodurch sich die Gesamtzahl der Verordnungen als direkteste Form europäischer Gesetzgebung um 15 verringerte.[35] Seit einiger Zeit diskutierte und verstärkt auch eingesetzte Alternativen zur gesetzlichen Regulierung – wozu beispielsweise die Selbstregulierung der Wirtschaft gehört – werden voraussichtlich dazu beitragen, dass unmittelbare gesetzliche Detailvorgaben der europäischen Ebene in Zukunft noch weiter zurückgehen werden.

Der logische nächste Schritt in diesem Rückzug der europäischen Ebene von der Harmonisierung war die Methode der negativen Integration. Sie wurde bei den Liberalisierungsbemühungen in Bereichen wie Energie, Verkehr und Telekommunikation erfolgreich angewandt, die Teil der Phase der faktorgetriebenen Integration waren und sind. Als Ergebnis dieser Entwicklung nahm die Bedeutung der europäischen Ebene – und hier besonders der Kommission – als Schiedsrichter zur Wahrung des angestrebten freien Wettbewerbes innerhalb der Union zu. Dies zeigte sich zum einen in der immer wichtiger werdenden Rolle der Kommission als Wettbewerbsbehörde bei Unternehmenszusammenschlüssen, wo es seit Mitte der 90er-Jahre bei jährlichen Steigerungen von 30 Prozent zu rund 300 Fusionsanmeldungen im Jahr 1999 kam.[36] Zum anderen wird diese Rolle bei der Überwachung von staatlichen Beihilfen zur Bewahrung gleicher Wettbewerbsbedingungen deutlich, bei der es sich nach Einschätzung von Beobachtern um »das schärfste administrative Schwert«[37] der Kommission handelt. Hierbei kam es zwar Ende der 90er-Jahre zu einem deutlichen Rückgang staatlicher Beihilfen um 13 Prozent gegenüber den Jahren 1993–1995[38], ohne dass dies aber das insgesamt weiterhin hohe Niveau nachhaltig veränderte, bei dem zwischen 1995 und 1997 in den Mitgliedstaaten durchschnittlich 1 261 Euro pro Arbeitnehmer an staatlichen Beihilfen ausgezahlt wurden.

Gerade Entscheidungen der europäischen Wettbewerbsbehörde sind in den vergangenen Jahren in den Mittelpunkt der Debatte um die Rolle der europäischen Ebene gerückt. Dies zeigte sich deutlich bei der am Beispiel der WestLB geführten Diskussion um die staatliche Unterstützung öffentlicher Banken, in deren Arbeit Kritiker häufig nur den »Schein der Daseinsfürsorge«[39] sehen, da neben öffentlichen Dienstleistungen oft lediglich regionale oder parteipolitische Interessenpolitik betrieben werde. Während dieser Aspekt in der innenpolitischen Diskussion eine Rolle spielt, haben die auf nationaler – häufig regionaler oder lokaler – Ebene erbrachten so genannten Dienstleistungen von allgemeinem öffentlichem Interesse lediglich dann eine europäische Dimension, wenn Binnenmarkt- oder Wettbewerbsvorschriften verletzt werden.[40]

Während diese mit Eingriffen der europäischen Ebene verbundenen Methoden vor allem bei der Komplettierung des Binnenmarktes und der flankierenden Maßnahmen in der Phase der faktor- und geldgetriebenen Integration zum Einsatz kamen, wird die offene Koordinierung als dritter Typ der Politikgestaltung demgegenüber vor allem in der vierten Phase – der innovationsgetriebenen Integration – verwendet. Ihre Attraktivität liegt darin, dass sie keinerlei Übertragung von zusätzlichen Zuständigkeiten auf die europäische Ebene und lediglich die Vereinbarung von sehr allgemeinen, grundsätzlichen Zielen verlangt. Entsprechend unterschiedlich ist denn auch die Umsetzung beispielsweise der nationalen Aktionspläne zur Beschäftigungspolitik. Während es in einzelnen Ländern zu einer großen öffentlichen Aufmerksamkeit, der breiten politischen Debatte der beschlossenen Ziele und der Umsetzung in regionale und lokale Aktionspläne kam, wird der Prozess der offenen Koordinierung in anderen Mitgliedstaaten weit gehend als rein administrativer Vorgang unter Ausschluss der Öffentlichkeit geführt. Wo öffentliche Debatten und die Einbindung möglichst vieler politischer, wirtschaftlicher und sozialer Akteure ausbleiben, besteht deshalb die Gefahr, dass die einzelnen Mitgliedstaaten innerhalb der offenen Koordinierung lediglich ihre existierende Politik fortschreiben, ohne dass es zum Austausch und stimulierenden Wettbewerb der Ideen um die beste Lösung für die gemeinsamen Probleme kommt. Diese Möglichkeit wird dadurch verstärkt, dass die Ausdehnung der offenen Methode der Koordinierung, anders als bei der Beschäftigungspolitik, nicht im EU-Vertrag festgelegt ist, sondern einzig auf Beschlüssen des Europäischen Rates von Lissabon beruht.

Derzeit ist deshalb noch nicht abzusehen, ob es sich bei der offenen Koordinierung wirklich um ein erfolgreiches Instrument der Politikgestaltung durch Wettbewerb unter den Mitgliedstaaten oder lediglich um »symbolische Politik« oder Public Relations[41] handelt. Unklar ist zudem, ob die offene Koordinierung tatsächlich ein Instrument zur Verbesserung der Integration sowie zur Erreichung der angestrebten besseren Konvergenz vor allem in wirtschafts- und strukturpolitischen Feldern ist oder eher ein leicht weiterentwickelter Mechanismus zur Politikabstimmung, wie er bereits außerhalb der Europäischen Union in Einrichtungen wie der OECD oder den G-8-Treffen der sieben wichtigsten Industrienationen zusammen mit Russland stattfindet. Hinzu kommt, dass beispielsweise die Europäische Kommission selbst die Frage stellt, ob der Prozess der offenen Koordinierung trotz seiner scheinbaren Unverbindlichkeit nicht dennoch in wesentlichen Feldern das Prinzip der Subsidiarität verletzt[42], da hierbei auch stark in Zuständigkeiten unterer politischer Ebenen eingegriffen wird, ohne dass diese aktiv den politischen Prozess beeinflussen können. Diese Unklarheiten können deshalb gerade in stark föderalen Staaten wie Deutschland, Österreich oder Belgien zu zusätzlichen innenpolitischen Problemen führen.

2.4 Das unübersichtliche Europa

Zentrales Element der europäischen Integration ist es, dass über Jahrzehnte die Zusammenarbeit in einigen Politikbereichen verstärkt wurde und gleichzeitig immer neue Bereiche in einer mehr oder weniger tiefen Zusammenarbeit gemeinsam von den EU-Mitgliedstaaten behandelt werden. Diese Vertiefung der Zusammenarbeit und die Ausdifferenzierung der Methoden führte zu einem für die Menschen unübersichtlichen, in seiner Funktionsweise und Zuständigkeit nicht mehr verständlichen Zustand, der mittlerweile dazu verleitet, der Union die Verantwortung für Fehlentwicklungen und Ärgernisse jedweder Art zu geben.

Der Blick auf die Geschichte der europäischen Integration jenseits der Tagesdebatten macht deutlich, dass es sich hierbei um eine Erfolgsgeschichte handelt:

- Die Mitgliederzahl der Gemeinschaft hat sich zwischen 1958 und 1995 mit nunmehr 15 mehr als verdoppelt, und weitere 13 Staaten warten derzeit auf ihre Aufnahme.
- Die Zuständigkeiten der Europäischen Union wurden von zwei Industriesektoren – Kohle und Stahl – auf immer mehr Bereiche – bis hin zu einer gemeinsamen Währung – ausgedehnt.

Der hierfür zu bezahlende Preis war allerdings hoch. Zum einen wurde mit jeder Erweiterung die Heterogenität der Gemeinschaft erhöht – und damit zugleich ihre Entscheidungsfähigkeit verringert. Zum anderen wurden die immer neuen Zuständigkeitsverlagerungen nicht immer mit effektiven Entscheidungsverfahren unterfüttert. Dies führte unter anderem dazu, dass eine wichtige Legitimationsquelle der europäischen Institutionen, nämlich eine effektivere Problemlösung auf dieser Ebene, geschwächt wurde.

Die Skizze der Integrationsgeschichte zeigte zudem, dass die politische Integration trotz aller Bemühungen hinter der wirtschaftlichen Integration zurückblieb. Dieser Eindruck wird zum einen durch die zunehmende zeitliche Distanz zur Nachkriegszeit und der Erinnerung an die gerade von den Deutschen seinerzeit mit Europa verknüpften Hoffnungen sowie zum anderen durch den Generationenwechsel bei Politikern in allen Mitgliedstaaten und das Verschwinden von als stark proeuropäisch wahrgenommenen Politikern, den »Advokaten einer Vision Europas«[43], verstärkt. Obwohl als politische Gemeinschaft der Menschen gedacht und skizziert, wurde die Union so in der Wahrnehmung der Bevölkerung immer mehr zum Eliten- und Wirtschaftsprojekt, das vor allem für Politiker und Großunternehmen Vorteile bringt.[44] Die Einbindung der Bürger erfolgt fast ausschließlich über die Direktwahl zum europäischen Parlament – dessen Rolle und Bedeutung auch nach dem Vertrag von Nizza nicht mit denen der nationalen Parlamente verglichen werden können, was zu weiterer Unzufriedenheit mit dem System der europäischen Politikgestaltung führen kann. Gerade an der Rolle des Europäischen Parlaments zeigt sich auch institutionell deutlich, dass die europäische Gemeinschaft ein in der Geschichte des Kontinents sowie im internationalen Vergleich beispielloses Gebilde ist: weniger als ein Staat, aber mehr als die übliche intergouvernementale Zusammenarbeit. Das Parlament ist kein Parlament mit den üblichen Zuständigkeiten, die Kommission mehr als eine supranationale Verwaltung und der Ministerrat nicht vergleichbar mit einer normalen Regierung. Diese Problematik erschwert die Vermittelbarkeit europäischer Politik zusätzlich.

Hinzu kommt, dass selbst Erfolge der Gemeinschaft und der eigenen Bundesregierung – beispielsweise auf dem für wichtig erachteten Gebiet der wirtschaftlichen Zusammenarbeit – von den Deutschen kaum wahrgenommen oder aber für selbstverständlich gehalten werden. So hielt seit Mitte bis Ende der 80er-Jahre stets eine relative Mehrheit von 41 bis 52 Prozent der Befragten den Binnenmarkt für eine gute Sache.[45] Als aber im ersten Halbjahr 1988 unter deutschem Ratsvorsitz das endgültige Konzept zur Verwirklichung der »vier Freiheiten« (freier Verkehr von Waren, Dienstleistungen, Kapital und Personen) tatsächlich verabschiedet wurde, sagten immerhin 38 Prozent der Deutschen, überhaupt nichts von dieser deutschen Ratspräsidentschaft gehört zu haben, und nur 14 beziehungsweise 21 Prozent sahen in den beiden Gipfeltreffen im Frühjahr 1988 einen Fortschritt für die Gemeinschaft.[46] Solche Zahlen zeigen zum einen den relativ schlechten Kenntnisstand der Deutschen über die Europäische Gemeinschaft, weswegen scheinbar technisch-wirtschaftliche, tatsächlich aber politisch-relevante und für den Alltag der Menschen bedeutsame Fortschritte nicht ins Bewusstsein der Bürger dringen. Die Zahlen machen aber auch deutlich, dass Europa für viele Menschen zu kompliziert und die Mechanismen der europäischen Zusammenarbeit zu komplex geworden sind.

Zu dieser Komplexität und Unübersichtlichkeit kam hinzu, dass im Laufe der Zeit europäische Zusammenarbeit in immer neuen Formen und mit immer neuen Themen innerhalb und außerhalb der Europäischen Union stattfand. Dabei wurde übersehen oder in Kauf genommen, dass für die Bürger immer weniger durchschaubar blieb, was genau sich hinter den verschiedenen Institutionen und Aktivitäten mit der Aufschrift »europäisch« verbarg. So wird der Euro zumindest zeitweise nicht die gemeinsame Währung aller EU-Mitgliedstaaten sein, und auch der im Amsterdamer Vertrag geschaffene gemeinschaftliche Raum für Freiheit, Sicherheit und Recht ist für die Menschen nur begrenzt erlebbar, wenn es auch bei Reisen innerhalb der EU weiterhin Grenzkontrollen gibt, sobald das »Schengen-Gebiet« verlassen wird.

Diese Entwicklung zur Unübersichtlichkeit wird durch den inflationären Gebrauch des Wortes »Euro« noch verstärkt. Dass der »Europäische Rat« und der »Europarat« zwei völlig unterschiedliche Einrichtungen sind – von denen nur die erste etwas mit der Europäischen Union zu tun hat –, ist für die Mehrheit der Bürger ebenso undurchschaubar geworden, wie dies für Aufgaben und Zusammensetzung von »Euro«-Einrichtungen wie Eurokorps, Europäischem Patentamt oder Eurovision gilt. Hinzu kommt, dass in den ersten Jahrzehnten nach Ende des Zweiten Weltkrieges geltende Selbstverständlichkeiten wie »Europa = Westeuropa« oder »Europa = Europäische Gemeinschaft/Union« ihre Gültigkeit verloren haben, ohne dass etwas Neues an die Stelle dieser Orientierungshilfen getreten ist.

Angesichts dieser Entwicklungen können die anstehenden Herausforderungen an die europäische Zusammenarbeit nur zur weiteren Verwirrung beitragen. Selbst wenn die Frage nach Ausdehnung oder Vertiefung der Integration eher den Diskurs unter Akademikern oder Politikern bestimmt, so sind die damit verbundenen Probleme doch für alle Menschen offensichtlich und greifbar. Wie im folgenden Abschnitt gezeigt werden soll, haben sie nämlich durchaus konkrete Vorstellungen von Themen wie der bevorstehenden Erweiterung um neue Mitgliedstaaten oder der Frage nach Zuständigkeiten und Verantwortlichkeiten.

3. Aktuelle Konfliktlinien und künftige Herausforderungen

Gut 45 Jahre nach Gründung der Europäischen Gemeinschaft ist die Integration in ihrer bisherigen Weise in einen Bereich vorgestoßen, in dem die Frage nach der weiteren Entwicklung und deren Finalität drängender denn je geworden ist. Die gewachsene Heterogenität der immer größer gewordenen Gemeinschaft, die verstärkt infrage gestellten Integrationsmethoden und der teilweise umstrittene Ausbau der Zuständigkeiten der Union sind dabei bestimmende Merkmale der Debatte. Alle drei Komplexe werden in der öffentlichen Diskussion thematisiert. Diese Diskussion wird vor allem von zwei Faktoren geprägt und teilweise verschärft: der öffentlichen Meinung – wie sie eher in Meinungsumfragen als in Leitartikeln und Politikerstatements sichtbar wird – einerseits sowie den unmittelbar anstehenden Herausforderungen an die Union andererseits. Zu Beginn des neuen Jahrtausends bestehen diese neuen Herausforderungen im Wesentlichen in zwei sehr konkreten Ereignissen, nämlich der angekündigten Erweiterung der Europäischen Union sowie der Einführung des Euro als gemeinsamem europäischem Bargeld.

Zusätzliche neue Herausforderungen – weniger greifbar, aber ebenso konkret – birgt die Neuordnung der Entscheidungsmethoden sowie Fragen der Legitimität einmal getroffener Entscheidungen innerhalb der Mitgliedstaaten sowie auf europäischer Ebene; außerdem der von den Menschen oft als Bedrohung erfahrene rasante technologische Wandel in einer in immer mehr Bereichen globalisierten Wirtschaft und Gesellschaft. So löst die Globalisierung bei mehr als der Hälfte der Deutschen gemischte Gefühle aus, da sie damit die Befürchtung einer starken bis sehr starken Einschränkung des politischen Handlungsspielraums für Deutschland verbinden.[47] Wie zu anderen zentralen Themen haben die Deutschen hierbei eine feste Meinung. Obwohl sie sich selbst im Vergleich mit Bürgern anderer EU-Staaten für recht gut informiert halten[48], ist das Urteil vieler Deutscher stark von emotionalen und intuitiven Einschätzungen geprägt, die nicht immer auf konkretem Faktenwissen beruhen. Gleichwohl kann die öffentliche Meinung sowohl die öffentliche Debatte als auch politische Entscheidungen bestimmen. Im Folgenden soll deshalb der Einstellung der Deutschen zu wesentlichen Fragen für die Zukunft der europäischen Integration nachgegangen werden.

3.1 Nachlassende Zustimmung zur Erweiterung

Als Sechser-Gemeinschaft gegründet, war die Europäische Gemeinschaft von Anfang an für neue Mitglieder offen – und zog diese auch kontinuierlich an. In mehreren Schritten erfolgte bis 1995 die schrittweise Erweiterung auf 15 Mitglieder. Mit Ländern wie Griechenland, Spanien, Portugal und Irland wurden dabei auch solche Staaten aufgenommen und integriert, deren wirtschaftliche und/oder politische Entwicklung zuvor anders als die der Gründerstaaten verlaufen war. Von der deutschen Bevölkerung wurden die politischen Entscheidungen zur Vergrößerung der Gemeinschaft dabei stets mitgetragen. So erwarteten rund zwei Drittel der Deutschen Ende 1994 positive Auswirkungen von der unmittelbar bevorstehenden Erweiterung um Österreich, Schweden und Finnland.[49]

Diese grundsätzliche Zustimmung zur Aufnahme neuer Mitglieder änderte sich grundlegend, als ab Mitte der 90er-Jahre zusehends konkreter über die mögliche Aufnahme weiterer, überwiegend mittel- und osteuropäischer Staaten diskutiert wurde.[50] Während 2003 als häufig genannter Termin für eine erste Erweiterungsrunde immer näher rückt, wächst in der Bevölkerung die Skepsis. Gleichwohl sprach sich im Frühjahr 2001 noch rund die Hälfte der Befragten für eine Beibehaltung des bisherigen Integrationstempos aus; 15 Prozent wünschten sich sogar eine Beschleunigung.[51]

Tab. 2: Wachsende Skepsis gegenüber der EU-Osterweiterung

Osterweiterung der EU hat für Deutschland . . .	1996 (West/Ost)	2000 (West/Ost)
. . . eher Vorteile	28,4 (27,1/33,6)	25,8 (24,3/31,8)
. . . eher Nachteile	32,8 (34,6/25,8)	34,3 (36,4/26,0)
. . . Vor- und Nachteile	35,0 (34,2/38,0)	35,8 (34,8/37,3)

Quelle: Die Daten entstammen Studien, die im Auftrag des Bundesverbandes deutscher Banken von ipos durchgeführt wurden: »Europa – warum«, August 1996 und »Deutschland und die Globalisierung«, Oktober 2000.

Dabei machen die Deutschen klare Unterschiede zwischen den verschiedenen Kandidatenländern. So wollten sie im Frühjahr 2000 mit Norwegen (74 Prozent) und der Schweiz (75 Prozent) am liebsten zwei europäische Staaten aufnehmen, die derzeit überhaupt keinen Beitrittsantrag gestellt haben.[52] Bei jenen Staaten, die tatsächlich einen Beitrittsantrag gestellt haben, lag die Zustimmung zum Beitritt durchweg unter 50 Prozent, mit Ungarn (49 Prozent), Malta (44 Prozent) und der Tschechischen Republik (40 Prozent) an der Spitze sowie der Türkei (24 Prozent) und Rumänien (23 Prozent) am Ende der Zustimmungstabelle.

Tab. 3: Zustimmung zum Beitritt (in Prozent)

	West	Deutschland	Ost
Tschechien	35	40	58
Slowakei	31	34	48
Polen	34	37	45
Ungarn	46	49	62
Rumänien	22	23	24
Slowenien	29	30	33
Estland	33	34	38
Lettland	33	34	37
Litauen	31	33	37
Bulgarien	26	29	39
Zypern	34	36	44
Malta	42	44	51
Schweiz	74	75	78
Norwegen	74	74	76
Türkei	25	24	22

Quelle: Eurobarometer, 53/2000.

Dabei zeigen sich auch deutliche Unterschiede zwischen den Einstellungen in Ost- und Westdeutschland: Die im Rahmen der Wiedervereinigung erst 1990 zur Europäischen Union gestoßenen Ostdeutschen stehen der Erweiterung nicht nur hinsichtlich ihrer teilweise unmittelbaren Nachbarn im Osten, sondern auch grundsätzlich positiver gegenüber.[53] Ein Grund hierfür liegt in der Einschätzung der Auswirkungen einer weiteren Erweiterung für die Bundesrepublik: Während im Westen Ende 2000 nur 24,3 Prozent damit rechneten, dass die Erweiterung für Deutschland eher Vorteile bringen werde, waren dies im Osten 31,8 Prozent.[54]

Andere Umfragen bestätigen, dass eine Erweiterung der Europäischen Union von den Deutschen derzeit nicht als politische Priorität gesehen wird. Befragt nach den Prioritäten für die Europäische Union, nannten im Frühjahr 2000 nur 20 Prozent der Deutschen die Erweiterung.[55] Das Thema rangierte damit in der Prioritätenliste der Bürger weit hinter anderen Themen wie Arbeitslosigkeit (89 Prozent), der Bekämpfung von Drogen und Kriminalität (84 Prozent) bzw. Armut (82 Prozent) sowie dem Euro (48 Prozent). Ähnlich wie bei der Frage nach den Kriterien für einen Beitritt[56] stimmen Ost- und Westdeutsche hier in ihrer Einschätzung überein.

Beim Europäischen Rat von Nizza im Dezember 2000 wurden die Weichen für eine Erweiterung der Europäischen Union gestellt, Politiker sprechen von ersten Beitritten zwischen 2003 und 2005. Dieser Einschätzung stehen die Einstellungen der Deutschen gegenüber, bei denen sich drei wesentliche Tendenzen abzeichnen:

1. Die Zustimmung zur Aufnahme weiterer Staaten in die Gemeinschaft nahm Ende der 90er-Jahre ab.
2. Eine deutliche Mehrheit der Deutschen hält andere politische Themen derzeit für wichtiger.
3. Die Meinung in Deutschland ist eher gespalten.

Die weitere Entwicklung dieser Einstellungen sowie die Reaktion der Politik auf diese Diskrepanz zwischen öffentlicher Meinung und dem herrschenden Konsens über die Erweiterung bei den politischen Parteien und der deutschen Wirtschaft gehört deshalb zu den wichtigen Themen der nahen Zukunft. In dem Maße, wie der Beitrittszeitpunkt für die neuen EU-Mitglieder näher rückt, steigert und verfestigt sich die Skepsis der deutschen Bevölkerung – die noch im Herbst 2000 mit einer relativen Mehrheit von 43 Prozent gegen die Erweiterung war. Ihre Überwindung scheint nicht einfach zu sein.[57] Die bislang vorhandenen Bedenken in der Bevölkerung lassen sich nicht nur mit Befürchtungen vor Wanderungsbewegungen aus den neuen Mitgliedstaaten in den Westen und der daraus resultierenden Angst vor Wohlstandsverlusten erklären. Gerade in jenen Staaten, deren Anteil an den EU-Fördermitteln durch die Aufnahme neuer Mitglieder verringert werden wird (Spanien, Portugal, Irland und Griechenland), ist die Zustimmung der Bevölkerung zur Erweiterung derzeit sehr viel höher als in Deutschland.

3.2 Die jüngere Generation setzt auf den Euro

»Pragmatische Kühle statt Eu(ro)phorie«[58] kennzeichnete lange Zeit die Einstellung der Deutschen zur Einführung einer gemeinsamen europäischen Währung. Kollektive Inflationsängste, Bedenken hinsichtlich eines zu großen Verlustes staatlicher Souveränität, die Bedeutung der D-Mark als Symbol des Nachkriegsaufschwungs und deutliche Informationsdefizite sorgten bis 1995 zunächst dafür, dass eine wachsende Mehrheit der Deutschen der Einführung des Euro skeptisch bis ablehnend gegenüberstand.

Je näher der geplante Einführungstermin allerdings rückte, desto pragmatischer und weniger negativ wurde die Einstellung der Bundesbürger. An die Stelle der Ablehnung trat die Sorge um die Stabilität der neuen Währung.[59] Vorhandene Zweifel wurden allerdings auch dadurch geschwächt, dass die deutsche Wirtschaft – auch nach Einschätzung der Bevölkerung – dem Euro eher positiv gegenüberstand.[60] Wie in den anderen EU-Staaten war die öffentliche Meinung zudem stark von der grundsätzlichen Zufriedenheit mit der EU-Mitgliedschaft des eigenen Landes bestimmt sowie dem Gefühl der Befragten, ausreichend informiert worden zu sein.[61] Dies zeigte sich in den Monaten vor der Einführung des Euro zum Jahresanfang 1999[62], als die Zustimmung in Deutschland ebenso wuchs wie die Zahl jener Menschen, die sich ausreichend informiert fühlten und die deutsche EU-Mitgliedschaft unterstützten. Zustimmungsquoten zwischen 47 und 56 Prozent über das gesamte Jahr 1998 hinweg machten die Unterstützung bzw. Akzeptanz der gemeinsamen Währung kurz vor ihrer Einführung deutlich.[63]

Diese »Normalität« bestimmte im Wesentlichen auch die Debatten nach der Einführung der europäischen Währung. Anhaltende Preisstabilität und weitgehende Haushaltsdisziplin der elf Euro-Staaten trugen dazu bei, dass das Ansehen des Euros stabil blieb. Eine große öffentliche Ausstiegsdebatte fand deshalb trotz des Wertverlustes gegenüber dem US-Dollar nicht statt. Stattdessen wurde die von Pragmatismus geprägte Diskussion eher um technische Fragen wie Abwicklung und Kosten der Umstellung auf das Euro-Bargeld im Jahr 2002 geprägt. Die grundsätzliche Zustimmung der Deutschen zur Einführung des Euro zeigt sich zudem in ihrer Einschätzung der Europäischen Zentralbank (EZB): Bei Befragungen nach dem Vertrauen in die verschiedenen europäischen Einrichtungen rangiert die in Frankfurt angesiedelte EZB deutlich vor anderen Institutionen wie der Europäischen Kommission oder dem Ministerrat in der Spitzengruppe.[64]

Gut zwei Jahre nach der Einführung des Euro wurde die Einstellung der Deutschen zum Euro Ende 2000 im Wesentlichen von zwei Punkten mitbestimmt: einem noch immer ungenügenden Wissensstand sowie einer starken Fixierung auf den Außenwert der gemeinsamen europäischen Währung.[65] Zwar fühlte sich im Frühjahr 2000 mit 54 Prozent der Deutschen eine Mehrheit gut bis sehr gut über die neue Währung informiert[66], doch widersprechen Ergebnisse anderer Befragungen dieser Selbsteinschätzung: Mehr als ein Jahr nach faktischer Einführung des Euro zum 1. Januar 1999 erklärten im März und Oktober 2000 noch immer rund zwei Drittel der Deutschen, dass die gemeinsame Währung erst mit der Einführung als Bargeld existiere.[67] Nur 29 Prozent wussten, dass die gemeinsame Währung bereits fixiert und wirksam war. Diese Meinung, eine gemeinsame europäische Währung sei »erst dann der Fall, wenn der Euro als Bargeld verfügbar ist«, wurde dabei mehrheitlich von allen Bildungs-, Alters- und Beschäftigungsgruppen vertreten. Dieses Informationsdefizit hatte bereits vor Einführung des Euro das Meinungsbild der Deutschen mitbestimmt. Spätere Umfragen zeigen allerdings, dass der Wissensstand der Deutschen immer besser wurde, je näher der Zeitpunkt der Bargeldeinführung rückte. So konnte im Frühjahr 2001 jeder zweite Befragte neun und mehr Teilnehmerländer korrekt benennen, während 73 Prozent den Wechselkurs zur D-Mark relativ genau kannten.[68]

Die Fixierung auf den Außenwert der neuen Währung – im Wesentlichen gegenüber dem US-Dollar – zeigt sich unter anderem in der Einschätzung, ob der Euro für Deutschland eher Vor- oder eher Nachteile mit sich bringt. So verbesserte sich Ende der 90er-Jahre die anfangs deutlich skeptische Einstellung der Deutschen gegenüber dem Euro im Vorfeld der Einführung und der anfänglichen Wechselkurs-Stabilität 1999 zunächst spürbar. Zeitlich parallel zum steigenden Dollarkurs verschlechterte sich die Einschätzung der gemeinsamen Währung im Jahr 2000 dann wieder.

Tab. 4: Bringt der Euro für Deutschland Vor- oder Nachteile?

	1996 (August)	1998 (Februar)	1999 (Juni)	2000 (März)	2000 (Oktober)
Nachteile	51	46	40	43	51
Vorteile	8	15	21	18	17
Vor- und Nachteile	36	33	31	32	28

Quelle: ipos-Studien im Auftrag des Bundesverbands deutscher Banken.

Trotz eines Zustimmungsrückgangs zwischen Herbst 1999 und Frühjahr 2000 um rund fünf Prozentpunkte ist die Mehrheit der Deutschen weiterhin der Ansicht, dass es in der Europäischen Union auch eine gemeinsame Währung geben sollte.[69] So betonte noch im Frühjahr 2001 – bei anhaltend schwachem Wechselkurs mit dem US-Dollar – eine klare Mehrheit der Bevölkerung den überwiegenden Nutzen des Euro. Mögliche Risiken wie einen Verlust der nationalen Identität, höhere Inflation oder schwindenden Einfluss auf die Wirtschafts- und Sozialpolitik sah demgegenüber nur eine relative Minderheit.[70] Ein Grund hierfür scheint in einem stark zukunftsgerichteten Optimismus vor allem der jüngeren Menschen zu liegen. Die Gruppe der Deutschen, die jünger als 29 Jahre sind, meint mehrheitlich, dass der Euro langfristig erfolgreich sein wird.[71] Dieselbe Gruppe rechnet zwar – anders als der Rest der Bevölkerung – mit Schwierigkeiten beim 2002 bevorstehenden Bargeldumtausch, geht aber zugleich vom langfristigen Erfolg der neuen Währung aus. Dabei haben gerade diese jüngeren Menschen keinesfalls ein ungetrübtes Europabild: Rund 50 Prozent von ihnen befürchten, dass durch die europäische Einigung in der Zukunft für Deutschland eher mehr Probleme entstehen werden.[72]

3.3 Europäische Aufgaben und Arbeitsteilung

Anders als bei der Debatte um den Euro ist die Meinung der Deutschen zur Aufgabenteilung zwischen der nationalen und der europäischen Ebene sehr viel konstanter. Dabei zeigt sich seit Jahren durchgängig, dass die Deutschen – ähnlich wie die Bürger anderer EU-Staaten – eine Behandlung von Fragen der Außen- und Sicherheitspolitik sowie der inneren Sicherheit auf Ebene der EU wünschen. Sozial-, bildungs- und kulturpolitische Entscheidungen sollten demgegenüber eher von der nationalen Regierung getroffen werden.

Tab. 5: Nationale oder gemeinsame EU-Regelung?

Nationale Entscheidung	Entscheidung auf EU-Ebene
Bildungs- und Erziehungswesen 60 %	Informationen über die EU 73 %
Gesundheits- und Sozialwesen 60 %	Humanitäre Hilfe 66 %
Medienpolitik 54 %	Umweltschutz 65 %
	Armut und soziale Ausgrenzung 65 %
	Unterstützung wirtschaftlich schwacher Regionen 61 %
	Währungsfragen 60 %
	Forschung 60 %
	Verteidigungspolitik 60 %
	Landwirtschafts- und Fischereipolitik 58 %
	Kampf gegen Arbeitslosigkeit 56 %

Quelle: Eurobarometer, 53/2000.

Diese Tabelle macht vor allem zwei Dinge deutlich:

1. Die Bürgerinnen und Bürger unterscheiden zwischen solchen Themen, die sie gemeinsam mit anderen europäischen Staaten angehen möchten, und jenen, bei denen eher auf nationale Lösungen gesetzt werden soll.
2. Die tatsächlichen Zuständigkeiten innerhalb der Europäischen Union sind in einigen Bereichen derzeit anders verteilt, als dies den Vorstellungen der Bürgerinnen und Bürger entspricht.

Besonders ausgeprägt ist die Kluft zwischen den Vorstellungen der Menschen und den Gegebenheiten beim Thema Sicherheitspolitik. Während die tatsächlichen Zuständigkeiten der europäischen Ebene hier stark begrenzt sind, wünscht sich eine deutliche Mehrheit der Befragten, dass Entscheidungen auf europäischer Ebene getroffen werden sollen. So unterstützten im Herbst 2000 73 Prozent der Deutschen eine gemeinsame Außenpolitik und 79 Prozent eine gemeinsame Sicherheits- und Verteidigungspolitik der EU.[74] Dass es sich hierbei nicht nur um eine abstrakte Idee handelt, sondern die Menschen auch zu konkretem Verzicht auf nationale Souveränitätsrechte bereit sind, zeigen die Ergebnisse weiter gehender Befragungen, wonach beispielsweise 63 Prozent der Deutschen sogar gemeinsame Streitkräfte unter europäischem Oberbefehl für eine gute Idee halten.[75]

Ähnlich deutliche Unterschiede zwischen den Vorstellungen der Menschen und den tatsächlichen Gegebenheiten gibt es auch bei den Entscheidungsverfahren auf europäischer Ebene. Während die Regierungen bei den Verhandlungen über den Vertrag von Nizza zäh darum rangen, welche Politikbereiche künftig im EU-Ministerrat einstimmig oder mit Mehrheitsentscheid geregelt werden sollen, spricht sich eine deutliche relative Mehrheit der Deutschen dafür aus, gemeinsame Entscheidungen auf EU-Ebene künftig nicht mehr einstimmig, sondern nur noch mit Mehrheit zu treffen.[76] Eindeutiger als die bisherigen Regelungen sind auch die Vorstellungen der Menschen bei der Frage der Zuständigkeiten der verschiedenen Institutionen. Die relative Mehrheit spricht sich durchgängig für eine stärkere Beteiligung des Europäischen Parlamentes aus. 36 Prozent der Deutschen wünschten sich Anfang 2000, dass das Europäische Parlament gestärkt wird, während nur 15 Prozent einen verringerten Einfluss der Parlamentarier befürworten – während dessen tatsächliche Rolle auch nach den jüngsten Änderungen des EU-Vertrages unverändert starken Beschränkungen unterworfen bleibt.

Der Wunsch nach einer wichtigeren Rolle der Europaparlamentarier wird von den Deutschen seit den frühen 80er-Jahren geäußert. Hinzu kommt, dass bei Befragungen zum Vertrauen in die verschiedenen europäischen Institutionen und Einrichtungen das Parlament – gemeinsam mit dem Europäischen Gerichtshof sowie neuerdings auch der Europäischen Zentralbank – stets in der Spitzengruppe rangiert.[77] Kommission und Ministerrat liegen bei derartigen Befragungen demgegenüber stets im Mittelfeld, während Einrichtungen wie der Ausschuss der Regionen oder der Wirtschafts- und Sozialausschuss häufig nicht einmal bei einer relativen Mehrheit der Befragten Vertrauen finden.

3.4 Vom Musterknaben zum Normalo

Der Blick auf die aktuellen Einstellung der Deutschen zu Themen und Konfliktlinien der europäischen Integration wirft ähnliche Fragen auf, wie sie bereits Anfang der 90er-Jahre gestellt wurden. Als nach der Wiedervereinigung die Zustimmungsraten zur Integration deutlich absanken, fragten Beobachter, ob dies bedeutet, »dass sich die Deutschen von Europa abwenden und mehr um ihren größeren Nationalstaat kümmern?«[78] Die Ergebnisse von Meinungsumfragen erschienen vor allem deshalb Besorgnis erregend, weil die positive Grundeinstellung der Deutschen zur Einigung Westeuropas stets zu den Selbstverständlichkeiten ihrer Identität gehört hatte.[79] So äußerten sich zwischen 1973 und 1990 durchschnittlich 77 Prozent der Befragten positiv zu der Frage, ob sie für oder gegen die laufenden Einigungsbemühungen für Westeuropa seien.

Nach 1990 kam es dabei zu zwei Veränderungen: Zum einen wich die Frage nach der Einigung Westeuropas immer mehr Überlegungen zum Zusammenwachsen des ganzen Kontinents. Zum anderen ließ die Zustimmung der Deutschen zu diesem Integrationsprozess deutlich nach. Nach einem Spitzenwert von 82 Prozent Zustimmung Ende 1990 sank die Integrationsbereitschaft – auf dem Höhepunkt der Maastricht- und Euro-Währungsdebatte sowie der einsetzenden Rezession – bis Ende 1992 zunächst auf 67 Prozent ab.[80] Der negative Trend in West- und Ostdeutschland verlief dabei weit gehend ähnlich, wenngleich in den neuen Ländern stets eine insgesamt deutlich geringere Zustimmung zur Integration registriert wurde. Einen Spitzenwert von 88 Prozent hatte die Zustimmung unter den Ostdeutschen im Umfeld der deutschen Einheit Ende 1990 erfahren.[81] Danach sank der Anteil der positiven Äußerungen bis Ende 1992 auf nur noch 58 Prozent. In der Folgezeit wurden überwiegend Werte von jeweils mehr als 60 Prozent ermittelt. Auch in Westdeutschland wurde Ende 1990 mit 81 Prozent ein Höchstwert bei der Zustimmung festgestellt. Anschließend sank der Anteil der Integrationsbefürworter hier ebenfalls – mehr oder weniger kontinuierlich – auf unter 70 Prozent.[82]

Diese negative Entwicklung bei einer allgemeinen, »weichen« Frage zur westeuropäischen Integration ging einher mit einer zunehmend negativen Bewertung der deutschen EU-Mitgliedschaft. Diese wurde bis 1990 von durchschnittlich nur sieben Prozent der Befragten als eine »schlechte Sache« gesehen.[83] In der Folgezeit wuchs der Anteil der negativen Antworten leicht, aber konstant an und lag Anfang 2000 bei 15 Prozent. Die nachlassende »EU-phorie« der Deutschen zeigte sich zudem in ihrer Einschätzung der Vorteile einer Mitgliedschaft in der Union: Hatte zwischen 1983 und 1996 stets eine – zumeist relative – Mehrheit vor allem Vorteile gesehen, so kehrte sich dieses Bild in der Folgezeit um.[84] Anfang 2000 sahen nur noch 37 Prozent Vorteile in der EU-Mitgliedschaft, während 42 Prozent darin keine Vorteile erblickten.

Dieses Bild wird allerdings durch zwei Faktoren relativiert. Zum einen folgte der rückläufige deutsche Trend weit gehend einer allgemeinen Tendenz in allen Mitgliedstaaten.[85] Zum anderen hat die rückläufige Einschätzung bei Einzelaspekten den sehr hohen Grundkonsens zur EU-Mitgliedschaft Deutschlands nur geringfügig beeinträchtigt: Der Anteil jener Befragten, die in der Mitgliedschaft eine »schlechte Sache« sahen, lag nie über 15 Prozent. Dem stehen fast durchgängig mehr als 40 Prozent gegenüber, die hierin eine »gute Sache« sahen sowie weitere 20 bis 30 Prozent mit der Meinung, die EU-Mitgliedschaft sei »weder gut noch schlecht«. Die große Mehrheit der Deutschen – anders als einzelne Medien und Politiker – sieht die deutsche Identität in einem vereinten Europa nicht als gefährdet an: 58 Prozent gehen davon aus, dass »das, was Deutschland ausmacht«, auch bei einem weiteren Zusammenwachsen des Kontinents erhalten bleibt.[86]

Die Entwicklungslinie der Zustimmung der Deutschen zur europäischen Integration ist eindeutig: Was bis Ende der 80er-Jahre stark gewünscht und überwiegend begrüßt wurde, wird nunmehr nur noch akzeptiert. Hieraus darf allerdings nicht der Umkehrschluss gezogen werden, dass Ablehnung an die Stelle der bis dahin geltenden Zustimmung getreten wäre. Stattdessen haben sich die Zustimmungswerte vielmehr entsprechend einer in allen Mitgliedstaaten zu beobachtenden Tendenz entwickelt:[87] Länder mit einer bislang hohen Zustimmungsquote verzeichneten eine nachlassende, solche mit eher skeptischer Bevölkerung eine eher ansteigende Zustimmung.

Fasst man die Einstellungen der Deutschen zu Fragen der europäischen Integration zusammen, so lässt sich die Gesamtentwicklung in aller Kürze mit dem Satz »Vom Musterknaben zum Normalo« beschreiben. Dieser Trend zur Normalität geht dabei einher mit einem gewachsenen Selbstbewusstsein: Rund 40 Prozent der Bundesbürger sehen Deutschland Ende 2000 als führende Macht in Europa, während nur 22 Prozent Frankreich und 6 Prozent Großbritannien diese Rolle zuschreiben.[88] Ohne dass ihre grundsätzlich positive Haltung zur europäischen Integration dadurch nachhaltig geschwächt wurde, haben die Deutschen – vor allem in den letzten zehn Jahren – deutlich an Selbstbewusstsein gewonnen. Das grundsätzliche Ja wird begleitet von einer teilweise sehr skeptischen Einstellung zu zentralen Zukunftsfragen wie der Erweiterung der EU und anhaltenden Verbesserungswünschen an die Arbeitsweise und Zuständigkeitsverteilung in der Gemeinschaft. Gerade in diesen Bereichen wird deshalb noch Überzeugungsarbeit notwendig sein, wenn die Zustimmung der Bevölkerung zur Grundidee der europäischen Zusammenarbeit langfristig erhalten werden soll. Diese Einstellungen werden – gemeinsam mit den skizzierten Entwicklungen der EU – entscheidenden Einfluss auf die künftige Entwicklung der Gemeinschaft nehmen, da sie sehr stark jenen Rahmen mitbestimmen, innerhalb dessen deutsche Politiker Europapolitik betreiben können.

4. Weder Freihandelszone noch föderaler Bundesstaat

Steht das Projekt der europäischen Integration am Scheideweg? Die eingangs beschriebene Ausgangslage zu Beginn des 21. Jahrhunderts lässt diese Frage aufkommen. Aktuelle Entwicklungen verstärken diesen Eindruck. Vor dem Hintergrund der Integrationsgeschichte und der vor der Union liegenden Aufgaben besteht die zentrale europapolitische Aufgabe der nächsten Jahre zunächst darin, die Finalität der Integration – also deren endgültiges Ziel – zu diskutieren und zu bestimmen. Weiter gehende Fragen – wie die nach der Vergemeinschaftung neuer Politikbereiche, der Abgrenzung der Kompetenzen oder künftigen Integrationsmethoden – können erst anschließend in möglicherweise neuem Kontext diskutiert werden.

Die Diskussion über die Finalität der europäischen Integration hat erst sehr tastend begonnen, und nur wenige der verantwortlichen Politiker haben ihre Grundideen bereits so explizit dargelegt wie der deutsche Bundespräsident oder Außenminister Fischer, die Europas endgültige Gestalt in einer »Föderation der Nationalstaaten« auf der Grundlage einer europäischen Verfassung sehen.[89] Trendoptionen für die künftige Entwicklung der Europäischen Union werden im Wesentlichen von sieben Faktoren bestimmt:

1. *Erweiterung der 15er Gemeinschaft:* Mit jeder weiteren Erweiterungsrunde werden die Heterogenität und damit »das Lähmungspotenzial der Union verstärkt«[90]. Weit reichende gemeinsame Entscheidungen oder gar neue Integrationsimpulse werden weiter erschwert.
2. *Institutionelle Gestaltung:* Das Institutionengefüge von Europäischem Parlament, Rat und Kommission wird mit dem Vertrag von Nizza nur unwesentlich verändert. Verantwortlichkeiten innerhalb der Gemeinschaft bleiben dadurch für die Bürger unübersichtlich. Zugleich bleibt die Union in ihrer Fähigkeit, zügige und weit reichende Entscheidungen zu treffen, weiter eingeschränkt.
3. *Verteilung der Kompetenzen:* Die Zuständigkeit der verschiedenen Ebenen soll erst bei der nächsten Regierungskonferenz diskutiert werden. Auch in diesem Bereich bleiben deshalb sowohl die derzeitige Unübersichtlichkeit als auch Konfliktstoffe zwischen den regionalen, nationalen und europäischen Ebenen erhalten.
4. *Methoden der Zusammenarbeit und Integration:* Die künftige Entwicklung der Union wird auch davon abhängen, ob – wie in der jüngeren Vergangenheit – statt Vergemeinschaftung und Integration weiterhin verstärkt unverbindliche Formen der Zusammenarbeit angewandt und die intergouvernementale Zusammenarbeit gestärkt werden.

Während die politischen Akteure auf diese vier Faktoren einen relativ starken Einfluss haben, hängt die zukünftige Entwicklung der Union von drei weiteren Faktoren ab, bei denen Politiker nur sehr eingeschränkte Einflussmöglichkeiten haben:

5. *Entwicklung der Weltwirtschaft sowie der Wettbewerbsfähigkeit der EU:* In vielen Studien wird Europa in der Zukunft als ein »solider Wirtschaftsraum«[91] gesehen, der sein wirtschaftliches Potenzial aber aufgrund stark regulierter Arbeitsmärkte und allgemeiner staatlicher Regulierung nicht voll ausschöpfen kann.
6. *Außen- und sicherheitspolitische Lage in der Nachbarschaft der Union sowie Krisen in anderen Weltregionen:* Anhaltende Instabilität auf dem Balkan sowie der

voraussichtlich steigende internationale Druck, auch aktiv – diplomatisch wie teilweise militärisch[92] – an der Bewältigung von Krisen außerhalb Europas mitzuwirken, könnten die Union vor völlig neue Herausforderungen stellen. So führten die terroristischen Angriffe in den USA im September 2001 dazu, dass sich die Mitgliedstaaten binnen weniger Tage zu konkreten Ergebnissen in den Bereichen Inneres und Justiz – wie der Schaffung einer Anti-Terror-Gruppe innerhalb von Europol – führte. Zugleich wuchs der politische Druck zu weiteren Schritten in diesem zuvor meist zögerlich angegangenen Politikfeld.[93]

7. *Einstellungen der Bevölkerung:* Je stärker innerhalb der Mitgliedstaaten der Wunsch nach direkter Beteiligung an politischen Entscheidungen wächst, umso stärker wird dieser Druck auch für den Entscheidungsprozess auf europäischer Ebene. Gerade bei diesem Thema gehen die Einschätzungen über künftige Entwicklungen allerdings auseinander, da statt wachsendem Partizipationswillen auch »politische Passivität mit einer breiten Unterstützung des Staates«[94] für möglich gehalten wird.

Die Frage nach der Finalität Europas muss vor dem Hintergrund dieser Faktoren diskutiert und entschieden werden. Die jeweilige Gewichtung dieser sieben Faktoren eröffnet verschiedene Möglichkeiten, die in unterschiedliche Trendoptionen der weiteren Entwicklung einfließen, die hier kurz skizziert werden. So hat beispielsweise die Frage, ob Europas Staaten gemeinsam auf außen- und sicherheitspolitische Herausforderungen reagieren wollen und deshalb zu den hierfür notwendigen weiteren Integrationsschritten bereit sind, entscheidenden Einfluss auf die künftige politische Gestalt des Kontinents. Nicht alle der diskutierten Möglichkeiten für die Entwicklung Europas wie beispielsweise das Europa in »Form einer vertieften Freihandelszone«[95] könnten die hierfür notwendige Tiefe und Intensität der Zusammenarbeit sicherstellen.

Ähnliches gilt für die Option, einen föderalen europäischen Bundesstaat zu schaffen, der angesichts der jetzt bereits vorhandenen und sich verfestigenden Heterogenität der Europäischen Union kaum noch vorstellbar erscheint und den vollkommenen Abschied von den bisher gegangenen Wegen der europäischen Integration bedeuten würde. Sehr viel realistischer erscheint demgegenüber die Schaffung einer »Föderation europäischer Staaten, gestützt auf einen Verfassungsvertrag mit abgegrenzten Zuständigkeiten der verschiedenen Ebenen und demokratischen Legitimations- und Kontrollverfahren«[96], die von zahlreichen deutschen Politikern befürwortet wird. Voraussetzung hierfür wäre allerdings die Bereitschaft der Mitgliedstaaten zu weiterem Souveränitätstransfer und weit reichenden Kompromissen. Da die Skizze der europäischen Integration gerade in diesen Bereichen eine seit Mitte der 80er-Jahre nachlassenden Bereitschaft der EU-Mitglieder deutlich gemacht hat, muss jedoch auch diese Trendoption mit Fragezeichen versehen werden.

Als wahrscheinlichste Trendoption gilt eine Fortführung der differenzierten Integration, die auf die vertraglich bereits weit gehend vorhandenen Möglichkeiten aufbaut.[97] Hierbei würden weitere Integrationsschritte auf Gebieten wie der Wirtschaftsunion, der inneren Sicherheit oder der Verteidigungspolitik nur noch von jeweils einer Teilgruppe der EU-Mitglieder angegangen. Um diese verschiedenen harten Kerne herum würden sich dann die weiteren Mitglieder gruppieren, die sich später, oder auch nie, diesen »Pionieren« anschließen. Wenngleich von etlichen Mitgliedstaaten kritisch besehen, ist diese Option in einigen Politikbereichen bereits genützt worden – wie beispielsweise in der Währungsunion, an der einzelne Staaten wie Großbritannien sich bislang nicht beteiligen – oder deutlich angelegt – wie in den verschiedenen bi- und multilateralen Militärverbänden, die Keimzellen einer gemeinsamen künftigen europäischen Armee bilden könnten. Vieles spricht dafür, dass dies der wahrscheinlichste Weg zur Fortschreibung der Integration ist, da er unbestreitbar Lösungsansätze für viele Probleme aufweist. Ebenso wie alle anderen Trendoptionen, mit Ausnahme der Föderation europäischer Staaten, besitzt die differenzierte Integration allerdings keinerlei visionäre Kraft, mit der sich die Bürger unkompliziert identifizieren können.

Die künftigen Grundzüge der europäischen Integration werden sich also mit großer Wahrscheinlichkeit innerhalb eines Rahmens bewegen, dessen äußerste Ränder die jeweils sehr unwahrscheinlichen Möglichkeiten des föderalen europäischen Bundesstaates einerseits sowie der reinen Freihandelszone andererseits sind.

Jenseits derartiger – eher abstrakter und grundsätzlicher – Überlegungen zeichnen sich konkrete Entwicklungs- und Konfliktlinien innerhalb der Europäischen Union ab, welche die tagespolitische Diskussion um Europa, die Debatte um die Zukunft der Integration sowie deren weiteren Verlauf bestimmen können. Diese Linien lassen sich jeweils unter unterschiedlichen Stichworten wie Erweiterung, Strukturpolitik oder Agrarkrise (BSE, MKS etc.) fassen, zeichnen sich aber letztlich alle durch das gemeinsames Stichwort »Budget« aus. Das Besondere an diesem Stichwort ist, dass es im Gegensatz zu anderen Themen wie beispielsweise die Verfassungsdebatte von Politik, Medien und Öffentlichkeit bislang wenig oder gar nicht aufgegriffen wurde. Dies ist umso verwunderlicher, als die Frage nach der künftigen Verwendung und Aufteilung des Gemeinschaftshaushaltes letztlich jedes andere europapolitische Thema bestimmen wird. Dabei ist bereits jetzt absehbar, dass die Kosten einer Erweiterung der Gemeinschaft bei Beibehaltung des finanziellen Status quo der derzeitigen Mitgliedstaaten und der bisherigen Politiken nicht finanzierbar sein werden.

Jedes europapolitische Thema wird letztlich eine Debatte um eine Neuordnung des Gemeinschaftshaushaltes auslösen. Eine Einschätzung, die besonders zwei Politikfelder betrifft:

- Der Agrarhaushalt – der jetzt bereits rund die Hälfte des EU-Budgets ausmacht – wird nach einem Beitritt weiterer Staaten, darunter des überproportional landwirtschaftlich geprägten Polens, in der bisherigen Form nicht weiter finanzierbar sein.
- Der derzeitige Verteilungsschlüssel im Bereich der Regional- und Strukturpolitik wird sich bei einem Beitritt der in ihrer wirtschaftlichen Entwicklung überwiegend hinter dem EU-Durchschnitt zurückliegenden Kandidatenländer nicht aufrechterhalten lassen.

Dabei ist vor allem für die Agrarpolitik zu beachten, dass eine Neuordnung keinesfalls nur durch die anstehende Erweiterung notwendig wird. Die Erweiterung erhöht jedoch den Reformdruck, der sich seit Mitte der 90er-Jahre verstärkt hat. Die Realisierung der notwendigen Reformen wird in jedem Fall mit heftigen Auseinandersetzungen über das künftige EU-Budget verbunden sein. Sie lassen sich allerdings nur auf zwei Wegen finanzieren: durch eine Erhöhung des Gemeinschaftshaushaltes oder durch eine strategisch ausgerichtete Umverteilung. Während die erste Lösung eine massive finanzielle Mehrbelastung der reicheren Mitgliedstaaten bedeuten würde – und somit kaum durchsetzbar ist –, würde eine Umverteilung zunächst alle, besonders aber die finanzschwächeren EU-Mitglieder betreffen.

Das besondere Dilemma besteht deshalb derzeit darin, dass angesichts der politisch überwiegend gewünschten Erweiterung niemand an einer Finanzdebatte interessiert ist. Die Gefahr, dass der in Wirklichkeit bereits lange aufgestaute Reformdruck und die damit verbundenen unangenehmen Veränderungen ausschließlich der Aufnahme neuer Mitglieder zugeschrieben würden, wäre fatal für dieses zentrale politische Projekt und die hierfür notwendige Unterstützung durch die Menschen in der Gemeinschaft. So viel als möglich von diesem konkreten Reformdruck bereits vor der Erweiterung durch pragmatische und zukunftsfähige Kompromisse abzubauen dürfte deshalb die zentrale europapolitische Herausforderung sein. Deutschland muss daran ein besonderes Interesse haben, weil es eines der wirtschaftlich potentesten, politisch und ökonomisch mit am stärksten an der Osterweiterung interessierten und aufgrund seiner Größe für jede langfristige Entscheidung wichtigen Mitgliedstaaten ist.

Anmerkungen

Der Autor, Dr. Peter M. Wagner, ist Beamter der Europäischen Kommission in Brüssel, Generaldirektion Unternehmen. Der Text gibt ausschließlich die persönliche Meinung des Verfassers wieder.

1 Elisabeth Noelle-Neumann/Thomas Petersen, Die Bürger in Deutschland, in: Werner Weidenfeld (Hrsg.), Europa-Handbuch, Bonn 1999, S. 585–602.

2 Crece el scepticisimo ante la construcción europea, in: El Pais vom 15. Januar 2001; vgl. dazu auch Les Européens mécontents de la construction communautaire, in: Le Monde vom 16. Januar 2001 (eigene Übersetzung der Frage durch den Verfasser). Gegen die Schaffung einer europäischen Föderation sprachen sich 44 Prozent der befragten Deutschen aus, 15 Prozent antworteten mit »Weiß nicht«.

3 Auf die Frage »Wenn Sie an Deutschland in 50 Jahren denken, wird Deutschland dann in einem europäischen Gesamtstaat eingegliedert sein?« antworteten 1999 noch 79 Prozent mit »Ja«, 13 Prozent mit »Nein« und 7 Prozent mit »Weiß nicht«, vgl. Bundesverband deutscher Banken (BdB), Umfrage »Bilanz für die Zukunft: 50 Jahre Bundesrepublik Deutschland.«, Juli 1999, in: DEMO/SKOPIE, 5/1999, S. 21.

4 35 Prozent wünschten sich demgegenüber den Zusammenschluss der Länder der Europäischen Union zu einem gemeinsamen europäischen Staat, vgl. BdB, Umfrage »Europa«, August 1999, in: DEMO/SKOPIE, 6/1999, S. 1.

5 Michèle Knodt/Nicola Staeck, Shifting Paradigms: Reflecting Germany's European Policy, in: European Integration online Papers (EIoP), 3/1999.

6 Eurobarometer, 53/2000; dabei wünschten sich 35 Prozent der Befragten eine wichtigere Rolle, 31 Prozent eine gleichbleibende Bedeutung der Europäischen Union.

7 Elisabeth Noelle-Neumann, Die Bürger: Was wissen, befürchten oder hoffen sie von einem gemeinsamen Europa?, in: Rupert Scholz (Hrsg.), Deutschland auf dem Weg in die Europäische Union: Wieviel Eurozentralismus – wieviel Subsidiarität?, Köln 1994, S. 35–43, hier S. 38.

8 Elisabeth Noelle-Neumann, Die Öffentliche Meinung, in: Werner Weidenfeld/Wolfgang Wessels (Hrsg.), Jahrbuch der Europäischen Integration 1993/94, Bonn 1994, S. 285–294, hier S. 288.

9 Vgl. Noelle-Neumann/Petersen, Die Bürger in Deutschland (Anm. 1), S. 592.

10 Bundesaußenminister Joschka Fischer, »Vom Staatenverbund zur Föderation – Gedanken über die Finalität der europäischen Integration«, gehalten am 12. Mai 2000 in der Humboldt-Universität Berlin (http://www.auswaertiges-amt.de/www/de/infoservice/presse/index_html); siehe zu dieser Debatte auch Werner Weidenfeld, Die europäische Zeitenwende. Über den Gipfel von Nizza ist die Geschichte längst hinweggegangen, in: Frankfurter Allgemeine Zeitung vom 2. Dezember 2000.

11 »Begrenzt Europas Macht«. Edmund Stoiber trifft Helmut Schmidt: Ein Gespräch über die Zukunft der EU und deutsche Interessen, in: Die Zeit vom 8. Februar 2001.

12 So z. B. Clement: »Die EU entmündigt die Regionen.« Nordrhein-Westfalens Ministerpräsident will Brüssel nur noch ausnahmsweise ganze Politikfelder regeln lassen, in: Süddeutsche Zeitung vom 13. Februar 2001.

13 »Integration funktioniert nicht nach dem Wolfsprinzip«. Niedersachsens Ministerpräsident Sigmar Gabriel über die Legitimationsprobleme Europas und die Rechte der Länder, in: Süddeutsche Zeitung vom 12. Februar 2001.

14 So exemplarisch Markus Höreth, Die Europäische Union im Legitimationstrilemma. Zur Rechtfertigung des Regierens jenseits der Staatlichkeit, Baden-Baden 1999.

15 Zu den zentralen Schritten der Integration siehe Werner Weidenfeld, Europa – aber wo liegt es?, in: Weidenfeld, Europa-Handbuch (Anm. 1), S. 19–48, sowie Volker Nienhaus, Geschichte, Institutionen und Strategien der Europäischen Union, in: Paul Klemmer (Hrsg.), Handbuch Europäische Wirtschaftspolitik, München 1998, S. 5–139.

16 In Norwegen sprach sich 1972 bei einem Referendum eine Bevölkerungsmehrheit gegen den Beitritt zur EWG aus, sodass der geplante Beitritt trotz bereits ausgehandelter Beitrittsverträge nicht stattfand.

17 Vgl. dazu Werner Weidenfeld mit Peter M. Wagner und Elke Bruck, Außenpolitik für die deutsche Einheit. Die Entscheidungsjahre 1989/90, Stuttgart 1998, bes. S. 135–173 und S. 349–423. Die einzige Anpassung im institutionellen Gefüge der Gemeinschaft bestand in der später erfolgten Aufstockung der deutschen Sitzzahl im Europäischen Parlament.

18 Dazu auch Michael Gehler/Rolf Steininger (Hrsg.), Die Neutralen und die Europäische Integration 1945–1995, Wien 2000.

19 Der Beitrittsantrag der Schweiz ruht seit dem negativen Ausgang des Referendums zum Beitritt der Eidgenossenschaft zum EWR im Dezember 1992.

20 Einen Überblick zu den Motivationen und Europapolitiken der Mitgliedstaaten und Beitrittskandidaten bieten die Länderberichte in Weidenfeld, Europa-Handbuch (Anm. 1), S. 77–329.

21 Peter Christian Müller-Graff, Die Kompetenzen der Europäischen Union, in: Weidenfeld, Europa-Handbuch (Anm. 1), S. 779–801, hier S. 779.

22 Manfred G. Schmidt, Die Europäisierung der öffentlichen Aufgaben, in: Thomas Ellwein/Everhard Holtmann (Hrsg.), 50 Jahre Bundesrepublik Deutschland. Rahmenbedingungen, Entwicklungen, Perspektiven, Opladen 1999 (Politische Vierteljahresschrift, Sonderheft 30), S. 385–394, hier S. 386.

23 So rührt der relativ hohe Wert im Bereich »Sozialpolitik« ab 1992 u. a. daher, dass mit der rechtlichen Stellung von Wanderarbeitnehmern ein Thema aufgenommen wurde, das mit der Freizügigkeit im Binnenmarkt zusammenhängt und zum Komplex Wirtschaft und Arbeit gehört. Der Bereich »Sonstige klassische Felder des Innen- und Justizministeriums« umfasst wiederum als höchsten Einzelwert die Wahl des Europäischen Parlamentes, die keinerlei nationale Wahl ersetzt oder beeinflusst.

24 Die folgende Aufteilung und die dazugehörigen Zahlen entstammen Klaus Gretschmann, Traum oder Alptraum? Politikgestaltung im Spannungsfeld von Nationalstaat und Europäischer Union, in: Aus Politik und Zeitgeschichte (APuZ), B 5/2001, S. 25–32, hier S. 26.

25 Hierzu mit Vergleichen: Werner Link, Die Neuordnung der Weltpolitik. Grundprobleme globaler Politik an der Schwelle zum 21. Jahrhundert, München 1998, bes. S. 69 ff. und S. 81 ff.

26 Dazu auch Gretschmann, Traum oder Alptraum? (Anm. 24), S. 27.

27 Link, Neuordnung der Weltpolitik (Anm. 25), S. 99.

28 Tanja A. Börzel/Thomas Risse, When Europe Hits Home: Europeanization and Domistic Change, in: EIoP, 15/2000.

29 Zu den Ausnahmen gehört Dänemark, wo das nationale Parlament alle wichtigen Ratsentscheidungen vorab überprüft.
30 Wolfgang Wessels, Das politische System der EU, in: Weidenfeld, Europa-Handbuch (Anm. 1), S. 333–352, hier S. 334; siehe dazu auch ausführlicher: ders./Thorsten Müller, Entscheidungsverfahren, in: Werner Weidenfeld/Wolfgang Wessels, Europa von A bis Z. Taschenbuch der europäischen Integration, Bonn 2000 (7. Auflage), S. 110–122.
31 Dieser Stand betrifft die Entscheidungsverfahren vor der im Dezember 2000 in Nizza abgeschlossenen Regierungskonferenz. Obwohl dort beispielsweise die Abstimmung mit qualifizierten Mehrheit im Rat für einige zusätzliche Politikbereiche beschlossen wurde, sind die Auswirkungen auf die Zahl der Entscheidungsverfahren minimal.
32 Siehe dazu auch den Beitrag »Legitimation und Partizipation« von Manuela Glaab und Andreas Kießling in diesem Band.
33 So Schmidt, Europäisierung der öffentlichen Aufgaben (Anm. 22), S. 387–389.
34 Fritz W. Scharpf, Notes Towards a Theory of Multilevel Governing in Europe. Diskussionspapiere des Max-Planck-Instituts für Gesellschaftsforschung, 5/2000, S. 24 ff.; Christoph Knill/Dirk Lehmkuhl, How Europe Matters. Different Mechanisms of Europeanization, in: EIoP, 7/1999, beschreiben diese Methode in leicht abgewandelter Form als »framing integration«.
35 Europäische Kommission, Gesamtbericht 2000, Kapitel X, Abschnitt 1, Paragraph 1154, Tabelle 24.
36 Das Ende der Salamitaktik. EU-Wettbewerbshüter in der Offensive, in: Süddeutsche Zeitung vom 19. Januar 2001; siehe auch Ingo Schmidt/Steffen Binder, Wettbewerbspolitik, in: Klemmer, Handbuch Europäische Wirtschaftspolitik (Anm. 15), S. 1229–1314.
37 Günter Püttner/Willy Spannowsky, Beihilfenrecht und Beihilfenaufsicht, in: Klemmer, Handbuch Europäische Wirtschaftspolitik (Anm. 15), S. 319–373, hier S. 321.
38 Europäische Kommission, XXIX. Bericht über die Wettbewerbspolitik 1999, Brüssel und Luxemburg 2000, S. 91.
39 Andreas Oldag, Die Sparkassen und die EU. Schein der Daseinsfürsorge, in: Süddeutsche Zeitung vom 27. November 2000; siehe dazu auch ausführlicher Karel Van Miert, Markt, Macht, Wettbewerb. Meine Erfahrungen als Kommissar in Brüssel, Stuttgart und München 2000, bes. S. 134–143.
40 Leistungen der Daseinsfürsorge in Europa. Mitteilung der Kommission vom 20. September 2000, KOM(2000) 580 endg.
41 So Scharpf, Theory of Multilevel Governing (Anm. 34), S. 26.
42 »Die Demokratie in der Europäischen Union vertiefen«. Ein Weißbuch zur »Governance« für die Europäische Union – Arbeitsprogramm. Arbeitsdokument der Dienststellen der Kommission vom 11. Oktober 2000, SEK(2000) 1547/7 endg.
43 Knodt/Staeck, Shifting paradigms (Anm. 5).
44 Eurobarometer, 53/2000.
45 Eurobarometer – Trends 1974–1994.
46 Vgl. Noelle-Neumann/Petersen, Die Bürger in Deutschland (Anm. 1), S. 593.
47 Vgl. DEMO/SKOPIE, 8/2000.
48 Eurobarometer, 53/2000; befragt nach ihrem Wissen zu spezifischen Themen, sind die Deutschen allerdings selbstkritisch: Nur 13 Prozent sind der Ansicht, genug über die Kompetenzen der EU zu wissen, um an einer öffentlichen Diskussion teilnehmen zu können; vgl. Eurobarometer 2001 – Special edition. Survey carried out for the European Commission's Representations in the Member States. National Highlights. European Opinion Research Group, Brüssel 2001.
49 Eurobarometer, 43/1995; nur 6 Prozent erwarteten negative Auswirkungen, während 12 Prozent überhaupt keine Auswirkungen erwarteten. Im Dezember 1994 wurden folgende Zustimmungswerte ermittelt: Österreich 85 Prozent, Schweden 83 Prozent, Finnland 81 Prozent, Norwegen (dessen Beitritt am negativen Ausgang eines Referendums scheiterte) 78 Prozent; vgl. dazu auch Eurobarometer 42/1995.
50 Zu frühen Erhebungen siehe ausführlicher Manuela Glaab u. a., Wertgrundlagen und Belas-

tungsgrenzen deutscher Europapolitik, in: Werner Weidenfeld (Hrsg.), Deutsche Europapolitik. Optionen wirksamer Interessenvertretung, Bonn 1998, S. 167–208, hier S. 201 ff.

51 Eurobarometer 2001 – Special edition (Anm. 48).

52 Eurobarometer, 53/2000; ähnliche Ergebnisse – bei allerdings durchgängig höherem Zustimmungsniveau – bietet die ipos-Umfrage »Deutschland und die Globalisierung« vom Oktober 2000, in Auszügen dokumentiert in: Inter/esse, 11/2000.

53 Mit Ausnahme der Türkei; auffallend ist dabei, dass die Generation der unter 29-Jährigen sowohl grundsätzlich als auch bei der Frage nach einzelnen Staaten deutlich skeptischer hinsichtlich der Erweiterung eingestellt ist. Vgl. ebd.

54 Ebd. Gleiches galt bereits in früheren Jahren; vgl. ipos-Umfrage, »Europa – warum?«, August 1996. Der Vergleich dieser beiden Untersuchungen bestätigt auch die Konstanz der anderen beschriebenen Unterschiede in den Einstellungen der Ost- und Westdeutschen zur EU-Erweiterung.

55 Vgl. Eurobarometer, 53/2000, auf der Basis von zwölf möglichen Themen. Bei leichten Unterschieden in der jeweiligen Gewichtung setzten die Befragten in Ost- und Westdeutschland dabei dieselben Prioritäten.

56 Ebd., wo die Achtung der Menschenrechte übereinstimmend als wichtigstes Kriterium genannt wird.

57 Eurobarometer, 54/2001.

58 Vgl. hierzu sowie zum Folgenden Glaab, Wertgrundlagen und Belastungsgrenzen (Anm. 50), S. 185; Olaf Hillenbrand, Europa als Wirtschafts- und Währungsunion, in: Weidenfeld, Europa-Handbuch (Anm. 1), S. 498–521; Bundesverband deutscher Banken, Umfrage »Deutschland im Wandel«, November 2000, dokumentiert in Kapitel VI in diesem Band; sowie European Public Opinion on the Single Currency. Europinion, hrsg. von der Europäischen Kommission, Special Edition, Januar 1999.

59 Vgl. hierzu sowie zum Folgenden: Noelle-Neumann/Petersen, Die Bürger in Deutschland (Anm. 1), S. 596.

60 Hierzu außerdem: The European Union. »A View from the Top«. Top Decision Makers and the European Union, hrsg. von der Europäischen Kommission, o.O. 1997.

61 Dazu ausführlicher: European Public Opinion on the Single Currency (Anm. 58).

62 Eurobarometer, 49/1998.

63 European Public Opinion on the Single Currency (Anm. 58), bes. S. A6.

64 Eurobarometer, 53/2000.

65 Siehe auch Hillenbrand, Europa als Wirtschafts- und Währungsunion (Anm. 58), S. 515 ff.

66 Eurobarometer, 53/2000; dabei gab es keine Unterschiede zwischen Ost- und Westdeutschland. Als wichtigste Informationsquellen nannten die Befragten das Fernsehen (65 Prozent), Zeitungen und Zeitschriften (53 Prozent) sowie Finanzinstitute (51 Prozent).

67 Dabei war der Anteil der korrekten Antworten mit 30 Prozent in Westdeutschland leicht höher als in Ostdeutschland (22 Prozent). Der Informationsstand hatte sich demnach gegenüber einer Befragung im März 2000 nicht verbessert. Quelle: ipos-Umfragen im Auftrag des Bundesverbands deutscher Banken.

68 Eurobarometer 2001 – Special edition (Anm. 48).

69 Eurobarometer, 53/2000; die Zustimmung zum Euro lag demnach bei 51 Prozent in West- und 47 Prozent in Ostdeutschland. Die Zahl der negativen Antworten stieg demnach auf 39 Prozent (10 Prozent »Weiß nicht«).

70 Eurobarometer 2001 – Special edition (Anm. 48).

71 Umfrage »Deutschland und die Globalisierung« (Anm. 52).

72 Ebd.; in der Gesamtbevölkerung liegt der Anteil jener, welche neue Probleme aufgrund der europäischen Integration befürchten, allerdings bei 63,7 Prozent.

73 Zu Werten für 1996 siehe Glaab, Wertgrundlagen und Belastungsgrenzen (Anm. 50), S. 180.

74 Eurobarometer, 54/2001.

75 Umfrage »Deutschland im Wandel« (Anm. 58), vgl. Tabellen 6.2 und 6.3.

76 Eurobarometer, 53/2000; 47 Prozent der Deutschen sprachen sich demnach für Mehrheitsentscheidungen aus, 37 Prozent wollten demgegenüber eine Beibehaltung der Einstimmigkeit.

77 Ebd., sowie Eurobarometer – Trends 1974–1994; dabei ist auffallend, dass die Deutschen – ebenso wie die Briten, Schweden, Österreichern und Dänen – grundsätzlich etwas weniger Vertrauen in die europäischen Institutionen setzen als der EU-Durchschnitt.

78 Erwin K. Scheuch, Wie deutsch sind die Deutschen? Eine Nation wandelt ihr Gesicht, Bergisch Gladbach 1991, S. 223.

79 Vgl. hierzu auch Werner Weidenfeld/Karl-Rudolf Korte (Hrsg.), Die Deutschen. Profil einer Nation, Stuttgart 1991, S. 210 f.; zu den detaillierten Zahlen für den Zeitraum seit 1952 siehe Eurobarometer – Trends 1974–1994.

80 Zum Zusammenhang zwischen wirtschaftlichen Krisenzeiten und Zustimmung zur europäischen Einigung siehe für das Rezessionsjahr 1992 z. B. Joachim Schild, EU '96: Eine Reform mit, ohne oder gegen die Bevölkerung? Einstellungen der Deutschen und Franzosen zu Fragen der europäischen Einigung, März 1996, in: Aktuelle Frankreich-Analysen, 2/1996, S. 10 f., bes. FN 16, sowie Elisabeth Noelle-Neumann, Ein Anlaß zur Freude, trotz allem, in: Frankfurter Allgemeine Zeitung vom 8. Juni 1994.

81 Vgl. The European Community and United Germany. Public Opinion in East and West Germany. Special report on the results of the October 1990 Eurobarometer surveys No. 34, Brüssel 1991.

82 Vgl. Eurobarometer – Trends 1974–1994; Eurobarometer, 44/1996; Europäische Kommission, Abschlußbericht zum Sonderinformationsprogramm Deutsche Einigung der Kommission der Europäischen Gemeinschaften, Dezember 1993, bes. S. 9–33, sowie zur Meinungsentwicklung in der Bevölkerung S. 44 ff.

83 Eigene Berechnungen auf der Basis von Eurobarometer – Trends 1974–1994; siehe auch Eurobarometer, 53/2000; zur langfristigen Entwicklung in der Bundesrepublik zwischen 1973 und 1990 siehe auch Weidenfeld/Korte, Profil einer Nation (Anm. 79), S. 213.

84 Eine Ausnahme bildete das Umfrageergebnis von 1998, als etwas mehr Befragte Vorteile in der deutschen EU-Mitgliedschaft sahen.

85 Vgl. hierzu sowie zum Folgenden: Eurobarometer, 53/2000.

86 Umfrage »Deutschland im Wandel« (Anm. 58).

87 Siehe dazu auch die Vergleiche in Eurobarometer, 53/2000.

88 Umfrage »Deutschland im Wandel« (Anm. 58).

89 Rau fordert europäische Verfassung. Der Bundespräsident tritt in Straßburg für Zwei-Kammer-Parlament ein. »Föderation der Nationalstaaten«, in: Frankfurter Allgemeine Zeitung vom 5. April 2001, sowie Bundesaußenminister Joschka Fischer, »Vom Staatenverbund zur Föderation« (Anm. 10).

90 Norbert Prill/Michael Mertes, Ein Potpourri mit hartem Kern. Wie die große Europäische Union sich im nächsten Jahrhundert organisieren wird, in: Frankfurter Allgemeine Zeitung vom 8. Dezember 1999.

91 Amerikas Geheimdienst hat apokalyptische Visionen. Die CIA veröffentlicht die Studie »Global Trends 2015« – Terrorismus, Übervölkerung, Rohstoffmangel und Krankheiten sind potenzielle Bedrohungen der Menschheit, in: Die Welt vom 15. Januar 2001. Zur Langfassung der Studie siehe auch Global Trends 2015: A Dialogue About the Future with Nongovernment Experts, National Intelligence Council (NIC) 2000–02, Dezember 2000.

92 Siehe auch Charles Grant, EU 2010. An optimistic vision of the future. Centre for European Reform, September 2000.

93 Europäischer Sonderrat v. 21. September 2001, Schlussfolgerungen und Aktionsplan.

94 Europäische Kommission (Gruppe für Prospektive Analysen), Szenarien Europa 2010. Fünf Bilder von der Zukunft Europas, Juli 1999, bes. S. 87.

95 Das entgrenzte Europa. Strategien politischer Gestaltung. Vorlage zum International Bertelsmann Forum, Berlin, 19.–20. Januar 2001 (Bertelsmann Forschungsgruppe Politik, Centrum für angewandte Politikforschung, Universität München), S. 7.

96 Ebd.

97 Siehe hierzu ebd., sowie Prill/Mertes, Potpourri mit hartem Kern (Anm. 90).

Hanns W. Maull

Außenpolitische Kultur

1. Die außenpolitische Kultur der Bundesrepublik Deutschland

Die Außenpolitik Deutschlands in den 90er-Jahren stellte nicht wenige Beobachter vor Rätsel. Wie konnte das neue Deutschland, das nunmehr endlich seine alte nationalstaatliche Einheit und zugleich die volle Souveränität wieder erlangt hatte, sich so hartnäckig auf die »Kontinuität« seiner außenpolitischen Orientierungen versteifen, die doch auf Souveränitätsübertragung, Einbindung, konsequenten Multilateralismus und eine »Kultur der Zurückhaltung« zielten? Wie konnte sich die »Berliner Republik« einer Großmachtsrolle entziehen, die ihr so mancher Historiker nur zu gerne in den Schoß gelegt hätte? Warum legte Deutschland stattdessen auch weiterhin größten Wert darauf, Alleingänge zu vermeiden und den engen Schulterschluss mit seinen Verbündeten in Westeuropa und Nordamerika beizubehalten? Warum weigerte sich Deutschland, zu einer »normalen« Großmacht zu werden, sich also autonom um mehr Macht und Einfluss sowie um die Durchsetzung seiner »nationalen Interessen« zu bemühen?

Aber entzog sich Deutschland der Normalisierung denn wirklich? Immerhin beteiligte sich die Bundesrepublik erstmals schon 1995 an Kampfeinsätzen der NATO, stellte umfangreiche Kontingente im Rahmen der internationalen Friedenstruppen in Bosnien (IFOR, SFOR), kämpfte 1999 im Krieg um den Kosovo sogar ohne legitimierendes Mandat des UN-Sicherheitsrates Seite an Seite mit den NATO-Verbündeten und solidarisierte sich nach den Terroranschlägen auf die USA im September 2001 rückhaltlos mit Amerika. Hatten also die Realisten am Ende doch Recht behalten, die Deutschlands Rückkehr zu einer traditionellen Großmachtsrolle für unvermeidlich hielten?

In diesem Beitrag wird die These vertreten, dass von einer »Normalisierung« der deutschen Außenpolitik keine Rede sein kann, dass die Außenpolitik der »Berliner Republik« vielmehr in allen wesentlichen Aspekten im Zeichen der Kontinuität mit der Außenpolitik der alten Bonner Bundesrepublik steht. Die Erklärung für diese Kontinuitäten – wie auch für bestimmte Aspekte des Wandels – wird vor allem im Wirken der »außenpolitischen Kultur« Deutschlands gesehen. Deren Beharrungskräfte hielten die Umorientierung der deutschen Außenpolitik in engen Grenzen, deren Anpassungsvermögen und Lernoffenheit jedoch ermöglichten durchaus Innovationen in Teilbereichen, die die deutsche Außenpolitik auf die drastisch veränderten internationalen Rahmenbedingungen einstellten. So lässt sich die Außenpolitik der Berliner Republik am besten als kreative Variation alter Themen, aber eben keineswegs als eine neue Komposition verstehen.

Die These, die außenpolitische Kultur Deutschlands erkläre wesentlich die ausgeprägten Kontinuitäten sowie die begrenzten Veränderungen der deutschen Außenpolitik seit 1990, konkurriert mit anderen Erklärungsansätzen – sie lässt sich mit diesen aber durchaus verbinden. In der Tat erscheint die außenpolitische Orientierung des vereinten Deutschlands aus politikwissenschaftlicher Perspektive »überdeterminiert«: Es lassen sich mehrere Ursachen angeben, die diese Kontinuitäten plausibel zu erklären vermögen. So sieht etwa die institutionalistische Schule der Disziplin Internationale Beziehungen die außenpolitische Kontinuität als Ergebnis des Gewichts der Institutionen, in die sich die Bundesrepublik eingebunden hat; die liberale Schule, die Außenpolitik als Ergebnis zweckrationalen Verhaltens außenpolitischer Entscheidungsträger interpretiert, sieht in der außenpolitischen Kontinuität vor allem Eigennutz vorherrschen. Diese Erklärungsansätze werden zwar grundsätzlich durch zahlreiche Indizien gestützt, aber sie können einige wichtige Entwicklungen der deutschen Außenpolitik seit 1990 nicht erklären. Das gilt insbesondere für die energische deutsche Unterstützung der europäischen Währungsunion und der Osterweiterung.

Die Währungsunion wurde in Europa schon seit den 60er-Jahren diskutiert. Dabei wurden in der Bundesrepublik die Debatten bereits von Beginn an kontrovers geführt: Viele deutsche Ökonomen konnten sich die Währungsunion nur im Zusammenhang mit einer politischen Union – gewissermaßen als »Krönung« des Integrationsprojektes – vorstellen, während sie für andere wesentliche Komponente eines funktionierenden Binnenmarktes war. Als mit dem Werner-Plan Anfang der 70er-Jahre erstmals der Versuch einer Realisierung der Währungsunion versucht wurde, scheiterte dieses Vorhaben vordergründig an den Währungsturbulenzen der frühen 70er-Jahre, letztlich aber auch an Vorbehalten in der Bundesrepublik, die eine Schwächung der D-Mark nicht riskieren wollte. Aber es war auch und vor allem die deutsche Politik, die – zunächst in den 70er-Jahren unter Helmut Schmidt, dann Ende der 80er- und Anfang der 90er-Jahre unter Helmut Kohl – erfolgreich auf eine schrittweise Vertiefung der Währungskooperation bis hin zur Union drängte. Dieses Projekt war eine wesentliche Fortentwicklung und Vertiefung der europäischen Integration und damit eine institutionelle Revolution mit noch immer nicht überschaubaren Konsequenzen, die sich institutionalistisch schlicht nicht erklären lässt. Zugleich stellte die Währungszusammenarbeit, die in der Währungsunion gipfelte, eine maßgebliche Einschränkung und schließlich den völligen Verzicht auf Souveränitätsrechte dar, die in geradezu zentraler Weise identitätsstiftend gewirkt hatten: Die D-Mark repräsentierte und symbolisierte den Aufstieg und das mühsam gewonnene Selbstbewusstsein des »neuen Deutschlands«. Überzeugende »realistische« Erklärungen für diesen Verzicht lassen sich kaum finden.

Ähnliches gilt für die Osterweiterung. Das engagierte, aber auch durchaus differenzierte Eintreten Deutschlands für eine Erweiterung der Mitgliedschaft von EU und NATO lässt sich ebenfalls mit dem Verweis auf die Bindewirkung institutioneller Einbindungen kaum erklären – beides, die NATO- wie EU-Erweiterung, stellten schließlich erhebliche, für die Institutionen selbst keineswegs risikofreie Veränderungen bewährter Institutionen dar. Aber auch eine realistische oder liberalistische Betrachtungsweise erscheint wenig plausibel: Wäre es Deutschland primär um die Maximierung seiner Autonomie- oder Einflussmöglichkeiten oder um seine wirtschaftlichen Eigeninteressen gegangen, so hätte dazu eine Vertiefung der institutionellen Zusammenhänge eher vermieden bzw. das ganze Vorhaben, das Deutschland ja finanziell erheblich belasten musste, unterbleiben sollen – die wirtschaftlichen Vorteile einer Durchdringung Ostmitteleuropas durch Handel und Direktinvestitionen wären auch ohne Osterweiterung zu realisieren gewesen.

In beiden Grundsatzentscheidungen ging es also im Kern nicht um den Fortbestand von Institutionen, sondern um grundlegende institutionelle Innovationen (was aus institutionalistischer Sicht nur schwer zu erklären ist) und weit reichende Veränderungen, in deren Zusammenhang die präzise Bestimmung deutscher Interessen nicht zu leisten und damit die Interessenslage unklar und umstritten war (was die Entscheidungen aus der Sicht der Zweckrationalität kaum plausibel erklärbar macht).

Dieser Erklärungsnotstand lässt sich am überzeugendsten durch die Annahme beheben, dass Deutschlands Außenpolitik durch eine außenpolitische Kultur geprägt ist, die sich zu Zeiten der alten Bundesrepublik herausgebildet und verfestigt hat. Außenpolitische Kultur sei hier zunächst einmal annäherungsweise definiert als Summe der in einer Gesellschaft vorherrschenden Einstellungen und Wertvorstellungen zur Außenpolitik, die sich – mit ihren wesentlichen, breit geteilten und gesamtgesellschaftlich gut verankerten Elementen – zu außenpolitischen Identitäten bzw. zu umfassenden nationalstaatlichen Rollenkonzepten verdichten.

Die wachsende Verbreitung kultureller Erklärungs- und Deutungsmuster, der »Aufwind«, in dem sich kulturalistische Analysen von Außenpolitik ganz allgemein befinden[1], hat in besonderem Maße mit der bundesdeutschen Außenpolitik zu tun, weil sich diese, wie gezeigt, seit der Vereinigung 1990 auffällig und eindeutig anderen Deutungsversuchen entzieht[2]: Die bemerkenswerten Kontinuitäten, die diese Außenpolitik über die Zäsur der Vereinigung hinweg auszeichnen, lassen sich letztlich nur unter Einbeziehung kulturalistischer Erklärungsansätze befriedigend erklären.

Aber die Deutung von Außenpolitik als kulturbestimmt gilt keineswegs nur für die Bundesrepublik Deutschland. Staaten verhalten sich außenpolitisch ganz generell wertorientiert. Auch die angeblich naturgesetzliche außenpolitische Orientierung an Macht und Gleichgewicht, wie sie die realistische Tradition der Politikwissenschaft postuliert, stellt in Wirklichkeit ja nur eine Präferenz für bestimmte Werte dar, die zwar plausibel erscheinen mag, aber eben nicht zwingend und unvermeidlich ist. Diese Orientierungen sind also keineswegs naturgesetzlich, sondern sie spiegeln lediglich bestimmte Präferenzen einer politisch verfassten Gesellschaft bzw. ihrer Eliten wider: »Anarchy is what states make of it« (Alexander Wendt).

Besonders auffällig ist in diesem Sinne seit jeher die Außenpolitik der USA: Schon Alexis de Tocqueville konstatierte diesen Zusammenhang.[3] Die Analyse der »amerikanischen Ideologie« gilt seit langem als wichtige Voraussetzung für ein angemessenes Verständnis der amerikanischen Außenpolitik.[4] Das Verhalten der beiden Supermächte USA und UdSSR zu Zeiten des Ost-West-Konfliktes wurde durch spezifische außenpolitische Rollenkonzepte geprägt und wies je spezifische Auffälligkeiten auf, die erstmals zu systematischen Ansätzen der außenpolitischen Kulturforschung (hier als Konzept der »strategischen Kultur«) führten.[5] Ähnlich wird auch für die Volksrepublik China argumentiert, dass deren Außenpolitik sich ohne

Analyse der außenpolitischen Traditionen im Reich der Mitte nicht angemessen verstehen lasse.[6] Auch für die Außenpolitik Frankreichs liegen entsprechende Forschungsergebnisse vor.[7]

Dass gesamtgesellschaftliche Einstellungsmuster und Wertorientierungen zur Erklärung außenpolitischer Orientierungen heranzuziehen sind, liegt aber auch aus einer anderen Perspektive nahe. Aus der Sicht der Demokratietheorie wird nämlich die bei außenpolitischen Analysen routinemäßig herangezogene Erklärungskategorie des »nationalen Interesses« problematisch: In der Demokratie ist das Gemeinwohl (und ebenso das »nationale Interesse«, verstanden als das außenpolitische Gemeinwohl einer staatlich verfassten Gesellschaft) grundsätzlich keine vorgegebene Größe, sondern das Ergebnis demokratischer Willensbildungsprozesse, also erst *a posteriori* zu bestimmen. Es gibt aber keine überzeugenden Argumente dafür, die Außenpolitik von den Gesetzmäßigkeiten demokratischer Politik auszunehmen – die angebliche Eigengesetzlichkeit der internationalen Politik hält einer strengen Überprüfung längst nicht mehr stand. Außenpolitik hat sich also grundsätzlich ebenso demokratisch zu legitimieren wie jede andere Politik. Da demokratische Politik in besonderem Maße bestimmt wird durch die Einstellungen und Werte einer Gesellschaft, also durch ihre politische Kultur, erscheint es plausibel, auch die Außenpolitik von Demokratien als in besonderem Maße durch die außenpolitische Kultur einer Gesellschaft geprägt zu verstehen. In Demokratien ist Politik im Übrigen ganz allgemein noch stärker als in nichtdemokratischen Systemen an Grundwerte gebunden, die die Legitimität der politischen Ordnung und ihre Zielorientierungen im Sinne konkreter Utopien bestimmen. Dies gilt grundsätzlich auch für den Bereich der Außenpolitik.

1.1 Der Begriff der außenpolitischen Kultur

Außenpolitische Kultur definiert sich – in Anlehnung an Gabriel A. Almond und Sidney Verba – als Meinungen, Einstellungen und Wertorientierungen einer staatlich verfassten Gesellschaft (1) zur außenpolitischen Identität dieser Gesellschaft, (2) zu den Erwartungen und Anforderungen der Bürger an die Außenpolitik und (3) zum außenpolitischen Handlungsstil.

Es geht, anders ausgedrückt, »um die Gesamtheit der historisch fundierten, [außen-] politisch bedeutsamen, über die Zeit relativ stabilen Einstellungen und Verhaltensweisen« einer staatlich verfassten Gesellschaft, die »durch ein bestimmtes Mindestmaß an solchen gemeinsamen Vorstellungen und Einstellungen sozialpsychologisch/symbolisch integriert wird«.[8] Außenpolitische Kultur entsteht also aus einer Vielzahl individueller Einstellungen und Wertorientierungen. Diese können für die Außenpolitik des Landes zentrale oder periphere Aspekte umfassen (z. B. die Einstellungen zu den USA und Frankreich auf der einen Seite oder zu Kanada auf der anderen); sie können über breite und dauerhafte Zustimmung verfügen oder eher politisch kontrovers sein (und damit eine homogene bzw. eine heterogene außenpolitische Kultur bilden), und sie müssen sich keineswegs zu einem in sich geschlossenen, widerspruchsfreien Ganzen zusammenfügen (die außenpolitische Kultur kann also, sie muss aber keinesfalls konsistent sein, ja, sie wird aufgrund der Vielzahl ihrer Komponenten in aller Regel inkonsistente Elemente aufweisen). Sinnvoll lassen sich bei außenpolitischer Kultur zudem grundlegende Elemente und wesentliche inhaltliche Einstellungen zur Außenpolitik und schließlich Einstellungen zum Stil bzw. zu den Verfahrensweisen der Außenpolitik unterscheiden. Gängig ist auch die Unterscheidung zwischen Elite und Bevölkerung einer Gesellschaft, also die Differenzierung zwischen Einstellungen nach Maßgabe ihrer politischen Relevanz.

Außenpolitische Kulturen weisen ein hohes Maß an Stabilität auf, sie verändern sich zwar, aber in der Regel nur langsam und evolutionär. Diese Veränderungen stellen Anpassungen bzw. Lernleistungen einer Gesellschaft in Reaktion auf veränderte innere und äußere Rahmenbedingungen der Außenpolitik dar. Auf diesen außenpolitischen Kulturzusammenhang gründet sich erstens die außenpolitische Identität eines Staates, die sich als dauerhafte, breit geteilte Selbstwahrnehmung der staatlich organisierten Gesellschaft gegenüber anderen auffassen lässt. Die außenpolitische Kultur bestimmt zweitens die Wahrnehmungs- und Deutungsmuster von Außenpolitik, sie prägt drittens außenpolitische Wertorientierungen und damit Ziel- und Interessendefinitionen, und schließlich stellt sie viertens Entscheidungsoptionen und Handlungsrepertoires bereit. Die außenpolitische Kultur einer staatlich verfassten Gesellschaft dient also zum einen der Legitimierung von Außenpolitik, zum anderen bestimmt sie ihre Handlungsorientierung. In außenpolitischen Rollenkonzepten verfestigt sich außenpolitische Kultur zu (relativ) dauerhaften außenpolitischen Handlungsorientierungen der Eliten, die – auf der Grundlage kollektiver Wertvorstellungen der eigenen Gesellschaft, aber auch von Erwartungen und Handlungsanforderungen von außen – von Entscheidungsträgern individuell formuliert und gemeinsam umgesetzt werden. Rollenkonzepte umfassen als komplexes Bündel einzelner Elemente die gesamte Außenpolitik, sie können aber auch nur für bestimmte Ausschnitte analysiert werden.[9]

Wie lässt sich außenpolitische Kultur ermitteln? Grundsätzlich bieten sich hierzu drei Wege an. Zum einen lassen sich ihre Elemente auf der Basis von Daten der Umfrageforschung ermitteln. Zweitens kann man sie inhaltsanalytisch in Dokumenten und in Aussagen von Entscheidungsträgern nachweisen. Und drittens erschließt sich außenpolitische Kultur über außenpolitisches Verhalten: Die Analyse von Außenpolitik erlaubt grundsätzlich Rückschlüsse auf die dem Verhalten zugrunde liegenden Normen und Einstellungen. Alle drei Wege sollen im Folgenden, wenngleich insgesamt notwendig eher skizzenhaft, zur Untersuchung der außenpolitischen Kultur der Bundesrepublik und ihrer Veränderungen seit 1990 beschritten werden. Der Schwerpunkt wird hierbei auf Daten der Meinungsforschung liegen.

1.2 Die Herausbildung einer neuen außenpolitischen Kultur in der Bundesrepublik nach 1949

Die außenpolitische Kultur der Bundesrepublik ist geprägt durch die deutsche Vergangenheit: Die Konsequenzen der außenpolitischen Strategien Deutschlands zu Zeiten des Kaiserreichs und insbesondere des Nationalsozialismus für Deutschlands Nachbarn und Deutschland selbst haben sich in das Kollektivbewusstsein der Deutschen eingegraben und dort tiefe Spuren hinterlassen. Hinzu kamen die historischen Erfahrungen der vier Dekaden des Kalten Krieges, die für die Bundesrepublik insgesamt überaus positiv ausfielen und damit die grundlegende Neuorientierung der deutschen Außenpolitik nach 1949 nachdrücklich bestätigten und rechtfertigten.[10]

Natürlich lässt sich nicht behaupten, die Bundesrepublik habe in ihrer ersten Phase über substanzielle außenpolitische Handlungsspielräume verfügt; faktisch war sie ja das Ergebnis der sich nach 1945 rasch herauskristallisierenden Konfrontation der beiden Supermächte und ihrer Blöcke. Die bundesdeutsche Außenpolitik war deshalb zunächst weit gehend eine Funktion der amerikanischen Eindämmungsstrategie. Dennoch war die außenpolitische Orientierung des neuen Staates von Anfang an gekennzeichnet durch bestimmte normative Grundorientierungen und strategische Leitlinien, die zunächst freilich nur von einer kleinen Gruppe außenpolitischer Entscheidungsträger bestimmt und innenpolitisch zudem stark umstritten waren, so dass sie sich erst im Verlauf der 50er- und 60er-Jahre durch ihren Erfolg verfestigen konnten.[11] Zu diesen normativen Grundorientierungen und strategischen Leitlinien gehörte erstens das unbedingte Bekenntnis zum »Westen«, zur westeuropäischen demokratisch-parlamentarischen und marktwirtschaftlichen Tradition und damit die Absage an jeden deutschen »Sonderweg«, der in der Vergangenheit schließlich in die »deutsche Katastrophe« (Friedrich Meinecke) des Nationalsozialismus geführt hatte. Die daraus abgeleitete strategische Leitlinie lautete: Enger und unverbrüchlicher Schulterschluss mit dem Westen, insbesondere mit den USA, Frankreich und Großbritannien. Aus dieser Orientierung folgte zweitens die Bereitschaft zur Aufgabe der nach der Besatzung wieder gewonnenen Souveränität und der Verzicht auf autonome Handlungsspielräume in bestimmten kritischen Bereichen durch die Übertragung von Hoheitsrechten auf supranationale Institutionen (wie die EG und die NATO). Die daraus entwickelte Leitlinie hieß: konsequente Mitwirkung am Aufbau und Fortentwicklung der westlichen Institutionen sowie Kultivierung eines »prinzipiellen Multilateralismus« zur Realisierung deutscher Interessen. Drittens ergab sich aus der historischen Erfahrung eine grundlegende Skepsis gegenüber militärischer Sicherheitspolitik und insbesondere eine klare Ablehnung jeder Form von nationalstaatlicher militärischer Machtpolitik. Die daraus abgeleiteten Leitlinien lauteten: keine national einsetzbaren Streitkräfte, keine Fähigkeit zur autonomen militärischen Machtprojektion, Verzicht auf Massenvernichtungswaffen und Attribute autonomer militärischer Handlungsfähigkeit. Und viertens und letztens orientierte sich die bundesdeutsche Außenpolitik am Prinzip der aktiven Wiedergutmachung und Aussöhnung zur Überwindung der Lasten der deutschen Vergangenheit. Zu den hieraus abgeleiteten Leitlinien zählte die deutsch-französische Aussöhnung und die Wiedergutmachungspolitik gegenüber dem Staat Israel und den jüdischen Opfern des Nationalsozialismus.

Bei der Formulierung und Umsetzung dieser Politik kam der Person des ersten Kanzlers und Außenministers Konrad Adenauer ohne Zweifel eine besondere Bedeutung zu. Er erkannte, dass die durch die äußeren Umstände erzwungene, grundlegende Neuorientierung der deutschen Außenpolitik große Chancen beinhaltete. Diese Neuorientierung entsprach somit nicht nur den Vorgaben der Siegermächte, sondern auch den Überzeugungen Adenauers und zunehmend auch denjenigen der außenpolitischen Elite insgesamt.[12]

Eine paradoxe Konsequenz dieser Neuorientierung war, dass die Bundesrepublik Deutschland schon in den 50er-Jahren rasch an Einfluss in den westlichen Institutionen gewann und damit zunehmend über Handlungsspielräume verfügte, die sie allerdings nicht im Sinne grundlegend anderer Strategien nutzen wollte und konnte, weil die so errungenen Handlungsspielräume dann zweifellos wieder drastisch geschrumpft wären. So konnte Bonn etwa schon früh erstaunlich großen Einfluss auf die Militärstrategie der NATO und der USA entwickeln: Die NATO-Strategien der »massiven Vergeltung« und der »Vorneverteidigung« spiegelten gewichtige deutsche Sicherheitsbelange und deutsche Wünsche wider. Auch die Ausgestaltung der Römischen Verträge, insbesondere im wirtschaftlichen Bereich (mit Ausnahme der Landwirtschaft), war eindeutig von deutschen wirtschaftspolitischen Traditionen geprägt und besonders geeignet, deutsche Wirtschaftsinteressen zu realisieren. Hätte Bonn diese Handlungsspielräume freilich außerhalb der die BRD einbettenden und einbindenden Institutionen und Kooperationszusammenhänge zu nutzen versucht, so wären diese Bemühungen ohne Zweifel rasch zum Scheitern verurteilt gewesen.

1.3 Grundzüge der außenpolitischen Kultur der Bundesrepublik

Die außenpolitische Kultur der Bundesrepublik hat in den ersten 40 Jahren der Nachkriegsgeschichte verschiedene Veränderungsprozesse durchlaufen. Sie formierte sich unter dem Eindruck der Traumata des Nationalsozialismus, des Krieges und der Niederlage, und sie wurde von einer zahlenmäßig eher kleinen politischen Elite unter dem Eindruck starker äußerer Zwänge durchgesetzt. Ihre Erfolge bestätigten diese außenpolitische Kultur und verhalfen ihr über Prozesse der Konsensbildung in den Eliten (Stichwort: Godesberger Wende der Sozialdemokratie) und der Sozialisierung in der Bevölkerung zu einer immer ausgeprägteren Verankerung. Gegen Mitte der 60er-Jahre hatte sich die neue außenpolitische Kultur Deutschlands weit gehend konsolidiert. Zugleich kam es aber auch zu Akzentverschiebungen und Modifikationen wichtiger Elemente dieser Kultur (Stichworte: Wiederbewaffnung, Ostpolitik). Dennoch lassen sich über den gesamten Zeitraum hinweg bestimmte wesentliche Elemente der außenpolitischen Kultur feststellen, die insgesamt gewichtiger erscheinen als die zu beobachtenden Veränderungen. In Anlehnung an Kerry Anne Longhurst[13] lassen sich dabei *Grundlagen*, wesentliche *inhaltliche Positionen* und *Verfahrensregeln* der außenpolitischen Kultur unterscheiden[14]:

1. Grundlagen der außenpolitischen Kultur der Bundesrepublik
Hierzu zählen:
- die Ablehnung der Politik des Nationalsozialismus in allen Aspekten und das Bekenntnis zur außenpolitischen Bewältigung der deutschen Vergangenheit;
- die Westwendung und Westbindung Deutschlands: Innenpolitisch bedeutete dies die Absage an deutsche Sonderwege aller Art und die Verankerung der Bundesrepublik in der Gemeinschaft der westlichen Demokratien, außenpolitisch die Anlehnung, insbesondere an die USA und Frankreich;
- das Streben nach Berechenbarkeit und Verlässlichkeit der deutschen Außenpolitik gegenüber ihren Partnern;

- eine profunde Skepsis gegenüber militärischer Macht und militärischen Mitteln der Außenpolitik;
- die normative Ausrichtung der Außenpolitik an den Grundprinzipien westlicher Demokratien;
- die Überwindung des Nationalismus durch Integration und Souveränitätsverzicht;
- die Orientierung an wirtschaftlichem Wachstum und gesellschaftlichem Wohlstand statt territorialer Expansion, Machtgewinn und Großmachtstatus als gesamtgesellschaftliche Zielvorgaben, und
- das Offenhalten der deutschen Frage für eine Wiedervereinigung.

2. Inhaltliche Positionen

Hierzu zählen:

- spezifische normative Vorgaben des Grundgesetzes für die Außenpolitik (wie das Verbot des Angriffskriegs, die Verpflichtung auf die europäische Integration und auf Systeme kollektiver Sicherheit sowie die Orientierung der deutschen Außenpolitik am Völkerrecht);[15]
- aktive Vergangenheitsbewältigung durch Wiedergutmachung und Sonderbeziehungen zum Staat Israel;
- außenpolitisches Engagement gegen massive Menschenrechtsverletzungen (»Nie wieder Auschwitz!«) und für humanitäre Anliegen und die Verrechtlichung der internationalen Beziehungen;
- die Ablehnung des Einsatzes der Bundeswehr in Missionen jenseits der Aufgaben von Selbst- und Bündnisverteidigung;
- die Verpflichtung auf die Wiedervereinigung Deutschlands[16], und
- weltwirtschaftlicher (Ordo-)Liberalismus.

3. Verfahrensregeln

Hierzu zählen:

- prinzipieller Multilateralismus;
- Engagement für Institutionalisierung und Verrechtlichung der internationalen Beziehungen;
- Engagement für Vertiefung und Erweiterung der Europäischen Integration (EWG), der transatlantischen Sicherheitsallianz (NATO) und der gesamteuropäischen Entspannungsbemühungen (KSZE/OSZE);
- Bereitschaft zu Souveränitätsverzicht und Souveränitätsübertragung;
- eine außenpolitische »Kultur der Zurückhaltung«, die den Anschein deutscher Führungsansprüche und nationaler Interessenspolitik zu vermeiden trachtet und es vorzieht, in engem Schulterschluss mit den Partnern und – wo immer möglich – in institutionellen Kontexten zu handeln;
- die Präferenz für Verhandlungen und Kompromisse sowie für politische und wirtschaftliche Strategien (Sanktionen) statt militärischen Zwangsmaßnahmen, und
- zähes Festhalten an der Vereinigung von potenziellen Gegensätzen durch vermittelnde Politiken des »Sowohl-als-auch« (enge Zusammenarbeit mit den USA *und* Frankreich, Engagement für die europäische Integration *und* die NATO, Abschreckung *und* Entspannung).

Diese wesentlichen Inhalte der außenpolitischen Kultur der Bundesrepublik beschreiben das normative Umfeld der deutschen Außenpolitik im Inneren. Sie liefern damit zugleich die Bausteine für das außenpolitische Rollenkonzept der Bundesrepublik, das sich mit dem Begriff »Zivilmacht« beschreiben lässt.[17] Dieses idealtypisch konzipierte und empirisch nachgewiesene außenpolitische Rollenkonzept der Bundesrepublik zeichnet sich vor allem durch folgende Elemente aus[18]:

- Bejahung von Souveränitätsübertragung,
- Engagement für Institutionalisierung und Verrechtlichung der zwischenstaatlichen Beziehungen,
- Bekenntnis zu multilateralem und partnerschaftlichem Handeln,
- Bekenntnis zu einer auf wirtschaftliche, soziale und ökologische Ausgewogenheit abzielenden Außenpolitik,
- Engagement für kooperative Sicherheitspolitik und den Aufbau entsprechender Strukturen,
- Bekenntnis zur gewaltfreien, institutionalisierten und rechtsförmigen Bearbeitung von Konflikten,
- Bekenntnis zu einer normativ orientierten Außenpolitik, und
- Streben nach Verlässlichkeit und Berechenbarkeit als Partner.

Dieses außenpolitische Rollenkonzept der Bundesrepublik, das auf der Grundlage von Inhaltsanalysen außenpolitischer Dokumente für den Zeitraum 1985 bis 1995 ermittelt wurde, umfasst die deklaratorischen Grundlinien der bundesdeutschen Außenpolitik. Wiewohl der Begriff des außenpolitischen Rollenkonzeptes, wie erwähnt, zugleich enger und weiter ist als derjenige der außenpolitischen Kultur – Rollenkonzepte werden von den außenpolitischen Entscheidungsträgern formuliert und reflektieren nicht nur die Erwartungen der eigenen Gesellschaft an die Außenpolitik, sondern auch diejenigen der außenpolitischen Partner und Kontrahenten –, ist der Einfluss der außenpolitischen Kultur auf das außenpolitische Rollenkonzept der Bundesrepublik deutlich erkennbar und auch nicht überraschend, weil außenpolitische Rollenkonzepte diese integrieren und konkretisieren.

Die außenpolitische Kultur und das außenpolitische Rollenkonzept der Bundesrepublik entstanden aus historischen Erfahrungen und wurden von außenpolitischen Entscheidungsträgern geformt; sie verweisen auf erfolgreiche Sozialisierung und Individualisierung der bundesdeutschen Nachkriegsgesellschaft im Sog einer – aufs Ganze gesehen – überaus erfolgreichen Politik. Die außenpolitische Kultur der Bundesrepublik war demnach nicht vorgegeben und alternativlos, sondern kollektives Kulturgut und Erbe Westdeutschlands.

Im Osten Deutschlands fand sie allerdings nur sehr begrenzt Anknüpfungspunkte. Die außenpolitische Kultur der DDR war zunächst der staatlich verordnete, propagandistisch verbreitete Kult des sozialistischen Internationalismus und der brüderlichen Verbundenheit mit der Sowjetunion, daneben die Absage an die deutsche Tradition (die allerdings später bei der Suche des Regimes nach einer erweiterten Legitimationsbasis vorsichtig korrigiert wurde). Dieser Kult blieb freilich nicht ganz ohne Wirkung: Auch unter regimekritischen DDR-Bürgern fanden Anti-Amerikanismus, Anti-Militarismus (der offiziell allerdings sehr selektiv anti-westlich propagiert wurde) und verstärktes Engagement für die Dritte Welt zunehmend eine Resonanz, die bis heute – etwa in den außenpolitischen Positionen der PDS – nachwirkt.

2. Veränderungen der außenpolitischen Kultur seit 1990

Die deutsche Vereinigung bildet ganz offensichtlich eine wichtige Zäsur der bundesdeutschen Geschichte. Mit ihr fielen die alten Vier-Mächte-Vorbehalte und damit wichtige völkerrechtliche Einschränkungen der bundesdeutschen Souveränität; sie brachte die Wiederherstellung der vollen Nationalstaatlichkeit Deutschlands sowie die Integration fünf neuer Bundesländer, die Ernennung Berlins zur Hauptstadt, qualitative Fortschritte in der Vertiefung der europäischen Integration durch die Währungsunion und schließlich (mit einiger Verzögerung im Jahr 1998) auch den ersten durch einen Wahlausgang herbeigeführten Machtwechsel. Hinzu kam ein völlig verändertes internationales Umfeld: Der Ost-West-Gegensatz war überwunden, Deutschland ausschließlich von befreundeten, westlich orientierten Demokratien umgeben, die entweder bereits in die wichtigsten euroatlantischen Institutionen (EU und NATO) integriert waren oder in diese hineindrängten. Im Gegensatz zur ultrastabilen, bei aller Gegensätzlichkeit berechenbaren Lage zu Zeiten des Ost-West-Konfliktes war das neue Umfeld Deutschlands nunmehr insbesondere im Osten (Osteuropa), Südosten (Balkan) und Süden (Mittelmeerraum) durch ausgeprägte Instabilitäten, Gewaltanfälligkeit und diffuse Risiken gekennzeichnet.

Angesichts eines derart grundlegend veränderten innen- und außenpolitischen Umfeldes war eigentlich zu erwarten, dass sich auch Deutschlands außenpolitische Kultur verändern würde. Diese Veränderung war grundsätzlich entweder als evolutionärer Prozess oder als dramatische Diskontinuität vorstellbar, je nachdem, ob sich die Vereinigung selbst eher als Fortsetzung der bundesdeutschen Nachkriegsentwicklung oder als historischer Bruch, als Krise und Neubeginn darstellte, die – wie die deutsche Katastrophe 1945 – grundlegende Neuorientierungen erzwang.

2.1 Veränderungen in der außenpolitischen Kultur Deutschlands seit der Vereinigung

Bekanntlich vollzog sich die Vereinigung tatsächlich sehr weit gehend als Prozess der Absorption Ostdeutschlands durch die Bundesrepublik; dementsprechend blieben auch die Veränderungen der außenpolitischen Kultur zunächst begrenzt. Die veränderten innenpolitischen Rahmenbedingungen führten zu keiner Veränderung der außenpolitischen Kultur, sondern lediglich zu einem Verlust an Homogenität: Die außenpolitische Kultur zerfiel seit 1990 zunächst in eine (dominante) westdeutsche und eine (minoritäre und außenpolitisch kaum relevante) ostdeutsche Komponente. Im Verlauf der 90er-Jahre waren allerdings zunehmend Konvergenzprozesse in Richtung auf die dominante westdeutsche Tradition zu beobachten. Erst durch die Auswirkungen der tiefgreifenden Veränderungen im internationalen Umfeld in der zweiten Hälfte der 90er-Jahre geriet diese dominante außenpolitische Kultur inhaltlich zunehmend unter Anpassungsdruck.

2.1.1 Grundlagen der außenpolitischen Kultur der Bundesrepublik

Insbesondere bei den Einstellungen in Ostdeutschland zur Sicherheits- und Bündnispolitik, und speziell zur NATO, zu den USA, zur Bundeswehr und zu Bundeswehr-Auslandseinsätzen, manifestierte sich der *Verlust an Homogenität* in der außenpolitischen Kultur Deutschlands nach der Vereinigung. So hielten 1991 63 Prozent der befragten Westdeutschen, aber nur 42 Prozent der Ostdeutschen die weitere Mitgliedschaft Deutschlands in der NATO für wichtig. Im selben Jahr hätten drei von vier Ostdeutschen (76 Prozent), aber nur vier von zehn Westdeutschen (43 Prozent) einen sofortigen Abzug der amerikanischen Streitkräfte aus Deutschland begrüßt, und 1994 sahen 67 Prozent der Westdeutschen, aber nur 32 Prozent der Ostdeutschen in den Amerikanern eher Freunde und Verbündete als Besatzer (so nur 17 Prozent der Westdeutschen, aber 42 Prozent der Ostdeutschen).[19]

Die NATO-Einsätze in Bosnien hielt im September 1995 die Mehrheit der Westdeutschen für richtig (56 Prozent), aber die Mehrheit der Ostdeutschen für falsch (52 Prozent). Eine Beteiligung deutscher Soldaten an diesen Einsätzen fand die Hälfte der befragten Westdeutschen richtig (38 Prozent fanden dies falsch), während fast zwei Drittel (64 Prozent) der Ostdeutschen sie ablehnten.[20] Parteipolitisch fand die anders orientierte politische Kultur Ostdeutschlands ihren Niederschlag in den außen- und sicherheitspolitischen Positionen der PDS.[21] Allerdings verringerten sich diese zunächst ausgeprägten Unterschiede zwischen Ost und West im Verlauf der 90er-Jahre. Somit lässt sich von einem deutlichen Homogenitätsgewinn der außenpolitischen Kultur im Verlauf der 90er-Jahre sprechen.[22]

Die Wiederherstellung der deutschen Einheit warf die Frage auf, ob sich in Deutschland nun altes *Nationalgefühl* neu regen würde. In der Tat versuchten konservative Publizisten, Deutschland erneut zur »Großmacht« auszurufen und ihm eine entsprechende Politik nahe zu legen, die vor allem in einer energischeren und eigenständigeren Wahrnehmung »nationaler Interessen« bestehen sollte.[23] In der außenpolitischen Kultur Deutschlands der 90er-Jahre blieben diese Stimmen aber praktisch bedeutungslos. Die tatsächlichen Veränderungen nehmen sich weniger dramatisch aus. Erkennbar wurde vor allem Einsicht in die gestiegene Bedeutung und damit auch die größere Verantwortung Deutschlands für die internationale Ordnung. Dies wurde zunächst von den außenpolitischen Entscheidungsträgern in Grundsatzerklärungen immer wieder unterstrichen, in entsprechenden politischen Entscheidungen (etwa zur Beteiligung der Bundesrepublik an UN-Blauhelmeinsätzen weltweit, zu Kampfeinsätzen im ehemaligen Jugoslawien und die Forderung nach einem Sitz im UN-Sicherheitsrat) konkretisiert und dann auch von der Bevölkerung insgesamt akzeptiert.[24]

Dieses *gestiegene, aber durchaus verantwortungsorientierte und moderate Selbstbewusstsein* zeigt sich etwa darin, dass eine wachsende Zahl von Deutschen (November 2000: 22 Prozent, davon 23 Prozent im Westen und 17 Prozent im Osten, gegenüber 1994: 14 Prozent und 1993: 15 Prozent) den Einfluss Deutschlands in der Welt eher für zu klein hält und bereit ist, mehr Verantwortung für Deutschland zu akzeptieren (November 2000: 58 Prozent insgesamt, 60 Prozent im Westen und 51 Prozent im Osten, gegenüber 1993: 54 Prozent).[25] Zugleich manifestiert sich in der Frage nach »der führenden Macht in der EU« aber auch eine deutlich zunehmende Zurückhaltung: Waren es im August 1996 noch 55 Prozent der Befragten (und 64 Prozent der leitenden Angestellten und Beamten), die diese Position Deutschland zusprachen, so sanken diese Werte im November 2000 auf 39 Prozent (bzw. 46 Prozent der Angestellten und Beamten in Führungspositionen). Im Vergleich dazu sahen im November 2000 immerhin 22 Prozent Frankreich als die führende Macht (gegenüber nur 11 Prozent im August 1996). Mit der Integration des Prinzips der *gestiegenen Verantwortung* hat die außenpolitische Kultur Deutschlands eine neue Komponente gewonnen.

Hinsichtlich der *Unterstützung für die europäische Integration* im Allgemeinen und weiterer Souveränitätsübertragungen im Kontext der EU im Besonderen differenzieren sich die Einstellungen seit 1990, ohne dass es jedoch zu wirklich grundlegenden Veränderungen gekommen wäre. Die zunehmende Vorsicht und eine gewisse Ambivalenz der Einstellungen zur europäischen Integration kann angesichts der dramatischen Fortentwicklung der EU in den 90er-Jahren (EWU, Vertragsrevisionen von Maastricht, Amsterdam und Nizza) und den Perspektiven einer großen neuen Erweiterungsrunde kaum überraschen. Insgesamt ist die deutsche Perspektive auf Europa differenzierter und realistischer geworden, weil die eingeleiteten Prozesse der Vertiefung und Erweiterung weit reichende Veränderungen implizieren. Nach wie vor bleibt der proeuropäische Grundkonsens jedoch erhalten. So sprachen sich 70 Prozent der Befragten im Mai 1994 gegen jede Lockerung der Einbindung in die EU und gegen eine stärker national orientierte Interessendurchsetzung aus (Westen: 73 Prozent, Osten: 61 Prozent).[26] Über 80 Prozent der Befragten stimmten im Oktober 2000 der Forderung nach einem stärkeren europäischen Bewusstsein »voll« oder »eher« zu, und 65 Prozent meinten, Deutschland brauche die europäische Einigung, damit sich Europa gegenüber den anderen Weltmächten behaupten könne. Auf der anderen Seite meinten in derselben Umfrage 64 Prozent der Befragten, die europäische Einigung würde die Probleme Deutschlands eher noch vergrößern als helfen, sie zu lösen.[27] Die Abkehr von einer traditionellen Großmachtrolle und damit die ausgeprägte Kontinuität der außenpolitischen Kultur Deutschlands zeigt sich schließlich auch daran, dass 62 Prozent der Befragten eine eigene Weltmachtrolle Europas ablehnten: Damit sprachen sie sich mit klarer Mehrheit dagegen aus, deutsche Großmachtambitionen nun gewissermaßen durch die europäische Hintertür zu verfolgen.[28]

Ähnlich wie diese Ausdifferenzierung und Modifizierung der Einstellungen zur europäischen Integration wurden auch die programmatischen Aussagen der deutschen Europapolitik nuancierter und zum Teil auch kostenbewusster und interessenbezogener, ohne doch von ihrer traditionellen Unterstützung für eine Fortführung der europäischen Integration abzurücken.[29] Dies zeigten auch die EU-Gipfeltreffen von Berlin und Nizza deutlich: Zwar sperrte sich die deutsche Außenpolitik im Detail (z. B. bei der Asyl- und Einwanderungspolitik) gegen weitere Integrationsschritte, doch blieb Berlin insgesamt bei seiner traditionellen Linie, Fortschritte in der europäischen Integration durch eigene Initiativen und Kompromissbereitschaft zu befördern.[30] Die deutsche Europapolitik steht daher im Zeichen der Kontinuität.

Dies unterstreicht auch die Perspektive der außenpolitischen Kulturanalyse, die bislang lediglich Meinungsverschiebungen und wachsende Ambivalenz, aber keine wirklich nachhaltigen Einstellungsveränderungen zu registrieren vermag. Diese grundsätzlich positive, wenngleich zunehmend diffuse und auch ambivalente Unterstützung der europäischen Integration durch die Bevölkerung ermöglicht es der Politik jedoch auch weiterhin, ihre traditionelle Rolle als Motor der europäischen Integration wahrzunehmen.[31]

Die Bedeutung der europäischen Integration für die außenpolitische Kultur Deutschlands hat sich also, wenn auch in modifizierter und differenzierterer Form, im Kern erhalten. In der Außenpolitik hat sie in Relation zu der zweiten konstitutiven außenpolitischen Orientierung der Bundesrepublik sogar erkennbar an Gewicht gewonnen: Einiges spricht dafür, dass die europäische Achse im außenpolitischen Koordinatensystem Deutschlands inzwischen die *transatlantische Orientierung auf die USA und die NATO* als bedeutsamstes Bezugssystem verdrängt hat. Dies gilt natürlich vor allem für die europäische Integration, aber – bis zu einem gewissen Grad – auch für die gesamteuropäische Politik, in der die Beziehungen zu Russland besonders bedeutsam sind. Dabei ist zu betonen, dass es hierbei keinesfalls um die Aufgabe der traditionellen Politik des »Sowohl-als-auch« geht: Nach wie vor genießen europäische Integration und transatlantische Partnerschaft, gute deutsch-amerikanische Beziehungen und gute Beziehungen zu Frankreich hohe Priorität und Zustimmung. Nach wie vor lässt sich das deutsch-russische Verhältnis qualitativ nicht im Entferntesten vergleichen mit der Dichte und Vielschichtigkeit der deutsch-amerikanischen Beziehungen. Doch so falsch es auch wäre, von einem »renversement des alliances« zu sprechen, sind doch gewisse Akzentverschiebungen nicht zu übersehen.

Die deutsche Außenpolitik wird sich zwar nach wie vor nach Kräften darum bemühen, die europäische Integration und die transatlantische Partnerschaft miteinander zu vereinbaren. Nicht zu vernachlässigen ist aber, dass Bonn, wo es zur Entscheidung zwischen Washington und Paris gezwungen wurde, in der Vergangenheit *in extremis* stets Washington über Paris oder Brüssel stellte. Heute würde Berlin die Akzente wohl eher umgekehrt setzen. Erkennbar wird dies zum einen am relativen Stellenwert der Unterstützung für eine Vertiefung der Kooperationsbeziehungen: Die Bemühungen um einen Ausbau der transatlantischen Beziehungen konzentrieren sich hier vor allem auf den privatwirtschaftlichen Bereich, die flankierenden (wirtschafts-)politischen Aktivitäten (wie etwa das Projekt einer Transatlantischen Freihandelszone) dümpeln vor sich hin. Bezeichnenderweise brechen innerhalb der NATO zweitens immer wieder außen- und sicherheitspolitische Differenzen auf, die die transatlantischen Beziehungen belasten. Und schließlich drittens mehren sich die Beispiele, in denen unter der Decke einer viel beschworenen transatlantischen Wertegemeinschaft ausgeprägte Wertedifferenzen zwischen Amerika und Europa erkennbar werden – etwa in den Fragen der Todesstrafe, der religiösen Toleranz (Scientology) oder der Einstellung zu privatem Waffenbesitz.

In dieser transatlantischen Dimension deutscher Außenbeziehungen scheinen sich außenpolitische Kultur und Außenpolitik in einem gewissen Spannungsverhältnis zu befinden: Die verstärkte Justierung der Außenpolitik auf Europa wird in den außenpolitischen Einstellungen nicht ohne weiteres erkennbar. So hielt beispielsweise noch im Herbst 2000 eine klare Mehrheit der Befragten die Zusammenarbeit mit den USA für wichtiger als die mit Frankreich (52 Prozent versus 40 Prozent, Eliten: 51 Prozent versus 44 Prozent), und die Unterstützung für die NATO hat seit 1991 eher zu- als abgenommen.[32] Ihre vitalen Interessen sehen die befragten Elitenangehörigen allerdings eher in Frankreich (88 Prozent), Ostmitteleuropa (89 Prozent) und sogar Russland (80 Prozent) als in den USA (76 Prozent).[33] Und auch die intensive öffentliche Diskussion um die transatlantische Partnerschaft liefert Indizien für Veränderungen im transatlantischen Verhältnis, vielleicht sogar für ein langsames Auseinanderdriften Europas und Amerikas.[34]

2.1.2 Inhaltliche Positionen

Die Veränderungen in der außenpolitischen Kultur Deutschlands waren am auffälligsten im Bereich der Sicherheitspolitik. Dies betraf insbesondere die traditionelle Ablehnung des Einsatzes der Bundeswehr in friedenssichernden oder friedenserzwingenden Einsätzen außerhalb des NATO-Rahmens: Im Verlauf der 90er-Jahre vollzog die deutsche Sicherheitspolitik eine schrittweise Ausweitung der Aktivitäten der Bundeswehr von der völligen Abstinenz (wie im Golfkrieg 1991) über die Beteiligung an klassischen UN-Blauhelmeinsätzen (Beteiligung an der UNTAC-Mission in Kambodscha) und robuste Friedensmissionen unter Kapitel VII der UN-Charta (UNOSOM in Somalia) bis hin zu Kampfeinsätzen mit und sogar ohne Mandat des UN-Sicherheitsrates (NATO-Operation »Deliberate Force« in Bosnien 1995; NATO-Operation »Allied Force« im Kosovo 1999). Diese Neuorientierung der Sicherheitspolitik, die ab 2001 durch eine mehrjährige Strukturreform fortgeführt und vertieft werden soll, impliziert den Umbau der Bundeswehr von zahlenstarken, auf allgemeiner Wehrpflicht aufbauenden Streitkräften der (kollektiven) Territorial- und Bündnisverteidigung hin zu einer kleineren, weit gehend professionalisierten, hochbeweglichen und grundsätzlich global einsetzbaren Interventionsmacht, die allerdings auch in Zukunft fest in multinationale Kontexte (der NATO oder der EU) eingebettet bleiben wird.

Diese Neuausrichtung der Sicherheitspolitik wurde von den Entwicklungen im Umfeld der deutschen Außenpolitik – insbesondere durch die Kriege im ehemaligen Jugoslawien – erzwungen, von der Politik vorangetrieben und von der öffentlichen Meinung mit- und nachvollzogen. Insgesamt handelte es sich dabei um einen kollektiven Lernprozess, der die deutsche Sicherheitspolitik – insbesondere in ihren militärischen Dimensionen – deutlich veränderte, ohne dass dabei allerdings von einem vollständigen Bruch mit der bundesdeutschen Vergangenheit gesprochen werden könnte. Dieser Lernprozess wurde durch die Diskussionen um die Konturen zukünftiger deutscher Sicherheitspolitik in der Öffentlichkeit und in den Parteien zunächst im Kontext des Golfkriegs und dann im Zusammenhang mit den Kriegen im ehemaligen Jugoslawien vorangetrieben.[35] Die Meinungsprofile der Elite und der Bevölkerung insgesamt zeigen, dass durch diese Diskussions- und Konsensbildungsprozesse die Veränderungen der deutschen Sicherheitspolitik vom demokratischen Souverän verstanden, nachvollzogen und mehrheitlich gebilligt wurden. Der Lernprozess war bereits im Herbst 1995 weit vorangekommen; sowohl politisch als auch in der öffentlichen Meinung gab es bereits zu diesem Zeitpunkt klare Mehrheiten für eine Beteiligung der Bundeswehr an Kampfeinsätzen. So sprachen sich im September 1995 45 Prozent der Befragten (und 50 Prozent der Westdeutschen) für die Beteiligung an den Kampfeinsätzen der NATO aus, 43 Prozent (Westdeutschland: 38 Prozent) waren dagegen.[36] Dieser neue Konsens verfestigte sich dann in der Kosovo-Krise, in der nunmehr auch der Einsatz der Bundeswehr in einer friedenserzwingenden NATO-Operation *ohne* Mandat des UN-Sicherheitsrates politisch wie in der Öffentlichkeit eindeutig befürwortet wurde.[37] Die Weizsäcker-Kommission und die in ihrem Umfeld stattfindenden Diskussionen um die Strukturreform der Bundeswehr trugen dazu bei, die legitimatorischen Voraussetzungen für eine, diesem neuen sicherheitspolitischen Konsens entsprechende Strukturreform der Bundeswehr zu schaffen, der sich allerdings noch nicht auf die Bereitstellung der hierfür realistischerweise erforderlichen Finanzmittel erstreckt.

2.1.3 Verfahrensweisen und außenpolitischer Stil

Gewisse Veränderungen gab es auch im außenpolitischen Stil der Bundesrepublik. Im Gefolge der Vereinigung wuchsen das außenpolitische Selbstbewusstsein der Politik und der Bevölkerung sowie ihre Selbstidentifikation als »Deutsche« erkennbar. Es mehrten sich nun politische Äußerungen, die sich offen zur Idee »nationaler Interessen« bekannten, und Bestrebungen, spezifisch deutsche Interessensprofile durchzusetzen.[38] In der öffentlichen Meinung stieg parallel dazu die Bereitschaft, Deutschland in der Zukunft eine größere weltpolitische Rolle zuzutrauen (zu dieser Meinung bekannten sich bereits im September 1993 46 Prozent aller Befragten und 70 Prozent der Führungskräfte).[39] Die außenpolitische »Kultur der Zurückhaltung« als eines der kennzeichnenden Merkmale des außenpolitischen Stils der »Zivilmacht« Bundesrepublik wurde insofern abgeschwächt, ohne dass dieser sich jedoch im Kern wirklich verändert hätte: Die Meinungsumfrage-Daten liefern nach 1990 keine Anhaltspunkte für größere Korrekturen an den Einstellungen zu bewährten außenpolitischen Verfahrensweisen und dem außenpolitischen Stil.

2.2 Kontinuitäten in der außenpolitischen Kultur Deutschlands seit der Vereinigung

Die Diskussion der Veränderungen in der außenpolitischen Kultur Deutschlands seit 1990 verwies bereits wiederholt auf das Gewicht der Kontinuität. Dies zeigt sich in allen drei identifizierten Bereichen der außenpolitischen Kultur – in ihren Grundlagen, ihren Inhalten sowie in den Verfahrensweisen und dem außenpolitischen Stil.

2.2.1 Grundlagen der außenpolitischen Kultur der Bundesrepublik

Alle oben identifizierten Grundlagen der außenpolitischen Kultur (mit Ausnahme der Bezüge zur Überwindung der deutschen Teilung) finden sich auch zehn Jahre nach der Vereinigung in ihren wesentlichen Aspekten wieder. Dies gilt z. B. für die Westbindung Deutschlands: Hier lassen sich – auch über den politischen Wechsel 1998 hinweg – praktisch überhaupt keine Veränderungen feststellen. Die Koalitionsvereinbarungen der rot-grünen Regierung wiederholten in ihren außenpolitischen Passagen geradezu mantraartig die Grundüberzeugungen der deutschen Außenpolitik seit Adenauer. Außenminister Joschka Fischer profilierte sich bereits lange vor der Amtsübernahme durch außenpolitische Grundsatzreden als überzeugter Europäer und Atlantiker und somit als würdiger »Enkel« Helmut Kohls.[40] Auch in der öffentlichen Meinung bleibt diese Westorientierung in vollem Umfang erhalten. So erklärten die Führungskräfte der Bundesrepublik gute politische Beziehungen zu Frankreich und zu den USA regelmäßig zu den beiden wichtigsten außenpolitischen Zielen und Interessen Deutschlands, rund zwei Drittel der Befragten sahen die Deutschen im März 1993 fest im Westen verankert, und fast ebenso viele (57 Prozent) meinten, Deutschland solle auch in Zukunft weiter ganz auf der Seite der Westmächte stehen.[41]

Gleiches gilt für das Streben nach Berechenbarkeit und Verlässlichkeit der deutschen Außenpolitik. Auch dieses traditionelle Leitmotiv der deutschen außenpolitischen Kultur wurde von der rot-grünen Koalition immer wieder bekräftigt und unterstrichen. So spielte es eine zentrale Rolle bei der Entscheidung der neuen Regierung 1998 für eine Beteiligung der Bundeswehr an den Kampfeinsätzen der NATO in und um den Kosovo. Natürlich schwang dabei auch ein taktisches Element mit: Rot-Grün wollte damit das Misstrauen gegenüber der neuen Regierung in Washington und anderen westlichen Hauptstädten zerstreuen. Ebenso unverkennbar spiegelte dieses Bekenntnis zur Berechenbarkeit freilich auch die Überzeugungen der neuen außenpolitischen Entscheidungsträger und – nicht zuletzt – die Grundüberzeugungen der außenpolitischen Bürokratien und der Bevölkerung.

Auch die Ablehnung des Nationalsozialismus und das Bekenntnis zur außenpolitischen Bewältigung der deutschen Vergangenheit blieben von der Vereinigung im Grundsatz unberührt, ja, diese Elemente gewannen sogar – bedingt wohl nicht zuletzt durch das Auftreten rechtsextremistischer Tendenzen und latent vorhandener Sympathisantenpotenziale – noch an Gewicht. Die meisten Befragten sahen in Meinungsumfragen Deutschland als ein Land mit einer besonderen Geschichte – und diese Besonderheit wurde vor allem mit dem Nationalsozialismus verbunden: So assoziierten 1996 44 Prozent der Westdeutschen (aber nur 13 Prozent der Ostdeutschen) die Einzigartigkeit der deutschen Geschichte mit Hitler und dem Nationalsozialismus, immerhin 20 Prozent der Westdeutschen erwähnten dabei ausdrücklich die Verbrechen des NS-Staates und insbesondere die Judenvernichtung.[42] Zwar stellte sich dieses Bekenntnis zur deutschen Vergangenheit, wie die Walser/Bubis-Kontroverse zeigte, im Einzelnen durchaus anders und differenzierter dar als zu Zeiten der alten Bundesrepublik, dennoch kann am Fortbestehen der grundsätzlichen Ablehnung des Nationalsozialismus und am Bekenntnis zur deutschen Verantwortung durch breite Mehrheiten in Politik und Öffentlichkeit kein Zweifel bestehen.[43]

Selbst im Bereich der »strategischen Kultur«[44] überwogen letztlich die Elemente der Kontinuität die Veränderungen: Die grundsätzliche Skepsis gegenüber militärischer Macht und militärischen Mitteln der Außenpolitik blieb. Diese Feststellung mag angesichts der oben konstatierten Veränderungen der sicherheitspolitischen Orientierungen überraschen, aber eine Fülle von Aussagen und Umfragedaten spricht dafür, dass die »Kultur der Zurückhaltung« keineswegs aufgegeben ist, dass die Erfahrungen der Weltkriege noch immer nachwirken bzw. neue, auch in den anderen westlichen Industriestaaten erkennbare Vorbehalte gegenüber dem Einsatz militärischer Machtmittel (Insistieren auf möglichst geringen eigenen und auch gegnerischen Verlusten, Vermeidung von »Kollateralschäden«)[45] wirksam werden. So sprachen sich etwa klare Mehrheiten der Befragten gegen die Fortsetzung von Atomtests aus, und noch im Juli 1996 wandten sich 62 Prozent der Befragten gegen die Beteiligung der Bundeswehr an multilateralen UN- oder NATO-Einsätzen ohne besondere Beschränkungen (18 Prozent der Befragten – und 30 Prozent im Osten – sprachen sich sogar gegen jeden Einsatz der Bundeswehr außerhalb der

NATO aus).[46] Eindeutige Zustimmung gab es für die Idee gemeinsamer europäischer Streitkräfte unter einem gemeinsamen Oberbefehl (63 Prozent der Befragten im Herbst 2000 und sogar 73 Prozent der Elite), während zugleich die Idee eines europäischen Außenministers mehrheitlich abgelehnt wurde (55 Prozent der Befragten; die Mehrheit der befragten Führungskräfte [48 Prozent] sprach sich allerdings *für* einen europäischen Außenminister aus).[47]

Schließlich blieb auch die postnationale Orientierung der Außenpolitik erhalten, wenngleich hier – wie bereits erwähnt – Veränderungen im Detail festzustellen sind. Außenminister Joschka Fischer hat diese modifiziert postnationale Grundorientierung mit seinen europapolitischen Vorstößen vielleicht am genauesten auf den Punkt gebracht: »Bei der Integration geht es nicht um die Schaffung eines europäischen Superstaates vergleichbar mit den USA, sondern um die Verbindung der souveränen europäischen Völker in gemeinsamen Institutionen und in einer gemeinsamen Politik.«[48] Die Daten der Meinungsforschung decken sich recht genau mit dieser Sichtweise. Der bereits erwähnten Wendung zu einer stärker identitäts- und interessenorientierten Einstellung zu Europa und einer eher skeptischen Bewertung der europäischen Integration insgesamt stehen klare Bekenntnisse zu dieser Integration gegenüber: Die europäische Integration, so die Auffassung eindeutiger Mehrheiten der Befragten, ist zur Selbstbehauptung Europas und zur Bewältigung anstehender Probleme unverzichtbar, die Mitgliedschaft wird ganz grundsätzlich von fast drei Vierteln der Befragten für gut befunden.[49]

2.2.2 Inhaltliche Positionen

Auch die inhaltlichen Vorgaben der außenpolitischen Kultur für Deutschlands Außenpolitik wurden in ihren wesentlichen Elementen nicht grundlegend verändert, sondern höchstens modifiziert. So blieben die normativen Vorgaben des Grundgesetzes für die Außenpolitik (wie das Verbot des Angriffskriegs, Verpflichtung auf die europäische Integration und Systeme kollektiver Sicherheit, Orientierung am Völkerrecht) im Grundsatz erhalten. Dies gilt sogar für den Bereich der Sicherheitspolitik: Die autoritative Interpretation der Artikel 24 Abs. 2 und 87a des Grundgesetzes durch das Bundesverfassungsgericht in seinem Urteil vom 12. Juli 1994 korrigierte zwar die von 1972 bis 1994 bestehende Verfassungsinterpretation mehrerer Bundesregierungen, wonach ein Auslandseinsatz der Bundeswehr außerhalb des NATO-Rahmens verfassungswidrig sei, entsprach damit aber sowohl den Intentionen der Verfassungsväter als auch der Sichtweise der Bundesregierungen vor 1972, die mehrfach einer Mitwirkung deutscher Streitkräfte an internationalen Friedensmissionen im Grundsatz zugestimmt hatten.[50]

Was die Legitimierung solcher Einsätze durch den UN-Sicherheitsrat anbelangt, stellte zwar die deutsche Beteiligung am Kosovo-Einsatz der NATO einen Bruch mit der außenpolitischen Kultur dar, der allerdings von der Bundesregierung stets – und glaubwürdig – als Reaktion auf eine Ausnahmesituation dargestellt wurde. Die deutsche Außenpolitik leistete dann bei der politischen Beendigung des Krieges unter der Ägide des Sicherheitsrates entscheidende Beiträge.[51] Anhaltspunkte für eine grundsätzliche Neuausrichtung der deutschen Sicherheitspolitik nach 1999 lassen sich weder aus der deutschen Beteiligung an der Kosovo-Intervention noch aus den sicherheitspolitischen Weichenstellungen seither ableiten.[52]

Auch in dem zweiten Politikfeld, in dem sich Veränderungen der außenpolitischen Kultur feststellen lassen, in der Europapolitik, blieben die Grundlinien der außenpolitischen Kultur, die strategischen Orientierungen der Entscheidungsträger und der deutschen Öffentlichkeit in der Substanz erhalten. Allerdings zeigte sich als Reaktion auf die Forcierung der wirtschaftlichen und politischen Integration insbesondere durch die Währungsunion – bei aller Bejahung der europäischen Integration im Grundsatz – eine deutlich differenziertere, vielschichtigere und insgesamt auch ambivalente, ja, skeptische Grundeinstellung. Politisch kam dies insbesondere im Urteil des Bundesverfassungsgerichtes zur Währungsunion vom 12. Oktober 1993 zum Ausdruck.[53] In der öffentlichen Meinung zeigten sich diese Ambivalenzen ebenfalls. So glaubten 64 Prozent der Befragten im Herbst 2000, die europäische Einigung werde Deutschland eher noch mehr Probleme bringen als Probleme lösen helfen. Im Mai 1994 waren 41 Prozent der Auffassung, die Mitgliedsländer der EU hätten »überwiegend gegensätzliche Interessen.«[54] 1999 allerdings sahen die Befragten in einer anderen Umfrage mehrheitlich (46 Prozent) »eher Vorteile« in der EU-Mitgliedschaft Deutschlands, und erstmals seit 1991 hielten sich die Befürworter einer weiteren Vertiefung der politischen Einigung Europas und diejenigen, die sich dafür aussprachen, die EU so zu belassen, wie sie sich 1999 präsentierte, mit jeweils 40 Prozent die Waage.[55]

2.2.3 Verfahrensweisen und außenpolitischer Stil

Weit gehende Kontinuität zeigte die außenpolitische Kultur Deutschlands schließlich auch in Fragen der bevorzugten Verfahrensweisen und des gewünschten außenpolitischen Stils. Dies galt insbesondere für das Bekenntnis zum Multilateralismus, zur EU, zur NATO und zu den Vereinten Nationen sowie zu einer weiteren Institutionalisierung und Verrechtlichung der internationalen Beziehungen. Dieser prinzipielle Multilateralismus zieht sich wie ein roter Faden durch außenpolitische Grundsatzdokumente aller Bundesregierungen seit 1991. Aber auch die öffentliche Meinung steht hinter dieser Orientierung. So sprachen sich nur zehn Prozent der Befragten im September 1993 dafür aus, Deutschland solle die Führungsrolle in Europa übernehmen, während eine überwältigende Mehrheit (86 Prozent) eine ausgewogene deutsch-französische Führungsstruktur für realistisch hielt.[56]

Ein weiteres Element der Kontinuität im außenpolitischen Verhaltensmodus Deutschlands war das Engagement für Vertiefung und Erweiterung der europäischen Integration[57], der transatlantischen Sicherheitsallianz (NATO)[58] und der gesamteuropäischen Entspannungsbemühungen. Auch die Bereitschaft zu Souveränitätsverzicht und Souveränitätsübertragung blieb im Wesentlichen erhalten, wenngleich sich eine wachsende Prozentzahl der Befragten (nur 16 Prozent 1989, aber 33 Prozent 1995) für eine Verlangsamung des Integrationstempos aussprach.[59] Die offizielle Politik eines entschlossenen »Sowohl-als-auch« (enge Zusammenarbeit mit den USA *und* Frankreich, Engagement für die europäische Integration *und* die NATO, Abschreckung *und* Entspannung) findet ihre Gegenstücke ebenso in der öffentlichen Meinung wie in den gewichtigen Restbeständen der außenpolitischen »Kultur der Zurückhaltung«. Nach wie vor ziehen Bevölkerung und Elite es vor, deutsche Führungsansprüche und nationale Interessenspolitik in engem Schulterschluss mit den Partnern und in möglichst institutionellen Kontexten zu vertreten.[60]

2.3 Bewertung

Insgesamt steht die außenpolitische Kultur Deutschlands in den 90er-Jahren im Zeichen der Kontinuität: Es gab zwar etliche Akzentverschiebungen und Modifikationen, aber nur eine wirklich substanzielle Veränderung, nämlich im Bereich der Sicherheitspolitik und hier speziell mit dem Einsatz der Bundeswehr in Missionen außerhalb der traditionellen Kontexte der Bündnisverteidigung. Die Akzentverschiebungen und Modifikationen betreffen zum einen die Bedeutung Europas für die eigene außenpolitische Identität: Sie wird differenziert und abgeschwächt, die deutsche Identität gewinnt an Gewicht, ohne freilich in Nationalismus umzuschlagen. Zum anderen wird die außenpolitische »Kultur der Zurückhaltung« zugunsten einer klareren Artikulation eigener Ziele und Interessen abgeschwächt, ohne dass der außenpolitische Stil dadurch ernsthaft modifiziert würde.

Die Verschiebung der außenpolitischen Gewichte innerhalb der multilateralen Orientierung der deutschen Außenpolitik von der atlantischen zur europäischen Dimension findet bislang in der öffentlichen Meinung nur begrenzt Entsprechungen: Die positive Orientierung auf Amerika bleibt ausgeprägt. Hier lässt sich ein gewisses Spannungsverhältnis zur Außenpolitik selbst und zum außenpolitischen Rollenkonzept Deutschlands erkennen.

3. Kontinuität und Wandel in der außenpolitischen Kultur Deutschlands: ein Erklärungsversuch

Die außenpolitische Kultur Deutschlands an der Schwelle des 21. Jahrhunderts ist also insgesamt durch ein erstaunliches Maß an Kontinuität gekennzeichnet. Gewichtige Veränderungen ließen sich vor allem in der Sicherheitspolitik, in geringerem Maße auch in der Europapolitik, im außenpolitischen Stil sowie – spekulativer – in der Verortung der deutschen außenpolitischen Identität im Spannungsfeld von europäischen und transatlantischen Einbindungen und Verbindungen ausmachen. Beides – Kontinuität und Wandel – bedürfen der Erklärung.

3.1 Erklärung der ausgeprägten Kontinuität

Dabei bereitet die Erklärung der auffälligen Kontinuitäten in der außenpolitischen Kultur des vereinten Deutschlands die geringeren Schwierigkeiten, solange wir sie als die historische Verlängerung der außenpolitischen Kultur Westdeutschlands sehen. (Dies erscheint angesichts der Art und Weise, wie der Vereinigungsprozess vollzogen wurde, auch sinnvoll.) Kulturelle Phänomene – und dies gilt auch für »politische Kultur« – verändern sich bekanntlich nur langsam: Sie weisen erhebliches Beharrungsvermögen auf, ja, die Definition von Kultur stellt eben ab auf die Dauerhaftigkeit von Einstellungen und Orientierungen. Hinzu kommt der validierende Einfluss der auf Kontinuität ausgerichteten deutschen Außenpolitik seit 1990, die sich ja mindestens teilweise durchaus auch institutionalistisch (mit der Bindewirkungen der intensiven institutionellen Verankerung dieser Außenpolitik)[61] oder sogar realistisch (mit ihren Erfolgen in der Vergangenheit und den sich mit dieser Politik bietenden Chancen der Einflussmaximierung)[62] erklären ließe: Eine durch das Gewicht internationaler Institutionen geformte oder von Kosten-Nutzen-Erwägungen bestimmte Außenpolitik könnte natürlich auch verstetigend auf die politische Kultur zurückwirken.

Dennoch liefert die Analyse außenpolitischer Kultur wichtige, ja unverzichtbare Erklärungsmöglichkeiten. Insbesondere die Vertiefung der europäischen Integration durch die – innen- und wirtschaftspolitisch höchst umstrittene – Europäische Währungsunion im Gefolge der Vereinigung lässt sich anders nicht befriedigend erklären: Ganz offenkundig waren die Ziel- und Interessensdefinitionen und die bevorzugten Strategien der Entscheidungsträger, geprägt durch tief verwurzelte europäische Überzeugungen und Orientierungen, die auch in der Bevölkerung hinreichend genug verankert waren, um das heikle Projekt der Währungsunion politisch durchsetzbar zu machen. Aber auch in anderen Bereichen der deutschen Außenpolitik nach 1990 zeigt sich die prägende Bedeutung der alten, bundesrepublikanischen außenpolitischen Kultur und ihres außenpolitischen Rollenkonzeptes: in der Europapolitik, der Ostpolitik, der UN-Politik, der Menschenrechtspolitik und in etlichen Aspekten der Sicherheitspolitik.[63]

Wie erklärt sich diese starke Verwurzelung der außenpolitischen Kultur? Zum einen zeigen sich darin noch immer die Folgen des katastrophalen Scheiterns der Außenpolitik des Kaiserreichs und vor allem des Nationalsozialismus: Der Schock der Katastrophe von 1945 mit ihren materiellen, politischen, moralischen und spirituellen Zerstörungen und die Last der Schuld oder doch der Verantwortung begünstigten soziale Lernprozesse: Aus Schaden wurde Deutschland klug.

Aber selbst in dieser Situation des völligen Zusammenbruchs hielten sich zäh Kontinuitätslinien nicht nur in der deutschen Gesellschaft, sondern auch in ihrer politischen Kultur, die bis weit in die 60er-Jahre hinein durch die totalitäre Vergangenheit geprägt und mit starken autoritären Einschlüssen durchsetzt blieb.[64] Erst in den 60er-Jahren setzte sich auch in der außenpolitischen Orientierung jene politische Kultur durch, die wir als »zivilmachtorientiert« definieren.[65] In der Phase der Formierung spielte vor allem der »erzieherische« Einfluss der Alliierten, insbesondere der USA, und die Präzeptorrolle Konrad Adenauers und seines außenpolitischen Teams eine bedeutsame Rolle für die erfolgreiche Neuorientierung der außenpolitischen Kultur. Stabilisiert wurden die neuen Orientierungen zudem durch die Erwartungen der europäischen Nachbarländer und den sich rasch einstellenden Erfolg der neuen Politik. Allerdings sollte nicht verkannt werden, dass der Ost-West-Konflikt über seine Mobilisierung antikommunistischer Emotionen die Neuorientierung nicht nur begünstigte, sondern auch belastete: Unter dem Deckmantel der antisowjetischen und antikommunistischen Front ließen sich auch vordemokratische außenpolitische Orientierungen und Normen wie etwa das Streben nach militärischer Überlegenheit, Freund-Feind-Denken und virulente Feindbilder legitimieren und kultivieren. Homogenität und Konsistenz der außenpolitischen Kultur der Bundesrepublik nahmen also bis Ende der 70er-Jahre zu[66], um dann durch den zweiten Kalten Krieg und die Auseinandersetzung um die Nachrüstung in der ersten Hälfte der 80er-Jahre zunächst wieder zu erodieren.

Insgesamt spiegeln sich in der Kontinuität der außenpolitischen Kultur Deutschlands die Ergebnisse gesellschaftlicher Sozialisierungs- und Lernprozesse: Die Bundesrepublik wurde durch die Alliierten und die neue Elite im Sinne der neuen außenpolitischen Orientierungen und Einstellungen sozialisiert und internalisierte diese Vorgaben durch selbstbestimmtes Lernen.

3.2 Erklärung des Wandels

3.2.1 Sicherheitspolitik

Wie erklären sich dann die oben konstatierten Modifikationen der außenpolitischen Kultur? Wie wir gesehen haben, waren diese Veränderungen am nachhaltigsten im Bereich der »strategischen Kultur«, in den Normen und Einstellungen zum Bereich der Sicherheits- und speziell der Militärpolitik. Diese Veränderungen reflektieren vor allem das radikal veränderte Umfeld der deutschen Außen- und Sicherheitspolitik nach der Vereinigung: Die Rückkehr des Krieges nach Europa im ehemaligen Jugoslawien und die vielfältigen, wenngleich oft diffusen Gefährdungen von Frieden, Stabilität und Sicherheit schufen neue Problemlagen, veränderte Erwartungen und Anforderungen der Freunde und Verbündeten Deutschlands sowie neue Inkonsistenzen. So ließ sich unter den Bedingungen des Kalten Krieges die ausgeprägte Abneigung gegen den Einsatz militärischer Machtmittel und die generelle Skepsis gegenüber militärischer Macht in der außenpolitischen Kultur durch die Strategie der Kriegsverhütung durch Abschreckung einigermaßen mit anderen zentralen Elementen der außenpolitischen Kultur wie Bündnistreue und Berechenbarkeit verbinden, weil die militärische Machtentfaltung Deutschlands hier mit den Erfordernissen der Westbindung begründet und als Politik der Kriegsverhinderung, die auf den *Einsatz* ihrer militärischen Potenziale verzichten zu können glaubte, gerechtfertigt werden konnte.[67]

Unter den neuen sicherheitspolitischen Rahmenbedingungen wurden nun jedoch die Forderungen aus dem In- und Ausland nach einer Beteiligung der Bundeswehr an UN- und NATO-Einsätzen im ehemaligen Jugoslawien (und anderswo) immer dringlicher. Die Erwartungen der Partner, das Bestreben, den Bündnisverpflichtungen nachzukommen und damit Bündnisfähigkeit zu demonstrieren, berechenbar zu bleiben und eine erneute Singularisierung Deutschlands in der NATO zu vermeiden, aber auch die Einsicht Berlins, dass die europäische Stabilität und Sicherheit durch die Entwicklungen auf dem Balkan ernsthaft gefährdet sei und der deutsche Einfluss auf die westliche Politik nur über eine grundsätzliche Bereitschaft zur Beteiligung der Bundeswehr an gemeinsamen Kampfeinsätzen gewährleistet werden könne – all diese Faktoren wirkten nachdrücklich auf die deutsche Sicherheitspolitik im Sinne einer Politikkorrektur ein.[68]

Diese Erwartungen, Anforderungen und Gefährdungen wurden von den außenpolitischen Eliten und der Bevölkerung insgesamt durch die Selektionsmechanismen der bestehenden Normen und Einstellungen gefiltert und zugeordnet; dies führte zum Aufbrechen innerer Spannungen innerhalb der hoch komplexen deutschen außenpolitischen Kultur und ihrer Rollenkonzepte. Erkennbar war insbesondere eine sich öffnende Schere zwischen den Grundelementen »normative Ausrichtung der Außenpolitik« (»Nie wieder Auschwitz!« lautete die Formel des Außenministers Joschka Fischer, die dies verdeutlichte), »feste Verankerung im Westen und Bündnissolidarität« sowie »Berechenbarkeit und Verlässlichkeit« auf der einen und der Abneigung gegen Militäreinsätze auf der anderen Seite. Dieser ausgeprägte Konsistenzverlust der außenpolitischen Kultur in einem normativen Spagat zwischen nun zunehmend widersprüchlichen Orientierungsvorgaben wurde schließlich durch eine Modifikation der deutschen Sicherheitspolitik in einem weiteren Lernprozess abgebaut, der allerdings erkennbar nicht auf eine Ablösung der alten Normen durch neue, sondern lediglich auf ihre Modifikation im Sinne möglichst ausgeprägter Kontinuität abzielte. So blieben wichtige Elemente der »strategischen Kultur« Deutschlands – wie die unbedingte Multilateralität militärischen Handelns, der Verzicht auf Kernwaffen, die internationale Legitimierung durch ein Votum des Sicherheitsrates und/oder das Völkerrecht sowie die Erschöpfung aller anderen Alternativen vor dem Gewalteinsatz – ebenso erhalten wie das Prinzip der allgemeinen Wehrpflicht im Zusammenhang mit der Strukturreform der Bundeswehr. Dass Deutschland sich an der UN-Intervention im Kosovo-Konflikt schließlich auch ohne Mandat des Sicherheitsrates beteiligte, geschah erkennbar mit schlechtem Gewissen, wurde immer wieder zur Ausnahme ohne Präzedenzwirkung erklärt und vor allem durch entschlossene – und erfolgreiche – diplomatische Initiativen zur Einbindung Russlands und damit zur Legitimierung der westlichen Politik durch den UN-Sicherheitsrat kompensiert.

3.2.2 Europapolitik

Auch in der Europapolitik präsentierte sich das Umfeld der deutschen Außenpolitik nach der Vereinigung erheblich verändert. Dies galt insbesondere für die Notwendigkeit, auf die Demokratisierung Ostmitteleuropas zu reagieren. Aber auch die Beschwichtigung alter, durch die Vereinigung jedoch erneut wach gewordener Ängste in Westeuropa wurde zum Thema deutscher Europapolitik. Die außenpolitische Antwort des vereinten Deutschlands bestand im entschlossenen Engagement für die Vertiefung und Erweiterung der Europäischen Gemeinschaften bzw. der Europäischen Union. In ihrer strategischen Ausrichtung blieb die deutsche Europapolitik damit – bei aller Anpassung und Modifikation im Detail – unverändert. Dies galt auch für die außenpolitische Kultur in ihren Bezügen zu Europa.

Auf der taktischen Ebene wurden jedoch durchaus Veränderungen sichtbar. In der außenpolitischen Kultur scheinen hier durch den Globalisierungsprozess ausgelöste Identitätsängste wirksam zu werden, die auf eine differenziertere, einer weiteren Europäisierung tendenziell skeptisch gegenüberstehende Sicht Europas hinauslaufen. Erkennbar ist auch ein relativer Gewichtsverlust Europas als normative Bezugsgröße zugunsten eines selbstbewussteren Nationalempfindens und einer eher auf die Durchsetzung materieller Interessen als auf ideelle Gratifikation abzielenden europapolitischen Orientierung. Auch hier ließe sich von einem Konsistenzverlust sprechen, weil zu dem bis zur Vereinigung – jedenfalls rhetorisch – vorherrschenden Konzept der europäischen Identität nun die deutsche als gewichtige (komplementäre) außenpolitische Identität hinzutrat. Realistisch ist es wohl eher, vor dem Hintergrund einer immer gewichtigeren (und gelegentlich durchaus auch als belastend empfundenen) europäischen Integrationsrealität von einer Erosion der europapolitischen Unbedingtheit zu sprechen. Die europapolitische Skepsis, die sich seit 1990 bemerkbar macht, wäre demnach weniger Reaktion auf die Vereinigung als Ausdruck der Erfolge der europäischen Integration: Integrationsfortschritte wurden mühsamer, weil sie immer tiefer in die Gesellschaften hineinwirkten und deshalb immer stärkere Widerstände zu überwinden hatten.

Die subtilen Verschiebungen der deutschen Prioritäten innerhalb des euroatlantischen Koordinatensystems, die in der öffentlichen Meinung bislang kaum nachvollzogen wurden, zeigen zum einen die Beharrungstendenzen von Einstellungen, zum anderen die Wirkungen veränderter Kontexte: Der Wegfall der gemeinsamen Bedrohung und die Verschiebung der Akzente der internationalen Politik auf wirtschaftliche Zusammenhänge erscheinen als die wichtigsten Ursachen der Veränderungen (wobei angemerkt sei, dass die Ökonomisierung und Globalisierung der internationalen Politik durchaus auch neue Gemeinsamkeiten geschaffen hat: Man denke nur an den Vorbildcharakter der amerikanischen Wirtschaft im Zeichen der »new economy«).[69]

4. Perspektiven

Wie wird sich die außenpolitische Kultur Deutschlands in den ersten Jahren des 21. Jahrhunderts entwickeln? Nach alledem, was hier ausgeführt wurde, dürfte auch in Zukunft die Kontinuität dominieren. Außenpolitische Kulturen ändern sich nur langsam und graduell, und dies gilt vor allem dann, wenn sie erfolgreiche außenpolitische Rollenkonzepte entwickelt und damit erfolgreiche Außenpolitik ermöglicht haben.

Dramatische Veränderungen wären nur dann zu erwarten, wenn die außenpolitische Kultur durch innen- oder außenpolitische Krisen erschüttert würde. Es mag sein, dass sich die Terroranschläge auf die USA im September 2001 und ihre Folgen als eine solche Krise erweisen werden. Reaktionen auf diese Ereignisse könnten Veränderungs- und Erosionsprozesse in der außenpolitischen Kultur auslösen. Aber selbst ohne die – derzeit noch nicht absehbaren – Auswirkungen dieser dramatischen Zuspitzung des internationalen Terrorismus lassen sich Entwicklungstendenzen beobachten, die über längere Zeiträume hinweg durchaus problematische außenpolitische Wirkungen entfalten könnten.

Hierzu zählen:

(1) *Veränderungen in den deutsch-amerikanischen Beziehungen:* Hier stellten wir ein gewisses Auseinanderklaffen von außenpolitischer Kultur und außenpolitischer Realität fest. Die subtilen Veränderungen in den Partner-Präferenzen der deutschen Außenpolitik lassen sich im Kern auf drei Prozesse zurückführen: den Zerfall der alten sicherheitspolitischen Bedrohungen mit dem Ende des Ost-West-Konfliktes und das Entstehen neuer, diffuser Stabilitätsrisiken; die Europäisierung Europas, also die wachsende politische Integration des alten Kontinentes durch Vertiefung (EWU, GASP, ESVP) und Erweiterung; und die weltwirtschaftlichen, weltgesellschaftlichen und weltkulturellen Veränderungen im Zusammenhang mit der »Globalisierung« und damit die Ökonomisierung der internationalen Beziehungen. In

der Summe ihrer Wirkungen haben diese drei Prozesse die deutsche Außenpolitik gegenüber den USA verändert. Dies könnte auf Dauer auch die transatlantische Orientierung der außenpolitischen Kultur beeinträchtigen. Zu konstatieren ist bereits eine Erosion der Konsistenz und Homogenität der transatlantischen Wertegemeinschaft, die mit dem Zerfall der einigenden Feindbilder des Ost-West-Konfliktes eintrat. Hinter den bislang betonten Gemeinsamkeiten werden nun ausgeprägte Unterschiede in den jeweiligen politischen Kulturen und gesellschaftlichen Orientierungen sichtbar, die auch in die Außenpolitik hineinreichen und sich dort in unterschiedlichen Interessensdefinitionen (nationale versus verflochtene Interessen) und Strategien (selektiver, unilateral durchsetzter versus prinzipieller Multilateralismus) niederschlagen. Die Terroranschläge auf Amerika im September 2001 haben diese Entwicklungen zwar durch eine Woge der Solidarisierung überdeckt, doch deuteten die Diskussionen um angemessene Reaktionen auf diese Anschläge schon bald wieder auf die Nachhaltigkeit der konstatierten Veränderungen; welche dauerhaften Wirkungen die Anschläge und die Erwiderungen der USA auf die transatlantischen Beziehungen haben werden, ist noch nicht absehbar. In jedem Falle aber gilt auch für die transatlantischen Beziehungen, was zuvor über die Europäisierung Europas gesagt wurde: Die immer intensiveren wirtschaftlichen, gesellschaftlichen und kulturellen Verflechtungen produzieren neue Reibungsflächen[70] und entziehen sich so zunehmend der politischen Steuerung und einem diskreten Krisenmanagement. Konflikte werden dadurch häufiger und intensiver wahrgenommen. Zudem impliziert das veränderte Umfeld auch eine relative Verschiebung der wechselseitigen Orientierungen und Wahrnehmungen von den Interessensgemeinsamkeiten zu Interessensgegensätzen, von der Durchsetzung gemeinsamer Ziele in der Weltpolitik zur Realisierung spezifischer gesellschaftlicher Anliegen und von der Fixierung auf den gemeinsamen Gegner auf Aspekte der Konkurrenz und Machtrivalität untereinander. Die Einstellungen zu Amerika werden somit differenzierter, sie verabschieden sich gleichermaßen vom platten Antiamerikanismus und von proamerikanischer Euphorie.

(2) *Veränderungen in der »strategischen Kultur«:* Die Gefahr besteht hier nicht in einer Militarisierung der Sicherheitspolitik im traditionellen Sinne – hierfür gibt es keine gewichtigen Anzeichen und keine realistischen Möglichkeiten. Sie liegt eher in illusionären Erwartungen und Anforderungen an Sicherheitspolitik im Allgemeinen und an die Gemeinsame Europäische Sicherheits- und Verteidigungspolitik im Besonderen. Mit dem Aufbruch zu einer Gemeinsamen Europäischen Sicherheits- und Verteidigungspolitik weckt die EU Hoffnungen in militärisches Krisenmanagement durch die NATO oder die EU selbst, die sich leicht als irreführend und unrealistisch erweisen könnten. Dies könnte anderen Bereichen der Außenpolitik die bitter notwendige Unterstützung entziehen und diese damit legitimatorisch austrocknen. Dies gilt auch grundsätzlich: Unklar ist, ob die außenpolitische Kultur Deutschlands in Zukunft Deutschlands Außenpolitik materiell und ideell so stützen wird, wie dies erforderlich sein dürfte. Denn in den Zeiten der Globalisierung wird Außenpolitik zugleich immer umfassender und immer anspruchsvoller.

(3) *Nationale oder supranationale Orientierung der Außenpolitik:* Es erscheint fraglich, ob die außenpolitische Kultur Deutschlands auch in Zukunft hinreichend inter-

nationalistisch und supranational orientiert bleiben wird, um das erforderliche Maß an multilateraler Kooperation, Integration und Souveränitätsabgabe zu legitimieren. Die oben skizzierten Veränderungen weisen eher in eine andere Richtung – sie deuten darauf hin, dass innenpolitische, binnenwirtschaftliche und binnengesellschaftliche Interessen größeres Gehör finden und die deutsche Identität gegenüber anderen Identitäten stärker in den Vordergrund rückt.

Insgesamt wird die außenpolitische Kultur Deutschlands auch in Zukunft durch veränderte Rahmenbedingungen (Stichwort: Globalisierung) unter Anpassungsdruck bleiben. Sie hat sich in der Vergangenheit durch erstaunliche Lernfähigkeit ausgezeichnet, ist sich dabei aber doch selbst treu geblieben. Dabei konnte Deutschland allerdings von der »Friedensdividende« profitieren: Nach der erfolgreichen Bewältigung der Vereinigung konnte in der Außenpolitik insbesondere durch Kürzung der Verteidigungsausgaben in großem Umfang Geld gespart werden. Dies dürfte für die Zukunft kaum der Fall sein – Außen- und Sicherheitspolitik wird in Zukunftaller Voraussicht nach wieder kostspieliger werden. Wird die deutsche Außen- und Sicherheitspolitik diese Wende vollziehen können? Diese Frage zielt auch auf die außenpolitische Kultur Deutschlands, die ein dafür hilfreiches Meinungsklima schaffen muss. Ob eine solche Umorientierung der Politik von den Binnenproblemen auf die Gestaltung des europäischen und des weltpolitischen Umfeldes gelingt, ist deshalb auch der Kern der neuen Herausforderungen, denen sich Deutschlands außenpolitische Kultur an der Schwelle zum 21. Jahrhundert gegenübersieht.

Anmerkungen

Für hilfreiche Kommentare und Anregungen danke ich Henning Boekhle, Jörg Nadoll, Bernhard Stahl und den Teilnehmern an der Autorenkonferenz am 2. Februar 2001 in Berlin.

1 Vgl. den Literaturbericht von Anja Jetschke/Andrea Liese, Kultur im Aufwind. Zur Rolle von Bedeutungen, Werten und Handlungsrepertoires in den internationalen Beziehungen, in: Zeitschrift für Internationale Beziehungen (ZIB), 1/1998, S. 149–180.
2 Vgl. etwa Volker Rittberger/Frank Schimmelfennig, Deutsche Außenpolitik nach der Vereinigung. Realistische Prognosen auf dem Prüfstand, Tübingen 1997; Volker Rittberger, Deutschlands Außenpolitik nach der Vereinigung. Zur Anwendbarkeit theoretischer Modelle der Außenpolitik: Machtstaat, Handelsstaat oder Zivilstaat, Tübingen 1999; Wolfgang Bergem u. a. (Hrsg.), Friedenspolitik in und für Europa, Opladen 1999, S. 83–108; Sebastian Harnisch/Hanns W. Maull, Germany as a Civilian Power: Introduction, in: dies. (Hrsg.), Germany as a Civilian Power. The Foreign Policy of the Berlin Republic, Manchester 2001.
3 Alexis de Tocqueville, Über die Demokratie in Amerika, München 1984, S. 263 f.; vgl. auch Henry A. Kissinger, Diplomacy, New York 1994, Kapitel 3.
4 Charles W. Kegley, jr./Eugene Wittkopf (Hrsg.), American Foreign Policy. Pattern and Process, New York 1996 (5. Aufl.), S. 253 ff.
5 Jack Synder, The Soviet Strategic Culture: Implications for Limited Nuclear Operations, Santa Monica 1977, zit. in: Desmond Ball, Strategic Culture in the Asia-Pacific Region, in: Security Studies, 1/1993, S. 44–74.
6 Hierzu vor allem Alastair Ian Johnston, Cultural Realism: Strategic Culture and Grand Strategy in Chinese History, Princeton 1995; vgl. auch Xuewu Gu, Ausspielung der Barbaren. China zwischen den Supermächten in der Zeit des Ost-West-Konfliktes, Baden-Baden 1998. Zu einer umfassend vergleichenden Analyse vgl. neuerdings auch Jürgen Bellers, Politische Kultur und Außenpolitik im Vergleich, München und Wien 2000.

7 Vgl. zu Frankreich und Deutschland im Vergleich etwa Axel Sauder, Souveränität und Integration. Französische und deutsche Konzeptionen europäischer Sicherheit nach dem Ende des Kalten Krieges (1990–1993), Baden-Baden 1995.

8 Bellers, Politische Kultur (Anm. 6), S. 7.

9 Knut Kirste/Hanns W. Maull, Zivilmacht und Rollentheorie, in: ZIB, 2/1996, S. 283–312; Philippe G. Le Prestre (Hrsg.), Role Quests in the Post-Cold War Era. Foreign Policies in Transition, Montreal und Kingston 1997.

10 Vgl. etwa die nach wie vor überragende Studie von Wolfram F. Hanrieder, Germany, America, Europe. Forty Years of German Foreign Policy, New Haven 1989; (deutsch als: Deutschland, Amerika, Europa. Die Außenpolitik der Bundesrepublik Deutschland, 1949 bis 1994, Paderborn 1995 [2. Aufl.]).

11 Vgl. Gebhard Schweigler, Grundlagen der außenpolitischen Orientierung der Bundesrepublik Deutschland. Rahmenbedingungen, Motive, Einstellungen, Baden-Baden 1985, S. 17 ff.

12 Hans-Peter Schwarz, Adenauer. Der Aufstieg: 1876–1952, Stuttgart 1986 (2. Aufl.), S. 727 ff.; Stephan Bierling, Die Außenpolitik der Bundesrepublik Deutschland. Normen, Akteure, Entscheidungen, München und Wien 1999, S. 111 ff.

13 Kerry Anne Longhurst, Strategic Culture: The Key to Understanding German Security Policy? University of Birmingham, Faculty of Social Sciences, PhD. Thesis 2000.

14 Vgl. hierzu insgesamt etwa Thomas Berger, Unsheathing the Sword? Germany's and Japan's Fractured Political-Military Cultures and the Problem of Burden Sharing, in: World Affairs, 4/1996, S. 174–191; ders., Cultures of Antimilitarism. National Security in Germany and Japan, Baltimore und London 1998; Henning Tewes, Germany as a Civilian Power. The Western Integration of East Central Europe, 1989–1997, Birmingham 1998; Longhurst, Strategic Culture (Anm. 13), sowie Harnisch/Maull, Civilian Power (Anm. 2).

15 Bierling, Außenpolitik (Anm. 12).

16 Eine interessante Frage ist, in welchen Grenzen Gesamtdeutschland gedacht wurde. Vorherrschend war bis in die 70er-Jahre die Idee eines Deutschlands in den Grenzen von 1937; in den 70er-Jahren war diese Frage politisch höchst umstritten und damit Teilaspekt einer in dieser Phase grundsätzlich heterogenen außenpolitischen Kultur.

17 Kirste/Maull, Zivilmacht, sowie Le Prestre, Role Quests (Anm. 9).

18 Vgl. Ulf Frenkler u. a., Deutsche, amerikanische und japanische Außenpolitikstrategien 1985–1995: Eine vergleichende Untersuchung zu Zivilisierungsprozessen in der Triade, Trier 1997, S. 36 ff., 44, 48 ff. (= DFG-Projekt »Zivilmächte«: Schlussbericht und Ergebnisse, verfügbar über http://www.uni-trier.de/fb3/politik); vgl. auch Kirste/Maull, Zivilmacht (Anm. 9).

19 Elisabeth Noelle-Neumann/Renate Köcher (Hrsg.), Allensbacher Jahrbuch der Demoskopie 1993–1997, Bd. 10, München 1997, S. 1142.

20 Ebd., S. 1147.

21 Zur Haltung der PDS in der Frage der Bundeswehr-Auslandseinsätze vgl. Nina Philippi, Bundeswehr-Auslandseinsätze als außen- und sicherheitspolitisches Problem des geeinten Deutschland, Frankfurt/M. 1996.

22 So verringerte sich etwa das Gefälle in den Zustimmungswerten zur deutschen NATO-Mitgliedschaft zwischen West und Ost von 21 Prozent (63 Prozent versus 42 Prozent Zustimmung) im Jahr 1991 auf 11 Prozent im Jahr 1995 (69 Prozent versus 58 Prozent Zustimmung); vgl. Allensbacher Jahrbuch (Anm. 19), S. 1134.

23 Vgl. Gregor Schöllgen, Angst vor der Macht. Die Deutschen und ihre Außenpolitik, Berlin 1993, sowie den Sammelband Rainer Zitelmann u. a. (Hrsg.), Westbindung, Chancen und Risiken für Deutschland, Frankfurt/M. 1993. Zur Analyse vgl. Gunther Hellmann, Jenseits von »Normalisierung« und »Militarisierung«: Zur Standortdebatte über die neue deutsche Außenpolitik, in: Aus Politik und Zeitgeschichte (APuZ), B 1–2/1997, S. 24–33.

24 Ronald D. Asmus, Germany's Geopolitical Maturation: Public Opinion and Security Policy in 1994, Santa Monica 1995.

25 Vgl. Bundesverband deutscher Banken, Umfrage »Deutschland im Wandel«, November 2000, dokumentiert in Kapitel VI in diesem Band, Diagramme 6.6 und 6.7.

26 Allensbacher Jahrbuch (Anm. 19), S. 1154.

27 Vgl. ipos-Umfrage »Wirtschaftspolitik in Daten und Zusammenhängen«, in: Inter/esse, 11/2000, S. 6.
28 Ebd.
29 Vgl. hierzu insbesondere die Humboldt-Rede von Außenminister Joschka Fischer (http://www.auswaertiges-amt.de/www/eu_politik/aktuelles/Humboldt_Rede_html).
30 Dossier: Europa nach Nizza, Welt-Report, Berichte aus den Auslandsbüros der Konrad-Adenauer-Stiftung, Januar 2001.
31 Simon Bulmer u. a., Germany's European Diplomacy. Shaping the Regional Milieu, Manchester 2000, S. 10.
32 »Deutschland im Wandel« (Anm. 25), Tabelle 6.4; Allensbacher Jahrbuch (Anm. 19), S. 1134.
33 Infratest Burke im Auftrag der Friedrich-Naumann-Stiftung und der RAND Corporation, Das Meinungsbild der Elite in Deutschland zur Außen- und Sicherheitspolitik, Berlin 1996, zit. nach: Gunther Hellmann, Rekonstruktion der »Hegemonie des Machtstaates Deutschland unter modernen Bedingungen«? Zwischenbilanzen nach zehn Jahren neuer deutscher Außenpolitik, Frankfurt/M. 2000, S. 92 (http://www.rz.uni-frankfurt.de/fb03/prof/hellmann/aktuell/hellmann-halle.pdf).
34 So Werner Weidenfeld, ehemaliger Koordinator für die deutsch-amerikanische Zusammenarbeit, vgl. Werner Weidenfeld, Kulturbruch mit Amerika? Das Ende transatlantischer Selbstverständlichkeit, Gütersloh 1997 (2. Aufl.); anders Weidenfelds Nachfolger Karsten Voigt in: Karsten Voigt, Begründung eines neuen Transatlantizismus. Von Partnerschaft zu euroatlantischer Gemeinschaft, in: Internationale Politik, 3/2000, S. 3–10.
35 Die Auseinandersetzung erfasste, wie erinnerlich, schließlich sogar die Regierungskoalition Kohl/Kinkel und konnte erst durch ein Urteil des Bundesverfassungsgerichtes politisch beigelegt werden.
36 Die Abstimmung im Bundestag über die grundsätzliche Zustimmung zum Einsatz der Bundeswehr in Kampfeinsätzen im ehemaligen Jugoslawien am 30. Juni 1995 ergab eine klare Mehrheit, die auch Teile der SPD-Fraktion und der Grünen umfasste. Allerdings waren zu diesem Zeitpunkt sowohl die SPD also auch Bündnis 90/Die Grünen partei- und fraktionsintern gespalten und mehrheitlich gegen die Beteiligung. Vgl. Philippi, Bundeswehr-Auslandseinsätze (Anm. 21), S. 99 f.
37 Hanns W. Maull, Germany and the Use of Force: Still a Civilian Power?, in: Survival, 2/2000, S. 56–80.
38 Karl-Rudolf Korte, Über die Unbefangenheit der Berliner Republik, in: Internationale Politik, 12/1998, S. 3–12.
39 Allensbacher Jahrbuch (Anm. 19), S. 1099.
40 Vgl. Hans-Peter Schwarz, Die Zentralmacht auf Kontinuitätskurs, in: Internationale Politik, 1/1999, S. 1–10.
41 Allensbacher Jahrbuch (Anm. 19), S. 1096, 1101. Ein erheblicher Teil der befragten Ostdeutschen (35 Prozent) wünschte zu dieser Zeit allerdings noch eine neutrale Politik.
42 Ebd., S. 503 f.
43 Ergänzend hierzu der Beitrag »Geschichte und Identität« von Werner Weidenfeld in diesem Band, v.a. Kapitel 2.1.
44 Vgl. zum Begriff und zur Begriffsgeschichte Longhurst, Strategic Culture (Anm. 13), Kapitel II.
45 Edward Luttwak, Toward Post-Heroic Warfare, in: Foreign Affairs, 3/1995, S. 109–122.
46 Allensbacher Jahrbuch (Anm. 19.), S. 1102, 1134, 1143.
47 »Deutschland im Wandel« (Anm. 25), Tabelle 6.2.
48 Interview des deutschen Außenministers in der Gazeta Wyborcza vom 3./4. Juni 2000, gekürzt abgedruckt in: Internationale Politik, 9/2000, S. 101 ff.
49 Inter/esse, 11/2000 (Anm. 27), S. 7; Allensbacher Jahrbuch (Anm. 19), S. 1156.
50 Lothar Rühl, Sicherheitspolitik: Nationale Strukturen und multilaterale Verflechtung, in: Wolf-Dieter Eberwein/Karl Kaiser (Hrsg.), Deutschlands neue Außenpolitik, Bd. 4: Institutionen und Ressourcen, München 1998, S. 87–99.
51 Vgl. Joachim Krause, Deutschland und die Kosovo-Krise, in: Bayerische Landeszentrale für

Politische Bildung, Der Kosovo-Konflikt. Ursachen – Akteure – Verlauf, München 2000, S. 395–416, sowie Maull, Germany (Anm. 37); Ivo H. Daalder/Michael E. O'Hanlon, Winning Ugly. NATO's War to Save Kosovo, Washington/DC 2000, S. 165 ff; Marie-Janine Calic, Die Jugoslawienpolitik des Westens seit Dayton, in: APuZ, B 34/1999, S. 22–32.

52 Maull, Germany (Anm. 37).

53 Vgl. Entscheidungen des BVG, Nr. 17, Bd. 89, Tübingen 1994. Zu möglichen Auswirkungen auf die deutsche Europapolitik vgl. Bulmer, Germany's European (Anm. 31), S. 44 ff.

54 Allensbacher Jahrbuch (Anm. 19), S. 1155 f.

55 Konrad-Adenauer-Stiftung, Bereich Forschung und Beratung, zit. nach: Hans-Joachim Veen u. a., Die Europäische Union in der öffentlichen Meinung, KAS-Arbeitspapier, Sankt Augustin 1999, S. 5.

56 Allensbacher Jahrbuch (Anm. 19), S. 1155.

57 Vgl. etwa die klar mehrheitliche Unterstützung der Bevölkerung für eine europäische Streitmacht unter gemeinsamem Oberbefehl (»Deutschland im Wandel« [Anm. 25], Tabelle 6.3) oder für die Aufnahme Polens, Tschechiens und Ungarns in die EU. Diese klare Unterstützung der Osterweiterung der EU ist umso bemerkenswerter, als die Einschätzung ihrer Auswirkungen für Deutschland eher skeptisch ausfällt: Im Oktober 2000 sahen knapp 34 Prozent der Befragten »eher Nachteile« für Deutschland, nur knapp 26 Prozent »eher Vorteile« (Inter/esse, 11/2000 [Anm. 27]).

58 Allensbacher Jahrbuch (Anm. 19), S. 1137 ff. Die Unterstützung für eine Osterweiterung – im Bewusstsein der damit verbundenen Risiken – fällt allerdings verhalten aus: Im Mai 1995 sprachen sich 33 Prozent der Befragten für eine Osterweiterung aus, 25 Prozent dagegen, 42 Prozent waren unentschieden.

59 Ebd., S. 1157.

60 Ebd., S. 1099; vgl. aber ebd., S. 1154; vgl. auch »Deutschland im Wandel« (Anm. 25), Kapitel 6.

61 Vgl. etwa Jeffrey Anderson, German Unification and the Union of Europe, Cambridge 1999.

62 Rainer Baumann u. a., Macht und Machtpolitik: Neorealistische Außenpolitiktheorie und Prognosen für die deutsche Außenpolitik nach der Vereinigung, Tübingen 1998.

63 Vgl. Harnisch/Maull, Civilian Power (Anm. 2).

64 Klassisch hierzu die Studie von Gabriel A. Almond/Sidney Verba, The Civic Culture. Political Attitudes and Democracy in Five Nations, Boston 1965.

65 Vgl. David Conradt, Changing German Political Culture, in: Gabriel A. Almond/Sidney Verba, The Civic Culture Revisited, Boston 1980.

66 Dieser Prozess verlief nicht linear: Einen ersten Rückschlag stellte die Auseinandersetzung um die Ostpolitik dar, in der zwei unterschiedliche ostpolitische Rollenkonzepte miteinander konkurrierten (Verlust an Homogenität) und auch die Konsistenz der Summe der außenpolitischen Orientierungen durch Spannungen im Bündnis abnahm: Die ostpolitischen Orientierungen ließen sich dadurch nicht mehr ohne weiteres mit dem Bekenntnis zu den westlichen Bündnissen vereinbaren.

67 Dass diese Konstruktion aus der Perspektive der Konsistenz und Homogenität der außenpolitischen Kultur immer wieder Probleme aufwarf, kann nicht überraschen. Dies zeigte sich vor allem in der Auseinandersetzung um die Wiederbewaffnung und dann in der Nachrüstungsdebatte Anfang der 80er-Jahre.

68 Vgl. Maull, Germany (Anm. 37), S. 56–80; ähnlich Longhurst, Strategic Culture (Anm. 13), S. 251 ff.

69 Vgl. stellvertretend für viele Thomas Middelhoff, Global, schnell, digital: Was Deutschland von Amerika lernen kann, in: Internationale Politik, 3/2000, S. 11–18; Hermann Simon/Max Otte, »Transatlantica«: Das atlantische Jahrhundert beginnt, in: ebd., S. 25–30.

70 Voigt, Transatlantizismus (Anm. 34).

VI. Die Deutschland-Trends: Meinungsumfrage

Wilhelm Bürklin/Christian Jung

Deutschland im Wandel

Ergebnisse einer repräsentativen Meinungsumfrage

Im Folgenden sind die Ergebnisse der repräsentativen Meinungsumfrage »Deutschland im Wandel« dokumentiert, die im Auftrag des Bundesverbandes deutscher Banken (BdB) durchgeführt wurde. Die Datenerhebung erfolgte durch das Mannheimer Institut für praxisorientierte Sozialforschung, ipos, in der Zeit vom 6. bis zum 24. November 2000. Befragt wurden insgesamt 1 502 wahlberechtigte Bürgerinnen und Bürger. Sofern keine anderen Angaben gemacht werden, beziehen sich die Ergebnisse auf diese Umfrage. Wo möglich, wird zu Vergleichszwecken auf Ergebnisse anderer Meinungsumfragen zurückgegriffen, die ebenfalls im Auftrag des Bankenverbandes durchgeführt wurden. Die Ergebnisse dieser und anderer Umfragen des Bundesverbandes deutscher Banken können unter www.bdb.de (Rubrik Politik & Gesellschaft/Umfragen: Demoskopie) abgerufen oder als pdf-Datei heruntergeladen werden. Die Schwerpunkte der vorliegenden Untersuchung umfassen die öffentliche Meinung entlang der in diesem Buch behandelten Themen: Geschichte, Gesellschaft, Wirtschafts- und Sozialordnung, Kultur, Politik und außenpolitische Kultur Deutschlands.

1. Die Deutschen und ihre Geschichte

Die Wahrnehmung der Gegenwart vollzieht sich immer vor dem Hintergrund der Geschichte. Welches Bild aber haben die Deutschen von der Geschichte ihrer Nation? Wie stark interessieren sie sich für ihre Vergangenheit? Und welche Folgerungen ziehen sie aus der Geschichte für Gegenwart und Zukunft?

Ein Grundinteresse an Geschichte ist vorhanden

Das Interesse der Deutschen an der Geschichte ist durchaus vorhanden: 43 Prozent der Befragten geben zumindest an, stark oder sehr stark an Geschichte interessiert zu sein; weitere 39 Prozent sind nach eigenen Angaben etwas und nur 18 Prozent kaum oder gar nicht an Geschichte interessiert. Das Interesse konzentriert sich dabei vor allem auf die deutsche Geschichte; 41 Prozent der Befragten interessieren sich am ehesten dafür. Lediglich 10 Prozent der Deutschen sind an der Lokalgeschichte einer bestimmten Region oder Stadt interessiert; weitere 25 Prozent interessieren sich für die Geschichte anderer Völker und Kulturen.

Tab. 1.1: Interesse an Geschichte

Wie stark interessieren Sie sich für Geschichte?	Gesamt	West	Ost
sehr stark	13	13	14
stark	29	29	29
etwas	39	40	38
kaum	13	13	12
gar nicht	5	5	7
Und interessieren Sie sich eher . . .*			
für die Lokalgeschichte einer bestimmten Region oder Stadt,	8	8	8
für die deutsche Geschichte oder	53	53	54
für die Geschichte anderer Völker und Kulturen?	33	33	34
weiß nicht	6	6	4

* Auswahl: Nur Personen, die sich sehr stark, stark oder etwas für Geschichte interessieren.

Gute Politik setzt Geschichtsbewusstsein voraus

Das Interesse der Deutschen an ihrer Geschichte korrespondiert mit der großen Bedeutung, die die Befragten dem Geschichtsbewusstsein als Voraussetzung für die Politik in der Gegenwart zuschreiben. So stimmen knapp zwei Drittel der Befragten der Aussage »voll und ganz« und weitere 23 Prozent »eher« zu, dass verantwortungsvolle Politik nur dann möglich sei, wenn man sich seiner Geschichte bewusst ist. Nur 9 Prozent sind in diesem Punkt anderer Auffassung.

Tab. 1.2: Geschichtsbewusstsein und Politik

»Verantwortungsvolle Politik ist nur möglich, wenn man sich seiner Geschichte bewusst ist.« Sagen Sie mir bitte, ob Sie dieser Aussage . . .	Gesamt	West	Ost
voll und ganz zustimmen,	66	65	68
eher zustimmen,	23	23	22
eher nicht zustimmen oder	7	7	4
überhaupt nicht zustimmen.	2	2	3
weiß nicht	2	2	3

Das »Dritte Reich« dominiert das Geschichtsbewusstsein der (West-)Deutschen

Danach befragt, welcher Abschnitt der deutschen Geschichte die größte Bedeutung für das heutige Deutschland habe, geben 22 Prozent der Befragten den Zweiten Weltkrieg und weitere 18 Prozent den Nationalsozialismus an. Vor allem die Westdeutschen sind sich der Schattenseiten der deutschen Vergangenheit und deren Nachwirkungen bis in die Gegenwart hinein deutlich bewusst. Von der deutschen Einheit glauben 16 Prozent der Befragten, dass sie das historische Ereignis mit der größten Bedeutung für die deutsche Gegenwart sei; 15 Prozent nennen die Nachkriegszeit. Die Weimarer Republik oder noch weiter zurückliegende Perioden der deutschen Geschichte haben in den Augen der Befragten hingegen für Deutschland heute eine weitaus geringere Bedeutung.

Tab. 1.3: Bedeutung von Geschichtsabschnitten

Wenn Sie einmal an die deutsche Geschichte denken: Welcher Abschnitt der deutschen Geschichte hat Ihrer Meinung nach die größte Bedeutung für das heutige Deutschland?	Gesamt	West	Ost
Zweiter Weltkrieg	22	23	15
Nationalsozialismus	18	19	12
Deutsche Einheit	16	13	29
Nachkriegszeit	15	18	7
Weimarer Republik	3	3	3
Zeit Bismarcks	2	2	1
Deutsches Kaiserreich	1	1	1
Sonstiges	8	7	11
weiß nicht	16	14	22

In den neuen Bundesländern sieht die Reihenfolge etwas anders aus: Hier hält eine relative Mehrheit von 29 Prozent der Befragten die deutsche Einheit für den wichtigsten geschichtlichen Abschnitt; 15 Prozent sehen den Zweiten Weltkrieg und 12 Prozent den Nationalsozialismus in dieser Position. Die Nachkriegszeit wird im Osten Deutschlands nur von 7 Prozent der Befragten als der wichtigste Abschnitt der deutschen Geschichte genannt. Die Beurteilungsunterschiede zwischen West- und Ostdeutschen signalisieren ein noch erkennbar gespaltenes Geschichtsbewusstsein zwischen den neuen und den alten Bundesländern. Dies kann allerdings angesichts der völlig unterschiedlichen Sozialisierungsbedingungen in der früheren Bundesrepublik und der ehemaligen DDR nicht verwundern. Dass die Bürger der neuen Bundesländer der deutschen Einheit eine sehr viel größere Bedeutung zumessen, dürfte darüber hinaus vor allem daran liegen, dass die Vereinigung der beiden deutschen Staaten für die Ostdeutschen mit weitaus tiefer greifenden Veränderungen im politischen und privaten Leben verbunden war (und ist) als für die Westdeutschen.

Deutschland wird auch an seiner Vergangenheit gemessen

Die nationalsozialistische Vergangenheit ist aber nach Ansicht der Befragten heute noch nicht nur für die Deutschen selbst von einiger Bedeutung, sondern auch für die Beurteilung der Deutschen durch das Ausland. Dass der Nationalsozialismus in diesem Zusammenhang auch heute noch eine große Rolle spielt, geben 59 Prozent der Befragten an; 34 Prozent glauben, dass er eine nicht mehr so große Rolle spielt, und nur 3 Prozent meinen, dass er für das Urteil über die Deutschen im Ausland überhaupt keine Rolle mehr spielt. Die Dominanz der NS-Zeit im Geschichtsbewusstsein der Deutschen zeigt sich damit auch in der selbstreflexiven Beurteilung der Deutschen, wie sie vom Ausland wahrgenommen werden. In dieser Einschätzung stimmen die Deutschen aus West und Ost auch weit gehend überein.

Tab. 1.4: Bedeutung der NS-Vergangenheit

Was meinen Sie, spielt die nationalsozialistische Vergangenheit Deutschlands bei der Beurteilung der Deutschen durch das Ausland heute noch ...	Gesamt	West	Ost
eine große Rolle,	59	59	59
eine nicht so große Rolle oder	34	35	33
überhaupt keine Rolle mehr?	3	3	3
weiß nicht	4	4	5

Die Deutschen zwischen Erinnerung ...

Der Zweite Weltkrieg und die nationalsozialistischen Verbrechen sind auch jene geschichtlichen Ereignisse der zurückliegenden 100 Jahre, von denen die Deutschen sich am häufigsten wünschen, dass die Erinnerung daran wach gehalten wird: 42 Prozent nennen vor diesem Hintergrund den Zweiten Weltkrieg, 40 Prozent die Verbrechen der Nationalsozialisten. Für einen großen Teil der Deutschen sind es folglich am ehesten die dunklen Kapitel der deutschen Geschichte, die in Erinnerung bleiben und zukünftiges Handeln anleiten sollten. Die Wiedervereinigung Deutschlands im Jahr 1990 und der Fall der Mauer ein Jahr zuvor werden hingegen nur von 16 bzw. 11 Prozent der Befragten als besonders erinnerungswürdig genannt, obgleich bei dieser Frage Mehrfachnennungen möglich waren. Allerdings fallen die entsprechenden Werte in Ostdeutschland mit 22 bzw. 16 Prozent höher aus als im Westen (14 bzw. 10 Prozent).

Tab. 1.5: Erinnerungswürdige Ereignisse der deutschen Geschichte

An welche Ereignisse der deutschen Geschichte der letzten 100 Jahre sollte die Erinnerung wach gehalten werden? (offene Frage, Mehrfachnennungen möglich)	Gesamt	West	Ost
Zweiter Weltkrieg	42	40	49
Verbrechen der Nazis	40	42	30
Wiedervereinigung 1990	16	14	22
Erster Weltkrieg	12	10	16
Fall der Mauer 1989	11	11	14
Machtergreifung Hitlers	9	10	9
Widerstand im Dritten Reich	5	5	6
Gründung der Bundesrepublik	5	5	2
Mauerbau 1961	5	3	10
weiß nicht	13	13	14

. . . und Verdrängung der Vergangenheit

Dem Wunsch, die Erinnerung an den Zweiten Weltkrieg und die Verbrechen des Dritten Reiches wach zu halten, entspricht eine Mehrheit der Deutschen, die einen historischen Schlussstrich unter diesen Teil der deutschen Vergangenheit ablehnen. Allerdings ist der Anteil derjenigen, die einen solchen Schlussstrich befürworten würden, mit 43 Prozent relativ hoch. Im September 1999 hatte sogar noch eine Mehrheit von 58 Prozent der Befragten für einen Schlussstrich plädiert – eine Auffassung, die offenbar vor dem Hintergrund seitdem zugenommener rechtsextremistischer und ausländerfeindlicher Gewalttaten sowie einer breiten öffentlichen Diskussion darüber deutlich an Anhängern verloren hat.

Tab. 1.6: Auseinandersetzung mit dem Nationalsozialismus

Sollten die Deutschen einen Schlussstrich unter die Beschäftigung mit dem Nationalsozialismus ziehen, oder sollten sie das nicht?	Gesamt	West	Ost
ja, sollten sie	43	44	36
nein, sollten sie nicht	52	51	59
weiß nicht	5	5	5

In Bezug auf die Auseinandersetzung mit der DDR-Geschichte befürworteten im November 2000 58 Prozent der Deutschen, einen Schlussstrich unter die Beschäftigung mit der DDR-Vergangenheit zu ziehen; im September 1999 waren es mit 62 Prozent nur wenig mehr. Allerdings hat der Anteil der Befragten, die die Auseinandersetzung mit der DDR-Vergangenheit am liebsten beenden wollen, speziell in den neuen Bundesländern von 65 Prozent im Jahr 1999 auf nunmehr 56 Prozent abgenommen; er liegt damit unter dem entsprechenden Anteil in den alten Bundesländern, wo sich 59 Prozent der Befragten für einen historischen Schlussstrich zur DDR-Vergangenheit aussprechen.

Tab. 1.7: Auseinandersetzung mit der DDR-Vergangenheit

Sollten die Deutschen einen Schlussstrich unter die Beschäftigung mit der DDR-Vergangenheit ziehen, oder sollten sie das nicht?	Gesamt	West	Ost
ja, sollten sie	58	59	56
nein, sollten sie nicht	38	37	42
weiß nicht	4	5	3

Die Ostdeutschen tauchen die DDR in ein milderes Licht

Obwohl in Ost- und Westdeutschland gleichermaßen eine deutliche Mehrheit der Befragten einen Schlussstrich unter die Beschäftigung mit der DDR-Vergangenheit ziehen wollen, hat dies offenkundig in Ost und West unterschiedliche Ursachen. Denn in der Beurteilung der DDR-Vergangenheit weichen die Bürger der neuen und der alten Bundesländer erheblich voneinander ab: So stimmen 60 Prozent der Ostdeutschen der Aussage zu, in der DDR sei »alles gar nicht so schlimm gewesen, wie dies immer behauptet« werde. Von den Westdeutschen können sich dieser Aussage aber nur 21 Prozent anschließen.

Tab. 1.8: Beurteilung der DDR-Vergangenheit

»In der DDR war alles gar nicht so schlimm, wie das immer behauptet wird.« Sagen Sie mir bitte, ob Sie dieser Aussage ...	Gesamt	West	Ost
voll und ganz zustimmen,	10	6	27
eher zustimmen,	18	15	33
eher nicht zustimmen oder	29	31	22
überhaupt nicht zustimmen.	28	32	13
weiß nicht	14	16	5

Der Mauerbau war für die Mehrheit falsch, Brandts Ostpolitik richtig

In der rückblickenden Beurteilung einiger wichtiger politischer Entscheidungen der letzten 50 Jahre zeigen sich zwischen Ost- und Westdeutschen ebenso Meinungsunterschiede wie Gemeinsamkeiten. Große Übereinstimmung herrscht in der ableh-

Tab. 1.9: Beurteilung wichtiger politischer Entscheidungen

Ich nenne Ihnen nun einige politische Entscheidungen der letzten 50 Jahre und möchte von Ihnen wissen, ob Sie die aus heutiger Sicht eher für richtig oder eher für falsch halten.	Gesamt	West	Ost
den NATO-Beitritt der Bundesrepublik			
eher richtig	87	91	74
eher falsch	6	5	14
weiß nicht	6	5	12
den Beitritt der DDR zum Warschauer Pakt			
eher richtig	41	38	53
eher falsch	36	37	29
weiß nicht	23	25	17
den Mauerbau			
eher richtig	8	7	10
eher falsch	88	89	84
weiß nicht	5	4	6
die Ostpolitik der Regierung Brandt			
eher richtig	63	63	66
eher falsch	16	18	11
weiß nicht	21	20	24
die Einführung der D-Mark in der DDR			
eher richtig	80	79	86
eher falsch	14	16	9
weiß nicht	5	6	4

nenden Bewertung des Baus der Berliner Mauer – 89 Prozent der West- und 84 Prozent der Ostdeutschen halten diese Entscheidung aus heutiger Sicht für falsch. Einig sind sich die Deutschen auch in der Befürwortung der unter Bundeskanzler Willy Brandt eingeleiteten Ostpolitik; ihr stimmen heute im Westen 63 Prozent und im Osten 66 Prozent der Befragten zu. Unterschiedliche Einschätzungen überwiegen hingegen bei der Beurteilung des NATO-Beitritts der Bundesrepublik sowie des Beitritts der DDR zum Warschauer Pakt. Während 91 Prozent der Westdeutschen den NATO-Beitritt auch rückblickend für richtig halten, sind es unter den Ostdeutschen »nur« 74 Prozent. Umgekehrt sieht mit 53 Prozent ein deutlich höherer Anteil der Ostdeutschen als der Westdeutschen im Beitritt der DDR zum Warschauer Pakt eine richtige Entscheidung; von den Westdeutschen kommen nur 38 Prozent zu einem solchen Urteil.

Die Deutschen haben aus ihrer Geschichte gelernt

Die Deutschen schreiben der historischen Vergangenheit nicht nur eine große Bedeutung für das heutige Deutschland zu, sie sind mit Blick auf das Lernen aus der Geschichte auch in doppelter Hinsicht optimistisch. Zum einen glauben 74 Prozent der Befragten, dass Staaten aus der Geschichte grundsätzlich lernen können, so dass sie bestimmte Fehler der Vergangenheit nicht mehr wiederholen; nur 24 Prozent glauben dies nicht. Zum anderen sind 63 Prozent entweder »voll und ganz« oder »eher« der Meinung, die Deutschen hätten tatsächlich aus ihrer Geschichte gelernt. 27 Prozent der Befragten sind in dieser Hinsicht allerdings skeptisch, weitere 8 Prozent stimmen der Aussage »überhaupt nicht« zu.

Tab. 1.10: Lernen aus der Geschichte

Glauben Sie, dass Staaten aus der Geschichte lernen können, sodass sie bestimmte Fehler der Vergangenheit nicht mehr wiederholen, oder glauben Sie das nicht?	Gesamt	West	Ost
glaube ich	74	74	75
glaube ich nicht	24	25	23
weiß nicht	2	1	2
»Die Deutschen haben aus ihrer Geschichte gelernt.« Sagen Sie mir bitte, ob Sie dieser Aussage . . .			
voll und ganz zustimmen,	19	21	15
eher zustimmen,	44	46	36
eher nicht zustimmen oder	27	24	36
überhaupt nicht zustimmen.	8	7	9
weiß nicht	3	3	3

Dass die heute aktiven Politiker kaum noch über persönliche Erfahrungen aus der Kriegs- und der unmittelbaren Nachkriegszeit verfügen, wird nur von 31 Prozent der Deutschen als Nachteil empfunden. Knapp die Hälfte der Befragten geben hingegen an, dass dieser Aspekt für die deutsche Politik keine große Rolle spiele; weitere 15 Prozent sehen den vollzogenen Generationswechsel sogar als Vorteil an.

Tab. 1.11: Politik und geschichtliche Erfahrungen

Die heute aktiven Politiker verfügen kaum noch über persönliche Erfahrungen aus der Kriegs- und der unmittelbaren Nachkriegszeit. Sehen Sie darin für die deutsche Politik ...	Gesamt	West	Ost
eher einen Nachteil,	31	31	31
eher einen Vorteil, oder	15	17	10
spielt das keine große Rolle?	48	47	50
weiß nicht	6	6	9

2. Die Deutschen und ihre Gesellschaft

Wie nehmen die Deutschen ihre Gesellschaft wahr? Worauf sind sie besonders stolz, wie schätzen sie ihre eigenen Lebensbedingungen ein? Wie steht es mit dem Bürger- und Gemeinsinn der Deutschen? Wo sehen sie gesellschaftliche Konflikte und Probleme? Und schließlich: Mit welchen Zukunftstrends rechnen die Deutschen, welche Gefahren sehen sie in den nächsten Jahren auf sich zukommen?

Der soziale Frieden wird hoch eingeschätzt

Auf welche Errungenschaften des eigenen Landes die Deutschen besonders stolz sind, gibt einen ersten Eindruck von dem Bild, das sich die Deutschen von ihrem Land machen. Der soziale Frieden ist dabei für die Deutschen die Errungenschaft, auf die sie besonders stolz sind. Während die deutsche Geschichte nur für 13 Prozent der Bevölkerung eine Quelle des (National-)Stolzes darstellt, ist der soziale Frieden dies immerhin für 57 Prozent. An zweiter Stelle steht die Wirtschaftskraft, auf die 48 Prozent der Deutschen besonders stolz sind. Die demokratische Ordnung folgt mit 40 Prozent erst an dritter Stelle. Auf die kulturellen Leistungen Deutsch-

Tab. 2.1: Stolz auf deutsche Errungenschaften

Auf welche Errungenschaften unserer Landes sind Sie als Deutscher besonders stolz? (Mehrfachnennungen möglich)	Gesamt	West	Ost
auf den sozialen Frieden	57	59	48
auf die Wirtschaftskraft	48	49	43
auf die demokratische Ordnung	40	45	22
auf die kulturellen Leistungen	36	34	43
auf die Geschichte	13	13	13
auf nichts davon	4	3	5
weiß nicht	3	2	4

lands schließlich sind noch gut ein Drittel der Deutschen stolz. Auffällig ist, dass das Ausmaß des Stolzes seit Mai 1999 in fast allen vorgegebenen Kategorien deutlich zugenommen hat, am stärksten im Hinblick auf die kulturellen Leistungen (um 17 Prozentpunkte) und die Wirtschaftskraft (um 15 Prozentpunkte). Für beide Erhebungszeitpunkte gilt jedoch, dass die demokratische Ordnung in den neuen Bundesländern deutlich seltener als Objekt des Stolzes genannt wird als in den alten Bundesländern; bei den kulturellen Leistungen verhält es sich umgekehrt.

Die Ostdeutschen sehen ihre Lebensbedingungen seit 1990 deutlich verbessert

Ein Jahrzehnt nach der deutschen Einheit ziehen die Ostdeutschen eine überwiegend positive Bilanz. Über zwei Drittel der Ostdeutschen finden ihre persönlichen Lebensbedingungen seit 1990 verbessert, weitere 22 Prozent sehen gegenüber der Zeit vor der Einheit in dieser Hinsicht keinen Unterschied, und nur 9 Prozent meinen, dass sich ihre Lebenssituation verschlechtert hat. Für die Mehrheit der Westdeutschen hat sich nach deren eigener Einschätzung an ihrer persönlichen Lebenssituation im Vergleich zum Jahr der deutschen Einheit nichts verändert. 20 Prozent glauben hingegen, dass sich auch ihre Lebensbedingungen verbessert, 16 Prozent, dass sie sich verschlechtert haben.

Tab. 2.2: Persönliche Lebensbedingungen im Vergleich zu 1990

Wenn Sie heute Ihre persönlichen Lebensbedingungen mit denen vor 1990, dem Jahr der deutschen Einheit, vergleichen, was würden Sie dann sagen? Haben sich Ihre Lebensverhältnisse seit 1990 eher verbessert, eher verschlechtert, oder sehen Sie da keinen großen Unterschied?	Gesamt	West	Ost
eher verbessert	29	20	68
kein Unterschied	53	61	22
eher verschlechtert	15	16	9
weiß nicht	3	3	1

Im Hinblick auf die künftige Entwicklung der materiellen Lebensbedingungen sind die Erwartungen der Deutschen insgesamt eher zwiespältig. 42 Prozent der Befrag-

Tab. 2.3: Erwartete Entwicklung des Lebensstandards

»Ich fürchte, dass ich meinen heutigen Lebensstandard in den nächsten Jahren nicht aufrechterhalten kann.« Sagen Sie mir bitte, ob Sie dieser Aussage ...	Gesamt	West	Ost
voll und ganz zustimmen,	19	19	20
eher zustimmen,	23	23	22
eher nicht zustimmen oder	32	31	37
überhaupt nicht zustimmen.	22	23	15
weiß nicht	4	4	6

ten – Ost wie West – befürchten, dass sie ihren heutigen Lebensstandard in den nächsten Jahren nicht werden halten können. 54 Prozent der Deutschen sind allerdings optimistisch und teilen diese Auffassung nicht.

Die »innere Einheit« kommt voran

Allen wirtschaftlichen Problemen des Einigungsprozesses zum Trotz ist die »innere Einheit« im Lebensgefühl der Menschen bereits weit fortgeschritten. Die große Mehrheit der Befragten in Ost und West sehen sich vorrangig als Deutsche und nicht als Ost- oder Westdeutsche. Vor allem die gesamtdeutsche Identifikation der Bürger in den neuen Bundesländern ist in den letzten Jahren stark gestiegen: 1993 hatte sich mit 51 Prozent noch eine Mehrheit vorrangig als Ostdeutsche bezeichnet, inzwischen liegt dieser Anteil nur noch bei 27 Prozent.

Abb. 2.4: Identifikation als Deutscher oder West- bzw. Ostdeutscher

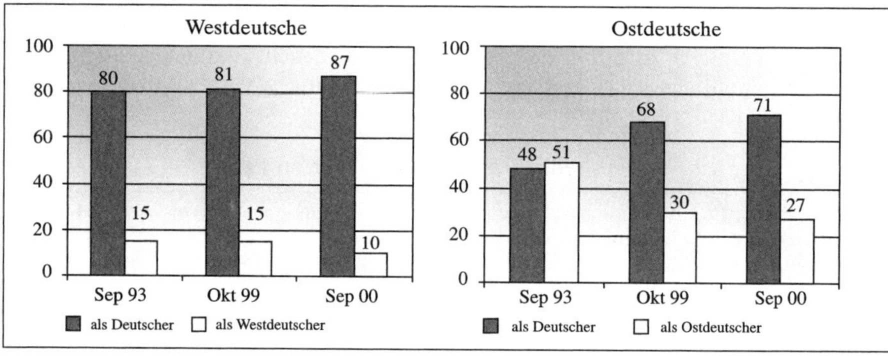

Der Bürger- und Gemeinsinn ist den Deutschen wichtig

Ein nicht unbeträchtliches bürgerschaftliches Engagement der Deutschen zeigt sich darin, dass immerhin 28 Prozent der Befragten eine unentgeltliche soziale oder karitative Tätigkeit ausüben. Darüber hinaus sind noch einmal 29 Prozent der Deut-

Tab. 2.5: Bürgerschaftliches Engagement

Üben Sie unentgeltlich eine soziale oder karitative Tätigkeit aus?	Gesamt	West	Ost
ja	28	30	21
nein	72	70	79
Üben Sie eine andere ehrenamtliche Tätigkeit, z. B. in einem Verein oder einer Partei, aus?			
ja	29	29	28
nein	71	71	72

schen ehrenamtlich, etwa in einem Verein oder einer Partei, tätig. Dieses Engagement hat – vor allem in Ostdeutschland – seit 1993 deutlich zugenommen: um etwa ein Fünftel.

Von einem etwaigen Lottogewinn in Höhe von 100 000 DM würden in Ost und West gleichermaßen – so jedenfalls nach eigenen Angaben – 44 Prozent »ganz sicher« und weitere 25 Prozent »vielleicht« etwas für gemeinnützige oder karitative Zwecke spenden.

Tab. 2.6: Spenden für karitative Zwecke

Angenommen, Sie hätten im Lotto 100 000 DM gewonnen. Würden Sie einen Teil des Geldes für gemeinnützige oder karitative Zwecke zur Verfügung stellen?	Gesamt	West	Ost
ja, ganz sicher	44	44	44
ja, vielleicht	25	26	24
nein, eher nicht	12	11	14
nein, sicher nicht	18	18	16
weiß nicht	2	1	2

Die meisten bekunden ihre Bereitschaft, Opfer zu bringen ...

Ein Maß für den Gemeinschaftssinn und die Kollektivorientierung der Deutschen kann in ihrer Bereitschaft gesehen werden, sich für ihr Land einzusetzen. Immerhin behaupten fast 60 Prozent der Deutschen, dass sie nicht danach fragen, was ihr Land für sie tut, sondern was sie für ihr Land tun können. Nur rund ein Drittel der Befragten stimmt dieser altruistischen Aussage »eher nicht« oder »überhaupt nicht« zu.

Tab. 2.7: Gemeinschaftssinn

»Ich frage nicht, was tut mein Land für mich, sondern was kann ich für mein Land tun.« Sagen Sie mir bitte, ob Sie dieser Aussage ...	Gesamt	West	Ost
voll und ganz zustimmen,	24	25	21
eher zustimmen,	35	35	33
eher nicht zustimmen oder	25	25	24
überhaupt nicht zustimmen.	8	7	9
weiß nicht	8	7	13

... und sich für ihr Land einzusetzen

In eine ähnliche Richtung weist die Bekundung von 52 Prozent der Befragten, dass sie – vorausgesetzt, sie wären dazu in der Lage – im Falle einer kriegerischen

Auseinandersetzung bereit wären, für ihr Land zu kämpfen; 38 Prozent fänden sich dazu nicht bereit, 11 Prozent der Deutschen können oder wollen sich in dieser Frage nicht festlegen.

Tab. 2.8: Bereitschaft zur Landesverteidigung

Wir hoffen natürlich alle, dass es nie wieder einen Krieg bei uns gibt. Aber wenn es dazu käme und Sie in der Lage dazu wären, wären Sie dann bereit, für Ihr Land zu kämpfen, oder wären Sie dazu nicht bereit?	Gesamt	West	Ost
wäre bereit	52	49	59
wäre nicht bereit	38	39	31
weiß nicht	11	11	10

Ungeachtet der relativ hohen Bereitschaft, für die Gemeinschaft einzustehen, ist das individuelle Vertrauen im gegenseitigen Miteinander nur begrenzt vorhanden: So gibt mit 54 Prozent eine Mehrheit der Deutschen an, dass man den meisten Menschen nicht vertrauen könne; 44 Prozent glauben hingegen, dass man dem Großteil der Menschen durchaus vertrauensvoll begegnen könne.

Tab. 2.9: Vertrauen in Mitmenschen

Würden Sie allgemein sagen, dass man den meisten Menschen vertrauen kann, oder würden Sie das nicht sagen?	Gesamt	West	Ost
kann man vertrauen	44	46	36
kann man nicht vertrauen	54	52	62
weiß nicht	2	2	3

Ausländerfrage und soziale Frage bergen die größten Konfliktpotenziale

Der soziale Frieden, auf den die Deutschen so stolz sind *(siehe Tab. 2.1)*, scheint im gegenwärtigen Deutschland nicht ungefährdet. Danach befragt, wie stark die Konflikte zwischen den verschiedenen sozialen Gruppen in Deutschland sind, identifizieren die Befragten jedenfalls beachtliche Konfliktpotenziale: Am bedeutsamsten wird der Konflikt zwischen Deutschen und Ausländern eingeschätzt. 63 Prozent der Befragten halten ihn für stark oder sehr stark. Unmittelbar danach folgt der Konflikt zwischen Arm und Reich, den mit 61 Prozent der Deutschen fast ebenso viele für virulent halten. Die wahrgenommenen Spannungen zwischen West- und Ostdeutschen folgen mit 46 Prozent an dritter Stelle und werden damit in der Konfliktstärke ähnlich beurteilt wie der traditionelle Konflikt zwischen Arbeitgebern und Arbeitnehmern (45 Prozent). Das geringste Konfliktpotenzial unter den vorgegebenen sozialen Gruppen sehen die Deutschen gegenwärtig zwischen Jungen und Alten. Nur ein Drittel der Befragten vermag hier starke oder sehr starke Konflikte zu erkennen.

Tab. 2.10: Gesellschaftliche Konflikte

In allen Gesellschaften gibt es Gegensätze oder sogar Konflikte zwischen verschiedenen gesellschaftlichen Gruppen. Wie stark sind Ihrer Meinung nach die Konflikte hier in Deutschland?	Gesamt	West	Ost
Konflikte zwischen Ausländern und Deutschen			
sehr stark	21	20	24
stark	42	41	46
nicht so stark	33	35	25
keine Konflikte	2	2	3
weiß nicht	3	3	3
Konflikte zwischen Arm und Reich			
sehr stark	20	18	29
stark	41	40	43
nicht so stark	33	35	24
keine Konflikte	4	4	2
weiß nicht	3	3	2
Konflikte zwischen Ostdeutschen und Westdeutschen			
sehr stark	9	8	13
stark	37	36	43
nicht so stark	45	47	38
keine Konflikte	5	5	4
weiß nicht	3	4	2
Konflikte zwischen Arbeitgebern und Arbeitnehmern			
sehr stark	9	8	12
stark	36	34	43
nicht so stark	47	50	37
keine Konflikte	3	3	2
weiß nicht	5	5	6
Konflikte zwischen Jungen und Alten			
sehr stark	7	7	8
stark	26	26	29
nicht so stark	59	60	57
keine Konflikte	6	7	4
weiß nicht	1	1	2

Trotz demographischer Probleme bei Renten- und Krankenversicherung . . .

Ungeachtet dessen, dass der Konflikt zwischen Jungen und Alten gegenwärtig für eher unbedeutend gehalten wird, sehen die Deutschen für die Zukunft in diesem Bereich durchaus Probleme. So geben zwei Drittel der Deutschen an, dass es aufgrund der Überalterung der Gesellschaft – und der damit verbundenen Finanzierungsprobleme in der Renten- und der Krankenversicherung – künftig zu größeren Konflikten zwischen Jung und Alt kommen wird. Nur 32 Prozent sind in dieser Hinsicht optimistischer.

Tab. 2.11: Überalterung und Generationenkonflikt

Aufgrund der Überalterung der Gesellschaft kommt es zunehmend zu Finanzierungsproblemen in der Renten- und Krankenversicherung. Glauben Sie, dass dies zu größeren Konflikten zwischen den Alten und den Jungen in unserer Gesellschaft führen wird, oder glauben Sie das nicht?	Gesamt	West	Ost
glaube ich	65	64	67
glaube ich nicht	32	32	29
weiß nicht	4	3	4

. . . lehnen die Deutschen eine vermehrte Zuwanderung ab

Trotz der wahrgenommenen Probleme bei den gesetzlichen Sozialversicherungssystemen sind die Deutschen mehrheitlich dagegen, die durch den Geburtenrückgang verursachte Überalterung der Gesellschaft durch vermehrte Zuwanderung auszugleichen. Während nur ein Drittel der Bevölkerung eine solche Lösung befürwortet, wenden sich 60 Prozent der Deutschen gegen eine derart begründete Erhöhung der Zuwanderung.

Tab. 2.12: Einstellung zu vermehrter Zuwanderung

Was meinen Sie, sollte der in den nächsten Jahren erwarteten Rückgang der deutschen Bevölkerung durch vermehrte Einwanderung ausgeglichen werden, oder sollte das nicht geschehen?	Gesamt	West	Ost
sollte so geschehen	34	36	24
sollte nicht geschehen	60	57	69
weiß nicht	7	6	8

Viele sehen auf Deutschland größere Flüchtlingswellen zurollen

Möglicherweise stehen die Deutschen einer vermehrten Zuwanderung auch deshalb skeptisch gegenüber, weil sie befürchten, dass in den kommenden Jahren ohnehin viele Ausländer nach Deutschland kommen werden. 64 Prozent der Befragten halten jedenfalls das Szenario für realistisch, dass in den nächsten 10 bis 20 Jahren aufgrund von Bürgerkriegen und Kriegen in anderen Ländern größere Flüchtlingswellen auf Deutschland zukommen werden; nur knapp ein Drittel der Deutschen hat nicht diese Befürchtung.

Tab. 2.13: Erwartung von Flüchtlingswellen

Glauben Sie, dass auf Deutschland in den nächsten 10 bis 20 Jahren aufgrund von Bürgerkriegen oder Kriegen in anderen Ländern größere Flüchtlingswellen zukommen werden, oder glauben Sie das nicht?	Gesamt	West	Ost
glaube ich	64	64	62
glaube ich nicht	32	33	32
weiß nicht	4	4	6

Die globale Umweltverschmutzung liegt in der Gefahrenabschätzung vorn

Die Gefahren, die in der Zukunft von politischem Terrorismus und der Zunahme religiöser Konflikte ausgehen könnten, schätzen jeweils rund 70 Prozent der Deutschen als groß oder sehr groß ein. Als noch bedrohlicher wird jedoch die weltweite Umweltverschmutzung angesehen; in ihr sehen gar 94 Prozent der Deutschen eine große oder sehr große Gefahr.

Tab. 2.14: Zukunftsrisiken

Für wie groß halten Sie die Gefahren, die von folgenden Entwicklungen ausgehen?	Gesamt	West	Ost
Politischer Terrorismus			
sehr groß	31	30	36
groß	40	40	41
nicht so groß	26	27	20
weiß nicht	3	3	4
Zunahme religiöser Konflikte			
sehr groß	28	29	27
groß	41	41	39
nicht so groß	28	28	29
weiß nicht	3	3	5
Weltweite Umweltverschmutzung			
sehr groß	55	55	55
groß	39	38	41
nicht so groß	5	5	3
weiß nicht	1	1	1

Mit Blick auf eine mögliche Verbesserung der Umweltsituation stehen in den Augen der Deutschen mehrere Wege fast gleichberechtigt nebeneinander. Jeweils knapp 80 Prozent der Befragten gehen davon aus, dass neue, verbesserte Produktionsverfahren, der Ersatz von Kohle und Erdöl durch eine saubere Energietechnik sowie die eigenen Anstrengungen jedes Einzelnen, mit der Umwelt schonender umzugehen, viel oder sehr viel zur Lösung der Umweltprobleme beitragen können.

Tab. 2.15: Lösung der Umweltprobleme

Inwieweit können Ihrer Meinung nach folgende Umweltschutzmaßnahmen einen Beitrag zur Lösung der Umweltprobleme leisten?	Gesamt	West	Ost
Neue oder verbesserte Produktionsverfahren			
können sehr viel leisten	40	40	40
können viel leisten	38	37	41
können etwas leisten	13	13	13
können kaum etwas leisten	6	7	3
weiß nicht	4	4	4
Eigene Anstrengungen jedes Einzelnen, mit der Umwelt schonender umzugehen			
können sehr viel leisten	45	45	46
können viel leisten	35	35	35
können etwas leisten	15	15	14
können kaum etwas leisten	5	5	4
weiß nicht	1	1	1
Ersatz von Kohle und Erdöl durch eine saubere Energietechnik			
kann sehr viel leisten	38	38	38
kann viel leisten	39	38	42
kann etwas leisten	13	14	12
kann kaum etwas leisten	5	5	3
weiß nicht	5	5	5

Die Ausgaben für Bildung sollen steigen

Für Deutschland als Land ohne natürliche Rohstoffvorkommen sind gut ausgebildete Arbeitnehmer seit jeher ein wichtiges Kapital. Die Bedeutung von Aus- und Weiterbildung wird in den nächsten Jahren angesichts des rasanten technischen Fortschritts und des verschärften internationalen Wettbewerbs eher noch steigen. Vor diesem Hintergrund gelangen zwei Drittel der Deutschen zu der Einschätzung, dass die Höhe der Bildungsausgaben in Deutschland gegenwärtig zu niedrig ist. Nur ein Viertel der Deutschen hält die Bildungsausgaben für angemessen.

Tab. 2.16: Höhe der Bildungsausgaben

Ist die Höhe der Bildungsausgaben in Deutschland ...	Gesamt	West	Ost
zu hoch,	3	3	3
zu niedrig, oder	65	65	65
ist sie gerade richtig?	24	25	19
weiß nicht	8	7	13

Darüber hinaus hält es ein Großteil der Deutschen für nachteilig, dass in Deutschland die Bildungspolitik von Bundesland zu Bundesland verschieden ist. Nur 12 Prozent vermögen darin einen Vorteil zu erkennen.

Tab. 2.17: Bildungsföderalismus

Halten Sie es für einen Vorteil, dass die Bildungspolitik von Bundesland zu Bundesland unterschiedlich ist, oder halten Sie das für einen Nachteil?	Gesamt	West	Ost
ist ein Vorteil	12	13	6
ist ein Nachteil	84	83	90
weiß nicht	4	4	4

3. Die Deutschen und ihre Wirtschafts- und Sozialordnung

Sind die Deutschen mit ihrem Wirtschafts- und Sozialgefüge zufrieden? Legen sie mehr Wert auf soziale Gleichheit oder auf individuelle Leistungsanreize? Wie beurteilen sie ihre eigene soziale Absicherung? Und wie stehen sie generell zu Wirtschaft und Geld?

Die Akzeptanz der sozialen Marktwirtschaft ist relativ hoch ...

Zwei Drittel der Deutschen sind der Meinung, dass sich die Wirtschaftsordnung der Bundesrepublik, die soziale Marktwirtschaft, bewährt hat. Allerdings sind 26 Prozent der Westdeutschen und 34 Prozent der Ostdeutschen gegenteiliger Auffassung.

Tab. 3.1: Akzeptanz der sozialen Marktwirtschaft

Was meinen Sie zur Wirtschaftsordnung in der Bundesrepublik, der sozialen Marktwirtschaft?*	Gesamt	West	Ost
hat sich bewährt	67	70	57
hat sich nicht bewährt	24	26	34
weiß nicht	9	5	13

* Umfrage Oktober 2000.

Abb. 3.2: Soziale Marktwirtschaft bewährt?

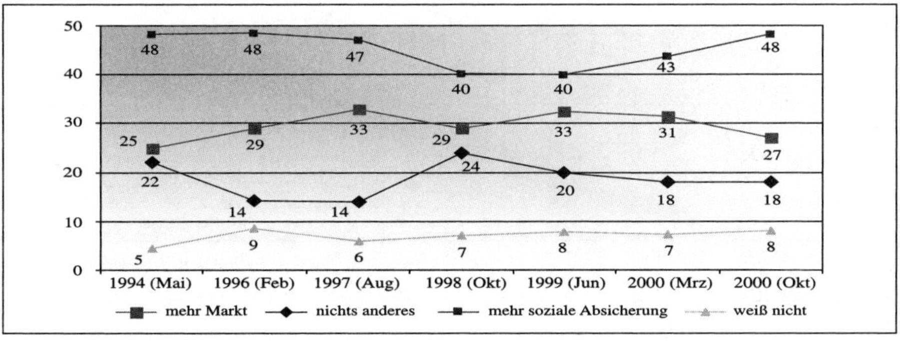

Im Zeitverlauf wird erkennbar, dass die Zufriedenheit der Deutschen mit der sozialen Marktwirtschaft in den letzten Jahren Schwankungen unterlag. Das hohe Akzeptanzniveau, das nach der Bundestagswahl 1998 erreicht wurde, ist inzwischen deutlich abgeflacht und hat nun wieder etwa den im Sommer 1997 gemessenen Stand erreicht. Die Zeitreihe macht auch deutlich, dass der Anteil derjenigen, die mit der sozialen Marktwirtschaft zufrieden sind, in Westdeutschland seit 1994 fast konstant um etwa zehn Prozentpunkte höher liegt als in Ostdeutschland.

... aber viele wünschen sich eine Stärkung der sozialen Komponente

Wenn es um die Zukunft der sozialen Marktwirtschaft geht, ist fast die Hälfte der Deutschen der Meinung, dass eher ihre soziale Ausgestaltung denn ihre marktwirtschaftliche Dimension gestärkt werden sollte. Nur 27 Prozent halten mehr freien Wettbewerb für notwendig; 18 Prozent halten keine Änderungen für erforder-

Tab. 3.3: Zukunft der sozialen Marktwirtschaft

Wenn es um die Zukunft der sozialen Marktwirtschaft geht: Brauchen wir da ...*	Gesamt	West	Ost
eher mehr Markt, also mehr freien Wettbewerb,	27	29	20
eher mehr soziale Absicherung, oder	48	43	67
brauchen wir da keine großen Änderungen?	18	20	8
weiß nicht	8	8	5

* Umfrage Oktober 2000.

Abb. 3.4: Welche Zukunft für die soziale Marktwirtschaft?

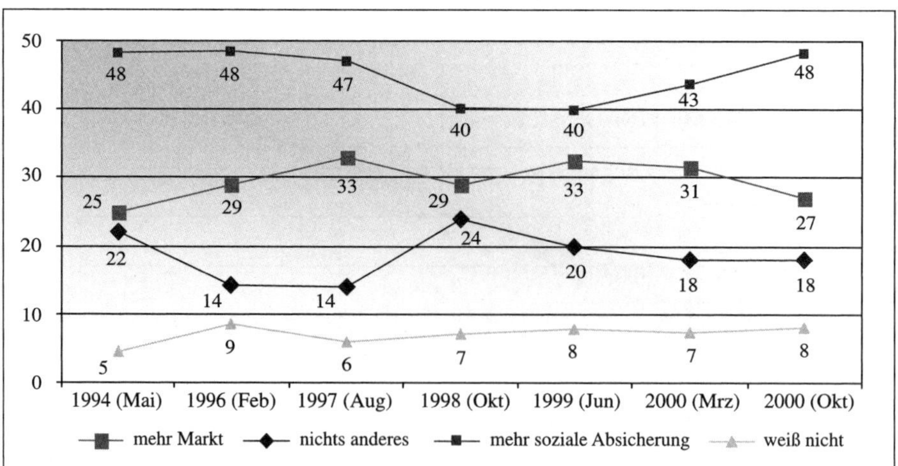

lich. Die Bürger der neuen Bundesländer sprechen sich besonders häufig für eine Stärkung der sozialen Komponente aus: Über zwei Drittel der Befragten sehen hier Bedarf für mehr soziale Absicherung, während nur 20 Prozent für »mehr Markt« plädieren.

Eine Mehrheit beklagt soziale Ungerechtigkeit in Deutschland ...

Der Wunsch nach einer Stärkung der sozialen Dimension der Wirtschafts- und Gesellschaftsordnung basiert offenkundig auf dem verbreiteten Gefühl, dass es in unserer Gesellschaft sozial eher ungerecht zugeht. 54 Prozent der Deutschen sind dieser Auffassung; 41 Prozent sind gegenteiliger Meinung. Wiederum sind es vor allem die Ostdeutschen, die in besonderem Maße ein Defizit an sozialer Gerechtigkeit wahrnehmen.

Tab. 3.5: Soziale Gerechtigkeit

Geht es in unserer Gesellschaft eher sozial gerecht oder eher sozial ungerecht zu?	Gesamt	West	Ost
eher sozial gerecht	41	45	27
eher sozial ungerecht	54	50	68
weiß nicht	5	5	5

... hält aber den Umfang der Sozialleistungen nicht für zu gering

Bei den von der Bevölkerung als soziale Ungerechtigkeit wahrgenommenen Umständen handelt es sich möglicherweise eher um ungleiche soziale Chancen als um materielle Ungleichheit. Denn nur 28 Prozent der Deutschen halten den Umfang der Sozialleistungen in Deutschland für zu gering, 48 Prozent halten ihn hingegen für gerade richtig, 17 Prozent sogar für zu groß. Im West-Ost-Vergleich zeigt sich erneut ein stärkeres Ausmaß wohlfahrtsstaatlicher Ansprüche in den neuen Bundesländern. Hier halten 42 Prozent der Befragten die Sozialausgaben für zu niedrig; in den alten Bundesländern liegt dieser Anteil bei nur 24 Prozent.

Tab. 3.6: Umfang der Sozialleistungen

Ist der Umfang der bisherigen Sozialleistungen ...	Gesamt	West	Ost
zu groß,	17	20	7
zu klein, oder	28	24	42
ist er gerade richtig?	48	49	44
weiß nicht	7	7	8

Abb. 3.7: Umfang der Sozialleistungen

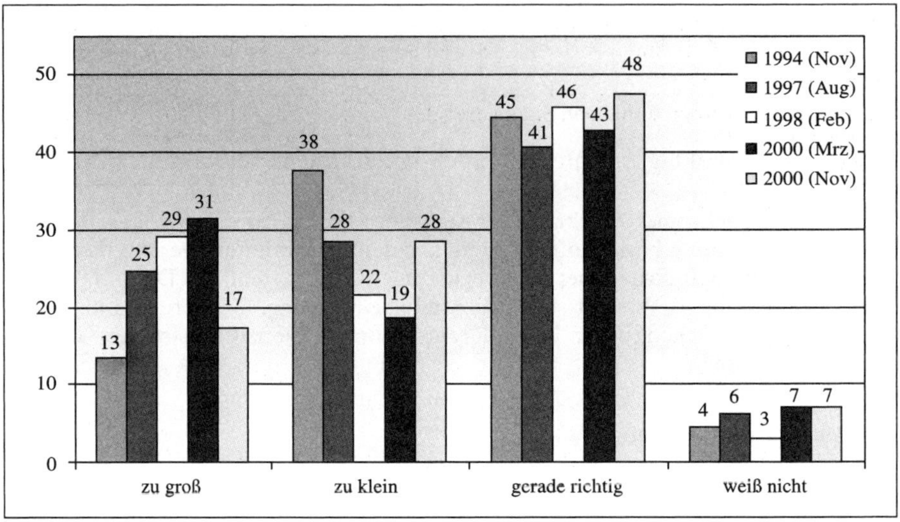

Eigenverantwortung, die Geld kostet, wird abgelehnt . . .

Eine Entlastung der sozialen Sicherungssysteme könnte durch eine stärkere Eigenvorsorge der Bürger erfolgen. Allerdings sind 64 Prozent der Deutschen der Meinung, dass die Vorsorge für Alter und Krankheit hauptsächlich durch den Staat erfolgen sollte. Nur ein Viertel befürwortet eine Verlagerung dieser Verantwortung auf die Bürger.

Tab. 3.8: Vorsorge für Alter und Krankheit

Sollten in unserer Gesellschaft die Bürger für Alter und Krankheit hauptsächlich selbst vorsorgen, oder sollte hauptsächlich der Staat die Vorsorge übernehmen?	Gesamt	West	Ost
die Bürger selbst	25	26	21
der Staat	64	62	70
weiß nicht	11	11	9

. . . ebenso eine Überregulierung der Wirtschaft

Gleichzeitig beklagt mehr als die Hälfte (54 Prozent) der Deutschen, dass in der Wirtschaft zu viele Dinge durch den Staat geregelt werden; 40 Prozent sind nicht dieser Meinung.

Tab. 3.9: Staatliche Regulierung

Wenn Sie einmal an unsere Wirtschaft denken: Werden da zu viele Dinge durch den Staat geregelt, oder ist das nicht der Fall?*	Gesamt	West	Ost
zu viele Dinge werden durch den Staat geregelt	54	56	47
ist nicht der Fall	40	38	46
weiß nicht	6	6	7

* Umfrage Oktober 2000.

Das Leistungsprinzip wird anerkannt . . .

In der Frage, ob in Deutschland die Einkommen in Zukunft stärker angeglichen werden sollten oder ob die Höhe des Einkommens mehr von der persönlichen Leistung abhängen sollte, geben zwei Drittel der Deutschen dem Leistungsprinzip den Vorzug; nur ein knappes Viertel – in Ostdeutschland ein knappes Drittel – spricht sich für eine stärkere Angleichung der Einkommen aus.

Tab. 3.10: Leistung und Einkommen

Sollten bei uns die Einkommen in Zukunft stärker angeglichen werden, oder sollte die Höhe des Einkommens stärker von der persönlichen Leistung abhängen?	Gesamt	West	Ost
Einkommen stärker angleichen	24	23	31
Einkommen stärker an Leistung orientieren	68	69	63
weiß nicht	8	8	6

. . . und gleichzeitig werden seine Grenzen gesehen

Die Deutschen sehen aber auch Grenzen des Leistungsprinzips. So findet die Aussage »Wenn jemand genügend leistet, braucht er sich keine Sorgen um seinen Arbeitsplatz zu machen« bei 56 Prozent der Befragten keine Zustimmung.

Tab. 3.11: Leistung und Arbeitsplatzsicherheit

»Wenn jemand genügend leistet, braucht er sich keine Sorgen um seinen Arbeitsplatz zu machen.« Sagen Sie mir bitte, ob Sie dieser Aussage . . .	Gesamt	West	Ost
voll und ganz zustimmen,	23	24	16
eher zustimmen,	20	21	17
eher nicht zustimmen oder	34	34	37
überhaupt nicht zustimmen.	22	21	27
weiß nicht	2	2	3

In die gleiche Richtung geht die mehrheitliche Ablehnung der Aussage »Die meisten, die heutzutage im Leben nichts erreichen, sind selbst daran schuld«. Nur 44 Prozent stimmen ihr »voll und ganz« oder »eher« zu, während ihr 54 Prozent der Deutschen nicht zustimmen wollen.

Tab. 3.12: Misserfolg und individuelle Verantwortung

»Die meisten, die heutzutage im Leben nichts erreichen, sind selber schuld.« Sagen Sie mir bitte, ob Sie dieser Aussage . . .	Gesamt	West	Ost
voll und ganz zustimmen,	18	18	17
eher zustimmen,	26	28	20
eher nicht zustimmen oder	39	38	43
überhaupt nicht zustimmen.	14	14	18
weiß nicht	2	2	2

Gemischte Gefühle haben die Deutschen bei ihrer Altersversorgung

Die Zufriedenheit der Deutschen mit ihrer eigenen sozialen Absicherung ist je nach Bereich unterschiedlich stark ausgeprägt. So sind 69 Prozent der Deutschen mit ihrer Absicherung im Krankheitsfalle zufrieden oder gar sehr zufrieden. Hinsichtlich der sozialen Absicherung bei Arbeitslosigkeit überwiegt noch bei 58 Prozent der

Tab. 3.13: Zufriedenheit mit der sozialen Absicherung

Wie zufrieden sind Sie mit den verschiedenen Bereichen der sozialen Absicherung in Deutschland?	Gesamt	West	Ost
Sind Sie mit ihrer sozialen Absicherung bei Krankheit . . .			
sehr zufrieden,	12	13	9
zufrieden,	57	56	59
nicht zufrieden oder	24	24	26
überhaupt nicht zufrieden?	5	5	5
weiß nicht	2	2	2
Sind Sie mit ihrer sozialen Absicherung bei Arbeitslosigkeit . . . (nur berufstätige Personen)			
sehr zufrieden,	10	11	4
zufrieden,	49	50	43
nicht zufrieden oder	24	22	29
überhaupt nicht zufrieden?	5	4	8
weiß nicht	14	13	16
Sind Sie mit ihrer sozialen Absicherung im Alter . . .			
sehr zufrieden,	6	6	4
zufrieden,	40	40	40
nicht zufrieden oder	38	37	40
überhaupt nicht zufrieden?	12	12	12
weiß nicht	4	4	5

berufstätigen Deutschen die Zufriedenheit. Mit der Absicherung im Alter hingegen sind nur 46 Prozent der Deutschen zufrieden; 50 Prozent der Befragten fühlen sich hingegen im Alter nicht ausreichend abgesichert.

Der relativ hohen Unzufriedenheit mit der eigenen Alterssicherung entspricht ein von vielen Befragten als unzureichend empfundenes Rentenniveau. 45 Prozent der Deutschen sind der Ansicht, dass die Renten in Deutschland zu niedrig sind. 41 Prozent halten die Höhe der Rentenbezüge für gerade richtig, lediglich 3 Prozent halten sie für zu hoch.

Tab. 3.14: Zufriedenheit mit dem Rentenniveau

Ist die Höhe der Renten in Deutschland ...	Gesamt	West	Ost
zu hoch,	3	3	3
zu niedrig, oder	45	44	48
ist sie gerade richtig?	41	42	37
weiß nicht	12	11	13

Die Gewerkschaften werden aus Sicht der Deutschen weiter gebraucht

Zum gesellschaftlichen Grundkonsens in Deutschland gehört, dass die Gewerkschaften für unverzichtbar gehalten werden. 83 Prozent geben an, dass Gewerkschaften auch heute noch gebraucht werden, während nur 14 Prozent sie für verzichtbar halten.

Tab. 3.15: Bedeutung der Gewerkschaften

Was meinen Sie: Brauchen wir heute noch Gewerkschaften, oder brauchen wir sie nicht mehr?	Gesamt	West	Ost
brauchen wir	83	84	81
brauchen wir nicht mehr	14	14	15
weiß nicht	3	3	4

Darüber hinaus hat die überwiegende Mehrheit der Deutschen Sympathie für ein zentrales Anliegen der Gewerkschaften: 72 Prozent der Befragten stimmen der Aussage zu, dass das Mitspracherecht der Arbeitnehmer an ihrem Arbeitsplatz sehr viel größer werden müsse, nur 23 Prozent sind da anderer Meinung.

Tab. 3.16: Mitsprache am Arbeitsplatz

»Das Mitspracherecht der Arbeitnehmer an ihrem Arbeitsplatz muss sehr viel größer werden.« Sagen Sie mir bitte, ob Sie dieser Aussage ...	Gesamt	West	Ost
voll und ganz zustimmen,	44	42	56
eher zustimmen,	27	29	22
eher nicht zustimmen oder	17	18	12
überhaupt nicht zustimmen?	6	7	3
weiß nicht	6	5	8

Die Deutschen zeigen sich an Wirtschaft durchaus interessiert ...

Die Deutschen sind am Geschehen in der Wirtschaft stärker interessiert als gemeinhin angenommen wird. Immerhin 44 Prozent der Befragten geben an, sich sehr stark (12 Prozent) oder stark (32 Prozent) für Wirtschaft zu interessieren. 40 Prozent der Deutschen interessieren sich nach eigenen Angaben etwas für Wirtschaft. Kaum oder gar nicht interessiert sind nur 17 Prozent der Deutschen. Gegenüber Messungen vom August 1997 und Oktober 1998 sind hierbei nur sehr geringfügige Schwankungen festzustellen.

Tab. 3.17: Interesse für Wirtschaft

Wie stark interessieren Sie sich für Wirtschaft?	Gesamt	West	Ost
sehr stark	12	12	10
stark	32	32	32
etwas	40	40	41
kaum	12	12	12
gar nicht	5	5	4

... und haben Spaß an der Regelung ihrer Geldangelegenheiten

Während das Interesse der Deutschen an der Wirtschaft über die Jahre hinweg weit gehend konstant geblieben ist, hat der Anteil derer, denen es Spaß macht, sich um ihre eigenen Geldangelegenheiten zu kümmern, zwischen Oktober 1998 und November 2000 erheblich zugenommen. Nach immerhin schon 69 Prozent 1998 gaben im November 2000 sogar 82 Prozent der Deutschen an, dass diese Aussage voll oder eher zutreffe.

Tab. 3.18: Spaß an Geldangelegenheiten

»Mir macht es Spaß, mich um meine Geldangelegenheiten selbst zu kümmern.« Sagen Sie mir bitte, ob Sie dieser Aussage ...	Juli 1998	November 2000		
	Gesamt	Gesamt	West	Ost
voll und ganz zustimmen,	42	63	64	60
eher zustimmen,	27	19	19	19
eher nicht zustimmen oder	16	10	10	12
überhaupt nicht zustimmen.	14	5	6	4
weiß nicht	2	3	2	5

Beim eigenen Geld zeigt sich eine hohe Sparbereitschaft ...

Die Bereitschaft zum Sparen ist bei den Deutschen stark ausgeprägt. Vier Fünftel der Befragten sind der Meinung, dass es sich auch heute noch lohnt zu sparen und man sein Geld lieber nicht gleich ausgeben sollte. Gegenüber Juli 1998 hat sich der Anteil auch deutlich erhöht; damals waren »nur« 64 Prozent dieser Auffassung.

Tab. 3.19: Einstellung zum Geldsparen

Einmal ganz allgemein gesprochen: Lohnt es sich heute noch zu sparen, oder sollte man sein Geld lieber gleich ausgeben?	Juli 1998	November 2000		
	Gesamt	Gesamt	West	Ost
Geld sparen	64	81	81	82
Geld gleich ausgeben	33	16	16	16
weiß nicht	4	3	3	3

... und eine geringe Neigung zum Risiko

Bei Geldanlagen scheuen die Deutschen mehrheitlich das Risiko. Über zwei Drittel der Befragten (68 Prozent) würden lieber eine geringere Rendite in Kauf nehmen, als eine Geldanlage mit hohem Risiko zu wählen. Daran hat sich seit 1998 auch nichts Wesentliches verändert.

Tab. 3.20: Risikobereitschaft bei Geldanlagen

»Bei Geldanlagen ist es für mich wichtig, dass damit kein Risiko verbunden ist. Lieber verzichte ich auf einen Teil des Gewinns.« Sagen Sie mir bitte, ob Sie dieser Aussage ...	Juli 1998	November 2000		
	Gesamt	Gesamt	West	Ost
voll und ganz zustimmen,	42	44	45	42
eher zustimmen,	28	24	24	22
eher nicht zustimmen oder	17	20	20	21
überhaupt nicht zustimmen.	8	7	7	8
weiß nicht	4	5	4	7

4. Die Deutschen und die Kultur

Was ist den Deutschen ihre Kultur wert? Wie viel geben sie selbst für kulturelle Zwecke aus? In welchem Ausmaß und für welche Art von Kultur sollte sich der Staat engagieren? Und für wie wichtig halten die Deutschen auswärtige Kulturpolitik?

Die eigenen Ausgaben für kulturelle Zwecke sind eher bescheiden ...

Gemessen an ihren privaten Ausgaben für den Besuch kultureller Veranstaltungen hält sich das kulturelle Interesse der Deutschen in eng umrissenen Grenzen. 21 Prozent der Deutschen geben – nach eigenen Angaben – nichts und weitere 18 Prozent nicht mehr als 20 Mark pro Monat für kulturelle Veranstaltungen aus. Immerhin aber jeder zehnte Deutsche verausgabt mehr als 100 Mark pro Monat für den Besuch kultureller Veranstaltungen. 46 Prozent geben monatlich zwischen 21 und 100 Mark dafür aus.

Tab. 4.1: Ausgaben für kulturelle Veranstaltungen

Wie viel geben Sie etwa für den Besuch kultureller Veranstaltungen im Durchschnitt pro Monat aus?	Gesamt	West	Ost
nichts	21	20	21
1 bis 20 DM	18	18	19
21 bis 40 DM	12	12	12
41 bis 60 DM	21	21	21
61 bis 100 DM	13	13	12
über 100 DM	11	11	9
weiß nicht	5	5	7

. . . die staatliche Kulturförderung soll aber verstärkt werden

Wenn es aber um die Frage geht, ob der Staat kulturelle Einrichtungen stärker als bisher fördern sollte oder nicht, sprechen sich 47 Prozent der Deutschen für eine verstärkte Förderung aus, während nur 7 Prozent eine Einschränkung der Kulturförderung befürworten. 40 Prozent sind der Meinung, es solle so bleiben wie bisher.

Tab. 4.2: Staatliche Kulturförderung

Sollten kulturelle Veranstaltungen vom Staat finanziell . . .	Gesamt	West	Ost
stärker gefördert werden als bisher,	47	42	66
weniger gefördert werden als bisher,	40	44	24
oder sollte sich da nichts ändern?	7	7	4
weiß nicht	7	7	6

Bei der Frage, welche Zwecke die staatliche Kulturförderung in erster Linie verfolgen sollte, zeigt sich bei der Mehrheit der Deutschen ein eher traditionelles Verständnis von Kultur. 44 Prozent der Befragten sprechen sich jedenfalls dafür aus, eher die traditionellen, klassischen Kulturangebote wie Oper, Schauspiel und Konzerte zu fördern, 37 Prozent wollen hingegen lieber neue, moderne und unkonventionelle Formen der Kultur gefördert wissen.

Tab. 4.3: Schwerpunkte staatlicher Kulturförderung

Welche Aufgabe sollte die staatliche Kulturförderung in erster Linie haben: Eher traditionelle, klassische Kulturangebote wie Oper, Schauspiel und Konzerte zu fördern oder eher neue, moderne und unkonventionelle Formen der Kultur zu fördern?	Gesamt	West	Ost
eher traditionell	44	44	46
eher modern	37	39	30
weiß nicht	19	17	24

Eine relativ große Bedeutung schreiben die Deutschen der auswärtigen Kulturpolitik, also der staatlichen Förderung deutscher Kultur im Ausland zu. 62 Prozent der Befragten halten dies für wichtig oder sehr wichtig, während 29 Prozent dies für nicht so wichtig und nur 5 Prozent für überhaupt nicht wichtig halten.

Tab. 4.4: Auswärtige Kulturpolitik

Halten Sie eine auswärtige Kulturpolitik, also die staatliche Förderung deutscher Kultur im Ausland, für . . .	Gesamt	West	Ost
sehr wichtig,	15	15	14
wichtig,	48	46	52
nicht so wichtig oder	29	30	26
überhaupt nicht wichtig?	5	3	3
weiß nicht	3	3	3

5. Die Deutschen und die Politik

Wie stehen die Deutschen zu ihrem politischen System? Wie stark interessieren sie sich für Politik, und was halten sie von den politischen Akteuren? Was erwarten die Bürger von der Regierung, was von der Opposition? Und inwieweit sind die Deutschen bereit, sich selbst politisch zu engagieren?

Das Interesse an Politik hat zwar nicht abgenommen . . .

Das Interesse der Deutschen an der Politik ist nicht übermäßig ausgeprägt. Aber immerhin geben 12 Prozent der Befragten an, sich sehr stark und weitere 33 Prozent noch stark für Politik zu interessieren. 39 Prozent der Deutschen sind hingegen nur etwas an Politik interessiert, weitere 16 Prozent bekunden, kaum oder gar nicht an Politik interessiert zu sein. Entgegen mancher Befürchtung hat das Interesse an Politik – jedenfalls soweit es die Selbsteinschätzung durch die Befragten betrifft – in den zurückliegenden Jahren nicht abgenommen.

Tab. 5.1: Interesse an Politik

Wie stark interessieren Sie sich für Politik?	Gesamt	West	Ost
sehr stark	12	11	12
stark	33	41	43
etwas	39	25	22
kaum	11	6	5
gar nicht	5	18	19

Abb. 5.2: Politisches Interesse

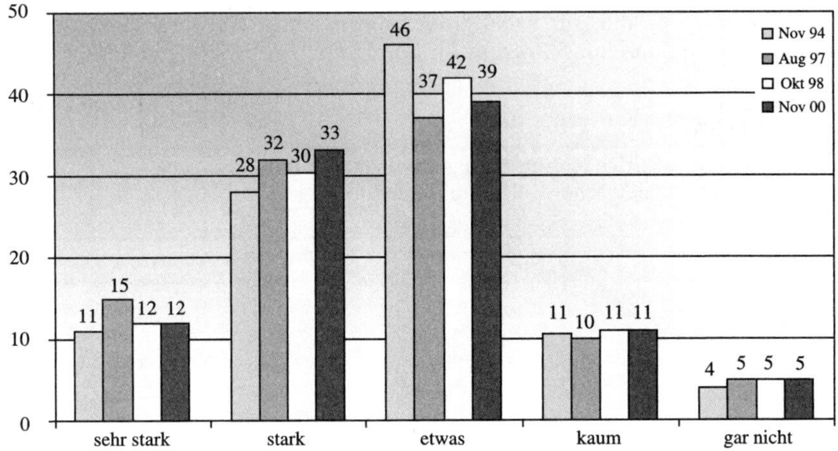

. . . aber Politik ist für die meisten gewiss nicht das Wichtigste

Dass es wichtigere Dinge gibt, als sich um Politik zu kümmern, dem stimmen 53 Prozent der Deutschen »voll und ganz« oder »eher« zu. Ein Drittel der Deutschen stimmt dieser Aussage eher nicht zu und 15 Prozent stimmen ihr überhaupt nicht zu.

Tab. 5.3: Stellenwert von Politik

»Für mich gibt es wichtigere Dinge zu tun, als mich um Politik zu kümmern.« Sagen Sie mir bitte, ob Sie dieser Aussage . . .	Gesamt	West	Ost
voll und ganz zustimmen,	23	23	21
eher zustimmen,	30	30	29
eher nicht zustimmen oder	32	32	32
überhaupt nicht zustimmen.	15	14	16
weiß nicht	1	1	2

Die Zufriedenheit mit der Demokratie ist nur im Westen groß

Fast drei Viertel der Westdeutschen sind mit der Demokratie in Deutschland zufrieden, während sich lediglich 23 Prozent unzufrieden geben. In den neuen Bundesländern ist allerdings der Anteil der Unzufriedenen wesentlich höher und hält sich bei 48 Prozent mit dem Anteil der Zufriedenen etwa die Waage. In West- wie in Ostdeutschland ist die Zufriedenheit mit der Demokratie seit dem Regierungswechsel im Jahr 1998 deutlich angestiegen, nachdem sie in den Jahren 1996 bis 1998 einen leichten Abwärtstrend aufwies.

Tab. 5.4: Zufriedenheit mit der Demokratie

Was würden Sie allgemein zur Demokratie in Deutschland sagen? Sind Sie damit eher zufrieden oder eher unzufrieden?	Gesamt	West	Ost
eher zufrieden	68	73	48
eher unzufrieden	28	23	48
weiß nicht	4	4	4

Abb. 5.5: Zufriedenheit mit der Demokratie

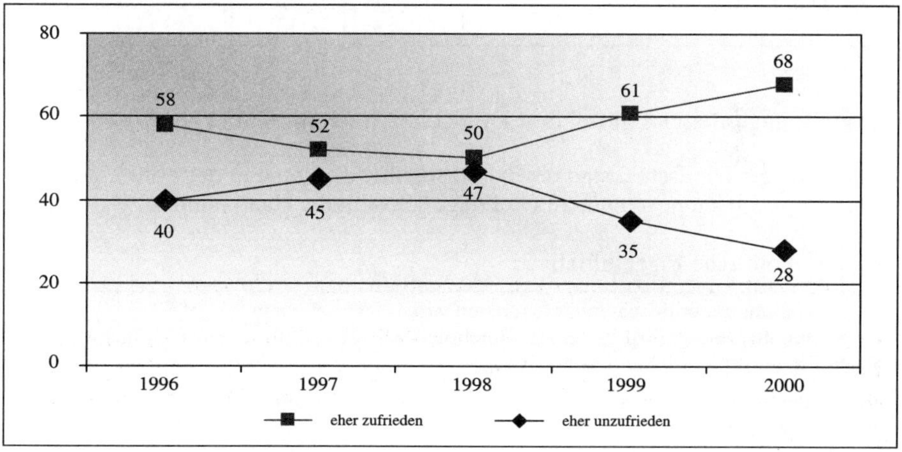

Das Vertrauen in die Politik lässt zu wünschen übrig

Ungeachtet der – zumindest in den alten Bundesländern – relativ hohen Zufriedenheit mit der Demokratie zeigen die Deutschen insgesamt wenig Vertrauen in die Politik und die politischen Führungskräfte. So stimmen 63 Prozent der Befragten darin überein, dass sie den Versprechungen von Politikern generell keinen Glauben mehr schenken können.

Tab. 5.6: Vertrauen in die Politik

»Politiker können versprechen, was sie wollen, ich glaube ihnen nicht mehr.« Sagen Sie mir bitte, ob Sie dieser Aussage . . .	Gesamt	West	Ost
voll und ganz zustimmen,	31	30	35
eher zustimmen,	32	33	28
eher nicht zustimmen oder	31	32	29
überhaupt nicht zustimmen.	5	5	6
weiß nicht	2	2	2

Eine gewisse Unzufriedenheit besteht auch darüber, dass in Deutschland immer häufiger politische Entscheidungen außerhalb der dafür vorgesehenen Gremien ausgehandelt werden; 70 Prozent der Deutschen finden dies nicht richtig.

Tab. 5.7: Transparenz politischer Entscheidungen

In Deutschland werden immer häufiger politische Entscheidungen außerhalb der dafür vorgesehenen Gremien ausgehandelt. Finden Sie das ...	Gesamt	West	Ost
richtig	17	18	13
oder nicht richtig?	70	69	74
weiß nicht	13	13	13

Bürgerengagement steht bei den Deutschen hoch im Kurs ...

80 Prozent der Deutschen sind der Überzeugung, dass man in der Politik nur dann etwas erreichen kann, wenn man die Dinge selbst in die Hand nimmt.

Tab. 5.8: Politische Eigeninitiative

»Wenn man heute politisch etwas erreichen will, muss man die Dinge selbst in die Hand nehmen.« Sagen Sie mir bitte, ob Sie dieser Aussage ...	Gesamt	West	Ost
voll und ganz zustimmen,	49	47	55
eher zustimmen,	31	32	26
eher nicht zustimmen oder	13	14	11
überhaupt nicht zustimmen.	4	4	4
weiß nicht	3	3	4

Auch wenn der Anteil seit 1994 geringfügig zurückgegangen ist, so wollen noch immer fast zwei Drittel der Deutschen lieber in einer Gesellschaft leben, in der die Bürger direkt an wichtigen politischen Entscheidungen beteiligt werden und nicht nur die gewählten Politiker dafür verantwortlich sind. Ein vorrangig repräsentatives politisches System wünschen sich hingegen nur 30 Prozent der Befragten.

Tab. 5.9: Bürgerbeteiligung

Wie sollte die Gesellschaft aussehen, in der Sie leben wollen? Sollten in dieser Gesellschaft an wichtigen politischen Entscheidungen die Bürger direkt beteiligt werden, oder sollten dafür die gewählten Politiker verantwortlich sein?	Gesamt	West	Ost
Bürger beteiligen	66	65	71
gewählte Politiker verantwortlich	30	32	25
weiß nicht	3	3	4

... doch die eigene Bereitschaft, sich politisch zu betätigen, ist gering

Die Bereitschaft, ein politisches Amt zu übernehmen, ist bei den Deutschen nicht sehr groß. Nur 29 Prozent wären dazu bereit, während 68 Prozent dies für sich ablehnen. Immerhin lässt sich im Vergleich zu 1994 eine um 6 Prozentpunkte gestiegene Bereitschaft zur Übernahme eines politischen Amtes registrieren – eine positive Tendenz, wenn auch im beschränktem Umfang. Lediglich 3 Prozent der Deutschen üben zurzeit ein politisches Amt aus.

Tab. 5.10: Übernahme eines politischen Amtes

Wären Sie bereit, ein politisches Amt, z. B. in Ihrer Gemeinde oder Stadt, zu übernehmen, wären Sie dazu nicht bereit, oder haben Sie bereits ein politisches Amt?	Gesamt	West	Ost
würde ich übernehmen	29	28	31
würde ich nicht übernehmen	68	68	66
habe bereits ein solches Amt	3	3	3
weiß nicht	1	1	1

Die Deutschen wünschen sich eine starke Regierung ...

Fast drei Viertel der Befragten sind der Auffassung, dass Demokratie auf Dauer nur möglich ist, wenn es eine starke politische Führung gibt. Damit hegen die Deutschen durchaus widersprüchliche Erwartungen: Auf der einen Seite besteht mehrheitlich der Wunsch nach mehr Bürgerbeteiligung, auf der anderen Seite wird eine starke politische Führung für notwendig erachtet.

Tab. 5.11: Demokratie und politische Führung

»Demokratie ist auf Dauer nur möglich, wenn wir eine starke politische Führung haben.« Sagen Sie mir bitte, ob Sie dieser Aussage ...	Gesamt	West	Ost
voll und ganz zustimmen,	54	54	55
eher zustimmen,	28	29	26
eher nicht zustimmen oder	11	12	11
überhaupt nicht zustimmen.	4	3	4
weiß nicht	3	2	5

Dieser Widerspruch kommt auch darin zum Ausdruck, dass sich die Hälfte der Deutschen der Anregung des ehemaligen Bundespräsidenten Roman Herzog anschließt, Politiker sollten notwendige gesellschaftliche Reformen im Zweifelsfall auch gegen Stimmungen in der Bevölkerung durchsetzen.

Tab. 5.12: Unpopuläre politische Entscheidungen

Der ehemalige Bundespräsident Roman Herzog hat von den Politikern einmal gefordert, notwendige gesellschaftliche Reformen im Zweifelsfall auch gegen Stimmungen in der Bevölkerung durchzusetzen. Stimmen Sie dieser Forderung zu, oder stimmen Sie dieser Forderung nicht zu?*	Gesamt	West	Ost
stimme zu	50	50	52
stimme nicht zu	42	42	40
weiß nicht	8	8	8

* Umfrage Oktober 2000.

... und eine Opposition, die die Regierung unterstützt

61 Prozent der Deutschen sehen die Hauptaufgabe der Opposition darin, die Regierung möglichst wirksam in ihrem Handeln zu unterstützen. Nur 27 Prozent erwarten hingegen von einer guten Opposition, dass sie die Regierung möglichst hart kritisiert.

Tab. 5.13: Erwartungen an die Opposition

Was erwarten Sie eher von einer guten Opposition: Dass sie die Regierung möglichst hart kritisiert oder dass sie die Regierung möglichst wirksam unterstützt?	Gesamt	West	Ost
möglichst hart kritisieren	27	27	28
möglichst wirksam unterstützen	61	61	60
weiß nicht	12	12	12

Politische Entscheidungen sollen im Konsens getroffen werden

Für 79 Prozent der Deutschen ist es wichtig oder sehr wichtig, dass politische Entscheidungen durch demokratische Verfahren und Institutionen zustande kommen. Noch wichtiger aber ist den Deutschen, dass politische Entscheidungen eine breite Zustimmung in der Bevölkerung finden. 49 Prozent halten dies für sehr wichtig, weitere 43 Prozent für wichtig. Nur 6 Prozent der Deutschen finden dies nicht so wichtig. Gleichzeitig sollten in den Augen der Deutschen aber auch die Bedürfnisse von Minderheiten gebührend berücksichtigt werden. Ein Drittel der Deutschen hält den Minderheitenschutz für sehr wichtig, weitere 52 Prozent halten ihn für wichtig. Auch dass politische Entscheidungen rasch getroffen werden, ist für drei Viertel der Deutschen von Wichtigkeit.

Tab. 5.14: Kriterien für politische Entscheidungen

Wenn es um politische Entscheidungen geht, für wie wichtig halten Sie es, dass die folgenden Bedingungen erfüllt sind?	Gesamt	West	Ost
Dass politische Entscheidungen durch demokratische Verfahren und Institutionen zustande kommen, finden Sie das . . .			
sehr wichtig,	39	41	33
wichtig oder	49	48	56
nicht so wichtig?	7	8	6
weiß nicht	4	4	6
Dass sich politische Entscheidungen auf eine breite Zustimmung in der Bevölkerung stützen, finden Sie das . . .			
sehr wichtig,	49	48	54
wichtig oder	43	44	39
nicht so wichtig?	6	6	5
weiß nicht	2	1	3
Dass politische Entscheidungen die Bedürfnisse von Minderheiten berücksichtigen, finden Sie das . . .			
sehr wichtig,	33	34	30
wichtig oder	52	51	55
nicht so wichtig?	13	13	13
weiß nicht	2	2	3
Dass politische Entscheidungen rasch getroffen werden, finden Sie das . . .			
sehr wichtig,	35	33	42
wichtig oder	42	42	41
nicht so wichtig?	20	21	14
weiß nicht	3	3	4

An Politiker werden hohe moralische Maßstäbe angelegt

Wenn es um die moralische Beurteilung von Politikern geht, kennen die Deutschen keine Nachsicht: Eine deutliche Mehrheit von 59 Prozent der Deutschen findet es richtig, an Politiker höhere moralische Maßstäbe anzulegen als an andere Bürger. Nur 39 Prozent der Befragten sind da anderer Meinung.

Tab. 5.15: Politik und Moral

Finden Sie es richtig, an Politiker höhere moralische Maßstäbe anzulegen als an andere Menschen, oder finden Sie das nicht richtig?	Gesamt	West	Ost
finde ich richtig	59	59	61
finde ich nicht richtig	39	39	36
weiß nicht	2	2	3

6. Deutschland in Europa und der Welt

Wie stehen die Deutschen zur europäischen Integration? Sehen sie in ihr eine Gefahr für die nationale Identität? Wie schätzen sie Deutschlands Position in Europa und der Welt ein, und welche internationale Rolle wünschen sie sich für ihr Land?

Europäische und nationale Identität halten die meisten für vereinbar

Auch wenn sich die europäischen Länder immer enger zusammenschließen und ein vereintes Europa entsteht, wird das, was Deutschland ausmacht, nicht verloren gehen. Davon gehen 58 Prozent der Deutschen aus, während 36 Prozent der Meinung sind, dass Deutschland seine eigenständige Identität im Zuge der europäischen Integration allmählich verlieren könnte.

Tab. 6.1: Europäische und deutsche Identität

Wenn sich die europäischen Länder immer enger zusammenschließen und ein vereintes Europa entsteht, glauben Sie, dass dann das, was Deutschland ausmacht, allmählich verloren geht, oder glauben Sie das nicht?	Gesamt	West	Ost
geht allmählich verloren	36	35	39
geht nicht verloren	58	59	55
weiß nicht	6	6	6

Ein gemeinsamer europäischer Außenminister findet keine Zustimmung ...

Gegenüber einer zu weit gehenden Integration der europäischen Außenpolitik gibt es deutliche Vorbehalte: Einen gemeinsamen europäischen Außenminister, der für die Außenpolitik der Europäischen Union insgesamt zuständig wäre, befürworten nur 36 Prozent der Deutschen, 55 Prozent lehnen ihn jedoch ab.

Tab. 6.2: EU-Außenminister

Fänden Sie es gut, wenn es nur einen EU-Außenminister gäbe, der dann für die Außenpolitik der Europäischen Union insgesamt zuständig wäre?	Gesamt	West	Ost
fände ich gut	36	37	33
fände ich nicht gut	55	55	56
weiß nicht	9	8	12

... eine gemeinsame europäische Armee aber schon

Im Gegensatz zur Außenpolitik insgesamt können sich die meisten Deutschen aber sehr wohl integrierte europäische Streitkräfte unter einem gemeinsamen Oberbefehl vorstellen: Fast zwei Drittel der Befragten befürworten diese Option, lediglich 28 Prozent fänden das nicht gut.

Tab. 6.3: Europäische Streitkräfte

Und fänden Sie es gut, wenn es gemeinsame europäische Streitkräfte unter einem europäischen Oberbefehl geben würde?	Gesamt	West	Ost
fände ich gut	63	64	60
fände ich nicht gut	28	27	30
weiß nicht	9	9	10

Die USA werden nach wie vor als wichtigster Partner wahrgenommen

Ungeachtet der Präferenz der Deutschen für explizit europäische Streitkräfte stehen die USA als Bündnis- und Handelspartner Deutschlands hoch im Kurs: Trotz der Nachbarschaft zu Frankreich und der jahrzehntelangen engen deutsch-französischen Zusammenarbeit in der Europäischen Union sieht in der Wahl zwischen Frankreich und den USA eine Mehrheit der Deutschen die USA als den wichtigeren Partner an.

Tab. 6.4: Wichtigster außenpolitischer Partner

Welches Land ist als Partner für Deutschland wichtiger: die USA oder Frankreich?	Gesamt	West	Ost
die USA	52	52	55
Frankreich	41	41	38
weiß nicht	7	7	7

Die Deutschen sehen ihr Land als führende Macht in Europa ...

Auch wenn das deutsche Selbstvertrauen in diesem Punkt gegenüber früheren Jahren deutlich zurückgegangen ist, sieht noch immer eine relative Mehrheit von 39 Prozent der Befragten Deutschland als die führende Macht in Europa. 22 Prozent der Deutschen halten hingegen Frankreich für die führende Macht, und nur 7 Prozent nehmen Großbritannien in dieser Rolle wahr.

Tab. 6.5: Führende Macht in Europa

Welches Land ist Ihrer Meinung nach die führende Macht in Europa?	September 1993	November 2000		
	Gesamt	Gesamt	West	Ost
Großbritannien	8	7	6	8
Frankreich	13	22	24	15
Deutschland	57	39	38	45
Russland	4	2	2	2
andere Länder	4	1	1	1
weiß nicht	15	29	29	30

... beurteilen Deutschlands Einfluss in der Welt als gerade richtig ...

Was den Einfluss Deutschlands in der Welt anbetrifft, so halten zwei Drittel der Deutschen diesen für gerade richtig. Nur 5 Prozent halten ihn für zu groß, immerhin 22 Prozent für zu klein. Im Vergleich zu 1993 ist die Tendenz erkennbar, einen größeren Einfluss Deutschlands zu befürworten.

Tab. 6.6: Deutschlands Einfluss in der Welt

Was meinen Sie, ist der Einfluss Deutschlands in der Welt ...	Gesamt	West	Ost
eher zu groß,	5	3	9
eher zu klein oder	22	23	17
gerade richtig?	68	68	67
weiß nicht	5	5	6

Abb. 6.7: Deutschlands Einfluss in der Welt

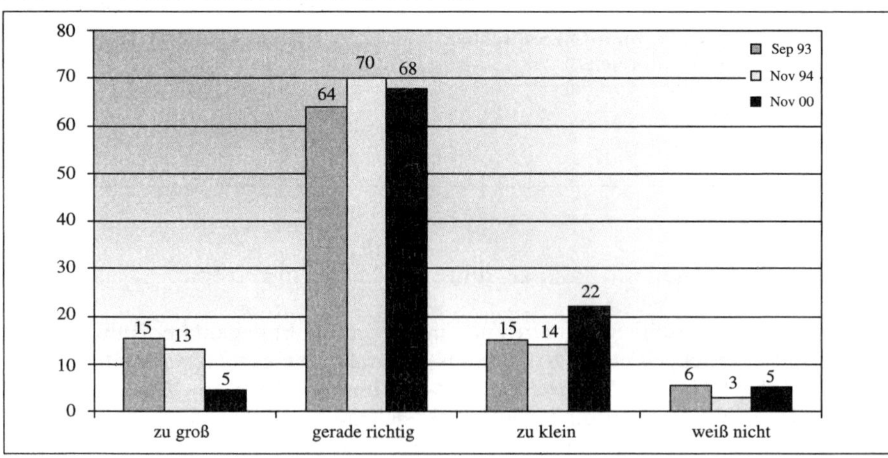

... und sind zu mehr internationaler Verantwortung bereit

58 Prozent der Deutschen sind damit einverstanden, dass Deutschland im internationalen Kontext mehr Verantwortung übernehmen sollte, wenn es um die Lösung von Konflikten in der Welt geht; 37 Prozent sind damit nicht einverstanden.

Tab. 6.8: Internationale Verantwortung Deutschlands

Vom vereinigten Deutschland erwartet man im Ausland vielfach, dass es mehr Verantwortung übernimmt, wenn es um die Lösung von Konflikten in der Welt geht. Sind Sie damit einverstanden, dass Deutschland mehr Verantwortung übernimmt, oder sind Sie damit nicht einverstanden?	Gesamt	West	Ost
einverstanden	58	60	52
nicht einverstanden	37	35	43
weiß nicht	5	5	5

Abb. 6.9: Soll Deutschland mehr Veranwortung bei internationalen Konflikten übernehmen?

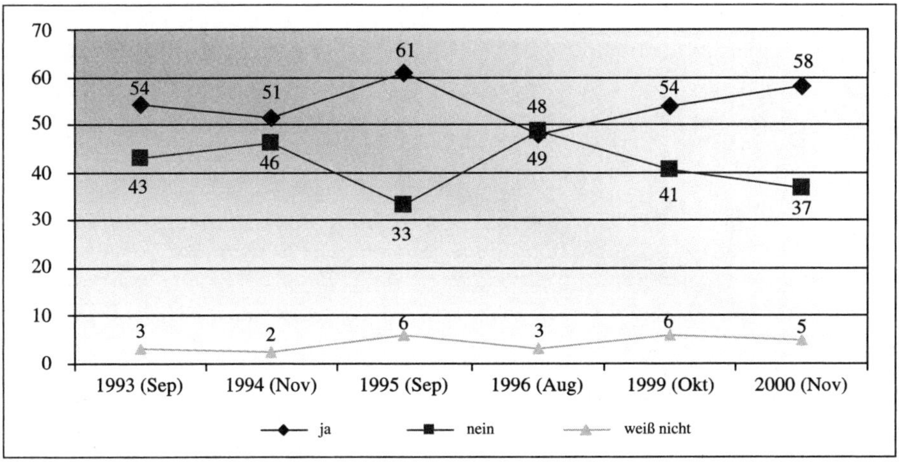

Anhang

Auswahlbibliographie

1. Geschichte, Identität und Politik

Ashkenasi, Abraham: Neonazismus in Deutschland. Deutschland – unverkennbar und wiedervereinigt, in: Kramer, Helgard (Hrsg.): Die Gegenwart der NS-Vergangenheit, Berlin und Wien 2000, S. 336–346.

Assmann, Aleida/Ute Frevert: Geschichtsvergessenheit – Geschichtsversessenheit. Vom Umgang mit den deutschen Vergangenheiten nach 1945, Stuttgart 1999.

Baring, Arnulf: Die Berliner Republik. Erwartungen und Herausforderungen, in: Aus Politik und Zeitgeschichte, B 32–33/1999, S. 9–15.

Blank, Thomas: Wer sind die Deutschen? Nationalismus, Patriotismus, Identität – Ergebnisse einer empirischen Längsschnittstudie, in: Aus Politik und Zeitgeschichte, B 13/1997, S. 38–46.

Brähler, Elmar/Horst-Eberhard Richter: Deutsche – zehn Jahre nach der Wende. Ergebnisse einer vergleichenden Ost-West-Untersuchung, in: Aus Politik und Zeitgeschichte, B 45/1999, S. 24–31.

Brandt, Willy: Erinnerungen, Berlin und Frankfurt/M. 1994.

Colschen, Lars u. a.: Bürokratische Regime im Prozess zur deutschen Einheit. Bedingungsfaktoren von Kooperation in den Internationalen Beziehungen, München (i. E.).

Eppelmann, Rainer: Zur inneren Einheit Deutschlands im fünften Jahr nach der Vereinigung, in: Aus Politik und Zeitgeschichte, B 40–41/1995, S. 8–12.

Glaab, Manuela: Deutschlandpolitik in der öffentlichen Meinung. Einstellungen und Regierungspolitik in der Bundesrepublik Deutschland 1949 bis 1990, Opladen 1999.

Grunenberg, Antonia: »Die Lust an der Schuld«. Von der Macht der Vergangenheit über die Gegenwart, Berlin 2001.

Hardtwig, Wolfgang: Geschichtskultur Wissenschaft, München 1990.

Herbert, Willi/Rudolf Wildenmann: Deutsche Identität. Die subjektive Verfassung der Deutschen vor der Vereinigung, in: Wildenmann, Rudolf (Hrsg.): Nation und Demokratie. Politisch-strukturelle Gestaltungsprobleme im neuen Deutschland, Baden-Baden 1991, S. 71–98.

Kocka, Jürgen: Nationalsozialismus und SED-Diktatur im Vergleich, in: ders.: Vereinigungskrise. Zur Geschichte der Gegenwart, Göttingen 1995, S. 91–101.

Köhler, Anne: Nationalbewußtsein und Identitätsgefühl der Bürger der DDR unter besonderer Berücksichtigung der deutschen Frage, in: Deutscher Bundestag (Hrsg.): Materialien der Enquete-Kommission »Aufarbeitung von Geschichte und Folgen der SED-Diktatur in Deutschland«, Band V/2: Deutschlandpolitik, innerdeutsche Beziehungen und internationale Rahmenbedingungen, Baden-Baden und Frankfurt/M. 1995, S. 1636–1675.

Korte, Karl-Rudolf: Die Folgen der Einheit. Zur politisch-kulturellen Lage der Nation, in: Aus Politik und Zeitgeschichte, B 27/1990, S. 29–38.

Korte, Karl-Rudolf: Unbefangen und gelassen. Über die außenpolitische Normalität der Berliner Republik, in: Internationale Politik, 12/1998, S. 3–12.

Lutz, Felix Philipp: Das Geschichtsbewußtsein der Deutschen. Grundlagen der politischen Kultur in Ost und West, Köln u. a. 2000.

McAdams, Dan P.: The stories we live by. Personal myths and the making of the Self, New York 1993.

Münkler, Herfried: Antifaschismus und antifaschistischer Widerstand als politischer Gründungsmythos der DDR, in: Aus Politik und Zeitgeschichte, B 45/1998, S. 16–29.

Niethammer, Lutz: Deutschland danach. Postfaschistische Gesellschaft und nationales Gedächtnis, Bonn 1999.

Pohl, Karl Heinrich (Hrsg.): Historiker in der DDR, Göttingen 1997.

Polkinghorne, Donald E.: Narrative Psychologie und Geschichtsbewußtsein. Beziehungen und Perspektiven, in: Straub, Jürgen (Hrsg.): Erzählung, Identität und historisches Bewußtsein. Die psychologische Konstruktion von Zeit und Geschichte, Frankfurt/M. 1998, S. 12–45.

Reichel, Peter: Vergangenheitsbewältigung in Deutschland. Die Auseinandersetzung mit der NS-Diktatur von 1945 bis heute, München 2001.

Sabrow, Martin (Hrsg.): Geschichte als Herrschaftsdiskurs. Der Umgang mit der Vergangenheit der DDR, Köln u. a. 2000.

Schoeps, Julius H.: Volk von Mördern? Die Dokumentation zur Goldhagen-Kontroverse um die Rolle der Deutschen im Holocaust, Hamburg 1996.

Schulze, Winfried: Deutsche Geschichtswissenschaft nach 1945, München 1989.

Schwarz, Hans-Peter: Geschichtsschreibung und politisches Selbstverständnis. Die Geschichte der Bundesrepublik Deutschland – Herausforderung für die Forschung, in: Aus Politik und Zeitgeschichte, B 36/1982, S. 3–16.

Stürmer, Michael: Dissonanzen des Fortschritts. Essays über Geschichte und Politik in Deutschland, München 1986.

Szalai, Wendelin: Wie funktionierte Identitätsbildung in der DDR?, in: Uffelmann, Uwe (Hrsg.): Identitätsbildung und Geschichtsbewußtsein nach der Vereinigung Deutschlands, Weinheim 1993, S. 58–108.

Thomas, Rüdiger: Ursachen und Folgen der Gesellschaftspolitik im SED-Staat, in: Deutscher Bundestag (Hrsg.), Enquete-Kommission »Aufarbeitung von Geschichte und Folgen der SED-Diktatur in Deutschland«, Bd. III/3, Ideologie, Integration und Disziplinierung, Frankfurt/M. 1995, S. 1844–1900.

Thomas, Rüdiger/Werner Weidenfeld: Identität, in: Weidenfeld, Werner/Karl-Rudolf Korte (Hrsg.), Handbuch zur deutschen Einheit 1949–1989–1999, Bonn und Frankfurt/M. 1999, S. 430–442.

Uffelmann, Uwe: Identitätsbildung und Geschichtsdidaktik, in: Aus Politik und Zeitgeschichte, B 41/1994, S. 12–20.

Wehler, Hans-Ulrich: Die Gegenwart als Geschichte. Essays, München 1995.

Weidenfeld, Werner (Hrsg.): Die Identität der Deutschen, Bonn 1983.

Weidenfeld, Werner (Hrsg.): Geschichtsbewußtsein der Deutschen. Materialien zur Spurensuche der Nation, Köln 1987.

Weidenfeld, Werner/Karl-Rudolf Korte: Die pragmatischen Deutschen. Zum Staats- und Nationalbewußtsein in Deutschland, in: Aus Politik und Zeitgeschichte, B 32/1991, S. 3–12.

Weidenfeld, Werner/Felix Philipp Lutz: Die gespaltene Nation. Das Geschichtsbewußtsein der Deutschen nach der Einheit, in: Aus Politik und Zeitgeschichte B 31–32/1992, S. 3–22.

Weidenfeld, Werner: Das vereinte Deutschland im integrierten Europa. Rolle und Räson, in: März, Peter (Koord.): 40 Jahre Zweistaatlichkeit in Deutschland. Eine Bilanz, hrsg. von der Bayerischen Landeszentrale für politische Bildungsarbeit, München 1999, S. 427–440.

Wilke, Jürgen: Geschichte als Instrument der Medien, in: Die politische Meinung, 364/2000, S. 27–30.

Wolfrum, Edgar: Geschichtspolitik in der Bundesrepublik Deutschland. Der Weg zur bundesrepublikanischen Erinnerung 1948–1990, Darmstadt 1999.

Wolfrum, Edgar: Geschichtspolitik in der Bundesrepublik Deutschland 1949–1989. Phasen und Kontroversen, in: ders./Petra Bock: Geschichtsbilder, Erinnerung und Vergangenheitspolitik im internationalen Vergleich, Göttingen 1999, S. 55–81.

Zimmering, Raina: Mythen in der Politik der DDR, Leverkusen 2000.

2. Gesellschaft

2.1 Identität und Wertorientierung

Becker, Ulrich u. a., Zwischen Angst und Aufbruch. Das Lebensgefühl der Deutschen in Ost und West nach der Wiedervereinigung, Düsseldorf 1992.

Brähler, Elmar/Hans-Jürgen Wirth (Hrsg.): Entsolidarisierung. Die Westdeutschen am Vorabend der Wende und danach, Opladen 1995.

Bürklin, Wilhelm u. a.: Dimensionen des Wertwandels, in: Politische Vierteljahresschrift, 35/1994, S. 579–606.

Engler, Wolfgang: Die Ostdeutschen. Kunde von einem verlorenen Land, Berlin 1999.

Etzioni, Amitai: The New Golden Rule. Community and Morality in a Democratic Society, New York 1997.

Handy, Charles: Die anständige Gesellschaft. Die Suche nach Sinn jenseits des Profitdenkens, München 1998.

Heitmeyer, Wilhelm (Hrsg.): Bundesrepublik Deutschland: Von der Konsens- zur Konfliktgesellschaft. Bd. 1: Was treibt die Gesellschaft auseinander?, Bd. 2: Was hält die Gesellschaft zusammen?, Frankfurt/M. 1997.

Herbert, Willi/Rudolf Wildenmann: Deutsche Identität. Die subjektive Verfassung der Deutschen vor der Vereinigung, in: Wildenmann, Rudolf (Hrsg.): Nation und Demokratie, Baden-Baden 1991, S. 71–98.

Institut für Demoskopie: Deutschland im Frühjahr 1995. Die Muster wechselseitiger Beeinflussung von West- und Ostdeutschen, Allensbach 1995.

Kistler, Ernst/Heinz-Herbert Noll/Eckhard Priller (Hrsg.): Perspektiven gesellschaftlichen Zusammenhalts. Empirische Befunde, Praxiserfahrungen, Meßkonzepte, Berlin 1999.

Meulemann, Heiner: Säkularisierung und Werte. Eine systematische Übersicht über Ergebnisse aus Bevölkerungsbefragungen in westeuropäischen Ländern, in: Schäfers, Bernhard (Hrsg.): Lebensverhältnisse und soziale Konflikte im neuen Europa, Frankfurt/M. 1993, S. 627–635.

Meulemann, Heiner: Die Implosion einer staatlich verordneten Moral. in: Kölner Zeitschrift für Soziologie und Sozialpsychologie, 50/1998, S. 411–441.

Meulemann, Heiner: Der Wert Leistung in Deutschland 1956–1996, in: Glatzer, Wolfgang/Ilona Ostner (Hrsg.): Deutschland im Wandel, Opladen 1999, S. 115–130.

Meulemann, Heiner: Die andere Spaßgesellschaft – Selbstorientierung als Motiv der Kollektivorientierung, Köln 2001.

Meulemann, Heiner (Hrsg.): Werte und nationale Identität im vereinten Deutschland. Erklärungsansätze der Umfrageforschung, Opladen 1998.

Misselwitz, Hans: Nicht länger mit dem Gesicht nach Westen. Das neue Selbstbewußtsein der Ostdeutschen, Bonn 1996.

Möller, Kurt: Extremismus, Berlin 1998.

Noll, Heinz-Herbert/Roland Habich (Hrsg.): Vom Zusammenwachsen einer Gesellschaft. Analysen zur Angleichung der Lebensverhältnisse in Deutschland, Frankfurt/M. und New York 2000.

Putnam, Robert D. (Hrsg.): Gesellschaft und Gemeinsinn. Sozialkapital im internationalen Vergleich, Gütersloh 2001.

Rosenbladt, Bernard von/Sibylle Picot: Freiwilligenarbeit, ehrenamtliche Tätigkeit und bürgerschaftliches Engagement. Repräsentative Erhebung 1999. Überblick über die Ergebnisse, München 1999.

Rosenbladt, Bernard von: Freiwilliges Engagement in Deutschland. Gesamtbericht, Stuttgart 2000 (Schriftenreihe des BMSFJ, Bd. 194.1).

Srubar , Ilja: War der reale Sozialismus modern?, in: Kölner Zeitschrift für Soziologie und Sozialpsychologie, 43/1991, S. 415–432.

Wuthnow, Robert: Acts of Compassion. Caring for Others and Helping Ourselves, Princeton 1991.

2.2 *Milieuformation*

Adler, Frank: Früher sozialistischer Leiter oder politischer Funktionär, heute ...? Zur vertikalen Mobilität der DDR-Dienstklasse im Transformationsprozeß, in: Hradil, Stefan/Eckhard Pankoke (Hrsg.): Aufstieg für alle?, Opladen 1997, S. 383–423.

Beck, Ulrich: Jenseits von Klasse und Stand? Soziale Ungleichheit, gesellschaftliche Individualisierungsprozesse und die Entstehung neuer sozialer Formationen und Identitäten, in: Kreckel, Reinhard (Hrsg.): Soziale Ungleichheiten, Göttingen 1983 (Soziale Welt, Sonderband 2).

Bourdieu, Pierre: Die feinen Unterschiede, Frankfurt/M. 1982 (1. Aufl. 1979).

Dahrendorf, Ralf: Soziale Klassen und Klassenkonflikt in der industriellen Gesellschaft, Stuttgart 1957.

Dahrendorf, Ralf: Der moderne soziale Konflikt. Essays zur Politik der Freiheit, Stuttgart 1992.

Geiger, Theodor: Die Klassengesellschaft im Schmelztiegel, Köln und Hagen 1949.

Geissler, Rainer: Die Sozialstruktur Deutschlands, Opladen 1996 (2. Aufl.).

Geissler, Rainer: Kein Abschied von Klasse und Schicht, in: Kölner Zeitschrift für Soziologie und Sozialpsychologie, 48/1996, S. 319–338.

Geissler, Rainer: Das mehrfache Ende der Klassengesellschaft. Diagnosen sozialstrukturellen Wandels, in: Jürgen Friedrichs u. a. (Hrsg.): Die Diagnosefähigkeit der Soziologie, Opladen 1998, S. 207–236.

Geissler, Rainer (Hrsg.): Soziale Schichtung und Lebenschancen in Deutschland, Stuttgart 1994 (2., völlig neu bearb. u. aktual. Aufl.).

Mooser, Josef: Arbeiterleben in Deutschland 1900 – 1970, Frankfurt/M. 1984.

Schnitzer, Klaus u. a.: Das soziale Bild der Studentenschaft in der Bundesrepublik Deutschland, Bonn 1998.

Vester, Michael u. a.: (Hrsg.), Soziale Milieus in Ostdeutschland, Köln 1995.

Vester, Michael u. a.: Soziale Milieus im gesellschaftlichen Strukturwandel. Zwischen Integration und Ausgrenzung, Köln 1993 (1. Aufl.) und Frankfurt/M. 2001 (2. Aufl.).

Vögele, Wolfgang/Michael Vester/Helmut Bremer: Soziale Milieus und Kirche, Würzburg 2001.

2.3 *Sozialstruktur und gesellschaftlicher Wandel*

Beck, Ulrich: Die Risikogesellschaft, Frankfurt/M. 1986.

Berger, Peter A.: Individualisierung, Opladen 1996.

Bosworth, Barry/Gary Burtless (Hrsg.): Ageing Societies (The Brookings Institutions), Washington DC 1998.

Bourdieu, Pierre u. a.: Das Elend der Welt. Zeugnisse und Diagnosen des alltäglichen Leidens an der Gesellschaft, Konstanz 1997 (1. Aufl. 1993).

Castells, Manuel: The Information Age. Economy, Society and Culture (Vol. 1–3), Malden 1996–1998.

Deutsches Institut für Wirtschaftsforschung (Hrsg.): Zur langfristigen Bevölkerungsentwicklung in Deutschland. Modellrechnungen bis 2050, in: DIW-Wochenbericht, 42/1999, S. 745–757.

Enquete-Kommission »Demographischer Wandel« des Deutschen Bundestages: Zweiter Zwischenbericht, Bonn 1998.

Etzioni, Amitai: Die Verantwortungsgesellschaft, Berlin 2000.

Eurostat: Living Conditions in Europe, Luxemburg 1998.

Faik, Jürgen/Heinrich Schlomann: Die Entwicklung der Vermögensverteilung in Deutschland, in: Huster, Ernst-Ulrich (Hrsg.): Reichtum in Deutschland, Frankfurt/M. und New York 1997, S. 89–126.

Geissler, Rainer: Sozialer Wandel in Deutschland, Bundeszentrale für politische Bildung: Informationen zur politischen Bildung, Heft 269.

Geissler, Rainer: Sind Ausländer krimineller als Deutsche? Anmerkungen zu einem vielschichtigen Problem, in: Gegenwartskunde, 49/2001, S. 27–41.

Hauser, Richard u. a.: Ungleichheit und Sozialpolitik, Opladen 1996.

Heilemann, Ullrich/Hans Dietrich von Loeffelholz: Ökonomische und fiskalische Implikationen der Zuwanderung nach Deutschland, Essen 1998 (RWI-Papiere, Nr. 52).

Helwig, Gisela /Hildegard Maria Nickel (Hrsg.): Frauen in Deutschland 1945–1992, Berlin 1993.

Hradil, Stefan: Sozialstrukturanalyse in einer fortgeschrittenen Gesellschaft, Opladen 1987.

Hradil, Stefan: Soziale Ungleichheit in Deutschland, Opladen 1999 (7. Aufl.).

Krause, Peter/Roland Habich: Einkommen und Lebensqualität im vereinigten Deutschland, in: Vierteljahreshefte für Wirtschaftsforschung, 69/2000, S. 317–340.

Kreckel, Reinhard: Politische Soziologie sozialer Ungleichheit, Frankfurt/M. 1992.

Lockwood, David: Soziale Integration und Systemintegration, in: Zapf, Wolfgang (Hrsg.): Theorien des sozialen Wandels, Königstein 1979, S. 124–137.

Meier, Bernd: Sozialkapital in Deutschland. Eine empirische Skizze, Köln 1996.

Münz, Rainer u. a.: Zuwanderung nach Deutschland, Frankfurt/M. und New York 1997.

Noelle-Neumann, Elisabeth/Renate Köcher (Hrsg.): Allensbacher Jahrbuch der Demoskopie 1993–1997, Bd. 10, München u. a. 1997.

Pongs, Armin: In welcher Gesellschaft leben wir eigentlich? Gesellschaftskonzepte im Vergleich, 2 Bde., München 1999 und 2000.

Putnam, Robert D.: Tuning In, Tuning Out. The Strange Disappearance of Social Capital in America, in: Political Science & Politics, 28/1995, S. 664–683.

Schäfers, Bernhard: Sozialstruktur und sozialer Wandel in Deutschland, Stuttgart 1998 (7., neu bearb. Aufl.).

Schäfers, Bernhard/Wolfgang Zapf (Hrsg.): Handwörterbuch zur Gesellschaft Deutschlands, Opladen 2001 (2., erw. u. aktual. Aufl.).

Schulze, Gerhard: Erlebnisgesellschaft, Frankfurt/M. und New York 1993.

Statistisches Bundesamt (Hrsg.): Bevölkerungsentwicklung Deutschlands bis zum Jahr 2050, Wiesbaden 2000.

Statistisches Bundesamt (Hrsg.): Datenreport 1999. Zahlen und Fakten über die Bundesrepublik Deutschland, Bonn 2000.

Szydlik, Marc: Erben in der Bundesrepublik Deutschland, in: Kölner Zeitschrift für Soziologie und Sozialpsychologie, 51/1999, S. 80–104.
Zapf, Wolfgang/Roland Habich (Hrsg.): Wohlfahrtsentwicklung im vereinten Deutschland. Sozialstruktur, sozialer Wandel und Lebensqualität, Berlin 1998.
Zinn, Karl Georg: Wie Reichtum Armut schafft, Köln 1998.

2.4 Modernisierungsprozesse und Zukunftsvorstellungen

Bell, Daniel: Die nachindustrielle Gesellschaft, Frankfurt/M. 1985.
Dyson, Esther: Release 2.0. Die Internet-Gesellschaft, München 1997.
Dyson, Freeman J.: Die Sonne, das Genom und das Internet. Wissenschaftliche Innovationen und die Technologien der Zukunft, Frankfurt/ M. 2000.
Ernst, Heiko u. a. und unter Mitarbeit der PROGNOS AG: 2020. So werden wir leben. Düsseldorf und Berlin 2000.
Fraunhofer Institut für Systemtechnik und Innovationsforschung: Zukunft nachgefragt. Studie zur globalen Entwicklung von Wissenschaft und Technik (Delphi-Studie 1998) im Auftrag des Bundesministeriums für Bildung, Wissenschaft, Forschung und Technologie, Karlsruhe 1998.
Global Trends 2015: A Dialogue About the Future with Nongovernment Experts, National Intelligence Council (NIC) 2000–02, Dezember 2000.
Graf, Hans Georg: Globale Szenarien, Frankfurt/M. 2000.
Grün, Josef/Detlev Wiener: Global denken. Vor Ort handeln. Weltmodelle von Global 2000 bis Herman Kahn, Wien 1984.
Hartmann, Hans A./Rolf Haubl (Hrsg.): Freizeit in der Erlebnisgesellschaft, Opladen 1998.
Heuser, Uwe Jean: Tausend Welten, Berlin 1996.
Hondrich, Karl Otto: Zukunftsvorstellungen, in: Schäfers, Bernhard/Wolfgang Zapf (Hrsg.): Handwörterbuch zur Gesellschaft Deutschlands, Berlin 1998, S. 755–764.
Horx, Matthias: Megatrends für die späten neunziger Jahre, München 1995.
Horx, Matthias: Das Zukunftsmanifest. Wie wir uns auf das 21. Jahrhundert vorbereiten können, Düsseldorf 1998.
Kaku, Michio: Visions, New York 1998.
Kitcher, Philip: Genetik und Ethik. Die Revolution der Humangenetik und ihre Folgen, München 1998.
Martin, Hans-Peter/Harald Schumann: Die Globalisierungsfalle, Hamburg 1997.
Minc, Alain: Globalisierung, Wien 1998.
Münch, Richard: Globale Dynamik, lokale Lebenswelten. Der schwierige Weg in die Weltgesellschaft, Frankfurt/M. 1998.
Negroponte, Nicolas: Total digital, München 1996.
Noack, Paul: Eine Geschichte der Zukunft, Bonn 1996.
Pollack, Detlev: Das Ende einer Organisationsgesellschaft, in: Zeitschrift für Soziologie, 19/1990, S. 292–307.
Rifkin, Jeremy: Access. Das Verschwinden des Eigentums, Frankfurt/M. und New York 2000.
Sennett, Richard: Der flexible Mensch, Berlin 1998.
Steinmüller, Karlheinz u. a. (Hrsg.): Zukunftsforschung in Europa. Ergebnisse und Perspektiven, Baden-Baden 2000.
Willke, Helmut: Systemisches Wissensmanagement, Stuttgart 1998.
Winnacker, Ernst-Ludwig: Das Genom – Möglichkeiten der Genforschung, München 1997.

3. Wirtschaft und soziale Ordnung

3.1 Wirtschaftsordnung

AFHELDT, HORST: Wohlstand für niemand? Die Marktwirtschaft entläßt ihre Kinder, München 1995.

BECK, ULRICH (Hrsg.): Politik der Globalisierung, Frankfurt/M. 1998.

BUNDESVERBAND DEUTSCHER BANKEN: Umfrage »Der Wirtschaftsstandort im Zeichen der Globalisierung«, März 2000, in: DEMO/SKOPIE, 8/2000.

COLLIGNON, STEFAN: Geldwertstabilität für Europa. Die Währungsunion auf dem Prüfstand, Gütersloh 1996.

DETTLING, WARNFRIED: Wirtschaftskummerland. Wege aus der Globalisierungsfalle, München 1998.

DEUTSCHE BUNDESBANK (Hrsg.): Fünfzig Jahre Deutsche Mark – Notenbank und Währung in Deutschland seit 1948, München 1998.

DEUTSCHE BUNDESBANK (Hrsg.): Währung und Wirtschaft in Deutschland 1876–1975, Frankfurt/M. 1975.

DONGES, JUERGEN B./ANDREAS FREYTAG (Hrsg.): Die Rolle des Staates in einer globalisierten Wirtschaft, Stuttgart 1998.

EHRKE, MICHAEL: New Economy, Berlin 2000.

HUMMEL, DETLEV/ROLF E. BREUER (Hrsg.): Handbuch Europäischer Kapitalmarkt, Wiesbaden 2001.

KREILE, MICHAEL: Deutschland und die Reform der internationalen Finanzarchitektur, in: Aus Politik und Zeitgeschichte, B 37–38/2000, S. 12–20.

LOTTER, WOLF/CHRISTIANE SOMMER (Hrsg.): Neue Wirtschaft – Das Kursbuch für die New Economy, München 2000.

LUTTWAK, EDWARD: Turbo-Kapitalismus, Hamburg und Wien 1999.

MÖLLER, HANS: Die westdeutsche Währungsreform von 1948, in: Deutsche Bundesbank (Hrsg.): Währung und Wirtschaft in Deutschland 1876–1975, Frankfurt/M. 1975, S. 433–483.

OHMAE, KENICHI: Die neue Logik der Weltwirtschaft. Zukunftsstrategien der internationalen Konzerne, Hamburg 1992.

SACHVERSTÄNDIGENRAT ZUR BEGUTACHTUNG DER GESAMTWIRTSCHAFTLICHEN ENTWICKLUNG: Jahresgutachten 2000/01. Chancen auf einen höheren Wachstumspfad, Stuttgart 2000.

SCHNABEL, CLAUS: Tarifautonomie und Tarifpolitik, Köln 2000.

STERN, KLAUS: Die Notenbank im Staatsgefüge, in: Deutsche Bundesbank (Hrsg.): Fünfzig Jahre Deutsche Mark – Notenbank und Währung in Deutschland seit 1948, München 1998, S. 141–198.

THUROW, LESTER C.: Die Zukunft des Kapitalismus, Düsseldorf und München 1996.

WEBER, MANFRED: Einheitliche Geldpolitik als Basis für das Zusammenwachsen der europäischen Finanzmärkte, in: Hummel, Detlev/Rolf E. Breuer (Hrsg.): Handbuch Europäischer Kapitalmarkt, Wiesbaden 2001, S. 19–31.

3.2 Banken

ANDERSEN, UWE: Regiert das Geld die Welt? Die internationalen Finanzmärkte und der Handlungsspielraum der Wirtschaftspolitik, in: Naßmacher, Karl-Heinz u. a. (Hrsg.): Banken in Deutschland, Opladen 1983, S. 168–183.

BAAS, VOLKER: Corporate Citizenship von Banken, in: Schuster, Leo (Hrsg.): Die gesellschaftliche Verantwortung der Banken, Berlin 1997, S. 239–243.

Breuer, Rolf E.: Politik im 21. Jahrhundert – im Schlepptau der Finanzmärkte?, in: Deutsche Bank Research, Bulletin 5/2000, S. 5–16.

Bundesverband deutscher Banken/Forschungsgruppe Wahlen Online: Umfrage »Online-Banking und E-Commerce«, August 2000, in: DEMO/SKOPIE, 10/2000.

Bundesverband deutscher Banken: Banken 2000, Berlin 2000.

Bundesverband deutscher Banken: E-Commerce als Bankdienstleistung, Berlin 2000.

Büschgen, Hans E.: Bankenmacht im Spiegel wirtschafts- und gesellschaftspolitischer Ideologien, in: Die Bank, 1/1999, S. 19–24.

Duwendag, Dieter u. a.: Geldtheorie und Geldpolitik in Europa, Berlin 1999.

Fischer, Lorenz u. a. (Hrsg.): Finanzpsychologie, München 1999.

Gerke, Wolfgang: Die deutsche Aktienkultur – Herausforderung für Banken und Politik, in: Theilacker, Bertram (Hrsg.): Banken und Politik, Frankfurt/M. 2000, S. 60–69.

Heintzeler, Frank: Auch im Zeitalter der Globalisierung kann jede Bank jeder Größe überlebensfähig sein, in: Zeitschrift für das gesamte Kreditwesen, 23/2000, S. 1383–1388.

Hellwig, Martin: Banken zwischen Politik und Markt. Worin besteht die gesamtwirtschaftliche Verantwortung der Banken?, in: Perspektiven der Wirtschaftspolitik, 3/2000, S. 337–355.

Markowitz, Harry M.: Portfolio Selection, in: Journal of Finance, 7/1952, S. 77–91.

Müller-Peters, Horst: Motivation und Risikoneigung privater Geldanleger, in: Lorenz Fischer u. a. (Hrsg.): Finanzpsychologie, München 1999, S. 135–159.

Rosen, Rüdiger von: Aktienmärkte und Aktienkultur in Europa, in: Hummel, Detlev/Rolf E. Breuer (Hrsg.): Handbuch Europäischer Kapitalmarkt, Wiesbaden 2001, S. 487–499.

Schumpeter, Josef: Das Wesen des Geldes, Göttingen 1970.

Szallies, Rüdiger: Anlagemotive im Wandel, in: Lorenz Fischer u. a. (Hrsg.): Finanzpsychologie, München 1999, S. 240–249.

Walter, Norbert: Der Kapitalbedarf der deutschen Wirtschaft, in: Naßmacher, Karl-Heinz u. a. (Hrsg.): Banken in Deutschland, Opladen 1998, S. 120–137.

3.3 Arbeitswelt

Bender, Stefan u. a.: Migration und Arbeitsmarkt, in: Bade, Klaus/Rainer Münz (Hrsg.): Migrationsreport 2000. Fakten – Analysen – Perspektiven, Frankfurt/M. und New York 2000, S. 59–83.

Deutscher Bundestag (Hrsg.): Zweiter Zwischenbericht der Enquete-Kommission »Demographischer Wandel«. Herausforderungen unserer älter werdenden Gesellschaft an den Einzelnen und die Politik, Bonn 1998.

Deutscher Bundestag/Enquete-Kommission Zukunft der Medien in Wirtschaft und Gesellschaft (Hrsg.): Arbeitswelt in Bewegung, Bonn 1998.

Dohse, Dirk/Christiane Krieger-Boden: Währungsunion und Arbeitsmarkt. Auftakt zu unabdingbaren Reformen, Tübingen 1998.

Evangelische Kirche in Deutschland: Gemeinwohl und Eigennutz. Wirtschaftliches Handeln in Verantwortung für die Zukunft, Gütersloh 1991.

Fitzenberger, Bernd/Isabelle Haggeney/Michaela Ernst: Wer ist noch Mitglied in Gewerkschaften? Eine Panelanalyse für Westdeutschland, in: Discussion Paper 98–11, Mannheim 1998.

Fitzenberger, Bernd/Franz Wolfgang: Der Flächentarifvertrag: Eine kritische Würdigung aus ökonomischer Sicht, in: Discussion Paper 57–99, Mannheim 1999.

Flüter-Hoffmann, Christiane/Rolf Kowitz/Anne Wegner: Telearbeit in Deutschland und Europa – neue Chancen – neue Arbeitsstrukturen, Köln 1999.

Heinze, Rolf G./Wolfgang Streeck: Institutionelle Modernisierung und Öffnung des Arbeitsmarktes. Für eine neue Beschäftigungspolitik, in: Kocka, Jürgen/Claus Offe (Hrsg.): Geschichte und Zukunft der Arbeit, Frankfurt/M. 2000.

Hielscher, Volker: Entgrenzung von Arbeit und Leben? Die Flexibilisierung von Arbeitszeiten und ihre Folgewirkungen für die Beschäftigten. Eine Literaturstudie, DP FS II 00–201, Wissenschaftszentrum Berlin für Sozialforschung 2000.

Hinrichs, Knut: Das Normalarbeitsverhältnis und der männliche Familienernährer als Leitbilder der Sozialpolitik, in: Sozialer Fortschritt, 4/1996, S. 102–107.

Hof, Bernd: Szenarien zur Entwicklung des Arbeitskräftepotenzials in Deutschland, in: Aus Politik und Zeitgeschichte, B 8/2001, S. 20–30.

Jeschek, Wolfgang: Die Integration junger Ausländer in das deutsche Bildungssystem kommt kaum noch voran, in: DIW-Wochenbericht, 29/2000, S. 466–476.

Lederer, Harald u. a.: Migrationsbericht 1999. Zu- und Abwanderung nach und aus Deutschland, Bamberg 1999.

Meulemann, Heiner: Arbeit und Selbstverwirklichung in Balance. Warum ist den Franzosen die Arbeit, den Deutschen die Freizeit wichtiger, in: Köcher, Renate/Joachim Schild (Hrsg.): Wertwandel in Deutschland und Frankreich, Opladen 1998, S. 133–151.

Prognos: Informationsgesellschaft in Deutschland. Daten und Fakten im internationalen Vergleich, BMWi-Dokumentation Nr. 462, Bonn 1999.

Reinberg, Alexander: Der qualifikatorische Strukturwandel auf dem deutschen Arbeitsmarkt. Entwicklungen, Perspektiven und Bestimmungsgründe, in: Mitteilungen aus der Arbeitsmarkt- und Berufsforschung (MittAB), 32/1999, S. 434–443.

Rürup, Bert/Werner Sesselmeier: Die schrumpfende und alternde deutsche Bevölkerung. Arbeitsmarktpolitische Perspektiven und Optionen, in: Klose, Hans-Ulrich (Hrsg.): Altern der Gesellschaft. Antworten auf den demographischen Wandel, Köln 1993, S. 27–50.

Schaeper, Hildegard u. a.: Diskontinuierliche Erwerbskarrieren und Berufswechsel in den 1990ern. Strukturmuster und biografische Umgangsweisen betrieblich ausgebildeter Fachkräfte, in: MittAB, 33/2000, S. 80–100.

Schroeder, Wolfgang/Josef Esser: Modell Deutschland. Von der konzertierten Aktion zum Bündnis für Arbeit, in: Aus Politik und Zeitgeschichte, B 37/1999, S. 3–12.

Schulze Buschoff, Karin: Über den Wandel der Normalität im Erwerbs- und Familienleben, DP P 00–511, Wissenschaftszentrum Berlin für Sozialforschung 2000.

Siegel, Nico A./Sven Jochem: Zwischen Sozialstaats-Status quo und Beschäftigungswachstum. Das Dilemma des Bündnisses für Arbeit im Trilemma der Dienstleistungsgesellschaft, in: Zentrum für Sozialpolitik, Arbeitspapier 17/99, Bremen 1999.

Statistisches Bundesamt: Bevölkerungsentwicklung Deutschlands bis 2050 – Ergebnisse der 9. koordinierten Bevölkerungsvorausberechnung, Wiesbaden 2000.

Statistisches Bundesamt: Leben und Arbeiten in Deutschland. Ergebnisse des Mikrozensus 1999, Wiesbaden 2000.

Thomas, Michael (Hrsg.): Selbständige – Gründer – Unternehmer, Berlin 1997.

3.4 Sozial- und Wohlfahrtsstaat

Alber, Jens: Der Sozialstaat in der Bundesrepublik Deutschland 1950–1983, Frankfurt/M. und New York 1989.

Borchert, Jens: Die konservative Transformation des Wohlfahrtstaates, Frankfurt/M. und New York 1995.

Busch, Andreas/Thomas Plümper (Hrsg.): Nationaler Staat und internationale Wirtschaft, Baden-Baden 1999.

Darling, Alistair: Rebuilding the Welfare State. The moral case for reform, in: Kelly, Gavin (Hrsg.): Is the New Labour Working?, London 1999, S. 35–41.

Esping-Andersen, Gösta: The Three Worlds of Welfare Capitalism, Princeton 1990.

Esping-Andersen, Gösta: Welfare States without Work. The Impasse of Labour Shedding and familialism in Continental European Social Policy, in: ders. (Hrsg.): Welfare States in Transition, London u. a. 1996.

Esping-Andersen, Gösta: Social Foundations of Postindustrial Economies, Oxford 1999.

Giddens, Anthony: Der dritte Weg. Die Erneuerung der sozialen Demokratie, Frankfurt/M. 1999.

Kaufmann, Franz-Xaver: Herausforderungen des Sozialstaats, Frankfurt/M. 1997.

Lampert, Heinz: Lehrbuch der Sozialpolitik, Berlin u. a. 1994.

Leibfried, Stephan/Uwe Wagschal (Hrsg.): Der deutsche Sozialstaat. Bilanzen – Reformen – Perspektiven, Frankfurt/M. 2000.

Mau, Steffen: Ungleichheits- und Gerechtigkeitsorientierungen in modernen Wohlfahrtsstaaten. Ein Vergleich der Länder Schweden, Großbritannien und der Bundesrepublik Deutschland, Diskussionspapier FS III 97–401, Wissenschaftszentrum Berlin für Sozialforschung 1997.

Merkel, Wolfgang: Die dritten Wege der Sozialdemokratie ins 21. Jahrhundert, in: Berliner Journal für Soziologie, 1/2000, S. 99–124.

Merkel, Wolfgang: Soziale Gerechtigkeit und die drei Welten des Wohlfahrtskapitalismus, in: Berliner Journal für Soziologie, 2/2001, S. 5–30.

Nannestad, Peter: Das politische System Dänemarks, in: Ismayr, Wolfgang (Hrsg.): Die politischen Systeme Westeuropas, Opladen 1999, S. 53–90.

Nullmeier, Frank/Friedbert W. Rüb: Die Transformation der Sozialpolitik. Vom Sozialstaat zum Sicherungsstaat, Frankfurt/M. und New York 1993.

Offe, Claus: Smooth Consolidation in the West German Welfare State. Structural Change, Fiscal Policies, and Populist Politics, in: Piven, Francis Fox (Hrsg.): Labour Parties in Postindustrial Societies, New York 1992, S. 124–146.

Pierson, Paul: The new Politics of the welfare state, in: World Politics, 1/1996, S. 143–179.

Pioch, Roswitha: Soziale Gerechtigkeit in der Politik, Frankfurt/M. und New York 2000.

Rinne, Karin: Die Zufriedenheit mit dem System der sozialen Sicherung in Deutschland, in: Bernd Frick u. a. (Hrsg.): Betriebliche und staatliche Sozialpolitik: komplementär oder substitutiv?, München und Mering 2000, S. 27–43.

Scharpf, Fritz: Economic changes, vulnerabilities and institutional capabilites, in: ders./Vivian Schmidt (Hrsg.): Welfare and Work in the Open Economy, Oxford 2000.

Schmid, Josef: Wohlfahrtsstaaten im Vergleich, Opladen 1996.

Schmidt, Manfred G.: Sozialpolitik in Deutschland. Historische Entwicklung und internationaler Vergleich, Opladen 1998.

Schmidt, Manfred G. (Hrsg.): Wohlfahrtsstaatliche Politik. Institutionen, politischer Prozess und Leistungsprofil, Opladen 2001.

Torfing, Jacob: Workfare with Welfare. Recent Reforms of the Danish Welfare State, in: Journal of European Social Policy, 1/1999, S. 5–28.

Visser, Jelle/Hemerijk Anton: Ein holländisches Wunder? Reform des Sozialstaates und Beschäftigungswachstum in den Niederlanden, Frankfurt/M. und New York 1998.

Zapf, Wolfgang/Roland Habich: Wohlfahrtsentwicklung in der Bundesrepublik 1949 bis 1999, in: Kaase, Max/Günther Schmid (Hrsg.): Eine lernende Demokratie. 50 Jahre Bundesrepublik Deutschland, Berlin 1999, S. 285–314.

Zohlnhöfer, Reimut: Die Wirtschaftspolitik der Ära Kohl. Eine Analyse der Schlüsselentscheidungen in den Politikfeldern Finanzen, Arbeit und Entstaatlichung, 1982–1998, Opladen 2001.

Zöllner, Detlev: Ein Jahrhundert Sozialversicherung in Deutschland, Berlin 1981.

3.5 Umwelt

HAAN, GERHARD DE/UDO KUCKARTZ: Umweltbewußtsein. Denken und Handeln in Umweltkrisen, Opladen 1996.
HEMMELSKAMP, JENS: Umweltpolitik und technischer Fortschritt. Eine theoretische und empirische Untersuchung der Determinanten von Umweltinnovationen, Heidelberg 1999.
HEMMELSKAMP, JENS u. a.: Innovation-Oriented Environmental Regulation, Heidelberg 2000.
HOFMEISTER, SABINE: Von der Abfallwirtschaft zur ökologischen Stoffwirtschaft. Wege zu einer Ökonomie der Reproduktion, Opladen 1998.
HUBER, JOSEPH: Nachhaltige Entwicklung, Berlin 1995.
HUBER, JOSEPH: Allgemeine Umweltsoziologie, Opladen 2001.
JÄNICKE, MARTIN (Hrsg.): Umweltpolitik der Industrieländer, Berlin 1996, S. 59–111.
KLEMMER, PAUL u. a.: Umweltinnovationen. Anreize und Hemmnisse, Berlin 1999.
KLEMMER, PAUL (Hrsg.): Innovationen und Umwelt, Berlin 1999.
KNAUS, ANJA/ORTWIN RENN: Den Gipfel vor Augen. Unterwegs in eine nachhaltige Zukunft, Marburg 1998.
KUCKARTZ, UDO: Umweltbewusstsein in Deutschland 2000. Ergebnisse einer repräsentativen Bevölkerungsumfrage, Berlin 2000.
PREISENDÖRFER, PETER: Umweltbewußtsein in Deutschland. Ergebnisse einer repräsentativen Befragung, Bonn 1998.
PROJEKTGRUPPE ETHISCH-ÖKOLOGISCHES RATING UND OEKOM RESEARCH (Hrsg.): Ethisch-ökologisches Ranking. Der Frankfurt-Hohenheimer Leitfaden und seine Umsetzung durch das Corporate Responsibility Rating, München 2000.
SCHMIDHEINY, STEFAN: Kurswechsel. Globale unternehmerische Perspektiven für Entwicklung und Umwelt, München 1992.
SCHMIDT-BLEEK, FRIEDRICH: Wieviel Umwelt braucht der Mensch? MIPS, das Maß für ökologisches Wirtschaften, Berlin 1994.
SCHNEIDER, MANUEL: Mythen der Landwirtschaft. Fakten gegen Vorurteile, Irrtümer und Unwissen, Bad Dürkheim und München 2000.
SCHULTE, HANS: Umweltrecht, Heidelberg 1999.
SOCOLOW, ROBERT u. a.: Industrial Ecology and Global Change, Cambridge/Mass. 1994.
WBGU (WISSENSCHAFTLICHER BEIRAT DER BUNDESREGIERUNG GLOBALE UMWELTVERÄNDERUNGEN): Sondergutachten Umwelt und Ethik, Marburg 1999.
WEIZSÄCKER, ERNST ULRICH VON u. a.: Faktor Vier. Doppelter Wohlstand, halbierter Naturverbrauch, München 1995.
WEPLER, CLAUS: Europäische Umweltpolitik, Marburg 1999.

4. Kultur

4.1 Erinnerung und Kultur

ANGVIK, MAGNE/BODO VON BORRIES (Hrsg.): Youth and History. A Comparative European Survey on Historical Consciousness and Political Attitudes among Adolescents, Hamburg 1997.
ASSMANN, ALEIDA: Erinnerungsräume. Formen und Wandlungen des kulturellen Gedächtnisses, München 1999.
ASSMANN, JAN: Das kulturelle Gedächtnis. Schrift, Erinnerung und politische Identität in frühen Hochkulturen, München 1992.

BORSDORF, ULRICH/HEINRICH TH. GRÜTTER (Hrsg.): Orte der Erinnerung. Denkmal, Gedenkstätte, Museum, Frankfurt/M. 1997.

DÖRNER, ANDREAS: Politischer Mythos und symbolische Politik. Der Hermann-Mythos. Zur Entstehung des Nationalbewußtseins der Deutschen, Wiesbaden 1995.

DUBIEL, HELMUT: Niemand ist frei von der Geschichte. Die nationalsozialistische Herrschaft in den Debatten des Deutschen Bundestages, München 1999.

FEHR, MICHAEL/STEFAN GROHE (Hrsg.): Geschichte, Bild, Museum. Zur Darstellung von Geschichte im Museum, Köln 1989.

FREI, NORBERT: Vergangenheitspolitik. Die Anfänge der Bundesrepublik und die NS-Vergangenheit, München 1996.

FÜSSMANN, KLAUS u. a. (Hrsg.): Historische Faszination. Geschichtskultur heute, Köln u. a. 1994.

LEGOFF, JACQUES: Geschichte und Gedächtnis, Frankfurt/M. 1992.

GOLDHAGEN, DANIEL JONAH: Hitlers willige Vollstrecker. Ganz gewöhnliche Deutsche und der Holocaust, Berlin 1996.

HÖLSCHER, LUCIAN: Geschichte als »Erinnerungskultur«, in: Dabag, Mihran/Kristin Platt (Hrsg): Generation und Gedächtnis. Erinnerung und kollektive Identitäten, Opladen 1995, S. 146–168.

JEISMANN, MICHAEL (Hrsg.): Mahnmal Mitte. Eine Kontroverse, Köln 1999.

KIRSCH, JAN-HOLGER: »Wir haben aus der Geschichte gelernt«. Der 8. Mai als politischer Gedenktag in Deutschland, Köln u. a. 1999.

KOCKA, JÜRGEN: Folgen der deutschen Einigung für die Geschichts- und Sozialwissenschaft, in: Deutschland Archiv, 8/1992, S. 793–802.

KORFF, GOTTFRIED (Hrsg.): Das historische Museum. Labor, Schaubühne, Identitätsfabrik, Frankfurt/M. 1990.

LIEBSCH, BURKHARD/JÖRN RÜSEN (Hrsg.): Trauer und Geschichte, Köln 2001.

MAI, EKKEHARD/GISELA SCHMIRBER (Hrsg.): Denkmal – Zeichen – Monument. Skulptur und öffentlicher Raum heute, München 1989.

MEIER, CHRISTIAN: 40 Jahre nach Auschwitz. Deutsche Geschichtserinnerung heute, München 1990 (2. Aufl.).

MITSCHERLICH, ALEXANDER U. MARGARETE: Die Unfähigkeit zu trauern. Grundlagen kollektiven Verhaltens, München 1967 (Neuauflage Leipzig 1990).

OEHLER, KATHARINA: Geschichte in der politischen Rhetorik. Historische Argumentationsmuster im Parlament der Bundesrepublik Deutschland, Hagen 1989.

REICHEL, PETER: Politik mit der Erinnerung. Gedächtnisorte im Streit um die nationalsozialistische Vergangenheit, München 1995.

REICHEL, PETER: Vergangenheitsbewältigung in Deutschland, München 2001.

RÜSEN, JÖRN: Historische Orientierung. Über die Arbeit des Geschichtsbewußtseins, sich in der Zeit zurechtzufinden, Köln u. a. 1994.

RÜSEN, JÖRN: Historisches Lernen. Grundlagen und Paradigmen, Köln u. a. 1994.

RÜSEN, JÖRN: Zerbrechende Zeit. Über den Sinn der Geschichte, Köln 2001.

RÜSEN, JÖRN u. a. (Hrsg.): Geschichte sehen. Beiträge zur Ästhetik historischer Museen, Pfaffenweiler 1988.

RÜSEN, JÖRN (Hrsg.): Geschichtsbewußtsein – Psychologische Grundlagen, Entwicklungskonzepte, empirische Befunde, Köln u. a. 2001.

SCHWAN, GESINE: Politik und Schuld. Die zerstörerische Macht des Schweigens, Frankfurt/M. 1997.

SEIDENSTICKER, MIKE: Geschichte in der Werbung. Der SPIEGEL und die Neue Illustrierte Revue 1947 bis 1987, Köln 1995.

TACKE, CHARLOTTE: Denkmal im sozialen Raum. Nationale Symbole in Deutschland und Frankreich im 19. Jahrhundert, Göttingen 1995.

WOLFRUM, EDGAR: Geschichtspolitik in der Bundesrepublik Deutschland. Der Weg zur bundesrepublikanischen Erinnerung 1948 – 1990, Darmstadt 1999.

ZUCKERMANN, MOSHE: Gedenken und Kulturindustrie. Ein Essay zur neuen deutschen Normalität, Bodenheim 1999.

4.2 Medien und Kultur

BAUMANN, HEIDE/CLEMENS SCHWENDER (Hrsg.): Kursbuch Neue Medien 2000. Ein Reality-Check, Stuttgart und München 2000.

GLOTZ, PETER: Chancen und Gefahren der Telekratie, in: Bollmann, Stefan (Hrsg.): Kursbuch Neue Medien, Mannheim 1995, S. 41–56.

HICKETHIER, KNUT: Geschichte des deutschen Fernsehens, Stuttgart und Weimar 1998.

JACOBSEN, WOLFGANG/ANTON KAES/HANS HELMUT PRINZLER (Hrsg.): Geschichte des deutschen Films, Stuttgart und Weimar 1993.

KAASE, MAX/WINFRIED SCHULZ (Hrsg.): Massenkommunikation, Opladen 1989.

KLINGLER, WALTER/GUNNAR ROTERS/MARIA GERHARDS (Hrsg.): Medienrezeption seit 1945. Forschungsbilanz und Forschungsperspektiven, Baden-Baden 1998.

LUHMANN, NIKLAS: Die Realität der Massenmedien, Opladen 1996 (2., erw. Aufl.).

MERTEN, KLAUS u. a. (Hrsg.): Die Wirklichkeit der Medien, Opladen 1994.

MEYER, THOMAS: Herausforderungen und Perspektiven einer visuellen Kultur, in: Baacke, Dieter/Franzjosef Röll (Hrsg.): Weltbilder, Wahrnehmung Wirklichkeit. Der ästhetisch organisierte Lernprozeß, Opladen 1995, S. 50–71.

MEYN, HERMANN: Massenmedien in Deutschland, Konstanz 2001.

POLKEHN, KLAUS: Das war die Wochenpost. Geschichte und Geschichten einer Zeitung, Berlin 1997.

SCHUMACHER, HEIDEMARIE: Infotainment-Ästhetik im Fernsehen der Gegenwart, in: Bosshart, Louis/Wolfgang Hoffmann-Riem (Hrsg.): Medienlust und Mediennutzen, München 1994, S. 478–483.

WEISCHENBERG, SIEGFRIED: Neues vom Tage. Die Schreinemakerisierung unserer Medienwelt, Hamburg 1997.

WILKE, JÜRGEN: Mediengeschichte der Bundesrepublik Deutschland, Köln 1999.

WILLEMS, HERBERT/MARTIN JURGA (Hrsg.): Inszenierungsgesellschaft. Ein einführendes Handbuch, Opladen 1998.

4.3 Informationszeitalter

BOLZ, NORBERT: »Die Wirkkraft des Unsichtbaren«. Spiritualität, Kommunikation, Design, Wissen: Die Produktivkräfte des 21. Jahrhunderts, München 1999.

BRAUN, HANS-JOACHIM/WALTER KAISER: Energiewirtschaft, Automatisierung, Information seit 1914, Berlin 1997.

CASTELLS, MANUEL: The Information Age: Economy, Society, and Culture, 3 Bde., Malden/Mass. 1996.

ENCARNAÇAO, JOSÉ L./WOLFGANG LEIDHOLD/ANDREAS REUTER: Szenario: Die Universität im Jahre 2005, in: Bertelsmann Stiftung/Heinz Nixdorf Stiftung (Hrsg.): Studium Online, Hochschulentwicklung durch neue Medien, Gütersloh 2000, S. 17–29.

FLICHY, PATRICE: Tele. Geschichte der modernen Kommunikation, Frankfurt/M. 1994.

GLOTZ, PETER: Von Analog nach Digital. Unsere Gesellschaft auf dem Weg zur digitalen Kultur, Frauenfeld u. a. 2001.

KREIBICH, ROLF: Die Wissenschaftsgesellschaft. Von Galilei zur High-Tech-Revolution, Frankfurt/M. 1986.

Krotz, Friedrich: Die Mediatisierung kommunikativen Handelns. Wie die Medienentwicklung Alltag und Identität, Kultur und Gesellschaft verändert, Opladen 2001.
Leidhold, Wolfgang: Die politische Welt im Jahre 2048, in: Gesamtverband der Deutschen Versicherungswirtschaft (Hrsg.): Verantwortung: Gesellschaft und Versicherungen im Wandel der Zeit, Berlin 1998.
Matejowski, Dirk (Hrsg.): Neue, schöne Welt? Lebensformen der Informationsgesellschaft, Frankfurt/M. und New York 2000.
Müller, Rainer A.: Geschichte der Universität. Von der mittelalterlichen Universitas zur deutschen Hochschule, München 1990.
Nefiodow, Leo A.: Der sechste Kondratieff, Sankt Augustin 1996.
Piller, Frank T.: Das Produktivitätsparadoxon der Informationsgesellschaft, Würzburg 1997.
Price, Derek: Science Since Babylon, New Haven 1961.
Tapscott, Don: The Digital Economy. Promise and Peril in the Age of Networked Intelligence, New York 1995.
Turkle, Sherry: Leben im Netz. Identität in Zeiten des Internet, Reinbek 2000.

4.4 Tendenzen und Trends

Blask, Falko: »Ich will Spaß!«, München 1996.
Farin, Klaus: generation-kick.de. Jugendsubkulturen heute, München 2001.
Ferchhoff, Wilfried/Georg Neubauer: Patchwork-Jugend. Eine Einführung in postmoderne Sichtweisen, Opladen 1997 (2., überarb. Aufl.).
Gebhardt, Winfried/Ronald Hitzler/Michaela Pfadenhauer (Hrsg.): Events. Soziologie des Außergewöhnlichen, Opladen 2000.
Glotz, Peter: Die beschleunigte Gesellschaft. Kulturkämpfe im digitalen Kapitalismus, Reinbek 2001.
Göttlich, Udo/Rainer Winter (Hrsg.): »Politik des Vergnügens«. Zur Diskussion der Populärkultur in den Cultural Studies, Köln 2000.
Guggenberger, Bernd: Sein oder Design. Im Supermarkt der Lebenswelten, Reinbek 2000.
Hitzler, Ronald/Thomas Bucher/Arne Niederbacher: Leben in Szenen. Formen jugendlicher Vergemeinschaftung heute, Opladen 2001.
Illies, Florian: Generation Golf, Berlin 2000.
Krüger, Thomas (Hrsg.): Die bewegte Stadt. Berlin am Ende der Neunziger, Berlin 1999.
Libeskind, Daniel/Jan Philipp Reemtsma/Richard Sennett u. a.: Alles Kunst? Wie arbeitet der Mensch im neuen Jahrtausend und was tut er in der übrigen Zeit?, Reinbek 2001.
Nickel, Oliver (Hrsg.): Eventmarketing. Grundlagen und Erfolgsbeispiele, München 1998.
Roth, Roland/Dieter Rucht (Hrsg.): Jugendkulturen, Politik und Protest. Vom Widerstand zum Kommerz, Opladen 2000.
Schulze, Gerhard: Die Erlebnisgesellschaft. Kultursoziologie der Gegenwart, Frankfurt/M. und New York 1998 (8. Aufl.).
Schulze, Gerhard: Kulissen des Glücks. Streifzüge durch die Eventkultur, Frankfurt/M. und New York 1999.
Steinert, Heinz: Kulturindustrie, Münster 1998.
Strasser, Johano: Leben oder Überleben. Wider die Zurichtung des Menschen zu einem Element des Marktes, Zürich 2001.
Tetzlaff, Rainer (Hrsg.):Weltkulturen unter Globalisierungsdruck. Erfahrungen und Antworten aus den Kontinenten, Bonn 2000.

4.5 Kulturgeschichte und Kulturpolitik

Barner, Wilfried (Hrsg.): Geschichte der deutschen Literatur von 1945 bis zur Gegenwart, München 1994.

Beyme, Klaus von: Die Kunst der Macht und die Gegenmacht der Kunst. Studien zum Spannungsfeld von Kunst und Politik, Frankfurt/M. 1998.

Breitenstein, Andreas (Hrsg.): Der Kulturbetrieb. Dreißig Annäherungen, Frankfurt/M. 1996.

Daniel, Ute: Kompendium Kulturgeschichte. Theorien, Praxis, Schlüsselwörter, Frankfurt/M. 2001.

Deutscher Kulturrat (Hrsg.): Kulturpolitik für das 21. Jahrhundert – Anforderungen an die Informationsgesellschaft, Bonn 1999.

Eagleton, Terry: Was ist Kultur? Eine Einführung, München 2001.

Fuchs, Max: Kulturpolitik als gesellschaftliche Aufgabe. Eine Einführung in Theorie, Geschichte, Praxis, Opladen und Wiesbaden 1999.

Glaser, Hermann: Deutsche Kultur. Ein historischer Überblick von 1945 bis zur Gegenwart, Bonn 2000.

Glaser, Hermann: Kleine Kulturgeschichte der Bundesrepublik Deutschland 1945 – 1989, München 1991 (zuvor in 3 Bänden, München 1985–1989).

Hoffmann, Hilmar/Heinrich Klotz (Hrsg.): Die Kultur unseres Jahrhunderts. Bd. 1: 1945–1960, Bd. 2: Die Sechziger, Bd. 3: 1970–1990, Düsseldorf, Wien und New York 1991, 1987, 1990.

Jäger, Manfred: Kultur und Politik in der DDR 1945 – 1990, Köln 1994.

Jahrbuch für Kulturpolitik. Bd. 1, hrsg. für das Institut für Kulturpolitik der Kulturpolitischen Gesellschaft von Thomas Röbke und Bernd Wagner, Essen 2001.

Lindner, Bernd: Verstellter, offener Blick. Eine Rezeptionsgeschichte bildender Kunst im Osten Deutschlands 1945–1995, Köln und Weimar 1998.

Muschter, Gabriele/Rüdiger Thomas (Hrsg.): Jenseits der Staatskultur. Traditionen autonomer Kunst in der DDR, München 1992.

Rischbieter, Henning (Hrsg.): Theater im geteilten Deutschland 1945 bis 1990, Berlin 1999.

Ritter, Waldemar: Kultur und Kulturpolitik im vereinigten Deutschland, Bonn und Berlin 2000.

Schnell, Ralf (Hrsg.): Metzler-Lexikon Kultur der Gegenwart. Themen und Theorien, Formen und Institutionen seit 1945, Stuttgart und Weimar 2000.

Schröder Gerhard/Helga Breuninger (Hrsg.): Kulturtheorien der Gegenwart. Ansätze und Positionen, Frankfurt/M. und New York 2001.

Schwencke, Olaf: Das Europa der Kulturen. Dokumente, Analysen und Perspektiven, Essen 2001.

Selle, Gert: Die eigenen vier Wände. Zur verborgenen Geschichte des Wohnens, Frankfurt/M. und New York 1999 (3. Aufl.).

Selle, Gert: Geschichte des Designs in Deutschland, Frankfurt/M. und New York 1994.

Siebenhaar, Klaus (Hrsg.): Kulturhandbuch Berlin. Geschichte&Gegenwart von A–Z, Berlin 2001 (2., erw. u. aktual. Aufl.).

Wagner, Peter: Pop 2000. 50 Jahre Popmusik und Jugendkultur in Deutschland, Hamburg 1999.

Wertheim, Margaret: Die Himmelstür zum Cyberspace. Eine Geschichte des Raumes von Dante zum Internet, Zürich 2000.

Williams, Raymond: Gesellschaftstheorie als Begriffsgeschichte. Studien zur historischen Semantik von »Kultur«, München 1972 (1. Aufl. 1963).

5. Politik

5.1 Politisches System und Politische Kultur

ALMOND, GABRIEL A./SIDNEY VERBA: The Civic Culture. Political Attitudes and Democracy in Five Nations, Princeton 1963.

ANDERSEN, UWE/WICHARD WOYKE: Handwörterbuch des politischen Systems der Bundesrepublik Deutschland, Opladen 2000 (4., überarb. u. aktual. Aufl.).

BEYME, KLAUS VON: Institutionelle Grundlagen der deutschen Demokratie, in: Kaase, Max/ Günther Schmid (Hrsg.): Eine lernende Demokratie, Berlin 1999, S. 19–39.

BÜRKLIN, WILHELM u. a.: Eliten in Deutschland. Rekrutierung und Integration, Opladen 1997.

EITH, ULRICH/GERD MIELKE (Hrsg.): Gesellschaftliche Konflikte und Parteiensysteme, Wiesbaden 2001.

FISCHER, PETER: Reform statt Revolution. Die Gemeinsame Verfassungskommission von Bundestag und Bundesrat, München 1995.

FLAIG, BERTHOLD/THOMAS MEYER/JÖRG UELTZHÖFFER: Alltagsästhetik und politische Kultur. Zur ästhetischen Dimension politischer Bildung und politischer Kommunikation, Bonn 1993.

GLAAB, MANUELA/KARL-RUDOLF KORTE: Politische Kultur, in: Weidenfeld, Werner/Karl-Rudolf Korte (Hrsg.): Handbuch zur deutschen Einheit 1949 – 1989 – 1999, Bonn und Frankfurt/M. 1999, S. 642–650.

GÖRTEMAKER, MANFRED: Geschichte der Bundesrepublik Deutschland, München 1999.

HELMS, LUDGER: 50 Jahre Bundesrepublik Deutschland. Kontinuität und Wandel des politischen Institutionensystems, in: Zeitschrift für Politik, 2/1999, S. 145–172.

INGLEHART, RONALD: The Silent Revolution. Changing Values and Political Styles Among Westerns Publics, Princeton 1977.

INGLEHART, RONALD: Kultureller Umbruch. Wertewandel in der westlichen Welt, Frankfurt/M. und New York 1989.

KORTE, KARL-RUDOLF: Wahlen in der Bundesrepublik Deutschland, Bonn 2000 (3. Aufl.).

KORTE, KARL-RUDOLF: Das politische System der Bundesrepublik Deutschland, in: Mols, Manfred u. a. (Hrsg.): Politikwissenschaft, Paderborn 2001 (3. Aufl.), S. 67–98.

MURSWIECK, AXEL: Regieren, Regierbarkeit, Unregierbarkeit, in: Lexikon der Politik, Bd. 1, München, S. 533–539.

NEUBERT, EHRHART: Geschichte der Opposition in der DDR 1949–1989, Bonn 1997.

NICLAUSS, KARLHEINZ: Das Parteiensystem der Bundesrepublik Deutschland, Paderborn 1995.

NICLAUSS, KARLHEINZ: Der Weg zum Grundgesetz. Demokratiegründung in Westdeutschland 1945–1949, Paderborn u. a. 1998.

NOWAK, WOLFGANG: Bedingungen und Grenzen des Vertrauens in der Politik, in: Führung und Vertrauen in der Politik. Kolloquium zu Gesellschaft, Politik, Kultur, C.A.P., München 2000, S. 10–13.

PATZELT, WERNER J.: Reformwünsche in Deutschlands latentem Verfassungskonflikt, in: Aus Politik und Zeitgeschichte, B 28/2000, S. 3 f.

PERILLIEUX, RENÉ u. a.: Digitale Spaltung in Deutschland. Ausgangssituation, internationaler Vergleich, Handlungsempfehlungen, o. O. 2000.

PFAHL-TRAUGHBER, ARMIN: Die Entwicklung des Rechtsextremismus in Ost- und Westdeutschland, in: Aus Politik und Zeitgeschichte, B 39/2000, S. 3–14.

SCHARPF, FRITZ W.: Die Handlungsfähigkeit des Staates am Ende des Zwanzigsten Jahrhunderts, in: Kohler-Koch, Beate (Hrsg.): Staat und Demokratie in Europa, Darmstadt 1992, S. 93–115.

SCHMIDT, MANFRED G.: Demokratietheorien, Opladen 2000 (3. Aufl.).
STREECK, WOLFGANG (Hrsg.): Internationale Wirtschaft, Nationale Demokratie. Herausforderungen für die Demokratietheorie, Frankfurt/M. 1998.
THOMAS, RÜDIGER: DDR: Politisches System, in: Weidenfeld, Werner/Karl-Rudolf Korte (Hrsg.): Handbuch zur deutschen Einheit 1949 – 1989 – 1999, Bonn und Frankfurt/M. 1999, S. 176–192.
WEIDENFELD, WERNER (Hrsg.): Demokratie am Wendepunkt. Die demokratische Frage als Projekt des 21. Jahrhunderts, Berlin 1996.
WEIDENFELD, WERNER/KARL-RUDOLF KORTE (Hrsg.): Handbuch zur deutschen Einheit. 1949 – 1989 – 1999, Bonn und Frankfurt/M. 1999 (aktual. u. erweit. Neuaufl).

5.2 Parteien

BECKER, BERND: Mitgliederbeteiligung und innerparteiliche Demokratie in britischen Parteien – Modelle für die deutschen Parteien, Baden-Baden 1998.
BIRSL, URSULA/PETER LÖSCHE: Parteien in West- und Ostdeutschland. Der gar nicht so feine Unterschied, in: Zeitschrift für Parlamentsfragen, 1/1998, S. 7–24.
KIESSLING, ANDREAS: Politische Kultur und Parteien im vereinten Deutschland. Determinanten der Entwicklung des Parteiensystems, München 1999.
KIESSLING, ANDREAS: Politische Kultur und Parteien in Deutschland. Sind die Parteien reformierbar?, in: Aus Politik und Zeitgeschichte, B 10/2001, S. 29–37.
KORTE, KARL-RUDOLF: Welche Themen sind die Zukunftsthemen für die CDU?, in: Konrad-Adenauer-Stiftung (Hrsg.): Welcher Weg für die CDU? Zukunftsforum Politik, Nr. 4, St. Augustin 2000, S. 32–48.
KORTE, KARL-RUDOLF: Wie Parteien auf komplexe Wählermärkte reagieren. Das Beispiel CDU, in: Blätter für deutsche und internationale Politik, 6/2000, S. 707–716.
LEHMBRUCH, GERHARD: Parteienwettbewerb im Bundesstaat. Regelsysteme und Spannungslagen im Institutionengefüge der Bundesrepublik Deutschland, Opladen 1998 (2. Aufl.).
MANOW, PHILIP: Informalisierung und Parteipolitisierung. Zum Wandel exekutiver Entscheidungsprozesse in der Bundesrepublik, in: Zeitschrift für Parlamentsfragen, 1/1997, S. 96–107.
NIEDERMAYER, OSKAR (Hrsg.): Die Parteien nach der Bundestagswahl 1998, Opladen 1999.
RASCHKE, JOACHIM: Die Zukunft der Grünen. So kann man nicht regieren, Frankfurt/M. 2001.
SCHIEREN, STEFAN: Parteiinterne Mitgliederbefragungen: Ausstieg aus der Professionalität? Die Beispiele der SPD auf Bundesebene und in Bremen sowie der Bundes-FDP, in: Zeitschrift für Parlamentsfragen, 2/1996, S. 214–229.
WIESENDAHL, ELMAR: Keine Lust mehr auf Parteien. Zur Abwendung Jugendlicher von den Parteien, in: Aus Politik und Zeitgeschichte, B 10/2001, S. 7–19.

5.3 Regieren

CZADA, ROLAND/MANFRED G. SCHMIDT (Hrsg.): Verhandlungsdemokratie, Interessenvermittlung, Regierbarkeit, Opladen 1993.
CZERWICK, EDWIN: Verhandlungsdemokratie. Ein Politikstil zur Überwindung von Politikblockaden, in: Zeitschrift für Politikwissenschaft, 2/1999, S. 415–438.
DERLIEN, HANS-ULRICH/AXEL MURSWIECK (Hrsg.): Regieren nach Wahlen, Opladen 2001.
FRÖHLICH, MANUEL: Sprache als Instrument politischer Führung. Helmut Kohls Berichte zur Lage der Nation im geteilten Deutschland, München 1997.

Hirscher, Gerhard/Karl-Rudolf Korte (Hrsg.): Aufstieg und Fall von Regierungen. Machterwerb und Machterosionen in westlichen Demokratien, München 2001.

Grande, Edgar: Charisma und Komplexität. Verhandlungsdemokratie, Mediendemokratie und der Funktionswandel politischer Eliten, in: Werle, Raimund/Uwe Schimank (Hrsg.): Gesellschaftliche Komplexität und kollektive Handlungsfähigkeit, Frankfurt/M. 2000, S. 297–319.

Grande, Edgar: Regieren in verflochtenen Verhandlungssystemen, in: Mayntz, Renate/Fritz W. Scharpf (Hrsg.): Gesellschaftliche Selbstregulierung und politische Steuerung, Frankfurt/M. 1995, S. 327–368.

Gros, Jürgen: Politikgestaltung im Machtdreieck Partei, Fraktion, Regierung, Berlin 1998.

Harpprecht, Klaus: Im Kanzleramt. Tagebuch der Jahre mit Willy Brandt, Berlin 2000.

Heise, Jens Sebastian: Wer wählt den Kanzlerkandidaten?, München (i. E.).

Jäger, Wolfgang: Wer regiert die Deutschen?, Osnabrück 1987.

Kiessling, Andreas: Regieren auf immer? Machterhalt- und Machterneuerungsstrategien der CSU, in: Hirscher, Gerhard/Karl-Rudolf Korte (Hrsg.): Aufstieg und Fall von Regierungen, München 2001, S. 216–248.

Kohler-Koch, Beate (Hrsg.): Regieren in entgrenzten Räumen, Opladen 1998.

Korte, Karl-Rudolf: Deutschlandpolitik in Helmut Kohls Kanzlerschaft. Regierungsstil und Entscheidungen 1982–1989, Stuttgart 1998.

Korte, Karl-Rudolf: Kommt es auf die Person des Kanzlers an?, in: Zeitschrift für Parlamentsfragen, 3/1998, S. 387–401.

Korte, Karl-Rudolf/Gerhard Hirscher (Hrsg.): Darstellungspolitik oder Entscheidungspolitik? Über den Wandel von Politikstilen in westlichen Demokratien, München 2000.

Korte, Karl-Rudolf: Konjunkturen des Machtwechsels in Deutschland. Regeln für das Ende der Regierungsmacht?, in: Zeitschrift für Parlamentsfragen, 4/2000, S. 833–857.

Korte, Karl-Rudolf: Kampagnen und Kompetenzen, Lehren für die Union aus der Parteien- und Wahlforschung, in: Die Politische Meinung, 379/2001, S. 19–23.

Korte, Karl-Rudolf: Was kennzeichnet modernes Regieren? Regierungshandeln von Staats- und Regierungschefs im Vergleich, in: Aus Politik und Zeitgeschichte, B 5/2001, S. 3–13.

Korte, Karl-Rudolf (Hrsg.): »Das Wort hat der Herr Bundeskanzler« – Eine Analyse der Großen Regierungserklärungen von Adenauer bis Schröder, Wiesbaden (i. E.).

Lehner, Franz: Grenzen des Regierens, Königstein 1979.

Mayntz, Renate: Politische Steuerung. Aufstieg, Niedergang und Transformation einer Theorie, in: Dies.: Soziale Dynamik und politische Steuerung, Frankfurt/M. 1997, S. 263–292.

Merkel, Wolfgang: Ende der Sozialdemokratie? Wählerentwicklung, Machtressourcen und Regierungspolitik im westeuropäischen Vergleich, Frankfurt/M. 1993.

Mertes, Michael: Führen, Koordinieren, Strippen ziehen: Das Kanzleramt als Kanzlers Amt, in: Korte, Karl-Rudolf/Gerhard Hirscher (Hrsg.): Darstellungspolitik oder Entscheidungspolitik? Über den Wandel von Politikstilen in westlichen Demokratien, München 2000, S. 62–84.

Renzsch, Wolfgang: Entscheidungsprozesse zwischen Konsensbildung und Wettbewerb, in: Holtmann, Everhard/Helmut Voelzkow (Hrsg.): Zwischen Wettbewerbs- und Verhandlungsdemokratie, Opladen 2000.

Sebaldt, Martin: Oppositionsstrategien im Vergleich, in: Hirscher, Gerhard/Karl-Rudolf Korte (Hrsg.): Aufstieg und Fall von Regierungen. Machterwerb und Machterosionen in westlichen Demokratien, München 2001, S. 113–146.

Sturm, Roland/Sabine Kropp: Koalitionen und Koalitionsvereinbarungen, Opladen 1998.

Tsebelis, George: Decision Making in Political Systems. Veto Players in Presidentialism,

Parliamentarism, Multicameralism, in: British Journal of Political Science, 25/1995, S. 289–325.

TSEBELIS, GEORGE: Veto Players and Law Production in Parliamentary Democracies. An Emperical Analysis, in: American Political Science Review, 3/1999, S. 591–608.

WALTER, FRANZ/TOBIAS DÜRR: Die Heimatlosigkeit der Macht. Wie die Politik in Deutschland ihren Boden verlor, Berlin 2000.

WALTER, FRANZ: Führung in der Politik. Am Beispiel sozialdemokratischer Parteivorsitzender, in: Zeitschrift für Politikwissenschaft, 4/1997, S. 1287–1336.

WEIDENFELD, WERNER: Zeitenwechsel. Von Kohl zu Schröder. Die Lage, Stuttgart 1999.

5.4 Politische Partizipation

BARNES, SAMUEL H. u. a.: Political Action: Mass Participation in Five Western Democracies, Beverly Hills 1979.

DETJEN, JOACHIM: Die Demokratiekompetenz der Bürger. Herausforderung für die politische Bildung, in: Aus Politik und Zeitgeschichte, B 25/2000, S. 11–20.

DIE ZUKUNFT HEISST »E-GOVERNMENT«. Deutschlands Städte auf dem Weg zur virtuellen Verwaltung. Ergebnisse einer Umfrage von PwC Deutsche Revision mit dem Deutschen Städte- und Gemeindebund, August 2000.

GABRIEL, OSCAR W.: Sozialkapital und Institutionenvertrauen in Österreich und Deutschland, in: Plasser, Fritz u. a. (Hrsg.): Wahlen und politische Einstellungen in Deutschland und Österreich, Frankfurt 1999, S. 147–189.

GELLNER, WINAND (Hrsg.): Demokratie und Internet, Baden-Baden 1998.

KLEIN, ANSGAR/RAINER SCHMALZ-BRUNS (HRSG.): Politische Beteiligung und Bürgerengagement in Deutschland. Möglichkeiten und Grenzen, Bonn 1997.

KLEIN, ANSGAR u. a. (Hrsg.): Neue soziale Bewegungen. Impulse, Bilanzen und Perspektiven, Opladen und Wiesbaden 1999.

KLEINHENZ, THOMAS: Die Nichtwähler. Ursachen der sinkenden Wahlbeteiligung in Deutschland, Opladen 1995.

KLEINSTEUBER, HANS J./MARTIN HAGEN: Was bedeutet »elektronische Demokratie«? Zur Diskussion und Praxis in den USA und Deutschland, in: Zeitschrift für Parlamentsfragen, 1/1998, S. 128–143.

KOST, ANDREAS: Bürgerbegehren und Bürgerentscheid. Genese, Programm und Wirkungen am Beispiel Nordrhein-Westfalen, Schwalbach/Ts. 1999.

NIEDERMAYER, OSKAR/BETTINA WESTLE (Hrsg.): Demokratie und Partizipation. Festschrift für Max Kaase, Wiesbaden 2000.

STARZACHER, KARL u. a. (Hrsg.): Protestwähler und Wahlverweigerer. Krise der Demokratie, Köln 1992.

ZITTEL, THOMAS: Elektronische Demokratie – ein Demokratietypus der Zukunft?, in: Zeitschrift für Parlamentsfragen, 4/2000, S. 903–925.

5.5 Medien und Politik

ARNOLD, SABINE R./CHRISTIAN FUHRMEISTER/DIETMAR SCHILLER (HRSG.): Politische Inszenierung im 20. Jahrhundert. Zur Sinnlichkeit der Macht, Wien 1998.

BÖCKELMANN, FRANK E. (Hrsg.): Medienmacht und Politik. Mediatisierte Politik und politischer Wertewandel, Berlin 1989.

EDELMAN, MURRAY: Politik als Ritual, Frankfurt/M. 1976.

GREWENIG, ADI (Hrsg.): Inszenierte Informationen. Politik und strategische Kommunikation in den Medien, Opladen 1993.

HITZLER, RONALD: Die mediale Selbstinszenierung von Politikern. Eine personalisierte Form der »Staatspräsentation«, in: Gauger, Jörg-Dieter/Stagl, Justin (Hrsg.): Staatsrepräsentation, Berlin 1992, S. 205–222.

JARREN, OTFRIED /HERIBERT SCHATZ/HARTMUT WESSLER (Hrsg.): Medien und politischer Prozeß, Opladen 1996.

KEPPLINGER, HANS MATHIAS: Die Demontage der Politik in der Informationsgesellschaft, München 1998.

LAUX, LOTHAR/ASTRID SCHÜTZ: »Wir, die wir gut sind«. Die Selbstdarstellung von Politikern zwischen Glorifizierung und Glaubwürdigkeit, München 1996.

LUDES, PETER: Von der Nachricht zur News-Show. Fernsehnachrichten aus Sicht der Macher, München 1993.

MARCINKOWSKI, FRANK: Politisierung und Entpolitisierung der »Realität« in unterschiedlichen Medienformaten. »A Difference that makes a Difference?«, in: Jäckel, Michael/ Peter Winterhoff-Spurk (Hrsg.): Politik und Medien, Berlin 1994, S. 35–54.

MEYER, THOMAS: Die Inszenierung des Scheins. Essay-Montage, Frankfurt/M. 1992.

MEYER, THOMAS: Die Transformation des Politischen, Frankfurt/M. 1994.

MEYER, THOMAS: Aufklärung durch Informationsdiskurse der Massenmedien. Schwerpunkt Fernsehen. Demokratietheoretische und demokratiepolitische Fragen, in: Ludes, Peter/ Helmut Schanze (Hrsg.): Medienwissenschaften und Medienwertung, Opladen und Wiesbaden 1999, S. 147–160.

MEYER, THOMAS: Mediokratie. Die Kolonisierung der Politik durch das Mediensystem, Frankfurt/M. 2001.

MEYER, THOMAS/MARTINA KAMPMANN: Politik als Theater. Die neue Macht der Darstellungskunst, Berlin 1998.

MEYER, THOMAS/RÜDIGER ONTRUP/CHRISTIAN SCHICHA: Von der Verkörperung der Politik zur Entkörperlichung im Bild. Körperkonstrukte und Bildfunktionen in politischen Fernsehsendungen in: Fischer-Lichte, Erika (Hrsg.): Verkörperung, Tübingen 1999.

NEIDHARDT, FRIEDHELM: Jenseits des Palavers. Funktionen politischer Öffentlichkeit, in: Wunden, Wolfgang (Hrsg.): Öffentlichkeit und Kommunikationskultur, Hamburg und Stuttgart 1994, S. 19–30.

PLASSER, FRITZ: Elektronische Politik und politische Technostruktur reifer Industriegesellschaften – Ein Orientierungsversuch, in: Plasser, Fritz/Peter A. Ulram/Manfred Welan (Hrsg.): Demokratierituale, Wien u. a. 1985, S. 9–31.

RAGER, GÜNTER/RICARDA HARTWICH-REICK: Inszenierte Information, in: Redaktion 1998. Almanach für Journalisten, Bonn 1997.

SARCINELLI, ULRICH: Symbolische Politik, Opladen 1987.

SARCINELLI, ULRICH: »Fernsehdemokratie«. Symbolische Politik als konstruktives und als destruktives Element politischer Wirklichkeitsvermittlung, in: Wunden, Wolfgang (Hrsg.): Öffentlichkeit und Kommunikationskultur, Hamburg u. a. 1994, S. 31–41.

SARCINELLI, ULRICH: Mediatisierung und Wertewandel. Politik zwischen Entscheidungsprozeß und politischer Regiekunst, in: Böckelmann, Frank E. (Hrsg.): Medienmacht und Politik, Berlin 1998, S. 165–174.

SARCINELLI, ULRICH: Teledemokratische Fürstenherrschaft. Ein Jahr nach der Bundestagswahl 1998, in: Gegenwartskunde, 4/1999, S. 395–403.

SARCINELLI, ULRICH (Hrsg.): Politikvermittlung und Demokratie in der Mediengesellschaft. Beiträge zur politischen Kommunikationskultur, Bonn 1998.

SCHATZ, HERIBERT/OTFRIED JARREN/BETTINA KNAUP (Hrsg.): Machtkonzentration in der Multimediagesellschaft. Beiträge zu einer Neubestimmung des Verhältnisses von politischer und medialer Macht, Opladen 1997.

SCHICHA, CHRISTIAN: Infotainment – Inszenierte Politik zwischen Information und Unterhaltung, in: Zeitschrift für Kommunikationsökologie, 1/1999, S. 25–30.

Schütz, Astrid: Politik oder Selbstdarstellung? Beispiele von Politikerauftritten, in: Jäckel, Michael/Peter Winterhoff-Spurk (Hrsg.): Politik und Medien, Berlin 1994, S. 193–209.

5.6 Europa

Bergem, Wolfgang/Volker Ronge/Georg Weisseno (Hrsg.): Friedenspolitik in und für Europa, Opladen 1999.

Börzel, Tanja A./Thomas Risse: When Europe Hits Home: Europeanization and Domestic Change, in: European Integration online Papers (EioP), 15/2000.

Europäische Kommission (Gruppe für Prospektive Analysen): Szenarien Europa 2010. Fünf Bilder von der Zukunft Europas, Juli 1999.

Europäische Kommission: »Die Demokratie in der Europäischen Union vertiefen«. Ein Weißbuch zur »Governance« für die Europäische Union – Arbeitsprogramm. Arbeitsdokument der Dienststellen der Kommission vom 11. Oktober 2000, SEK(2000) 1547/7 endg.

Europäische Kommission: Eurobarometer – Trends 1974–1994.

Gasteyger, Curt: Europa von der Spaltung zur Einigung. Darstellung und Dokumentation, Bonn 2001.

Glaab, Manuela u. a.: Wertgrundlagen und Belastungsgrenzen deutscher Europapolitik, in: Weidenfeld, Werner (Hrsg.): Deutsche Europapolitik. Optionen wirksamer Interessenvertretung, Bonn 1998, S. 167–208.

Grant, Charles: EU 2010. An optimistic vision of the future. Centre for European Reform, September 2000.

Gretschmann, Klaus: Traum oder Alptraum? Politikgestaltung im Spannungsfeld von Nationalstaat und Europäischer Union, in: Aus Politik und Zeitgeschichte, B 5/2001, S. 25–32.

Höreth, Markus: Die Europäische Union im Legitimationstrilemma. Zur Rechtfertigung des Regierens jenseits der Staatlichkeit, Baden-Baden 1999.

Klemmer, Paul (Hrsg.): Handbuch Europäische Wirtschaftspolitik, München 1998.

Knill, Christoph/Dirk Lehmkuhl: How Europe Matters. Different Mechanisms of Europeanization, in: EIoP, 7/1999.

Knodt, Michèle/Nicola Staeck: Shifting Paradigms: Reflecting Germany's European Policy, in: EIoP, 3/1999.

Scharpf, Fritz W.: Notes Towards a Theory of Multilevel Governing in Europe. Diskussionspapiere des Max-Planck-Instituts für Gesellschaftsforschung, 5/2000, S. 24 ff.

Schmidt, Manfred G.: Die Europäisierung der öffentlichen Aufgaben, in: Ellwein, Thomas/Everhard Holtmann (Hrsg.): 50 Jahre Bundesrepublik Deutschland. Rahmenbedingungen, Entwicklungen, Perspektiven, Opladen 1999 (Politische Vierteljahresschrift, Sonderheft 30), S. 385–394.

Scholz, Rupert (Hrsg.): Deutschland auf dem Weg in die Europäische Union: Wieviel Eurozentralismus – wieviel Subsidiarität?, Köln 1994.

Weidenfeld, Werner (Hrsg.): Europa-Handbuch, Gütersloh 2001.

5.7 Außenpolitik

Anderson, Jeffrey: German Unification and the Union of Europe, Cambridge 1999.

Baumann, Rainer/Volker Rittberger/Wolfgang Wagner: Macht und Machtpolitik. Neorealistische Außenpolitiktheorie und Prognosen für die deutsche Außenpolitik nach der Vereinigung, Tübingen 1998.

BELLERS, JÜRGEN: Politische Kultur und Außenpolitik im Vergleich, München und Wien 2000.

BERGER, THOMAS: Cultures of Antimilitarism. National Security in Germany and Japan, Baltimore und London 1998.

BERGER, THOMAS: Unsheathing the Sword? Germany's and Japan's Fractured Political-Military Cultures and the Problem of Burden Sharing, in: World Affairs, 4/1996, S. 174–191.

BIERLING, STEPHAN: Die Außenpolitik der Bundesrepublik Deutschland. Normen, Akteure, Entscheidungen, München und Wien 1999.

BIERLING, STEPHAN: Sicherheitspolitik, in: Weidenfeld, Werner/Karl-Rudolf Korte (Hrsg.): Handbuch zur deutschen Einheit 1949–1989–1999, Bonn und Frankfurt/M. 1999, S. 666–680.

BULMER, SIMON/CHARLIE JEFFERY/WILLIAM E. PATERSON: Germany's European Diplomacy. Shaping the Regional Milieu, Manchester 2000.

CONRADT, DAVID: Changing German Political Culture, in: Almond, Gabriel A. /Sidney Verba: The Civic Culture Revisited, Boston 1980.

DAALDER, IVO H./MICHAEL E. O'HANLON: Winning Ugly. NATO's War to Save Kosovo, Washington 2000.

HANRIEDER, WOLFRAM F.: Deutschland. Europa. Amerika. Die Außenpolitik der Bundesrepublik Deutschland 1949–1994, Paderborn 1995 (2., überarb. u. erw. Aufl.).

HARNISCH, SEBASTIAN/HANNS W. MAULL (Hrsg.): Germany as a Civilian Power, The Forcign Policy of the Bcrlin Republic, Manchester 2001.

HELLMANN, GUNTHER: Jenseits von »Normalisierung« und »Militarisierung«. Zur Standortdebatte über die neue deutsche Außenpolitik, in: Aus Politik und Zeitgeschichte, B 1/1997, S. 24–33.

HELLMANN, GUNTHER: Rekonstruktion der »Hegemonie des Machtstaates Deutschland unter modernen Bedingungen«. Zwischenbilanzen nach zehn Jahren neuer deutscher Außenpolitik, Frankfurt/M. 2000.

KAISER, KARL/HANS-PETER SCHWARZ (Hrsg.): Weltpolitik im neuen Jahrhundert, Baden-Baden 2000.

KIRSTE, KNUT/HANNS W. MAULL: Zivilmacht und Rollentheorie, in: Zeitschrift für Internationale Beziehungen, 2/1996, S. 283–312.

KORTE, KARL-RUDOLF: Unbefangen und gelassen. Über die außenpolitische Normalität der Berliner Republik, in: Internationale Politik, 12/1998, S. 3–12.

KRAUSE, JOACHIM: Deutschland und die Kosovo-Krise, in: Bayerische Landeszentrale für Politische Bildung (Hrsg): Der Kosovo-Konflikt. Ursachen – Akteure – Verlauf, München 2000, S. 395–416.

KRAUSE, JOACHIM: Die Rolle des Bundestages in der Außenpolitik, in: Eberwein, Wolf-Dieter/Karl Kaiser (Hrsg.): Deutschlands neue Außenpolitik, Bd. 4, München 1998, S. 137–152.

LE PRESTRE, PHILIPPE G. (Hrsg.): Role Quests in the Post-Cold War Era. Foreign Policies in Transition, Montreal und Kingston 1997.

LONGHURST, KERRY ANNE: Strategic Culture. The Key to Understanding German Security Policy? University of Birmingham, Faculty of Social Sciences: PhD.Thesis 2000.

MAULL, HANNS W.: Germany and the Use of Force. Still a »Civilian Power«?, in: Survival, 2/2000, S. 56–80.

RITTBERGER, VOLKER (Hrsg.): German Foreign Policy Since Unification, Theories and Case Studies, Manchester 2001.

SAUDER, AXEL: Souveränität und Integration. Französische und deutsche Konzeptionen europäischer Sicherheit nach dem Ende des Kalten Krieges, Baden-Baden 1995.

SCHÖLLGEN, GREGOR: Die Außenpolitik der Bundesrepublik Deutschland, München 1999.

SCHÖLLGEN, GREGOR: Zehn Jahre als europäische Großmacht. Eine Bilanz deutscher Außenpolitik seit der Wiedervereinigung, in: Aus Politik und Zeitgeschichte, B 24/2000, S. 6–12.

SCHWARZ, HANS-PETER: Die Zentralmacht Europas. Deutschlands Rückkehr auf die Weltbühne, Berlin 1994.

SCHWARZ, HANS-PETER: Die Zentralmacht auf Kontinuitätskurs, in: Internationale Politik, 1/1999, S. 1–10.

SCHWEIGLER, GEBHARD: Grundlagen der außenpolitischen Orientierung der Bundesrepublik Deutschland. Rahmenbedingungen, Motive, Einstellungen, Baden-Baden 1985.

TEWES, HENNING: Germany as a Civilian Power. The Western Integration of East Central Europe 1989–1997, Birmingham 1998.

WEIDENFELD, WERNER: Kulturbruch mit Amerika? Das Ende transatlantischer Selbstverständlichkeit, Gütersloh 1997 (2. Aufl.).

WEIDENFELD, WERNER MIT PETER M. WAGNER UND ELKE BRUCK: Außenpolitik für die deutsche Einheit. Die Entscheidungsjahre 1989/90, Stuttgart 1998.

WOYKE, WICHARD: Von der Orientierungslosigkeit zur Konzeption. Die Außenpolitik des vereinten Deutschland, in: Politische Bildung, 1/1997, S. 9–25.

ZOELLICK, ROBERT B.: Abschied von der Selbstbeschränkung. Deutsche Außenpolitik aus Sicht der USA, in: Internationale Politik, 12/1998, S. 21–26.

Stichwortregister

Die Seitenangaben verweisen auf bevorzugte Textstellen.

Autorenverzeichnis

Bürklin, Wilhelm, Prof. Dr., Mitglied der Geschäftsführung des Bundesverbandes deutscher Banken, Berlin und Professor (beurlaubt) an der Wirtschafts- und Sozialwissenschaftlichen Fakultät der Universität Potsdam. Beitrag »Deutschland im Wandel« zusammen mit Christian Jung. – *Publikationen u. a.:* Eliten in Deutschland. Rekrutierung und Integration, Opladen 1997; Zwei Gesichter der Demokratie: Repräsentative versus »direkte« Demokratie (zus. mit R.J. Dalton und A. Drummond), in: Hans-Dieter Klingemann/Max Kaase: Wahlen und Wähler. Analysen aus Anlaß der Bundestagswahlen 1998, S. 529–552; Globalisierung als Chance für Wohlstand und Arbeitsplätze, in: Aus Politik und Zeitgeschichte, B 48/2000, S. 31–38.

Colschen, Lars C., Dr., Wissenschaftlicher Mitarbeiter am Geschwister-Scholl-Institut für Politische Wissenschaft und Projektkoordinator der Forschungsgruppe Deutschland am Centrum für angewandte Politikforschung der Ludwig-Maximilians-Universität München. Beitrag »Politik und Geschichte« zusammen mit Michael Weigl. – *Publikationen u. a.:* Die Internationalisierung der Tritiumkontrolle als Baustein des Nichtverbreitungsregimes für Kernwaffen. Bedingungen, Einflußfaktoren und Folgen, Darmstadt 1997; Deutschlandpolitik der Vier Mächte, in: Werner Weidenfeld/Karl Rudolf Korte: Handbuch zur deutschen Einheit. 1949 – 1989 – 1999, Frankfurt/M. und Bonn 1999, S. 267–281; German Unification Eleven Years After. The Presence of the Past, paper presented at the INCORE-Workshop »Realism of the Past« in Derry/Londonderry, Northern Ireland, 24th of August 2001 (publication forthcoming).

Geissler, Rainer, Prof. Dr., Professor für Soziologie an der Universität Siegen. Beitrag »Sozialstruktur und gesellschaftlicher Wandel«. – *Publikationen u. a.:* Die Sozialstruktur Deutschlands. Zur gesellschaftlichen Entwicklung mit einer Bilanz zur Vereinigung, 2., aktual. u. erw. Aufl., Opladen 1996; Sozialer Wandel in Deutschland, München 2000; Nachholende Modernisierung mit Widersprüchen. Eine Vereinigungsbilanz aus modernisierungstheoretischer Perspektive, in: Heinz-Herbert Noll/Roland Habich (Hrsg.): Vom Zusammenwachsen einer Gesellschaft. Analysen zur Angleichung der Lebensverhältnisse in Deutschland, Frankfurt/M. und New York 2000, S. 37–60.

Glaab, Manuela, Dr., Wissenschaftliche Assistentin am Geschwister-Scholl-Institut für Politische Wissenschaft und Leiterin der Forschungsgruppe Deutschland am Centrum für angewandte Politikforschung der Ludwig-Maximilians-Universität München. Beitrag »Legitimation und Partizipation« zusammen mit Andreas Kießling. – *Publikationen u. a.:* Deutschlandpolitik in der öffentlichen Meinung. Einstellungen und Regierungspolitik in der Bundesrepublik Deutschland 1949 bis 1990, Opladen 1999; Politikvermittlung in der Mediendemokratie – Indikator und Faktor politisch-kulturellen Wandels, in: Politische Kultur im Prozess der inneren Einheit, hrsg. von der Bayerischen Landeszentrale für politische Bildungsarbeit, München 1999, S. 25–46; Mediatisierung als Machtquelle von Regierungschefs, in: Karl-Rudolf Korte/Gerhard Hirscher (Hrsg.): Darstellungspolitik oder Entscheidungspolitik? Über den Wandel von Politikstilen in westlichen Demokratien, München 2000, S. 106–121.

Huber, Joseph, Prof. Dr., Inhaber des Lehrstuhls für Wirtschafts- und Umweltsoziologie an der Martin-Luther-Universität Halle. Beitrag »Umweltschutz«. – *Publikationen u. a.:* Industrielle Ökologie, in: Rolf Kreibich/Udo E. Simonis (Hrsg.): Global Change, Berlin 2000,

S. 109–126; Creating New Money, London 2000 (zus. mit J. Robertson); Allgemeine Umweltsoziologie, Opladen 2001.

JAEGER, FRIEDRICH, PD DR., Privatdozent für Neuere Geschichte an der Universität Bielefeld und Fellow am Kulturwissenschaftlichen Institut in Essen. Beitrag »Erinnerungskultur« zusammen mit Jörn Rüsen. – *Publikationen u. a.:* Bürgerliche Modernisierungskrise und historische Sinnbildung. Kulturgeschichte bei Droysen, Burckhardt und Max Weber, Göttingen 1994 (Bielefelder Dissertation 1992, versehen mit dem Jahrespreis 1993 der Westfälisch-Lippischen Universitätsgesellschaft); Geschichtstheorie, in: Hans-Jürgen Goertz (Hrsg.): Grundkurs Geschichte, Reinbek 1998, S. 724–756; Amerikanischer Liberalismus und zivile Gesellschaft. Perspektiven sozialer Reform zu Beginn des 20. Jahrhunderts, Göttingen (i. E.) (Bielefelder Habilitationsschrift 1998).

JUNG, CHRISTIAN, M.A., Abteilungsdirektor, Bereich Wirtschaft und Gesellschaft, Bundesverband deutscher Banken, Berlin. Beitrag »Deutschland im Wandel« zusammen mit Wilhelm Bürklin. – *Publikationen u. a.:* Osterweiterung und Handlungsfähigkeit der Europäischen Union: Zwang zur Reform (zus. mit Werner Weidenfeld), in: Werner Weidenfeld (Hrsg.): Europa öffnen. Anforderungen an die Erweiterung, Gütersloh 1997, S. 11–23; Reform der Europäischen Union (zus. mit Claus Giering), in: Werner Weidenfeld (Hrsg.): Europa-Handbuch, Gütersloh 1999, S. 424–444; Zahlreiche Beiträge zu gesellschaftspolitischen Themen und repräsentativen Meinungsumfragen im Informationsdienst »inter/esse« sowie der Reihe »DEMO/SKOPIE« des Bundesverbandes deutscher Banken.

KIEßLING, ANDREAS, M.A., Wissenschaftlicher Mitarbeiter am Geschwister-Scholl-Institut für Politische Wissenschaft und Projektmitarbeiter der Forschungsgruppe Deutschland am Centrum für angewandte Politikforschung der Ludwig-Maximilians-Universität München. Beitrag »Legitimation und Partizipation« zusammen mit Manuela Glaab. – *Publikationen u. a.:* Politische Kultur und Parteien im vereinten Deutschland. Determinanten der Entwicklung des Parteiensystems, München 1999 (Schriftenreihe der Forschungsgruppe Deutschland, Bd. 11); Regieren auf immer? Machterhalt- und Machterneuerungsstrategien der CSU, in: Gerhard Hirscher/Karl-Rudolf Korte (Hrsg.): Aufstieg und Fall von Regierungen. Machterwerb und Machterosionen in westlichen Demokratien, München 2001, S. 216–248; Politische Kultur und Parteien in Deutschland. Sind die Parteien reformierbar?, in: Aus Politik und Zeitgeschichte, B 10/2001, S. 29–37.

KORTE, KARL-RUDOLF, PD DR. HABIL. DR., Vertretungsprofessor am Forschungsinstitut für Politische Wissenschaft und Europäische Fragen der Universität zu Köln. Beitrag »Regieren«. – *Publikationen u. a.:* Deutschlandpolitik in Helmut Kohls Kanzlerschaft. Regierungsstil und Entscheidungen, Stuttgart 1998; Wahlen in der Bundesrepublik Deutschland, 3. Aufl., Bonn 2000; (Hrsg.): »Das Wort hat der Herr Bundeskanzler« – Eine Analyse der Großen Regierungserklärungen von Adenauer bis Schröder, Wiesbaden (i. E.).

LEIDHOLD, WOLFGANG, PROF. DR., Professor am Forschungsinstitut für Politische Wissenschaft und Europäische Fragen der Universität zu Köln. Beitrag »Wissensgesellschaft«. – *Publikationen u. a.:* Aristoteles: Politikwissenschaft und praktische Philosophie, in: Wolfgang Leidhold (Hrsg.): Politik und Politeìa, Formen und Probleme politischer Ordnung, Festgabe für Jürgen Gebhardt zum 65. Geburtstag, Würzburg 2000, S. 395–416; Über die Zeit, in: Festschrift für Peter Weber-Schäfer, Bochum 2000; Das kreative Projekt: Genealogie und Begriff, in: Harald Blum/Jürgen Gebhardt (Hrsg.): Konzepte politischen Handelns. Kreativität – Innovation – Praxen, Baden-Baden 2001 (Schriftenreihe der Sektion Politische Theorien und Ideengeschichte in der Deutschen Vereinigung für Politische Wissenschaft, Bd. 1).

MAULL, HANNS W., PROF. DR., Inhaber des Lehrstuhls für Internationale Beziehungen/Außenpolitik der Universität Trier. Beitrag »Außenpolitische Kultur«. – *Publikationen u. a.:*

Germany and Japan: The New Civilian Powers, in: Foreign Affairs, No. 5, 1990/91, S. 91–106; (Hrsg. zus. mit Karl Kaiser): Deutschlands neue Außenpolitik, Bd. 1: Grundlagen, Bd. 2: Herausforderungen, München 1994 und 1995 (Schriften des Forschungsinstituts der Deutschen Gesellschaft für Auswärtige Politik e.V. Bonn, Reihe: Internationale Politik und Wirtschaft, Bde. 59 und 61); (Hrsg. zus. mit Gerald Segal und Jusuf Wanandi): Europa und Asien-Pazifik, München 1997 (Reihe: Internationale Politik und Wirtschaft, Bd. 67).

MERKEL, WOLFGANG, PROF. DR., Professor für Politische Wissenschaft an der Ruprecht-Karls-Universität Heidelberg. Beitrag »Sozialpolitik«. – *Publikationen u. a.:* Ende der Sozialdemokratie? Machtressourcen und Regierungspolitik im westeuropäischen Vergleich, Frankfurt/M. 1993; Systemtransformation, Opladen 1999; (Hrsg.): Systemwechsel, 5 Bde., Opladen 1994–2000.

MEULEMANN, HEINER, PROF. DR., Ordinarius für Soziologie der Universität zu Köln. Beitrag »Identität, Werte und Kollektivorientierung«. – *Publikationen u. a.:* Werte und Wertewandel. Zur Identität einer geteilten und wieder vereinten Nation, Weinheim und München 1996; Werte und nationale Identität im vereinten Deutschland, Opladen 1998; Beyond Unbelief – Religious uncertainty and religious indifference in countries self-induced and enforced secularization, in: European Societies, 2/2000, S. 167–194.

MEYER, THOMAS, PROF. DR. PHIL., Lehrstuhl Politikwissenschaft an der Universität Dortmund. Beitrag »Inszenierte Politik und politische Rationalität«. – *Publikationen u. a.:* Die Inszenierung des Politischen: Zur Theatralität von Mediendiskursen, Wiesbaden 2000 (zus. mit Rüdiger Ontrup und Christian Schicha); Was ist Politik?, Opladen 2000; Mediokratie: Die Kolonisierung der Politik durch das Mediensystem, Frankfurt/M. 2001.

RÜRUP, BERT, PROF. DR. DR. H.C., Universitätsprofessor für Volkswirtschaftslehre an der Technischen Universität Darmstadt. Beitrag »Wirtschafts- und Arbeitswelt« zusammen mit Werner Sesselmeier. – *Publikationen u. a.:* Wirtschaftliche und gesellschaftliche Perspektiven der Bundesrepublik Deutschland, München 1989; Wohlfahrtstaatliche Politik in der globalisierten Informationsgesellschaft, in: Schriften der Friedrich-Ebert-Stiftung, Bonn 1998; Informationsgesellschaft: Arbeitswelt in Bewegung – Konsequenzen für die Systeme der sozialen Sicherung, in: Enquete-Kommission »Zukunft der Medien« (Hrsg.): Arbeitswelt in Bewegung, Bonn 1998, S. 249–353.

RÜSEN, JÖRN, PROF. DR., Präsident des Kulturwissenschaftlichen Instituts in Essen und Professor für Allgemeine Geschichte und Geschichtskultur an der Universität Witten/Herdecke. Beitrag »Erinnerungskultur« zusammen mit Friedrich Jaeger. – *Publikationen u. a.:* Zeit und Sinn. Strategien historischen Denkens, Frankfurt/M. 1990; Zerbrechende Zeit. Über den Sinn der Geschichte, Köln 2001; (Hrsg.): Geschichtsbewußtsein – Psychologische Grundlagen, Entwicklungskonzepte, empirische Befunde, Köln u. a. 2001.

SESSELMEIER, WERNER, PD DR., Privatdozent im Fachbereich Rechts- und Wirtschaftswissenschaften der Technischen Universität Darmstadt. Beitrag »Wirtschafts- und Arbeitswelt« zusammen mit Bert Rürup. – *Publikationen u. a.:* Arbeitsmarkttheorien: Ein Überblick, 2., überarb. u. erw. Aufl., Heidelberg 1998 (zus. mit Gregor Blauermel); Would the Creation of a Low-Wage Sector help to reduce German Unemployment?, in: Stephen J. Silvia (Hrsg.): Unemployment Ebbs in Germany, Washington, D.C. 2000, S. 85–119; Demographische Entwicklung und Arbeitsmarkt: Die Rolle von Zuwanderung im Rahmen eines beschäftigungspolitischen Strategienbündels (zus. mit Bert Rürup), in: Bundesamt für die Anerkennung ausländischer Flüchtlinge (Hrsg.): Zuwanderung und Asyl, Nürnberg 2001, S. 215–242 (Schriftenreihe Asylpraxis Bd. 8).

THOMAS, RÜDIGER, Fachbereichsleiter der Bundeszentrale für politische Bildung. Beitrag »Kultur und Gesellschaft«. – *Publikationen u. a.:* Jenseits der Staatskultur. Traditionen autonomer Kunst in der DDR (Hrsg. zus. mit Gabriele Muschter), München 1992; Staatskultur und Kulturnation. Anspruch und Illusion einer »sozialistischen deutschen Nationalkultur«, in: Kunstdokumentation SBZ/DDR 1945–1990, hrsg. von Eckhart Gillen u. a., Köln 1996, S. 16–41; »Sich ein Bild machen«. Auf der Suche nach einer gemeinsamen Kultur, in: Zehn Jahre Deutsche Einheit. Eine Bilanz, hrsg. von Wolfgang Thierse u. a., Opladen 2000, S. 247–272.

TUREK, JÜRGEN, M.A., Geschäftsführer am Centrum für angewandte Politikforschung der Ludwig-Maximilians-Universität München und dort Leiter der Forschungsgruppe Zukunftsfragen. Beitrag »Technologiegesellschaft«. – *Publikationen u. a.:* Forschungs-, Technologie- und Telekommunikationspolitik, in: Werner Weidenfeld/Wolfgang Wessels (Hrsg.): Jahrbuch der Europäischen Integration, Bonn 1993 ff.; Standort Europa. Handeln in der neuen Weltwirtschaft, 2. Aufl., Gütersloh 1996 (zus. mit Werner Weidenfeld); The Future of Europe's Economy: Between Integration and Globalization, in: Shlomo Avineri/Werner Weidenfeld (Hrsg.): Integration and Identity. Challenges to Europe and Israel. Munich Contributions to European Unification, Bonn 1999, S. 149–158.

VESTER, MICHAEL, PROF. DR., Professor für politische Soziologie am Institut für Politische Wissenschaft der Universität Hannover. Beitrag »Milieus und soziale Gerechtigkeit«. – *Publikationen u. a.:* (Hrsg. zus. mit Michael Hofmann und Irene Zierke): Soziale Milieus in Ostdeutschland, Köln 1995; Soziale Milieus im gesellschaftlichen Strukturwandel, Frankfurt/M. 2001 (zus. mit Peter von Oertzen, Heiko Geiling u. a.); Soziale Milieus und Kirche, Würzburg 2001 (zus. mit Wolfgang Vögele und Helmut Bremer).

WAGNER, PETER M., DR. PHIL., Europäische Kommission, Generaldirektion »Unternehmen«. Beitrag »Deutschland in Europa«. – *Publikationen u. a.:* NPD-Hochburgen in Baden-Württemberg. Erklärungsfaktoren für die Wahlerfolge einer rechtsextremistischen Partei in ländlichen Regionen 1972–1994, Berlin 1997; Außenpolitik in der »Koalitionsdemokratie«. Entscheidungsprozesse in Deutschland, in: Internationale Politik, 4/1998, S. 31–36; Industriepolitik (zus. mit Maik Schmahl), in: Werner Weidenfeld/Wolfgang Wessels (Hrsg.): Europa von A bis Z. Taschenbuch der europäischen Integration, 7. Aufl.; Bonn 2000, S. 251–255.

WEIDENFELD, WERNER, PROF. DR. DR. H.C., Direktor des Centrums für angewandte Politikforschung der Ludwig-Maximilians-Universität München. Beitrag »Geschichte und Identität«. – *Publikationen u. a.:* Die Identität der Deutschen, München 1983; (Hrsg.): Geschichtsbewußtsein der Deutschen. Materialien zur Spurensuche einer Nation, Köln 1987; Außenpolitik für die deutsche Einheit. Die Entscheidungsjahre 1989/90. Geschichte der deutschen Einheit, Bd. 4, Stuttgart 1998 (zus. mit Peter M. Wagner und Elke Bruck).

WEBER, MANFRED, DR., Hauptgeschäftsführer und Mitglied des Vorstandes Bundesverband deutscher Banken e.V. Beitrag »Finanzmarkt und Finanzkultur«. – *Publikationen u. a.:* Staatsverschuldung – ohne Ende?, Darmstadt 1992 (zus. mit Helmut Schlesinger und Gerhard Ziebarth); Die Macht der Banken – ein Kommunikationsproblem?, in: Die Banken auf dem Weg ins 21. Jahrhundert. Strategien und Konzepte, hrsg. vom International Bankers Forum e.V., Wiesbaden 1996; Einheitliche Geldpolitik als Basis für das Zusammenwachsen der europäischen Finanzmärkte, in: Detlev Hummel/Rolf E. Breuer (Hrsg.), Handbuch Europäischer Kapitalmarkt, Wiesbaden 2001, S. 19–31.

WEIGL, MICHAEL, M.A., Historiker, wissenschaftlicher Mitarbeiter der Forschungsgruppe Deutschland am Centrum für angewandte Politikforschung der Ludwig-Maximilians-Universität München. Beitrag »Politik und Geschichte« zusammen mit Lars C. Colschen. – *Publikation:* Political Legitimation and Justification – The »Value« of History, paper presented at the INCORE-Workshop »Realism of the Past« in Derry/Londonderry, Northern Ireland, 24th of August 2001 (publication forthcoming).